Jahrbuch 2003

Die Welt in
Zahlen
Daten
Analysen

Verantwortlich: Stephan Burgdorff, Dr. Hauke Janssen

Produktion/Layout: Kirsten Wiedner

Redaktion: Wolfram Bickerich, Fenja Mens, Constanze Sanders

Mitarbeit: Jörg-Hinrich Ahrens, Horst Beckmann, Dieter Bednarz, Lars-Olav Beier, Stefan Berg, Dr. Helmut Bott, Viola Broecker, Andreas Eckert, Johannes Eltzschig, Johannes Erasmus, Manfred Ertel, Klaus Falkenberg, Rüdiger Falksohn, Renate Flottau, Dr. Erich Follath, Cordelia Freiwald, Anne-Sophie Fröhlich, Dr. André Geicke, Silke Geister, André Gerhard, Jens Glüsing, Annette Großbongardt, Maik Großekathöfer, Christian Habbe, Dietmar Hawranek, Hartmut Heidler, Wolfgang Hein, Susanne Heitker, Jan Dirk Herbermann, Dietmar Hipp, Stephanie Hoffmann, Christa von Holtzapfel, Ralf Hoppe, Frank Hornig, Michael Jürgens, Renate Kemper-Gussek, Nils Klawitter, Ulrich Klötzer, Sebastian Knaur, Siegfried Kogelfranz, Jörg Kramer, Jürgen Kremb, Dr. Joachim Kronsbein, Peter Kühn, Peter Lakemeier, Hannes Lamp, Walter Lehmann, Dr. Romain Leick, Michael Lindner, Heinz P. Lohfeldt, Andreas Lorenz, Rainer Lübbert, Dr. Petra Ludwig-Sidow, Claus Christian Malzahn, Walter Mayr, Ulrich Meier, Dr. Andreas Meyhoff, Cornelia Moormann, Dr. Christian Neef, Alexander Neubacher, Anna Petersen, Norbert Pötzl, Jan Puhl, Padma Rao, Thomas Riedel, Marcel Rosenbach, Petra Santos, Andrea Sauerbier, Michael Sauga, Maximilian Schäfer, Dr. Regina Schlüter-Ahrens, Ekkehard Schmidt, Mario Schmidt, Thomas Schmidt, Sylvia Schreiber, Hans-Jürgen Schlamp, Elke Schmitter, Ortrud Schwirz, Ulla Siegenthaler, Michael Sontheimer, Dr. Stefan Simons, Holger Stark, Dr. Claudia Stodte, Stefan Storz, Rainer Szimm, Dr. Eckart Teichert, Thilo Thielke, Nina Tiemann, Gerald Traufetter, Andreas Ulrich, Hans-Jürgen Vogt, Carsten Voigt, Horst Wachholz, Dr. Wieland Wagner, Peter Wahle, Alfred Weinzierl, Dieter Wessendorff, Peter Wetter, Erich Wiedemann, Ingeborg Wiensowski, Holger Wilkop, Karl-Henning Windelbandt, Volkhard Windfuhr, Michael Wulzinger, Bernhard Zand, Helene Zuber

Bilder: Claus-Dieter Schmidt, Gershom Schwalfenberg

Grafiken: Martin Brinker; Cornelia Baumermann, Thomas Hammer, Tiina Hurme, Cornelia Pfauter, Florian Pöhl, Julia Saur

Schlussredaktion: Gesine Block, Hans-Eckhard Segner

Umschlagkonzept: Balk & Brumshagen

Umschlagfotos: Reuters, Bongarts, dpa (2), Andre Forget/DFAIT/Getty Images, Reuters, dpa/SAT 1, dpa, ohne, dpa, Reuters

Projektleitung: Sabine Krecker

Anzeigen: Christian Schlottau

Originalausgabe
Oktober 2002

Druck und Verarbeitung: GGP Media, Pößneck
Gedruckt auf säurefreiem, chlorfrei gebleichtem Papier
Printed in Germany

ISBN 3-423-32003-6

Jahrbuch 2003

Die Welt in
Zahlen
Daten
Analysen

SPIEGEL-Buchverlag
Deutscher Taschenbuch Verlag

Inhalt

DIE WELT VON A BIS Z

Vorwort

Das Jahrbuch 2003 unterscheidet sich in wesentlichen Punkten deutlich von seinem Vorgänger, dem SPIEGEL Almanach, der seit 1998 jährlich erschien. Beibehalten wurden die Charakteristika, die es positiv von den Wettbewerbern unterscheidet: das farbige Layout, die klare Navigation, die reichhaltige Bebilderung. Verändert wurde die inhaltliche Gestaltung. Aus dem eher journalistischen Produkt mit locker geschriebenen Texten ist mehr als bisher ein Nachschlagewerk geworden, in dem einzelne Sachgebiete mit einer Fülle von Zahlen, Daten und Statistiken kompetent und verständlich aufbereitet werden.

Die markanteste Neuerung ist das von außen bereits am blauen Seitenrand zu lokalisierende Kapitel »Dossiers«, das die »Themen des Jahres« und das in der letzten Ausgabe enthaltene Lexikon ersetzt. In den insgesamt 100 Seiten umfassenden Dossiers werden aktuelle Sachthemen wie etwa Bevölkerung, Wirtschaft, Umwelt, Bildung, Sport oder Kultur in Texten, Grafiken, Tabellen und Statistiken anschaulich und gründlich aufbereitet – national und im internationalen Vergleich. Die dabei entwickelte Kombination von Text und farbiger Grafik ermöglicht sowohl einen schnellen als auch einen umfassenden Einblick in die jeweilige Thematik.

Im Länderteil wird strenger als bisher zwischen Daten und Textteil getrennt. Mischformen wie bisher etwa in der Rubrik Wirtschaft gibt es nicht mehr. Die Texte solcher Rubriken wurden in das Kapitel »Aktuelle Entwicklungen« aufgenommen, in dem über die wichtigen Ereignisse der vergangenen zwölf Monate berichtet wird.

Der Länderteil und die Dossiers werden ergänzt durch eine Chronik der laufenden Ereignisse seit September 2001, durch Porträts der »Personen des Jahres« und Kurz-Biografien bekannter Verstorbener.

Wie in den Vorjahren wurde auch beim Jahrbuch 2003 großer Wert auf Genauigkeit und hohe Aktualität gelegt. Die Mehrzahl der Zahlen und Angaben stammt aus der Datenbank der SPIEGEL-Dokumentation, die laufend auf den neuesten Stand gebracht wird. Die Basis des Datenmaterials liefern neben dem Statistischen Bundesamt hauptsächlich OECD, Uno, Weltbank, IWF und das Standardwerk »Europa World Year Book«. Die dazugehörenden Texte wurden entweder von den Fachdokumentaren des SPIEGEL oder von den Redakteuren und Korrespondenten des in vielen Ländern der Welt mit eigenen Büros vertretenen Nachrichtenmagazins verfasst.

Redaktionsschluss für den Deutschland-Teil des vorliegenden Jahrbuchs war der 24. September 2003. Es war also möglich, auf insgesamt 6 Seiten die Ergebnisse der Bundestagswahl übersichtlich darzustellen und die Folgen der neuen Sitzverteilung zu analysieren. Für alle anderen Länder galt allerdings ein früherer Termin, so dass hier nur die wichtigen Ereignisse bis zum 31. August beschrieben werden konnten. Das Ergebnis der Wahlen in Jugoslawien, Pakistan oder der Slowakei etwa ist in dieser Ausgabe nicht mehr enthalten.

Auf frischere Informationen aus diesen Ländern müssen Käufer des Jahrbuchs 2003 allerdings nicht verzichten. Mit der Buchversion erscheint auch ein Online-Angebot, das laufend aktualisiert wird. Unter http://www.spiegel.de sind dann dieselben statistischen Länderinformationen zu finden wie in der gedruckten Version – und zusätzlich die neuesten Entwicklungen. Das umfangreiche Kapitel »Dossiers« wird allerdings nicht im Online-Angebot erscheinen.

Stephan Burgdorff
Hauke Janssen

Erläuterungen

Ein Nachschlagewerk kann nur so gut sein wie seine Quellen – und die sind nicht immer gleich bleibend oder gleich bleibend gut. In vielen Ländern gibt es keine umfassenden Statistiken. Andere halten ihre Daten lieber geheim. Und Krieg führende Länder oder Länder, die von Naturkatastrophen heimgesucht wurden, haben andere Prioritäten. Daher fehlen in der Übersichtstabelle »Die Welt in Zahlen« (S. 32 ff.), aber auch in manchen Länderbeschreibungen verschiedentlich Angaben.
Für das Jahrbuch 2003 wurden nach Möglichkeit die aktuellsten Angaben aus den verlässlichsten Quellen verwendet. Ein weiteres wichtiges Kriterium für die Quellenauswahl ist die der internationalen Vergleichbarkeit, das Bestreben Daten nach gleichen bzw. ähnlichen Kriterien zu erheben, um so die Eigenheiten und Willkürlichkeiten nationaler Statistiken weitgehend auszuschließen.
Im Datenteil sind die Angaben zum politischen System auf dem Stand Sommer 2002, Deutschland schließt mit den Wahlen vom 22. September ab. Die wichtigsten statistischen Wirtschaftdaten beziehen sich bei OECD-Ländern in der Regel auf das Jahr 2001, bei den anderen Ländern auf das Jahr 2000. Manche Zahlen sind sogar mehrere Jahre alt. Es gibt dann keine aktuellen, international vergleichbaren und verlässlichen Zahlen. Schätzungen oder Dunkelziffern unklarer Herkunft finden in den Datenteil grundsätzlich keinen Eingang, können aber im Länder-Textteil »Aktuelle Entwicklungen« zur Einschätzung der Lage dienen. In den »Aktuellen Entwicklungen« werden gegebenenfalls auch über Prognosen für das bei Redaktionsschluss noch laufende Jahr 2002 oder andere in den internationalen Statistiken noch nicht berücksichtigte Informationen berichtet.

Soweit die Erhebungsmethoden für die jährlichen Statistiken geändert wurden, ergeben sich zwangsläufig größere Diskrepanzen gegenüber den in den vergangenen Jahren veröffentlichten Daten. Das ist bei den Angaben zur Wirtschaftsleistung (BSP bzw. BIP) der Fall. Das Jahrbuch 2003 nimmt als Indikator der Wirtschaftsleistung eines Landes – der Weltbank folgend – das Bruttosozialprodukt (BSP), bzw. das Bruttosozialprodukt pro Kopf, und zwar bewertet auf US-Dollar-Basis. Der Almanach 2002 dagegen gab noch dem BIP den Vorzug und führte unter BIP/Kopf kaufkraftbereinigte Werte auf. Der Nachteil: Die Wirtschaftsleistung pro Kopf ließ sich nicht durch die einfache Rechnung BIP geteilt durch Einwohnerzahl ermitteln. Das hat viele Leser irritiert und ist nun geändert.

In den folgenden Erläuterungen finden sie kurze und hilfreiche Informationen zu den im Datenteil der Länder verwendeten Größen sowie Hinweise auf die jeweiligen Hauptquellen. Für den Deutschland-Beitrag wurden vorrangig die aktuellsten verfügbaren Daten vom Statistischen Bundesamt und den jeweiligen Statistischen Landesämtern benutzt.

Altersvorsorge (öffentliche Ausgaben) am BIP: Umfasst alle öffentlichen Renten- und Pensionszahlungen wegen Alters oder Erwerbsunfähigkeit sowie die administrativen Kosten. Quelle: Weltbank.

Analphabetenrate: Anteil der über 15-jährigen Bevölkerung, die nicht in der Lage sind, einen kurzen Bericht über ihr Alltagsleben zu lesen und zu schreiben. Quelle: Unesco.

Arbeitslosigkeit: Anteil der Arbeitsuchenden (d.h. meist: als arbeitslos Registrierten) ohne Beschäftigung am Potenzial der ökonomisch aktiven Bevölkerung. Zu letzterem gehören u.a. die Streitkräfte und die arbeitsuchenden Arbeitslosen, aber nicht die unbezahlten Familienbeschäftigten, ob im Haus oder auf dem Lande, die in der Schattenwirtschaft Tätigen und die Studierenden. Die verdeckte Arbeitslosigkeit wird nicht erfasst. Quelle: ILO

Armutsrate: Prozentualer Anteil an der Gesamtbevölkerung mit einem Einkommen unter der internationalen Armutsgrenze von weniger als 1 US$ pro Tag. Der Dollar ist in diesem Fall um die jeweilige Kaufkraftparität bereinigt. Quelle: Weltbank. Gelegentlich, dann aber gekennzeichnet, wurde auch die nationale Armutsrate verwendet, die sich nicht an absoluten Werten, sondern an einer Relation zum nationalen Durchschnittseinkommen bemisst (häufig lautet diese Grenze: weniger als die Hälfte des nationalen Durchschnittseinkommens). Quelle: Weltbank.

Ärzte: Umfasst sowohl die praktizierenden, als auch die in Forschung und Lehre tätigen Ärzte eines Landes pro Tausend Einwohner. Quellen: OECD, WHO.

Aufforstung/Rodung (jährliche): Durchschnittlicher Jahreswert für die dauerhafte Umwandlung von Waldflächen (wirtschaftlich genutzte wie natürliche) in Acker-, Siedlungs- oder Infrastrukturflächen und anderer Nutzungen et vice versa. Quelle: FAO.

Auslandsschulden: Summe aller öffentlichen, öffentlich garantierten sowie privaten Schuldenaufnahmen im Ausland und aller vom IWF gewährten Kredite. Quellen: IWF, Weltbank.

Auslandsverbindlichkeiten: Summe aller Kredite und Investitionen von Ausländern im betreffenden Land. Quelle: IWF.

Ausländeranteil (an der Bevölkerung in OECD-Ländern): Ausländer bestimmen sich grob gesagt in Australien, Kanada und den USA nach dem Ort der Geburt, in Japan und den europäischen OECD-Ländern nach der Nationalität. Quellen: OECD, Eurostat.

Bevölkerung: Alle in dem Lande ständig wohnenden Einwohner, unabhängig von ihrer Staatsbürgerschaft, außer Flüchtlingen. Die Angaben können je nach Quelle auf Grund unterschiedlicher Definitionen und statistischer Fortschreibungsmethoden stark schwanken. Die hier benutzten Daten stammen von der Weltbank.

Bevölkerungsdichte: Zahl der Bevölkerung geteilt durch die Landfläche (▸ Fläche) in km^2. Quellen: FAO, Weltbank.

Bildung und Erziehung (öffentliche Ausgaben) am BIP: Umfasst alle einschlägigen Ausgaben der Gebietskörperschaften für öffentliche sowie Subventionen für private Bildungseinrichtungen. Quelle: Unesco. Gelegentlich werden auch die entsprechenden Anteile am BSP aufgeführt. Diese Daten stammen aus dem Human Development Report der UNDP.

Bruttoinlandsprodukt (BIP), Wachstumsrate des BIP: Wachstumsindikator für die volkswirtschaftliche Gesamtleistung eines Staates. Das BIP umfasst die Summe aller innerhalb einer Volkswirtschaft von In- und Ausländern hergestellten Gütern und erbrachten Dienstleistungen, abzüglich Vorleistungen. Die Wachstumsrate im Jahrbuch gibt das reale, also das preisbereinigte Wachstum der betreffenden Volkswirtschaft an. Quellen: OECD, Weltbank.

Bruttosozialprodukt (BSP): Setzt sich zusammen aus dem BIP, sowie den von Inländern im Ausland erwirtschafteten Einkommen, abzüglich der von Ausländern im Inland bezogenen Einkommen. Der internationalen Vergleichbarkeit halber ist im Jahrbuch das BSP in Dollar (bzw. in Euro bei den Ländern der Euro-Zone) angegeben. Die Umrechnung in Dollar erfolgte nach der Weltbank-Atlas-Methode, die den Einfluss kurzfristiger Wechselkursschwankungen mildert. Quellen: OECD, Weltbank.

Bruttosozialprodukt pro Kopf (BSP/Kopf): Höhe des Bruttosozialprodukts pro Einwohner. Indikator der wirtschaftlichen Entwicklung eines Landes. Im Unterschied zum Vorjahresband ist dieser Wert der größeren Transparenz halber ebenfalls auf Dollar-Basis und nicht mehr auf Kaufkraftparitätenbasis ausgewiesen. Quellen: OECD, Weltbank.

CO_2-Emissionen: Kohlendioxid-Emissionen resultieren aus der Produktion und dem Verbrauch fossiler Brennstoffe and der Herstellung von Zement. Quelle: Carbon Dioxide Information Analysis Center, Tennessee.

Devisenreserven: Bestand der Notenbank an international liquiden Reserven wie Banknoten, Wechsel, Verrechnungsguthaben, Sonderziehungsrechten und – in Ergänzung zu den vorherigen Bänden – an Gold. Quellen: IWF, Weltbank.

Dienstleistungen (Anteil) am BIP: Umfasst auch Bank- und anderer Finanzdienstleistungen. Hier konzipiert als statistische Restgröße (BIP minus Wertschöpfung von Landwirtschaft und Industrie). Quellen: OECD, Weltbank, UN Statistic Division.

Direktinvestitionen (ausländische): Direkte Netto-Investitionszuflüsse aus dem Ausland im Berichtsjahr, etwa durch Gründung von Tochterunternehmen, Unternehmensbeteiligungen, Immobilienerwerb, reinvestierte Gewinne und andere kurz- wie langfristige Kapitalbewegungen. Quelle: IWF.

Einkommensteuer (maximaler Satz): höchster Grenzsteuersatz. Quellen: PricewaterhouseCooper, Bundesfinanzministerium.

Einschulungsraten: Die hier benutzten Daten sind Netto-Einschulungsraten, also der Anteil der Eingeschulten aus den jeweils schulpflichtigen Altersklassen an der Gesamtzahl der korrespondierenden Altersklasse. Quelle: Unesco.

Einwohnerzahlen (Städte): Anzahl der innerhalb der Stadtgrenzen lebenden Menschen ohne die Bewohner des Stadtgürtels. Quelle: Europa World Yearbook.

Energieexport/import: Nettogröße in Öleinheiten, errechnet aus Energieproduktion minus Energieverbrauch. Quellen: IEA, UN Statistic Division.

Energieproduktion: umfasst alle Formen kommerzieller Primärenergie und primärer Elektrizität, gerechnet in (siehe) Öleinheiten. Quellen: IEA, UN Statistic Division.

Entwicklungshilfe, empfangene: Summe aller offiziellen von einem Land empfangenen öffentlichen Nettoleistungen (ODA) der so genannten DAC-Länder (Development Assistance Committee) innerhalb der OECD, multilateraler Stellen und einiger anderer, insbesondere arabischer Staaten. Nicht erfasst sind die Leistungen Chinas. Quellen: DAC, OECD.

Entwicklungshilfe, geleistete: Summe der offiziell geleisteten, öffentlichen bilateralen Transfers und Zahlungen an multilaterale Organisationen der Entwicklungszusammenarbeit. Quellen: DAC, OECD.

Ethnische Gruppen: Die Angaben sind oft Schätzungen und wenig aktuell. Quellen: Auswärtiges Amt, Europa World Yearbook, CIA World Fact Book.

Exporterlöse, Exportprodukte, Hauptausfuhrländer: Einnahmen aus der Ausfuhr von Gütern (f.o.b.). Anteile in Prozent der Gesamtausfuhren. Quellen: IWF, Europa World Yearbook.

Fernsehgeräte: Zahl der in Gebrauch befindlichen Fernsehgeräte pro Tausend Einwohner. Quelle: ITU.

Fläche: Die gesamte Fläche des Landes, also die Landfläche plus Binnengewässer und einige Küstenstraßen. Die Angaben können von Quelle zu Quelle stark schwanken, vor allem zwischen denen nationaler und internationaler Institutionen. Gründe sind unterschiedliche Zuordnungen politisch umstrittener Gebiete oder unterschiedliche Abgrenzungen von Binnengewässern. Quellen: Europa World Yearbook, FAO.

Flüchtlinge: Menschen, die ihr Land verlassen haben, weil sie dort wegen ihrer Rasse, Religion oder politischen Überzeugung verfolgt werden. Als Binnenflüchtlinge gelten Menschen, die vor Bürgerkriegen, Naturkatastrophen oder ähnlichen Gründen geflüchtet sind, aber in ihren Landesgrenzen bleiben. Quellen: UN High Commissioner for Refugees, Europa World Yearbook.

Flugpassagiere: Die Anzahl der beförderten Flugpassagiere umfasst sowohl die in- wie ausländischen Fluggäste von im Lande registrierten Carriern. Quelle: International Civil Aviation Organization.

Forschung und Entwicklung (Ausgaben für) am BSP: Umfasst Grundlagenforschung, experimentelle und angewandte Forschung, die zu neuen Geräten, Produkten oder Verfahren führt sowie alle Ausgaben für kreative und systematische Aktivitäten, die den Wissensfundus erhöhen. Quelle: Unesco.

Frauen (Anteil an der Beschäftigung): Anteil der beschäftigten Frauen am Potenzial der ökonomisch aktiven Gesamtbevölkerung (▸Arbeitslosigkeit). Quelle: ILO.

Fruchtbarkeitsrate: Durchschnittliche Anzahl der Kinder, die eine Frau gebären würde, wenn sie in jeder Altersstufe in Übereinstimmung mit der altersspezifischen Fruchtbarkeitsrate Kinder zur Welt brächte. Quellen: WHO, Unicef.

Geschützte Gebiete: Ganz oder teilweise geschützte Gebiete größer als 1000 Hektar, die unter die Kriterien des World Conservation Monitoring Centre's (WCMC) fallen. Quelle: WCMC.

Gesundheitsausgaben (öffentliche) am BIP: Umfasst die einschlägigen Ausgaben aller Gebietskörperschaften und die der gesetzlichen Sozialversicherungshaushalte. Quellen: WHO, OECD, Weltbank.

Haushaltsdefizit am BIP: Defizit nur des Zentralhaushalts, nicht aller Gebietskörperschaften und Nebenhaushalte. Die hier ausgewiesene Größe korrespondiert also nicht mit dem bekannten 3-Prozent-Maastricht-Kriterium. Quelle: IWF.

Hightech-Exporte: Ausfuhr von Gütern mit hohem Forschungs- und Entwicklungsaufwand, etwa Produkte aus Luft-und Raumfahrt, dem IT-oder Pharma-Bereich. Quelle: UN Comtrade.

HIV-Infektionsrate: Prozentzahl der Erwachsenen-Bevölkerung, die mit HIV infiziert sind. Quelle: UN Aids.

Importausgaben, Importprodukte, Haupteinfuhrländer: Ausgaben für die Einfuhr von Gütern (meist f.o.b., manchmal c.i.f.). Angaben in Prozent an der Gesamteinfuhr. Quellen: IWF, Europa World Yearbook.

Industrie (Anteil) am BIP: Umfasst verarbeitendes Gewerbe, Bergbau, Bau, Elektrizität, Gas und Wasser. Quellen: OECD, Weltbank, UN Statistic Division.

Inflationsrate: Preissteigerung der Lebenshaltungskosten (consumer price index) im Vergleich zum Vorjahr. Quellen: IWF, OECD.

Informations- und Kommunikationstechnologien (Ausgaben für IuK) am BIP: Umfasst die Ausgaben von Unternehmen, privater Haushalte, Gebietskörperschaften und Bildungseinrichtungen für Informationstechnologie, Telekommunikation und anderes Büroequipment. Quellen: World Information Technology and Service Alliance (WITSA), ITU.

Internet-Zugänge: Zahl der »Hosts«, die direkten Zugang ins Internet ermöglichen pro 1000 Einwohner.

Kinderarbeit: Anteil der ökonomisch aktiven 10- bis 14-Jährigen an ihrer Altersklasse. Die Daten sind oft lückenhaft und systematisch zu gering ausgewiesen, weil etwa unbezahlte Haushaltshilfen und Landarbeit nicht erfasst werden. Quelle: ILO.

Kinderunterernährung: Prozentanteil der Kinder unter 5 Jahren, die unterernährt sind. Unterernährung wird gemessen an der Abweichung vom internationalen Durchschnittsgewicht gut ernährter Kinder der jeweiligen Altersklasse. Quelle: WHO.

Körperschaftsteuer (maximaler Satz): höchster Grenzsteuersatz. Quellen: PricewaterhouseCooper, Bundesfinanzministerium.

Krankenhausbetten: Zahl der privaten und öffentlichen Krankenhausbetten pro 1000 Einwohner. Daten stammen aus den neunziger Jahren. Quellen: OECD, WHO.

Landwirtschaft (Anteil) am BIP: Umfasst auch Forst- und Fischereiwirtschaft. Quellen: OECD, Weltbank, UN Statistic Division.

Landwirtschaftliche Nutzfläche: Anteil der genutzten Anbau- und Weideflächen an der Landfläche (▸Fläche). Quelle: FAO.

Lebenserwartung: geschätzte Zahl der Lebensjahre bei Geburt, berechnet auf der Grundlage der gegenwärtigen Sterberaten. Quelle: Weltbank.

Leistungsbilanz: Teil der Zahlungsbilanz. Summe aus Handels-, Dienstleistungs- und Übertragungsbilanz. Umfasst also den Export und Import von Waren und Dienstleistungen sowie die Übertragungen, etwa die Überweisungen ausländischer Arbeitnehmer in ihre Heimatländer. Quelle: IWF.

Marktkapitalisierung am BIP: Die Marktkapitalisierung ergibt sich als Produkt von Kurs mal Zahl der im Umlauf befindlichen Aktien. Quellen: Standard & Poor's, Weltbank.

Militärausgaben am BSP: Militärausgaben des Verteidigungsministeriums und anderer Etats, abzüglich ziviler Ausgaben des Verteidigungsministeriums. Quellen: US Department of State: World Military Expenditures and Arms Transfers, IISS.

Motorisierung (Kfz/1000 Einw.): Berücksichtigt sind Pkw, Lkw und Busse, aber keine Zweiräder. Quelle: International Road Federation (IRF).

Müttersterblichkeit: Anzahl der gestorbenen Frauen während der Schwangerschaft oder der Geburt pro 100 000 Lebendgeburten. Quelle: Kenneth Hill, Carla AbouZhar, Tessa Worldlaw: Estimates of Maternal Mortality for 1995 (2001), WHO.

Name des Staates und seiner Bewohner: offizielle deutsche Bezeichnung nach Angaben des Auswärtigen Amtes.

Öleinheit (ÖE): Maß für den Energieverbrauch. 1 kg ÖE = 42 000 Kilojoule = 10 000 Kilokalorien.

PC: Zahl der Personal Computer (in Abgrenzung zum Mainframe) pro 1000 Einwohner. Quelle: ITU.

Radioempfänger: Zahl der in Gebrauch befindlichen Radiogeräte pro 1000 Einwohner. Quelle: Unesco.

Säuglingssterblichkeit: Zahl der gestorbenen Kinder unter einem Jahr pro 1000 Lebendgeburten. Quellen: Unicef, UN Statistic Division.

Religionen: Angaben zu den wichtigsten religiösen Bekenntnissen. Die Angaben beruhen oft auf Schätzungen und sind nur selten aktuell. Quellen: Auswärtiges Amt, CIA World Fact Book, Europa World Yearbook, International Committee for Religious Freedom.

Schienennetz (in km): Quellen: World Bank's Railway Database; Europa World Yearbook.

Schuldendienst am BSP: Höhe der Zins- und Tilgungsleistungen auf lang- und kurzfristige Auslandsschulden. Quellen: Weltbank, IWF.

Schulpflicht: Offizielle Angaben. Die Daten sagen in manchen Ländern nicht viel über die tatsächlichen Verhältnisse aus. Quelle: Europa World Yearbook.

Sprachen, Amtssprache(n): Die Amtssprache ist die offizielle Sprache in einem Staat. Die Angaben zu den weiteren Sprachen sind selten aktuell. Für Afrika und Asien sind oft nur Sprachengruppen angegeben. Quellen: Auswärtiges Amt, Europa World Yearbook, CIA World Fact Book

Staatsausgaben/Staatseinnahmen: Summe aller Ausgaben/Einnahmen des Zentralstaates, der übrigen Gebietskörperschaften und der Nebenhaushalte. In den vorhergehenden Bänden wurden nur die entsprechenden Beträge der Zentral- bzw. Bundeshaushalte berichtet. Quelle: Statistisches Bundesamt.

Staatsform, Unabhängigkeitsdatum, Verfassung, Regierung, Parlament, Wahlrecht etc.: Stand: Sommer 2002. Quellen: Auswärtiges Amt, Europa World Yearbook, dpa, Munzinger.

Steueraufkommen am BIP: alle Steuern, aber keine Abgaben, Zölle, Strafen oder Sozialversicherungsbeiträge. Quelle: IWF.

Streitkräfte: Die Zahlen der einzelnen Waffengattungen Armee, Luftstreitkräfte und Marine zusammen addiert, ergeben oft einen geringeren Wert als die Zahl der der Gesamt-Streitkräfte, da diese noch andere Größen, etwa paramilitärische Milizen, beinhalten kann. Quelle: IISS.

Tageszeitungen: Größte Tageszeitungen und ihre Auflagen, Gesamtauflage. Quelle: Europa World Yearbook.

Telefonanschlüsse, Mobiltelefone: Zahl der Anschlüsse pro Tausend Einwohner, die einen Kunden mit einem Netzwerk verbinden – also normalerweise eine Telefonnummer. Quelle: ITU.

Touristen: Zahl der Besucher eines Landes, die nicht in diesem Lande leben und die nicht auf Grund einer bezahlten Tätigkeit ins Land kommen. Quelle: World Tourism Organization.

Tourismuseinahmen: Einnahmen durch ausländische Touristen im Inland, inklusive der diesbezüglichen Einnahmen der nationalen Fluglinien. Quelle: World Tourism Organization.

Universitäten: Quellen: World of Learning, Europa World Yearbook.

Wachstumsrate des BIP: ▸Bruttoinlandsprodukt.

Zugang zu sauberem Trinkwasser: Anteil der Bevölkerung, die Zugang zu mindestens 20 Liter gesundheitlich unbedenklichem Wasser pro Person täglich hat, wobei sich die Quelle nicht weiter als 1 km vom Wohnort entfernt befindet. Quellen: WHO, Unicef.

Zugang zu sanitären Anlagen: Anteil der Bevölkerung, die angemessenen Zugang zu hygienischen sanitären Anlagen hat, einschließlich Latrinen im Freien. Quellen: WHO, Unicef.

Türme des WTC im New Yorker Stadtteil Manhattan während des Terroranschlags

Wichtige Ereignisse seit September 2001

SEPTEMBER 2001

1. Das Berliner Abgeordnetenhaus beschließt seine Auflösung. Als Termin für Neuwahlen wird der 21. Oktober bestimmt.

1. Deutschlands Nationalelf verliert das Qualifikationsspiel zur Fußballweltmeisterschaft gegen England mit 1:5 und steckt die höchste Heimniederlage seit 70 Jahren ein.

3. Nach acht Tagen an Bord des norwegischen Frachters »Tampa«, der sie aus Seenot gerettet hatte, steigen 433 überwiegend afghanische Bootsflüchtlinge auf ein australisches Kriegsschiff um. Sie werden über Papua-Neuguinea nach Neuseeland und in die kleine Inselrepublik Nauru gebracht. Australiens Weigerung, die Flüchtlinge aufzunehmen, ist weltweit auf scharfe Kritik gestoßen (▸Australien).

3. Der US-Konzern Hewlett-Packard kündigt die Fusion mit dem Konkurrenten Compaq an.

4. In Kabul beginnt vor einem islamischen Gericht der Prozess gegen acht Mitarbeiter der Hilfsorganisation »Shelter Now«. Ihnen wird vorgeworfen, christliche Missionierung betrieben zu haben.

6. Nach zähen Verhandlungen billigt das Parlament in Skopje den Friedensplan, nach dem die albanische Minderheit in Mazedonien mehr Rechte bekommen soll.

8. Die Anti-Rassismus-Konferenz der Uno im südafrikanischen Durban geht zu Ende. Streitpunkte waren vor allem ein Schuldanerkenntnis von Sklaverei und Kolonialisierung sowie der Nahost-Konflikt. Die USA und Israel hatten die Konferenz schon vorzeitig verlassen, weil die Palästinenser und arabische Länder Israel als rassistischen Staat anprangern wollten.

9. Bundespräsident Johannes Rau eröffnet in Berlin das Jüdische Museum, das der amerikanische Architekt Daniel Libeskind entworfen hat. Die ständige Ausstellung zeichnet mit Alltagsobjekten, Dokumenten und Kunstwerken die Geschichte der Juden in Deutschland nach.

9. In der afghanischen Provinz Takhar wird auf den Anführer der Nordallianz, Ahmed Schah Massud, ein Bombenattentat verübt. Fünf Tage später erliegt er seinen Verletzungen.

11. Die USA werden von dem verheerendsten Anschlag in der Geschichte des internationalen Terrorismus getroffen. Gegen neun Uhr Ortszeit rammen zwei entführte Verkehrsflugzeuge die Türme des World Trade Center (WTC) im New Yorker Stadtteil Manhattan. Wenig später zerstört ein dritter Passagierjet den Flügel des Verteidigungsministeriums (Pentagon) in Washington. Eine vierte Maschine stürzt bei Shanksville in Pennsylvania auf freiem Feld ab. 19 arabische Ter-

roristen sind an der Aktion beteiligt, bei der sie zusammen mit 246 Menschen an Bord der Flugzeuge den Tod finden. Von den Trümmern des WTC und des Pentagon werden 2797 Menschen begraben. Allein 343 Feuerwehrleute sterben beim Einsturz der Türme (▸USA).
13. US-Außenminister Colin Powell bezeichnet den mutmaßlichen Terroristenführer Osama Bin Laden als den Hauptverdächtigen für die Anschläge in den USA.
13. Nach Angaben des Generalbundesanwalts Kay Nehm haben vermutlich drei der Selbstmordattentäter lange in Hamburg gelebt und dort eine terroristische Vereinigung gebildet mit dem Ziel, zusammen mit anderen Extremisten den Anschlag in den USA auszuführen.
16. US-Präsident George W. Bush kündigt einen »breit angelegten Feldzug« gegen den internationalen Terrorismus und dessen Helfer an.
17. Der Dow-Jones-Index stürzt am Tag der Börsenwiedereröffnung um 684,81 Punkte oder 7,13 Prozent ab. Das ist der größte Punkte-Einbruch in seiner Geschichte.
19. Als Folge der Terroranschläge in New York will der Flugzeughersteller Boeing bis Ende 2002 an die 30000 Mitarbeiter entlassen. Auch Angestellte von Fluggesellschaften wird es hart treffen: 100000 sollen ihren Job verlieren.
19. Das Bundeskabinett beschließt die Erhöhung der Tabak- und der Versicherungssteuer. Mit den Einnahmen von rund drei Milliarden Mark soll der Terrorismus bekämpft werden.
21. US-Präsident Bush fordert Afghanistan auf, den mutmaßlichen Terroristenführer Bin Laden auszuliefern. Das Taliban-Regime lehnt ab.
21. Bei einer Explosion in einer Düngemittel-Fabrik im südfranzösischen Toulouse kommen 30 Menschen ums Leben, über 2000 werden verletzt. Nach Ansicht von Experten ist die Katastrophe das Ergebnis einer Reaktion von 300 Tonnen Ammoniumnitrat mit einem Chlorprodukt.
23. Nach 44 Jahren Machtwechsel in Hamburg: Bei der Bürgerschaftswahl verlieren SPD mit 36,5 Prozent der Stimmen (im Vergleich zu 1997: + 0,3) und Grüne/GAL mit 8,5 Prozent (- 5,4) die Mehrheit. Die CDU erhält 26,2 (- 4,5), die FDP 5,1 (+ 1,6) und die erst 14 Monate zuvor gegründete Schill-Partei sensationelle 19,4 Prozent. Ole von Beust (CDU) soll SPD-Bürgermeister Ortwin Runde ablösen.
25. Als erster russischer Präsident hält Wladimir Putin eine Rede vor dem Bundestag, größtenteils in fließendem Deutsch. Er signalisiert Russlands Interesse an einem Beitritt zur Nato.
27. Der Bundestag beschließt mit großer Mehrheit, bis zu 600 Soldaten für die verlängerte Nato-Mission unter deutscher Führung in Mazedonien bereitzustellen.
27. Ein als Polizist verkleideter Amokläufer erschießt im Parlament des Schweizer Kantons Zug 14 Regierungsmitglieder, Abgeordnete und begeht dann Selbstmord. Er wollte sich für die Abweisung mehrerer Anzeigen wegen Amtsmissbrauchs gegen Regierungsmitglieder rächen.

OKTOBER 2001

1. In Deutschland beginnt die Rasterfahndung nach mutmaßlichen Terroristen, nachdem sich die Innenminister von Bund und Ländern auf einheitliche Kriterien geeinigt haben. Ziel der Ermittlungsbehörden ist, so genannte Schläfer aufzuspüren, die unauffällig in Deutschland leben und auf ihren terroristischen Einsatz warten.
2. Zum ersten Mal in ihrer 52-jährigen Geschichte stellen die Staaten des Nordatlantikpakts den Bündnisfall fest: Alle Nato-Mitglieder sind nun den USA zum Beistand verpflichtet.
5. Die deutsche Wirtschaft überweist ihren letzten Teilbetrag an die Berliner Entschädigungsstiftung für ehemalige Zwangsarbeiter. Damit hat die Industrie ihren Anteil in Höhe von fünf Milliarden Mark eingebracht. Die andere Hälfte trägt der Staat.
7. Knapp vier Wochen nach den Terroranschlägen in New York und Washington greifen amerikanische und britische Streitkräfte Taliban-Stellungen in Afghanistan an. In einem Video ruft Osama Bin Laden Muslime in aller Welt zum »Heiligen Krieg« auf und rechtfertigt die Anschläge vom 11. September (▸Afghanistan).
8. Auf dem Mailänder Flughafen Linate kollidiert eine Linienmaschine der skandinavischen SAS beim Start mit einem deutschen Privatflugzeug. 118 Menschen kommen ums Leben.

Terroristen-Chef Osama Bin Laden

Geborgenes Atom-U-Boot »Kursk« im Hafen von Rosljakowo bei Murmansk

Zur Zeit des Unglücks herrscht dichter Nebel, das Bodenradar ist seit einem Jahr defekt.

8. Rund 14 Monate nach seinem Untergang wird das russische Atom-U-Boot »Kursk« in der Barentssee gehoben und in eine Bucht vor Murmansk geschleppt. Das U-Boot war mit 118 Mann im vorvergangenen August nach der Explosion eigener Torpedos gesunken.

9. Der aus Heidelberg stammende Wolfgang Ketterle, seit elf Jahren in den USA am Massachusetts Institute of Technology, erhält gemeinsam mit seinen US-Kollegen Eric Cornell und Carl Wieman den Nobelpreis für Physik.

11. Dem auf Trinidad geborenen britischen Schriftsteller V. S. Naipaul wird der Nobelpreis für Literatur zuerkannt. Einen Tag später erhalten die Vereinten Nationen und ihr Generalsekretär Kofi Annan den Friedensnobelpreis.

12. Die Ukraine gibt acht Tage nach dem Absturz einer russischen Passagiermaschine über dem Schwarzen Meer zu, das Flugzeug bei einem Manöver versehentlich abgeschossen zu haben.

Ehepaar Graf/Agassi mit Sohn Jaden Gil

14. Michael Schumacher gewinnt im japanischen Suzuka erneut die Weltmeisterschaft in der Formel 1.

17. Palästinenser erschießen in einem Jerusalemer Hotel den israelischen Tourismusminister Rechawam Seewi. Der ultrarechte Politiker hatte erst zwei Tage vorher aus Protest gegen die nach seiner Ansicht »zu weiche« Politik gegenüber den Palästinensern seinen Rücktritt aus der Regierung bekannt gegeben.

17. Wegen der Gefahr von Milzbrandinfektionen wird das US-Abgeordnetenhaus geschlossen. Bei über 30 Mitarbeitern des demokratischen Senatsführers Tom Daschle und Capitol-Politikern waren Anthraxsporen nachgewiesen worden.

19. Der Bundestag verabschiedet das neue Prostitutionsgesetz, nach dem Huren und Callboys von Bordellbetreibern sozialversichert werden müssen. Außerdem können Prostituierte ihren Lohn künftig einklagen, da ihre Dienstleistung nicht mehr als sittenwidrig gilt.

21. Aus den Wahlen zum Berliner Abgeordnetenhaus geht die SPD mit ihrem Spitzenkandidaten Klaus Wowereit als stärkste Partei hervor. Sie erhält 29,7 Prozent (+ 7,3), während die CDU 17,1 Punkte verliert und nur noch auf 23,7 Prozent kommt. Damit liegt sie nur knapp vor der PDS mit 22,6 Prozent (+ 4,9). Die FDP ist mit 9,9 Prozent (+ 7,7) wieder im Parlament vertreten, während die Grünen bei 9,1 Prozent (- 0,8) landen.

22. Zwei Postangestellte in Washington sterben an Lungenmilzbrand.

22. Steffi Graf und Andre Agassi heiraten heimlich in Las Vegas. Vier Tage später bringt die ehemals weltbeste Tennisspielerin ihren Sohn Jaden Gil zur Welt.

24. Der frühere RAF-Terrorist Rolf Heißler wird nach 18 Jahren aus dem Gefängnis entlassen. Heißler und die Terroristin Adelheid Schulz waren 1978 an einer Schießerei mit vier holländischen Grenzbeamten beteiligt, bei der zwei Beamte starben.

24. Die Sonde »2001 Mars Odyssey« schwenkt nach sechsmonatiger Reise in die Umlaufbahn des Roten Planeten ein. Hauptaufgaben der Sonde sind die Suche nach Wasser und möglichen Landeplätzen für künftige Missionen.

24. Beim schwersten Tunnelunglück in der Geschichte der Schweiz kommen im Gotthard-Tunnel elf Menschen um, darunter vier Deutsche. Zwei Lastwagen waren frontal zusammengestoßen und samt einer Reifenladung in Flammen aufgegangen (▸Schweiz).

26. Die Taliban nehmen den von den USA unterstützten Milizenführer Abdul Haq gefangen und richten ihn hin.

26. Lockheed Martin erhält den größten Rüstungsauftrag, der jemals in den USA vergeben wurde. Das Unternehmen wird das neue Kampfflugzeug für

die Streitkräfte bauen. Es geht um 3000 Maschinen, die zusammen 200 Milliarden US-Dollar kosten sollen.
30. Gut zwei Jahre nach der Entscheidung des Bundestages für das Holocaust-Mahnmal beginnen in Berlin die Bauarbeiten. Die von dem amerikanischen Architekten Peter Eisenman entworfene Erinnerungsstätte mit 2700 Betonstelen zwischen Brandenburger Tor und Potsdamer Platz soll an die ermordeten Juden Europas erinnern.
31. Der Christdemokrat Ole von Beust wird in Hamburg zum Ersten Bürgermeister gewählt. Sein Stellvertreter und Innensenator ist der Rechtspopulist Ronald Schill.

NOVEMBER 2001

1. Die Berliner Staatsanwaltschaft stellt das Ermittlungsverfahren wegen uneidlicher Falschaussage gegen den Ex-CDU-Chef Wolfgang Schäuble und die frühere CDU-Schatzmeisterin Brigitte Baumeister ein. Die sich widersprechenden Aussagen der beiden zur Übergabe einer 100 000-Mark-Spende des Waffenlobbyisten Karlheinz Schreiber seien nicht zu widerlegen.
2. Das Uno-Kriegsverbrechertribunal in Den Haag verurteilt fünf bosnische Serben zu Haftstrafen zwischen 5 und 25 Jahren. Es sei erwiesen, dass die ehemaligen Aufseher im Lager Omarska in Zentralbosnien muslimische und kroatische Zivilisten sadistisch folterten, vergewaltigten und ermordeten.
3. Das Robert-Koch-Institut in Berlin gibt Entwarnung: Weder in einem verdächtigen Brief aus Thüringen noch in Paketen in Schleswig-Holstein hätten sich Milzbrand-Erreger befunden. In Neumünster gesteht ein 30-jähriger Arbeitsloser, die Pakete als »Kunstaktion« verteilt zu haben.

Gotthard-Tunnel nach Unfall

6. David Trimble ist wieder nordirischer Regierungschef. Im Juli war der Friedensnobelpreisträger aus Protest gegen die nicht stattfindende Entwaffnung der katholischen Untergrundbewegung IRA zurückgetreten. Im Oktober allerdings hatte die IRA einen großen Teil ihrer Waffen abgegeben und somit Trimbles Bereitschaft zur Kandidatur ermöglicht.
7. Als erste EU-Fluggesellschaft hat die belgische Sabena nach den Terroranschlägen in den USA Konkurs angemeldet. Auf dem Flughafen in Brüssel protestieren Tausende Angestellte gegen den Verlust ihrer Arbeitsplätze.

Demonstrierende Mitarbeiter nach Sabena-Konkursanmeldung

11. Die Weltklimakonferenz in Marrakesch endet nach zwei Wochen mit einem Kompromiss: Die Staatengemeinschaft einigt sich auf ein gesetzliches Regelwerk zur Verminderung klimaschädlicher Treibhausgase. Damit kann das Klimaschutzprotokoll von Kyoto aus dem Jahr 1997 in Kraft

Freigelassene deutsche Mitarbeiter der Hilfsorganisation »Shelter Now«

treten. Die USA unterzeichneten als einzige größere Industrienation nicht.

12. Ein Airbus A-300 der Fluglinie American Airlines stürzt kurz nach dem Start in den New Yorker Stadtteil Queens. Alle 260 Insassen des Flugzeugs und 5 Bewohner der zerstörten Häuser kommen ums Leben. Es gibt keine Beweise für einen terroristischen Anschlag, als Unglücksursache nennt die amerikanische Verkehrssicherheitsbehörde den »unangemessenen Einsatz des Seitenruders in einer bestimmten Fluglage«.

13. Mehr als 15 Jahre nach dem Bombenattentat auf die Berliner Discothek »La Belle« werden die Urteile gesprochen: Das Berliner Landgericht verurteilt vier Angeklagte wegen Mordes, Mordversuchs und Beihilfe zum Mord zu Haftstrafen zwischen 12 und 14 Jahren. Die fünfte Angeklagte, eine deutsche Frau, wird freigesprochen. Bei dem Anschlag in der vorwiegend von US-Soldaten besuchten Discothek waren 3 Menschen getötet und mehr als 200 verletzt worden. Nach Ansicht des Gerichts ist das Attentat vom libyschen Geheimdienst geplant worden (▸Libyen).

13. Truppen der afghanischen Nordallianz rücken, entgegen dem Wunsch der USA, in die Hauptstadt Kabul ein. Die Taliban flüchten Richtung Süden.

14. Durch einen 4:1-Sieg gegen die Ukraine sichert sich die deutsche Fußball-Nationalmannschaft ihre Teilnahme an der Weltmeisterschaft in Japan und Südkorea.

15. Die von den Taliban drei Monate lang festgehaltenen acht Mitarbeiter der Hilfsorganisation »Shelter Now«, darunter vier Deutsche, sind wieder frei. Ihnen war von den Taliban »christliche Missionierung« vorgeworfen worden. Bei einer Verurteilung durch das Kabuler Gericht hätte ihnen die Todesstrafe gedroht.

16. Der Bundestag spricht Bundeskanzler Gerhard Schröder das Vertrauen aus. Damit stimmen die Abgeordneten dem mit der Vertrauensfrage verbundenen Einsatz deutscher Soldaten im Krieg gegen den Terrorismus zu. Der Kanzler erhält 336 Stimmen, 2 mehr als erforderlich. Neben den Abgeordneten der CDU/CSU, FDP und PDS votieren 4 Abgeordnete seines Koalitionspartners, der Grünen, gegen Schröder.

20. Aus den Wahlen zum dänischen Folketing geht die rechtsliberale Partei Venstre des Oppositionsführers Anders Fogh Rasmussen mit 31,2 Prozent (+ 7,3) der Stimmen als Sieger hervor. Die Partei des bisher amtierenden sozialdemokratischen Regierungschefs Poul Nyrup Rasmussen wird mit 29,1 Prozent (- 6,9) nur noch zweitstärkste Kraft im dänischen Reichstag (▸Dänemark).

21. Das bisher höchste Bußgeld, 855 Millionen Euro, verhängt die Brüsseler EU-Kommission gegen acht Unternehmen der Chemiebranche wegen Preisabsprachen bei Vitaminpräparaten: Besonders hart trifft es den Schweizer Konzern Hoffmann-La Roche mit 462 Millionen Euro und die deutsche BASF, die 296 Millionen Euro nach Brüssel überweisen soll.

24. Die Delegierten des Grünen-Parteitags in Rostock stimmen mit großer Mehrheit für den Einsatz der Bundeswehr in Afghanistan und für den Verbleib in der Koalition mit der SPD.

25. Die Taliban-Hochburg Kunduz wird nach zehntägiger Belagerung von der Nordallianz eingenommen. Am gleichen Tag revoltieren inhaftierte Taliban-Söldner in der nordafghanischen Stadt Masar-i-Scharif. Der Aufstand wird nach drei Tagen niedergeschlagen, 600 Menschen, überwiegend Gefangene, sterben.

27. Bayern München gewinnt in Tokio zum zweiten Mal den Weltpokal. Im Endspiel gegen den Titelverteidiger Boca Juniors aus Argentinien erzielt

Kämpfer der afghanischen Nordallianz in Masar-i-Scharif

Abwehrspieler Samuel Kuffour in der Verlängerung den Treffer zum 1:0-Sieg.

28. In Hamburg wird Mounir al-Motassadeq, der marokkanische Freund des Todespiloten Mohammed Atta, verhaftet. Er soll ein Finanzgehilfe der Attentäter vom World Trade Center gewesen sein.

Schülerdemonstration gegen Sparmaßnahmen

29. Der Nationale Ethikrat befürwortet mit 14 von 25 Stimmen den Import menschlicher embryonaler Stammzellen zu Forschungszwecken unter strengen Auflagen.

DEZEMBER 2001

3. Mit tagelangen schweren Angriffen auf palästinensische Einrichtungen im Westjordanland und im Gaza-Streifen reagiert Israel auf die Selbstmordanschläge vom Wochenende. Drei Attentäter hatten sich in Jerusalem und Haifa in die Luft gesprengt und dabei 26 Israelis getötet und über 200 verletzt.

4. Die Organisation für Wirtschaftliche Zusammenarbeit (OECD) veröffentlicht in Berlin die Ergebnisse der weltweit größten Untersuchung schulischer Leistungen. Die »Pisa«-Studie stellt den deutschen Schülern und dem gesamten Schulsystem in Deutschland miserable Noten aus. Rund 265 000 Schüler aus 32 Industriestaaten nahmen an dem Vergleichs-Wettbewerb teil. Die 15-Jährigen wurden in Lesen, Mathematik und Naturwissenschaften getestet. Die besten Ergebnisse erzielten Schüler aus Finnland, Südkorea, Japan und Neuseeland. Deutschland landete im unteren Mittelfeld.

5. Vertreter der wichtigsten afghanischen Stämme und Volksgruppen einigen sich, moderiert von der Uno, auf dem Petersberg bei Bonn auf eine Übergangsregierung. An ihrer Spitze soll der gemäßigte Paschtunen-Führer Hamid Karzai stehen. Erste freie Wahlen sind in zwei Jahren geplant.

10. In London wird der erste Teil der Filmtrilogie »Der Herr der Ringe« uraufgeführt. Neben »Harry Potter«, der im November anlief, gilt der dreistündige Fantasy-Streifen als das Kino-Ereignis des Jahres.

12. Bundesinnenminister Otto Schily verbietet erstmals auf der Grundlage der neuen Terrorgesetze eine extremistische islamische Vereinigung: den Verein »Kalifatsstaat« unter ihrem als »Kalif von Köln« bekannten Führer Metin Kaplan. Betroffen sind ungefähr 1100 Mitglieder, das Vermögen der Organisation wird eingezogen.

13. Die rot-grüne Bundestagsmehrheit beschließt eine Autobahnmaut für Lastwagen. Abhängig von Achslast und Schadstoffausstoß soll von 2003

Restaurierter Schiefer Turm von Pisa

an zwischen 10 und 17 Cent pro Kilometer erhoben werden. Die Regierung erwartet jährliche Einnahmen von 3,4 Milliarden Euro.
13. Das US-Verteidigungsministerium veröffentlicht ein Amateurvideo, in dem Terroristenführer Bin Laden prahlt, über die Vorbereitung der Anschläge vom 11. September genau informiert gewesen zu sein.
14. Der Bundestag beschließt mit den Stimmen der Koalition den schrittweisen Ausstieg aus der Atomenergie. Der letzte Meiler soll in etwa 20 Jahren vom Netz gehen.
15. Fast zwölf Jahre nach seiner Schließung sind die Restaurierungsarbeiten am Schiefen Turm von Pisa abgeschlossen. Seine Neigung beträgt nur noch gut 4 Meter, also 44 Zentimeter weniger als bei Beginn der Arbeiten.
19. In den Schweizer Akten zur Leuna-Affäre gibt es nach Ansicht der Bundesanwaltschaft keine Hinweise für Schmiergeldzahlungen an deutsche Politiker.
20. Für die Stadt Berlin einigen sich SPD und PDS auf ein gemeinsames Regierungsprogramm.
22. Mit großer Mehrheit billigt der Bundestag die Entsendung von bis zu 1200 Soldaten für die Uno-Sicherheitstruppe in Afghanistan.
24. Israel verweigert dem Palästinenserführer Arafat die Fahrt zu den Weihnachtsfeiern in Betlehem.
26. Indien droht Pakistan im Konflikt um Kaschmir offen mit Krieg. Beide Länder haben Mittelstreckenraketen in Stellung gebracht. Auslöser der Spannungen war ein Anschlag auf das Parlament in Neu-Delhi, für das Indien von Pakistan unterstützte Terroristen verantwortlich macht. Bei dem Attentat starben 14 Menschen.

JANUAR 2002

1. In zwölf europäischen Ländern beginnt in der Neujahrsnacht die größte Geldtauschaktion aller Zeiten. Vielerorts bilden sich lange Schlangen vor den Geldautomaten, die seit Mitternacht Euro-Scheine ausgeben. Die Zentralbank in Frankfurt teilt mit, die Umstellung der Geldautomaten und Konten habe problemlos geklappt.
2. Die deutsche Marine beteiligt sich am Anti-Terror-Krieg. Sechs Schiffe mit etwa 750 Soldaten an Bord laufen in Wilhelmshaven aus und sollen die Seewege im Golf von Aden sichern.
6. Als erstem Skispringer gelingt es dem Schwarzwälder Sven Hannawald, sämtliche Springen einer Vier-Schanzen-Tournee zu gewinnen.
7. Der französische Modeschöpfer Yves Saint-Laurent gibt seinen Rücktritt bekannt. Über 40 Jahre hat der Couturier zusammen mit anderen Stars wie Coco Chanel und Christian Dior die Mode entscheidend geprägt.
11. Der bayerische Ministerpräsident Edmund Stoiber wird Kanzlerkandidat der Union. Auf der Klausurtagung in Magdeburg erklärt CDU-Chefin Angela Merkel ihren Verzicht zu Gunsten des CSU-Vorsitzenden. Noch fünf Tage zuvor hatte Merkel ihre Bereitschaft zu einer Kandidatur bekundet.
15. Das Schlachten von Tieren ohne Betäubung (»Schächten«) ist muslimischen Metzgern in Deutschland künftig erlaubt, entscheidet das Bundesverfassungsgericht.
16. Von Affären zermürbt, kündigt Sachsens Ministerpräsident Kurt Biedenkopf zwei Jahre vor Ende der Legislaturperiode seinen vorzeitigen Rücktritt zum 18. April an.
17. Zwölf Jahre nach dem Mauerfall regiert in Berlin ein rot-roter Senat. Der PDS-Politiker Gregor Gysi wird Wirtschaftssenator und Stellvertreter des Regierenden Bürgermeisters Klaus Wowereit von der SPD.
22. Das Bundesverfassungsgericht sagt die Verhandlungstermine im Verbotsverfahren gegen die rechtsextreme NPD ab. Einer der 14 geladenen NPD-Funktionäre, der als Zeuge aussagen sollte, hatte bis 1995 als V-Mann für den Verfassungsschutz gearbeitet.
22. Das Unwort des Jahres 2001 lautet »Gotteskrieger«, gibt die Jury in Frankfurt bekannt: »Kein Glaube an

Jahreswechsel 2001/2002; der Euro löst die Mark als Zahlungsmittel ab

Unions-Kanzlerkandidat Edmund Stoiber

Eröffnung der XIX. Olympischen Winterspiele in Salt Lake City

einen Gott gleich welcher Religion kann einen Krieg oder gar Terroranschläge rechtfertigen.«

23. Dem von der rechtsgerichteten FPÖ initiierten Volksbegehren gegen das tschechische Atomkraftwerk Temelin haben sich 915 000 Bürger in Österreich angeschlossen. Mit ihrer Unterschrift wollten die Unterzeichner den Beitritt Tschechiens zur EU blockieren, wenn der Reaktor nicht abgeschaltet wird.

27. Bei einem Selbstmordanschlag in Jerusalem sprengt sich erstmals eine palästinensische Frau in die Luft. Ein Israeli stirbt, 150 Personen werden verletzt.

29. In einer Rede zur Lage der Nation bezeichnet US-Präsident Bush den Iran, den Irak und Nordkorea als »Achse des Bösen«.

30. Der Import embryonaler Stammzellen soll unter strengen Auflagen möglich sein, beschließt der Bundestag. Die Abgeordneten verständigen sich damit auf einen Kompromiss zwischen dem Schutz des ungeborenen Lebens und der Freiheit der Forschung.

FEBRUAR 2002

2. Der niederländische Thronfolger Willem-Alexander heiratet die Bürgerliche Máxima Zorreguieta aus Argentinien. Auf Druck der niederländischen Regierung wegen seiner Vergangenheit in Argentiniens Junta sagt der Vater der Braut die Teilnahme an den Feierlichkeiten ab.

4. Nach einer Untersuchung des Bundesrechnungshofes haben Arbeitsämter flächendeckend die Statistiken geschönt. Von 4487 prüfbaren gemeldeten Vermittlungen Arbeitsloser in fünf Ämtern erwies sich nur ein knappes Drittel als echt. Über 3000 waren fehlerhaft gebucht: Mal hatten die Arbeitsämter Jobs gezählt, die es gar nicht gab. Mal gaben sie es als ihre

Brautpaar Willem-Alexander und Máxima Zorreguieta in Amsterdam

Erfolge aus, wenn Arbeitslose und Betriebe auf eigene Initiative zueinander gefunden hatten.
7. Wim Duisenberg, Präsident der Europäischen Zentralbank, kündigte seinen Rücktritt zum 9. Juli 2003 an. An diesem Tag wird der Niederländer 68 Jahre alt.
8. US-Präsident George Bush eröffnet um 21:08 Uhr Ortszeit unter starken Sicherheitsvorkehrungen in Salt Lake City im Bundesstaat Utah die XIX. Olympischen Winterspiele.
12. Die EU-Kommission verzichtet auf den »Blauen Brief«, der Deutschland wegen des Haushaltdefizits gedroht hatte. Finanzminister Eichel sagt zu, Deutschland lege bis 2004 einen nahezu ausgeglichenen Gesamthaushalt vor.
12. Vor dem Kriegsverbrechertribunal in Den Haag beginnt der Prozess gegen den jugoslawischen Ex-Präsidenten Slobodan Milošević. Das Verfahren soll etwa zwei Jahre dauern.
16. Eberhard Diepgen, langjähriger Vorsitzender der Berliner CDU, tritt von seinem Amt zurück: Seine Partei hatte ihn bei der Aufstellung der Landesliste für die Bundestagswahl nicht berücksichtigt.
18. Opposition und Grüne werfen Verteidigungsminister Rudolf Scharping vor, ohne Zustimmung des Parlaments den Kauf von 73 Airbus-Transportern zugesagt zu haben und dabei Entschädigungsverpflichtungen eingegangen zu sein.
20. Bei einem Feuer sterben nahe Kairo mehr als 370 Zugreisende. Die Fenster der Waggons waren vergittert. Als Unglücksursache werden die Explosion einer Gasflasche und ein Kurzschluss genannt.
21. Vier Monate nach dem Attentat auf den israelischen Tourismusminister Rechawam Seewi nehmen palästinensische Sicherheitskräfte in Nablus drei mutmaßliche Täter fest.
22. Als Konsequenz aus der Arbeitsamt-Affäre soll die Bundesanstalt für Arbeit (BA) radikal umgebaut werden. Ein dreiköpfiger Vorstand unter Leitung des bisherigen rheinland-pfälzischen Sozialministers Florian Gerster (SPD) wird den bisherigen BA-Präsidenten Bernhard Jagoda ablösen.
23. Verkehrsminister Kurt Bodewig gibt bekannt, wie die Bundesmittel für den Bau der geplanten Transrapidstrecken zwischen Dortmund und Düsseldorf sowie zwischen Flughafen und Hauptbahnhof in München verteilt werden: Nordrhein-Westfalen soll 1,7 Milliarden Euro Zuschuss erhalten, Bayern 550 Millionen Euro.

Bergung von Leichen (bei Kairo)

24. Rebellen verschleppen im Süden Kolumbiens die Präsidentschaftskandidatin Ingrid Betancourt.
25. Die deutsche Mannschaft belegt bei den Olympischen Winterspielen in Salt Lake City in der Nationenwertung den ersten Platz vor Norwegen und den USA: Sie gewinnt insgesamt 12 Gold-, 16 Silber- und 7 Bronzemedaillen. Eisschnellläuferin Claudia Pechstein wird mit 4 Gold-, einer Silber- und 2 Bronzemedaillen erfolgreichste deutsche Winter-Olympinikin seit 1992. Am letzten Tag der Spiele sorgt der Wahl-Spanier Johann

Eisschnelllauf-Olympiasiegerin Claudia Pechstein

Oscar-Preisträger Denzel Washington, Halle Berry

Mühlegg für einen Skandal: Das IOC erkennt dem 31-jährigen Allgäuer die Goldmedaille im 50-km-Skilanglauf ab. Mühlegg hatte ein Blutdopingmittel genommen.
27. Bei einem Brandanschlag auf einen mit Hindus besetzten Zug im indischen Bundesstaat Gujarat werden 58 Menschen getötet. Bei der folgenden Welle der Gewalt kommen in den nächsten beiden Wochen mehr als 700 Inder um.

MÄRZ 2002

4. 54,6 Prozent der wahlberechtigten Schweizer sprechen sich bei einer Volksabstimmung für den Beitritt ihres Landes zu den Vereinten Nationen aus.
4. Der Kölner SPD-Spitzenpolitiker Norbert Rüther legt – ebenso wie wenig später der frühere Schatzmeister der Kölner SPD, Manfred Biciste – alle politischen Ämter nieder und tritt aus der Partei aus. Rüther gesteht, zwischen 1994 und 1999 rund 830 000 Mark als Barspenden angenommen und illegal in ein System schwarzer Kassen eingeschleust zu haben. Um die Herkunft der Gelder zu verschleiern, wurden mit Bicistes Hilfe getürkte Spendenquittungen über kleinere Beträge geschrieben und diese an Genossen ausgegeben.
6. In Afghanistan sterben zwei deutsche und drei dänische Soldaten bei dem vorschriftswidrigen Versuch, eine russische Boden-Luft-Rakete zu zerlegen.
8. Der Vatikan ordnet den Ausstieg des Bistums Limburg aus der staatlichen Konfliktberatung für Schwangere an. Das Bistum hatte als einzige deutsche Diözese noch Beratungsscheine ausgestellt.
9. Drei Jahre nach der Brandkatastrophe mit 39 Toten wird der Montblanc-Tunnel wieder für den Autoverkehr geöffnet.
14. Der jugoslawische Staatspräsident Vojislav Koštunica, der serbische Ministerpräsident Zoran Djindjić und Montenegros Präsident Milo Djukanović unterzeichnen ein Abkommen, nach dem aus Jugoslawien ein Staatenbündnis »Serbien und Montenegro« gebildet werden soll (▸Jugoslawien).
20. Das Bundeskabinett beschließt, ab 2003 ein Pfand von bis zu 50 Cent auf Getränkedosen und Einwegflaschen zu erheben.
22. Der Bundesrat beschließt die Annahme des Zuwanderungsgesetzes. Für Brandenburg stimmt Sozialminister Alwin Ziel (SPD) dem Gesetz zu, Innenminister Schönbohm (CDU) da-

Filmszene aus »Die Manns«

gegen. Bundesratspräsident Klaus Wowereit von der SPD wertet die anschließende Erklärung des SPD-Ministerpräsidenten Manfred Stolpe als Zustimmung Brandenburgs. Die CDU/CSU-Vertreter werfen Wowereit Verfassungsbruch vor und verlassen unter Protest den Saal.

22. Das Fernseh-Ereignis des Jahres ist der ARD-Fernseh-Dreiteiler »Die Manns«: Der von Heinrich Breloer inszenierte Film über das Leben und die Familie des Schriftstellers Thomas Mann erhält neun Adolf-Grimme-Preise in Gold.

23. Mehr als zwei Millionen Menschen demonstrieren in Rom gegen die Regierung Berlusconi und deren Absicht, den Kündigungsschutz zu lockern.

24. Erstmals in der Geschichte der Oscar-Verleihung erhält mit Halle Berry eine schwarze Schaupielerin den begehrten Preis. Berry und der Afroamerikaner Denzel Washington werden als beste Hauptdarsteller ausgezeichnet, dem 75-jährigen schwarzen Darsteller Sidney Poitier wird für seine »herausragende Schauspielkunst« ein Ehren-Oscar verliehen.

27. Das bislang größte Massaker seit Beginn der zweiten Intifada richtet ein Hamas-Selbstmörder in einem Hotel in Netanja an. Seine Sprengladung reißt ihn und 29 Israelis in den Tod. Bei 20 Terroranschlägen sterben in diesem Monat fast 100 Unbeteiligte, darunter viele Kinder und Frauen.

29. Israel mobilisiert 20 000 Reservisten und startet die Großoffensive »Operation Schutzwall«. Truppen rücken in die Autonomiestadt Ramallah ein, sie beschießen und umstellen den Amtssitz des Palästinenserpräsidenten und kappen die Versorgungsleitungen. Jassir Arafat ist von der Umwelt abgeschnitten.

30. Am Osterwochenende kommt es in Frankreich zu einer Welle von Gewalttaten gegen jüdische Einrichtungen. In Lyon, Straßburg und Marseille brennen Synagogen. Politiker schließen einen Zusammenhang mit Israels Vorgehen gegen die Palästinenser nicht aus.

APRIL 2002

1. In den Niederlanden tritt ein Gesetz in Kraft, das Ärzten erlaubt, aktive Sterbehilfe zu leisten.

2. Als sechste Palästinenserstadt besetzen israelische Truppen Dschenin. Nach mehrtägigen schweren Kämpfen beschuldigen Palästinenser Israel, im Flüchtlingslager ein Massaker angerichtet zu haben. Israel bestreitet diesen Vorwurf vehement.

Palästinenserin vor zerstörtem Haus in Dschenin

4. Nach 27 Jahren Bürgerkrieg in Angola unterzeichnen die Regierung und die Rebellenorganisation Unita ein Waffenstillstandsabkommen.

8. KirchMedia stellt beim Amtsgericht München Insolvenzantrag. Betroffen sind etwa der TV-Konzern ProSiebenSat.1 und der Filmrechtehandel, aber auch die Übertragungsrechte an der Fußball-Bundesliga. Bei einem Schuldenstand von rund 7,2 Milliarden Euro ist dies die größte Firmenpleite in der deutschen Nachkriegsgeschichte.

11. Auf der tunesischen Ferieninsel Djerba rammt ein mit Flüssiggas beladener Lastwagen eine Synagoge und explodiert. 19 Menschen, darunter 14 deutsche Touristen, kommen ums Leben. Während die tunesischen Behörden zunächst von einem Unfall sprechen, bestätigt sich bald die Vermutung deutscher Stellen, es habe sich um einen islamistischen Terroranschlag gehandelt.

16. Der ehemalige BMW-Vorstandschef Bernd Pischetsrieder rückt als neuer Vorstandsvorsitzender an die Spitze des Wolfsburger VW-Konzerns und wird Nachfolger von Ferdinand Piëch.

16. Vier Wochen vor den Parlamentswahlen tritt die niederländische Re-

Trauerfeier vor dem Erfurter Dom, sieben Tage nach dem Amoklauf im Johann-Gutenberg-Gymnasium

Dortmunder Spieler nach dem Gewinn der Deutschen Fußballmeisterschaft

gierung unter Ministerpräsident Wim Kok zurück. Ein Untersuchungsbericht hat ihr politische Mitverantwortung für das Versagen der holländischen Blauhelme beim Massaker im bosnischen Srebrenica 1995 zugewiesen.
17. US-Außenminister Colin Powell scheitert mit dem Versuch, einen Waffenstillstand zwischen Israel und den Palästinensern zu vermitteln.
19. Der Bundestag beschließt ein neues Parteiengesetz. Die Parteien müssen mehr Einblick in ihr Vermögen geben. Illegale Spendenpraktiken können mit Freiheitsstrafen von bis zu drei Jahren geahndet werden.
21. Der Rechtsradikale Jean-Marie Le Pen erreicht bei der französischen Präsidentschaftswahl 16,86 Prozent der Stimmen gegenüber 16,18 Prozent von Premierminister Lionel Jospin. Er fordert in der Stichwahl Amtsinhaber Jacques Chirac heraus (19,88 Prozent). Jospin kündigt noch am Abend seinen Rückzug aus der Politik an (▸Frankreich).
21. Die SPD mit Ministerpräsident Reinhard Höppner erreicht bei den Landtagswahlen in Sachsen-Anhalt nur noch 20 Prozent der Wählerstimmen gegenüber 35,9 Prozent bei der letzten Wahl. Die CDU legt 15,3 Prozentpunkte auf 37,3 Prozent zu. Zweitstärkste Partei wird die PDS mit 20,4 Prozent. Die Liberalen verbessern sich von 4,2 auf 13,3 Prozent, Grüne und Schill-Partei scheitern an der Fünf-Prozent-Klausel.
26. Im Erfurter Gutenberg-Gymnasium erschießt der Ex-Schüler Robert Steinhäuser mit einer Pumpgun 16 Menschen – 8 Lehrerinnen, 4 Lehrer, eine Schülerin, einen Schüler, eine Sekretärin und einen Polizisten. Anschließend tötet er sich selbst. Der 19-Jährige war wegen der Fälschung von Attesten an ein anderes Gymnasium verwiesen worden, das er jedoch nie aufsuchte.
30. Zu ihrem 50. Thronjubiläum verspricht Königin Elizabeth II. in einer Rede vor dem Parlament ihren Untertanen, sie denke nicht an Abdankung.

MAI 2002

2. Israel hebt nach 140 Tagen den Hausarrest von Palästinenserführer Arafat auf. Zuvor waren sechs Paläs-

tinenser, darunter vier des Mordes an Israels Tourismusminister Rechawam Seewi verdächtigte, internationalen Bewachern überstellt worden.
3. Mehr als 100 000 Menschen nehmen in Erfurt Abschied von den 16 Opfern des Amokläufers im Gutenberg-Gymnasium.
4. Borussia Dortmund wird am letzten Bundesliga-Spieltag zum sechsten Mal Deutscher Fußballmeister.
5. Jacques Chirac gewinnt mit über 82 Prozent der Stimmen erneut die Wahl zum französischen Staatspräsidenten. Der rechtsradikale Konkurrent Le Pen kommt auf 17,8 Prozent.
6. Ein 32-jähriger Tierschützer erschießt in Hilversum den niederländischen Politiker Pim Fortuyn. Der Rechtspopulist hatte erst im Februar eine Partei gegründet, die Liste Pim Fortuyn (▸Todesfälle).
10. Über 100 palästinensische Aktivisten verlassen nach mehr als fünf Wochen Belagerung die Geburtskirche in Betlehem. 13 von ihnen werden nach Zypern ausgeflogen. Die israelische Regierung hält sie für Terroristen.
12. Auf dem FDP-Parteitag in Mannheim küren die Delegierten ihren Vorsitzenden Guido Westerwelle zum Kanzlerkandidaten für die Bundestagswahl im September.
13. Russland und die USA verpflichten sich, zwei Drittel ihrer atomaren Sprengköpfe zu zerstören oder außer Dienst zu stellen.
15. Die Christdemokraten siegen bei den Parlamentswahlen in den Niederlanden und lösen den bisherigen Regierungschef Wim Kok ab. Seine sozialdemokratische Partei verliert fast die Hälfte ihrer Mandate. Die Liste des ermordeten Rechtspopulisten Pim Fortuyn wird zweitstärkste Partei.
15. Die Aufnahme des ehemaligen grünen Landtagsabgeordneten Jamal Karsli in die nordrhein-westfälische FDP löst heftigen Streit auch innerhalb der Partei aus. Der gebürtige Syrer Karsli hatte der Regierung Israels »Nazi-Methoden« im Kampf gegen die Palästinenser vorgeworfen.
17. Als erstes Land in der EU gibt Deutschland dem Tierschutz Verfassungsrang.
19. Sowohl Otto Schily für die Bundesregierung als auch CDU-Kanzlerkandidat Edmund Stoiber fordern Tschechien auf, die umstrittenen Beneš-Dekrete aufzuheben. Während Schily auf dem Pfingsttreffen der Sudetendeutschen sagt, dies würde »Klarheit schaffen«, erklärt Stoiber, dass die Aufhebung der Dekrete Bedingung für den EU-Beitritt Tschechiens sei. Tschechiens Ministerpräsident Miloš Zeman hatte die Vertreibung der Sudetendeutschen verteidigt.
22. Die Lage im Kaschmir-Konflikt spitzt sich weiter zu. Indiens Ministerpräsident Atal Behari Vajpayee droht mit einer »Entscheidungsschlacht«, während die Regierung in Islamabad erklärt, sie werde mit allen Mitteln zurückschlagen. Drei Tage später beginnt Pakistan mit dem Test von Raketen, die auch Nuklearsprengköpfe tragen können.
24. Monatelang haben Ökobetriebe mit Nitrofen verseuchten Weizen an Geflügel verfüttert. Der Einzelhandel nimmt zahlreiche Bio-Produkte aus den Regalen, mehr als 100 Bio-Betriebe werden gesperrt.
29. Der Herausgeber der *Frankfurter Allgemeine Zeitung,* Frank Schirrmacher, lehnt den Vorabdruck des Martin-Walser-Romans »Tod eines Kritikers« ab und wirft dem Autor ein »Repertoire antisemitischer Klischees« vor.
31. In der südkoreanischen Hauptstadt Seoul beginnt die 17. Fußball-Weltmeisterschaft. Die WM wird von Südkorea und Japan gemeinsam ausgerichtet.

JUNI 2002

1. Als Quelle der Nitrofen-Verunreinigungen im Futtergetreide wird eine Lagerhalle der Norddeutschen Saat-

Eröffnung der 17. Fußball-Weltmeisterschaft in Seoul

FDP-Politiker Jürgen Möllemann, Guido Westerwelle

Wiedergewählter französischer Präsident Jacques Chirac

und Pflanzgut AG in Mecklenburg-Vorpommern ausgemacht. In der Halle für Öko-Getreide wird nitrofenhaltiger Staub entdeckt. Zu DDR-Zeiten wurden hier hochgiftige Pflanzenschutzmittel gelagert.

5. Im Antisemitismus-Streit setzt sich der FDP-Vorsitzende Guido Westerwelle gegen seinen Stellvertreter Jürgen Möllemann durch. Westerwelle erzwingt per Ultimatum den Rückzug des wegen antiisraelischer Äußerungen umstrittenen Abgeordneten Jamal Karsli aus der von Möllemann geführten Düsseldorfer FDP-Landtagsfraktion. Möllemann entschuldigt sich für als antisemitisch empfundene Äußerungen bei den »jüdischen Menschen«. Er sorgt aber für neuen Zündstoff, weil er den Vizepräsidenten des Zentralrats der Juden in Deutschland, Michel Friedman, von seinem Bedauern ausnimmt.

8. Bundespräsident Johannes Rau eröffnet in Kassel die elfte Weltkunstschau Documenta.

12. Nach einem Urteil des Berliner Oberverwaltungsgerichts muss die CDU 21 Millionen Euro staatlicher Zuschüsse zurückzahlen. Die Sanktionen waren im Februar 2000 verhängt worden, weil die Bundes-CDU in ihrem Rechenschaftsbericht 18 Millionen Mark aus schwarzen Kassen ihres hessischen Landesverbandes nicht angegeben hatte. Die CDU kündigt eine Beschwerde an.

13. Die afghanische Große Ratsversammlung wählt Hamid Karzai zum Präsidenten.

13. In Köln werden drei Beschuldigte im Zusammenhang mit dem Korruptionsskandal um den Bau einer Müllverbrennungsanlage verhaftet: der frühere SPD-Bundespolitiker Karl Wienand, der Viersener Unternehmer Hellmut Trienekens und der ehemalige Fraktionschef der Kölner SPD, Norbert Rüther. Ihnen werden Bestechlichkeit oder Beihilfe zur Bestechung sowie Steuerhinterziehung vorgeworfen.

16. Das bürgerliche Lager um Präsident Jacques Chirac gewinnt mit großer Mehrheit auch den zweiten Durchgang der Parlamentswahlen in Frankreich.

17. Das Amtsgericht München eröffnet das Insolvenzverfahren gegen KirchMedia.

20. Bundespräsident Johannes Rau unterzeichnet das Zuwanderungsgesetz. Drei unionsgeführte Bundesländer kündigen daraufhin Klage vor dem Bundesverfassungsgericht an.

22. Gegen den Willen ihres Gründers Ronald Schill stimmen die Delegierten der Partei Rechtsstaatlicher Offensive für die Teilnahme an der Bundestagswahl.

25. Bundesbildungsministerin Edelgard Bulmahn stellt die Ergebnisse der so genannten Pisa-E-Studie vor. Bei dem innerdeutschen Schulleistungstest schneidet Bayern mit deutlichem Vorsprung vor allen anderen Bundesländern ab. Schlusslichter sind Brandenburg, Sachsen-Anhalt und Bremen.

26. Der brandenburgische SPD-Chef und Potsdamer Oberbürgermeister, Matthias Platzeck, ist neuer Ministerpräsident von Brandenburg. Vier Tage zuvor hatte Manfred Stolpe, dienstältester Regierungschef aller Bundesländer, seinen Rücktritt angekündigt: Er wolle einen Generationswechsel an der Regierungsspitze herbeiführen.

30. Brasilien gewinnt in Yokohama das Endspiel um die Fußball-Weltmeisterschaft mit 2:0 gegen Deutschland. Die Türkei besiegt tags zuvor im

WM-Finale Deutschland–Brasilien

Wrackteile der abgestürzten Tupolew-Passagiermaschine

Spiel um den dritten Platz Südkorea mit 3:1.

JULI 2002

1. Beim Zusammenstoß einer Frachtmaschine und eines russischen Passagierflugzeuges über dem Bodensee sterben 71 Menschen. Unter den Opfern sind 45 Kinder und Jugendliche aus Baschkirien, die auf dem Weg nach Spanien in die Ferien waren.
4. Als erster Ballonfahrer hat der US-Millionär Steve Fossett die Erde solo umrundet.
6. Radprofi Jan Ullrich gibt zu, bei einem Discobesuch Pillen genommen zu haben. Beim Tour-de-France-Sieger von 1997 waren in einer Dopingprobe im Juni verbotene Amphetamine gefunden worden.
16. Der Telekom-Vorstandsvorsitzende Ron Sommer bittet den Aufsichtsrat, ihn von seinen Aufgaben zu entbinden. Sommer geriet vor allem wegen der negativen Kursentwicklung der T-Aktie unter Druck. Befristet auf sechs Monate übernimmt der ehemalige Telekom-Aufsichtsratschef Helmut Sihler, 72, den Telekom-Vorsitz.
16. Der 1998 in die Türkei abgeschobene Serienstraftäter »Mehmet« darf wieder in Deutschland leben. Die Stadt München müsse ihm eine Aufenthaltsgenehmigung erteilen, entscheidet das Bundesverwaltungsgericht.
17. Das Bundesverfassungsgericht erklärt das Gesetz zu gleichgeschlechtlichen Lebenspartnerschaften für rechtens und weist eine Klage von Bayern, Sachsen und Thüringen ab.
18. Kanzler Schröder entlässt Verteidigungsminister Rudolf Scharping. Anlass waren Medienberichte über Honorarzahlungen in Höhe von 140 000 Mark, die Scharping von dem Frankfurter PR-Unternehmer Moritz Hunzinger erhalten hat. Nachfolger Scharpings wird der bisherige SPD-Fraktionsvorsitzende Peter Struck.
19. Der im Januar 2000 wegen Mordes in 15 Fällen verurteilte englische Arzt Harold Shipman soll weitere 200 Patienten umgebracht haben. Insgesamt wurden 888 Todesfälle in Shipmans Praxis bei Manchester geprüft.

Ballonfahrer Steve Fossett in seiner »Spirit of Freedom«

Formel-1-Pilot Michael Schumacher nach dem Gewinn des WM-Titels in Magny-Cours

21. Sechs Rennen vor Saisonende sichert sich Michael Schumacher mit einem Sieg im französischen Magny-Cours seinen fünften WM-Titel in der Formel 1.
22. Der US-Telefonkonzern WorldCom meldet Insolvenz an. Es ist die größte Pleite der amerikanischen Wirtschaftsgeschichte.
23. Das Sportgericht des Bundes Deutscher Radfahrer sperrt Jan Ullrich wegen Dopings für sechs Monate.
24. Das Europäische Patentamt widerruft das Patent für die kommerzielle Forschung mit tierischen und humanen embryonalen Stammzellen.
26. Der innenpolitische Sprecher der Grünen-Fraktion, Cem Özdemir, erklärt seinen Rückzug aus der Bundespolitik. Als Grund nennt er einen zinsgünstigen Kredit vom PR-Unternehmer Moritz Hunzinger sowie die private Nutzung von Bonusmeilen, die er auf dienstlichen Flügen erworben habe.

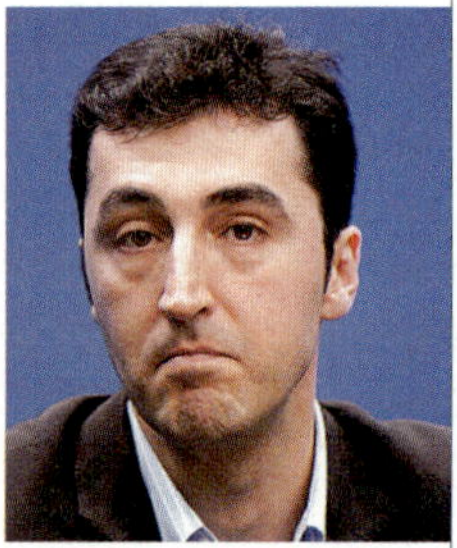

Zurückgetretener grüner Bundestagsabgeordneter Cem Özdemir

27. Bei einer Flugschau im ukrainischen Lwiw stürzt ein Kampfjet in die Zuschauermenge. 84 Menschen sterben, mehr als 100 werden verletzt.
29. Zum vierten Mal in Folge gewinnt der amerikanische Radprofi Lance Armstrong die Tour de France.
31. PDS-Politiker Gregor Gysi tritt als Berliner Bürgermeister und Wirtschaftssenator zurück und legt auch sein Abgeordnetenmandat nieder. Als Grund gibt Gysi an, dienstlich erworbene Bonusmeilen für private Urlaubsreisen genutzt zu haben.

AUGUST 2002

2. Die Mehrheit der Abgeordneten im türkischen Parlament stimmt für die Abschaffung der Todesstrafe.
5. Bundeskanzler Schröder und Außenminister Joschka Fischer lehnen eine deutsche Beteiligung an einem eventuellen Militärschlag gegen den Irak ab.
16. Eine von der Bundesregierung eingesetzte Kommission stellt ihre Vorschläge zum Abbau der Arbeitslosigkeit der Öffentlichkeit vor. Hauptpunkte des Konzepts, das von VW-Vorstand Peter Hartz erarbeitet wurde, sind die Ausweitung der Zeitarbeit sowie des Niedriglohn-Sektors.
18. Papst Johannes Paul II. hält vor über 2 Millionen Gläubigen eine Messe in Krakau. Er warnt eindringlich vor den Folgen der Gentechnik.
23. Starker Monsun-Regen in China führt zu Überschwemmungen, bei denen mindestens 900 Menschen den Tod finden. Entlang des Jangtse werden mehr als 600 000 Menschen evakuiert. Fast 1,7 Millionen Arbeiter und Soldaten versuchen, die Flutkatastrophe einzudämmen.
25. Der Kanzler und sein Herausforderer treten zum ersten Fernseh-Duell an. Experten und Zuschauer sind sich in ihrem Urteil einig: unentschieden.
26. Die spanische Justiz verbietet die radikale Baskenpartei Batasuna.

Überflutete Dreiflüssestadt Passau

DIE JAHRHUNDERTFLUT

Tagelange starke Regenfälle verursachen in mehreren europäischen Ländern gewaltige Überschwemmungen. In Österreich und Tschechien beginnt das Hochwasser in der zweiten Augustwoche, danach spitzt sich die Lage in Bayern und Ostdeutschland dramatisch zu.

Die Chronologie:

12. In Prag, Dresden und im Erzgebirge wird der Notstand ausgerufen. Auf Passau rollt eine Flutwelle zu.

13. In Sachsen sind mehrere Orte von der Außenwelt abgeschnitten. Teile Prags werden evakuiert.

14. Die Flutwelle erreicht Regensburg. Im Landkreis Bitterfeld in Sachsen-Anhalt tritt die Mulde über die Ufer und überschwemmt mehrere Orte. In Österreich beginnen die Aufräumarbeiten.

15. In Dresden und Pirna überflutet die Elbe die Innenstadt und setzt viele historische Gebäude unter Wasser. Der Pegelstand in Dresden beträgt 9,40 Meter, normal sind zwei Meter. Auch ins Stadtzentrum von Bitterfeld dringt Wasser vor. Im Raum Passau und Regensburg entspannt sich die Lage, die Donau sinkt leicht.

18. Nach einem Dammbruch im Landkreis Wittenberg in Sachsen-Anhalt bringen Hilfskräfte 40 000 Bewohner mehrerer Ortschaften in Sicherheit.

19. Die Flutwelle erreicht Norddeutschland. Hilfskräfte verstärken mit über einer Million Sandsäcke die Deiche in Mecklenburg-Vorpommern, Niedersachsen und Schleswig-Holstein. Im Landkreis Bitterfeld entspannt sich die Lage.

21. Umweltschützer befürchten, dass gefährliche Chemikalien aus Tschechien in die Elbe gelangt sind. Experten schätzen, dass die Flut allein in Sachsen Schäden in Höhe von 15 Milliarden Euro verursacht hat. 60 000 Menschen entlang der Elbe sind immer noch evakuiert.

24. Größere Schäden hat es im Norden nicht gegeben, allerdings setzt das Wasser den aufgeweichten Deichen stark zu. Rund 25 000 Soldaten sind noch im Einsatz und verstärken die Deiche mit Sandsäcken. Bundesweit sind durch die Katastrophe 20 Menschen umgekommen.

Das Hochwasser-Gebiet
Die Elbe und ihre Seitenflüsse

	Fläche (in km²)	Bevölkerung (Einw. in Mio.)	Bevölkerungsdichte (Einw. pro km²)	Bevölkerungswachstum (in Prozent)	Fruchtbarkeitsrate (Geburten pro Frau)	Lebenserwartung Männer (in Jahren)	Lebenserwartung Frauen (in Jahren)	Säuglingssterblichkeit (in Promille)	Analphabeten Männer (in Prozent)	Analphabeten Frauen (in Prozent)
Afghanistan	652 225	26,550	41	3,68	6,7	43	43	163	50	80
Ägypten	1 002 000	63,976	64	1,67	3,3	66	69	42	33	56
Albanien	28 748	3,411	124	0,63	2,1	72	76	20	8	23
Algerien	2 381 741	30,399	13	1,76	3,2	69	73	33	24	43
Andorra	468	0,067	149	4,08		80*				
Angola	1 246 700	13,134	11	2,99	6,6	45	48	128		
Antigua und Barbuda	442	0,068	155	0,31		75*				
Äquatorialguinea	28 051	0,457	16	2,82		51*			17*	
Argentinien	2 780 400	37,032	14	1,19	2,5	70	77	17	3	3
Armenien	29 800	3,200	135	0,06	1,3	71	77	15	1	2
Aserbaidschan	86 600	8,049	93	0,59	2,0	68	75	13		
Äthiopien	1 133 380	64,298	64	2,41	5,6	41	43	98	53	69
Australien	7 692 030	19,157	2	0,99	1,8	76	82	5		
Bahamas	13 939	0,303	30	1,25		69*			5*	
Bahrein	707	0,691	1 001	1,68		73*			12*	
Bangladesch	147 570	131,050	1 007	2,09	3,1	61	62	60	48	70
Barbados	430	0,267	621	0,35		75*				
Belgien	30 528	10,252	331	0,09	1,6	75	81	5		
Belize	22 965	0,240	11	1,89		74*			7*	
Benin	112 622	6,272	57	2,81	5,5	51	55	87	48	76
Bhutan	46 500	0,805	17	2,62		62*				
Bolivien	1 098 581	8,329	8	2,15	3,9	61	64	57	8	21
Bosnien-Herzegowina	51 129	3,977	78	1,13	1,6	71	76	13		
Botswana	581 730	1,602	3	0,54	4,0	39	39	58	25	20
Brasilien	8 547 404	170,406	20	1,22	2,2	64	72	32	15	15
Brunei	5 765	0,338	64	1,81		76*			8*	
Bulgarien	110 994	8,167	74	-0,98	1,3	68	75	13	1	2
Burkina Faso	274 200	11,274	41	3,01	6,5	44	45	104	66	86
Burundi	27 834	6,807	265	3,00	6,0	41	43	102	44	60
Chile	756 096	15,211	20	1,18	2,2	73	79	10	4	4
China (Republik)	36 006	22,216	612	0,81	1,8					
China (Volksrepublik)	9 572 421	1 262,460	135	0,71	1,9	69	72	32	8	4
Costa Rica	51 100	3,811	75	2,03	2,5	75	80	10	4	4
Dänemark	43 098	5,336	126	0,16	1,7	74	79	4		
Deutschland	357 022	82,403	231	0,20	1,4	74	81	4		
Dominica	751	0,073	97	-0,07		76*				
Dominikanische Republik	48 422	8,373	173	1,50	2,7	65	70	39	16	16
Dschibuti	23 200	0,632	27	1,03		46*			35*	
Ecuador	272 045	12,646	46	1,74	3,0	68	71	28	7	10

*gesamt Männer/Frauen

Bruttosozialprodukt (in Mrd. US$)	BSP pro Kopf (in US$)	Arbeitslosigkeit (in Prozent)	Inflationsrate (in Prozent)	Leistungsbilanz (in Mio. US$)	Geleistete Entwicklungshilfe (in Mio. US$)	Empfangene Entwicklungshilfe (in Mio. US$)	Exporterlöse (in Mio. US$)	Importausgaben (in Mio. US$)	Motorisierung (Kfz pro 1000 Einwohner)
			k.A.			141	111	468	
95,4	1 490	8,2	2,4	-971		1 328	7 061	15 382	30
3,8	1 120	18,0	3,1	-156		319	256	1 070	44
47,9	1 580	29,2	4,1	8 900		162			53
		0,0							
3,8	290		152,6	-1 702		307	5 156	3 109	20
0,642	9 440	5,0	1,0	-79			42	341	
0,363	800		12,0	-344			175	292	
276,2	7 460	12,8	-1,1	-8 970		76	26 409	23 851	181
2,0	520	9,3	3,4	-307		216	247	721	
4,9	600	1,2	1,5	-52		139	2 079	1 465	49
6,7	100		-7,2	16		693	486	1 131	2
388,3	20 240	6,4	4,4	-15 330	987		64 041	68 752	601
4,5	14 960	7,8	1,0	-402			690	1 996	
6,2		2,3	-0,2	113			5 701	4 373	
47,9	370	2,5	1,8	-306		1 171	6 399	8 053	1
2,5	9 250	22,9	2,2	-146			286	1 030	
251,6	24 540	7,0	2,4	13 037	820		161 428	158 113	497
0,746	3 110	12,7	1,2	-140			212	404	
2,3	370	25,0	3,8	-191		239	422	635	8
0,479	590		5,0	-87					
8,2	990	4,2	1,6	-464		477	1 230	1 610	48
4,9	1 230	40,1	3,3	-565		737	1 066	2 896	30
5,3	3 300	21,5	7,2	517		31	2 671	1 997	70
610,1	3 580	9,6	6,8	-23 208		322	58 224	55 579	79
7,8	24 100	5,1	2,1				2 307	1 741	
12,4	1 520	16,3	7,5	-701		311	4 825	6 000	266
2,4	210		3,0	-31		336	169	646	6
0,732	110		8,0	-49		93	49	107	
69,9	4 590	9,9	3,6	-991		49	18 159	16 721	135
313,9	14 188	5,1	k.A.	8 903			121 591	110 690	
1 062,9	840	3,1	0,7	20 518		1 735	249 131	214 657	8
14,5	3 810	6,0	11,0	-650		12	6 668	6 008	133
172,2	32 280	5,4	2,1	4 102	1 664		51 015	44 191	411
2 063,7	25 120	8,1	2,4	3 820	5 030		570 590	487 760	529
		23,1	1,8	-69			50	130	
17,8	2 130	15,9	8,9	-1 027		62	5 737	9 479	47
0,553	880	58,0	1,8	-23			34	205	
15,3	1 210	11,5	37,0	928		147	5 137	3 743	46

	Fläche (in km²)	Bevölkerung (Einw. in Mio.)	Bevölkerungsdichte (Einw. pro km²)	Bevölkerungswachstum (in Prozent)	Fruchtbarkeitsrate (Geburten pro Frau)	Lebenserwartung Männer (in Jahren)	Lebenserwartung Frauen (in Jahren)	Säuglingssterblichkeit (in Promille)	Analphabeten Männer (in Prozent)	Analphabeten Frauen (in Prozent)
El Salvador	21 041	6,276	303	1,82	3,1	67	73	29	18	24
Elfenbeinküste	322 462	16,013	50	2,07	4,8	45	46	111	46	61
Eritrea	121 144	4,097	41	4,22	5,4	51	53	60	33	55
Estland	45 227	1,369	32	-1,14	1,2	65	76	8		
Fidschi	18 376	0,812	44	1,06		69*			7*	
Finnland	338 145	5,177	17	0,07	1,7	74	81	4		
Frankreich	543 965	58,519	107	0,36	1,9	75	83	4		
Gabun	267 667	1,230	5	2,48	4,2	51	54	58		
Gambia	11 295	1,303	130	2,38	5,0	52	55	73	56	71
Georgien	69 700	5,024	72	-0,53	1,1	69	77	17		
Ghana	238 537	19,306	85	2,20	4,2	56	58	58	20	37
Grenada	345	0,098	288	0,28		72*				
Griechenland	131 957	10,560	82	0,04	1,3	75	81	5	1	4
Großbritannien	242 910	59,739	248	0,18	1,7	75	80	6		
Guatemala	108 889	11,385	105	2,58	4,6	62	68	39	24	39
Guinea	245 857	7,415	30	1,48	5,2	46	47	95		
Guinea-Bissau	36 125	1,199	43	2,41	5,8	43	46	126	46	77
Guyana	214 969	0,761	4	0,20		63*			2*	
Haiti	27 750	7,959	289	1,55	4,3	51	56	73	48	52
Honduras	112 492	6,417	57	2,30	3,9	63	69	35	25	25
Indien	3 287 263	1 015,923	342	1,52	3,1	62	63	69	32	55
Indonesien	1 922 570	210,421	116	1,21	2,5	64	68	41	8	18
Irak	438 317	23,264	53	2,75	4,3	60	62	93	34	54
Iran	1 648 000	63,664	39	1,38	2,6	68	70	33	17	31
Irland	70 273	3,794	55	0,96	1,9	74	79	6		
Island	103 000	0,281	3	0,67		80*				
Israel	22 145	6,233	302	2,02	2,8	76	80	6	3	8
Italien	301 336	57,690	196	-0,13	1,2	76	82	5	1	2
Jamaika	10 991	2,633	243	0,89	2,5	73	77	20	17	9
Japan	377 855	126,870	348	0,14	1,4	78	84	4		
Jemen	536 869	17,507	33	4,07	6,2	56	57	76	32	75
Jordanien	89 342	4,887	55	2,80	3,7	70	73	25	5	16
Jugoslawien	102 173	10,637	108	-0,15	1,7	70	75	13		
Kambodscha	181 035	12,021	68	2,43	4,0	52	55	88	20	43
Kamerun	475 442	14,876	32	2,14	4,8	49	51	76	18	31
Kanada	9 958 319	30,007	3	0,80	1,5	76	82	5		
Kap Verde	4 033	0,441	109	2,14		69*			26*	
Kasachstan	2 717 300	14,869	6	-0,37	2,0	60	71	21		
Katar	11 427	0,585	53	1,51		75*			19*	

**gesamt Männer/Frauen*

Bruttosozialprodukt (in Mrd. US$)	BSP pro Kopf (in US$)	Arbeitslosigkeit (in Prozent)	Inflationsrate (in Prozent)	Leistungsbilanz (in Mio. US$)	Geleistete Entwicklungshilfe (in Mio. US$)	Empfangene Entwicklungshilfe (in Mio. US$)	Exporterlöse (in Mio. US$)	Importausgaben (in Mio. US$)	Motorisierung (Kfz pro 1000 Einwohner)
12,6	2 000	7,3	3,8	-418		180	2 972	4 690	61
9,6	600		4,4	-13		352	3 973	2 176	32
0,696	170	50,0	15,1	-167		176			2
4,9	3 580	14,8	5,8	-353		64	3 338	4 125	394
1,5	1 820	5,4	5,0	13			538	653	
130,1	25 130	9,8	2,6	8 854	371		45 703	32 019	462
1 438,3	24 090	10,0	1,8	25 640	4 105		288 620	282 620	564
3,9	3 190	20,0	2,6	390		12	2 499	911	36
0,440	340	26,0	4,0	-24		49	120	207	15
3,2	630	13,8	4,7	-269		170	459	971	63
6,6	340		33,0	-413		609	1898	2741	8
0,370	3 770	11,0	2,5	-79			85	221	
126,3	11 960	10,8	3,7	-9 400	226		10 615	29 702	348
1 459,5	24 430	5,3	2,1	-25 110	4 501		275 330	322 870	418
19,2	1 680	7,5	8,7	-1 050		264	3 082	4 742	57
3,3	450		6,8	-152		153	678	583	5
0,217	180		5,0	-30		80	49	62	11
0,652	860	12,0	2,4	-135			496	537	
4,1	510	70,0	16,7	-38		208	299	641	7
5,5	860	3,7	9,7	-510		449	2 039	2 698	62
454,8	450	23,0	3,8	-4 198		1 487	43 132	55 325	8
119,9	570	6,1	11,5	7 985		1 731	65 406	40 366	25
			k.A.			101	3 959	1 338	51
106,7	1 680	12,5	11,7	12 645		130	28 345	15 207	41
86,0	22 660	4,7	4,0	-1 043	235		78 371	48 369	305
8,5	30 390	2,0	6,7	-848			1 902	2 376	
104,1	16 710	8,3	1,1	-1 730		800	27 395	30 944	270
1 163,2	20 160	10,8	2,7	1 591	1 376		242 292	224 480	591
6,9	2 610	15,7	5,0	-275		10	1 555	2 908	50
4 519,1	35 620	4,8	-0,7	89 280	13 508		383 590	313 380	560
6,6	370	25,0	11,9	1 862		265	4 094	2 484	34
8,4	1 710	13,2	1,8	405		552	1 832	3 292	68
10,0	940	27,3	k.A.	-1 298		1 135	1 723	3 711	190
3,1	260		-0,6	-19		398	1 327	1 525	6
8,6	580		2,8	90		380	1 736	1 109	12
649,8	21 130	6,8	2,5	18 884	1 744		266 550	226 730	581
0,588	1 330	25,0	3,7	-58			33	218	
18,8	1 260	13,7	8,3	-1 749		189	9 120	8 224	86
	27 415		-0,7				7 061	2 499	

	Fläche (in km²)	Bevölkerung (Einw. in Mio.)	Bevölkerungsdichte (Einw. pro km²)	Bevölkerungswachstum (in Prozent)	Fruchtbarkeitsrate (Geburten pro Frau)	Lebenserwartung Männer (in Jahren)	Lebenserwartung Frauen (in Jahren)	Säuglingssterblichkeit (in Promille)	Analphabeten Männer (in Prozent)	Analphabeten Frauen (in Prozent)
Kenia	580 367	30,092	53	1,91	4,4	47	47	78	11	24
Kirgisien	198 500	4,915	26	1,16	2,6	63	72	23		
Kiribati	811	0,091	124	1,34		62*				
Kolumbien	1 141 748	42,299	41	1,59	2,6	68	75	20	8	8
Komoren	1 862	0,558	250	2,92		61*			44*	
Kongo Dem. Rep.	2 344 885	50,948	22	3,34	6,1	45	46	85	27	50
Kongo Republik	342 000	3,018	9	3,03	6,0	49	53	68	13	26
Korea (Nord)	122 762	22,268	185	0,68	2,1	59	62	54		
Korea (Süd)	99 313	47,275	479	0,66	1,4	70	77	8	1	4
Kroatien	56 542	4,380	78	0,03	1,4	69	78	8	1	3
Kuba	110 860	11,188	102	0,30	1,6	75	78	6	3	3
Kuweit	17 818	1,984	111	2,56	2,7	75	79	9	16	20
Laos	236 800	5,279	23	2,30	5,0	53	55	92	36	67
Lesotho	30 355	2,035	67	0,74	4,4	44	44	91	28	6
Lettland	64 589	2,372	38	-0,56	1,2	65	76	10	< 0,5*	
Libanon	10 452	4,328	423	1,55	2,3	69	72	26	8	20
Liberia	97 754	3,130	32	5,53	6,0	46	48	111	30	62
Libyen	1 775 500	5,290	3	2,20	3,5	69	73	26	9	32
Liechtenstein	160	0,032	200	1,06	k.A.					
Litauen	65 301	3,695	57	-0,24	1,3	68	78	9	< 0,5	1
Luxemburg	2 586	0,438	169	1,20	1,8	77*				
Madagaskar	587 041	15,523	27	2,83	5,4	53	56	88	26	40
Malawi	118 484	10,311	110	2,16	6,3	39	39	103	26	53
Malaysia	329 733	23,270	71	1,72	3,0	70	75	8	9	17
Malediven	298	0,276	920	3,01		68*			3*	
Mali	1 240 192	10,840	9	2,91	6,3	41	44	120	51	66
Malta	316	0,390	1 219	0,40		78*			9	7
Marokko	458 730	28,705	64	1,78	2,9	66	69	47	38	64
Marshallinseln	181	0,052	286	1,31		65*				
Mauretanien	1 030 700	2,665	3	2,96	5,7	50	53	101	49	70
Mauritius	2 040	1,186	584	0,80	2,0	68	76	16	12	19
Mazedonien	25 713	2,031	80	0,30	1,8	71	75	14	6*	
Mexiko	1 953 162	97,966	51	1,42	2,6	70	76	29	7	10
Mikronesien	700	0,118	168	2,42		68*				
Moldawien	33 800	4,282	130	-0,26	1,4	64	72	18	< 0,5	2
Monaco	2	0,032	16 410	0,88						
Mongolei	1 564 116	2,398	2	1,14	2,6	65	69	56	1	1
Mosambik	799 380	17,691	23	1,76	5,1	41	44	129	40	71
Myanmar	676 552	47,749	73	1,16	3,0	54	59	89	11	19

*gesamt Männer/Frauen

Bruttosozialprodukt (in Mrd. US$)	BSP pro Kopf (in US$)	Arbeitslosigkeit (in Prozent)	Inflationsrate (in Prozent)	Leistungsbilanz (in Mio. US$)	Geleistete Entwicklungshilfe (in Mio. US$)	Empfangene Entwicklungshilfe (in Mio. US$)	Exporterlöse (in Mio. US$)	Importausgaben (in Mio. US$)	Motorisierung (Kfz pro 1000 Einwohner)
10,6	350	16,0	0,8	-238		512	1 773	3 044	13
1,3	270	6,1	7,0	-158		215	511	502	39
0,086	950	2,8	2,5				8	40	
85,3	2 020	20,1	8,0	-1 693		187	12 759	12 267	51
0,212	380	20,0	5,0	-19			11	54	
5,0	90		299,0	-545		184	933	1108	
1,7	570		-0,5	-252		33	1 560	820	20
			k.A.			75	515	965	
421,1	8 910	4,1	4,1	8 617		-198	151 371	137 979	238
20,2	4 620	16,1	4,9	-623		66	4 752	8 764	
18,5	1 651	5,5	k.A.	-17		44	1 666	2 627	32
35,8	18 030	1,4	2,5	8 566		3	16 173	6 932	408
1,5	290	2,4	8,0	-121		281	338	528	4
1,2	580	40,5	7,8	-151		41	211	728	19
6,9	2 920	8,4	2,5	-758		91	2 216	3 566	260
17,4	4 010	8,6	-0,4			197	870	7 293	336
		70,0	k.A.			68			
		30,0	-8,5	1 984		15	6 758	3 996	230
	40 000	1,2	k.A.				2 638	900	
10,8	2 930	11,1	1,3	-574		99	4 889	5 997	322
18,4	42 060	2,5	2,7	884	127		8 791	11 158	
3,9	250	6,0	5,0	-283		322	824	997	8
1,7	170		27,2	-7 838		445	442	647	6
78,7	3 380	3,0	1,4	8 409		45	98 429	77 576	200
0,541	1 960		3,7	-53			109	342	
2,5	240		5,0	-178		360	562	552	5
3,6	9 120	5,3	2,9	-182			2 002	2 491	
33,9	1 180	22,0	0,5	-501		419	7 419	10 654	52
0,102	1 970	30,9							
0,978	370		4,7	77		212	359	319	12
4,4	3 750	9,8	4,4	-33		20	1 559	1 953	98
3,7	1 820	34,5	5,3	-107		252	1 317	1 875	153
497,0	5 070	2,0	6,4	-17 708		-54	158 443	168 398	151
0,250	2 110	21,3							
1,4	400	11,1	9,8	-136		123	477	783	70
		3,0	k.A.						
0,947	390	5,7	8,2	-112		217	454	511	30
3,7	210		9,0	-764		419	364	1 046	1
		2,5	15,0	-243		107	1 619	2 135	2

	Fläche (in km²)	Bevölkerung (Einw. in Mio.)	Bevölkerungsdichte (Einw. pro km²)	Bevölkerungswachstum (in Prozent)	Fruchtbarkeitsrate (Geburten pro Frau)	Lebenserwartung Männer (in Jahren)	Lebenserwartung Frauen (in Jahren)	Säuglingssterblichkeit (in Promille)	Analphabeten Männer (in Prozent)	Analphabeten Frauen (in Prozent)
Namibia	824 292	1,757	2	1,71	5,0	47	47	62	17	19
Nauru	21	0,012	563	2,33						
Nepal	147 181	23,043	161	2,32	4,3	59	59	74	40	76
Neuseeland	270 534	3,831	14	0,73	2,0	76	81	6		
Nicaragua	120 254	5,071	42	2,59	3,5	67	71	33	34	33
Niederlande	37 351	15,919	470	0,35	1,7	75	81	5		
Niger	1 267 000	10,832	9	3,63	7,2	44	48	114	76	92
Nigeria	923 768	126,910	139	2,61	5,3	46	48	84	28	44
Norwegen	323 759	4,491	15	0,37	1,9	76	81	4		
Oman	309 500	2,395	8	3,27	4,3	72	75	17	20	38
Österreich	83 858	8,110	98	-0,10	1,3	75	81	5		
Pakistan	796 095	138,080	179	2,54	4,7	62	64	83	43	72
Palästina	6 020	3,225	536	3,59	5,7	70	74	22		
Palau	508	0,019	41	2,09		70*				
Panama	75 517	2,856	38	1,43	2,5	72	77	20	7	9
Papua-Neuguinea	462 840	5,130	11	2,24	4,4	58	59	56	29	43
Paraguay	406 752	5,496	14	2,46	4,0	68	73	23	6	8
Peru	1 285 216	25,661	20	1,60	2,8	67	72	32	5	15
Philippinen	300 000	75,580	253	1,86	3,4	67	71	31	5	5
Polen	312 685	38,650	127	-0,09	1,4	69	78	9	< 0,5*	
Portugal	92 345	10,008	109	0,13	1,5	72	79	6	5	10
Ruanda	26 338	8,508	345	2,11	5,9	39	40	123	26	40
Rumänien	238 391	22,435	97	-0,26	1,3	66	74	19	1	3
Russland	17 075 400	143,200	9	-0,52	1,2	59	72	16	< 0,5	1
Salomonen	27 556	0,447	16	3,32		69*				
Sambia	752 614	10,089	14	2,09	5,3	38	38	115	15	29
Samoa	2 831	0,170	60	0,35		69*			20*	
San Marino	61	0,027	450	1,11		80*				
São Tomé und Príncipe	1 001	0,148	154	1,16		65*				
Saudi-Arabien	2 240 000	20,723	10	3,11	5,5	71	74	18	17	33
Schweden	449 964	8,869	22	-0,13	1,6	77	82	3		
Schweiz	41 284	7,180	182	-0,06	1,5	77	83	4		
Senegal	196 722	9,530	49	2,51	5,1	51	54	60	53	72
Seychellen	454	0,081	181	1,29		72*				
Sierra Leone	71 740	5,031	70	4,54	5,8	38	41	154		
Simbabwe	390 757	12,627	33	1,73	3,8	40	40	69	7	15
Singapur	648	4,018	6 587	1,74	1,5	76	80	3	4	12
Slowakei	49 034	5,402	112	0,08	1,3	69	77	8		
Slowenien	20 253	1,988	99	-0,12	1,2	72	79	5	< 0,5*	

**gesamt Männer/Frauen*

Bruttosozialprodukt (in Mrd. US$)	BSP pro Kopf (in US$)	Arbeitslosigkeit (in Prozent)	Inflationsrate (in Prozent)	Leistungsbilanz (in Mio. US$)	Geleistete Entwicklungshilfe (in Mio. US$)	Empfangene Entwicklungshilfe (in Mio. US$)	Exporterlöse (in Mio. US$)	Importausgaben (in Mio. US$)	Motorisierung (Kfz pro 1000 Einwohner)
3,6	2 030	19,5	9,2	162		152	1 278	1 451	85
5,6	240	1,1	2,4	-277		390	786	1 578	
49,8	12 990	6,0	2,7	-1 587	113		13 918	12 447	540
2,1	400	13,3	8,3	-505		562	653	1 647	10
397,5	24 970	3,6	5,1	12 405	3 135		207 102	183 514	427
1,9	180		4,0	-152		211	173	315	6
32,7	260	3,2	18,9	506		185	12 876	8 588	24
155,1	34 530	3,4	3,0	24 078	1 264		58 610	33 637	505
		11,9	-2,6	3 347		46	11 319	4 593	142
204,5	25 220	4,7	2,3	-4 027	423		67 082	68 226	536
61,0	440	5,9	3,8	-96		703	8 739	9 898	8
4,9	1 520	14,1	1,2	-1 359		636	421	3 062	
9,3	3 260	11,8	1,8	-499		17	5 884	6 710	113
3,6	700		10,0	95		275	1 927	1 071	26
7,9	1 440	8,2	7,7	-137		82	852	2 038	24
53,4	2 080	8,0	2,0	-1 628		401	7 026	7 349	43
78,8	1 040	10,1	6,1	4 503		578	31 242	28 496	31
161,8	4 190	16,7	5,4	-9 997		1 396	35 902	48 210	286
111,3	11 120	3,8	4,4	-10 080	271		25 793	38 773	348
2,0	230		3,5	-7		322	69	222	4
37,4	1 670	10,8	34,5	-1 359		432	10 366	12 050	154
241,0	1 660	9,0	18,6	7 000		1 565	103 194	53 764	153
0,278	620		7,0	21			165	110	
3,0	300	15,0	22,5	-269		795	850	761	26
0,246	1 450		1,5	-19			18	116	
		3,0							
0,043	290	27,4	9,3						
149,9	7 230		-1,4	14 502		31	73 032	28 645	157
240,7	27 140	5,1	2,6	6 696	1 799		76 200	62 368	478
273,8	38 140	2,7	1,0	32 542	890		93 294	92 904	526
4,7	490		3,0	-320		423	1 027	1 373	14
0,573	7 050	8,3	6,2	-114			145	378	
0,647	130	50,0	6,0	-127		182	42	168	3
5,9	460	6,0	76,7	-425		178	1 864	2 701	32
99,4	24 740	4,4	1,0	21 797		1	138 931	127 531	132
20,0	3 700	18,9	7,3	-694		113	11 896	12 791	260
20,0	10 050	7,5	8,4	-66		61	9 342	9 964	455

	Fläche (in km²)	Bevölkerung (Einw. in Mio.)	Bevölkerungsdichte (Einw. pro km²)	Bevölkerungswachstum (in Prozent)	Fruchtbarkeitsrate (Geburten pro Frau)	Lebenserwartung Männer (in Jahren)	Lebenserwartung Frauen (in Jahren)	Säuglingssterblichkeit (in Promille)	Analphabeten Männer (in Prozent)	Analphabeten Frauen (in Prozent)
Somalia	637 657	8,778	14	4,21	7,1	47	50	117		
Spanien	504 782	39,465	79	-0,02	1,2	75	82	4	1	3
Sri Lanka	65 610	19,359	300	0,94	2,1	71	76	15	6	11
St. Kitts und Nevis	262	0,041	114	-0,68		71*				
St. Lucia	616	0,156	256	1,07		71*				
St. Vincent/Grenadinen	389	0,115	295	0,61		73*			18*	
Südafrika	1 219 080	42,801	35	0,77	2,9	47	49	63	14	15
Sudan	2 505 813	31,095	13	2,30	4,6	55	58	81	37	62
Surinam	163 265	0,417	3	0,44		70*				
Swasiland	17 363	1,045	61	0,92	4,4	45	46	89	19	21
Syrien	185 180	16,189	88	2,55	3,6	67	72	24	12	40
Tadschikistan	143 100	6,170	44	0,69	3,1	66	72	21	< 0,5	1
Tansania	945 087	33,696	38	2,32	5,3	44	45	93	16	33
Thailand	513 115	60,728	119	1,14	1,9	67	71	28	3	6
Togo	56 785	4,527	83	2,55	5,0	48	50	75	28	58
Tonga	748	0,100	139	0,37		71*				
Trinidad und Tobago	5 128	1,301	254	0,45	1,8	70	75	16	4	8
Tschad	1 284 000	7,694	6	3,07	6,4	47	50	101	48	66
Tschechien	78 866	10,273	133	-0,10	1,2	72	78	4		
Tunesien	163 610	9,564	62	1,14	2,1	70	74	26	19	39
Türkei	779 452	65,293	85	1,32	2,4	67	72	34	7	23
Turkmenistan	488 100	5,199	11	1,88	2,3	63	70	27		
Tuvalu	26	0,009	346	1,33		67*				
Uganda	241 139	22,210	113	3,19	6,2	42	42	83	22	43
Ukraine	603 700	49,501	85	-0,94	1,2	63	74	13	< 0,5	1
Ungarn	93 030	10,022	109	-0,50	1,3	67	76	9	1	1
Uruguay	176 215	3,337	19	0,70	2,2	71	78	14	3	2
Usbekistan	447 400	24,752	60	1,39	2,6	67	73	22	< 0,5	1
Vanuatu	12 190	0,197	16	2,10		68*				
Vatikanstadt	1	0,001	k.A.	k.A.						
Venezuela	912 050	24,170	27	1,82	2,8	71	76	19	7	8
Vereinigte Arabische Emirate	77 700	2,905	35	1,72	3,2	74	77	7	25	21
Vereinigte Staaten von Amerika	9 809 155	287,596	31	0,89	2,1	74	80	7		
Vietnam	331 114	78,523	241	1,30	2,2	67	72	27	4	9
Weißrussland	207 595	10,005	48	-0,40	1,3	62	74	11	< 0,5	1
Zentralafr. Republik	622 984	3,717	6	1,64	4,7	43	44	96	40	65
Zypern	9 251	0,757	82	0,77		78*		6	3*	

**gesamt Männer/Frauen*

Bruttosozialprodukt (in Mrd. US$)	BSP pro Kopf (in US$)	Arbeitslosigkeit (in Prozent)	Inflationsrate (in Prozent)	Leistungsbilanz (in Mio. US$)	Geleistete Entwicklungshilfe (in Mio. US$)	Empfangene Entwicklungshilfe (in Mio. US$)	Exporterlöse (in Mio. US$)	Importausgaben (in Mio. US$)	Motorisierung (Kfz pro 1000 Einwohner)
			k.A.			104	187	282	
595,3	15 080	14,1	3,2	-15 082	1 195		117 561	149 061	472
16,4	850	7,7	14,0	-1 042		276	5 440	6 484	34
0,269	6 570	4,5	2,1	-62			55	173	
0,642	4 120	15,5	2,5	-82			55	308	
0,313	2 720	20,0	0,9	-26			52	143	
129,2	3 020	23,3	5,7	-166		488	30 642	25 677	143
9,6	310		5,0	-618		225	1 699	1 395	12
0,788	1 890	10,6	50,2	32			399	246	
1,5	1 390	40,0	7,5	-40		13	811	921	70
15,1	940	9,5	1,0	1 062		158	5 146	3 723	30
1,1	180	2,7	38,6	-116		142	602	771	1
9,0	270		5,2	-480		1 045	666	1 340	5
121,6	2 000	2,4	1,7	6 195		641	63 202	54 619	106
1,3	290		6,8	-127		70	392	489	27
0,166	1 660	13,3	7,0				11	75	
6,4	4 930	13,1	2,5	-644		-2	2 258	2 999	115
1,5	200		12,4	-22		131	124	153	4
53,9	5 250	8,8	4,7	-2 237		438	29,019	32,115	363
20,1	2 100	15,0	1,9	-821		223	5 840	8 092	64
202,1	3 100	8,3	54,4	-9 819		325	31 664	54 041	85
3,9	750	3,0	16,8	-571		32	575	1 118	
				k.A.					
6,7	300		4,6	-551		819	500	1 096	5
34,6	700	11,9	12,0	1 402		541	17 091	16 893	93
47,2	4 710	6,5	9,2	-1 097		252	28 071	30 089	272
20,0	6 000	11,3	4,4	-593		17	2 380	3 316	174
8,8	360	0,4	27,2	-14		186	2 888	2 717	
0,226	1 150		2,0	-3			25	76	
			k.A.						
104,1	4 310	14,9	12,5	4 364		77	27 056	17 282	88
k.A.			2,2	6 700		4	43 307	34 745	103
9 601,5	34 100	4,1	2,8	-417 440	9 955		723 830	1 147 500	760
30,4	390	7,4	0,1	960		1 700	14 448	14 073	
28,7	2 870	10,0	61,3	-232		40	5 922	6 664	135
1,0	280		3,7	-1		76	221	155	0
9,4	12 370	3,6	2,0	-457		50	951	3 557	

Dowlat-e Eslami-ye Afghanestan – Islamischer Staat Afghanistan; Afghanen

Nationalfeiertage: 28. April (Tag der Revolution), 19. August

Zeitzone: MEZ +3 1/2 h

Hauptstadt: Kabul (1 424 400 Einwohner)

Telefon-Vorwahl: +93
Kfz-Kennzeichen: AFG

Mitgliedschaft: Uno

Staatschef Hamid Karzai

Afghanistan

Botschaft in Deutschland: Wilhelmstraße 65, D-10117 Berlin
☎ +49-30-229 26 12 🖷 -229 26 10

GEOGRAFIE, BEVÖLKERUNG

Fläche: 652 225 km². Zentralasiatisches Bergland, zum Teil wegen der Höhenlage unfruchtbar. Kennzeichnend für die genutzte Fläche sind klein parzellierte Felder. Riesige Bergketten umgeben das Land, die Nachbarländer sind häufig nur über Pässe erreichbar; der bekannteste ist der Khyber-Pass nach Pakistan. **Verwaltung:** 31 Provinzen **Bevölkerung:** 26,55 Mio. Einw., davon 38 % Paschtunen, 25 % Tadschiken, 19 % Hazara, 6 % Usbeken **Flüchtlinge**: 3,5 Mio und 1,3 Mio. Binnenvertriebene. **In Städten** leben 22 %, **unter 15 J.** sind 44 % der Bev. **Bev.dichte:** 41 Einw./km² **Bev.wachstum:** 3,68 % **Fruchtbarkeitsrate:** 6,7 Geb./Frau **Landessprachen:** Dari, Paschtu (Amtssprachen), Usbekisch **Religionen:** Islam (84 % Sunniten, 15 % Schiiten)

POLITISCHES SYSTEM

Unabhängig seit dem 8. August 1919. Verfassung von 1964, merhfach geändert; Islamische Republik seit 1990; neue Verfassung in Ausarbeitung. Präsidialrepublik seit Juni 2002. Ein Übergangskabinett soll bis Ende 2003 landesweite Parlamentswahlen vorbereiten.
Staats- und Regierungschef: Hamid Karzai (seit Juni 2002)
Außenminister: Abdullah Abdullah

Die größten Städte

Kabul	1 424 400
Kandahar	225 500
Herat	177 300
Masar-i-Scharif	130 600

MILITÄR

Streitkräfte: Die Übergangsregierung plant, eine neue Armee, die »Afghan National Guard«, von zunächst etwa 200000 Mann aufzubauen. Längerfristig wird mit einer Soll-Stärke von 60-70 000 Soldaten gerechnet.

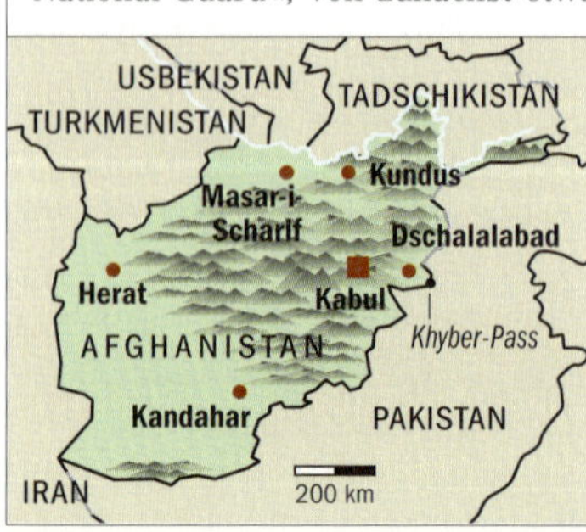

GESUNDHEIT, SOZIALES, BILDUNG

Es liegen nur wenige aktuelle Daten vor: **Öffentliche Gesundheitsausgaben** (am BIP): 1,6 % (1998). **Medizinische Versorgung:** 0,1 Ärzte, 0,2 Krankenhausbetten/1000 Einw. **Säuglingssterblichkeit:** 163/1000 Geb. **Kindersterblichkeit:** 27,9 %. **Kinderunterernährung:** 49 % **Kinderarbeit:** 24 % **Armutsrate:** k. A. **Frauenanteil an den Beschäftigten:** 35,5 % Zugang zu **sauberem Trinkwasser** haben 19 % der städtischen und 11 % der ländlichen Bev., zu **sanitären Anlagen** 25 % bzw. 8 % **HIV-Infektionsrate:** < 0,01 % **Lebenserwartung:** Männer 43 J., Frauen 43 J. **Schulpflicht:** 7–13 J. **Einschulungsquote** im Primarbereich 49 %, Sekundarbereich 22 % **Analphabetenrate:** Männer 50 %, Frauen 80 % **Universitäten**: 4 (1999), die bedeutendste in Kabul

WIRTSCHAFT

Es liegen nur wenige aktuelle Daten vor: **Währung:** 1 Afghani (Af) = 100 Puls **Kurs** (Mitte 2002): 1 Af = 0,0002 € **BiP:** 21 Mrd. US$. **Wachstumsrate:** k. A. **BIP/Kopf:** 800 US$. **Anteile am BIP:** Landwirtschaft 64,4 %, Industrie 20,0 %, Dienstleistungen 15,6 % (1993) **Arbeitslosenquote:** 8 % (1995) **Inflationsrate:** 240 % (1996) **Auslandsschulden:** 5,5 Mrd. US$ (1996) **Devisenreserven:** 234,99 Mrd. US$ (1991) **Empf. Hilfsgelder:** 153,9 Mio. US$ (1998)

Landwirtschaft, Rohstoffe, Industrie:
Nutzfläche k. A., von der Anbaufläche sind rund 30 % bewässert **Produkte:** Weizen, Gemüse, Mohn, Schafe **Bewaldet:** 14 000 km², jährliche **Rodung:** 0 % **Rohstoffe:** Erdgas, Kohle, Kupfer und Salz, Eisenerz **Wichtige Industriezweige:** Teppichwebereien, Nahrungsmittelproduktion

Außenwirtschaft:
Handelsbilanzdefizit 357 Mio. US$ **Export:** 111 Mio. US$ **Produkte:** Früchte und Nüsse, Teppiche, Wolle, Baumwolle, Felle, Edelsteine **Hauptausfuhrländer:** Westeuropäische Länder 22,5 %, Pakistan 32,4 %, Indien 8,1 % **Import:** 468 Mio. US$, Produkte: Nahrungsmittel, Ölprodukte **Hauptlieferländer:** Pakistan 19,2 %,

Westeuropa 8,5 %, Turkmenistan 6 %

VERKEHR

Schienennetz: nicht in Betrieb **Straßennetz:** 21 000 km, davon 13,3 % befestigt **Motorisierung:** 2,4 Kfz/1000 Einw. Internationale **Flughäfen:** Kabul, Kandahar **Fluggesellschaft:** Ariana Afghan Airlines, 150 000 beförderte Passagiere **Binnenschifffahrt** auf 1200 km Wichtigste **Häfen:** Khairabad und Shirkhan

KOMMUNIKATION

Auf 1000 Einw. kommen 114 **Rundfunk-**, 14 **Fernsehgeräte**, 1,3 **Telefonanschlüsse**, 0 **Mobiltelefone** Es erscheinen 12 **Tageszeitungen** (Gesamtauflage: 113000 (1996)). Die Größte: *Anis* (Auflage: 25 000 Exemplare) **Nachrichtenagenturen:** Afghan Islamic Press, Bakhtar Information Agency (BIA)

UMWELT, TOURISMUS

Geschützte Gebiete: 0,3 % der Landesfläche **Energieverbrauch/Kopf:** k. A. **CO_2-Emission:** 1 Mio. t **Verwendung des Süßwassers:** Landwirtschaft 99 %, Industrie 0 %, Haushalte 1 % **Tourismus:** 4000 Besucher, 1 Mio. US$ Einnahmen (1997)

AKTUELLE ENTWICKLUNGEN

Am 19. August 2001, dem afghanischen Nationalfeiertag, luden die Taliban zur Militärparade nach Kabul: Mit Panzern auf Tiefladern, MiG-21-Kampfflugzeugen, Raketenwerfern und finster blickenden Kämpfertrupps auf 800 Toyota-Geländewagen suggerierten sie, dass ihr Machtanspruch und ihre rigide Auslegung des Islam ein für alle Mal gefestigt seien. Doch die für das westliche diplomatische Korps reservierten Stühle blieben leer: Afghanistan ist inzwischen zum Paria der Weltgemeinschaft verkommen, zum verlorensten Winkel der Weltpolitik.

Gut drei Wochen später ändert sich das schlagartig. Nach den Terroranschlägen am 11. September in New York und Washington rückt Asiens Herzland ins Zentrum der internationalen Aufmerksamkeit. Präsident George W. Bush stellt dem »verdammenswerten Taliban-Regime« in Kabul ein Ultimatum: Es soll den in Afghanistan untergetauchten Terroristenchef Osama Bin Laden, den Hauptverdächtigen für die Anschläge, ausliefern und alle Terroristencamps im Lande schließen. Die Taliban lehnen ab. In seinem »Feldzug gegen den Terrorismus« nimmt sich Washington daher zuallererst den Sturz des fundamentalistischen Regimes in Kabul vor, das sich fünf Jahre an der Macht hielt. Hilfestellung soll die einzig verbliebene Opposition gegen die Taliban leisten, die Nordallianz, die mit etwa 25 000 Soldaten ein schmales Terrain im Nordosten des Landes hält. Das fragile Bündnis unterschiedlicher tadschikischer und usbekischer Warlords war allerdings zwei Tage vor den Anschlägen in den USA seines Anführers beraubt worden: Zwei nordafrikanische Selbstmordattentäter, angeblich Journalisten, hatten während eines Interviews mit General Ahmed Schah Massud eine Bombe gezündet und so den einzigen wirklich gewichtigen Gegner der Taliban getötet. Massud-Nachfolger wurde dessen Berater Mohammed Fahim Khan, 44, Anfang der neunziger Jahre Sicherheitschef der Mudschahidin-Regierung in Kabul.

Soldaten vor einem Waffenlager in Kandahar

Die Weigerung, Bin Laden auszuliefern, führte Afghanistan in die völlige Isolation. Mit den Vereinigten Arabischen Emiraten und Saudi-Arabien brachen zwei der engsten Verbündeten die Beziehungen zu Kabul ab – nur das benachbarte Pakistan stand noch eine Weile zu den Taliban.

Am 7. Oktober 2001 griffen die Amerikaner gemeinsam mit britischen Streitkräften Afghanistan an: Sie bombardierten militärische Einrichtungen, vermutete Ausbildungszentren der Terroristen sowie strategische Objekte der Infrastruktur, wenig später setzten sie erste Kommandotrupps im Hinterland ab.

Bin Laden ruft im Gegenzug per Video Muslime in aller Welt zum »Heiligen Krieg« gegen die USA, die Anschläge von New York und Washington seien gerechtfertigt gewesen: »Gott hat sie ihnen beschert.«

Von den Amerikanern unterstützt, sucht die Nordallianz im Norden des Landes sowie an der 70 Kilometer langen Front vor Kabul die Offensive. Es gelingt ihr aber vorerst nicht, die materielle Überlegenheit der Taliban zu brechen. Im Süden beginnen US-Spezialeinheiten am 18. Oktober mit dem Bodeneinsatz die zweite Phase des Krieges. Doch das Kalkül, die Taliban

würden schnell kapitulieren, geht nicht auf. Denen gelingt es am 26. Oktober sogar, den von den USA unterstützten afghanischen Milizführer Abdul Haq zu fangen; er wird sofort hingerichtet.
Bei der Schaffung neuer politischer Bündnisse reanimiert Washington den greisen paschtunischen Ex-König Zahir Schah, damals 87, in seinem römischen Exil; militärisch drängt es rund ein Dutzend westlicher Staaten, sich der Anti-Terror-Allianz mit eigenen Truppenkontingenten anzuschließen. Gleichzeitig wird der Luftkrieg ausgeweitet. Der Nordallianz gelingt es daraufhin, am 9. November die strategisch bedeutende Stadt Masar-i-Scharif einzunehmen und damit wichtige Nachschubverbindungen ins nördliche Usbekistan und nach Russland zu sichern.

Interimspremier Karzai, Ex-König Zahir Schah

Am 13. November marschiert das Bündnis nahezu kampflos in Kabul ein – die Taliban hatten die Hauptstadt Stunden zuvor Richtung Süden verlassen.
Weitgehend kampflos fallen weitere Schlüsselstädte wie Herat und Jalalabad. Im südlichen Paschtunengürtel werden lokale Stammesfürsten mit Geldgeschenken zum Frontwechsel gebracht. Während im Norden nur noch Kunduz Widerstand leistet, bleiben die Süd-Provinzen Helmand, Oruzgan, Zabul und Teile von Ghazni vorerst in Händen der Taliban und arabischer Söldner.
In Kabul setzt der weltweit noch anerkannte Präsident Burhanuddin Rabbani derweil eine eigene Regierung ein und versucht, vollendete Tatsachen zu schaffen. Das Kabinett besteht fast nur aus Tadschiken: Außenminister Abdullah, Innenminister Qanuni und Armeechef Fahim sind die neuen starken Männer.
Um die politische Zukunft des Landes dauerhaft zu regeln, treffen sich unter Uno-Schirmherrschaft am 27. November auf dem Petersberg bei Bonn Emissäre von vier politischen und ethnischen Gruppen Afghanistans: Vertreter der Nordallianz, Abgesandte des Ex-Königs sowie von Exilgruppen aus Zypern und Pakistan. In schwierigen Verhandlungen verständigen sich die Afghanen auf die Bildung einer Übergangsregierung, die sechs Monate im Amt bleiben soll. Unter westlichem Druck stimmen sie dem Einsatz einer internationalen Schutztruppe in Kabul zu; Interimspremier soll der von den USA unterstützte Exil-Paschtune Hamid Karzai werden. Von vielen der afghanischen Warlords wird die Regierung jedoch als »nicht repräsentativ« abgelehnt.

Einmarsch der Nordallianz-Truppen in Kabul

Am 7. Dezember erklären sich die Taliban bereit, auch ihre De-facto-Hauptstadt Kandahar zu übergeben, ihr Führer Mullah Omar flieht. Kämpfe gibt es nur noch um die Bergfestung Tora Bora bei Jalalabad, wo die Amerikaner Bin Laden vermuten. Der Weg für eine politische Wende im Lande ist frei.
Einstimmig beschließt der Uno-Sicherheitsrat am 20. Dezember das Mandat für den Einsatz einer internationalen Schutztruppe; sie soll bis zu 5000 Mann umfassen und vom britischen General John McColl geführt werden. Der Bundestag in Berlin stimmt der Entsendung von bis zu 1200 deutschen Soldaten zu. Zwei Tage später nimmt die Übergangsregierung Karzai in Kabul ihre Arbeit auf. Der Interimspremier verspricht, die afghanischen Kriegsfürsten zu entwaffnen und Afghanistan zu einem Rechtsstaat zu machen. Doch seinem Kabinett fehlt in weiten Landesteilen das Vertrauen: Örtliche Warlords pochen auf ihr uneingeschränktes Machtmonopol, sie rüsten weiter auf; vor allem im Norden kommt es zu periodischen Gefechten zwischen Rivalen.
Am 1. Januar 2002 bricht das Erkundungsteam der Schutztruppe Isaf nach Kabul auf. Zehn Tage später folgt der erste Teil eines Vorauskommandos der Bundeswehr; Deutschland beteiligt sich später auch mit knapp 100 Mann des Kommandos Spezialkräfte (KSK) an amerikanischen Geheimoperationen gegen im Lande verbliebene al-Qaida-Kämpfer. Am 14. Februar kommt es zu einem ersten ernsthaften Zwischenfall in Kabul: Auf dem Flughafen wird Luftfahrtminister Abdul Rahman erschlagen. Der Vorfall gilt als Racheakt der Nordallianz gegen den königstreuen Minister und mögliches Warnsignal gegen eine Rückkehr des Exil-Königs.
Vor allem im Osten des Landes, in der Provinz Paktia und im Süden um Kandahar, bleibt die Sicherheitslage instabil; allein am 4. März sterben in schweren Kämpfen sieben amerikanische Soldaten. Im paschtunisch dominierten Jalalabad entgeht Verteidigungsminister Fahim bei einem Bom-

Isaf-Truppe in Kabul

benattentat nur knapp dem Tod, fünf Menschen sterben.
Aus Sicherheitsgründen muss mehrmals auch die Ankunft des Ex-Königs verschoben werden; Zahir Schah – der von 1933 bis 1973 in Afghanistan herrschte und nun mit seiner Person ein »Zeichen der nationalen Einheit« setzen soll – kehrt erst am 18. April nach Kabul zurück.
Trotz der unsicheren Lage und obwohl dringend von der Karzai-Regierung gewünscht, lehnt der Weltsicherheitsrat die Ausweitung des Isaf-Operationsgebietes über Kabul hinaus ab. Er verlängert jedoch am 23. Mai das Mandat der Schutztruppe um weitere sechs Monate bis Dezember 2002; Deutschland – das inzwischen die multinationale Schutztruppe in Kabul führt – stockt sein Kontingent auf rund 1600 Mann auf.
Nach monatelangen Delegiertenwahlen treffen sich am 11. Juni 2002 – zum ersten Mal seit 1964 – rund 1600 Abgeordnete zu einer Loya Jirga, zur Großen Ratsversammlung, um einen Staatspräsidenten zu wählen. Exil-König Zahir Schah und Ex-Präsident Rabbani ziehen auf amerikanischen Druck ihre Kandidaturen zurück, damit ist der Weg frei für die Wahl Karzais: Der Paschtune wird am 13. Juni mit 1295 Stimmen zum Staatsoberhaupt gewählt. Dies bleibt der einzig fassbare Beschluss der Ratsversammlung, sie endet in Chaos und Protest – viele der Delegierten fühlen sich missbraucht, weil fast alle Entscheidungen hinter den Kulissen zwischen Karzai, den Warlords und den Amerikanern ausgehandelt werden.
Die Mitglieder der neuen »Islamischen Übergangsregierung Afghanistans« sind von Karzai ernannt: Der Hazara-Führer Karim Khalili, der paschtunische Gouverneur von Nangarhar, Haji Abdul Qadir, und der tadschikische Verteidigungsminister Mohammed Fahim werden seine Stellvertreter; den wichtigen Posten des Innenministers bekommt der Paschtune Taj Mohammed Wardak, der Tadschike Abdullah bleibt Außenminister. Das Kabinett soll 18 Monate im Amt bleiben und landesweite Wahlen vorbereiten – während eine »Schura« als provisorisches Parlament amtiert. Deren Mitglieder werden allerdings von den Gouverneuren und Kriegsfürsten mit benannt; damit bleibt der Einfluss der rivalisierenden Warlords ungebrochen, die Idee der demokratischen Loya Jirga ist verspielt. Der empfindlichste Rückschlag trifft die neue Kabuler Führung bereits am 6. Juli: Mit Vizepräsident Qadir wird das prominenteste paschtunische Regierungsmitglied nach Karzai ermordet.

Bildung: Ab 23. März 2002, dem Beginn des neuen Schuljahrs, dürfen erstmals seit sechs Jahren wieder Mädchen unterrichtet werden.

Wirtschaft: Der Wiederaufbau des in 23 Jahren Bürgerkrieg zerstörten Landes kommt nur zögernd in Gang. Zwar hatte eine internationale Geberkonferenz am 22. Januar 2002 in Tokio Hilfe in Höhe von rund fünf Milliarden Euro zugesagt (Deutschland: 320 Millionen); Interimspremier Karzai versprach ausländischen Investoren zudem Rechtssicherheit und Steuerbefreiung. Doch die Gelder fließen nur spärlich; im afghanischen Staatshaushalt klafft ein für Afghanistan immenses Defizit von 340 Millionen US-Dollar. Dabei ist das Durchschnittseinkommen der Afghanen inzwischen um 40 Prozent eingebrochen und liegt nur noch bei 150 Dollar pro Kopf und Jahr. Das Land verzeichnet die höchste Kinder- und Säuglingssterblichkeitsrate der Welt sowie eine der niedrigsten Raten der Lebenserwartung und die höchste bei den Analphabeten. Erschwert wird die Lage durch die Rückkehr von gut einer Million Flüchtlingen. Dringendster Handlungsbedarf besteht bei der Erneuerung der Transitstraßen, der Elektrizitätswirtschaft, der Telekommunikation, bei der Reform von Banken und Verwaltung. Obwohl die Regierung im Frühjahr eine Kampagne zur Vernichtung von Mohnfeldern einleitete, nimmt laut Internationalem Suchtstoffkontrollrat der Schlafmohnanbau seit Ende der Taliban-Herrschaft wieder zu. Der von Karzai propagierte Weizenanbau ist für die notleidenden Bauern nicht attraktiv.

Loya Jirga in Kabul

Jumhuriyat Misr al-Arabiya – Arabische Republik Ägypten; Ägypter

Nationalfeiertag: 23. Juli (Tag der Revolution von 1952)

Zeitzone: MEZ +1 h

Hauptstadt: Kairo (6 801 000 Einwohner)

Telefon-Vorwahl: +20
Kfz-Kennzeichen: ET

Mitgliedschaften: AU, Uno

Präsident Mohammed Husni Mubarak

Ägypten

Botschaft in Deutschland: Stauffenbergstraße 6–7, D-10785 Berlin
☎ +49-30-477 54 70 🖷 -477 10 49

GEOGRAFIE, BEVÖLKERUNG

Fläche: 1 002 000 km², davon 94,5 % Wüsten **Verwaltung:** 27 Bezirke **Bevölkerung:** 63,976 Mio. Einw., davon 99 % Ägypter, Beduinen und Berber zusammen **In Städten** leben 45 %, **unter 15 J.** sind 35 % der Bev. **Bev.-dichte:** 64 Einw./km² **Bev.wachstum:** 1,67 % **Fruchtbarkeitsrate:** 3,3 Geburten/Frau **Landessprachen:** Hocharabisch (Amtssprache), Englisch und Französisch als Bildungs- und Handelssprachen **Religionen:** Der Islam ist Staatsreligion; die Scharia, das islamische Recht, eine Quelle der Gesetzgebung. Rund 90 % Muslime (Sunniten), 9 % koptische Christen, Minderheiten von Katholiken, Protestanten, Griechisch-Orthodoxen und Juden

Die größten Städte

Kairo	6 801 000
Alexandria	3 339 100
Giseh	2 221 900
Schubra al-Cheima	870 700
Port Said	469 500

POLITISCHES SYSTEM

Präsidialrepublik seit 1953 mit strikter Trennung von Religion und Staat (Verfassung von 1971, die Prinzipien der Scharia mit einbezieht). Wahlpflicht ab 18 J. Einkammerparlament (»Madschlis al-Schaab«) mit 454 Abg., von denen 10 vom Staatsoberhaupt ernannt, die restlichen alle 5 J. gewählt werden. Daneben Beratende Versammlung (»Madschlis al-Schura«) mit 140 gewählten und 70 vom Präsidenten ernannten Mitgl. Das Staatsoberhaupt wird jeweils für 6 J. vom Parlament nominiert und vom Volk bestätigt. Der Präsident ernennt den Ministerpräsidenten, Kabinettsmitglieder, Gouverneure, hohe Richter und Offiziere.
Staatsoberhaupt: Mohammed Husni Mubarak (seit Oktober 1981)
Regierungschef: Atif Mohammed Ubeid (seit Oktober 1999)
Außenminister: Ahmed Mahir

MILITÄR

Allg. Wehrpflicht: 18–36 Monate **Streitkräfte:** 443 000 Mann, davon 320 000 Armee, 29 000 Luftstreitkräfte, 19 000 Marine **Militärausgaben** (am BSP): 2,7 % **Waffenhandelsanteil** an den Exporten 0 %, an den Importen 4,4 %

GESUNDHEIT, SOZIALES, BILDUNG

Öffentliche Gesundheitsausgaben (am BIP): 1,8 % **Öffentliche Ausgaben für Bildung und Erziehung** (am BIP): k. A. **Öffentliche Ausgaben für Altersversorgung** (am BIP): 2,5 % **Medizinische Versorgung:** 1,6 Ärzte, 2,1 Krankenhausbetten/1000 Einw. **Säuglingssterblichkeit:** 42/1000 Geb. **Müttersterblichkeit:** 170/100 000 Geb. **Kinderunterernährung:** 4 % **Kinderarbeit:** 9 % **Armutsrate:** 3,1 % **Frauenanteil an den Beschäftigten** 30,4 % Zugang zu **sauberem Trinkwasser** haben 96 % der städtischen und 94 % der ländlichen Bev., zu **sanitären Anlagen** 98 % bzw. 91 % **HIV-Infektionsrate:** 0,02 % **Lebenserwartung:** Männer 66 J., Frauen 69 J. **Schulpflicht:** 6–14 J. **Einschulungsquote** im Primar- und Sekundarbereich 89 % **Analphabetenrate:** Männer 33 %, Frauen 56 % **Universitäten:** Die wichtigste ist die 1000-jährige Azhar-Universität in Kairo

WIRTSCHAFT

Währung: 1 Ägyptisches Pfund (ägypt£) = 100 Piasters **Kurs** (Mitte 2002): 1 ägypt£ = 0,23 € **BSP:** 95,4 Mrd. US$ **Wachstumsrate des BIP:** 5,1 % **BSP/Kopf:** 1490 US$ **Anteile am BIP:** Landwirtschaft 17 %, Industrie 34 %, Dienstleistungen 49 % **Forschung+Entwicklungsausgaben** (am BSP): 1,93 % **Arbeitslosenquote:** 8,2 % **Inflationsrate:** 2,4 % **Staatseinnahmen:** 21,893 Mrd. US$ **Steueraufkommen** (am BIP): k. A. **Einkommensteuer:** max. 32 % **Körperschaftsteuer:** 40 % **Haushaltsdefizit**

(am BIP): 2 % **Staatsausgaben:** 23,421 Mrd. US$ **Leistungsbilanzdefizit:** 971 Mio. US$ **Auslandsschulden:** 28,957 Mrd. US$ **Schuldendienst** (am BSP): 1,8 % **Devisenreserven:** 13,785 Mrd. US$ **Empf. Hilfsgelder:** 1,328 Mrd. US$ **Ausl. Direktinvestitionen:** 1,235 Mrd. US$ **Börse** (Marktkapitalisierung am BIP): 29,1 % **Energie:** Produktion 58,46 Mio. t ÖE, Verbrauch 44,49 Mio. t ÖE. Anteile am Verbrauch: Kohle 1,8 %, Öl 53,5 %, Erdgas 38,6 %, sonstige 6 %

Landwirtschaft, Rohstoffe, Industrie:
Nutzfläche 3,3 %, von der Anbaufläche sind 100 % bewässert **Produkte:** Weizen, Mais, Zuckerrohr, Tomaten, Zwiebeln, Baumwolle **Bewaldet:** 1000 km², jährliche **Aufforstung:** 20 km² **Rohstoffe:** Erdgas, Erdöl, Phosphat, Mangan, Uran, Kohle, Eisenerz, Gold **Wichtige Industriezweige:** Ölindustrie, Nahrungsmittel, Autos

Außenwirtschaft:
Handelsbilanzdefizit 8,321 Mrd. US$ **Export:** 7,061 Mrd. US$, davon 25,7 % industrielle Vorprodukte, 45,5 Erdöl u. Ölprodukte, 6,6 % Bekleidung **Hauptausfuhrländer:** USA (11,4 %), Italien (11,2 %), Israel (8,4 %) **Hightech-Exporte:** 3 Mio. US$ **Import:** 15,382 Mrd. US$, davon 19,6 % industrielle Vorprodukte, 26,9 % Maschinen u. Transportmittel **Hauptlieferländer:** USA (13,1 %), Deutschland (8,7 %), Italien (7,1 %)

VERKEHR
Schienennetz: 5026 km **Straßennetz:** 64 000 km, davon 78,1 % befestigt **Motorisierung:** 30 Kfz/1000 Einw. Internationale **Flughäfen:** Kairo, Luxor, Alexandria **Fluglinie:** Egypt Air, 4,522 Mio. beförderte Passagiere **Häfen:** Alexandria, Port Said, Suez **Binnenschifffahrt** auf 3500 km

KOMMUNIKATION
Auf 1000 Einw. kommen 339 **Rundfunk-**, 189 **Fernsehgeräte**, 103 **Telefonanschlüsse**, 43,3 **Mobiltelefone**, 15,5 **PC** und 0,03 **Internet-Zugänge** **IuK-Ausgaben** (am BIP): 2,4 % Es erscheinen 17 **Tageszeitungen** mit einer Gesamtauflage von rund 2,7 Mio. Exemplaren. Die größten Tageszeitungen und ihre Auflagen:

al-Ahram 900 000
al-Gumhurija 900 000
al-Achbar 780 000

Nachrichtenagentur: Middle East News Agency (Mena) in Kairo

UMWELT, TOURISMUS
Geschützte Gebiete: 0,8 % der Landesfläche **Energieverbrauch/Kopf:** 709 kg ÖE **CO_2-Emission:** 105,8 Mio. t **Verwendung des Süßwassers:** Landwirtschaft 86 %, Industrie 8 %, Haushalte 6 % **Tourismus:** 6,116 Mio. Besucher, 4,345 Mrd. US$ Einnahmen

AKTUELLE ENTWICKLUNGEN
Mit dem energischen Kampf gegen islamistische Terrorzellen investierten einheimische und ausländische Investoren über eine Milliarde Euro in die Ausweitung der Infrastruktur und touristischer Langzeitprojekte. Dennoch mussten die staatlichen und privaten Entscheidungsträger ihre Kalkulationen drastisch nach unten korrigieren, da die Terroranschläge des 11. Septembers 2001 auch in Ägypten einen starken Einbruch des Reiseverkehrs zur Folge hatten. Urlaubsziele am Roten Meer wie Taba, Nuweiba und Hurghada wurden zu Geisterstädten, Tausende verloren ihre Arbeitsplätze. Erst im Frühjahr 2002 erholte sich Ägyptens Tourismusbranche, immer noch mit Abstand der wichtigste Devisenbringer des Landes.

Badestrand am Roten Meer

Die langsam fortschreitende Privatisierung unproduktiver Staatsbetriebe und die Verabschiedung exportfördernder Gesetze belebten den ägyptischen Außenhandel ebenso wie den Binnenmarkt. Mitte 2002 zeichnete sich denn auch eine deutliche Verbesserung der Wirtschaftslage ab.
Besonders interessant gestalteten sich die Wirtschaftsbeziehungen zum Irak. Das Handelsvolumen wird im laufenden Finanzjahr 3 Milliarden Euro übersteigen, Tendenz steigend.
Die innere Stabilität gilt als gesichert. Zwar lösten sporadische Protestmärsche als Reaktion auf das harte Vor-

Israels Verteidigungsminister Ben-Elieser, Mubarak bei einem Treffen in Alexandria (15. Juli 2002)

gehen der israelischen Besatzungstruppen gegen die Palästinenser anfänglich Befürchtungen vor gewalttätigen Zusammenstößen mit der Polizei aus, doch die verschärfte Kritik der Staatsführung an der friedensfeindlichen Politik des israelischen Ministerpräsidenten Ariel Scharon stoppte nationalistische Scharfmacher. Präsident Mubarak zog den ägyptischen Botschafter aus Tel Aviv bereits im November 2000 ab; am 3. April 2002 beschloss das Kabinett, die Kontakte zu Israel einzustellen, wenn auch nicht völlig abzubrechen. Ostentativ stellte sich Mubarak hinter den von Israel und den USA politisch isolierten Palästinenserpräsidenten Jassir Arafat. Bei einem Treffen mit Israels Verteidigungsminister Ben-Elieser im Juli 2002 bezeichnete er Arafat als »Vater der Palästinenser«, dessen Absetzung ein »großer Fehler« wäre. Mubarak verfolgt seine Politik in enger Absprache mit dem finanzstarken pro-westlichen Saudi-Arabien sowie mit Syrien, ohne deren Mitwirken ein glaubwürdiger Nahostfrieden nicht möglich ist. In einem Punkte liegt Kairo jedoch nach wie vor mit den Amerikanern überkreuz: Ägypten lehnt die amerikanischen Angriffspläne gegen den Irak aus Furcht vor unkontrollierbaren politischen Verwerfungen in der arabischen Welt ab und verweigert jede Mitwirkung an einem Feldzug gegen Bagdad.

Aufsehen erregten die erneuten Erklärungen der größten islamistischen Gruppierung Ägyptens, der Gamaa islamija, auf Gewalt zu verzichten. Im März 2002 veröffentlichten inhaftierte Führer der Gamaa ein vierbändiges Werk, in dem sie schonungslos mit ihrer Vergangenheit abrechnen und ihr neues Konzept der Gewaltfreiheit vorstellen. Für ihre Beteiligung an der Ermordung von Präsident Anwar al-Sadat im Oktober 1981 waren die Autoren zu lebenslanger Haft verurteilt worden. In einem Interview im Juni 2002 erklärte Gamaa-Chef Karam Suhdi, dass die Organisation erwäge, den Anschlagsopfern oder ihren Angehörigen Entschädigungen zu zahlen – die Zahlungen könnten aus den Gewinnen ihrer Bücher fließen, die sich in Ägypten zu Bestsellern entwickelt haben.

International beachtet wurde auch die Fertigstellung der Bibliotheca Alexandrina im Frühjahr 2002 nach 13-jähriger Planungs- und Bauzeit. Der imposante Neubau der berühmten ptolemäischen Bibliothek Alexandrias ist mit grauem Granit aus Assuan verkleidet, den Steinmetze mit Buchstaben sämtlicher Alphabete der Menschheit verzierten. Die für den 23. April geplante feierliche Eröffnung wurde von der ägyptischen Staatsführung allerdings kurzfristig abgesagt – wegen der Eskalationen im Palästina-Konflikt. Vom Staub der Geschichte befreit wurden seit Januar 2002 die so genannten Memnonkolosse, die den Pharao Amenophis III. darstellen und wie zwei riesige Wächter an der Straße zu den Königsgräbern von Theben stehen. Die Reinigung der Statuen, die antike Farbreste zu Tage treten ließ, hatte eine deutsche Firma übernommen.

International auf wenig Gegenliebe stieß das Gesetz über Nichtregierungsorganisationen (NGOs), das vom ägyptischen Kabinett am 3. Juni 2002 verabschiedet wurde. Nun brauchen NGOs, wenn sie in- oder ausländische Spenden annehmen wollen, eine staatliche Genehmigung. Jede Organisation, die dem Staat missliebig ist, kann auf diese Art und Weise finanziell ausgetrocknet werden.

Nach internationalen Protesten wurden im Mai 2002 auf Intervention des Staatspräsidenten 21 Männer freigelassen, die im November 2001 vom Obersten Staatssicherheitsgericht wegen Homosexualität verurteilt worden waren. Der Präsident hatte den Staatssicherheitsgerichtshof für nicht zuständig befunden. Die Staatsanwaltschaft muss nun entscheiden, ob sie erneut Anklage erhebt.

Dach der neuen Bibliotheca Alexandrina

Albanien

Botschaft in Deutschland: Friedrichstraße 231, D-10969 Berlin ☎ +49-30-259 30 50 🖷 -25 93 05 99

GEOGRAFIE, BEVÖLKERUNG

Fläche: 28 748 km², 36 Distrikte und selbst verwaltete Hauptstadt **Bevölkerung:** 3,411 Mio. Einw., davon 95 % Albaner, 3 % Griechen, Minderheit von Serben, Bulgaren und Sinti **In Städten** leben 39 %, **unter 15 J.** sind 30 % der Bev. **Bev.dichte:** 124 Einw./km² **Bev.wachstum:** 0,63 % **Fruchtbarkeitsrate:** 2,1 Geb./Frau **Landessprache:** Albanisch **Religionen:** 70 % Sunniten, 20 % griechisch-orthodoxe Christen, 10 % Katholiken

POLITISCHES SYSTEM

Unabhängig seit dem 28. November 1991, anerkannt seit Juli 1913. Präsidialrepublik seit 1991. Neue Verfassung vom November 1998. Einkammerparlament: Volksversammlung (»Kuvendi Popullor«) 140 Sitze, Wahl alle 4 J. Wahl des Staatsoberhaupts alle 4 J. durch das Parlament. Wahlpflicht ab 18 J. **Staatsoberhaupt:** Alfred Moisiu (seit Juli 2002) **Regierungschef:** Fatos Nano (seit Juli 2002) **Außenminister:** Ilir Meta

MILITÄR

Allg. Wehrpflicht: 12 Monate **Streitkräfte:** 27 000 Mann, davon 20 000 Armee, 4500 Luftwaffe, 2500 Marine **Militärausgaben** (am BSP): 1,3 %

GESUNDHEIT, SOZIALES, BILDUNG

Öffentliche Gesundheitsausgaben (am BIP): 2 % **Öffentliche Ausgaben für Bildung und Erziehung** (am BIP): k. A. **Medizinische Versorgung:** 1,3 Ärzte, 3,2 Krankenhausbetten/1000 Einw. **Säuglingssterblichkeit:** 20/1000 Geb. **Müttersterblichkeit:** 31/100 000 Geb. **Kinderunterernährung:** 8 % **Kinderarbeit:** k. A. **Armutsrate:** k. A. **Frauenanteil an den Beschäftigten:** 41,3 % Zugang zu **sauberem Trinkwasser:** k. A., zu **sanitären Anlagen:** k. A. **HIV-Infektionsrate:** <0,01 % **Lebenserwartung:** Männer 72 J., Frauen 76 J. **Schulpflicht:** 6–14 J. **Einschulungsquote** im Primarbereich 96 % **Analphabetenrate:** Männer 8 %, Frauen 23 % **Universitäten:** in Korçe, Shkodër, Tirana

WIRTSCHAFT

Währung: 1 Lek = 100 Qindarka **Kurs** (Mitte 2002): 1 Lek = 0,008 € **BSP:** 3,8 Mrd. US$ **Wachstumsrate des BIP:** 7,8 % **BSP/Kopf:** 1120 US$ **Anteile am BIP:** Landwirtschaft 51 %, Industrie 26 %, Dienstleistungen 23 % **Forschung+Entwicklungsausgaben** (am BIP): k. A. **Arbeitslosenquote:** 18 % **Inflationsrate:** 3,1 % **Staatseinnahmen:** k. A. **Steueraufkommen** (am BIP): 14,8 % **Staatsausgaben:** k. A. **Leistungsbilanzdefizit:** 156 Mio. US$ **Auslandsschulden:** 784 Mio. US$ **Schuldendienst** (am BSP): 0,7 % **Devisenreserven:** 383 Mio. US$ **Empf. Hilfsgelder:** 319 Mio. US$ **Energie:** Produktion 0,87 Mio. t ÖE, Verbrauch 1,05 Mio. t ÖE

Landwirtschaft, Rohstoffe, Industrie:

Nutzfläche 25,6 %, von der Anbaufläche sind 48,6 % bewässert **Produkte:** Weizen, Mais, Zuckerrüben, Sorghum, Gerste, Kartoffeln **Bewaldet:** 10 000 km², jährliche **Rodung:** 78 km² **Rohstoffe:** Chromerz, Kupfer, Kohle, Erdöl **Wichtige Industriezweige** (im Aufbau): Metallverarbeitung

Außenwirtschaft:

Handelsbilanzdefizit 814 Mio. US$ **Export:** 256 Mio. US$, davon Textilien 32,7 %, Leder u. Lederwaren 19,5 %, Erze 10,4 % **Hauptausfuhrländer:** Italien (60 %), Griechenland (19,8 %), Deutschland (5,7 %) **Import:** 1,07 Mrd. US$, davon industr. Vorprodukte 29,3 %, Nahrungsmittel 22 %, Maschinen u. Transportausrüstung 16,3 % **Hauptlieferländer:** Italien (42,2 %), Griechenland (27,5 %), Türkei (3,3 %)

Republika e Shqipërisë – Republik Albanien; Albaner

Nationalfeiertag: 28. November

Zeitzone: MEZ

Hauptstadt: Tirana (244 200 Einwohner)

Telefon-Vorwahl: +355

Kfz-Kennzeichen: AL

Mitgliedschaften: OSZE, Uno

Premierminister Fatos Nano

VERKEHR

Schienennetz: 447 km **Straßennetz:** 18 000 km, davon 39 % befestigt **Motorisierung:** 44 Kfz/1000 Einw. Internationaler **Flughafen:** Tirana **Fluggesellschaften**: Albanian Airlines, Ada Air Bedeutende **Seehäfen:** Durrës, Sarandë, Schëngjin, Vlorë **Binnenschifffahrt** auf 43 km

KOMMUNIKATION

Auf 1000 Einw. kommen 243 **Rundfunk-**, 123 **Fernsehgeräte**, 49,7 **Telefonanschlüsse**, 88,2 **Mobiltelefone**, 7,6 **PC IuK-Ausgaben** (am BIP): k. A. Größte unabhängige **Tageszeitung:** *Koha Jonë* (Auflage: 400 000 Exemplare) **Nachrichtenagentur:** Albanian Telegraphic Agency

UMWELT, TOURISMUS

Geschützte Gebiete: 3,1 % der Landesfläche **CO_2-Emission:** 1,6 Mio. t **Verwendung des Süßwassers:** Landwirtschaft 71 %, Industrie 0 %, Haushalte 29 % **Tourismus:** 39 000 Besucher, 211 Mio. US$ Einnahmen

AKTUELLE ENTWICKLUNGEN

Der sozialistische Premierminister Ilir Meta, seit 1999 im Amt, schien das Land in eine Phase relativer Stabilität zu führen. Die daniederliegende Wirtschaft wuchs mit Raten über 7 Prozent, und die Sozialistische Partei (SP) setzte sich klar bei den Wahlen im Sommer 2001 durch. Auch der bürgerkriegsartige Konflikt in Mazedonien zwischen albanischer Minderheit und slawischer Bevölkerungsmehrheit konnte im August 2001 beigelegt werden (▸Mazedonien). Trotz des anhaltenden Parlamentsboykotts der oppositionellen Demokratischen Partei (DP), die das für sie schlechte Wahlergebnis nicht akzeptieren wollte und von Manipulationen sprach, ging die Regierung einige drängende Probleme an. So verschärfte die Polizei ihren Kampf gegen den Menschenhandel – nach offiziellen albanischen Angaben wurden zwischen 1993 und 2001 rund 4000 Kinder aus der Republik Albanien verkauft; etwa 8000 albanische Frauen arbeiten in westlichen Ländern als Prostituierte. Auch in anderen Bereichen der Organisierten Kriminalität besteht Handlungsbedarf wie etwa im Kampf gegen den Heroinhandel, den Zigarettenschmuggel oder die Geschäfte mit gestohlenen Autos.

Präsident Alfred Moisiu

Im Herbst 2001 begannen Modernisierungsarbeiten am maroden Straßen- und Schienennetz. Bis 2005 sollen alle Eisenbahnverbindungen zum Ausland wiederhergestellt werden. Wegen des kalten Winters kam es Anfang 2002 zu großen Engpässen in der Energieversorgung: In der Hauptstadt Tirana fiel zeitweilig bis zu 20 Stunden täglich der Strom aus.
2002 eskalierte der Machtkampf innerhalb der SP auch vor dem Hintergrund anstehender Präsidentschaftswahlen zu einer Regierungskrise mit mehrfachen Kabinettsumbildungen. Parteichef Fatos Nano wollte sich vom Parlament zum Präsidenten wählen lassen, Premier Meta favorisierte jedoch eine Wiederwahl des Amtsinhabers Mejdani. Nano provozierte mit Korruptionsvorwürfen gegen einzelne Minister den Rücktritt Metas am 29. Januar 2002. Mit der Wahl des bisherigen Verteidigungsministers Pandeli Majko zum neuen Premier setzte sich zunächst aber der pragmatische Reformflügel Metas gegen die Traditionalisten um Nano durch.
Da die innenpolitische Stabilität nicht gewährleistet schien, froren Weltbank und IWF zeitweilig Projekte im Umfang von 100 Millionen US-Dollar ein. Als dann die EU ankündigte, das Stabilisierungs- und Assoziierungsabkommen mit Albanien auszusetzen, einigten sich Regierung und DP im April auf eine Untersuchung der von der Opposition angefochtenen Parlamentswahlen; auch Nano und Meta schlossen auf Drängen der EU ein Stillhalteabkommen, das eine Spaltung der Sozialisten verhindern soll. So kam es in der Frage des Präsidentenamts zu einem Kompromiss: Nur einen Tag vor der Wahl am 24. Juni 2002 verständigten sich alle Parteien auf einen Kandidaten. Mit klarer Mehrheit wurde der 72-jährige General a. D. Alfred Moisiu zum neuen Staatsoberhaupt bestimmt und am 24. Juli vereidigt.
In der Zwischenzeit hatte Nano durchgesetzt, dass der Parteivorsitzende auch gleichzeitig Ministerpräsident sein dürfte. Einen Tag nach der Vereidigung Moisus erklärte Majko seinen Rücktritt, und Nano erhielt den Auftrag, eine neue Regierung zu bilden.
Am 28. Juni kehrte nach 63 Jahren Exil die albanische Königsfamilie nach Tirana zurück.

Algerien

Botschaft in Deutschland: Görschstraße 45-46, D-13187 Berlin
☎ +49-30-48 09 87 24 🖷 -48 63 90 61

GEOGRAFIE, BEVÖLKERUNG

Fläche: 2 381 741 km². Küstenlänge: 998 km. Nach dem Sudan zweitgrößter Staat Afrikas. Besiedelt ist vor allem der Norden, durch den sich in west-östlicher Richtung das Atlasgebirge (bis zu 2328 m hoch) erstreckt; der Süden ist Teil der Sahara, die über 80 % des Landes einnimmt.
Verwaltung: 48 Bezirke **Bevölkerung:** 30,399 Mio. Einw., davon 70 % Araber, 30 % Berber **Flüchtlinge:** 169 422 **In Städten** leben 60 %, **unter 15 J.** sind 35 % der Bev. **Bev.dichte:** 13 Einw./km² **Bev.wachstum:** 1,76 % **Fruchtbarkeitsrate:** 3,2 Geb./Frau **Landessprachen:** Hocharabisch (Amtssprache), daneben Französisch und Tamazight (Berberisch) **Religionen:** 99 % sunnitische Muslime

POLITISCHES SYSTEM

Unabhängig seit dem 5. Juli 1962. Präsidialrepublik. Verfassung von 1976. Allgemeines Wahlrecht ab 18 J. Zweikammerparlament: Nationalversammlung, 389 Sitze, Wahl alle 5 J., Verhältniswahlrecht, Fünfprozentklausel, Rat der Nation, 144 Sitze, zwei Drittel indirekt von Kommunalräten für 6 J. gewählt, ein Drittel vom Staatspräsidenten ernannt. Direktwahl des Staatsoberhauptes für 5 J.
Staatsoberhaupt: Abdelaziz Bouteflika (seit April 1999)
Regierungschef: Ali Benflis (seit August 2000)
Außenminister: Abdelaziz Belkadem

MILITÄR

Wehrpflicht Streitkräfte: 124 000 Mann, davon 107 000 Armee, 10 000 Luftwaffe, 7000 Marine **Militärausgaben** (am BSP): 4 %

GESUNDHEIT, SOZIALES, BILDUNG

Öffentliche Gesundheitsausgaben (am BIP): 2,6 % **Öffentliche Ausgaben für Bildung und Erziehung** (am BIP): 6 % **Medizinische Versorgung:** 1 Arzt, 2,1 Krankenhausbetten/1000 Einw. **Säuglingssterblichkeit:** 33/1000 Geb. **Müttersterblichkeit:** 150/100 000 Geb. **Kinderunterernährung:** 13 % **Kinderarbeit:** 0 % **Armutsrate:** 23 % (nationale Rate) **Frauenanteil an den Beschäftigten:** 27,6 % Zugang zu **sauberem Trinkwasser** haben 98 % der städtischen, 88 % der ländlichen Bev., zu **sanitären Anlagen** 90 % bzw. 47 % **HIV-Infektionsrate:** 0,07 % **Lebenserwartung:** Männer 69 J., Frauen 73 J. **Schulpflicht** von 6–15 J. **Einschulungsquote** im Primarbereich: 94 % **Analphabetenrate:** Männer 24 %, Frauen 43 % **Universitäten:** Algier, Annaba, Constantine, Oran

WIRTSCHAFT

Währung: 1 Algerischer Dinar (DA) = 100 Centimes **Kurs** (Mitte 2002): 1 DA = 0,01 € **BSP:** 47,9 Mrd. US$ **Wachstumsrate des BIP:** 2,4 % **BSP/Kopf:** 1580 US$ **Anteile am BIP:** Landwirtschaft 9 %, Industrie 60 %, Dienstleistungen 31 % **Forschung+ Entwicklungsausgaben** (am BSP): k. A. **Arbeitslosenquote:** 29,2 % **Inflationsrate:** 4,1 % **Staatseinnahmen:** k. A. **Steueraufkommen** (am BIP): 27,6 % **Staatsausgaben:** k. A. **Leistungsbilanzüberschuss:** 8,9 Mrd. US$ **Auslandsschulden:** 25 Mrd. US$ **Schuldendienst** (am BSP): 8,8 % **Devisenreserven:** 13,6 Mrd. US$ **Empf. Hilfsgelder:** 162 Mio. US$ **Energie:** Produktion 142,88 Mio. t ÖE, Verbrauch 28,28 Mio. t ÖE

Landwirtschaft, Rohstoffe, Industrie:

Nutzfläche 3,4 %, von der Anbaufläche sind 6,8 % bewässert **Produkte:** Weizen, Datteln, Zitrusfrüchte, Wein **Bewaldet:** 21 000 km², jährliche **Aufforstung:** 266 km² **Rohstoffe:** Erdöl, Erdgas,Eisenerz, Phosphat, Zink, Salz **Industrie**: Verarbeitung von Erdöl und Gas, Textilindustrie

Außenwirtschaft:

Handelsbilanzüberschuss 12,3 Mrd. US$ **Exportgüter:** Öl 57,2 %, Erdgas 39,9 % (1997) **Hauptausfuhrländer:** Italien (20,6 %), USA (16 %), Frankreich (15,8 %) **Importgüter:** Maschinen und Transportmittel 31,4 %, Nahrungsmittel 28,8 %, industr. Vor-

Al-Jumhuriya al-Jaza'iriya ad-Dimuqratiya ash-Sha'biya – Demokratische Volksrepublik Algerien; Algerier

Nationalfeiertag:
1. November
(Tag der Revolution)

Zeitzone: MEZ

Hauptstadt: Algier (1 519 600 Einwohner)

Telefon-Vorwahl: +213
Kfz-Kennzeichen: DZ

Mitgliedschaften:
AU, Opec, Uno

Regierungschef Ali Benflis

Hochwasserkatastrophe in Algier

produkte 17,3 % (1997) **Hauptlieferländer:** Frankreich (23,1 %), USA (10,6 %), Italien (8,6 %)

VERKEHR

Schienennetz: 3973 km **Straßennetz:** 104 000 km, davon 68,9 % befestigt **Motorisierung:** 53 Kfz/1000 Einw. Internationale **Flughäfen:** Algier, Constantine, Annaba, Oran, Tlemcen Bedeutende **Seehäfen:** Algier, Annaba, Oran, Skikda, Tenes

KOMMUNIKATION

Auf 1000 Einw. kommen 244 **Rundfunk-**, 110 **Fernsehgeräte**, 60,4 **Telefonanschlüsse**, 2,3 **Mobiltelefone**, 7,1 **PC IuK-Ausgaben** (am BIP): k. A. Größte **Tageszeitung:** *Al-Khabar* (Auflage: 400 000 Exemplare) **Nachrichtenagenturen:** Algérie Presse Service, Agence Algérienne d'Information

UMWELT, TOURISMUS

Geschützte Gebiete: 2,5 % der Landesfläche **CO_2-Emission:** 106,6 Mio. t **Verwendung des Süßwassers:** Landwirtschaft 60 %, Industrie 15 %, Haushalte 25 % **Tourismus:** 866 000 Besucher, 24 Mio. US$ Einnahmen

AKTUELLE ENTWICKLUNGEN

Das Jahr vor der Parlamentswahl im Mai 2002 war in den algerischen Berbergebieten durch gewalttätige Auseinandersetzungen, Generalstreiks und Großdemonstrationen geprägt. Seit April 2001, als ein Gymnasiast von Gendarmen auf einer Polizeiwache erschossen worden war, kamen dort mehr als 100 Menschen, meist Jugendliche, ums Leben. Große Teile der Bevölkerung in der Kabylei plädierten für einen radikalen Bruch mit dem politischen System und belebten die alte Tradition der Urusch (Stammesräte) als Interessenvertretung wieder. Das gewalttätige Vorgehen der Ordnungskräfte in der Kabylei im Frühjahr 2001 wurde in einem Untersuchungsbericht, den Präsident Abdelaziz Bouteflika in Auftrag gegeben hatte, ausdrücklich verurteilt. Eine der wichtigsten Forderungen der Berber erfüllte die Regierung, als am 8. April 2002 die Berbersprache Tamazight als Nationalsprache anerkannt wurde. Wegen der dafür notwendigen Verfassungsänderung trat erstmals seit der Unabhängigkeit 1962 der Kongress, bestehend aus Abgeordneten und Senatoren, wieder zusammen.
Die Proteste der Berber griffen auch auf weite Teile der algerischen Bevölkerung über. Wie bei den Unruhen von 1988 treibt die katastrophale soziale Situation die Menschen auf die Straße: Die Arbeitslosigkeit liegt bei knapp 30 Prozent – wobei 80 Prozent der Arbeitslosen jünger als 30 Jahre sind. In dem durch seine Gas- und Erdölreserven eigentlich reichen Land leben mehr als 20 Prozent der Bevölkerung unter der nationalen Armutsgrenze. Weitere Probleme sind die extreme Wohnungsnot, der Wassermangel sowie die grassierende Korruption. Nach einer Verschärfung des Presserechts wurden im Juli 2001 auch die Rechte der Anwälte eingeschränkt. Der Konflikt zwischen der Staatsmacht und islamistischen Gruppen, der seit dem Abbruch der Parlamentswahlen Anfang 1992 etwa 150 000 Opfer forderte, schwelt weiter. Im August 2001 gab es erstmals seit Jahren wieder Anschläge in Algier. Von Januar bis April 2002 wurden nach offiziellen Angaben 150 bewaffnete Islamisten getötet. Aufstände, die in mehreren Gefängnissen ausbrachen, schlug die Polizei blutig nieder.
Am 10. November 2001 suchte eine Naturkatastrophe Algerien heim: Gewaltige Regenfälle im Norden des Landes lösten Schlamm- und Geröllawinen aus, denen allein in Algier fast 700 Menschen zum Opfer fielen, rund 1500 Familien verloren ihre Wohnungen.
Die Parlamentswahl am 30. Mai 2002 wurde von Boykottaufrufen der wichtigsten Oppositionsparteien überschattet. Bei einer Wahlbeteiligung von offiziell 46 Prozent – in der Kabylei nur 2 Prozent – gewann die frühere Einheitspartei FLN 199 der 389 Sitze, und Premier Ali Benflis bleibt Regierungschef. Der RND erreichte 48 Sitze; 3 islamistische Gruppen kamen zusammen auf 82 Abgeordnete. Trotz der schwierigen innenpolitischen Lage konnte die internationale Isolation ein wenig gelockert werden. Am 22. April 2002 unterzeichnete Algerien im Rahmen der EU-Mittelmeerpartnerschaft als zehntes Land ein Assoziierungsabkommen mit Brüssel.

Andorra

Botschaft in Belgien (auch für D akkreditiert): Rue de la Montagne 10, BTE 1, B-1000 Brüssel
☎ +32-2-513 28 06 🖷 -513 07 41

GEOGRAFIE, BEVÖLKERUNG

Fläche: 468 km² **Bevölkerung:** 67 000 Einw. **Bev.dichte:** 149 Einw./km² **Bev.wachstum:** 4,08 % **Lebenserwartung:** 80 J. **Analphabetenrate:** k. A. **Landessprachen:** Katalanisch (Amtssprache), Spanisch (Kastilisch), Französisch **Religionen:** überw. Katholiken

POLITISCHES SYSTEM

Fürstentum.
Staatsoberhaupt: Der Präsident von Frankreich und der Bischof von La Seu d'Urgell (Spanien)
Regierungschef: Marc Forné i Molnè (seit Dezember 1994)

WIRTSCHAFT

Währung: 1 € = 100 Cents **BSP:** 1,2 Mrd. US$ **BSP/Kopf:** 17 900 US$ **Inflation:** 4,3 % **Anteile am BIP:** Tourismus 90 % (10,9 Mio. Bes.), Landwirtschaft, Industrie, Handwerk 10 % **Export:** 42 Mio. US$ **Import:** 950 Mio. US$

AKTUELLE ENTWICKLUNGEN

Wegen mangelnder Transparenz und Auskunftsverweigerung setzte die OECD das Fürstentum im April 2002 erneut auf die schwarze Liste der Steueroasen. Dabei hatte der IWF noch im Februar Finanzstrukturen und Bemühungen des Pyrenäenstaates im Kampf gegen Geldwäsche und Terrorismusfinanzierung mit Lob bedacht. Der OECD warf Andorras Regierung mangelnde Objektivität vor. Und Finanzministerin Mireia Maestre Cortadella betonte, die Gesetze erlaubten keine schädlichen Steuerpraktiken. Bargeschäfte über 15 000 Euro müssen seit April 2002 der Stelle zur Prävention von Geldwäsche (UPB) gemeldet werden. Andorranische Unternehmen befürchten deshalb erhebliche Umsatzeinbußen.

Principat d'Andorra – Fürstentum Andorra; Andorraner

Nationalfeiertag: 8. September (Paréage-Vertrag von 1278)

Zeitzone: MEZ

Hauptstadt: Andorra la Vella (21 200 Einwohner)

Telefon-Vorwahl: +376
Kfz-Kennzeichen: AND

Mitgliedschaften: OSZE, Uno

Angola

Botschaft in Deutschland: Wallstraße 58, D-10179 Berlin
☎ +49-30-240 89 70 🖷 -24 08 97 12

GEOGRAFIE, BEVÖLKERUNG

Fläche: 1 246 700 km² **Bevölkerung:** 13,134 Mio. Einw., davon 37 % Ovimbundo, 25 % Mbundu, 13 % Kongo, 2 % Mulatten, Minderheit von Portugiesen **Flüchtlinge:** 12 250, dazu 202 000 Binnenvertriebene **In Städten** leben 34 %, **unter 15 J.** sind 48 % der Bev. **Bev.dichte:** 11 Einw./km². **Bev.wachstum:** 2,99 % **Fruchtbarkeitsrate:** 6,6 Geb./Frau **Landessprachen:** Portugiesisch (Amtssprache), daneben Mbundu, Kimbundu, Umbundu **Religionen:** 65 % Christen, 35 % traditionelle Religionen

POLITISCHES SYSTEM

Unabhängig seit dem 11. November 1975. Präsidialrepublik. Einkammerparlament (»Assembleia Nacional«) mit 220 Sitzen.

Staats- und Regierungschef: José Eduardo dos Santos (Staatschef seit September 1979, Regierungschef seit Januar 1999)

MILITÄR

Allg. Wehrpflicht Streitkräfte: 130 500 Mann, davon 120 000 Armee, 8000 Luftwaffe, 2500 Marine **Militärausgaben** (am BSP): 21,2 %

GESUNDHEIT, SOZIALES, BILDUNG

Öffentliche Gesundheitsausgaben (am BIP): k. A. **Öffentliche Ausgaben für Bildung u. Erziehung** (am BIP): 2,6 % **Medizinische Versorgung:** 0,1 Ärzte, 1,3 Krankenhausbetten/1000 Einw. **Säuglingssterblichkeit:** 128/1000 Geb. **Müttersterblichkeit:** 1300/100 000 Geb. **Kinderunterernährung:** 41 % **Kinderarbeit:** 26 % **Armutsrate:** k. A. **Frauenanteil an den Beschäftigten:** 46,3 % Zugang zu **sauberem Trinkwasser** haben 34 % der städtischen, 40 % der ländlichen Bev., zu **sanitären Anlagen** 70 % bzw. 30 % **HIV-**

República de Angola – Republik Angola; Angolaner

Nationalfeiertag: 11. November

Zeitzone: MEZ

Hauptstadt: Luanda (2 000 000 Einwohner)

Telefon-Vorwahl: +244
Kfz-Kennzeichen: ANG

Mitgliedschaften: AU, Uno

Infektionsrate: 2,78 % **Lebenserwartung:** Männer 45 J., Frauen 48 J. **Schulpflicht:** 7–15 J. **Einschulungsquote** im Primarbereich 57 % **Analphabetenrate:** Männer 44 %, Frauen 72 % **Universität:** Luanda

WIRTSCHAFT

Währung: 1 Kwanza (Kz) = 100 Lwei **Kurs** (Mitte 2002): 1 Kz = 0,03 € **BSP:** 3,8 Mrd. US$ **Wachstumsrate des BIP:** 2,1 % **BSP/Kopf:** 290 US$ **Anteile am BIP:** Landwirtschaft 6 %, Industrie 76 %, Dienstleistungen 18 % **Forschung+Entwicklungsausgaben** (am BIP): k. A. **Arbeitslosenquote:** k. A. **Inflationsrate:** 152,6 % **Staatseinnahmen:** k. A. **Staatsausgaben:** k. A. **Leistungsbilanzdefizit:** 1702 Mio. US$ **Auslandsschulden:** 10,156 Mrd. US$ **Schuldendienst** (am BSP): 25,4 % **Devisenreserven:** 1,2 Mrd. US$ **Empf. Hilfsgelder:** 307 Mio. US$ **Energie:** Produktion 43,64 Mio. t ÖE, Verbrauch 7,59 Mio. t ÖE

Präsident José Eduardo dos Santos

Landwirtschaft, Rohstoffe, Industrie:

Nutzfläche 2,8 %, von der Anbaufläche sind 2,1 % bewässert **Produkte:** Maniok, Kaffee, Zuckerrohr, Mais **Bewaldet:** 698 000 km², jährliche **Rodung:** 1242 km² **Rohstoffe**: Erdöl, Diamanten, Eisenerz, Kupfer, Blei, Zink, Gold, Mangan, Salz

Außenwirtschaft:

Handelsbilanzüberschuss 2,05 Mrd. US$ **Export:** 5,156 Mrd. US$, davon 87,6 % Öl und Ölprodukte, 11,8 % Diamanten **Hauptausfuhrländer:** USA (59,6 %), VR China (8,2 %), Taiwan (7,7 %) **Import:** 3,1 Mrd. US$, davon 32,8 % Nahrungsmittel, 28,9 % Maschinen und Transportmittel, 12,1 % Erz **Hauptlieferländer:** Portugal (18,8 %), USA (14,6 %), Südafrika (11,9 %)

VERKEHR

Schienennetz: 2952 km **Straßennetz:** 51 429 km, davon 10,4 % befestigt **Motorisierung:** 20 Kfz/1000 Einw. Internationaler **Flughafen:** Luanda Bedeutende **Seehäfen:** Luanda, Ambriz, Cabinda, Lobito, Malongo, Namibe, Porto Amboim, Soyo **Binnenschifffahrt** auf 1295 km

KOMMUNIKATION

Auf 1000 Einw. kommen 74 **Rundfunk-**, 19 **Fernsehgeräte**, 5,9 **Telefonanschlüsse**, 6,4 **Mobiltelefone**, 1,3 **PC IuK-Ausgaben** (am BIP): k. A. Größte **Tageszeitung:** *O Jornal de Angola* (Auflage: 41 000 Exemplare) **Nachrichtenagentur:** Angop

UMWELT, TOURISMUS

Geschützte Gebiete: 6,6 % der Landesfläche **CO_2-Emission:** 5,9 Mio. t **Verwendung des Süßwassers:** Landwirtschaft 76 %, Industrie 10 %, Haushalte 14 % **Tourismus:** 51 000 Besucher, 18 Mio. US$ Einnahmen

AKTUELLE ENTWICKLUNGEN

Am 22. Februar 2002 wurde der legendäre Unita-Führer Jonas Sawimbi von der angolanischen Armee erschossen. Damit schien ein Ende des 1998 neu entflammten, insgesamt fast 30 Jahre währenden Bürgerkriegs in Reichweite zu rücken. Präsident José dos Santos kündigte freie Wahlen bis Ende 2003 an, falls die Unita ihre Waffen abgäbe. Es gibt allerdings begründete Zweifel an der Glaubwürdigkeit dieses Versprechens.

Mitte März wies die Regierung ihre Streitkräfte an, alle offensiven Kampfhandlungen einzustellen, um den Weg für Verhandlungen frei zu machen.

Anfang April wurde eine Generalamnestie für Unita-Mitglieder erlassen. Am 4. April unterzeichneten der Befehlshaber der angolanischen Armee General Armando da Cruz Neto und der neue Kommandeur der Unita-Truppen, General Abreu Muengo, in Luanda ein Waffenstillstandsabkommen. Es sieht vor, dass die etwa 50 000 Unita-Kämpfer entwaffnet und rund 5000 von ihnen in die reguläre Armee übernommen werden. Ob die friedliche Integration in eine Zivilgesellschaft gelingt, bleibt unklar. Viele Angolaner fürchten, die ehemaligen Kämpfer könnten sich der Demobilisierung entziehen und versuchen, ihren Lebensunterhalt weiterhin mit der Waffe zu verdienen. Die Hilfsorganisation Ärzte ohne Grenzen machte im Juni 2002 publik, dass in Angola eine halbe Million Menschen als Folge des Bürgerkriegs dem drohenden Hungertod ausgeliefert sind.

Angola förderte zuletzt Diamanten im Wert von etwa 740 Millionen US-Dollar im Jahr. Widersprüchliche Anga-

ben gab es zu dem von der Unita kontrollierten Handel, den die Uno seit 1997 mit Sanktionen belegt hat. Außenminister de Miranda erklärte, aus seinem Land kämen keine »Blutdiamanten« mehr, Uno-Kontrolleure waren anderer Ansicht. Nach einer Studie aus Pretoria schrumpfte die Produktion allerdings von einst 600 auf nunmehr 100 Millionen Dollar.
Im Dezember 2001 ging das Offshore-Ölfeld Girassol, Angolas größte und modernste Förderanlage, in Betrieb. Sie soll 2002 eine Leistung von 200 000 Barrel pro Tag erreichen. Der nach Nigeria zweitgrößte Ölproduzent Schwarzafrikas will seine Kapazität bis 2015 auf 2,5 Millionen Barrel täglich verdreifachen. Trotz Milliarden-Dollar-Investitionen im Ölsektor entwickelte sich Angolas Wirtschaft jedoch kaum. Das durchschnittliche reale Wachstum lag in den neunziger Jahren unter 0,5 Prozent. Dafür ist neben dem Bürgerkrieg die Korruption verantwortlich. Forderungen der Weltbank nach größerer Transparenz in den Erdölgeschäften blieben unerfüllt.
Eine Ende März 2002 erschienene Untersuchung der britischen Menschenrechtsorganisation Global Witness identifizierte ein Milliarden-Dollar-Bankkonto auf den British Virgin Islands, dessen Inhaber sie der Umgebung des Präsidenten zuordnet.
Schätzungen gehen davon aus, dass allein 2001 etwa 1,4 Milliarden Dollar an Regierungseinnahmen verschwunden sind.

General Armando da Cruz Neto (hinten) und General Abreu Muengo (vorn) nach dem Waffenstillstandsabkommen in Luanda

Antarktis

Der eisige Kontinent trotzt nicht nur der globalen Klimaerwärmung, er kühlt sogar ab. Wissenschaftler sehen in einer ersten Theorie das Ozonloch als Ursache. Die Antarktische Halbinsel dagegen leidet unter einer regionalen Erwärmung, die den globalen Klimatrend deutlich übersteigt. Daher sind die angrenzenden Schelfeisgebiete in den letzten Jahren geschrumpft. Neben der US-Foschungsstation McMurdo ging die erste ganzjährig benutzbare Eislandepiste in Betrieb. Im Januar 2002 fand der erste Marathon auf dem Inlandeis statt, und erstmals erreichte ein einmotoriges Flugzeug den Südpol. Am Ziel streikte dann die Maschine, so dass der russische Politiker und zahlende Touristen, die nun von der amerikanischen Amundsen-Scott-Station beherbergt wurden, ausgeflogen werden mussten. Eine viel dramatischere Rettung wurde im Juni 2002 für ein deutsches Frachtschiff organisiert. Die »Magdalena Oldendorff« war von russischen Forschern gechartert und vom Eis des beginnenden antarktischen Winters eingekeilt worden. Helikopter eines südafrikanischen Versorgungsschiffes evakuierten die Forscher und einen Teil der Besatzung drei Wochen später, bevor ein argentinischer Eisbrecher das eingeschlossene Schiff befreien sollte.

Fläche: 13,66 Mio. km², davon 1,5 Prozent nicht vom Eis bedeckt. Ansonsten liegt über den Gebirgen eine Eisschicht von durchschnittlich 2 km Dicke, die sich an den Rändern als Schelfeis vorschiebt. Küstenlinie: 17 968 km. Temperaturen: im Winter an der Küste bis -30° C, im Landesinnern bis -70° C, am Südpol Mitteltemperatur -50,3° C, im Osten bisher tiefste Temperatur der Erde mit -89,2° C (absoluter Kältepol der Erde). Ständige Stürme mit Windgeschwindigkeiten bis 250 km/h, Niederschläge gering, fast nur als Schnee.
Bevölkerung: nur wissenschaftliches Personal auf Forschungsstationen; im Sommer über 4000 in 44 Stationen, im Winter etwa 1000. **Vegetation:** nur Flechten (350 Arten), Moose und Algen, auf der Antarktischen Halbinsel 2 Blütenpflanzenarten. An Fauna im Landesinneren nur Insekten und Milben, an der Küste Pinguine (5 Arten) und Seevögel sowie 4 Robbenarten, im Meer: Krill, 280 Fischarten und Wale.

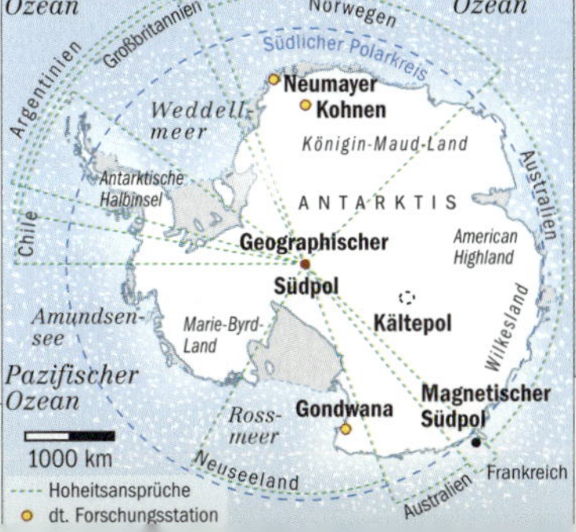

Antigua and Barbuda – Antigua und Barbuda; Antiguaner

Nationalfeiertag: 1. November

Zeitzone: MEZ –5 h

Hauptstadt: St. John's (30 000 Einwohner)

Telefon-Vorwahl: +1268

Mitgliedschaften: Caricom, OAS, Uno

Antigua und Barbuda

Botschaft in Großbritannien (auch für D akkreditiert): 15, Thayer Street, GB-London W1M 5LD
☎ +44-207-486 70 73 🖷 -486 99 70
HK: Hamburg, Bad Homburg

GEOGRAFIE, BEVÖLKERUNG

Fläche: 442 km² **Bevölkerung:** 68 000 Einw. **Bev.dichte:** 155 Einw./km² **Bev.wachstum:** 0,31 % **Lebenserwartung:** 75 J. **Analphabetenrate:** k. A. **Landessprachen:** Englisch (Amtssprache), Kreolisch **Religionen:** Christen (meist Anglikaner)

POLITISCHES SYSTEM

Unabhängig seit 1981. Parl. Monarchie. **Staatsoberhaupt:** Königin Elizabeth II., vertreten durch Generalgouverneur Sir James Carlisle (v. Juni 1993) **Regierungschef:** Lester Bird (v. März 1994)

WIRTSCHAFT

Währung: 1 Ostkaribischer Dollar (EC$) = 100 Cents **Kurs** (Mitte 2002): 2,48 EC$ = 1 € **BSP:** 642 Mio. US$ **Wachstumsrate des BIP:** 3,7 % **BSP/Kopf:** 9440 US$ **Anteile am BIP:** Landwirtschaft 4 %, Industrie 19 %, Dienstleistungen 77 %

AKTUELLE ENTWICKLUNGEN

Der 11. September hat, vor allem wegen fehlender US-Gäste, für einen Einbruch im Tourismusgeschäft, dem wichtigsten Erwerbszweig des Landes (etwa 70 Prozent des BIP), gesorgt. Aber auch die schlechte Steuermoral ist verantwortlich für das chronisch defizitäre Staatsbudget. 2001 zahlten von 491 Firmen nur 161 Unternehmen Steuern. Im Februar 2002 verpflichtete sich die Regierung gegenüber der OECD, u.a. mit einem Gesetz gegen Geldwäsche, ihre Finanzaufsicht zu verschärfen – Antigua steht seit Mitte 2000 als Steueroase auf einer schwarzen Liste der OECD.

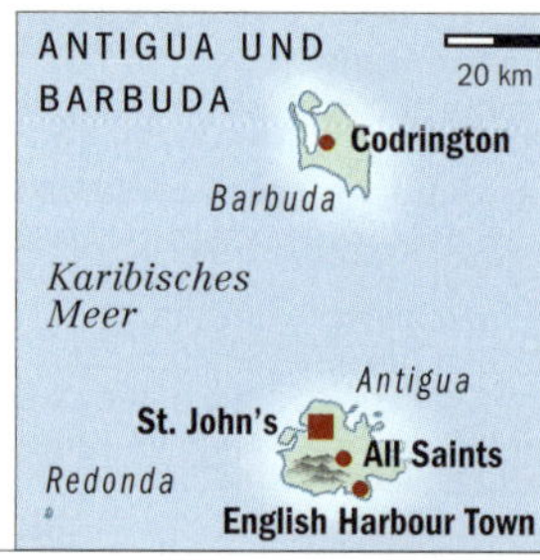

República de Guinea Ecuatorial – Republik Äquatorialguinea; Äquatorialguineer

Nationalfeiertag: 12. Oktober

Zeitzone: MEZ

Hauptstadt: Malabo (40 000 Einwohner)

Telefon-Vorwahl: +240

Mitgliedschaften: OAU, Uno

Äquatorialguinea

Botschaft in Belgien (auch für D akkreditiert): 17, Avenue Jupiter, B-1190 Forêts-Brüssel
☎ +32-2-346 25 09 🖷 -346 33 09

GEOGRAFIE, BEVÖLKERUNG

Fläche: 28 051 km² **Bevölkerung:** 457 000 Einw. **Bev.dichte:** 16 Einw./km² **Bev.wachstum:** 2,82 % **Lebenserwartung:** 51 J. **Analphabetenrate:** 17 % **Landessprachen:** Spanisch (Amtssprache), Fang, Bubi, Kreolisch **Religionen:** über 90 % Katholiken

POLITISCHES SYSTEM

Unabh. seit 1968. Präsidialrepublik. **Staatsoberhaupt:** Teodoro Obiang Nguema Mbasogo (seit August 1979) **Regierungschef:** Cándido Muatetema Rivas (seit März 2001)

WIRTSCHAFT

Währung: 1 CFA-Franc = 100 Centimes, **Kurs** (Mitte 2002): 650,59 CFA-Francs = 1 € **BSP:** 363 Mio. US$ **Wachstumsrate:** 16,9 % **BSP/Kopf:** 800 US$ **Anteile am BIP:** Landwirtschaft 7 %, Industrie 88 %, Dienstleistungen 5 %

AKTUELLE ENTWICKLUNGEN

Seit Anfang der neunziger Jahre hat sich die ehemalige spanische Kolonie zu einem wichtigen Ölproduzenten und einer der dynamischsten Volkswirtschaften entwickelt: Für 2001 rechnet der IWF mit einer Wachstumsrate von über 50 Prozent. Bis 2004 will man die Produktion nochmals verdoppeln – auf 400 000 Barrell am Tag. Am 3. April 2002 einigten sich Äquatorialguinea und Nigeria auf eine gemeinsame Ausbeutung der Ölfelder vor der Küste. Damit legten sie einen siebenjährigen Streit über die Seegrenzen bei.
Im Frühjahr 2002 wurden über 100 Personen, darunter führende Oppositionspolitiker, verhaftet. Sie sollen einen Putsch gegen Präsident Teodoro Obiang geplant haben. Die Uno hatte zuvor ihren Repräsentanten zur Beobachtung der Menschenrechtslage abgezogen.

Argentinien

Botschaft in Deutschland: Dorotheenstraße 89, D-10117 Berlin
☎ +49-30-226 68 90 🖷 -229 14 00

GEOGRAFIE, BEVÖLKERUNG

Fläche: 2 780 400 km² **Verwaltung:** 22 Provinzen, Bundesdistrikt Buenos Aires und Nationalterritorium Feuerland **Bevölkerung:** 37,032 Mio. Einw., davon 97 % überwiegend spanischer und italienischer Herkunft, Mestizen **In Städten** leben 89 %, **unter 15 J.** sind 28 % der Bev. **Bev.dichte:** 14 Einw./km² **Bev.wachstum:** 1,19 % **Fruchtbarkeitsrate:** 2,5 Geb./Frau **Landes- und Amtssprache:** Spanisch **Religionen:** über 90 % Katholiken, 2 % Protestanten, 2 % Juden

Die größten Städte

Buenos Aires	2 965 400
Córdoba	1 157 500
La Matanza (San Justo)	1 121 300
Rosario	907 700

POLITISCHES SYSTEM

Unabhängig seit dem 9. Juli 1816. Präsidialrepublik. Verfassung von 1994. Zweikammerparlament (»Congreso«): Abgeordnetenkammer (»Cámara de Diputados«, 257 Sitze, von denen die Hälfte alle 2 Jahre für 4 Jahre direkt gewählt wird). Senat (»Senado«, 72 Sitze – 3 für jede Provinz). Direktwahl des Staatsoberhaupts alle 4 J. Wahlrecht ab 18 J.
Staats-und Regierungschef: Eduardo Alberto Duhalde (seit Januar 2002) **Außenminister:** Carlos Frederico Ruckauf

MILITÄR

Allg. Wehrpflicht: nein **Streitkräfte:** 70 100 Mann, davon 41 400 Armee, 12 500 Luftstreitkräfte, 16 200 Marine **Militärausgaben** (am BSP): 1,6 %

GESUNDHEIT, SOZIALES, BILDUNG

Öffentliche Gesundheitsausgaben (am BIP): 2,4 % **Öffentliche Ausgaben für Bildung u. Erziehung** (am BSP): 3,5 % **Öffentliche Altersversorgung** (am BIP): 6,2 % **Medizinische Versorgung:** 2,7 Ärzte, 3,3 Krankenhausbetten/1000 Einw. **Säuglingssterblichkeit:** 17/1000 Geb. **Müttersterblichkeit:** 85/100 000 Geb. **Kinderunterernährung:** 5 % **Kinderarbeit:** 2 % **Armutsrate:** k. A. **Frauenanteil an den Beschäftigten:** 33,2 % Zugang zu sauberem **Trinkwasser** haben 85 % der städtischen und 30 % der ländlichen Bev. und 89 % bzw. 48 % zu **sanitären Anlagen** **HIV-Infektionsrate:** 0,69 % **Lebenserwartung:** Männer 70 J., Frauen 77 J. **Schulpflicht**: 6–14 J. **Einschulungsquote** im Primarbereich 100 %, im Sekundarbereich 74 % **Analphabetenrate:** 3 % Männer, 3 % Frauen **Universitäten**: 36 staatliche und 48 private, die bedeutendsten in Buenos Aires, Córdoba, La Plata, Mendoza, Santa Fé

WIRTSCHAFT

Währung: 1 Argentinischer Peso (arg$) = 100 Centavos **Kurs** (Mitte 2002): 1 arg$ = 0,30 € **BSP:** 276,2 Mrd. US$ **Wachstumsrate:** -0,5 % **BSP/Kopf:** 7460 US$ **Anteile am BIP:** Landwirtschaft 5 %, Industrie 28 %, Dienstleistungen 68 % **Forschung+Entwicklungsausgaben** (am BSP): 0,48 % **Arbeitslosenquote:** 12,8 % **Inflationsrate:** - 1,1 % **Staatseinnahmen:** 39,863 Mrd. US$ **Steueraufkommen** (am BIP): 12,9 % **Einkommensteuer:** max. 35 % **Körperschaftsteuer:** 35 % **Haushaltsdefizit** (am BIP): 2,3 % **Staatsausgaben:** 44,147 Mrd. US$ **Leistungsbilanz-**

República Argentina – Argentinische Republik; Argentinier

Nationalfeiertag: 25. Mai (Tag der Revolution)

Zeitzone: MEZ –4 h

Hauptstadt: Buenos Aires (2 965 400 Einwohner)

Telefon-Vorwahl: +54
Kfz-Kennzeichen: RA

Mitgliedschaften: OAS, Uno

Präsident Eduardo Duhalde

defizit: 8,970 Mrd. US$ **Auslandsschulden:** 226,789 Mrd. US$ **Auslandsvermögen**: 152,409 Mrd. US$ **Schuldendienst** (am BSP): 9,9 % **Devisenreserven:** 25,152 Mrd. US$ **Empf. Hilfsgelder:** 76 Mio. US$ **Ausl. Direktinvestitionen:** 11,665 Mrd. US$ **Börse** (Marktkapitalisierung am BIP): 58,3 % **Energie:** Produktion 81,93 Mio. t ÖE, Verbrauch 63,18 Mio. t ÖE, Anteile am Verbrauch: Kohle 1,2 %, Öl 32,1 %, Atomenergie 2,7 %, Erdgas 50,5 %, sonstige 13,5 %

Plünderer im Supermarkt

Landwirtschaft, Rohstoffe, Industrie:
Nutzfläche 9,9 %, von der Anbaufläche sind 5,7 % bewässert **Produkte**: Weizen, Mais, Wein, Kartoffeln, Tabak, Sorghum, Zuckerrohr, Soja, Rinderzucht **Bewaldet:** 346 000 km², jährliche **Rodung:** 2 851 km² **Rohstoffe:** Erdöl, Erdgas, Kohle, Braunkohle **Wichtige Industriezweige:** Nahrungsmittelindustrie, Automobilproduktion, Petrochemie, Stahlerzeugung

Außenwirtschaft:
Handelsbilanzüberschuss 2,558 Mrd. US$ **Export:** 26,409 Mrd. US$, davon 11,1 % industrielle Vorprodukte, 16 % Maschinen und Transportmittel, 35,7 % Nahrungsmittel **Hauptausfuhrländer:** Brasilien (30,1 %), USA (8,4 %), Chile (7 %) **Hightech-Exporte:** 767 Mio. US$ **Import:** 23,851 Mrd. US$, davon 15,1 % industrielle Vorprodukte, 49,8 % Maschinen und Transportmittel, 15,5 % chemische Produkte **Hauptlieferländer:** Brasilien (22,3 %), USA (19,8 %), Deutschland (6 %)

VERKEHR

Schienennetz: 34 059 km **Straßennetz:** 215 471 km, davon 29,4 % befestigt **Motorisierung:** 181 Kfz/1000 Einw. Internationale **Flughäfen:** 10, der wichtigste ist Buenos Aires **Fluglinie**: Aerolíneas Argentinas, 9,262 Mio. beförderte Passagiere **Häfen:** Bahía Blanca, Buenos Aires, Comodoro Rivadavia **Binnenschifffahrt** auf 10 950 km

KOMMUNIKATION

Auf 1000 Einw. kommen 681 **Rundfunk-**, 293 **Fernsehgeräte**, 216,3 **Telefonanschlüsse**, 186,1 **Mobiltelefone**, 53,4 **PC** und 12,14 **Internet-Zugänge** **IuK-Ausgaben** (am BIP): 4,1 %
Es erscheinen 181 **Tageszeitungen**
Die größten Tageszeitungen und ihre Auflagen:

Clarin	616 000
Crónica	520 000
Página	280 000

Nachrichtenagenturen: Agencia Telam, Diarios y Noticias, Noticias Argentinas

UMWELT, TOURISMUS

Geschützte Gebiete: 1,8 % der Landesfläche **Energieverbrauch/Kopf:** 1 727 kg ÖE **CO_2-Emission:** 136,9 Mio. t **Verwendung des Süßwassers:** Landwirtschaft 75 %, Industrie 9 %, Haushalte 16 % **Tourismus:** 2,991 Mio. Besucher, 2,903 Mrd. US$ Einnahmen, an den Exporterlösen: 9,4 %

AKTUELLE ENTWICKLUNGEN

Die lang andauernde politische und wirtschaftliche Krise des südamerikanischen Staates spitzte sich um den Jahreswechsel 2001/2002 zu. Die Argentinier hatten genug von der Wirtschaftspolitik der Regierung. Und so erlebt das ehemalige Einwanderungsland nach den vielen überstürzten Regierungswechseln und der Peso-Abwertung eine nie gesehene Auswanderungswelle in Richtung USA und Europa.
Anfang Dezember 2001 hatte die Regierung des damaligen Präsidenten Fernando De la Rúa eine Kontensperre eingeführt, um dem anwachsenden Druck auf die Währung standhalten zu können. Wirtschaftsminister Domingo Cavallo legte fest, dass Kontoinhaber monatlich nur 1000 Dollar abheben durften. Der Unmut wuchs und entlud sich in zahlreichen Demonstrationen, an denen sich Zehntausende beteiligten. Der »cacerolazo« wurde zum Mittel des Protests: Die Bürger protestierten, indem sie auf Kochtöpfe schlagend durch die Straßen zogen. Bei Auseinandersetzungen

mit Sicherheitskräften gab es an die 30 Tote. Die Unruhen waren offensichtlich zu einem Teil von den Peronisten (Partido Justicialista) mit dem Ziel organisiert, De la Rúa (Radikale Bürgerunion) zu stürzen. Schließlich trat am 19. Dezember zunächst Wirtschaftsminister Cavallo zurück, tags darauf gab dann auch Präsident De la Rúa auf. Was nun folgte, dürfte selbst in Südamerika einmalig sein: Innerhalb kürzester Zeit hatten vier weitere Männer das Präsidentenamt inne: Ramón Puerta, Eduardo Camaño, Adolfo Rodríguez Saá und schließlich seit dem 1. Januar 2002 der Peronist Eduardo Duhalde.

Aber auch Präsident Duhalde hatte Mühe, seine Politik durchzusetzen und Akzeptanz zu finden, er musste mehrfach mit Rücktrittsdrohungen seinen Plänen Nachdruck verleihen. Am 4. Januar 2002 hob die Regierung wegen anhaltender Kapitalabflüsse die feste Dollarbindung des Peso (1 Peso = 1 Dollar) auf. Alle Dollarguthaben wurden in Pesowerte umgewandelt und entsprechend abgewertet (offiziell um 30 Prozent). Bis Februar verlor der Peso gegenüber dem Dollar um über 50 Prozent, für viele Argentinier eine wirtschaftliche Katastrophe. Tauschhandel ist die Rettung für die verarmte Bevölkerung. Landesweit gibt es 4500 Märkte, in denen etwa 5 Millionen Menschen Waren und Dienstleistungen tauschen, sogar bestimmte Steuern können Geschäftsleute in Naturalien zahlen.

Duhalde hat sein Kabinett bereits mehrmals verändert. So ernannte er Anfang Mai Graciela Camaño, die Gewerkschafterin und Ehefrau des einflussreichen peronistischen Senators Luis Barrionuevo, zur Arbeitsministerin. Durch diese Ernennung hoffte Duhalde, sowohl die Gewerkschaften als auch den Senator selbst, einen Kritiker der Regierung, milde zu stimmen.

Ebenfalls im Mai stellte die Zentralregierung einen Aktionsplan auf. Ziel war es, die Forderungen des IWF zu erfüllen, um so weitere Kredite zu bekommen: Das die Schuldnerseite über Gebühr begünstigende Insolvenzrecht wurde geändert und das Gesetz über wirtschaftliche Subversion abgeschafft. Dieses hätte nach Ansicht des IWF zu ungerechtfertigter Verfolgung von ausländischen Finanzleuten missbraucht werden können. Bis Juli 2002 machte der IWF allerdings noch keine Anstalten, die im Dezember gesperrte 22-Milliarden-Kreditlinie für Argentinien freizugeben. Bisher sind lediglich Aufschübe für die Rückzahlung von Darlehen gewährt worden, zuletzt für eine Rückzahlung in Höhe von 985 Millionen US-Dollar, die am 17. Juli fällig gewesen wäre. Damit ist das Problem der Zahlungsunfähigkeit Argentiniens allerdings nur vertagt. Bis zum Jahresende werden noch fünf Milliarden Dollar fällig. Vor der Überweisung weiterer Gelder seien massive Kürzungen der öffentlichen Ausgaben notwenig, hieß es aus Washington. Eine radikale Sparpolitik, wie der IWF sie fordert, und die ohne die mächtigen Provinzgouverneure kaum möglich ist, verstärkt aber den innenpolitischen Druck auf die Regierung. Da scheint kein Ausweg in Sicht. Viel hängt von den anstehenden Vereinbarungen mit den Provinzen über die Reform des Finanzausgleichs ab. Zweifel bleiben auch, ob der IWF Duhalde die notwendigen Schritte zutraut. IWF-Chef Horst Köhler sagte, Argentiniens größtes Problem sei das »fehlende Vertrauen der Bevölkerung in die Regierung«. Gleichzeitig lobte er deren Bemühen um fiskalische Disziplin.

Mitte Juli 2002 kündigte Duhalde um ein halbes Jahr vorgezogene Neuwahlen für den 30. März 2003 an. Die nötigen »großen Reformen« könnten nur von einer gewählten Regierung umgesetzt werden, meinte er. Die Kandidaten der Parteien sollen erstmals durch Vorwahlen im November 2002 ermittelt werden. Einer hat sich bereits ins Gespräch gebracht: der 72-jährige Ex-Präsident Carlos Menem, der vielen als einer der Väter des Desasters gilt. Carlos Reutemann – Ex-Formel-1-Rennfahrer, heute Gouverneur von Santa Fé, im Lande beliebt und Wunschkandidat der USA und des IWF – wird wohl nicht kandidieren. In Umfragen liegen zurzeit linke Kandidaten vorn, nämlich Elisa Carrió, die den internationalen Banken die Schuld an der Krise gibt, und der frühere Trotzkist Luis Zamora.

20 Jahre nach dem Ende der Militärdiktatur ist Ex-Junta-General Leopoldo Galtieri Anfang Juli verhaftet worden: Ihm werden Menschenrechtsverletzungen vorgeworfen.

Großdemonstration in Buenos Aires

Fläche:
26 Mio. km², davon 8 Mio. km² Land, 18 Mio. km² Meer

Bevölkerung:
ca. 2 Mio. Einw., darunter Inuit, Saamen (Lappen) und Jakuten

Anrainerstaaten:
Dänemark, Finnland, Island, Kanada, Norwegen, Russland, Schweden, USA (seit 1. Oktober 1996 im Arktischen Rat organisiert)

Wichtige Städte:
Murmansk 400 000
Workuta 100 000
Nuuk 13 200
Hammerfest 9 400

Rohstoffe:
Eisen, Erdgas, Erdöl, Gold, Kupfer, Nickel, Silber, Zink

Arktis

Umweltbelastungen und Klimaveränderungen gefährden den Lebensraum Arktis. Norwegische Forscher fanden radioaktive Verunreinigungen aus dem britischen Sellafield, ein deutsch-japanisches Team maß Aerosole in der Luft. Robben, Wale und Eisbären sind mit PCB, Dioxinen, DDT, Flammschutzmitteln und Schwermetallen belastet. Als Folge davon sind viele Inuit-Kinder krank und bei der Geburt zu klein. Deshalb forderten Umweltverbände der 8 Arktis-Anrainer, 20 Prozent der arktischen Regionen unter Schutz zu stellen.
Neben Umweltgiften bedroht der Klimawandel auch die Eisbärenpopulation. Messungen ergaben in den letzten 20 Jahren einen Rückgang des Sommereises um 40 Prozent. Hält das an, werden die nördlichen Seewege für Handelsschiffe attraktiv. Deshalb veranstaltete die US-Marine ein Symposium zu den geopolitischen Konsequenzen, da Russland die Nordostpassage als sein Hoheitsgebiet ansieht.
Während hier bald reguläre Schifffahrt Abenteuer ablöst, finden den Weg zum Pol nur einzelne Wagemutige. Als erstes Frauenteam erreichten die Britinnen Ann Daniels und Carolin Hamilton im Juni 2002 zu Fuß den Nordpol – und eroberten als Erste beide Pole. Ein weiterer Brite musste seinen Fußmarsch abbrechen, er wurde von einer Eisscholle gerettet. Ein deutscher Tischler begann eine dreijährige Hundeschlittentour rund um den Pol entlang des nördlichen Wendekreises.

Hayastani Hanrapetutjun – Republik Armenien; Armenier

Nationalfeiertag:
21. September (Tag des Unabhängigkeitsreferendums)

Zeitzone: MEZ + 3 h

Hauptstadt: Eriwan (1 248 700 Einwohner)

Telefon-Vorwahl: +374
Kfz-Kennzeichen: AR

Mitgliedschaften:
GUS, OSZE, Uno

Armenien

Botschaft in Deutschland: Hillmannstraße 5, D-13467 Berlin
☎ +49-30-40 50 910 🖷 -40 50 91 25

GEOGRAFIE, BEVÖLKERUNG

Fläche: 29 800 km². Mit einer Durchschnittshöhe von 1800 m das gebirgigste Land Transkaukasiens. **Verwaltung:** 11 Regionen **Bevölkerung:** 3,2 Mio. Einw., davon 93 % Armenier, 2 % Kurden, 2 % Russen **Flüchtlinge:** 264 337 **In Städten** leben 70 %, **unter 15 J.** sind 24 % der Bev. **Bev.-dichte:** 107 Einw./km² **Bev.wachstum:** 0,06 % **Fruchtbarkeitsrate:** 1,3 Geb./Frau **Landessprachen:** Armenisch (Amtssprache), Russisch **Religionen:** Armenisch-apostolische Kirche (94 %)

POLITISCHES SYSTEM

Unabhängig seit dem 23. September 1991. Präsidialrepublik. Verfassung seit 1995. Einkammerparlament: Nationalversammlung mit 131 Sitzen. Wahl alle 4 J. Direktwahl des Staatsoberhaupts alle 5 J. Allg. Wahlrecht ab 18 J.
Staatsoberhaupt: Robert Kotscharjan (seit März 1998)
Regierungschef: Andranik Markarjan (seit Mai 2000)
Außenminister: Wardan Oskanjan

MILITÄR

Allg. Wehrpflicht **Streitkräfte:** 42 060 Mann, davon 38 900 Armee **Militärausgaben** (am BSP): 5,8 %

GESUNDHEIT, SOZIALES, BILDUNG

Öffentliche Gesundheitsausgaben (am BIP): 4 % **Öffentliche Ausgaben**

für **Bildung und Erziehung** (am BIP): 2 % **Medizinische Versorgung:** 3,2 Ärzte/1000 Einw., 0,7 Krankenhausbetten/1000 Einw. **Säuglingssterblichkeit:** 15/1000 Geb. **Müttersterblichkeit:** 29/100 000 Geb. **Kinderunterernährung:** 3 % **Kinderarbeit:** k. A. **Armutsrate:** 7,8 % (1996) **Frauenanteil an den Beschäftigten:** 48,6 % Zugang zu **sauberem Trinkwasser**, zu **sanitären Anlagen:** k. A. **HIV-Infektionsrate:** 0,01 % **Lebenserwartung:** Männer 71 J., Frauen 77 J. **Schulpflicht:** 6 – 17 J. **Einschulungsquote** im Primarbereich: 86 % **Analphabetenrate:** Männer 1 %, Frauen 2 % **Universität:** Eriwan

WIRTSCHAFT

Währung: 1 Dram (ARD) = 100 Luma **Kurs** (Mitte 2002): 1 ARD = 0,002 € **BSP:** 2 Mrd. US$ **Wachstumsrate des BIP:** 6 % **BSP/Kopf:** 520 US$ **Anteile am BIP:** Landwirtschaft 25 %, Industrie 36 %, Dienstleistungen 39 % **Forschung+Entwicklungsausgaben** (am BIP): 0,18 % **Arbeitslosenquote:** 9,3 % **Inflationsrate:** 3,4 % **Staatseinnahmen:** k. A. **Steueraufkommen** (am BIP): k. A. **Staatsausgaben:** k. A. **Leistungsbilanzdefizit:** 307 Mio. US$ **Auslandsschulden:** 898 Mio. US$ **Schuldendienst** (am BSP): 2,2 % **Devisenreserven:** 331 Mio. US$ **Empf. Hilfsgelder:** 216 Mio. US$ **Energie:** Produktion 0,65 Mio. t ÖE, Verbrauch 1,85 Mio. t ÖE

Landwirtschaft, Rohstoffe, Industrie:

Nutzfläche 19,9 %, von der Anbaufläche sind 51,3 % bewässert **Produkte:** Getreide, Obst, Tabak, Wein **Bewaldet:** 4000 km², jährliche **Aufforstung**: 42 km² **Rohstoffe**: Kupfer, Gold, Silber, Eisen Blei, Zink **Wichtige Industriezweige:** Nahrungs- und Genussmittelverarbeitung, Chemie

Außenwirtschaft:

Handelsbilanzdefizit 474 Mio. US$ **Export:** 247 Mio. US$, davon 42,8 % Schmuck, 16,8 % Bergbauprodukte, 10,7 % Metalle **Hauptausfuhrländer:** Belgien (36,1 %), Iran (14,7 %), Russland (14,5 %) **Import:** 721 Mio. US$, davon 21,4 % Bergbauprodukte, 10,9 % Maschinen und Elektrogeräte, 10,8 % Schmuck, 9,5 % Nahrungsmittel **Hauptlieferländer:** Russland (17,2 %), USA (10,7 %), Belgien (10,6 %)

VERKEHR

Schienennetz: 845 km **Straßennetz:** 15 918 km, davon 96,3 % befestigt Internationaler **Flughafen:** Eriwan

Präsident Robert Kotscharjan in Eriwan

KOMMUNIKATION

Auf 1000 Einw. kommen 225 **Rundfunk-**, 244 **Fernsehgeräte**, 139,7 **Telefonanschlüsse**, 6,6 **Mobiltelefone**, 7,9 **PC** **IuK-Ausgaben** (am BIP): k. A. **Tageszeitung:** 8 (Auflage: k. A.) **Nachrichtenagenturen:** Armenpress, Noyan Tapan, Past, Snark

UMWELT, TOURISMUS

Geschützte Gebiete: 7,6 % der Landesfläche **CO_2-Emission:** 3,4 Mio. t **Verwendung des Süßwassers:** Landwirtschaft 66 %, Industrie 4 %, Haushalte 30 % **Tourismus:** 30 000 Besucher, 45 Mio. US$ Einnahmen

AKTUELLE ENTWICKLUNGEN

Armenien, das »Armenhaus im Kaukasus«, verliert immer mehr Bevölkerung. Die Volkszählung im Oktober 2001 ermittelte nur noch 3,2 Millionen Einwohner. Seit 1992 sind bis zu einer Million Armenier, überwiegend gut ausgebildete Männer, ausgewandert. Die meisten gingen nach Russland. Ursache hierfür sind die gravierenden ökonomischen Folgen des ungelösten Konflikts mit dem Nachbarn Aserbaidschan um die armenische Enklave Berg-Karabach. Dort wurde der Kriegszustand bis zum Januar 2003 verlängert. Armenien hat darüber hinaus sechs aserbaidschanische Bezirke besetzt.

Das neue Mediengesetz, dass eine staatliche Moralüberwachungsbehörde und Sondersteuern für die Presse vorsieht, wird von der Opposition als Rückkehr zur Zensur abgelehnt. 15 000 Menschen demonstrierten am

12. April 2002 gegen die Entscheidung einer von Präsident Kotscharjan eingesetzten Rundfunkkommission, dem beliebtesten unabhängigen TV-Sender A1+ die Lizenz zu entziehen.
Außenpolitisch befreite der Präsident Armenien ein wenig aus der Isolation, denn das traditionell mit Russland verbündete Land schloss am 23. Oktober 2001 mit Georgien einen Freundschaftsvertrag. Ende Juni 2002 kam sogar in das angespannte Verhältnis zur Türkei Bewegung. Armenien bot dem Nachbarn an, diplomatische Beziehungen ohne Vorbedingung aufzunehmen.
Eine vereinbarte Militärkooperation mit den USA, die 2002 gut 4 Millionen US-Dollar Militärhilfe gaben, nimmt langsam Form an.
Höhepunkt der Feierlichkeiten anlässlich der Christianisierung vor 1700 Jahren war Ende September 2001 der Besuch von Papst Johannes Paul II., der dabei auch an die Ermordung von über einer Million Armeniern durch die Türken 1915 erinnerte.
Nach Angaben der Weltbank müssen knapp 35 Prozent der armenischen Bevölkerung mit weniger als zwei Dollar am Tag auskommen. Arbeitslosengeld und Mindestrente sind sehr niedrig und liegen bei umgerechnet 5,60 Euro monatlich. Es gibt eine hohe versteckte Arbeitslosigkeit, die je nach Jahreszeit zwischen 40 Prozent und 80 Prozent betragen soll. Das wirtschaftliche Überleben wird überwiegend von der Schattenwirtschaft garantiert. Schätzungen variieren von 25 Prozent bis 100 Prozent des amtlich ausgewiesenen BIP.
Viele Haushalte erhalten private Unterstützung aus dem Ausland. So kamen allein 2001 250 Millionen Dollar über Banken ins Land. Auf niedrigem Niveau wuchs das BIP 2001 um 9,6 Prozent, für 2002 aber wird nur noch mit 6 Prozent gerechnet. Wirtschaftliches Wachstum ist hauptsächlich auf den Großraum Eriwan beschränkt und wird weitgehend vom Ausland finanziert: Die USA etwa haben für 2002 rund 95 Millionen Dollar Hilfe zugesagt. IWF, Weltbank und EU geben weitere Mittel für Landwirtschaft, Wohnungsbau, Bankwesen, Justiz und den Staatsapparat.
Ausländische Investoren hingegen werden von Korruption und Amtsmissbrauch einer Vielzahl von Kontroll- und Aufsichtsbehörden abgeschreckt.

Azarbaycan Respublikasi – Aserbaidschanische Republik; Aserbaidschaner

Nationalfeiertag: 28. Mai (Tag der Republik)

Zeitzone: MEZ +3 h

Hauptstadt: Baku (1 066 800 Einwohner)

Telefon-Vorwahl: +994
Kfz-Kennzeichen: AZ

Mitgliedschaften: GUS, OSZE, Uno

Aserbaidschan

Botschaft in Deutschland: Axel-Springer-Straße 54, D-10117 Berlin
☎ +49-30-206 29 46 🖷 -206 29 482

GEOGRAFIE, BEVÖLKERUNG

Fläche: 86 600 km² **Verwaltung:** 64 Bezirke. Autonomes Gebiet: Nachitschewan; Berg-Karabach (Autonomie aufgehoben) ist von Armenien besetzt **Bevölkerung:** 8,049 Mio. Einw., davon 90 % Aserbaidschaner, 3,2 % aus Dagestan, 1,8 % Russen; 572 955 Binnenvertriebene **In Städten** leben 57 %, **unter 15 J.** sind 29 % der Bev. **Bev.dichte:** 93 Einw./km² **Bev.wachstum:** 0,59 % **Fruchtbarkeitsrate:** 2 Geb./Frau **Landessprachen:** Aserbaidschanisch (Aseri [Türkisch], seit 1992 lateinische Schrift), Russisch **Religionen:** 93 % Muslime, 5 % orthodoxe Christen

POLITISCHES SYSTEM

Unabhängig seit dem 18. Oktober 1991. Präsidialrepublik. Verfassung von 1995. Allg. Wahlrecht ab 18 J. Einkammerparlament: Nationalrat (»Milli Madschlis«) mit 125 Sitzen. Wahl alle 5 J. Direktwahl des Staatsoberhaupts alle 5 J. Wahlrecht ab 18 J. **Staatsoberhaupt:** Gejdar Alijew (seit Oktober 1998) **Regierungschef:** Artur Rasisade (seit November 1996) **Außenminister:** Wilajat Gulijew

MILITÄR

Allg. Wehrpflicht: 17 Monate **Streitkräfte:** 72 100 Mann, davon 62 000 Armee, 7900 Luftwaffe, 2200 Marine **Militärausgaben** (am BSP): 6,6 %

GESUNDHEIT, SOZIALES, BILDUNG

Öffentliche Gesundheitsausgaben (am BIP): 1 % **Öffentliche Ausgaben für Bildung und Erziehung** (am BIP): 3,4 % **Medizinische Versorgung:** 3,6 Ärzte, 9,7 Krankenhausbetten/ 1000 Einw. **Säuglingssterblichkeit:** 13/1000 Geb. **Müttersterblichkeit:** 37/100 000 Geb. **Kinderunterernährung:** 17 % **Kinderarbeit:** 0 % **Armutsrate:** < 2 % **Frauenanteil an den Beschäftigten:** 44,6 % Zugang zu **sauberem Trinkwasser** und zu **sanitären Anlagen**: k. A. **HIV-Infektionsrate:** < 0,01 % **Lebenserwartung:** Männer 68 J., Frauen 75 J. **Schulpflicht**: 6–17 J. **Einschulungsquote** im Primarbereich 96 %, im Sekundarbereich 82 % **Analphabetenrate:** k. A. **Universitäten:** Baku

WIRTSCHAFT

Währung: 1 Aserbaidschan-Manat (A.M.) = 100 Gepik **Kurs** (Mitte 2002): 1 A.M. = 0,0002 € **BSP:** 4,9 Mrd. US$ **Wachstumsrate des BIP:** 11,1 % **BSP/Kopf:** 600 US$ **Anteile am BIP:** Landwirtschaft 19 %, Industrie 38 %, Dienstleistungen 43 % **Arbeitslosenquote:** 1,2 % **Inflationsrate:** 1,5 % **Staatseinnahmen:** k. A. **Einkommensteuer:** max. 35 % **Körperschaftsteuer**: 27 % **Leistungsbilanzdefizit:** 52 Mio. US$ **Auslandsschulden:** 1,148 Mrd. US$ **Schuldendienst** (am BSP): 3,7 % **Devisenreserven:** 680 Mio. US$ **Empf. Hilfsgelder:** 139 Mio. US$ **Energie:** Produktion 19,04 Mio. t ÖE, Verbrauch 12,57 Mio. t ÖE

Landwirtschaft, Rohstoffe, Industrie:

Nutzfläche 22,9 %, von der Anbaufläche sind 74,1 % bewässert **Produkte:** Getreide, Obst, Gemüse, Baumwolle **Bewaldet:** 11 000 km², jährliche **Aufforstung:** 130 km² **Rohstoffe:** Erdöl, Erdgas, Gold, Silber, Eisenerz **Wichtige Industriezweige**: Erdölförderung und -verarbeitung, Textilien, Chemie, Nahrungsmittel

Außenwirtschaft:

Handelsbilanz 614 Mio. US$ **Export:** 2,079 Mrd. US$, davon 85,1 % Ölprodukte, 2,3 % Textilien, 2,1 % chemische Produkte **Hauptausfuhrländer:** Italien (43,7 %), Frankreich (11,8 %), Israel (7,7 %) **Import:** 1,465 Mrd. US$, davon 31 % Maschinen, 10,2 % Nahrungsmittel, 9,2 % Ölprodukte **Hauptlieferländer:** Russland (21,3 %), Türkei (11 %), USA (8,9 %)

VERKEHR

Schienennetz: 2123 km **Straßennetz:** 24 981 km, davon 92,3 % befestigt **Motorisierung:** 49 Kfz/ 1000 Einw. Internationaler **Flughafen**: Baku **Fluglinie:** AZAL, 546 000 beförderte Passagiere Bedeutender **Hafen:** Baku **Binnenschifffahrt**: k. A.

KOMMUNIKATION

Auf 1000 Einw. kommen 22 **Rundfunk-**, 259 **Fernsehgeräte**, 111,3 **Telefonanschlüsse**, 79,7 **Mobiltelefone**, **PC:** k. A. **IuK-Ausgaben** (am BIP): k. A. Größte **Tageszeitung:** *Aserbaidschan* (Auflage: 10 200 Exemplare) **Nachrichtenagenturen:** AzerTAg, Azad inform, Turan, Sharg u. a.

UMWELT, TOURISMUS

Geschützte Gebiete: 5,5 % der Landesfläche **CO_2-Emission:** 38,8 Mio. t **Verwendung des Süßwassers:** Landwirtschaft 70 %, Industrie 25 %, Haushalte 5 % **Tourismus:** 681 000 Besucher, 81 Mio. US$ Einnahmen

Präsident Gejdar Alijew

Ehrenwache während des Papstbesuchs

AKTUELLE ENTWICKLUNGEN

Aserbaidschans Gegenwart prägt der kranke Präsident Gejdar Alijew (1923 geb.), ein ehemaliges Politbüromitglied der Kommunisten in Moskau. Er kam 1993 an die Macht und hat mittlerweile alle wichtigen Ämter mit Vertrauensleuten besetzt. Mit teilweise drakonischen Maßnahmen gelang es ihm, innenpolitische Stabilität herzustellen. 2003 wird das Staatsoberhaupt neu gewählt, und Alijew will wieder kandidieren. Sohn Ilcham, sein Stellvertreter in der Neuen Aserbaidschanischen Partei und Vizechef der mächtigen staatlichen Ölgesellschaft

Neue Moschee vor einem Erdölfeld in Baku

Socar, verkündete auf dem Parteitag im November 2001: »Wir werden immer an der Macht bleiben.«
Die Behörden drangsalieren die demokratische Opposition und kritische Zeitungen. Am 24. Januar 2002 forderte der Europarat, 16 politische Häftlinge freizulassen. Auf einer nicht genehmigten Demonstration drohten am 23. März 2002 Vertreter vom oppositionellen Demokratischen Kongress, dem etwa 20 Parteien angehören, mit Aktionen zivilen Ungehorsams. Sie forderten den Rücktritt des Präsidenten und freie demokratische Wahlen.
Sozialen Zündstoff bilden die große Zahl der Binnenflüchtlinge vor allem aus Berg-Karabach und die in Armut lebende Landbevölkerung. Am Ende der ersten Etappe der Bodenreform sind im November 2001 über 2000 Kolchosen aufgelöst worden. Das Land wurde 3,3 Millionen Bürgern unentgeltlich übereignet. Weitere wirtschaftliche und strukturelle Reformen kommen nur schleppend voran.
Bisher gelten marktwirtschaftliche Rahmenbedingungen und Rechtssicherheit für den Ölsektor mit seinen internationalen Investoren, nicht aber für die restlichen Sektoren der Volkswirtschaft. Deshalb blieben ausländische Investitionen im Nicht-Ölsektor aus, und der Mittelstand hat sich kaum entwickelt. Deutschland brachte für die Entwicklung der marktwirtschaftlichen Strukturen in Aserbaidschan bisher rund 200 Millionen Euro auf. Allein das im Dezember 2001 vereinbarte zweijährige Kooperationsprogramm stellt rund 25 Millionen Euro für technische Zusammenarbeit, kommunale Modernisierungsprojekte und Mittelstandsförderung bereit.
Das erdölreiche Land befindet sich gleich in zwei Konfliktregionen. Die in Ost-West-Richtung verlaufenden Pipelines führen im Südkaukasus durch ein Gebiet mit einer Vielzahl von ethnischen Auseinandersetzungen, wobei der fragile Waffenstillstand um Berg-Karabach Aserbaidschan direkt betrifft. Auch Papst Johannes Paul II. versuchte bei seinem Baku-Besuch am 22. Mai 2002 in diesem Streit zu vermitteln.
Im Kaspischen Meer, dem größten Binnenmeer der Welt, liegen große Öl- und Gasvorkommen. Ungeklärte territoriale Ansprüche verhindern jedoch deren Erschließung und Transport. Vor allem Iran verhindert eine Einigung. Die vier anderen Anliegerstaaten stimmen grundsätzlich überein, dass das Gewässer gemeinsam verwaltet und genutzt (Kaviar-Produktion) werden soll, während der Meeresboden proportional zur Küstenlinie aufgeteilt wird. Iran, das danach nur knapp 13 Prozent des Bodens erhielte, möchte mindestens ein Fünftel der Fläche und betrachtet Erdölvorkommen, mit deren Erschließung Baku schon begonnen hat, als seine eigenen. Auch Turkmenistan streitet mit Baku um Förderrechte.
Da der fundamentalistische Nachbar Iran sogar Erzfeind Armenien unterstützt und aserbaidschanische Oppositionelle von Iran aus agieren, sind Bakus Beziehungen zu den Mullahs ohnehin gestört. Alijew verspricht sich mehr von der Türkei als Tor zu westlichen Märkten. Mit Ankara und Tiflis wurde im Januar 2002 ein Sicherheitsabkommen geschlossen.
In Moskau frischte Präsident Alijew im Januar 2002 die Beziehungen auf. Der Kreml, der seinen Widerstand gegen eine Pipeline von Baku über Georgien und die Türkei ans Mittelmeer aufgegeben hat, zahlt für die nächsten zehn Jahre 70 Millionen US-Dollar Pacht für eine Abhörstation und soll die aserbaidschanische Luftwaffe modernisieren. Im Januar 2001 überwiesen die USA 50 Millionen Dollar für Grenzsicherung und Terrorismusbekämpfung. Daraufhin bot Präsident Alijew im März den Amerikanern an, Militärstützpunkte zu nutzen.

Äthiopien

Botschaft in Deutschland: Boothstraße 20 a, D-12207 Berlin ☎ +49-30-77 20 60 🖷 -772 06 24

GEOGRAFIE, BEVÖLKERUNG

Fläche: 1 133 380 km², höchstgelegener Staat Afrikas (bis zu 4620 m, über die Hälfte des Landes liegt höher als 1200 m) **Verwaltung:** 9 Bundesstaaten, Hauptstadtgebiet und der Bezirk Dire Dawa **Bevölkerung:** 64,298 Mio. Einw., davon 40 % Oromo, 32 % Amhara und Tigray, 9 % Sidamo, 6 % Somali, 4 % Afar **Flüchtlinge:** 152 554 **In Städten** leben 18 %, **unter 15 J.** sind 45 % der Bev. **Bev.dichte:** 64 Einw./km² **Bev.wachstum:** 2,41 % **Fruchtbarkeitsrate:** 5,6 Geb./Frau **Landessprachen:** Amharisch (Amtssprache), daneben Oromo, Somali, Tigre, Tigrinja, Ometo, Gurage, Kambata **Religionen:** 45–50 % Sunniten, 35–40 % orthodoxe Christen, 10 % traditionelle Religionen

POLITISCHES SYSTEM

Demokratische Bundesrepublik seit 1994. Verfassung von 1995. Zweikammerparlament: Rat der Volksvertreter (548 Sitze, Wahl alle 5 J.) und Regionalrat (117 ernannte Mitglieder). Wahl des Staatsoberhaupts durch das Parlament. Wahlrecht ab 18 J.
Staatsoberhaupt: Girma Wolde Giorgis (seit Oktober 2001)
Regierungschef: Meles Zenawi (seit August 1995)
Außenminister: Mesfin Seyoum

MILITÄR

Streitkräfte: 252 500 Mann, davon 250 000 Armee, 2500 Luftwaffe **Militärausgaben** (am BSP): 8,8 %

GESUNDHEIT, SOZIALES, BILDUNG

Öffentliche Gesundheitsausgaben (am BIP): 1,3 % **Öffentliche Ausgaben für Bildung u. Erziehung** (am BIP): 4,3 % **Medizinische Versorgung:** < 0,05 Ärzte, 0,2 Krankenhausbetten/1000 Einw. **Säuglingssterblichkeit:** 98/1000 Geb. **Müttersterblichkeit:** 1800/100 000 Geb. **Kinderunterernährung:** 47 % **Kinderarbeit:** 41 % **Armutsrate:** 31,3 % (1995) **Frauenanteil an den Beschäftigten:** 40,9 % Zugang zu **sauberem Trinkwasser** haben 77 % der städtischen, 13 % der ländlichen Bev., zu **sanitären Anlagen** 58 % bzw. 6 % **HIV-Infektionsrate:** 10,63 % **Lebenserwartung:** Männer 41 J., Frauen 43 J. **Schulpflicht:** 7–13 J. **Einschulungsquote** im Primarbereich: 35 % **Analphabetenrate:** Männer 53 %, Frauen 69 % **Universitäten:** 6, darunter in Addis Abeba und Dire Dawa

WIRTSCHAFT

Währung: 1 Birr (Br) = 100 Cents **Kurs** (Mitte 2002): 1 Br = 0,13 € **BSP:** 6,7 Mrd. US$ **Wachstumsrate des BIP:** 5,4 % **BSP/Kopf:** 100 US$ **Anteile am BIP:** Landwirtschaft 52 %, Industrie 11 %, Dienstleistungen 37 % **Forschung+Entwicklungsausgaben** (am BIP): k. A. **Arbeitslosenquote:** k. A. **Inflationsrate:** -7,2 % **Staatseinnahmen:** k. A. **Steueraufkommen** (am BIP): k. A. **Staatsausgaben:** k. A. **Leistungsbilanzüberschuss:** 16 Mio. US$ **Auslandsschulden:** 5,481 Mrd. US$ **Schuldendienst** (am BSP): 2,2 % **Devisenreserven:** 312 Mio. US$ **Empf. Hilfsgelder:** 693 Mio. US$ **Energie:** Produktion 17,18 Mio. t ÖE, Verbrauch 18,23 Mio. t ÖE

Landwirtschaft, Rohstoffe, Industrie:

Nutzfläche 10,7 %, von der Anbaufläche sind 1,8 % bewässert **Produkte:** Kaffee, Ölsaaten, Obst, Hülsenfrüchte, Felle, Häute **Bewaldet:** 46 000 km², jährliche **Rodung:** 403 km² **Rohstoffe:** Erdöl, Kupfer, Pottasche, Gold, Tantal, Salz **Wichtige Industriezweige:** Nahrungsmittel, Textilien, Zement

Außenwirtschaft:

Handelsbilanzdefizit 645 Mio. US$ **Export:** 486 Mio. US$, davon 66,7 % Kaffee, 17 %Häute u. Leder **Hauptausfuhrländer:** Deutschland (24,8 %), Japan (12,1 %), USA (9,9 %) **Import:** 1,131 Mrd. US$, davon 17,4 % Fahrzeuge

Ityop'ya – Demokratische Bundesrepublik Äthiopien; Äthiopier

Nationalfeiertag:
28. Mai

Zeitzone: MEZ + 2 h

Hauptstadt:
Addis Abeba
(2 084 600 Einwohner)

Telefon-Vorwahl: +251
Kfz-Kennzeichen: ETH

Mitgliedschaften:
AU, Uno

Premier Meles Zenawi

1700 Jahre alter äthiopischer Obelisk von Aksum

und Fahrzeugteile, 7,2 % Eisen und Stahl, 6,4 % Ölprodukte (1996) **Hauptlieferländer:** Japan (10,5 %), Deutschland (9,8 %), Saudi-Arabien (9,7 %) (1997)

VERKEHR

Schienennetz: 781 km **Straßennetz:** 31 571 km, davon 12 % befestigt, 2 Kfz/1000 Einw. Internationale **Flughäfen:** Addis Abeba, Dire Dawa **Fluggesellschaft:** Ethiopian Airlines **Seehäfen:** Zugang zum Roten Meer gemäß Vertrag mit Eritrea über Assab und Massawa

KOMMUNIKATION

Auf 1000 Einw. kommen 189 **Rundfunk-**, 6 **Fernsehgeräte**, 4,8 **Telefonanschlüsse**, 0,4 **Mobiltelefone**, 1,2 **PC IuK-Ausgaben** (am BIP): k. A. Größte **Tageszeitung:** *Addis Zemen* (Auflage: 40 000 Exemplare) **Nachrichtenagentur:** Ethiopian News Agency (ENA)

UMWELT, TOURISMUS

Geschützte Gebiete: 5,5 % der Landesfläche **CO_2-Emission:** 2 Mio. t **Verwendung des Süßwassers:** Landwirtschaft 86 %, Industrie 3 %, Haushalte 11 % **Tourismus:** 125 000 Besucher, 24 Mio. US$ Einnahmen

AKTUELLE ENTWICKLUNGEN

Der als »Krieg der Hungerleider« kritisierte blutige eritreisch-äthiopische Waffengang ist zwar beendet. Eine wirkliche Aussöhnung, insbesondere eine Regelung der Nutzung des eritreischen Hafens Assab durch das Binnenland Äthiopien, ist aber nicht abzusehen.

Die Grenzen bleiben für den Personen- und Warenverkehr geschlossen. Eine internationale Grenzkommission sollte mit ihrem Schiedsspruch vom 13. April 2002 den Konflikt beilegen. Doch der Ort Badme, an dem sich 1998 der zweijährige Krieg entzündet hatte, ist auf den von der Kommission festgelegten Grenzkarten nicht zu finden. Dies barg neuen Zündstoff, obwohl beide Seiten die Entscheidung offiziell akzeptierten. Anders als Asmara, wo die Reaktionen verhalten ausfielen, schlug Addis Abeba triumphierende Töne an. Diese waren offenbar in erster Linie fürs heimische Publikum gedacht. Die Beziehungen zu Eritrea sind noch immer Hauptursache des innenpolitischen Konflikts in Äthiopien. Premier Meles Zenawi hat mit Kritik von Hardlinern aus den eigenen Reihen zu kämpfen, die einer Einigung mit dem Nachbarn feindselig gegenüberstehen.

Die anstehende Neumarkierung der Grenze, die zurzeit von knapp 4000 Uno-Blauhelmen überwacht wird, ist heikel, da dort mehrere Millionen Minen liegen und die genaue Position der Markierungssteine teilweise erst bestimmt werden muss. Bis zur endgültigen Klärung bleibt Badme unter äthiopischer Kontrolle.

Innenpolitische Gegner bekamen die harte Hand der Regierung zu spüren: Im Oktober 2001 bildete Zenawi das Kabinett um und machte Girma Wolde Giorgis zum neuen Präsidenten – Vorgänger Negasso Gidada war wegen kritischer Äußerungen abgesetzt worden.

Außenpolitisch avancierte das Land am Horn von Afrika nach dem 11. September zum gefragten Verbündeten der USA: Äthiopien, dessen Bevölkerung etwa zur Hälfte muslimisch ist, bekämpft seit langem islamische Extremisten im eigenen Land und in Somalia (▸Somalia). Auch sonst lockerte sich die Isolation, in die sich das Land durch seinen Krieg mit Eritrea manövriert hatte. Im Februar 2002 besuchte Zenawi anlässlich einer Europareise Berlin. Deutschland hat die Entwicklungshilfe für Äthiopien wieder aufgenommen. Im Oktober 2001 erließ die Bundesregierung dem ostafrikanischen Land Schulden in Höhe von 27,2 Millionen Euro.

Spannungen gab es im Verhältnis zu Italien: Stein des Anstoßes ist ein 1700 Jahre alter Obelisk, der einst von Mussolinis Truppen nach Rom gebracht wurde. Italiens Regierung weigerte sich bisher trotz einer entsprechenden Vereinbarung, die Beutekunst zurückzugeben. Nun aber will Rom das Kunstwerk offenbar abtreten. Am 19. Juli 2002 unterzeichnete Ministerpräsident Berlusconi ein entsprechendes Dekret. Bereits im Januar 2002 kehrte eine 1868 von britischen Soldaten geraubte Nachbildung der Bundeslade aus London nach Addis Abeba zurück.

Australien

Botschaft in Deutschland: Friedrichstr. 200, D-10117 Berlin
☎ +49-30-880 08 80 🖷 -880 08 83 10

GEOGRAFIE, BEVÖLKERUNG

Fläche: 7 692 030 km². Charakteristisch für den fünften Kontinent, das Inselreich zwischen Indischem und Pazifischem Ozean, sind vor allem drei Großlandschaften:

- das westaustralische Tafelland, zu dem die Große Sandwüste, die Gibson- und Victoriawüste und Inselberge wie der weltbekannte Uluru (Ayers Rock) gehören und das fast den halben Erdteil einnimmt;
- die mittelaustralische Senke, die sich vom Carpentariagolf im Norden über die Simpsonwüste bis zur Südküste erstreckt und im Gebiet des Eyre-Salzsees 14 m unter dem Meeresspiegel liegt;
- Ostaustralien mit dem 3000 km parallel zur Küste verlaufenden Gebirge Great Dividing Range (höchster Berg: Mount Kosciusko, 2228 m). Der Nordostküste vorgelagert ist das Great Barrier Reef, das größte Korallenriff der Welt.

Küste von 25 760 km Länge mit zahlreichen Inseln, von denen Tasmanien (67 800 km²) im SO die größte ist. Das Landesinnere ist trocken; die Flüsse führen nur periodisch Wasser und sammeln sich zum Teil in Salzpfannen. **Verwaltung:** 6 Bundesstaaten, 3 Territorien:

- **Australian Capital Territory** – 2360 km²; 310 800 Einw.;
- **New South Wales** – 800 640 km²; 6 463 500 Einw.;
- **Northern Territory** – 1 349 130 km²; 195 500 Einw.;
- **Queensland** – 1 730 650 km²; 3 566 400 Einw.;
- **South Australia** – 983 480 km²; 1 497 600 Einw.;
- **Tasmania** – 68 400 km²; 470 400 Einw.;
- **Victoria** – 227 420 km²; 4 765 900 Einw.;
- **Western Australia** – 2 529 880 km²; 1 883 900 Einw.;
- **Jervis Bay Territory** (ohne eigene Verwaltung) – 70 km².

Bevölkerung: 19,157 Mio.Einw., einschließlich der Bewohner von Jervis Bay Territory, Christmas Island und Cocos (Keeling) Islands; davon 92 % britischer und irischer Herkunft, 7 % Asiaten, 1 % Aborigines (australische Ureinwohner). **Flüchtlinge:** 55 146. Als chronisches Problem empfindet eine große Mehrheit der Australier die von Schlepperbanden ins Land geschleusten Boatpeople (meist aus Asien und dem Nahen Osten); ihre Zahl war jedoch nach dem Rekordjahr 2000 (12 936 Asylanten) auf Grund scharfer Kontrollen zuletzt wieder rückläufig.

In Städten leben 85 %, **unter 15 J.** sind 21 % der Bev. **Bev.dichte:** 2 Einw./km². **Bev.-wachstum:** 0,99 %. **Fruchtbarkeitsrate:** 1,8 Geb./Frau. **Landessprachen:** Englisch (Amtssprache), kreolische Dialekte, Aborigines-Sprachen. **Religionen:** Christen, vor allem Katholiken (27 %) und Anglikaner (22 %); daneben orthodoxe Christen, Minderheiten von Juden, Muslimen, Buddhisten, Hindus.

Commonwealth of Australia – Australien; Australier

Nationalfeiertag: 26. Januar
Zeitzone: MEZ +7 h bis 9,5 h
Hauptstadt: Canberra (310 500 Einwohner)
Telefon-Vorwahl: +61
Kfz-Kennzeichen: AUS
Mitgliedschaften: OECD, Uno

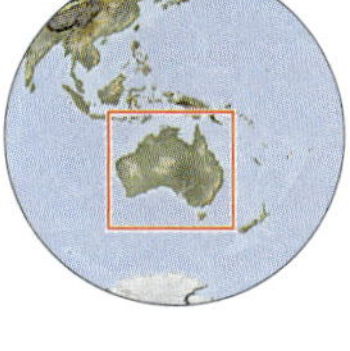

Die größten Städte

Sydney	4 085 600
Melbourne	3 466 000
Brisbane	1 626 900
Perth	1 381 100
Adelaide	1 096 100

POLITISCHES SYSTEM

Bundesstaat, parlamentarische Monarchie und Verfassung seit 1901. Commonwealth-Mitglied. Allg. Wahlrecht ab 18 J. Zweikammerparlament: Repräsentantenhaus mit 150 Sitzen, alle 3 J. Wahl; Senat mit 76 Sitzen (je 12 Senatoren pro Bundesstaat, je

2 für die großen Territorien), Wahl für 6 J., bei Territorien auf 3 J. begrenzt, die Hälfte der Mitglieder werden alle 3 J. neu gewählt. Die Bundesstaaten, das Australian Capital Territory und das Northern Territory haben unabhängige Parlamente.
Staatsoberhaupt: Königin Elizabeth II., vertreten durch Generalgouverneur Peter Hollingsworth (Juni 2001)
Regierungschef: John Howard (seit März 1996)
Außenminister: Alexander Downer

Königin Elizabeth II.

MILITÄR

Keine Wehrpflicht **Streitkräfte:** 50 700 Mann, davon 24 150 Armee, 14 050 Luftstreitkräfte, 12 500 Marine **Militärausgaben** (am BSP): 1,8 %. **Waffenhandelsanteil** an den Exporten 1 %, an den Importen 1,6 %

GESUNDHEIT, SOZIALES, BILDUNG

Mit Westeuropa vergleichbarer Lebensstandard. Sozialstaatliche Leistungen wie Kranken- und Sozialversicherungssystem, jedoch weniger weitreichend als etwa in Deutschland. Deswegen wechselten allein zwischen Mai und August 2000 zwei Millionen Australier zu einer privaten Krankenversicherung – eine Entwicklung, die von der Regierung im Zuge einer allgemeinen Privatisierung des öffentlichen Sektors steuerlich gefördert wurde.

Premierminister John Howard

Eine leichte Verschiebung der Lebensgewohnheiten ist zu beobachten: Die Australier kommen langsam vom traditionellen Modell mit zwei Kindern und Einfamilienhaus in einem Großstadt-Vorort ab und tendieren neuerdings zu hedonistischeren Existenzformen: Wohnen in Apartments, spätere Heirat, weniger Kinder, häufigere Scheidungen – eine Gesellschaft von immer mehr Singles. Das für die Familienbildung relevanteste Alterssegment zwischen 20 und 29 Jahren nimmt deutlich ab und ändert zudem sein Wertesystem: 2001 erklärten 75,6 % dieser Gruppe, sie hätten nie geheiratet – 1971 waren es nur 35,7 %.
Öffentliche Gesundheitsausgaben (am BIP): 6,0 % (1998) **Öffentliche Ausgaben für Bildung und Erziehung** (am BIP): 4,8 % **Öffentliche Ausgaben für Altersversorgung** (am BIP): 5,9 % (1997) **Medizinische Versorgung:** 2,5 Ärzte, 8,5 Krankenhausbetten/1000 Einw. **Säuglingssterblichkeit:** 5/1000 Geb. **Müttersterblichkeit:** 6/100 000 Geb. **Frauenanteil an den Beschäftigten:** 43,7 % Zugang zu **sauberem Trinkwasser** und **sanitären Anlagen** haben 100 % der Bev. **HIV-Infektionsrate:** 0,15 % **Lebenserwartung:** Männer 76 J., Frauen 82 J. **Schulpflicht** von 6–15 J. **Einschulungsquote** im Primarbereich: 95 %, im Sekundarbereich 89 % **Analphabetenrate:** k. A. **Universitäten:** Die bekanntesten befinden sich in Adelaide, Brisbane, Canberra, Darwin, Melbourne, Perth, Sydney.

WIRTSCHAFT

Australiens robuste Wirtschaft geriet nach dem Olympischen Spielen 2000 vorübergehend in eine Krise. Eine der Ursachen war die im Juli 2000 von der Regierung eingeführte 10-prozentige Mehrwertsteuer. Sie trieb die Preise in die Höhe und lähmte ganze Branchen, vor allem die Bauindustrie. Firmenpleiten häuften sich, und die Arbeitslosigkeit nahm zu. Im März 2001 brach der Versicherungskonzern HIH zusammen – es war der größte Bankrott in der Geschichte Australiens.
Das Kalenderjahr 2001 wies trotzdem ein BIP-Wachstum von 4,1 Prozent aus: Wirtschaft und Bevölkerung hatten sich an die Konsumsteuer gewöhnt, private Neubauten wurden mit jeweils etwa 14 000 Australischen Dollar subventioniert, und die Hypothekenzinsen hatten Anfang 2002 den niedrigsten Stand seit 35 Jahren erreicht. Ab Juli 2002 wurde die Hausförderung allerdings auf gut 7000 Dollar reduziert, was den Boom wieder bremste. Telekom- und Transportsektor waren als einzige Branchen insgesamt rückläufig.
Das Arbeitslosenproblem blieb ungelöst. Obwohl die Wachstumsprognose für 2002 bei 3,5 bis 4 Prozent lag, waren offiziell 7 Prozent der arbeitsfähigen Bürger ohne Job, inoffiziell aber jeder zehnte. Der Anteil armer Kinder erhöhte sich in den letzten vier Jahren von 13 auf 15 Prozent. Jeder fünfte junge und unverheiratete Australier lebte Ende 2001 in Armut.
Howard will den Problemen durch konsequente Ausrichtung der Wirtschaftspolitik auf die Nachbarregion begegnen: »Nicht nur Asien, sondern Asien zuerst«, lautet seine Devise. Beispielhaft sind für ihn die Handelsbeziehungen zu China. Die australischen Exporte dorthin haben sich in den letzten drei Jahren verdoppelt.

Währung: 1 Australischer Dollar ($A) = 100 Cents **Kurs** (Mitte 2002): 1 $A = 0,61 € **BSP:** 388,3 Mrd. US$ **Wachstumsrate des BIP:** 1,9 % **BSP/Kopf:** 20 240 US$ **Anteile am BIP:** Landwirtschaft 3 %, Industrie 26 %, Dienstleistungen 71 % **Forschung + Entwicklungsausgaben** (am BSP): 1,71 % **Arbeitslosigkeit:** 6,4 % **Inflationsrate:** 4,4 % **Staatseinnahmen:** 89,387 Mrd. US$ **Steueraufkommen** (am BIP): 21,9 % **Einkommensteuer:** max. 47 % **Körperschaftsteuer:** 34 % **Haushaltsüberschuss** (am BIP): 1,4 % **Staatsausgaben:** 79,086 Mrd. US$ **Leistungsbilanzdefizit:** 15,330 Mrd. US$ **Auslandsschulden:** 416,867 Mrd. US$ **Auslandsvermögen:** 208,855 Mrd. US$ **Schuldendienst** (am BIP): k.A. **Devisenreserven:** 18,822 Mrd. US$ **geleistete Entwicklungshilfe:** 987 Mio. US$ **Ausl. Direktinvestitionen:** 11,527 Mrd. US$ **Börse** (Marktkapitalisierung am BIP): 95,6 % **Energie:** Produktion 212,20 Mio. t ÖE, Verbrauch 107,93 Mio. t ÖE, Anteile am Verbrauch: Kohle 43,3 %, Öl 34,7 %, Erdgas 18,5 %, sonstige 3,5 %

Landwirtschaft, Rohstoffe, Industrie:
Nutzfläche 6,2 %, von der Anbaufläche **bewässert:** 4,6 %. Australien ist einer der größten Weizenproduzenten der Welt. Mittlerweile macht der Weizen als Exportgut sogar der Wolle Konkurrenz. Die 120 Mio. Schafe bleiben allerdings die Nummer eins, wenn man zur Wollproduktion noch das Lammfleisch hinzurechnet, das vor allem nach Großbritannien und in die USA verkauft wird. Wichtige landwirtschaftliche Produkte sind außerdem Zucker, Gerste, Reis, Hafer, Früchte, Baumwolle und Rindfleisch. Zweistellige Zuwachsraten verzeichnete in den letzten Jahren der Weinbau. Die Weinproduktion stieg von 10 Mio. Litern Mitte der achtziger Jahre auf 850 Mio. Liter 2001. Ausgeführt wurde Wein für rund 2 Mrd. $A. Am meisten importierten Großbritannien, USA, Neuseeland, Kanada und Deutschland (zuletzt gut 13 Mio. Liter im Jahr).
Besonders erfolgreich fiel auch, trotz Dürre, Frost und Überschwemmungen, der Weizenanbau mit einer Ernte von 23 Millionen Tonnen aus, der drittgrößten in der Geschichte. Für Australiens Farmer war das Fiskaljahr 2001/2002 das beste seit den Siebzigern , denn der Weizenpreis war der zweithöchste aller Zeiten, Schaf- und

Schafschur

Rindfleisch konnten so teuer wie nie verkauft werden. Die Agrarexporte stiegen insgesamt um 5 Prozent auf rund 31 Milliarden $A. Nur die Baumwollerzeugung war, auch wegen Wassermangels, nach dem Rekordjahr 2000 wieder rückläufig.
Bewaldet: 1 581 000 km² **jährliche Rodung:** k. A. **Wichtige Industriezweige:** Bergbau, Stahl, Tabak. Die deutsch-französische Firma Eurocopter und das australische Verteidigungsministerium schlossen am 21. Dezember 2001 einen Vertrag über die Lieferung von 22 »Tiger«-ARH-Hubschraubern ab (Volumen: 630 Millionen Euro). Sie sollen ab Dezember 2004 zur Endmontage nach Brisbane geliefert werden. **Rohstoffe:** Kohle, Eisenerz, Gold, Silber, Erdöl, Erdgas, Bauxit, Zink, Kupfer, Titan, Nickel, Zinn, Diamanten.

Außenwirtschaft:
Handelsbilanzdefizit 4,711 Mrd. US$ **Export:** 64,041 Mrd. US$, davon 20 % Rohstoffe, 19,4 % Nahrungs- und Genussmittel, 16,5 % Kohle, Öl u.a. Brennstoffe (1998/99) **Hauptausfuhrländer:** Japan (19,3 %), Südkorea (7,4 %), Neuseeland (6,7 %, 1998/99) **Hightech-Exporte:** 2,734 Mrd. US$ **Import:** 68,752 Mrd. US$, davon 13,2 % industrielle Vorprodukte, 46,5% Maschinen und Transportmittel, 12,2 % Kfz, 7,3 % Büromaschinen/EDV, 14,8 % Fertigwaren (1998/99) **Hauptlieferländer:** USA (21,9 %), Japan (14,0 %), Großbritannien (6,2 %), VR China (5,8 %, 1997/98)

Great Barrier Reef

VERKEHR

Schienennetz: 39 930 km **Straßennetz:** 811 603 km, davon 38,7 % befestigt. **Motorisierung:** 601 Kfz/1000 Einw. Internationale **Flughäfen:** 9 **Fluglinie:** Qantas, 32,223 Mio. beförderte Passagiere **Haupthäfen:** Adelaide, Brisbane, Cairns, Darwin, Devonport, Fremantle, Hobart, Melbourne, Sydney **Binnenwasserstraßen:** 8368 km

KOMMUNIKATION

Auf 1000 Einw. kommen 1908 **Rundfunk-**, 738 **Fernsehgeräte**, 520,2 **Telefonanschlüsse**, 577,5 **Mobiltelefone**, 517,1 **PC** und 118,34 **Internet-Zugänge IuK-Ausgaben** (am BIP): 9,7 %

Es erscheinen 65 **Tageszeitungen** mit einer **Gesamtauflage** von rund 5,4 Mio. Exemplaren (1996). Die größten Tageszeitungen und ihre Auflagen:

Herald Sun 556 000
Daily Telegraph 442 000
Courier-Mail 250 900
The Westaustralian 214 500

Nachrichtenagentur: AAP Information Services.

UMWELT, TOURISMUS

Sommerurlaub in »Down under« ohne Warnungen vor gefährlicher UV-Strahlung ist undenkbar geworden: Der fünfte Kontinent ist durch das Loch in der Ozonschicht der Erdatmosphäre besonders bedroht. Nirgendwo gibt es so viele Hautkrebserkrankungen: Zwei Drittel aller Australier entwickeln im Laufe ihres Lebens eine Form dieses Krebses. Radio- und Fernsehstationen senden Warnungen mit Angaben über maximal verträgliche Aufenthaltszeiten in der Sonne.

Die Küsten sind bedroht von schweren Wirbelstürmen, das Landesinnere leidet unter extremen Dürreperioden und verheerenden Busch- oder Waldbränden. Die dramatischen Feuersbrünste um Weihnachten 2001 waren die schlimmsten seit 1994. Eine Fläche von der doppelten Größe des Saarlandes wurde im Großraum Sydney von 80 Buschfeuern zerstört, darunter Nationalparks wie das stadtnahe Erholungsgebiet Blue Mountains. Die Polizei nahm 47 vorwiegend jugendliche Brandstifter fest. Der Gesamtschaden, in erster Linie an etwa 170 verbrannten Wohnhäusern, betrug rund 60 Millionen Euro. Kritik wurde am Brandschutz laut: Es hätten Schneisen zwischen Wohn- und Waldgebieten gefehlt, vertrocknete Vegetation sei nicht fortgeschafft worden.

In der Landwirtschaft sind Versalzung der Böden und Überweidung ein Problem, die Wüsten breiten sich aus. Bedroht ist nicht nur das Überleben einzigartiger Tier- und Pflanzenarten an

Buschfeuer

Land; auch das Great Barrier Reef wird durch zunehmenden Schiffsverkehr, Tourismus und Umweltverschmutzung gefährdet.
Geschützte Gebiete wie Nationalparks, Regenwälder und Inselgruppen machen 7,1 % der Landesfläche aus. Aktuell bedroht sind die Parks - vor allem der berühmte Kakadu Nationalpark im Norden – durch die giftige Agakröte. 1935 wurden 100 dieser »tumben Fressmaschinen« aus Hawaii eingeführt, mittlerweile sind sie zu einer bedrohlichen Landplage geworden, da sie Fauna und Flora radikal zerstören und sich mit einer Geschwindigkeit von 30 bis 40 km pro Jahr ausbreiten. Sogar Krokodile verenden, wenn sie einen der tellergroßen und bis zu zwei Kilo schweren Lurche fressen.
Durchschnittstemperaturen: Sydney: Dezember – Februar über 22° C, September 15,4° C; Darwin: Oktober – Dezember über 29° C.
Geschützte Gebiete: 7,1 % der Landesfläche **Energieverbrauch/Kopf:** 5 690 kg ÖE. **CO_2-Emission:** 331,5 Mio. t **Verwendung des Süßwassers:** Landwirtschaft 33 %, Industrie 2 %, Haushalte 65 %
Tourismus: 4,964 Mio. Besucher, 8,442 Mrd. US$ Einnahmen

AKTUELLE ENTWICKLUNGEN

Die »Tampa« war sein Schicksal: Als der norwegische 44 000-Tonnen-Frachter am 27. August 2001 in den Gewässern vor der australischen Weihnachtsinsel 433 Boatpeople aus Seenot rettete, entschied sich das politische Schicksal des konservativen Premierministers John Howard. Entgegen allen internationalen Gepflogenheiten weigerte sich der Regierungschef, die Flüchtlinge, hauptsächlich aus Nahost und Afghanistan, auch nur vorübergehend ins Land zu lassen. Statt dessen wurden sie nach längerem Gezerre unter weltweiten Protesten auf diverse Staaten in der Südsee verteilt.
Die populistische Haltung Howards, der bis dahin wegen schwacher Wirtschaftsdaten unter Druck stand, sein Zugeständnis an ausländerfeindliche Strömungen im Lande wirkte innenpolitisch wie ein Befreiungsschlag. 86 Prozent seiner Landsleute stimmten dafür, Boatpeople zurückzuschicken, 72 Prozent glaubten, Asylanten würden in den sechs Internierungslagern des Kontinents »fair« behandelt – obwohl es dort immer wieder zu spektakulären Streiks und Meutereien kam. Manche Internierte nähten sich sogar aus Protest die Lippen zu.
Mit der raschen Ansetzung von Neuwahlen am 10. November nutzte Howard den Stimmungsumschwung und ließ sich für eine dritte Dreijahresperiode im Amt bestätigen. Seine liberal-nationale Koalition gewann 82 Sitze im Unterhaus in Canberra (plus 2 Prozentpunkte), Labor erhielt 65 Sitze (minus 2 Prozent), 3 Mandate fielen an Unabhängige.
Auch außenpolitisch setzte Howard auf Stärke. Als zweites Land nach Großbritannien entsandte Australien Mitte Oktober 2001 mehr als 150 Soldaten in den Anti-Terror-Kampf nach Afghanistan – »Schulter an Schulter mit Präsident Bush«, wie auch Oppositionsführer Kim Beazley versicherte.
Die Flüchtlingsfrage blieb auch 2002 das Reizthema Nummer eins in Australien. Die Nation, die seit 1945 gut 600 000 Menschen Asyl geboten hatte, musste sich Mitte Mai den peinlichen Besuch von Uno-Inspektoren in ihren wie Zuchthäuser gesicherten Internierungslagern gefallen lassen. Die werden nun modernisiert; zugleich werden die Mittel von Militär und Küstenwache massiv aufgestockt. Die Gesamtzahl erwünschter Einwanderer stockte Einwanderungsminister Phillip Ruddock um 10 Prozent auf 110 000 auf, die Flüchtlingsquote aber ließ er seit 1996 unverändert bei jährlich 12 000.
Um sich wirkungsvoller abzuschotten, definierte Australien einige Grenzen neu. Anfang Juni beschloss die Regierung, dass sämtliche dem Kontinent vorgelagerten Inseln nördlich des südlichen Wendekreises nicht mehr der so genannten Migrationszone angehören sollen. Wer in Zukunft auf einer dieser

Norwegischer Frachter »Tampa« mit 433 Boatpeople

Inseln landet, kann nicht mehr behaupten, in Australien angekommen zu sein. Unmittelbar nach der »Tampa«-Affäre waren bereits die Weihnachts- und Kokosinseln sowie das Ashmore-Riff, wo viele Boote scheitern, von der Migrationszone ausgeschlossen worden.

AUSSENGEBIETE

Christmas Island (Weihnachtsinsel)

Fläche: 135 km² im Indischen Ozean mit 2771 Einw., vorwiegend Chinesen, Malaien und Europäer. Hauptsiedlung: Flying Fish Cove. Seit 1958 unter australischer Verwaltung. 70 % der Insel sind als Nationalpark geschützt. Einnahmequelle: Tourismus.

Cocos Islands (Kokosinseln)

Fläche: 14,2 km² im Indischen Ozean mit 27 Inseln. 633 Einw., meist Malaien und Europäer, die auf West Island leben. Seit 1955 unter australischer Verwaltung. Der Anschluss an Australien erfolgte per Referendum im April 1984. Export von Kokosnüssen.

Norfolk Island (Norfolkinsel)

Fläche: 34,6 km² im Südpazifik mit 2601 Einw. Nachkommen der »Bounty«-Meuterer (Islanders) und Zugewanderte (Mainlanders). Hauptstadt: Kingston. Anbau von Getreide, Gemüse und Früchten; Palmenplantagen. Export: Briefmarken, Palmkerne. Haupteinnahmequelle ist der Tourismus. 2000/2001 kamen 40 221 Besucher.

Lord Howe Island

Fläche: 14,5 km² im Südpazifik vor der Ostküste Australiens mit ca. 200 Einw. Moderner Flughafen. Einzige Devisenquelle auf der 11 km langen wildromantischen Vulkaninsel (höchster Berg: 875 m) ist der Tourismus, wobei das »Lord Howe Island Board« sorgsam darauf achtet, dass sich nie mehr als 400 Besucher gleichzeitig auf der Insel aufhalten.

Coral Sea Islands Territory

Unbewohnter Archipel mit einer Fläche von 780 000 km² im Pazifischen Ozean; Wetterstation auf einer der Willis-Inseln.

Heard-Island und McDonald Islands

Unbewohntes Gebiet mit 369 km² Fläche, fast ganzjährig eisbedeckt. Aktiver Vulkan Big Ben auf Heard-Island.

Commonwealth of the Bahamas – Commonwealth der Bahamas; Bahamaer

Nationalfeiertag: *10. Juli*

Zeitzone: MEZ –6 h

Hauptstadt: Nassau (172 000 Einwohner)

Telefon-Vorwahl: +1242
Kfz-Kennzeichen: BS

Mitgliedschaften: *Caricom, OAS, Uno*

Bahamas

Botschaft in Großbritannien (auch für D akkreditiert): 10, Chesterfield Street, GB-London WIJ 5JI
☎ +44-207-408 44 88 🖷 -499 99 37

GEOGRAFIE, BEVÖLKERUNG

Fläche: 13 939 km² **Bevölkerung:** 303 000 Einw. **Bev.dichte:** 30 Einw./km² **Bev.wachstum:** 1,25 % **Lebenserwartung:** 69 J. **Analphabetenrate:** 5 % **Landessprachen:** Englisch (Amtssprache), Kreolisch **Religionen:** 32 % Baptisten, 20 % Anglikaner, 19 % Katholiken

POLITISCHES SYSTEM

Unabh. seit 1973. Parl. Monarchie. **Staatsoberhaupt:** Königin Elizabeth II., vertreten durch Generalgouverneur Sir Orville Turnquest (v. Januar 1995) **Regierungschef:** Perry Christie (v. Mai 2002)

WIRTSCHAFT

Währung: 1 Bahama-Dollar (B$) = 100 Cents **Kurs** (Mitte 2002): 1 B$ = 1,08 € **BSP:** 4,533 Mrd. US$ **Wachstumsrate des BIP:** 4,5 % **BSP/Kopf:** 14 960 US$ **Anteile am BIP:** k. A.

AKTUELLE ENTWICKLUNGEN

Das Offshore-Bankenzentrum, in dem geschätzte 1000 Mrd. US-Dollar verwaltet werden, verabschiedet sich von seinen undurchsichtigen Finanz- und Steuerregularien. Auf Druck der OECD unterzeichnete der Finanzminister im März 2002 eine Verpflichtungserklärung. Bis zum Jahr 2006 will das Land für mehr Transparenz sorgen. Bereits im Oktober 2001 konnten amerikanische Fahnder das 20-Millionen-Dollar-Bankkonto eines mutmaßlichen Terroristen einfrieren.
Einnahmeverluste im Finanzsektor, wie auch der Einbruch des Tourismus nach dem 11. September, haben zu vermehrter Unzufriedenheit in der Bevölkerung geführt. Im Mai 2002 erhielt die Regierung Hubert Ingraham die Quittung. Die oppositionelle Progressive Liberal Party siegte bei den Parlamentswahlen. Der neue Premierminister heißt Perry Christie.

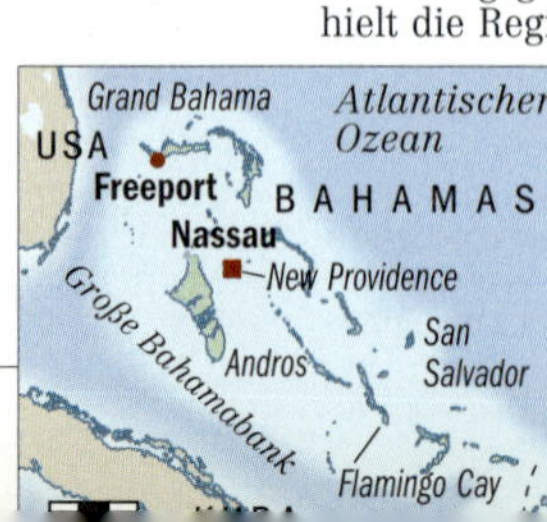

Bahrein

Botschaft in Deutschland: Potsdamer Platz 11, D-10785 Berlin
☎ +49-30-25 89 40 40 🖷 -25 89 41 41

GEOGRAFIE, BEVÖLKERUNG

Fläche: 707 km² **Bevölkerung:** 691 000 Einw. **Bev.dichte:** 1001 Einw./km² **Bev.wachstum:** 1,68 % **Lebenserwartung:** 73 J. **Analphabetenrate:** 12 % **Landessprachen:** Hocharabisch (Amtssprache), Farsi **Religion:** Islam

POLITISCHES SYSTEM

Unabhängig seit 1971. Emirat. **Staatsoberhaupt:** Scheich Hamad Ibn Issa Al Chalifa (seit März 1999) **Regierungschef:** Chalifa Ibn Salman Al Chalifa (seit 1970)

WIRTSCHAFT

Währung: 1 Bahrein-Dinar (BD) = 1000 Fils **Kurs** (Mitte 2002): 0,35 BD = 1 € **BSP:** 6,25 Mrd. US$ (1999) **Wachstumsrate des BIP:** k. A. **BSP/Kopf:** 9370 US$ **Anteile am BIP:** k. A.

AKTUELLE ENTWICKLUNGEN

Scheich Hamad Ibn Issa Al Chalifa setzte mit einer Verfassungsreform seine Demokratisierung »von oben« fort. Am 14. Februar 2002 verkündete er die konstitutionelle Monarchie, setzte Wahlen an und führte aktives und passives Wahlrecht für Frauen ein. Die Opposition kritisierte, dass nur eine der beiden Kammern der Nationalversammlung gewählt, die andere aber von der Regierung ernannt werde. Zudem könne Scheich Hamad nach wie vor die Regierung ein- und absetzen. Bei Kommunalwahlen im Mai errangen die Islamisten alle 50 Sitze – weibliche Kandidaten scheiterten. 23 Gemeinderäte gehören zur lange unterdrückten schiitischen Mehrheit des Landes. Erste Parlamentswahlen seit 1973 finden 24. Oktober 2002 statt.

Dawlat al-Bahrain – Staat Bahrein; Bahreiner

Nationalfeiertag: 16. Dezember

Zeitzone: MEZ + 2 h

Hauptstadt: Manama (140 400 Einwohner)

Telefon-Vorwahl: +973
Kfz-Kennzeichen: BRN

Mitgliedschaften: Uno

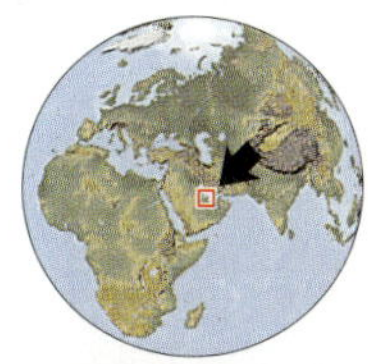

Bangladesch

Botschaft in Deutschland: Dovestraße 1, D-10587 Berlin
☎ +49-30-398 97 50 🖷 -39 89 75 10

GEOGRAFIE, BEVÖLKERUNG

Fläche: 147 570 km². Seit 1992 führt ein von Indien für 999 Jahre gepachteter Korridor »Tin Bigha« (1,5 ha) zu den Exklaven Angarpota und Dahagram. **Verwaltung:** 64 Distrikte **Bevölkerung:** 131,050 Mio. Einw., davon 98 % Bengalen, Minderheit von Bihári **Flüchtlinge:** 22 173 **In Städten** leben 25 %, **unter 15 J.** sind 39 % der Bev. **Bevölkerungsdichte:** 1007 Einw./km² **Bevölkerungswachstum:** 2,09 % **Fruchtbarkeitsrate:** 3,1 Geb./Frau **Landessprachen:** Bengali (Amtssprache), Urdu, Hindi **Religionen:** 88 % Muslime, 10,5 % Hindus

POLITISCHES SYSTEM

Unabhängig seit dem 26. März 1971. Republik im Commonwealth. Verfassung von 1972, letzte Änderung 1996. Einkammerparlament (»Jatiya Sangsad«) mit 300, auf 5 J. direkt gewählten Mitgliedern, die 30 weibliche Abgeordnete hinzuwählen. Wahl des Staatsoberhaupts alle 5 J. durch das Parlament (Wiederwahl zulässig). Wahlrecht ab 18 J. **Staatsoberhaupt:** Jamiruddin Sircar (kommissarisch seit Juni 2002) **Regierungschefin:** Begum Khaleda Zia (seit Oktober 2001) **Außenminister:** Morshed Khan

MILITÄR

Allg. Wehrpflicht: Keine **Streitkräfte:** 137 000 Mann, davon 120 000 Armee, 6500 Luftwaffe, 10 500 Marine **Militärausgaben** (am BSP): 1,3 %

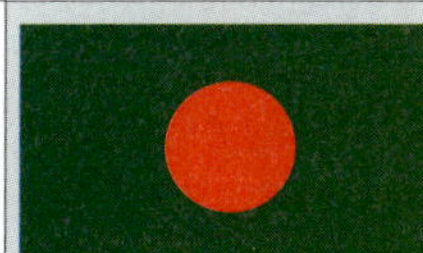

Gana Prajatantri Bangladesh – Volksrepublik Bangladesch; Bangladescher

Nationalfeiertag: 26. März

Zeitzone: MEZ + 5 h

Hauptstadt: Dhaka (3 612 900 Einwohner)

Telefon-Vorwahl: +880
Kfz-Kennzeichen: BD

Mitgliedschaft: Uno

Interims-Präsident Jamiruddin Sircar

Premierministerin Khaleda Zia

GESUNDHEIT, SOZIALES, BILDUNG

Öffentliche Gesundheitsausgaben (am BIP): 1,7 % **Öffentliche Ausgaben für Bildung und Erziehung** (am BSP): 2,2 % **Medizinische Versorgung:** 0,2 Ärzte, 0,3 Krankenhausbetten/1000 Einw. **Säuglingssterblichkeit:** 60/1000 Geb. **Müttersterblichkeit:** 600/100 000 Geb. **Kinderunterernährung:** 61 % **Kinderarbeit:** 28 % **Armutsrate:** 29,1 % (1996) **Frauenanteil an den Beschäftigten:** 42,4 % Zugang zu **sauberem Trinkwasser** haben 99 % der städtischen, 97 % der länd-lichen Bev., zu **sanitären Anlagen** 82 % bzw. 44 % **HIV-Infektionsrate:** 0,02 % **Lebenserwartung:** Männer 61 J., Frauen 62 J. **Schulpflicht:** 6–11 J. **Einschulungsquote** im Primarbereich 100 % **Analphabetenrate:** Männer 48 %, Frauen 70 % **Universitäten**: 7, darunter in Chittagong, Dhaka, Rajshahi

WIRTSCHAFT

Währung: 1 Taka (Tk.) = 100 Poisha **Kurs** (Mitte 2002): 1 Tk. = 0,02 € **BSP:** 47,9 Mrd. US$ **Wachstumsrate des BIP:** 5,9 % **BSP/Kopf:** 370 US$ **Anteile am BIP:** Landwirtschaft 25 %, Industrie 24 %, Dienstleistungen 51 % **Arbeitslosenquote:** 2,5 % **Inflationsrate:** 1,8 % **Leistungsbilanzdefizit:** 306 Mio. US$ **Auslandsschulden:** 15,609 Mrd. US$ **Schuldendienst** (am BSP): 1,7 % **Devisenreserven:** 1,516 Mrd. US$ **Empf. Hilfsgelder:** 1,171 Mrd. US$ **Energie:** Produktion 14,47 Mio. t ÖE, Verbrauch 17,94 Mio. t ÖE

Landwirtschaft, Rohstoffe, Industrie:

Nutzfläche 64,8 %, von der Anbaufläche sind 46,1 % bewässert **Produkte:** Jutefasern, Reis **Bewaldet:** 13 000 km², jährliche **Aufforstung:** 165 km² **Rohstoffe:** Große Erdgasvorkommen, Erdöl und Kohle **Industrie**: Textilindustrie

Außenwirtschaft:

Handelsbilanzdefizit 1,654 Mrd. US$ **Export:** 6,399 Mrd. US$, davon 53,5 % Bekleidung, 22 % Strumpf- und Strickwaren, 4,6 % Jutewaren, 6 % Garnelen und Froschschenkel **Hauptausfuhrländer:** USA (32,1 %), Deutschland (10,3 %), Großbritannien (8,4 %) **Import:** 8,053 Mrd. US$, davon 25,4 % Investitionsgüter, 13,7 % Textilien, 7,6 % Öl- und Ölprodukte **Hauptlieferländer:** Indien (13,6 %), Singapur (8 %), VR China (6,6 %)

VERKEHR

Schienennetz: 2734 km **Straßennetz:** 207 486 km, davon 9,5 % befestigt **Motorisierung:** 1 Kfz/1000 Einw. Internationaler **Flughafen:** Dhaka Staatliche **Fluggesellschaft:** Biman Bangladesh Airlines **Binnenwasserstraßen:** 8046 km Bedeutendster **Seehafen:** Chittagong

KOMMUNIKATION

Auf 1000 Einw. kommen 49 **Rundfunk-**, 7 **Fernsehgeräte**, 3,9 **Telefonanschlüsse**, 4 **Mobiltelefone**, 1,9 **PC** Größte **Tageszeitung:** *Dainik Ittefaq* (Auflage: 200 000 Exemplare) **Nachrichtenagenturen:** Bangladesh Sangbad Sangstha, Islamic News Society

UMWELT, TOURISMUS

Geschützte Gebiete: 0,8 % der Landesfläche **CO_2-Emission:** 23,4 Mio. t **Verwendung des Süßwassers:** Landwirtschaft 86 %, Industrie 2 %, Haushalte 12 % **Tourismus:** 200 000 Besucher, 59 Mio. US$ Einnahmen

AKTUELLE ENTWICKLUNGEN

Mitte Juli 2001 trat verfassungsgemäß die Regierung unter Scheich Hasina Wajed zurück, um bis zu den Wahlen am 1. Oktober einer neutralen Übergangsregierung Platz zu machen. Es war das erste Mal, dass eine Regierung in Dhaka eine volle fünfjährige Amtszeit durchgehalten hatte. Das Übergangskabinett unter dem ehemaligen Bundesrichter Latifur Rahman versuchte, einen gewaltfreien, fairen Wahlkampf zu gewährleisten: Es ließ Waffen einsammeln, versetzte über 1000 hohe Beamte und ließ fast 60 000 Menschen »zur Sicherung von Recht und Ordnung« verhaften. Dennoch kam es in den Monaten des Wahlkampfs zu zahlreichen Zwischenfällen: Mehr als 300 Menschen starben bei den Gewalttätigkeiten. In der letzten September-Woche setzte die Regierung deshalb die Hälfte der Armee für Patrouillendienste ein.

Bei den Wahlen wurde Regierungschefin Hasina von ihrer alten Rivalin Khaleda Zia abgelöst, die bereits von 1991 bis 1996 Premierministerin gewesen war. Deren Bangladesh Nationalist Party (BNP) gewann zusammen mit ihren Bündnispartnern, zwei islamistischen Parteien sowie der Jatiya-Partei des früheren Militärherrschers Hussain Mohammed Ershad, eine Zweidrittelmehrheit im neuen Parlament. »Oberste Priorität meiner Regierung wird es sein, den Terrorismus

zu bekämpfen und die Korruption auszurotten«, kündigte Zia nach ihrer Vereidigung am 10. Oktober an.
Neuer Staatspräsident Bangladeschs wurde am 12. November 2001 Badruddoza Chowdhury. Bereits am 21. Juni 2002 musste er auf Druck der Regierungspartei zurücktreten; kommissarischer Nachfolger wurde Parlamentssprecher Jamiruddin Sircar. Innerhalb von 90 Tagen muss nun ein neuer Präsident gewählt werden.
Zentrales Thema blieb auch nach dem blutigen Wahlkampf die innere Sicherheit. Besonders umstritten war ein von der Regierung Zia in die Diskussion gebrachtes Verbot von Generalstreiks. In den letzten zehn Jahren hatte die jeweilige Opposition praktisch keine Rechte, Kritiker sprachen von einer »demokratischen Diktatur«. Daher boykottierten die unterlegenen Parteien – gerade auch Zias BNP während der letzten fünf Jahre – die Parlamentsarbeit und nutzten Generalstreiks als politisches Mittel. Diese Ausstände führen pro Tag zu einem Produktionsausfall in Höhe von etwa 60 Millionen US-Dollar, zudem kamen bei den damit verbundenen Unruhen regelmäßig Dutzende von Menschen ums Leben.
Bei ihrem jährlichen Treffen im März 2002 beschlossen die Geberländer, von deren Zahlungen Dhaka abhängig ist, Entwicklungshilfe künftig von einer Verbesserung der Sicherheitslage im Land abhängig zu machen.
Zudem hat der am dichtesten besiedelte Flächenstaat der Erde mit einer Umweltkatastrophe besonderen Ausmaßes zu kämpfen: Bis zu zwei Drittel der Bevölkerung sind durch Arsen im Trinkwasser bedroht. Die Weltgesundheitsorganisation spricht von der »größten Massenvergiftung in der Geschichte der Menschheit«. Gegenmaßnahmen greifen bisher kaum.
Ende Juli 2002 besuchte mit Präsident Musharraf zum ersten Mal ein General aus dem ehemaligen Mutterland das frühere Ostpakistan, das sich 1971 in einem blutigen Krieg von Pakistan losgelöst hatte. Drei Millionen Menschen sollen damals ums Leben gekommen, über 200 000 Frauen vergewaltigt worden sein. Musharraf drückte sein Bedauern über die Geschehnisse aus und legte einen Kranz am nationalen Märtyrerdenkmal nieder.

Barbados

Botschaft in Belgien: 100, Av. Franklin D. Roosevelt, B-105 Brüssel
☎ +32-2-732 17 37 🖷 -732 32 66

GEOGRAFIE, BEVÖLKERUNG

Fläche: 430 km² **Bevölkerung:** 267 000 Einw. **Bev.dichte:** 621 Einw./km² **Bev.wachstum:** 0,35 % **Lebenserwartung:** 75 J. **Analphabetenrate:** k. A. **Landessprachen:** Englisch (Amtssprache), Bajan-Englisch **Religionen:** 40 % Anglikaner, 27 % Protestanten, 4 % Katholiken

POLITISCHES SYSTEM

Unabh. seit 1966. Parl. Monarchie
Staatsoberhaupt: Königin Elizabeth II., vertreten durch Generalgouverneur Sir Clifford Husbands (seit Juni 1996)
Regierungschef: Owen Arthur (seit September 1994)

WIRTSCHAFT

Währung: 1 Barbados-Dollar (BDS$) = 100 Cents **Kurs** (Mitte 2002): 1,85 BDS$ = 1 € **BSP:** 2,469 Mrd. US$ **Wachstumsrate des BIP:** 4,1 % **BSP/Kopf:** 9250 US$ **Anteile am BIP:** Landwirtschaft 6 %, Industrie 21 %, Dienstleistungen 73 %

AKTUELLE ENTWICKLUNGEN

Barbados Wirtschaft schrumpfte erstmals seit acht Jahren und ging 2001 um 2,8 Prozent zurück; die Arbeitslosenquote stieg auf 10 Prozent.
Nach dem 11. September 2001 blieben auch auf Barbados viele Touristen aus. Die Regierung legte daher ein Hilfsprogramm für den wichtigsten Devisenbringer des Landes (mehr als 50 Prozent) auf. Ende Januar 2002 strich die OECD Barbados von der Liste der Steueroasen, denn das Parlament hatte zuvor Neuregelungen für den Finanzsektor verabschiedet. Daraufhin ging die Zahl neuer Offshore-Banken deutlich zurück.
Die Weltbank stellte 15 Mio. US-Dollar für die Bekämpfung von Aids zur Verfügung. Barbados hat die höchste HIV-Infektionsrate aller Inseln der Kleinen Antillen.

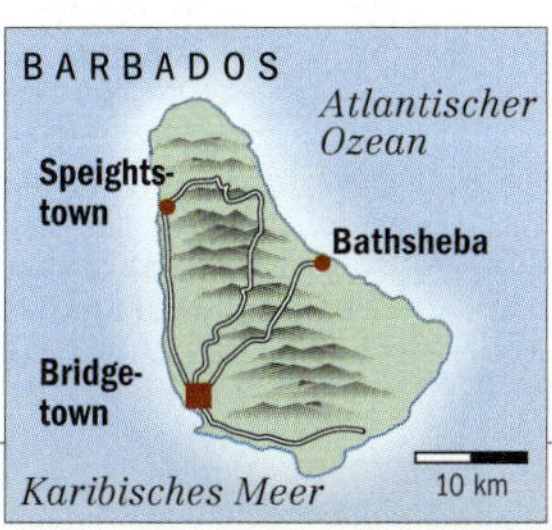

Barbados; Barbadier

Nationalfeiertag: 30. November

Zeitzone: MEZ – 5 h

Hauptstadt: Bridgetown (5900 Einwohner)

Telefon-Vorwahl: +1246
Kfz-Kennzeichen: BDS

Mitgliedschaften: Caricom, OAS, Uno

Koninkrijk België / Royaume de Belgique – Königreich Belgien; Belgier

Nationalfeiertag: 21. Juli (Tag der Vereidigung des ersten Königs, Leopold I., 1831)

Zeitzone: MEZ
Hauptstadt: Brüssel (964 400 Einwohner)

Telefon-Vorwahl: +32
Kfz-Kennzeichen: B

Mitgliedschaften: EU, Nato, OECD, OSZE, Uno, WEU

König Albert II.

Belgien

Botschaft in Deutschland: Jägerstr. 52-53, D-10117 Berlin
☎ +49-30-20 64 20 🖷 -20 64 22 00

GEOGRAFIE, BEVÖLKERUNG

Fläche: 30 528 km². Fruchtbares, marschenreiches Tiefland an der Küste, hügeliges Gelände in Mittelbelgien, im SO Mittelgebirgscharakter (Ardennen, Hohes Venn bis 694 m). **Verwaltung:** 3 Regionen, 10 Provinzen **Bevölkerung:** 10,252 Mio. Einw., davon 58 % Flamen, 31 % Wallonen **In Städten** leben 97 %, **unter 15 J.** sind 17 % der Bev. **Bev.dichte:** 331 Einw./km² **Bev.-wachstum:** 0,09 % **Fruchtbarkeitsrate:** 1,6 Geb./Frau **Landessprachen:** 58 % der Bev. sprechen Niederländisch (Flamen), 31 % Französisch (Wallonen). Nach langen Konflikten hat sich eine föderalistische Staatsstruktur mit drei **Amtssprachen** herauskristallisiert: Französisch, Niederländisch und Deutsch (nur im äußersten Osten, 0,7 % der Bev.). Die Region Brüssel ist zweisprachig. **Religionen:** 75 % Katholiken, Minderheiten von Protestanten, Muslimen und Juden

Die größten Städte

Brüssel	964 400
Antwerpen	445 600
Gent	224 700
Charleroi	200 200
Lüttich	184 600

POLITISCHES SYSTEM

Seit der Unabhängigkeit 1831 konstitutionelle Monarchie. In der Verfassungsreform von 1992/93 wurde eine sehr komplizierte föderative Staatsform festgeschrieben. Das Land ist politisch in Regionen (Flandern, Wallonien, Brüssel) und so genannte Gemeinschaften (eine niederländisch-, eine französisch- und eine deutschsprachige) gegliedert. In diesen Regionen und Gemeinschaften arbeiten eigene parlamentarische Körperschaften (Räte) und Teilregierungen (Flandern hat eine gemeinsame Vertretung für Region und Gemeinschaft).
Es besteht Wahlpflicht. Zweikammerparlament mit Abgeordnetenkammer (Direktwahl der 150 Mitgl. auf 4 J.) und Senat, dessen 71 Mitgl. zum Teil gewählt, zum Teil ernannt werden; dazu kommen die erwachsenen Kinder des Königs. Der Senat hat im Wesentlichen beratende Funktion.
Staatsoberhaupt: König Albert II. (seit August 1993). Der König ernennt den Premierminister und die Minister. Er ist dabei an die Zustimmung der Abgeordnetenkammer gebunden.
Die Regierung wird paritätisch aus Flamen und Wallonen gebildet. Die Wallonen, in beiden Häusern in der Minderheit, haben ein Vetorecht.
Regierungschef: Guy Verhofstadt (seit Juli 1999)
Außenminister: Louis Michel

MILITÄR

Keine **Wehrpflicht** **Streitkräfte:** 39 420 Mann, davon 26 400 Armee, 8600 Luftstreitkräfte, 2560 Marine **Militärausgaben** (am BSP): 1,4 % **Waffenhandelsanteil** an den Importen: 0,2 %.

GESUNDHEIT, SOZIALES, BILDUNG

Öffentliche Gesundheitsausgaben (am BIP): 6,3 % **Öffentliche Ausgaben für Bildung u. Erziehung** (am BIP): k. A. **Öffentliche Ausgaben für Altersversorgung** (am BIP): 12,9 % **Medizinische Versorgung:** 3,8 Ärzte, 7,3 Krankenhausbetten/1000 Einw. **Säuglingssterblichkeit:** 5/1000 Geb. **Müttersterblichkeit** 8/100 000 Geb. **Kinderunterernährung:** k. A. **Kinderarbeit:** k. A. **Armutsrate:** k. A. **Frauenanteil an den Beschäftigten:** 40,9 % **HIV-Infektionsrate:** 0,15 % **Lebenserwartung:** Männer 75 J., Frauen 81 J. **Schulpflicht:** 6 –16 J. **Einschulungsquote:** 98 % **Analphabetenrate:** k. A. **Universitäten:** 18.

WIRTSCHAFT

Währung: 1 € = 100 Cent **BSP:** 251,6 Mrd. US$ **Wachstumsrate des BIP:** 4 % **BSP/Kopf:** 24 540 US$ **Anteile am BIP:** Landwirtschaft 2 %, Industrie 27 %, Dienstleistungen 72 % **Forschung+Entwicklungsausgaben** (am BSP): 1,55 % **Arbeitslosenquote:** 7 % **Inflationsrate:** 2,4 % **Staatseinnahmen:** 122,9 Mrd. € **Steuerauf-**

kommen (am BIP): 43 % **Einkommensteuer:** max. 55 % **Körperschaftsteuer:** 39 % **Haushaltsdefizit** (am BIP): 1,8 % **Staatsausgaben:** 122,7 Mrd. € **Leistungsbilanzüberschuss:** 13,037 Mrd. US$ **Auslandsschulden:** 594,723 Mrd. US$ **Auslandsvermögen:** 655,973 Mrd. US$ **Schuldendienst** (am BSP): k. A. **Devisenreserven:** 53,62 Mrd. US$ **Ausl. Direktinvestitionen:** 17,902 Mrd. US$ **Börse** (Marktkapitalisierung am BIP): 80,5 % **Energie:** Produktion 13,77 Mio. t ÖE, Verbrauch: 58,64 Mio. t ÖE, Anteile am Verbrauch: Kohle 11,1 %, Öl 50,6 %, Atomenergie 16,7 %, Erdgas 20,7 %, sonstige 0.9 %

Landwirtschaft, Rohstoffe, Industrie:
Nutzfläche 25,4 % (einschl. Luxemburg), von der Anbaufläche sind 4,6 % bewässert **Produkte:** Getreide, Zuckerrüben, Kartoffeln, Gemüse, Obst, Schweine, Geflügel **Bewaldet:** 7000 km^2, jährliche **Rodung:** 13 km^2 **Rohstoffe:** Kupfer, Zink, Aluminium **Wichtige Industriezweige:** Moderne Industriekomplexe, hauptsächlich in Flandern; in Wallonien dominiert traditionell das verarbeitende Gewerbe. Antwerpen ist Weltmarktführer im Diamantenhandel (Anteil: 85 %; 2001 wurden Rohdiamanten im Wert von 23 Mrd. US$ umgesetzt). Nur geringe Bodenschätze; gefördert werden Braunkohle, Kaolin, Uran, Kalk. Das letzte Steinkohlebergwerk wurde 1992 geschlossen.
Der Braukonzern Interbrew (Flaggschiff »Stella Artois«) steigerte durch geschickte Zukäufe und Übernahmen (Beck, Diebels) die Produktion; inzwischen nimmt das Familienunternehmen aus Löwen weltweit den zweiten Platz ein (nach dem US-Giganten Anheuser Busch). Der Gewinn stieg 2001 um 98 % auf 537 Mio. €.

Außenwirtschaft:
Handelsbilanzüberschuss 3,315 Mrd. US$ **Export:** 161,428 Mrd. US$, davon 23,8 % industrielle Vorprodukte, 30,1 % Maschinen und Transportmittel, 20,3 % chemische Erzeugnisse **Hauptausfuhrländer:** Frankreich (17,9 %), Deutschland (17,7 %), Niederlande (12,8 %) **Hightech-Exporte:** 15,274 Mrd. US$ **Import:** 158,113 Mrd. US$, davon 20,8 % industrielle Vorprodukte; 31,9 % Maschinen und Transportmittel, 16,4 % chemische Produkte **Hauptlieferländer:** Deutschland (17,5 %), Niederlande (16,7 %), Frankreich (13,7 %)

VERKEHR
Schienennetz: 3472 km. Damit verfügt Belgien über eines der dichtesten Schienennetze der Welt. **Straßennetz:** 148 216 km, davon 78,2 % befestigt (1682 km Autobahn) **Motorisierung:** 497 Kfz/ 1000 Einw. **Luftverkehr:** Neben dem Hauptflughafen Brüssel weitere intern. **Flughäfen** in Deurne Airport bei Antwerpen, Lüttich, Charleroi und Ostende, 10,738 Mio. Beförderte Passagiere **Schifffahrt:** Antwerpen ist mit 130,05 Mio. t Umschlag nach Rotterdam der zweitgrößte Hafen Europas. Bedeutende **Seehäfen** sind außerdem Zeebrugge und Ostende. Die wichtigsten Binnenhäfen – an einem Wasserstraßennetz von 2043 km Länge – sind Brüssel, Gent, Lüttich.

KOMMUNIKATION
Auf 1000 Einw. kommen 793 **Rundfunk-**, 541 **Fernsehgeräte**, 493 **Telefonanschlüsse**, 747,2 **Mobiltelefone**, 344,5 **PC** und 34,2 **Internet-Zugänge**. **IuK-Ausgaben** (am BIP): 8 % Es erscheinen 30 **Tageszeitungen** mit einer **Gesamtauflage** von rund 1,625 Mio. Exemplaren. Die größten Tageszeitungen und ihre Auflagen:

De Standaard (Brüssel)/
Het Nieuwsblad (Brüssel)/
De Gentenaar (Gent) 372 400
Het Laatste Nieuws
(Brüssel) 306 200
Le Soir (Brüssel) 182 500
Vers L'Avenir (Namur)/*L'Avenir du Luxembourg* (Arlon).......140 000

Nachrichtenagenturen: Agence Belga/Agentschap Belga, Agence Europe, Centre d'Information de Presse.

UMWELT, TOURISMUS
Geschützte Gebiete: 2,53 % der Landesfläche **Energieverbrauch/Kopf:** 5735 kg ÖE **CO_2-Emission:** 101,3 Mio. t **Verwendung des Süßwassers:** Landwirtschaft k.A., Industrie k.A., Haushalte k.A. **Tourismus:** 6,457 Mio. Besucher, 7,039 Mrd. US$ Einnahmen

AKTUELLE ENTWICKLUNGEN
Zum Jahreswechsel setzte die belgische Regierung einen Glanzpunkt auf ihre EU-Präsidentschaft. Der liberale Ministerpräsident Guy Verhofstadt hatte die europäischen Staats- und Regierungschefs auf das Königsschloss Laeken vor den Toren Brüssels eingeladen. Mit der feierlichen Erklärung von Laeken läuteten sie dort am 14. Dezember 2001 den Beginn einer europäischen Verfassungsdebatte ein.

Premierminister Guy Verhofstadt

Schon voher hatte Verhofstadt alle Energien daran gesetzt, seinen halbjährigen EU-Vorsitz zum Erfolg werden zu lassen. Er eilte von Hauptstadt zu Hauptstadt – daheim spottete die Opposition, der Premier regiere das Land nur noch während seiner Zwischenlandungen in Brüssel.

Nach den Terroranschlägen des 11. September wurde auf den vielen folgenden EU-Krisensitzungen in Brüssel offenbar, dass die belgischen Minister als Fach-Ratspräsidenten ihre Tagesordnungen vielfach nicht im Griff hatten, die Behörden arbeiteten schlampig zu. Zuweilen kam es zum offenen Streit zwischen Flamen und Wallonen, und Außenminister Louis Michel wurden etliche Fauxpas angelastet. Höhepunkt: Weil der Chef der belgischen Diplomatie in einer TV-Sendung den italienischen Regierungschef Silvio Berlusconi mit »Null« bewertet hatte, kam es zum zeitweiligen Stillstand in den Beziehungen beider Länder.

Flugzeuge der in Konkurs gegangenen Airline Sabena

Auch die belgische Parteienlandschaft blieb bewegt: Nachdem sich im Oktober 2001 die flämische Traditionspartei Volksunie in drei Splittergruppen zerlegt hatte, spalteten sich im November die Christdemokraten in Flandern in zwei neue Gruppierungen. Die Sozialisten versuchten unterdessen mit neuem Namen aus dem antiquierten Rechts-Links-Schema auszubrechen – sie heißen jetzt Sozialistische Partei Anders – SP-A.

Belgien ist damit um eine Bizzarerie reicher, aber programmatisch unterscheidet sich das Spektrum der Parteien der Mitte ohnehin kaum mehr. Alle sind in ihrer Orientierung mittlerweile marktwirtschaftlich, liberal und säkular geworden. Die konservative Tageszeitung *De Standaard* führte schon Klage über die politische Debattenleere im Land.

Belgische Streitkultur kam indes mit dem Beginn der Parlamentsdebatten über das Euthanasiegesetz im Frühjahr 2002 wieder zu neuer Blüte. Am 16. Mai verabschiedete die sozialliberal-grüne Mehrheit in der zweiten Kammer das Gesetz. Damit ist Belgien nach den Niederlanden das zweite Land der Welt, das die Euthanasie unter Vorbedingungen freigibt. Anders als bei den holländischen Nachbarn sollen auch unheilbar Kranke, die nicht in absehbarer Zeit mit dem Tod zu rechnen haben, auf eigenes Verlangen von einem Arzt und nach Beratung Sterbehilfe erhalten können. Christdemokraten und Katholiken-Verbände wollen dagegen vor den Strassburger Gerichtshof für Menschenrechte ziehen. Strittig ist ferner, ob sich Ärzte und Krankenhäuser, die sich aus Gewissensgründen verweigern, zum Töten gezwungen werden können.

Auch über die Wirtschaft kommt es in Belgien immer wieder zum Streit. Als im November 2001 die Traditionsfluglinie Sabena wegen horrender Überschuldung Konkurs anmelden musste, gerieten die sozialistischen Minister aus der frankophonen Wallonie mit dem marktliberalen Flamen Verhofstadt aneinander. Der widersetzte sich strikt jeder staatlichen Geldspritze für die kranke Airline, die mit Parteibuchwirtschaft und Missmanagement 78 Jahre lang an der Marktwirtschaft vorbeigeflogen war. Weder die marode Swissair, die 49,5 % an Sabena hielt, noch die verschiedenen Auffanggesellschaften konnten deshalb alle der 13 000 freigesetzten »Sabenianer« aufnehmen.

Das nächste Wirtschaftsdesaster unter staatlicher Aufsicht bahnt sich an: Die nationale Eisenbahn Belgiens SNCB gab im April 2002 ein historisches Rekorddefizit von 4,48 Milliarden Euro bekannt, für den Bau der neuen Hochgeschwindigkeitszüge fehlen weitere 620 Millionen Euro. Die Lösung des Problems könnte nach einem Vorschlag der Sozialisten sehr belgisch ausfallen: Die Bahnschulden werden ab 2005 in den Staatshaushalt übernommen und damit optisch verschwinden.

Der Antwerpener Diamantenhandel, eigentlich ein diskreter Sektor der belgischen Wirtschaft, ist wegen Drogengeldwäschereien und des Handels mit »Blutdiamanten« aus afrikanischen Krisengebieten schon seit Jahren in der Kritik. Im Mai 2002 bemängelte ein Bericht des Uno-Sicherheitsrats er-

Diamantenschleifer

neut das löchrige belgische Kontrollsystem. Die belgische Regierung hat zwar eine »Task Force Diamond« eingerichtet, mit der bei Ein- und Ausfuhren schärfer hingesehen werden soll, bei Nachforschungen entdeckten Uno-Ermittler in Antwerpen indes wieder falsche Herkunftszertifikate im Wert von 10 Millionen Dollar.

Einen Monat zuvor, im April 2002, schreckten die Antwerpener Diamantiers schon bei der Festnahme des libanesischen Händlers Samih Ossaily auf. Über ihn soll Terrorist Osama Bin Laden Edelsteine im Millionenwert verkauft haben, die sein Qaida-Netzwerk aus Sierra Leone eingeschmuggelt haben soll.

Belgien gilt seit der Festnahme einiger radikaler Moslemfundamentalisten ohnehin als Drehscheibe für den internationalen Moslemterrorismus. Aus Brüssel, so ermittelte die Polizei, stammten die Mörder des afghanischen Taliban-Gegners und Oppositionsführers Ahmed Schah Massud, die mit gefälschten belgischen Pässen und als Journalisten getarnt nach Afghanistan eingereist waren.

Die Mörder hatten ihre Blankopässe zuvor in den belgischen Konsulaten in Den Haag und Strassburg gestohlen. Im Moslem-Imbiss »Le Nil« in der Brüsseler Innenstadt hatten Fahnder auch den Sprengstoff entdeckt, mit dem vermutlich ein Anschlag auf die Pariser US-Botschaft geplant war. In der Avenue Mozart hatten sie zuvor den Tunesier Nizar Trabelsi als potenziellen Attentäter verhaftet. Er sollte sich mit dem Sprengstoff in einem Kleinlaster in Paris in die Luft jagen. Trabelsi hatte früher bei Fortuna Düsseldorf Fußball gespielt.

Noch immer wartet das kleine Land zwischen Nordsee und Ardennen auf den Prozess gegen den Kinderschänder Marc Dutroux und seine Mittäter. Wegen obskurer Ermittlungsschlampereien tritt das Verfahren seit Jahren auf der Stelle. Im August 1996 wurden die Hauptverdächtigen arretiert, doch erst im Januar 2002 wurden die Ermittlungen offiziell abgeschlossen.

Die These vom finsteren Netzwerk hinter Dutroux hat die belgische Justiz inzwischen offiziell fallen lassen. Nur noch vier Hauptverdächtige sollen vor Gericht. Offene Spuren soll Staatsanwalt Michel Bourlet, ein Anhänger der Hintermännertheorie, nur noch in einem Nebenverfahren »gegen unbekannt« verfolgen. Der Prozess gegen Dutroux und andere ist für Ende 2003 im Ardennenstädtchen Arlon angekündigt.

Trotzdem sieht sich die belgische Justiz gern auch als Weltankläger. Nach dem so genannten Genozidgesetz können mutmaßliche Kriegsverbrecher vor Gericht gebracht werden, auch wenn sie mit dem Land in keinerlei Verbindung stehen. Bei der zuständigen Brüsseler Kammer sind inzwischen 23 ehemalige und amtierende Politiker angezeigt, darunter Israels Ministerpäsident Ariel Scharon, Palästinenser-Präsident Jassir Arafat wie auch Irak-Diktator Saddam Hussein.

Der Internationale Gerichtshof in Den Haag hat die belgische Allzuständigkeit im Frühjahr 2002 allerdings gestutzt – Amtsinhaber dürfen wegen ihrer Immunität von belgischen Ermittlern nicht verfolgt werden. Zudem hat ein belgisches Berufungsgericht das Gesetz für unzureichend erklärt. Grund: Angeklagte müssten in einer Verbindung zu Belgien stehen. Nicht zuletzt auch wegen diplomatischer Verwicklungen mit von den Belgiern verfolgten Politkern steht jetzt eine Gesetzesnovelle an.

Als wäre das kleine Land nicht schon genug von Skandalen aufgewühlt, tauchte Mitte Juli in halb Europa auch noch verseuchtes, mit Hormon-Sirup aus Belgien versetztes Schweinefutter auf. Die einem Schrottplatz ähnelnde Abfallfirma Bioland aus Arendonk bei Antwerpen hatte von einem irischen Pharmahersteller zuckerhaltigen Medikamentenmüll bezogen und daraus Sirup und Melasse für verschiedene Tierfutterhersteller in den Niederlanden zusammengekocht.

Als die ersten Schweine unfruchtbar wurden und sich herausstellte, dass es am belgischen Abfallsirup lag, der das verbotene Geschlechtshormon MPA enthielt, hatte sich die giftige Futterspur bereits durch 11 Länder der Europäischen Union gezogen. Großhändler und Makler hatten das giftige Gemisch weiträumig verkauft. Tausende von Bauernhöfen, nicht nur in den Niederlanden, mussten gesperrt werden, europaweit waren Agrarfahnder im Einsatz. Die kleine Abfallfirma aus Belgien allerdings konnte niemand mehr haftbar machen. Sie war längst Pleite gegangen.

Sprengstoff-Fundort Moslem-Café »Nil«

Kinderschänder Marc Dutroux

Belize; Belizer

Nationalfeiertag: 21. September

Zeitzone: MEZ –7 h

Hauptstadt: Belmopan (6800 Einwohner)

Telefon-Vorwahl: +501
Kfz-Kennzeichen: BH

Mitgliedschaften: Caricom, OAS, Uno

Belize

Botschaft in Brüssel (auch für D akkreditiert): Boulevard Brand Whitlock 136
☎ +32-2-732 62 04 🖷 -732 62 46
HK: Stuttgart und Frankfurt a. M.

GEOGRAFIE, BEVÖLKERUNG

Fläche: 22 965 km² **Bevölkerung:** 240 000 Einw. **Bev.dichte:** 11 Einw./km² **Bev.wachstum:** 1,89 % **Lebenserwartung:** 74 J. **Analphabetenrate:** 7 % **Landessprachen:** Englisch (Amtssprache), englisches Kreolisch, Spanisch **Religionen:** 62 % Katholiken, 12 % Anglikaner

POLITISCHES SYSTEM

Unabhängig seit 1981. Parl. Monarchie.
Staatsoberhaupt: Königin Elizabeth II., vertreten durch Gouverneur Colville Young (seit November 1993)
Regierungschef: Said Musa (seit August 1998)

WIRTSCHAFT

Währung: 1 Belize-Dollar (Bz$) = 100 Cents **Kurs** (Mitte 2002): 1,67 Bz$ = 1 € **BSP:** 746 Mio. US$ **Wachstumsrate des BIP:** 10,2 % **BSP/Kopf:** 3110 US$ **Anteile am BIP:** Landwirtschaft 21 %, Industrie 27 %, Dienstleistungen 52 %

AKTUELLE ENTWICKLUNGEN

Noch immer belasten Grenzstreitigkeiten die Beziehungen zu Guatemala, das rund zwei Drittel des Staatsgebiets von Belize beansprucht. Eine Schiedskommission, die im Rahmen der Organisation Amerikanischer Staaten (OAS) nach einer gütlichen Lösung sucht, verlängerte Ende August 2001 ihr Mandat um ein weiteres Jahr. Gemeinsame Grenzpatrouillen, die teils durch schwer zugängliches Dschungelgebiet führen, sollen Vertrauen schaffen. Dennoch kam es im November 2001 zu einem neuen Grenzzwischenfall mit mehreren Toten.

République du Bénin – Republik Benin; Beniner

Nationalfeiertag: 1. August

Zeitzone: MEZ

Hauptstadt: Porto Novo (200 000 Einohner)
Regierungssitz: Cotonou (750 000 Einwohner)

Telefon-Vorwahl: +229
Kfz-Kennzeichen: DY

Mitgliedschaften: AU, Uno

Benin

Botschaft in Deutschland: Rüdigerstraße 10, D-53179 Bonn
☎ +49-228-94 38 70 🖷 -85 71 92

GEOGRAFIE, BEVÖLKERUNG

Fläche: 112 622 km² **Bevölkerung:** 6,272 Mio. Einw. **Bev.dichte:** 57 Einw./km² **Bev.wachstum:** 2,81 % **Lebenserwartung:** Männer 51 J., Frauen 55 J. **Analphabetenrate:** Männer 48 %, Frauen 76 % **Landessprachen:** Französisch (Amtssprache), Ewe, Bariba, Yoruba **Religionen:** 70 % traditionelle Religionen (Voodoo), 15 % Muslime, 15 % Christen

POLITISCHES SYSTEM

Unabhängig seit 1960. Präsidialrepublik.
Staats- und Regierungschef: Mathieu Kérékou (1972 – '91 und seit April 1996, Reg.chef seit 1998)

WIRTSCHAFT

Währung: 1 CFA-Franc = 100 Centimes **Kurs** (Mitte 2002): 650,59 CFA-Francs = 1 € **BSP:** 2,3 Mrd. US$ **Wachstumsrate des BIP:** 5,8 % **BSP/Kopf:** 370 US$ **Anteile am BIP:** Landwirtschaft 38 %, Industrie 14 %, Dienstleistungen 48 %

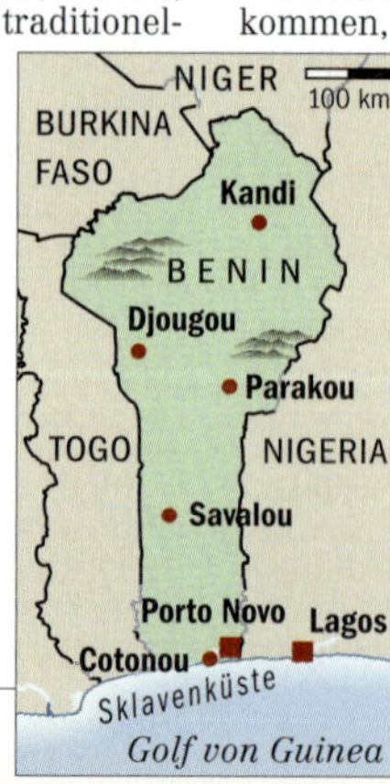

AKTUELLE ENTWICKLUNGEN

Die Regierung will den Verkauf von Minderjährigen als Haussklaven in reiche Familien benachbarter Länder verhindern. Kinder unter 15 Jahren benötigen deshalb seit September 2001 beim Verlassen des Landes ein Ausreisedokument. Am 11. April 2002 ratifizierten Benin und Niger ein Abkommen, das die Klärung der seit Jahren andauernden Grenzstreitigkeiten miteinander dem Internationalen Gerichtshof in Den Haag überträgt. Anfang Mai 2002 wurde Benin Mitglied der Internationalen Walfangkommission und stellte sich bei deren Jahrestagung auf die Seite der Walfangbefürworter. Umweltschützer kritisierten, Benins Stimme sei mithilfe japanischer Entwicklungsgelder gekauft worden.

Bhutan

Botschaft in der Schweiz (auch für D akkreditiert): 17–19, Chemin du Champ-d'Anier, CH-1209 Genf
☎ +41-22-799 08 90 🖷 -799 08 99
HK: Bonn

GEOGRAFIE, BEVÖLKERUNG

Fläche: 46 500 km² **Bevölkerung:** 805 000 Einw. **Bev.dichte:** 17 Einw./km² **Bev.wachstum:** 2,62 % **Lebenserwartung:** 62 J. **Analphabetenrate:** k. A. **Landessprachen:** Dzongkha (Amtssprache), Sarchopkha, Nepali **Religionen:** 75 % Buddhisten, 25 % Hindus

POLITISCHES SYSTEM

Monarchie.
Staatsoberhaupt: König Jigme Singye Wangchuk (seit Juli 1972)
Regierungschef: Kandu Wangchuk (seit August 2001)

WIRTSCHAFT

Währung: 1 Ngultrum (NU) = 100 Chhetrum **Kurs** (Mitte 2002): 45,52 NU = 1 € **BSP:** 479 Mio. US$ **Wachstumsrate des BIP:** 7,0 % **BSP/Kopf:** 590 US$ **Anteile am BIP:** Landwirtschaft 33 %, Industrie 37 %, Dienstleistungen 30 %

AKTUELLE ENTWICKLUNGEN

Im Bhutan deutet sich ein demokratischer Wandel an. Seit November 2001 arbeitet ein vom Monarchen berufenes Komitee am Entwurf zur ersten Verfassung des Landes. Derzeit gibt es kein frei gewähltes Parlament, keine unabhängige Justiz, Parteien oder Gewerkschaften. Die Reform stellt Gewaltenteilung und Menschenrechte in Aussicht, will aber die bestehende Ordnung bewahren. In Nepal leben derzeit 100 000 hinduistische Bhutaner, vertrieben durch ethnische »Säuberungen«. Verhandlungen mit Nepal, das die Flüchtlinge repatriieren möchte, verliefen im November 2001 erneut ergebnislos.

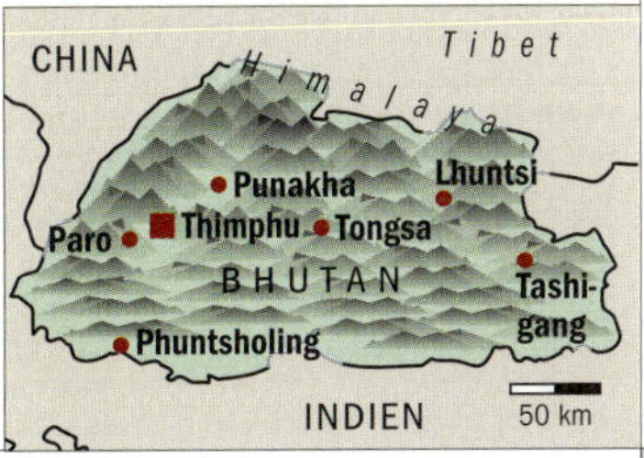

Druk-Yul – Königreich Bhutan; Bhutaner

Nationalfeiertag: 17. Dezember

Zeitzone: MEZ + 5 h

Hauptstadt: Thimphu (27 000 Einwohner)

Telefon-Vorwahl: +975
Kfz-Kennzeichen: BTN

Mitgliedschaften: Uno

Bolivien

Botschaft in Deutschland: Wichmannstraße 6, D-10787 Berlin
☎ +49-30-263 91 50 🖷 -26 39 15 15

GEOGRAFIE, BEVÖLKERUNG

Fläche: 1 098 581 km² **Bevölkerung:** 8,329 Mio. Einw. **Bev.dichte:** 8 Einw./km² **Bev.wachstum:** 2,15 % **In Städten** leben 65 % der Bev. **Landessprachen:** Spanisch, Quechua, Aymará **Religion:** 95 % Katholiken

POLITISCHES SYSTEM

Unabhängig seit dem 6. August 1825. Präsidialrepublik. Zweikammersystem: Abgeordnetenhaus mit 130 Sitzen, Senat mit 27 Sitzen. Wahl alle 5 J. Direktwahl des Staatsoberhaupts alle 5 J. Wahlrecht ab 21 J. (Verheiratete ab 18 J.)
Staats- und Regierungschef: Gonzalo Sánchez de Lozada (seit August 2002)

MILITÄR

Streitkräfte: 31 500 Mann **Militärausgaben** (am BSP): 1,8 %

GESUNDHEIT, SOZIALES

Öffentliche Gesundheitsausgaben (am BIP): 4,1 % **Medizinische Versorgung:** 1,3 Ärzte/1000 Einw. **Armutsrate:** 14,4 % **Säuglingssterblichkeit:** 57/1000 Geb. **Lebenserwartung:** Männer 61 J., Frauen 64 J. **Analphabetenrate:** Männer 8 %, Frauen 21 %

WIRTSCHAFT

Währung: 1 Boliviano (Bs) = 100 Centavos **Kurs** (Mitte 2002): 1 Bs = 0,16 € **BSP:** 8,2 Mrd. US$ **Wachstumsrate des BIP:** 2,4 % **BSP/Kopf:** 990 US$ **Anteile am BIP:** Landwirtschaft 22 %, Industrie 15 %, Dienstleistungen 63 % **Arbeitslosenquote:** 4,2 % **Inflationsrate:** 1,6 % **Auslandsschulden**: 5,762 Mrd. US$ **Schuldendienst** (am BSP):

República de Bolivia – Republik Bolivien; Bolivianer

Nationalfeiertag: 6. August

Zeitzone: MEZ – 5 h

Hauptstadt: Sucre (223 400 Einwohner)
Regierungssitz: La Paz (1 004 400 Einwohner)

Telefon-Vorwahl: +591
Kfz-Kennzeichen: BOL

Mitgliedschaften: OAS, Uno

Staatspräsident Gonzalo Sánchez de Lozada

8,2 % **Entwicklungshilfe**: 477 Mio. US$ **Handelsbilanzdefizit:** 381 Mio. US$ **Tourismuseinnahmen:** 160 Mio. US$

AKTUELLE ENTWICKLUNGEN

Hugo Banzer, langjähriger Militärdiktator in den siebziger Jahren und 1997 auf demokratischem Weg an die Macht gekommener Präsident, trat im August 2001 aus gesundheitlichen Gründen zurück. Banzer, der im Mai 2002 einem Krebsleiden erlag, überließ seinem Nachfolger und Zögling Jorge Quiroga ein Land am Abgrund. Zum wirtschaftlichen Elend eines der ärmsten Länder Südamerikas trug nicht zuletzt die rigorose, von den USA finanzierte und angeleitete Anti-Drogen-Politik bei. Paramilitärische Einheiten vernichteten zwischen 1998 und 2001 über 30 000 Hektar Koka-Anbaufläche und stürzten damit auch viele Kleinbauern in existenzielle Not. Seit Jahren erlebt der Andenstaat immer wieder schwere Unruhen, Straßenblockaden und Proteste. Als es im Januar 2002 bei Krawallen zwischen Kleinbauern und der Staatsmacht mehrere Tote gab, schloss das Parlament den Wortführer der Kokapflanzer, Evo Morales, wegen »ethischer Verfehlungen« aus. Morales triumphierte daraufhin bei den Präsidentschaftswahlen im Juni 2002: Obwohl der US-Botschafter Manuel Rocha für den Fall einer Wahl des »Cocaleros« mit der Streichung sämtlicher Hilfsgelder gedroht hatte, erreichte Morales mit fast 21 Prozent der Stimmen einen zweiten Platz hinter dem neoliberalen Gonzalo Sánchez de Lozada. Der Goldminenbesitzer und wohl reichste Mann des Landes bekam gut 22 Prozent. Morales' linke Bewegung zum Sozialismus (MAS) wurde bei den gleichzeitigen Parlamentswahlen zweitstärkste Partei.

Nur mühsam gelang es Sánchez de Lozada, der das Land bereits zwischen 1993 und 1997 regiert hatte, in den Wochen nach der Wahl ein Regierungsbündnis seiner rechtsliberalen Nationalistisch-Revolutionären Bewegung (MNR) und der gemäßigt sozialdemokratischen Bewegung der revolutionären Linken (MIR) unter Jaime Paz Zamora zu schmieden. In einer Stichwahl im Parlament wurde Sánchez de Lozada gegen Morales Anfang August 2002 nach einer Marathonsitzung von mehr als 24 Stunden zum Präsidenten gewählt.

Bosna i Hercegovina – Bosnien und Herzegowina; Bosnier

Nationalfeiertag: 1. März

Zeitzone: MEZ

Hauptstadt: Sarajevo (383 000 Einwohner)

Telefon-Vorwahl: +387 **Kfz-Kennzeichen:** BIH

Mitgliedschaften: OSZE, Uno

Bosnien-Herzegowina

Botschaft in Deutschland: Ibsenstraße 14, D-10439 Berlin
☎ +49-30-81 47 12 10 🖷 -81 47 12 11

Es liegen relativ wenige Daten vor:

GEOGRAFIE, BEVÖLKERUNG

Fläche: 51 129 km² **Verwaltung**: 2 Gebietseinheiten: Föderation Bosnien-Herzegowina (FBH; auch Bos.-Kroat. Föderation) und Serbische Republik (SR) sowie seit März 1999 Sonderreglung für den Bezirk Brcko. **Bevölkerung:** 3,977 Mio. Einw., davon 44 % Bosniaken (Muslime), 31 % Serben, 17 % Kroaten **Flüchtlinge:** 32 745, dazu 438 253 Binnenvertriebene **In Städten** leben 43 %, **unter 15 J.** sind 19 % der Bev. **Bev.dichte:** 78 Einw./km² **Bev.wachstum:** 1,13 % **Fruchtbarkeitsrate:** 1,6 Geb./Frau **Landessprachen:** Bosnisch, Kroatisch, Serbisch **Religionen:** 40 % Muslime (vor allem Sunniten), 31 % orthodoxe Christen, 15 % Katholiken

POLITISCHES SYSTEM

Unabhängig seit dem 9. Januar 1992; Anerkennung durch die EU am 6. April 1992. Republik. Neue Verfassung vom April 2002. Zweikammersystem: Abgeordnetenhaus mit 42 Sitzen (28 aus FBH, 14 aus SR, Wahl alle 4 J.), Kammer der Völker mit 15 Sitzen (je 5 Bosniaken, Serben, Kroaten, Wahl alle 4 J.) Alle 2 J. Direktwahl des 3-köpfigen Staatspräsidiums (je 1 Bosniake, Serbe, Kroate). Wahlrecht ab 18 J.

Staatsoberhaupt: Beriz Belkić, Jozo Križanović; Živko Radišić; der Vorsitz wechselt alle 8 Monate
Regierungschef: Dragan Mikerević (seit März 2002, rotiert alle 8 Monate)

MILITÄR

Allg. Wehrpflicht Streitkräfte: 24 000 Mann Föderation, 14 000 Mann Serbische Republik **Militärausgaben** (am BSP): 4,5 %

GESUNDHEIT, SOZIALES, BILDUNG

Öffentliche Gesundheitsausgaben (am BIP): 8 % **Medizinische Versorgung:** 1,4 Ärzte, 1,8 Krankenhausbetten/1000 Einw. **Säuglingssterblichkeit:** 13/1000 Geb. **Müttersterblichkeit:** 15/100 000 Geb. **Frauenanteil an den Beschäftigten:** 38,1 % **HIV-Infektionsrate:** 0,04 % **Lebenserwartung:** Männer 71 J., Frauen 76 J. **Schulpflicht**: 7–15 J. **Universitäten:** in Banja Luka, Mostar, Sarajevo, Tuzla

WIRTSCHAFT

Währung: 1 Konvertible Mark (KM) = 100 Fening **Kurs** (Mitte 2002): 1 KM = 0,51 € **BSP:** 4,9 Mrd US$ **Wachstumsrate des BIP:** 5,9 % **BSP/Kopf**: 1230 US$ **Anteile am BIP:** Landwirtschaft 12 % Industrie 26 % Dienstleistungen 62 % **Arbeitslosenquote:** 40,1 % **Inflationsrate:** 3,3 % **Leistungsbilanzdefizit:** 565 Mio. US$ **Auslandsschulden:** 2,828 Mrd. US$ **Empf. Hilfsgelder:** 737 Mio. US$ **Energie:** Produktion 0,71 Mio. t ÖE, Verbrauch 2,01 Mio. t ÖE

Landwirtschaft, Rohstoffe, Industrie:

Nutzfläche 12,7 %, von der Anbaufläche sind 0,4 % bewässert **Produkte:** Obst, Tabak, Viehzucht **Bewaldet:** 23 000 km² **Rohstoffe:** Eisenerz, Braunkohle, Kupfer, Blei, Zink, Gold, Kohle **Industrie**: Leichtindustrie, Rüstung, Stahl und Eisen

Außenwirtschaft:

Handelsbilanzdefizit 1,830 Mrd. US$ **Export:** 1,066 Mrd. US$, davon 20,7 % Holz- u. Papierprodukte, 13,9 % Eisen u. Stahl, 6,5 % Elektrizität **Hauptausfuhrländer:** Italien (27 %), Jugoslawien (18,7 %), Slowenien (17,3 %) **Import:** 2,896 Mrd. US$, davon 4,1 % Nahrungsmittel, 3,2 % Elektrizität **Hauptlieferländer:** Kroatien (24,6 %), Italien (18,7 %), Slowenien (14,3 %)

VERKEHR

Schienennetz: 1030 km **Straßennetz:** 21 846 km, davon 52,3 % befestigt **Motorisierung:** 30 Kfz/1000 Einw. Internationationaler **Flughafen**: Sarajevo Bedeutende **Häfen:** Bosanska Gradiska, Bosanski Brod, Bosanski Samac, Brcko

KOMMUNIKATION

Auf 1000 Einw. kommen 243 **Rundfunk-**, 111 **Fernsehgeräte**, 110,7 **Telefonanschlüsse**, 57,4 **Mobiltelefone** Größte **Tageszeitung:** *Oslobodjenje* (Auflage: 56 000 Exemplare) **Nachrichtenagenturen:** Alternativna Informativna Mreza, Habena, BH Press, Onasa, SNRA

UMWELT, TOURISMUS

Geschützte Gebiete: 0,5 % der Landesfläche **CO_2-Emission:** 4,7 Mio. t **Tourismus:** 110 000 Besucher, 17 Mio. US$ Einnahmen

AKTUELLE ENTWICKLUNGEN

Sieben Jahre nach Ende des bosnischen Krieges (1992 bis 1995) prägen seine Folgen bis heute das politische und wirtschaftliche Leben des Landes. Von den rund 4,5 Millionen Einwohnern floh knapp die Hälfte und starben 230 000.

Mit dem Abkommen von Dayton 1995 wurden Bosniens Grenzen festgeschrieben. Seitdem sind rund 840 000 Menschen in ihre Heimatorte zurückgekehrt. Knapp die Hälfte der registrierten Eigentumsansprüche sind nach Angaben des Flüchtlingshilfswerks UNHCR erfolgreich abgewickelt Die Zahlen aber trügen. Das Klima ist nach wie vor von Misstrauen geprägt. Viele «Rückkehrer» sind nur daran interessiert, möglichst schnell ihren Besitz zu verkaufen, und die Rückführung der Vertriebenen ist nach wie vor an die Präsenz internationaler Schutztruppen gebunden. Die USA und ihre Partner wollen ihr Engagement nach den bosnischen Oktoberwahlen 2002 jedoch stark einschränken. Die Friedenstruppe Sfor soll von 18 000 auf 12 000 Mann reduziert werden, und von 2003 an werden nur noch 470 EU- statt ehemals 1536 Uno-Polizisten im Lande Dienst tun.

Im Bosnien-Krieg heuerten Tausende Söldner aus arabischen Staaten bei der Armee der bosnischen Muslime an. Nicht wenige hatten Kontakte zu fundamentalistischen Kreisen, einige, so behaupten die USA, zu Osama Bin Ladens al-Qaida. Sechs Araber, inzwischen naturalisierte Bosnier, wurden

Office of the High Representative

In den knapp sieben Jahren seit Kriegsende wuchs das Amt des Hohen Beauftragten (OHR) zu einer umfangreichen Protektoratsbehörde, welche die wesentlichen politischen und wirtschaftlichen Entwicklungen Bosniens bestimmt. Gemäß dem Daytoner Abkommen überwacht der Hohe Vertreter die Umsetzung des Friedensvertrages. Er kann Gesetze gegen den Willen der gewählten Legislative erlassen oder ändern (was er in 146 Fällen tat) und unbotmäßige Politiker zum Rücktritt zwingen (70 Fälle). Wolfgang Petritsch, ehemaliger Botschafter Österreichs in Belgrad sowie Sondergesandter der Europäischen Union für das Kosovo, bekleidete das Amt seit August 1999. Sein Nachfolger ist von Juni 2002 an der frühere Vorsitzende der britischen Liberaldemokraten Lord Paddy Ashdown.

OHR-Leiter Paddy Ashdown

Premierminister Dragan Mikerević

Der Schatten von Srebrenica
Es wird vermutet, dass am 11. Juli 1995 etwa 7500 muslimische Bosniaken von serbischen Truppen ermordet wurden. Ein niederländisches Uno-Bataillon hätte die Sicherheit der als Uno-Schutzzone deklarierten Stadt gewährleisten sollen, blieb beim serbischen Angriff aber passiv. Dass dann der niederländische Kommandant Karremanns den Kriegsverbrechern um General Mladic zuprostete, während hinter seinem Rücken das Gemetzel der Serben losging, hat die Schuldfrage zusätzlich angeheizt. Das Verdikt innerhalb der Niederlande war nach erfolgter Untersuchung klar: Man hätte mehr tun können. Als verspätete Reaktion auf diese Erkenntnis erfolgte der Rücktritt der niederländischen Regierung Kok im April 2002.

im Januar 2002 auf Druck der amerikanischen Behörden nach Guantanamo gebracht.
Die internationale Gemeinschaft hat für Bosnien inzwischen 70 bis 80 Milliarden Dollar aufgebracht. Dennoch ist die Wirtschaft auch sieben Jahre nach Kriegsende nur schwach entwickelt. Ein großes Problem ist die Arbeitslosigkeit, die über 40 Prozent beträgt. Mit einer zügigen Privatisierung soll nun Geld in die Staatskasse fließen. Aber den Einheimischen fehlt das Kapital, und Investoren aus dem Ausland kommen wegen der unüberschaubaren Lage nur zögerlich nach Bosnien. Trotz der schlechten wirtschaftlichen Lage leistet sich das kleine Land eine große Bürokratie: Allein in der bosniakisch-kroatischen Föderation (FBH) gibt es 130 bis 140 Ministerien.
Nach zähen Verhandlungen setzte der Hohe Beauftragte der Staatengemeinschaft für Bosnien-Herzegowina, Wolfgang Petritsch, im April 2002 entscheidende Verfassungsänderungen durch. Bosniaken, Serben und Kroaten sind jetzt in beiden Landesteilen als konstituierende Völker anerkannt – das betrifft auch ihre Sprachen und Schriften – und müssen in den Institutionen und Regierungsämtern sowohl der Teilstaaten als auch des Gesamtstaates entsprechend vertreten sein.
Bosnien-Herzegowina ist nach den Verfassungsänderungen im April 2002 als 44. Mitglied in den Europarat aufgenommen worden. Die Regierung hofft, bis 2003 ein Assoziierungsabkommen mit der EU unter Dach und Fach zu bringen. Mitte Juli kam es in Sarajevo zu einem historischen Treffen. Die Präsidenten Bosniens, Kroatiens und Jugoslawiens kamen zum ersten Mal seit Dayton zusammen und unterzeichneten ein Abkommen zur Harmonisierung der Beziehungen und Regelung von Flüchtlingsfragen.

Republic of Botswana – Republik Botsuana; Botswaner

Nationalfeiertag: 30. September

Zeitzone: MEZ + 1 h

Hauptstadt: Gaborone (202 700 Einwohner)

Telefon-Vorwahl: +267
Kfz-Kennzeichen: RB

Mitgliedschaften: AU, Uno

Botswana

Botschaft in Belgien (auch für D akkreditiert): Avenue de Tervueren 169, B-1150 Brüssel
☎ +32-2-735 20 70 🖷 -735 63 18

GEOGRAFIE, BEVÖLKERUNG
Fläche: 581 730 km² **Bevölkerung:** 1,602 Mio. Einw. **Bev.dichte:** 3 Einw./km² **Bev.wachstum:** 0,54 % **In Städten:** 50 % der Bev. **Analphabetenrate:** Männer 25%, Frauen 20 % **Landessprachen:** Englisch, Tswana **Religion:** 50 % Christen, 50 % traditionelle Religionen

POLITISCHES SYSTEM
Unabhängigkeit seit dem 30. September 1960. Republik mit einer Präsidialverfassung und einem Zweikammersystem: National Assembly (44 Mitglieder, davon 4 vom Präsidenten ernannt) und House of Chiefs (14 Mitglieder).

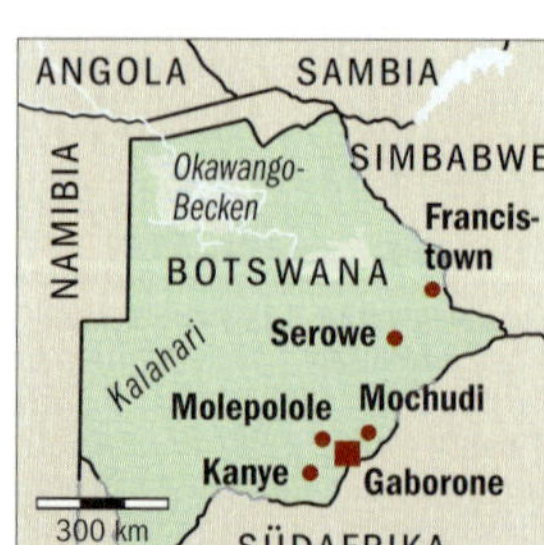

Staats- und Regierungschef: Festus Mogae (seit April 1998)

MILITÄR
Streitkräfte: 9000 Mann **Militärausgaben** (am BSP): 4,7 %

GESUNDHEIT, SOZIALES
Öffentliche Gesundheitsausgaben (am BIP): 2,5 % **Medizinische Versorgung:** 0,2 Ärzte/ 1000 Einwohner **Armutsrate:** 33,3 % **Säuglingssterblichkeit:** 58/1000 Geb. **Lebenserwartung:** 39 J.

WIRTSCHAFT
Währung: 1 Pula (P) = 100 Thebe **Kurs** (Mitte 2002): 1 P = 0,18 € **BSP:** 5,3 Mrd. US$ **Wachstumsrate des BIP:** 3,4 % **BSP/Kopf:** 3300 US$ **Anteile am BIP:** Landwirtschaft 4 %, Industrie 44 %, Dienstleistungen 52 % **Arbeitslosenquote:** 21,5 % **Inflationsrate:** 7,2 % **Auslandsschulden:** 413 Mio. US$ **Schuldendienst** (am BSP): 1,3 % **Entwicklungs-**

hilfe: 31 Mio. US$ **Handelsbilanzüberschuss:** 675 Mio. US$ **Tourismuseinnahmen:** 234 Mio. US$

AKTUELLE ENTWICKLUNGEN

Das Land im südlichen Afrika mit dem weltweit höchsten Wirtschaftswachstum während der vergangenen 35 Jahre (im Schnitt fast 9 Prozent jährlich) kämpft gegen die Seuche Aids. Mehr als ein Drittel der Bewohner hat sich mit HIV infiziert, laut WHO die höchste Rate weltweit. Trotz großer Anstrengungen der Regierung und privater Firmen bedrohen die Krankheit und der dadurch verursachte Arbeitskräftemangel die Wirtschaft des Landes.
Botswana ist der größte Diamantenproduzent der Welt mit rund der Hälfte aller Vorkommen. Das Geschäft mit den Edelsteinen erwirtschaftet ein Drittel des Sozialprodukts und die Hälfte der Staatseinnahmen. Trotz dieses Reichtums ist Botswana ökonomisch von Südafrika abhängig. Fast 80 Prozent der Importe stammen von dort, und die Firma De Beers hat die Edelsteinförderung fest im Griff.
Knapp 500 Buschmänner der Gana- und Gwi-Stämme (Basarwa) müssen nun gegen ihren Widerstand die Reservate in der Kalahari-Wüste verlassen. Als Grund führt die Regierung Naturschutzbelange und Schwierigkeiten bei der Wasserversorgung der Ureinwohner an. Kritiker halten das für vorgeschobene Argumente und vermuten dahinter eine geplante Ausweitung der Diamantenförderung.
Der Kampf der Buschmänner ist verloren, denn ein Gericht in der Hauptstadt Gaborone bestätigte Ende April 2002 die Rechtmäßigkeit ihrer Umsiedlung in Lager.

Buschmänner mit Organizer

Brasilien

Botschaft in Deutschland: Wallstraße 57, D-10179 Berlin
☎ +49-30-72 62 80 🖷 -72 62 83 20

GEOGRAFIE, BEVÖLKERUNG

Fläche: 8 547 404 km², höchste Erhebung: Pico da Neblina (3014 m) **Verwaltung:** 26 Bundesstaaten und Hauptstadtgebiet **Bevölkerung:** 170,406 Mio. Einw., davon 55 % europäischer Abstammung (insbesondere portugiesischer), 38 % Mulatten, 6 % afrikan. Abstammung **In Städten** leben 81 %, **unter 15 J.** sind 29 % der Bev. **Bev.dichte:** 20 Einw./km² **Bev.wachstum:** 1,22 % **Fruchtbarkeitsrate:** 2,2 Geb./Frau **Landessprachen:** Portugiesisch (Amtssprache), indianische Sprachen **Religionen:** Christen (70 % Katholiken, etwa 5 % Protestanten), Minderheiten von Buddhisten, Muslimen, Juden, Naturreligionen der Indianer und afrobrasilianische Kulte

Die größten Städte

São Paulo	9 785 600
Rio de Janeiro	5 850 500
Salvador	2 439 900
Belo Horizonte	2 229 700

POLITISCHES SYSTEM

Föderative Bundesrepublik seit 1988, Verfassung von 1988, zuletzt geändert 1997. Unabhängig seit 1822. Wahlrecht für 16-, 17- und über 69-Jährige, Wahlpflicht von 18 bis 69 J. Zweikammerparlament (»Congresso Na-

República Federativa do Brasil – Föderative Republik Brasilien; Brasilianer

Nationalfeiertag: 7. September

Zeitzone: MEZ – 3 h bis – 6 h

Hauptstadt: Brasília (2 043 200 Einwohner)

Telefon-Vorwahl: +55
Kfz-Kennzeichen: BR

Mitgliedschaften: OAS, Uno

Präsident Fernando Henrique Cardoso

Präsidentschafts-kandidat Luis Inacio »Lula« da Silva

cional«): Abgeordnetenhaus (»Câmara dos Deputados«, 513 Sitze, gewählt für 4 J.) und Bundessenat (»Senado Federal«, 81 Sitze, gewählt für 8 J., Teilwahlen nach 4 J. von einem Drittel, nach weiteren 4 J. von zwei Dritteln der Senatoren). Verhältniswahlrecht bei Abgeordneten, Mehrheitswahlrecht bei Senatoren. Direktwahl des Staatsoberhaupts für 4 J.
Staats- und Regierungschef: Fernando Henrique Cardoso (seit Januar 1995)
Außenminister: Celso Lafer

MILITÄR

Allg. Wehrpflicht: 12 Monate **Streitkräfte:** 287 600 Mann, davon 189 000 Armee, 50 000 Luftstreitkräfte, 48 600 Marine **Militärausgaben** (am BSP): 1,9 %

GESUNDHEIT, SOZIALES, BILDUNG

Öffentliche Gesundheitsausgaben (am BIP): 2,9 % **Öffentliche Ausgaben für Bildung u. Erziehung** (am BIP): 4,6 % **Öffentliche Ausgaben für Altersversorgung** (am BIP): 4,9 % **Medizinische Versorgung:** 1,3 Ärzte, 3,1 Krankenhausbetten/1000 Einw. **Säuglingssterblichkeit:** 32/1000 Geb. **Müttersterblichkeit:** 260/100 000 Geb. **Kinderunterernährung:** 6 % **Kinderarbeit:** 14 % **Armutsrate:** 11,6 % **Frauenanteil an den Beschäftigten:** 35,5 % Zugang zu **sauberem Trinkwasser** haben 95 % der städtischen u. 54 % der ländlichen Bev., zu **sanitären Anlagen:** 85 % bzw. 40 % **HIV-Infektionsrate:** 0,57 % **Lebenserwartung:** Männer 64 J., Frauen 72 J. **Schulpflicht:** 7–14 J. **Einschulungsquote** im Primarbereich: 98 %, im Sekundarbereich 31 % **Analphabetenrate:** 15 % Männer, 15 % Frauen **Universitäten:** 150, die größten in Belém, Campinas, Goiânia, Niterói, Recife, Rio de Janeiro, Salvador, São Paulo

WIRTSCHAFT

Währung: 1 Real (R$) = 100 Centavos **Kurs** (Mitte 2002): 1 R$ = 0,43 € **BSP:** 610,1 Mrd. US$ **Wachstumsrate des BIP:** 4,5 % **BSP/Kopf:** 3580 US$ **Anteile am BIP:** Landwirtschaft 7 %, Industrie 29 %, Dienstleistungen 64 % **Forschung+Entwicklungsausgaben** (am BSP): 0,77 % **Arbeitslosenquote:** 9,6 % **Inflationsrate:** 6,8 % **Staatseinnahmen:** k. A. **Steueraufkommen** (am BIP): 20,6 % **Einkommensteuer:** max. 28 % **Körperschaftsteuer:** 15 % **Haushaltsdefizit** (am BIP): 7,8 % **Staatsausgaben:** k. A. **Leistungsbilanzdefizit:** 23,208 Mrd. US$ **Auslandsschulden:** 237,953 Mrd. US$ **Schuldendienst** (am BSP): 11 % **Devisenreserven:** 33,008 Mrd. US$ **Empf. Hilfsgelder:** 322 Mio. US$ **Ausl. Direktinvestitionen:** 32,779 Mrd. US$ **Börse** (Marktkapitalisierung am BIP): 38 % **Energie:** Produktion 133,65 Mio. t ÖE, Verbrauch 179,7 Mio. t ÖE, Anteile am Verbrauch: Kohle 8,1 %, Öl 49 %, Atomenergie 1,8 %, Erdgas 5,6 %, sonstige 35,5 %

Landwirtschaft, Rohstoffe, Industrie:

Nutzfläche 7,7 %, von der Anbaufläche sind 4,4 % bewässert. Der größte Teil wird für Viehweiden genutzt, riesige Flächen liegen brach. Im fruchtbaren Süden vor allem Anbau von Soja, Zuckerrohr, Kaffee, Tabak; daneben extensive Viehwirtschaft. Der Norden gewinnt an Bedeutung durch Kakaopflanzungen, Tropenfrüchte und Holzwirtschaft. **Bewaldet:** 5,325 Mio. km², jährliche **Rodung:** 22 264 km² **Rohstoffe:** Eisenerz, Zinn, Bauxit, Gold, Phosphate, Platin, Uran, Mangan, Kupfer, Kohle, Pyrochlor, Erdöl, Erdgas **Wichtige Industriezweige:** Textil-, Bekleidungs-, Genuss- und Nahrungsmittelindustrie. Daneben gewinnen die Maschinenbau- und Transportindustrie (einschließlich Automobil- und Flugzeugbau) sowie die Bereiche Elektronik, Eisen, Stahl, Chemie und Petrochemie an Bedeutung.

Außenwirtschaft:

Handelsbilanzüberschuss 2,645 Mrd. US$ **Export:** 58,224 Mrd. US$, davon 14,9 % industrielle Vorprodukte, 23,7 % Maschinen u. Transportmittel, 21,6 % Nahrungsmittel **Hauptausfuhrländer:** USA (22,2 %), Argentinien (11,2 %), Niederlande (5,4 %) **Hightech-Exporte:** 5,979 Mrd. US$ **Import:** 55,579 Mrd. US$, davon 18,8 % Chemie, 43,6 % Maschinen u. Transportmittel, 11 % Brenn- u. Schmierstoffe **Hauptlieferländer:** USA (23,5 %), Argentinien (11,7 %), Deutschland (9,5 %)

VERKEHR

Schienennetz: 25 087 km. Rede Ferroviária Federal ist die Holding der 18 regionalen Eisenbahngesellschaften. Die Privatisierung der Staatsbahn wurde 1997 abgeschlossen. Metros in São Paulo, Rio de Janeiro, Belo Horizonte, Porto Alegre, Recife und Brasília.
Straßennetz: 1 724 929 km, davon 5,5 % befestigt. 3 Großprojekte, dar-

unter die 5000 km lange Trans-Amazonas-Autobahn von Recife nach Peru, sollen das Land, auf dessen Straßen 63 % des Fracht- und 96 % des Personenverkehrs abgewickelt werden, besser erschließen. Bau und Betrieb von Fernstraßen überträgt der Staat verstärkt privaten Betreibern. **Motorisierung:** 79 Kfz/1000 Einw.
Luftverkehr: Von den 22 internationalen **Flughäfen** sind São Paulo und Rio de Janeiro die größten. Internationale **Fluggesellschaften:** Varig, Vasp und Transbrasil, daneben 6 große Inlandsfluglinien; 31,845 Mio. beförderte Passagiere
Schifffahrt: Mehr als 40 **Seehäfen**, die wichtigsten: Santos, Rio de Janeiro, Recife, Paranaguá, Rio Grande, Porto Allegre, Vitória **Binnenwasserwege:** 50 000 km. Der Amazonas ist auf 3680 km schiffbar. Ozeantüchtige Schiffe kommen flussaufwärts bis Manaus (1600 km).

KOMMUNIKATION

Auf 1000 Einw. kommen 433 **Rundfunk-**, 343 **Fernsehgeräte**, 216,9 **Telefonanschlüsse**, 166,6 **Mobiltelefone**, 62,6 **PC** und 9,53 **Internet-Zugänge IuK-Ausgaben** (am BIP): 8,4% Es erscheinen 380 **Tageszeitungen** mit einer Gesamtauflage von rund 6,5 Mio. Exemplaren. Die größten Tageszeitungen und ihre Auflagen:
Fôlha de São Paulo 560 000
O Globo (Rio de Janeiro)......350 000
O Día (Rio de Janeiro).........250 000
Nachrichtenagenturen: Editora Abril, Agência ANDA, Agência Globo

UMWELT, TOURISMUS

Geschützte Gebiete: 4,4 % der Landesfläche **Energieverbrauch/Kopf:** 1068 kg ÖE **CO_2-Emission:** 299,6 Mio. t **Verwendung des Süßwassers:** Landwirtschaft 61 %, Industrie 18 %, Haushalte 21 % **Tourismus:** 5,313 Mio. Besucher, 4,228 Mrd. US$ Einnahmen

AKTUELLE ENTWICKLUNGEN

Innenpolitik: Favorit für die Präsidentschaftswahlen im Oktober 2002 ist Arbeiterführer Luis Inacio »Lula« da Silva, der zum vierten Mal für die linke Arbeiterpartei PT antritt. Der Regierungskandidat José Serra von der Sozialdemokratischen Partei (PSDB), ein ehemaliger Senator und Gesundheitsminister, gilt als Technokrat mit wenig Verhandlungsgeschick. Als Präsident dürfte er wohl einen etwas nationalistischeren und weniger wirtschaftsfreundlichen Kurs fahren als der sozialdemokratische Amtsinhaber Fernando Henrique Cardoso. Ein Korruptionsskandal um die Gouverneurin Roseana Sarney von der konservativen Partei der Liberalen Front (PFL), der wichtigs-ten Verbündeten der Regierung von Präsident Cardoso, führte zum Bruch der Regierungsallianz und blockierte wichtige Reformvorhaben. Zuvor war bereits Senatspräsident Jader Barbalho wegen eines Korruptionsskandals um die Finanzierung von Entwicklungsprojekten im Amazonasgebiet zurückgetreten. Nach einer Kabinettsumbildung regierte der Präsident die letzten Monate seiner Amtszeit mit einer Riege schwacher Minister. Bei der Armutsbekämpfung konnte die Regierung Erfolge verzeichnen, allerdings hat sich die ungerechte Einkommensverteilung dennoch nicht verändert.

Regierungskandidat José Serra beim Präsidentschafts-Wahlkampf in Rio de Janeiro

Eine Dengue-Epidemie im Staat Rio de Janeiro machte die Defizite des öffentlichen Gesundheitssystems deutlich. In den ersten fünf Monaten des Jahres erkrankten 207 000 Menschen, 63 von ihnen starben. Krankenhäuser und Ärzte waren dem Ansturm nicht gewachsen. Obwohl Experten seit Jahren vor einer Wiederkehr des gefährlichen Tropenfiebers warnen, hatten die Behörden keine Vorsorgemaßnahmen gegen die Ausbreitung des Moskitos getroffen, der die Krankheit überträgt.
Die Situation der Menschenrechte ist nach wie vor kritisch, vor allem in den überfüllten Gefängnissen kommt es weiterhin zu Folter und Mord. Besorgnis erregend ist der Vormarsch der Organisierten Kriminalität, vor allem im Drogenhandel. Brasilien ist nach den USA der größte Absatzmarkt für Rauschgift auf dem Kontinent. Die Elendsviertel von Rio de Janeiro beherrschen schwer bewaffnete Drogenhändlerbanden, der Staat ist praktisch nicht präsent. Der Amazonas ist zur wichtigsten Kokain-Transportroute aus den Andenländern geworden. Zum Schutz ihrer Geschäfte hat die Mafia vielerorts Politik und Polizei unterwandert. Verbrecherorganisationen aus Rio und São Paulo koordinieren deren Aktionen, wobei die Bosse die Geschäfte oft auch aus dem Gefängnis heraus steuern. Sie haben praktisch einen Staat im Staate errichtet, denn sie üben Selbstjustiz und

diktieren die Gesetze in den Favelas. Deshalb warnen Experten vor kolumbianischen Verhältnissen in dem größten lateinamerikanischen Land.

Außenpolitik: Unter Präsident Cardoso strebt Brasilien nach mehr Einfluss auf internationalem Parkett. Gemeinsam mit Deutschland wünscht es einen Sitz im Sicherheitsrat der Vereinten Nationen. Dabei orientierte sich Cardosos Politik strikt am Prinzip der Nichteinmischung. Bei regionalen Krisen wie dem Bürgerkrieg in Kolumbien und den Putschversuchen in Venezuela hat Brasília daher nicht interveniert. Im Streit um die Einführung der gesamtamerikanischen Freihandelszone ALCA profiliert sich Brasilien als Gegenpol zu den USA – und läuft Gefahr, sich zu isolieren. Das aber hätte für das Land fatale Folgen, da das südamerikanische Wirtschaftsbündnis Mercosur nach dem Crash in Argentinien weitgehend an Bedeutung verloren hat.

Wirtschaft: Die Argentinienkrise und der Aufstieg von Lula zum Favoriten bei der Präsidentschaftswahl stellten die wirtschaftliche Stabilität Brasiliens vor eine Bewährungsprobe. Anleger fürchten, dass der linksgerichtete Lula die Inflationsbekämpfung vernachlässigen und den Privatisierungsprozess rückgängig machen würde. Außerdem belaste die hohe Verschuldung der öffentlichen Hand (über 50 Prozent des Bruttoinlandsprodukts) das Vertrauen der Investoren in die Zahlungsfähigkeit. So verlor die Landeswährung Real verlor in den Monaten vor der Wahl rapide an Wert. Um den Verfall aufzuhalten, nahm die Regierung mehrfach den Internationalen Währungsfonds in Anspruch. Anfang August gewährte der IWF Brasilien mit 30 Milliarden US-Dollar den höchsten vergebenen Kredit in seiner Geschichte. Im Gegenzug verpflichtete sich die brasilianische Regierung zu drastischen Sparmaßnahmen: In den kommenden drei Jahren soll jeweils ein Haushaltsüberschuss von 3,75 Prozent des BIP erwirtschaftet werden.
Der Argentinien-Crash hat auch zu einer Krise der bilateralen Handelsbeziehungen geführt. Die Exporte in das südliche Nachbarland sind drastisch zurückgegangen, vor allem der gemeinsame Markt für Autos und Lastwagen liegt darnieder.

Negara Brunei Darussalam – Brunei Darussalam; Bruneier

Nationalfeiertag: 23. Februar

Zeitzone: MEZ + 7 h

Hauptstadt: Bandar Seri Begawan (50 000 Einwohner)

Telefon-Vorwahl: +673

Kfz-Kennzeichen: BRU

Mitgliedschaften: Asean, Uno

Brunei

Botschaft in Deutschland: Kronenstraße 55-58, D-10117 Berlin
☎ +49-30-206 07 60 🖷 -20 60 76 66

GEOGRAFIE, BEVÖLKERUNG

Fläche: 5765 km² **Bevölkerung:** 338 000 Einw. **Bev.dichte:** 64 Einw./km² **Bev.wachstum:** 2,1 % **Lebenserwartung:** 76 J. **Analphabetenrate:** 8 % **Landessprachen:** Malaiisch (Amtssprache), Chinesisch, Englisch **Religionen:** 63 % Muslime (überwiegend Sunniten), 14 % Buddhisten

POLITISCHES SYSTEM

Unabhängig seit 1984. Monarchie.
Staats- und Regierungschef: Sultan Haji Hassanal Bolkiah (seit Oktober 1967)

WIRTSCHAFT

Währung: 1 Brunei-Dollar (BR$) = 100 Cents **Kurs** (Mitte 2002): 1,67 BR$ = 1 € **BSP:** 7,8 Mrd. US$ (1999) **Wachstumsrate des BIP:** 1% (1999) **BSP/Kopf:** 24 100 US$ **Anteile am BIP:** k. A.

AKTUELLE ENTWICKLUNGEN

Seit dem Zusammenbruch des größten Unternehmens des Landes, der Holding Amedeo von Prinz Jefri Bolkiah, im Jahr 1998 hat Brunei wirtschaftliche Probleme. Wirtschaftspolitisch will Brunei seine Abhängigkeit von Öl und Gas (40 Prozent des BIP, 70 Prozent der Steuereinnahmen) vermindern. Zukunftsprogramme sehen eine Stärkung der Privatwirtschaft vor, die zum Abbau des hohen Haushaltsdefizits (15 Prozent des BIP) beitragen soll. Bisher arbeiten noch rund drei Viertel der Beschäftigten beim Staat. Politische Liberalisierungen wurden rückgängig gemacht, das Pressegesetz wurde verschärft. Der Einfluss orthodoxer iranischer und libyscher Berater in dem mehrheitlich muslimischen Land hat zugenommen.

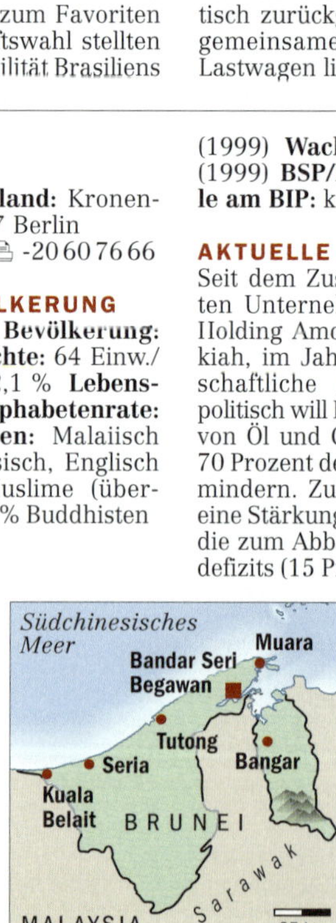

Bulgarien

Botschaft in Deutschland: Mauerstraße 11, D-10117 Berlin☎ +49-30-201 09 22 🖷 -208 68 38

GEOGRAFIE, BEVÖLKERUNG

Fläche: 110 994 km², 354 km Küste am Schwarzen Meer **Verwaltung:** 8 Regionen und Hauptstadtgebiet **Bevölkerung:** 8,167 Mio. Einw., davon 83 % Bulgaren, 9 % Türken, 3 % Roma, 3 % Mazedonier **In Städten** leben 70 %, **unter 15 J.** sind 15 % der Bev. **Bev.dichte:** 74 Einw./km² **Bev.-wachstum:** - 0,98 % **Fruchtbarkeitsrate:** 1,3 Geb./Frau **Landessprachen:** Bulgarisch (Amtssprache), Türkisch und Romani **Religionen:** 85 % orthodoxe Christen, 13 % Muslime

Die größten Städte

Sofia	1 096 400
Plowdiw	340 600
Warna	314 500
Burgas	193 300
Ruse	162 100

POLITISCHES SYSTEM

Republik seit 1990. Verfassung von 1991. Nationalversammlung mit 240 auf 4 J. gewählten Abgeordneten. Direktwahl des Präsidenten auf 5 J. Allg. Wahlrecht ab 18 J. Am 26. April 2000 erklärte das Parlament per Gesetz das kommunistische System, das von 1944 – 89 im Land geherrscht hatte, für kriminell und die kommunistische Staatspartei zu einer »verbrecherischen Organisation«.
Staatsoberhaupt: Georgi Parwanow (seit Januar 2002)
Regierungschef: Simeon Saxkoburggozki (seit Juli 2001)
Außenminister: Solomon Passi

MILITÄR

Allg. **Wehrpflicht**: 9 Monate **Streitkräfte:** 77260 Mann, davon 42 400 Armee, 18 300 Luftstreitkräfte, 5260 Marine **Militärausgaben** (am BSP): 3 % **Waffenexporte:** 6 Mio. US$ **Importe:** 89 Mio. US$

GESUNDHEIT, SOZIALES, BILDUNG

Öffentliche Gesundheitsausgaben (am BIP): 3,9 % **Öffentliche Ausgaben für Bildung und Erziehung** (am BIP): 3,2 % **Öffentl. Ausg. für Altersversorgung** (am BIP): 7,3 % **Medizinische Versorgung:** 3,5 Ärzte, 8,6 Krankenhausbetten/1000 Einw. **Säuglingssterblichkeit:** 1,3 % **Müttersterblichkeit:** 23/100 000 Geb. **Kinderunterernährung:** k. A. **Kinderarbeit:** k. A. **Armutsrate:** 21,9 % (1997) Anteil der **Frauen an den Beschäftigten:** 48,2 % Zugang zu **sauberem Trinkwasser:** 100 % der städtischen, 98 % der ländlichen Bev., zu **sanitären Anlagen:** 100 % **HIV-Infektionsrate:** 0,01 % **Lebenserwartung:** Männer 68 J., Frauen 75 J. **Schulpflicht:** von 7–16 J. **Einschulungsquote** im Primarbereich: 93 %, im Sekundarbereich 81 % **Analphabetenrate:** Männer 1 %, Frauen 2 % **Universitäten:** 41 Hochschulen, die bekanntesten sind in Plowdiw, Ruse, Sofia, Switschow und Warna

WIRTSCHAFT

Währung: Lew (Lw) = 100 Stótinki **Kurs** (Mitte 2002): 1 Lw = 0,52 € **BSP:** 12,4 Mrd. US$ **Wachstumsrate des BIP:** 5,8 % **BSP/Kopf:** 1520 US$ **Anteile am BIP:** Landwirtschaft 15 %, Industrie 28 %, Dienstleistungen 57 % **Forschung+Entwicklungsausgaben** (am BIP): 0,57 % **Arbeitslosenquote:** 16,3 % **Inflationsrate:** 7,5 % **Staatseinnahmen:** 4,28 Mrd. US$ **Steueraufkommen** (am BIP): 28,9 % **Einkommensteuer:** max. 38 % **Körperschaftsteuer:** 20 % **Haushaltsdefizit** (am BIP): 2,8 % **Staatsausgaben:** 3,94 Mrd. US$ **Zahlungsbilanzdefizit:** 701 Mio. US$ **Auslandsschulden:** 12,38 Mrd. US$ **Auslandsvermögen:** 9,06 Mrd. US$ **Schuldendienst** (am BSP): 10,2 % **Devisenreserven:** 3,63 Mrd. US$ **Empf. Hilfsgelder:** 311 Mio. US$ **Ausl. Direktinvestitionen:** 1,002 Mrd. US$ **Börse** (Marktkapitalisierung am BIP): 5,1 % **Energie:** Produktion 9,06 Mio. t ÖE, Verbrauch 18,2 Mio. t ÖE Anteile am Verbrauch: Kohle 33,3 %, Öl 25,1 %, Atomenergie 24,6 %, Erdgas 12,6 %, sonstige 4,4 %

Republika Bulgaria – Republik Bulgarien; Bulgaren

Nationalfeiertag: 3. März

Zeitzone: MEZ + 1 h

Hauptstadt: Sofia (1 096 400 Einwohner)

Telefon-Vorwahl: +359
Kfz-Kennzeichen: BG

Mitgliedschaften: OSZE, Uno, WEU (ass.)

Ministerpräsident Simeon Saxkoburggozki

Präsident
Georgi Parwanow

Landwirtschaft, Rohstoffe, Industrie: **Nutzfläche** 40,8 %, von der Anbaufläche sind 18 % bewässert **Produkte**: Weizen, Mais, Gerste, Wein, Kartoffeln, Tabak **Bewaldet:** 37 000 km², **jährliche Aufforstung:** 204 km² **Wichtige Industriezweige:** Nahrungsmittelherstellung, Metallverarbeitung, chemische Industrie und Maschinenbau **Rohstoffe:** Erdöl, Kohle, Eisen, Kupfer, Mangan, Blei und Zink

Außenwirtschaft: Handelsbilanzdefizit 1,175 Mrd. US$ **Export:** 4,825 Mrd. US$, davon 30,7 % industrielle Vorprodukte, 11,1 % Maschinen und Transportmittel, 11,5 % Fertigwaren **Hauptausfuhrländer:** Italien (13,9 %), Deutschland (9,9 %), Griechenland (8,6 %) **Hightech-Exporte:** 113 Mio. US$ **Import:** 6 Mrd. US$, davon 30,5 % Brenn- und Schmierstoffe, 19,4 % industrielle Vorprodukte, 16,2 % Maschinen und Transportmittel **Hauptlieferländer:** Russland (20,1 %), Deutschland (14,9 %), Italien (8,4 %)

VERKEHR

Schienennetz: 4290 km **Straßennetz:** 37 286 km, davon 94 % befestigt **Motorisierung:** 266 Kfz/1000 Einw. Internationale **Flughäfen:** Sofia, Warna, Burgas; beförderte **Passagiere:** 515 000 **Fluglinie:** Balkan Airlines **Häfen:** am Schwarzen Meer: Warna, Burgas; an der Donau: Ruse, Lom, Vidin **Binnenschifffahrt** auf 470 km

KOMMUNIKATION

Auf 1000 Einw. kommen 543 **Rundfunk-**, 449 **Fernsehgeräte**, 359 **Telefonanschlüsse**, 192,2 **Mobiltelefone**, 44,3 **PC** und 3,32 **Internet-Zugänge. IuK-Ausgaben** (am BIP): 4,1 %
Es erscheinen 22 **Tageszeitungen** mit einer Gesamtauflage von rund 1,8 Mio. Exemplaren. Die größten Tageszeitungen und ihre Auflagen:

Noshten Trud	332 000
24 Chasa	330 000
Trud	200 000

Nachrichtenagenturen: Bulgarska Telegrafna Agentsia (BTA), Bulnet, Sofia-Press Agency

UMWELT, TOURISMUS

Geschützte Gebiete: 4,5 % der Landesfläche **Energieverbrauch/Kopf:** 2218 kg ÖE **CO_2-Emission:** 47,4 Mio. t **Verwendung des Süßwassers:** Landwirtschaft 22 %, Industrie 75 %, Haushalte 3 % **Tourismus:** 2,785 Mio. Besucher, 1,074 Mrd. US$ Einnahmen, an den Exporterlösen 15,3 %

AKTUELLE ENTWICKLUNGEN

Der kurz zuvor aus dem Exil zurückgekehrte ehemalige Zar Bulgariens, Simeon Saxkoburggozki, gewann bei den Parlamentswahlen im Juni 2001 auf Anhieb die Hälfte der Sitze. Seit Juli 2001 regiert seine Nationale Bewegung Simeon II mit der Partei der türkischen Minderheit. Ein 800-Tage-Programm sollte dem Land schnell zu wirtschaftlichem Aufschwung verhelfen. Ein Jahr später ist das Vertrauen in die neue Regierung rapide gesunken. Meinungsumfragen sahen im Juni 2002 Simeons Partei bei unter 20 Prozent. »Kein Wunder hält länger als 100 Tage«, schrieb die Sofioter Zeitung *24 Chasa* schon im Herbst 2001. Aus Enttäuschung über die Bilanz der neuen Regierung riefen die zwei größten Gewerkschaften des Landes am 1. November 2001 in Sofia zur ersten Demonstration seit den Neuwahlen auf. Im Februar 2002 kam es in Plowdiw zu Plünderungen, nachdem im Armenviertel Stoliponow der Strom wegen unbezahlter Rechnungen komplett abgeschaltet worden war.
Deutliches Zeichen des Glanzverfalls waren die Präsidentschaftswahlen. Saxkoburggozki unterstützte den damals amtierenden Präsidenten Petar Stojanow, der schon deshalb als großer Favorit galt. Stojanow scheiterte aber in der Stichwahl am 18. November 2001 an Georgi Parwanow, der 52 Prozent der Stimmen erhielt und am 22. Januar 2002 das Amt offiziell übernahm. Nun müssen ein Ex-Monarch und ein Ex-Kommunist miteinander auskommen. Über die wichtigsten Ziele besteht allerdings Einigkeit. Auch Parwanow setzt sich für einen baldigen EU-und Nato-Beitritt Bulgariens ein.
Mittlerweile gibt es offenen Widerspruch gegen den Ministerpräsidenten, der bisher von der unanfechtbaren Autorität des Monarchen zehrte. Kabinettschef Stojan Ganew, ein Mann mit schlechtem Ruf und die »graue Eminenz« der Regierung, musste deshalb im Februar 2002 gehen. Es folgten fünf Fraktionsaustritte im März. Mit Spannung wurde der 6. April erwartet, an dem sich die Bewegung endlich in eine Partei – mit

dem gleichen Namen – umwandelte und Saxkoburggozki zu ihrem Vorsitzenden wählte. Hatte der doch Ende Januar erklärt, er stünde für dieses Amt möglicherweise nicht zur Verfügung.
Im Mai 2002 besuchte Papst Johannes Paul II. das Land und versicherte, er habe nie an die »bulgarische Verbindung« zu dem Attentat auf ihn 1981 geglaubt. Es war der erste Besuch eines katholischen Kirchenoberhaupts im vorwiegend orthodoxen Bulgarien.
Beherrschendes Thema ist das Verhältnis zu EU und Nato. Die Regierung habe das Ziel, schon 2004, also in der ersten Erweiterungsrunde, der EU beizutreten, bekräftigte Saxkoburggozki anlässlich seines Deutschland-Besuchs Mitte Dezember 2001. Frankreichs Außenminister Hubert Védrine hatte einen Monat zuvor die Erweiterung der EU um alle 12 Kandidaten, also einschließlich Bulgariens und Rumäniens, vorgeschlagen. Védrines Vorstoß erregte allerdings sofort Widerspruch beim für die Osterweiterung zuständigen EU-Kommissar Günter Verheugen, der den 1. Januar 2007 für realistischer hielt. Dabei wird es denn wohl auch bleiben, auch wenn Bulgarien Anfang Juli 2002 bereits 20 der 31 für den Beitritt zu verhandelnden Kapitel abgeschlossen hatte. Mangelnde wirtschaftliche Wettbewerbsfähigkeit und ungelöste soziale Probleme wecken Zweifel, ob das Land wirklich reif für den Beitritt ist. Ein Sonderproblem stellt der Energiesektor dar. Die EU hatte die teilweise Abschaltung des Kernkraftwerks Kozloduj verlangt und Bulgarien sich daraufhin verpflichtet, zwei Blöcke bis 2003 und die Blöcke 3 und 4 bis 2006 stillzulegen. Letzteres stellte der Energieminister 2002 erneut in Frage.
Der Ministerpräsident zeigte sich im Dezember zuversichtlich, dass Bulgarien zum Nato-Gipfel in Prag im November 2002 aufgenommen werde: Seit der Kosovo-Krise und auch nach dem 11. September habe Bulgarien alles getan, was man von einem seriösen Bündnispartner erwarten könne. Bulgarien war nach Jugoslawien am stärksten vom Handelsembargo der Vereinten Nationen gegen Serbien und Montenegro betroffen, der Schaden wird auf etwa 4 Milliarden US-Dollar geschätzt.
Nach dem Terroranschlag von New York öffnete Bulgarien den USA seinen Luftraum und stellte im Rahmen der Operation »Enduring Freedom« eine Militärbasis zur Verfügung. Damit waren zum ersten Mal seit dem Abzug der Sowjets 1946 wieder fremde Truppen im Land stationiert.
Gute volkswirtschaftliche Rahmendaten dürfen nicht darüber hinwegtäuschen, dass Bulgarien der ärmste EU-Beitrittskandidat ist. Zwar konnte die Hyperinflation mit über 1000 Prozent (1997) in der Spitze durch die Bindung des Lew an die Mark, seit 2002 an den Euro, eingedämmt werden: Für das laufende Jahr sind nur noch 3,5 Prozent anvisiert. Positiv sind auch das Wirtschaftswachstum – nach 5,8 und 4,5 Prozent in den Vorjahren werden für 2002 nochmals 4 Prozent erwartet –, die Entwicklung der ausländischen Direktinvestitionen sowie die enormen Zuwachsraten im internationalen Tourismus: Von 1996 bis 2000 haben sich die Einnahmen mehr als verdoppelt. Dennoch stieg die Arbeitslosigkeit bis auf knapp 20 Prozent in 2001, und das durchschnittliche Monatseinkommen von umgerechnet etwa 120 Euro garantiert kaum das Existenzminimum.

Besuch von
Papst Johannes Paul II.

Zur Überwindung der Misere versprach die Regierung eine radikale Steuerreform. Doch die Pläne mussten auf Druck des IWF ebenso aufgegeben werden wie einige soziale Maßnahmen. Am 21. Dezember verabschiedete das Parlament in Sofia dann den Etat 2002, der den Vorgaben des IWF entsprach und zu einem neuen Beistandsabkommen führte. Der Haushalt sieht moderate Steigerungen von Renten und Löhnen vor sowie eine Senkung der Einkommen- und Körperschaftsteuer. Mehreinnahmen sollen z. B. Erhöhungen der Abgaben auf einzelne Konsumgüter bringen.
Da neben der Fortsetzung der Reformen im Gesundheitswesen der IWF auf einer beschleunigten Umwandlung von Staatsbetrieben besteht, beschloss Bulgarien zum 28. Februar 2002 die Privatisierung der nationalen Telefongesellschaft BTK, das Großunternehmen Bulgartabak und die Bank Biochin sollen folgen. Im März 2002 erhielt Bulgarien dann die erste 40-Millionen-Tranche eines IWF-Kredits von 299 Millionen US-Dollar, der im Rahmen des Beistandspakts für die nächsten zwei Jahre eingeräumt worden war.

Burkina Faso; Burkiner

Nationalfeiertag: 11. Dezember (Tag der Republik)

Zeitzone: MEZ – 1 h

Hauptstadt: Ouagadougou (1 000 000 Einwohner)

Telefon-Vorwahl: +226
Kfz-Kennzeichen: BF

Mitgliedschaften: AU, Uno

Staatspräsident Blaise Compaoré

Burkina Faso

Botschaft in Deutschland: Karolingerplatz 10-11, D-14052 Berlin ☎ +49-30-105 590 🖷 -105 99 20

GEOGRAFIE, BEVÖLKERUNG

Fläche: 274 200 km² **Bevölkerung:** 11,27 Mio. Einw. **Bev.dichte:** 41 Einw./km² **Bev.wachstum:** 3 % **In Städten:** 19 % der Bev. **Analphabetenrate:** Männer 66 %, Frauen 86 % **Landessprachen:** Französisch (Amtssprache), Verkehrssprachen: Mooré, Djoula, Fulfulde **Religionen:** 40 – 50 % Muslime, 40 % traditionelle Religionen, Christen

POLITISCHES SYSTEM

Unabhängig seit dem 5. August 1960. Zentralstaat (Dezentralisierung begonnen), laizistische Republik mit Präsidialsystem nach dem Muster Frankreichs. **Staatsoberhaupt:** Blaise Compaoré (seit Oktober 1987, als gewählter Präsident seit Dezember 1991) **Regierungschef:** Paramanga Ernest Yonli (seit November 2000)

MILITÄR

Streitkräfte: 10 000 Mann **Militärausgaben** (am BSP): 1,6 %

GESUNDHEIT, SOZIALES

Öffentliche Gesundheitsausgaben (am BIP): 1,5 % **Medizinische Versorgung:** < 0,05 Ärzte/1000 Einw. **Säuglingssterblichkeit:** 104/1000 Geb. **Armutsrate:** 61,2 % (1994) **Lebenserwartung:** Männer 44 J., Frauen 45 J.

WIRTSCHAFT

Währung: 1 CFA-Franc = 100 Centimes **Kurs** (Mitte 2002): 1 CFA-Franc = 0,002 € **BSP:** 2,4 Mrd. US$ **Wachstumsrate des BIP:** 2,2 % **BSP/Kopf:** 210 US$ **Anteile am BIP:** Landwirtschaft 35 %, Industrie 17 %, Dienstleistungen 48 % **Arbeitslosenquote:** k.A. **Inflationsrate:** 3 % **Auslandsschulden:** 1,33 Mrd. US$ **Schuldendienst** (am BSP): 2,5 % **Entwicklungshilfe:** 336 Mio. US$ **Handelsbilanzdefizit:** 212 Mio. US$ **Tourismuseinnahmen:** 42 Mio. US$

AKTUELLE ENTWICKLUNGEN

Bei den Parlamentswahlen vom 5. Mai 2002, an denen sich seit fünf Jahren erstmals auch Oppositionsparteien beteiligten, verlor die regierende Partei, Kongress für Demokratie und Fortschritt (CDP), des Präsidenten Blaise Compaoré 44 Sitze, hält mit 57 von 111 Abgeordneten aber noch immer eine knappe Mehrheit. Campaoré war 1987 durch einen Putsch an die Macht gekommen und später durch Wahlen bestätigt worden. Die Wahlbeteiligung lag bei 64 Prozent. In dem als relativ sicher geltenden Land haben sowohl politische Unruhen als auch die Gewaltkriminalität zugenommen, bei deren Bekämpfung die Polizeikräfte offenbar mit großer Härte vorgehen. Amnesty International forderte die Untersuchung von 106 mutmaßlichen außergerichtlichen Hinrichtungen.
Wirtschaftlich befindet sich Burkina Faso auf dem Weg der Stabilisierung, die vom IWF geforderte Privatisierung und Liberalisierung des Landes wurde fortgesetzt. Nach einer kurzen Wachstumsschwäche im Jahr 2000 auf Grund gefallener Baumwollpreise – Baumwolle macht 60 Prozent der Exporte aus – wird für 2002 wieder mit einem etwa 6-prozentigem Wachstum gerechnet. Dennoch leben über 60 Prozent der Einwohner unter der Armutsgrenze. Im April 2002 qualifizierte sich Burkina Faso für eine neuerliche Schuldenreduzierung in Höhe von insgesamt 324 Mio. US-Dollar. Trotz erheblicher Fortschritte in der Gesundheitsvorsorge hat ein Meningitis-Ausbruch, offenbar von Mekka-Pilgern eingeschleppt, bereits über 1300 Todesopfer gefordert. Durch die unverminderte Flucht vom Land in die Städte hat sich die Einwohnerzahl der Hauptstadt Ouagadougou seit 1990 auf über eine Million verdoppelt.

Burundi

Botschaft in Deutschland: Karolingerplatz 10–11, D-14052 Berlin
☎ +49-30-10 55 90 🖷 -105 99 20

GEOGRAFIE, BEVÖLKERUNG

Fläche: 27 834 km² **Bevölkerung:** 6,8 Mio. Einw., davon 85 % Hutu, 14 % Tutsi, 1 % Twa **Bev.dichte:** 265 Einw./km² **Bev.wachstum:** 3 % **In Städten:** 9 % der Bev. **Analphabetenrate:** Männer 44 %, Frauen 60 % **Landessprachen:** Kirundi, Französisch (Amtssprachen), ca. 70 afrikanische Sprachen **Religionen:** 65 % Katholiken, 13 % Protestanten sowie Muslime und traditionelle Religionen

POLITISCHES SYSTEM

Unabhängig seit dem 1. Juli 1962. Republik. Auf drei Jahre befristete Übergangsverfassung vom 1. November 2001. Zweikammersystem: Nationalversammlung 157 Sitze, Senat 51 Sitze, je 24 Hutu- und Tutsi-Parteien- und 3 Twa-Vertreter
Staats- und Regierungschef: Pierre Buyoya (seit Juli 1996)

MILITÄR

Streitkräfte: 45 500 Mann **Militärausgaben** (am BSP): 7 %

GESUNDHEIT, SOZIALES

Öffentliche Gesundheitsausgaben (am BIP): 0,6 % **Medizinische Versorgung:** 0,1 Ärzte/1000 Einw. **Armutsrate:** 36 % **Säuglingssterblichkeit:** 102/1000 Geb. **Lebenserwartung:** Männer 41 J., Frauen 43 J.

WIRTSCHAFT

Währung: 1 Burundi-Franc (F.Bu.) = 100 Centimes **Kurs** (Mitte 2002): 1 F.Bu. = 1 € **BSP:** 732 Mio. US$ **Wachstumsrate des BIP:** 0,3 % **BSP/Kopf:** 110 US$ **Anteile am BIP:** Landwirtschaft 51 %, Industrie 18 %, Dienstleistungen 31 % **Inflationsrate:** 8 % **Auslandsschulden:** 1,1 Mrd. US$ **Schuldendienst** (am BSP): 3,2 % **Entwicklungshilfe:** 93 Mio. US$ **Handelsbilanzdefizit:** 59 Mio. US$ **Tourismuseinnahmen:** 1 Mio. US$

AKTUELLE ENTWICKLUNGEN

In dem zentralafrikanischen Land von der Größe Brandenburgs herrscht seit 1993 Bürgerkrieg. Die Kämpfe zwischen der von den Tutsi dominierten Regierungsarmee und Hutu-Rebellen forderten bisher über 250 000 Tote. Zur Umsetzung des Friedensabkommens von Arusha wurde im Juli 2001 ein Stufenplan verabschiedet: Er sieht u.a. eine Armeereform, Rückführung der Flüchtlinge, Freilassung politischer Gefangener sowie Förderung ethnischer Parität im Öffentlichen Dienst vor.
Am 1. November 2001 nahm eine Übergangsregierung unter dem bisherigen überaus umstrittenen Staats- und Regierungschef Pierre Buyoya, einem Tutsi, ihre Arbeit auf. Sie soll die Demokratisierung einleiten und 2004 freie Präsidentschaftswahlen durchführen. Da die beiden wichtigsten Hutu-Rebellengruppen es bisher ablehnten, sich am Friedensprozess zu beteiligen, kam bislang ein Waffenstillstand zwischen den Bürgerkriegsparteien nicht zu Stande.
Die wirtschaftliche Lage verschlechterte sich wegen der anhaltenden Kämpfe weiter. Deshalb wollen die westlichen Geberländer dringend benötigte Finanzmittel nur bei Fortschritten im Friedensprozess bereitstellen. Deutschland beabsichtigt, nach neunjähriger Pause seine Hilfe für das

Land wieder aufzunehmen. Insgesamt 45,2 Millionen Euro sind für die Wiedereingliederung von Flüchtlingen, für Aids-Bekämpfung und Wasserversorgung vorgesehen. Im März 2002 bewilligte die Weltbank Burundi ein Darlehen in Höhe von 187 Millionen US-Dollar für die Jahre 2002/03.

Republika y'u Burundi – Republik Burundi; Burundier

Nationalfeiertag: 1. Juli

Zeitzone: MEZ + 1 h
Hauptstadt: Bujumbura (235 400 Einwohner)

Telefon-Vorwahl: +257

Mitgliedschaften: AU, Uno

Staatspräsident Pierre Buyoya

Chile

Botschaft in Deutschland: Mohrenstraße 42, D-10117 Berlin
☎ +49-30-726 20 35 🖷 -726 20 36 03

GEOGRAFIE, BEVÖLKERUNG

Fläche: 756 096 km^2 **Höchste Erhebung:** Aconcagua (6959 m) **Verwaltung:** 12 Regionen und Hauptstadtgebiet **Bevölkerung:** 15,211 Mio. Einw., davon 95 % Weiße u. Mestizen, 3 % Indianer **In Städten** leben 85 %, **unter 15 J.** sind 29 % der Bev. **Bev.dichte:** 20 Einw./km^2 **Bev.wachstum:** 1,18 % **Fruchtbarkeitsrate:** 2,2 Geb./Frau **Landes- und Amtssprache:** Spanisch **Religionen:** Christen (85 % Katholiken, 11 % Protestanten)

Die größten Städte

Santiago de Chile	5 493 100
Puente Alto	425 100
Concepción	379 900
Viña del Mar	342 700
Valparaíso	285 300

POLITISCHES SYSTEM

Republik seit 1818, Präsidialsystem seit 1925; Verfassung von 1981, letzte Änderung 2000. Direktwahl des Staatspräsidenten für 6 J. Wahlpflicht ab 18 J. Zweikammerparlament: Abgeordnetenhaus mit 120 auf 4 J. gewählten Mitgliedern. Mandatsverteilung nach der Wahl vom 16. Dezember 2001: Concertación (63 Sitze mit Unabh.): Partido Demócrata Cristiano (PDC), Partido por la Democracia (PPD), Partido Socialista (PS), Partido Radical Socialdemócrata (PRSD). Alianza (57 Sitze): Unión Demócrata Independiente (UDI), Partido Renovación Nacional (RN).
Senat mit 49 Mitgliedern, 38 für 8 J. gewählt, 9 (davon 3 ehemalige Militärchefs und 1 Polizeichef) ernannt, Ex-Präsident Eduardo Frei auf Lebenszeit, Augusto Pinochet bis Juli 2002.
Staats- und Regierungschef: Ricardo Lagos Escobar (seit März 2000)
Außenministerin: María Soledad Alvear Valenzuela

MILITÄR

Allg. Wehrpflicht: Nein **Streitkräfte:** 87 500 Mann, davon 51 000 Armee, 12 500 Luftstreitkräfte, 24 000 Marine **Militärausgaben** (am BSP): 3 % **Waffenhandelsanteil** an den Exporten 0,1 %, an den Importen 0,7 %

GESUNDHEIT, SOZIALES, BILDUNG

Öffentliche Gesundheitsausgaben (am BIP): 2,7 % **Öffentliche Ausgaben für Bildung u. Erziehung** (am BIP): 3,7 % **Öffentliche Ausgaben für Altersversorgung** (am BIP): 5,8 % **Medizinische Versorgung:** 1,1 Ärzte, 2,7 Krankenhausbetten/1000 Einw. **Säuglingssterblichkeit:** 10/1000 Geb. **Müttersterblichkeit:** 33/100 000 Geb. **Kinderunterernährung:** 1 % **Armutsrate:** <2 % **Frauenanteil an den Beschäftigten:** 33,6 % Zugang zu sauberem **Trinkwasser** haben 99 % der städtischen, 66 % der ländlichen Bev., zu **sanitären Anlagen** 98 % bzw. 93 % **HIV-Infektionsrate:** 0,19 % **Lebenserwartung:** Männer 73 J., Frauen 79 J. **Schulpflicht:** ab 6 J. für 8 J. **Einschulungsquote** im Primarbereich 88 %, im Sekundarbereich: 70 % **Analphabetenrate:** Männer 4 %, Frauen 4 % **Universitäten:** 27

WIRTSCHAFT

Währung: 1 Chilenischer Peso (chil.$) = 100 Centavos **Kurs** (Mitte 2002): 1 chil.$ = 0,002 € **BSP:** 69,9 Mrd. US$ **Wachstumsrate** des BIP: 5,4 % **BSP/Kopf:** 4590 US$ **Anteile am BIP:** Landwirtschaft 11 %, Industrie 34 %, Dienstleistungen 56 % **Forschung+Entwicklungsausgaben** (am BSP): 0,56 % **Arbeitslosenquote:** 9,9 % **Inflationsrate:** 3,6 % **Staatseinnahmen:** 16,800 Mrd. US$ **Steueraufkommen** (am BIP): 19 % **Einkommensteuer:** max. 45 % **Körperschaftsteuer:** 15 % **Haushaltsüberschuss** (am BIP): 0,1 % **Staatsausgaben:** 16,515 Mrd. US$ **Leistungsbilanzdefizit:** 991 Mio. US$ **Auslandsschulden:** 39,313 Mrd. US$ **Auslandsvermögen:** 18,610 Mrd. US$ **Schuldendienst** (am BIP): 9 % **Devisenreserven:** 14,749 Mrd. US$ **Empf. Hilfsgelder:** 49 Mio. US$ **Ausl. Direktinvestitionen:** 3,675 Mrd. US$ **Börse** (Marktkapitalisierung am BIP): 85,6 % **Energie:** Produktion 7,67 Mio. t ÖE, Verbrauch 25,35 Mio. t ÖE, Anteile am Verbrauch: Kohle 15,5 %, Öl 46,5 %, Erdgas 19,4 %, sonst. 18,6 %

Landwirtschaft, Rohstoffe, Industrie:
Nutzfläche 3 %, von der Anbaufläche sind 78,4 % bewässert **Produkte:** Weizen, Mais, Gerste, Wein, Kartoffeln, Tabak **Bewaldet:** 155 000 km^2, jährliche **Rodung:** 203 km^2 **Rohstoffe:** Kupfer, Gold, Silber, Eisenerz, Mangan, Blei, Kohle, Erdöl, Erdgas, Lithium **Wichtige Industriezweige:** Nahrungsmittel, Metallverarbeitung, Chemie, Papier

República de Chile – Republik Chile; Chilenen

Nationalfeiertag: 18. September

Zeitzone: MEZ – 5 h

Hauptstadt: Santiago de Chile (5 493 100 Einwohner)

Telefon-Vorwahl: +56
Kfz-Kennzeichen: RCH

Mitgliedschaften: OAS, Uno

Außenwirtschaft:
Handelsbilanzüberschuss 1,438 Mrd. US$ **Export:** 18,159 Mrd. US$, davon 37,5 % Kupfer, 24 % Nahrungsmittel, 4,7 % Papierrohstoffe **Hauptausfuhrländer:** Japan (13,3 %), USA (17,7 %) **Hightech-Exporte:** 100 Mio. US$ **Import:** 16,721 Mrd. US$, davon 16 % industrielle Vorprodukte, 43,1 % Maschinen und Transportausrüstung **Hauptlieferländer:** USA (23,3 %), Argentinien (11 %), Brasilien (6,3 %)

VERKEHR

Schienennetz: 2472 km **Straßennetz:** 79 814 km, davon 19,4 % befestigt **Motorisierung:** 135 Kfz/1000 Einw. Internationale **Flughäfen:** Santiago de Chile, Arica **Fluglinie:** Lan Chile, 5,175 Mio. beförderte Passagiere **Häfen:** Antofagasta, Arica, Coquimbo, Iquique, Puerto Montt, Punta Arenas, San Antonio, San Vicente, Talcahuano, Valparaíso **Binnenschifffahrt** auf 725 km

KOMMUNIKATION

Auf 1000 Einw. kommen 354 **Rundfunk-**, 242 **Fernsehgeräte**, 239 **Telefonanschlüsse**, 340,2 **Mobiltelefone**, 83,9 **PC** und 7,92 **Internet-Zugänge** **IuK-Ausgaben** (am BIP): 7,8 % Es erscheinen 52 **Tageszeitungen**. Die größten Tageszeitungen und ihre Auflagen:

La Tercera	200 000
Las Ultimas Noticias	150 000
El Mercurio	120 000

Nachrichtenagenturen: Argencia Chile Noticias, Orbe Servicios Informativos

UMWELT, TOURISMUS

Geschützte Gebiete: 18,9 % der Landesfläche **Energieverbrauch/Kopf:** 1688 kg ÖE **CO_2-Emission:** 60,2 Mio. t **Verwendung des Süßwassers:** Landwirtschaft 84 %, Industrie 11 %, Haushalte 5 % **Tourismus:** 1,742 Mio. Besucher, 827 Mio. US$ Einnahmen

AKTUELLE ENTWICKLUNGEN

»Erfolg, Geld, Spaß und Ego«, nur noch darum gehe es, sagt Carolina Tohá, heute sozialistische Abgeordnete. Nach dem Sturz von Salvador Allende 1973 kämpfte sie gegen die Pinochet-Diktatur. »Es fehlt uns die Fähigkeit, von einer gerechten Zukunft zu träumen.«

Dies mag eine Erklärung sein für das Ergebnis der Parlamentswahlen vom Dezember 2001, die mit einem Rechtsruck endeten. Die Alianza, angeführt von der ultrarechten UDI des populistischen Bürgermeisters der Hauptstadt Santiago, Joaquín Lavín, präsentiert sich als moderne Rechte. Tatsächlich sammeln sich Pinochets Erben in ihren Reihen. Den Wahlversprechen der Unión Demócrata Independiente – Schaffung von Arbeitsplätzen, Wohlstand, Bekämpfung der Kriminalität – glaubten 44,3 Prozent der Wähler, ein Plus von 8 Prozent. Die Wahlbeteiligung allerdings ging zurück, besonders die Jugend wendet sich ab. Von den 18- bis 29-Jährigen wählen nur 11 Prozent. Die regierende Mitte-links-Koalition Concertación muss mit einer schmalen Mehrheit von 6 Sitzen im Parlament die Probleme bewältigen, auf deren Lösung die Chilenen schon seit ihrem Antritt 1990 warten: ein gerechtes Gesundheitssystem, Bekämpfung der Arbeitslosigkeit, Verfassungsreform, Scheidungsrecht. 70 Prozent wünschen ein neues Gesetz über die Ehescheidung, denn die ist auch nach hundert Jahren Kontroverse noch gesetzlich verboten.

Fehlte der Regierung bislang in vielen Fragen der klare Kurs, so tritt nun das Hauptproblem der Concertación zu Tage: Ihre Demokraten und Sozialisten bilden eine immer härtere Links-Opposition im eigenen Lager. Unter dem Titel »Chile zwischen zwei rechten Flügeln« benannte ein sozialistischer Abgeordneter das Dilemma und legte seine Ämter in Partei und Fraktion nieder. Seit Frühjahr 2002 distanziert

Anti-Pinochet-Demonstranten im Parlament in Santiago de Chile

sich die gesamte Partido Demócrata Cristiano (PDC) vom Wirtschaftsprogramm der Regierung. Die Vorwürfe: Sozialprogramme kämen zu kurz, Missbrauch und Korruption würden zugelassen, linke Politikinhalte einem Wachstumsglauben geopfert. »Obwohl Lagos ein Mann der Linken ist, hat er das Pinochet-Modell bedingungslos übernommen,« sagt Professor

Alfredo Jocelyn-Holt an der Universität Chile.
Pinochet braucht eine Anklage wegen Menschenrechtsverletzungen und Morden seiner »Todesschwadronen« nicht mehr fürchten. Der Oberste Gerichtshof besiegelte am 1. Juli 2002 die Prozessunfähigkeit des alten Diktators auf Grund von Demenz und allgemein schlechtem Gesundheitszustand. Wenige Tage später gab Pinochet sein letztes Amt, den Senatorensitz auf Lebenszeit, auf. Während er sich in seiner Verzichtserklärung zu seinem »ruhigen Gewissen« bekannte, warfen Demonstranten im Plenarsaal mit Gegenständen und riefen »Mörder, Mörder.« Der politische Wille zu seiner Verurteilung sei schon lange abhanden gekommen, sagen Kritiker. Die Angehörigen der Opfer sind enttäuscht. »Ohne einen Prozess«, urteilt Carolina Tohá, »zerfallen unsere Institutionen.«

Verteidigungsministerin Michelle Bachelet

Am 11. September 2003 jährt sich der Putsch zum 30. Mal. »Pinochets Kinder«, ein deutscher Dokumentarfilm über die Zeit der Diktatur und danach, beschreibt den Zustand einer Generation, der Lebensfreude und Leichtigkeit verloren gingen und die es zunehmend schwer hat, ihre sozialistischen Ideale zu retten.
Erstmals in der Geschichte Lateinamerikas wurde eine Frau Verteidigungsministerin. Im Januar 2002 übernahm die Sozialistin Michelle Bachelet das Amt. Ministerium und Militär will sie modernisieren, insbesondere das an den Kupferexport gebundene Finanzierungssystem aus den fünfziger Jahren: Die staatliche Codelco, größter Kupferkonzern weltweit, ist verpflichtet, einen Militärfonds ins Höhe von zehn Prozent des Gewinns bereitzuhalten und alljährlich zu gleichen Raten an Heer, Luftwaffe und Marine auszuschütten. Kommen weniger als 210 Millionen US-Dollar zusammen, schießt das Finanzministerium zu. Die Verteilung des Budgets wird Bachelet vielleicht ändern können, abschaffen kann sie das System gegen die Interessen der Militärs wohl nicht.
Noch immer garantiert die *Verfassung* den Militärs eine autoritäre Enklave. Der Präsident kann Oberbefehlshaber nicht auswechseln, das Parlament hat keine Kontrolle über den Militärhaushalt. Generäle werden ohne demokratische Kontrolle zu Senatoren ernannt, und jeder Ex-Präsident hat automatisch ein Recht auf einen lebenslangen Senatssitz.
Anfang 2002 wurden zehn F-16-Bomber für 660 Millionen Dollar in den USA gekauft. »Wir ersetzen nur altes Material. Wir wollen kein Wettrüsten«, musste sich Bachelet bei den regionalen Nachbarn rechtfertigen, zu denen friedliche Beziehungen bestehen. Der ursprünglich geplante Kauf von vier Fregatten bei der Hamburger Werft Blohm & Voss erschien vielen sinnvoller. Denn die Marine, die auf See die Hochseefischerei überwacht und den Drogenhandel bekämpft, ist in schlechtem Zustand. Schon 2010 müssen die meisten Schiffe außer Dienst gehen. Mit dem Kauf der Kampfbomber wolle die Regierung die schwierigen Verhandlungen mit den USA um ein Freihandelsabkommen beflügeln, schrieben chilenische Zeitungen.
Die Arbeitslosenrate pendelt um 10 Prozent, die Kriminalität wuchs um 28 Prozent (2001), immer mehr Jugendliche konsumieren Drogen, rund 850 000 Chilenen leben in extremer Armut. Auf den Straßen wird wieder demonstriert: diesmal für höhere Mindestlöhne (156 US-Dollar pro Monat), bessere Bildungschancen und gegen Steuererhöhungen. Die seit 1981 teilprivatisierte Krankenversicherung (Isapre, Instituciones de Salud Previsional) verlangt hohe Prämien, die sich nur Besserverdienende leisten können. Den Arbeitgeberanteil hatte Pinochet abgeschafft. In der beitragsfreien öffentlichen Kasse Fondo Nacional de Salud (Fonasa) sammelt sich die ärmere Bevölkerung. Hier müssen Patienten bis zu eineinhalb Jahre auf Operationen warten, viele werden überhaupt nicht versorgt. Die Reform »Plan Auge« garantiert die Behandlung von 56 Krankheiten, darunter Krebs und Aids, und kostet 347 Mio. Dollar. Weitere 111 Mio.US$ kostet die Armutsbekämpfung. Präsident Lagos will dafür die Steuern für Tabak, Alkohol und Benzin erhöhen. Dies wiederum könnte die Wirtschaft weiter bremsen, fürchten Unternehmer und Konsumenten.
Als Erfolg der Regierung gilt das im Mai 2002 beschlossene Handelsabkommen mit der EU. Lobendes kommt auch von den Rating-Agenturen, die die Finanzen bewerten. Wegen solider Haushaltspolitik vergab Standard & Poors ein Rating mit Investitionsempfehlung: A minus, Ausblick positiv.

China (Republik)

Die Republik China (Taiwan) ist weltweit diplomatisch isoliert und unterhält in Europa diplomatische Beziehungen nur mit Vatikanstadt. In den meisten westlichen Ländern ist sie mit Wirtschafts- und Kulturbüros vertreten.

GEOGRAFIE, BEVÖLKERUNG

Fläche: 36 006 km². Charakteristisch für die Pazifikinsel 160 km vor dem Festland ist das zerklüftete, waldreiche Gebirge, das von Norden nach Süden das Land durchschneidet und im Osten steil zur Küste abfällt. Der dicht besiedelten flachen Westküste sind die vulkanischen Pescadoresinseln vorgelagert. Zur Republik gehören ferner die unmittelbar vor dem Festland gelegenen Inseln Quemoy und Matsu.
Verwaltung: 16 Land-, 5 Stadt-, 2 Sonderstadtkreise **Bevölkerung:** 22,216 Mio. Einw., davon 84 % Taiwaner, 14 % Festland-Chinesen **In Städten** leben 68 % der Bev., **unter 15 J.** sind: k. A. **Bev.dichte:** 617 Einw./km² **Bev.-wachstum:** 0,81 % **Fruchtbarkeitsrate:** 1,76 Geb./Frau **Landessprachen:** Mandarin (Amtssprache), Min und Hakka **Religionen:** überwiegend Buddhisten, Konfuzianer und Taoisten, Minderheit von Christen

Die größten Städte

Taipeh	2 646 500
Kaohsiung	1 490 600
Taichung	965 800
Tainan	734 700
Panchiao	529 100

POLITISCHES SYSTEM

Republik seit 1912, Verfassung von 1947, seit 1949 auf Taiwan beschränkt, zuletzt geändert 2000. Wahlrecht ab 20 J. Parlament: Legislativ-Yüan mit 225 Mitgl., von denen 176 nach Mehrheits-, 49 nach Verhältniswahlrecht alle 3 J. gewählt werden; Nationalversammlung mit 300 von den Parteien entsprechend ihrer Stärke ernannten Delegierten. Aufgaben: Zustimmung zu Verfassungsänderungen und zur Amtsenthebung des Präsidenten. Kommt für maximal einen Monat zusammen. Direktwahl des Staatsoberhaupts alle 4 J. (einmalige Wiederwahl zulässig).
Staatsoberhaupt: Chen Shui-bian (seit Mai 2000)
Regierungschef: Yu Shyi-kun (seit Januar 2002)
Außenminister: Engene Chien

MILITÄR

Allg. Wehrpflicht: 22 Monate **Streitkräfte:** 370 000 Mann, davon 240 000 Armee, 68 000 Luftstreitkräfte, 62 000 Marine **Militärausgaben** (am BSP): 2,3 %

GESUNDHEIT, SOZIALES, BILDUNG

Öffentliche Gesundheitsausgaben (am BIP): k. A. **Öffentliche Ausgaben für Bildung und Erziehung** (am BIP): k. A. **Öffentliche Ausgaben für Altersversorgung** (am BIP): k. A. **Medizinische Versorgung:** 1,2 Ärzte, 5,6 Krankenhausbetten/1000 Einw. **Säuglingssterblichkeit:** 7/1000 Geb. **Müttersterblichkeit:** k. A. **Kinderunterernährung:** k. A. **Kinderarbeit:** k. A. **Armutsrate:** k. A. **Frauenanteil an den Beschäftigten:** k. A. Zugang zu **sauberem Trinkwasser** und zu **sanitären Anlagen:** k. A. **HIV-Infektionsrate:** k. A. **Lebenserwartung:** Männer 74 J., Frauen 79 J. **Schulpflicht:** 6–15 J. **Einschulungsquote:** k. A. **Analphabetenrate:** 4,5 % **Universitäten:** 150 Hochschulen und andere höhere Bildungseinrichtungen

WIRTSCHAFT

Währung: 1 Neuer Taiwan-Dollar (NT$) = 100 Fen **Kurs** (Mitte 2002): 1 NT$ = 0,03 € **BSP:** 313,908 Mrd. US$ **Wachstumsrate des BIP:** 6,4 % **BSP/Kopf:** 14 188 US$ **Anteile am BIP:** k. A. **Forschung+Entwicklungsausgaben** (am BSP): k. A. **Arbeitslosenquote:** 5,1 % **Inflationsrate:** 1,3 % **Staatseinnahmen:** 39,634 Mrd. US$ **Steueraufkommen** (am BIP): k. A. **Einkommensteuer:** k. A. **Körperschaftsteuer:** k. A. **Haushaltsdefizit** (am BIP): k. A. **Staatsausgaben:**

Chung-hua Min-kuo – Republik China; Taiwaner

Nationalfeiertag: 10. Oktober

Zeitzone: MEZ + 7 h

Hauptstadt: Taipeh (2 646 500 Einwohner)

Telefon-Vorwahl: +886
Kfz-Kennzeichen: RC

Präsident Chen Shui-bian

46,652 Mrd. US$ **Leistungsbilanzüberschuss:** 8,903 Mio. US$ **Auslandsschulden:** k. A. **Schuldendienst** (am BSP): k. A. **Devisenreserven:** 110,139 Mrd. US$ **Empf. Hilfsgelder:** k. A. **Ausl. Direktinvestitionen:** k. A. **Börse** (Marktkapitalisierung am BIP): k. A. **Energie:** Produktion k. A., Verbrauch k. A., Anteile am Verbrauch: Kohle 36,1 %, Öl 44,1 %, Atomenergie 9,4 %, Erdgas 8 %, sonstige 2,4 %

Landwirtschaft, Rohstoffe, Industrie:

Nutzfläche 30 % Wichtigste **Anbauprodukte:** Reis, Zuckerrohr, Mais und Süßkartoffeln. Fischfang spielt eine wichtige Rolle. **Rohstoffe:** Kohle, Marmor, Erdgas **Wichtige Industriezweige:** Bedeutender Standort der Elektronikindustrie (PC, Büro, Unterhaltung) sowie Textil und Bekleidung (größter Exportour), Chemie, Automobil- und Maschinenbau

Herstellung von Computer-Chips

Außenwirtschaft:

Handelsbilanzüberschuss 10,901 Mrd. US$ **Export:** 121,591 Mrd. US$, davon 52,8 % Maschinen und Elektronik, 11,7 % Textil und Bekleidung, 9,6 % Metallwaren, 6,2 % Kunststoffe u. Gummi **Hauptausfuhrländer:** USA (25,4 %), Hongkong (21,4 %) **Hightech-Exporte:** k. A. **Import:** 110,690 Mrd. US$, davon 45,7 % Maschinen und Elektrogeräte, 9,6 % chemische Produkte, 8,6 % Metalle **Hauptlieferländer:** Japan (27,6 %), USA (17,8 %), Südkorea (6,5 %)

VERKEHR

Schienennetz: 2544 km, davon 1440 km für Zucker- und Holztransporte. Eine **Bahnlinie** für Hochgeschwindigkeitszüge (345 km, Kosten: 13,5 Mrd. US$) soll 2005 fertig gestellt sein. **Straßennetz:** 20 222 km, davon 17 171 km befestigt Internationale **Flughäfen:** in Taipeh und Kaohsiung Nationale **Fluggesellschaft:** China Airlines **Hauptseehäfen:** Kaohsiung, Keelung, Taichung, Hualien und Suao

KOMMUNIKATION

Auf 1000 Einw. kommen 573,4 **Telefonanschlüsse**, 965,5 **Mobiltelefone**, 223,2 **PC** und 76,43 **Internet-Zugänge** **IuK-Ausgaben** (am BIP): k. A. Es erscheinen 20 **Tageszeitungen** mit einer Gesamtauflage von mehr als 5,1 Mio. Exemplaren. Die größten Tageszeitungen und ihre Auflagen:

United Daily News .... 1,2 Mio.
China Times .... 1,2 Mio.
China Daily News 670 000
Central Daily News 600 000

Nachrichtenagenturen: Central News Agency (CNA)

UMWELT, TOURISMUS

Geschützte Gebiete: k. A. **Energieverbrauch/Kopf:** k. A. **CO_2-Emission:** k. A. **Verwendung des Süßwassers:** k. A. **Tourismus:** 2,411 Mio. Besucher, 3,571 Mrd. US$ Einnahmen

AKTUELLE ENTWICKLUNGEN

Präsident Chen Shui-bian schrieb nach seinem überraschenden Wahlsieg im März 2000 erneut Geschichte, als seine Demokratische Fortschrittspartei (DPP) bei den Parlamentswahlen im Dezember 2001 die nationalistische Kuomintang (KMT) von der Macht verdrängte und trotz der Wirtschaftskrise sogar noch etliche Prozente hinzugewann. Die Ära der Erben von Staatsgründer Tschiang Kai-Schek ging damit endgültig zu Ende. Möglich wurde der Sieg auch durch Ex-Präsident Lee Teng-hui, der für eine schärfere Gangart gegenüber Peking plädiert. Er unterstützte Chen offen und wurde dafür aus der KMT ausgeschlossen.

Lee gründete daraufhin eine Taiwan Solidaritätsunion (TSU), die immer wieder für eine größere Selbständigkeit der Insel warb. So verlangten ihre Anhänger unter anderem den offiziellen Namen Republik China in »Republik Taiwan« zu ändern.

Die Wirtschaftsflaute machte auch vor dem Wahlsieger Chen nicht Halt: Taiwans exportabhängige Hightech-Industrie sank in eine tiefe Krise, die Arbeitslosenquote stieg zeitweise auf über 5 Prozent. Konsum und private Investitionen sackten auf ungeahnte Tiefen. Um der Industrie auf die Sprünge zu helfen, erleichterte die Re-

gierung es taiwanischen Unternehmen, auf dem Festland zu investieren. Denn dort sind die Löhne niedrig, der Markt für taiwanische Computer und Chips scheint riesig.
Aus Angst vor zu engen Kontakten mit der Volksrepublik hatte Taipeh direkte Wirtschaftsbeziehungen bislang erschwert: Investoren brauchten eine Erlaubnis der Regierung, wenn sie Verträge über 50 Millionen Dollar planten, bestimmte Hightech-Branchen durften aus Sicherheitsgründen keine Geschäfte mit der Volksrepublik machen.
Diese »Langsam-und-Geduldig-Politik« ließ Chen in der Schublade verschwinden. Die Reform war nur eine Anerkennung der Tatsachen: Taiwanische Unternehmen hatten immer wieder mit Hilfe von Briefkastenfirmen die Investitionshindernisse umgangen. So siedeln in der Region Shanghai mittlerweile rund 300 000 Taiwaner.
Auch das heikle Thema der »Drei Verbindungen« geriet in Bewegung. Taipeh hatte in den letzten Jahrzehnten den direkten Verkehr von Schiffen und Flugzeugen sowie unmittelbare Postkontakte untersagt. Frachter und Flieger mussten deshalb in Macau, Hongkong, Südkorea oder Japan einen lästigen Zwischenstopp einlegen, Passagiere umsteigen, Briefe umgeladen werden.
Nun erklärte sich Chen bereit, direkte Verbindungen zu erlauben – und stieß in Peking auf offene Ohren. Die Festländer erklärten sich sogar bereit, die Verhandlungen über den Direktverkehr so genannten »Nichtregierungs-Organisationen« – gemeint sind damit offenbar Industrieverbände, Reedereien und Fluggesellschaften – zu übertragen. Offen blieb vorerst, ob damit die delikate Frage, ob Taiwan Teil des Festlandes ist, umgangen werden kann.
Gleichzeitig jedoch bestimmte die Rivalität mit Peking wie in den Jahren zuvor den politischen Alltag Taiwans. Die KP gab sich zwar konzilianter als früher. Sie empfing Politiker der KMT und lud auch Vertreter der verhassten DPP aufs Festland ein – allerdings nicht Chen und seine Vizepräsidentin Anette Lu, die nach Ansicht der Genossen »unverbesserliche Separatisten« sind. Peking blieb aber in einem – und entscheidenden – Punkt hart: Vorbedingung für eine politische Annäherung ist die Anerkennung der so genannten Ein-China-Politik durch Taiwan. Danach gehört die Insel zum Festland.
Chen weigerte sich strikt, diese Bedingung zu akzeptieren, mied aber seinerseits, die Pekinger allzu sehr zu reizen. So sprach er in der Öffentlichkeit nicht von Taiwans »Unabhängigkeit«, propagierte jedoch einen »eigenen Weg, den Taiwan-Weg«.

Demonstration für die Umbenennung von Republik China in »Taiwan«

Dabei bewegte er sich stets auf einem schmalen Grad: Einerseits durfte er die Befürworter der Unabhängigkeit in seiner Partei nicht verärgern, andererseits die Festländer nicht zu stark provozieren. So beließ er es bei Nadelstichen. Der Pass der Republik China soll beispielsweise fortan den Zusatz »Ausgestellt in Taiwan« erhalten.
Das Pentagon und das taiwanische Militär warnten derweil vor einer Aufrüstung der Volksbefreiungsarmee, die gegen Taiwan gerichtet sei. Chinas Generäle plädierten laut Presseberichten in Taiwan gleichzeitig für eine härtere Gangart gegenüber den nach ihrer Ansicht unbotmäßigen Insulanern.
Außenpolitisch konnte die weltweit isolierte Regierung Taiwans von der neuen US-Administration profitieren. Präsident George W. Bush versprach, die Insel, »koste es, was es wolle«, zu verteidigen und sagte stärkere militärische Kooperation zu. Washington will nicht nur Waffen verkaufen, sondern auch beim Training und der Reorganisation der Armee helfen. Die Amerikaner brachen sogar ein Tabu und luden Verteidigungsminister Tang Yao-ming zu einer – offiziell privaten – Tagung in die USA ein.
Die Südseeinsel Nauru, einer der wenigen Staaten, mit dem Taiwan diplomatische Beziehungen pflegte, brach den Bund und wechselte auf Pekings Seite. Taipehs Wunsch, der Weltgesundheitsorganisation WHO beitreten zu können, erfüllte sich bisher nicht.

Zhonghua Renmin Gong-heguo – Volksrepublik China; Chinesen

Nationalfeiertag: 1. Oktober (Tag der Nation)

Zeitzone: MEZ +7 h (obwohl sich das Land über mehrere Zeitzonen erstreckt, gilt überall dieselbe Zeit)

Hauptstadt: Peking (13 820 000 Einwohner)

Telefon-Vorwahl: +86

Mitgliedschaft: Uno

China (Volksrepublik)

Botschaft in Deutschland: Märkisches Ufer 54, D-10179 Berlin
☎ +49-30-27 58 80 🖷 -27 58 82 21

GEOGRAFIE, BEVÖLKERUNG

Fläche: 9 572 421 km², einschließlich Hongkong (1095 km²) und Macau (23,6 km²). Gebirge machen 33 % der Gesamtfläche aus. Vom hoch gelegenen zentralasiatischen Nordwesten fällt die Landschaft bis zum östlichen Tiefland an der Pazifikküste ab. Das Hochland von Tibet im Südwesten (mittlere Höhe über 4000 m, höchste Ebene der Erde und »Dach der Welt«) wird von den Gebirgen Kunlun im Norden und Tanggula im Osten sowie vom Himalaja im Süden flankiert; der Mount Everest ist mit 8848 Meter der höchste Berg des Himalaja und der Erde. Im Osten und Nordosten fruchtbare Ebenen. Der 14 500 km langen Küste sind etwa 5000 Inseln vorgelagert, die größte ist Hainan (34 380 km²). Chinas längster Fluss, der drittlängste der Welt, ist der Jangtse (6300 km).

Verwaltung: 22 Provinzen, 4 regierungsunmittelbare Städte und 5 autonome Regionen, nachgeordnet 117 Regierungsbezirke und 218 bezirksfreie Städte, 2142 Verwaltungseinheiten auf Kreisebene und die Gemeindeebene mit etwa 50 000 Gemeinden.

Im Süden bilden Hongkong (ehemals britische Kronkolonie, chinesisches Hoheitsgebiet seit 1997, Status einer Sonderverwaltungsregion) und Macau (Rückgabe von Portugal an China am 20. Dezember 1999) von Sonderwirtschaftszonen umgebene Gebiete.

Die ▸Republik China (Taiwan) wird von Peking als Bestandteil der Volksrepublik betrachtet. Per Gesetz von 1992 erhebt China Anspruch auf die Spratly-, Paracel- und Diaoyu-Inseln. Die Spratly-Inseln werden wegen der dortigen Erdölreserven auch von Malaysia, Taiwan, Vietnam, Brunei und den Philippinen beansprucht. Grenzen zur Mongolei (4673 km), zu Russland (3645 km), Indien (3380 km), Myanmar (2185 km), Kasachstan (1533 km), Nordkorea (1416 km), Nepal (1236 km), Vietnam (1281 km), Kirgisien (858 km), Pakistan (523 km), Bhutan (470 km), Laos (423 km), Tadschikistan (414 km) und Afghanistan (76 km).

Bevölkerung: 1262,460 Mio. Einw., davon 92 % Chinesen, 8 % Minderheiten (Zhuang, Uiguren, Hui, Yi, Miao, Mandschu, Tibeter u.a.) **In Städten** leben 32 %, **unter 15 J.** sind 25 % der Bev. **Bev.dichte:** 135 Einw./km² **Bev.-wachstum:** 0,71 % **Fruchtbarkeitsrate:** 1,9 Geb./Frau **Landessprachen:** Amtssprache ist das Standard-Hochchinesische (Putonghua, der Peking-Dialekt), gesprochen und verstanden von rund 70 % der Bev. Daneben u.a. Fujian, Hunan-, Guangdong-Dialekte, Hakka sowie 55 Minderheitensprachen, darunter Tibetisch, Uigurisch, Mongolisch

Religionen: Buddhisten (1997 etwa 100 Mio. Gläubige), Muslime (1997 nach offiziellen Angaben 18 Mio., nach anderen Schätzungen 30–40 Mio.), Christen (rund 10 Mio. Protestanten,

US-Präsident George W. Bush, Präsident Jiang Zemin in Schanghai

etwa 4 Mio. Katholiken), Anhänger des Taoismus und des Konfuzianismus. Die meisten Chinesen sind konfessionslos.

Die größten Städte

Chongqing	30 900 000
Schanghai	16 740 000
Peking	13 820 000
Tianjin	10 010 000
Hongkong	6 725 000

POLITISCHES SYSTEM

Laut Verfassung von 1982 »sozialistischer Staat unter der demokratischen Diktatur des Volkes, der von der Arbeiterklasse geführt wird und auf dem Bündnis der Arbeiter und Bauern beruht«. Allg. Wahlrecht ab 18 J. Einkammerparlament (»Quanguo Renmin Daibiao Dahui«: Der Nationale Volkskongress (NVK) ist formell das höchste Staatsorgan, dessen fast 3000 Abg. auf 5 J. indirekt durch die Volkskongresse der Provinzen und autonomen Regionen und Stadtbezirke sowie von der Armee gewählt werden. Zwischen seinen Sitzungen (mindestens einmal pro Jahr) übt der NVK, der auch den Staatspräsidenten wählt, die Legislative zusammen mit seinem Ständigen Ausschuss aus; neuerdings üben Abgeordnete auch Kritik. Die Exekutive liegt beim Staatsrat, geführt vom Ministerpräsidenten, dessen Mitglieder vom Regierungschef nominiert und vom NVK gewählt werden.

Staatsoberhaupt: Jiang Zemin (seit März 1993)

Regierungschef: Zhu Rongji (seit März 1998)

Außenminister: Tang Jiaxuan

PARTEIEN

Kommunistische Partei Chinas, gegr. 1921, mit 64,5 Mio. Mitgl. Ihre Führungsorgane sind das vom Parteitag gewählte Zentralkomitee mit 193 Mitgl. und 151 Kandidaten, das Politbüro mit 21 plus 2 alternierenden Mitgl. bzw. der Ständige Ausschuss des Politbüros mit 7 Mitgl. Daneben existieren 8 »demokratische Parteien«, die faktisch ohne Bedeutung sind.

MILITÄR

Allg. Wehrpflicht: 24 Monate **Streitkräfte:** rund 2 310 000 Mann, davon 1 600 000 Armee, 420 000 Luftstreitkräfte, 250 000 Marine **Militärausgaben** (am BSP): 2,3 % **Waffenhandelsanteil** an den Exporten 0,2 %, an den Importen 0,4 %

GESUNDHEIT, SOZIALES, BILDUNG

Öffentliche Gesundheitsausgaben (am BIP): 2,1 % **Öffentliche Ausgaben für Bildung und Erziehung** (am BIP): k. A. **Öffentliche Ausgaben für Altersversorgung** (am BIP): 2,7 % **Medizinische Versorgung:** 1,7 Ärzte, 2,4 Krankenhausbetten/1000 Einw. **Säuglingssterblichkeit:** 32/1000 Geb. **Müttersterblichkeit:** 60/100 000 Geb. **Kinderunterernährung:** 10 % **Kinderarbeit:** 8 % **Armutsrate:** 18,8 % **Frauenanteil an den Beschäftigten:** 45,2 % Zugang zu **sauberem Trinkwasser** haben 94 % der städtischen und 66 % der ländlichen Bev., zu **sanitären Anlagen** 68 % bzw. 24 % **HIV-Infektionsrate:** 0,07 % **Lebenserwartung:** Männer 69 J., Frauen 72 J. **Schulpflicht:** 9-jährige Grundschule

CHINAS GLIEDERUNG

Provinzen

1	Anhui	12	Jiangsu
2	Fujian	13	Jiangxi
3	Gansu	14	Jilin
4	Guangdong	15	Liaoning
5	Guizhou	16	Qinghai
6	Hainan	17	Shaanxi
7	Hebei	18	Shandong
8	Heilongjiang	19	Shanxi
9	Henan	20	Sichuan
10	Hubei	21	Yunnan
11	Hunan	22	Zhejiang

Autonome Gebiete		Regierungsunmittelbare Städte	
23	Guangxi	28	Chongqing
24	Innere Mongolei	29	Peking
25	Ningxia	30	Schanghai
26	Tibet	31	Tianjin
27	Xinjiang		

Sonderverwaltungsregionen
32 Hongkong
33 Macau

Ministerpräsident Zhu Rongji

in 85 % des Landes **Einschulungsquote** im Primarbereich 91 %, im Sekundarbereich 50 % **Analphabetenrate:** Männer 8 %, Frauen 24 % **Universitäten:** über 1000 mit 5,56 Mio. Studenten

WIRTSCHAFT

Währung: 1 Renminbi Yuan (RMB.¥) = 10 Jiao = 100 Fen **Kurs** (Mitte 2002): 1 RMB.¥ = 0,13 € **BSP:** 1062,9 Mrd. US$ **Wachstumsrate des BIP:** 7,9 % **BSP/Kopf:** 840 US$ **Anteile am BIP:** Landwirtschaft 16 %, Industrie 51 %, Dienstleistungen 33 % **Forschung+Entwicklungsausgaben** (am BSP): 0,06 % **Arbeitslosenquote:** 3,1 % **Inflationsrate:** 0,7 % **Staatseinnahmen:** k. A. **Steueraufkommen** (am BIP): 6,8 % **Einkommensteuer:** max. 45 % **Körperschaftsteuer:** 30 % **Haushaltsdefizit** (am BIP): 2,9 %, **Staatsausgaben:** k. A. **Leistungsbilanzüberschuss:** 20,518 Mrd. US$ **Auslandsschulden:** 149,8 Mrd. US$ **Schuldendienst** (am BSP): 2 % **Devisenreserven:** 110,139 Mrd. US$ **Empf. Hilfsgelder:** 1,735 Mrd. US$ **Ausl. Direktinvestitionen:** 38,399 Mrd. US$ **Börse** (Marktkapitalisierung am BIP): 53,8 % **Energie:** Produktion 1056,96 Mio. t ÖE, Verbrauch 1088,35 Mio. t ÖE. Anteile am Verbrauch: Kohle 62 %, Öl 27,6 %, Atomenergie 0,5 %, Erdgas 3 %, sonst. 6,9 %

Landwirtschaft, Rohstoffe, Industrie:

Nutzfläche 14,5 %, von der Anbaufläche sind 39 % bewässert **Produkte:** Weizen, Mais, Reis, Obst, Gemüse, Ölsaaten, Kartoffeln, Tabak, Baumwolle, Zuckerrohr **Bewaldet:** 1 635 000 km², jährliche **Aufforstung:** 18 063 km² **Rohstoffe:** Kohle, Graphit, Wolfram, Antimon, Eisenerz, Zink, Molybdän, Zinn, Blei, Bauxit, Phosphat, Diamanten, Gold, Erdöl, Erdgas **Wichtige Industrie:** Bergbau, Stahl- und Zementproduktion, Textilverarbeitung, Automobil- und Maschinenbau, Elektrogeräte- und Konsumgüterindustrie, Düngemittelproduktion

Außenwirtschaft:

Handelsbilanzüberschuss 34,474 Mrd. US$ (+ Hongkong: Defizit 8,331 Mrd. US$) **Export:** 249,131 Mrd. US$ (+ Hongkong: 190,926 Mrd. US$), davon 18 % industrielle Vorprodukte, 27,2 % Maschinen und Transportmittel, 20,8 % Bekleidung/Schuhe **Hauptausfuhrländer:** USA (20,9 %), Japan (16,7 %), Südkorea (4,5 %) **Hightech-Exporte:** 40,837 Mrd. US$ (+ Hongkong: 5,155 Mrd. US$) **Import:** 214,657 Mrd. US$ (+ Hongkong: 199,257 Mrd. US$), davon 22,5 % industrielle Vorprodukte, 40,5 % Maschinen und Transportmittel, 14,2 Chemie **Hauptlieferländer:** Japan (18,4 %), USA (11,8 %), Republik China (11,3 %), Südkorea (10,3 %)

VERKEHR

Schienennetz: 67 395 km **Straßennetz:** 1 405 625 km, davon 22,6 % befestigt **Motorisierung:** 8 Kfz (Hongkong 78 Kfz)/1000 Einw. Internationale **Flughäfen:** 19, die größten sind Hongkong, Peking, Schanghai und Kanton **Fluglinien:** Air China, China Eastern Airlines, China Southern Airlines, 61,892 Mio. beförderte Passagiere (Hongkong: 14,393 Mio.) **Häfen:** Dalian, Fuzhou, Guangzhou, Haikou, Huangpu, Lianyungang, Nantong, Ningbo, Qingdao, Qinhuangdao, Schanghai, Shantou, Tianjin, Xiamen, Yantai **Binnenschifffahrt** auf 110 000 km

KOMMUNIKATION

Auf 1000 Einw. kommen 339 **Rundfunk-**, 293 **Fernsehgeräte**, 138,1 **Telefonanschlüsse**, 111,7 **Mobiltelefone**, 19,3 **PC** und 0,07 **Internet-Zugänge IuK-Ausgaben** (am BIP): 5,4 % Es erscheinen rund 2000 **Zeitungen** mit einer Gesamtauflage von rund 186 Mio. Exemplaren. Die größten Tageszeitungen und ihre Auflagen:
Sichuan Ribao..........................8 Mio.
Beijing Youth Daily..................3 Mio.
Gongren Ribao.......................2,5 Mio.
Renmin Ribao (KP-Organ)...2,15 Mio.
Nachrichtenagenturen: Xinhua News Agency, Zhongguo Xinwen She, beide in Peking. International News Service (Hongkong)

UMWELT, TOURISMUS

Geschützte Gebiete: 6,4 % der Landesfläche **Energieverbrauch/Kopf:** 868 kg ÖE **CO_2-Emission:** 3108 Mio. t

Verwendung des Süßwassers: Landwirtschaft 77 %, Industrie 18 %, Haushalte 5 % **Tourismus:** 31,229 Mio. Besucher, 5,8 Mrd. US$ Einnahmen

AKTUELLE ENTWICKLUNGEN

Während Chinas Führer auch im letzten Jahr unermüdlich die Stabilität des Landes beschworen und unter diesem Vorwand unerbittlich gegen Kritiker vorgingen, brodelte es allenthalben im Reich der Mitte. Immer wieder marschierten unzufriedene Arbeiter und Bauern auf die Straße, um gegen soziale Härten und korrupte Kader zu protestieren.

Zu den größten Demonstrationen der letzten 13 Jahre kam es im Nordosten des Landes: In der Ölstadt Daqing, einst vom Großen Vorsitzenden Mao als Muster für die sozialistische Wirtschaft gepriesen, protestierten bis zu 50 000 Arbeiter und Entlassene über mehrere Wochen hinweg gegen den staatlichen Energiekonzern PetroChina. Der Vorwurf: Er habe zu niedrige Kompensationen gezahlt.

Auch in Liaoyang, einer Stadt im von Arbeitslosigkeit besonders betroffenen »Rostgürtel« der ehemals blühenden Industrieprovinz Liaoning, kam es zu Massenaufmärschen. In Liaoyang landeten mindestens fünf Arbeiter hinter Gittern. Über ihr Schicksal wurde bislang nichts bekannt.

Die sozialen Erschütterungen trafen Pekings Führung in einem empfindlichen Moment. Sie bereitete sich auf den Führungswechsel von der so genannten Dritten zur Vierten Generation vor: Parteichef Jiang Zemin, Ministerpräsident Zhu Rongji und Li Peng, Chef des Nationalen Volkskongresses – Pekings Scheinparlament –, sollten jüngeren Funktionären Platz machen. Wichtige Personalentscheidungen fielen auf dem 16. Parteitag von Chinas Kommunisten im Herbst.

Wie immer vor solchen Ereignissen in nicht-transparenten Staaten sprudelten in Peking Gerüchte über Machtkämpfe in der Führung. Als neuer Mann Chinas galt Vizepräsident Hu Jintao, der mit 59 Jahren (ab Dezember 60) in Chinas Gerontokratie ein junger Mann war. Obwohl er im Mai die USA besuchte, um sich außenpolitisch zu profilieren, wusste niemand so recht, wer sich wirklich hinter dem eisernen Lächeln verbarg. War Hu ein Reformer, gar ein chinesischer Gorbatschow? Oder war er ein weiterer Apparatschik in neuen Kleidern? Hu selbst hielt sich an die Parteidisziplin und äußerte nur die üblichen, wenig aufschlussreichen Politphrasen.

So blieb offen, ob sich die KP zu politischen Reformen in Richtung Demokratisierung durchringen kann oder ob sie weiter versuchen wird, den ideologischen Spagat zu meistern – einerseits einen rauhen Kapitalismus mit all seinen sozialen Ungerechtigkeiten zu fördern, andererseits freie Gewerkschaften zu verbieten und sich zugleich als sozialistischer Heilsbringer mit all den Erscheinungsformen einer kommunistischen Kadertruppe zu präsentieren.

Als Antwort auf die Herausforderungen der neuen Zeit propagierte Parteichef Jiang Zemin seine Theorie der »Drei Repräsentationen«. Danach vertritt die KP die »fortschrittlichen Produktivkräfte, die fortschrittliche Kultur und die Interessen der überwiegenden Mehrheit des chinesischen Volkes«. Seit Juli 2001 kristallisierte sich heraus,

Proteste in Liaoyang

was sich Jiang, der sich gern in einer Reihe mit Mao Tse-tung und Deng Xiaoping als großer Führer in der Nachkriegsgeschichte Chinas sah, unter dem Gedankengebilde konkret verstand: Aus der Partei der Arbeiterklasse soll eine Volkspartei werden, in der auch Privatunternehmer Mitglied werden dürfen, die noch in jüngster Vergangenheit als Ausbeuter verdammt worden waren. Proteste der Parteilinken unterdrückte Jiang, etwa durch das Verbot einer Theoriezeitschrift.

Den knapp 1,3 Milliarden Bürgern präsentierte sich Pekings Führung optimistisch. »Diese Regierung hat ihre Aufgabe erfüllt«, bilanzierte Premier und Wirtschaftszar Zhu Rongji zum Abschluss des Nationalen Volkskongresses im März. In den letzten vier Jahren seien wichtige Reformen im Agrar-, Finanz-, Gesundheits- und

AUTONOMES GEBIET TIBET
Die Zugehörigkeit des 1951 annektierten Gebietes zur Volksrepublik China ist völkerrechtlich umstritten.
Fläche (in den Grenzen der von China festgeschriebenen »Autonomen Region«): 1 228 400 km² großes Hochland; umfasst im Süden den Hauptkamm des Himalaja, in dessen Norden die südtibetische Längstalfurche, den Transhimalaja und daran anschließend das Hochland von Tibet, das mit einer Durchschnittshöhe von 4500 m größtenteils über der Anbaugrenze für Kulturpflanzen liegt.
Bevölkerung: 2,56 Mio. Einw., viele Anhänger des Lamaismus.
Hauptstadt: Lhasa (340 000 Einwohner).
Landessprachen: Tibetisch (seit 1988 als offizielle Sprache anerkannt) und Chinesisch.
Wirtschaft: In Tibet liegt eines der höchsten Anbaugebiete der Erde (Gerste in 4200 m Höhe), in den Tälern Reisanbau mit künstlicher Bewässerung. Viehzucht ist die wichtigste Erwerbsquelle (Schafe, Yaks, Ziegen, Rinder). Ein weiterer wichtiger Wirtschaftszweig ist die Forstindustrie. Kleine Industrien in den größeren Städten im Nordosten sowie in Lhasa und Schigatse. In den letzten Jahren wurden beachtliche Mengen an Bodenschätzen (Uran) nachgewiesen.

Chinesische Besatzer vor dem Potala Palast in Lhasa/Tibet

Steuerbereich angepackt worden. Zudem sei es geglückt, Staatsbetriebe wieder profitabel zu machen und die Zahl der Beamten in der Zentralregierung um die Hälfte zu verringern. Zhu: »Wir haben ein reines Gewissen, aber es gibt noch viel zu verbessern. Wir müssen weiter hart arbeiten.« So bereiteten der Führung die niedrigen Einkommen der rund 800 Millionen Bauern erhebliche Sorgen. Während die Angestellten des Öffentlichen Dienstes laut Regierungsangaben in der letzten Zeit ihren Lohn verdoppeln konnten, blieben die Leute auf dem Land fast auf gleichem Niveau, in einigen Regionen mussten sie sogar mit weniger Geld als vorher auskommen. Auch im letzten Jahr verließen wieder Abertausende ihre Felder und drängten in die Städte.
Die Lage der Bauern werde sich zuspitzen, wenn nach dem Eintritt in die Welthandelsorganisation (WTO) ausländische Unternehmen Agrarprodukte einführen dürfen, warnte Premier Zhu. Er forderte deshalb eine »fundamentale« Reform der Landwirtschaft.
Nicht nur die Bauern gehören zu den Sorgenkindern Chinas: Die Gesellschaft krankt schwer an Korruption, die bis in die Spitze von Partei und Wirtschaft wucherte. Um zu beweisen, dass der Führung der Kampf gegen die Korruption ernst war, verurteilte sie mehrere prominente Persönlichkeiten zum Tode oder zu hohen Gefängnisstrafen. Dazu gehörten ein früherer Vizeminister für Öffentliche Sicherheit sowie der ehemalige Bürgermeister der Millionenstadt Shenyang. Aus dem Verkehr gezogen wurden der ehemalige Provinzgouverneur von Yunnan und der Chef der großen staatlichen Bank für Aufbau.
Scharf gingen die Behörden gegen kritische Geister und unliebsame Organisationen vor. Angehörige der Falun-Gong-Sekte wurden ebenso gnadenlos verfolgt wie religiöse Gruppen. Die Zahl der Todesstrafen erreichte neue traurige Rekorde. Die Lage der Menschenrechte in China habe sich verschlechtert, warnte Amnesty International.
Nicht gerade sympathisch in ihrer Darstellung nach außen wirkte die Pekinger Regierung, als Sicherheitskräfte das Diplomatenviertel der Hauptstadt weitgehend für den Verkehr abriegelte und Stacheldraht um die ausländischen Missionen zogen. Damit wollten die Chinesen verhindern, dass nordkoreanische Flüchtlinge in westliche Botschaften eindrangen. Dennoch gelang es mehreren Dutzend an den Wachposten vorbei in die Vertretungen zu gelangen. Nach längeren Verhandlungen ließ Peking alle Botschaftsflüchtlinge über Drittländer ausreisen. Das Drama warf ein Schlaglicht auf die Situation der mindestens 100 000 Nordkoreaner, die auf der Flucht vor bitterer Not und politischer Verfolgung versuchten, sich nach China durchzuschlagen. China, das mit Pjöngjang verbündet ist, betrachtet sie aber als »Wirtschaftsflüchtlinge« und deportiert sie zurück über die Grenze.
Nach dem 11. September schloss sich Peking flugs der internationalen Anti-Terror-Koalition an und nutzte (so der Vorwurf von Menschenrechtsorganisationen) den Kampf, um unliebsame Geister unter der uigurischen Minderheit in der Westregion Xinjiang mundtot zu machen. Amnesty International meldete etliche Verhaftungen und Hinrichtungen von »Separatisten«, »Extremisten« und »Terroristen«.

Außenpolitik: Der 11. September mache die internationale Sicherheit »hart« und »kompliziert«, erklärte Chinas Außenminister Tang Jiaxuan – und meinte damit vor allem die Lage seines Landes. Denn nach den Anschlägen auf das Pentagon und das World Trade Center wurde ein Alptraum wahr: Pekings Diplomaten mussten beobachten, dass ihre Strategie, sich in Asien beharrlich als

Gegengewicht zu den Amerikanern zu etablieren, durchkreuzt wurde. Denn auf der Jagd nach den Taliban und Osama Bin Laden

- standen US-Soldaten plötzlich an der Grenze Chinas;
- errichteten die Amerikaner Militärstützpunkte im rohstoffreichen Zentralasien, das China zu seiner Einflusssphäre rechnet;
- verbesserte Washington das Verhältnis zu Chinas Partner Pakistan;
- verstärkten die USA ihre Präsenz in Südostasien, kooperieren etwa mit der philippinischen Armee;
- drohten sie Chinas Verbündetem Nordkorea als Teil einer »Achse des Bösen« mit Krieg und
- bekräftigten mit Pekings regionalem Rivalen Japan ihre Sicherheitsallianz.

Der Verdacht der Chinesen, die Amerikaner würden den Krieg gegen den Terrorismus nutzen, um ihre Rolle als Weltpolizist zu stärken und ihre Position in Asien auszubauen, schien sich zu erhärten. Der »einzige Grund« einer US-Intervention in Afghanistan, unkte das KP-Organ *Volkszeitung*, »ist der Wunsch einer langfristigen Militärpräsenz, koordiniert mit einer Nato-Expansion ostwärts nach Zentralasien«.

Auch in der Taiwan-Frage gab es für Peking beunruhigende Signale: Anders als seine Vorgänger, die sich davor gehütet hatten, ihre Taiwan-Strategie eindeutig zu formulieren, versicherte US-Präsident George W. Bush, die USA würden »alles tun, um Taiwan bei der Verteidigung zu helfen«. Peking betrachtet Taiwan als abtrünnigen Teil des Festlandes.

Gleichwohl suchten Pekings Politiker den Ausgleich mit Washington: Zu wichtig sind die Wirtschaftsbeziehungen beider Staaten. Die Chinesen blieben sogar ruhig, als sie in einer aus den USA gelieferten Regierungs-Boeing 27 Abhörwanzen fanden. Nichts sollte die Visite des US-Präsidenten George W. Bush in China und den Gegenbesuch Jiang Zemins in den USA trüben. Der Bush-Trip nach Peking im Februar verlief allerdings unbefriedigend. Zwar versprachen sich beide Seiten, »den strategischen Dialog auf hoher Ebene zu intensivieren«, doch Meinungsverschiedenheiten über Taiwan, Irak und Waffenlieferungen Chinas nach Iran und Pakistan blieben bestehen.

HONGKONG
Fläche: 1098 km²
Bevölkerung: In der Metropole leben 6,725 Millionen Menschen. Am 1. Juli 2002 war es auf den Tag fünf Jahre her, dass Großbritannien die Kronkolonie Hongkong an China zurückgab. Seitdem läuft der Test für das Modell »Ein Land, zwei Systeme«, das China der Sonderverwaltungszone zugesichert hat. Im Februar 2001 übernahm der für Finanzen zuständige Donald Tsang, Absolvent der US-amerikanischen Elite-Universität Harvard, den Posten des Verwaltungschefs der Metropole, nach dem Statthalter Pekings der zweitmächtigste Posten. Auch auf Grund vieler politischer Freiheiten besitzt die Stadt mit den höchsten Mieten innerhalb Chinas eine Ausnahmestellung. Während das BSP in China im Jahr 2000 pro Kopf 840 US$ betrug, lag es in Hongkong bei 25 920 US$. Die Asienkrise hat die Metropole schwer getroffen: Die Arbeitslosigkeit stieg von 2,8 (1996) auf 4,7 Prozent Mitte 2002, die Immobilienpreise brachen seit der Machtübernahme Chinas um 60 Prozent ein. Statthalter Tung Che-hwa trat am 1. Juli seine zweite Amtszeit an. Mit ihr beginnt ein neues Regierungssystem, Hongkong bekommt 14 eigene Minister. Sie wurden von Tung selbst ernannt und sind nur ihm und nicht dem Parlament verantwortlich.

Skyline von Hongkong

Wirtschaft: Nach jahrelangen Verhandlungen gelang Peking laut eigener Propaganda ein großer Erfolg: Am 11. Dezember 2001 wurde das Reich der Mitte nach 15-jährigen Verhandlungen 143. Mitglied der Welthandelsorganisation (WTO).

MACAU
Fläche: 25,4 km² (eingeschlossen die Inseln Coloane 6,6 km² und Taipa 3,5 km²)
Bevölkerung: 435 000 Einw., davon 96 % Chinesen, Macanesen, Portugiesen, Briten **Eigene Währung:** 1 Pataca = 100 Avos **Kurs** (Mitte 2002): 1 Pataca = 0,1304 €.
Macau hat mit über 14 000 US$ eines der größten Pro-Kopf-Einkommen in Ostasien. Daran soll sich in Zukunft auch nichts ändern, denn China hat zugesichert, bis zum Jahre 2049 nichts am bisherigen Wirtschaftssystem Macaus zu ändern. Pünktlich und vertragsgemäß war am 20. Dezember 1999 Macau, das Las Vegas Asiens, dessen BIP zu 38 Prozent aus dem Glücksspiel und dem Tourismus stammt, nach 442 Jahren portugiesischer Herrschaft an die Volksrepublik China zurückgegeben worden. Genau wie in Hongkong (▸Kasten) gilt auch in Macau das Prinzip »Ein Land, zwei Systeme«. Und ähnlich wie Hongkong ist auch Macau Finanzmittler, wenn westliche Unternehmen Geschäfte mit China tätigen.

Dafür muss China nicht nur Dutzende von Gesetzen an internationale Normen anpassen. In den kommenden Jahren wird es auch gezwungen sein, Importzölle für ausländische Güter – etwa Autos – im Schnitt von 15,3 auf zehn Prozent ebenso wie die Subventionen für die heimische Landwirtschaft zu senken. Außerdem dürfen sich ausländische Banken und Versicherungen auf dem chinesischen Markt engagieren.
Für Premier Zhu Rongji war der in den Reihen der KP umstrittene WTO-Beitritt eine Schocktherapie, um durch ausländische Konkurrenz Banken und Staatsbetriebe ebenso wie die Landwirtschaft dem internationalen Wettbewerb anzupassen. Das soziale und politische Risiko ist jedoch groß, denn die Konsequenzen bekommen zunächst die Arbeiter und Bauern zu spüren: Millionen werden in den nächsten Jahren ihren Job verlieren. Schon jetzt sind nach Angaben kritischer Wissenschaftler nicht wie offiziell behauptet 3,6 Prozent (2001), sondern zwischen 7,6 Prozent (auf dem Land) und über 8,5 Prozent (in den Städten) der Menschen arbeitslos. Die Schere zwischen Arm und Reich klafft mit jedem Jahr weiter auseinander.
Peking meldete gleichwohl auch in diesem Jahr ein im Vergleich zu anderen Ländern eindrucksvolles Wirtschaftswachstum von 7,6 Prozent im 1. Quartal. In letzter Zeit mehrten sich die Zweifel von Experten, ob dieser Wert richtig sein kann. So sind Provinzfunktionäre dafür bekannt, aus Angst vor Strafe ihre Statistiken zu schönen. Fest stand: Das Wachstum reichte nicht aus, um alle Schulabgänger und Arbeitslose in die Wirtschaft zu integrieren.
Chinas Konsumenten zeigten sich Ende 2001 weniger kauflustig als erhofft. Die Preise für zahlreiche Gebrauchsgüter sackten ab. Die Löcher in den öffentlichen Kassen wurden immer größer. Um Arbeitsplätze zu schaffen, investierte Peking in den letzten Jahren in enorme Infrastrukturprojekte, wie etwa in den umstrittenen Drei-Schluchten-Damm im Jangtse-Fluss. Deshalb war der Staat zu Beginn des Jahres 2002 mit 193 Milliarden Dollar verschuldet – 16,7 Prozent des Bruttoinlandsprodukts. Die Regierung plante für 2002 ein Haushaltsdefizit von 309,8 Milliarden Yuan (38 Milliarden Euro) ein.
Westliche Fachleute sprachen von einer Zeitbombe im Finanzwesen: Die faulen Kredite der Banken erreichten mit über 200 Milliarden Euro schwindelerregende Höhen. Auch untereinander waren die maroden Staatsunternehmen stark verschuldet. Zudem mangelte es den Pensionsfonds an Masse: Es fehlten rund 200 Milliarden Yuan (24 Milliarden Euro). Zahlreiche Staatsbetriebe und Behörden konnten die Löhne und Renten nur verspätet auszahlen.

Reisernte

Costa Rica

Botschaft in Deutschland: Dessauer Straße 28/29, D-10963 Berlin
☎ +49-30-26 39 89 90 🖷 -26 55 72 10

GEOGRAFIE, BEVÖLKERUNG

Fläche: 51 100 km² **Bevölkerung:** 3,8 Mio. Einw., davon rund 95 % Nachfahren europäischer Einwanderer **Bev.dichte:** 75 Einw./km² **Bev.wachstum:** 2,03 % **In Städten:** 52 % der Bev. **Analphabetenrate:** 4 % **Landessprache:** Spanisch **Religionen:** über 90 % Katholiken

POLITISCHES SYSTEM

Unabhängig seit 1821. Präsidialregierung, Asamblea Legislativa mit 57 Abgeordnete, Neuwahl alle 4 Jahre.
Staats- und Regierungschef: Abel Pacheco (seit 8. Mai 2002)

MILITÄR

Streitkräfte: k.A. **Militärausgaben** (am BSP): 0,5 %

GESUNDHEIT, SOZIALES

Öffentliche Gesundheitsausgaben (am BIP): 5,2 % **Medizinische Versorgung:** 0,9 Ärzte/1000 Einw. **Säuglingssterblichkeit:** 10/ 1000 Geb. **Armutsrate:** 12,6 % **Lebenserwartung:** Männer 75 J., Frauen 80 J.

WIRTSCHAFT

Währung: 1 Costa-Rica-Colón (₡) = 100 Céntimos **Kurs** (Mitte 2002): 1 ₡ = 0,003 € **BSP:** 14,5 Mrd. US$ **Wachstumsrate des BIP:** 1,7 % **BSP/Kopf:** 3810 US$ **Anteile am BIP:** Landwirtschaft 9 %, Industrie 31 %, Dienstleistungen 59 % **Arbeitslosenquote:** 6,0 % **Inflationsrate:** 11 % **Auslandsschulden:** 4,5 Mrd. US$ **Schuldendienst** (am BSP): 4,4 % **Entwicklungshilfe:** 12 Mio. US$ **Handelsbilanzüberschuss:** 660 Mio. US$ **Tourismuseinnahmen:** 1 Mrd. US$

AKTUELLE ENTWICKLUNGEN

Die Präsidentenwahl am 8. April 2002 gewann der Psychiater und Ex-Fernsehmoderator Abel Pacheco. Der 68-jährige Kandidat der regierenden Partei der Christlich-Sozialen Einheit (PUSC) setzte sich im zweiten Wahlgang mit 58 Prozent der Stimmen gegen Rolando Araya von der sozialdemokratischen Partei der Nationalen Befreiung (PLN) durch. Die PUSC war bereits im Februar als stärkste Fraktion aus den Parlamentswahlen hervorgegangen.
Die erste Präsidentschaftsstichwahl in der Geschichte Costa Ricas war notwendig geworden, weil keiner der Kandidaten die erforderlichen 40 Prozent der Stimmen erlangen konnte. Mit dem Überraschungserfolg seiner neu gegründeten Partei der Bürgeraktion (PAC) hatte der PLN-Abtrünnige Ottón Solís das traditionelle Zweiparteiensystem aufgebrochen.

Präsident Abel Pacheco

Der in der Politik unerfahrene Pacheco löste seinen Parteifreund Miguel Angel Rodríguez, der nicht wieder kandidieren durfte, am 8. Mai als Staatspräsident ab. Pacheco war zuvor 25 Jahre lang im Fernsehen mit der Ratgeber-Sendung »Anmerkungen von Doktor Abel Pacheco« zu sehen. Den neuen Präsidenten erwartet eine schwierige Aufgabe.
Das Land ist im In- und Ausland hoch verschuldet, und die Wirtschaftsentwicklung ist ins Stocken geraten – gegenüber noch 8,3 Prozent Wachstum im Jahr 1999. Für 2002 wird mit einem Zuwachs von gerade 1,5 Prozent gerechnet. Die 11-prozentige Inflationsrate liegt mit an der Spitze in Lateinamerika. Reformvorhaben wie die Liberalisierung des Strom- und Telekommunikationsmarkts sind am Widerstand der Bevölkerung gescheitert. Nachdem mit der Ansiedlung von Intel 1998 die Halbleiterfertigung zum wichtigsten Devisenbringer Costa Ricas geworden war, macht der Wirtschaft nun die weltweite Microchip-Krise zu schaffen. Der erwartete Hightech-Sog ist ausgeblieben. Bedeutendste Einnahmequelle war 2001 erstmals der Fremdenverkehr. Die Ausfuhr von Bananen, bis 1995 führend, rangiert hinter der Chip-Fertigung nur noch an dritter Stelle.

República de Costa Rica – Republik Costa Rica; Costa-Ricaner

Nationalfeiertag: 15. September

Zeitzone: MEZ –7 h

Hauptstadt: San José (345 600 Einwohner)

Telefon-Vorwahl: +506
Kfz-Kennzeichen: CR

Mitgliedschaften: OAS, Uno

Kongeriget Danmark – Königreich Dänemark; Dänen

Nationalfeiertag: 5. Juni (Verfassungstag)

Zeitzone: MEZ

Hauptstadt: Kopenhagen (499 100 Einwohner)

Telefon-Vorwahl: +45
Kfz-Kennzeichen: DK

Mitgliedschaften: EU, Nato, OECD, OSZE, Uno, WEU (Beobachterstatus)

Dänemark

Botschaft in Deutschland: Rauchstraße 1, D-10787 Berlin
☎ +49-30-50 50 20 00 🖷 -50 50 20 50

GEOGRAFIE, BEVÖLKERUNG

Fläche: 43 098 km². Den Charakter der Halbinsel Jütland (29 766 km²) bestimmt die Landwirtschaft mit Feldern und Wiesen, an der Nordseeküste von 3 Fjorden unterbrochen; der größte ist der bis in die Ostsee schiffbare Limfjord. Von den 406 dänischen Inseln liegen nur Fanø, Rømø und Mandø in der Nordsee. Die beiden Hauptinseln, Seeland und Fünen, sind durch die zweitgrößte Hängebrücke der Welt verbunden. Rund 250 km östlich, vor der Südküste Schwedens, liegt Bornholm. **Verwaltung:** 14 Bezirke, 2 Stadtbezirke. Sonderstatus für Grönland (▸Seite 109) und die Färöer (▸Seite 111)

Königin Margrethe und Prinz Henrik

Bevölkerung: 5,336 Mio. Einw., davon 95 % Dänen, Minderheit von Eskimos, Schweden, Norwegern, Finnen und Deutschen **In Städten** leben 85 %, **unter 15 J.** sind 18 % der Bev. **Bev.dichte:** 126 Einw./km²

Bev.wachstum: 0,16 % **Fruchtbarkeitsrate:** 1,7 Geb./Frau **Landessprachen:** Dänisch (Amtssprache), im Süden Jütlands Deutsch **Religionen:** Christen (91 % Lutheraner)

Die größten Städte

Kopenhagen	499 100
Århus	218 400
Odense	144 800
Ålborg	120 000
Esbjerg	73 000

Die größten Inseln

Grönland (2 166 086 km²), Seeland (7026 km²), Fünen (2976 km²), Färöer (1399 km²), Lolland (1241 km²), Bornholm (588 km²), Falster (514 km²), Langeland (284 km²), Møn (217 km²), Rømø (145 km²), Samsø (114 km²), Læsø (116 km²), Ærø (88 km²), Tåsinge (70 km²), Fanø (56 km²)

POLITISCHES SYSTEM

Konstitutionelle Erbmonarchie (Haus Glücksburg) seit 1849. Verfassung von 1953. Wahlrecht ab 18 J. Einkammerparlament (»Folketing«), 179 Sitze (davon je 2 Abgeordnete Grönlands und der Färöer), Wahl alle 4 J.
Staatsoberhaupt: Königin Margrethe II. (seit Januar 1972)
Regierungschef: Anders Fogh Rasmussen (seit November 2001)
Außenminister: Per Stig Møller

MILITÄR

Allg. Wehrpflicht: 4 – 12 Monate. **Streitkräfte:** 21 400 Mann, davon 12 900 Armee, 4500 Luftstreitkräfte, 4000 Marine **Militärausgaben** (am BSP): 1,6 % **Waffenhandelsanteil** an den Exporten 0 %, an den Importen 0,7 %

GESUNDHEIT, SOZIALES, BILDUNG

Öffentliche Gesundheitsausgaben (am BIP): 6,9 % **Öffentliche Ausgaben für Bildung und Erziehung** (am BIP): 8,2 % **Öffentliche Ausgaben für Altersversorgung** (am BIP): 8,8 % **Medizinische Versorgung:** 3,4 Ärzte, 4,5 Krankenhausbetten/1000 Einw. **Säuglingssterblichkeit:** 4/1000 Geb. **Müttersterblichkeit:** 15/100 000 Geb. **Kinderunterernährung:** k. A. **Kinderarbeit:** 0 % **Armutsrate:** k. A. **Frauenanteil an den Beschäftigten:** 46,4 % Zugang zu **sauberem Trinkwasser** haben 100 % der Bev. **HIV-Infektionsrate:**

0,17 % **Lebenserwartung:** Männer 74 J., Frauen 79 J. **Schulpflicht:** 7 – 16 J. **Einschulungsquote** im Primarbereich: 100 %, im Sekundarbereich 89 % **Analphabetenrate:** k. A. **Universitäten:** 8

WIRTSCHAFT

Währung: 1 Dänische Krone (dkr) = 100 Øre **Kurs** (Mitte 2002): 1 dkr = 0,13 € **BSP:** 172,2 Mrd. US$ **Wachstumsrate des BIP**: 2,9 % **BSP/Kopf:** 32 280 US$ **Anteile am BIP:** Landwirtschaft 3 %, Industrie 26 %, Dienstleistungen 71 % **Forschung+Entwicklungsausgaben** (am BSP): 1,94 % **Arbeitslosenquote:** 5,4 % **Inflationsrate:** 2,1 % **Staatseinnahmen:** 98,3 Mrd. € **Steueraufkommen** (am BIP): 31,5 % **Einkommensteuer:** max. 59 % **Körperschaftsteuer:** 30 % **Haushaltsüberschuss** (am BIP): 1,6 % **Staatsausgaben:** 94 Mrd. Euro **Leistungsbilanz:** 4,102 Mrd. US$ **Auslandsschulden:** 251,462 Mrd. US$ **Auslandsvermögen:** 224,140 Mrd. US$ **Schuldendienst** (am BIP): k. A.**Devisenreserven:** 15,696 Mrd. US$. **Geleistete Entwicklungshilfe:** 1,664 Mrd. US$ **Ausl. Direktinvestitionen:** 34,192 Mrd. US$ **Börse** (Marktkapitalisierung am BIP): 66,3 % **Energie:** Produktion 23,64 Mio. t ÖE, Ver-brauch 20,07 Mio. t ÖE, Anteile am Verbrauch: Kohle 22,2 %, Öl 53,5 %, Erdgas 24,3 %

Landwirtschaft, Rohstoffe, Industrie:

Nutzfläche 54,3 %, von der Anbaufläche sind 19,6 % bewässert. Die Agrarwirtschaft gehört zu den effektivsten innerhalb der EU. Wichtige Exportartikel: Milcherzeugnisse, Schweinefleisch, Fisch und Fischereiprodukte. **Bewaldet:** 5000 km², jährliche **Aufforstung:** 10 km². **Rohstoffe:** Erdöl und Erdgas im Nordsee-Festlandsockel **Wichtige Industriezweige:** Mit Abstand wichtigster Standort ist der Großraum Kopenhagen. Dort konzentrieren sich Getränke-, Nahrungsmittel- und Chemieindustrie, Schiff- und Maschinenbau, Kommunikations- und Medizintechnik. Industrie- und Möbeldesign sowie die Textil- und Bekleidungsbranche genießen einen hervorragenden Ruf.

Außenwirtschaft:

Handelsbilanzüberschuss 6,824 Mrd. US$ **Export:** 51,015 Mrd. US$, davon 28,8 % Maschinen u. Transportmittel, 19,3 % Nahrungsmittel, 17,5 % Fertigwaren **Hauptausfuhrländer:** Deutschland (19,9 %), Schweden (11,2 %), Großbritannien (9,5 %) **Hightech-Exporte:** 6,527 Mrd. US$ **Import:** 44,191 Mrd. US$, davon 36,5 % Maschinen u. Transportmittel, 16,6 % industrielle Vorprodukte, 15,2 % Fertigwaren **Hauptlieferländer:** Deutschland (21,6 %), Schweden (12,1 %), Niederlande (8,1 %)

VERKEHR

Schienennetz: 2324 km. Die Dänische Staatsbahn bedient außerdem Inseln und Nachbarländer mit Fährschiffen. **Straßennetz:** 71 591 km, zu 100 % befestigt **Motorisierung:** 411 Kfz/1000 Einw.

GRÖNLAND

Zeitzone: MEZ - 2 h bis MEZ - 5 h **Hauptstadt:** Nuuk (13 900 Einwohner) **Fläche:** 2 166 086 km². Die Insel im Nordatlantik ist die größte der Welt, zu 80 % eisbedeckt. **Bevölkerung:** 56 600 Einwohner, davon fast 90 % Eskimos (Inuit), Bevölkerungsdichte: 0,026 Einw./km²

Im Februar vor 20 Jahren beschlossen die Inuit, aus der EG wieder auszutreten. Der Grund: Ein EG-Gesetz, das den anderen Staaten erlaubt hätte, vor ihren Küsten zu fischen. Der Verlust von Subventionen wird seither mit dem Verkauf von Fangrechten und Exporten (95,6 Prozent aller Exporteinkünfte) wettgemacht. Vor allem aber: Die Entscheidung darüber blieb die eigene.

Die Abhängigkeit vom Meer zwingt zur schwierigen Suche nach alternativen Wirtschaftszweigen. 1990 wurde ein Tourismusförderprogramm auf den Weg gebracht, mit dem Ziel, bis 2005 jährlich 35 000 Touristen ins Land zu holen. Schon 2001 kamen 34 039 Besucher, davon 1600 Deutsche. Der Outdoor-Trend lock Abenteurer und sogar Eis-Golfspieler bei bis zu 15°C im Sommer und unter minus 30° C im Winter.

Während die norwegische Statoil die Ölsuche vor der Küste im Jan. 2002 aufgab, meldet die kanadische Firma Crew Development im Juli nach 15jähriger Exploration Goldfunde. Erzlager auf der Südspitze der Insel enthalten bis zu 400 000 Unzen Gold. Crew betreibt das Projekt zusammen mit Grönlands Nuna Minerals (82 bzw. 18 Prozent Anteil). Die Ausbeute soll noch 2002 beginnen.

Bei einer Auswertung von Satelliten-Radar-Bildern entdeckten dänische Forscher im Frühjahr 2002 vier bislang unbekannte Inseln im Packeis. Durch die vorläufig »Small Islands« genannten Eilande südlich der Tobias-Inseln verschiebt sich die Territorialgrenze möglicherweise weiter ins Polarmeer hinaus. Dorthin, wo auf dem Meeresboden weitere reiche Bodenschätze vermutet werden.

Sisimiut auf Grönland

Regierungschef Anders Fogh Rasmussen

Rechtspopulistin Pia Kjaersgaard

Luftverkehr: Es gibt 4 internationale Flughäfen – Kopenhagen, Billund, Ålborg und Århus. Internationale Fluglinie im Verbund mit Schweden und Norwegen: Scandinavian Airlines System (SAS). Nationale Fluglinien: Cimber Air Denmark, Mærsk Air, Muk Air, Premiair und die Luftfrachtfirma Star Air. Beförderte Passagiere: 5,923 Mio. **Schifffahrt:** Zahllose Fischerei- und Yachthäfen an Nord- und Ostsee. Größter kommerzieller **Hafen** (mit Freihandelszone) ist Kopenhagen, andere bedeutende Häfen: Århus, Fredericia **Binnenwasserwege:** 417 km

KOMMUNIKATION

Auf 1000 Einw. kommen 1 349 **Rundfunk-**, 807 **Fernsehgeräte**, 723,3 **Telefonanschlüsse**, 736,7 **Mobiltelefone**, 431,5 **PC** und 104,54 **Internet-Zugänge IuK-Ausgaben** (am BIP): 9,2 %

Es erscheinen 33 **Tageszeitungen** mit einer Gesamtauflage von rund 1,558 Mio. Exemplaren. Die größten Tageszeitungen und ihre Auflagen:
Morgenavisen Jyllands-Posten, Viby 180 000
Berlingske Tidende, Kopenhagen 152 000
Politiken, Kopenhagen 143 000
Ekstra Bladet, Kopenhagen ..127 000
B.T., Kopenhagen 122 000
Nachrichtenagentur: Ritzaus Bureau

UMWELT, TOURISMUS

Geschützte Gebiete: 32,5 % der Landesfläche **Energieverbrauch/Kopf:** 3773 kg ÖE **CO_2-Emission:** 53,4 Mio. t **Verwendung des Süßwassers:** Landwirtschaft 43 %, Industrie 27 %, Haushalte 30 % **Tourismus:** 2,088 Mio. Besucher, 4,025 Mrd. US$ Einnahmen, an den Exporterlösen 5,7 %

AKTUELLE ENTWICKLUNGEN

Dänemarks Image als liberales, aufgeschlossenen Musterland ist in Gefahr. Seit die Sozialdemokraten nach ihrem Debakel bei den Parlamentswahlen im Herbst 2001 von einer Mitte-rechts-Regierung unter Ministerpräsident Anders Fogh Rasmussen, abgelöst wurden, musste sich das neue Bündnis zunehmende Kritik von innen und außen gefallen lassen.

Vor allem die neue dänische Ausländerpolitik und der Umgang mit Bürgerrechten provozierten Widerspruch. Von den Regierungen europäischer Nachbarn wie Frankreich, Schweden, Belgien oder Norwegen gab es Protest und, ungewöhnlich genug, öffentlichen Widerspruch über die Medien.

Die Uno-Menschenrechtskomissarin Mary Robinson kritisierte ein politisch »schlechtes Bespiel« Kopenhagens. Uno-Flüchtlingskommissar Ruud Lubbers meldete Bedenken wegen der internationalen Rechtslage an. Und Premier Fogh Rasmussen fühlte sich von »Missverständnissen und Gerüchten« verfolgt.

Grund für die politische Kontroverse sind die Kürzung staatlicher Zuschüsse für soziale Projekte und Menschenrechtsorganisationen sowie bei der Entwicklungshilfe, vor allem aber die Gesetzesverschärfungen im Asyl- und Einwanderungsrecht. So wurde die Familienzusammenführung erschwert; ausländische Ehegatten müssen jetzt mindestens 24 Jahre alt sein (früher 18), um nach Dänemark einreisen zu dürfen. Außerdem müssen sie einen dänischen Lebensmittelpunkt begründen können. Das Asylrecht für Kriegsdienstverweigerer sowie für Kriegs- und Hungerflüchtlinge wurde abgeschafft oder massiv eingeschränkt, die Sozialhilfe für Flüchtlinge gekürzt, das Staatsbürgerschaftsrecht verschärft.

Die neuen Gesetze sind der politische Preis an die rechtspopulistische und fremdenfeindliche Dänische Volkspartei von Pia Kjaersgaard. Mit platten Ausländer-raus-Parolen und Anti-EU-Kampagnen war die nationalistische Volkspartei auf zwölf Prozent der Stimmen gekommen. Für parlamentarische Mehrheiten sind Fogh Rasmussen und seine Minderheitsregierung auf die Rechtspopulisten angewiesen.

Mühsam versucht der charismatische Premier, ein studierter Ökonom und früherer Finanz- und Wirtschaftsminister, das trübe öffentliche Bild seines Landes zu korrigieren. Seine Regierung befinde sich »völlig im europäischen Mainstream« behauptet Fogh Rasmussen, und »in voller Übereinstimmung mit internationalen Abmachungen und Konventionen«. Zugleich dachte er laut darüber nach, ob Dänemark »in der Vergangenheit in der Asyl- und Zuwanderungspolitik einfach zu liberal« gewesen sei.

In der Europa-Politik will sich der rechtsliberale Regierungschef allerdings nicht von seinem umstrittenen Bündnispartner bremsen lassen, obschon sich auch hier große Veränderungen abzeichnen. Denn das Mei-

Protestplakate gegen den Euro

nungsklima etwa über eine Beteiligung an der Euro-Währungsunion hat sich nachdrücklich verändert.

Noch Ende September 2000 scheiterte die Einführung des Euro in einem Referendum an 53,1 Prozent Nein-Stimmen klar. Inzwischen scheint sich die Stimmung bei den Dänen, die in ihrem Verhältnis zur Europäischen Union traditionell tief gespalten sind, ins Gegenteil zu verkehren. Unter dem Eindruck der neuen Währung, die als Zahlungsmittel in der Wirtschaft und in den Tourismuszentren längst akzeptiert ist, zeigte sich im Sommer eine deutliche Mehrheit für den Euro. Auch Premier Fogh Rasmussen will Schluss machen mit den dänischen Ausnahmeregelungen in der EU, das Verhältnis zum Euro inklusive. Ein neues Referendum soll möglichst bald den Weg dazu freimachen. Politisch setzt der Venstre-Politiker dabei auf andere Bündnispartner. »Zur Not suchen wir uns eben andere Mehrheiten«, sagt Fogh Rasmussen – und baut ganz auf die Unterstützung der europafreundlichen Opposition von Sozialdemokraten und Radikalliberalen.

Auch diese europafreundlichen Töne hatten einen Grund: Dänemark übernahm am 1. Juli turnusmäßig für das zweite Halbjahr die EU-Präsidentschaft, die im Dezember auf dem Gipfel in Kopenhagen mit der Besiegelung der Ost-Erweiterung ihren Höhepunkt finden sollte.

Gesellschaft: Ein Familienkrach erschütterte das Land und stürzte die Monarchie in ihre wohl schwerste Krise der Neuzeit. Prinz Henrik, Gemahl der beliebten Königin Margrethe II. von Dänemark, verließ Türen schlagend und für alle Beteiligten überraschend das familiäre Schloss. In seiner französischen Heimat, auf seinem Weingut in Caix bei Cahors, wollte er für sich allein zur Ruhe kommen und eine »Lebenkrise« bewältigen.

Der Auslöser war eigentlich gänzlich unspektakulär. Weil sich Majestät kurz vor dem Jahreswechsel zwei Rippen anbrach, konnte sie gerade noch die traditionelle Neujahrsansprache im Fernsehen abhalten, nicht aber das Defilee der Botschafter und Würdenträger beim königlichen Neujahrsempfang im Januar 2002 abnehmen. An ihrer Stelle tat dies ihr ältester Sohn, Kronprinz Frederick, 33 – mit dem Vater Henrik an der Seite.

Was protokollarisch ein ganz normaler Vorgang war, brachte den französichen Edelmann aus der Fassung. Immer nur der Zweite zu sein, schien ihm nicht länger zumutbar. Er fühlte sich »degradiert und gedemütigt wie ein gleichgültiges Anhängsel«, tat er in einem Zeitungsinterview kund und ging außer Landes – zumindest vorübergehend.

Zur Trauungszeremonie des niederländischen Thronfolgers Prinz Willem-Alexander mit Prinzessin Maxima musste die dänische Königin ohne ihren Gatten, begleitet stattdessen von Sohn Frederik. Die Affäre endete, zumindest vorübergehend, wie ein royales Märchen. Die Königs stellten sich, demonstrativ leger gekleidet, mit strahlendem Lächeln und offenkundiger Botschaft gemeinsam den Fotografen: Seht her, sollte das wohl heißen, alles wieder im Lot.

FÄRÖER

Zeitzone: MEZ - 1 h **Hauptstadt:** Tórshavn (16 800 Einwohner) **Fläche:** 1399 km². Von den 18 Inseln im europäischen Nordmeer sind 17 bewohnt. Hauptinsel: Streymoy **Bevölkerung:** 46 200 Einwohner, von denen ein Drittel auf Streymoy leben, Bevölkerungsdichte: 33 Einw./km²

Die Unabhängigkeitsbewegung hat einen schweren Rückschlag erlitten. Bei den Wahlen zum Regionalparlament am 30. April 2002 haben die Insulaner, bei einer Rekordbeteiligung von 91 Prozent, der bisherigen Koalition, die massiv die Selbständigkeit betrieb, eine Schlappe erteilt. Die drei Parteien, die für den Fortbestand der Bindung an das Mutterland eintreten, erreichten 51,3 Prozent der Stimmen. Vor allem der verantwortliche Minister Høgni Hoydal von den linken Republikanern, der die Wahlen zu einer Vertrauensabstimmung erklärt hatte, musste die Entscheidung als politische Niederlage verstehen, auch wenn sich die Blöcke in dieser wichtigsten Frage nach Mandaten mit einem Patt (16 : 16) gegenüberstanden. Entsprechend schwierig waren die Koalitionsverhandlungen. Erst Anfang Juni gelang es Premier Anfinn Kallsberg, die kleine Zentrumspartei Midflokkurin mit nur einem Sitz im Løgting (Landesparlament) zur Teilnahme an der Koalition zu bewegen, so dass er weiterhin im Amt bleiben kann. Das Bestreben nach Regierungsunabhängigkeit von Dänemark, bei der nur Königin Margrethe weiterhin als Staatsoberhaupt anerkannt werden sollte, musste die Koalition aufgeben. Sie will nun versuchen, einzelne Bereiche in ihre Verantwortung zu ziehen, zum Beispiel Kirchenfragen, Polizei und Justiz, Flughafen- und Leuchtfeuerhoheit. Die Inseln erhalten jährlich ca. 135 Mio. € Zuschüsse aus Dänemark und gehören nicht zur EU. Die Färöer leben vom Fischfang.

Bundesrepublik Deutschland

Nationalfeiertag: 3. Oktober (Tag der Deutschen Einheit)

Zeitzone: MEZ

Hauptstadt: Berlin (3 388 434 Einwohner)

Telefon-Vorwahl: +49
Kfz-Kennzeichen: D

Mitgliedschaften: EU, G 8, Nato, OECD, OSZE, Uno, WEU

Deutschland

Österreichische Botschaft: Stauffenbergstraße 1, D-10785 Berlin
☎ 030-20 28 70 🖷 -229 05 69
E-Mail: berlin-ob@bmaa.gv.at
Internet: www.oesterreichische-botschaft. de

Schweizerische Botschaft: Otto-von-Bismarck-Allee 4a, D-10557 Berlin
☎ 030/390 40 00 🖷 -391 10 30
E-Mail: vertretung@botschaft-schweiz.de
Internet: www.botschaft-schweiz.de

Botschaft in Österreich: Metternichgasse 3, A-1030 Wien
☎ +43-1-7 11 54 🖷 -713 83 66
E-Mail: diplo@deubowien.at
Internet: www.deubowien.at

Botschaft in der Schweiz: Willadingweg 83, CH-3000 Bern 16
☎ +41-31-359 41 11 🖷 -359 44 44
E-Mail: post@deutsche-botschaft.ch
Internet: www.deutsche-botschaft.ch

GEOGRAFIE, BEVÖLKERUNG

Europäische Mittellage zwischen den natürlichen Grenzen der Alpen im Süden und der Nord- und Ostsee im Norden.

Fläche: 357 022 km^2 mit 3338 km Küste und 3758 km Grenzen zu Dänemark (67 km), Polen (442 km), Tschechischer Republik (811 km), Österreich (816 km), Schweiz (316 km), Frankreich (448 km), Luxemburg (135 km), Belgien (156 km), Niederlande (567 km). Höchster Berg: Zugspitze (2962 m). Die Norddeutsche Tiefebene wird von zahlreichen Mittelgebirgen abgelöst; höchste Erhebungen: Feldberg/Schwarzwald 1493 m, Großer Arber/Bayerischer Wald 1456 m, Fichtelberg/Erzgebirge 1215 m und Brocken/Harz 1142 m. Größte Inseln: Rügen (930 km^2) und Usedom (373 km^2 deutsch, Rest polnisch) in der Ostsee, Sylt (99 km^2) und Föhr (83 km^2) in der Nordsee.

Bevölkerung*: 82,403 Mio. Einw., davon 91 % Deutsche, 2,4 % Türken. Zu den nationalen Minderheiten zählen die slawischen Sorben um die Städte Cottbus und Bautzen (60 000) sowie die Dänen in Südschleswig (50 000) mit eigenen Rechten (Schulen, Sprache, Kulturförderung), außerdem Friesen (an der Nordsee) sowie Sinti und Roma.

*Bund und Länder: Stand 30.9.2001; Stadtstaaten und Städte: letzte verfügbare Zahlen.

Bundespräsident Johannes Rau

Bundeskanzler Gerhard Schröder, Unions-Kanzlerkandidat Edmund Stoiber

Zu den neueren in Deutschland lebenden Nationalitäten gehören jene, die aus wirtschaftlichen und politischen Gründen nach Deutschland kamen – als Arbeitskräfte (»Gastarbeiter«, Höchststand 1973: 2,6 Mio.) oder als politische Flüchtlinge (Stand 2001: 1,1 Mio.). Seit 1950 wanderten 4,2 Millionen Aussiedler aus Ost- und Südosteuropa sowie aus der früheren Sowjetunion nach Deutschland ein.

Ausländer in Deutschland

Türken	1 947 938
Jugoslawen	627 523
Italiener	616 282
Griechen	362 708
Polen	310 432
Kroaten	223 819
Österreicher	188 957
Bosnier	159 042
Russen	136 080
Portugiesen	132 625
Spanier	128 713
Briten	115 167
US-Amerikaner	113 528
Iraner	98 555
Rumänen	88 102

Trotz erschwerter Asylbedingungen bleibt Deutschland ein bevorzugtes Einwanderungs- und Zielland. Die Zahl der jährlichen Asylbewerber ist aber seit 1992 von 438 191 auf 88 287 (2001) gesunken; gegenüber dem Vorjahr war das ein Plus von 12,4 Prozent.

Die größten Städte

Berlin	3 388 434
Hamburg	1 726 363
München	1 227 958
Köln	967 940
Frankfurt a. M.	641 076
Essen	591 889
Dortmund	589 240
Stuttgart	587 152
Düsseldorf	570 765
Bremen	540 950
Hannover	516 420
Duisburg	512 030

82 Großstädte mit 100 000 Einw. und mehr; 109 Mittelstädte mit 50 000 bis unter 100 000 Einw.; 491 Kleinstädte mit 20 000 bis unter 50 000 Einw.
In Städten leben 88 %, **unter 15 J.** sind 16 % der Bev. **Bev.dichte:** 231 Einw./km² **Bev.wachstum:** 0,2 % **Fruchtbarkeitsrate:** 1,4 Geb./Frau
Projektionen der Bevölkerungszahl bis zum Jahr 2050 nehmen einen Rückgang von derzeit 82 Millionen auf etwa 70 Millionen an – selbst wenn pro Jahr per saldo etwa 200 000 Ausländer zuwandern. Zugleich wird sich auf Grund der niedrigen Geburtenrate und der steigenden Lebenserwartung der Anteil der Rentner im Verhältnis zu den Erwerbstätigen fast verdoppeln.
Landessprachen: Deutsch (Amtssprache), daneben Türkisch, Dänisch, Sorbisch, Friesisch **Religionen:** überwiegend Christen (33 % evangelisch, 33 % katholisch), 3 % Muslime, 0,1 % Juden

POLITISCHES SYSTEM

Demokratisch-parlamentarischer Bundesstaat seit 1949; Verfassung (Grundgesetz/GG) vom 23. Mai 1949, letzte Änderung 2002. Das Grundgesetz kann mit einer Zweidrittelmehrheit im Bundestag und Bundesrat geändert werden; von jeglicher Änderung ausgenommen sind grundlegende Prinzipien wie die föderale Gliederung, das Wesen der Bundesrepublik als demokratischer und sozialer Rechtsstaat oder die Unverletzlichkeit der Menschenwürde des Einzelnen.

Gegliedert in 16 Bundesländer (seit 1990, zuvor in 10 Länder plus West-Berlin). Die höchste Staatsgewalt liegt beim Bund (*Bundesrecht bricht Landesrecht*; Art. 31 GG), doch haben auch die Länder eigene Staatsgewalt und spezielle Zuständigkeiten wie etwa die Kulturhoheit. Auswärtige Beziehungen und Landesverteidigung sind dem Bund vorbehalten.

Allg. Wahlrecht ab 18 J. (bei Kommunalwahlen zum Teil ab 16 J.). Zweikammersystem. Der Bundestag mit 598 Mitgl. (seit 2002, ohne Überhangmandate, vorher 656 Abg.), wird alle 4 J. gewählt. Der Bundesrat mit 69 von den Landesregierungen entsandten Mitgl. ist zur Wahrung der Länderinteressen an der Gesetzgebung beteiligt; doch kann ein Land seine je nach Einwohnerzahl 3 bis 6 Stimmen im Bundesrat nur im Block abgeben. Bei der Abstimmung über das Zuwanderungsgesetz der rot-grünen Koalition kam es im März 2002 um das Stimmverhalten Brandenburgs zu einem Streit, den das Bundesverfassungsgericht, wie auch der Bundespräsident empfahl, nach einer Klage von sechs unionsgeführten Bundesländern entscheiden musste (▸Aktuelle Entwicklungen). Landtagswahlen finden in 5 Bundesländern alle 4 J., in den übrigen 11 Ländern alle 5 J. statt.

Erster Senat des Karlsruher Verfassungsgerichts

Das Staatsoberhaupt (Bundespräsident) mit vorwiegend repräsentativen Aufgaben wird alle 5 J. von der Bundesversammlung gewählt; einmalige Wiederwahl ist zulässig. Die Bundesversammlung setzt sich aus allen Mitgliedern des Bundestages und ebenso vielen von den Länderparlamenten nach dem Verhältniswahlrecht gewählten Mitgl. zusammen.

Staatsoberhaupt: Johannes Rau (SPD, seit 1. Juli 1999)

Der Regierungschef (Bundeskanzler) wird vom Bundestag gewählt und – wie die Minister – vom Bundespräsidenten ernannt. Die Richtlinien der Politik bestimmt der Kanzler allein (Richtlinienkompetenz), die Minister leiten ihren Geschäftsbereich selbständig und verantwortlich.

Regierungschef: Gerhard Schröder (SPD, Stand: Ende 14. Wahlperiode)

Außenminister: Joschka Fischer (Grüne, Stand: Ende 14. Wahlperiode)

PARTEIEN

Die Parteien wirken nach Art. 21 GG bei der politischen Willensbildung des Volkes mit; diese besondere verfassungsrechtliche Stellung berechtigt die Parteien zu staatlicher Alimentation, sodass die Bundesrepublik Deutschland auch als Parteienstaat bezeichnet werden kann. Über ein eventuelles Verbot einzelner Parteien, die die »freiheitliche demokratische Grundordnung beeinträchtigen«, kann nur das Bundesverfassungsgericht als oberstes Organ der Judikative entscheiden; bislang wurden zwei Parteien verboten: 1952 die (rechte) Sozialistische Reichspartei (SRP) und 1956 die Kommunistische Partei Deutschlands (KPD).

Anfang 2001 beantragten Bundesregierung, Bundestag und Bundesrat beim Bundesverfassungsgericht in Karlsruhe ein Verbot der Nationaldemokratischen Partei Deutschlands (NPD). Sie begründeten den Verbotsantrag mit dem Vorwurf, die NPD verfolge rassistische, antisemitische und friedensfeindliche Ziele und sei wesensverwandt mit der NSDAP. Weil aber im Antrag als Kronzeugen für eine Verfassungswidrigkeit auch NPD-Politiker benannt waren, die zugleich für den Verfassungsschutz gearbeitet hatten, kam es zu einem Eklat zwischen Berlin und Karlsruhe; die Richter hoben die für Februar 2002 angesetzte mündliche Verhandlung auf.

Die wichtigsten Parteien:

- Sozialdemokratische Partei Deutschlands (SPD), linke Mitte; gegr. 1875 (als Sozialistische Arbeiterpartei). Vorsitzender: Gerhard Schröder; Generalsekretär: Franz Müntefering. 700 250 Mitglieder.
- Christlich Demokratische Union (CDU), Mitte rechts; gegr. 1950, auf Bundesebene und in allen Ländern bis auf Bayern vertreten. Vorsitzende: Angela Merkel; Generalsekretär: Laurenz Meyer. 608 560 Mitglieder.
- Christlich-Soziale Union (CSU), rechts; gegr. 1945, in der Tradition der früheren Bayerischen Volkspartei und auf Bayern konzentriert. Vorsitzender: Edmund Stoiber; Generalsekretär: Thomas Goppel. 177 621 Mitglieder.

Im Bundestag bilden die Abgeordneten von CDU und CSU traditionell eine Fraktionsgemeinschaft.

- Bündnis 90/Die Grünen, links-ökologisch; gegr. 1980 als Sammelbecken alternativer Umwelt- und Friedensgruppen, 1993 mit der DDR-Bürgerrechtsbewegung Bündnis 90 vereinigt. 2 Vorsitzende; derzeit Fritz Kuhn und Claudia Roth; Bundesgeschäftsführer: Reinhard Bütikofer. 44 500 Mitglieder.

- Freie Demokratische Partei (FDP), liberal; gegr. 1948 auf Bundesebene. Vorsitzender: Guido Westerwelle; Generalsekretärin: Cornelia Pieper. 65 218 Mitglieder.
- Partei des Demokratischen Sozialismus (PDS), links; gegr. 1990 als Nachfolgerin der Sozialistischen Einheitspartei Deutschlands (SED), der früheren DDR-Staatspartei; vor allem in den neuen Bundesländern aktiv. Vorsitzende: Gabriele Zimmer; Bundesgeschäftsführer: Dietmar Bartsch. Rund 80 000 Mitglieder.

Nicht im Bundestag vertreten:

- Deutsche Volksunion (DVU), rechter Rand; gegr. 1987. Wechselnde Erfolge in einzelnen Ländern: Bremen und Brandenburg (1999), Schleswig-Holstein (1992), Sachsen-Anhalt (1998). Vorsitzender: Gerhard Frey. Rund 15 000 Mitglieder.
- Die Republikaner (REP), rechter Rand; gegr. 1983. Zurzeit in keinem Landtag mehr vertreten. Vorsitzender: Rolf Schlierer. Etwa 11 500 Mitglieder.

VERWALTUNG

Bund und Länder konkurrieren in der Gesetzgebung, soweit nicht das Bedürfnis für eine bundeseinheitliche Regelung besteht (Art. 72/74 GG); solange der Bund dieses Recht nicht ausübt, können die Länder eigene Gesetze verabschieden. In genau festgelegten Sachbereichen (Art. 75) kann der Bund Rahmenvorschriften erlassen, etwa zur Raumordnung, zum Hochschulwesen oder zum Naturschutz.

Bund und Länder haben getrennte Verwaltungen, doch kann der Bund die Länder mit seinen Aufgaben betrauen. Weil die Länder, neben der Kompetenz für Polizei oder Schulwesen, auch Bundesgesetze als eigene Angelegenheit (Art. 83) ausführen, obliegt ihnen das Schwergewicht der Verwaltung.

RECHTSSYSTEM

Die Bundesrepublik ist ein sozialer Rechtsstaat, in dem die Grundsätze der Gewaltenteilung und der Gesetzmäßigkeit der Verwaltung gelten. Die Verfassung garantiert dem einzelnen Bürger in den GG-Artikeln 1–19 die Grundrechte, die der auch gegenüber dem Staat als unveräußerlich und unverletzlich in Anspruch nehmen kann. Dem Bundesverfassungsgericht obliegt die Prüfung von Verfassungsbeschwerden (einzelner Bürger) wie auch die Kontrolle der Verfassungsmäßigkeit von Gesetzgebung und Exekutive im Wege der Normenkontrolle oder der Organklage.

Die Rechtsordnung umfasst das öffentliche und das private (z. B. bürgerliche) Recht. Das öffentliche Recht betrifft das Verhältnis des einzelnen Bürgers zum Staat und besteht aus Bundes- und Landesrecht; die Gerichtsbarkeit bietet 5 Rechtswege an: die ordentliche, die Verwaltungs-, Finanz-, Arbeits- und Sozialgerichtsbarkeit. Entscheidungen nachgeordneter Gerichte können von höheren Instanzen bis hin zu den obersten Gerichtshöfen des Bundes überprüft werden. Um die Einheitlichkeit der Rechtsprechung zu wahren, können Zweifelsfragen von einem gemeinsamen Senat entschieden werden.

Die ordentlichen Gerichte sind im Wesentlichen für Strafsachen, bürgerliche Rechtsstreitigkeiten und für die freiwillige Gerichtsbarkeit (z. B. Vormundschaftssachen, Grundbuch, Handelsregister) zuständig.

Das Privat- oder Zivilrecht betrifft die Rechtsbeziehungen Einzelner zueinander und ist vornehmlich im Bürgerlichen Gesetzbuch (BGB) geregelt.

Am 1. Januar 2002 traten mit der Modernisierung des Schuldrechts, das unter anderem den EU-Standards angepasst wurde, umfangreiche Änderungen des BGB in Kraft. Gleichzeitig wurde auch eine Zivilprozessreform verabschiedet, die vor allem die Amtsgerichte entlastete, die Berufungsmöglichkeiten einschränkte und die Zuständigkeit von Einzelrichtern erweiterte.

Reichstag in Berlin

Organe der Justiz sind die Gerichte, Staatsanwaltschaften, Justizministerien, Notariate und die (Straf-)Vollzugsbehörden. Es gibt 20 880 Richter und 5044 Staatsanwälte (Stand 1. Januar 2001) sowie 116 305 Rechtsanwälte – inkl. 8763 Anwaltsnotare – und 1663 hauptberufliche Notare (Stand 1. Januar 2002).
Kriminalität: Nach der polizeilichen Kriminalstatistik wurden 2001 insg. 6 363 865 Straffälle registriert, das waren 99 142 Fälle oder 1,6 Prozent mehr als im Jahr zuvor. Die so genannte Häufigkeitszahl (Zahl der Fälle pro 100 000 Einw.) stieg von 7625 auf 7736, nachdem sie 1993 schon einmal bei 8337 gelegen hatte.
Knapp die Hälfte (46,7 %) aller Straftaten entfiel auf Diebstähle. Die Aufklärungsquote sank von 53,2 auf 53,1 Prozent oder 3 379 618 Fälle, das zweitbeste Ergebnis seit 1993 (43,8 %). Dabei wurden 2 280 611 Tatverdächtige ermittelt; darunter waren – ein Rückgang von 1,9 Prozent – 143 045 Kinder unter 14 J. Die Zahl der tatverdächtigen Jugendlichen (14 bis unter 18 J.) stieg um 1,5 Prozent, auf 298 983.

BUNDESLÄNDER

Baden-Württemberg

Fläche: 35 751,36 km^2
Bevölkerung: 10 586 875 Einw.
Bevölkerungsdichte: 296 Einw./km^2
Hauptstadt: Stuttgart
Ergebnis der letzten Landtagswahl (25. März 2001): CDU 44,8 %, SPD 33,3 %, FDP 8,1 %, Bündnis 90/Grüne 7,7 %
Gegenüber der Wahl im März 1996 gewann die von Ministerpräsident Teufel geführte CDU 3,5 Prozentpunkte hinzu. Der SPD-Spitzenkandidatin Ute Vogt (Jahrgang 1964) gelang es, den Stimmenanteil der Sozialdemokraten von 25,1 auf 33,3 Prozent zu steigern. Die Politikerin gilt seither als eine Hoffnungsträgerin der SPD.
Regierungskoalition aus CDU und FDP
Ministerpräsident: Erwin Teufel (CDU)

Freistaat Bayern

Fläche: 70 547,85 km^2
Bevölkerung: 12 310 314 Einw.
Bevölkerungsdichte: 174 Einw./km^2
Hauptstadt: München
Ergebnis der letzten Landtagswahl (13. September 1998): CSU 52,9 %, SPD 28,7 %, Bündnis 90/Grüne 5,7 %
Ministerpräsident: Edmund Stoiber (CSU)

Berlin

Fläche: 891,69 km^2
Bevölkerung: 3 388 434 Einw.
Bevölkerungsdichte: 3802 Einw./km^2
Ergebnis der letzten Wahl zum Abgeordnetenhaus (21. Oktober 2001): SPD 29,7 %, CDU 23,8 %, PDS 22,6 %, FDP 9,9 %, Bündnis 90/Grüne 9,1 %
Anfang Juni 2001 zerbrach die Koalition aus CDU und SPD unter dem Regierenden Bürgermeister Eberhard Diepgen am Milliarden-Debakel der Bankgesellschaft Berlin, das den Etat der Hauptstadt mit mindestens 3,7 Mrd. Euro belastet. Mit den Stimmen der Grünen und der PDS stürzte die SPD am 16. Juni 2001 Diepgen und vier CDU-Senatoren. Unter Leitung des SPD-Politikers Klaus Wowereit, der sich auf dem Landesparteitag mit dem Satz »Ich bin schwul, und das ist auch gut so« geoutet hatte, wurde ein rot-grüner Übergangssenat vereidigt.
Durch die Neuwahl vom 21. Oktober war die SPD nach 26 Jahren wieder stärkste Partei im Abgeordnetenhaus. Die CDU verlor 17 Prozentpunkte, mehr als jemals zuvor bei einer Landtagswahl, die PDS errang ihr bislang bestes Ergebnis in Gesamt-Berlin. Erstmals seit 1990 übersprang die FDP wieder die Fünf-Prozent-Hürde und erhielt sogar ein Mandat mehr als die Grünen. Nachdem Verhandlungen zur Bildung einer Ampelkoalition aus SPD, FDP und Grünen gescheitert waren – ein solches Bündnis bevorzugte Bundeskanzler Schröder –, kam es im Januar 2002 zur Bildung einer rot-roten Koalition aus SPD und PDS, deren Zugpferd Gregor Gysi Wirtschaftssenator und Stellvertreter des Regierenden Bürgermeisters wurde.
Nur sechs Monate später stolperte der PDS-Spitzenpolitiker über die so genannte Bonusmeilen-Affäre: Weil er Flugmeilen, die ihm als Bundestags-

Neu gewählter rot-roter Berliner Senat (vorn: Gregor Gysi, Heidi Knake-Werner, Klaus Wowereit, Karin Schubert, Erhard Körting, hinten: Thilo Sarrazin, Klaus Böger, Peter Strieder, Thomas Flierl)

abgeordneten gutgeschrieben worden waren, privat genutzt hatte, trat Gysi Ende Juli von allen politischen Ämtern zurück.
Regierungskoalition aus SPD und PDS
Regierender Bürgermeister: Klaus Wowereit (SPD)

Brandenburg
Fläche: 29 477,02 km²
Bevölkerung: 2 593 584 Einw.
Bevölkerungsdichte: 88 Einw./km²
Hauptstadt: Potsdam
Ergebnis der letzten Landtagswahl (5. September 1999): SPD 39,3 %, CDU 26,6 %, PDS 23,3 %, DVU 5,3 %
Regierungskoalition aus SPD und CDU
Ministerpräsident: Matthias Platzeck (SPD)
Ende Juni 2002, zur Halbzeit der Legislaturperiode, trat der bisherige Ministerpräsident Manfred Stolpe (SPD) nach zwölfjähriger Amtszeit überraschend zurück und machte Platz für seinen Kronprinzen, den brandenburgischen SPD-Landeschef und bisherigen Potsdamer Oberbürgermeister Platzeck (▸Personen des Jahres), der sich 1997 im Kampf gegen das Oder-Hochwasser bundesweit einen Namen gemacht hatte.

Freie Hansestadt Bremen
Fläche: 404,23 km²
Bevölkerung: 659 651 Einw.
Bevölkerungsdichte: 1632 Einw./km²
Ergebnis der letzten Bürgerschaftswahl (6. Juni 1999): SPD 42,6 %, CDU 37,1 %, Bündnis 90/Grüne 8,9 %
Regierungskoalition aus SPD und CDU
Präsident des Senats und Bürgermeister: Henning Scherf (SPD)

Freie und Hansestadt Hamburg
Fläche: 755,32 km²
Bevölkerung: 1 726 363 Einw.
Bevölkerungsdichte: 2286 Einw./km²
Ergebnis der letzten Bürgerschaftswahl (23. September 2001): SPD 36,5 %, CDU 26,2 %, Schill-Partei 19,4%, Grüne/GAL 8,6 %, FDP 5,1 %
Regierungskoalition aus CDU, Schill-Partei und FDP
Präsident des Senats und Erster Bürgermeister: Ole von Beust (CDU)
Nach 44 Jahren wurde die SPD von der Macht gewählt. Sie blieb bei der Wahl zur Bürgerschaft am 23. September 2001 zwar stärkste Partei, doch reichte es nicht mehr zu einer Fortsetzung des Bündnisses mit dem bisherigen grünen Koalitionspartner, dessen Stimmenanteil um 5,4 Prozentpunkte absackte. Der Machtwechsel wurde möglich durch das überraschend gute Abschneiden der von dem rechtspopulistischen Richter (»gnadenlos«) Ronald Schill (▸Personen des Jahres) neu gegründeten Partei Rechtsstaatlicher Offensive, die ihr Wahlprogramm ganz auf den Kampf gegen Drogen und für die innere Sicherheit der Stadt abgestellt hatte. Schill wurde Innensenator und Stellvertreter Beusts; in einem langwierigen Verfahren wegen des Vorwurfs der Rechtsbeugung wurde Schill im Dezember 2001 freigesprochen.

Koalitionspartner Ole von Beust, Ronald Schill

Hessen
Fläche: 21 114,38 km²
Bevölkerung: 6 075 608 Einw.
Bevölkerungsdichte: 288 Einw./km²
Hauptstadt: Wiesbaden
Ergebnis der letzten Landtagswahl (7. Februar 1999): CDU 43,4 %, SPD 39,4 %, Bündnis 90/Grüne 7,2 %, FDP 5,1 %
Regierungskoalition aus CDU und FDP
Ministerpräsident: Roland Koch (CDU)

Mecklenburg-Vorpommern
Fläche: 23 172,52 km²
Bevölkerung: 1 763 184 Einw.
Bevölkerungsdichte: 76 Einw./km²
Hauptstadt: Schwerin
Ergebnis der Landtagswahl vom 27. September 1998: SPD 34,3 %, CDU 30,2 %, PDS 24,4 %
Regierungskoalition aus SPD und PDS (Wahlergebnis 2002 ▸Aktuelle Entwicklungen)
Ministerpräsident: Harald Ringstorff (SPD) (Stand: Ende 3. Wahlperiode)

Niedersachsen
Fläche: 47 615,70 km²
Bevölkerung: 7 949 699 Einw.
Bevölkerungsdichte: 167 Einw./km²
Hauptstadt: Hannover
Ergebnis der letzten Landtagswahl (1. März 1998): SPD 47,9 %, CDU 35,9 %, Bündnis 90/Grüne 7 %
Ministerpräsident: Sigmar Gabriel (SPD)

Nordrhein-Westfalen
Fläche: 34 081,37 km²
Bevölkerung: 18 041 356 Einw.
Bevölkerungsdichte: 529 Einw./km²
Hauptstadt: Düsseldorf
Ergebnis der letzten Landtagswahl (14. Mai 2000): SPD 42,8 %, CDU

37 %, FDP 9,8 %, Bündnis 90/Grüne 7,1 %
Regierungskoalition aus SPD und Bündnis 90/Grüne
Ministerpräsident: Wolfgang Clement (SPD)

Rheinland-Pfalz
Fläche: 19 846,99 km²
Bevölkerung: 4 045 544 Einw.
Bevölkerungsdichte: 204 Einw./km²
Hauptstadt: Mainz
Ergebnis der letzten Landtagswahl (25. März 2001): SPD 44,7 %, CDU 35,3 %, FDP 7,8 %, Bündnis 90/Grüne 5,2 %
Regierungskoalition von SPD und FDP
Ministerpräsident: Kurt Beck (SPD)

Saarland
Fläche: 2568,51 km²
Bevölkerung: 1 066 750 Einw.
Bevölkerungsdichte: 415 Einw./km²
Hauptstadt: Saarbrücken
Ergebnis der letzten Landtagswahl (5. September 1999): CDU 45,5 %, SPD 44,4 %
Ministerpräsident: Peter Müller (CDU)

Sächsischer Ministerpräsident Georg Milbradt

Freistaat Sachsen
Fläche: 18 413,02 km²
Bevölkerung: 4 392 673 Einw.
Bevölkerungsdichte: 239 Einw./km²
Hauptstadt: Dresden
Ergebnis der letzten Landtagswahl (19. September 1999): CDU 56,9 %, PDS 22,2 %, SPD 10,7 %
Ministerpräsident: Georg Milbradt (CDU)
Nachdem er auch parteiintern schwer unter Druck geraten war, trat CDU-Ministerpräsident Kurt Biedenkopf am 17. April 2002 nach elfjähriger Amtszeit zurück. Nachfolger wurde tags darauf sein Rivale, CDU-Landeschef Georg Milbradt, den Biedenkopf im Januar 2001 als »miserablen Politiker« gebrandmarkt und als Finanzminister aus seinem Kabinett entlassen hatte. Biedenkopf waren eine Reihe von Affären um die Verquickung von dienstlichen und privaten Angelegenheiten, sein »monarchisches Gehabe« und seine persönliche Eitelkeit vorgeworfen worden, die gelegentlich mit demokratischen Grundsätzen kollidierten.

Sachsen-Anhalt
Fläche: 20 446,49 km²
Bevölkerung: 2 588 826 Einw.
Bevölkerungsdichte: 127 Einw./km²
Hauptstadt: Magdeburg
Ergebnis der letzten Landtagswahl (21. April 2002): CDU 37,3 %, PDS 20,4 %, SPD 20,0 %, FDP 13,3 %
Regierungskoalition aus CDU und FDP
Ministerpräsident: Wolfgang Böhmer (CDU)
Aus der Landtagswahl im April 2002, die als letzter Stimmungstest für die Bundestagswahl im September galt, ging die CDU mit einem Zuwachs von 15,3 Prozentpunkten als bei weitem stärkste Partei hervor. Die regierenden Sozialdemokraten unter Ministerpräsident Reinhard Höppner wurden abgewählt; sie verloren zweistellig und fielen noch knapp hinter die PDS zurück, die Höppners Minderheitsregierungen seit 1994 unterstützt hatte.
Die FDP, seit 1998 nicht mehr im Landtag vertreten, kehrte eindrucksvoll ins Parlament zurück, während die Schill-Partei und die Grünen den Einzug verfehlten. Noch am Wahlabend erklärte Höppner seinen Rückzug aus der Landespolitik. Neuer Ministerpräsident wurde im Mai CDU-Spitzenkandidat Böhmer. Mit dem Machtwechsel in Sachsen-Anhalt gewannen die unionsgeführten Länder auch die Mehrheit im Bundesrat.

Schleswig-Holstein
Fläche: 15 763,11 km²
Bevölkerung: 2 800 970 Einw.
Bevölkerungsdichte: 178 Einw./km²
Hauptstadt: Kiel
Ergebnis der letzten Landtagswahl (27. Februar 2000): SPD 43,1 %, CDU 35,2 %, FDP 7,6 %, Bündnis 90/Grüne 6,2 %
Regierungskoalition aus SPD und Bündnis 90/Grüne
Ministerpräsidentin: Heide Simonis (SPD)

Freistaat Thüringen
Fläche: 16 171,98 km²
Bevölkerung: 2 415 280 Einw.
Bevölkerungsdichte: 149 Einw./km²
Hauptstadt: Erfurt
Ergebnis der letzten Landtagswahl (12. September 1999): CDU 51,0 %, PDS 21,3 %, SPD 18,5 %
Ministerpräsident: Bernhard Vogel (CDU)

MILITÄR
Männer ab 18 J. sind wehrpflichtig. Im Zuge der Neuausrichtung der Bundeswehr wurde am 1. Januar 2002 der Grundwehrdienst von 10 auf 9 Monate, der Zivildienst von 11 auf 10 Monate verkürzt. Eine Wehrpflicht ist vom Grundgesetz nicht vorgeschrieben; die

Verfassung lässt auch eine Berufsarmee zu, die vor allem in der FDP zunehmend gefordert wird. Die großen Parteien sind, meist mit historischer Begründung, für die Beibehaltung der Wehrpflicht. Das Recht auf Kriegsdienstverweigerung gehört nach Art. 4 (3) GG zu den Grundrechten.
Die Truppenstärke der Bundeswehr ist durch internationale Vereinbarungen auf einen Friedensumfang von maximal 370 000 Mann begrenzt.
Frauen dürfen laut Art. 12a (4) GG nicht zum Dienst an der Waffe verpflichtet werden. Nach einem Urteil des Europäischen Gerichtshofs steht ihnen aber der freiwillige Dienst an der Waffe offen; Anfang Januar 2001 zogen die ersten Frauen zur Grundausbildung in die Kasernen ein.
Nach den Empfehlungen der vom früheren Bundespräsidenten Richard von Weizsäcker geleiteten Wehrstrukturkommission soll die Zahl der Wehrpflichtigen auf 30 000, die der Soldaten insgesamt auf 240 000 reduziert und die Zahl der Zivilbeschäftigten von 124 000 auf 80 000 abgebaut werden. Dem damaligen Verteidigungsminister Scharping (bis Juli 2002) gingen diese Vorschläge zu weit. Bis zum Jahr 2004 wird die Zahl der Soldaten auf 285 000 reduziert werden.
Für die vom Bundeskabinett beschlossene Modernisierung der Truppe fehlen aber die finanziellen Mittel. Der Verteidigungsetat stieg im Jahr 2002 nur wenig, von 24,0 auf 24,4 Milliarden Euro. Darin sind rund 770 Millionen Euro für Anti-Terrormaßnahmen enthalten, die nach dem 11. September 2001 bewilligt wurden. Der Anteil des Verteidigungshaushalts am Bundesetat beträgt unter Einbeziehung der Mittel zur Terrorismusbekämpfung knapp 9,9 Prozent.
Die Bundesrepublik Deutschland ist seit 1955 Mitglied der Nato. Immer häufiger werden deutsche Soldaten im Ausland eingesetzt. Doch ist für jeden Einsatz die Zustimmung des Bundestags erforderlich. Im Zusammenhang mit der »Operation Enduring Freedom« wurden in Afghanistan 100 Elitesoldaten des Kommandos Spezialkräfte (KSK), 1300 Marinesoldaten am Horn von Afrika sowie ABC-Abwehreinheiten und Luftwaffensoldaten eingesetzt. Für die Afghanistan-Friedenstruppe Isaf stellte die Bundeswehr 1200 Soldaten. Außerdem waren deutsche Soldaten 2002 an friedenssichernden Einsätzen in Bosnien, im Kosovo und in Mazedonien (Stärke rund 7000 Mann) sowie in Georgien (11 Militärbeobachter) beteiligt.
Auch nach der 1990 wieder hergestellten vollen Souveränität der Bundesrepublik sind weiterhin ausländische Truppen auf deutschem Gebiet stationiert, und zwar aus

USA	81 300
Großbritannien	22 500
Frankreich	3000
Niederlande	1900
Belgien	1600

Allg. Wehrpflicht: 9 Monate **Streitkräfte:** 308 400 Mann, davon 211 800 Armee, 70 550 Luftstreitkräfte, 26 050 Marine **Militärausgaben** (am BSP): 1,6 % **Waffenhandelsanteil** an den Exporten 0,3 %, an den Importen 0,3 %

Bundeswehr-Rekruten beim Gelöbnis

WIRTSCHAFT UND FINANZEN

Zum Jahreswechsel 2001/2002 führten die Länder der Europäischen Währungsunion weitgehend problemlos die gemeinsame Währung Euro ein. Der Euro soll nach dem Willen der beteiligten Länder der Wirtschaft und den Bürgern Handelsgeschäfte ohne Umtausch und ohne Umtauschverluste ermöglichen, die Vergleichbarkeit von Preisen verbessern und damit den Warenverkehr fördern. An der Währungsunion können alle Staaten – derzeit 12 – teilnehmen, die sich verpflichten, ihre Finanzpolitik auf die beim EU-Gipfel in Maastricht 1992 vereinbarten Kriterien einzustellen und auch dauerhaft für deren Einhaltung zu sorgen. Bei manchem Beitrittskandidaten kann sich eine zu hohe Inflationsrate oder ein zu hoher Kapitalmarktzins als hinderlich erweisen – für die Euro-Länder entscheidend ist die Einhaltung des so genannten 3 %-Kriteriums: danach soll die Netto-Neuverschuldung nicht mehr als 3 Prozent vom jeweiligen Bruttoinlandsprodukt betragen. Weil Deutschland im Jahr

DER BUNDESHAUSHALT

	Haushalt* 2002	Entwurf* 2003
Bundespräsident	20,64	20,81
Bundestag	566,02	552,02
Bundesrat	18,07	17,66
Bundeskanzler	1503,46	1532,85
Auswärtiges Amt	2157,01	2252,98
Inneres	3664,88	3957,03
Justiz	345,53	351,13
Finanzen	3469,41	3347,88
Wirtschaft	6571,77	5967,96
Agrar, Verbraucherschutz	5696,81	5706,98
Arbeit und Soziales	92 187,72	93 431,34
Verkehr, Bau	26 365,34	26 364,31
Verteidigung	23 621,79	24 388,62
Gesundheit	1388,73	363,83
Umwelt und Naturschutz	549,74	541,95
Familie	5397,25	5195,08
Bundesverfassungsgericht	15,99	16,28
Bundesrechnungshof	80,04	76,19
Wirtschaftliche Zusammenarbeit	3698,98	3800,00
Bildung, Forschung	8391,00	8608,17
Bundesschuld	41 170,96	40 690,52
Versorgung	9000,12	8806,0
Allgemeine Finanzverwaltung	11 618,74	10 310,40
Insgesamt	**247 500,00**	**246 300,00**

**in Mio. €*

2001 bei einer Neuverschuldung von 2,7 Prozent das von der Bundesregierung selbst gesteckte Ziel um gut einen Prozentpunkt verfehlte, wollte die Europäische Kommission im Frühjahr die Regierung in Berlin mit einem »Blauen Brief« verwarnen. Die Finanzminister der EU, die einer Verwarnung hätten zustimmen müssen, begnügten sich stattdessen mit dem Versprechen Deutschlands (und Portugals), künftig die Netto-Kreditaufnahme deutlich zu begrenzen und auf mittlere Sicht sogar einen ausgeglichenen Haushalt anzustreben.

Das Ziel scheint angesichts der konjunkturellen Schwächen 2001/2002 nur schwer erreichbar. Im ersten Halbjahr 2002 sank das Steueraufkommen bei Bund und Ländern um mehr als 5 Prozent, das Aufkommen der Gemeinden sogar um 13,6 Prozent; die Steuerschätzung vom Frühjahr unterstellte allerdings eine kräftige gesamtwirtschaftliche Belebung für die zweite Jahreshälfte. Um die Planzahlen des Etats zu erreichen, müsste allein der Bund zwischen Juli und Dezember seine Steuereinnahmen um fast 45 Prozent steigern – eine schlechte Startbasis für jede neue Bundesregierung.

Der Entwurf des Bundesetats 2003, den Finanzminister Hans Eichel im Juni 2002 vorlegte, folgt dem erklärten Ziel, das Budget »in den kommenden Jahren weiter zu konsolidieren«. Die Gesamtausgaben des Bundes sollen um 0,5 Prozent auf 246,3 Milliarden Euro sinken, und auch die Neuverschuldung soll mit 15,5 Milliarden Euro um 5,6 Milliarden unter der für 2002 geplanten Kreditaufnahme liegen. Damit ist die Neuverschuldung im rot-grünen Zeitraum 1998 bis 2002 in etwa halbiert worden. Nach dem zugleich verabschiedeten Finanzplan ist für das Jahr 2006 ein ausgeglichener Etat vorgesehen, der erstmals seit dem Jahr 1970 ohne neue Schulden auskommt. Bis dahin wird der Bund einen Schuldenberg von über 770 Milliarden Euro aufgetürmt haben. Größter Ausgabenblock im Etat ist der Zuschuss des Bundes an die Rentenversicherung (77,2 Milliarden). Wahlkampfgerecht ist ein besonderer Schwerpunkt für Familien und Bildung dergestalt geplant, dass der Bund bis 2007 zusätzlich 10 000 Ganztagsschulen mit 4 Milliarden Euro mitfinanziert.

Entgegen den Erwartungen auch der Bundesregierung sank die Arbeitslosigkeit im Wahljahr nicht in einem spürbaren Ausmaß. Das lag auch an den weltwirtschaftlichen Verwerfungen, welche die Terroranschläge des 11. September auf den Weltmärkten und an den Börsen ausgelöst hatten. Ursache waren aber auch strukturelle Probleme der deutschen Wirtschaft: Es schien, als mangele es Unternehmern und Investoren an Vertrauen in die wirtschaftliche Zukunftsfähigkeit. Niemals seit dem Zweiten Weltkrieg wurden so viele Pleiten von Privatpersonen oder Unternehmen registriert. Innerhalb von Westeuropa lag Deutschland schon im Jahr 2000 mit 41 780 Fällen in der Spitzengruppe bei den Insolvenzen. Ein Jahr darauf wurden 49 600 Zusammenbrüche gezählt. Nun war Deutschland Pleiten-Europameister. Im ersten Halbjahr 2002 stellten 18 800 Unternehmen den Antrag auf ein Insolvenzverfahren. Aufs Jahr hochgerechnet, dürften damit weitere 600 000 Beschäftigte ihren Arbeitsplatz verlieren. Die finanziellen Schäden werden auf 45 Milliarden Euro geschätzt. Zu den spektakulären Pleiten (▸Seite 123) gehören der Medienkonzern Kirch, die Firmen Herlitz (Büro), Fairchild Dornier (Flugzeugbau), Holzmann (Bau) und Babcock Borsig (Maschinenbau). Tatsächlich sind jedoch vor allem mittlere und kleine Firmen von Finanzierungsschwierigkeiten betroffen: »Der Mittelstand stirbt still und heimlich«, konstatiert der Geschäftsführer der Wirtschaftsauskunftei Creditreform, Helmut Rödl. Mangelndes Vertrauen bestimmte weltweit auch das Geschehen an den Börsen. Die Börsenindizes Dow Jones und Dax erholten sich nach den Tiefständen im September 2001 nicht dauerhaft. Das lag auch daran, dass immer noch die völlig übertriebenen Erwartungen korrigiert wurden, die Anleger und Firmengründer des so genannten Neuen Markts in den Jahren zuvor zu immer neuen Kursrekorden beflügelt hatten. Dazu gehört die Deutsche Telekom, deren Aktienkurs innerhalb von zweieinhalb Jahren von über 100 auf unter 10 Euro sackte. Auf politischen Druck des Hauptaktionärs – dem Bund gehört immer noch mehr als 40 Prozent des Telekom-Kapitals – wurde daraufhin Vorstandschef Ron Sommer (▸Personen des Jahres) abgelöst. Er habe für die Übernahme der US-Mobilfunkgesellschaft Voicestream einen (mit 28 Milliarden Dollar) viel zu hohen Kaufpreis gezahlt, wurde ihm vorgeworfen (Wert Mitte 2002: 10 Milliarden Dollar). Außerdem übernahm die Telekom noch 5 Milliarden Dollar an Altschulden der amerikanischen Telefongesellschaft. Zusätzlich musste Sommer den Amerikanern noch mit einer 5-Milliarden-Dollar-Investionsspritze helfen. Auch die mehr als 8 Milliarden Euro, die die Telekom für den Kauf einer UMTS-Lizenz an den Bund gezahlt hatte, gelten inzwischen als überteuert und belasten die Kreditwürdigkeit des einstigen deutschen Telefon-Monopolisten. Viele Kleinaktionäre, die auf einen anhaltenden Boom gesetzt hatten, wandten sich enttäuscht oder gar verbittert vom Aktiengeschäft ab: Einigen waren mit dem Ende des Booms auch die eigenen Ersparnisse abhanden gekommen. Die schlechte Verfassung der deutschen Börsen wurde durch die Entwicklung am US-amerikanischen Kapitalmarkt genährt. Dort führten spektakuläre Zusammenbrüche, sogar Betrugsfälle – Energieversorger Enron, Telefonfirma WorldCom – zu immer neuen Tiefständen. Trotz mancher konjunktureller Risiken erwarten Wirtschaftsforscher für

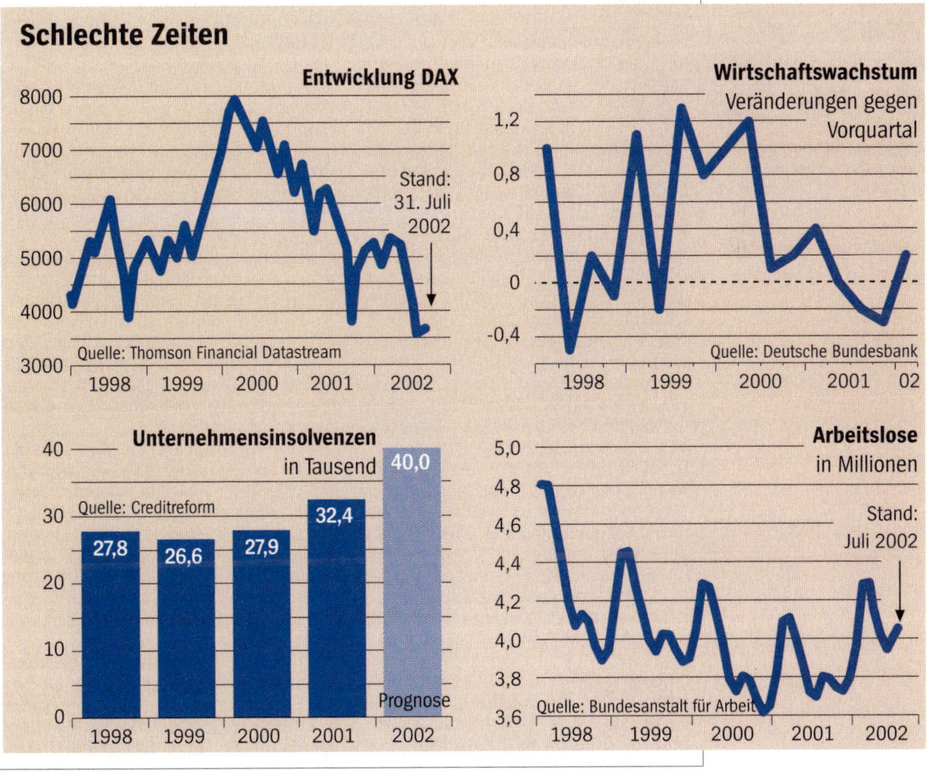

das Jahr 2002 für Deutschland ein reales Wachstum von 0,7 (Ifo), für 2003 sogar einen Anstieg des Bruttoinlandprodukts von 2,3 Prozent. Die Bundesregierung ging im Sommer 2002 von ähnlichen Prognosen aus: 0,75 für 2002, 2,5 Prozent für das folgende Jahr.

Arbeitsuchende vor dem Arbeitsamt Nord in Berlin

Das unerwartet schwache Wirtschaftswachstum brachte es mit sich, dass die Arbeitslosenzahlen auch im Sommer weiter stiegen. Um saisonale Einflüsse bereinigt, verharrten sie bei etwa 4 Millionen. Experten der Bundesanstalt für Arbeit rechnen damit, dass im Jahresschnitt 2002 in Ostdeutschland 1,4 Millionen Menschen ohne Arbeit sein werden – die höchste Zahl seit der Wiedervereinigung. Damit bleibt die Arbeitslosenquote im Osten doppelt so hoch wie in Westdeutschland. Darüber hinaus ist bei der Beurteilung des ostdeutschen Arbeitsmarkts zu berücksichtigen, dass im Jahrzehnt seit der Wiedervereinigung etwa 660 000 Arbeitskräfte nach Westdeutschland abgewandert sind. Die Zahl der Pendler, die im Osten wohnen, aber im Westen arbeiten, wird auf weitere 600 000 beziffert. Das zeigt die verheerende Schwäche der ostdeutschen Wirtschaft und bestätigt den Trend, dass sich Ostdeutschland immer mehr zu einer Dienstleistungsgesellschaft entwickelt, während Industriearbeitsplätze verloren gehen. In bestimmten Regionen der alten DDR – Brandenburg, Potsdam, Hoyerswerda und Bitterfeld – wurde inzwischen schon ein Viertel der früheren Arbeitsplätze abgebaut.

In Westdeutschland wirkte sich die Konjunkturlage überproportional in den Geschäftsergebnissen von Medien und Werbeindustrie aus. Das Volumen der Stellenanzeigen in Tageszeitungen halbierte sich. Die Folge waren Verluste oder zumindest drastische Sparmaßnahmen bei überregionalen Blättern (▸Medien).

GESUNDHEIT, SOZIALES

Öffentliche Gesundheitsausgaben (am BIP): 7,9 % **Öffentliche Ausgaben für Bildung und Erziehung** (am BIP): 4,6 % **Öffentliche Ausgaben für Altersversorgung** (am BIP): 12,1 % **Medizinische Versorgung:** 3,6 Ärzte, 6,8 Krankenhausbetten/1000 Einw. **Säuglingssterblichkeit:** 4 % **Müttersterblichkeit:** 12/100 000 Geb. **Frauenanteil an den Beschäftigten:** 42,3 % **HIV-Infektionsrate:** 0,1 % **Lebenserwartung:** Männer 74 J., Frauen 81 J. **Schulpflicht:** 6–15 (16) J.

Die steigende Lebenserwartung (Männer 74 J., Frauen 81 J.) bei hoher Arbeitslosigkeit und nur gering oder gar nicht steigenden öffentlichen Einnahmen hat das Sozialsystem an die Grenze der Funktionsfähigkeit geführt. Um den Beitragssatz zur Rentenversicherung nicht weiter steigern zu müssen, wurde 1998 die Mehrwertsteuer von 15 auf 16 Prozent erhöht. Seit April 1999 fließen zudem Einnahmen aus der Ökosteuer in die Rentenkasse, um eine Senkung der Beiträge zu ermöglichen (Beitragssatz 2002: 19,1 %). Derzeit erhalten rund 22,5 Millionen Rentnerinnen und Rentner Bezüge aus der gesetzlichen Altersversicherung; Mitte 2002 betrug die Rente eines Durchschnittsverdieners bei 45 Versicherungsjahren in Westdeutschland 1164 Euro, in Ostdeutschland 1022.

In der Krankenversicherung werden seit einigen Jahren angesichts der Kostenexplosion immer neue Pläne zur Kostendämpfung umgesetzt, die einerseits die Einnahmen von Ärzten, Krankenhäusern und Pharmaindustrie begrenzen sollen, andererseits die Versicherten zu höheren Eigenbeiträgen zwingen (oder anregen).

Zu dem Regelwerk von staatlichen Eingriffen in den Markt gehören die Begrenzung der Arzneimittelausgaben sowie die so genannte integrierte Versorgung, die den Krankenkassen den Abschluss spezieller Verträge mit Kliniken und Ärzten erlaubt. Auch das Gesamtvolumen der Ärztevergütungen wurde neu aufgeteilt.

Ein Kollektivregress, der die Ärzte bei zu hohen Arzneimittelverschreibungen haftbar machte, wurde Ende 2001 wieder abgeschafft. Die Beiträge stiegen weiter. 325 000 Kassenmitglieder wechselten zu privaten Versicherungen. Nach der Wahl 2002 wird, entsprechend den Ankündigungen aller Parteien, mit einer neuen, umfassenden Gesundheitsreform gerechnet, um die Kosten im Gesundheitswesen für längere Zeit zu begrenzen. In ihrem Wahlprogramm bleiben die Sozialdemokraten allerdings noch vage und stellen sich

DIE GRÖSSTEN DEUTSCHEN FIRMENPLEITEN

1961: Die Bremer Automobilfirma **Borgward** meldet erst einen Vergleich und wenig später Konkurs an. Mehr als 15000 Arbeiter müssen entlassen werden. Erst nach Ende des Konkursverfahrens stellt sich heraus, dass das Unternehmen gar nicht überschuldet war.

1974: Wegen Millionenverlusten aus Devisentermingeschäften muss das Kölner Bankhaus **Herstatt** ein Vergleichsverfahren wegen Überschuldung anmelden. Tausende von Bankkunden gehen leer aus.

1982: Der seinerzeit zweitgrößte deutsche Elektrokonzern **AEG** beantragt ein Vergleichsverfahren, das die Gläubiger 4,4 Milliarden Mark kostet. Unter anderem eine agressive Expansionspolitik hatten das Unternehmen mit seinen ehemals 178000 Mitarbeitern über Gebühr belastet. AEG geht später im Konzern Daimler-Benz auf.

1983: Schulden in Höhe von rund einer Milliarde Mark zwingen den drittgrößten Baumaschinenhersteller **IBH** Holding zum Konkurs. Der Vorstandsvorsitzende wird wegen Konkursverschleppung und Betrugs verurteilt.

1986: Der völlig überschuldete Immobilienkonzern **Neue Heimat** wird von den Gewerkschaften für den symbolischen Preis von einer Mark an den Berliner Bäcker Horst Schiesser verkauft. Die Gläubigerbanken setzen die Rückgabe an die Gewerkschaften und die Liquidation des Unternehmens durch.

1989: Mittels kompliziert konstruierter und fingierter Bilanzen besorgen sich die Chefs des Handelskonzerns **Coop** Milliardensummen bei den Banken. Ein angemeldeter Vergleich des Unternehmens, das fast 50000 Mitarbeiter beschäftigt, wird später zurückgezogen. Die Gläubiger müssen auf 1,7 Milliarden Mark verzichten.

1993: Mit monatlichen Verlusten von bis zu 30 Millionen Mark muss die **Saarstahl** AG Konkurs anmelden. Die Belegschaft wird von 7200 auf 4500 Mitarbeiter verkleinert. Das Unternehmen besteht weiter. Im Dezember 2001 wird der Konkurs aufgehoben.

1993: Die Duisburger **Klöckner-Werke** melden Konkurs an, der später in einem außergerichtlichen Vergleich endet. Das Unternehmen hatte durch Ölttermingeschäfte einen Verlust von knapp einer Milliarde Mark erlitten.

1994: Der Sportbodenhersteller **Balsam AG** beantragt Konkurs, nachdem durch Finanzmanipulationen ein Gesamtschaden von mehr als 1,3 Milliarden Mark entstanden ist. Die Firmenchefs werden wegen Betrugs zu langjährigen Haftstrafen verurteilt.

1994: Der Immobilienunternehmer **Jürgen Schneider** geht Pleite und hinterlässt bei Banken und Handwerkern einen Schuldenberg von mehr als fünf Milliarden Mark. Ein Teil kann später durch Immobilienverkäufe beglichen werden. Schneider wird wegen Betrugs ein Jahr später in den USA verhaftet.

1996: Die größte deutsche Werftengruppe **Bremer Vulkan** meldet Konkurs an. Der Konzern mit 15000 Mitarbeitern hatte 1995 1,5 Milliarden Mark Verlust gemacht. Etwa 850 Millionen Mark waren für Tochtergesellschaften in den neuen Ländern zweckentfremdet verwendet worden, um Finanzlöcher zu stopfen.

1999/2002: Im 150. Jahr der Firmengeschichte gibt der Baukonzern **Philipp Holzmann** im November 1999 Verluste von 2,4 Milliarden Mark (1,3 Milliarden Euro) bekannt. Unter Vermittlung von Bundeskanzler Gerhard Schröder einigen sich die Banken auf einen Rettungsplan.
Zweieinhalb Jahre später räumt das eigentlich als saniert geltende Unternehmen erneut hohe Verluste ein, die Anfang Juni 2002 schließlich zur Eröffnung des Insolvenzverfahrens führen. Weltweit mehr als 20000 Arbeitsplätze stehen auf dem Spiel.

2000: Über den badischen Bohrsysteme-Anbieter **Flowtex** wird das Insolvenzverfahren eröffnet, nachdem Schulden von bis zu drei Milliarden Mark (1,53 Milliarden Euro) auftauchten. Den Chefs der verschachtelten Firmengruppe wird vorgeworfen, mit Luftbuchungen über den Verkauf nicht existierender Geräte die Bücher frisiert zu haben.

April 2002: Der Berliner Schreibwarenhersteller **Herlitz** muss Insolvenz beantragen, nachdem die Banken nicht mehr bereit sind, ausreichende Bürgschaften auszustellen. Das Unternehmen sieht aber im Rahmen des Insolvenzverfahrens gute Chancen zur Fortführung der Geschäfte und für den überwiegenden Erhalt der rund 3000 Arbeitsplätze.

April 2002: Das Imperium des Filmrechtehändlers **Leo Kirch** gerät ins Wanken und bricht schließlich unter der Last von rund 6,5 Milliarden Euro Schulden zusammen. Die meisten der rund 10000 Arbeitsplätze können bis auf weiteres gesichert werden. Die Verhandlungen zwischen Banken und Investoren um die Übernahme lukrativer Firmenteile laufen.

Juli 2002: Der bayerische Flugzeugbauer **Fairchild Dornier** geht nach monatelangem Überlebenskampf in die Insolvenz. Von den 3630 Mitarbeitern könnten zunächst noch 1794 weiter beschäftigt werden. Der europäische Luft- und Raumfahrtkonzern EADS will über 400 Mitarbeiter von Fairchild Dornier übernehmen, jedoch nicht bei dem letzten deutschen Flugzeugbauer einsteigen.

Juli 2002: Der Traditionskonzern **Babcock Borsig** beantragt Insolvenz. Verhandlungen mit Banken und Eigentümern über eine mögliche Sanierung bringen kein Ergebnis. Unternehmen und Politiker hoffen auf eine Lösung während des Insolvenzverfahrens und auf Rettung zumindest eines Großteils der weltweit rund 22000 Arbeitsplätze.

Studenten bei einer Pathologie-Vorlesung

vehement gegen eine »Zwei-Klassen-Medizin« – die es in Wirklichkeit mit der Unterteilung in gesetzlich und privat Versicherte längst gibt. Die SPD lehnt jedoch strikt eine Aufteilung medizinischer Leistungen in Grund- und Wahlleistungen ab. Nach den Vorstellungen der Union sollen die Versicherten künftig mit den Krankenkassen vereinbaren, ob sie zum jetzigen Beitrag den bisherigen Leistungsumfang beibehalten oder ob sie den Leistungskatalog nach ihren eigenen Wünschen zusammenstellen wollen. Für einen größeren Leistungsumfang wären entsprechend höhere Beiträge nötig; wer geringere Beiträge zahlen möchte, soll Selbstbehalte vereinbaren. Eine unionsgeführte Regierung will festlegen, wie viele Beitragspunkte disponibel gestaltet werden können: So könnte der individuelle Beitrag (derzeit über 14 % vom versicherungspflichtigen Einkommen) um bis zu drei Prozentpunkte sinken.

Anfang 2001 zählte die gesetzliche Krankenversicherung 51 Mio. Mitglieder mit 71 Mio. Versicherten. Insgesamt ist den Deutschen ihre Gesundheit über 218 Mrd. Euro wert.

Medizinische Versorgung: 294 676 berufstätige Ärzte, davon 120 217 niedergelassene; 63 120 Zahnärzte; im Jahr 2000 gab es 2242 Krankenhäuser mit 112 899 Ärzten und 414 478 Pflegekräfte. In 559 651 Betten lagen 16,5 Mio. Patienten im Schnitt 10 Tage. Ein Fünftel der Betten blieb leer.

An Sozialhilfe gaben die dafür zuständigen Gemeinden 23,319 Mrd. Euro aus, davon wurden 42 Prozent als Hilfe zum Lebensunterhalt an etwa 2,694 Mio. Personen, vor allem Kinder, Frauen und Ausländer, gezahlt. Hinzu kamen 1,945 Mrd. Euro für 352 000 Asylbewerber.

BILDUNG

Bildung gehört nach dem föderalistischen Prinzip des Grundgesetzes zur Kulturhoheit der Länder. Der Bildungssektor umfasst die allgemein bildenden Schulen, die Universitäten und den Bereich der beruflichen Bildung und Weiterbildung.

Das Bildungssystem wird durch eine Reihe von staatlichen Institutionen gelenkt und koordiniert. Auf Bundesebene ist das Ministerium für Bildung und Forschung zuständig. Damit die Bundesländer nicht zu sehr auseinander driften, sorgt die Kultusministerkonferenz (KMK) der Länder durch Absprachen und gemeinsame Beschlüsse für ein Mindestmaß an Einheitlichkeit. Die Bund-Länder-Kommission (BLK) für Bildung und Forschungsförderung befasst sich mit Bildungsplanung und Innovationen im Bildungswesen. Das Bundesinstitut für Berufsbildung (BIBB) forscht auf dem Gebiet der beruflichen Bildung und ist federführend bei der Entwicklung neuer Berufsbilder. Hochschulrektorenkonferenz (HRK) und der Wissenschaftsrat beraten in Fragen, die sich mit den Themen der Wissenschaft, der Lehre und der Forschung befassen, sie nehmen auch Einfluss auf hochschulpolitische Entwicklungen. Daneben wirken Institutionen der Wirtschaft, Standes- und Berufsverbände sowie die Gewerkschaften im Bildungswesen mit. Der Anteil der öffentlichen und privaten Bildungsausgaben am BIP lag nach OECD-Berechnungen bei 5,6 Prozent.

Schule

Die Vollzeitschulpflicht beträgt 9, in manchen Bundesländern 10 Jahre. Sie beginnt für alle Kinder, die je nach Bundesland zwischen dem 30. Juni und 30. September eines Jahres das 6. Lebensjahr vollendet haben, am 1. August desselben Jahres. Kinder, die noch nicht schulreif sind, können vom Schulbesuch zurückgestellt werden.

Das Schulsystem basiert auf der (meist) 4-jährigen Grundschule und gliedert sich danach in

- die Hauptschule (5 bzw. 6 J.) mit dem Hauptschulabschluss als Grundlage für eine Berufsausbildung mit alternierendem oder parallelem Berufsschulunterricht;
- die Realschule (meist 6 J.) mit dem »Mittleren Schulabschluss« (Realschulabschluss) nach dem 10. Schuljahr, die den Zugang zu berufs- und studienqualifizierenden Bildungsgängen eröffnet;

- das Gymnasium mit der Allgemeinen Hochschulreife (Abitur) nach dem 12. oder 13. Schuljahr; während die meisten Bundesländer noch mit einer kürzeren Schulzeit experimentieren, haben bislang nur Sachsen, Thüringen und, ab dem Fünftklässler-Jahrgang des Schuljahres 2001/2002, das Saarland das Abitur nach 12 Jahren;
- die Kooperative (auf unterschiedliche Abschlüsse bezogene) oder Integrierte (mit leistungsdifferenziertem Unterricht) Gesamtschule.

Im Schuljahr 2000/2001 gab es an 41 633 allgemein bildenden Schulen 9,96 Mio. Schüler(innen). Ein Drittel davon waren Grundschüler. Von den Achtklässlern besuchten 22,4 Prozent die Hauptschule, 24,3 die Realschule, 29,4 das Gymnasium und 9,2 Prozent die Integrierte Gesamtschule.
In der internationalen »Pisa«-Studie der Organisation für wirtschaftliche Zusammenarbeit und Entwicklung schnitten deutsche Schüler mit unterdurchschnittlichen Ergebnissen ab. Die Studie verglich die Grundbildung 15-jähriger Schüler und Schülerinnen aus 32 Staaten in Lesen, Mathematik und Naturwissenschaft. Bestnoten erreichten die Testschüler aus Finnland, Südkorea, Japan und Kanada, während die deutschen Schüler nur auf Ränge im unteren Mittelfeld kamen. Nach Bekanntwerden der Studie beschloss die Kultusministerkonferenz Maßnahmen zur Abhilfe. Die Bundesregierung, obwohl formal nicht für Bildung zuständig, brachte zugleich mit dem Haushaltsentwurf 2003 ein Programm zur Einrichtung von 10 000 Ganztagsschulen auf den Weg. Die erweiterte, die deutschen Bundesländer vergleichende Pisa-E-Studie deckte große Leistungsdifferenzen der 15-jährigen Schüler wie auch der Neuntklässler innerhalb Deutschlands auf: In Bayern und Baden-Württemberg zeigten die 15-Jährigen die besten Leistungen (▸Dossier Seite 556).

Berufliche Bildung

Die Zuständigkeit für die Berufsausbildung ist im Berufsbildungsgesetz (BBiG) festgelegt. Danach sind für die Gewerbebetriebe (die nicht Handwerksbetriebe sind) in den Bereichen Industrie, Handel, Banken, Versicherungen, Gaststätten und Verkehr sowie Bergbau die 82 Industrie- und Handelskammern verantwortlich. Die Ausbildung in den Handwerksbetrieben obliegt den 55 Handwerkskammern. Im Öffentlichen Dienst bestimmen die obersten Bundes- und Landesbehörden und die Kommunen über die Qualifizierung des Nachwuchses. Bei den freien Berufen regeln 28 Rechtsanwalts- und 21 Notarkammern, 21 Steuerberaterkammern sowie jeweils 17 Ärzte-, Zahnärzte-, Apotheker- und Tierärztekammern die Ausbildung.
Die Lage auf dem Lehrstellenmarkt hat sich verbessert. Wie schon im Vorjahr überstieg im Ausbildungsjahr 2001 das Angebot mit 638 387 Ausbildungsplätzen die Zahl der Lehrstellenbewerber (634 314). Zum gesetzlichen Stichtag am 30. September 2000 hatten 621 693 Jugendliche einen Lehrvertrag abgeschlossen.
Doch während im Westen rechnerisch 11 656 Stellen zu viel angeboten wurden, klaffte im Osten immer noch eine Lücke von 7583 Lehrstellen. Um die Situation in Ostdeutschland zu verbessern, wird seit dem 1. Januar 2001 die Hälfte der Mittel (Gesamtumfang pro Jahr: gut 1 Mrd. Euro) aus dem »Sofortprogramm zum Abbau der Jugendarbeitslosigkeit« in den neuen Bundesländern eingesetzt.

Protestierende Studenten vor dem Landtag in Dresden

Hochschule

Die Hochschulen gehören zum tertiären Bereich des Bildungssystems und sind für die akademische Ausbildung verantwortlich. Die Hochschularten und ihre Aufgaben sind im Hochschulrahmengesetz (HRG) geregelt, das die Grundlage für die Hochschulgesetze der Länder bildet. Als Berechtigungsnachweis für ein Hochschulstudium gilt das Abschlusszeugnis des Gymnasiums (Abitur) oder das Fachabitur, das nur ein Studium in wenigen Fächern zulässt.
An den Hochschulen gibt es mehr als 9600 Studienmöglichkeiten. Bundesweit teilt die Zentralstelle für die Vergabe von Studienplätzen (ZVS) die Studiengänge Betriebswirtschaft, Biologie,

Lebensmittelchemie, Medizin, Pharmazie, Psychologie und Zahnmedizin zu. Seit dem Wintersemester 2000/2001 konnten sich die Universitäten erstmals 20, seit dem Wintersemester 2002/2003 24 Prozent der Studenten in diesen zugangsbeschränkten Fächern selbst aussuchen. Alle anderen Fächer werden direkt von den anbietenden Hochschulen vergeben.
Mögliche akademische Abschlüsse sind je nach Fachrichtung und Berufsziel Magister, Diplom, Staatsexamen, kirchliche Prüfungen, Promotion, auch Bakkalaureus/Bachelor und Master. Zu den 355 staatlich anerkannten Hochschulen gehörten 91 Universitäten, 7 Gesamthochschulen (nur in Hessen und Nordrhein-Westfalen), 16 Theologische und 6 Pädagogische Hochschulen, 50 Kunsthochschulen, 156 Fachhochschulen und 29 Verwaltungshochschulen. An den Hochschulen lehrten und forschten im Jahr 2000 knapp 4000 Professorinnen und rund 38 000 Professoren.

Baustelle in Berlin-Mitte

Im Wintersemester 2001/2002 waren 1 860 700 Studierende eingeschrieben. Die Zahl der Erstsemester belief sich im Wintersemester 2001/2002 auf 342 700. Während im OECD-Schnitt 45 Prozent eines Altersjahrgangs ein Studium aufnahmen, waren es in Deutschland nur 28 Prozent.
Das Erststudium an staatlichen Hochschulen ist bis auf einen geringen Semesterbeitrag kostenlos. Gebühren werden von Privat-Universitäten, bayerischen Hochschulen für Zweitstudien sowie baden-württembergischen, niedersächsischen und saarländischen Hochschulen von Langzeitstudenten erhoben. Rheinland-Pfalz und Nordrhein-Westfalen planen die Einführung für 2004. Mit der 6. Novelle des Hochschulrahmengesetzes sollte die grundsätzliche Gebührenfreiheit des Erststudiums festgeschrieben werden. Studierenden, denen die notwendigen Mittel für Lebensunterhalt und Studium nicht zur Verfügung stehen, wird vom Staat eine individuelle finanzielle Hilfe (zur Hälfte als Zuschuss, zur Hälfte als unverzinsliches Staatsdarlehen) für die Dauer der Regelstudienzeit gewährt. Die 16. Sozialerhebung des Deutschen Studentenwerks ergab einen leichten Anstieg derjenigen Studentinnen und Studenten, die Leistungen nach dem Bundesausbildungsförderungsgesetz (Bafög) bezogen (von 25,6 % auf 26,1 %). Im Jahr 2000 wurden, verglichen mit 1997, mehr Studenten aus Familien mit niedrigem bis mittlerem Einkommen gefördert. Der Höchstsatz wurde auf 583 Euro angehoben. Neben dem Bafög kann ein Bildungskredit, etwa für die Finanzierung von teuren Studienmaterialien, besonderen Exkursionen, Studienaufenthalten oder auch Praktika im Ausland, beantragt werden. Der Kredit beträgt monatlich 300 Euro und kann bis zu 24 Monate gewährt werden.

WIRTSCHAFT

Währung: 1 € = 100 Cent **BSP:** 2063,7 Mrd. US$ **Wachstumsrate des BIP:** 3 % **BSP/Kopf:** 25 120 US$ **Anteile am BIP:** Landwirtschaft 1 %, Industrie 31 %, Dienstleistungen 68 %. **Forschung+Entwicklungsausgaben** (am BSP): 2,31 % **Arbeitslosenquote:** 8,1 % **Inflationsrate:** 2,4 % **Staatseinnahmen:** 953 Mrd. € **Steueraufkommen** (am BIP): 26,3 % **Einkommensteuer:** max. 48,5 % (ab 2003: 47 %) **Körperschaftsteuer:** 25 % **Staatsausgaben:** 929,2 € **Leistungsbilanzüberschuss:** 3,82 Mrd. US$ **Auslandsschulden:** 2461 Mrd. US$ **Auslandsvermögen:** 2530 Mrd. US$ **Devisenreserven:** 87,497 Mrd. US$ **Geleistete Entwicklungshilfe:** 5,030 Mrd. US$ **Ausl. Direktinvestitionen:** 189,178 Mrd. US$ **Börse** (Marktkapitalisierung am BIP): 67,8 % **Energie:** Produktion 132,96 Mio. t ÖE, Verbrauch 337,20 Mio. t ÖE. Anteile am Verbrauch: Kohle 25,2 %, Öl 39,3 %, Atomenergie 11,5 %, Erdgas 22,3 %, sonstige 1,7 %

Landwirtschaft, Rohstoffe, Industrie:

Nutzfläche 33,7 %, von der Anbaufläche sind 4 % bewässert **Produkte:** Weizen, Roggen, Mais, Gerste, Wein, Kartoffeln, Zuckerrüben **Bewaldet:** 107 000 km², jährliche **Rodung:** keine **Rohstoffe:** Braunkohle, Steinkohle, Salz **Wichtige Industriezweige:**

Deutsche Exportschlager

Ausfuhr in Milliarden Euro 2001 nach Gütergruppen

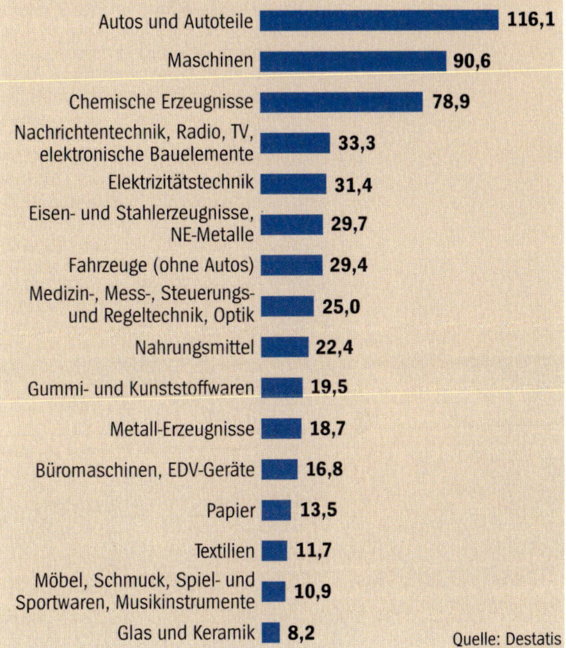

Quelle: Destatis

Maschinenbau, Elektrotechnik, Elektronik, Kfz-Industrie, Chemie, Stahl, Kohle, Textil

Ebenso wie in anderen Industrieländern ist die Bedeutung der Landwirtschaft für die Gesamtwirtschaft gering. Nur 1 Prozent des BIP werden von nur knapp 3 Prozent der Erwerbstätigen erwirtschaftet. Die Produktivität ist in den letzten Jahrzehnten stark gestiegen. 1950 konnte ein Landwirt 10 Deutsche ernähren, heute über zehnmal so viele.

Die deutsche Landwirtschaft muss sich mit teils dramatischen Folgen von Futtermittelskandalen auseinander setzen, die in immer kürzeren Abständen die Verbraucher verunsichern. Zwar wurden die mit der Rinderseuche BSE verbundenen Absatzprobleme noch relativ schnell überwunden – bis Ende Juni 2002 hatten sich 185 BSE-Fälle bestätigt –, doch erschütterten im Frühjahr und Sommer 2002 zwei weitere Affären das Vertrauen der Käufer in die Unbedenklichkeit von Lebensmitteln. Im Januar wiesen Fleischproben einen gefährlich hohen Anteil des Unkrautvernichtungsmittels Nitrofen auf. Ende Mai stellte sich heraus, dass bis zu 50 000 Tonnen Futtergetreide mit diesem Gift verseucht wurden. Sie waren mit 72 t Getreide, das in einer Halle im mecklenburgischen Malchin zwischenlagerte, kontaminiert. In DDR-Zeiten – also mehr als ein Jahrzehnt zuvor – wurden hier Pflanzenschutzmittel aufbewahrt. 83 Höfe mussten gesperrt werden.

Die europaweite Verflechtung von Futtermittelströmen zeigte sich bei der Hormonaffäre 2002. Abfälle einer pharmazeutischen Fabrik in Irland die u. a. Antibabypillen produziert, waren in Belgien zu Glukosesirup verarbeitet und mit in die Nahrungskette (Tierfutter, Fruchtsäfte) geschleust worden. Mehrere hundert Fleischbetriebe in Westdeutschland, aber auch in ganz Westeuropa mussten geschlossen werden, bis sie die Unbedenklichkeit ihrer Produkte nachweisen konnten.

Landwirtschafts- und Verbraucherschutzministerin Renate Künast, die zu ihrem Amtsantritt Anfang 2000 noch eine »Agrarwende« zu Gunsten der bäuerlichen und ökologischen Landwirtschaft gefordert hatte, konnte bisher auch nur einige Anstöße durchsetzen. Auf mittlere Sicht soll der Anteil der ökologisch fundierten Landwirtschaft zu Lasten der industriell produzierenden Betriebe von 3 auf 20 Prozent gesteigert werden. Künast musste mit den Länderkollegen und Finanzministern Kompromisse schließen: So wurde ihr Plan, Einkommenshilfen für Bauern zu stutzen und stattdessen ökologische Maßnahmen zu finanzieren, zeitlich gestreckt. Ihr Vorhaben, die Verfütterung von Tiermehl über 2002 hinaus zu verbieten, fiel in der EU ganz durch.

Die Brüsseler Agrarpolitik, wegen ihres Trends zur Überproduktion durch Subventionen seit Jahren Ziel der Kritik, soll nach dem Willen Künasts, aber vor allem nach den Plänen des zuständigen Agrarkommissars Franz Fischler, völlig umgestellt werden. Danach würden Europas Bauern von 2004 an nicht mehr nach den produzierten Mengen subventioniert. Stattdessen könnten direkte Einkommenshilfen pro Betrieb bis zur Obergrenze von 300 000 Euro im Jahr fließen. Vorrangiges Ziel ist nicht die Einsparung im EU-Budget – es beträgt jährlich 35 Milliarden Euro bis 2006 –, sondern der Wunsch, dass sich die Bauern künftig stärker an der Nachfrage und damit am Markt orientieren, um unnütze Produktionen zu vermeiden. In den Worten des Österreichers Fischler: »Bauern werden nicht mehr für die Produktion bezahlt, sondern für die Leistungen, welche die Gesellschaft von ihnen erwartet.« Allerdings ist völlig offen, ob Frankreich – das bisher jährlich 9 Mrd. Euro an Subventionen aus der EU-Kasse erhält – eine derartige Reform mitträgt. Auch Italien, Griechenland und Finnland übten Kritik.

Außenwirtschaft:
Handelsbilanzüberschuss 82,830 Mrd. US$ **Export:** 570,590 Mrd. US$, davon 51,2 % Maschinen u. Transportmittel (darin 17,4 % Kfz und Kfz-Teile), 13,9 % industr. Vorprodukte, 12,7 % Chemie **Hauptausfuhrländer:** Frankreich (11,4 %), USA (10,3 %), Großbritannien (8,3 %), Italien (7,6 %), Niederlande (6,5 %) **Hightech-Exporte:** 82,958 Mrd. US$ **Import:** 487,760 Mrd. US$, davon 37 % Maschinen u. Transportmittel (darin 8,3 % Kfz und Kfz-Teile), 12,7 % industr. Vorprodukte, 12,1 % Fertigwaren **Hauptlieferländer:** Frankreich (9,6 %), Niederlande (8,8 %), USA (8,5 %), Großbritannien (7 %), Italien (6,7 %)

Hauptbahnhof Hamburg

Seit Jahren nimmt Deutschland bei Ex- und Importen hinter den USA den Platz des Vizeweltmeisters ein. Trotz des Konjunktureinbruchs im Herbst nach den Terroranschlägen in den USA schloss die Handelsbilanz 2001 mit einem 60 Prozent höheren Überschuss ab. Im Jahresverlauf wurden 6,7 Prozent mehr Güter ausgeführt. Der Wert der Einfuhren stieg dagegen nur um 0,9 Prozent. Der hohe deutsche Außenhandelsüberschuss war demnach vor allem eine Folge des schwachen Imports. Entsprechend schloss erstmals seit der Wiedervereinigung die deutsche Leistungsbilanz 2001 im Plus. Nach einem Defizit von 18,71 Milliarden Dollar im Jahr 2000 erreichte die Bilanz ein Jahr später einen Überschuss von 3,82 Milliarden. Zuletzt hatte die deutsche Leistungsbilanz 1989 einen positiven Saldo ausgewiesen. Normalerweise erwirtschaftet Deutschland einen Überschuss im Warenhandel, der durch ein Minus in der Dienstleistungsbilanz und dort vor allem im Reiseverkehr aufgezehrt wird.
Im ersten Halbjahr 2002 blieb es bei der positiven Bilanz. Der Ausfuhrüberschuss stieg weiter und erreichte mit 61,8 Milliarden Euro bis Juni wieder einen neuen Rekord. Weiterhin ist es aber vorwiegend der um 7,2 Prozent gesunkene Import, der Deutschland die Überschüsse beschert. Das Exportgeschäft bleibt mit einem Minus von 0,5 Prozent schleppend. Die Autoexporte blieben sogar mit 4 Prozent hinter denen des Vorjahres zurück. Auch die Ausfuhren in die Euro-Zone, von Währungsschwankungen unbeeinflusst, sanken. Nur wenige Drittländer wie Russland und China nahmen mehr deutsche Produkte ab.

VERKEHR

Straßennetz: 230 848 km, dazu etwa 410 000 km Gemeindestraßen. 11 786 km Bundesautobahnen. Zunehmend leidet der Fernverkehr an der überproportionalen Zunahme des Straßengüterverkehrs – seit 1990 um ein Drittel; viele Industrieunternehmen verzichten aus Rentabilitätsgründen auf teure Lagerhaltung und beziehen ihre Produkte über fahrplanmäßige (»just in time«-)Zulieferungen. Mit der Öffnung der Ostgrenzen nahm auch der Transitverkehr stark zu.
Motorisierung: 529 Kfz/1000 Einwohner. 1999 wurden in Deutschland 3,8 Mio. Pkw neu zugelassen, 2001 nur noch 3,34 Mio.; im ersten Halbjahr 2002 sank die Zahl um 3,9 % auf 1,69 Mio.
Marktanteile auf dem westeuropäischen Automobilmarkt:

Neuzulassungen 1. Halbjahr 2002 (in Prozent)

Renault	10,9
Volkswagen	10,2
Opel/Vauxhall	9,3
Ford	9,1
Peugeot	8,9
Fiat	6,4
Citroën	6,0
Mercedes-Benz	5,0
Toyota	4,4
Audi	3,8

BMW	3,7
koreanische Modelle	2,7
Seat	2,5
Nissan	2,5
Škoda	1,6
Volvo	1,6
Alfa Romeo	1,2
Honda	1,2
Rover	1,0
Mazda	1,0
Suzuki	1,0
Mitsubishi	0,8
Saab	0,5

Schienennetz: 37 477 km, davon über 19 000 km elektrifiziert. Das ICE-Netz umfasst 5000 km, davon über 1800 km als Hochgeschwindigkeitsstrecken. Nach dem Neubau der Strecken Hannover–Würzburg (327 km), Mannheim–Stuttgart (100 km) und Hannover–Berlin (264 km) wurde im Juli 2002 nach sechsjähriger Bauzeit die Strecke Köln–Frankfurt (177 km) eröffnet. Der Gesamtaufwand betrug über 6 Milliarden Euro. Die Reisezeit auf der durch 30 Tunnel und über 18 Brücken führenden Strecke soll von gut zwei Stunden auf knapp eine Stunde verkürzt werden. Auf der Strecke erreicht der ICE 3 Geschwindigkeiten von bis zu 300 km/h. Nachdem die Bahn auf den Bau einer Transrapid-Trasse zwischen Hamburg und Berlin endgültig verzichtete, sind nun jedoch zwei kleinere Trassen in Nordrhein-Westfalen (»Metrorapid« von Düsseldorf nach Dortmund) und in Bayern zum Münchner Flughafen in Planung. Der Bundesrechnungshof lehnt beide Strecken unter Kosten-Nutzen-Gesichtspunkten ab. Trotz der Bahnreform und der Umwandlung des Staatsbetriebs in eine Aktiengesellschaft drohen bei der gegenwärtigen Struktur weiterhin hohe Defizite. Bahnchef Hartmut Mehdorn, der das Unternehmen bis zum Jahr 2004 sanieren möchte, plant einen radikalen Personalabbau und starke Einschnitte in das Streckennetz. Die Bahn will sich in Zukunft auf den Fernverkehr zwischen deutschen und europäischen Großstädten konzentrieren und den regionalen Betrieb privaten Betreibern überlassen. Zwischen 2002 und 2006 plant das Unternehmen über 40 Milliarden Euro zu investieren. Mit 28 Milliarden soll das ramponierte Schienennetz repariert, für 10 Milliarden Euro der Wagenpark erneuert werden. Dafür muss sich die Bahn massiv neu verschulden. Vom Dezember 2002 an soll zudem ein neues Tarifsystem mehr Fahrgäste anlocken. Wer früh bucht, erhält erhebliche Preisnachlässe, auch für Familien wird es billiger. Für Pendler hingegen soll das Bahnfahren teurer werden.

Luftverkehr: Der internationale Flugverkehr für Passagiere und Fracht wird im Wesentlichen über 18 **Flughäfen** abgewickelt; daneben gibt es regionale Flugplätze für den Charter-, Geschäfts- und Sportverkehr. Mit knapp 1,9 Millionen Starts und Landungen und 140 Millionen Passagieren haben die Flughäfen 2001 ihren Vorjahresrekord knapp verfehlt. Der Flugverkehr mit außereuropäischen Ländern sank um 4,5 Prozent, die Zahl der innereuropäischen Flüge stieg um 0,1 und die der innerdeutschen sank um 5,4 Prozent. Das Luftfrachtaufkommen lag bei 2,2 Mio. t.

Der mit Abstand größte deutsche Airport ist Frankfurt a. M. mit gut 48 Millionen Passagieren. Danach folgen München, Düsseldorf, Berlin-Tegel und Hamburg.

Die inzwischen vollständig privatisierte Lufthansa gehört zu den größten **Fluggesellschaften** der Welt. In der »Star Alliance« kooperiert sie mit 16 Luftlinien, darunter United Airlines (USA), All Nippon Airways (Japan), Scandinavian Airlines (SAS), Singapore Airlines, Lot, Air New Zealand und Air Canada.

Condor, die Touristik-Tochter der Lufthansa, wurde 1998 mit der Karstadt-Tochter NUR zum zweitgrößten europäischen Reiseveranstalter Thomas Cook AG zusammengelegt. Weltweit an erster Stelle steht der einstige Montankonzern Preussag, heute TUI.

Größter deutscher Flughafen Frankfurt am Main

Schifffahrt: Die wichtigsten **Seehäfen** sind Hamburg, Wilhelmshaven, Bremen, Rostock und Lübeck.

Deutsche Reeder betreiben 2169 Seeschiffe mit 37,2 Mio. tdw (4,7 % der Welthandelsflotte), 402 unter deutscher und 1767 unter ausländischer Flagge. Dazu 5 Passagierschiffe unter deutscher und 9 unter ausländischer Flagge.

Binnenschifffahrt: Auf 7500 km Flüssen und Kanälen möglich, von denen fast alle mit Binnenschiffen der Europaklasse (1300 t) befahrbar sind. Kanäle verbinden Nord- und Ostsee sowie die großen Flüsse; der Rhein-Main-Donau-Kanal schafft eine Ver-

bindung zwischen Nordsee und Schwarzem Meer.
Wichtigste Binnenhäfen: Duisburg sowie Magdeburg für die neuen Bundesländer
Pipelines: Aus den Häfen Wilhelmshaven, Rotterdam, Marseille, Triest und aus der osteuropäischen Druschba-Ölleitung wird Rohöl über ein Pipeline-Netz zu den deutschen Raffinerien gepumpt. Länge in Deutschland: 2704 km.
Über ein kontinentales Fernleitungsnetz von 36 000 km Länge gelangt Erdgas von der Nordsee, von Norwegen, aus den Niederlanden und der früheren Sowjetunion nach Deutschland und wird hier über ein 360 000 km langes Netz an die Verbraucher verteilt. Gesamtimport 2001: 75,9 Mrd. m^3 im Wert von 12,107 Mrd. Euro.

KOMMUNIKATION

Gemäß Artikel 5,1 GG werden »die Pressefreiheit und die Freiheit der Berichterstattung durch Rundfunk und Film ... gewährleistet. Eine Zensur findet nicht statt«.
Die öffentlich-rechtlichen Fernsehanstalten ARD und ZDF betreiben über Antenne, Kabel und Satellit mehrere Voll- und einzelne Spartenprogramme (Das Erste, ZDF, Dritte Programme; Phoenix, 3sat, Kinderkanal »Kika«, Bildungsprogramm BR alpha, Arte).
Daneben kämpfen etliche private Sender um Quoten und Marktanteile: Der Medienkonzern Bertelsmann (RTL, Vox, RTL II, Super RTL) konkurriert mit der Sendergruppe um Sat.1, ProSieben und Kabel 1 um die Vorherrschaft.
Im Frühjahr 2002 meldete die KirchMedia, das Kernunternehmen des Münchner Medienmoguls Leo Kirch (▸Personen des Jahres), Insolvenz an; ihm folgten weitere Anträge von Tochter- oder Schwesterunternehmen der einstigen Kirch-Gruppe. Um das Kerngeschäft des mit rund 7 Milliarden Euro verschuldeten Medienunternehmens bewarben sich mehrere Interessenten, darunter der Axel Springer- und der Heinrich Bauer-Verlag. Nicht von der Insolvenz betroffen war bis zum Sommer der verlustreiche Pay-TV-Abosender Premiere und die profitable KirchMedia-Tochter ProSiebenSat.1 Media, die den Betrieb aufrechterhalten konnte. Schwierigkeiten bereitete allen Medienunternehmen die anhaltende Flaute im Anzeigengeschäft.
Der TV-Markt ist im Umbruch. Bei ProSiebenSat.1 Media wie auch Premiere wird es neue Eigentümer geben. Bertelsmann übernimmt den 47,3-Prozent-Anteil der Verlagsgruppe Holtzbrinck am Nachrichtensender n-tv. Und beim Musiksender Viva baute der US-Konzern AOL Time Warner seinen Anteil aus.
Neben den beiden großen privaten Senderblöcken gibt es nur noch kleinere Sender wie den Anrufsender Neun live, die Musikkanäle Viva und MTV oder regionale Sender, die in die Kabelnetze eingespeist werden oder nur über Satelliten zu empfangen sind. Zu ihnen gehört das Metropolenprogramm XXP, ein Tochterunternehmen von SPIEGEL TV.
Die Hörfunkprogramme sind regional oder lokal gegliedert: 10 öffentlich-rechtliche (ARD-)Sender mit zahlreichen Programmen wetteifern mit mehr als 200 privaten Anbietern.
Welt- bzw. deutschlandweit senden Deutschlandfunk, Deutschlandradio und Deutsche Welle. Die Deutsche Welle strahlt öffentlich geförderte TV-Programme im Ausland aus.
Auf 1000 Einw. kommen 948 **Rundfunk-**, 586 **Fernsehgeräte**, 634,8 **Telefonanschlüsse**, 682,9 **Mobiltelefone**, 336 **PC** und 29,49 **Internet-Zugänge IuK-Ausgaben** (am BIP): 7,9 %
Es erscheinen 355 **Tageszeitungen** mit einer Gesamtauflage von rund 23 Mio. Exemplaren, die von rund 135 selbständigen Vollredaktionen gestaltet werden. Auflagentendenz: im Westen leicht, in Ostdeutschland stärker sinkend.
Nachrichtenagenturen: AP, AFP, ddp, dpa, epd, KNA, sid und vwd
Zunehmende Bedeutung erlangt das Internet, dessen Nutzung in Deutschland weiterhin wächst. Binnen zwei Jahren verdoppelte sich die Zahl der Surfer auf 32 Millionen. Die größten Provider sind T-Online (9,2 Mio. Kunden) und AOL/Compuserve (3,3 Mio. Kunden). Stark gewachsen sind Freenet (3,2 Mio. Kunden) und Arcor (1,5 Mio. Kunden). Den Rest teilen sich kleinere Anbieter, die zum Teil kostenfreien Zugang anbieten. Unter den Suchmaschinen dominieren Google, Yahoo, Altavista, Fireball und Lycos. General-Interest-Medien mit den meisten »Visits« waren im Juni 2002 SPIEGEL.de vor AOL.de, RTL.de und Bild.de.

UMWELT, TOURISMUS

Ein deutsches Umweltbewusstsein zur Vermeidung von Schäden an der Natur wuchs zuerst in Bürgerbewegungen,

aus denen später ökologische oder grüne Parteien entstanden. Die Folgen der Nuklearkatastrophe im ukrainischen Tschernobyl (1986) bewirkten eine stärkere Hinwendung zur Umweltpolitik auch auf staatlichem Gebiet und die Gründung eines Bundesumweltministeriums.
Die Umweltpolitik der Regierungskoalition aus CDU/CSU und FDP folgte dem Ziel, Ökologie und Ökonomie miteinander zu verbinden und mit möglichst freiwilligen Anreizen eine Besserung der natürlichen Lebensgrundlagen zu erreichen. Das Konzept von SPD und Grünen will der Umweltbelastung mit einer Energiesteuer begegnen.
Im April 1999 wurde eine Ökosteuer eingeführt. Sie soll durch stufenweise erhöhte Abgaben bis 2003 ein Aufkommen von rund 16,9 Milliarden Euro im Jahr erreichen.
Im Sommer 2000 konnten die Grünen – wenn auch mit Abstrichen – ihr wichtigstes Ziel durchsetzen: den Ausstieg aus der Kernenergie. In 21 Jahren soll in Deutschland das letzte Atomkraftwerk vom Netz gehen. Im Sommer 2002 hingegen drohte Umweltminister Trittin eine Niederlage: Gegen die Einführung eines Pfands von 25 Cent je Dose zum 1. Januar 2003 gab es eine Massenklage von 7436 Händlern und Getränkeherstellern vor dem Verwaltungsgericht Berlin.
Das im Jahr 1991 eingeführte duale Abfallbeseitigungssystem führt zu einem hohen Aufkommen recyclingfähiger Rohstoffe, während Müllverbrennungsanlagen nur gering ausgelastet sind. Die Müllgebühren steigen.
Die Flugangst als Folge des 11. September brachte viel mehr Deutsche 2002 dazu, ihren Urlaub im Inland zu verbringen. So meldete TUI Mitte des Jahres auf dem Heimatmarkt ein Plus von 5 Prozent, während die übrigen Buchungen um 10 Prozent zurückgingen. Beliebte Ferienziele sind die Alpen, die Mittelgebirge und die Küsten von Nord- und Ostsee.

Besucher-Übernachtungen 2001 (in Mio. / Entwicklung in %)

Bayern	74,51	+0,60
Baden-Württemberg	39,29	+0,15
Nordrhein-Westfalen	36,99	+1,00
Niedersachsen	33,88	-4,40
Hessen	25,63	-0,10
Schleswig-Holstein	20,89	+0,10
Mecklenburg-Vorpommern	19,76	+8,30
Rheinland-Pfalz	18,42	-3,80
Sachsen	14,54	-0,20
Berlin	11,35	-0,50
Brandenburg	8,83	+5,20
Thüringen	8,79	-1,70
Sachsen-Anhalt	5,55	+2,00
Hamburg	4,77	-1,40
Saarland	2,16	+0,90
Bremen	1,29	-2,30

Greenpeace-Schiff »Beluga« vor Atomkraftwerk in Stade

Im Jahr 2000 brachten 18,983 Mio. ausländische Touristen 17,812 Mrd. Dollar ins Land. Die meisten Übernachtungen fielen auf Besucher aus den Niederlanden (5,5 Mio. 2001), gefolgt von den Vereinigten Staaten (5,05 Mio.), Briten (3,9 Mio.), Italienern (2,1 Mio.), Schweizern (2,1 Mio.), Franzosen und Österreichern (je 1,7 Mio.), Belgiern (1,5 Mio.), Japanern (1,3 Mio.), Schweden und Dänen (je 1,2 Mio.)
Umgekehrt reisen auch die Deutschen sehr viel. Ihre beliebtesten Reiseziele 2001 (in Mio. Reisen):

Spanien	9,2
Italien	8,6
Österreich	8,2
Frankreich	4,5
Niederlande	2,8
Türkei	2,7
Griechenland	2,2
Schweiz	2,0
Dänemark	1,2
Nordamerika	1,1
Dom. Rep.	0,3

Insgesamt gaben die deutschen Reisenden im Ausland fast 50 Mrd. Euro aus, davon in Spanien 7,7 Mrd. Euro, in Italien 8,5 Mrd. Euro, in Österreich 5,5 Mrd. Euro.
Geschützte Gebiete: 26,96 % der Landesfläche **Energieverbrauch/Kopf:** 4108 kg ÖE **CO_2-Emission:** 825,2 Mio. t **Verwendung des Süßwassers:** Landwirtschaft 1 %, Industrie 85 %, Haushalte 14 %

AKTUELLE ENTWICKLUNGEN

Innenpolitik: Die Folgen der Terroranschläge vom 11. September 2001 in New York und Washington bestimmten auch in Deutschland die außen- wie die innenpolitische Diskussion und überschatteten die wirtschaftliche Entwicklung. Schon einen Tag später stellte die Nato, erstmals in ihrer Geschichte, den Verteidigungsfall fest. Bundeskanzler Gerhard Schröder versicherte den USA kurz nach den Anschlägen die »uneingeschränkte Solidarität« Deutschlands und verband diese Zusage sogar mit seiner politischen Existenz: Er stellte im Bundestag die Vertrauensfrage. Der Kanzler verknüpfte sie mit der Abstimmung des Parlaments über den Einsatz von bis zu 3900 Bundeswehrsoldaten in dem von US-Präsident George Bush verkündeten militärischen Kampf gegen den internationalen Terrorismus. Am 16. November sprach der Bundestag Schröder mit knapper Mehrheit – 336 von 662 anwesenden Abgeordneten – das Vertrauen aus; vier grüne und eine fraktionslose Abgeordnete votierten gegen den Kanzler – wie auch die Opposition, wobei sich allerdings die Abgeordneten von Union und FDP in der Sache für eine Unterstützung der USA und für eine Entsendung deutscher Soldaten ins Ausland aussprachen. Skeptiker fürchteten vor allem eine Ausweitung der Kampfmaßnahmen auch gegen den Irak, den Bush in seine »Achse des Bösen« der so genannten Schurkenstaaten einbezog. Jedoch versicherte Außenminister Joschka Fischer mehrfach, ein solcher Einsatz gegen den Irak stehe derzeit nicht bevor. Mit seinem Beschluss vom November und einem weiteren im Dezember billigte der Bundestag die Entsendung deutscher Soldaten nach Afghanistan (100 Spezialisten des Kommandos Spezialkräfte KSK und 1100 Mann zur Sicherung von Kabul und Umgebung), nach Kuweit an den Persischen Golf (knapp 250) und an das Horn von Afrika (1300 Mann zur Überwachung der Seewege). Unabhängig davon ging der Auftrag der Bundeswehr auf dem Balkan in den Staaten des früheren Jugoslawiens weiter. Zweimal stimmte der Bundestag dem Einsatz von Soldaten auch in Mazedonien zu.

Deutsche Soldaten in Prizren

Um potenzielle Terroristen im Inland besser überwachen und verfolgen lassen zu können, verabschiedete das Parlament zwei Gesetzespakete; zur Finanzierung von Anti-Terror-Maßnahmen wurden Steuerhöhungen über 3 Milliarden Mark beschlossen.

Die Tatsache, dass drei der muslimischen Selbstmordattentäter vom 11. September, unter ihnen deren mutmaßlicher Anführer Mohammed Atta, einige Zeit in Hamburg gelebt hatten, spielte anfangs auch in der Diskussion über ein neues Zuwanderungsgesetz eine Rolle, das nach langen Querelen in Koalition und Parlament Anfang März 2002 vom Bundestag beschlossen wurde. Mehrere Änderungsvorschläge der CDU/CSU hatte Innenminister Otto Schily im Gesetzentwurf noch berücksichtigt, doch blieb die Union in der Endabstimmung bei ihrem Nein, während Kirchen, Arbeitgeber und Gewerkschaften das Gesetz begrüßten, weil es mehr Rechtssicherheit für alle Betroffenen bringe.

Immer stärker bemächtigte sich der beginnende Bundestagswahlkampf des Themas, und als der Bundesrat über das Gesetz, das seiner Zustimmung bedurfte, am 22. März abstimmte, kam es zu einem beispiellosen Eklat: Das von einer großen Koalition regierte Land Brandenburg gab ein gespaltenes Votum ab, indem SPD-Ministerpräsident Stolpe mit Ja, sein CDU-Innenminister zuvor aber mit Nein stimmte, obwohl ein Land laut Grundgesetz im Bundesrat nur einheitlich votieren darf. Als der amtierende Bundesratspräsident Wowereit Stolpes Ja als ausschlaggebend wertete, kam es in der Länderkammer zu Tumulten. Die Regierungschefs der Union kritisierten das Vorgehen als »kalkulierten Verfassungsbruch« und verließen den Saal unter Protest. Gleichwohl fertigte Bundespräsident Johannes Rau das Gesetz aus und nannte eine rechtliche Klärung durch

das Bundesverfassungsgericht »wünschenswert«. Eine entsprechende Klage war von CDU/CSU-Politikern mehrfach angekündigt worden und wurde von sechs unionsgeführten Ländern Mitte Juli auch eingereicht.
Der näher rückende Termin der Bundestagswahl führte zu einer Polarisierung der politischen Lager. Am 11. Januar verzichtete die CDU-Vorsitzende Angela Merkel auf eine eigene Kanzlerkandidatur und trug diese Aufgabe ihrem CSU-Kollegen Edmund Stoiber an. Beiden gelang es auf Parteitagen und in der Öffentlichkeit, das schlechte Erscheinungsbild der Union nach ihren zwielichtigen Parteispendenaffären zu korrigieren und aufzuhellen. Dabei kam ihnen zupass, dass auch der Untersuchungsausschuss des Bundestages trotz zweieinhalbjähriger Ermittlungen und Befragungen nicht zweifelsfrei klären konnte, ob unter der Regierung Kohl Entscheidungen käuflich gewesen waren und ob die Version des Altkanzlers wirklich stimmte, er habe Gelder illegal vereinnahmen müssen, weil die Spender anonym bleiben wollten. Widersprüche blieben auch um die Privatisierung der ostdeutschen Raffinerie Leuna: Während frühere Verantwortliche der Übernahmefirma Elf-Aquitaine in Frankreich von Millionen-Provisionen für »Lobby-Maßnahmen« sprachen, fand die Bundesanwaltschaft für Schmiergeldzahlungen an deutsche Politiker keine Anhaltspunkte.
Als peinlich für die in Berlin und Düsseldorf regierenden Sozialdemokraten entwickelten sich zwei lokale Korruptionsaffären in Köln und Wuppertal. Dort ging es um Schmiergelder und Spenden, die in den Büchern der Partei falsch oder gar nicht verbucht worden waren. Fünf Beschuldigte wurden seit Februar 2002 verhaftet.
Während des Wahlkampfs warb der Schröder-Herausforderer Stoiber um exakt jene Wählergruppe, die vier Jahre zuvor dem damaligen Kohl-Herausforderer Schröder zum Wahlsieg verholfen hatte – um die Wähler der bürgerlichen Mitte, die der 16 Jahre währenden christliberalen Koalition und des Kanzlers Kohl überdrüssig geworden waren und Gefallen gefunden hatten an Schröders Versprechen, er wolle »nicht alles anders, aber vieles besser« machen. Stoiber warf dem Amtsinhaber vor allem vor, er habe im Kampf gegen die Arbeitslosigkeit versagt. Schröder hielt dem die Empfehlungen der von dem VW-Vorstand Peter Hartz (▸Personen des Jahres) geleiteten Sachverständigenkommission entgegen. Danach soll die Arbeitslosenzahl bis 2005 halbiert werden. Selbständigkeit soll gefördert, soziale Leistungen sollen »dosiert« gekürzt und Erwerbslose an Unternehmen »ausgeliehen« werden. Dass die Verwaltung der Arbeitslosen und der Arbeitslosigkeit im Argen lag, hatte schon die Affäre um die Nürnberger Bundesanstalt für Arbeit (BA) im Frühjahr gezeigt, nachdem vom Bundesrechnungshof frisierte Arbeitsvermittlungs-Statistiken aufgedeckt worden waren. BA-Präsident Bernhard Jagoda musste daraufhin zurücktreten und wurde im März 2002 durch den bisherigen Mainzer Arbeitsminister Florian Gerster (▸Personen des Jahres) ersetzt). Gerster hielt einen radikalen Abbau der BA-Bürokratie für erforderlich.
Das Thema Arbeitslosigkeit war auch wahlentscheidend in Sachsen-Anhalt, dem wirtschaftlichen Schlusslicht der neuen Bundesländer. Frust über die Beschäftigungspolitik, die schlechte ökonomische Situation des Landes und Enttäuschung über die Misserfolge der amtierenden Regierung Höppner (SPD) führten bei der Landtagswahl am 21. April 2002 zu einem desaströsen Ergebnis für die Landes-SPD und für die Koalitionsparteien der Bundesregierung, die mit dem Machtverlust der Sozialdemokraten in Sachsen-Anhalt auch ihre Mehrheit im Bundesrat einbüßten.
In Mecklenburg-Vorpommern hingegen, wo zeitgleich mit der Bundestagswahl über den Landtag abgestimmt wurde, steigerte sich die SPD von 34,3 auf 40,6 Prozent (CDU 31,3 %, PDS 16,4 %, FDP 4,7 %, Grüne 2,6 %).

Kanzlerkandidat Edmund Stoiber, Unterlegene Angela Merkel

Verteidigungsminister Peter Struck

Nur neun Wochen vor der Bundestagswahl entließ Kanzler Schröder den SPD-Verteidigungsminister Rudolf Scharping; der Minister war wegen fragwürdiger Beziehungen zum Frankfurter PR-Unternehmer Moritz Hunzinger ins Gerede gekommen. Nachfolger wurde der bisherige SPD-Fraktionschef Peter Struck.

Eine der ersten Aufgaben der Bundeswehr unter ihrem neuen Verteidigungsminister, aber auch Tausender anderer professioneller und freiwilliger Helfer war der Kampf gegen die Wassermassen der »Jahrhundertflut«, die im August 2002 viele Flussniederungen in Ostdeutschland, speziell im östlichen Erzgebirge und entlang Elbe und Mulde wochenlang verwüsteten. Den Fluten fielen 21 Menschen zum Opfer, Straßen, Brücken und Häuser wurden von ihnen zerstört; ein Jahrzehnt des Aufbaus Ost schien in vielen Regionen vertan. Experten schätzten die Schäden auf mindestens 20 Milliarden Euro, etwa 80 Prozent davon entfielen allein auf Sachsen. Die Ernteausfälle wurden auf ca. 250 Millionen Euro beziffert.

Bundeskanzler Schröder rief zu einer »nationalen Kraftanstrengung« auf, zur Finanzierung des Wiederaufbaus verschob der Bundestag das Inkrafttreten der zweiten Stufe der Einkommensteuerreform um ein Jahr auf Anfang 2004. Damit und mit einer Erhöhung der Körperschaftsteuer sollten gut sieben Milliarden Euro aufgebracht werden. Kanzlerkandidat Stoiber plädierte stattdessen für eine höhere Kreditaufnahme des Bundes, dennoch ließ die Union im Bundesrat die rot-grüne Vorlage passieren. Eindrucksvoll im In- und Ausland war eine bis dahin nicht gekannte Welle der Solidarität und Hilfsbereitschaft unter der Bevölkerung für die Flutopfer, bis Mitte September registrierten die großen karitativen Organisationen Spenden in Höhe von rund 200 Millionen Euro.

Trends: Viel wird für die deutsche Außen – und Sicherheitspolitik, aber auch für die innenpolitische Entwicklung 2003 davon abhängen, auf welche Region die USA ihren weltweiten Kampf gegen Terror und Terroristen, aber auch gegen Massenvernichtungswaffen ausdehnen werden. Schon im Wahlkampf 2002 wurde die Frage diskutiert, ob und gegebenenfalls wie viel Deutschland zu einem US-amerikanischen Vorgehen gegen das Regime von Saddam Hussein im Irak beitragen werde. Die rot-grünen Spitzenpolitiker Gerhard Schröder und Joschka Fischer wandten sich ausdrücklich gegen eine militärische Hilfe Deutschlands gegen den Irak und gaben damit eine in der Bevölkerung verbreitete Stimmung wieder, die einen deutschen Beitrag beim Einsatz gegen die Taliban und die Qaida-Gruppen in Afghanistan mehrheitlich befürwortet hatte, ein ähnliches Vorgehen gegen Bagdad aber als Bestandteil einer US-Hegemonialpolitik ansieht. Außerdem, so die Sorge der Regierung in Berlin, würde eine westliche Intervention im Irak unkalkulierbare Risiken für den gesamten Nahen Osten, für Israel und für die Erdölversorgung der westlichen Industriestaaten heraufbeschwören. Demgegenüber machte für die CDU/CSU deren Außenexperte Wolfgang Schäuble deutlich, dass sich eine unionsgeführte Bundesregierung sehr wohl auch gemeinsam mit den USA gegen den Irak engagieren würde, sofern ein Votum des Weltsicherheitsrats eine derartige Intervention erlaube. Ein solcher Beschluss des Sicherheitsrats gilt wegen des zu erwartenden Widerstands in der arabischen Welt, aber auch Frankreichs – Paris verfügt über ein Veto-Recht – als unwahrscheinlich. Die Beziehungen der EU zur Bush-Regierung in Washington werden jedenfalls auf eine harte Probe gestellt, sollten die USA einen solidarischen Beitrag erwarten.

Innerhalb der EU werden die Diskussionen 2003 geprägt sein von weiteren Bemühungen um eine Struktur- und Finanzreform der europäischen Instanzen, die als Voraussetzungen für eine zügige Neuaufnahme der Beitrittskandidaten in Ost- und Südosteuropa gelten. Erwartet werden heftige Auseinandersetzungen um die Reform des Agrarmarkts, die Deutschland (als Geber-Land) für überfällig, Frankreich aber (als Empfängerland) für überflüssig und riskant ansieht (▸Landwirtschaft).

Als Beitrittskandidaten der ersten Phase ab 2004 gelten Litauen, Slowenien, Estland, Zypern, Slowakei, Lettland, Polen, Ungarn, Tschechien und Malta. Ob Rumänien und Bulgarien oder sogar weitere Länder aus dem zerfallenen früheren Jugoslawien die Kraft zu den inneren Reformen finden, die Voraussetzung für eine Aufnahme in die EU sind, bleibt abzuwarten. Auch eine – schon seit vielen Jahren beantragte – Aufnahme der Türkei gilt in absehbarer Zeit als unwahrscheinlich, obwohl das Parlament in Ankara in einer historischen Sitzung im August 2002 ein Reformpaket von 13 Gesetzen verabschiedete, das den Weg in die Europäische Union freimachen soll. Ungelöst bleibt bisher der Sonderfall Zypern, dessen nördlicher Teil türkisch besetzt ist. Können sich der nördliche und der südliche griechische Teil auf einen gemeinsamen Beitritt nicht einigen, würde die EU den Süden auch allein aufnehmen.

Innerhalb Deutschlands werden alle Reformbemühungen unter Finanzierungsvorbehalt gesehen werden müssen. Natürlich werden eine entlastende Steuerreform oder eine neue großzügige Familienpolitik mit höherem Kindergeld, mehr Kindergärten und besseren Schulen vom Wahlbürger gern gesehen; doch ist die Realisierung derartiger Versprechen abhängig von der Haushaltslage des Bundes, die wiederum mit der Konjunkturentwicklung korreliert. Auch die Realisierung aller Versprechungen von Unionspolitikern, die Bundeswehr besser auszustatten, ist abhängig von der strikten Verpflichtung aller Teilnehmerstaaten der Europäischen Währungsunion, neue Schulden nur bis zur Höchstgrenze einer Marge von drei Prozent vom Bruttoinlandsprodukt aufzunehmen. Unabhängig von dieser Verpflichtung gelten mehrere Reformen oder Maßnahmenpakete als vordringlich:

- Eine Reform des Arbeitsmarkts und der Zumutbarkeitsregeln für Arbeitslose ist mit der Neuorganisation der Nürnberger Bundesanstalt für Arbeit und mit den Vorschlägen der Hartz-Kommission bereits in die Wege geleitet. Dennoch gilt das Versprechen, die Zahl der Arbeitslosen bis 2005 von vier auf zwei Millionen zu kappen, als äußerst ehrgeizig.
- Eine Reform des Gesundheitssystems ist unabänderlich: An ihrem Ende sollte stehen, dass im Gesundheitsverhalten der Bürger Vorbeugung und Vorsorge stärker im Mittelpunkt stehen. In jedem Fall wird sich das öffentliche Gesundheitssystem mehr als bisher aus seiner Rolle als Garant einer solidarischen Fürsorge für alle Kranken zurückziehen und eine stärkere Eigenbeteiligung der Versicherten anstreben.
- Eine Reform der Finanzbeziehungen zwischen Bund, Ländern und Gemeinden ist längst überfällig. Es kann auf Dauer nicht sein, dass eine vom Bundestag beschlossene Änderung des Körperschaft- und Gewerbesteuerrechts einzelne Kommunen ohne ein Einspruchsrecht in die Zahlungsunfähigkeit treibt.
- Eine wirkliche Strukturreform des Steuerrechts wird wohl wie in jeder Legislaturperiode seit 1949 an den Verhältnissen, der Lobby und den Parteien scheitern. Dennoch bleibt sie dringlich: Nur mit einer radikalen Vereinfachung des Steuersystems kann der Staat seine Bürger zu einer neuen Steuermoral bringen, die nicht mehr ihr Heil in der Vermeidung von Steuerzahlungen sieht. Eine solche Reform könnte Steuerflucht eindämmen und die Schwarzarbeit (etwa im privaten Haushalt) beseitigen.
- Eine Reform der Alterssicherung muss angepackt werden, die nicht nur die Symptome anhand der momentanen Kassenlage kuriert, sondern die auch die drohende Überalterung der deutschen Gesellschaft ins Kalkül zieht.

Zerstörtes Weesenstein bei Pirna nach der Flut

Da über die unterschiedliche Besteuerung von Renten, Pensionen und sonstigen Alterseinkünften nach einem Urteil des Bundesverfassungsgerichts ohnehin bis 2005 entschieden werden muss, könnte gleich das ganze System vereinheitlicht werden: Der Staat garantiert eine Grundversorgung; der Einzelne ist nach entsprechenden Übergangsfristen für eine bessere Ausstattung selbst verantwortlich.

Der Sieger: Gerhard Schröder

War es die Jahrhundertflut an der Elbe, die Deutschlands Wähler doch wieder zur rot-grünen Koalition und zum vertrauten Kanzler Gerhard Schröder trieb? War es dessen hartes Nein zu einem möglichen deutschen Anti-Terror-Einsatz im Irak? Wie schon oft spalteten sich auch bei der Wahl 2002 Deutschlands Wähler in zwei fast gleich große Lager, und in den Prozentzahlen schnitten die beiden großen Parteien Union und SPD mit jeweils 38,5 sogar gleich ab. Nur das Wahlsystem mit seinen seltsamen Überhangmandaten verhalf Schröder dazu, die Stellung seiner SPD als stärkste Fraktion (251 Mandate) zu verteidigen. An Schröders eher schütterer Bilanz der ersten Amtsperiode kann es kaum gelegen haben, dass er den Herausforderer mit Ach und Krach und einer Mehrheit von elf Sitzen eben noch bezwingen konnte: Konjunktur mau, Arbeitslosigkeit mit vier Millionen unverändert hoch, Stimmung schlecht.

Erfolgreich war der Kanzler binnen vier Jahren eigentlich nur im Ausschalten seiner parteiinternen Widersacher Oskar Lafontaine und Rudolf Scharping: Beide scheinen nach diesem Wahlsieg Schröders weit entfernt davon, in der einst von ihnen geführten Partei noch irgendeine Rolle spielen zu dürfen.
Auch dank seiner knappen Mehrheit ist Schröder nun aufgefordert, die SPD zu einer wirklichen Partei der Mitte zu formen: Abweichler können seine Position gefährden wie einst die des Amts-Vorvorgängers Helmut Schmidt; und speziell unter den Gewerkschaftern mag es Abgeordnete geben, die eine neue rigide Arbeitsmarktpolitik nicht so befürworten, wie der Kanzler sie im Wahlkampf mit den Konzepten der Hartz-Kommission angekündigt hatte.
Die Grünen werden in Schöders Kabinett selbstbewusster auftreten als in dessen erster Amtszeit, in der er sie mit Hilfe der Vertrauensfrage auf seinen Kurs zwang und damit disziplinierte. Nun müssen die Grünen unter Beweis stellen, dass sie eine forcierte Politik für mehr wirtschaftliches Wachstum mittragen können.
Die Wiederbelebung der Konjunktur, wichtigste Grundlage für eine Besserung der Stimmung, könnte der neuen alten Koalition nach den Prognosen der Wirtschaftsexperten sogar zu Hilfe kommen, wenn die Grundannahmen für einen Aufschwung auch der Weltkonjunktur stimmen. Das hängt allerdings von dem eher unwahrscheinlichen Szenario ab, dass der von den USA angekündigte Kampf gegen das diktatorische Regime des Saddam Hussein im Irak nicht zu politischen Verwerfungen im Nahen und Mittleren Osten und nicht zu Problemen mit dem Ölnachschub führt. Überhaupt muss die erste und wichtigste Aufgabe des zweiten Kabinetts Schröder darauf abzielen, wieder einen vertrauensvollen Umgang mit US-Präsident George W. Bush und seiner Administration zu finden: Schröder wird daran gemessen werden, ob und wie Deutschland bei einer amerikanischen Intervention gegen Bagdad mittut und wie der Schaden repariert werden kann, den die damalige Justizministerin Herta Däubler Gmelin in den letzten Wahlkampftagen mit ihrem ungeschickten Vergleich zwischen Bush und Hitler anrichtete. Zumindest muss eine gemeinsame europäische Haltung zu der neuen amerikanischen Politik der globalen Vorherrschaft gefunden und formuliert werden – schon dies erscheint als schwere Aufgabe angesichts der engen anglo-amerikanischen Zusammenarbeit.
Wegen der schmalen Mehrheit der Koalition scheinen strukturelle Reformen im Gesundheitswesen, der Finanzverfassung, des Steuersystems eher unwahrscheinlich; die Opposition kann sie über den Bundesrat behindern. Aber ohnehin steht in der Innenpolitik für die Koalition der Kampf gegen die Arbeitslosigkeit an oberster Stelle; und wieder, wie vier Jahre zuvor, hat Gerhard Schröder die Messlatte klar gesetzt: Versprach er damals, die Arbeitslosenzahlen wenigstens auf dreieinhalb Millionen zu drücken, so hat die Hartz-Kommission 2002 die Parole ausgegeben, die Arbeitslosigkeit binnen zwei Jahren zu halbieren.
Das ist ein ehrgeiziges Ziel. Aber an Ehrgeiz hat es Gerhard Schröder noch nie gemangelt.

Der Verlierer: Edmund Stoiber

Nur knapp hat Edmund Stoiber das Ziel verfehlt, als erster CSU-Politiker Kanzler der Bundesrepublik zu werden. Und auch die Politiker oder Wähler, die nicht seiner Couleur sind, haben seine Anstrengungen hoch eingeschätzt: Er hat, obwohl Verlierer beim Wettbewerb um das Amt des Bundeskanzlers, viel gewonnen, vor allem für die Union. Er hat die Partei aus ihrem Stimmungstief geholt, er hat Parteispendenskandal und Kohl-Rücktritt vergessen lassen. Er hat, gemeinsam mit CDU-Chefin Angela Merkel, die Partei geeint mit einem Wahlprogramm der bürgerlichen Mitte, mit dem vier Jahre zuvor Gerhard Schröder für die SPD bereits Erfolg hatte – denn die Politik der beiden großen deutschen Lager unterscheidet sich ja höchstens in Nuancen und im Personal, nicht aber in essenziellen Fragen.
Die SPD hatte sich ursprünglich durchaus Stoiber als Gegenspieler Schröders gewünscht, um sich nicht mit Angela Merkel auseinander setzen zu müssen: Der alte Stoiber war ein hölzerner, beamtenhafter Typ, dem gelegentlich rhetorische Ausrutscher unterliefen. Der CSU-Chef des Jahres 2002 jedoch wirkte wie ein fleißiger, wortgewandter Diplomat aus Bayern, der um die Probleme seiner Wähler weiß, aber keine Wunder zu deren Lösung verspricht – ein Pragmatiker eben. Stoiber warb um den Mittelstand, als sei er seit langem Funktionär der FDP. Er sorgte sich um Ein- und Auskommen »der kleinen Leute« und wetterte gegen eine steuerliche Bevorzugung der großen Konzerne – als wäre er Sozialdemokrat.

Nur wenige Stimmen fehlten Stoiber in der Endabrechnung an seinem Minimalziel, CDU/CSU wieder zur stärksten Fraktion im Bundestag zu machen und damit den Sessel des Bundestagspräsidenten für die Union zu reservieren. Dass er sein eigentliches Ziel – die Kanzlerschaft über ein Bündnis mit der FDP – nicht erreichte, lag nicht allein an seiner Person, sondern auch an der Schwäche des erhofften Koalitionspartners: Die FDP, die mit ihrem Chef Guido Westerwelle sogar einen Kanzlerkandidaten präsentiert und als Wahlziel 18 Prozent plakatiert hatte, verhedderte sich in Streitereien um anti-israelische Extratouren ihres Vizes Jürgen Möllemann, der damit viele bürgerliche Wähler abschreckte und am Tag nach der Wahl von seinem Bundesparteiamt zurücktrat.

Letztlich fehlte dem Ministerpräsidenten aus München der Kanzlerbonus, der fast immer in Deutschland für eine Wiederwahl des Amtsinhabers sorgte: Schröder als Kanzler konnte bei der mitteldeutschen Hochwasserkatastrophe sogleich zupacken und für Schadensbegrenzung sorgen. Dem Regierungschef Schröder glaubten die Wähler leichter als dem bayerischen Ministerpräsidenten, wenn er ihnen versprach, mit ihm werde es »keine deutsche Beteiligung« an einer US-amerikanischen Intervention im Irak geben; denn auch bei diesem Thema hatte sich der Herausforderer dem Amtsinhaber bis auf Nuancen angenähert.
Für die nach der Wahl in Berlin gestärkte Union hängt viel davon ab, wie Christdemokraten und Christsoziale im Bundestag miteinander umgehen, wenn Stoiber wieder wie angekündigt in seinen Münchner Amtssitz zurückgekehrt ist. Denn die neue Fraktionsvorsitzende Angela Merkel legt in den Augen der Bürger als Oppositionschef den Kurs der Partei fest und gilt als der natürliche Herausforderer und Kanzlerkandidat. Es sei denn, die Partei streitet wie 1998 nach Kohls Rückzug wieder munter drauflos.
Immerhin – noch in der quälend langen Wahlnacht kündigte der sichtlich stolze Stoiber (»Wir sind wieder da«) unter Hinweis auf die knappen Mehrheitsverhältnisse im Bundestag an, er werde womöglich noch im Laufe des folgenden Jahres nach Berlin zurückkehren – und zwar als Regierungschef. Das allerdings scheint eher unwahrscheinlich. Die rot-grüne Koalition hat mit elf Stimmen eine zwar knappe, aber ausreichende Mehrheit. Und wenn sie dennoch scheitern sollte, hat die Partei- und Fraktionsvorsitzende Angela Merkel die besten Chancen, Vizekanzlerin einer großen Koalition unter Führung der SPD zu werden.

Wahlergebnis

Vorläufiges amtliches Endergebnis der Wahl zum 15. Deutschen Bundestag

Angaben in Prozent

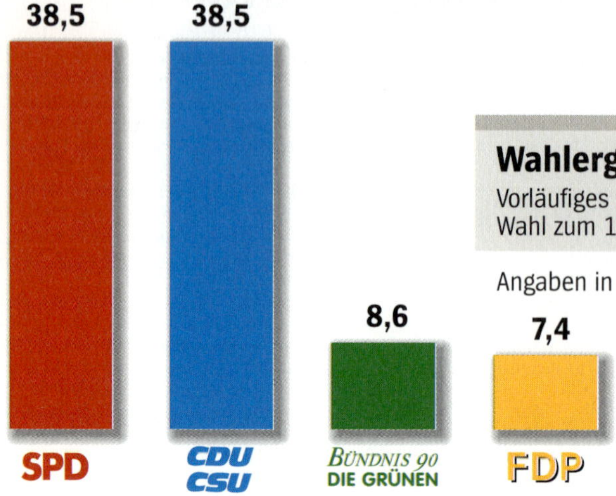

Gewinne/Verluste

gegenüber der letzten Bundestagswahl von 1998

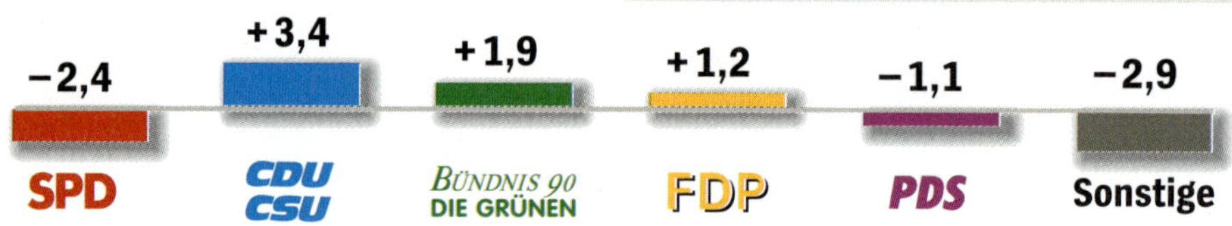

Sitzverteilung

im neuen Bundestag

insgesamt **603** Mandate

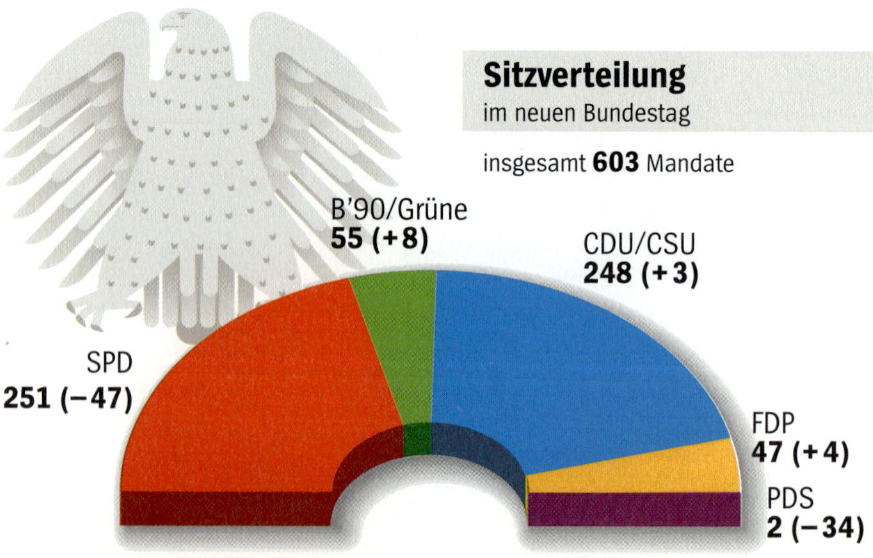

Die Ergebnisse der Bundestagswahl 2002

Alle Wahlkreise, Stimmanteile der großen Parteien und Abgeordnete des neuen Bundestags

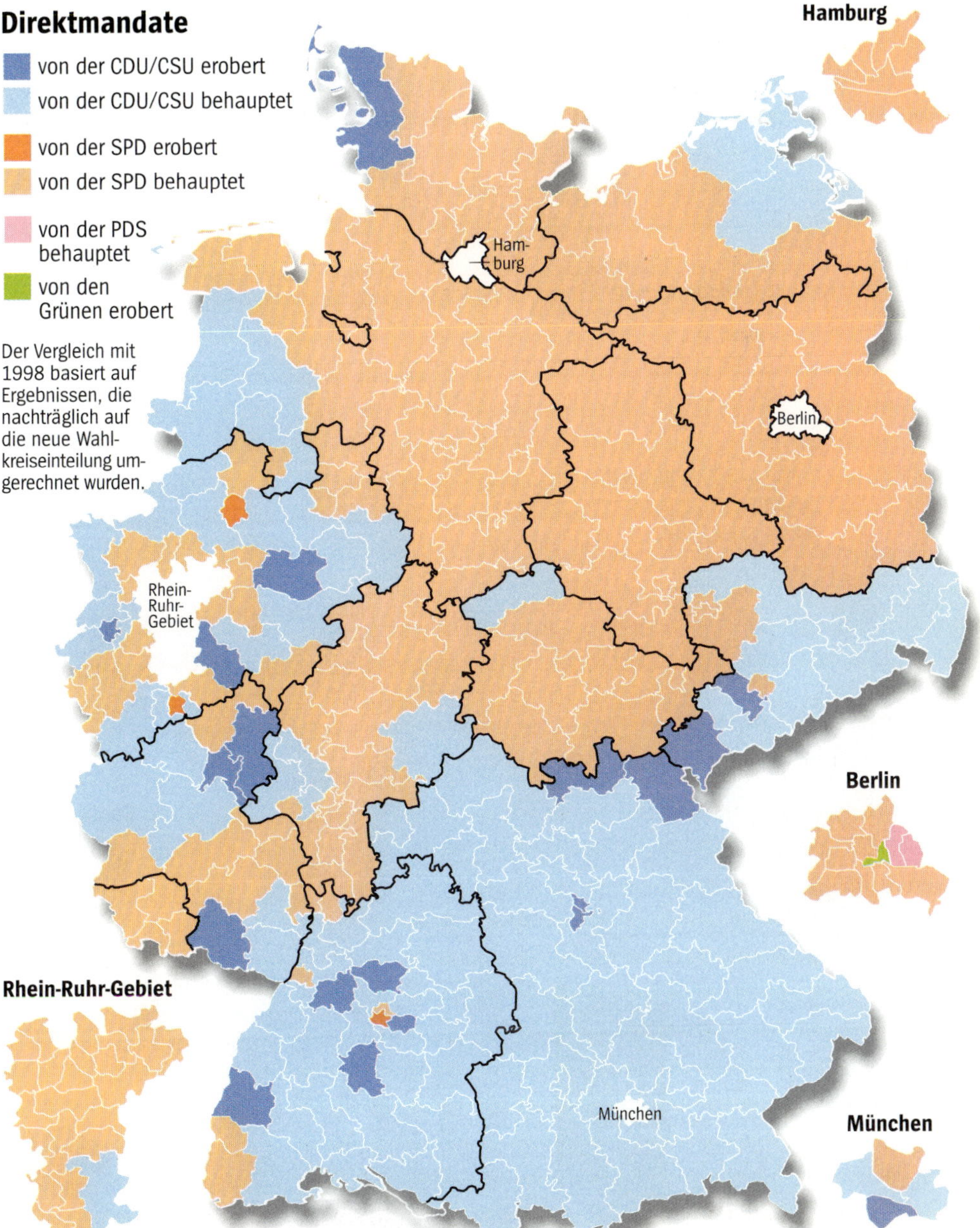

Gewinne/Verluste der SPD bei den Zweitstimmen

gewonnen gegenüber 1998

+ 3 % und mehr
+ 0 bis 3 %

verloren gegenüber 1998

– bis 3 %
– 3 % und mehr

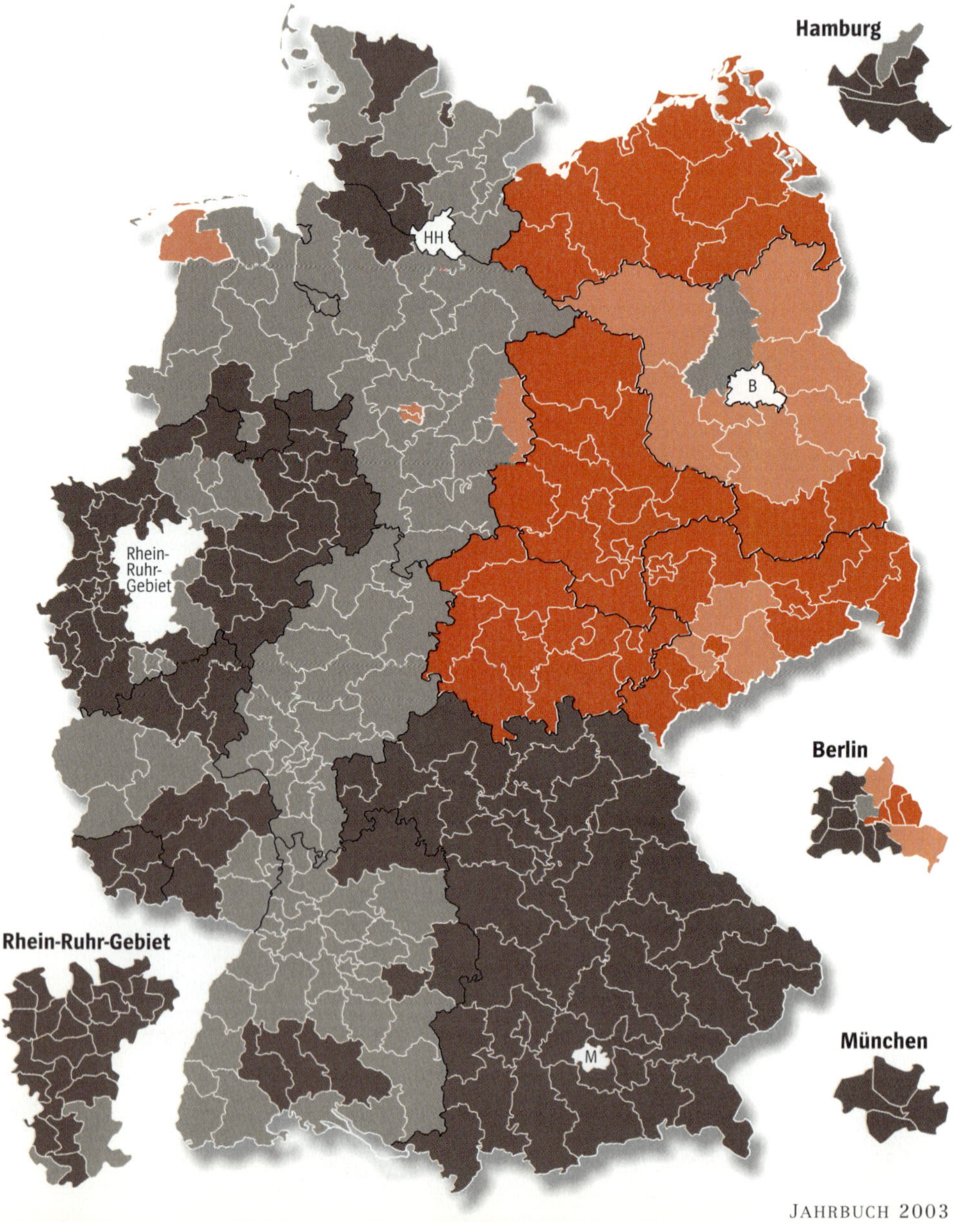

Gewinne/Verluste der CDU bzw. CSU bei den Zweitstimmen

gewonnen gegenüber 1998

+ 6% und mehr
+ 3 bis 6%
+ 0 bis 3%

verloren gegenüber 1998

−

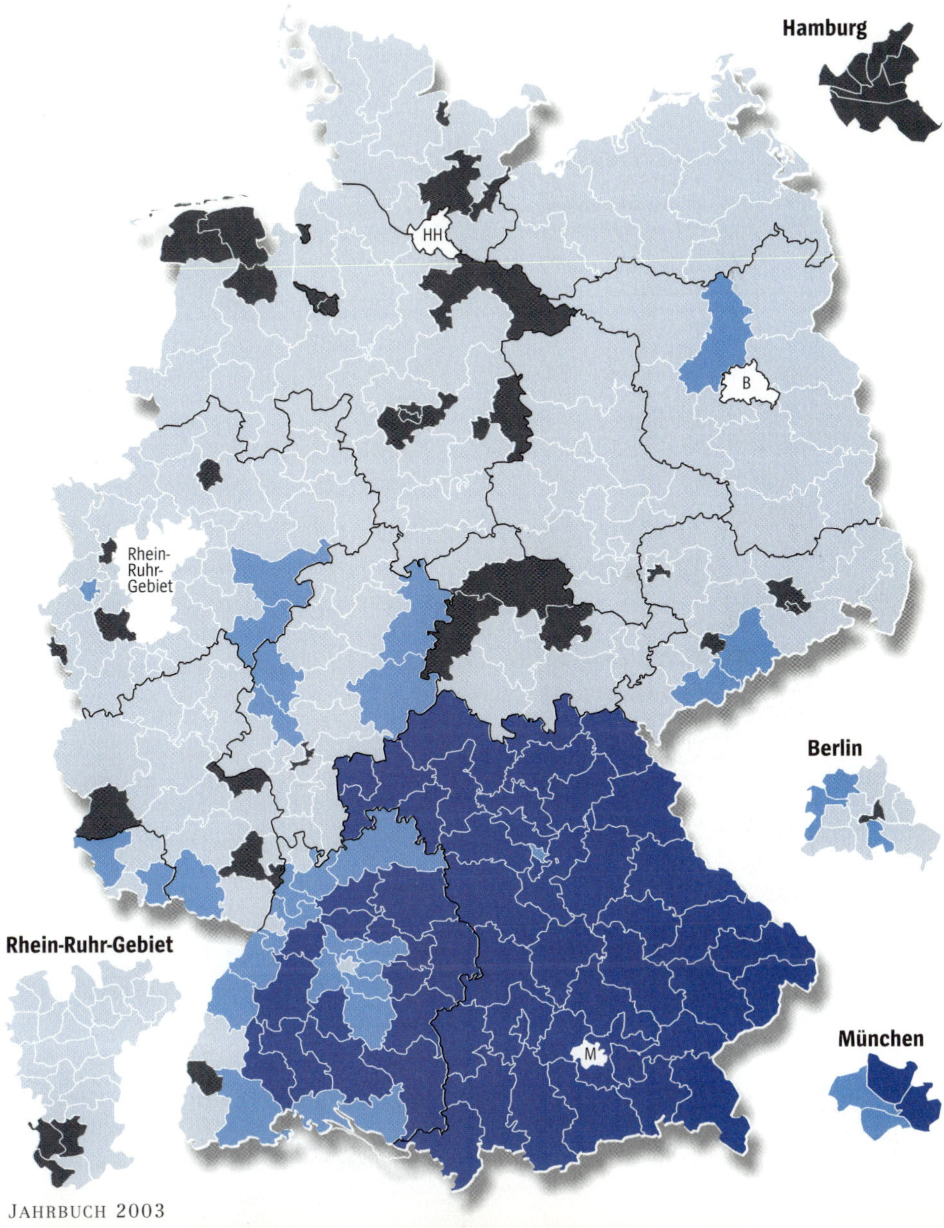

Commonwealth of Dominica – Commonwealth von Dominica; Dominicaner

Nationalfeiertag: 3. November

Zeitzone: MEZ – 5 h

Hauptstadt: Roseau (15 900 Einwohner)

Telefon-Vorwahl: +1767
Kfz-Kennzeichen: WD

Mitgliedschaften: Caricom, OAS, Uno

Dominica

Botschaft in Großbritannien (auch für D zuständig): 1 Collingham Gardens, London SW5 OHW
☎ +44-207-370 51 94 🖷 -73 87 43

GEOGRAFIE, BEVÖLKERUNG

Fläche: 751 km² **Bevölkerung:** 73 000 Einw. **Bev.dichte:** 97 Einw./km² **Bev.wachstum:** -0,07 % **Lebenserwartung** 76 J. **Landessprachen:** Englisch (Amtssprache), französisches Kreolisch **Religionen:** über 90 % Christen

POLITISCHES SYSTEM

Staatsoberhaupt: Vernon Shaw (seit Oktober 1998)
Regierungschef: Pierre Charles (seit Oktober 2000)

WIRTSCHAFT

Währung: 1 Ostkaribischer Dollar (EC$) = 100 Cents **Kurs** (Mitte 2002): 1 € = 2,48 EC$ **BSP:** 230 Mio. US$ **Wachstumsrate des BIP:** 0,5 % **BSP/Kopf:** 3210 US$ **Anteile am BIP:** Landwirtschaft 17%, Industrie 24%, Dienstleistungen 59%

AKTUELLE ENTWICKLUNGEN

Das Parlament beschloss im Dezember 2001 das Ende des staatlichen Vermarktungsmonopols für Bananen, Dominicas Hauptexportprodukt. Die Staatsfirma hatte 11 Millionen US-Dollar Schulden, außerdem brachen die Exporterlösen um über 30 Prozent ein. Die neue Dominica Banana Producers Company soll zu 85 Prozent den Bauern gehören.

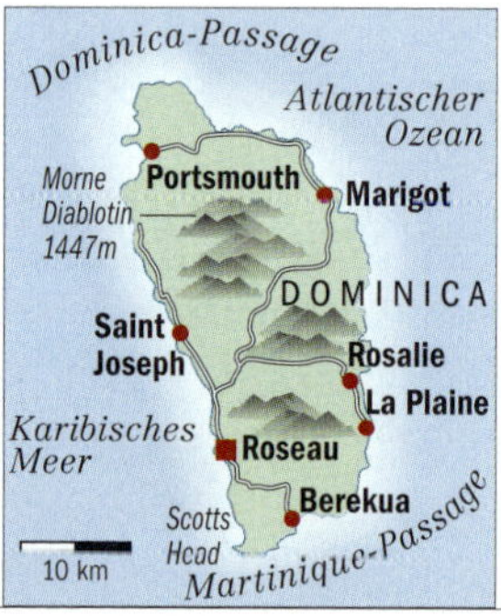

Der Ökotourismus, der als Wirtschaftsfaktor der Zukunft für die regenwaldreiche Vulkaninsel gilt, soll weiter gestärkt werden und mit ihm das »whale watching«. Trotzdem stimmte Dominica auf der Seite Japans gegen Walschutzgebiete.
Die OECD strich Dominica im März 2002 von der schwarzen Liste der Steuerparadiese.

República Dominicana – Dominikanische Republik; Dominikaner

Nationalfeiertag: 27. Februar

Zeitzone: MEZ – 5 h

Hauptstadt: Santo Domingo (2 677 000 Einwohner)

Telefon-Vorwahl: +1809
Kfz-Kennzeichen: DOM

Mitgliedschaften: Caricom (Beob.) OAS, Uno

Dominikanische Republik

Botschaft in Deutschland: Dessauer Straße 28 – 29, D-10963 Berlin
☎ +49-30-25 75 77 60 🖷 -25 75 77 61

GEOGRAFIE, BEVÖLKERUNG

Fläche: 48 422 km², 30 Provinzen und Hauptstadt-Distrikt **Bevölkerung:** 8,373 Mio. Einw. **Flüchtlinge:** bis zu 700 000 Haitianer ohne UNHCR-Status (OAS-Schätzung) **In Städten** leben 65 %, **unter 15 J.** sind 33 % der Bev. **Bev.dichte:** 173 Einw./km² **Bev.-wachstum:** 1,5 % **Fruchtbarkeitsrate:** 2,7 Geb./Frau **Landessprachen:** Spanisch (Amtssprache), im Grenzgebiet zu Haiti französisches Kreolisch **Religionen:** Christen (95 % Katholiken)

POLITISCHES SYSTEM

Unabhängig seit dem 27. Februar 1844. Präsidialrepublik. Verfassung von 1966, zuletzt geändert 1994. Wahlpflicht ab 18 J. Zweikammerparlament (»Congreso Nacional«): Abgeordnetenhaus (»Cámara de Diputados«) mit 149 Mitgliedern, Senat (»Senado«) mit 32 Mitgliedern. Wahl alle 4 J. Direktwahl des Staatsoberhaupts alle 4 J., einmalige Wiederwahl.
Parteien: Partido de la Liberación Dominicana (PLD), Partido Reformista Social Cristiano (PRSC), Regierungspartei: Partido Revolucionario Dominicano (PRD)
Staats- und Regierungschef: Hipólito Mejía Domínguez (seit August 2000)
Außenminister: Hugo Tolentino Dipp

MILITÄR

Der vierjährige **Militärdienst** ist freiwillig. **Streitkräfte:** 24 500 Mann, davon 15 000 Armee, 5500 Luftwaffe, 4000 Marine **Militärausgaben** (am BSP): 0,7 %

GESUNDHEIT, SOZIALES, BILDUNG

Öffentliche Gesundheitsausgaben (am BIP): 1,9 % **Öffentliche Ausgaben für**

Bildung u. Erziehung (am BSP): 2,3 % **Medizinische Versorgung:** 2,2 Ärzte, 1,5 Krankenhausbetten/1000 Einw. **Säuglingssterblichkeit:** 39/1000 Geb. **Müttersterblichkeit:** 110/100 000 Geb. **Kinderunterernährung:** 6 % **Kinderarbeit:** 13 % **Armutsrate:** 3,2 % **Frauenanteil an den Beschäftigten:** 30,8 % Zugang zu sauberem **Trinkwasser** haben 83 % der städtischen, 70 % der ländl. Bev., zu **sanitären Anlagen** 75 % bzw. 64 % **HIV-Infektionsrate:** 2,8 % **Lebenserwartung:** Männer 65 J., Frauen 70 J. **Schulpflicht** (wo möglich): 6–14 J. **Einschulungsquote** im Primarbereich 87 %, im Sekundarbereich 53 % **Analphabetenrate:** Männer 16 %, Frauen 16 % **Universitäten:** in San Francisco de Macoris, Santiago de los Caballeros, Santo Domingo

WIRTSCHAFT

Währung: 1 Dominikanischer Peso (dom$) = 100 Centavos **Kurs** (Mitte 2002): 1 dom$ = 0,07 € **BSP:** 17,8 Mrd. US$ **Wachstumsrate des BIP:** 7,8 % **BSP/Kopf:** 2130 US$ **Anteile am BIP:** Landwirtschaft 11 %, Industrie 34 %, Dienstleistungen 55 % **Arbeitslosenquote:** 15,9 % **Inflationsrate:** 8,9 % **Steueraufkommen** (am BIP): 15,2 % **Staatsausgaben:** k. A. **Leistungsbilanzdefizit:** 1,027 Mrd. US$ **Auslandsschulden:** 4,598 Mrd. US$ **Schuldendienst** (am BSP): 2,8 % **Devisenreserven:** 630 Mio. US$ **Empf. Hilfsgelder:** 62 Mio. US$ **Energie:** Produktion: 1,49 Mio. t ÖE, Verbrauch: 7,45 Mio. t ÖE

Landwirtschaft, Rohstoffe, Industrie:

Nutzfläche 32,4 %, von der Anbaufläche sind 17,2 % bewässert **Produkte:** Zuckerrohr, Bananen, Kaffee, Kakao, Reis, Gemüse, Früchte, Tabak **Bewaldet:** 14 000 km² **Rohstoffe:** Ferronickel, Gold, Silber, Zink **Industrie:** Nahrungsmittelproduktion, Zucker, Tabak, Eisen und Stahl, Zement

Außenwirtschaft:

Handelsbilanzdefizit 3,741 Mrd. US$ **Export:** 5,737 Mrd. US$, davon 50,9 % Nahrungs- u. Genussmittel, 22,1 % Eisen u. Stahl **Hauptausfuhrländer:** USA (63,2 %), Belgien/Luxemburg (10,6 %), Südkorea (4,6 %) **Import:** 9,478 Mrd. US$, davon 32,2 % Vorprodukte für Freihandelszonen, 21,7 % chemische u. a. Rohstoffe, 19,2 % Konsumgüter, 15,9 % Treibstoffe **Hauptlieferländer:** USA (65,8 %), Japan (3,6 %), Panama (2,4 %), Mexiko (2,4 %)

VERKEHR

Schienennetz: 630 km **Straßennetz:** 12 600 km, davon 49,4 % befestigt **Motorisierung:** 47 Kfz/1000 Einw. Intern. **Flughäfen**: Santo Domingo, Pto. Plata, Barahona, Samaná **Fluglinie:** Compañia Dominica de Aviacion CporA Wichtigste **Seehäfen**: Santo Domingo, Pto. Plata

KOMMUNIKATION

Auf 1000 Einw. kommen 181 **Rundfunk-**, 97 **Fernsehgeräte**, 108,4 **Telefonanschlüsse**, 123,8 **Mobiltelefone, Internet-Zugänge:** 4,82 Größte **Tageszeitung:** *Listín Diario* (Auflage: 88 050 Exemplare)

UMWELT, TOURISMUS

Geschützte Gebiete: 31,5 % der Landesfläche **CO_2-Emission:** 20,3 Mio. t **Verwendung des Süßwassers:** Landwirtschaft 89 %, Industrie 1 %, Haushalte 10 % **Tourismus:** 2,977 Mio. Besucher, 2,918 Mrd. US$ Einnahmen

AKTUELLE ENTWICKLUNGEN

Begräbnis von Ex-Präsident Joaquín Balaguer in Santo Domingo

Im Alter von 95 Jahren starb am 14. Juli 2002 Ex-Präsident Joaquín Balaguer, der Letzte einer Altherrenriege, die das Land seit 1961 beherrscht hatte. 22 Jahre lang prägte der frühere Zögling des Despoten Trujillo Politik und Gesellschaft als Autokrat, dem so gut wie jedes Mittel recht war, die Macht zu erhalten. Er sah sich aber auch gern als Wohltäter, der den Kindern in den Elendsvierteln Spielzeug schenkte. 1996 kosteten ihn allzu dreiste Wahlbetrügereien das Amt.

Balaguers Hauspartei, die PRSC, gewann noch im Mai 2002 bei den Parlaments- und Kommunalwahlen 58 Prozent der Stimmen und verdoppelte die Zahl ihrer Abgeordneten in der Volksvertretung. Kritiker bemängelten indes einen inhaltsleeren Wahlkampf. Alle Kandidaten hatten sich mehr oder weniger eng an den greisen Ex-Staatschef gehalten, der deren Programme noch von seinem Krankenbett aus absegnete. Die Regierungspartei PRD verlor die absolute Mehrheit, behält aber 104 von 125 Kommunen und beansprucht 29 von 32 Senatssitzen. Staatschef Mejía nutzte die Schlappe im Parlament, um die Gegner seines

»Proyecto Presidencial Hipólito« loszuwerden: 2004 sind wieder Präsidentschaftswahlen, und es gelang ihm rechtzeitig, den Weg für seine Wiederwahl mit Hilfe einer Verfassungsänderung frei zu machen. Auch bekommt er das Amt fortan schon mit 40 statt mit 50 Prozent der Stimmen. »Die Wiederwahl gehört wie die Demütigung der Bevölkerung, die Unterdrückung der Opposition und die Korruption zu den Übeln der Trujillo-Diktatur und ihrer Nachfolger«, kommentierte die Tageszeitung *Ultima Hora* am 15. Juli 2002. Sein Wahlversprechen, die Korruption zu bekämpfen, hat Mejía bislang nicht gehalten.
In den vergangenen 30 Jahren entstanden zahlreiche industrielle Freihandelszonen. In 47 Industrieparks mit 491 Betrieben nähen 176 000 Beschäftigte (4,9 Prozent aller Erwerbstätigen Ende 2000) Bekleidung oder montieren Elektrogeräte für den US-Markt, durchschnittlicher Monatslohn: 185 US-Dollar. Der Export der *Zonas Francas* wächst seit 1995 um rund 10 Prozent jährlich. Die niedrigen Löhne ziehen ausländische Investoren an, verhindern aber ein Anwachsen des Wohlstands.

Die Dominikaner litten besonders unter den Katastrophen in New York. In den Trümmern des World Trade Center starben 41 Staatsangehörige. Besonders krass zeigten sich die wirtschaftlichen Folgen des 11. September: Dollar-Überweisungen blieben aus, weil in den USA Zehntausende Arbeitsplätze verloren gingen. Im Land wurden immer mehr Menschen arbeitslos, weil weniger Touristen kamen. Die terrorbedingten Einbußen lagen binnen eines halben Jahres bei 600 Millionen Dollar. Allein 800 000 Dominikaner leben in und um New York.
Das Wirtschaftswunder der neunziger Jahre (im Schnitt 6 Prozent Wachstum pro Jahr) hat die ländlichen Gebiete, wo 60 Prozent der armen Bevölkerung leben, bisher nicht erreicht. Die FAO beklagte eine steigende Unterernährung von Kindern und forderte die Regierung auf, dort Gesundheits-, Bildungs- und Infrastrukturprogramme zu fördern. Durch den Abschwung der Weltwirtschaft fiel das Wachstum 2001 auf 2,7 Prozent. Auf Grund relativ niedriger Auslandsverschuldung und solider Devisenreserven gilt die Wirtschaft aber weiterhin als stabil.

Dschibuti

Jumhuriyah Djibouti – Republik Dschibuti; Dschibuter

Nationalfeiertag: 27. Juni

Zeitzone: MEZ + 2 h

Hauptstadt: Dschibuti (317 000 Einwohner)

Telefon-Vorwahl: +253

Mitgliedschaften: AU, Uno

Botschaft in Frankreich (auch für D akkreditiert): 26, Rue Emile Ménier, F-75116 Paris
☎ +33-1-47 27 49 22 🖷 -45 53 50 53

GEOGRAFIE, BEVÖLKERUNG

Fläche: 23 200 km² **Bevölkerung:** 632 000 Einw. **Bev.dichte:** 27 Einw./km² **Bev.wachstum:** 1,03 % **Lebenserwartung:** 46 J. **Analphabetenrate:** 35 % **Landessprachen:** Arabisch, Französisch (Amtssprachen), Somalisch **Religionen:** 94 % Muslime, 6 % Christen

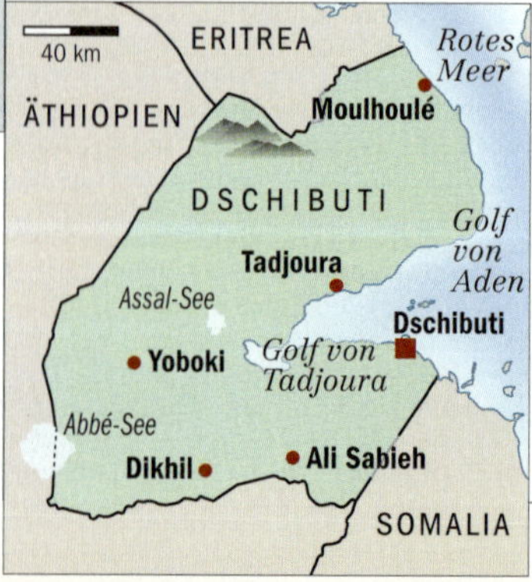

POLITISCHES SYSTEM

Unabh. seit 1977. Präsidialrepublik. **Staatsoberhaupt:** Ismail Omar Guelleh (seit Mai 1999) **Regierungschef:** Dileita Mohammed (seit März 2001)

WIRTSCHAFT

Währung: 1 Dschibuti-Franc (FD) = 100 Centimes **Kurs** (Mitte 2002): 160,10 FD = 1 € **BSP:** 553 Mio. US$ **Wachstumsrate des BIP:** 0,7 % **BSP/Kopf:** 880 US$ **Anteile am BIP:** Landwirtschaft 4 %, Industrie 14 %, Dienstleistungen 82 %

AKTUELLE ENTWICKLUNGEN

Dschibuti stellte Anfang 2002 der deutschen Marine im Rahmen der Anti-Terror-Operation »Enduring Freedom« eine Logistikbasis in der Hauptstadt zur Verfügung. Mit rund 1500 Soldaten handelt es sich um den größten Auslandseinsatz der Bundeswehr seit ihrer Gründung. Im April 2002 schloss Dschibuti mit Äthiopien ein Abkommen über die Errichtung einer Freihandelszone und die Nutzung des Hafens. Der wird seit Juni 2000 von einer Dubaier Firma gemanagt und erwirtschaftet rund drei Viertel des Bruttoinlandsprodukts.

Ecuador

Botschaft in Deutschland: Kaiser-Friedrich-Straße 90, D-10585 Berlin ☎ +49-30-238 62 95 🖷 -34 78 71 26

GEOGRAFIE, BEVÖLKERUNG

Fläche: 272 045 km² (inkl. Galápagos-Inseln, 7844 km²) **Bevölkerung:** 12,646 Mio. Einw. **Bev.dichte:** 46 Einw./km² **Bev.wachstum:** 1,74 % **In Städten:** 62 % der Bev. **Analphabetenrate:** Männer 7 %, Frauen: 10 % **Landessprachen:** Spanisch (Amtssprache), daneben Quechua und weitere indianische Sprachen **Religion:** 95 % Katholiken

POLITISCHES SYSTEM

Unabhängig seit dem 10. August 1809, Republik seit 1830. Präsidialrepublik. Einkammerparlament: Nationalkongress mit 123 Sitzen.
Staats- und Regierungschef: Gustavo Noboa (seit Januar 2000)

MILITÄR

Streitkräfte: 59 500 **Militärausgaben** (am BSP): 3,7 %

GESUNDHEIT, SOZIALES

Öffentliche Gesundheitsausgaben (am BIP): 1,7 % **Medizinische Versorgung:** 1,7 Ärzte/ 1000 Einw. **Säuglingssterbl.:** 28/1000 Geb. **Armutsrate:** 20,2 % **Lebenserwartung:** Männer 68 J., Frauen 71 J.

WIRTSCHAFT

Währung: 1 Dollar (US$) = 100 Cents **Kurs** (Mitte 2002): 1 US$ = 1,07 € **BSP:** 15,3 Mrd US$ **Zuwachsrate des BIP:** 2,3 % **BSP/Kopf:** 1210 US$ **Anteile am BIP:** Landwirtschaft 10 %, Industrie 40 %, Dienstleistungen 50 % **Arbeitslosenquote:** 11,5 % **Inflationsrate:** 37 % **Auslandsschulden:** 13,281 Mrd. US$ **Schuldendienst** (am BSP): 10,3 % **Entwicklungshilfe:** 147 Mio. US$ **Handelsbilanzüberschuss:** 1,395 Mrd. US$ **Tourismuseinnahmen:** 402 Mio. US$

AKTUELLE ENTWICKLUNGEN

Der Verzicht auf die Landeswährung Sucre und die damit verbundene Einführung des US-Dollar als Zahlungsmittel im Januar 2000 führte zu einer Erholung der Wirtschaft. Die Wachstumsraten stiegen, für 2002 wird mit einem Plus von 4,1 Prozent gerechnet. Die Inflation ging deutlich zurück, von 37 Prozent im Jahr 2000 auf erwartete 9 im Jahr 2002. Dennoch hat die Regierung die angekündigte Modernisierung der Wirtschaft und die Sanierung des Staatshaushaltes bislang sträflich vernachlässigt. Nach wie vor ist das Land auf Kredite des IWF angewiesen und muss sich drastischen Auflagen beugen. Ecuadors Hoffnungen stützen sich auf eine neue 503 km lange, 1,2 Milliarden US-Dollar teure Erdöl-Pipeline, deren Hauptfinanzier die Westdeutsche Landesbank ist. Die erwarteten Einnahmen sollen weitgehend für den Abbau des Staatsdefizits verwendet werden. Gegen die Erdölleitung formierte sich massiver Protest. Die Bevölkerung fordert eine bessere Beteiligung an den Gewinnen, die durch den Öltransport erwirtschaftet werden. Umweltschützer beklagen,

dass die Pipeline durch erdbebengefährdetes Gebiet führt und fünf sensible ökologische Gebiete schneidet. Bei Blockaden von Baustellen im Frühjahr 2002 kam es zu mehreren Toten. Kritisch äußerte sich auch das katholische Hilfswerk Misereor. Ecuador drohe durch die hohen Investitionen in eine neue Schuldenspirale zu geraten. Am 23. Juni 2002 trat Wirtschaftsminister Carlos Emanuel nach einer Korruptionsaffäre zurück. Acht führende Beamte seines Ministeriums waren verhaftet worden, nachdem bekannt wurde, dass sie bei der Vergabe öffentlicher Mittel Bestechungsgelder eingefordert hatten.
Der Tankerunfall am 16. Januar 2001 vor der Galápagos-Insel San Cristobal führte zu dramatischen Spätfolgen: Innerhalb eines Jahres nach dem Unglück starben auf der Insel Santa Fé 62 Prozent der einzigartigen Meeresleguane.

República del Ecuador – Republik Ecuador; Ecuadorianer

Nationalfeiertag: 10. August

Zeitzone: MEZ –6 h

Hauptstadt: Quito (1 444 400 Einwohner)

Telefon-Vorwahl: +593
Kfz-Kennzeichen: EC

Mitgliedschaften: OAS, Uno

Protest gegen den Pipelinebau

République de Côte d'Ivoire – Republik Côte d'Ivoire; Ivorer

Nationalfeiertag: 7. Dezember (Gedenktag an Félix Houphouët-Boigny)

Zeitzone: MEZ –1 h

Hauptstadt: Yamoussoukro (106 800 Einwohner)
Regierungssitz: Abidjan (1 929 100 Einwohner)

Telefon-Vorwahl: +225
Kfz-Kennzeichen: CI

Mitgliedschaften: AU, Uno

Elfenbeinküste

Botschaft in Deutschland: Königstraße93, D-53115 Bonn,
☎ +49-228-21 20 98 🖷 -21 73 13

GEOGRAFIE, BEVÖLKERUNG

Fläche: 322 462 km² **Bevölkerung:** 16,013 Mio. Einw. **Bev.dichte:** 50 Einw./km² **Bev.wachstum:** 2,07 % **In Städten:** 46 % der Bev. **Analphabetenrate:** Männer 46 %, Frauen: 61 % **Landessprachen:** Französisch (Amtssprache), Senoufo, Dyula, Baule und andere afrikanische Sprachen **Religionen:** 40 % Muslime, 32 % traditionelle Religionen, 28 % Christen

POLITISCHES SYSTEM

Unabhängig seit dem 7. August 1960. Präsidialrepublik. Parlament mit 225 Mitgliedern.
Staatsoberhaupt: Laurent Gbagbo (seit Oktober 2000).
Regierungschef: Affi N'Guessan (seit Oktober 2000)

MILITÄR

Streitkräfte: 13 900 **Militärausgaben** (am BIP): 0,8 %

GESUNDHEIT, SOZIALES

Öffentliche Gesundheitsausgaben (am BIP): 1,2 % **Medizinische Versorgung:** 0,1 Ärzte/1000 Einw. **Säuglingssterbl.:** 111/1000 **Armutsrate:** 12,3 % **Lebenserwartung:** Männer: 45 J., Frauen: 46 J.

WIRTSCHAFT

Währung: 1 CFA-Franc = 100 Centimes **Kurs** (Mitte 2002): 1 CFA-Franc = 0,002€ **BSP:** 9,6 Mrd US$ **Zuwachsrate des BIP:** -2,3 % **BSP/Kopf:** 600 US$ **Anteile am BIP:** Landwirtschaft 29 %, Industrie 22 %, Dienstleistungen 48 % **Arbeitslosenquote:** k.A. **Inflationsrate:** 4,4 % **Auslandsschulden:** 12,1 Mrd. US$ **Schuldendienst** (am BSP): 11,8 % **Entwicklungshilfe:** 352 Mio. US$ **Handelsbilanzüberschuss:** 1,797 Mrd. US$ **Tourismuseinnahmen:** 108 Mio. US$

AKTUELLE ENTWICKLUNGEN

Der Militärputsch am Heiligabend 1999 hatte die katastrophale Lage der Elfenbeinküste offenbart. Der einstige Primus war nach jahrzehntelanger Misswirtschaft und Korruption praktisch zahlungsunfähig. Anfang 2002 machte sich langsam wieder Aufbruchsstimmung breit. Die Wirtschaft schrumpfte kaum noch. Die Steuereinnahmen konnten beträchtlich erhöht werden. Weltbank und EU stellten umfangreiche Kredite zur Verfügung. Dahinter steht die Erkenntnis der Geberseite, dass Elfenbeinküste wirtschaftlich keinesfalls weiter abrutschen darf, weil sie nach wie vor das wichtigste Land der Region ist. Die Regierung verstärkte ihre Anstrengungen, mit Indien und Iran ins Geschäft zu kommen. Problematisch bleibt die große Abhängigkeit von den Weltmarktpreisen für Kaffee und Kakao.

Präsident Laurent Gbagbo

Auch die politische Situation stabilisierte sich. Im Dezember 2001 kam das von Präsident Laurent Gbagbo initiierte Forum zur nationalen Versöhnung zum Abschluss, an dem alle wichtigen politischen Strömungen des Landes teilnahmen. Mit einer »Regierung der Einheit« soll nun den politischen Turbulenzen der vergangenen Jahre ein Ende gesetzt werden. Präsident Gbago stimmte am 5. August 2002 einem neuen Kabinett zu, dem nun auch vier Mitglieder der oppositionellen Republikanischen Sammlungsbewegung (RDS) angehören. Diese traten der Regierung bei, nachdem ein Gericht die ivorische Nationalität ihres muslimischen Vorsitzenden Alassane Outtara bestätigt hatte. Outtara war wegen Zweifeln an seiner Herkunft von der letzten Präsidentenwahl ausgeschlossen worden.
In den krisenhaften Beziehungen zu den Nachbarstaaten Burkina Faso und Mali trat eine Besserung ein.

El Salvador

Botschaft in Deutschland: Joachim-Karnatz-Allee 47, D-10557 Berlin ☎ +49-30-206 46 60 🖷 -22 48 82 44

GEOGRAFIE, BEVÖLKERUNG

Fläche: 21 041 km² **Bevölkerung:** 6,276 Mio. Einw. **Bev.dichte:** 303 Einw./km² **Bev.wachstum:** 1,82 % **In Städten:** 47 % der Bev. **Analphabetenrate:** Männer 18 %, Frauen 24 % **Landessprachen:** Spanisch (Amtssprache), indianische Sprachen **Religionen:** 75 % Katholiken, anglikanische und protestantische Minderheiten

POLITISCHES SYSTEM

Unabhängig seit dem 15. September 1821. Präsidialrepublik. Verfassung von 1983. Einkammerparlament: Nationalversammlung, 84 Abgeordnete. Wahl alle 3 J. Direktwahl des Staatsoberhaupts alle 5 J. Wahlpflicht ab 18 J.
Staats- und Regierungschef: Francisco Flores Pérez (seit Juni 1999)

MILITÄR

Streitkräfte: 16 800 Mann **Militärausgaben** (am BSP): 0,9 %

GESUNDHEIT, SOZIALES

Öffentliche Gesundheitsausgaben (am BIP): 2,6 % **Medizinische Versorgung:** 1,1 Ärzte/ 1000 Einw. **Armutsrate:** 21 % **Säuglingssterblichkeit:** 29/1000 Geb. **Lebenserwartung:** Männer 67 J., Frauen 73 J.

WIRTSCHAFT

Währung: 1 El-Salvador-Colón (¢) = 100 Centavos **Kurs** (Mitte 2002): 1 ¢ = 0,12 € **BSP:** 12,6 Mrd. US$ **Wachstumsrate des BIP:** 2 % **BSP/Kopf:** 2000 US$ **Anteile am BIP:** Landwirtschaft 10 %, Industrie 30 %, Dienstleistungen 60 % **Arbeitslosenquote:** 7,3 % **Inflationsrate:** 3,8 % **Auslandsschulden:** 4,023 Mrd. US$ **Schuldendienst** (am BSP): 2,9 % **Entwicklungshilfe:** 180 Mio. US$ **Handelsbilanzdefizit:** 1,719 Mrd. US$ **Tourismuseinnahmen:** 254 Mio. US$

AKTUELLE ENTWICKLUNGEN

Am 16. Januar 2002 war es zehn Jahre her: Der Friedensvertrag zwischen Regierung und damaliger Guerrilla FMLN beendete den 13-jährigen Bürgerkrieg. 30 000 Salvadorianer feierten voller Hoffnung die Waffenruhe. Das Abkommen gilt als die am weitesten reichende Übereinkunft, die jemals zwischen Bürgerkriegsparteien in Lateinamerika erzielt wurde. In diesem Jahr musste Präsident Flores die Feier absagen. Shafik Handal, einer der FMLN-Oppositionsführer war zur Uno nach New York gereist und überzeugte Generalsekretär Kofi Annan davon, dem geplanten Festakt fernzubleiben. Zu viele Punkte der Agenda seien bisher nicht verwirklicht. Hauptanliegen, das auch von Menschenrechtsorganisationen geteilt wird: Die Bevölkerung lebt in ständiger Angst ums Überleben. Der erreichte Wohlstand konzentriert sich in den Händen weniger.
Der Eklat zum Jahrestag weist auf den Konflikt hin: Die Regierung verteidigt die Anfang 2001 eingeführte »Dolarización«, die Bindung an den US-Dollar, mit der Perspektive, den Colón langfristig zu ersetzen. Die FMLN fordert soziale Programme, weiß aber selbst nicht, wie die Abhängigkeit von den USA vermindert werden könnte. Interne Flügelkämpfe lähmen die ehemaligen Guerrilleros. 6 Abgeordnete der extremen Linken wurden im April 2002 nach heftigen Machtkämpfen aus der Partei ausgeschlossen. Die Bevölkerung aber entfernt sich immer mehr von den Parteien, denn sie hat alle Hände voll zu tun mit dem Wiederaufbau nach den Erdbeben. An vielen Orten werden Hilfsgelder und Aufbau parteiübergreifend organisiert. »Wir haben politische Differenzen, aber eine gemeinsame Aufgabe«, sagt ein Gemeindebeauftragter in Santa Tecla bei San Salvador. Der Jahrestag der Erdbeben zog Trauernde auf die Straßen: Am 13. Januar 2001 und kurz danach wurden 1259 Menschen getötet, 1,5 Millionen wurden obdachlos. Die Dürre im August vernichtete große Teile der Ernte. Die Folgen der Naturkatastrophen sind noch immer sichtbar.

República de El Salvador – Republik El Salvador; Salvadorianer

Nationalfeiertag: 15. September

Zeitzone: MEZ –7 h

Hauptstadt: San Salvador (415 300 Einwohner)

Telefon-Vorwahl: +503
Kfz-Kennzeichen: ES

Mitgliedschaften: OAS, Uno

Präsident Francisco Flores Pérez

Eritrea; Eritreer

Nationalfeiertag: 24. Mai

Zeitzone: MEZ + 2 h

Hauptstadt: Asmara (358 100 Einwohner)

Telefon-Vorwahl: +291
Kfz-Kennzeichen: ER

Mitgliedschaften: AU, Uno

Eritrea

Botschaft in Deutschland: Stavangerstraße 18, D-10439 Berlin
☎ +49-30-446 74 60 🖷 -446 746 21
K: Frankfurt a. M.

GEOGRAFIE, BEVÖLKERUNG

Fläche: 121 144 km² **Bevölkerung:** 4,097 Mio. Einw. **Bev.dichte:** 41 Einw./km² **Bev.wachstum:** 4,22 % **In Städten:** 19 % der Bev. **Analphabetenrate:** Männer 33 %, Frauen: 55 % **Landessprachen:** Tigrinja, Arabisch (Amtssprachen), Tigre **Religionen:** Muslime, koptische Christen, Katholiken, Protestanten, Naturreligionen

POLITISCHES SYSTEM

Unabhängig seit dem 24. Mai 1993. Präsidialrepublik. Die Verfassung vom Mai 1997, die bisher noch nicht in Kraft getreten ist, sieht ein Mehrparteiensystem und freie Wahlen vor. In der Übergangsphase sind neben der regierenden People's Front for Democracy and Justice keine Parteien zugelassen.
Staats- und Regierungschef: Isaias Afwerki (seit Mai 1993)

Präsident Isaias Afwerki

MILITÄR

Streitkräfte: 171 900 **Militärausgaben** (am BSP): 27,4 %.

GESUNDHEIT, SOZIALES

Öffentliche Gesundheitsausgaben (am BIP): 2,9 % **Medizinische Versorgung:** unter 0,05 Ärzte/1000 Einw. **Säuglingssterbl.:** 60/1000 Geb. **Armutsrate:** k. A. **Lebenserwartung:** Männer 51 J., Frauen 53 J.

WIRTSCHAFT

Währung: 1 Nakfa (Nfa) = 100 Cents **Kurs** (Mitte 2002): 1 Nfa = 0,08 € **BSP:** 696 Mio. US$ **Zuwachsrate des BIP:** -8,2 % **BSP/Kopf:** 170 US$ **Anteile am BIP:** Landwirtschaft 17 %, Industrie 29 %, Dienstleistungen 54 % **Arbeitslosenquote:** 50 % **Inflationsrate:** 15,1 % **Auslandsschulden:** 311 Mio. US$ **Schuldendienst** (am BSP): 0,5 % **Entwicklungshilfe:** 176 Mio. US$ **Handelsbilanzdefizit:** 481 Mio. US$ **Tourismuseinnahmen:** 36 Mio. US$

AKTUELLE ENTWICKLUNGEN

Nach 10 Jahren Einparteienherrschaft erlebte Eritrea 2001 seine erste ernste politische Krise. Im September ging Präsident Isaias Afwerki gegen Regierungskritiker vor: Elf prominente Politiker wurden festgenommen. Sie hatten dem Präsidenten illegale verfassungswidrige Herrschaftsmethoden vorgeworfen. Zudem hatten sie die Bevölkerung aufgerufen, sich mit den katastrophalen wirtschaftlichen und politischen Folgen des Krieges gegen das Nachbarland Äthiopien auseinander zu setzen. Am 17. September 2001 verbot die Regierung die unabhängige private Presse, in der die Reformdebatte hauptsächlich stattgefunden hatte, und ließ zahlreiche Journalisten festnehmen. Im April 2002 folgte eine weitere Verhaftungswelle. Das Regime reagierte besonders nervös, weil die Kritik aus dem eigenen Partei- und Staatsapparat kam. Als der italienische Botschafter im Namen der EU beim Präsidenten gegen das repressive Vorgehen protestierte, wurde er am 28. September des Landes verwiesen. Daraufhin verließen auch die anderen europäischen Botschafter Eritrea. Die für Dezember geplanten ersten Wahlen seit Staatsgründung fanden nicht statt.
Außenpolitisch beruhigte sich die Lage hingegen. Die von Eritrea und Äthiopien eingesetzte internationale Grenzkommission legte am 13. April 2002 in Den Haag eine Entscheidung über die umstrittenen Grenzgebiete vor (▸Äthiopien). Mit diesem Schiedsspruch, den beide Staaten als »endgültig und bindend« anerkannten, ist der Weg frei für eine Neumarkierung der gemeinsamen Grenze.

Estland

Botschaft in Deutschland: Hildebrandstraße 5, D-10785 Berlin
☎ +49-30-25460600 🖷 -25460601

GEOGRAFIE, BEVÖLKERUNG

Fläche: 45 227 km² **Verwaltung:** 15 Regionen, 6 Stadtbezirke **Bevölkerung:** 1,369 Mio. Einw., davon 65 % Esten, 28 % Russen, 3 % Ukrainer, Minderheit von Weißrussen und Finnen **In Städten** leben 69 %, **unter 15 J.** sind 18 % der Bev. **Bev.dichte:** 32 Einw./km² **Bev.wachstum:** -1,14 % **Fruchtbarkeitsrate:** 1,2 Geb./Frau **Landessprachen:** Estnisch (Amtssprache), Russisch **Religionen:** überwiegend evangelisch-lutherisch, russisch-orthodox

POLITISCHES SYSTEM

Wiederherstellung der Unabhängigkeit am 20. August 1991. Republik. Verfassung von 1992. Parlament (»Riigikogu«/Reichstag), 101 Sitze. Wahl alle 4 J. Nur estnische Staatsbürger ab 18 J. haben Wahlrecht. Wahl des Staatsoberhaupts durch das Parlament alle 5 J.
Staatsoberhaupt: Arnold Rüütel (seit Oktober 2001)
Regierungschef: Siim Kallas (seit Januar 2002)
Außenministerin: Ojuland Kristiina

MILITÄR

Allg. Wehrpflicht: 8 - 11 Monate **Streitkräfte:** 4450 Mann, davon 4040 Armee, 110 Luftwaffe, 300 Marine **Militärausgaben** (am BSP): 1,5 %

GESUNDHEIT, SOZIALES, BILDUNG

Öffentliche Gesundheitsausgaben (am BIP): 5,1 % **Öffentliche Ausgaben für Bildung und Erziehung** (am BIP): 6,8 % **Medizinische Versorgung:** 3 Ärzte, 7,4 Krankenhausbetten/1000 Einw. **Säuglingssterblichkeit:** 8/1000 Geb. **Müttersterblichkeit:** 80/100 000 Geb. **Kinderunterernährung:** k. A. **Kinderarbeit:** k. A. **Armutsrate:** <2 % **Frauenanteil an den Beschäftigten:** 49 % Zugang zu **sanitären Anlagen** haben 93 % der städtischen Bev. **HIV-Infektionsrate:** 0,04% **Lebenserwartung:** Männer 65 J., Frauen 76 J. **Schulpflicht:** 7 – 16 J. **Einschulungsquote** im Primarbereich 96 %, im Sekundarbereich 77 % **Analphabetenrate:** k. A. **Universitäten:** 34 Universitäten und Fachhochschulen, die wichtigsten in Tallin und Tartu (Dorpat)

WIRTSCHAFT

Währung: 1 Estnische Krone (ekr) = 100 Senti **Kurs** (Mitte 2002): 1 ekr = 0,06 € **BSP:** 4,9 Mrd. US$ **Wachstumsrate:** 6,4 % **BSP/Kopf:** 3580 US$ **Anteile am BIP:** Landwirtschaft 6 %, Industrie 27 %, Dienstleistungen 67 % **Forschung+Entwicklungsausgaben** (am BSP): 0,78 % **Arbeitslosenquote:** 14,8 % **Inflationsrate:** 5,8 % **Staatseinnahmen:** 1,714 Mrd. US$ **Steueraufkommen** (am BIP): 28,3 % **Staatsausgaben:** 1,717 US$ **Leistungsbilanzdefizit:** 353 Mio. US$ **Auslandsschulden:** 3,280 Mrd. US$ **Schuldendienst** (am BSP): 9,3 % **Devisenreserven:** 923 Mio. US$ **Empf. Hilfsgelder:** 64 Mio. US$ **Energie:** Produktion: 2,76 Mio. t ÖE, Verbrauch: 4,56 Mio. t ÖE

Landwirtschaft, Rohstoffe, Industrie: **Nutzfläche** 26,9 %, von der Anbaufläche sind 0,4 % bewässert. Bedeutend sind Viehzucht und Forstwirtschaft, angebaut werden u. a. Getreide, Kartoffeln und Gemüse. **Bewaldet:** 21 000 km², jährliche **Aufforstung:** 125 km² **Rohstoffe:** Ölschiefer, Torf,

Präsident Arnold Rüütel

Eesti Vabariik – Republik Estland; Esten

Nationalfeiertag: 24. Februar

Zeitzone: MEZ + 1 h

Hauptstadt: Tallinn (400 000 Einwohner)

Telefon-Vorwahl: +372
Kfz-Kennzeichen: EST

Mitgliedschaften: OSZE, Uno, WEU (assoziiert)

Holz, Phosphorit **Wichtige Industriezweige**: Maschinenbau, Elektrotechnik, Textilindustrie

Außenwirtschaft:
Handelsbilanzdefizit 787 Mio. US$ **Export:** 3,338 Mrd. US$, davon 36,3 % Maschinen und Transportausrüstung, 13,2 % Holz, 11,5 % Textilien **Hauptausfuhrländer:** Finnland (33,9 %), Schweden (14,0 %), Deutschland (6,9 %) **Import:** 4,125 Mrd. US$, davon 42,2 % Maschinen und Transportausrüstung, 13,8 % , 8,1 % Metallprodukte, 7,9 % Textilien **Hauptlieferländer:** Finnland (18,0 %), Deutschland (11,0 %), Schweden (9,2 %)

VERKEHR
Schienennetz: 968 km **Straßennetz:** 51 411 km, davon 20,1 % befestigt **Motorisierung:** 394 Kfz/1000 Einw. Internationaler **Flughafen** in Tallinn Nationale **Fluglinien**: Estonian Air und Elk Airways **Binnenwasserwege:** 320 km **Haupthafen**: Tallinn

Premier Siim Kallas, US-Verteidigungsminister Donald Rumsfeld in Tallinn

KOMMUNIKATION
Auf 1000 Einwohner kommen 1096 **Rundfunk-**, 591 **Fernsehgeräte**, 352,1 **Telefonanschlüsse**, 455,4 **Mobiltelefone**, 174,8 **PC IuK-Ausgaben** (am BIP): k. A. Größte **Tageszeitung:** *SL Õhtuleht* (Auflage: 67 200 Exemplare) **Nachrichtenagenturen:** Baltic News Service, Estonian Telegraph Agency

UMWELT, TOURISMUS
Geschützte Gebiete: 11,8 % der Landesfläche **CO_2-Emission:** 17 Mio. t **Verwendung des Süßwassers:** Landwirtschaft 5 %, Industrie 39 %, Haushalte 56 % **Tourismus:** 1,1 Mio. Besucher, 505 Mio. US$ Einnahmen

AKTUELLE ENTWICKLUNGEN
Nach neunjähriger Präsidentschaft übergab Lennart Meri im Oktober 2001 sein Amt an Arnold Rüütel. Meri prägte sein Land nach der Wende wie kein anderer Politiker, durfte aber laut Verfassung nach zwei Amtsperioden nicht wieder kandidieren. Sein Vorgänger und Rivale Rüütel hatte die Republik als Kommunist in die Unabhängigkeit von der Sowjetunion geführt.

Im Januar 2002 erklärte Ministerpräsident Mart Laar von der konservativen Vaterlandsunion den Rücktrit seiner Regierungskoalition mit den Moderaten (Sozialdemokraten) und der liberalen Reformpartei. Als Grund nannte Laar den »Vertrauensbruch« der Reformpartei, die im Dezember dafür gesorgt hatte, dass der umstrittene Vorsitzende der oppositionellen Zentrumspartei Edgar Savisaar Bürgermeister der Hauptstadt Tallinn wurde. Als 29. Ministerpräsident seit 1991 folgte der 53-jährige Finanzminister Siim Kallas von der Reformpartei. Dessen erst 35-jährige Außenministerin Kristiina Ojuland trieb die beiden strategischen Ziele, das Land in die EU und die Nato zu integrieren, weiter voran. Estland gehört zu jenen 10 Beitrittskandidaten, die 2004 voraussichtlich als Mitglied der EU an den Wahlen zum Europäischen Parlament teilnehmen. Im Juni 2002 hatte das Land 28 der 31 Verhandlungskapitel zur Aufnahme in die EU abgeschlossen.

Im Dezember 2001 beschloss die OSZE, ihre Mission zur Beobachtung der Menschenrechte in Estland zu schließen. Mit dem Hinweis auf die Lage der russischen Minderheit in Estland, deren Sprach- und Bürgerrechte nicht ausreichend respektiert würden, versuchte Russland das Vorhaben zu verhindern, konnte sich jedoch nicht durchsetzen. Zehn Tage vor dem OSZE-Beschluss hatte Präsident Rüütel ein neues Sprachengesetz unterschrieben und damit die auch von der EU kritisierte Bedingung aufgehoben, dass alle Kandidaten für die Parlamentswahl und die Gemeindewahlen die estnische Sprache beherrschen müssen. Die erste Schließung einer OSZE-Beobachtermission symbolisierte die Anerkennung Estlands als normaler und souveräner demokratischer Staat.

Neben der Westintegration bemühte sich die neue Regierung, die bilateralen Beziehungen zu Russland zu verbessern. Als Folge der weiteren Annäherung Russlands an die Nato verringerte sich auch der Widerstand Moskaus gegen Estlands angestrebte Nato-Mitgliedschaft. Die Esten erwarten eine Einladung zur Aufnahme von Beitrittsverhandlungen im November 2002.

Trotz weltweiter Rezession behauptete sich Estland mit einem gesunden Wirtschaftswachstum in Höhe von 5,3 Prozent. Als Grund für das baltische

Wirtschaftswunder gilt der rapide Übergang von der Planzur Marktwirtschaft. Im November 2001 löste die Regierung die Privatisierungsagentur auf, die bis dahin nahezu 95 Prozent der früheren Staatsbetriebe durch internationale Ausschreibungen privatisiert hatte. Auch technologisch schritt das Land weiter voran. Auf einem Europa-Forum im Oktober 2001 in Frankfurt präsentierte der künftige EU-Mitgliedstaat den potenziellen Investoren eine stolze Bilanz: Estland besitzt eine hohe Computerrate in Europa. Mehr als die Hälfte aller Bürger haben ein eigenes Mobiltelefon, alle Schulen sind am Netz, und die Parlamentswahlen 2003 sollen per Internet abgewickelt werden. Im März 2002 begannen estnische Biologen mit dem Aufbau einer landesweiten Erbgutdatei, die genetischen Daten von einer Million Einwohnern aufnehmen soll. Mit dem Zugriff auf Krankheitsgeschichten und Erbinformationen von mehr als zwei Drittel der Bevölkerung soll in Estland eine moderne Biotechnik-Industrie entstehen.

Selten blickten so viele Menschen nach Estland wie am 25. Mai 2002, als in Tallinn der erste Grand Prix d'Eurovision in einem osteuropäischen Land stattfand. Mehr als hundert Millionen Zuschauer in ganz Europa verfolgten an den Bildschirmen die Präsentation des kleinsten baltischen Landes und den Sieg einer Sängerin aus dem Nachbarstaat Lettland.

Ein ebenfalls historisches Ereignis bescherte der Este Andrus Veerpalu seinen Landsleuten. Im Februar 2002 gewann er bei den Olympischen Spielen in Salt Lake City über 15 Kilometer im Skilanglauf die erste Goldmedaille für Estland überhaupt.

Medaillengewinner Andrus Veerpalu in Salt Lake City

Fidschi

Botschaft in Großbritannien (auch für D akkreditiert): 34, Hyde Park Gate, GB-London SW7 5DN
☎ +44-171-584 36 61 🖷 -584 28 38

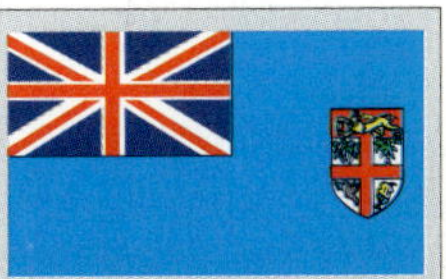

Republic of Fiji – Republik Fidschi-Inseln; Fidschianer

Nationalfeiertag: 10. Oktober

Zeitzone: MEZ + 11 h

Hauptstadt: Suva (77 400 Einwohner)

Telefon-Vorwahl: +679
Kfz-Kennzeichen: FJI

Mitgliedschaft: Uno

GEOGRAFIE, BEVÖLKERUNG

Fläche: 18 376 km² **Bevölkerung:** 812 000 Einw. **Bev.dichte:** 44 Einw./km² **Bev.wachstum:** 1,06 % **Lebenserwartung:** 69 J. **Analphabetenrate:** 7 % **Landessprachen:** Englisch, Fidschianisch **Religionen:** 38 % Hindus, 37 % Methodisten, 9 % Katholiken, 8 % Muslime

POLITISCHES SYSTEM

Unabhängig seit 1970. Republik.
Staatsoberhaupt: Ratu Josefa Iloilo (seit Juli 2000)
Regierungschef: Laisenia Qarase (seit Juli 2000)

WIRTSCHAFT

Währung: 1 Fidschi-Dollar ($F) = 100 Cents **Kurs** (Mitte 2002): 1,97 $F = 1 € **BSP:** 1,48 Mrd. US$ **Wachstumsrate des BIP:** -8,0 % **BSP/Kopf:** 1820 US$ **Anteile am BIP:** Landwirtschaft 18 %, Industrie 29 %, Dienstleistungen 53 %

AKTUELLE ENTWICKLUNGEN

Mit den Wahlen im August 2001 erhielt Fidschi nach dem Putsch im Mai 2000 wieder eine demokratisch legitimierte Regierung. Aber der Konflikt zwischen melanesischer Bevölkerungsmehrheit, die 84 Prozent des Landes besitzt, und indischstämmiger Minderheit, die Handel und Gewerbe dominiert, dauert an. Premier Laisenia Qarase weigert sich, Mitglieder der indo-fidschianischen Opposition in sein Kabinett aufzunehmen und eine multi-ethnische Regierung zu bilden. Das verstößt, wie ein Appellationsgericht im April feststellte, gegen die Verfassung. Qarase rief daraufhin das höchste Gericht an, dessen Entscheidung noch aussteht.

Suomen Tasavalta – Republik Finnland; Finnen

Nationalfeiertag: 6. Dezember

Zeitzone: MEZ + 1 h

Hauptstadt: Helsinki (560 600 Einwohner)

Telefon-Vorwahl: +358
Kfz-Kennzeichen: FIN

Mitgliedschaften: EU, OECD, OSZE, Uno, WEU (Beobachterstatus)

Staatspräsidentin Tarja Halonen, Premier Paavo Lipponen

Finnland

Botschaft in Deutschland: Rauchstraße 1, D-10787 Berlin
☎ +49-30-50 50 30 🖷 -50 50 33 33

GEOGRAFIE, BEVÖLKERUNG

Fläche: 338 145 km². Durchschnittlich nur 150 m hoch gelegen, lediglich im Norden bis 700 m. Höchster Berg: Haltiantunturi im Nordwesten mit 1324 m. Rund 30 000 Inseln und Schären

vor der Küste sowie etwa 55 000 Seen im Binnenland sind Relikte der Eiszeit. **Verwaltung:** 12 Provinzen (davon 11 auf dem Festland; eine eigene Provinz mit Sonderstatus bilden die Ahvenanmaa-Inseln, schwedisch »Åland«, ▸S. 155) **Bevölkerung:** 5,177 Mio. Einw., davon 93 % Finnen, 6 % Schweden, Minderheit von Lappen, Roma und Tataren **Flüchtlinge:** 12 728 **In Städten** leben 67 %, **unter 15 J.** sind 18 % der Bev. **Bev.dichte:** 17 Einw./km² **Bev.wachstum:** 0,07 % **Fruchtbarkeitsrate:** 1,7 Geb./Frau **Landessprachen:** Finnisch, Schwedisch (Amtssprachen), daneben Samisch/Lappisch und Russisch. In Gebieten, in denen mindestens 10 % der Bewohner Schwedisch sprechen, ist Zweisprachigkeit Vorschrift **Religionen:** Christen (85,8 % Lutheraner)

Die größten Städte

Helsinki	560 600
Espoo	216 600
Tampere	197 900
Vantaa	179 900
Turku	174 000

POLITISCHES SYSTEM

Republik mit Verfassung von 1919 (zuletzt geändert März 2000). Souveränitätserklärung am 6. Dezember 1917. Allg. Wahlrecht ab 18 J. Einkammerparlament (»Eduskunta«, Reichstag) mit 200 für 4 Jahre gewählten Abgeordneten. Direktwahl des Staatsoberhaupts für 6 Jahre.
Staatsoberhaupt: Tarja Halonen (seit Februar 2000)
Regierungschef: Paavo Lipponen (seit April 1995)
Außenminister: Erkki Tuomioja

Parlamentssitze (Wahl vom 21. März 1999)

Sozialdemokraten	51
Zentrum	48
Konservative	46
Linkspartei	20
Grüne	11
Schwedische Volkspartei	11
Christlicher Verband	10
Reformgruppe	1
Wahre Finnen	1
Mandat Åland-Inseln	1

MILITÄR

Allg. Wehrpflicht: 6–12 Monate **Streitkräfte:** 32 250 Mann, davon 24 550 Armee, 2700 Luftstreitkräfte, 5000 Marine **Militärausgaben** (am BSP): 1,4 % **Waffenhandelsanteil** an den Importen 0,1 %, an den Exporten 1,3 %

GESUNDHEIT, SOZIALES, BILDUNG

Öffentliche Gesundheitsausgaben (am BIP): 5,2 % **Öffentlicher Ausgaben für Bildung und Erziehung** (am BSP): k. A. **Öffentliche Altersversorgung** (am BIP): 12,1 % (1997) **Medizinische Versorgung:** 3,1 Ärzte, 7,5 Krankenhausbetten/1000 Einw. **Säuglingssterblichkeit:** 4/1000 Geb. **Müttersterblichkeit:** 6/100 000 Geb. **Frauenanteil an den Beschäftigten:** 48,1 % Zugang zu **sauberem Trinkwasser** und zu **sanitären Anlagen** haben 100 % der Bev. **HIV-Infektionsrate:** 0,05 % **Lebenserwartung:** Männer 74 J., Frauen 81 J. **Schulpflicht:** 7–16 J. **Einschulungsquote** im Primarbereich 99%, im Sekundarbereich 95 % **Universitäten:** 20, 25 Technische Hochschulen

WIRTSCHAFT

Währung: 1 € = 100 Cent **BSP:** 130,1 Mrd. US$ **Wachstumsrate des BIP:** 5,7 % **BSP/Kopf:** 25 130 US$ **Anteile am BIP:** Landwirtschaft 4 %, Industrie 34 %, Dienstleistungen 62 % **Forschung+Entwicklungsausgaben** (am BIP): k. A. **Arbeitslosenquote:** 9,8 % **Inflationsrate:** 2,6 % **Staatseinnahmen:** 73,2 Mrd. € **Steueraufkommen** (am BIP): 27,8 % **Einkommensteuer:** max. 37 % **Körperschaftsteuer:** 29 % **Haushaltsdefizit** (am BIP): 0,3 % **Staatsausgaben:** 64,1 Mrd. € **Leistungsbilanzoberschuss:** 8,854 Mrd. US$ **Auslandsschulden:** 329,782 Mrd. US$ **Auslandsvermögen:** 148,155 Mrd. US$ **Devisenreserven:** 8,897 Mrd. US$ **Geleistete Entwicklungshilfe:** 371 Mio. US$ **Ausl. Direktinvestitionen:** 9,125 Mrd. US$ **Börse** (Marktkapitalisierung am BIP): 241,7 % **Energie:** Produktion 15,40 Mio. t ÖE, Verbrauch 33,37 Mio. t ÖE. Anteile am Verbrauch: Kohle 14,8 %, Öl 39,9 %, Atomenergie 19,8 %, Erdgas 14,1 %, sonstige 11,4 %

Landwirtschaft, Rohstoffe, Industrie:

Nutzfläche 7,1 %, von der Anbaufläche sind 3 % bewässert **Bewaldet:** 219 000 km², jährliche **Aufforstung:** 80 km² **Holzeinschlag zur industriellen Nutzung:** jährlich über 50 Mio. m³ **Wichtige Industriezweige:** Die Holz- und Papierindustrie spielt traditionell eine führende Rolle; den Rohstoff liefern die ausgedehnten Nadel- und Laubwälder. Daneben bedeutende Elektronikindustrie (Nokia).
Seit einigen Jahren ist Finnland (zusammen mit Russland) verstärkt in der Exploration von Bodenschätzen auf der Halbinsel Kola, in der Barentssee und im Petschora-Becken (West-Ural) tätig. **Rohstoffe:** geringe Mengen von Kupfer, Zink, Gold und Blei

Außenwirtschaft:

Handelsbilanzoberschuss 13,684 Mrd. US$ **Export:** 45,703 Mrd. US$, davon 33,2 % industrielle Vorprodukte (davon 20,6 % Papier), 42,6 % Maschinen und Transportmittel (22,9 % Elektromaschinen), 7 % Rohstoffe **Hauptausfuhrländer: Deutschland** (13 %), Schweden (10 %), Großbritannien (9,1 %) **Hightech-Exporte:** 10,532 Mrd. US$ **Import:** 32,019 Mrd. US$, davon 11,9 % industrielle Vorprodukte, 43,2 % Maschinen und Transportmittel (16,5 % elektr. Maschinen, Geräte u. Zubehör, 8,1 % Kfz u. -teile), 11,1 % Chemie **Hauptlieferländer:** Deutschland (15,3 %), Schweden (11,2 %), USA (7,9 %)

Präsidentenpalast in Helsinki

VERKEHR

Schienennetz: 5836 km, durchgehendes, den Osthandel erleichterndes Breitspurnetz **Straßennetz:** 77 900 km, 64,5 % davon befestigt, 550 km Autobahnen **Motorisierung:** 462 Kfz/1000 Einw. Internationaler **Flughafen** in Helsinki. Landeseigene Fluggesellschaft (fast 60 %) ist die Finnair. Beförderte Passagiere: 6,416 Mio. **Binnenwasserwege:** 6675 km Wichtigste **Häfen:** Kotka und Helsinki

KOMMUNIKATION

Auf 1000 Einw. kommen 1623 **Rundfunk-**, 692 **Fernsehgeräte**, 547,6 **Telefonanschlüsse**, 778,4 **Mobiltelefone**, 423,5 **PC** und 170,73 **Internet-Zugänge IuK-Ausgaben** (am BIP): 7,8 %

Es erscheinen 200 **Tageszeitungen** mit einer Gesamtauflage von rund 3,2 Mio. Exemplaren. Die größten Tageszeitungen und ihre Auflagen:
Helsingin Sanomat 447 000
Ilta-Sanomat 214 600
Aamulehti 133 800
Nachrichtenagentur: Oy Suomen Tietotoimisto – Finska Notisbyrån in Helsinki

UMWELT, TOURISMUS

Geschützte Gebiete: 6,1 % der Landesfläche **Energieverbrauch/Kopf:** 6461 kg ÖE **CO_2-Emission:** 53,3 Mio. t **Verwendung des Süßwassers:** Landwirtschaft 1 %, Industrie 82 %, Haushalte 17 % **Tourismus:** 2,70 Mio. Besucher, 1,401 Mrd. US$ Einnahmen

AKTUELLE ENTWICKLUNGEN

So viele politische Erfolge in kürzester Zeit konnte Regierungschef Paavo Lipponen, 61, schon lange nicht mehr vorzeigen. Im Pisa-Vergleich der europäischen Bildungssysteme landeten die Nordländer ganz vorn. Das Weltwirtschaftsforum bescheinigt Finnland die besten Voraussetzungen in der Wirtschaftsentwicklung – Platz 1 in der Wettbewerbsfähigkeit und in den Prognosen für das Wirtschaftswachstum. Und ein internationaler Umweltindex platziert die Nordeuropäer als umweltfreundlichstes Land auf Rang 1. Vor allem wegen der klaren Luft und des reinen Wassers führen die US-Universitäten von Columbia und Yale in ihrer Öki-Rangliste Finnland an vorderster Stelle.

Atomkraftwerk Olkiluoto in Eurajoki

Auch innenpolitisch erwies sich der manchmal etwas schwerblütig wirkende sozialdemokratische Premier, der in seiner Partei mehr geachtet als geliebt ist, als unumstritten. Die beiden vielleicht wichtigsten innenpolitischen Entscheidungen entschied er für sich. Nach monatelangem Gezerre und schweren Belastungsproben für seine Regierung stützte der Reichstag knapp den umstrittenen Atomkurs des Ministerpräsidenten. Mit 107 zu 92 votierte das Parlament für den Bau eines neuen, fünften Kernkraftwerks, für den Lipponen sein Renommeé in die Waagschale geworfen hatte.

Nachdem ein erster Anlauf der Industrie 1993 knapp gescheitert war, machte sich Lipponen (»Wir haben die sichersten Kernkraftwerke der Welt«) diesmal besonders stark für den Ausbau der Nuklearenergie – ohne seine Regierung geschlossen hinter sich zu wissen. Nur mit 10 zu 6 Stimmen votierte das Kabinett für ein neues AKW. Dagegen waren nicht nur die drei kleinen Koalitionspartner, die Grünen, der Linksbund und die Schwedische Volkspartei, sondern auch zwei sozialdemokratische Minister.

Schließlich stellte sich auch noch Außenminister Erkki Tuomioja vom linken Flügel der Sozialdemokraten, Lipponens Rivale im Kampf um den Parteivorsitz, auf die Seite der Atomgegner. So kam die Entscheidung einem Vertrauensvotum für den Ministerpräsidenten gleich, für den er sogar den Koalitionsfrieden eines bislang beispiellosen Koalitionsmodells opferte. Die Regenbogenkoalition aus 5 Parteien von Linksaußen bis Mitte-rechts existiert nicht länger. Nach der umkämpften Atomentscheidung verließen die Grünen, an der Spitze die angesehene Umweltministerin Satu Hassi, enttäuscht das Bündnis.

Lipponen hatte es vor allem in der eigenen Partei nicht immer leicht. Sein moderater Kurs der Mitte, dazu rigide Sparmaßnahmen zur Haushaltssanierung, provozierten mancherlei Widerstände und ideologische Vorbehalte unter seinen Genossen. Die konnte auch das Wirtschaftswunder der zwei Regierungen Lipponen, mit blendendem Wirtschaftswachstum und weltweiter Anerkennung als Hightech-Standort Nummer eins, nicht ausräumen.

Außenminister Tuomioja, 56, der seine politischen Wurzeln in der Friedensbewegung hat und aktives Mitglied der in »attac« vereinigten Globalisierungsgegner ist, erhob Anspruch auf den Parteivorsitz. Zu Hilfe kam ihm dabei das lange Zauderen Lipponens, der zum Abschluss seiner politischen Laufbahn mit einem Spitzenjob in der EU liebäugelt.

SONDERFALL »AHVENANMAA« (SCHWEDISCH »ÅLAND«)
Zu Finnland gehörige Inselgruppe mit lokaler Autonomie gemäß internationaler Konvention von 1921 und dem Selbstverwaltungsgesetz von 1951.
Fläche: 1552 km², Hauptstadt: Marieham.
Über 25 000 »Finnland-Schweden« stellen die Bevölkerungsmehrheit. Schwedisch ist folglich die Amtssprache.

Dann jedoch entschied sich der amtierende Parteichef, die finnischen Sozialdemokraten im kommenden März doch noch einmal in den Wahlkampf zu führen. Und auf dem Parteitag am 7. Juni in Tampere sicherte er sich dafür eine überraschend deutliche Mehrheit. Fast zwei Drittel der Delegierten stimmten für seine Wiederwahl.
So gestärkt wird Lipponen auch außenpolitisch immer selbstbewusster und damit die Rolle der finnischen Regierung in der Europäischen Union immer stärker. Schon im Streit um die EU-Sanktionen gegen Wiens neue Mitte-rechts-Regierung unter Beteiligung von Jörg Haiders Freiheitlichen kam den skandinavischen Mitgliedländern eine besondere Rolle zu, indem sie ihre Kollegen erst zur Mäßigung und dann zur Einkehr bewegten.
Vor dem Gipfel in Sevilla Ende Juni, der über eine gemeinsame Asylpolitik und verschärfte Einwanderungskontrollen beraten sollte, konsultierte Spaniens Regierungschef José María Aznar als amtierender EU-Ratspräsident eigens auch die Kollegen in Stockholm und eben Helsinki. Bei dieser Gelegenheit machte Lipponen unmissverständlich klar, dass er zwar schärfere Maßnahmen gegen illegale Einwanderung unterstütze, aber die Schaffung einer eigenen EU-Grenzpolizei ablehne.
Einziger Wermutstropfen in der strahlenden Bilanz des manchmal wegen seiner ruhigen und etwas behäbig wirkenden Art unterschätzten Lipponen war der Kollaps des finnischen Unternehmens Sonera. Ausgerechnet im Vorzeigeland der Telekommunikation geriet der Musterkonzern ins schlingern, nachdem er sich mit dem Erwerb der deutschen UMTS-Lizenzen offenbar übernahm.
Vier Milliarden € hatte Sonera der deutschen Regierung auf dem Höhepunkt der Handy- und Telecom-Euphorie für die Lizenzen überwiesen. Dann platzten alle Träume und am Ende auch die Zusammenarbeit mit dem spanischen Partner. Die vier Milliarden mussten als Verlust abgebucht werden.
Vom »größten unternehmerischen Fehler aller Zeiten« sprachen Kritiker in Finnland und glaubten eine erhebliche Schuld bei der Regierung, allen voran bei Ministerpräsident Lipponen und seinem konservativen Finanzminister Sauli Niinistö, ausmachen zu können. »Die Regierung als Haupteigner hätte früher eingreifen müssen«, hieß es. Ob das wirklich stimmt, sollte Ende des Jahres Finnlands Justiz-Ombudsmann untersuchen.

Transport von Holzstämmen

République Française – Französische Republik; Franzosen

Nationalfeiertag:
14. Juli
(Sturm auf die Bastille)

Zeitzone:
MEZ (nur Europa)

Hauptstadt:
Paris (2 125 200 Einw.)

Telefon-Vorwahl: +33
Kfz-Kennzeichen: F

Mitgliedschaften:
EU, G-8, Nato, OECD, OSZE, Uno, WEU

Frankreich

Botschaft in Deutschland: Kochstraße 6–7, D-10969 Berlin
☎ +49-30-20 63 90 00 🖷 -20 63 90 10

GEOGRAFIE, BEVÖLKERUNG

Fläche: 543 965 km² inkl. Korsika (8680 km²); hinzu kommen Überseebesitzungen. Dem Festland sind im Mittelmeer und im Atlantik einige Inseln vorgelagert; einen Sonderstatus besitzt Korsika.
Verwaltung: Das europäische Frankreich ist in 22 Regionen mit 96 Departements aufgeteilt. Die Regionen wählen seit 1986 direkt eigene Parlamente mit inzwischen weit reichenden Befugnissen. **Bevölkerung:** 58,519 Mio. Einw., davon 93 % Franzosen, Minderheit von Basken und Nordafrikanern **In Städten** leben 76 %, **unter 15 J.** sind 19 % der Bev. **Bev.dichte:** 107 Einw./km² **Bev.-wachstum:** 0,36 % **Fruchtbarkeitsrate:** 1,9 Geb./Frau **Landessprachen:** Französisch (Amtssprache); daneben Regionalsprachen: Elsässisch, Baskisch, Bretonisch, Korsisch, Katalanisch und Okzitanisch **Religionen:** Rund 90 % Katholiken, daneben Minderheiten von Protestanten, Juden und Muslimen

Die größten Städte

Paris	2 125 200
Marseille	798 400
Lyon	445 500
Toulouse	390 400
Nizza	342 700
Nantes	270 300
Straßburg	264 100

POLITISCHES SYSTEM

Republik. Jüngste Verfassung von 1958; wichtige Änderungen 1962 (Direktwahl des Präsidenten), 1992 (Anpassung an die Maastricht-Verträge), 1993 (Asylrecht), 2000 (Verkürzung der Amtszeit des Präsidenten). Allg. Wahlrecht ab 18 J. Zweikammerparlament: Senat (320 Mitgl., indirekt gewählt für 9 J., alle 3 J. Erneuerung eines Drittels; 14 Sitze für Überseebesitzungen, 12 für Franzosen im Ausland); Nationalversammlung (577 Abg. davon 22 aus Überseebesitzungen, direkt gewählt für 5 J.).
Staatsoberhaupt: Jacques Chirac (seit Mai 1995)
Regierungschef: Jean-Pierre Raffarin (seit Mai 2002)
Außenminister: Dominique de Villepin

MILITÄR

Allg. Wehrpflicht: nein **Streitkräfte:** 273 740 Mann, davon 150 000 Armee, 63 000 Luftstreitkräfte, 45 600 Marine **Militärausgaben** (am BSP): 2,7 % **Waffenhandelsanteil** an den Exporten 1 %, an den Importen 0,3 %

GESUNDHEIT, SOZIALES, BILDUNG

Öffentliche Gesundheitsausgaben (am BIP): 7,3 % **Öffentliche Ausgaben für Bildung und Erziehung** (am BIP): 5,9 % **Öffentliche Altersversorgung** (am BIP): 13,4 % **Medizinische Versorgung:** 3 Ärzte, 8,5 Krankenhausbetten/1000 Einw. **Säuglingssterblichkeit:** 4/1000 Geb. **Müttersterblichkeit:** 20/100 000 Geb. **Kinderunterernährung:** k. A. **Kinderarbeit:** k. A. **Armutsrate:** k. A. **Frauenanteil an den Beschäftigten:** 45,1 % **HIV-Infektionsrate:** 0,44 % **Lebenserwartung:** Männer 75 J., Frauen 83 J. **Schulpflicht:** 6–16 J. **Einschulungsquote** im Primarbereich 100 %, im Sekundarbereich 94 % **Analphabetenrate:** k. A. **Universitäten:** 89, daneben etliche technische Fachhochschulen und Grand Ecoles zur Eliteförderung in Verwaltung und Politik

WIRTSCHAFT

Währung: 1 € = 100 Cents
BSP: 1438,3 Mrd. US$
Wachstumsrate des BIP:

REGIONEN

Region	Hauptstadt	Einwohner
1 **Aquitaine**	Bordeaux	2 908 400
2 **Auvergne**	Clermont-Ferrand	1 308 900
3 **Basse-Normandie**	Caen	1 422 200
4 **Bourgogne**	Dijon	1 610 100
5 **Bretagne**	Rennes	2 906 200
6 **Centre**	Orléans	2 440 300
7 **Champagne-Ardenne**	Châlons-en-Champ.	1 342 400
8 **Elsass**	Straßburg	1 734 100
9 **Franche-Comté**	Besançon	1 117 100
10 **Haute-Normandie**	Rouen	1 780 200
11 **Ile-de-France**	Paris	10 952 000
12 **Korsika**	Ajaccio	260 200
13 **Languedoc-Roussillon**	Montpellier	2 295 600
14 **Limousin**	Limoges	710 900
15 **Lothringen**	Metz	2 310 400
16 **Midi-Pyrénées**	Toulouse	2 551 700
17 **Nord-Pas-de-Calais**	Lille	3 996 600
18 **Pays de la Loire**	Nantes	3 222 100
19 **Picardie**	Amiens	1 857 500
20 **Poitou-Charentes**	Poitiers	1 640 100
21 **Provence-Alpes-Côte d'Azur**	Marseille	4 506 200
22 **Rhône-Alpes**	Lyon	5 645 400

FRANKREICHS REGIONEN

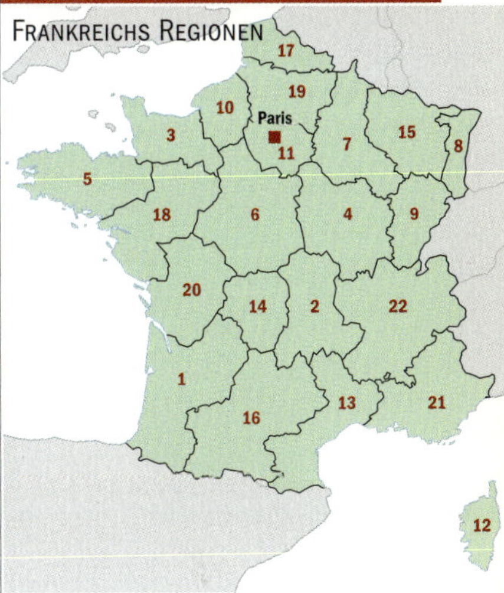

3,1 % **BSP/Kopf:** 24 090 US$ **Anteile am BIP:** Landwirtschaft 3 %, Industrie 26 %, Dienstleistungen 71 % **Forschung+Entwicklungsausgaben** (am BSP): 2,21 % **Arbeitslosenquote:** 10 % **Inflationsrate:** 1,8 % **Staatseinnahmen:** 722,2 Mrd. € **Steueraufkommen** (am BIP): k. A. **Körperschaftsteuer:** 33 % **Haushaltsdefizit** (am BIP): 3,5 % (1999) **Staatsausgaben:** 741,9 Mrd. € **Leistungsbilanzüberschuss:** 25,640 Mrd. US$ **Auslandsschulden:** 2347 Mrd. US$ **Auslandsvermögen:** 2407 Mrd. US$ **Schuldendienst** (am BSP): k. A. **Devisenreserven:** 63,728 Mrd. US$ **Geleistete Entwicklungshilfe:** 4,105 Mrd. US$ **Ausl. Direktinvestitionen:** 43,173 Mrd. US$ **Börse** (Marktkapitalisierung am BIP): 111,8 % **Energie:** Produktion 127,62 Mio. t ÖE, Verbrauch 255,04 Mio. t ÖE. Anteile am Verbrauch: Kohle 4,3 %, Öl 37,4 %, Atomenergie 37 %, Erdgas 14,3 %, sonstige 7 %

Landwirtschaft, Rohstoffe, Industrie:
Nutzfläche 35,5 %, von der Anbaufläche sind 10,3 % bewässert **Produkte:** Weizen, Mais, Gerste, Wein, Kartoffeln, Gemüse, Obst, Zuckerrüben **Bewaldet:** 153 000 km², jährliche **Aufforstung:** 616 km² **Rohstoffe:** Kohle, Erdöl, Erdgas, Eisenerz, Kupfer, Zink **Wichtige Industriezweige:** Nahrungsmittel, Transportmittel, Maschinen, Elektronik, Metallverarbeitung

Außenwirtschaft:
Handelsbilanzüberschuss 6 Mrd. US$ **Export:** 288,620 Mrd. US$, davon 15,1 % industrielle Vorprodukte, 44 % Maschinen und Transportmittel, 13,4 % Chemie, 11,8 % Nahrungs- und Genussmittel **Hauptausfuhrländer:** Deutschland (15,7 %), Großbritannien (10,3 %), Spanien (9,4 %), Italien (9,1 %) **Hightech-Exporte:** 59,397 Mrd. US$ **Import:** 282,620 Mrd. US$, davon 15,1 % industrielle Vorprodukte; 39,8 % Maschinen und Transportmittel, 14,3 % Fertigwaren **Hauptlieferländer:** Deutschland (17,2 %), Italien (9,6 %), USA (8,8 %)

VERKEHR
Schienennetz: 31 423 km **Straßennetz:** 894 000 km, davon 100 % befestigt **Motorisierung:** 564 Kfz/1000 Einw. Internationale **Flughäfen:** 10 (u. a. Paris-Charles de Gaulle, Paris-Orly, Nizza, Marseille, Lyon, Toulouse) **Fluglinie:** Air France, 51,927 Mio. beförderte Passagiere **Häfen:** Bordeaux, Dunkerque, Le Havre, Marseille, Nantes, Rouen **Binnenschifffahrt** auf 14 932 km

KOMMUNIKATION
Auf 1000 Einw. kommen 950 **Rundfunk-**, 628 **Fernsehgeräte**, 573,5 **Telefonanschlüsse**, 605,3 **Mobiltelefone**, 337 **PC** und 13,29 **Internet-Zugänge IuK-Ausgaben** (am BIP): 8,7 % Es erscheinen 10 überregionale **Tageszeitungen** und 56 Lokalzeitungen mit einer Gesamtauflage von rund 8,9 Mio. Exemplaren. Die größten Tageszeitungen und ihre Auflagen:
Ouest-France (Rennes) 796 400
Le Parisien (Paris) 367 800

Präsident Jacques Chirac

La Voix du Nord (Lille).........330 100
Le Monde (Paris) 415 300
L'Equipe
(Sportzeitung, Paris) 373 900
Le Figaro (Paris) 372 700
Nachrichtenagenturen: Agence France-Presse/AFP, Agence Parisienne de Presse, Infomedia M.C.

UMWELT, TOURISMUS

Geschützte Gebiete: 13,5 % der Landesfläche **Energieverbrauch/Kopf:** 4351 kg ÖE **CO_2-Emission:** 369,9 Mio. t **Verwendung des Süßwassers:** Landwirtschaft 12 %, Industrie 73 %, Haushalte 15 % **Tourismus:** 75,5 Mio. Besucher, 29 Mrd. US$ Einnahmen

AKTUELLE ENTWICKLUNGEN

Er hatte alles, um zu gewinnen: eine solide Bilanz, eine bewährte Glaubwürdigkeit, eine anerkannte Integrität, einen geschwächten Gegner. Doch in 56 Wahlkampftagen verspielte Lionel Jospin alles. Es war die innenpolitische Sensation des Jahres: Der sozialistische Premierminister, der Frankreich fünf Jahre lang erfolgreich regiert hatte, schied völlig unerwartet bereits in der ersten Runde der Präsidentschaftswahl am 21. April aus. Der Spitzenkandidat der Linken kam mit 16,2 Prozent der Stimmen nur auf Platz drei – hinter dem amtierenden Präsidenten Jacques Chirac und dem rechtspopulistischen Jean-Marie Le Pen.

Zum ersten Mal seit 1969 war damit die Linke im zweiten Wahlgang am 5. Mai, bei der endgültigen Entscheidung über Frankreichs Staatschef, nicht mehr vertreten. Die Niederlage, in ihrer Brutalität von keinem Meinungsforscher vorhergesehen, erschütterte die Fünfte Republik in ihren Grundfesten. Denn sie offenbarte eine tiefe Krise des politischen Systems und ein Ausmaß an Wählerverdruss, den nach mehreren Jahren überdurchschnittlichen Wirtschaftswachstums und sinkender Arbeitslosigkeit kaum jemand für möglich gehalten hätte.

Mehr als die Hälfte der französischen Staatsbürger drückte bei der Präsidentschaftswahl und der darauffolgenden Parlamentswahl am 9. und 16. Juni ihren Protest aus: Sie gingen entweder gar nicht zur Wahl oder gaben ihre Stimme für extremistische Kandidaten ab. Neben Le Pen und dessen rechtsradikalem Konkurrenten Bruno Mégret traten am linken Rand auch gleich drei Trotzkisten an, die es zusammen auf über 10 Prozent brachten – eine rational schwer verständliche französische Eigenart, die in ganz Europa ohnegleichen ist.

Am Ende dieses seltsamsten Wahlmarathons in der Geschichte der Fünften Republik stand ein paradoxes Ergebnis. Frankreich erlebte die größte politische Wende seit 1981, als mit François Mitterrand erstmals ein Sozialist in den Elysée-Palast einzog. Und das Staatsgefüge, das soeben noch gebebt hatte, schien wie durch ein Wunder plötzlich so fest und so stabil wie nie zuvor.

Jospins Scheitern setzte nämlich einen Automatismus in Gang, der sich mit der Unaufhaltsamkeit fallender Dominosteine fortsetzte. In den Tagen nach dem 21. April demonstrierten in vielen Städten Frankreichs Hunderttausende gegen die Gefahr Le Pen. Acht von zehn Wählern stimmten am 5. Mai in einem »republikanischen Ruck« für Chirac – ein beispielloses Plebiszit, das nur möglich wurde, weil auch Sozialisten, Kommunisten und Grüne zur Wiederwahl des Präsidenten aufriefen.

Die massive Mobilisierung der Linken gegen den Rechtsextremisten Le Pen brachte Chirac in die paradoxe Situation, mehr noch der Erwählte seiner Gegner als der seiner Anhänger zu sein. Im ersten Wahlgang, in dem sich die wahren Vorlieben der Bürger zeigen, hatten nur 19,9 Prozent für ihn gestimmt – das schlechteste Ergebnis eines amtierenden Staatschefs, seit Charles de Gaulle 1962 die Direktwahl des Präsidenten einführte.

Einen Tag nach Chiracs triumphaler Bestätigung trat Jospin mitsamt seiner Linksregierung zurück. Als Nachfolger ernannte der Präsident den liberalen Senator Jean-Pierre Raffarin. Damit zog er eine Lehre aus der War-

Demonstration gegen Jean-Marie Le Pen

nung durch die Wähler. Denn der neue Premier ist der Antityp zu den elitären Technokraten, die normalerweise den Pariser Staatsdienst beherrschen: Stämmig, behäbig, freundlich und bescheiden, verkörpert er als Mann aus der Provinz das »Frankreich von unten« und die »Politik der Bürgernähe«.

Der breiten Öffentlichkeit war Raffarin bis dahin kaum bekannt – ein Vorteil, weil er als unbeschriebenes Blatt wenig Angriffsfläche bot. Er war nur einmal von 1995 bis 1997 Minister gewesen, für das nachrangige Ressort »Kleine und mittlere Unternehmen, Handwerk und Handel«. In dem tat er sich als Gegner der großen Supermärkte und als Verteidiger der nach traditioneller Art gebackenen Baguette hervor.

So zeichnen ihn auch beharrlich die Karikaturisten: als typischen Durchschnittsfranzosen, der gerade vom Markt kommt, Baguette unter dem Arm und Gemüse im Einkaufswagen.

Der auf Konsens und Harmonie bedachte Raffarin, der kaum Anlass zur Polarisierung gab, hatte vor allem eine Mission: für Chirac die Parlamentswahlen zu gewinnen. Das gelang ihm mühelos. Denn nach den Turbulenzen der Präsidentschaftswahl wünschten die Franzosen Kohärenz und Kontinuität. Eine Wiederholung der »Kohabitation« zwischen Chirac und einem linken Premier hätte abermals eine antagonistische Exekutive hervorgebracht und damit die institutionelle Krise der Fünften Republik erheblich verschärft.

So verfügen Chiracs Anhänger, die sich in der »Union für die Mehrheit des Präsidenten« (UMP) zusammengeschlossen haben, mit 365 Abgeordneten allein über die absolute Mehrheit in der neuen Nationalversammlung. Raffarin kann ohne hemmenden Koalitionspartner regieren.

Als Chirac am 11. Februar fast zaghaft und verlegen in Avignon seine erneute Kandidatur ankündigte, zweifelten sogar engste Getreue an seinen Chancen. Der Präsident, von alten Affären und Skandalen verfolgt, im Zusammenwirken mit Jospin zu innenpolitischer Ohnmacht verdammt, schien abgenutzt und verbraucht. Jetzt hält er eine beispiellose Machtfülle in Händen – »ohne Schranke außer derjenigen, die er sich selber zu setzen bereit ist«, wie die Zeitung »Le Monde« urteilte.

Alle Institutionen der Republik gehorchen Chirac: Präsidentschaft, Regierung, Nationalversammlung, Senat, Verfassungsrat, Oberster Richterrat. Kein Gegengewicht, kein Kontrollorgan kann ihn behindern oder seine Autorität schmälern. Auch in den meisten Lokalräten und Regionalparlamenten besitzen seine Anhänger die Mehrheit. Nicht einmal de Gaulle verfügte über eine derart geballte exekutive Gewalt. Aus ursprünglich weniger als 20 Prozent Stimmen sind 100 Prozent Macht geworden. Noch nie seit Beginn der Fünften Republik 1958 befand sich eine konservative Regierung in einer derart vorteilhaften Situation.

Im Herbst soll Chirac auch seine eigene Partei bekommen. Dann wandelt sich die UMP auf ihrem Gründungskongress in eine große, moderne Rechtspartei nach dem Vorbild der deutschen CDU oder der spanischen Volkspartei um. In dem neuen Gebilde gehen Chiracs bisherige Neogaullisten (RPR) sowie große Teile der Liberalkonservativen (UDF) und der Liberalen (DL) auf – die für Frankreich bisher so typische Zersplitterung des bürgerlichen Lagers ist damit weitgehend beendet.

Als Chef der neuen Truppe steht Alain Juppé bereit, Chiracs Premier von 1995 bis 1997, der auch heute noch entscheidenden Einfluss auf den Präsidenten ausübt und als dessen Kronprinz für die nächsten Wahlen 2007 gilt.

Noch hat Chirac in schmerzhafter Erinnerung, wie schnell sich 1995 nach reihenweise gebrochenen Wahlversprechen die Stimmung gegen ihn und Juppé wendete. Der Präsident und sein neuer Premier Raffarin müssen nicht die linke Opposition im Parlament fürchten, sondern Streiks und soziale Protestbewegungen auf der Straße.

Das erklärt die Behutsamkeit, mit der sie ihre Kurskorrektur einleiten. Raffarin weiß, dass Liberalismus nach angelsächsischem Vorbild in Frankreich nicht durchsetzbar ist. Deshalb beschwor er in seiner programmatischen Regierungserklärung am 3. Juli vor dem Parlament zwar den Mut zu Reformen, hielt sich aber mit der Ankündigung konkreter Maßnahmen vorsichtig zurück.

Da die Staatskassen leer sind, dürfen die Reformen unter dem Strich auch nichts kosten. Das Haushaltsdefizit wird Ende des Jahres 2,6 Prozent des Bruttoinlandprodukts erreichen. Weil Frankreich sich aber gegenüber der Brüsseler Kommission und den EU-

Premierminister Jean-Pierre Raffarin

Partnern im Rahmen des Stabilitätspakts verpflichtet hat, das Budget bis Ende 2004 ins Lot zu bringen, werden erhebliche Einsparungen unausweichlich – nur wo und wie, blieb bis zum Herbst noch unklar.

So senkte die Regierung die Einkommensteuer vorerst auch nur um fünf Prozent. Ob weitere Reduzierungen – wie von Chirac im Wahlkampf versprochen und auch im traditionellen Fernsehinterview zum Nationalfeiertag am 14. Juli wieder bekräftigt – möglich sind, bleibt offen und hängt letztlich vom Wachstum ab. Das bisherige Beschäftigungsprogramm für Jugendliche im Öffentlichen Dienst soll auslaufen – es gilt als zu teuer. Stattdessen möchte Arbeits- und Sozialminister François Fillon schlecht qualifizierte Jugendliche – die zu einem Drittel arbeitslos sind – verstärkt in der Privatwirtschaft unterbringen. Unternehmen, die 16- bis 22-Jährige einstellen, bekommen vom Staat zwei Jahre lang die Arbeitgeberbeiträge zur Sozialversicherung ersetzt.

Auf diese Weise sollen bis zum Jahr 2005 mindestens 250 000 neue Jobs geschaffen werden. Die Gewerkschaften befürchten allerdings, dass dabei nur Arbeitsplätze zu Rabattpreisen entstehen. Denn die Betriebe sind nicht verpflichtet, die Jugendlichen beruflich fortzubilden, um ihnen Aufstiegsmöglichkeiten zu eröffnen. Die Schicht der »berufstätigen Armen« ist in Frankreich mit rund 2,7 Millionen Empfängern des gesetzlichen Mindestlohns von 1154 Euro im Monat schon jetzt unverhältnismäßig hoch.

Fillon will auch ein anderes Kernstück sozialistischer Reformpolitik antasten: Die kostspielige Senkung der Arbeitszeit auf 35 Stunden pro Woche soll zwar nicht aufgehoben, aber aufgeweicht werden. Das brisante Thema Rentenreform, das den Widerstand der Gewerkschaften und des Öffentlichen Dienstes provoziert, wird dagegen auf nächstes Jahr vertagt.

Entschlossenheit demonstrierte die Regierung allein in jenem Punkt, der den Wahlkampf beherrschte und entscheidend zu Jospins Niederlage beitrug: der Bekämpfung von Unsicherheit und Kriminalität. Im vergangenen Jahr waren erstmals mehr als 4 Millionen Straftaten registriert worden. Chirac hatte die Verbesserung der inneren Sicherheit zu seinem wichtigsten Wahlkampfversprechen gemacht. Die Regierung Raffarin beschloss noch im Juli ein Rahmenprogramm, das zusätzliche Ausgaben für die nächsten fünf Jahre in Höhe von über neun Milliarden Euro für Polizei, Gendarmerie und Justiz vorsieht. Die Sicherheitskräfte bekommen 13 500 neue Stellen bewilligt. Innenminister Nicolas Sarkozy will – ähnlich wie bei den Arbeitslosen – jeden Monat eine amtliche Kriminalitätsstatistik bekannt geben.

Das energische Auftreten Sarkozys machte den Innenminister zum starken Mann der Regierung und bei der Polizei zum populären »Super-Flic«. Menschenrechtsorganisationen befürchten dagegen, dass die Sicherheitskräfte sich zu Übergriffen ermutigt fühlen könnten. Schon jetzt provozieren eifrige Polizisten durch exzessive Personenkontrollen gewalttätige Zwischenfälle mit Jugendlichen in den lange verwahrlosten Trabanten-

Touristen am Strand von Cannes

städten rund um die großen Metropolen des Landes.
Auf erhebliche Bedenken bei Anwälten und Richtern stießen die ersten Reformen des Justizministers Dominique Perben. Denn die Verschärfung des Strafrechts mit einer systematischen Aushöhlung des Prinzips der Unschuldsvermutung könnte Frankreich in Konflikt mit dem Europäischen Gerichtshof für Menschenrechte bringen. Vor allem minderjährige Straftäter geraten durch die neuen Bestimmungen ins Visier der Justiz. So sollen künftig schon 13-Jährige in Haft genommen werden können; sogar gegen 10-jährige Kinder dürfen strafrechtliche »Erziehungssanktionen« verhängt werden.
Dafür müssen geschlossene Anstalten und zusätzliche Gefängnisplätze geschaffen werden. Psychologen, Erzieher und Sozialarbeiter sind beunruhigt über die Härte des Programms, das nicht auf Integration und Sozialisation schwieriger Jugendlicher, sondern auf Abschreckung setzt – nach dem Motto: »Repression ist die beste Prävention.«
Das Ende der Kohabitation verschaffte Präsident Chirac auch größere Freiräume in der Außenpolitik, seit jeher eine »reservierte Domäne« der französischen Staatschefs. Am EU-Gipfel von Sevilla nahm Chirac erstmals seit fünf Jahren ohne seinen Premier teil. Persönlich begrüßte er den aus dem Indischen Ozean heimkehrenden nukleargetriebenen Flugzeugträger »Charles de Gaulle«, der sich sieben Monate an den militärischen Operationen in Afghanistan beteiligt hatte. Die Streitkräfte sollen nach dem Willen ihres Oberkommandierenden Chirac deutlich mehr Mittel bekommen. Der Bau eines zweiten Flugzeugträgers wird erwogen.
Als erster ausländischer Staatschef nach den Attentaten vom 11. September hatte Chirac am 18. September 2001 US-Präsident George W. Bush besucht und ihm »die volle Solidarität der Franzosen« zugesichert: »Ich habe ihm natürlich auch unsere Entschlossenheit bestätigt, den erforderlichen Kampf gegen einen Terrorismus mitzuführen und zu verstärken, der in Wirklichkeit einen Angriff auf die Freiheiten, die Menschenrechte und die Menschenwürde darstellt und ausgemerzt werden muss,« sagte er später auf einer Pressekonferenz.
Trotzdem verschlechterten sich die Beziehungen zu den USA in den folgenden Monaten erheblich. Das Pentagon machte deutlich, dass es französische Hilfstruppen in Afghanistan nicht wirklich brauche. Angestachelt durch Bin Ladens Tiraden und die palästinensische Intifada, schleuderten muslimische Jugendliche Anfang April in mehreren französischen Städten Molotow-Cocktails auf Synagogen. Die Zwischenfälle bescherten Frankreich in amerikanischen Medien den Ruf, ein neuer Hort des Antisemitismus in Europa zu sein. Das starke Abschneiden des früher offen antisemitischen und rassistischen Le Pen in der Präsidentschaftswahl verstärkte diesen Verdacht noch.
Israels Ministerpräsident Ariel Scharon rief Frankreichs Juden sogar dazu auf, die Koffer zu packen und das Land zu verlassen. Chirac wies ihn dafür in einem Telefongespräch barsch zurecht.
In der Europapolitik bleibt Chirac ein schwieriger Partner. Meinungsverschiedenheiten und Interessenkonflikte, etwa in der Agrarpolitik und beim Entwurf einer künftigen europäischen Verfassung, ließen den »deutsch-französischen Motor« in der EU erlahmen. Chirac und Raffarin haben sich zwar für einen neuen Grundlagenpakt zwischen Paris und Berlin ausgesprochen, aus Anlass des 40. Jahrestags der Unterzeichnung des deutsch-französischen Freundschaftsvertrags am 22. Januar 1963. Aber die Perspektive eines föderalistischen Europa scheint erst einmal weiter wegzurücken. Durch das Wahlergebnis mit seinem starken europafeindlichen Potenzial bestärkt, will sich Chirac nicht für mehr Integration, sondern für das Modell der intergouvernementalen Zusammenarbeit entscheiden.
Insofern hat der Ausgang der französischen Wahlen auch die Arbeit des Konvents in Brüssel, der unter dem Vorsitz des ehemaligen französischen Präsidenten Valéry Giscard d'Estaing eine Verfassung für Europa ausarbeiten soll, erheblich erschwert. Chirac will, dass der Europäische Rat der Staats- und Regierungschefs aus seinem Umfeld einen EU-Präsidenten ernennt. Dagegen hat sich die deutsche

Amerikanischer Tour-de-France-Sieger Lance Armstrong

SONDERFALL KORSIKA
Fläche: 8680 km²
Bevölkerung: 260 200 Einw.
Sprachen: Französisch, Korsisch
Hauptstadt: Ajaccio (54 700 Einwohner)
Verwaltung: Präfekt, von Paris entsandt, sowie Regionalversammlung
Wirtschaft: Das korsische Pro-Kopf-Einkommen ist 30 % geringer als auf dem Festland. Wichtigste Wirtschaftszweige sind Landwirtschaft (vor allem Ziegen- und Schafzucht, Weinanbau, Oliven, Zitrusfrüchte, Korkeichen, Obst, Edelkastanien) und Tourismus. Korsika ist seit dem 1. Januar 1997 eine Niedrigsteuerzone. Frankreich subventioniert die Insel mit jährlich knapp 60 Mio. €; Korsika ist damit die Region mit der höchsten Subvention pro Kopf in Frankreich. Jährlich knapp 50 Mio. € steuert überdies die EU bei.

Topmodel und Schauspielerin Laetitia Casta

Bundesregierung dafür ausgesprochen, den Brüsseler Kommissionspräsidenten direkt vom Europäischen Parlament wählen zu lassen, um seine Autorität und demokratische Legitimation zu verstärken.
Die Gegensätze scheinen unüberwindbar, aber der französische Präsident kann sich im Kreis seiner europäischen Kollegen als der Stärkste für lange Zeit sehen: Als Einziger unter den Großen hat er seine fast monarchische Macht für fünf volle Jahre gesichert.

ÜBERSEE-DEPARTEMENTS
Départements d'outre-mer

Guadeloupe (Karibik)
Fläche: 1705 km², Inseln Saint-Martin (nördliche Hälfte), Saint-Barthélemy, Basse-Terre, Grande-Terre, Iles des Saintes, La Désirade, Marie-Galante
Bevölkerung: 422 500 Einw.
Hauptstadt: Basse-Terre
Wirtschaft: Wichtigster Wirtschaftszweig ist der Tourismus. 1999 kamen 847 000 Besucher. Einnahmen daraus: 499 Mio. US$. Hauptanbauprodukte für den Export sind Bananen und Zuckerrohr. Wichtigste Industrien sind Zuckerproduktion, Rumdestillation und Getreideverarbeitung. Guadeloupe ist auf Importe und Zuschüsse aus dem Mutterland angewiesen. Arbeitslosenquote (1998): 30,7 %.

Martinique (Karibik)
Fläche: 1100 km²
Bevölkerung: 381 400 Einw.
Hauptstadt: Fort-de-France
Wirtschaft: Trotz schwacher landwirtschaftlicher und industrieller Produktion relativ hoher Lebensstandard. Wichtigste Anbauprodukte: Bananen (36,6 % der Exporteinnahmen 1997) und Zuckerrohr. Wichtigste Industriezweige: Erdölverarbeitung (16 % der Exporteinnahmen 1997) und Rumdestillation. Die Tourismusbranche (rund 526 000 Besucher) ist einer der größten Devisenbringer (1999 Einnahmen daraus bei 404 Mio. US$). Martinique leidet unter hoher Arbeitslosigkeit (26,3 %) und ist auf Zuschüsse aus Frankreich angewiesen.

Französisch-Guayana (Südamerika)
Fläche: 83 534 km² (mit Teufelsinsel, Ile Royale und Ile Saint-Joseph)
Bevölkerung: 156 800 Einw.
Hauptstadt: Cayenne
Wirtschaft: Größte Ressourcen sind Holzvorkommen, die aber infolge fehlender Infrastruktur nicht voll genutzt werden können. Außerdem Krabbenfischerei (22,4 % Exporteinnahmen), Reis- und Maniokanbau. Darüber hinaus gibt es Goldminen (Förderung 2000: 3,4 t). Die Insel ist von Lieferungen aus und Zuschüssen von Frankreich abhängig. Arbeitslosenquote: 19 %.
Mittlerweile hat jeder zweite im Land umgesetzte Franc direkt oder indirekt mit wirtschaftlichen Aktivitäten des europäischen Raumfahrtzentrums in Kourou zu tun.

Réunion (Südostafrika)
Fläche: 2507 km²
Bevölkerung: 728 400 Einw.
Hauptstadt: Saint-Denis
Wirtschaft: Wichtigster Wirtschaftszweig ist der Anbau von Zuckerrohr und dessen Weiterverarbeitung (58,9 % der Exporteinnahmen). Weitere Anbauprodukte sind Mais, Vanille, Tabak. Der Dienstleistungssektor einschließlich Tourismus spielt eine ständig wachsende Rolle. 2000 kamen 430 000 Besucher (Einnahmen daraus: 302 Mio. US$). Réunion ist von Hilfe aus Frankreich abhängig. Von 1989 bis 1993 erhielt die Insel Zuschüsse von der EU zur Anpassung an den Binnenmarkt. Arbeitslosenquote: 36,5 %.

TERRITORIALE GEMEINSCHAFTEN
Collectivités territoriales

Saint-Pierre-et-Miquelon (Nordamerika)
Fläche: 242 km² (Inseln Saint-Pierre, Miquelon)
Bevölkerung: 6300 Einw.
Hauptstadt: Saint-Pierre
Wirtschaft: Haupterwerbsquelle ist die Fischerei, die aber durch Streitigkeiten mit Kanada und neu festgelegte Fangquoten stark beeinträchtigt wurde

(Fänge 1999: 5900 t). Landwirtschaft ist auf Grund des Klimas und der Bodenbeschaffenheit kaum möglich, Ausnahmen sind Hühnerzucht und Gartenbau. Der Ausbau des Hafens von Saint-Pierre und die Förderung des Tourismus (Besucher 1998: 11 994) werden als wichtigste Aufgaben angesehen. Die Inseln sind von finanzieller Hilfe aus Frankreich abhängig. Arbeitslosenquote: 12,8 %.

Mayotte (Südostafrika)

Fläche: 374 km^2
Bevölkerung: 142 000 Einw.
Hauptstadt: Dzaoudzi
Wirtschaft: Wegen des fruchtbaren vulkanischen Bodens dominiert die Landwirtschaft. Wichtigste Anbauprodukte für den Export sind Vanille, Ylang-Ylang (für ätherische Öle), Zimt, Kaffee und Kokosnüsse. Stärkster Industriezweig ist die Baubranche. Mayotte ist auf Warenlieferungen und finanzielle Zuschüsse aus Frankreich angewiesen. Arbeitslosenquote: 41,2 %

ÜBERSEEGEBIETE
Territoires d'outre-mer

Neukaledonien (Ozeanien)

Fläche: 18 575 km^2 (Inseln Grande-Terre, Loyaltyinseln)
Bevölkerung: 209 200 Einw.
Hauptstadt: Nouméa
Wirtschaft: Neukaledonien besitzt etwa 30 % der weltweit bekannten Nickelvorkommen (89,3 % der Exporteinnahmen 1999). Die landwirtschaftliche Nutzung des Bodens spielt nur eine sekundäre Rolle; deshalb kann diese Einnahmequelle den Rückgang der internationalen Nachfrage (Asienkrise) sowie den Verfall des Weltmarktpreises für Nickel nicht auffangen. Große Teile des Landes werden als Weideflächen (Rinder, Schweine) genutzt. Hauptanbauprodukte sind Mais, Jams, Süßkartoffeln, Kokosnüsse und Kürbisse. Der Tourismus gewinnt wegen der politischen Unruhen in den achtziger Jahren erst langsam wieder an Bedeutung. Im Jahr 2001 kamen 100 515 Besucher.

Französisch-Polynesien (Ozeanien)

Fläche: 3521 km^2 (120 Inseln, darunter Tahiti, Moorea, Bora Bora).
Bevölkerung: 235 400 Einw.
Hauptstadt: Papeete (Tahiti)
Wirtschaft: Wichtigster Zweig ist der Tourismus, 2001 kamen 227 658 Besucher. Einnahmen: 388 Mio. US$. Exportgüter: Kokosnüsse, schwarze Perlen. Auf Grund der Atomtests unterhält Frankreich seit 1966 auf den Inseln Militärpersonal (2001: 3100 Mann), dessen Abzug durch französische Gelder aufgefangen werden soll (Diversifizierung der Wirtschaft etc.). Die Inseln sind von Zuwendungen aus Frankreich abhängig.

Wallis-et-Futuna (Ozeanien)

Fläche: 161 km^2 (größte Inseln: Uvéa, Futuna, Alofi)
Bevölkerung: 14 600 Einw.
Hauptstadt: Mata-Utu
Wirtschaft: Die wirtschaftliche Tätigkeit beschränkt sich auf den Ackerbau. In der Landwirtschaft sind 80 % aller Erwerbstätigen beschäftigt.
Einzige Exportgüter sind Perlmutt und Kunsthandwerk-Artikel. Anbauprodukte sind Jams, Maniok, Taro und Bananen. Tourismus findet bisher kaum statt. Es werden jedoch Anstrengungen in diesem Bereich unternommen, um von französischen Zuschüssen unabhängiger zu werden.

Kanaken in Neukaledonien

SÜDPOLAR- UND ANTARKTISCHE TERRITORIEN
Terres australes et antarctiques

Überseeterritorien mit Sonderstatus im südlichen Indischen Ozean und in der Antarktis. Im Einzelnen:
- **Neu-Amsterdam** (Nouvelle-Amsterdam), 58 km^2, Dauersiedlung.
- **Saint-Paul,** 8 km^2, unbewohnt.
- **Crozetinseln**, 515 km^2, Dauersiedlung.
- **Kerguelen**, 7215 km^2, Dauersiedlung Port-aux-Français.
- **Adélieland**, 432 000 km^2, Dauerstation Dumont d'Urville.

République Gabonaise – Gabunische Republik; Gabuner

Nationalfeiertag: 12. März (Tag der Erneuerung)

Zeitzone: MEZ

Hauptstadt: Libreville (352 000 Einwohner)

Telefon-Vorwahl: +241

Mitgliedschaften: AU, Uno

Gabun

Botschaft in Deutschland: Kronprinzenstraße 52, D-53173 Bonn
☎ +49-228-935 98 40 🖷 -35 91 95

GEOGRAFIE, BEVÖLKERUNG

Fläche: 267 667 km² **Bevölkerung:** 1,23 Mio. Einw. **Bev.dichte:** 5 Einw./km² **Bev.wachstum:** 2,48 % **In Städten:** 81 % der Bev. **Analphabetenrate:** k. A. **Landessprachen:** Französisch **Religionen:** 65 % Christen, 5 % Muslime, 30 % traditionelle Religionen

POLITISCHES SYSTEM

Unabhängig seit dem 17. August 1960. Präsidialdemokratie.
Staatsoberhaupt: El Hadj Omar Bongo (seit Dezember 1967)
Regierungschef: Jean-François Ntoutoume Emane (seit Januar 1999)

MILITÄR

Streitkräfte: 4700 Mann **Militärausgaben:** (am BSP): 2,4 %

GESUNDHEIT, SOZIALES

Öffentliche Gesundheitsausgaben (am BIP): 2,1 % **Medizinische Versorgung:** 0,2 Ärzte/1000 Einw. **Säuglingssterblichkeit:** 58/1000 Geb. **Armutsrate:**

50 % (nationale Rate) **Lebenserwartung:** Männer 51 J., Frauen 54 J.

WIRTSCHAFT

Währung: 1 CFA-Franc = 100 Centimes **Kurs** (Mitte 2002): 1 CFA-Franc = 0,002 € **BSP:** 3,9 Mrd. US$ **Wachstumsrate des BIP:** 2 % **BSP/Kopf:** 3190 US$ **Anteile am BIP:** Landwirtschaft 6 %, Industrie 53 %, Dienstleistungen 40 % **Arbeitslosenquote:** 20 % **Inflationsrate:** 2,6 % **Auslandsschulden:** 4 Mrd. US$ **Schuldendienst** (am BSP): 11 % **Entwicklungshilfe:** 12 Mio. US$ **Handelsbilanzüberschuss:** 1,588 Mrd. US$ **Tourismuseinnahmen:** 7 Mio. US$

AKTUELLE ENTWICKLUNGEN

Nach der von Unregelmäßigkeiten und einem Boykottaufruf einer oppositionellen Partei begleiteten Parlamentswahl vom Dezember 2001 verfügt die Partei des Präsidenten Omar Bongo

Präsident El Hadj Omar Bongo

trotz leichter Verluste noch immer über die deutliche Mehrheit von 86 der 120 Sitze. 2005 läuft verfassungsgemäß die Amtszeit des seit 35 Jahren das Land regierenden Präsidenten aus.
Den für afrikanische Verhältnisse großen, aber sehr ungleich verteilten Reichtum verdankt das Land seinen Ölreserven in Höhe von 2,5 Mrd. Barrel. Die Ölindustrie trägt über 40 Prozent zum Bruttoinlandsprodukt bei, erwirtschaftet 81 Prozent der Exporterlöse und bringt 60 Prozent der Steuereinnahmen ein. Trotz des Ölreichtums leben noch immer rund die Hälfte der Gabuner unterhalb der nationalen Armutsgrenze. Großer Profiteur des Öls dürfte Präsident Bongo sein, der vom französischen Ölmulti Elf über Jahre hohe Provisionen kassierte. Seit über zehn Jahren wurden keine lohnenden Lagerstätten mehr gefunden, sodass für 2002 mit stagnierendem Wachstum bei anhaltend hoher Arbeitslosigkeit von 20 Prozent gerechnet wird. Die Versuche der Regierung, sich aus der Abhängigkeit vom Öl zu lösen und verstärkt auf Holzindustrie und Manganabbau zu setzen, blieben bisher erfolglos. Im Dezember 2001 brach erneut eine Ebola-Epidemie aus, der 53 Menschen zum Opfer fielen.

Gambia

Botschaft in Belgien (auch für D akkreditiert): Avenue Franklin Roosevelt 126, B-1050 Brüssel
☎ +32-2-640 10 49 🖷 -646 32 77
HK: Berlin, Frankfurt a. M., Köln, München

GEOGRAFIE, BEVÖLKERUNG

Fläche: 11 295 km² **Bevölkerung:** 1,303 Mio. Einw. **Bev.dichte:** 130 Einw./km² **Bev.wachstum:** 2,38 % **In Städten**: 33 % der Bev. **Analphabetenrate:** Männer 56 %, Frauen 71 % **Landessprachen:** Englisch (Amtssprache), Mandingo, Wolof und Fulfulde **Religionen:** 90 % Muslime, 9 % Christen, traditionelle Religionen

POLITISCHES SYSTEM

Unabhängig seit dem 18. Februar 1965. Präsidialrepublik.
Staats- und Regierungschef: Yahya Jammeh (seit Juli 1994)

MILITÄR

Streitkräfte: 800 Mann **Militärausgaben** (am BSP): 1,3 %

GESUNDHEIT, SOZIALES

Öffentliche Gesundheitsausgaben (am BIP): 2,3 % **Medizinische Versorgung:** <0,05 Ärzte/1000 Einw. **Armutsrate:** 59,3 % **Säuglingssterblichkeit:** 73/1000 Geb. **Lebenserwartung:** Männer 52 J., Frauen 55 J.

WIRTSCHAFT

Währung: 1 Dalasi (D) = 100 Bututs **Kurs** (Mitte 2002): 1 D = 0,06 € **BSP:** 440 Mio US$ **Wachstumsrate des BIP:** 5,6 % **BSP/Kopf:** 340 US$ **Anteile am BIP:** Landwirtschaft 38 %, Industrie 13 %, Dienstleistungen 49 % **Arbeitslosenquote:** 26 % **Inflationsrate:** 4 % **Auslandsschulden**: 471 Mio. US$ **Schuldendienst** (am BSP): 4,5 % **Entwicklungshilfe**: 49 Mio. US$ **Handelsbilanzdefizit:** 87 Mio. US$ **Tourismuseinnahmen:** 49 Mio. US$

AKTUELLE ENTWICKLUNGEN

Die Präsidentschaftswahlen im Oktober 2001 gewann der 1994 durch einen Putsch an die Macht gelangte Präsident Yahya Jammeh. Er wurde damit zum zweiten Mal für fünf Jahre im Amt bestätigt. Im Vorfeld der Präsidentschaftswahlen kam es zu Menschenrechtsverletzungen und Verstößen gegen die Pressefreiheit. Bei den Parlamentswahlen Mitte Januar 2002 eroberte Jammehs Partei, die Allianz für patriotische Neuorientierung und Aufbau, 50 von 53 Sitzen. Die Opposition hatte dazu aufgerufen, nicht zur Wahl zu gehen.
Die 1999 einsetzende wirtschaftliche Erholung setzte sich mit einer Wachstumsrate von deutlich über 5 Prozent in den beiden Folgejahren fort. Dazu trugen vor allem der wichtigste Devisenbringer, der Tourismus, und die Landwirtschaft bei. Das zwischenzeitliche Verbot von All-inclusive-Angeboten, das dem ansässigen Gaststättengewerbe schadete, führte allerdings zu einer deutlichen Abschwächung der Tourismuseinnahmen. Ambitionierte Pläne der Regierung Gambias, in den nächsten 20 Jahren das »Singapur Afrikas« zu schaffen, dürften mittelfristig kaum zu verwirklichen sein. Trotz der Einrichtung einer Sonderwirtschaftszone im Jahr 2001 gehört Gambia nach wie vor zu den ärmsten Ländern der Welt. Das liegt nicht zuletzt an der hohen Zahl von Flüchtlingen aus den Nachbarländern Sierra Leone, Liberia und dem Senegal.

Präsident Yahya Jammeh

Republic of the Gambia – Republik Gambia; Gambier

Nationalfeiertag: 18. Februar

Zeitzone: MEZ – 1 h

Hauptstadt: Banjul (42 300 Einwohner)

Telefon-Vorwahl: +220
Kfz-Kennzeichen: WAG

Mitgliedschaften: AU, Uno

Sakartwelos Respublika – Republik Georgien; Georgier

Nationalfeiertag: 26. Mai

Zeitzone: MEZ + 3 h

Hauptstadt: Tiflis/Tbilissi (1 268 000 Einw.)

Telefon-Vorwahl: +995
Kfz-Kennzeichen: GE

Mitgliedschaften: GUS, OSZE, Uno

Präsident
Eduard Schewardnadse

Georgien

Botschaft in Deutschland: Heinrich-Mann-Straße 32, D-13156 Berlin
☎ +49-30-484 90 70 🖷 -48 49 07 20

GEOGRAFIE, BEVÖLKERUNG

Fläche: 69 700 km², kaukasische Republik mit den autonomen Gebieten Abchasien, Adscharien, Südossetien **Verwaltung:** 53 Bezirke, 9 bezirksfreie Städte **Bevölkerung:** 5,024 Mio. Einw., davon 70 % Georgier, 8 % Armenier, 6 % Russen, 6 % Aserbaidschaner, 3 % Osseten **Flüchtlinge:** 7901, dazu 264 221 Binnenvertriebene **In Städten** leben 61 %, **unter 15 J.** sind 21 % der Bev. **Bev.dichte:** 72 Einw./km² **Bev.wachstum:** - 0,53 % **Fruchtbarkeitsrate:** 1,1 Geb./Frau **Landessprachen:** Georgisch (Amtssprache), daneben Mingrelisch **Religionen:** 75 % georgisch-orthodoxe Christen, 11 % Muslime

POLITISCHES SYSTEM

Unabhängig seit dem 9. April 1991. Präsidialrepublik. Verfassung von 1995. Einkammerparlament: »Oberster Rat« mit 235 Sitzen, Wahl alle 4 J. Direktwahl des Staatsoberhauptes für 5 J. Wahlrecht ab 18 J.
Staatsoberhaupt: Eduard Schewardnadse (seit Oktober 1992)
Regierungschef: Awtandil Dschorbenadse (seit Dezember 2001)
Außenminister: Irakli Menaghrischwili

MILITÄR

Allg. Wehrpflicht: 18 Monate **Streitkräfte:** 16 790 Mann, davon 8620 Armee, 1330 Luftwaffe, 1040 Marine **Militärausgaben** (am BSP): 1,2 %

GESUNDHEIT, SOZIALES, BILDUNG

Öffentliche Gesundheitsausgaben (am BIP): 0,8 % **Öffentliche Ausgaben für Bildung und Erziehung** (am BIP): 5,2 % **Medizinische Versorgung:** 4,4 Ärzte, 4,8 Krankenhausbetten/1000 Einw. **Säuglingssterblichkeit:** 17/1000 Geb. **Müttersterblichkeit:** 22/100 000 Geb. **Kinderunterernährung:** 3 % **Kinderarbeit:** k. A. **Armutsrate:** < 2 % **Frauenanteil an den Beschäftigten:** 46,8 % Zugang zu **sauberem Trinkwasser,** zu **sanitären Anlagen:** k. A. **HIV-Infektionsrate:** < 0,01 % **Lebenserwartung:** Männer 69 J., Frauen 77 J. **Schulpflicht:** 6–14 J. **Einschulungsquote** im Primarbereich: 88 % **Analphabetenrate:** 0,4 % **Universitäten** in Suchumi, Tiflis

WIRTSCHAFT

Währung: 1 Lari (GEL) = 100 Tetri **Kurs** (Mitte 2002): 1 GEL = 0,5 € **BSP:** 3,0 Mrd. US$. **Wachstumsrate des BIP:** 1,9 % **BSP/Kopf:** 630 US$ **Anteile am BIP:** Landwirtschaft 32 %, Industrie 13 %, Dienstleistungen 55 % Ausgaben für **Forschung+Entwicklungsausgaben** (am BIP): k.A. **Arbeitslosenquote:** 13,8 % **Inflationsrate:** 4,7 % **Staatseinnahmen:** k.A. **Steueraufkommen** (am BIP): 10 % **Staatsausgaben:** k.A. **Leistungsbilanzdefizit:** 269 Mio. US$ **Auslandsschulden:** 1,633 Mrd. US$ **Schuldendienst** (am BSP): 3,8 % **Devisenreserven:** 109 Mio. US$ **Empf. Hilfsgelder:** 170 Mio. US$ **Energie:** Produktion 0,74 Mio. t ÖE, Verbrauch 2,57 Mio. t ÖE

Landwirtschaft, Rohstoffe, Industrie:

Nutzfläche 15,2 %, von der Anbaufläche sind 44,2 % bewässert **Produkte:** Obst, Wein, Tee **Bewaldet:** 30 000 km², jährliche **Rodung:** k.A. **Rohstoffe:** Kohle, Erdöl, Mangan, Kupfer, Gold, Silber **Wichtige Industriezweige:** Nahrungsmittelproduktion, Bergbau, Metallverarbeitung, Maschinenbau

Außenwirtschaft:

Handelsbilanzdefizit 512 Mio. US$ **Export:** 459 Mio. US$, davon Metalle u. Metallerzeugnisse 26 %, Nahrungs- u. Genussmittel 14,6 %, Ölprodukte 4,8 % **Hauptausfuhrländer:** Russland (28,5 %), Türkei (13 %), Armenien (12,5 %) **Import:** 971 Mio. US$, davon Öl und Ölprodukte 21,4 %, Tabakwaren 13,6 %, Kfz 7,4 % **Hauptlieferländer:** Russland (17,7 %), Türkei (11,2 %), Aserbaidschan (10,8 %)

VERKEHR

Schienennetz: 1575 km **Straßennetz:** 20 362 km, davon 93,5 % befestigt **Motorisierung:** 63 Kfz/1000 Einw. Internationaler **Flughafen:** Tiflis **Fluggesellschaften:** Orbi (Georgia Air-

lines), Air Georgia Bedeutende **Seehäfen:** Batumi, Suchumi

KOMMUNIKATION

Auf 1000 Einw. kommen 556 **Rundfunk-**, 474 **Fernsehgeräte**, 158,6 **Telefonanschlüsse**, 53,9 **Mobiltelefone**, k. A. **PC** Größte **Tageszeitung:** *Rezonansi* (Auflage: 10 000 Exemplare) **Nachrichtenagenturen:** BS Press, Iberia, Iprinda, Kontakt, Sakinform

UMWELT, TOURISMUS

Geschützte Gebiete: 2,8 % der Landesfläche **Co_2-Emission:** 5,2 Mio. t **Verwendung des Süßwassers:** Landwirtschaft 59 %, Industrie 20 %, Haushalte 21 % **Tourismus:** 384 000 Besucher, 400 Mio. US$ Einnahmen

AKTUELLE ENTWICKLUNGEN

Am 7. März 2002 feierte Präsident Schewardnadse, 75, sein 10-jähriges Amtsjubiläum in der krisengeschüttelten Kaukasusrepublik. Georgien hat nach dem Zusammenbruch der UdSSR bisher keine tragfähigen politischen Strukturen entwickelt. Im Oktober 2001 besetzten Geheimdienstler den unabhängigen Sender Rustawi-2, der mehrfach über Korruption in der Regierung berichtet hatte. Bedrängt vom Parlament und Demonstranten, musste Schewardnadse schließlich die gesamte Ministerriege entlassen. Reformkräfte um den ehemaligen Parlamentspräsidenten Surab Schwanija und den früheren Justizminister Michail Saakaschwili gingen aus diesen Unruhen gestärkt hervor. Auch von ehemals engen Gefolgsleuten kommt Kritik am Staatschef: Er begünstige seinen Clan durch Vetternwirtschaft.
Die Staatsfinanzen sind ungeordnet, wegen der mangelhaften Energieversorgung müssen die Einwohner oft auf Strom und Gas verzichten. Mit umgerechnet etwa 22 Euro monatlich sind die Löhne extrem niedrig. Das schwerste Erdbeben seit 30 Jahren erschütterte Tiflis im April 2002, sechs Menschen starben.
Separatismus prägt das Land: Das muslimische Adscharien an der Grenze zur Türkei praktiziert mit eigener Hymne, Fahne und Präsident eine weitgehende Autonomie von der christlich-orthodox geprägten Landesobrigkeit. In den Regionen Südossetien und Abchasien regiert Tiflis seit 1992 gar nicht mehr, die Gebiete suchen ihr Heil in der Anlehnung an Moskau. Im Oktober 2001 brach der schwelende Konflikt mit Abchasien wieder aus. Dabei wurde auf einem Patrouillenflug entlang der Waffenstillstandslinie am 8. Oktober 2001 ein Hubschrauber der Unomig (United Nations Observer Mission in Georgia) über abchasisch kontrolliertem Gebiet abgeschossen. Ein deutscher Oberstabsarzt starb mit acht weiteren Uno-Beobachtern. Nach Gesprächen der Präsidenten Putin und Schewardnadse entspannte sich die Situation im April 2002 wieder, wobei Russland ausdrücklich die territoriale Integrität Georgiens anerkannte.
Wirre Zustände herrschen auch im 90 Quadratkilometer großen Pankisi-Tal. Schmuggel, Entführungen, Rauschgift- und Waffenhandel sind im Hochgebirge nahe der Grenze zu Tschetschenien an der Tagesordnung. Dort leben nicht nur bis zu 7000 Flüchtlinge, sondern auch Kämpfer aus der benachbarten russischen Kriegsprovinz. Ende Juni 2002 bombardierten russische Kampfjets tschetschenische Rebellen im Pankisi-Tal. Hatte Russland die Westorientierung Georgiens seit 1992 mit Argwohn betrachtet – das Land will 2005 »an die Tür der Nato klopfen« – hielt Präsident Putin nach seiner eigenen Verständigung mit den USA und der Nato die Stationierung von 200 amerikanischen Militärberatern im Februar 2002 für »keine Tragödie«. Bis 2004 schulen US-Trainer 1500 Soldaten und 500 georgische Grenzer. 64 Millionen US-Dollar stehen dafür zur Verfügung.
Deutschland unterhält zu Georgien intensive Beziehungen: Die Bundesrepublik finanziert Beratungs- und Wirtschaftsprogramme im Rahmen der EU-Hilfe für Infrastruktur und Energieversorgung, engagiert sich über den IWF, die Weltbank und die Europabank in den Bereichen Landwirtschaft, Umweltschutz, Verwaltungsreform und humanitäre Hilfe, gibt Geld für Ausbildung und Ausstattung zum Aufbau demokratischer Streitkräfte und vermittelt über Uno (größtes Kontingent der Unomig) und OSZE im Abchasien- und Südossetien-Konflikt.

Autonome Republik Abchasien

Fläche: 8600 km². 285 000 Einw. **Hauptstadt:** Suchumi (122 000 Einw.). Unabhängigkeitserklärung 1992; Verfassung von 1994, von der georgischen Zentralregierung abgelehnt. Tiflis hat weitgehende Autonomie angeboten, die Führung in Suchumi fordert die vollständige Unabhängigkeit. Moskau gibt massenhaft russische Pässe an die Abchasen aus.
Präsident: Wladislaw Ardsinba

Autonome Republik Adscharien

Fläche: 3000 km². 380 000 Einw., davon 84 % Georgier (von diesen etwa 54 % Adscharen, muslimische Georgier) **Hauptstadt:** Batumi (137 000 Einw.). Eigene Verfassung und Parlament.
Politisches Oberhaupt: Aslan Abaschidse

Autonome Region Südossetien

Fläche: 3900 km². 96 000 Einw., davon 66 % Osseten **Hauptstadt:** Zchinwali (43 000 Einw.). Will sich von Georgien lösen.
Präsident: Eduard Kokojew

Republic of Ghana – Republik Ghana; Ghanaer

Nationalfeiertag: 6. März

Zeitzone: MEZ – 1 h

Hauptstadt: Accra (949 100 Einwohner)

Telefon-Vorwahl: +233
Kfz-Kennzeichen: GH

Mitgliedschaften: AU, Uno

Ghana

Botschaft in Deutschland: Stavangerstraße 19, D-10439 Berlin
☎ +49-30-447 90 52 🖷 -447 90 53

GEOGRAFIE, BEVÖLKERUNG

Fläche: 238 537 km², mit dem Herzstück Ghanas, dem Hochland von Aschanti. Im Osten liegt der 8480 km² große Volta-Stausee, der größte der Welt. Dicht besiedelte, 539 km lange Küste. **Verwaltung:** 10 Regionen und 110 Bezirke **Bevölkerung:** 19,306 Mio. Einw., (zusätzlich etwa 2 Millionen im Ausland) **Bev.dichte:** 85 Einw./km² **Bev.wachstum:** 2,2 % **In Städten:** 38 % der Bev. **Analphabetenrate:** Männer 20 %, Frauen 37 % **Landessprachen:** Englisch (Amtssprache), daneben etwa 75 Sprachen, darunter Akan, Ewe, Gã, Haussa **Religionen:** 30 % Katholiken, 30 % Protestanten (Presbyterianer, Methodisten, Baptisten), 30 % Muslime, 10 % traditionelle Religionen

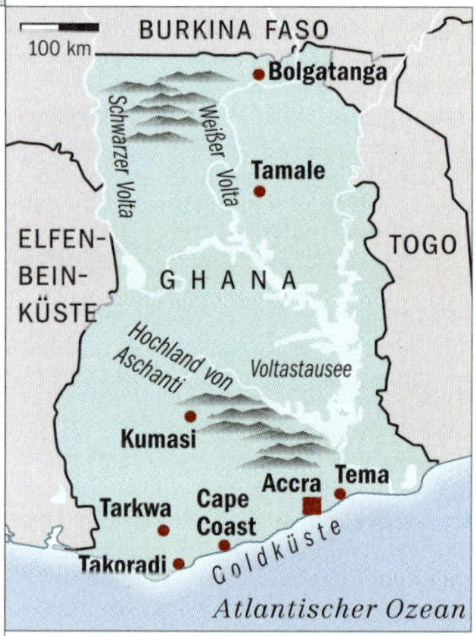

POLITISCHES SYSTEM

Unabhängig seit dem 6. März 1957. Präsidialrepublik seit 1960 mit neuer Verfassung der IV. Republik von 1992 (gültig ab 7.1.1993). Commonwealth-Mitglied. Wahlrecht ab 18 J. Einkammerparlament mit 200 Abgeordneten, Wahl alle 4 J. Direktwahl des Staatsoberhaupts alle 4 J. (einmalige Wiederwahl zulässig).
Staats- und Regierungschef: John Agyekum Kufuor (seit Januar 2001) **Außenminister:** Hackman Owusu-Agyemang

MILITÄR

Streitkräfte: 7000 Mann, davon Armee 5000, Luftwaffe 1000, Marine 1000 **Militärausgaben** (am BSP): 0,8 %

GESUNDHEIT, SOZIALES

Öffentliche Gesundheitsausgaben (am BIP): 1,7 % **Medizinische Versorgung:** 0,1 Arzt/1000 Einw. **Armutsrate:** 44,8 % **Säuglingssterblichkeit:** 58/1000 Geb. **Lebenserwartung:** Männer 56 J., Frauen 58 J. **HIV-Infektionsrate**: 3,6 %

WIRTSCHAFT

Währung: 1 Cedi (₵) = 100 Pesewas **Kurs** (Mitte 2002): 1 ₵ = 0,0001 € **BSP:** 6,6 Mrd. US$ **Wachstumsrate des BIP:** 3,7 % **BSP/Kopf:** 340 US$ **Anteile am BIP:** Landwirtschaft 35 %, Industrie 25 %, Dienstleistungen 39 % **Arbeitslosenquote:** k. A. **Inflationsrate:** 33 % **Auslandsschulden:** 6,657 Mrd. US$ **Schuldendienst** (am BSP): 9,4 % **Entwicklungshilfe:** 609 Mio. US$ **Handelsbilanzdefizit:** 843 Mio. US$ **Exportgüter:** 35 % Gold, 26,6 % Kakao, 8 % Holz **Hauptausfuhrländer:** Togo (12 %), Italien (11,7 %), Großbritannien (11 %), USA (9 %) sowie Deutschland (4,8 %) **Importgüter:** 38,8 % Maschinen und Transportausrüstungen, 16,1 % Nahrungsmittel **Hauptlieferländer:** Nigeria (13,8 %), Italien (9,4 %), Großbritannien (8,9 %), Elfenbeinküste (8,6 %) sowie Deutschland (5,1 %) **Tourismus:** 373 000 Besucher, 304 Mio. US$ Einnahmen

AKTUELLE ENTWICKLUNGEN

Der Anfang 2001 angetretene Präsident John Kufuor steht vor schwierigen Aufgaben: Das westafrikanische Land, einst Musterschüler von IWF und Weltbank, ist hoch verschuldet; die milliardenschweren internationalen Strukturprogramme der letzten zwei Jahrzehnte sind weitgehend gescheitert. Nur allmählich offenbarte sich der neuen Regierung die ganze Tragweite des wirtschaftlichen Niedergangs unter dem langjährigen Staatschef Jerry Rawlings.
Dessen Plan »Ghana 2020«, mit dem das Land den Sprung in den Kreis der Staaten mit mittlerem Pro-Kopf-Einkommen schaffen sollte, wurde ad acta gelegt. Zu vorrangigen innenpolitischen Zielen erklärte Kufuor die Bekämpfung von Armut und Korruption, den Abbau der Staatsschulden sowie die Rückkehr ausländischer Investoren. Zunächst soll den ärmsten Regionen

des Landes geholfen werden, deren Bewohner weniger als 100 Euro jährlich zur Verfügung haben.
Der Geschäftswelt hatte der Präsident bei seiner Wahl ein goldenes Zeitalter versprochen. Für umgerechnet 3,2 Millionen Euro engagierte er ein britisches Konsortium, das Ghana ein neues Image verpassen soll. Denn ungeachtet gut ausgebildeter und billiger Arbeitskräfte sowie stabiler innenpolitischer Verhältnisse machen sich ausländische Investoren rar, das Land ist weiterhin in erster Linie vom Kakao- und Goldexport abhängig. Zur Steigerung der Wettbewerbsfähigkeit überarbeitete die Regierung die veraltete Bergbau-Gesetzgebung. Jahrzehntelang hatten die Minengesellschaften freie Hand, genossen erhebliche Steuernachlässe und hatten lediglich Umweltauflagen auf niedrigstem Niveau zu erfüllen. Auch in anderen Bereichen besteht dringender Handlungsbedarf: Staatsunternehmen wie die Fluggesellschaft Ghana Airways oder die Ghana Commercial Bank sind hoch verschuldet. Zwar schritt die Privatisierung der städtischen Wasserversorgung, eine Voraussetzung für weitere Weltbank-Kredite, zügig voran, an den

Präsident John Agyekum Kufuor

Verträgen jedoch verdienen in erster Linie britische und französische Konzerne. Außenpolitisch setzte die Regierung einen Ghanaer für den einflussreichen Posten des Exekutivsekretärs der westafrikanischen Regionalorganisation Ecowas durch. Am 6. Februar 2002 trat der Muslim Mohammed Ibn Chambas das Amt an – ein Schachzug, der Präsident Kufuor auch innenpolitisch Beifall eintrug: Machte er doch Ernst mit seinem Versprechen, alle politischen, religiösen und ethnischen Gruppen des Landes einzubinden.

Grenada

Botschaft in Brüssel (auch für D akkreditiert): Rue de Laeken 123, B-1000 Bruxelles
☎ +322-2237303 🖷 -2237307

GEOGRAFIE, BEVÖLKERUNG

Fläche: 345 km² **Bevölkerung:** 98 000 Einw. **Bev.dichte:** 288 Einw./km² **Bev.wachstum:** 0,28 % **Lebenserwartung:** 72 J. **Analphabetenrate:** k. A. **Landessprache:** Englisch **Religionen:** 53 % Katholiken, 14 % Anglikaner

POLITISCHES SYSTEM

Parlamentarische Monarchie (seit 1974). Zweikammersystem: Repräsentantenhaus (15 Abgeordnete) und Senat (13 Mitglieder).
Staatsoberhaupt: Königin Elizabeth II., vertreten durch Generalgouverneur Sir Daniel Williams (seit August 1996)
Regierungschef: Keith Mitchell (seit Juni 1995)

WIRTSCHAFT

Währung: 1 Ostkaribischer Dollar (EC$) = 100 Cents **Kurs** (Mitte 2002): 1 EC$ = 0,40 € **BSP:** 370 Mio. US$ **Wachstumsrate des BIP:** 6,5 % **BSP/Kopf:** 3770 US$ **Anteile am BSP:** Landwirtschaft 7,7 %, Industrie 23,9 %, Dienstleistungen 68,4 % (davon etwa die Hälfte Tourismus)

AKTUELLE ENTWICKLUNGEN

Der Ausfall von 30 Mio. US-Dollar in Tourismus, Finanzsektor und Produktion nach dem 11. September 2001 soll durch neue Konzepte aufgefangen werden. Premier Mitchell verordnete Einsparungen: 10 Prozent weniger Gehalt für alle 19 Minister. Er setzt verstärkt auf Sport-, Öko- und Luxustourismus. Für einen Kreuzfahrthafen bei St. George's und neue Hotels interessieren sich bereits Investoren.

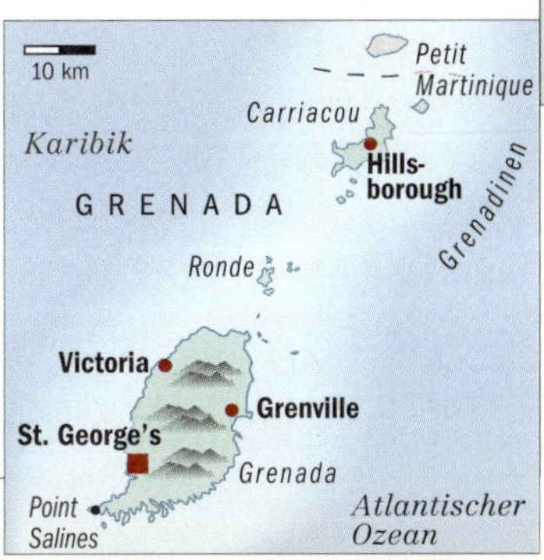

Grenada; Grenader

Nationalfeiertag: 7. Februar

Zeitzone: MEZ –5 h

Hauptstadt: St. George's (4400 Einwohner)

Telefon-Vorwahl: +473
Kfz-Kennzeichen: WG

Mitgliedschaften: Caricom, OAS, Uno

Elliniki Dimokratia – Hellenische Republik; Griechen

Nationalfeiertag: 25. März

Zeitzone: MEZ +1 h

Hauptstadt: Athen (772 100 Einwohner)

Telefon-Vorwahl: +30
Kfz-Kennzeichen: GR

Mitgliedschaften: EU, Nato, OECD, OSZE, Uno, WEU

Premierminister Kostas Simitis

Griechenland

Botschaft in Deutschland: Jägerstraße 54/55, D-10117 Berlin
☎ +49-30-20 62 60 🖷 -20 62 64 44

GEOGRAFIE, BEVÖLKERUNG

Fläche: 131 957 km², davon rund 20 % Inseln (die größte: Kreta, 8335 km²) **Verwaltung:** 13 Regionen sowie die autonome Region Berg Athos **Bevölkerung:** 10,560 Mio. Einw., davon 98 % Griechen, Minderheiten von Mazedoniern, Türken, Bulgaren, Roma **Flüchtlinge:** 6948 **In Städten** leben 60%, **unter 15 J.** sind 15 % der Bev. **Bev.-dichte:** 82 Einw./km² **Bev.wachstum:** 0,04 % **Fruchtbarkeitsrate:** 1,3 Geb./Frau **Landessprache:** Griechisch **Religionen:** 98 % griechisch-orthodoxe Christen, Minderheit von Muslimen

Die größten Städte

Athen (Stadt)	772 100
Thessaloniki	384 000
Piräus	182 700
Patras	153 300
Iraklion	116 200

POLITISCHES SYSTEM

Parlamentarische Republik seit 1973, Verfassung von 1975. Allg. Wahlpflicht ab 18 J. Einkammerparlament (»Vouli ton Ellinon«) mit 300 auf 4 J. gewählten Mitgliedern, das alle 5 J. den Staatspräsidenten wählt.

Staatsoberhaupt: Konstantinos Stephanopoulos (seit März 1995)
Regierungschef: Kostas Simitis (seit Januar 1996)
Außenminister: Georgios Papandreou

PARTEIEN

- Panhellenische Sozialistische Bewegung/Pasok;
- Neue Demokratie/ND (konservativ);
- Kommunistische Partei/KKE;
- Demokratische Soziale Bewegung/DIKKI;
- Koalition der Linken und des Fortschritts/SYN (sozialistisch).

MILITÄR

Allgemeine Wehrpflicht: 18–21 Monate **Streitkräfte:** 159 170 Mann, davon 110 000 Armee, 30 170 Luftstreitkräfte, 19 000 Marine **Militärausgaben** (am BSP): 4,7% **Waffenhandelsanteil:** 0,9 % der Exporte, 7,5 % der Importe

GESUNDHEIT, SOZIALES, BILDUNG

Öffentliche Gesundheitsausgaben am BIP: 4,7 % (1998) **Öffentliche Ausgaben für Bildung und Erziehung** (am BIP): k.A. % **Öffentliche Ausgaben für Altersversorgung** (am BIP): 11,9 % (1993) **Medizinische Versorgung:** 4,1 Ärzte, 5 Krankenhausbetten/1000 Einw. **Säuglingssterblichkeit:** 5/1000 Geb. **Müttersterblichkeit:** 2/100 000 Geb. **Frauenanteil an den Beschäftigten:** 37,8 % **HIV-Infektionsrate:** 0,16 % **Lebenserwartung:** Männer 75 J., Frauen 81 J. **Schulpflicht:** 6–15 J. **Einschulungsquote** im Primarbereich 99,9 %, im Sekundarbereich 91,4 % **Analphabetenrate:** Männer 1 %, Frauen 4 % **Universitäten:** 10. Die bekanntesten in Athen, Thessaloniki und Patras

WIRTSCHAFT

Währung: 1 Euro = 100 Cent **BSP:** 126,3 Mrd. US$ **Wachstumsrate des BIP:** 4,3 % **BSP/Kopf:** 11 960 US$ **Anteile am BIP:** Landwirtschaft 8 %, Industrie 24 %, Dienstleistungen 68 % **Forschung+Entwicklungsausgaben** (am BSP): 0,48 % **Arbeitslosenquote:** 10,8 % **Inflationsrate:** 3,7 % **Staatseinnahmen:** 68,8 Mrd. € **Steueraufkommen** (am BIP): 21,9 % **Einkommensteuer:** max 43 % **Körperschaftsteuer:** 35 % **Haushaltsdefizit** (am BIP): 4,4 % **Staatsausgaben:** 70,1 Mrd. € **Leistungsbilanzdefizit:** 9,400 Mrd. US$ **Schuldendienst** (am BSP): k. A. **Devisenreserven:** 14,594 Mrd. US$ **Empf. Hilfsgelder:** k. A. **Ausl. Direktinvestitionen:** 1,083 Mrd. US$ **Börse** (Marktkapitalisierung am BIP): 98,4 % **Energie:** Produktion 9,81 Mio. t ÖE, Verbrauch 26,89 Mio. t ÖE. Anteile am Verbrauch: Kohle 30,4 %, Öl 62,2 %, Erdgas 5,8 %, sonstige 1,6 %

Landwirtschaft, Rohstoffe, Industrie:

Nutzfläche 30 %, von der Anbaufläche sind 37,3 % bewässert **Produkte:** Weizen, Mais, Oliven, Wein, Tomaten, Tabak **Bewaldet:** 36 000 km², jährliche **Aufforstung:** 300 km² **Wichtige Industriezweige:** Nahrungsmittel, Metallwaren, Textilien **Rohstoffe:** Magnesit, Bauxit, Marmor, Erdöl

Außenwirtschaft:

Handelsbilanzdefizit 19,087 Mrd. US$ **Export:** 10,615 Mrd. US$, davon 21,3 % industrielle Vorprodukte (Metalle und Metallprodukte 8,5 %), 24,3 % Nahrungs- und Genussmittel, 21,1 % Fertigwaren **Hauptausfuhrländer:** Deutschland (18,4 %), Italien (11,9 %), Großbritannien (6,7 % 1998) **Hightech-Exporte:** 452 Mio. US$ **Import:** 29,702 Mrd. US$, davon 17,8 % industrielle Vorprodukte, 32,6 % Maschinen und Transportmittel (Kfz und -Teile 9,0 %), 12,4 % Chemie, 11,3 % Nahrungsmittel, 5,8 % Rohöl **Hauptlieferländer:** Italien (16,3 %), Deutschland (15,3 %), Frankreich (8,7 %)

VERKEHR

Schienennetz: 2299 km **Straßennetz:** 117 000 km, davon 91,8 % befestigt **Motorisierung:** 348 Kfz/1000 Einw. Internationale **Flughäfen:** 9 (u. a. Athen, Thessaloniki, Korfu) **Fluglinie:** Olympic Airways, 7,099 Mio. beförderte Passagiere **Häfen:** Patras, Piräus, Thessaloniki

KOMMUNIKATION

Auf 1000 Einw. kommen 478 **Rundfunk-**, 488 **Fernsehgeräte**, 529,2 **Telefonanschlüsse**, 751,4 **Mobiltelefone**, 81,2 **PC** und 13,52 **Internet-Zugänge IuK-Ausgaben** (am BIP): 6,1 % Es erscheinen 122 **Tageszeitungen** mit einer Gesamtauflage von 1 389 000 Exemplaren. Die größten Tageszeitungen und ihre Auflagen:

Eleftheros Typos, Athen 167 200
Ta Nea, Athen 135 000
Eleftherotypia, Athen 115 000
Ethnos, Athen 84 700

Nachrichtenagentur: Athens News Agency (ANA) in Athen

UMWELT, TOURISMUS

Geschützte Gebiete: 3,6 % der Landesfläche **Energieverbrauch/Kopf:** 2552 kg ÖE **CO_2-Emission:** 85,2 Mio. t **Verwendung des Süßwassers:** Landwirtschaft 81 %, Industrie 3 %, Haushalte 16 % **Tourismus:** 12,5 Mio. Besucher, 9,221 Mrd. US$ Einnahmen

AKTUELLE ENTWICKLUNGEN

Innenpolitik: Mit einer Kabinettsumbildung im Oktober 2001 konnte sich Ministerpräsident Kostas Simitis nur vorübergehend Ruhe verschaffen. Zwar wählte ihn die Regierungspartei Pasok im selben Monat mit 71 Prozent erneut zum Spitzenmann, und Meinungsumfragen bescheinigten ihm wieder wie früher hohe Sachkompetenz. Aber dann geriet er wieder unter Druck: Lehrer und Ärzte demonstrierten, die technischen Hochschulen traten in den Streik, Gewerkschaften und Pensionäre liefen gegen Ansätze einer Rentenreform Sturm. Im April titelte die *Athener Zeitung*: »Streiks und Umfragen ramponieren Regierungsbild«.

Demonstration gegen Regierungspläne

Dabei kommt Simitis von mehreren Seiten unter Feuer. Die Unternehmen drängen auf Steuersenkungen, geringere Rentenbeiträge und Gesetze, die ihnen das Heuern und Feuern ihres Personals erleichtern. Dagegen läuft eine Koalition aus Gewerkschaften und linkem PASOK-Flügel Sturm, fordert Reformen in Gegenrichtung.
Zwischen den feindlichen Linien operieren Heckenschützen, Politiker aus dem Simitis-Lager, die sich rechtzeitig in Position für dessen Nachfolge bringen wollen. Dazu zählt PASOK-Generalsekretär Costas Laliotis, ein linker Traditionalist, der den Makel hat, kein

Sichergestellte Mörsergranaten der Terrorgruppe 17N

Englisch zu sprechen, aber die Parteimehrheit im Griff hat. Auf der anderen Seite steht der wendige, weltgewandte Außenminister Georgios Papandreou – in Amerika geboren, in England erzogen –, der vielen seiner Landsleute allein schon deshalb sympathisch ist, weil er der Sohn des ebenso populären wie populistischen Andreas Papandreou ist, der das Land von 1985 bis 1996 regierte.

Auch die Bauern machten immer wieder Ärger, blockierten die Straßen, weil sie sich von der EU-Agrarpolitik benachteiligt fühlten. Dabei haben die Griechen wenig Grund, über Brüssel zu klagen. Denn das ökonomisch rückständige Agrarland erhält derzeit – im Vergleich zu seinem Bruttosozialprodukt – mehr Geld aus den Kassen der Europäischen Union als jedes andere Mitglied.

Für viel Aufregung sorgten regelmäßig Alarmrufe, die Sportstätten, Straßen, U-Bahnen und Unterkünfte für die Olympischen Sommerspiele im Jahr 2004 seien weit in Verzug und könnten gar nicht mehr rechtzeitig fertig werden. Wenn auch manche Vorbehalte bleiben – eine Kontrolldelegation des Internationalen Olympischen Komitees (IOC) bescheinigte der griechischen Regierung im Frühjahr 2002, Athen sei auf gutem Wege und im Zeitplan.

Nach jahrelangen Misserfolgen gelang der griechischen Polizei im Sommer 2002 ein Schlag gegen die berüchtigte Terrororganisation »17. November« (17N), bei deren über 200 Anschlägen seit 1975 mindestens 23 Menschen ums Leben kamen. Nie war es bislang gelungen, einen der Polit-Killer zu greifen oder auch nur zu enttarnen. Doch am 29. Juni verletzte sich einer der 17N-Aktivisten bei einem fehlgeschlagenen Bombenattentat im Hafen von Piräus. Noch im Krankenhaus offerierte er sich als Kronzeuge gegen seine Genossen. Schon zuvor hatte sich ein 17N-Gründungsmitglied den Behörden heimlich offenbart. Nun ging alles ganz schnell: Bis Mitte August waren bereits 15 Terroristen gefasst, die meisten geständig. Die Polizei hob ihre Waffenlager aus und dechiffrierte ihre codierten Archive.

Außen- und Sicherheitspolitik: Ihre europäischen Partner und die USA nervte die griechische Regierung mit ihrem trotzigen Widerspruch gegen

Baustelle des Olympischen Dorfes

den Aufbau einer gemeinsamen EU-Streitmacht, die eigentlich schon im kommenden Jahr etwa 60 000 Mann unter Waffen haben soll. Ministerpräsident Simitis und Außenminister Georgios Papandreou drohten mehrfach, Athen werde alle wichtigen EU-Themen mit seinem Vetorecht blockieren, falls die Verträge über das Euro-Heer nicht umgeschrieben würden. Bei dem Streit geht es um europäische Zugeständnisse an die Türkei. Ankara fordert, obwohl Nicht-EU-Staat, Einfluss auf sämtliche Beschlüsse zur europäischen Verteidigung, unter anderem als Gegenleistung dafür, dass man dem Euro-Heer seine Nato-Strukturen zur Verfügung stellt. Die Europäer wollen dem wichtigen Nato-Partner im Südosten – auch auf Druck der Amerikaner – weit entgegenkommen, mit Informations- und Konsultationsrechten, eventuell auch mit dem Angebot, die zwischen Athen und Ankara seit langem strittigen Ägäis-Inseln und Zypern aus dem Zuständigkeitsbereich des Euro-Heeres auszuklammern. Griechenland aber will das nur hinnehmen, wenn die Türkei als Nato-Land Militäraktionen gegen den EU-Staat Griechenland ausschließt.

Dabei schien sich das griechisch-türkische Verhältnis seit dem Herbst 2001 zunächst sehr positiv zu entwickeln. Der türkische Außenminister besuchte im November Athen und räumte mit seinem griechischen Amtskollegen die Barrieren für neue Zypern-Gespräche ab. Die Insel ist seit 1974 geteilt. Damals hatten griechische Nationalisten den Anschluss Zyperns an Griechenland betrieben, der schließlich durch die Besetzung des nordzyprischen Teils durch die türkische Armee vereitelt wurde. Seit Januar 2002 trafen sich, nach langer Pause, der Staats- und Regierungschef der griechischsprachigen Republik Zypern, Glafkos Klerides, und sein Kollege aus dem türkischen Nordteil, Rauf Denktasch, wieder regelmäßig zu direkten Gesprächen. Aber außer Händeschütteln und Kameralächeln brachten sie nichts zustande. Auch ein Vermittlungsversuch von Uno-Generalsekretär Kofi Annan, Mitte Mai, half nicht. Noch ehe Annan landete – als erster Uno-Chef nach 23 Jahren –, hatte der Führer der türkischen Zyprioten Denktasch abgewunken: »Reis, den ein Fremder gekocht hat, essen wir nicht.«

Ebenso ergebnislos bemühten sich die Außenminister Athens und Ankaras, parallel zu den Zypern-Gesprächen, die übrigen Streitfragen endlich beizulegen, damit beide Länder von einer intensiveren Wirtschaftskooperation profitieren könnten. Aber der gute Wille trug nicht weit. Im Sommer war der griechisch-türkische Dialog schon wieder ziemlich festgefahren. Die Probleme werden kaum gelöst sein, wenn Griechenland im ersten Halbjahr 2003 die EU-Präsidentschaft übernimmt – sicherlich eine Belastung für Europa.

Wirtschaft: Die griechische Wirtschaft werde, so die Vorschau der EU-Kommission, in diesem Jahr um 3,7 Prozent wachsen, im Jahr 2003 dann sogar um 4,2 Prozent. Damit könnte die Arbeitslosenquote zum ersten Mal unter die Zehn-Prozent-Schwelle fallen.

Griechischer Außenminister Georgios Papandreou (rechts) mit türkischem Amtskollegen Ismail Cem

Aber hinter den vergleichsweise freundlichen Zahlen verbergen sich die ungelösten alten Probleme: Eine wuchernde Staatsbürokratie lähmt ökonomische Aktivitäten, die defizitären Rentenkassen steuern, ohne Reform, auf den Kollaps zu. Auch das Banken-, Versicherungs- und Steuersystem ist reformbedürftig. Die hohe Staatsverschuldung – in der Summe etwa genauso viel wie das gesamte Bruttoinlandsprodukt (BIP) – soll nach EU-Projektionen im Jahr 2003 zwar auf 95,2 Prozent des BIP fallen. Aber schon im ersten Halbjahr 2002 zeigte sich, dass die Ausgaben Athens über dem Plan lagen, die Steuereinnahmen aber weit hinter dem Soll zurückblieben. Sorgen macht auch die Preisentwicklung. Bei 3,6 Prozent, so die EU-Prognostiker, werde die griechische Inflationsrate 2002 wohl liegen.

United Kingdom of Great Britain and Northern Ireland – Vereinigtes Königreich von Großbritannien und Nordirland; Briten

Zeitzone: MEZ – 1 h

Hauptstadt: London (7 285 000 Einwohner)

Telefon-Vorwahl: +44
Kfz-Kennzeichen: GB

Mitgliedschaften:
EU, G 8, Nato, OECD, OSZE, Uno, WEU

Großbritannien

Botschaft in Deutschland: Wilhelmstraße 70, D-10117 Berlin
☎ +49-30-20 45 70 🖷 -20 45 75 78

GEOGRAFIE, BEVÖLKERUNG

Fläche: 242 910 km² (ohne Isle of Man und Kanalinseln). Durch 50 km langen Kanaltunnel mit europäischem Festland verbunden. Tiefland und sanft rollende Hügellandschaft in England, gebirgige Landschaft in Schottland (höchster Berg: Ben Nevis, 1343 m) und Wales. **Verwaltung:** England: 7 Großstadtgebiete, 34 Grafschaften, 46 Landkreise; Wales: 22 Landkreise; Schottland: 32 Landkreise **Bevölkerung:** 59,739 Mio. Einw., davon 82 % Engländer, 10 % Schotten, 3 % (Nordiren), 2 % Waliser **In Städten** leben 90 %, **unter 15 J.** sind 19 % der Bev. **Bev.dichte:** 248 Einw./km² **Bev.-wachstum:** 0,18 % **Fruchtbarkeitsrate:** 1,7 Geburten/Frau **Landessprachen:** Englisch (Amtssprache). Etwa 20 % der Waliser sprechen zusätzlich Walisisch, das in Wales gleichberechtigte zweite Amtssprache ist – mit Fernsehsender und zweisprachigen Straßenschildern. In Nordirland und Schottland regionale gälische Dialekte. **Religionen:** 44 % Angehörige einer der beiden Staatskirchen: der anglikanischen Church of England (Oberhaupt ist der britische Monarch) oder der presbyterianischen Church of Scotland. Daneben 9 % Katholiken (in Nordirland fast 40 %) und kleinere Freikirchen wie Methodisten oder Baptisten. Außerdem etwa 1,5 Mio. Muslime, über 400 000 Sikhs, 350 000 Hindus, 300 000 Juden u. a.

Die größten Städte

London	7 285 000
Birmingham	1 013 200
Leeds	726 800
Glasgow	668 100
Sheffield	530 600

POLITISCHES SYSTEM

Parlamentarisch-demokratische Erbmonarchie des Hauses Windsor. Keine geschriebene Verfassung, die Verfassungsordnung beruht auf ungeschriebenem Recht und auf Gesetzen, darunter der Magna Carta von 1215 und der Habeas-Corpus-Akte von 1679. Allgemeines Wahlrecht ab 18 J. Zweikammerparlament: Unterhaus (»House of Commons«) mit 659 direkt gewählten Mitgl. (Mehrheitswahlrecht). Neuwahlen spätestens nach 5 J., der Termin wird von der Regierung festgelegt. England stellt 529 Abgeordnete, Schottland 72, Wales 40, Nordirland 18. Oberhaus (»House of Lords«) mit 690 Mitgliedern (13. Juni 2002), darunter 25 anglikanische Bischöfe (»Lords Spiritual«). Es kann Gesetze einbringen, im Unterhaus verabschiedete Gesetze zeitweilig blockieren und ist das höchste Berufungsgericht des Landes.

Premierminister Tony Blair

Königin Elizabeth II. mit Prinz Philip

Staatsoberhaupt: Königin Elizabeth II. (seit Februar 1952), gleichzeitig Oberhaupt des Commonwealth of Nations. Pro forma hat das Staatsoberhaupt den Oberbefehl über die Streitkräfte, schlägt den Premierminister vor und genießt volles Konsultationsrecht.
Regierungschef: Anthony Charles Lynton (»Tony«) Blair (Labour Party, seit Mai 1997)
Außenminister: Jack Straw

PARTEIEN

Seit etwa 150 J. de facto Zweiparteiensystem. Seit Ende des Zweiten Weltkriegs wechseln sich die Konservative Partei, deren Wurzeln bis ins 17. Jh. zurückreichen, und die Labour Party, die Ende des 19. Jh. entstand, in der Regierung ab. Daneben die Liberaldemokratische Partei, die 1988 aus einem Zusammenschluss der einstigen Reformpartei der Liberalen und den von Labour abgespaltenen Sozialdemokraten hervorging, und weitere, vor allem regionale Parteien.

Sitze im Unterhaus (Wahlen vom 7. Juni 2001)

Labour	412
Konservative	166
Liberaldemokraten	52
Ulster Unionists (nordirische Protestanten-Partei)	6
Schottische Nationalisten	5
Ulster Democratic Unionist Party	5
Walisische Nationalisten (Plaid Cymru)	4
Sinn Fein	4

Restliche Sitze: Sprecher des Unterhauses und kleinere Splitterparteien.

MILITÄR

Keine **Wehrpflicht** **Streitkräfte:** 211 430 Mann, davon 113 950 Armee, 53 950 Luftstreitkräfte, 43 530 Marine **Militärbudget-Anteil** (am BSP): 2,5 % **Waffenhandelsanteil** an den Exporten 1,9 %, an den Importen 0,8 %

GESUNDHEIT, SOZIALES, BILDUNG

Öffentliche Gesundheitsausgaben (am BIP): 5,7 % **Öffentliche Ausgaben für Bildung und Erziehung** (am BIP): 4,7 % **Öffentliche Ausgaben für Altersversorgung** (am BIP): 10,3 % **Medizinische Versorgung:** 1,8 Ärzte, 4,1 Krankenhausbetten/1000 Einw. **Säuglingssterblichkeit:** 6/1000 Geb. **Müttersterblichkeit:** 10/100 000 Geb. **Frauenanteil an den Beschäftigten:** 44,1 % Zugang zu **sauberem Trinkwasser** und zu **sanitären Anlagen** haben 100 % der Bev. **HIV-Infektionsrate:** 0,11 % **Lebenserwartung:** Männer 75 J., Frauen 80 J. **Schulpflicht**: 5 – 16 J. **Einschulungsquote** im Primarbereich 100 %, im Sekundarbereich 94 % **Universitäten:** 47, die berühmtesten sind Oxford und Cambridge

WIRTSCHAFT

Währung: 1 Pfund Sterling (£) = 100 Pence **Kurs** (Mitte 2002): 1 £ = 1,56 € **BSP:** 1459,5 Mrd. US$ **Wachstumsrate des BIP:** 3,1 % **BSP/Kopf:**

24 430 US$ **Anteile am BIP:** Landwirtschaft 1 %, Industrie 29 %, Dienstleistungen 70 % **Forschung+Entwicklungsausgaben** (am BSP): 1,81 % **Arbeitslosenquote:** 5,3 % **Inflationsrate:** 2,1 % **Staatseinnahmen:** 637 Mrd. € **Steueraufkommen** (am BIP): 34,6 % **Einkommensteuer:** max. 40 % **Körperschaftsteuer:** 30 % kein **Haushaltsdefizit Staatsausgaben:** 608,9 Mrd. € **Leistungsbilanzdefizit:** 25,110 Mrd. US$ **Auslandsschulden:** 4693 Mrd. US$ **Auslandsvermögen:** 4558,27 Mrd. US$ **Devisenreserven:** 48,193 Mrd. US$ **Ausl. Direktinvestitionen:** 133,974 Mrd. US$ **Börse** (Marktkapitalisierung am BIP): 182,2 % **Energie:** Produktion 281,67 Mio. t ÖE, Verbrauch 230,32 Mio. t ÖE. Anteile am Verbrauch: Kohle 18 %, Öl 33,9 %, Atomenergie 9,1 %, Erdgas 38,3 %, sonstige 0,7 %

Landwirtschaft, Rohstoffe, Industrie:

Nutzfläche: 24,8 %, von der Anbaufläche sind 1,7 % bewässert. Fast die Hälfte des Landes dient als Weideland, 25 % werden als Anbaufläche (vor allem für Weizen, Gerste, Raps, Zuckerrüben) genutzt. **Bewaldet:** 26 000 km², jährliche **Aufforstung:** 200 km² **Wichtige Industriezweige:** Wachstumsbranchen sind die chemische und elektronische Industrie. Eisen- und Stahlwerke, Maschinen- und Schiffbau, Textilindustrie und Bergbau haben ebenso wie die Automobilindustrie an Bedeutung verloren. Nur noch 21,7 % aller Beschäftigten sind in der Industrie tätig, 76,6 % aber in der Finanzindustrie (Banken, Versicherungen, Makler). **Rohstoffe:** Kohle, Erdgas und Erdöl

Außenwirtschaft:

Handelsbilanzdefizit 47,54 Mrd. US$ **Export:** 275,33 Mrd. US$, davon 12,2 % industrielle Vorprodukte, 47,5 % Maschinen u. Transportmittel, 13,9 % Chemikalien **Hauptausfuhrländer:** USA (14,7 %), Deutschland (12,3 %) **Hightech-Exporte:** 72,616 Mrd. US$ **Import:** 322,870 Mrd. US$, davon 13,9 % industrielle Vorprodukte, 46 % Maschinen und Transportmittel, 15,1 % Fertigwaren **Hauptlieferländer:** USA (17,7 %), Deutschland (13,7 %), Frankreich (9,3 %), Niederlande (7 %)

VERKEHR

Schienennetz: 16 536 km. Die Hauptstrecken werden von Privatfirmen betrieben. **Straßennetz:** 371 913 km, darunter 3226 km Autobahn. Nach wie vor Linksverkehr. **Motorisierung:** 418 Kfz/1000 Einw.

Luftverkehr: Über 140 zugelassene **Zivilflughäfen** darunter 21 internationale. Die größten: London Heathrow, London Gatwick, Manchester. Nationale **Fluglinie:** British Airways. Außerdem bedienen u. a. Air 2000, Britannia Airways, Caledonian Airways, Monarch Airlines und Virgin Atlantic Airways, Go, easyJet und Buzz internationale Routen. 70,361 Mio. beförderte Passagiere.

Schifffahrt: Mehr als 400 **Häfen**, darunter etwa 80 von wirtschaftlichem Gewicht. Die größten: London, Grimsby & Immingham, Tees & Hartlepool

Schatzkanzler Gordon Brown

und Forth. 643 Schiffe mit 18,2 Mio. tdw. **Wasserwege:** 3200 km

KOMMUNIKATION

Auf 1000 Einw. kommen 1432 **Rundfunk-**, 652 **Fernsehgeräte**, 577,8 **Telefonanschlüsse**, 782,8 **Mobiltelefone**, 366,2 **PC** und 37,14 **Internet-Zugänge** **IuK-Ausgaben** (am BIP): 9,1 %

Es erscheinen ca. 100 **Tageszeitungen** mit einer Gesamtauflage von rund 20 Mio. Exemplaren. Die größten Tageszeitungen und ihre Auflagen:

The Sun 3 506 600
Daily Mail 2 359 600
The Mirror 2 318 700
Daily Telegraph 969 000
The Express 931 400
The Times 669 300

Nachrichtenagenturen: AP, Press Association, Reuters, UK News, UPI

UMWELT, TOURISMUS

Geschützte Gebiete: 20,7 % der Landesfläche **Energieverbrauch/Kopf:** 3871 kg ÖE **CO_2-Emission:** 542,3 Mio. t **Verwendung des Süßwassers:** Landwirtschaft 3 %, Industrie 77 %, Haushalte 20 % **Tourismus:** 25,191 Mio. Besucher, 19,544 Mrd. US$ Einnahmen

AKTUELLE ENTWICKLUNGEN

»Was ist der Unterschied zwischen Gott und Premierminister Blair?«, lautete ein Witz, der im Herbst 2001 gern im Londoner Regierungsviertel Whitehall erzählt wurde. Die Antwort: »Gott ist überall – Blair ist überall außer in Großbritannien.«

Der harmlose Scherz hatte einen durchaus ernsten Hintergrund: Kein anderer europäischer Politiker machte sich nach den Anschlägen gegen die USA vom 11. September den »Krieg gegen den Terrorismus« derart zur Herzensangelegenheit wie der britische Premierminister. Wochenlang flog Blair rastlos durch die Welt, um die Koalition im Antiterrorkampf zusammenzuhalten oder sich als Friedensstifter aufzudrängen. Allenthalben warb er dabei um Verständnis für die Worte und Taten seines Freundes George W. Bush.

Blairs missionarische Reisediplomatie brachte ihm zwar in den USA eine für ausländische Politiker ungewohnte Bekanntheit und Beliebtheit ein, nicht aber zu Hause. Viele Briten amüsierte es gar nicht, wie ihr Premier vor den Problemen, die sie täglich zu Hause plagen, die Flucht ergriff.

Zudem verhöhnten ihn kritische Kommentatoren, die den Verlust einer eigenständigen britischen Außenpolitik beklagten, als Bushs »Pudel« und warfen dem Premier vor, dass er als Vasall der USA Großbritanniens traditionell schwierige Stellung in Europa schwäche. Zwar haben sämtliche britische Regierungen schon seit dem Zweiten Weltkrieg eine »special relationship«

Rushhour in Londoner U-Bahn

mit ihren Kollegen in Washington unterhalten, aber jetzt erschien Blair zeitweise wie der inoffizielle US-Außenminister.

Aus der Perspektive des Premierministers war solch Eskapismus verständlich. Während er sich im Ausland als »world leader« feiern lassen konnte, mangelte es auf der heimischen Insel an Erfolgen seiner Regierung. Auch nach über fünf Jahren in 10 Downing Street und einer Wiederholung ihres Wahltriumphs gelang es der Labour-Regierung nicht, beim maroden staatlichen Gesundheitssystem – für Briten das wichtigste aller Themen – spürbare Verbesserungen zu erreichen. Über eine Million potenzielle Patienten fanden sich nach wie vor auf den Wartelisten für eine Operation in einem der Krankenhäuser des National Health Service (NHS).

Zwar kündigte die Regierung deutlich höhere Investitionen in den NHS an, aber bis tatsächlich mehr Ärzte und Schwestern gefunden, die Bürokratie reduziert und die Moral des überarbeiteten Personals wieder gehoben sind, werden Jahre vergehen.

Auch im Kampf um bessere Verkehrsverbindungen mit der desorganisierten, privaten Eisenbahn und auf den hoffnungslos verstopften Straßen brachte die Regierung nicht viel zu Stande. Zwar unterstellte sie Railtrack – die größte private Bahnfirma, der alle Gleise und Signale gehören – wieder staatlicher Kontrolle, aber zu einer Entprivatisierung aller Bahnsysteme konnte sie sich nicht durchringen. Im Gegenteil: So soll auch das marode Londoner U-Bahn-Netz von privaten Unternehmen saniert werden.

Friedensdemonstration in Belfast

Blair regiert de facto ohne Opposition. Die Liberaldemokraten sind zu schwach, um das traditionelle Zweiparteiensystem aufzubrechen, und die Konservativen haben wohl mit der Wahl des farblosen Ex-Berufsoffiziers Ian Duncan Smith zum Oppositionsführer die Chancen auf einen Regierungswechsel in absehbarer Zeit verspielt. Die Tories waren bei keinem wichtigen Thema in der Lage, sich als Alternative zu profilieren. Nicht nur beim langwierigen Friedensprozess in Nordirland – einem der raren Erfolge der Blair-Regierung – kritisierten die traditionell mit den protestantischen Unionisten verbundenen Konservativen kleinlich Details, ohne eine eigene Strategie für die Unruheprovinz zu entwickeln. Trotz sporadischer Bombenanschläge der katholischen Splitterterrortruppe Real-IRA und Rücktritten von protestantischen Ministern aus der Belfaster Mehrparteienregierung hielt die fragile Koalition in Nordirland. Schließlich begann die Irisch-Republikanische-Armee (IRA) sogar damit, Waffen aus ihren geheimen Arsenalen zu verschrotten.
Ungelöst bleibt zunächst eine weitere strittige Frage der britischen Politik: Tritt auch Großbritannien der europäischen Euro-Währungszone bei? Selbst nachdem die Gemeinschaftswährung in zwölf EU-Ländern ohne große Pannen und ohne nennenswerten Widerstand eingeführt war, wollte Tony Blair sich noch immer nicht auf einen Termin für das versprochene Referendum über Britanniens Beitritt zur Euro-Zone festlegen.
Als Bremser bei der unpopulären, aber langfristig wohl unvermeidbaren Abschaffung des Pfundes wirkte zudem Schatzkanzler Gordon Brown. Der schwergewichtige Schotte hat es bis heute nicht verwunden, dass er 1994 im Kampf um den Parteivorsitz gegen Blair den Kürzeren zog. Inzwischen rangiert Brown, dem der anhaltende Wirtschaftsboom gutgeschrieben wird und der bei der Parteibasis und den Gewerkschaften wesentlich populärer ist als »Teflon-Tony« Blair, auch in Meinungsumfragen deutlich vor dem Premier.
Immer wieder wird deshalb in London darüber spekuliert, ob und wann Blair das Feld räumen und Brown aus 11 Downing Street in die benachbarte Nummer 10 umziehen werde.
Das Staatsoberhaupt Queen Elizabeth II. bleibt einstweilen im Amt, wie sie während der Festlichkeiten zum 50. Jahrestag ihrer Thronbesteigung versicherte. Mit dem „Golden Jubilee" festigten sie und das Königshaus Rückhalt und Ansehen der Monarchie, die in den letzten Jahren stark gelitten hatten. Rund eine Million jubelnder Briten und Touristen belagerten den Buckingham Palace; der *Daily Telegraph* erklärte die pompösen Feiern zum »nationalen Triumph«.
Es schien, als hätten viele königstreue Briten auf diese Gelegenheit gewartet, um nach all den gesellschaftlichen Skandalen um die »Royals« endlich wieder ihre wahre Überzeugung kund tun zu können: erst die Trennung des ewigen Kronprinzen Charles von Prinzessin Diana, dann der Unfalltod der

von den Medien so genannten »Königin der Herzen« und die dauernden Indiskretionen über die jahrelange Liebesaffäre zwischen Charles und der eher grauen Camilla Parker Bowles, die mittlerweile am Königshof gesellschaftliche Aufwertung erfährt. Die Anhänglichkeit der Briten zu ihrem Königshaus zeigte sich weniger im Sterbefall der seit Jahren kränkelnden Queen-Schwester Prinzessin Margret als mehr beim Tod der allseits beliebten Königinmutter Queen Mum, die wegen ihrer skurrilen Frische im Volk geschätzt wurde und im Alter von 101 Jahren starb.

AUSSENGEBIETE

Isle of Man

Größte Insel (572 km²) in der Irischen See. Etwa 71 700 Einw., die sich »Manxman« bzw. »Manxwoman« nennen. Hauptort: Douglas (23 500 Einw.). Eigene Verfassung von 1866.
Beliebter Offshore-Anlageplatz mit Steuerfreiheit für Kapitalanlagen. Außerdem: Hightech-Firmen, Tourismus und seit 1904 alljährlich das berühmte Motorradrennen »Tourist Trophy«. Im Südwesten das Eiland »Calf of Man« – ein bedeutendes Vogelschutzgebiet.
Zweikammerparlament (»Tynwald«), bestehend aus dem alle 5 J. direkt gewählten »House of Keys« (24 Abgeordnete) und dem Gesetzgebenden Rat (»Legislative Council«), von dessen 11 Mitgliedern 8 vom House of Keys ernannt werden. Der Präsident, der »Lord Bishop of Sodor and Man« sowie ein Attorney General komplettieren die Kammer.
Gouverneur: Ian Macfayden

Anguilla

Felsige Insel (91 km², mit Sombrero 96 km²) im Nordosten der Karibik mit spärlicher Vegetation. Luxus-Tourismus, Off-shore-Banking, Fischfang (Hummer), Bootsbau. 11 400 Einw., meist afrikanischer Herkunft. Hauptort: The Valley (600 Einw.). Britische Kolonie (1650–1967) mit Verfassung von 1976. Parlament: 11 Abg., 7 in Direktwahl (alle 5 J.), 2 ernannte und 2 qua Amt.
Gouverneur: Peter Johnstone
Regierungschef: Osbourne Fleming

Bermuda

Archipel (53 km²) mit rund 138 Inseln im Atlantik, 900 km von der US-Küste, ohne Flüsse und Seen. Steuer- und Touristenparadies mit einem der höchsten Pro-Kopf-Einkommen der Welt (34 600 US$). 64 000 Einw., davon 61 % afrikanischer, 39 % europäischer oder anderer Abstammung. Hauptstadt: Hamilton (1100 Einw.). Britische Kronkolonie seit 1684, Autonomie und Verfassung von 1968. Parlament mit 40 gewählten, Senat mit 11 ernannten Mitgl., Wahl alle 5 J.
Gouverneur: John Thorold Masefield
Regierungschefin: Jennifer Smith

Channel Islands/Kanalinseln

Inselgruppe im Ärmelkanal vor der französischen Küste, insg. 196,8 km², 146 600 Einw. Amtssprache: Englisch, bei Gericht auch Französisch zulässig. Dank des milden Klimas (Golfstrom) beliebtes Touristenziel.
Hauptinseln:
• Jersey (116 km², etwa 85 200 Einw., Hauptstadt: St. Hélier). Finanzdienste

Hafen von St. Aubin (Jersey/Kanalinseln)

Der Felsen von Gibraltar und Blick auf den Hafen

haben den Tourismus als wichtigste Einnahmequelle abgelöst. Strom bezicht die Insel aus Frankreich.

- Guernsey (63,1 km², etwa 58 700 Einw., Hauptort: Saint Peter Port). Finanzdienste erbringen über 50 % des Budgets.

Britische Jungferninseln
Mehr als 60 gebirgige Inseln (153 km², nur 16 bewohnt) im Nordosten der Karibik. Tourismus und Finanzdienstleistungen (fast 90 % des BIP), Leichtindustrie, Rum-Destillation, Fischerei. Währung: US$. Etwa 20 000 Einw., davon über 90 % afrikanischer Abstammung. Hauptstadt: Road Town (auf Tortola, 3000 Einw.).
Britisch seit 1672, Kolonie seit 1872. Verfassung von 1977. Parlament mit 15 Sitzen (13 Mitgl. gewählt, Speaker ernannt, Attorney General qua Amt).
Gouverneur: Frank Savage
Chefminister: Ralph O'Neal

Falklandinseln
East und West Falkland mit rund 200 kleineren Inseln (insg. 12 173 km²) im Südatlantik. Schafzucht und Export von Wolle, Verkauf von Fanglizenzen für die reichen Fischgründe. Innerhalb der 200-Meilen-Zone nachgewiesene Erdölvorkommen. 2800 Einw. und britische Truppen. Hauptstadt: Stanley/East Falkland (1640 Einw.).
Britisch seit 1833, Kolonie seit 1892. Verfassung von 1985, ergänzt 1997. Parlament: Legislativrat mit 11 Mitgl. (8 gewählt, 2 qua Amt und der Gouverneur).
Gouverneur: Donald A. Lamont, der auch Commissioner Süd-Georgiens und der Südlichen Sandwichinseln ist. 1982 besetzten argentinische Truppen den als »Islas Malvinas« beanspruchten Archipel. Nach 73 Tagen verlustreicher Kämpfe, in denen das 13 000 km entfernte Großbritannien über 100 Schiffe mit insg. 26 000 Mann einsetzte, wurde die Invasion beendet. Dabei starben 1005 Soldaten, 750 von ihnen Argentinier, und 3 Falkländer.

Gibraltar
Felsige Halbinsel (6,5 km²) der spanischen Südküste an der Meerenge zu Afrika. Banken-, Finanz- und Konferenzzentrum, Steuer- und Touristenparadies. Bedeutender Hafen mit Reparatur-Docks. Marine- und Luftwaffenstützpunkt. 27 000 Einw., meist spanischer, italienischer, maltesischer und portugiesischer Herkunft sowie Briten und Marokkaner.
Mitte 2002 verhandelten Spanien und England über eine Teilung der Oberhoheit.
Britisch seit 1713, Kronkolonie seit 1830, Verfassung von 1969. Parlament mit 18 Abgeordneten, davon 15 gewählt (Wahl alle 4 J.), Speaker ernannt, Attorney General und Financial Secretary qua Amt.
Gouverneur: David Durie
Chefminister: Peter Caruana

Kaimaninseln
3 Haupt- und zahllose kleine Inseln (insg. 259 km²) in der westlichen Karibik. Keine direkten Steuern. Dienstleistungen, vor allem der Tourismus, erwirtschaften über 80 % des BIP. Offshore-Banken- und Finanzzentrum mit ca. 40 000 ausländischen Firmen und fast 600 Banken.
40 000 Einw., davon 40 % Mulatten, je 20 % afrikanischer und europäischer Herkunft, 20 % andere. Hauptstadt: Georgetown (19 600 Einw.).
Britisch seit 1670; autonom seit 1962.

Verfassung von 1959. Parlament mit 18 Mitgl., davon 15 gewählt, 3 ernannt, Wahl alle 4 J.
Gouverneur: Peter Smith

Montserrat
Urlaubsinsel (102 km²) in der Karibik, seit 1995 von schweren Vulkanausbrüchen betroffen. Von den ursprünglich 11 600 Einw., meist afrikanischer Herkunft, lebten Mitte Februar 1998 nach der Naturkatastrophe vom Juni 1997 noch ca. 2800 auf der Vulkaninsel; inzwischen sind es wieder 5000.
Britisch seit 1632; autonom seit 1960. Verfassung von 1960. Parlament: Legislativrat mit 12 Mitgl. (7 gewählt, 2 ernannt, 2 qua Amt, 1 Speaker).
Gouverneur: Anthony Longrigg
Chefminister: John A. Osborne

Pitcairninseln
Inselgruppe (35,5 km²) im Südpazifik, nur Pitcairn (4,35 km²) ist bewohnt. Briefmarkenhandel, Kunsthandwerk, Fischfang. Die 44 Einw. sind Nachkommen der Bounty-Meuterer. Hauptort: Adamstown.
Britische Siedlung seit 1887, Verfassung von 1940. Inselrat mit 10 Mitgl.
Gouverneur: Martin Williams (High Commissioner in Neuseeland)
Inselrat: Mayor Steve Christian

St. Helena
Insel (122 km²) im östlichen Südatlantik. Dazu gehören Ascension (88 km², 982 Einw.), Tristan da Cunha (98 km², ca. 295 Einw.) und kleinere Inseln. Fischerei, Kunsthandwerk. Abhängig von britischer Finanzhilfe. 6500 Einw., Hauptstadt: Jamestown (1800 Einw.).
Britisch seit 1673, Kolonie seit 1834. Verfassung von 1988. Parlament: Legislativrat mit 16 Mitgl. (12 gewählt, 1 Speaker, 3 qua Amt).
Gouverneur: David Hollamby
Ab 1815 verbrachte der verbannte Napoleon hier seine letzten Lebensjahre.

Süd-Georgien
Südliche Sandwichinseln
Steil zerklüftete Felseninseln (3592 und 311 km²) im Südatlantik, großenteils schnee- und eisbedeckt.
Militärstützpunkt (bis 2001) auf Süd-Georgien, die Bird-Insel beherbergt eine Forschungsstation.

Turks- und Caicosinseln
Über 30 Karibikinseln (430 km²) südl. der Bahamas. Tourismus und Fischerei, etwas Landwirtschaft. Währung: US$. 16 900 Einw., meist afrikanischer Herkunft. Hauptstadt: Cockburn Town (auf Grand Turk), 2900 Einw.
Britisch seit 1766, Verfassung von 1988. Parlament: Legislativrat mit 20 Mitgl. (13 gewählt, 1 Speaker, 3 ernannt, 3 qua Amt).
Gouverneur: Mervyn Jones
Chefminister: Derek Taylor

Sonstige Territorien
Chagos Archipel im Indischen Ozean. 54 400 km² Fläche, davon nur 60 km² Land, u. a. Diego Garcia als britisch-amerikanischer Luftwaffenstützpunkt mit etwa 3000 Soldaten.
Südatlantik/Antarktis: Süd-Orkney- und Süd-Shetland-Inseln und antarktische Gebiete mit 1,71 Mio. km² und 40–150 Forschern.

Kaimaninsel in der Karibik

República de Guatemala – Republik Guatemala; Guatemalteken

Nationalfeiertag: 15. September

Zeitzone: MEZ –7 h

Hauptstadt: Guatemala-Stadt (1 015 300 Einwohner)

Telefon-Vorwahl: +502
Kfz-Kennzeichen: GCA

Mitgliedschaften: OAS, Uno

Guatemala

Botschaft in Deutschland: Joachim-Karnatz-Allee 45-47, Ecke Paulstraße, D-10557 Berlin, ☎ +49-30/206-4363, 🖷 206-43659; **HK:** Düsseldorf, München.

GEOGRAFIE, BEVÖLKERUNG

Fläche: 108 889 km² **Bevölkerung:** 11,385 Mio. Einw. **Bev.dichte:** 105 Einw./km² **Bev.wachstum:** 2,58 % **In Städten:** 40 % der Bev. **Analphabetenrate:** Männer: 24 %, Frauen: 39 %. **Landessprachen:** Spanisch (Amtssprache), daneben 21 Maya-Sprachen (Muttersprachen für rund die Hälfte der Bevölkerung) **Religionen:** 60 % Katholiken, 30 % Protestanten, Maya-Religionen

POLITISCHES SYSTEM

Unabhängig seit dem 15. September 1821. Präsidialrepublik. Einkammerparlament, Kongress mit 1113 Sitzen. Nächste Wahlen Ende 2003.
Staats- und Regierungschef: Alfonso Portillo (seit Januar 2000)

Präsident Alfonso Portillo

MILITÄR

Streitkräfte: 31 400 **Militärausgaben** (am BSP): 0,7 %

GESUNDHEIT, SOZIALES

Öffentliche Gesundheitsausgaben (am BIP): 2,1 % **Medizinische Versorgung:** 0,9 Ärzte/1000 Einw. **Armutsrate:** 10 % **Säuglingssterblichkeit:** 39/1000 Geb. **Lebenserwartung:** Männer 62 J., Frauen 68 J.

WIRTSCHAFT

Währung: 1 Quetzal (Q) = 100 Centavos **Kurs** (Mitte 2002): 1 Q = 0,14 € **BSP:** 19,2 Mrd. US$ **Zuwachsrate des BIP:** 3,3 % **BSP/ Kopf:** 1680 US$ **Anteile am BIP:** Landwirtschaft 23 %, Industrie 20 %, Dienstleistungen 57 % **Arbeitslosenquote:** 7,5 % **Inflationsrate:** 8,7 % **Auslandsschulden:** 4,62 Mrd. US$ **Schuldendienst** (am BSP): 2,3 % **Entwicklungshilfe:** 264 Mio. US$ **Handelsbilanzdefizit:** 1,66 Mrd. US$ **Tourismuseinnahmen:** 518 Mio. US$

AKTUELLE ENTWICKLUNGEN

Die anhaltende Dürre und der Niedergang des Kaffeepreises führten in der zweiten Hälfte des Jahres 2001 zu einer Hungersnot. Nachdem aus dem Osten des Landes 41 Tote gemeldet worden waren, sah sich Präsident Alfonso Portillo im September gezwungen, einen 30-tägigen Katastrophenzustand auszurufen. Im März 2002 startete das Welternährungsprogramm der Uno ein Notprojekt, um 60 000 unterernährte Kinder zu versorgen.

Guatemala ist weit entfernt von der Verwirklichung der großen sozialen, politischen und ökonomischen Ziele, die in den Friedensvereinbarungen am Ende des Bürgerkriegs 1996 festgehalten wurden. Eine juristische Aufarbeitung der von Militärs und Paramilitärs verübten Massaker an der Maya-Bevölkerung kommt nur langsam voran. Einschüchterungen von Menschenrechtsaktivisten, Justizangehörigen und Medienvertretern aber nehmen bereits wieder zu, ebenso die Gewaltkriminalität. Aufsehen erregte im April 2002 die Ermordung des Schatzmeisters der Stiftung von Friedensnobelpreisträgerin Rigoberta Menchú.

Viele zurückgekehrte Bürgerkriegsflüchtlinge, deren Land andere in Besitz nahmen, warten auch weiterhin auf eine Regelung ihrer Ansprüche. Und »Minugua«, die Uno-Mission, die in Guatemala die Umsetzung der Friedensvereinbarungen kontrolliert, beklagt die Unterfinanzierung der Gesundheits- und Bildungsprogramme. Die Militärausgaben aber übersteigen den vereinbarten Betrag.

Neuer Minugua-Leiter ist seit August 2002 der frühere Frankfurter Grünen-Stadtkämmerer und ehemalige stellvertretende Uno-Sonderbeauftragte für das Kosovo, Tom Koenigs.

Guinea

Botschaft in Deutschland: Rochusweg 50, D-53129 Bonn
☎ +49-228-231098 🖷 -231097
Außenstelle in Berlin

GEOGRAFIE, BEVÖLKERUNG

Fläche: 245 857 km² **Bevölkerung:** 7,415 Mio. Einw. **Bev.dichte:** 30 Einw./km² **Bev.wachstum:** 1,48 % **In Städten:** 33 % der Bev. **Analphabetenrate:** k.A. **Landessprachen:** Französisch (Amtssprache), Peul, Malinke, Sousson **Religionen:** 85 % Muslime, 8 % Christen, 7 % traditionelle Religionen

POLITISCHES SYSTEM

Unabhängig seit dem 2. Oktober 1958. Präsidialdemokratie.
Staatsoberhaupt: Lansana Conté (seit April 1984)
Regierungschef: Lamine Sidime (seit März 1999)

MILITÄR

Streitkräfte: 9700 Mann **Militärausgaben** (am BSP): 1,6 %

GESUNDHEIT, SOZIALES

Öffentliche Gesundheitsausgaben (am BIP): 2,3 % **Medizinische Versorgung:** 0,1 Ärzte/1000 Einw. **Säuglingssterblichkeit:** 95/1000 Geb. **Armutsrate:** 40 % (nationale Rate) **Lebenserwartung:** Männer 46 J., Frauen 47 J.

WIRTSCHAFT

Währung: 1 Guinea-Franc (F.G.) = 100 Centimes **Kurs** (Mitte 2002): 1 F.G. = 0,0006 € **BSP:** 3,3 Mrd. US$ **Wachstumsrate des BIP:** 2 % **BSP/Kopf:** 450 US$ **Anteile am BIP:** Landwirtschaft 24 %, Industrie 37 %, Dienstleistungen 39 % **Arbeitslosenquote:** k.A. **Inflationsrate des BIP:** 6,8 % **Auslandsschulden:** 3,39 Mrd. US$ **Schuldendienst** (am BSP): 4,5 % **Entwicklungshilfe:** 153 Mio. US$ **Handelsbilanzüberschuss:** 95 Mio. US$ **Tourismuseinnahmen:** 12 Mio. US$

AKTUELLE ENTWICKLUNGEN

Als Folge der Verwicklung Guineas in die Bürgerkriege von Sierra Leone und Liberia leben in dem knapp 7,5 Millionen Einwohner zählenden Land rund 350 000 Flüchtlinge, knapp 200 000 aus Guinea selbst. Im Februar 2002 konnte die Situation an den Grenzen durch ein Treffen der Regierungschefs der drei Länder vorläufig entschärft werden. Im März 2002 schockierte die Nachricht vom sexuellen Missbrauch zahlreicher Flüchtlingskinder durch Mitarbeiter von Hilfsorganisationen die Weltöffentlichkeit.
Dem seit einem Putsch 1984 amtierenden Staatspräsident Lansana Conté gelang es, durch ein umstrittenes Referendum im November 2001 die in der Verfassung vorgesehene Begrenzung auf zwei Amtszeiten aufzuheben, sodass seiner Wiederwahl im Jahr 2003 nichts mehr im Wege stehen dürfte. Bei den Parlamentswahlen vom 30. Juni 2002 errangen Contés Anhänger 85 von 114 Sitzen, nachdem der oppositionelle Spitzenkandidat Alpha Condé von den Wahlen ausgeschlossen worden war.

Präsident Lansana Conté

Trotz umfangreicher Bodenschätze wie Bauxit, der 90 Prozent der Exporterlöse einbringt, ist das Land von ausländischer Hilfe abhängig. Sollte die Deeskalation der Gewalt gelingen, rechnet der IWF, der mit dem Land über einen umfangreichen Schuldenabbau verhandelt, für 2002 wieder mit einem Wachstum von über 3 Prozent.

République de Guinée – Republik Guinea; Guineer

Nationalfeiertag: 2. Oktober (Tag der Republik)

Zeitzone: MEZ –1 h

Hauptstadt: Conakry (1 091 500 Einwohner)

Telefon-Vorwahl: +224

Mitgliedschaften: AU, Uno

República da Guiné-Bissau – Republik Guinea-Bissau; Guinea-Bissauer

Nationalfeiertag: 24. September (Tag der Ausrufung der Republik)

Zeitzone: MEZ – 1 h

Hauptstadt: Bissau (125 000 Einw.)

Telefon-Vorwahl: +245

Mitgliedschaften: AU, Uno

Guinea-Bissau

Botschaft in Belgien (auch für D akkreditiert): Avenue Franklin Roosevelt 70, B-1000 Brüssel
☎ +32-2-647 08 90 🖷 -640 43 12
HK: Bremen

GEOGRAFIE, BEVÖLKERUNG

Fläche: 36 125 km² **Bevölkerung:** 1,199 Mio. Einw. **Bev.dichte:** 43 Einw./km² **Bev.wachstum:** 2,41 % **In Städten:** 24 % der Bev. **Analphabetenrate:** Männer 46 %, Frauen 77 % **Landessprachen:** Portugiesisch (Amtssprache), portugiesisches Kreolisch (Handels- und Verkehrssprache), mehrere afrikanische Sprachen **Religionen:** 50 % traditionelle Religionen, 45 % Muslime, 5 % Christen

POLITISCHES SYSTEM

Unabhängig seit dem 24. September 1973, am 10. September 1974 durch die ehemalige Kolonialmacht Portugal anerkannt. Präsidialrepublik. **Staatsoberhaupt:** Kumba Yalá (seit Februar 2000) **Regierungschef:** Alamara Nhassé (seit Januar 2002)

Präsident Kumba Yalá

MILITÄR

Streitkräfte: 9250 Mann **Militärausgaben** (am BSP): 2,7 %

GESUNDHEIT, SOZIALES

Öffentliche Gesundheitsausgaben (am BIP): 1,1 % **Medizinische Versorgung:** 0,2 Ärzte/1000 Einw. **Armutsrate:** 49 % (nationale Rate) **Säuglingssterblichkeit:** 126/1000 Geb. **Lebenserwartung:** Männer 43 J., Frauen 46 J.

WIRTSCHAFT

Währung: 1 CFA-Franc = 100 Centimes **Kurs:** 1 CFA-Franc = 0,002 €

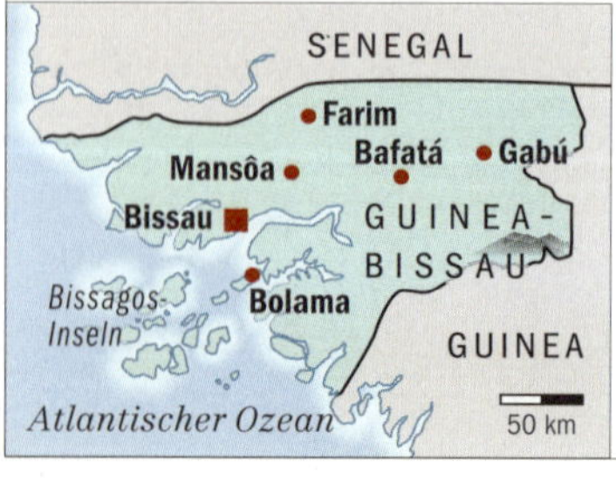

BSP: 217 Mio. US$ **Wachstumsrate des BIP:** 7,5 % **BSP/Kopf:** 180 US$ **Anteile am BIP:** Landwirtschaft 59 %, Industrie 12 %, Dienstleistungen 29 % **Arbeitslosenquote:** k. A. **Inflationsrate:** 5 % **Auslandsschulden:** 942 Mio. US$ **Schuldendienst** (am BSP): 3,1 % **Entwicklungshilfe:** 80 Mio. US$ **Handelsbilanzdefizit:** 14 Mio. US$ **Tourismuseinnahmen:** k. A.

AKTUELLE ENTWICKLUNGEN

Nachdem der Bürgerkrieg von 1998 das Land in eine tiefe Krise gestürzt hatte, sahen Uno-Beobachter Anfang 2002 Zeichen einer beginnenden Stabilisierung. Das Jahr 2001 war innenpolitisch allerdings von Staatswillkür und Menschenrechtsverletzungen geprägt. Auf Grund der Lage im Land hatte der Präsident damit gedroht, das Parlament aufzulösen und allein zu regieren. Die Parlamentarier warfen ihm ihrerseits »Unzurechnungsfähigkeit« vor. Im Dezember 2001 kam es zu einem angeblichen Putschversuch, der zur Ausschaltung oppositioneller Offiziere führte. Kurz darauf setzte Präsident Kumba Yalá am 11. Dezember den bisherigen Innenminister Alamara Nhassé als neuen Premier ein, der einer Minderheitsregierung vorsteht. Die Grenzkonflikte mit senegalesischen Rebellen konnten beendet werden, die dringend notwendige Demobilisierung der Armee aber kam kaum voran.

Wirtschaftlich hat sich Guinea-Bissau noch nicht von dem bürgerkriegsbedingten Einbruch erholt. Trotz eines Wachstums von zuletzt deutlich über 5 Prozent leben noch immer knapp die Hälfte der Einwohner unterhalb der Armutsgrenze. Zahlreiche Arbeitskräfte suchen daher ihr Glück im ehemaligen Mutterland Portugal. Die agrarisch geprägte Wirtschaft leidet unter der zerstörten Infrastruktur und einem chronisch defizitären Staatshaushalt. Nur rund ein Drittel der laufenden Ausgaben sind durch Einnahmen gedeckt. Eine IWF-Mission hat im März 2002 wegen Unregelmäßigkeiten im Haushalt die Hilfsgelder für mehrere Monate ausgesetzt.

Guyana

Botschaft in Belgien (auch für D akkreditiert): Avenue du Brésil 12, B-1050 Brüssel
☎ +32-2-675 62 16 🖷 -672 55 98

GEOGRAFIE, BEVÖLKERUNG

Fläche: 214 969 km² **Bevölkerung:** 761 000 Einw. **Bev.dichte:** 4 Einw. /km² **Bev.wachstum:** 0,2 % **In Städten:** 38 % der Bev. **Analphabetenrate:** 2 % **Landessprachen:** Englisch (Amtssprache), 10 indianische Dialekte **Religionen:** 42 % Christen, 34 % Hindus, 24 % Muslime

POLITISCHES SYSTEM

Unabhängig seit dem 26. Mai 1966. Präsidialrepublik. Einkammerparlament, 65 Sitze. Wahlrecht ab 18 J.
Staatsoberhaupt: Bharrat Jagdeo (seit August 1999)
Regierungschef: Samuel Hinds (seit Dezember 1977)
Regierungspartei: People's Progressive Party/Civic, PPP/C; Opposition: People's National Congress/Reform, PNC/R

MILITÄR

Streitkräfte: 1600 Mann **Militärausgaben** (am BSP): 0,8 %

GESUNDHEIT, SOZIALES

Öffentliche Gesundheitsausgaben (am BIP): 4 % **Medizinische Versorgung:** 0,2 Ärzte/ 1000 Einw. **Armutsrate:** 35 % **Säuglingssterblichkeit:** 57/1000 Geb. **Lebenserwartung:** 63 J.

WIRTSCHAFT

Währung: 1 Guyana-Dollar (G$) = 100 Cents **Kurs** (Mitte 2002): 1 G$ = 0,006 € **BSP:** 652 Mio US$ **Wachstumsrate des BIP:** - 0,7 % **BSP/ Kopf:** 860 US$ **Anteile am BIP:** Landwirtschaft 35,1 %, Industrie 28,5 %, Dienstleistungen 36,4 % **Arbeitslosenquote:** 12 % **Inflationsrate:** 2,4 % **Auslandsschulden:** 1,455 Mrd. US$ **Schuldendienst** (am BSP): 17,5% **Entwicklungshilfe:** 142 US$/Kopf **Handelsbilanzdefizit:** 41 Mio. US$ **Tourismuseinnahmen** (1999): 58,4 Mio. US$

AKTUELLE ENTWICKLUNGEN

Die Parlamentswahlen im März 2001 bestätigten die PPP/C mit Präsident Bharrat Jagdeo. Seither eskaliert die Gewalt. PNC/R-Chef Desmond Hoyte wirft der Regierung Wahlfälschung, Korruption, Mord und Unterdrückung vor. Die Trennungslinie zwischen schwarzen Afro-Guyanern (33 Prozent, hauptsächlich für PNC/R) und Indo-Guyanern (51 Prozent, meist für PPP/C) spaltet das Land seit der Unabhängigkeit 1966.
Das öffentliche Leben ist gelähmt und von Gewalt geprägt, Überfälle nehmen zu. Opfer sind Geschäfts- und Privatleute, Polizisten, immer aber die Angehörigen der jeweils anderen Ethnie. Im Frühjahr 2002 protestierten Tausende Oppositionelle gegen die Brutalität der Polizei, die auch von Menschenrechtsorganisationen kritisiert wird. Jagdeo, ein 38-jähriger, in Moskau ausgebildeter Ökonom, wirbt in der Region um Ansehen und rüstet Polizei und Nachrichtendienst für eine halbe Million US-Dollar auf. Inzwischen wollen täglich Hunderte das Land verlassen und stehen vor der amerikanischen Botschaft nach Einreisevisa Schlange.

Seit Mitte der Neunziger will das hoch verschuldete Land seine einst florierende Bauxit-Industrie privatisieren. Die Minenarbeiter fürchten deshalb um ihre Arbeit, Gewerkschaften und PNC/R protestieren. Ausländische Investoren ziehen sich wegen der Spannungen zurück. Die Produktion sank 2001 um 25 Prozent, 1600 von 5000 Beschäftigten behielten ihren Job. Die Regierung fördere hingegen die Zucker- und Reisproduktion in Händen der Indo-Guyaner, kritisierten die meist schwarzen Minenarbeiter. Unterdessen lobte die Weltbank Fortschritte bei der Armutsbekämpfung. 30 Prozent des Haushalts fließen in Gesundheit, Bildung, Wohnen und Wasser, rund 115 Millionen US-Dollar 2002.

Co-operative Republic of Guyana – Kooperative Republik Guyana; Guyaner

Nationalfeiertag:
23. Februar
(Tag der Republik)

Zeitzone: MEZ –5 h

Hauptstadt: Georgetown (200 000 Einwohner)

Telefon-Vorwahl: +592
Kfz-Kennzeichen: GUY

Mitgliedschaften:
Caricom, OAS, Uno

Präsident Bharrat Jagdeo

République d'Haïti – Republik Haiti; Haitianer

Nationalfeiertag: 1. Januar

Zeitzone: MEZ –6 h

Hauptstadt: Port-au-Prince (884 500 Einwohner)

Telefon-Vorwahl: +509
Kfz-Kennzeichen: RH

Mitgliedschaften: Caricom, OAS, Uno

Haiti

Botschaft in Deutschland: Meinekestraße 5, D-10719 Berlin
☎ +49-30-88 55 41 34 🖷 -88 55 41 35

GEOGRAFIE, BEVÖLKERUNG

Fläche: 27 750 km² **Bevölkerung:** 7,959 Mio. Einw. **Bev.dichte:** 289 Einw./km² **Bev.wachstum:** 1,55 % **Bev. in Städten**: 36 % **Analphabetenrate:** 60 % **Landessprachen:** Französisch (gesprochen von 10 % der Bev.), französ. Kreolisch **Religionen:** 80 % Katholiken, 10 % Baptisten, Voodoo-Kult

POLITISCHES SYSTEM

Präsidialrepublik. Zweikammersystem: Parlament 83 Sitze; Senat 19 Sitze. **Staatsoberhaupt:** Jean Bertrand Aristide (Feb.–Sept. 1991, 1994–96 und seit Februar 2001) **Regierungschef:** Yvon Neptune (seit Januar 2002)

MILITÄR

Streitkräfte: 5300 Mann **Militärausgaben** (am BSP): 1,2 %

GESUNDHEIT, SOZIALES

Öffentliche Gesundheitsausgaben (am BIP): 1,4 % **HIV-Infektionsrate:** 30 % **Medizinische Versorgung:** 0,2 Ärzte/1000 Einw. **Säuglingssterbl.:** 73/1000 Geb. **Armutsrate**: 80 % **Lebenserwartung:** Männer 51 J., Frauen 56 J.

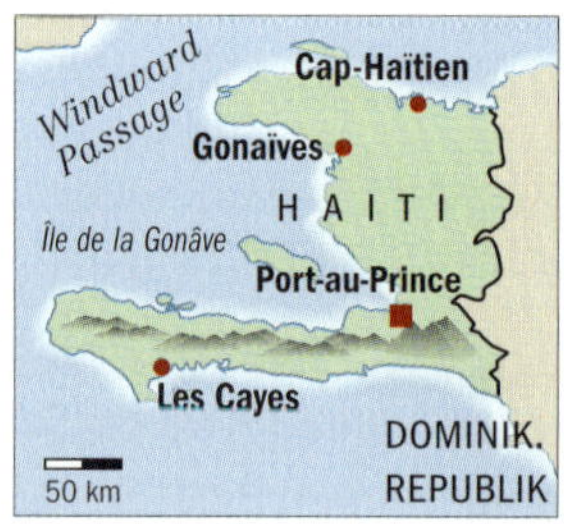

Präsident Jean-Bertrand Aristide

WIRTSCHAFT

Währung: 1 Gourde (Gde.) = 100 Centimes **Kurs** (Mitte 2002): 1 Gde. = 0,04 € **BSP:** 4,1 Mrd. US$ **Wachstumsrate des BIP:** 1,1 % **BSP/Kopf:** 510 US$ **Anteile am BIP:** Landwirtschaft 28 %, Industrie 20 %, Dienstleistungen 51 % **Arbeitslosenquote:** 70 % **Inflationsrate:** 16,7 % **Auslandsschulden**: 1,17 Mrd. US$ **Schuldendienst** (am BSP): 1 % **Entwicklungshilfe**: 208 Mio. US$ **Export:** 327 Mio.US$, davon 86 % Fabrikprodukte (Textilien, Apparate, Holz-, Lederwaren), 10 % Kaffee, Kakao, Früchte **Import:** 1090,7 Mio. US$, davon 28,3 % Lebensmittel, 26,5 % Konsumgüter, 17,1 % Treibstoff **Tourismuseinahmen**: 55 Mio. US$

AKTUELLE ENTWICKLUNGEN

»Wir leben in einem Land, das es eigentlich gar nicht gibt«, sagt der preisgekrönte haitianische Filmemacher Raoul Peck. Um Profit, nichts als Profit gehe es den Verantwortlichen. Seit den von der Opposition boykottierten Wahlen im Jahr 2000 geht die Staatskrise weiter. Korruption, Drogenhandel, Geldwäsche: Dem IWF hat die Regierung versprochen, dagegen vorzugehen, denn sie braucht dringend Geld. Das Armenhaus des amerikanischen Kontinents bestreitet seinen Staatshaushalt mehr oder weniger aus internationalen Hilfszahlungen. Allein die USA pumpten seit 1994 drei Mrd. US-Dollar ins Land. Die Bevölkerung indes verdient ihren Lebensunterhalt in der Schattenwirtschaft, die 90 Prozent aller Aktivitäten ausmacht. Kein Job, den es nicht gibt: Straßenhändler verkaufen alte Zeitungen, gebrauchte Sonnenbrillen, Luftpumpen oder einfach Neuigkeiten. Die Aussichtslosigkeit treibt die Haitianer außer Landes. Zwischen 1981 und 1996 verließen eine Million von ihnen die Insel. Wem die Flucht gelingt, der schickt Geld nach Hause. 374 Mio. US-Dollar waren es im Jahr 2000, mehr als die gesamten Exporteinkünfte des Landes. Die Wirtschaft sei »stabil, aber stagnierend«, gibt sich Aristide selbstbewusst, trotz des Hilfsembargos. Erst wenn eine Demokratisierung eingeleitet ist, wollen die internationalen Geber wieder zahlen, allein die USA blockieren 200 Millionen US-Dollar. Und trotz Vollmitgliedschaft in der Caricom gibt es bislang keine erkennbare Wirtschaftsstrategie.

Mit Verhaftungen und Morden an Journalisten und Oppositionellen schüren der Präsident und seine Fanmi-Lavalas-Partei ein Klima der Gewalt, dem die Bevölkerung mit Generalstreik und Aufstand begegnet. Im Januar 2002 entließ Aristide Premierminister Jean-Marie Chérestal nach nur elfmonatiger Amtszeit. Nachfolger wurde im März 2002 der Ziehsohn des Präsidenten, Yvon Neptune. Aristide unterstrich damit seinen unverminderten Machtanspruch.»Warum also Filme?«, fragt Peck. »Weil das leichter ist, als Autos anzuzünden«, gibt er selbst die Antwort.

Honduras

Botschaft in Deutschland: Cuxhavener Straße 14, D-10555 Berlin ☎ +49-30-39749710 🖷 -39749712

GEOGRAFIE, BEVÖLKERUNG

Fläche: 112 492 km² **Bevölkerung:** 6,417 Mio. Einw. **Bev.dichte:** 57 Einw./km²; **Bev.wachstum:** 2,3 % **In Städten**: 47 % der Bev. **Analphabetenrate:** 25 % **Landessprachen:** Spanisch (Amtssprache), indianische Sprachen **Religionen:** 85 – 90 % Katholiken, protestantische Sekten

POLITISCHES SYSTEM

Unabhängig seit dem 15. September 1821. Präsidialrepublik seit 1982. Parlament (»Soberano Congreso Nacional«), 128 Sitze. Wahl alle 4 J. Direktwahl des Staatsoberhaupts alle 4 J.
Staats- und Regierungschef: Ricardo Maduro Joest (seit Januar 2002)

MILITÄR

Streitkräfte: 8300 Mann **Militärausgaben** (am BSP): 0,7 %

GESUNDHEIT, SOZIALES

Öffentliche Gesundheitsausgaben (am BIP): 3,9 % **Medizinische Versorgung:** 0,8 Ärzte/1000 Einw. **Armutsrate**: 24,3 % **Säuglingssterblichkeit:** 35/1000 Geb. **Lebenserwartung:** Männer 63 J., Frauen 69 J.

WIRTSCHAFT

Währung: 1 Lempira (L) = 100 Centavos **Kurs** (Mitte 2002): 1 L = 0,07 € **BSP**: 5,5 Mrd. US$ **Wachstumsrate des BIP:** 4,8 % **BSP/Kopf:** 860 US$ **Anteile am BIP:** Landwirtschaft 18 %, Industrie 32 %, Dienstleistungen 51 % **Arbeitslosenquote:** 3,7 % **Inflationsrate:** 9,7 % **Auslandsschulden**: 5,49 Mrd. US$ **Schuldendienst** (am BSP): 10 % **Entwicklungshilfe**: 449 Mio. US$ **Handelsbilanzdefizit**: 658 Mio US$ **Tourismuseinnahmen:** 240 Mio. US$

AKTUELLE ENTWICKLUNGEN

Am 27. Januar 2002 trat der neu gewählte honduranische Präsident Ricardo Maduro sein Amt an. Der konservative Politiker von der Nationalen Partei siegte bei den Wahlen am 25. November 2001 über den Parlamentspräsidenten Rafael Pineda von den Liberalen. Bei den gleichzeitigen Parlamentswahlen wurde Maduros Partei stärkste Kraft, verfehlte aber die absolute Mehrheit. Die breite Masse der Bevölkerung, deren Lebensbedingungen sich nach dem Verfall der Kaffeepreise, der anhaltenden Dürre und den Zerstörungen durch den Tropensturm »Michelle« im Oktober weiter verschlechtert hatte, nahm am Wahlkampf nur wenig Anteil. Dennoch lag die Wahlbeteiligung bei über 60 Prozent. Erstmals konnten auch die vielen in den USA lebenden Honduraner wählen, für die in sechs US-Städten Wahlurnen zur Verfügung standen.

Wichtigste Politikbereiche des Großunternehmers und ehemaligen Zentralbankpräsidenten Maduro sind die innere Sicherheit und der Kampf gegen die Korruption. Mit einem drakonischen »Null Toleranz«-Programm versucht der Präsident, der 1997 seinen Sohn bei einem Entführungsversuch verlor, die Kriminalität einzudämmen. Tausende Soldaten und Polizisten patrouillieren durch die Straßen der größeren Städte und kontrollieren auffällige Personen, vor allem mutmaßliche Mitglieder jugendlicher Straßengangs, die so genannten »maras«. Menschenrechtler kritisieren die Gewaltexzesse während der Kampagne. Sie verzeichnen auch immer mehr Morde an obdachlosen Kindern und Jugendlichen, die nach Uno-Schätzungen zu mehr als 10 Prozent auf das Konto von Polizeiangehörigen und Angestellten privater Sicherheitsdienste gehen.

Anfang Juni 2002 wurde der im Mai entführte ehemalige Wirtschaftsminister Reginaldo Panting ermordet aufgefunden. In den vergangenen sechs Jahren sind in Honduras insgesamt 213 Personen entführt worden.

Staatschef Ricardo Maduro

República de Honduras – Republik Honduras; Honduraner

Nationalfeiertag: 15. September

Zeitzone: MEZ –7 h

Hauptstadt: Tegucigalpa (1 037 600 Einwohner)

Telefon-Vorwahl: +504
Kfz-Kennzeichen: HN

Mitgliedschaften: OAS, Uno

Bharat – Republik Indien; Inder

Nationalfeiertag: 26. Januar (Tag der Republik)

Zeitzone: MEZ +4 1/2 h

Hauptstadt: Neu-Delhi (294 800 Einwohner)

Telefon-Vorwahl: +91
Kfz-Kennzeichen: IND

Mitgliedschaft: Uno

Präsident Abdul Kalam

Rechts: Premier Atal Behari Vajpayee, Polizeistaffel

Indien

Botschaft in Deutschland: Tiergartenstraße 16/17, D-10785 Berlin
☎ +49-30-25 79 82 13 🖷 -23 00 58 95

GEOGRAFIE, BEVÖLKERUNG

Fläche: Mit 3 287 263 km² ist Indien das siebtgrößte Land der Welt (neunmal so groß wie Deutschland). Von Nord nach Süd gibt es 3 unterschiedliche Landschaftsräume: das Hochgebirge (Himalaja), die Ganges-Indus-Ebene, die Spitze des Subkontinents, die Halbinsel Indien mit den nach Westen fließenden Narmada und Tapti. In entgegengesetzter Richtung durchschneiden Kaweri, Mahanadi, Godavari und Krishna das Land.
Verwaltung: 28 Bundesstaaten, 7 Bundesterritorien **Bevölkerung:** 1015,923 Mio. Einw., davon 72 % Indo-Arier, 25 % Draviden **In Städten** leben 28 %, **unter 15 J.** sind 34 % der Bev. **Bev.-dichte:** 342 Einw./km² **Bev.wachstum:** 1,52 % **Fruchtbarkeitsrate:** 3,1 Geb./Frau **Landessprachen:** Hindi und Englisch (Amtssprachen), dazu 17 regionale Sprachen mit offiziellem Status **Religionen:** 81 % Hindus, 12 % Muslime, 2 % Christen, 2 % Sikhs

Die größten Städte

Bombay (Mumbai)	11 914 400
Delhi	9 817 400
Kalkutta	4 580 500
Bangalore	4 292 200
Madras (Chennai)	4 216 300
Ahmedabad	3 515 400

POLITISCHES SYSTEM

Demokratisch föderale Republik laut Verfassung von 1950. Allg. Wahlrecht ab 18 J. Zweikammerparlament: Oberhaus (»Rajya Sabha«) mit 245 Mitgl., von denen 12 vom Präsidenten ernannt werden, alle 2 J. wird ein Drittel der restlichen 233 Mitgl. für 6 J. von den Parlamenten der Bundesstaaten gewählt. Unterhaus (»Lok Sabha«) mit 545 Abg., von denen 543 für 5 J. direkt gewählt und 2 Vertreter der Anglo-Indischen Gemeinschaft vom Präsidenten ernannt werden. Der Präsident wird von einem Wahlkollegium aus Abgesandten beider Häuser sowie der Parlamente der Bundesstaaten für 5 J. gewählt.
Staatsoberhaupt: Avul Pakir Jainulabdeen Abdul Kalam (seit Juli 2002)
Regierungschef: Atal Behari Vajpayee (seit März 1998; zunächst als geschäftsführender Ministerpräsident, gewählt im September 1999)
Außenminister: Yashwant Sinha

MILITÄR

Allg. Wehrpflicht: nein **Streitkräfte:** 1 263 000 Mann, davon 1 100 000 Armee, 110 000 Luftstreitkräfte, 53 000 Marine **Militärausgaben** (am BSP): 2,5 % **Waffenhandelsanteil** an den Importen 1,6 %

GESUNDHEIT, SOZIALES, BILDUNG

Öffentliche Gesundheitsausgaben (am BIP:) 0,8 % **Öffentliche Ausgaben für Bildung und Erziehung** (am BIP): k. A. **Öffentliche Ausgaben für Altersversorgung** (am BIP): k. A. **Medizinische Versorgung:** 0,4 Ärzte, 0,8 Krankenhausbetten/1000 Einw. **Säuglingssterblichkeit:** 69/1000 Geb. **Müttersterblichkeit:** 440/100 000 Geb. **Kinderunterernährung:** 47 % **Kinderarbeit:** 12 % **Armutsrate:** 44,2 % **Frauenanteil an den Beschäftigten:** 32,3 % Zugang zu **sauberem Trinkwasser** haben 92 % der städt. und 86 % der ländl. Bev., zu **sanitären Anlagen:** 73 % bzw. 14 % **HIV-Infektionsrate:** 0,7 % **Lebenserwartung:** Männer 62 J., Frauen 63 J. **Schulpflicht:** 6–14 J., theoretisch **Einschulungsquote** im Primarbereich k. A., im Sekundarbereich 39 % **Analphabetenrate:** Männer 32 %, Frauen 55 % **Universitäten:** 231, u.a. in Neu-Delhi, Bombay, Kalkutta; 11 381 hochschulähnliche Einrichtungen

WIRTSCHAFT

Währung: 1 Indische Rupie (iR) = 100 Paise **Kurs** (Mitte 2002): 1 iR = 0,02 € **BSP:** 454,8 Mrd. US$ **Wachstumsrate des BIP:** 3,9 % **BSP/Kopf:** 450 US$ **Anteile am BIP:** Landwirtschaft 25 %, Industrie 27 %, Dienstleistungen 48 % **Forschung+Entwicklungsausgaben** (am BSP): 0,62 % **Arbeitslosenquote:** 23 % **Inflationsrate:** 3,8 % **Staatseinnahmen:** 52,648 Mrd. US$ **Steueraufkommen** (am BIP): 9,6 % **Einkommensteuer:** 30 % **Körperschaftsteuer:** max. 40 % **Haushaltsdefizit** (am BIP): 5,4 % **Staatsausgaben:** 75,239 Mrd. US$ **Leistungsbilanzdefizit:** 4,198 Mrd. US$ **Auslandsschulden:** 100,367 Mrd. US$ **Schuldendienst** (am BSP): 2,2 % **Devisenreserven:** 41,059 Mio. US$ **Empf. Hilfsgelder:** 1,487 Mrd. US$ **Ausl. Direktinvestitionen:** 2,315 Mrd. US$ **Börse** (Marktkapitalisierung am BIP): 32,4 % **Energie:** Produktion 409,79 Mio. t ÖE, Verbrauch 480,42 Mio. t ÖE, Anteile am Verbrauch: Kohle 55,2 %, Öl 30,8 %, Erdgas 7,5 %, sonstige 5,1 %, Atomenergie 1,4 %

Landwirtschaft, Rohstoffe, Industrie:

Nutzfläche 57,1 %, von der Anbaufläche sind 33,6 % bewässert **Produkte:** Weizen, Reis, Zuckerrohr, Tee, Kartoffeln, Tabak, Baumwolle, Jute **Bewaldet:** 641 000 km^2, jährliche **Aufforstung:** 381 km^2 **Rohstoffe:** Eisenerz, Diamanten, Kohle, Zink, Blei **Wichtige Industriezweige:** Nahrungsmittelindustrie, Textilindustrie, Maschinenbau, Elektroindustrie (5,8 Mio. Ventilatoren), Fahrzeugindustrie (875 000 Kraftfahrzeuge, 3,8 Mio. Motorräder und Mopeds, 13,7 Mio. Fahrräder)

Außenwirtschaft:

Handelsbilanzdefizit 12,193 Mrd. US$ **Export:** 43,132 Mrd. US$, davon 25,1 % Kleidung und Textilien, 20,3 % Schmuck, 12,5 % Chemie **Hauptausfuhrländer:** USA (21,8 %), Großbritannien (5,7 %), Hongkong (5,6 %), Deutschland (5,6 %) **Hightech-Exporte:** 1,245 Mrd. US$ **Import:** 55,325 Mrd. US$, davon 22,2 % Treibstoffe, 11,3 % Perlen und Edelsteine, 6 % Chemieprodukte **Hauptlieferländer:** USA (8,7 %), Schweiz (6,8 %), Großbritannien (6,3 %), Belgien (6 %)

VERKEHR

Schienennetz: 63 506 km **Straßennetz:** 3 319 644 km, davon 45,7 % befestigt **Motorisierung:** 8 Kfz/1000 Einw. Internationale **Flughäfen:** 5 große, in Bombay, Neu-Delhi, Madras, Kalkutta, Bangalore **Fluglinie:** Air India, 17,339 Mio. beförderte Passagiere **Häfen:** Bombay, Jawaharlal Nehru, Kalkutta, Kandla **Binnenschifffahrt** auf 16 180 km

KOMMUNIKATION

Auf 1000 Einw. kommen 121 **Rundfunk-**, 78 **Fernsehgeräte**, 33,8 **Tele-fonanschlüsse**, 5,6 **Mobiltelefone**, 5,8 **PC** und 0,08 **Internet-Zugänge IuK-Ausgaben** (am BIP): 3,8 %
Es erscheinen 5364 **Tageszeitungen.** Die größten Tageszeitungen und ihre Auflagen:
The Times of India............1 901 400
Malayala Manorama........1 234 000
Dainik Jagran..................1 142 000
Nachrichtenagenturen: United News of India, Press Trust of India

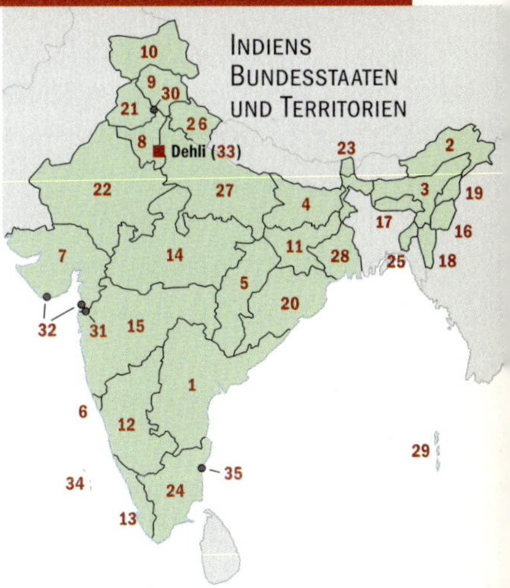

1 Andhra Pradesh
2 Arunachal Pradesh
3 Assam
4 Bihar
5 Chhattisgarh
6 Goa
7 Gujarat
8 Haryana
9 Himachal Pradesh
10 Jammu und Kaschmir
11 Jharkhand
12 Karnataka
13 Kerala
14 Madhya Pradesh
15 Maharashtra
16 Manipur
17 Meghalaya
18 Mizoram
19 Nagaland
20 Orissa
21 Punjab
22 Rajasthan
23 Sikkim
24 Tamil Nadu
25 Tripura
26 Uttaranchal
27 Uttar Pradesh
28 Westbengalen

29 Adamanen und Nicobar Inseln
30 Chandigarh
31 Dadra und Nagar Haveli
32 Daman und Diu
33 Delhi
34 Lakshadweep
35 Pondicherry

UMWELT, TOURISMUS

Geschützte Gebiete: 4,8 % der Landesfläche **Energieverbrauch/Kopf:** 482 kg ÖE **CO_2-Emission:** 1061 Mio. t **Verwendung des Süßwassers:** Landwirtschaft 92 %, Industrie 3 %, Haushalte 5 % **Tourismus:** 2,641 Mio. Besucher, 3,296 Mrd. US$ Einnahmen

Überschwemmung in Bihar

AKTUELLE ENTWICKLUNGEN

Unter den globalen Nachwirkungen der Terrorattacken auf die USA im September 2001 kam eine besonders unerwartet: Auf dem indischen Subkontinent fanden sich Traditionsgegner, die zwei Jahrzehnte lang ineinander verbissen waren, unversehens hinter ein und derselben Frontlinie: Die von den USA initiierte weltweite Antiterrorkoalition hatte Indien und Pakistan als Alliierte zusammengezwungen.

Doch die Erzfeindschaft konnte durch das Zweckbündnis allenfalls zeitweise gemildert werden. Es machte sogar einen besonders brisanten Konfliktstoff zwischen beiden Ländern nur noch deutlicher: Indien, mit einer Milliarde Menschen zweitgrößtes Land der Welt sowie Atommacht, und Pakistan, die andere Atommacht jenseits der Grenze, stehen sich auch deshalb unverändert aggressiv gegenüber, weil Indien Pakistan beschuldigt, Terroristen auszubilden, zu bewaffnen und nach Indien zu schleusen. Sogar afghanische Söldner habe Pakistan ins Kaschmirtal geschickt, warf das Hinduland dem Moslemstaat vor – terroristische Anschläge in dem zwischen Beiden umkämpften Kaschmir heizten die Kriegsgefahr (▸Seite 191) weiter an.

Innenpolitik: Am 30. September 2001 verlor die oppositionelle Kongresspartei bei einem Flugzeugabsturz einen ihrer Hoffnungsträger: Der frühere Luftfahrtminister Madhavrao Scindia, der einstmals Maharadscha war, wurde von vielen als künftiger Premierminister gesehen. Die Aufgabe, die säkulare Partei Anfang 2003 durch die Regionalwahlen zu führen und zu regenerieren, liegt nun in den Händen der Parteivorsitzenden Sonia Gandhi. Zwar gilt die italienisch-stämmige Witwe des 1991 ermordeten Premiers Rajiv Gandhi als in den Finessen der indischen Politik wenig bewandert. Doch ihr Hauptkonkurrent, Premierminister Atal Behari Vajpayee mit seiner nationalistischen Hindupartei BJP, ist unübersehbar im Abschwung. In mehreren Bundesstaaten erlitt die BJP Sympathieverluste, auch im Schlüsselstaat Uttar Pradesh. Besonders dort, in Indiens bevölkerungsreichstem Landesteil, wo sechs Jahre zuvor der Aufstieg Vajpayees zu nationaler Macht begann, droht dem Premier mit dem absehbaren Debakel bei den Regionalwahlen 2003 ein lähmender Schlag.

Hardliner der Regierungspartei setzen deshalb auf die Mobilisierung traditionsverbundener Stammwähler durch Beschwörung alter Werte. So wurde Geschichtsliteratur nationalbeflissen umgeändert, und im modernen Indien, das immerhin für seine IT-Professionals und Spitzenakademiker weltweit geachtet ist, gibt es nun das Thema Astrologie im regulären Universitätslehrplan.

Dabei hat das Land ganz andere Sorgen. Fehlerhaftes Verteilersystem und Mangel an Lagerkapazität führten an der Ostküste dazu, dass im zweiten Jahr nacheinander ein Drittel einer Weizen-Rekordernte verrottete. Die Bundesstaaten Assam und Bihar im Nordosten des Landes wurden Opfer von Naturkatastrophen: Durch Überschwemmungen kamen mindestens 150 Menschen ums Leben, und Millionen wurden wohnungslos.

Gegen ein weiteres indisches Erbübel, die Militanz zwischen den Bevölkerungsgruppen und Glaubensgemeinschaften, geht Premierminister Vajpayee auf neuen Wegen vor: Er förderte die Wahl eines tamilischen Mos-

KASCHMIR-KONFLIKT

Schon dreimal führten Indien und Pakistan Krieg um das Himalaja-Gebiet Kaschmir. Ein Waffenstillstand von 1949 sprach Pakistan ein Drittel des mehrheitlich von Moslems bewohnten Territoriums zu, den Rest erhielt Indien – gegen das bis heute unerfüllte Versprechen einer Volksabstimmung. Seither wurde das Land immer wieder zum Schauplatz blutiger Gewalt. Und da die Kontrahenten seit 1998 über Kernwaffen verfügen, ist der Konflikt um Kaschmir, das von Reisenden wegen seiner erhabenen Schönheit als »Paradies auf Erden« gerühmt wird, längst auch eine Weltbedrohung.

Anlässlich einer Terrorwelle eskalierte der Streit im Herbst 2001 von neuem. Am 1. Oktober 2001 explodierte eine Autobombe vor dem Tor des Landesparlaments in Kaschmirs Hauptstadt Srinagar und tötete 40 Menschen. Verantwortlich zeichnete die moslemische Terrororganisation Jaish-i-Mohammed; deren Mitglieder sind in Pakistan als Kämpfer für die »Befreiung« Kaschmirs angesehen. Sie waren auch dabei, als am 13. Dezember ein fünf Mann starkes Selbstmordkommando versuchte, das indische Parlament in Neu-Delhi zu stürmen. Insgesamt 14 Menschen starben bei dem Schusswechsel mit Sicherheitskräften, während sich die indischen Top-Politiker im Gebäude drängten.

Indien rief seinen Botschafter aus Islamabad ab, unterbrach die Verkehrsverbindungen zu Lande und in der Luft und verstärkte an der Demarkationslinie in Kaschmir seine Streitkräfte. Pakistan ließ daraufhin 200 000 Mann an der Grenze aufmarschieren; der pakistanische Präsident Pervez Musharraf konterte mit der Drohung »alles mit gleicher Münze zu vergelten«.

Demonstrativ testete Indien moderne Militärtechnik. Ende Januar 2002 startete der Kommunikationssatellit »Insat 3 C« ins All, eine Entwicklung der India Space Research Organization, fast gleichzeitig wurde eine atomwaffenfähige Mittelstreckenrakete vom Typ Agni-Iab (Reichweite: 700 Kilometer) erprobt.

Begleitend zum Säbelrasseln rief Indiens Premier Atal Behari Vajpayee Washington und Moskau um Hilfe. Dort bat er um Druck auf Pakistan, die angeblich 70 terroristischen Ausbildungslager an der indischen Grenze abzubauen. Als Belastungsmaterial legte er in den Hauptstädten Satellitenbilder und Abhörprotokolle seines militärischen Nachrichtendienstes vor, die Kontakte zwischen Terroristen in Kaschmir und ihren Chefs in Pakistan belegen sollten.

Westlichen Diplomaten, darunter hohe Vertreter der USA und der EU, gelang es überraschend, vor Ort erst einmal zu vermitteln. Indien und Pakistan versprachen dabei immerhin, Waffengespräche und ein verbessertes Krisenmanagement vorzubereiten.

Doch am Militäraufmarsch entlang Kaschmirs Innengrenze hat sich nichts geändert. Das Land bleibt, wie die US-Regierung seit langem warnt, »die gefährlichste Region der Welt« – ein schwelender Konfliktstoff zwischen zwei unversöhnlichen Atommächten.

Sicherung des Parlaments in Neu-Delhi durch die Armee nach dem Selbstmordattentat

lems zum Staatsoberhaupt: des 70-jährigen Avul Pakir Jainulabdeen Abdul Kalam.

Kalam ist der bedeutendste Naturwissenschaftler seines Landes. Er hatte bei der Entwicklung der indischen Atombombe und beim Bau der Trägerraketen entscheidenden Anteil und wird als »indischer Einstein« gefeiert. Zwei Jahre vor der Nominierung hatte Kamal sein Amt als wissenschaftlicher Regierungsberater aufgegeben, um für politisches Umdenken einzutreten. Auf Reisen kreuz und quer durchs Land propagierte er seine »Vision 2020« zur Überwindung von Armut, Krankheit und Analphabetismus. Der selbst streng asketisch lebende Mann – er bewohnte zuletzt in Haiderabad eine Einzimmerwohnung – genießt hohes Ansehen im ganzen Land.

Kamals Wahl könnte den Jahrhundertkonflikt zwischen Indiens Hindus und Moslems entspannen helfen, zugleich die weltlich-tolerante Verfassung des multikulturellen Indien herausstreichen. Doch führende Moslems zeigen sich unbeirrt in Sorge, Vajpayee wolle den Professor als Alibi missbrauchen. Ihnen war der Premier stets als Hindu-Nationalist verdächtig.

Der politische Alltag nährt solches Misstrauen. Nach drei Monaten kon-

Ausgebrannter Eisenbahnwagen nach Benzinbomben-Attentat auf einen Zug mit Hindu-Aktivisten in Gujarat

troverser Beratungen verabschiedete das Parlament im März 2002 eine neue Anti-Terror-Verordnung – die »Prevention of Terrorism Ordinance«. Währenddessen war Indiens eine Million Mitglieder starke »Student's Islamic Movement«, eine islamische Hilfsorganisation, wegen des Vorwurfs »anti-nationaler Aktivitäten« schon mal auf dem Vorweg verboten worden.

Religiöse Konflikte: Während die Regionalwahlen in wichtigen Bundesstaaten näher rücken, rühren Politiker aus Vajpayees Lager im Verein mit hinduistischen Religionseiferern eine alte, gefährliche Kontroverse auf: Sie propagieren – entgegen einem Verbot durch das Oberste Gericht – den Bau eines Tempels in der kleinen Stadt Ayodhya (Uttar Pradesh). Just dort hatte 10 Jahre zuvor ein rechtsgerichteter Hindu-Mob mit bloßen Händen eine 500 Jahre alte Moschee zerstört, die angeblich auf der Geburtsstätte des mythologischen Hindu-Gottes Rama stand. 2000 Meschen kamen währenddessen ums Leben.

Am 27. Februar 2002 warf moslemischer Mob im west-indischen Staat Gujarat, wo Vajpayees BJP eine ihrer letzten Bastionen der Macht hat, Benzinbomben auf einen Zug mit Hindu-Aktivisten und deren Familien, 59 Menschen starben. An vielen Stellen des Staates kam es kurz darauf zu Ausschreitungen – Hindus plünderten, raubten und brandschatzten den Besitz der moslemischen Minderheit. Auch hier kamen mindestens 2000 Menschen in den zweimonatigen Pogromen um. Sogar der frühere Kolonialherr England empörte sich dagegen und erhob gemeinsam mit der EU diplomatische Beschwerde.

Bundeskanzler Gerhard Schröder in Neu-Delhi

Wirtschaft: Indien ist von den Auswirkungen der weltweiten Rezession nach dem 11. September 2001 nicht so stark betroffen wie die Ökonomie des Westens. Wirtschaftsreformen und die beschleunigte Privatisierung der öffentlichen Betriebe wirkten sich positiv aus. Hinzu kam, dass die USA, um Kooperation im internationalen Krieg gegen den Terrorismus zu sichern, Sanktionen aufgehoben haben, die sie wegen des nuklearen Rüstungswettlaufs der Inder mit Pakistan verhängt hatten.

Als attraktiver Wirtschaftspartner sah sich das Land bestätigt, als im Oktober 2001 Bundeskanzler Gerhard Schröder anreiste und unter anderem bessere Kontakte bei Handel, Forschung und IT-nahen Geschäftsbeziehungen zwischen den beiden Ländern thematisierte.

Silicon-Valley-Investoren sagen, dass besonders Indiens IT-Industrie die Gewaltausbrüche in Gujarat, die Kriegsängste und die Folgen der internationalen Wirtschaftskrise ohne allzu viel Imageschaden überstanden hat. Nach Schätzungen ausländischer Anlageberater hat Indien ein Viertel des im asiatisch-pazifischen Raum investierten US-Kapitals aufgenommen, größtenteils im IT-Sektor. Der amerikanische Chiphersteller Intel kündigte an, weiterhin im Lande zu investieren.

Die Inflation bewegt sich im Jahr 2002 um 2 Prozent, während die Devisenreserve des Landes auf 60 Milliarden US-Dollar anstieg. Allerdings wird die Wirtschaft, deren Wachstum in den vergangenen fünf Jahren durchschnittlich 5,4 Prozent betrug, 2002 höchstens um 5 Prozent steigen.

Außen- und Sicherheitspolitik: Die indischen Streitkräfte müssten dringend modernisiert werden, doch der neue Haushalt erlaubt es nicht. Zudem führten Skandale im Rüstungsbereich zu Streichungen im Budget. So wurde der Kauf des ausgemusterten Sowjetflugzeugträgers »Admiral Gorschkow« erwogen; außerdem beabsichtigen die Inder, britische Kampfflugzeuge vom Typ »Hawk« zu beschaffen – Englands Premier Tony Blair hatte sie im Rahmen seiner Friedensmission im Januar 2002 Delhi neu angeboten.

Das Geschäft droht den Rüstungswettlauf mit dem Nachbarn Pakistan anzuheizen und belastet den indischen Verteidigungshaushalt mit rund 1,5 Milliarden US-Dollar. Neben den Aufwendungen für Gehälter und Pensionen muss die Armee auch die etwa 500 Millionen Dollar verkraften, die bis Mitte 2002 für die Mobilisierung entlang der Grenzen ausgegeben wurden.

Indonesien

Botschaft in Deutschland: Lehrter Straße 16–17, D-10557 Berlin
☎ +49-30/ 478070, 🖷 4473-7142

GEOGRAFIE, BEVÖLKERUNG

Fläche: 1 922 570 km² verteilt auf rund 17 500 Inseln (davon 6000 bewohnt). Die wichtigsten: Kalimantan (Borneo) 547 891 km², Sumatra 482 393 km², Irian Jaya (West-Papua) 421 981 km², Sulawesi (Celebes) 191 800 km², Java und Madura 127 499 km², Maluku (Molukken) 77 871 km², Nusa Tenggara (Kleine Sundainseln) 67 502 km², Bali 5633 km² **Verwaltung:** 27 Provinzen und 3 Sonderterritorien (Jakarta, Yogyakarta, Aceh) **Bevölkerung:** 210,421 Mio. Einw., davon 45 % Javaner, 14 % Sundanesen, 8 % Maduresen, 8 % Malaien **In Städten** leben 41 %, **unter 15 J.** sind 31 % der Bev. **Bev.dichte:** 116 Einw./km². **Bev.-wachstum:** 1,21 % **Fruchtbarkeitsrate:** 2,5 Geburten/Frau **Landessprachen:** Indonesisch (Bahasa Indonesia) ist Amtssprache, Handels- und Bildungssprache ist Englisch; Niederländisch und Chinesisch sind auch sehr verbreitet. Daneben rund 250 regionale Sprachen, die zur Malaio-polynesischen oder zur Papua-Sprachengruppe gehören. **Religionen:** 88 % Muslime, 8 % Christen, 2 % Hindus

Die größten Städte

Jakarta	9 341 400
Surabaya	2 743 400
Bandung	2 429 000
Medan	1 942 000
Palembang	1 394 300
Semarang	1 366 500

POLITISCHES SYSTEM

Präsidialrepublik seit 1945. Verbindlich für die politische Arbeit sind die fünf Grundprinzipien (Pancasila) in der Verfassung: Glaube an den Einen Gott, Humanität, Einheit Indonesiens, Demokratie durch Zustimmung der Repräsentanten nach allgemeiner Beratung, soziale Gerechtigkeit.
Parlament: Repräsentantenhaus (»Dewan Perwakilan Rakyat/DPR«) mit 500 Mitgl. (462 alle 5 J. gewählt, die restlichen 38 Sitze reserviert für das Militär), daneben die Beratende Volksversammlung (»Majelis Permusyawaratan Rakyat/MPR«) mit 700 Mitgl., davon 500 DPR-Abgeordnete, 135 Vertreter aus den Provinzversammlungen, 65 von Standesgruppen und Armee nominierte Vertreter. Sie wählt den Präsidenten. Außerdem ein Oberster Beratender Rat (»Dewan Pertimbangan Agung/DPA«), dem Vertreter der politischen Parteien und funktionaler Gruppen sowie wichtige Personen des öffentlichen Lebens angehören.
Staats- u. Regierungschefin: Megawati Sukarnoputri (seit Juli 2001)
Außenminister: Hassan Wirayuda

PARTEIEN

Im Parlament, das am 7. Juni 1999 erstmals seit 44 Jahren frei gewählt wurde, sind die folgenden Gruppierungen vertreten (mit Stimmenanteilen bei der Wahl):
- Partai Demokrasi Indonesia Perjuangan/PDI-P (Demokratische Partei Indonesiens): 33,7 %;
- Partai Golongan Karya (Golkar) (Funktionelle Gruppen): 22,4 %;
- Partai Kebangkitan Bangsa/PKB (Partei des nationalen Erwachens): 12,6 %;
- Partai Persatuan Pembangunan/ PPP (Vereinigte Entwicklungspartei): 10,7 %;
- Partai Amanat Nasional (PAN) (Nationale Mandatspartei): 7,1 %;
- andere Parteien: 13,5 %.

MILITÄR

Allg. Wehrpflicht: 24 Monate **Streitkräfte:** 297 000 Mann, davon 230 000

Republik Indonesia – Republik Indonesien; Indonesier

Nationalfeiertag: 17. August

Zeitzonen: MEZ +6 bis +8 h

Hauptstadt: Jakarta (9 341 400 Einwohner)

Telefon-Vorwahl: +62
Kfz-Kennzeichen: RI

Mitgliedschaften: Asean, Opec, Uno

Präsidentin Megawati Sukarnoputri

Armee, 27 000 Luftstreitkräfte, 40 000 Marine **Militärausgaben** (am BSP): 1,1 % **Waffenhandelsanteil** an den Exporten 0,2 %, an den Importen 1,9 %

GESUNDHEIT, SOZIALES, BILDUNG

Öffentliche Gesundheitsausgaben (am BIP): 0,8 % **Öffentliche Ausgaben für Bildung und Erziehung** (am BSP): 1,4 % **Öffentliche Ausgaben für Altersversorgung** (am BIP): k. A. **Medizinische Versorgung:** 0,2 Ärzte, 0,7 Krankenhausbetten/1000 Einw. **Säuglingssterblichkeit:** 41/1000 Geb. **Müttersterblichkeit** 470/100 000 Geb. **Kinderunterernährung:** 34 % **Kinderarbeit:** 8 % **Armutsrate:** 7,7 % **Frauenanteil an den Beschäftigten:** 40,8 % Zugang zu **sauberem Trinkwasser** haben 91 % der städtischen, 65% der ländlichen Bev., zu **sanitären Anlagen** 87 % bzw. 52 % **HIV-Infektionsrate:** 0,05 % **Lebenserwartung:** Männer 64, Frauen 68 J. **Schulpflicht** 7–16 J. **Einschulungsquote** im Primarbereich 97 %, im Sekundarbereich 42 % **Analphabetenrate:** Männer 8 %, Frauen 18 % **Universitäten:** 35 staatliche u. 25 private

Studenten-Demonstration in Jakarta

WIRTSCHAFT

Währung: 1 Rupiah (Rp.) = 100 Sen **Kurs** (Mitte 2002): 1 Rp. = 0,0001 € **BSP:** 119,9 Mrd. US$ **Wachstumsrate:** 4,8 % **BSP/Kopf:** 570 US$ **Anteile am BIP:** Landwirtschaft 17 %, Industrie 47 %, Dienstleistungen 36 % **Forschung+Entwicklungsausgaben** (am BSP): 0,07 % **Arbeitslosenquote:** 6,1 % (bis zu 40 % Unterbeschäftigung) **Inflationsrate:** 11,5 % **Staatseinnahmen:** 15,793 Mrd. US$ **Steueraufkommen** (am BIP): 16,5 % **Einkommensteuer:** max. 35 % **Körperschaftsteuer:** 30 % **Haushaltsdefizit** (am BIP): 1,1 % **Staatsausgaben:** 18,040 Mrd. US$ **Leistungsbilanzüberschuss:** 7,985 Mrd. US$ **Auslandsschulden:** 141,803 Mrd. US$ **Schuldendienst** (am BIP): 13,2 % **Devisenreserven:** 29,353 Mrd. US$ **Empf. Hilfsgelder:** 1,731 Mrd. US$ **Ausl. Direktinvestitionen:** -4,550 Mrd. US$ **Börse** (Marktkapitalisierung am BIP): 17,5 % **Energie:** Produktion 226,38 Mio. t ÖE, Verbrauch 136,12 Mio. t ÖE, Anteile am Verbrauch: Kohle 17,1 %, Öl 53,5 %, Erdgas 27,3 %, sonstige 2,1 %

Landwirtschaft, Rohstoffe, Industrie:

Nutzfläche 17,1 %, von der Anbaufläche sind 15,5 % bewässert. Angebaut werden hauptsächlich Reis, Kokosnüsse und Zuckerrohr. Der Fischfang hat zwar nur lokale Bedeutung, trägt aber erheblich zur Ernährung der Bevölkerung bei.

Von den riesigen Wäldern (1 050 000 km^2) wurde während der Waldbrandkatastrophe 1997/98 ein großer Teil zerstört oder zumindest für Jahrzehnte unbrauchbar gemacht. Jährliche **Rodung:** 13 124 km^2 **Rohstoffe:** Erdöl, Erdgas, Kohle, Zinn, Kupfer, Nickel, Bauxit, Gold und Silber **Wichtige Industriezweige:** Nahrungsmittel, Textilien, Transportausrüstung, Elektroindustrie. Der Inselstaat ist ein Billiglohnland. Zahlreiche Industriebetriebe aus Westeuropa und Japan lassen dort preiswert fertigen. Seit Ausbruch der Unruhen allerdings gehen die Auslandsinvestitionen stark zurück.

Außenwirtschaft:

Handelsbilanzüberschuss 25,040 Mrd. US$ **Export:** 65,406 Mrd. US$, davon 22,9 % industrielle Vorprodukte, 23,0 % Erdöl, 16,8 % Fertigwaren **Hauptausfuhrländer:** Japan (23,2 %), USA (13,6 %), Singapur (10,6 %) **Hightech-Exporte:** 5,698 Mrd. US$ **Import:** 40,366 Mrd. US$, davon 17,1 % industrielle Vorprodukte, 36,2 % Maschinen und Transportmittel, 14,8 % Chemie **Hauptlieferländer:** USA (10,1 %), Japan (16,1 %), Singapur (11,3 %)

VERKEHR

Schienennetz: 5324 km, größtenteils Schmalspur, auf Java, Madura und Sumatra **Straßennetz:** 342 700 km, vor allem auf Java, Sumatra, Sulawesi, Kalimantan, Bali und Madura, davon befestigt: 158 670 km Internationale **Flughäfen:** 8, die bedeutendsten in Jakarta und Denpasar/Bali Nationale **Fluggesellschaft:** Garuda, 9,485 Mio. beförderte Passagiere **Binnenwasserwege:** 21 579 km Bedeutende **Hochseehäfen:** unter anderem in Jakarta, Palembang, Semarang, Surabaya und Ujung Pandang

KOMMUNIKATION

Auf 1000 Einw. kommen 157 **Rundfunk-**, 149 **Fernsehgeräte**, 37 **Telefonanschlüsse**, 24,7 **Mobiltelefone**, 10,7 **PC** und 0,21 **Internet-Zugänge** **IuK-Ausgaben** (am BIP): 2,2 %
Es erscheinen 69 **Tageszeitungen** mit einer **Gesamtauflage** von rund 4,7 Mio. Exemplaren. Die größten Tageszeitungen und ihre Auflagen:

Kompas	523 500
Pos Kota	500 000
Suara Merdeka	200 000

Nachrichtenagenturen: Antara (Indonesian National News Agency), Kantorberita Nasional Indonesia (KNI)

UMWELT, TOURISMUS

Geschützte Gebiete: 10,6 % der Landesfläche **Energieverbrauch/Kopf:** 658 kg ÖE **CO_2-Emission:** 233,6 Mio. t **Verwendung des Süßwassers:** Landwirtschaft 93 %, Industrie 1 %, Haushalte 6 % **Tourismus:** 5,064 Mio. Besucher, 5,749 Mrd. US$ Einnahmen

AKTUELLE ENTWICKLUNGEN

Innenpolitik: Ein Foto vom 7. Juni 2002 kennzeichnet die seit 23. Juli 2001 dauernde Regierungszeit von Präsidentin Megawati Sukarnoputri: Das Staatsoberhaupt wird, im Amtssitz Istana Merdeka (»Freiheitspalast«), von zwei stämmigen Herren in Uniform eingerahmt.
Erstmals seit dem Sturz von Ex-Diktator Suharto im Mai 1998, ernannte die Präsidentin mit General Endriartono Sutarto wieder einen Vertreter der wegen ihrer Brutalität im Umgang mit innenpolitischen Gegnern gefürchteten Armee zum Streitkräftechef. Dass dies eine Wende markiert, unterstrich das Heer bei einer Militärparade. In unmittelbarer Nachbarschaft des Parlaments zogen 3000 Soldaten an Sutarto vorbei, als dieser seinen Kommandeurstab des Heeres an Nachfolger Generalleutnant Ryamizard Ryacudu übergab. Eine »ungewöhnliche Demonstration der Macht«, die es so noch nie gegeben habe, kommentierte die Tageszeitung *Jakarta Post*. Doch die Botschaft des Schulterschlusses ist eindeutig: »Mega«, wie die Tochter des Staatsgründers Sukarno von ihren Anhängern genannt wird, legt ihre politische Zukunft in die Hände der Generäle.
Die Unterstützung der starken Männer wird die Präsidentin gebrauchen können. Denn seit die einst als »entscheidungsschwache Hausfrau« verunglimpfte Politikerin am 23. Juli 2001 Vorgänger Abdurrahman Wahid ablöste, der von der Beratenden Volksversammlung amtsenthoben wurde, verstand es Megawati mit Zähigkeit, sich die korrupte und intrigante Elite des Inselreichs zum Feind zu machen.

Präsidentin Megawati Sukarnoputri mit Admiral Widodo Adisutjipto (l.) und Armeechef Endriartono Sutarto

Zum Eklat kam es in der Woche nach den Terrorschlägen vom 11. September. Schon eine Woche später gelobte die Präsidentin, als erster Staatsgast aus einem mehrheitlich muslimischen Land in den USA, den amerikanischen Kampf gegen den Terror zu unterstützen. Doch zu Hause regte sich Widerstand im Parlament. Mit rund 200 Millionen Muslimen ist Indonesien die größte islamische Nation der Welt. Die »muslimische Achse«, ein Zusammenschluss von islamischen Parteien mit Megawatis Vize Hamzah Haz, sahen in Washingtons Krieg gegen Afghanistan einen Feldzug gegen Muslime schlechthin. Auch auf der Straße regte sich Widerstand.
Die Präsidentin musste zurückrudern und verurteilte öffentlich die US-Luftangriffe auf Afghanistan.
Wenig später sagte die Präsidentin, die ihr Kabinett selbst als »Ansammlung von Mülleimern« beschimpft hatte, der unter indonesischen Politikern weit verbreiteten Korruption, Vetternwirtschaft und dem Amtsmissbrauch den Kampf an. Im November 2001 wurde Hutomo Mandala Putra alias Tommy Suharto verhaftet. Der Lieblingssohn des Ex-Diktators soll den Mord an Richter Syafiuddin Kartasasmitra in Auftrag gegeben haben, der ihn im September 2000 zu 18 Monaten Haft wegen Korruption verurteilt hatte.

Mordverdächtigter Hutomo Mandala Putra alias Tommy Suharto

Gleichzeitig nahm die Staatsanwaltschaft auf Befehl Megawatis (»Einige Leute haben jedes Schamgefühl und Anstand verloren«) die Ermittlungen

im Fall »Bulog II« auf. Akbar Tandjung, dem Vorsitzenden der ehemaligen Regierungspartei Golkar, wird vorgeworfen mitgeholfen zu haben, im Wahlkampf 1999 (damals noch unter Präsident Habibie) etwa vier Millionen Dollar Hilfsgelder für Reislieferungen an Hungernde aus dem staatlichen Lebensmittelfonds Bulog in die Golkar-Parteikassen umgeleitet zu haben. Am 8. März kam Tandjung sogar für einige Tage in Haft.
Auch von den Prozessen, die vor dem »ad-hoc-Gerichtshof« seit dem Frühjahr in Jakarta gegen 18 Personen (wegen ihrer angeblichen Beteiligung an den Massakern von 1999 in Osttimor) stattfinden, erwarten Menschenrechtler allenfalls eine symbolische Verurteilung unterer Ränge stellvertretend für die Verbrechen der Militärs in der Ära Suharto. »Sobald die Verfahren abgeschlossen sind«, sagt der Menschenrechtler Todeng Mulya Lubis, »steht einer Rückkehr der Generäle an der Seite von Megawati nichts mehr im Wege.«

Demonstranten vor dem Präsidentenpalast in Jakarta

Zwiespältig muten die Erfolge bei der Lösung der beiden großen innenpolitischen Konflikte an. In der so genannten »Malino-Erklärung« erklären die verfeindeten Volksgruppen der Christen und Muslime in der Stadt Poso auf der Tropeninsel Sulawesi im Dezember das Ende ihrer grausamen Kampfhandlungen. Mit »Malino II« am 12. Februar folgt der Friedensschluss im Bürgerkrieg auf den Molukken. Nachdem die radikale islamische Extremistengruppe Laskar Jihad die Inselgruppe zum Zentrum eines »heiligen Krieges« erklärt hatte, waren auf beiden Seiten nach Schätzungen von Menschenrechtsgruppen auf den Molukken seit 1999 6000 Menschen dahingemetzelt worden. Gerüchte, dass Laskar Jihad eigentlich eine Gründung der Armee gewesen sei, um Unruhe im Land zu stiften, aus dem dann das Militär wiederum als Retter der Nation hervorgehe, wollen auch nach Ende der Kampfhandlungen nicht verstummen.
Die Präsidentin wertete den Friedensschluss im Osten des Landes als wichtigen Etappensieg in ihrem Kampf gegen die Balkanisierung Indonesiens. Voll Selbstvertrauen ließ die einst erklärte Gegnerin einer Unabhängigkeit Osttimors sich sogar am 20. Mai als »ausländischer Ehrengast und gute Nachbarin« bei der Staatsgründung der jüngsten Nation der Welt in Dili feiern.

Wirtschaft: Das Plus an politischer Stabilität schienen die Märkte zu honorieren. Mit einem Gewinn von 14 Prozent in den ersten sieben Monaten gehörte die Börse in Jakarta weltweit zu den Gewinnern der Finanzmärkte. Im Schatten der Entwicklung kletterte die notorisch schwache Landeswährung Rupiah mit einem Kurs von 8500 zum Dollar Anfang Juni auf ein Neunmonatshoch.
Im wirtschaftlichen Klima Südostasiens, das unter dem Wegzug wichtiger Investoren nach China leidet, reichte der positive Trend an der Börse nicht aus, der gesamten Wirtschaft wieder auf die Beine zu helfen. Im ersten Quartal 2002 blieben die Wachstumszahlen mit 2,5 Prozent deutlich hinter den Erwartungen (4 Prozent) zurück.
Auch die Verschuldung des Staates gibt wenig Anlass zu Hoffnung. Mit 133 Milliarden US-Dollar im Jahr 2001 lag der Betrag deutlich über dem Bruttosozialprodukt. Allein für Zinszahlungen muss Indonesien mit 13 Milliarden US-Dollar dreimal so viel aufbringen, wie für die Entlohnung aller Staatsbediensteten notwendig ist.
Die sozialen Folgen sind verheerend. Rund ein Drittel der Bewohner lebt in Armut. Geschätzte 40 Prozent haben keine Arbeit oder einen festen Job. Die Ereignisse vom 11. September verschafften den Finanz- und Sozialpolitikern eine gewisse Verschnaufpause. Einen Staatsbankrott wie in Argentinien und eine drohende soziale Revolte wollte in der größten Muslimnation der Erde offenbar niemand riskieren.

Irak

Botschaft in Deutschland: Riemeisterstraße 20, D-14169 Berlin
☎ +49-30-81 48 80 🖷 -81 48 82 22

GEOGRAFIE, BEVÖLKERUNG

Fläche: 438 317 km². Euphrat und Tigris sind die Lebensadern des Landes. An ihren Ufern liegen Städte und Dörfer, findet Ackerbau und Viehzucht statt. Der Rest des Irak besteht überwiegend aus Wüsten und Halbwüsten. **Verwaltung:** 18 Provinzen, 1 neutrale Zone **Bevölkerung:** 23,264 Mio. Einw., davon 75–80 % Araber, 15–20 % Kurden, Minderheit von Turkmenen und Assyrern **In Städten** leben 77 %, **unter 15 J.** sind 42 % der Bev. **Bev.-dichte:** 53 Einw./km² **Bev.wachstum:** 2,75 % **Fruchtbarkeitsrate:** 4,3 Geburten/Frau **Landessprachen:** Hocharabisch, Kurdisch (als Amtssprache im kurdischen Selbstverwaltungsgebiet) **Religionen:** Islam (60–65 % Schiiten, 32–37 % Sunniten), daneben verschiedene christliche Kirchen

Die größten Städte

Bagdad	4 892 000
Mossul	664 200
Kirkuk	418 600
Basra	406 300

POLITISCHES SYSTEM

Gemäß der 1970 in Kraft getretenen »Provisorischen Verfassung« ist der Irak eine demokratische Volksrepublik. Ein im Juli 1991 verabschiedetes Parteiengesetz schränkt die Bildung von Parteien jedoch stark ein. Wahlrecht ab 18 J. Nationalversammlung (nur beratende Funktion) mit 250 Sitzen, davon 220 Abg. auf 4 J. gewählt. Alle Macht konzentriert sich auf den neunköpfigen Revolutionären Kommandorat, dessen von ihm auf 7 J. gewählter Vorsitzender zugleich Staats- und Regierungschef ist und die Minister der Regierung ernennt. **Staats- und Regierungschef:** Saddam Hussein al-Takriti (seit Juli 1979) **Außenminister:** Nadschi Sabri

MILITÄR

Allg. Wehrpflicht: 18–24 Monate **Streitkräfte:** 424 000 Mann, davon 375 000 Armee, 30 000 Luftstreitkräfte, 2000 Marine **Militärausgaben** (am BSP): 5,5 %

GESUNDHEIT, SOZIALES, BILDUNG

Öffentliche Gesundheitsausgaben (am BIP): 3,8 % **Öffentliche Ausgaben für Bildung u Erziehung** (am BIP): k. A. **Öffentliche Ausgaben für Altersversorgung** (am BIP): k. A. **Medizinische Versorgung:** 0,5 Ärzte, 1,4 Krankenhausbetten/1000 Einw. **Säuglingssterblichkeit:** 93/1000 Geb. **Müttersterblichkeit:** 370/100 000 Geb. **Kinderunterernährung:** k. A. **Kinderarbeit:** 2 % **Armutsrate:** k. A. **Frauenanteil an den Beschäftigten:** 19,7 % Zugang zu **sauberem Trinkwasser** haben 96 % der städtischen u. 48 % der ländlichen Bev., zu **sanitären Anlagen** 93 % bzw. 31 % **HIV-Infektionsrate:** <0,01 % **Lebenserwartung:** Männer 60 J., Frauen 62 J. **Schulpflicht:** 6–12 J. **Einschulungsquote** im Primarbereich 80 %, im Sekundarbereich 31 % **Analphabetenrate:** Männer 34 %, Frauen 54 % **Universitäten:** 8, in Arbil, Bagdad, Basara, Mossul, Tikrit

Al-Jumhuriya al-Iraqiya – Republik Irak; Iraker

Nationalfeiertag: 17. Juli (Revolutionstag)

Zeitzone: MEZ + 2 h

Hauptstadt: Bagdad (4 892 000 Einwohner)

Telefon-Vorwahl: +964
Kfz-Kennzeichen: IRQ

Mitgliedschaften: Opec, Uno

WIRTSCHAFT

Währung: 1 Irak-Dinar (ID) = 1000 Fils **Kurs** (Mitte 2002): 1 ID = 0,0004 € **BSP:** rd. 11,5 Mrd. US$ **Wachstumsrate des BIP:** -15 % **BSP/Kopf:** rd. 600 US$ **Anteile am BIP:** Landwirtschaft 46 %, Industrie: 1,1 %, Dienstleistungen: 52,2 % **Forschung+Entwicklungsausgaben** (am BSP): k. A. Verlässliche aktuelle Daten liegen nicht vor. Noch immer leidet die hauptsächlich auf dem Erdölexport basierende Wirtschaft unter dem Uno-Embargo. Der desolate Zustand führte vor allem in der Industrie zu hoher Dauerarbeitslosigkeit. Auch über die Staatseinnahmen u. -ausgaben liegen keine Angaben vor, der Haushalt dürfte jedoch erheblich im Defizit liegen. **Empf. Hilfsgelder:** 101

Staatspräsident Saddam Hussein

Mio. US$ **Ausl. Direktinvestitionen:** k. A. **Börse** (Marktkapitalisierung am BIP): k. A. **Energie:** Produktion 131,75 Mio. t ÖE, Verbrauch 28,8 Mio. t ÖE, Anteile am Verbrauch: Erdöl und Erdgas zu einem hohen Prozentsatz

Landwirtschaft, Rohstoffe, Industrie: **Nutzfläche** 12,7 %, von der Anbaufläche sind 63,6 % bewässert. Angebaut werden Weizen, Gerste, Tomaten,

Irakische Jubelparade zum 65. Geburtstag von Staatschef Hussein (im April 2002)

Kartoffeln, Melonen und Datteln. Privater Getreidehandel ist verboten; die Regierung zahlt den Erzeugern Festpreise. **Bewaldet:** rd. 8000 km² **Wichtige Industriezweige:** 1964 Verstaatlichung sämtlicher Großbetriebe und forcierter Ausbau der Petrochemie. Außerdem: verarbeitende Industrie und Bauwirtschaft. Im Rahmen des Uno-Programms »Öl für Lebensmittel« darf der Irak beliebig viel Erdöl verkaufen und dafür Lebensmittel und Medikamente erwerben. **Rohstoffe:** Zweitgrößte Erdölreserven der Welt (ca. 15 Mrd. t), Erdgasreserven von 3107 Mrd. m³. Außerdem große Schwefel- und Phosphatvorkommen sowie Zink, Blei und Kupfer.

Außenwirtschaft:
Handelsbilanzüberschuss 2,621 Mrd. US$ **Export:** 3,959 Mrd. US$, fast ausschließlich Rohöl **Hauptausfuhrländer:** Russland, Frankreich, VR China, Türkei **Hightech-Exporte:** k. A. **Import:** 1,338 Mrd. US$ Nahrungsmittel, pharmazeutische Produkte, Konsumgüter **Hauptlieferländer:** Russland, Frankreich, Jordanien, Australien, VR China

VERKEHR

Die Infrastruktur wurde durch den Golfkrieg stark in Mitleidenschaft gezogen. **Schienennetz:** 2029 km, Anbindung an das syrische und türkische Eisenbahnnetz **Straßennetz:** 45 550 km, davon 84,3 % befestigt **Motorisierung:** 51 Kfz/1000 Einw. Internationale **Flughäfen** in Bagdad und Basra **Fluglinie:** Iraqi Airways
Zugang zum Meer nur am Persischen Golf mit **Häfen** für Erdöltransport (Chur al-Amja, Mina al-Bakr) sowie für Güter und Industrie (Basra, Umm Kasr, Chur al-Subeir) **Binnenschifffahrt:** 1015 km Wasserstraßen

KOMMUNIKATION

Auf 1000 Einw. kommen 222 **Rundfunk-**, 83 **Fernsehgeräte**, 30,1 **Telefonanschlüsse**, k. A. **Mobiltelefone**, k. A. **PC** und k. A. **Internet-Zugänge** **IuK-Ausgaben** (am BIP): k. A.
Es erscheinen 9 **Tageszeitungen.** Gesamtauflage: über 500 000. Die größten Tageszeitungen und ihre Auflagen:

al-Thaura	250 000
al-Dschumhurija	150 000
al-Irak	30 000

Nachrichtenagentur: Iraqi News Agency (INA)

UMWELT, TOURISMUS

Geschützte Gebiete: 0 % der Landesfläche **Energieverbrauch/Kopf:** 1263 kg ÖE **CO_2-Emission:** 82,4 Mio. t **Verwendung des Süßwassers:** Landwirtschaft 92 %, Industrie 5 %, Haushalte 3 % **Tourismus:** 78 000 Besucher, 20 Mio. US$ Einnahmen

AKTUELLE ENTWICKLUNGEN

Nach den Anschlägen auf New York und Washington am 11. September 2001 geriet der irakische Staatschef Saddam Hussein schärfer noch als zuvor ins Fadenkreuz der USA. Vermeintliche Hinweise auf Kontakte des Regimes in Bagdad zu Aktivisten des Terrornetzwerks al-Qaida bestärkten US-Präsident George W. Bush darin, dem Despoten am Tigris den Kampf anzusagen. Letztlich ließen sich jedoch weder Verbindungen Saddams zu Bin Laden belegen, noch fanden sich irgendwelche Beweise für eine Beteiligung Bagdads an den Anschlägen in den Vereinigten Staaten durch Anthrax-verseuchte Briefe.
Aber Bush fehlt nicht nur die Legitimation für einen Angriff auf Bagdad, um das Werk seines Vaters, des ehemaligen US-Präsidenten und Golfkriegs-Feldherren George Bush zu vollenden, sondern auch die nötige Unterstützung in der Region. Da Sad-

dam geschickt den Schulterschluss mit anderen Araber-Staaten und sogar zum lange verachteten Saudi-Arabien suchte, stellte sich die Arabische Liga im Konflikt mit den USA geschlossen hinter Bagdad.
Einen weiteren diplomatischen Punktsieg verbuchte der Irak im Uno-Sicherheitsrat. Auch wenn das Waffen- und Finanzembargo bestehen blieb, erleichtert die am 14. Mai beschlossene Resolution 1409 dem Regime doch den Import von Produkten des täglichen Bedarfs ganz erheblich und stärkt Saddams Position an der Heimatfront. Dort scheint die Macht des Diktators, der sich zu seinem 65. Geburtstag am 28. April 2002 gleich zwei Wochen hatte feiern lassen, ohnehin ungebrochen.
Jegliche Opposition im Land hat der Herrscher brutal unterdrückt. Selbst die Kurden im weitgehend autonomen Norden scheuen eine Konfrontation mit Saddams immer noch überlegenen Truppen. Und die von den USA finanziell aufgerüsteten Gruppen der Exil-Iraker gelten selbst unter Saddam-Gegnern als weitgehend fragwürdiger Haufen.
Wohl um den Umsturzbestrebungen der USA entgegenzuwirken, verlautete aus Bagdad, Saddam wolle einen Teil seiner Macht an seinen Sohn Kussei, 36, abgeben; der hatte sich im Machtkampf gegen seinen seit einem Attentat im Dezember 1996 behinderten Bruder Udai, 37, durchgesetzt.
Wie sehr sich Saddam hütet, US-Präsident Bush einen Anlass für einen Militärschlag zu liefern, zeigt ein zweiter Schachzug des Staatschefs. Er sagte neue Gespräche über die Wiederaufnahme der Waffeninspektionen zu. Die internationalen Kontrolleure hatte Saddam im Dezember 1998 aus dem Land geworfen. Ob der Diktator es ernst meint und sein Land tatsächlich wieder für die Kontrolleure öffnet, bleibt noch unklar. Uno-Diplomaten vermuten jedoch, dass der Iraker wieder nur auf Zeit spielen wolle.
Aber auch US-Präsident Bush, der sich mit seiner scharfen Kritik am Despoten Saddam vor seinen amerikanischen Wählern selbst unter Zugzwang gesetzt hatte, ruderte wieder zurück – wenn auch verhalten. Zwar ließ der Führer der einzig verbliebenen Weltmacht noch Mitte August die vielfach fraktionierte Exil-Opposition in Washington durch hohe Regierungsmitglieder empfangen und auf seine Umsturzpläne einschwören. Doch vor dem Frühjahr 2003, verlautete aus dem Weißen Haus, werde mit einem Militärschlag gegen Bagdad wohl nicht zu rechnen sein. An seiner grundsätzlichen Entschlossenheit aber ließ der Präsident keinen Zweifel: »Wir sind es unseren Kindern schuldig«, verkündete er aus dem Urlaub auf seiner Ranch in Texas, »die Welt von Massenvernichtungswaffen in den Händen von Leuten zu befreien, die die Freiheit hassen.«

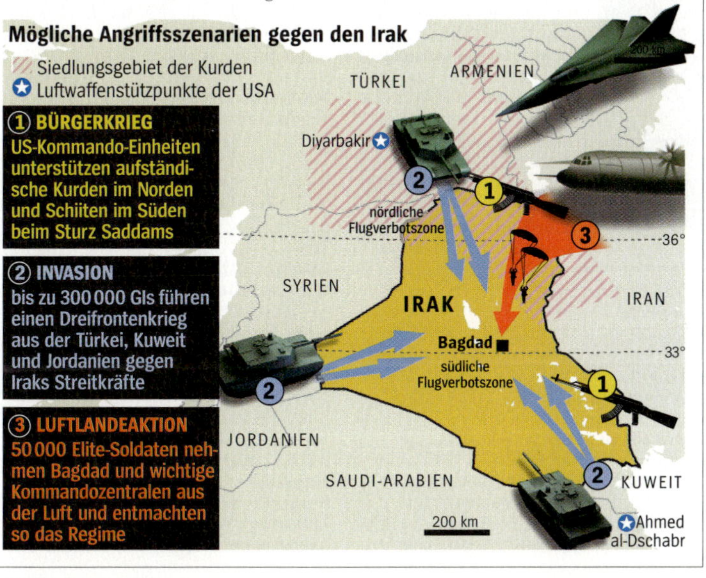

Jomhuri-ye Eslami-ye Iran – Islamische Republik Iran; Iraner

Nationalfeiertag: 1. April (Tag der Islamischen Republik)

Zeitzone: MEZ + 2 ½ h

Hauptstadt: Teheran (6 758 800) Einwohner)

Telefon-Vorwahl: +98
Kfz-Kennzeichen: IR

Mitgliedschaften: Opec, Uno

Iran

Botschaft in Deutschland: Podbielskiallee 67, D-14195 Berlin
☎ +49-30-84 35 30 🖷 -84 35 35 35

GEOGRAFIE, BEVÖLKERUNG

Fläche: 1 648 000 km². Hohe Gebirgszüge im Westen und Hochland mit großen Wüsten und Salzwüsten im Osten. Im Norden 740 km Küste zum Kaspischen Meer, im Süden 2440 km zum Persischen Golf. **Verwaltung:** 28 Provinzen **Bevölkerung:** 63,664 Mio. Einw., davon 51 % Perser, 24 % Aserbaidschaner, 8 % Masandaraner, 7 % Kurden, 3 % Araber **Flüchtlinge:** 1,868 Mio. **In Städten** leben 62 %, **unter 15 J.** sind 37 % der Bev. **Bev.dichte:** 39 Einw./km² **Bev.wachstum:** 1,38 % **Fruchtbarkeitsrate:** 2,6 Geburten/Frau **Landessprachen:** Amtssprache Farsi (Persisch), daneben Aseri, Kurdisch, Arabisch, Masandarani, Gilaki **Religionen:** Islam (Staatsreligion): 98 % Muslime, davon 90 % Schiiten, 10 % Sunniten

Religiöser Führer Ali Chamenei (M.), Staatschef Mohammed Chatami (r.)

Die größten Städte

Teheran	6 758 800
Maschhad	1 887 400
Isfahan	1 266 100
Täbris	1 191 000
Schiras	1 053 000

POLITISCHES SYSTEM

Islamische Republik seit 1979, Verfassung von 1979 mit Änderungen von 1989. Einkammerparlament mit 290 Abgeordneten, die ebenso wie der Präsident alle 4 J. direkt gewählt werden. **Staats- und Regierungschef:** Mohammed Chatami (seit August 1997) **Außenminister:** Kamal Charrasi
Die Vollmachten der gewählten Politiker werden eingeschränkt durch den obersten religiösen Führer Ajatollah Ali Chamenei (seit Juni 1989). Gesetze müssen vom »Wächterrat« (jeweils 6 vom religiösen Führer ernannte und 6 vom Parlament gewählte Juristen) gebilligt werden.

MILITÄR

Allg. Wehrpflicht: 21 Monate **Streitkräfte:** 513 000 Mann, davon 325 000 Armee, 45 000 Luftstreitkräfte, 18 000 Marine **Militärausgaben** (am BSP): 2,9 % **Waffenhandelsanteil** an den Exporten 0,1 %, an den Importen 0,9 %

GESUNDHEIT, SOZIALES, BILDUNG

Öffentliche Gesundheitsausgaben (am BIP): 1,7 % **Öffentliche Ausgaben für Bildung u. Erziehung** (am BIP): 4,6 % **Öffentliche Ausgaben für Altersversorgung** (am BIP): 1,5 % **Medizinische Versorgung:** 0,9 Ärzte, 1,6 Krankenhausbetten/1000 Einw. **Säuglingssterblichkeit:** 33/1000 Geb. **Müttersterblichkeit:** 130/100 000 Geb. **Kinderunterernährung:** 11 % **Armutsrate:** k. A. **Frauenanteil an den Beschäftigten:** 27,1 % Zugang zu **sauberem Trinkwasser** haben 99 % städtischen, 89 % der ländlichen Bev., zu **sanitären Anlagen** 86 % bzw. 74 % **HIV-Infektionsrate:** < 0,01 % **Lebenserwartung:** Männer 68 J., Frauen 70 J. **Schulpflicht:** 6–10 J. **Einschulungsquote** im Primarbereich 90 %, im Sekundarbereich 59 % **Analphabetenrate:** Männer 17 %, Frauen 31 % **Hochschulen:** 37, und **Universitäten:** 16, alle in Teheran

WIRTSCHAFT

Währung: 1 Rial (Rl.) = 100 Dinars **Kurs** (Mitte 2002): 1 Rl. = 0,0006 € **BSP:** 106,7 Mrd. US$ **Wachstumsrate des BIP:** 5,4 % **BSP/Kopf:** 1680 US$ **Anteile am BIP:** Landwirtschaft 19 %, Industrie 22 %, Dienstleistungen 59 % **Forschung+Entwicklungsausgaben** (am BSP): 0,49 % **Arbeitslosenquote:** 12,5 % **Inflationsrate:** 11,7 % **Staatseinnahmen:** 50,684 Mrd. US$ **Steueraufkommen** (am BIP): 9,2 % **Einkommensteuer:** max. 54 % **Körperschaftsteuer:** 54 % **Haushaltsdefizit** (am BIP): 0,6 % **Staatsausgaben:** 50,031 Mrd. US$ **Leistungsbilanz:** 12,645 Mrd. US$ **Auslandsschulden:** 7,953 Mrd. US$

Schuldendienst (am BIP): 3,3 % **Devisenreserven:** k. A. **Empf. Hilfsgelder:** 130 Mio. US$ **Ausl. Direktinvestitionen:** 39 Mio. US$ **Börse** (Marktkapitalisierung am BIP): 21,9 % **Energie:** Produktion 229,41 Mio. t ÖE, Verbrauch 103,64 Mio. t ÖE, Anteile am Verbrauch: Kohle 0,7 %, Öl 47,4 %, Erdgas 51,2 %, sonstige 0,7 %

Anti-amerikanische Demonstration in Teheran

Landwirtschaft, Rohstoffe, Industrie:

Nutzfläche 11,9 %, von der Anbaufläche sind 39,8 % bewässert. Erzeugt werden hauptsächlich Tomaten, Getreide, Zuckerrüben und Zuckerrohr. Bedeutend: Schaf-, Rinder- und Geflügelzucht sowie die Fischerei (Kaviar). **Bewaldet:** etwa 73 000 km², keine Rodung **Rohstoffe:** Erdöl, zweitgrößte Erdgasreserven der Welt, Eisenerz, Kohle, Chrom, Kupfer **Wichtige Industriezweige:** Die vorsichtige Liberalisierung hat die wichtigsten Branchen erreicht: Erdöl- und Erdöl verarbeitende Industrie unterliegen, ebenso wie Banken und Versicherungen, noch staatlicher Kontrolle, aber Buy-back-Projekte ausländischer Firmen, beispielsweise Ölindustrie, sind seit März 1999 möglich: Investitionen können aus Fördereinnahmen refinanziert werden. Die alten Ölfelder sind bald erschöpft. Milliarden Dollar sind nötig, um neue Quellen zu erschließen. Auf Grund schlechter Erfahrungen in der Vergangenheit verlangt Iran aber jetzt Garantien, dass die neu erschlossenen Felder auch tatsächlich die versprochenen Mengen Öl liefern.

Außenwirtschaft:

Handelsbilanzüberschuss 13,138 Mrd. US$ **Export:** 28,345 Mrd. US$, davon Öl 82,1 %, industrielle Vorprodukte 9,8 %, Agrar- u. traditionelle Produkte 7,9 % **Hauptausfuhrländer:** Großbritannien (16,8 %), Japan (15,7 %), Italien (8,6 %) **Hightech-Exporte:** 38 Mio. US$ **Import:** 15,207 Mrd. US$, davon Maschinen u. Transportausrüstung 44,3 %, industrielle Vorprodukte 17,6 %, Eisen u. Stahl 9 %, Chemie u. Arzneimittel 12,4 % **Hauptlieferländer:** Deutschland (11,6 %), Italien (8,3 %), Japan (7 %)

VERKEHR

Schienennetz: 6304 km **Straßennetz:** 167157 km, davon 56,3 % befestigt **Motorisierung:** 41 Kfz/1000 Einw. Drei internationale **Flughäfen** in Teheran, Abadan und Isfahan Staatliche **Fluglinie:** Iran Air, 8830 beförderte Passagiere Wichtige **Häfen:** Buschehr, Bandar Chomeini, Bandar Abbas **Binnenwasserstraßen:** 904 km

KOMMUNIKATION

Auf 1000 Einw. kommen 281 **Rundfunk-**, 163 **Fernsehgeräte**, 155 **Telefonanschlüsse**, 23 **Mobiltelefone**, 69,7 **PC** und 0,04 **Internet-Zugänge**. **IuK-Ausgaben** (am BIP): k. A.
Es erscheinen 32 **Tageszeitungen** mit einer Gesamtauflage von rund 1,7 Mio. Exemplaren. Die größten Tageszeitungen und ihre Auflagen:
Ettela'at..............................500 000
Kayhan...............................350 000
Ressallat............................100 000
Nachrichtenagentur: Islamic Republic News Agency/Irna

UMWELT, TOURISMUS

Geschützte Gebiete: 5,1 % der Landesfläche **Energieverbrauch/Kopf:** 1651 kg ÖE **CO_2-Emission:** 289,9 Mio. t **Verwendung des Süßwassers:** Landwirtschaft 92 %, Industrie 2 %, Haushalte 6 % **Tourismus:** 1,7 Mio. Besucher, 850 Mio. US$ Einnahmen

AKTUELLE ENTWICKLUNGEN

Auf die zweite Amtszeit von Staats- und Regierungschef Mohammed Chatami, 59, setzte die Reformbewegung, allen voran die regimekritischen Studenten, große Hoffnungen: Gestärkt durch das beeindruckend deutliche Wählervotum am 8. Juni 2001 (77 Prozent), glaubten viele Iraner, würde der vergleichsweise liberale Mullah die religiösen Eiferer endlich in die

Schranken weisen. Doch schon im Konflikt um Irans Reaktion auf die Terroranschläge vom 11. September setzten sich die Hardliner um den religiösen Führer Ajatollah Ali Chamenei, 62, wieder einmal durch. Zwar verurteilte Staatschef Chatami den Anschlag auf das World Trade Center ausdrücklich und sprach den Amerikanern sein Mitgefühl aus. Im Kampf gegen das – auch in Teheran verhasste – Terror-Regime der Taliban in Afghanistan zeichnete sich, begleitet von vereinzelten Trauerkundgebungen in Teheran, sogar erstmals seit der Islamischen Revolution 1979 eine gewisse Annäherung an Amerika ab. Den Kurs bestimmte aber letztlich der Revolutionsführer Chamenei mit seiner Verdammung der USA – und begrub alle Hoffnungen auf ein Ende der Eiszeit zwischen Washington und Teheran.

Visum-Antragsteller vor der deutschen Botschaft in Teheran

»Jegliche Gespräche mit dem großen Satan«, warnte der religiöse Führer den Staatspräsidenten vor dessen Auftritt auf der Uno-Generalversammlung im November 2001, widersprächen dem Interesse des Landes. Dass US-Präsident George W. Bush Iran in einem Atemzug mit dem Erzfeind Irak zur »Achse des Bösen« zählte, gab den Hardlinern zusätzlichen Auftrieb.

Scharf verwahrte sich Teheran denn auch gegen die Pläne Washingtons, den irakischen Diktator Saddam Hussein zu stürzen. Obgleich dem Westen vergleichsweise wohlgesinnt, warnte Chatami US-Präsident Bush. Weil der Führer der letzten verbliebenen Weltmacht dem Mullah-Regime jeglichen Reformwillen abgesprochen hatte, fürchteten die Machthaber in Teheran, nach Saddam als nächste auf der Abschussliste Amerikas zu stehen.

Die Sorge ist nicht unbegründet. Ein ehrgeiziges Atomreaktor-Projekt in Buschehr provoziert die Strategen in Washington zu heiklen Planspielen: Sollte Teheran wirklich seinen Atommeiler in Buschehr in gut drei Jahren an das Netz gehen lassen und so seine Aussichten auf Atomwaffen verbessern, böte das vielleicht die erste Möglichkeit, die neue amerikanischen Doktrin der »vorbeugenden Angriffe auf Schurkenstaaten« anzuwenden. »In der Regierung«, warnte Anthony Cordesman, einer der führenden US-Strategen, »gibt es einige Unterstützung für diesen Entwaffnungsschlag.«

Zumindest innenpolitisch konnte das Regime weitgehend unbedrängt seine Macht wahren. Anders als in der Vergangenheit blieben schwere Zusammenstöße zwischen Studenten und Obrigkeit aus. Mit Strenge sorgten die Sicherheitsbehörden, die ebenso wie der Justizapparat zu den Hochburgen der konservativen Ultras zählen, für Ruhe und Ordnung im Land. Selbst Jubelfeiern nach Fußballspielen werden aufgelöst, aus Furcht, die Straßenfeste könnten in Demonstrationen gegen die Mullah-Herrschaft umschlagen.

Ihre Entschlossenheit demonstrieren die Ultras auch im Umgang mit inhaftierten Teilnehmern der von der Heinrich-Böll-Stiftung im April 2000 in Berlin veranstalteten Irankonferenz, denen nach ihrer Rückkehr der Prozess gemacht worden war. Alle Bemühungen – auch des deutschen Außenministers – um Freilassung der iranischen Reform-Vordenker blieben erfolglos.

Enttäuscht wurde auch die Hoffnung, zumindest in der Wirtschaft könnte Chatami für mehr Liberalisierung sorgen. Zwar verständigten sich Teheran und die Europäische Union auf Verhandlungen über ein Handels- und Kooperationsabkommen; Brüssel glaubt, die Zusammenarbeit könne die Reformkräfte stärken. Der Präsident verspricht zudem, auf Privatisierungskurs zu bleiben, um die marode Staatswirtschaft zu reformieren.

Doch Chatami stößt auch dabei auf den Widerstand der Ultras, die in vielen Stiftungen das Sagen haben, von denen die Wirtschaft dominiert wird. Während sich der Staatschef ganz offensichtlich immer mehr in die Rolle des stillen Dulders fügt, droht die Bevölkerung die Geduld zu verlieren; zumindest in Teheran galt die Lage im Sommer 2002 bei ausländischen Beobachtern als »explosiv«.

Irland

Botschaft in Deutschland: Friedrichstraße 200, D-10117 Berlin
☎ +49-30-22 07 20 🖷 -22 07 22 99

GEOGRAFIE, BEVÖLKERUNG

Fläche: 70 273 km² **Verwaltung:** 4 Provinzen mit 26 Grafschaften **Bevölkerung:** 3,794 Mio. Einw. **Flüchtlinge:** 3598 **In Städten** leben 59 %, **unter 15 J.** sind 22 % der Bev. **Bev.dichte:** 55 Einw./km² **Bev.wachstum:** 0,96 % **Fruchtbarkeitsrate:** 1,9 Geb./Frau **Landessprachen:** Irisch (Gälisch), offiziell erste Staatssprache (von 5 % der Bev., hauptsächlich im Westen, gesprochen), und Englisch (95 %) **Religionen:** 93 % Katholiken, 3 % Anglikaner

Die größten Städte

Dublin	952 700
Cork	180 000
Limerick	79 100
Galway	57 400
Waterford	44 200

POLITISCHES SYSTEM

Proklamation der Unabhängigkeit: 1919; seit dem 6. Dezember 1921 selbständiges Dominion im Commonwealth. Republik seit 1949. Verfassung von 1937, letzte Änderung 1999. Wahlrecht ab 18 J. Zweikammerparlament (»Oireachtas«): Abgeordnetenhaus (»Dáil Eireann«; 166 Sitze, Wahl alle 5 J.), Senat (»Seanad Eireann«; 60 Senatoren, von denen 11 durch den Premier berufen, 49 indirekt gewählt werden). Das Staatsoberhaupt wird für 7 J. direkt vom Volk gewählt.
Staatsoberhaupt: Staatspräsidentin (»Uachtaran«) Mary McAleese (seit November 1997)
Regierungschef: Premierminister (»Taoiseach«) Bertie Ahern (seit Juni 1997)
Außenminister: Brian Cowen

PARTEIEN

- Fianna Fail (Soldaten des Schicksals), gegr. 1926, favorisiert die friedliche Vereinigung mit Nordirland, jahrzehntelang Regierungspartei, der auch Präsidentin Mary McAleese angehört, Vors. Bertie Ahern;
- Fine Gael (Stamm der Gälen), gegr. 1933, christlich-demokratische Partei, Vors. Enda Kenny;
- Labour Party (Sozialdemokraten), gegr. 1912, Vors. Ruairí Quinn;
- Progressive Democrats, gegr. 1985, Abspaltung von Fine Gael, will klare Trennung von Staat und Kirche, Koalitionspartner von Fianna Fail, Vors. Mary Harney;
- Green Alliance (Grüne Allianz);
- Sinn Féin (Wir selbst), gegr. 1905, politischer Arm der militanten Irisch-Republikanischen Armee (IRA), befürwortete lange auch Gewalt zur Beendigung der britischen Herrschaft in Nordirland, Vors. Gerry Adams.

Sitze im Abgeordnetenhaus (Wahlen vom 17. Mai 2002)

Fianna Fail	81
Fine Gael	31
Labour Party	21
Progressive Democrats	8
Green Alliance	6
Sinn Féin	5
andere	14

MILITÄR

Allg. Wehrpflicht: Nein **Streitkräfte:** 10 460 Mann, davon 8 500 Armee, 860 Luftstreitkräfte, 1 100 Marine **Militärausgaben** (am BSP): 1 % **Waffenhandelsanteil** an den Importen 0,1%

GESUNDHEIT, SOZIALES, BILDUNG

Öffentliche Gesundheitsausgaben (am BIP): 5,2 % **Öffentliche Ausgaben für Bildung und Erziehung** (am BIP): 4,5 % **Öffentliche Ausgaben für Altersversorgung** (am BIP): 4,6 % **Medizinische Versorgung:** 2,3 Ärzte, 3,7 Krankenhausbetten/1000 Einw. **Säuglingssterblichkeit:** 6/1000 Geb. **Müttersterblichkeit:** 9/100 000 Geb. **Kinderunterernährung:** k. A. **Kinderarbeit:** k. A. **Armutsrate:** k. A. **Frauenanteil an den Beschäftigten:** 34,5 % **HIV-Infektionsrate:** 0,1 %

Éire (irisch) oder Ireland (englisch) – Irland; Iren

Nationalfeiertag: 17. März (St. Patrick's Day)

Zeitzone: MEZ – 1 h

Hauptstadt: Dublin (952 700 Einw.)

Telefon-Vorwahl: +353
Kfz-Kennzeichen: IRL

Mitgliedschaften: EU, OECD, OSZE, Uno, WEU (Beobachterstatus)

Präsidentin Mary McAleese

Premierminister Bertie Ahern

Lebenserwartung: Männer 74 J., Frauen 79 J. **Schulpflicht:** 6 – 15 J. **Einschulungsquote** im Primarbereich 100 %, im Sekundarbereich 77 % **Analphabetenrate:** k. A. **Universitäten:** University of Dublin/Trinity College, Dublin City University, University of Limerick und die National University of Ireland. St. Patrick's College in Maynooth/County Kildare als päpstliche Universität (»Kaderschmiede« für katholische Priester)

WIRTSCHAFT

Währung: 1 Euro = 100 Cent **BSP:** 86 Mrd. US$ **Wachstumsrate des BIP:** 11,5 % **BSP/Kopf:** 22 660 US$ **Anteile am BIP:** Landwirtschaft 4 %, Industrie 36 %, Dienstleistungen 60 % **Forschung+Entwicklungsausgaben** (am BSP): 1,54 % **Arbeitslosenquote:** 4,7 % **Inflationsrate:** 4 % **Staatseinnahmen:** 37,8 Mrd. € **Steueraufkommen** (am BIP): k. A **Einkommensteuer:** max. 42 % **Körperschaftsteuer:** 32 % **Haushaltsüberschuss** (am BIP): 0,7 % **Staatsausgaben:** 33,1 Mrd. € **Leistungsbilanzdefizit:** 1,043 Mrd. US$ **Auslandsschulden:** k. A. **Schuldendienst** (am BSP): k. A. **Devisenreserven:** 5,408 Mrd. US$ **Geleistete Entwicklungshilfe:** 235 Mio. US$

Computerproduktion bei der US-Firma Dell in Limerick

Ausl. Direktinvestitionen: 22,778 Mrd. US$ **Börse** (Marktkapitalisierung am BIP): 87,2 % **Energie:** Produktion 2,51 Mio. t ÖE, Verbrauch 13,98 Mio. t ÖE. Anteile am Verbrauch: Kohle 14,4 %, Öl 59,6 %, Erdgas 24,7 %, sonstige 1,3 %

Landwirtschaft, Rohstoffe, Industrie:

Nutzfläche 15,6 %, von der Anbaufläche bewässert: k. A. **Produkte:** Viehwirtschaft (Rinderzucht). Fleisch, Häute, Wolle, Molkereiprodukte, Eier **Bewaldet:** 7000 km², jährliche **Aufforstung:** 170 km² **Rohstoffe:** Zink, Blei, Torf, Erdöl, Erdgas **Wichtige Industriezweige:** Elektronik, Metallverarbeitung, Maschinenbau

Außenwirtschaft:

Handelsbilanzüberschuss 30,002 Mrd. US$ **Export:** 78,371 Mrd. US$, davon 38,8 % Maschinen u. Transportausrüstung, 31,6 % Chemie, 11,1 % Fertigwaren **Hauptausfuhrländer:** Großbritannien (22 %), USA (15,4 %), Deutschland (11,9 %), Frankreich (8,4 %) **Hightech-Exporte:** 31,278 Mrd. US$ **Import:** 48,369 Mrd. US$, davon 51,5 % Maschinen und Transportausrüstung, 18,9 % Büromaschinen und EDV, 11,2 % Chemie **Hauptlieferländer:** Großbritannien (33,1 %), USA (16,7 %), Deutschland (6,2 %), Japan (5,8 %)

VERKEHR

Schienennetz: 1909 km **Straßennetz:** 92 500 km, davon 94,1 % befestigt **Motorisierung:** 305 Kfz/1000 Einw. Internationale **Flughäfen:** Dublin, Shannon, Cork, Knock **Fluglinie:** Aer Lingus, 14,014 Mio. beförderte Passagiere **Häfen:** Cork, Dublin, Galway, Limerick **Binnenschifffahrt** auf 700 km

KOMMUNIKATION

Auf 1000 Einw. kommen 695 **Rundfunk-**, 399 **Fernsehgeräte**, 484,5 **Telefonanschlüsse**, 729,4 **Mobiltelefone**, 390,7 **PC** und 33,37 **Internet-Zugänge** **IuK-Ausgaben** (am BIP): 6,7 %

Es erscheinen 6 **Tageszeitungen** mit einer Gesamtauflage von rund 543 000 Exemplaren. Die größten Tageszeitungen und ihre Auflagen:

Irish Independent 163 000
Evening Herald 115 000
The Irish Times 105 000
The Star 85 000

Nachrichtenagentur: Ireland International News Agency

UMWELT, TOURISMUS

Geschützte Gebiete: 0,9 % der Landesfläche **Energieverbrauch/Kopf:** 3726 kg ÖE **CO_2-Emission:** 38,3 Mio. t **Verwendung des Süßwassers:** Landwirtschaft 10 %, Industrie 74 %, Haushalte 16 % **Tourismus:** 6,728 Mio. Besucher, 3,571 Mrd. US$ Einnahmen

O'Connell Bridge in Dublin

AKTUELLE ENTWICKLUNGEN

Der »Taoiseach«, wie die Iren ihren Premierminister Bertie Ahern nennen, schaffte bei den Parlamentswahlen am 17. Mai 2002 Außergewöhnliches: Erstmals seit 1969 wurde eine irische Regierung im Amt bestätigt. Ahern, der Vorsitzende der stärksten Partei Fianna Fail, verfehlte die absolute Mehrheit der Sitze im »Dail« genannten Parlament nur knapp und setzte anschließend die erfolgreiche Koalition mit den Progressiven Demokraten fort. Die größte Oppositionspartei Fine Gael erlebte eine vernichtende Niederlage. Eine ganze Serie komplexer Korruptionsskandale von Mitgliedern seiner Partei konnten dem volkstümlichen Premier Ahern, den ganz Irland »Bertie« nennt, nichts anhaben. Sein klarer Sieg überraschte auch insofern, als seine Partei nur zwei Monate vor den Wahlen ein Referendum zur Verschärfung des ohnehin schon rigiden Abtreibungsrechtes verloren hatte. Auch für ihre nicht immer ganz klare Haltung zur Europäischen Union hatte die Regierung viel Kritik einstecken müssen. So lehnten die Iren in einem Referendum im Juni 2001 den Vertrag von Nizza, der die EU fit für die Osterweiterung machen soll, mit 54 Prozent mehrheitlich ab. Inzwischen hat die Regierung auf dem EU-Gipfel in Sevilla im Juni 2002 eine Erklärung abgegeben, dass Irlands Neutralität durch den Vertrag von Nizza nicht beeinträchtigt sei, doch liegt der Vertrag unverändert zum erneuten Volksentscheid im Oktober vor. Kritiker hielten das für undemokratisch und für verfassungsrechtlich bedenklich. Die Stimmung blieb gespalten und der Ausgang ungewiss. Ohne ein positives Votum Irlands aber kann der EU-Vertrag nicht in Kraft treten.

Es war wohl die günstige Wirtschaftslage, die Ahern zum Sieg bei den Parlamentswahlen verhalf. Zwar ging das Wirtschaftswachstum des »Keltischen Tigers« zurück, aber nach einem Jahrzehnt des Aufschwungs im einst von Hungersnöten geplagten Armenhaus war der »Feelgood-Faktor« ausgesprochen stark. Um ihn noch zu steigern, hatte die Regierung die Einkommensteuern gesenkt. Vor diesem Hintergrund störte es die meisten Iren nicht, dass Ahern die goldenen Jahre des Aufschwungs nicht dazu nutzte, das ärmliche Gesundheitssystem zu verbessern und die Verkehrsengpässe zu beseitigen.

Erst in Ansätzen deuten sich problematische Effekte des irischen Wirtschaftswunders an, die das Land in den nächsten Jahren beschäftigen werden. So erlebte Dublin einen Spekulationsrausch, der Immobilienpreise und Mieten in ungeahnte Höhen treibt. Und das Verkehrsnetz ist nicht für die Zukunft gerüstet.

Eine andere Konsequenz des von EU-Subventionen initiierten Aufschwungs: Er lockte nicht nur einstige Auswanderer in ihre Heimat zurück, sondern zog auch Asylsuchende aus aller Welt an. Die wiederum werden von den Iren – obgleich sie selbst traditionell eine Nation von Wirtschaftsmigranten sind – nur zurückhaltend aufgenommen. Auf der Grünen Insel häufen sich rassistische Attacken gegen nicht-weiße Ausländer.

L'yoveldio Ísland – Republik Island; Isländer

Nationalfeiertag: 17. Juni (Tag der Republik)

Zeitzone: MEZ – 1 h

Hauptstadt: Reykjavík (109 800 Einwohner)

Telefon-Vorwahl: +354
Kfz-Kennzeichen: IS

Mitgliedschaften: Nato, OECD, OSZE, Uno, WEU (assoziiert)

Ministerpräsident David Oddsson

Island

Botschaft in Deutschland: Rauchstraße 1, D-10787 Berlin
☎ +49-30-50 50 40 00 🖷 -50 50 43 00
HK: Hamburg

GEOGRAFIE, BEVÖLKERUNG

Fläche: 103 000 km² **Bevölkerung:** 281 000 Einw. **Bev.dichte:** 3 Einw./km² **Bev.wachstum:** 1,3 % **In Städten:** 93 % der Bev. **Analphabetenrate:** k. A. **Landessprache:** Isländisch **Religionen:** 89 % Lutheraner

POLITISCHES SYSTEM

Unabhängig seit dem 17. Juni 1944. Parlamentarisch-demokratische Republik. Einkammerparlament: Althing mit 63 Sitzen.
Staatsoberhaupt: Ólafur Ragnar Grímsson (seit August 1996)
Regierungschef: Davíd Oddsson (seit April 1991)
Außenminister: Halldór Ásgrimsson

MILITÄR

Streitkräfte: keine

GESUNDHEIT, SOZIALES

Öffentliche Gesundheitsausgaben (am BIP): 7,2% (1998) **Medizinische Versorgung:** 3,26 Ärzte/1000 Einw. **Armutsrate:** k. A. **Kindersterblichkeit:** 6/1000 Kinder unter 5 J. **Lebenserwartung:** 80 J.

WIRTSCHAFT

Währung: 1 Isländische Krone (ikr) = 100 Aurar **Kurs** (Mitte 2002): 1 ikr = 0,01 € **BSP:** 8,54 Mrd. US$ **Wachstumsrate des BIP:** 5,0 % **BSP/Kopf:** 30 390 US$ **Anteile am BIP:** Landwirtschaft 9,4 %, Industrie 28,2 %, Dienstleistungen 62,4 % **Arbeitslosenquote:** 2 % **Inflationsrate:** 6,7 % **Auslandsschulden:** k. A. **Schuldendienst** (am BSP): k. A. **Handelsbilanzdefizit:** 474 Mio. US$ **Tourismus:** 263 000 Besucher, 274 Mio. US$ Einnahmen

AKTUELLE ENTWICKLUNGEN

Die bevorstehende Erweiterung der EU hat bei den Isländern, die bislang einen eigenständigen Weg verfolgten, den Wunsch nach Teilnahme wachsen lassen. So sprachen sich im März 2002 in einer Meinungsumfrage 91 Prozent der Bevölkerung dafür aus, die Bedingungen eines Beitritts auszuloten. Jeweils mehr als die Hälfte befürwortete eine EU-Mitgliedschaft und die Einführung des Euro. Zugleich sank der Anteil der EU-Gegner auf 25 Prozent.

Die konservativ-liberale Regierungskoalition ist in dieser Frage uneins: David Oddsson, Vorsitzender der konservativen Unabhängigkeitspartei und derzeit Europas dienstältester Ministerpräsident, lehnt es im Gegensatz zu seinem linksliberalen Außenminister ab, in die EU einzutreten. So ist trotz des Stimmungswandels im Land ein Beitrittsantrag vorerst nicht zu erwarten. Entscheidendes Hindernis bleibt Islands Abhängigkeit vom Fisch. Den Zugriff auf den wirtschaftlich wichtigsten Rohstoff – 10 Prozent des Bruttoinlandsprodukts und 64 Prozent der Exporte entfallen auf diesen Industriezweig – will Reykjavík niemandem in Brüssel überlassen.

Im kleinsten Mitgliedsland der OECD ist vieles anders als sonst in Europa: Die Wochenarbeitszeit liegt meist über 50 Stunden, das Rentenalter bei fast 70 Jahren, und mit einer Arbeitslosenquote zwischen 1 und 2 Prozent besteht seit 1999 praktisch Vollbeschäftigung. Allerdings rechnet die OECD für das Jahr 2002 mit einem Anstieg auf 2,5 Prozent. Die isländische Regierung hofft darauf, mit der Biotechnologie einen neuen, dynamisch wachsenden Wirtschaftszweig etablieren zu können.

Im Mai 2002 stimmte das Parlament (Althing) einer staatlichen Bürgschaft von 200 Mio. US-Dollar für eine Genforschungsfirma zu, die das weitgehend homogene Erbgut aller Isländer katalogisieren will. Im Juni konnte das Unternehmen einen Erfolg vermelden: Aus der Erbinformation von 146 isländischen Familien gelang es, eine genetische Karte der Menschen zu erstellen, die fünfmal genauer ist als bisherige Versionen.

Israel

Botschaft in Deutschland: Auguste-Viktoria-Str. 74–78, D-14193 Berlin ☎ +49-30-89 04 55 00 🖷 -89 04 52 22

GEOGRAFIE, BEVÖLKERUNG

Fläche: Auf nur 22 145 km² (einschl. Ost-Jerusalem und Golanhöhen) große Extreme mit Höhen zwischen ca. 1200 m über dem Meeresspiegel (Hochland von Galiläa) und 397 m darunter (Totes Meer), einem nur schmalen, fruchtbaren Küstenstreifen (engste Stelle: 16 km) und der Wüste Negev (60 % des Staatsgebiets). Haupt- und Grenzfluss zu Jordanien ist der Jordan, der ins Tote Meer mündet.

Verwaltung: 6 Distrikte. Gebietserweiterungen, Folge der fünf israelisch-arabischen Kriege, bestimmen bis heute das Spannungsverhältnis Israels zu seinen arabischen Nachbarn: 1967 wurde Ost-Jerusalem besetzt, die Stadt vereinigt und 1980 zur Hauptstadt Israels erklärt, was von der Uno und international nicht allgemein anerkannt wird – die meisten Botschaften residieren nach wie vor in Tel Aviv. Ebenfalls 1967 wurden das Westjordanland (biblisch: Judäa und Samaria, 5879 km²) und der Gaza-Streifen (378 km²) unter Militärverwaltung gestellt. Beide Gebiete (2,9 Mio. Einwohner) werden seit 1994 schrittweise in palästinensische Selbstverwaltung zurückgegeben; sie sind jedoch von zahlreichen jüdischen Siedlungen durchsetzt. Seit 1981 hat Israel 70 % der 1967 von Syrien eroberten Golanhöhen (1176 km²) seiner Rechtshoheit unterstellt.

Bevölkerung: 6,233 Mio. Einw., davon 80 % Juden, 20 % nichtjüdische Minderheiten **In Städten** leben 91 % **unter 15 J.** sind 28 % der Bev. **Bev.dichte:** 302 Einw./km² **Bev.wachstum:** 2,02 % **Fruchtbarkeitsrate:** 2,8 Geburten/Frau **Landessprachen:** Amtssprachen sind Neu-Hebräisch (Iwrit) und Arabisch, Umgangssprachen Jiddisch und Russisch, Bildungssprache Englisch; verbreitet sind außerdem Deutsch und Französisch **Religionen:** 79 % Juden, 15 % Muslime (meist Sunniten), 2 % Christen, fast 2 % Drusen

Die größten Städte

Jerusalem	657 500
Tel Aviv/Jaffa	354 400
Haifa	270 500
Rischon Lezion	202 200
Aschdod	174 200

POLITISCHES SYSTEM

Unabhängiger Staat seit 1948, immer noch ohne komplette Verfassung. Einzelne Grundgesetze (über die Präsidentschaft, das Parlament, die Regierung, die Gerichtsbarkeit, die Armee, das Recht auf Einwanderung usw.) und die Unabhängigkeitserklärung von 1948 bilden die quasi verfassungsrechtliche Basis.

Aktives Wahlrecht ab 18 J. Einkammerparlament (»Knesset«) mit 120 auf 4 J. gewählten Abg. Der Regierungschef wird, zeitgleich mit der Knesset, ebenfalls direkt gewählt. Die Direktwahl des Premiers, 1992 beschlossen und 1996 erstmals durchgeführt, wurde im März 2001 wieder abgeschafft; künftig wird er wieder von der stärksten Fraktion gestellt. Bei Ablehnung der Kabinettsliste durch die Knesset oder bei einem erfolgreichen Misstrauensvotum werden Neuwahlen ausgeschrieben. Tritt der Ministerpräsident zurück, wird nur der Nachfolger gewählt, nicht aber die Knesset. Der Staatspräsident (repräsentative Funktion) wird von der Knesset auf 5 J. gewählt.

Eine Besonderheit ist das Amt des »Staatskontrolleurs« (von der Knesset für 5 J. gewählt), einer Art Ombudsmann und Rechnungsprüfer für Regierung, Ministerien und zahlreiche Behörden.

Medinat Yisra'el – Staat Israel; Israeli

Nationalfeiertag: Unabhängigkeitstag, der wechselweise im April oder Mai gefeiert wird

Zeitzone: MEZ + 1 h

Hauptstadt: Jerusalem (633 700 Einwohner)

Telefon-Vorwahl: +972
Kfz-Kennzeichen: IL

Mitgliedschaft: Uno

Premierminister Ariel Scharon

Staatsoberhaupt: Mosche Kazaw (seit August 2000, ausnahmsweise für 7 J. gewählt) **Regierungschef:** Ariel Scharon (Likud, seit März 2001) **Außenminister:** Schimon Peres (Arbeitspartei)

EU-Vermittler Javier Solana beim Treffen mit Jassir Arafat

PARTEIEN

- Arbeitspartei/Awoda (sozialdemokratisch);
- Likud (konservativ);
- Schas (Ultraorthodoxe orientalischer Herkunft);
- Merez (sozialdemokratisch und liberal);
- Israel B'Alija (Einwandererpartei der russischen Minderheit);
- Schinui (betont säkular);
- Zentrumspartei (Partei der Mitte);
- Nationalreligiöse Partei/NRP;
- Vereinigtes Tora-Judentum (Zusammenschluss von 4 ultraorthodoxen Parteien, u. a. Agudat Israel);
- Vereinigte Arabische Liste (VAL), Allianz der Arabisch-Demokratischen Partei (ADP) und der Islamischen Bewegung (IB);
- Israel Beiteinu (russische Einwandererpartei);
- Nationale Einheit (rechtsnational);
- Hadasch/Demokratische Front für Frieden und Gleichheit (kommunistisch);
- Balad (arabische Parteienliste);
- Gescher (moderat konservativ);
- Am Echad/Ein Volk (sozialistisch);
- Tsomet (erzkonservative zionistische Erneuerungsbewegung);
- Molodot (rechtsradikal);
- Dritter Weg (rechte Abspaltung der Arbeitspartei);
- Meimad (gemäßigte nationalreligiöse Bewegung).

Parlamentssitze (Wahl vom 17. Mai 1999)

Wahlbündnis »Ein Israel« (Awoda: 23, Gescher: 2, Meimad: 1)	26
Likud	19
Schas	17
Merez	10
Israel B'Alija	6
Schinui	6
Zentrumspartei	6
NRP	5
Vereinigtes Tora-Judentum	5
VAL	5
Israel Beiteinu	4
Nationale Einheit	4
Hadasch	3
Balad	2
Am Echad	2

Nach der Wahl bildete Ehud Barak (Arbeitspartei) eine Koalition aus sieben Parteien, die über 75 der 120 Stimmen im Parlament verfügte. Doch im Juli 2000 verließen Schas, Israel B'Alija und NRP die Koalition; fortan führte Barak eine Minderheitsregierung, reichte schließlich am 10. Dezember seinen Rücktritt ein und stellte sich am 6. Februar 2001 zur Neuwahl seinem Herausforderer Ariel Scharon (Likud). Der »Bulldozer« triumphierte mit 62,4 Prozent der Stimmen.

MILITÄR

Wehrpflicht für Juden und (seit 1957) Drusen (Männer 36, Frauen 21 Monate); freiwilliger Dienst an der Waffe für Christen, Tscherkessen und Muslime **Streitkräfte:** 163 500 Personen, davon 120 000 Armee, 37 000 Luftstreitkräfte, 6500 Marine **Militärausgaben** (am BSP): 8,8 % **Waffenhandelsanteil** an den Exporten 2,3 %, an den Importen 7,2 %

GESUNDHEIT, SOZIALES, BILDUNG

Öffentliche Gesundheitsausgaben (am BIP): 6 % **Öffentliche Ausgaben für Bildung u. Erziehung** (am BIP): 7,7 % **Öffentliche Ausgaben für Altersversorgung** (am BIP): 5,9 % **Medizinische Versorgung:** 3,9 Ärzte, 6 Krankenhausbetten/1000 Einw. **Säuglingssterblichkeit:** 6/1000 Geb. **Müttersterblichkeit:** 8/100 000 Geb. **Kinderunterernährung:** k.A. **Kinderarbeit:** k.A. **Armutsrate:** k.A. **Frauenanteil an den Beschäftigten:** 41,2 % Zugang zu **sauberem Trinkwasser** und zu **sanitären Anlagen:** k. A. **HIV-Infektionsrate:** 0,08 % **Lebenserwartung:** Männer 76 J., Frauen 80 J **Schulpflicht:** 5–15 J. **Einschulungsquote** im Primarbereich 95 %, im Sekundarbereich 85 % **Analphabetenrate:** 3 % Männer, 8 % Frauen **Universitäten:** 6, in Beerscheba, Haifa, Jerusalem, Ramat-Gan, Tel Aviv. Die angesehene Technische Hochschule in Haifa (Technion), das Weizman-Institut in Rehowot

WIRTSCHAFT

Währung: 1 Neuer Schekel (NIS) = 100 Agorot **Kurs** (Mitte 2002): 1 NIS = 0,22 € **BSP:** 104,1 Mrd. US$ **Wachstumsrate des BIP:** 6 % **BSP/ Kopf:** 16 710 US$ **Anteile am BIP:** Landwirtschaft 1,9 %, Industrie 27 %, Dienstleistungen 71,1 % **Forschung+ Entwicklungsausgaben** (am BSP): 3,69 % **Arbeits-**

losenquote: 8,3 % **Inflationsrate:** 1,1 % **Staatseinnahmen:** 45,071 Mrd. US$ **Steueraufkommen** (am BIP): 37,7 % **Einkommensteuer:** k.A. **Körperschaftsteuer:** 36 % **Haushaltsüberschuss** (am BIP): 0,9 % **Staatsausgaben:** 46,289 Mrd. US$ **Leistungsbilanzdefizit:** 1,730 Mrd. US$ **Auslandsschulden:** 108,991 Mrd. US$ **Auslandsvermögen:** 70,243 Mrd. US$ **Schuldendienst** (am BSP): k.A. **Devisenreserven:** 23,281 Mrd. US$ **Empf. Hilfsgelder:** 800 Mio. US$ **Ausl. Direktinvestitionen:** 4,392 Mrd. US$ **Börse** (Marktkapitalisierung am BIP): 58,1 %. **Energie:** Produktion 0,62 Mio. t ÖE, Verbrauch 18,49 Mio. t ÖE, Anteile am Verbrauch: k.A.

Landwirtschaft, Rohstoffe, Industrie:
Nutzfläche 21,3 %, von der Anbaufläche sind 45,3 % bewässert **Produkte:** Weizen, Mais, Früchte, Gemüse, Kartoffeln, Baumwolle **Bewaldet:** 1000 km², jährliche **Aufforstung:** 50 km² **Rohstoffe:** kleine Mengen von Erdöl und Erdgas, Phosphat, Pottasche, Magnesium, Brom **Wichtige Industriezweige:** Hightech-Industrie, Rüstung, Chemie, Atomindustrie, Nahrungsmittelproduktion

Außenwirtschaft:
Handelsbilanzdefizit 3,549 Mrd. US$ **Export:** 27,395 Mrd. US$, davon 36,3 % industrielle Vorprodukte, 35,5 % Maschinen u. Transportmittel, 12,9 % Chemie **Hauptausfuhrländer:** USA (37,4 %), Belgien/Luxemburg (6 %), Deutschland (4,8 %) **Hightech-Exporte:** 7,418 Mrd. US$ **Import:** 30,944 Mrd. US$, davon 29,9 % industrielle Vorprodukte, 34,8 % Maschinen u. Transportmittel, 9 % Chemie **Hauptlieferländer:** USA (18,6 %), Belgien (10 %), Großbritannien (7,8 %), Deutschland (7,5 %)

VERKEHR

Schienennetz: 663 km **Straßennetz:** 16 281 km befestigte Straßen (davon 250 km Autobahnen) **Motorisierung:** 270 Kfz/1000 Einw. Intern. **Flughafen:** Ben-Gurion bei Tel Aviv Nationale **Fluglinie:** El Al (fliegt nicht am Sabbat). Im Inland fliegt die Arkia; angeflogen werden u. a. Jerusalem, Haifa und Eilat. 4,073 Mio. beförderte Passagiere. Unverzichtbar für den Außenhandel ist die **Schifffahrt**, die 99 % des Warenverkehrs abwickelt, vornehmlich über Haifa, Aschdod (Containerschiffe), Aschkelon, Hadera und Eilat am Roten Meer. **Pipelines:** 708 km für Rohöl, 290 km für Erdölprodukte, 89 km für Erdgas

KOMMUNIKATION

Auf 1000 Einw. kommen 526 **Rundfunk-**, 335 **Fernsehgeräte**, 476,3 **Telefonanschlüsse**, 808,2 **Mobiltelefone**, 245,9 **PC** und 22,08 **Internet-Zugänge** **IuK-Ausgaben** (am BIP): 7,4 % Es erscheinen 34 **Tageszeitungen** mit einer Gesamtauflage von rund 1,7 Mio. Exemplaren. Die größten Tageszeitungen und ihre Auflagen:

Jediot Acharonot (Tel Aviv) ...300 000
Maariv (Tel Aviv)................160 000
Haaretz (Tel Aviv).................65 000
al-Kuds (Jerusalem – arab.) ..55 000
Globes (Tel Aviv)...................40 000
Nascha Strana
(Tel Aviv, russ.).......................35 000
The Jerusalem Post (engl.) 30 000
Viata Noastra (Tel Aviv, rum.)..30 000

Nachrichtenagenturen: Jewish Telegraphic Agency, Jerusalem; ITIM (The Israeli News Agency), Tel Aviv; Palestine Press Service, Ost-Jerusalem

UMWELT, TOURISMUS

Geschützte Gebiete: 15,8 % der Landesfläche **Energieverbrauch/Kopf:** 3029 kg ÖE **CO_2-Emission:** 60,3 Mio. t **Verwendung des Süßwassers:** Landwirtschaft 64 %, Industrie 7 %, Haushalte 29 % **Tourismus:** 2,4 Mio. Besucher, 3,1 Mrd. US$ Einnahmen

AKTUELLE ENTWICKLUNGEN

Alle, die gehofft hatten, der Schock des 11. September könnte einen beruhigenden Einfluss auf den Nahostkonflikt haben, sahen sich bitter getäuscht. Im Gegenteil: In seinem zweiten Jahr tobte der bewaffnete Kampf palästinensischer Extremisten gegen die israelische Besatzung heftiger denn je. Mit Terror versuchten die Milizen von Hamas, Islamischem Dschihad sowie der Fatah-nahen Aksa-Brigaden Israel in die Knie zu zwingen. Seit Beginn der neuen Intifada Ende September 2000 starben etwa 1700 Palästinenser in den Auseinandersetzungen sowie über 600 Israelis. Die Attentate wurden meist von Selbstmordattentätern verübt, die sich in voll besetzten Bussen oder Restaurants in die Luft sprengten. Als verheerendster Anschlag galt die Bombe, die ein Palästinenser am Abend des Pessachfestes Ende März in einem Hotel in Netanja zündete. Die Wucht der Explosion riss 29 Israelis in den Tod, Dutzende wurden schwer verletzt. Israe-

Israelischer Polizist in Netanja (nach dem Anschlag auf das Park Hotel am 27. März)

Israelische Panzer in Ramallah

Beerdigung von israelischen Anschlagsopfern

Palästinensische Schulkinder auf dem Heimweg in das zerstörte Flüchtlingslager Dschenin

lis sprechen seitdem vom »Pessach-Massaker«.

Doch das Kalkül der Extremisten, durch anhaltenden Terror Israel zum Abzug aus den Palästinensergebieten zu zwingen, ging nicht auf. Premier Ariel Scharon schickte stattdessen die israelische Armee immer tiefer ins Palästinensergebiet. Die Autonomie der A-Zonen, die nach dem Osloer Friedensvertrag für die palästinensische Selbstverwaltung entstanden waren, wurde damit aufgehoben. Im Juni 2002 hatte die israelische Armee faktisch alle palästinensischen Städte des Westjordanlandes wiederbesetzt.

Nach schweren Kämpfen während der israelischen Militäroperation »Schutzschild« im Flüchtlingslager von Dschenin warfen die Palästinenser der Armee im April ihrerseits vor, ein »Massaker« verübt zu haben. Doch trotz schwerer Zerstörungen der Flüchtlingsunterkünfte fanden sich dafür keine Belege. Rund 50 Leichen wurden geborgen, darunter vor allem, wie Israel behauptet, die bewaffneter Kämpfer. Doch Bewohner beklagten auch den Tod von Angehörigen, die als unbeteiligte Zivilisten Opfer der Kämpfe wurden. Die israelische Armee verlor 23 Soldaten.

Über die Untersuchung der Massaker-Vorwürfe kam es zwischen Israel und den Vereinten Nationen zu einem heftigen Streit, der erneut eine Debatte über Israels Rolle in der internationalen Gemeinschaft entfachte. Nachdem Uno-Generalsekretär Kofi Annan bereits eine Untersuchungskommission in Marsch gesetzt hatte, weigerte sich Israel, die Berichterstatter ins Land zu lassen.

Auch im Verhältnis zu Europa kam es immer wieder zu Spannungen. Wiederholt kritisierte die Europäische Union die israelischen Militäraktionen in den Palästinensergebieten sowie die Abriegelung der Städte und Dörfer, die das zivile Leben der Palästinenser weitgehend lahm legte. Israel wertete die Kritik als Parteinahme für die Palästinenser. Die Regierung in Jerusalem warf der EU-Kommission sogar vor, mit ihren Hilfsgeldern für den palästinensischen Haushalt Terror zu finanzieren, was Brüssel zurückwies.

Europa widersprach vor allem der Politik Scharons, die darauf abzielt, Palästinenserpräsident Jassir Arafat zu ächten. Nach dem Anschlag von Hamas-Terroristen auf einen Siedlerbus bei Emanuel, bei dem zehn Menschen getötet wurden, hatte Scharon seinen Widersacher im Dezember 2001 per Kabinettsbeschluss für »irrelevant« erklärt. Jede Kommunikation mit dem PLO-Chef wurde eingestellt. Monatelang umstellte die israelische Armee Arafats Hauptquartier, die »Mukataa« in Ramallah, und machte Arafat damit praktisch zum politischen Gefangenen. Doch die Isolation erreichte zunächst nur das Gegenteil des Erwünschten: Arafats Popularität wuchs. Erst als Scharon seinen Erzfeind im Mai 2002 auf Druck der USA wieder freilassen musste, geriet Arafat überraschend in die Kritik: Nicht nur aus Israel und international, auch aus der palästinensischen Zivilbevölkerung verstärkte sich der Ruf nach Reformen.

In einem Kursschwenk der amerikanischen Nahostpolitik erklärte Präsident George W. Bush Ende Juni die Abwendung der USA von Arafat. Erst wenn die Palästinenser eine neue »anti-terroristische« Führung gewählt hätten, so Bush, würden die USA einen Palästinenserstaat unterstützen.

Israel sah sich damit in seinem Anti-Arafat-Kurs bestätigt. Als Waffenbruder im Kampf gegen den Terror festigte Scharon seine politische Allianz mit dem US-Präsidenten, der den einst verfemten Hardliner mehrfach im Weißen Haus empfing.

Die Sympathie des mächtigen Verbündeten gab Israel Handlungsfreiheit bei den Militäraktionen gegen die Palästinenser, die in Jerusalem und Washington mit Israels »Recht auf Selbstverteidigung« begründet wurden. Erst bei Einstellung aller Feindseligkeiten sowie nach umfassenden Reformen der palästinensischen Autonomieverwaltung sei er bereit, so

Scharon, an den Verhandlungstisch zurückzukehren.
Um sich von den Palästinensergebieten abzuschotten und das Eindringen von Terroristen zu verhindern, begann Israel im Frühsommer mit dem Bau eines elektrischen Trennzauns entlang der so genannten grünen Grenze, die Israel auf mehr als 350 Kilometern vom besetzten Westjordanland trennt.
Im Windschatten der Kämpfe setzte Israel auch die umstrittene Siedlungspolitik fort. Nach Angaben der israelischen Menschenrechtsorganisation Betselem wuchs die Zahl der Siedler seit 1993, also dem Beginn des Friedensprozesses, von 247 000 auf 380 000 (mit Ost-Jerusalem) Ende 2001. Insgesamt blockierten die Siedlungen danach mitsamt ihren Außengrenzen und allen Straßen mehr als 40 Prozent des Westjordanlandes.
Bei der israelischen Bevölkerung stieß Scharons Kurs der Härte auf Zustimmung. Nach schwachem Start wuchs die Popularität des früher misstrauisch beäugten Haudegens beständig, obwohl er sein Wahlversprechen von Frieden und Sicherheit nicht einlösen konnte. Grund für die Unterstützung dürfte die Verzweiflung der Israelis über die anhaltenden Terrorwellen und der Wunsch nach Vergeltung sein. Der einstige General zeigte zudem Stehvermögen etwa mit seiner trotzigen Opposition gegen den eigenen Likud-Block, als dieser im April 2002 einen Palästinenserstaat rigoros ablehnte.
Respekt verschaffte sich Scharon aber vor allem durch seinen Mut, erstmals Minister der ultraorthodoxen Schas-Partei aus dem Kabinett zu werfen, nachdem diese ihre Zustimmung zum Sparhaushalt verweigert hatten. Die Minister kehrten zwar kurz darauf zurück – doch zu Scharons Bedingungen.
Andererseits wuchs unter den Israelis auch das Gefühl der Aussichtslosigkeit. Selbst die massive Militäroperation »Schutzschild« hatte den Terror nicht stoppen können. Wohin würde sie Scharon mit immer neuen Einmärschen ins Palästinensergebiet führen, fragten sich viele Bürger. Wo blieben die diplomatischen Initiativen?
Das lange gelähmte Friedenslager gewann wieder Auftrieb, Demonstrationen bekamen neuen Zulauf. »Die Besatzung tötet uns alle«, kritisierten die Demonstranten auf Transparenten und forderten: »Wir müssen uns aus den Gebieten zurückziehen – zum Wohle Israels«. Einige hundert Soldaten verweigerten sogar den Wehrdienst in besetzten Gebieten. Doch insgesamt gewann die Protestbewegung nicht an einer solchen Kraft wie der Widerstand der neunziger Jahre gegen die Besetzung des Südlibanon. Damals hatte der öffentliche Druck die Regierung schließlich zum Abzug aus der »Sicherheitszone« gezwungen.
Unter Druck geriet die Regierung allerdings wegen der Wirtschaftskrise. Experten sprachen von einem der »schwierigsten Jahre« in der Geschichte Israels. Allein durch die Intifada erlitt die israelische Wirtschaft schätzungsweise rund 50 Milliarden Schekel (10 Milliarden Euro) an Einbußen. Dazu kam die Krise der internationalen Finanzmärkte sowie die weltweite Wirtschaftsflaute, die sich auch auf die für Israel so wichtige Hightech-Industrie auswirkte.
Nach dem Boom-Jahr 2000 geriet Israels Wirtschaft in eine hartnäckige Rezession. Die Exporte, bisher Motor der wirtschaftlichen Entwicklung, fielen allein im Jahr 2001 um 13 Prozent. Mit einer Serie von Zinsanhebungen versuchte die Zentralbank der steigenden Inflation Herr zu werden. Verschärft wurde die Finanzkrise durch einen drastischen Kursverfall des Schekels, der gegenüber dem Dollar allein in den ersten Monaten 2002 12 Prozent einbüßte.
Vor allem die wachsenden Verteidigungslasten ließen das Haushaltsdefizit auf über 6 Prozent steigen, worauf die Regierung Scharon mit einem drastischen Sparprogramm reagierte. Unterdessen kletterte die Arbeitslosigkeit allein bis zum Sommer 2002 auf 11 Prozent.
Vor allem der beschäftigungsintensive Tourismus litt unter den anhaltenden Kämpfen und Terroranschlägen. Die Besucherzahlen ins Heilige Land stürzten im Vergleich zu 2000 auf weniger als ein Drittel ab. Hunderte von Hotels und Restaurants mussten schließen, selbst die sonst überlaufene Jerusalemer Altstadt war wie leer gefegt.

Durchsuchung von Palästinensern an israelischem Checkpoint (Kalandia bei Ramallah)

Scharon auf Truppenbesuch bei Dschenin

Repubblica Italiana – Italienische Republik; Italiener

Nationalfeiertag: 25. April (Tag der Befreiung)

Zeitzone: MEZ

Hauptstadt: Rom (2 656 600 Einw.)

Telefon-Vorwahl: +390
Kfz-Kennzeichen: I

Mitgliedschaften: EU, G-8, Nato, OECD, OSZE, Uno, WEU

Ministerpräsident Silvio Berlusconi

Italien

Botschaft in Deutschland: Dessauerstraße 28/29, D-10963 Berlin
☎ +49-30-25 44 00 🖷 -25 44 01 20

GEOGRAFIE, BEVÖLKERUNG

Fläche: 301 336 km² mit einer Vielzahl von Inseln (die größten: Sizilien 25 708 km², Sardinien 24 090 km², Elba 223,5 km²). Das Festland – der italienische Stiefel – unterteilt in den alpinen Norden (mit Montblanc-Gruppe, Dolomiten und oberitalienischen Seen), die Poebene (offen zum Adriatischen Meer) und die Apennin-Halbinsel (mit dem Apennin als Rückgrat des Landes, Gran Sasso 2912 m). Über 7600 km Küsten entlang der Adria, dem Ionischen, Tyrrhenischen und Ligurischen Meer **Verwaltung:** 20 Regionen mit 95 Provinzen **Bevölkerung:** 57,690 Mio. Einw., Ausländeranteil 2,2 %, davon 13,5 % Marokkaner, 10 % Albaner, 5,1 % Filipinos, 4,5 % Jugoslawen, 4,4 % Tunesier **Flüchtlinge:** 8571 **In Städten** leben 67 %, **unter 15 J.** sind 14 % der Bev. **Bev.dichte:** 196 Einw./km² **Bev.wachstum:** -0,13 % **Fruchtbarkeitsrate:** 1,2 Geb./Frau **Landessprachen:** Italienisch (Amtssprache), regional Französisch, weitere Landessprachen Lombardisch, Kalabrisch, Sardisch **Religionen:** 98 % Katholiken

Die größten Städte

Rom	2 656 000
Mailand	1 301 600
Neapel	1 000 500
Turin	901 000
Palermo	679 300
Genua	632 400

POLITISCHES SYSTEM

Republik seit 1946. Verfassung von 1948. Wahlrecht ab 18 J. Zweikammerparlament: Abgeordnetenhaus (»Camera dei Deputati«) mit 630 und Senat (»Senato della Repubblica«) mit 324 Mitgliedern, davon 315 direkt gewählt, 10 Senatoren auf Lebenszeit. Wahl alle 5 J. Das Staatsoberhaupt wird alle 7 J. von einem Wahlmännerkollegium (alle Abgeordneten beider Kammern plus 58 Vertreter der Regionen) gewählt und hat das Recht, das Parlament aufzulösen.
Staatsoberhaupt: Carlo Azeglio Ciampi (seit Mai 1999)
Regierungschef und Außenminister: Silvio Berlusconi (seit Juni 2001)

MILITÄR

Allg. Wehrpflicht (bis 2005): 10 Monate **Streitkräfte:** 230 350 Mann, davon 137 000 Armee, 55 350 Luftstreitkräfte, 38 000 Marine **Militärausgaben** (am BSP): 2 % **Waffenhandelsanteil** an den Exporten 0,2 %, an den Importen 0,3 %

GESUNDHEIT, SOZIALES, BILDUNG

Öffentliche Gesundheitsausgaben (am BIP): 5,6 % **Öffentliche Ausgaben für Bildung und Erziehung** (am BIP): 4,7 % **Öffentliche Ausgaben für Altersversorgung** (am BIP): 17,6 % **Medizinische Versorgung:** 5,9 Ärzte, 5,5 Krankenhausbetten/1000 Einw. **Säuglingssterblichkeit:** 5/1000 Geb. **Müttersterblichkeit:** 11/100 000 Geb. **Armutsrate:** k. A. **Frauenanteil an den Beschäftigten:** 38,5 % **HIV-Infektionsrate:** 0,35 % **Lebenserwartung:** Männer 76 J., Frauen 82 J. **Schulpflicht:** 6 – 14. J. **Einschulungsquote** im Primarbereich 100 %, im Sekundarbereich 88 %

Analphabetenrate: Männer 1 %, Frauen 2 % **Universitäten:** Parma (gegründet 1066), Bologna (1088) sind die ältesten Universitäten der Welt und waren Vorbild für das frühe europäische Hochschulsystem. Mehr als 50 Hochschulen; die traditionsreichsten in Modena (1175), Perugia (1200), Padua (1222), Neapel, Pavia (1224), Siena (1240) und Rom (1303).

WIRTSCHAFT

Währung: 1 Euro = 100 Cent **BSP:** 1163,2 Mrd. US$ **Wachstumsrate des BIP:** 2,9 % **BSP/Kopf:** 20 160 US$ **Anteile am BIP:** Landwirtschaft 3 %, Industrie 30 %, Dienstleistungen 68 % **Forschung+Entwicklungsausgaben** (am BIP): 1,04 % **Arbeitslosenquote:** 10,8 % **Inflationsrate:** 2,7 % **Staatseinnahmen:** 537,7 Mrd. € **Steueraufkommen** (am BIP): 38,5 % **Einkommensteuer:** max. 46 % **Körperschaftsteuer:** 36 % **Haushaltsdefizit** (am BIP): 1,6 % **Staatsausgaben:** 541,6 Mrd. € **Leistungsbilanzüberschuss:** 1,591 Mrd. US$ **Auslandsschulden:** 1070,915 Mrd. US$ **Auslandsvermögen:** 1114, 466 Mrd. US$ **Devisenreserven:** 47,201 Mrd. US$ **Geleistete Entwicklungshilfe:** 1,376 Mrd. US$ **Ausl. Direktinvestitionen:** 13,175 Mrd. US$ **Börse** (Marktkapitalisierung am BIP): 71,5 % **Energie:** Produktion 27,75 Mio. t ÖE, Verbrauch 169,04 Mio. t ÖE. Anteile am Verbrauch: Kohle 7,8 %, Öl 52,4 %, Erdgas 32,7 %, sonst. 7,1 %

Landwirtschaft, Rohstoffe, Industrie:

Nutzfläche 38,9 %, von der Anbaufläche sind 24,1 % bewässert **Produkte:** Getreide, Wein, Südfrüchte, Tomaten **Bewaldet:** 100 000 km², jährliche **Aufforstung:** 295 km² **Wichtige Industriezweige:** Automobile, Schuhe u. Bekleidung, Chemikalien, Maschinen **Rohstoffe:** Erdöl, -gas, Steinsalz, Blei, Zink, Braunkohle

Außenwirtschaft:

Handelsbilanzüberschuss 17,812 Mrd. US$ **Export:** 242,292 Mrd. US$, davon 21,4 % industrielle Vorprodukte, 39 % Maschinen und Transportausrüstung, 21,6 % Fertigwaren **Hauptausfuhrländer:** Deutschland (16,5 %), Frankreich (12,8%), USA (8,6%), Großbritannien (7,2 %) **Hightech-Exporte:** 19,306 Mrd. US$ **Import:** 224,480 Mrd. US$, davon 16,6 % industrielle Vorprodukte, 33,7 % Maschinen und Transportausrüstung, 12,9 % Chemie **Hauptlieferländer:** Deutschland (18,8 %), Frankreich (13,2 %), Großbritannien (6,4 %), Niederlande (6,2 %)

VERKEHR

Schienennetz: 16 108 km **Straßennetz:** 478 688 km, davon 100 % befestigt **Motorisierung:** 591 Kfz/1000 Einw. Internationale **Flughäfen**: 8, die größten in Rom, Mailand, Venedig, Neapel Nationale **Fluglinie:** Alitalia, 30,59 Mio. beförderte Passagiere **Haupthäfen:** Genua, Livorno, Neapel, Palermo, Savona, Triest, Venedig **Binnenschifffahrt** auf 2400 km

Gewerkschaftsführer Sergio Cofferati

Großdemonstration in Rom (23. März 2002)

Anti-Terrordemonstration nach dem Attentat auf den Arbeitsrechtler Marco Biagi

KOMMUNIKATION

Auf 1000 Einw. kommen 878 **Rundfunk-**, 494 **Fernsehgeräte**, 470,6 **Telefonanschlüsse**, 839,4 **Mobiltelefone**, 194,8 **PC** und 11,73 **Internet-Zugänge IuK-Ausgaben** (am BIP): 5,7 % Es erscheinen 78 **Tageszeitungen** mit einer Gesamtauflage von rund 6 Mio. Exemplaren. Die größten Tageszeitungen und ihre Auflagen:

Corriere della Sera 868 300
la Repubblica 754 900
La Stampa 536 200
La Gazetta dello Sport.........426 000

Nachrichtenagenturen: Agenzia Giornalistica Italia (AGI), Agenzia Nazionale Stampa Associata (Ansa), Inter Press Service (IPS)

UMWELT, TOURISMUS

Geschützte Gebiete: 7,5 % der Landesfläche **Energieverbrauch/Kopf:** 2932 kg ÖE **CO_2-Emission:** 414,9 Mio. t **Verwendung des Süßwassers:** Landwirtschaft 45 %, Industrie 37 %, Haushalte 18 % **Tourismus:** 41,182 Mio. Besucher, 27,439 Mrd. US$ Einnahmen

AKTUELLE ENTWICKLUNGEN

Innenpolitik: Mit der stabilen Mehrheit seiner Mitte-Rechts-Koalition (»Haus der Freiheiten«) regiert der Multimilliardär Silvio Berlusconi Italien mit einer in Europa einzigartigen Konzentration an politischer und ökonomischer Macht: Der Medienmogul kontrolliert die Fernsehschirme, wichtige Zeitungen, den größten Buchverlag des Landes, die einflussreichste Werbeagentur. Die von ihm gegründete, mit Abstand größte Partei im Regierungsblock, Forza Italia (Vorwärts Italien), folgt ihm aufs Wort. Die Abgeordneten sind von Berlusconis Personalmanagern handverlesen worden und größtenteils von ihm abhängig. Etliche Forza-Abgeordnete sind zudem Berlusconi-Anwälte. Die formulieren im Rechtsausschuss Gesetze, die auf ihren Klienten zugeschnitten sind. Durch solche Rechtsänderungen, etwa zur Bilanzfälschung, haben sich einige der juristischen Verfahren, die seit Jahren gegen Berlusconi anhängig waren, still erledigt.

Eine zerstrittene Opposition hat dem Regierungsblock wenig entgegenzusetzen. »Sie haben kein Programm und massakrieren sich gegenseitig«, klagte Romano Prodi, heute Präsident der EU-Kommission, über den Zustand des Mitte-Links-Bündnisses L'Ulivo (Ölbaum), dem er bis Oktober 1998 – als Regierungschef und Wahlsieger gegen Berlusconi – vorstand. Das oppositionelle Vakuum füllen ein international preisgekrönter Filmregisseur, Nanni Moretti, und ein charismatischer Gewerkschafter, Sergio Cofferati. Sie werden im Frühjahr 2002 zu Leitfiguren einer politisch vielfarbigen außerparlamentarischen Oppositionsbewegung.

Am 19. März wird Marco Biagi, Arbeitsrechtler und Regierungsberater, vor seinem Haus in Bologna ermordet. Die Roten Brigaden bekennen sich zu dem Anschlag. Ministerpräsident Berlusconi macht die wachsenden sozialen Spannungen und ein »Klima des Hasses« gegen seine Regierung mitverantwortlich. Aber die Gewerkschaften lassen in ihrer Mobilisierung, vor allem gegen einen weitgehenden Abbau des Kündigungsschutzes für Arbeitnehmer, nicht nach. Ihre Protestaktionen erreichen ihren Höhepunkt am 23. März, als etwa drei Millionen Menschen »gegen Terrorismus und Sozialabbau« in den Straßen Roms demonstrieren. Es war, so die Tageszeitung *la Repubblica*, der »größte Aufmarsch, den Rom je erlebt hat«. Zum neuen Helden der Linken

ITALIENS REGIONEN

1 Abruzzen
2 Aostatal
3 Apulien
4 Basilikata
5 Emilia-Romagna
6 Friaul-Julisch-Venetien
7 Kalabrien
8 Kampanien
9 Latium
10 Ligurien
11 Lombardei
12 Marken
13 Molise
14 Piemont
15 Sardinien
16 Sizilien
17 Trentino-Südtirol
18 Toskana
19 Umbrien
20 Venetien

wird Sergio Cofferati, 54, Chef des mit 5,4 Millionen Mitgliedern stärksten, früher kommunistischen Gewerkschaftsbundes CGIL (Confederazione Generale Italiana del Lavoro). Er sei der einzige Oppositionelle, schrieb das Magazin *L'Espresso*, »der Silvio Berlusconi zum Zittern bringt«. Aber bei den Kommunal- und Regionalwahlen Ende Mai blieb die konservative Regierungskoalition unangefochten.

Bedrohlicher können für Berlusconi die Nachstellungen der Justiz sein. Deshalb hat sein Kampf gegen die »Roten Roben«, allesamt »Kommunisten«, die ihn »aus dem Amt jagen« wollen, Vorrang vor allem anderen. Unbeugsame Richter und Staatsanwälte wurden mit Disziplinarmaßnahmen überzogen und mit Beförderungsblockaden bestraft. Attentatsgefährdetem Justizpersonal wurde der Personenschutz gestrichen. »Sie nehmen uns die Luft weg«, klagte ein Staatsanwalt, der gegen einen Berlusconi-Freund ermittelte. Und der Mailänder Generalstaatsanwalt Francesco Saverio Borrelli rief in der Feierstunde zur Eröffnung des Gerichtsjahres 2002 seinen Kollegen pathetisch zu: »Widerstehen, widerstehen, widerstehen!« Die »Unabhängigkeit der Justiz« stehe auf dem Spiel, so der scheidende, landesweit bekannte Robenträger, es drohe »die Nacht der Demokratie«. Im ganzen Land solidarisierten sich Intellektuelle und Bürger bei Demonstrationen mit den Hütern des Rechtsstaates.

Eine Debatte über Sicherheitsmängel italienischer Flughäfen löste der Zusammenstoß eines kleinen Privatflugzeuges mit einer Linienmaschine am 8. Oktober 2001 auf dem Mailänder Flughafen Linate aus, bei dem 118 Menschen ums Leben kamen. Untersuchungen offenbarten eklatante Sicherheitsmängel, wie fehlende Bodenradars, und ein Chaos bei organisatorischen Zuständigkeiten. Ein anderes Flugzeugunglück in Mailand hielt am 18. April 2002 die ganze Welt für ein paar Stunden in Atem: Eine einmotorige Maschine raste in die oberen Stockwerke des Pirelli-Hochhauses, Wahrzeichen für die Prosperität der norditalienischen Metropole. Drei Menschen starben. Die TV-Bilder weckten Erinnerungen an das Attentat vom 11. September in New York, die Börsen stürzten weltweit ab. Doch schnell wurde klar: Es war ein Unfall oder ein spektakulärer Selbstmord, aber kein Terrorangriff.

Als die weltberühmte Mailänder Scala zum Jahreswechsel 2001/2002 für zumindest drei Jahre ihre Türen schloss, weil sie umgebaut und modernisiert werden soll, wurde der Montblanc-Tunnel, der Italien und Frankreich verbindet, Anfang März wieder geöffnet. Er war seit einer Brandkatastrophe am 24. März 1999, bei der 39 Menschen ums Leben kamen, geschlossen und für mehr als 300 Millionen Euro mit moderner Sicherheitstechnik nachgerüstet worden.

Außen- und Sicherheitspolitik: Politische Patzer des Ministerpräsidenten und heftiges öffentliches Gezänk zwischen der Führung der euroskeptischen Lega Nord und dem überzeugten Europäer an der Spitze des Außenministeriums, dem parteilosen Renato Ruggiero, bescherten Berlusconis Italien international abwechselnd den Ruf einer Lachnummer oder das Image des bösen Buben der Europäischen Union. Während, beispielsweise im September 2001, Europa und die USA gerade den muslimischen Ländern schmeichelten, um sie für den Antiterrorkrieg gegen den Qaida-Chef Osama Bin Laden und seine Anhänger zu gewinnen, schwadronierte Italiens Premier vor Journalisten, der zivilisatorisch überlegene Westen werde auch »weiterhin Völker erobern, so wie es ihm gelungen ist, die kommunistische Welt und einen Teil der islamischen Welt zu erobern«.

Verwüstetes Pirelli-Hochhaus, nachdem eine einmotorige »Rockwell Commander« in das Gebäude gestürzt war (18. April 2002)

Berlusconis Alliierte, allen voran Lega-Chef Umberto Bossi, schossen sich mit Vorliebe auf Europa ein, auf »Galgenland« (Bossi), das von »Kommunisten und Freimaurern« beherrscht werde, die nach einem »neostalinistischen Plan« eine Art »Sowjetunion Europa« schaffen wollten und »schlimmer als die Nazis« seien. Als Außenminister Ruggiero seinem Kabinettskollegen Bossi und anderen Widersachern gegen Brüssel öffentlich widerspricht, kommt es zum Eklat: Berlusconi stuft Ruggiero zum »Techniker« ab, der tritt Anfang Januar zurück. Der Regierungschef übernimmt das Ministeramt

Fiat-Automobilproduktion in Cassino

zusätzlich. Bossi dürfe man »nicht ernst nehmen«, beruhigt Berlusconi die aufgeschreckten europäischen Nachbarn, etwa den deutschen Kanzler Gerhard Schröder im März bei einem Treffen in Triest. Italien bleibe das »europafreundlichste Land der EU«. Eine engere Zusammenarbeit von Polizei und Justiz in der Europäischen Union blockiert Berlusconi aber schon aus eigenem Interesse: Schließlich könnte auch ihm einmal ein europäischer Haftbefehl drohen, verdächtigt ihn doch ein spanischer Untersuchungsrichter diverser Wirtschaftsdelikte.

Sympathien gewinnt der stets lächelnde und exquisit gekleidete reichste Mann Italiens (Spottname: »König Silvio I.«) bei seinen Kollegen in Madrid und London, José María Aznar und Tony Blair. Den USA dient sich Berlusconi als treuer Vasall und Bewunderer George W. Bushs an. Den russischen Präsidenten Putin erfreut er im April mit dem Versprechen, er werde sich dafür stark machen, dass dessen euro-asiatisches Großreich in die EU eintreten dürfe. Schon vorab durfte Berlusconi sich bei einem anderen historischen Ereignis als Gastgeber präsentieren: Mit der »Erklärung von Rom« schlossen sich die 19 Nato-Staaten und Russland am 28. Mai in einer Luftwaffenbasis in der Nähe Roms in einem historischen Bündnis zusammen.

Wirtschaft: Die gewagten Wahlversprechen Berlusconis – weniger Steuern, weniger Staatsschulden, mehr Jobs, höhere Renten, mehr Polizei, bessere Schulen – blieben bislang unerfüllt. Die Wirtschaft wächst gerade einmal halb so stark wie von der Regierung prognostiziert, im Jahresverlauf 2002 etwa um 1,3 statt um 2 bis 3 Prozent. Weil dadurch veranschlagte Einnahmen ausbleiben, die Ausgaben dagegen weitersteigen, wird das staatliche Finanzierungsdefizit größer statt kleiner. Damit zeichnet sich ab, dass das am höchsten verschuldete Land Europas, anders als der EU-Kommission versprochen, auch im nächsten Jahr keinen ausgeglichenen Haushalt vorlegen kann.

Mit Amnestien für Umweltsünder, Schwarzarbeiter und vor allem für Schwarzgeld-Milliardäre mit Auslandskonten sorgte Wirtschaftsminister Giulio Tremonti für einen zusätzlichen Input in den Wirtschaftskreislauf. An den strukturellen Problemen des Standorts Italien änderte das allerdings nicht viel: Die überbordende Staatsbürokratie bremst den Strukturwandel, das Banksystem ist ineffizient und überteuert, viele Arbeitnehmer verdienen so wenig, dass sie zwei, drei Jobs parallel ausüben, und keinen davon richtig.

Wie ein Fanal schienen den Italienern denn auch die Meldungen im Frühsommer, der Autoproduzent Fiat habe große Absatzschwierigkeiten und über sechs Milliarden Euro Schulden. Tausende von Arbeitsplätzen stehen seither ebenso in Frage wie die Existenz der italienischen Nationalmarke. Über kurz oder lang, solche Spekulationen verstummen seither nicht mehr, werde Fiat von einem potenten Konkurrenten übernommen, vorzugsweise vom US-amerikanischen Konzern General Motors, der schon ein stattliches Aktienpaket an dem Unternehmen hält und ein Vorkaufsrecht auf den Rest habe. Wenn es Fiat gut geht, so besagt ein langjähriges Sprichwort, gehe es auch Italien gut. Armes Italien.

Jamaika

Botschaft in Deutschland: Schmargendorfer Straße 32, D-12159 Berlin ☎ +49-30-859 94 50 🖷 -85 99 45 40

GEOGRAFIE, BEVÖLKERUNG

Fläche: 10 991 km² **Bevölkerung:** 2,633 Mio. Einw. **Bev.dichte:** 243 Einw./km² **Bev.wachstum:** 0,89 % **In Städten:** 56 % der Bev. **Analphabetenrate:** Männer 17 %, Frauen 9 % **Landessprachen:** Englisch (Amtssprache), Patois **Religionen:** 56 % Protestanten, 5 % Katholiken, 5 % Rastafaris

POLITISCHES SYSTEM

Unabhängig seit dem 6. August 1962. Parlamentarische Monarchie im Commonwealth. Zweikammersystem: Abgeordnetenhaus mit 60 Sitzen, Senat mit 21 ernannten Mitgliedern.
Staatsoberhaupt: Königin Elizabeth II. (seit Februar 1952), vertreten durch Generalgouverneur Sir Howard Cooke (seit August 1991)
Regierungschef: Percival James Patterson (seit März 1992)

MILITÄR

Streitkräfte: 2830 Mann **Militärausgaben** (am BSP): 0,8 %

GESUNDHEIT, SOZIALES

Öffentliche Gesundheitsausgaben (am BIP): 3,1 % **Medizinische Versorgung:** 1,4 Ärzte/1000 Einw. **Armutsrate:** 3,2 % **Säuglingssterblichkeit:** 20/1000 Geburten **Lebenserwartung:** Männer 73 J., Frauen 77 J.

WIRTSCHAFT

Währung: 1 Jamaika-Dollar (J$) = 100 Cents **Kurs** (Mitte 2002): 1 J$ = 0,02 € **BSP:** 6,9 Mrd. US$ **Wachstumsrate des BIP:** 0,8 % **BSP/Kopf:** 2610 US$ **Anteile am BIP:** Landwirtschaft 6 %, Industrie 32 %, Dienstleistungen 62 % **Arbeitslosenquote:** 15,7 % **Inflationsrate:** 5 % **Auslandsschulden:** 4,3 Mrd. US$ **Schuldendienst** (am BIP): 9,2 % **Entwicklungshilfe**: 10 Mio. US$ **Handelsbilanzdefizit:** 1,35 Mrd. US$ **Tourismuseinnahmen:** 1,33 Mrd. US$

AKTUELLE ENTWICKLUNGEN

Jamaika weist seit Jahren eine der höchsten Mordraten weltweit auf: 2001 gab es 1139 registrierte Morde, das war für das Land ein trauriger Rekord. Menschenrechtsorganisationen werfen der Regierung vor, sie schüre die Gewalt, indem sie rücksichtsloses Vorgehen der Polizei sanktioniere. Bei einer Polizeiaktion in West Kingston etwa kamen 27 Menschen ums Leben. Eine Untersuchungskommission fand im Juli 2002 jedoch keine Hinweise für polizeiliche Willkür. Premier Percival Patterson und Oppositionsführer Edward Seaga von der Jamaica Labour Party (JLP) unterzeichneten einen gemeinsamen Plan zur Bekämpfung von Kriminalität und Gewalt sowie einen politischen Verhaltenskodex im Vorfeld der Wahlen, die spätestens im März 2003 stattfinden müssen. Nach diversen Skandalen liegt seine Partei, die People's National Party, in Umfragen klar hinter der JLP.
Im November 2001 verabschiedete das Kabinett von Premier Patterson einen Fünf-Jahres-Plan zur Bekämpfung von HIV. 25 Millionen US-Dollar will die Regierung für Aids-Vorsorge und -Behandlung ausgeben. Jamaika weist mit über 6000 Fällen die zweithöchste Zahl an Infizierten in der Karibik auf.

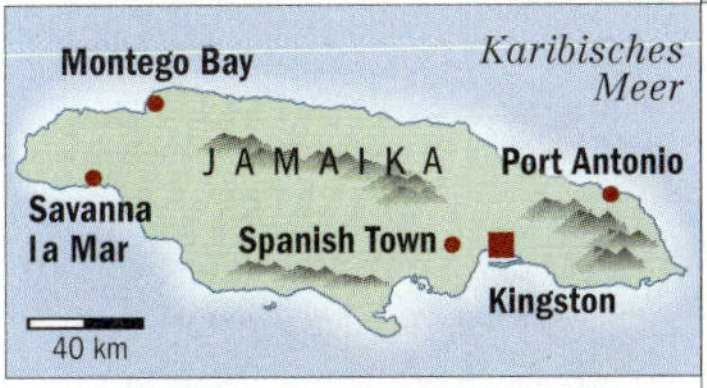

Die Wirtschaft des Landes wuchs nach 5 Jahren Stagnation 2001 um 1,7 Prozent. Hohe Kreditzinsen (2001 im Durchschnitt 20,6 Prozent) hemmen die wirtschaftliche Entwicklung und verteuern die Kreditaufnahme der öffentlichen Hand. Der Tourismus – noch vor der Bauxitproduktion Haupterwerbszweig und -devisenbringer – hat sich nach dem Einbruch infolge der Juli-Unruhen und des 11. Septembers noch nicht wieder erholt. Einen Impuls erhoffte sich die Branche vom 40-jährigen Unabhängigkeitsjubiläum am 6. August 2002. Nach Vorwürfen britischer Diplomaten, Jamaika unternähme zu wenig gegen den Kokainhandel – jeder zehnte Flugpassagier von der Insel schmuggle Drogen ins Vereinigte Königreich –, vereinbarten beide Staaten im Mai 2002 eine Kooperation. Danach erhält Jamaika technische Unterstützung für die Kontrollen auf seinen Flughäfen. Die Insel ist ein zentrales Transitland für den Kokainhandel und größter karibischer Produzent und Exporteur von Marihuana.

Jamaica – Jamaika; Jamaikaner

Nationalfeiertag: erster Montag im August

Zeitzone: MEZ – 6 h

Hauptstadt: Kingston (587 800 Einwohner)

Telefon-Vorwahl: +1876
Kfz-Kennzeichen: JA

Mitgliedschaften: Caricom, OAS, Uno

Premierminister P. J. Patterson

Nippon – Japan; Japaner

Nationalfeiertage: 11. Februar (Tag der Staatsgründung), 23. Dezember (Geburtstag des Kaisers)

Zeitzone: MEZ + 8 h

Hauptstadt: Tokio (7 967 600 Einwohner)

Telefon-Vorwahl: +81
Kfz-Kennzeichen: J

Mitgliedschaften: G-8, OECD, Uno

Japan

Botschaft in Deutschland: Hiroshimastraße 6, D-10785 Berlin
☎ +49-30-21 09 40 🖷 -21 09 42 22

GEOGRAFIE, BEVÖLKERUNG

Fläche: 377 855 km² mit 29 750 km Küste. 2600 km langer Inselbogen im Osten des asiatischen Festlandes mit vier Hauptinseln (Honshu, Hokkaido, Kyushu, Shikoku) und mehr als 3000 kleineren Inseln. Geologisch und tektonisch stellen die japanischen Inseln die Gipfelreihe eines Gebirgsbogens dar. Höchster Berg: Fujisan auf Honshu (3776 m). Japan liegt am Rande einer geologischen Bruchzone; etwa 40 von 240 Vulkanen sind aktiv, Erdbeben häufig. 75 % des Landes sind gebirgig, mit 2 größeren Beckenlandschaften und 8 großen Ebenen. **Verwaltung:** 44 Präfekturen (Ken) und 2 Stadtpräfekturen (Fu): Osaka und Kyoto plus Hauptstadtbezirk (To). Die Präfekturen haben eigene, direkt gewählte Gouverneure **Bevölkerung:** 126,870 Mio. Einw., davon 99 % Japaner, Minderheit von Ainu (Ureinwohner) und Koreanern **Flüchtlinge:** 3200 **In Städten** leben 79 %, **unter 15 J.** sind 15 % der Bev. **Bev.dichte:** 348 Einw./km² **Bev.wachstum:** 0,14 % **Fruchtbarkeitsrate:** 1,4 Geb./Frau **Landessprache:** Japanisch **Religionen:** Japaner gehören häufig mehreren Religionsgemeinschaften an. 84 % Shintoisten und 72 % Buddhisten

Kaiser Akihito mit Ehefrau Michiko

Die größten Städte

Tokio	7 967 600
Yokohama	3 307 100
Osaka	2 602 400
Nagoya	2 152 200
Sapporo	1 757 000
Kyoto	1 463 800
Kobe	1 423 800
Fukuoka	1 284 800
Kawasaki	1 202 800
Hiroschima	1 108 900

POLITISCHES SYSTEM

Parlamentarische Monarchie. Verfassung von 1947 nach US-Vorgaben, die auch die Göttlichkeit des Kaisers beendete. Zweikammersystem »Kokkai«: Unterhaus (»Shugiin«, mit 480 Abg., gewählt auf 4 J.), Oberhaus (»Sangiin«, mit 247 Mitgl., von denen die Hälfte alle 3 J. auf 6 J. gewählt werden). Allg. Wahlrecht ab 20 J. **Staatsoberhaupt:** Kaiser Akihito mit repräsentativen Funktionen als Symbol des Staates und der Einheit des Volkes (seit Januar 1989) **Regierungschef**: Junichiro Koizumi (seit April 2001) **Außenministerin**: Yoriko Kawaguchi

MILITÄR

Allg. Wehrpflicht: nein **Streitkräfte:** 239 800 Mann, davon 148 700

Armee, 45 400 Luftstreitkräfte, 44 200 Marine **Militärausgaben** (am BSP): 1 % **Waffenhandelsanteil** an den Importen 0,1%

GESUNDHEIT, SOZIALES, BILDUNG

Öffentliche Gesundheitsausgaben (am BIP): 5,7 % (1998) **Öffentliche Ausgaben für Bildung u. Erziehung** (am BIP): 3,5 % **Öffentliche Ausgaben für Altersversorgung** (am BIP): 6,9 % (1997) **Medizinische Versorgung:** 1,9 Ärzte, 16,4 Krankenhausbetten/1000 Einw. **Säuglingssterblichkeit:** 4/1000 Geb. **Müttersterblichkeit:** 12/100 000 Geb. **Kinderunterernährung:** k. A. **Armutsrate:** k. A. **Frauenanteil an den Beschäftigten:** 41,4 % **HIV-Infektionsrate:** 0,02 % **Lebenserwartung:** Männer 78 J., Frauen 84 J. **Schulpflicht:** 6 – 15 J. **Einschulungsquote** im Primarbereich 100 %. Das Bildungssystem ist auf die staatlichen Elite-**Universitäten** in Tokio und Kyoto sowie private Spitzenunis in Tokio ausgerichtet.

Premier Junichiro Koizumi

WIRTSCHAFT

Währung: 1 Yen (¥) = 100 Sen **Kurs** (Mitte 2002): 1 ¥ = 0,01 € **BSP:** 4519,1 Mrd. US$ **Wachstumsrate des BIP:** 2,4 % **BSP/Kopf:** 35 620 US$ **Anteile am BIP:** Landwirtschaft 1 %, Industrie 32 %, Dienstleistungen 66 % **Forschung+Entwicklungsausgaben** (am BIP): 2,8 % **Arbeitslosenquote:** 4,8 % **Inflationsrate:** - 0,7 % **Staatseinnahmen** des Zentralhaushalts: 414,42 Mrd. US$ **Einkommensteuer:** 37% **Körperschaftsteuer:** 30 % **Staatsausgaben:** 630,40 Mrd. US$ **Leistungsbilanzüberschuss:** 89,280 Mrd. US$ **Auslandsschulden:** 1854,249 Mrd. US$ **Auslandsvermögen:** 3012,170 Mrd. US$ **Devisenreserven:** 361,639 Mrd. US$ **Ausl. Direktinvestitionen:** 8,227 Mrd. US$ **Börse** (Marktkapitalisierung am BIP): 65,2 % **Energie:** Produktion 104,22 Mio. t ÖE, Verbrauch 515,45 Mio. t ÖE. Anteile am Verbrauch: Kohle 20 %, Öl 48,1 %, Atomenergie 14,1 %, Erdgas 13,8 %, sonstige 4,0 %

Landwirtschaft, Rohstoffe, Industrie:

Nutzfläche 13,4 %, von der Anbaufläche sind 54,6 % bewässert **Hauptanbauprodukte** sind Reis, Kartoffeln, Kohl, Zuckerrüben und Zitrusfrüchte **Bewaldet:** 241 000 km^2 (etwa 2/3 des Landes), jährliche **Aufforstung:** 34 km^2 **Wichtige Industriezweige:** Die Industrie beschäftigt fast ein Drittel aller Arbeitskräfte. Neben Stahlprodukten, Automobil- und Schiffbau ist die Produktion von Industrierobotern, Unterhaltungselektronik, Computern und Telekommunikationseinrichtungen, Chemikalien, Textilien und Lebensmitteln bedeutend **Rohstoffe:** Schwefel, Bauxit, Erdöl, Eisenerz, Kupfer, Kohle

Außenwirtschaft:

Handelsbilanzüberschuss 70,210 Mrd. US$ **Export:** 383,590 Mrd. US$, davon 10,9 % industrielle Vorprodukte, 68,9 % Maschinen und Transportausrüstung (23,2 % Elektrogeräte u. -maschinen, 15,4 % Kfz u. -teile), 8 % Fertigwaren (1998) **Hauptausfuhrländer:** USA (30,5 %), VR China (incl. HK) (11,8 %), Taiwan (6,6 %), Deutschland (4,9 %) (1998) **Hightech-Exporte:**

Akashi-Kaikyo-Brücke – die längste Hängebrücke der Welt verbindet die Hauptinsel Honshu mit der kleinen Insel Awaji

127,368 Mrd. US$ **Import:** 313,380 Mrd. US$, davon 15,3 % Brennstoffe, 27,6 % Maschinen und Transportausrüstung, 14,6 % Fertigwaren **Hauptlieferländer:** USA (23,9 %), VR China (13,2 %), Australien (4,6 %), Südkorea (4,3 %) (1998)

VERKEHR

Die vier Hauptinseln sind durch Brücken oder Tunnel verbunden. **Schienennetz**: 20161 km. Die Eisenbahngesellschaft Japan Railways Group ist seit 1987 privatisiert (6 Passagiergesellschaften, eine Frachtgesellschaft). Seit 1971 wird an einem »Super-Express«-Netz (7000 km) gearbeitet, das alle großen Städte verbinden soll. Der »Shinkansen« (Spitze der neuesten Modelle 400 km/h) verbindet bereits Tokio–Osaka–Hakata, Tokio–Morioka, Omiya–Niigata, Ueno–Tokio, Fukushima–Yamagata. Metro-Systeme in 9 Großstädten. **Straßennetz:** 1 161 894 km, davon befestigt: 46 %. 6114 km Autobahnen und 53 400 km »Highways«. Der längste Meerestunnel der Welt (54 km) verbindet seit 1985 die Inseln Honshu und Hokkaido, die längste Hängebrücke der Welt (Spannweite 1990 m) seit 1998 die Hafenstadt Kobe und die Insel Awaji. **Motorisierung:** 560 Kfz/1000 Einw.

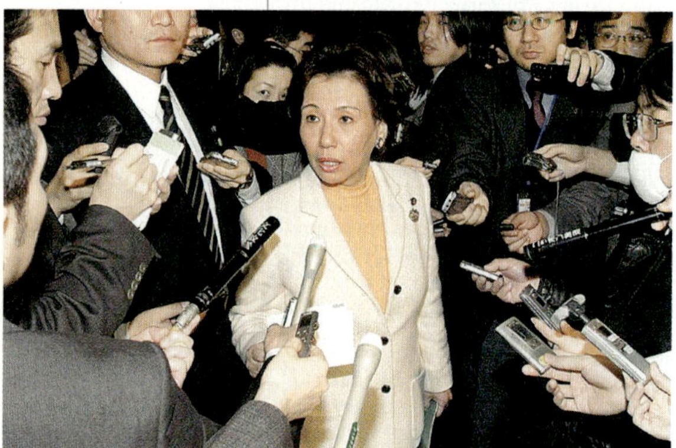

Entlassene Außenministerin Tanaka

Luftverkehr: 3 internationale Flughäfen in Tokio-Haneda, Tokio-Narita und Osaka-Kansai. Der 1994 eröffnete Kansai-Airport, in der Bucht von Osaka auf einer künstlichen Insel erbaut, versinkt langsam im Meer: seit Baubeginn 1987 bereits um 11,5 Meter (2001). Der 15,8 Mrd. US$ teure Off-shore-Flughafen erforderte seit Inbetriebnahme Reparaturen in Höhe von weiteren 2,4 Mrd. US$. Die Fluggesellschaften All Nippon Airways (ANA) und die Japan Airlines (JAL) gehören zu den größten der Welt. Beförderte Passagiere: 108,413 Mio. **Schifffahrt:** Wichtigste Seehäfen in Nagoya, Osaka, Tokio, Yokohama. Die Japaner besitzen nach Griechenland die zweitgrößte Handelsflotte der Welt: 2880 Schiffe mit 101,3 Mio. tdw. **Binnenwasserwege:** rund 1770 km

KOMMUNIKATION

Auf 1000 Einw. kommen 956 **Rundfunk-**, 725 **Fernsehgeräte**, 596,9 **Telefonanschlüsse**, 571,7 **Mobiltelefone**, 348,7 **PC** und 55,9 **Internet-Zugänge IuK-Ausgaben** (am BIP): 8,3 %

Es erscheinen 122 **Tageszeitungen** mit einer Gesamtauflage von rund 72,4 Mio. Exemplaren. Die größten Tageszeitungen und ihre Auflagen (in Mio):

Yomiuri Shimbun (Tokio) 10,2
Asahi Shimbun (Tokio) 8,3
Mainichi Shimbun (Tokio) 4,0
Nihon Keizai Shimbun (Tokio) 3,0
Chunichi Shimbun (Nagoya) 2,7

Nachrichtenagenturen: Jiji Tsushin, Kyodo Tsushin, Radiopress Inc., Sun Telephoto (alle in Tokio)

UMWELT, TOURISMUS

Geschützte Gebiete: 6,8% der Landesfläche **Energieverbrauch/Kopf:** 4 070 kg ÖE **CO_2-Emission:** 1 133,5 Mio. t **Verwendung des Süßwassers:** Landwirtschaft 64 %, Industrie 17 %, Haushalte 19 % **Tourismus:** 4,757 Mio. Besucher, 3,374 Mrd. US$ Einnahmen

AKTUELLE ENTWICKLUNGEN

Innenpolitik: Die Hoffnung der Japaner auf einen Neubeginn unter Premier Junichiro Koizumi wurden weitgehend enttäuscht. Statt das zweitgrößte Industrieland aus seiner über zehnjährigen Strukturkrise zu befreien, verspielte der Neue politischen Kredit durch Kompromisse mit seiner seit 1955 fast ununterbrochen regierenden Liberaldemokratischen Partei (LDP).

Noch Anfang 2002 jubelten die Japaner den forschen Slogans zu, mit denen ihr Polit-Idol unermüdlich »schmerzhafte Reformen« versprach. Doch die Verehrung für Koizumi sank, als er Ende Januar 2002 seine Außenministerin Makiko Tanaka auf ungalante Weise entließ. Die populäre Tochter des verstorbenen Ex-Premiers Kakuei Tanaka (1972–1974) hatte enthüllt, wie der mächtige LDP-Politiker

Muneo Suzuki in ihr Ressort hineinregierte.
Den Bruch mit dem weiblichen Aushängeschild seiner Reformpolitik bezahlte Koizumi teuer: In Umfragen sackte seine Beliebtheit von anfangs 80 Prozent auf unter die Hälfte.
Die Skandale um Suzuki und auch andere LDP-Größen offenbarten ein Geflecht von Korruption zwischen LDP, Bürokratie und Wirtschaft. Die LDP, bei der es sich um ein Bündnis von Interessengruppen handelt, wird immer mehr zu einer Art Einheitspartei. Ihre historische Rolle hat die Partei ausgespielt: Einst schwörte sie ihre breit gefächerte Klientel mit Hilfe üppiger Wahlgeschenke auf das nationale Ziel des wirtschaftlichen Aufstiegs ein. Doch jetzt blockieren sich Reformer und Bremser.
So gelang es Premier Koizumi nur unter Androhung einer Parteispaltung, Reformentwürfe wie die Lockerung des staatlichen Postmonopols im Parlament einzubringen. Die Liberalisierung der Post gilt als vordringliche Aufgabe in Japan: Weil die gigantischen Spareinlagen der Post vom Staat häufig für unproduktive öffentliche Bauvorhaben verwendet werden, fehlt Geld für zukunftsträchtige Investitionen. Doch die Reform, die das Kabinett Koizumi dem Parlament im Juli 2002 vorlegte, war von der alten, aber mächtigen Garde der LDP zuvor durch eingebaute Fußfesseln praktisch in ihr Gegenteil verkehrt worden. »Die Liberalisierung der Post ist in noch weitere Ferne gerückt«, kritisierte die Wirtschaftszeitung *Nihon Keizai*.

Außen- und Sicherheitspolitik: Tokio setzt zunehmend auf militärische Stärke und schürt damit das Misstrauen der asiatischen Nachbarn. Als Reaktion auf die Terroranschläge gegen die USA vom 11. September 2001 entsandte Japan Kriegsschiffe in den Indischen Ozean. Erstmals seit dem Zweiten Weltkrieg kamen somit japanische Soldaten in einer Konflikt-Region zum Einsatz. Dagegen hatte sich Japan noch beim Golfkrieg 1991 unter Hinweis auf seine pazifistische Verfassung mit finanzieller Hilfe für die Anti-Irak-Koalition begnügt. Allerdings war die logistische Hilfe im Afghanistan-Konflikt eher von symbolischer Bedeutung: Zu Kampfeinsätzen dürfen Nippons Selbstverteidigungsstreitkräfte nach wie vor nicht ausrücken. Im Zuge der demonstrativen militärischen Anlehnung an die USA brachte Koizumi Notstandsgesetze im Parlament ein, die jedoch auf Widerstand stießen und daher nicht, wie geplant, bis zum Sommer 2002 verabschiedet werden konnten. Mit leichtfertigen Äußerungen, wonach Japan seine so genannten drei nichtnuklearen Grundsätze überdenken könne, rief Regierungssprecher Yasuo Fukuda heftige Kritik hervor. Den drei Prinzipien zufolge verzichtet Japan bislang auf Bau, Lagerung und Einfuhr von Atomwaffen.
Durch größere Nähe zur einstigen Besatzungsmacht USA will Koizumi den sinkenden politischen Einfluss seines Landes in Ostasien erhöhen. Vor allem der Aufstieg der rivalisierenden Großmacht China beunruhigt Tokio: Im November 2001 vereinbarte Peking mit Asean, der Organisation südostasiatischer Staaten, die größte Freihandelszone der Welt mit rund 1,7 Milliarden Menschen bis zum Ende der Dekade; Japan als Nicht-Mitglied bleibt außen vor und versucht Alternativen: Im Januar 2002 schloss es ein Freihandelsabkommen mit Singapur; ähnliche Verträge strebt es mit Ländern wie Südkorea an.
Brisant bleibt das Verhältnis zwischen Japan und dem stalinistischen Nordkorea. Im Dezember 2001 versenkte die

USS »Antietam« und japanischer Tanker JDS »Hamana« beim Tankmanöver auf See

Umstrittener Besuch des Premiers Koizumi am Yasakuni-Schrein (mit Shinto-Priester)

Neuer menschlicher Roboter (Asimo P3) von Honda

japanische Küstenwache im Ostchinesischen Meer ein angeblich nordkoreanisches Schiff, das in japanischen Gewässern Spionage getrieben oder mit Drogen geschmuggelt haben soll. Dabei kam die gesamte 15-köpfige Besatzung des fremden Schiffes um. Durch die Bergung des Wracks – die Vorarbeiten dafür begannen im Juli 2002 – will Tokio klären, in welcher Mission der Eindringling unterwegs war. Überdies beschuldigt Japans Regierung Pjöngjang, mindestens elf japanische Staatsbürger nach Nordkorea entführt zu haben. Bevor diese Fälle geklärt seien, warnte Premier Koizumi, werde es keine Normalisierung der Beziehungen zwischen beiden Ländern geben.

Politisch manövrierte sich Japan in Asien auch deshalb wiederholt ins Abseits, weil es sich nur halbherzig für Kriegsgräuel im Zweiten Weltkrieg entschuldigt. Zwar stattete Premier Koizumi China und Südkorea seit Herbst 2001 versöhnliche Besuche ab. Auf diese Weise wollte er die Wunden heilen, die er mit seiner umstrittenen Visite am Yasukuni-Schrein in Tokio im August 2001 gerissen hatte. An der Gedenkstätte für Japans gefallene Kriegshelden werden auch die 1948 hingerichteten Hauptkriegsverbrecher als shintoistische Gottheiten verehrt. Doch mit einem erneuten Yasukuni-Besuch im April 2002 reizte Koizumi die Nachbarn abermals.

Auch die gemeinsame Rolle Japans und Südkoreas als Gastgeber der Fußballweltmeisterschaft 2002 vermochte die gegenseitige Abneigung der historischen Rivalen nicht wirklich zu beenden. So rang sich Tokio trotz koreanischen Drängens nicht dazu durch, Kaiser Akihito zur feierlichen WM-Eröffnung in Seoul zu entsenden; Nippons Regierung wollte den Tenno nicht einer Demütigung im Falle antijapanischer Proteste aussetzen.

Wirtschaft: Der rasante Aufstieg Chinas zwingt Japans Konzerne zum Umdenken. Viele Firmen lagern lohnintensive Fertigungen in das benachbarte Billiglohn-Land aus. So kündigte Minolta an, seine preisgünstigen Kameras künftig in China zu produzieren. So wird Japan als Industrie-Standort in Frage gestellt. Zugleich vertieft sich die Kluft zwischen den Gewinnern und Verlierern der Japan-Krise: Autohersteller wie Toyota und Honda oder Foto- und Elektronikfirmen wie Canon und Ricoh trotzen der Flaute, indem sie sich auf ihr traditionelles Kerngeschäft konzentrieren. Allein Toyota wies im Geschäftsjahr 2001 (31. März 2002), einen Rekordgewinn vor Steuern von über einer Billion Yen aus. Von der Zahl seiner weltweit verkauften Autos überflügelte Nippons Autoriese erstmals DaimlerChrysler als Nummer drei hinter General Motors und Ford.

Neues FOMA-Handy des Telekommunikationsriese NTT-Docomo

Andererseits hemmen hoch verschuldete Branchen wie die Bauindustrie und der Einzelhandel den nötigen Umbau der »Japan AG«. Finanzexperten in Tokio sprechen gar von der Notwendigkeit, marode Firmen durch eine Auffanggesellschaft nach Vorbild der einstigen deutschen Treuhand vorübergehend zu verstaatlichen. Denn ohne eine gigantische Sanierungsaktion dürfte es Nippons Banken kaum gelingen, sich von der wachsenden Last Not leidender Kredite zu befreien.

Allein im Geschäftsjahr 2001/2002 wiesen die 7 Spitzenbanken faule Kredite von 27 Billionen Yen aus. Aus ihrer Misere suchen sich die Institute mit Großfusionen zu befreien: So schlossen sich Daiichi-Bank, Fuji Bank und Industrial Bank of Japan zur Mizuho Holdings zusammen – nach der Bilanzsumme angeblich die größte Bank der Welt. Aber von der Profitabilität her rangieren Nippons Mega-Banken weit hinter westlichen Konkurrenten.

Im Frühjahr 2002 deuteten günstige Wirtschaftsdaten auf eine Erholung der Konjunktur hin. Vor allem dank der Exporte in die USA stieg das Bruttoinlandsprodukt gegenüber dem Vorjahr erstmals wieder (mit 1,4 Prozent im ersten Quartal). Solange Tokio indes Strukturreformen, vor allem im Bankensektor, scheut, überwiegt Skepsis: Im Juni 2002 demütigte die US-Ratingagentur Moody's Asiens einstige »Nummer Eins«, indem sie die Bewertung japanischer Staatsanleihen herabstufte – hinter Papiere von Botswana – und auf den gleichen Rang mit Israel und Griechenland. Denn mit fast 140 Prozent des Bruttoinlandsprodukts hat sich Japan so dramatisch verschuldet wie kein anderes führendes Industrieland.

Gesellschaft: Eher staunend als stolz reagierte die japanische Nation im Dezember 2001 auf die PISA-Studie, bei der Nippons Schüler in Mathematik im internationalen Vergleich am besten abschnitten. Denn trotz der guten Leistungen ihres Nachwuchses klagen die Japaner über die Krise ihres nationalen Bildungssystems: Heimische Pädagogen führen die guten PISA-Resultate vor allem darauf zurück, dass japanische Kinder von klein auf dazu gedrillt würden, schriftliche Aufgaben mechanisch zu lösen. Dagegen seien ihre Leistungen in solchen Fächern schlecht, in denen es auf die Fähigkeit zum individuellen Ausdruck ankomme.

Auch Japans Wirtschaft kritisiert die Schulen: Vor lauter Förderung des breiten Durchschnitts vernachlässigten sie die Ausbildung der begabten Elite. Überdies empörten sich viele Eltern über die Einführung der Fünftagewoche in den staatlichen Schulen ab April 2002: Durch eine »Erziehung des geistigen Freiraums« (»yutori no kyoiku«) will das Kultusministerium die sture Paukerei eindämmen. Nippons Eltern fürchten indes, dass sich durch erhöhte Freizeit die Chancen ihres Nachwuchses bei den schweren Eingangsexamina der Eliteuniversitäten verschlechtern. Statt ihre Kinder an freien Samstagen unbeschwert ausschlafen zu lassen, schicken sie diese nun vermehrt auf die landesweit rund 49 000 privaten Paukschulen (»Juku«).

Erleichtert vernahm die Nation im Dezember 2001 die frohe Kunde von der Geburt kaiserlichen Nachwuchses. Darauf hatten die Japaner seit der Hochzeit von Kronprinz Naruhito und Ehefrau Masako 1993 gewartet, auch wenn statt des ersehnten männlichen Thronfolgers Töchterchen Aiko zur Welt kam. Die Nachwuchssorgen teilt das Kaiserhaus mit den Untertanen: Laut Statistik im Jahr 2001 bringt die moderne Japanerin 1,33 Kinder zur Welt – so wenige wie nie zuvor. Hält der Babyschwund an, könnte das 127-Millionen-Volk ab 2007 schrumpfen. Die »japanische Rasse«, warnte Sozialminister Chikara Sakaguchi, drohe auszusterben.

Kronprinz Naruhito und Ehefrau Masako mit Tochter Aiko

Zu Nippons Hoffnungsträgern zählte dagegen Regisseur Hayao Miyazaki. Dessen Trickfilm »Sen to Chihiro« erhielt im Februar 2002 auf der Berlinale den Goldenen Bären. Der Kinohit, in dem ein kleines Mädchen Japan vom Fluch des Materialismus erlöst, spielte in Japan bis Ende 2001 über 227 Millionen Dollar ein – und wurde zum erfolgreichsten nicht-amerikanischen Film aller Zeiten.

Plakat zum Trickfilm »Sen to Chihiro«

Al-Jumhuriya al-Yamaniya – Republik Jemen; Jemeniten

Nationalfeiertag: 22. Mai (Tag der Republik)

Zeitzone: MEZ + 2 h

Hauptstadt: Sanaa (926 600 Einwohner)

Telefon-Vorwahl: +967

Mitgliedschaft: Uno

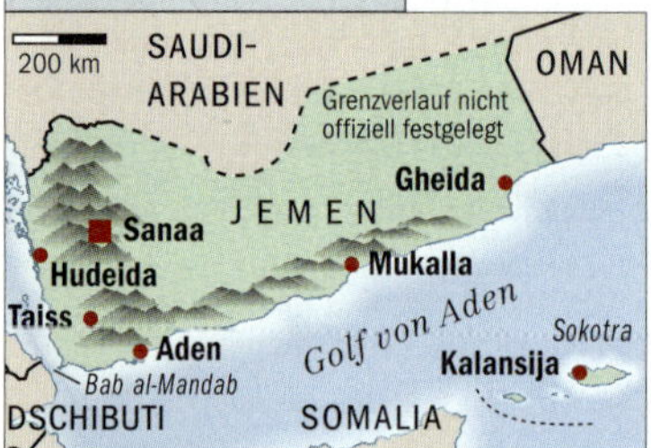

Jemen

Botschaft in Deutschland: Rheinbabenallee 18, D-14199 Berlin ☎ +49-30-89 73 05 0 🖷 -89 73 05 62

GEOGRAFIE, BEVÖLKERUNG

Fläche: 536 869 km². Das Land besteht aus einem 40 bis 70 km breiten, halbwüstenartigen Küstenstreifen (Tihama) und dem Hochland mit der höchsten Erhebung der arabischen Halbinsel (Nabi Schueib, 3760 m), das zu den Wüsten Saudi-Arabiens hin abfällt. An die Südküste, am Golf von Aden, schließt sich im Osten die Tafel von Hadramaut mit tief eingeschnittenen, fruchtbaren Wadis an. **Verwaltung:** 17 Provinzen **Bevölkerung:** 17 507 Mio. Einw., überwiegend jemenitische Araber **Flüchtlinge:** 69 468 **In Städten** leben 25 %, **unter 15 J.** sind 50 % der Bev. **Bev.dichte:** 33 Einw./km² **Bev.-wachstum:** 4,07 % **Fruchtbarkeitsrate:** 6,2 Geb./Frau. **Landessprachen:** Hocharabisch und jemenitischer Dialekt **Religionen:** (Der Islam ist Staatsreligion) fast ausschließlich Muslime , wenige Christen, Juden und Hindus

POLITISCHES SYSTEM

Republik auf der Grundlage des islamischen Rechts (Scharia). Verfassung von 1994, geändert 2000. Allg. Wahlrecht, auch für Frauen, ab 18 J. Parlament (»Majlis al-Nuwaab«) mit 301 Mitgliedern. Direktwahl des Staatsoberhaupts alle 7 J.
Staatsoberhaupt: Ali Abdullah Salih (seit Mai 1990)
Regierungschef: Abd al-Kadir Ba Dschamal (seit April 2001)
Außenminister: Abu Bakr al-Kurbi

MILITÄR

Wehrpflicht: 3 Jahre **Streitkräfte:** 54 000 Mann, davon 49 000 Armee, 3500 Luftwaffe, 1500 Marine **Militärausgaben** (am BSP): 6,1 %

GESUNDHEIT, SOZIALES, BILDUNG

Öffentliche Gesundheitsausgaben (am BIP): 2,4 % **Öffentliche Ausgaben für Bildung und Erziehung** (am BIP): 6,7 % **Medizinische Versorgung:** 0,2 Ärzte, 0,6 Krankenhausbetten/1000 Einw. **Säuglingssterblichkeit:** 76/1000 Geb. **Müttersterblichkeit:** 850/100 000 Geb. **Kinderunterernährung:** 46 % **Kinderarbeit:** 19 % **Armutsrate:** 15,7 % **Frauenanteil an den Beschäftigten:** 28,1 % Zugang zu **sauberem Trinkwasser** haben 85 % der städtischen, 64 % der ländlichen Bev., zu **sanitären Anlagen** 87 % bzw. 31 % **HIV-Infektionsrate:** 0,01 % **Lebenserwartung:** Männer 56 J., Frauen 57 J. **Schulpflicht:** 6 – 15 J. **Einschulungsquote** im Primarbereich 61 % **Analphabetenrate:** Männer 32 %, Frauen 75 % **Universitäten:** in Aden und Sanaa

WIRTSCHAFT

Währung: 1 Jemen-Rial (Y.RI) = 100 Fils **Kurs** (Mitte 2002): 1 Y.RI = 0,006 € **BSP:** 6,6 Mrd. US$ **Wachstumsrate des BIP:** 5,1 % **BSP/Kopf:** 370 US$ **Anteile am BIP:** Landwirtschaft 15 %, Industrie 46 %, Dienstleistungen 38 % **Forschung+Entwicklungsausgaben** (am BIP): k. A. **Arbeitslosenquote:** 25 % **Inflationsrate:** 11,9 % **Staatseinnahmen:** 1,761 Mrd. US$ **Steueraufkommen** (am BIP): 9,7 % **Staatsausgaben:** 2,011 Mrd. US$ **Leistungsbilanzüberschuss:** 1,862 Mrd. US$ **Auslandsschulden:** 5,615 Mrd. US$ **Schuldendienst** (am BSP): 3 % **Devisenreserven:** 2.914 Mio. US$ **Empf. Hilfsgelder:** 265 Mio. US$ **Energie:** Produktion 20,25 Mio. t ÖE, Verbrauch 3,14 Mio. t ÖE

Landwirtschaft, Rohstoffe, Industrie:

Nutzfläche: 3,1 %, von der Anbaufläche sind 29 % bewässert **Produkte:** Sorghum, Gemüse, Früchte, Kat **Bewaldet:** 4 000 km², jährliche **Rodung:** 92 km² **Rohstoffe:** Erdöl, Erdgas, Salz, Kupfer, Blei, Zink, Gold, Schwefel

Präsident
Ali Abdullah Salih

Außenwirtschaft:

Handelsbilanzüberschuss 1,61 Mrd. US$ **Export:** 4,094 Mio. US$, davon 94,3 % Rohöl, 2,4 % Nahrungsmittel (1995) **Hauptausfuhrländer:** VR China (23,3 %), Südkorea (19,1 %), Japan (12,3 %) (1995) **Import:** 2,48 Mrd. US$, davon 20,4 % Maschinen u. Transportmittel, 15,2 % industr. Vorprodukte, 36,2 % Nahrungsmittel **Hauptlieferländer:** VAE (14,2%), Saudi-Arabien (9,7 %), USA (7,7 %) (1995)

VERKEHR

Schienennetz: keine Eisenbahnen **Straßennetz:** 67 000 km, davon 11,5 % befestigt **Motorisierung:** 34 Kfz/1000 Einw. **Internationaler Flughafen** Bedeutender **Seehafen:** Aden

KOMMUNIKATION

Auf 1000 Einw. kommen 65 **Rundfunk-**, 283 **Fernsehgeräte**, 16,7 **Telefonanschlüsse**, 8 **Mobiltelefone**, 1,7 **PC IuK-Ausgaben** (am BIP): k. A. Größte **Tageszeitung:** *Al-Jumhurija* (Auflage: 100 000 Exemplare) **Nachrichtenagenturen:** Aden News Agency, Saba News Agency

UMWELT, TOURISMUS

Geschützte Gebiete: 0 % der Landesfläche **CO_2-Emission:** 14,2 Mio. t **Verwendung des Süßwassers:** Landwirtschaft 92 %, Industrie 1 %, Haushalte 7 % **Tourismus:** 73 000 Besucher, 76 Mio. US$ Einnahmen

AKTUELLE ENTWICKLUNGEN

Staatspräsident Ali Abdullah Salih schlug einen härteren Kurs gegen Geiselnehmer ein, um die häufigen Entführungen ausländischer Touristen und Arbeitnehmer – seit 1993 etwa 200 Fälle – einzudämmen. Im Dezember 2001 rückten jemenitische Streitkräfte mit Kampfhubschraubern gegen ein Dorf in der Provinz Marib vor, in dem ein entführter deutscher Ingenieur vermutet wurde. Die Staatsanwaltschaft forderte für seine fünf Geiselnehmer die Todesstrafe.

Den Nord-Süd-Konflikt im eigenen Land versuchte Salih, durch seine Reisediplomatie zu entspannen: Im Berichtsjahr verbrachte der Präsident fast ebenso viel Zeit im südjemenitischen Aden wie in Sanaa. Aden wurde zudem zur zollfreien Zone erklärt. Mehrere Sezessionsführer, die 1994 für die erneute Unabhängigkeit Südjemens gekämpft hatten, durften aus dem Exil zurückkehren.

Nach dem 11. September kursierten Gerüchte, nach denen US-amerikanische Vergeltungsschläge auf den Jemen bevorstünden. Zwar blieben diese aus, doch Washington setzte die jemenitische Regierung massiv unter Druck, die Qaida-Zellen im Land aufzulösen. Denn nach Erkenntnissen amerikanischer Sicherheitsdienste existieren in abgelegenen Wüsten- und Bergregionen noch immer Rückzugs- und Ausbildungslager. Manche Stämme, die hier weitgehend autonom agieren, gewähren auch flüchtigen Extremisten vorübergehend Gastfreundschaft.

Das amerikanische FBI setzte die Suche nach den Verantwortlichen für den Angriff auf das Kriegsschiff USS »Cole« im Hafen von Aden fort, bei dem 17 US-Marinesoldaten im Oktober 2000 ums Leben kamen. Als Täter werden jemenitische Islamisten vermutet.

Bergung der USS »Cole«

Am 27. November 2001 unterzeichneten Staatspräsident Salih und US-Präsident George W. Bush in Washington ein Abkommen, das den Jemen verpflichtet, militärisch gegen muslimische Extremisten vorzugehen. Im Gegenzug sicherten die Vereinigten Staaten weitere Wirtschaftshilfe zu. Im Dezember 2001 kam es erstmals zu Kämpfen zwischen Regierungstruppen und al-Qaida-Anhängern. Anfang März 2002 gaben die USA bekannt, Sanaa auch militärisch helfen zu wollen. Etwa 100 Militärberater und -ausbilder sollen – zusätzlich zu den seit Oktober 2000 anwesenden FBI-Beamten – die jemenitischen Sicherheitskräfte unterstützen. Außerdem sicherte der US-Befehlshaber der Operation »Enduring Freedom«, General Tommy Franks, die Bereitstellung von militärischer Ausrüstung sowie von Ersatzteilen für Panzer und F-5-Kampfbomber zu. Als der amerikanische Vizepräsident Richard Cheney am 14. März 2002 mit Präsident Salih zusammentraf, wiederholte Letzterer seine Kritik an einem eventuellen US-Angriff auf den Irak – Sanaa stand im Golfkrieg 1991 auf Seiten Bagdads.

Al-Mamlaka al-Urdunnya al-Hashimiya – Haschemitisches Königreich Jordanien; Jordanier

Nationalfeiertag: 25. Mai

Zeitzone: MEZ +1 h

Hauptstadt: Amman (1 430 000 Einwohner)

Telefon-Vorwahl: +962
Kfz-Kennzeichen: JOR

Mitgliedschaft: Uno

König Abdullah II.

Jordanien

Botschaft in Deutschland: Heerstraße 201, D-13595 Berlin
☎ +49-30-369 96 00 🖷 -36 99 60 11

GEOGRAFIE, BEVÖLKERUNG

Fläche: 89 342 km², davon rund 90 % Wüste **Verwaltung:** 12 Gouvernements **Bevölkerung:** 4,887 Mio. Einw., davon 98 % Araber, 1 % Tscherkessen, 1 % Armenier **Flüchtlinge:** 1067 **In Städten** leben 74 %, **unter 15 J.** sind 40 % der Bev. **Bev.dichte:** 55 Einw./km² **Bev.wachstum:** 2,8 % **Fruchtbarkeitsrate:** 3,7 Geb./Frau **Landessprachen:** Hocharabisch (Amtssprache), levantinisches Arabisch **Religionen:** mehr als 90 % Sunniten, wenige Schiiten, 8 % Christen

POLITISCHES SYSTEM

Parlamentarische Monarchie seit 1952. Wahlrecht ab 19 J. Abgeordnetenhaus mit 80 Sitzen (Wahl alle 4 J.) und Senat mit 40 Mitgl., die für 8 bzw. 4 J. vom König ernannt werden.
Staatsoberhaupt: König Abdullah II. (seit Februar 1999)
Regierungschef: Ali Abu al-Raghib (seit Juni 2000)
Außenminister: Marwan Muaschir

MILITÄR

Allg. Wehrpflicht bis 40 J. **Streitkräfte:** 100 240 Mann, davon 84 700 Armee, 15 000 Luftwaffe, 540 Marine **Militärausgaben** (am BSP): 9,2 %

GESUNDHEIT, SOZIALES, BILDUNG

Öffentliche Gesundheitsausgaben (am BIP): 3,6 % **Öffentliche Ausgaben für Bildung und Erziehung** (am BIP): k. A. **Öffentliche Ausgaben für Altersversorgung** (am BIP): 4,2 % **Medizinische Versorgung:** 1,7 Ärzte, 1,8 Krankenhausbetten/1000 Einw. **Säuglingssterblichkeit:** 25/1000 Geb. **Müttersterblichkeit:** 41/100 000 Geb. **Kinderunterernährung:** 5 % **Kinderarbeit:** k. A. **Armutsrate:** <2 % **Frauenanteil an den Beschäftigten:** 24,6 % Zugang zu **sauberem Trinkwasser** haben 100 % der städtischen, 84 % der ländlichen Bev., zu **sanitären Anlagen** 100 % bzw. 98 % **HIV-Infektionsrate:** 0,02 % **Lebenserwartung:** Männer 70 J., Frauen 73 J. **Schulpflicht:** 6–16 J. **Einschulungsquote** im Primarbereich 64 % **Analphabetenrate:** Männer 5 %, Frauen 16 % **Universitäten**: 5 staatliche und 12 private

WIRTSCHAFT

Währung: 1 Jordan-Dinar (JD.) = 1000 Fils **Kurs** (Mitte 2002): 1 JD. = 1,52 € **BSP:** 8,4 Mrd. US$ **Wachstumsrate des BIP:** 3,9 % **BSP/Kopf:** 1710 US$ **Anteile am BIP:** Landwirtschaft 2 %, Industrie 25 %, Dienstleistungen 73 % **Forschung+Entwicklungsausgaben** (am BSP): k. A. **Arbeitslosenquote:** 13,2 % **Inflationsrate:** 1,8 % **Staatseinnahmen:** k. A. **Steueraufkommen** (am BIP): 19,8 % **Staatsausgaben:** k. A. **Leistungsbilanzüberschuss:** 405 Mio. US$ **Auslandsschulden:** 8,226 Mrd. US$ **Schuldendienst** (am BSP): 8 % **Devisenreserven:** 3,441 Mrd. US$ **Empf. Hilfsgelder:** 552 Mio. US$. **Energie:** Produktion 0,29 Mio. t ÖE, Verbrauch 4,87 Mio. t ÖE

Landwirtschaft, Rohstoffe, Industrie:

Nutzfläche 4,3 %, von der Anbaufläche sind 19,5 % bewässert. **Produkte:** Früchte, Gemüse, Getreide **Bewaldet:** 1000 km², jährliche **Rodung:** k. A. **Rohstoffe:** Phosphat, Pottasche, Ölschiefer **Industrie:** Ölraffinerien, Zementproduktion

Außenwirtschaft:

Handelsbilanzdefizit 1,460 Mrd. US$ **Export:** 1,832 Mrd. US$, davon 32,1 % Chemie, 21,2 % Phosphate u. Pottasche, 10,5 % industrielle Vorprodukte **Hauptausfuhrländer:** Indien (15,9 %), Irak (9,3 %), Saudi-Arabien (8,5 %) **Import:** 3,292 Mrd. US$, davon 24,2 % Maschinen u. Transportmittel, 16,3 % Nahrungsmittel, 15,6 % Kraft- und Schmierstoffe **Hauptlieferländer:** Irak (14,8 %), Deutschland (11,5 %), USA (9,9 %)

VERKEHR

Schienennetz: 293 km **Straßennetz:** 7245 km, davon 100 % befestigt **Motorisierung:** 68 Kfz/1000 Einw. Internationale **Flughäfen:** Amman, Akaba **Fluglinie:** Royal Jordanian Airlines **Seehafen:** Akaba **Binnenschifffahrt:** k. A.

KOMMUNIKATION

Auf 1000 Einw. kommen 372 **Rundfunk-**, 84 **Fernsehgeräte**, 127,4 **Telefonanschlüsse**, 143,9 **Mobiltelefone**, 32,8 **PC** **IuK-Ausgaben** (am BIP): k. A. Größte **Tageszeitung:** *al-Rai* (Auflage: 100 000 Exemplare) **Nachrichtenagentur:** Jordan News Agency (Petra)

UMWELT, TOURISMUS

Geschützte Gebiete: 3,4 % der Landesfläche **CO_2-Emission:** 13,9 Mio. t **Verwendung des Süßwassers:** Landwirtschaft 75 %, Industrie 3 %, Haushalte 22 % **Tourismus:** 1,427 Mio. Besucher, 722 Mio. US$ Einnahmen

AKTUELLE ENTWICKLUNGEN

Das Schlüsselland zwischen Krisenherd Israel-Palästina, dem unberechenbaren Irak, den anfälligen Golfmonarchien und der arabischen Levante-Großmacht Syrien geriet nach den Anschlägen vom 11. September vorigen Jahres in gefährliche Gewässer. Zwischen der palästinensischstämmigen Bevölkerungshälfte und der Regierung kam es zu Spannungen. Denn die über die einseitige proisraelische Haltung der US-Regierung aufgebrachten Palästinenser demonstrierten in Amman für Terroristen-Rädelsführer Osama Bin Laden, verbrannten US-Fahnen und zwangen König Abdullah II., den bereits weit gediehenen Normalisierungsprozess mit Israel drastisch abzubremsen.

Die Touristenströme aus dem benachbarten Israel versiegten über Nacht, der Handelsaustausch mit dem Judenstaat und den israelisch kontrollierten Palästinensergebieten kam zum Erliegen. Die Medien behandelten Israel wie vor dem Friedensvertrag de facto wieder als Feindesland.

Mit dem wachsenden Blutzoll des israelisch-palästinensischen Schlagabtausches und dem zunehmenden politischen Druck der einflussreichen Nachbarn Syrien und Ägypten stellte sich der Haschemitenkönig ostentativ auf die Seite des von Israel-Premier Ariel Scharon und US-Präsident George W. Bush als Terrorismus-Begünstigter verteufelten Palästinenserführers Jassir Arafat. Im Frühjahr zeichnete sich eine alle Staatsbürger, auch die Stammbevölkerung des alten transjordanischen Kernlandes umfassende Volkswut ab über die Untätigkeit der arabischen Regierungen angesichts der brutalen Vorgehensweise der israelischen Besatzer. Jordanien zog seinen Botschafter aus Tel Aviv ab und schloss sich den von Ägypten, Saudi-Arabien und Syrien getragenen Friedensoffensiven an.

Demonstration für al-Qaida-Chef Osama Bin Laden in Amman

Gleichzeitig lehnte König Abdullah die Angriffspläne der Amerikaner gegen das Regime des in Jordanien immer noch populären irakischen Staatspräsidenten Saddam Hussein ab. Zwar beteiligte sich die jordanische Armee an Manövern mit US-Streitkräften, weigerte sich aber hartnäckig, sein Territorium für den drohenden amerikanischen Feldzug gegen Bagdad als Ausgangsbasis zur Verfügung zu stellen. Zu wichtig sind die für beide Seiten ergiebigen Handelsbeziehungen. Saddam Hussein schickt das dringend benötigte Gratisöl, und Jordaniens Kaufleute verdienen am Transithandel. Die Arbeitslosigkeit nimmt dennoch zu, die politisch motivierte Zahlung europäischer und amerikanischer Unterstützungsgelder fällt kaum ins Gewicht. Wie immer sich der König entscheidet, er geht ein politisches Risiko ein: Gewährt er den Amerikanern Schützenhilfe im Falle eines Rundumschlags gegen den Irak, droht ein Volksaufstand mit nicht vorhersagbarem Ausgang. Lässt er die Amerikaner in der Stunde X im Regen stehen, droht dem Haschemitenreich das politische Abseits mit harten wirtschaftlichen Konsequenzen.

Savezna Republika Jugoslavija – Bundesrepublik Jugoslawien; Jugoslawen

Nationalfeiertage: 29. und 30. November (Tage der Republik)

Zeitzone: MEZ

Hauptstadt: Belgrad (1 168 500 Einwohner)

Telefon-Vorwahl: +381
Kfz-Kennzeichen: YU

Mitgliedschaften: Uno, OSZE

Präsident Vojislav Koštunica

Jugoslawien

Botschaft in Deutschland: Taubertstraße 18, D-14193 Berlin
☎ +49-30-895 77 00 🖷 -825 22 06

GEOGRAFIE, BEVÖLKERUNG

Fläche: 102 173 km², höchste Erhebungen: Daravica in Serbien 2656 m, Dumitor in Montenegro 2522 m **Verwaltung:** 2 Republiken (Serbien und Montenegro), 2 Provinzen (Kosovo, Vojvodina) **Bevölkerung:** 10,637 Mio. Einw., davon 63 % Serben, 17 % Albaner, 5 % Montenegriner, 3 % Ungarn **In Städten** leben 52 %, **unter 15 J.** sind 20 % der Bev. **Bev.dichte:** 108 Einw./km² **Bev.wachstum:** -0,15 % **Fruchtbarkeitsrate:** 1,7 Geburten/Frau **Landessprachen:** Serbisch (gesprochen von 95 % der Bev.; kyrillische Schrift), außerdem Kroatisch (lateinische Schrift), Slowenisch, Mazedonisch, Albanisch, Ungarisch **Religionen:** Serbisch-orthodoxe Christen, starke Minderheit von Muslimen (vor allem in Montenegro und im Kosovo), außerdem Katholiken (vorwiegend in der Vojvodina), Protestanten sowie kleine jüdische Gemeinden

Die größten Städte

Belgrad	1 168 500
Novi Sad	179 700
Niš	175 400
Priština	155 400

POLITISCHES SYSTEM

Bundesrepublik seit 1992. Wahlrecht ab 18 J. Das Bundesparlament besteht aus zwei Kammern: Die Kammer der Republiken (40 Mitglieder, 20 aus Serbien, 20 aus Montenegro) und die Kammer der Bürger mit 138 alle 4 J. direkt gewählten Mitgliedern (108 aus Serbien, 30 aus Montenegro). Direktwahl des Präsidenten auf 4 J.

Staatsoberhaupt: Vojislav Koštunica (seit September 2000)
Regierungschef: Dragiša Pešić (seit Juli 2001)
Außenminister: Goran Svilanović

MILITÄR

Allg. Wehrpflicht: 12–15 Monate **Streitkräfte:** 105 500 Mann, davon 79 000 Armee, 19 500 Luftstreitkräfte, 7000 Marine **Militärausgaben** (am BSP): 5 %

GESUNDHEIT, SOZIALES, BILDUNG

Öffentliche Gesundheitsausgaben (am BIP): k. A. **Öffentliche Ausgaben für Bildung und Erziehung** (am BSP): 4,2 % **Öffentliche Ausgaben für Altersversorgung** (am BIP): k. A. **Medizinische Versorgung:** 2 Ärzte, 5,3 Krankenhausbetten/1000 Einw. **Säuglingssterblichkeit:** 13/1000 Geb. **Müttersterblichkeit:** 15/100 000 Geb. **Kinderunterernährung:** 2 % **Armutsrate:** k. A. **Frauenanteil an den Beschäftigten:** 42,9 % Zugang zu **sauberem Trinkwasser** und zu **sanitären Anlagen:** k. A. **HIV-Infektionsrate:** 0,1 % **Lebenserwartung:** Männer 70 J., Frauen 75 J. **Schulpflicht:** 7–15 J. **Einschulungsquote** im Primarbereich 71 %, im Sekundarbereich 64 % **Analphabetenrate:** k. A. **Universitäten:** 6, in Belgrad, Kragujevac, Niš, Novi Sad, Podgorica und Priština

WIRTSCHAFT

Währung: 1 Jugoslawischer neuer Dinar (N.Din) = 100 Para **Kurs:** 1 N.Din = 0,02 € **BSP:** 10 Mrd. US$ **Wachstumsrate des BIP:** 5 % **BSP/Kopf:** 940 Mio. US$ **Anteile am BIP:** Landwirtschaft k. A., Industrie k. A., Dienstleistungen k. A. **Forschung+Entwicklungsausgaben** (am BSP): 1,34 % **Arbeitslosenquote:** 27,3 % **Inflationsrate:** 28,3 % **Staatseinnahmen:** 4,25 Mrd US$ **Steueraufkommen** (am BIP): k. A. **Einkommensteuer:** k. A. **Körperschaftsteuer:** k. A. **Haushaltsdefizit** (am BIP): k. A. **Staatsausgaben:** 4,35 Mrd. US$ **Leistungsbilanzdefizit:** 1,298 Mrd. US$ **Auslandsschulden:** 12,2 Mrd. US$ **Schuldendienst** (am BSP): 2,1 % **Devisenreserven:** 1,808 Mrd. US$ **Empf. Hilfsgelder:** 1,135

Mrd. US$ **Ausl. Direktinvestitionen:** 200 Mio. US$ **Börse** (Marktkapitalisierung am BIP): 109,9 % **Energie:** Produktion 10,10 Mio. t ÖE, Verbrauch 13,38 Mio. t ÖE. Anteile am Verbrauch: k. A.

Landwirtschaft, Rohstoffe, Industrie: **Nutzfläche** fast 40 %, von der Anbaufläche sind 1,6 % bewässert **Produkte:** Mais, Weizen, Zuckerrüben, Wein, Kartoffeln, Tabak **Bewaldet:** 29 000 km², jährliche **Rodung:** 14 km² **Rohstoffe:** Kohle, Braunkohle, Kupfer, Bauxit, Eisenerz, Erdöl, Blei, Zink, Erdgas **Wichtige Industriezweige:** Metallwaren, Elektrotechnik, Chemie, Papier, Textilien

Außenwirtschaft:
Handelsbilanzdefizit 1,988 Mrd. US$ **Export:** 1,723 Mrd. US$, davon 30,7 % industrielle Vorprodukte, Fertigwaren 12,8 %, 11,7 % Nahrungsmittel **Hauptausfuhrländer:** Bosnien-Herzegowina (21,1 %), Italien (10,9 %), Deutschland (11,7 %) **Hightech-Exporte:** k. A. **Import:** 3,711 Mrd. US$, davon 21,9 % industrielle Vorprodukte, 20,5 % Maschinen u. Transportmittel, 13,7 % Chemie **Hauptlieferländer:** Deutschland (12,1 %), Italien (10,5 %), Russland (11,3 %)

VERKEHR
Schienennetz: 4059 km **Straßennetz:** 49 805 km, davon 62,3 % befestigt **Motorisierung:** 190 Kfz/1000 Einw. Internationale **Flughäfen:** 2, Belgrad und Podgorica **Fluglinie:** Jat, beförderte Passagiere: k. A. **Hafen:** Bar **Binnenschifffahrt** auf 587 km

KOMMUNIKATION
Auf 1000 Einw. kommen 297 **Rundfunk-**, 282 **Fernsehgeräte**, 228,8 **Telefonanschlüsse**, 187,1 **Mobiltelefone**, 23,4 **PC** und 1,47 **Internet-Zugänge** **IuK-Ausgaben** (am BIP): k. A. Es erscheinen 18 **Tageszeitungen** mit einer Gesamtauflage von rund 1,13 Mio. Exemplaren. Die größten Tageszeitungen und ihre Auflagen:

Politika 300 000
Večernje novosti 270 000
Blic 230 000

Nachrichtenagentur: Novinska Agencija Tanjug

UMWELT, TOURISMUS
Geschützte Gebiete: 3,3 % der Landesfläche **Energieverbrauch/Kopf:** 1258 kg ÖE **CO_2-Emission:** k. A. **Verwendung des Süßwassers:** k. A. **Tourismus:** 152 000 Besucher, Einnahmen: k.A.

AKTUELLE ENTWICKLUNGEN
Frieden, Wirtschaftswachstum und Demokratisierung hatte das ursprünglich aus 18 Parteien bestehende Regierungsbündnis DOS nach dem Sturz des Despoten Slobodan Milošević (Oktober 2000) versprochen. Doch die Führer der einzelnen Parteien widmeten sich vorrangig ihrem eigenen Machtstatus. Gladiatoren im Duell der Intrigen und gegenseitigen Putschvorwürfe waren Serbiens Premier Zoran Djindjić und Jugoslawiens Staatspräsident Vojislav Koštunica. Am 9. März 2002 beschloss die Demokratische Partei Serbiens (DSS) von Vojislav Koštunica, künftige DOS-Sitzungen zu boykottieren. Am 11. Juni entzog der Verwaltungsausschuss des Serbischen Parlaments 21 von 45 DSS-Abgeordneten ihre Mandate. Am 26. Juli 2002 wurde die DSS schließlich aus dem DOS-Bündnis geworfen. Anfang August trat auch die Neue Demokratie unter ihrem legendären Führer Velimir Ilić aus der DOS aus. Der Bürgermeister von Čačak hatte seinerzeit mit seinen Anhängern maßgeblich zum Rücktritt Miloševićs beigetragen. Damit ist das unrühmliche Ende einer Zweckgemeinschaft eingeleitet, die offenbar, so Koštunica, nur der Wille zum Sturz Miloševićs geeint hatte.

Neuwahlen, glauben viele, seien mittlerweile der einzige Ausweg aus der Krise. Mit neuen Mehrheits- und Machtverhältnissen ließen sich Reformen schneller durchsetzen. Das DOS-Bündnis würde voraussichtlich durch neue Parteienkoalitionen ersetzt, deren Programm kompatibel ist.

Der serbische Ministerpräsident Djindjić wird vom Westen als der pragmatischste unter den serbischen Politikern geschätzt. Für ihn ist die bedingungslose Einbindung Jugoslawiens in EU und Nato die einzige reale Alternative für die Zukunft des Landes. Bei der Bevölkerung brachte ihm die abrupte Westwende und vor allem die Auslieferung Miloševićs an das Haager Tribunal allerdings kaum Sympathien ein. Noch ist die Erinnerung an die 78 Tage andauernde Bombardierung durch die Nato in aller Erinnerung. Djindjićs Chancen sind daher eng an wirtschaftliche Erfolge gekoppelt.

Der »Legalist« Koštunica baut auf abtrünnige Sozialisten, Nostalgie-Großserben und die Emotionen jener, die

Serbischer Präsidentschaftskandidat Miroljub Labus, Premierminister Zoran Djindjić

sich weder dem »Diktat« der Europäischen Union noch jenem aus Washington bedingungslos unterwerfen wollen. Wäre es nach Koštunica gegangen, säße Slobodan Milošević heute vermutlich nicht im Gefängnistrakt des Haager Tribunals, sondern

Serbischer Ex-Präsident Slobodan Milošević vor dem Haager Tribunal

samt seinem Clan in seiner Belgrader Residenz, die Koštunica seinem Vorgänger auch nach dessen Sturz großherzig überlassen hatte. Weil der neue Staatschef zahlreiche engste Milošević-Mitarbeiter – wie etwa Geheimdienstchef Rade Marković und Generalstabschef Nebojša Pavković – noch monatelang in ihren Ämtern belassen hatte, wurde der demokratische Neubeginn vielfach zur Farce. Geheimdienstdossiers aus Miloševićs Archiven, mittlerweile zigfach kopiert und in den Händen ehemaliger Milošević-Funktionäre und Krimineller, setzen einstige DOS Oppositionelle mit nicht immer blütenreiner Vergangenheit unter Druck. Die Folge: Kein Attentat aus der Milošević-Zeit konnte trotz großspuriger Ankündigungen von Serbiens Innenminister Dušan Mihajlović aufgeklärt werden. Neue Morde folgen in immer kürzeren Abständen. Millionenschwere Korruptionsskandale verpuffen im Gesetzesdschungel. Erneut klagen internationale Menschenrechtsorganisationen über eine politische Kontrolle der Presse.

Obwohl Milošević seit 2 Jahren von der Macht verbannt ist, blieben die meisten Probleme des Landes ungelöst. In der Vojvodina erwachten Autonomiegelüste, in Südserbien im Dreieck zu Mazedonien und dem Kosovo zündelten die dort in der Mehrzahl lebenden Albaner und hoffen, eines Tages den Anschluss an den Kosovo durchzusetzen. Ungewiss bleibt auch die Zukunft des seit 1999 unter internationalem Protektorat (Kfor-Truppen der Nato und Unmik-Verwaltung) stehenden Kosovo. Im Januar 2002 übernahm der Deutsche Michael Steiner, der 1996/97 bereits stellvertretender Hoher Repräsentant in Bosnien gewesen war, das Mandat als Uno-Verwalter der Provinz. Völkerrechtlich gesehen ist die zu über 95 Prozent von Albanern besiedelte Provinz immer noch ein Teil Jugoslawiens – doch ernsthaft glaubt in Belgrad kaum jemand an die politische Wiedereingliederung des Kosovo.

Spätestens in 3 Jahren, so hoffen die Kosovo-Albaner, werden sie durch einen Volksentscheid ihre Unabhängigkeit einleiten können. Schützenhilfe soll die kleine, 650 000 Einwohner zählende jugoslawische Teilrepublik Montenegro leisten. Die hätte dann erstmals nach der am 14. März 2002 unter Druck und Vermittlung der EU beschlossenen »Union Serbien und Montenegro« das Recht, per Referendum über ihre mögliche Abtrennung von Serbien zu entscheiden. Dasselbe Recht wollen Kosovos Albaner dann von der Internationalen Gemeinschaft einfordern.

Noch muss aber über die Verfassung der neuen serbisch/montenegrinischen Staatengemeinschaft entschieden werden. Am 13. August erklärte die Belgrader Verfassungskommission jedoch, sie sei mit ihren Beratungen gescheitert. Hinzu kommt, dass sowohl Serbiens Premier Zoran Djindjić als auch Montenegros Präsident Milo Djukanović nicht an einem starken Bundesstaat interessiert sind. Sie wollen in ihren Teilrepubliken souverän regieren. Auch Jugoslawiens derzeitiger Präsident Vojislav Koštunica misstraut offenbar dem künftigen Staatenbund und erwägt eine Kandidatur für die serbische Präsidentenwahl am 29. September. Koštunicas einziger ernst zu nehmender Herausforderer für dieses Amt ist derzeit der Wirtschaftsexperte und jugoslawische Vize-Premier, Miroljub Labus.

Die vorgezogene Präsidentenwahl ist zweifellos ein schlauer Schachzug des serbischen Ministerpräsidenten. Denn der Wahlausgang wird ein sicherer Indikator für die Chancen von Djindjićs eigener Demokratischen Partei (DS) bei möglichen vorgezogenen Parlamentswahlen sein. Fällt der Test negativ aus, wird es wohl beim offiziellen Wahltermin im Jahr 2004 bleiben.

Kambodscha

Botschaft in Deutschland: Benjamin-Vogelsdorff-Straße 2, D-13187 Berlin ☎ +49-30-48637901 🖷 -48637973

GEOGRAFIE, BEVÖLKERUNG

Fläche: 181035 km² **Bevölkerung:** 12,021 Mio. Einw. **Bev.dichte:** 68 Einw./km² **Bev.wachstum:** 2,43 % **In Städten**: 16 % der Bev. **Analphabetenrate:** Männer 20 %, Frauen 43 % **Landessprachen:** Khmer, daneben Französisch, Vietnamesisch, Chinesisch **Religion:** 95 % Buddhisten (Staatsreligion)

POLITISCHES SYSTEM

Konstitutionelle Monarchie. Zweikammerparlament: Nationalversammlung (122 Abgeordnete), Senat (61 Senatoren).
Staatsoberhaupt: König Norodom Sihanouk (seit September 1993)
Regierungschef: Hun Sen (seit November 1998)

MILITÄR

Streitkräfte: 140 000 Mann **Militärausgaben** (am BSP): 4 %

GESUNDHEIT, SOZIALES

Öffentliche Gesundheitsausgaben (am BIP): 0,6 % **Medizinische Versorgung:** 0,3 Ärzte/1000 Einw. **Armutsrate:** k. A. **Säuglingssterblichkeit:** 88/1000 Geb. **Lebenserwartung:** Männer 52 J., Frauen 55 J.

WIRTSCHAFT

Währung: 1 Riel (CR) = 10 Kak = 100 Sen **Kurs** (Mitte 2002): 1 CR = 0,0003 € **BSP:** 3,2 Mrd. US$ **Wachstumsrate des BIP:** 5 % **BSP/Kopf:** 260 US$ **Anteile am BIP:** Landwirtschaft 37 %, Industrie 20 %, Dienstleistungen 42 % **Inflationsrate:** -0,6 % **Auslandsschulden:** 2,36 Mrd. US$ **Schuldendienst** (am BSP): 1 % **Entwicklungshilfe:** 398 Mio. US$ **Handelsbilanzdefizit:** 198 Mio. US$ **Tourismuseinnahmen:** 228 Mio. US$

AKTUELLE ENTWICKLUNGEN

Bei den ersten Kommunalwahlen Anfang Februar 2002 seit dem Ende der Roten-Khmer-Herrschaft vor 23 Jahren gewann die Kambodschanische Volkspartei von Premier Hun Sen 1600 von 1621 Gemeinden. Mit dem Sieg hat der Premier seine unangefochtene Machtstellung gefestigt.

Zu einer außenpolitischen Verstimmung kam es am 8. Februar: Die Uno brach die Verhandlungen mit der Regierung über ein Tribunal gegen ehemalige Führer der Roten Khmer ab und zog ihre Beteiligung an dem geplanten Gerichtshof zurück, da dieser, wie es hieß, nicht die notwendige Unabhängigkeit und Objektivität besäße. Während der Khmer-Herrschaft sind in den siebziger Jahren rund 1,7 Mio. Menschen getötet worden.

Nach wie vor ist Kambodscha von internationaler Hilfe abhängig – rund 30 Prozent des Haushalts werden vom Ausland finanziert. Die Regierung setzt ihr Demobilisierungsprogramm fort: Die Stärke der Armee soll bis Ende 2002 um mindestens ein Viertel reduziert werden. Und das eingesparte Geld soll den Etats von Bildung und Gesundheit zu Gute kommen. Von der am 3. Dezember 2001 eröffneten ersten Mekong-Brücke werden wichtige Impulse für die weitere wirtschaftliche Entwicklung erwartet, da sie die Anbindung an die Asean-Staaten schafft. Außerdem verbessert die Brücke die Verkehrsverbindung nach Vietnam sowie zu den östlichen Provinzen Kambodschas.

Premier Hun Sen

Preahreacheanachakr Kampuchea – Königreich Kambodscha
Kambodschaner

Nationalfeiertag: 9. November

Zeitzone: MEZ + 6 h

Hauptstadt: Phnom Penh (900 000 Einwohner)

Mitgliedschaften: Asean, Uno

République du Cameroun / Republic of Cameroon – Republik Kamerun; Kameruner

Nationalfeiertag: 20. Mai (Tag der Verfassung)

Zeitzone: MEZ

Hauptstadt: Jaunde (1 372 800 Einwohner)

Telefon-Vorwahl: +237

Mitgliedschaften: AU, Uno

Präsident Paul Biya

Kamerun

Botschaft in Deutschland: Rheinallee 76, D-53173 Bonn
☎ +49-228-35 60 38 🖷 -35 90 58

GEOGRAFIE, BEVÖLKERUNG

Fläche: 475 442 km² **Bevölkerung:** 14,876 Mio. Einw **Bev.dichte:** 32 Einw./km² **Bev.wachstum:** 2,14 % **Bev.in Städten:** 49 % **Analphabetenrate:** Männer 18 %, Frauen 31 % **Landessprachen:** Englisch und Französisch (Amtssprachen); Fulfulde; Ewondo, rund 200 afrikanische Sprachen **Religionen:** 51 % traditionelle Religionen, 33 % Christen, 16 % Muslime

POLITISCHES SYSTEM

Unabhängig seit dem 1. Januar 1960 (Ostkamerun), bzw. dem 1. Oktober 1961 (Westkamerun, zugleich Wiedervereinigung). Präsidialrepublik.
Staatsoberhaupt: Paul Biya (seit November 1982)
Regierungschef: Peter Mafany Musonge (seit September 1996)

MILITÄR

Streitkräfte: 22 100 Mann **Militärausgaben** (am BSP): 1,8 %

GESUNDHEIT, SOZIALES

Öffentliche Gesundheitsausgaben (am BIP): 1 % **Medizinische Versorgung:** 0,1 Ärzte/1000 Einw. **Armutsrate**: 33,4 % **Säuglingssterblichkeit:** 76/1000 Geb. **Lebenserwartung:** Männer 49 J., Frauen 51 J.

WIRTSCHAFT

Währung: 1 CFA-Franc = 100 Centimes **Kurs** (Mitte 2002): 1 CFA-Franc = 0,002 € **BSP:** 8,9 Mrd US$ **Wachstumsrate des BIP:** 4,2 % **BSP/Kopf:** 580 US$ **Anteile am BIP:** Landwirtschaft 44 %, Industrie 20 %, Dienstleistungen 36 % **Arbeitslosenquote:** k.A. **Inflationsrate:** 2,8 % **Auslandsschulden**: 9,24 Mrd. US$ **Schuldendienst** (am BSP): 6,8 % **Entwicklungshilfe:** 380 Mio. US$ **Handelsbilanzüberschuss:** 627 Mio. US$ **Tourismuseinnahmen:** 40 Mio. US$

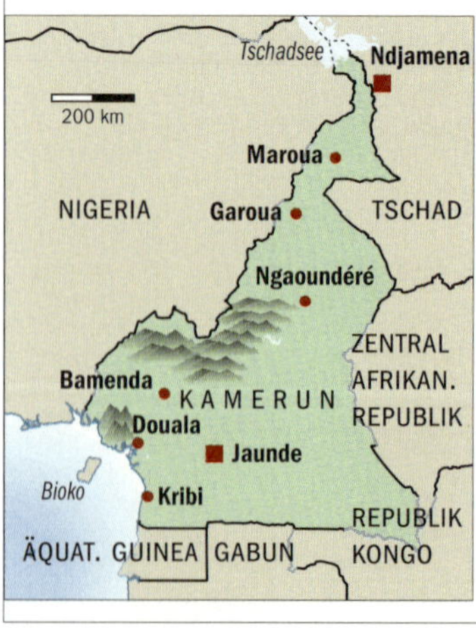

AKTUELLE ENTWICKLUNGEN

Am 11. Juni 2002 war die Stimmung in Kameruns Hauptstadt Jaunde wie bei einer Beerdigung: Die Fußballnationalmannschaft des Landes, die »unzähmbaren Löwen« mussten sich gegen Deutschland geschlagen geben. Sie schieden bei der Weltmeisterschaft in Japan und Südkorea bereits nach der Vorrunde aus. Nach dem Erfolg im Afrika Cup im Februar waren die Erwartungen im Land groß gewesen. Insbesondere Präsident Paul Biya, der den Erfolg seiner Kicker stets politisch zu instrumentalisieren pflegte, stand nun ohne Helden da. Die Parlamentswahlen am 30. Juni konnte seine Regierungspartei, das Rassemblement démocratique du peuple camerounais (RDPC), dennoch deutlich für sich entscheiden. Der lange verschobene Urnengang war durch organisatorische Pannen geprägt. In einer gemeinsamen Erklärung zweifelten sechs Parteien die Ergebnisse an und drohten, die Parlamentsarbeit zu boykottieren. Die größte Oppositionspartei, Social Democratic Front, bezeichnete die Wahl als »massiv gefälscht« und forderte eine Wiederholung. Kamerun bekam von der Organisation »Transparency International« erneut den Titel des korruptesten Staates der Welt zugesprochen. Dennoch beschloss der IWF weit reichende Entschuldungen. Das Staatsbudget war weiterhin stark vom Erdölexport abhängig. Im Konflikt mit Nigeria um den Anspruch auf die Erdölvorkommen im Golf von Guinea hat Kamerun den Internationalen Gerichtshof in Den Haag angerufen. Der Preisverfall für Kakao und Holz führte dazu, dass immer mehr Kameruner immer weniger an Einkommen haben. In großen Städten nahm die Kriminalität derweil beträchtlich zu. Sicherheitskräfte antworteten mit willkürlichen Erschießungen. Die Staatsmacht ging brutal gegen anglophone Separatisten in Südkamerun vor, die einen unabhängigen Staat forderten.

Kanada

Botschaft in Deutschland: Friedrichstraße 95, D-10117 Berlin
☎ +49-30-20 31 20 🖷 -20 31 25 90

GEOGRAFIE, BEVÖLKERUNG

Fläche: Mit 9 958 319 km² nach Russland das zweitgrößte Land der Erde. Der südlichste Punkt liegt auf demselben Breitengrad wie Rom, der nördlichste nur 800 km vom Nordpol entfernt. Kanadas Seen speichern rund ein Drittel der Welt-Süßwasservorräte. Die Appalachen bilden die bedeutendste Gebirgskette im Osten, im Westen erstrecken sich in Nord-Süd-Richtung die Rocky Mountains (höchster Berg: Mt. Logan mit 5951 m). Zahlreiche Inseln sind dem Festland vorgelagert, im Pazifik die Königin-Charlotte-Inseln und die Vancouver-Insel; im Nordpolarmeer Banks-Insel, Victoria-Insel, Prince-of-Wales-Insel, Parry-Inseln, Sverdrup-Inseln, Baffin-Insel; im Atlantik Neufundland, Prinz-Eduard-Insel und Kap-Breton-Insel.
Verwaltung: 10 Provinzen, 3 Territorien **Bevölkerung:** 30,007 Mio. Einw., Ausländeranteil: 5,4 % **Flüchtlinge:** 129 224 **In Städten** leben 77 %, **unter 15 J.** sind 19 % der Bev. **Bev.dichte:** 3 Einw./km² **Bev.wachstum:** 0,8 % **Fruchtbarkeitsrate:** 1,5 Geburten/Frau **Landessprachen:** Englisch und Französisch (Amtssprachen). Englisch sprechen 59 %, Französisch 23 %, beide Sprachen gleich gut 18 %, Chinesisch 2,5 %; alle anderen Sprachen spielen ebenso wie die indianischen Dialekte (0,7 %) eine untergeordnete Rolle. Im Territorium Nunavut ist die Eskimosprache Inuktitut gleichberechtigte Amtssprache **Religionen:** 45 % Katholiken, 12 % United Church, 8 % Anglikaner, der Rest verteilt sich auf zahlreiche andere Religionen

Die größten Städte	
Toronto	2 481 500
Montreal	1 039 500
Calgary	878 900
Ottawa	772 100
Edmonton	666 100
Winnipeg	619 500

POLITISCHES SYSTEM

Parlamentarische Monarchie innerhalb des britischen Commonwealth seit 1931, neue Verfassung seit 1982. Allg. Wahlrecht ab 18 J. Zweikammerparlament: »House of Commons« (Unterhaus) mit 301 auf 5 J. gewählten Mitgl., von denen 75 Québec vertreten, und »Senate« (Senat) mit 105 vom Generalgouverneur auf Vorschlag des Regierungschefs ernannten Mitgl. Die einzelnen Provinzen verwalten sich durch Einkammerparlamente weitgehend selbst, der Generalgouverneur ernennt für jede Provinz einen Provinz-Gouverneur (»Lieutenant Governor«).
Staatsoberhaupt: Königin Elizabeth II., vertreten durch Generalgouverneurin Adrienne Clarkson, die formell auch den Premierminister ernennt.
Regierungschef: Jean Chrétien (seit November 1993)
Außenminister: William Graham

MILITÄR

Allg. Wehrpflicht: nein **Streitkräfte:** 56 800 Mann, davon 18 600 Armee,

Canada – Kanada; Kanadier

Nationalfeiertag: 1. Juli

Zeitzonen: MEZ –4 ½ bis –9 h

Hauptstadt: Ottawa (772 100 Einwohner)

Telefon-Vorwahl: +1
Kfz-Kennzeichen: CDN

Mitgliedschaften: G-8, Nafta, Nato, OAS, OECD, OSZE, Uno

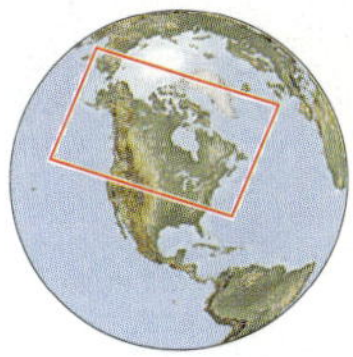

Königin Elizabeth II.

Premierminister Jean Chrétien

13 500 Luftstreitkräfte, 9000 Marine **Militärausgaben** (am BSP, 1999): 1,4 % **Waffenhandelsanteil** an den Exporten 0,2 %, an den Importen 0,5 %

GESUNDHEIT, SOZIALES, BILDUNG

Öffentliche Gesundheitsausgaben (am BIP): 6,6 % **Öffentliche Ausgaben für Bildung u. Erziehung** (am BIP): 5,6 % **Öffentliche Ausgaben für Altersversorgung** (am BIP): 5,4 % **Medizinische Versorgung:** 2,1 Ärzte, 4,1 Krankenhausbetten/1000 Einw. **Säuglingssterblichkeit:** 5/1000 Geb. **Müttersterblichkeit:** 6/100 000 Geb. **Kinderunterernährung:** k. A. **Kinderarbeit:** 0 % **Armutsrate:** k. A. **Frauenanteil an den Beschäftigten:** 45,8 % Zugang zu **sauberem Trinkwasser** haben 100 % der städtischen und 99 % der ländlichen Bev. und zu **sanitären Anlagen** 100 % bzw. 99 % **HIV-Infektionsrate:** 0,3 % **Lebenserwartung:** Männer 76 J., Frauen 82 J. **Schulpflicht:** k. A. **Einschulungsquote** im Primarbereich: 96 %, im Sekundarbereich 94 % **Analphabetenrate:** k. A. **Universitäten:** 75

WIRTSCHAFT

Währung: 1 Kanadischer Dollar (kan$) = 100 Cents **Kurs** (Mitte 2002): 1 kan$ = 0,7 € **BSP:** 649,8 Mrd. US$ **Wachstumsrate des BIP:** 4,5% **BSP/ Kopf:** 21 130 US$ **Anteile am BIP:** Landwirtschaft k. A., Industrie k. A., Dienstleistungen k. A. **Forschung+Entwicklungsausgaben** (am BSP): 1,68 % **Arbeitslosenquote:** 6,8 % **Inflationsrate:** 2,5 % **Staatseinnahmen:** k. A. **Steueraufkommen** (am BIP): 20,1 % **Einkommensteuer:** max. 29 % **Körperschaftsteuer:** 38 % **Haushaltsüberschuss** (am BIP): 1,4 % **Staatsausgaben:** k. A. **Leistungsbilanzüberschuss:** 18,884 Mrd. US$ **Auslandsschulden:** 681,927 Mrd. US$ **Auslandsvermögen:** 519,459 Mrd. US$ **Schuldendienst** (am BIP): k. A. **Devisenreserven:** 32,249 Mrd. US$ **Geleistete Entwicklungshilfe:** 1,744 Mrd. US$ **Ausl. Direktinvestitionen:** 62,758 Mrd. US$ **Börse** (Marktkapitalisierung am BIP): 122,3 % **Energie:** Produktion 366,55 Mio. t ÖE, Verbrauch 241,78 Mio. t ÖE. Anteile am Verbrauch: Kohle 10,5 %, Öl 32,1 %, Atomenergie 6,3 %, Erdgas 23,8 %, sonstige 27,3 %

Landwirtschaft, Rohstoffe, Industrie:

Nutzfläche 4,9 %, von der Anbaufläche sind 1,6 % bewässert **Produkte:** Weizen, Mais, Gerste, Wein, Kartoffeln, Tabak **Bewaldet:** 2 446 000 km², **jährliche Rodung:** k. A. **Rohstoffe:** Zink, Nickel, Pottasche, Uran, Gold, Silber, Eisen, Kupfer, Kobalt, Blei, Erdgas **Wichtige Industriezweige:** Nahrungsmittel, Holz- und Papierverarbeitung, Fahrzeugbau, Chemie

Außenwirtschaft:

Handelsbilanzüberschuss 39,820 Mrd. US$ **Export:** 266,550 Mrd. US$, davon 26,5 % Kfz und Kfz-Teile, 23,8 % Maschinen und Ausrüstungen, 15,9 % industrielle Vorprodukte **Hauptausfuhrländer:** USA (86,8 %), Japan (2,5 %), Großbritannien (1,3 %), Südkorea (0,6 %) **Hightech-Exporte:** 32,702 Mrd. US$ **Import:** 226,730 Mrd. US$, davon 33,1 % Maschinenausrüstung, 23,3 % Kfz und Kfz-Teile, 19 % industrielle Vorprodukte **Hauptlieferländer:** USA (67,2 %), Japan (4,7 %), VR China (2,8 %), Mexiko (3 %)

VERKEHR

Schienennetz: 56 774 km **Straßennetz:** 901 903 km, davon 35,3 % befestigt **Motorisierung:** 581 Kfz/1000 Einw. Internationale **Flughäfen:** 17, die größten sind Toronto, Vancouver, Montreal, Calgary **Fluglinie:** Air Canada, 25,778 Mio. beförderte Passagiere **Häfen:** Halifax, Montreal, Québec, Thunder Bay, Toronto, Vancouver **Binnenschifffahrt** auf 3000 km

KOMMUNIKATION

Auf 1000 Einw. kommen 1047 **Rundfunk-**, 715 **Fernsehgeräte**, 655,1 **Telefonanschlüsse**, 320 **Mobiltelefone**, 390,2 **PC** und 93,19 **Internet-Zugänge** **IuK-Ausgaben** (am BIP): 8,4 % Es erscheinen 101 **Tageszeitungen** mit einer **Gesamtauflage** von rund 5 Mio. Exemplaren. Die größten Tageszeitungen und ihre Auflagen:

Toronto Star 463 000
National Post 325 000
The Globe and Mail 318 000

Nachrichtenagentur: The Canadian Press in Toronto

UMWELT, TOURISMUS

Geschützte Gebiete: 9,8 % der Landesfläche **Energieverbrauch/Kopf:** 7929 kg ÖE **CO_2-Emission:** 467,2 Mio. t **Verwendung des Süßwassers:** Landwirtschaft 9 %, Industrie 80 %, Haushalte 3,3 % **Tourismus:** 20,423 Mio. Besucher, 10,768 Mrd. US$ Einnahmen

AKTUELLE ENTWICKLUNGEN

Innenpolitik: Der liberale Premierminister Jean Chrétien hat sich im ers-

ten Halbjahr 2002 zum Experten im Großreinemachen entwickelt – gleich dreimal musste er seine Regierungsmannschaft umbilden. Im Januar ernannte Chrétien 10 neue Minister und Staatssekretäre, entließ 6 und stattete 13 mit neuen Aufgaben aus; so wollte der 68-Jährige seine Autorität wiederherstellen, die durch Rücktrittsgerüchte, Korruptionsanschuldigungen und das Ränkespiel übereifriger Nachfolgekandidaten angekratzt war.
Der Befreiungsschlag schaffte jedoch nur kurzzeitig Luft, schon im Mai musste sich Chrétien von weiteren Ministern trennen. Es war bekannt geworden, dass Verteidigungsminister Art Eggleton einer früheren Geliebten einen Regierungsauftrag vermittelt hatte, für den ihr zudem die Qualifikation fehlte. Noch mehr empörte sich die Öffentlichkeit allerdings über Bauminister Don Boudria. Der hatte seinen Posten erst im Januar von Alfonso Gagliano übernommen, der selbst auf Grund von Korruptionsvorwürfen zurücktreten musste. Nun wurde bekannt, dass auch Boudria in ein seltsames Beziehungsgeflecht verwickelt war: Er verbrachte seinen Urlaub in der Luxusvilla von Unternehmern, die der Liberalen Partei zunächst eifrig gespendet und später von Boudrias Ministerium lukrative Werbeaufträge erhalten hatten.
Auf dem Höhepunkt interner Machtkämpfe fühlte sich Chrétien im Juni gezwungen, Paul Martin zu entlassen, seinen schärfsten Rivalen und erfolgreichsten Minister. Doch Martin wollte sich für den nächsten Parteikongress im Februar 2003 als »Kronprinz« positionieren. Er war Chrétien 1990 bei der Abstimmung um die Parteiführung unterlegen und hatte 2001 vergebens einen Putsch in der Fraktion anzuzetteln versucht. Der 63-Jährige zeigte sich anschließend zwar loyal, wollte seine Ambitionen aber nicht völlig zurückhalten, um gegenüber jüngeren Rivalen nicht ins Hintertreffen zu geraten.
Nach der Entlassung Martins betraute Chrétien den 52-jährigen John Manley mit dem Posten des Finanzministers. Der stellvertretende Ministerpräsident gilt ebenfalls als ein potenzieller Nachfolger. Doch noch mag Chrétien, der mit einer soliden Mehrheit regiert und seit zehn Jahren an der Spitze der sozialdemokratischen Liberalen Partei steht, den Platz nicht räumen. Öffentlich lässt Chrétien keinen Zweifel daran, dass er bis zum Ende seiner Amtszeit 2004 Regierungschef bleiben will. Sogar eine weitere Kandidatur schließt er nicht aus.
Bei der bislang abgeschlagenen konservativen Konkurrenz taten sich im Frühjahr 2002 neue Perspektiven auf. Auf der Bundesebene fungiert die von abtrünnigen Tories und der früheren Reformpartei gebildete Canadian Alliance (CA) als offizielle Opposition. Sie wählte nun den 42-jährigen Stephen Harper zum Chef, der als guter Griff gilt und seiner Partei sofort Aufwind verschaffte. Weiterhin offen bleibt, ob und in welcher Form es auf Bundesebene eine Wiedervereinigung der CA mit dem Rumpf der alten Tory-Partei – die offiziell noch immer Progressive Conservative Party heißt – geben kann. Die Tories regierten auf Bundesebene zuletzt zwischen 1984 und 1993. Seitdem stecken sie jedoch in der Krise und sind zur kleinsten Fraktion abgesunken. Das geringe Gewicht auf Bundesebene wird allerdings durch eine Regierungsmehrheit in den mächtigen Provinzen Ontario und Alberta ausgeglichen. In Ontario wählten die Tories im Mai den früheren Finanzminister Ernie Eves zum neuen Parteichef und Premier, auch in ihn werden große Hoffnungen gesetzt.

Staats- und Regierungschefs der G-8-Staaten in Kananaskis (26. Juni 2002)

Außen- und Sicherheitspolitik: Nach den Anschlägen vom 11. September war die Regierung bemüht, der Welt und vor allem den USA zu beweisen, dass Kanadas Sicherheitssystem doch funktioniert. Denn die bei dem mächtigen Nachbarn verbreitete Auffassung, Kanada sei ein Problem für die Sicherheit der USA und ein mögliches Einfallstor für Terroristen, verletzt nicht nur den Nationalstolz der Kanadier, sondern bedroht auch den bilateralen Handel – über 85 Prozente der Exporte gehen in den amerikanischen Markt, rund 37 000 Lastwagen überqueren täglich die Grenze, die fast 9000 Kilometer lang ist und auf weiten Strecken unbewacht. Verstärkte Kontrollen zwischen den Nachbarn würden den Handel erheblich behindern.
Nun bemüht sich Kanada, den Sicherheitsinteressen der Amerikaner ent-

gegenzukommen – ein Anti-Terror-Gesetz wird diskutiert und die Kontrollen an den Grenzen stärker mit denen der USA abgestimmt. Vor allem aber wurden die Immigrationsbestimmungen verschärft. Weiterhin erklärtes Ziel der Regierung bleibt es dennoch, die Einwanderungsquote anzuheben, um der sinkenden Geburtenrate entgegenzuwirken. Künftig sollen die Bewerber jedoch stärker kontrolliert und nach strengeren Kriterien ausgewählt werden. Auch das Asylrecht wurde verschärft.
Die USA dringen auch auf eine stärkere Sicherung der Außengrenzen Nordamerikas; von der Bildung einer gemeinsamen kontinentalen Sicherheitszone (»North American Perimeter«) ist die Rede. Das hob allerdings das älteste Problem Kanadas – die Abgrenzung gegenüber den USA – wieder auf die Agenda. Dennoch – die Entwicklung dürfte unaufhaltsam sein, schließlich ist Kanada in vielerlei Hinsicht vom großen Nachbarn abhängig, insbesondere militärisch. Das Gerät der Kanadier gilt als veraltet und die Personaldecke – gerade mal 57 000 Berufssoldaten bei 30 Millionen Einwohnern – als extrem dünn. Seit dem Amtsantritt Chrétiens 1993 wurde das Militärbudget um 23 Prozent gekürzt. Heute entfallen nur noch 1,15 Prozent des BIP auf die Verteidigung; im Nato-Durchschnitt sind es 2,1 Prozent.
Ein tragischer Zwischenfall in Afghanistan sorgte für große Aufregung und scharfe Kritik an der US-Militärführung. Vier kanadische Soldaten kamen am 18. April 2002 ums Leben, acht weitere wurden zum Teil schwer verletzt. Ein amerikanischer Pilot hatte irrtümlich und ohne Feuerbefehl eine 250-Kilo-Bombe auf die Gruppe gelenkt, die am Boden eine Übung mit scharfer Munition durchführte. In Kanada war die Reaktion auf diesen »fratricide« (Brudermord) ungewöhnlich emotional.

Wirtschaft: Trotz eines enttäuschenden Börsenverlaufs steuerte die Konjunktur im Sommer 2002 auf einen Boom zu. Verschiedene Faktoren veranlassten Experten, von einer »glühenden Konjunktur« zu sprechen: die starke Verbesserung der Arbeitsmarktsituation, die durch das niedrige Zinsniveau geförderte hohe Nachfrage im Wohnungs- und Autosektor und vor allem der kräftige Aufschwung in der verarbeitenden Industrie. Der neue Finanzminister Manley prägte das Wort von Kanada als dem »nördlichen Tiger«. Damit hebt sich die kanadische Situation deutlich von der langsamen Wirtschaftserholung in den USA ab.
Vom 25. bis 27. Juni 2002 fand erstmals ein G-8-Gipfel in Kanada statt. Die Regierungschefs der sieben führenden Industrieländer sowie Russlands trafen sich im malerischen Skiort Kananaskis in den Rocky Mountains. Der erste G-8-Gipfel seit den Terroranschlägen in New York fand unter beispiellosen Sicherheitsvorkehrungen und in großer Abgeschiedenheit statt. Das Trauma von Genua 2001, wo es nach einer Großdemonstration zu Ausschreitungen kam und ein junger Italiener von der Polizei erschossen wurde, wiederholte sich nicht. Hunderte von Globalisierungsgegnern versammelten sich in der Universität von Calgary zu einer eigenen Konferenz.

PROVINZEN UND TERRITORIEN

Alberta

Seit 1905 kanadische Provinz.
Fläche: 638 233 km², 30 % bewaldet **Bevölkerung:** 2 974 800 Einw. **Hauptstadt:** Edmonton (666 100 Einw.)
Wirtschaft: Nahrungsmittel, Metallverarbeitung, Holz, chemische Industrie; bedeutende Vorkommen von Ölsänden, riesige Erdgas- und Kohlereserven; Alberta fördert 80 % des kanadischen Rohöls.
Verkehr: 155 325 km Straßen-, 10 234 km Schienennetz

British Columbia

Kanadische Provinz seit 1871.
Fläche: 892 677 km² **Bevölkerung:** 3 907 700 Einw. **Hauptstadt:** Victoria (74 100 Einw.)

Vancouver (Stadtteil Granville Island)

Wirtschaft: viele Rohstoffe (Kupfer, Erdgas, Rohöl, Molybdän, Blei), über 46 % des Landes dienen der Forstwirtschaft, 94 % der Wälder sind in Staatsbesitz.
Verkehr: 42 600 km Straßen-, 6800 km Schienennetz

Manitoba
Seit 1870 kanadische Provinz.
Fläche: 650 100 km^2, 51 % bewaldet **Bevölkerung:** 1 119 600 Einw. **Hauptstadt:** Winnipeg (619 500 Einw.)
Wirtschaft: Ölvorkommen, Mineralien (Nickel, Zink, Kupfer, einiges Gold und Silber), Landwirtschaft. Etwa ein Drittel der bewaldeten Fläche wird forstwirtschaftlich genutzt.
Verkehr: 18 000 km Straßen-, 4470 km Schienennetz

New Brunswick
1867 eine der vier Gründungsprovinzen Kanadas.
Fläche: 71 600 km^2 **Bevölkerung:** 729 500 Einw. **Hauptstadt:** Fredericton (47 600 Einw.)
Wirtschaft: Ein wichtiger Zweig ist die Fischerei (rund 50 Arten von Meerestieren werden gefangen). Weitere Branchen: Produktion von Nahrungsmitteln, Papier und Holzerzeugnissen.
Verkehr: 12 297 km Straßen-, 5330 km Schienennetz

Newfoundland
Bereits um 1000 kurzzeitig Wikingerkolonie, seit 1949 kanadische Provinz.
Fläche: 371 690 km^2, davon rund 30 % Gewässer **Bevölkerung:** 512 900 Einw. **Hauptstadt:** St. John's (99 200 Einw.)
Wirtschaft: vermutlich viele unerschlossene Rohstoffe. Eisenerzvorkommen von 5 Mrd. t in Labrador City und Wabush City. 1994 wurden an der Voiseys Bay reiche Nickel-, Kupfer- und Kobaltvorkommen entdeckt.
Verkehr: 8895 km Straßen-, 576 km Schienennetz

Northwest Territories
1869 von der Hudson's Bay Company an Kanada verkauft. 1999 wurde ▸Nunavut abgespalten.
Fläche: 1 252 400 km^2 **Bevölkerung:** 37 400 Einw. **Hauptstadt:** Yellowknife (16 500 Einw.)
Wirtschaft: 1993 wurden 13 Lizenzen für Öl- und Erdgasbohrungen erteilt. Außerdem Pelztierjagd (Schwarz-, Polar- und Braunbären, Wölfe, Luchse).

Verkehr: 4500 km Straßen, 1700 km Binnenwasserwege (Mackenzie-River und Nebenflüsse)
Die Northwest Territories sind Wildlife pur mit Karibus, Moschusochsen, Polarbären und zwei geschützten Bisonherden.

Nova Scotia
Seit 1867 kanadische Provinz.
Fläche: 53 800 km^2 **Bevölkerung:** 908 000 Einw. **Hauptstadt:** Halifax (359 100 Einw.)
Wirtschaft: Kohle, Gips sowie das größte Barytvorkommen der Welt. Wichtigen Stellenwert hat die Landwirtschaft, besonders Milchproduktion, Geflügel und Eier.
Verkehr: 26 091 km Straßen-, 705 km Schienennetz

Nunavut
Eigenständiges Territorium seit 1999.
Fläche: 1 994 000 km^2 **Bevölkerung:** 26 750 Einw. **Hauptstadt:** Iqaluit (5200 Einw.)
Wirtschaft: noch im Aufbau; Rohstoffe, Kunsthandwerk und Tourismus sollen mal die Einnahmequellen der Inuit werden. Noch wird das Gebiet von der Zentralregierung jährl. mit rund 410 Mio. € unterstützt. Investiert wird in die Bildung, die Schaffung von Arbeitsplätzen und in die Infrastruktur.
Verkehr: kaum erschlossen

Ontario
Seit 1867 kanadische Provinz.
Fläche: 1 068 580 km^2, davon 177 390 km^2 Seen und Flüsse **Bevölkerung:** 11 410 000 Einw. **Hauptstadt:** Toronto (2 481 500 Einw.)
Wirtschaft: Ontario ist die am stärksten industrialisierte Provinz, erwirtschaftet 40 % des kanadischen BIP und erbringt 51 des Gesamtexports. Hauptindustrien sind Kraftfahrzeuge und Einzelteile, Elektrotechnik, Nahrungsmittel, Chemikalien und Stahl.

Verkehr: 157 547 km Straßen-, 25 000 km Schienennetz

Prince Edward Island

Seit 1873 kanadische Provinz.
Fläche: 5660 km² **Bevölkerung:** 135 300 Einw. **Hauptstadt:** Charlottetown (32 200 Einw.)
Wirtschaft: Wichtigster Zweig ist die Landwirtschaft, Haupterzeugnisse: Kartoffeln und Milchprodukte. Rinder- und Schweinezucht.
Verkehr: 5308 km Straßen-, kein Schienennetz

Québec

Seit 1867 kanadische Provinz; besonders unter der französischsprachigen Bevölkerung separatistische Bestrebungen.
Fläche: 1 667 926 km², davon 352 792 km² Gewässer, lange Küste mit der Hudsonbai **Bevölkerung:** 7 237 500 Einw. **Hauptstadt:** Québec (169 100 Einw.)
Wirtschaft: Stromerzeugung aus Wasserkraft ist ein bedeutender Industriezweig (40 Prozent des gesamten Landes). Außerdem ist Québec Kanadas führender Papierproduzent.
Weitere Industrien: Raffinerien, Milch- und Fleischverarbeitung, Kfz-Produktion, Textilien.
Verkehr: 28 719 km asphaltierte Straßen, 6338 km Schienennetz

Saskatchewan

Seit 1905 kanadische Provinz.
Fläche: 570 113 km², etwa 50 % bewaldet **Bevölkerung:** 978 900 Einw. **Hauptstadt:** Regina (178 200 Einw.)
Wirtschaft: Lange dominierende Landwirtschaft, seit einigen Jahren auch Bergbau und verarbeitende Industrie. Die Provinz ist ein wichtiger Öllieferant und verfügt über große Pottaschevorkommen.
Verkehr: 25 380 km Schnellstraßen, außerdem 197 798 km Straßen einschl. Prärietrails. 10 553 km Schienennetz.

Yukon Territory

1898 von den Northwest Territories abgetrennt.
Fläche: 531 800 km² **Bevölkerung:** 28 700 Einw. **Hauptstadt:** Whitehorse (19 100 Einw.)
Wirtschaft: Bergbau (Blei, Zink), Öl- u. Erdgasvorkommen sowie Pelztierjagd (Elche, Karibus, Bergschafe u. Bären)
Verkehr: 4910 km Straßennetz

República de Cabo Verde – Republik Kap Verde
Kapverdier

Nationalfeiertag: 5. Juli

Zeitzone: MEZ – 2 h

Hauptstadt: Praia (94 800 Einwohner)

Telefon-Vorwahl: +238

Mitgliedschaften: AU, Uno

Kap Verde

Botschaft in Deutschland: Dorotheenstraße 43, D-10117 Berlin
☎ +49-30-20 45 09 55 🖷 -20 45 09 66

GEOGRAFIE, BEVÖLKERUNG

Fläche: 4033 km² **Bevölkerung:** 441 000 Einw. **Bev.dichte:** 109 Einw./km² **Bev.wachstum:** 2,14 % **Lebenserwartung:** 69 J. **Analphabetenrate:** 26 % **Landessprachen:** Portugiesisch (Amtssprache), port. Kreolisch **Religionen:** 90 % Katholiken, außerdem Protestanten und Muslime

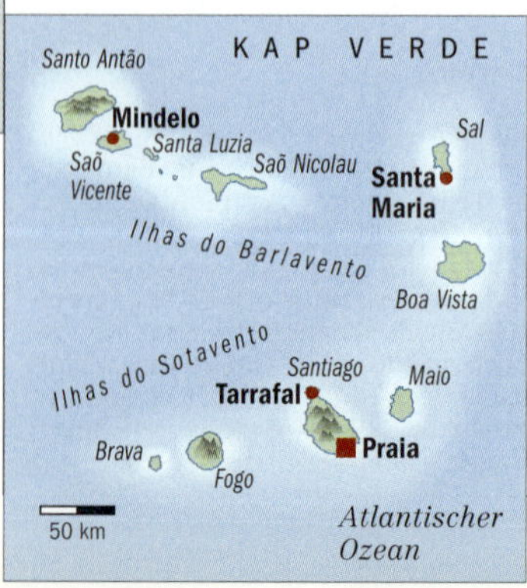

POLITISCHES SYSTEM

Unabhängig seit 1975, Republik.
Staatsoberhaupt: Pedro Rodrigues Pires (seit Februar 2001)
Regierungschef: José Maria Neves (seit Februar 2001)

WIRTSCHAFT

Währung: 1 Kap-Verde-Escudo (KEsc) = 100 Centavos **Kurs** (Mitte 2002): 1 KEsc = 0,009 € **BSP:** 588 Mio. US$ **Wachstumsrate des BIP:** 6,8 % **BSP/Kopf:** 1330 US$ **Anteile am BSP:** Landwirtschaft 10,9 %, Industrie 17,8 %, Dienstleistungen 71,5 %

AKTUELLE ENTWICKLUNGEN

Premier José Maria Pereira Neves bildete am 26. Februar 2002 sein Kabinett um, in dem Júlio Lopes Correia das Amt des Ministers für Arbeit und Solidarität übernahm. Mit Unterstützung Portugals strebt das Land einen Sonderstatus in der EU an, um Zugang zu Finanzhilfen zu erhalten. Im Mai 2002 erklärte das Verfassungsgericht im Dezember 2001 beschlossene Steuererhöhungen für verfassungswidrig. Während die Opposition den Rücktritt des Premiers forderte, strebt die Regierungspartei eine Verfassungsreform an.

Kasachstan

Botschaft in Deutschland: Nordendstraße 14/15, D-13156 Berlin
☎ +49-30-47 00 71 13 🖷 -47 00 71 25

GEOGRAFIE, BEVÖLKERUNG

Fläche: 2 717 300 km² **Verwaltung:** 14 Regionen, Hauptstadtdistrikt **Bevölkerung:** 14,869 Mio. Einw., davon 53 % Kasachen, 30 % Russen, 4 % Ukrainer, 3 % Usbeken, 2 % Deutsche **Flüchtlinge:** 19 531 **In Städten** leben 56 %, **unter 15 J.** sind 27 % der Bev. **Bev.dichte:** 6 Einw./km² **Bev.wachstum:** -0,37 % **Fruchtbarkeitsrate:** 2 Geb./Frau **Landessprachen:** Kasachisch (Amtssprache), Russisch **Religionen:** 47 % Muslime, 44 % orthodoxe Christen, 2 % Protestanten

POLITISCHES SYSTEM

Unabhängig seit dem 16. Dezember 1991. Präsidialrepublik. Verfassung seit 1995. Zweikammersystem: Unterhaus (»Madschlis«) mit 77 Abgeordnete (67 direkt gewählt, 10 über Parteilisten), Senat mit zurzeit 43 Mitgliedern (40 Delegierte der Regionen, 7 vom Staatspräsidenten ernannt). Direktwahl des Staatsoberhaupts für 7 J. (max. 2 Wahlperioden). Allg. Wahlrecht ab 18 J.
Staatsoberhaupt: Nursultan Nasarbajew (seit Dezember 1991)
Regierungschef: Imangali Tasmagambetow (seit Januar 2002)
Außenminister: Kasymschomart Tokajew

MILITÄR

Allg. Wehrpflicht Streitkräfte: 64 000 Mann, davon 45 000 Armee, 19 000 Luftwaffe **Militärausgaben** (am BSP): 0,9 %

GESUNDHEIT, SOZIALES, BILDUNG

Öffentliche Gesundheitsausgaben (am BIP): 2,7 % **Öffentliche Ausgaben für Bildung und Erziehung** (am BSP): 4,4 % **Medizinische Versorgung:** 3,5 Ärzte, 8,5 Krankenhausbetten/1000 Einw. **Säuglingssterblichkeit:** 21 % **Müttersterblichkeit:** 80/100 000 Geb. **Kinderunterernährung:** 4 % **Armutsrate:** < 2 % **Frauenanteil an den Beschäftigten:** 47,1 % Zugang zu **sauberem Trinkwasser** haben 98 % der städtischen, 82 % der ländlichen Bev., zu **sanitären Anlagen:** 100 % bzw. 98 % **HIV-Infektionsrate:** 0,04 % **Lebenserwartung:** Männer 60 J., Frauen 71 J. **Schulpflicht:** 7–18 J. **Einschulungsquote:** k.A. **Analphabetenrate:** Männer 0,9 %, Frauen 3,9 %

WIRTSCHAFT

Währung: 1 Tenge (T) = 100 Tiin **Kurs** (Mitte 2002): 1 T = 0,007 € **BSP:** 18,8 Mrd. US$ **Wachstumsrate des BIP:** 9,6 % **BSP/Kopf:** 1260 US$ **Anteile am BIP:** Landwirtschaft 9 %, Industrie 43 %, Dienstleistungen 48 % **Forschung+Entwicklungsausgaben** (am BIP): 0,33 % **Arbeitslosenquote:** 13,7 % **Inflationsrate:** 8,3 % **Staatseinnahmen:** 3,514 Mrd. US$ **Steueraufkommen** (am BIP): 10,2 % **Staatsausgaben:** 4,432 Mrd. US$ **Leistungsbilanzdefizit:** 1,749 Mrd. US$ **Auslandsschulden:** 6,664 Mrd. US$ **Schuldendienst** (am BSP): 10,8 % **Devisenreserven:** 2,1 Mrd. US$ **Empf. Hilfsgelder:** 189 Mio. US$ **Energie:** Produktion 64,67 Mio. t ÖE, Verbrauch 35,44 Mio. t ÖE

Landwirtschaft, Rohstoffe, Industrie:

Nutzfläche 11,2 %, von der Anbaufläche sind 7,6 % bewässert **Produkte:** Getreide, Früchte, Zuckerrüben und Baumwolle **Bewaldet:** 121 000 km², jährliche **Aufforstung:** 2390 km² **Rohstoffe:** Kohle, Eisenerz, Blei, Zinkerz, Titan, Magnesium, Chrom, Wolfram, Gold, Silber, Kupfer, Mangan, Erdöl, Erdgas, Molybdän

Außenwirtschaft:

Handelsbilanzüberschuss 896 Mio. US$ **Export:** 9,12 Mrd. US$, 75,4 % Metalle u. Metallwaren, davon 34 % Zink, 5,5 % Getreide (1998) **Hauptausfuhrländer:** Russland (28,5 %), Italien (9,1 %), Großbritannien (8,9 %) (1998) **Import:** 8,224 Mrd. US$, davon 28,6 % Maschinen u. -ausrüstung, 9,2 % Kraftfahrzeuge (1998) **Hauptlieferländer:** Russland (39,3 %), Deutschland (8,6 %), USA (6,2 %) (1998)

VERKEHR

Schienennetz: 13 601 km **Straßennetz:** 81 331 km, davon 94,7 % befestigt **Motorisierung:** 86 Kfz/1000 Einw. Internationale **Flughäfen:** 3, Almaty, Aktau, Atyrau **Fluggesellschaft:** Air Kazakhstan **Binnenwasserwege:** 3900 km **Pipelines:** 2850 km für Rohöl, 1500 km raffinierte Produkte, 3480 km Erdgas. Geplant: Pipelines zum Mittelmeer und nach

Kazakhstan Respublikasy – Republik Kasachstan; Kasachen

Nationalfeiertag:
25. Oktober
(Tag der Republik)

Zeitzonen:
MEZ + 3 bis + 5 h

Hauptstadt: Astana
(313 000 Einwohner)

Telefon-Vorwahl: +7
Kfz-Kennzeichen: KZ

Mitgliedschaften:
GUS, OSZE, Uno

Präsident Nursultan Nasarbajew

China; die Pipeline zum Schwarzen Meer wurde im März 2001 in Betrieb genommen.

KOMMUNIKATION
Auf 1000 Einw. kommen 422 **Rundfunk-**, 241 **Fernsehgeräte**, 113,1 **Telefonanschlüsse**, 36,2 **Mobiltelefone**, **PC** **IuK-Ausgaben** (am BIP): k. A.
Größte **Tageszeitungen:** *Kasachstankaya Prawda* (Auflage: 34000 Exemplare), *Jegemen-Kasachstan* (Auflage: 32000 Exemplare) **Nachrichtenagentur:** Kasach Information Agency

UMWELT, TOURISMUS
Geschützte Gebiete: 2,7 % der Landesfläche **CO_2-Emission:** 122,9 Mio. t

Teilstück einer Erdölpipeline, die das Tengis-Ölfeld in Kasachstan mit dem russischen Schwarzmeerhafen Noworossiisk verbindet

Verwendung des Süßwassers: Landwirtschaft 81 %, Industrie 17 %, Haushalte 2 % **Tourismus:** Besucher k. A., 363 Mio. US$ Einnahmen

AKTUELLE ENTWICKLUNGEN
Seit dem 11. September 2001 hat sich die strategische Bedeutung Kasachstans – mit seinen etwa 30 Milliarden Barrel an nachgewiesenen und geschätzten Reserven an Erdöl und fast 4 Billionen Kubikmeter Erdgas – noch erhöht. Das autokratisch geführte Land glänzt seit einigen Jahren durch hohes Wirtschaftswachstum. Die Staatsbetriebe wurden weitgehend privatisiert, und es wurde ein modernes Bankensystem aufgebaut. Motor des wirtschaftlichen Aufschwungs sind ausländische Investitionen in die Öl- und Gasindustrie (etwa 15 Mrd. Euro seit 1991). Die von einflussreichen Clans geprägte Gesellschaft kennt noch keine Trennung von Wirtschaft und Politik. Familienmitglieder und Vertrauensleute des Präsidenten Nursultan Nasarbajew kontrollieren das Land. Der ernennt persönlich Richter und die regionalen Verwaltungschefs, und die Korruption grassiert. Im April 2002 musste Premierminister Imangali Tasmagambetow, der im Januar den zurückgetretenen Kasymschomart Tokajew ersetzt hatte, zugeben, dass Nasarbajew 1996 rund eine Milliarde US$ aus dem Verkauf eines Anteil am Tengis-Ölfeld heimlich im Ausland angelegt habe. Die Entlassung von Nasarbajews Schwiegersohn als Vize-Geheimdienstchef im November 2001 ließ auf Machtkämpfe schließen. Dadurch ermutigt gründeten im selben Monat 14 reformorientierte Regierungsmitglieder und Wirtschaftführer die oppositionelle Partei »Demokratische Wahl Kasachstans«. Sie hatte mit ihren Forderungen nach demokratischen Reformen, Wahl der Provinzgouverneure und Wiedereinführung eines Verfassungsgerichts rasch hohen Zulauf. Auch aus dem Ausland kommt Widerstand ehemaliger Weggefährten des Präsidenten. Nasarbajew reagierte mit Repressionen gegen Oppositionsführer und Medien. Seine Tochter übernahm im April 2002 den Vorsitz im Journalistenverband. Ende Juni 2002 beschloss das kasachische Parlament Gesetzesänderungen, die die Parteienvielfalt ernsthaft bedroht. Künftig benötigt eine Partei 50000 statt 3000 Unterschriften von Mitgliedern, um sich registrieren zu lassen.
Kasachstan, das mit Usbekistan um die Vormachtstellung in Zentralasien wetteifert, hätte gern engere Beziehungen zu den USA. Besonders als Investoren sind die Amerikaner willkommen, als Militärmacht eher nicht. Nur Überflugrechte konnte die Supermacht im Kampf gegen die Taliban in Anspruch nehmen. Kasachstan pocht zwar auf seine Unabhängigkeit, doch Konflikte mit dem mächtigen Nachbarn im Norden kann sich die Ex-Sowjetrepublik nicht leisten. Über Russland wird 95 Prozent des Öls abtransportiert, und im Lande leben mehr als vier Millionen ethnische Russen. Moskau und Astana fixierten im Mai 2002 ihre Grenze im nördlichen Teil des Kaspischen Meeres neu. Das erlaubt die paritätische Erschließung von drei großen Ölfeldern. Auch mit Aserbaidschan gelang eine Einigung über die Meeres-Aufteilung in nationale Sektoren. Differenzen mit Usbekistan über die Staatsgrenze waren Ende 2001 beigelegt worden.

Katar

Botschaft in Deutschland: Brunnenallee 6, D-53177 Bonn
☎ +49-228-95 75 20 🖷 -957 52 55

GEOGRAFIE, BEVÖLKERUNG
Fläche: 11 427 km² **Bevölkerung:** 585 000 Einw. **Bev.dichte:** 53 Einw./km² **Bev.wachstum:** 1,51 % **Lebenserwartung:** 75 J. **Analphabetenrate:** 19 % **Landessprachen:** Hocharabisch (Amtssprache), arabische Dialekte, Farsi **Religionen:** Islam

POLITISCHES SYSTEM
Unabhängig seit 1971. Emirat. **Staatsoberhaupt:** Hamad Ibn Chalifa al-Thani (seit Juni 1995) **Regierungschef:** Abdullah Ibn Chalifa al-Thani (seit Oktober 1996)

WIRTSCHAFT
Währung: 1 Katar-Riyal (QR) = 100 Dirhams **Kurs** (Mitte 2002): 3,40 QR = 1 € **BSP:** k. A. **Wachstumsrate des BIP:** k. A. **BSP/Kopf:** k. A.

AKTUELLE ENTWICKLUNGEN
Das Emirat rüstet sich für die Zeit nach dem Erdöl: Katar soll weltweit größter Hersteller von verflüssigtem Naturgas werden. Als Gastgeber der WTO-Tagung im November 2001 gelang es Doha, sich in krisengeschüttelter Zeit als Hort der Ruhe zu profilieren. Der TV-Sender al-Dschasira sorgte auch für PR: durch Exklusivsendung von Osama-Bin-Laden-Videos. Im Anti-Terror-Kampf zeigte sich Katar an der Seite der USA: Im Frühjahr 2002 verlegte die US-Luftwaffe ihr Hauptquartier von Saudi-Arabien nach Katar für einen möglichen Angriff auf den Irak.

Dawlat Qatar – Staat Katar; Katarer

Nationalfeiertag: 3. September

Zeitzone: MEZ + 2 h

Hauptstadt: Doha (392 400 Einwohner)

Telefon-Vorwahl: +974
Kfz-Kennzeichen: Q

Mitgliedschaften: Opec, Uno

Kenia

Botschaft in Deutschland: Markgrafenstraße 63, D-10969 Berlin
☎ +49-30-259 26 60 🖷 -25 92 66 50

GEOGRAFIE, BEVÖLKERUNG
Fläche: 580 367 km² **Verwaltung:** 7 Provinzen, Hauptstadtdistrikt **Bevölkerung:** 30,1 Mio. Einw., davon 22 % Kikuyu, 14 % Luhya, 13 % Luo, 12 % Kalenjin, 11 % Kamba **Flüchtlinge:** 239 221 **In Städten** leben 33 %, **unter 15 J.** sind 44 % der Bev. **Bev.dichte:** 53 Einw./km² **Bev.wachstum:** 1,91 % **Fruchtbarkeitsrate:** 4,4 Geb./Frau **Landessprachen:** Kisuaheli (Amtssprache, 50 % der Bev.), Englisch, etwa 60 Stammessprachen **Religionen:** 38 % Protestanten, 28 % Katholiken, 26 % traditionelle Religionen

POLITISCHES SYSTEM
Unabhängig seit dem 12. Dezember 1963. Präsidialrepublik. Verfassung seit 1963, geändert 1997. Einkammerparlament (»Bunge«) mit 224 Sitzen (210 gewählt, 12 berufen, 2 ex officio). Wahl alle 5 J. Direktwahl des Staatsoberhaupts alle 5 J. Wahlrecht ab 18 J. **Staatsoberhaupt:** Daniel arap Moi (seit Oktober 1978)

MILITÄR
Keine **Wehrpflicht** **Streitkräfte:** 24 400 Mann, davon 20 000 Armee, 3000 Luftwaffe, 1400 Marine **Militärausgaben** (am BSP): 1,9 %

GESUNDHEIT, SOZIALES, BILDUNG
Öffentliche Gesundheitsausgaben (am BIP): 2,4 % **Öffentliche Ausgaben**

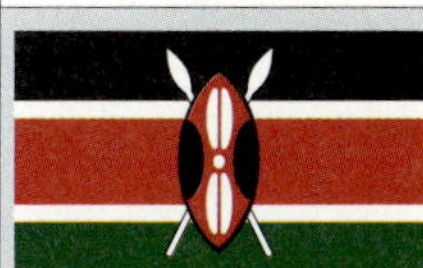

Jamhuri ya Kenya – Republik Kenia; Kenianer

Nationalfeiertage: 20. Oktober (Kenyatta-Tag); 12. Dezember (Unabhängigkeitstag)

Zeitzone: MEZ + 2 h

Hauptstadt: Nairobi (1 505 000 Einwohner)

Telefon-Vorwahl: +254
Kfz-Kennzeichen: EAK

Mitgliedschaften: AU, Uno

Präsident Daniel arap Moi

für Bildung und Erziehung (am BIP): 6,6 % **Medizinische Versorgung:** 0,1 Ärzte, 1,6 Krankenhausbetten/1000 Einw. **Säuglingssterblichkeit:** 78/1000 Geb. **Müttersterblichkeit:** 1300/100 000 Geb. **Kinderunterernährung:** 22 % **Kinderarbeit:** 39 % **Armutsrate:** 42 % (nationale Rate) **Frauenanteil an den Beschäftigten:** 46,1 % Zugang zu **sauberem Trinkwasser** haben 87 % der städtischen, 31 % der ländlichen Bev., zu **sanitären Anlagen** 96 % bzw. 81 % **HIV-Infektionsrate:** 13,95 % **Lebenserwartung:** 47 J. **Schulpflicht:** 6 – 14 J. **Einschulungsquote** im Primarbereich: 85 % **Analphabetenrate:** Männer 11 %, Frauen 24 % **Universitäten:** 10

WIRTSCHAFT

Währung: 1 Kenia-Schilling (K.Sh.) = 100 Cents **Kurs** (Mitte 2002): 1 K.Sh. = 0,01 € **BSP:** 10,6 Mrd. US$ **Wachstumsrate des BIP:** -0,2 % **BSP/Kopf:** 350 US$ **Anteile am BIP:** Landwirtschaft 20 %, Industrie 19 %, Dienstleistungen 61 % **Arbeitslosenquote:** 16 % (1992) **Inflationsrate:** 0,8 % **Staatseinnahmen:** 2,598 Mrd. US$ **Steueraufkommen** (am BIP): 21,2 % **Staatsausgaben:** 2,682 Mrd. US$ **Leistungsbilanzdefizit:** 238 Mio. US$ **Auslandsschulden:** 6,295 Mrd. US$ **Schuldendienst** (am BSP): 4,7 % **Devisenreserven:** 898 Mio. US$ **Empf. Hilfsgelder:** 512 Mio. US$ **Energie:** Produktion 12,13 Mio. t ÖE, Verbrauch 14,69 Mio. t ÖE

Landwirtschaft, Rohstoffe, Industrie:

Nutzfläche 7,9 %, von der Anbaufläche sind 1,5 % bewässert **Produkte:** Tee, Kaffee, Gemüse **Bewaldet:** 171 000 km², jährliche **Rodung:** 931 km² **Rohstoffe:** Sodaasche, Flussspat, Eisenerz, Salz, Gold, Blei, Titan, Vermiculit **Industrie:** Textilien, Papier, Tabak, Ölindustrie

Außenwirtschaft:

Handelsbilanzdefizit 1,271 Mrd. US$ **Export:** 1,773 Mrd. US$, davon 48,6 % Nahrungsmittel, 20 % Tee, 14 % Kaffee **Hauptausfuhrländer:** Uganda (15,1 %), Tansania (13,7 %), Großbritannien (11,5 %) **Import:** 3,044 Mrd. US$, davon 16,2 % Erdöl und Ölprodukte, 14,9 % Chemikalien, 9 % Kraftfahrzeuge **Hauptlieferländer:** Großbritannien (11,3 %), VAE (10 %), Japan (7,5 %)

VERKEHR

Schienennetz: 2740 km **Straßennetz:** 63 942 km, davon 12,1 % befestigt, 13 Kfz/1000 Einw. Internationale **Flughäfen:** Nairobi, Mombasa, Eldoret **Häfen:** Kisumu, Lamu, Mombasa

KOMMUNIKATION

Auf 1000 Einw. kommen 223 **Rundfunk-**, 25 **Fernsehgeräte**, 10 **Telefonanschlüsse**, 16 **Mobiltelefone**, 5,6 **PC Internet-Zugänge:** 0,09 Größte **Tageszeitung:** *Daily Nation* (Auflage: 195 000 Exemplare) **Nachrichtenagentur:** Kenya News Agency

UMWELT, TOURISMUS

Geschützte Gebiete: 6,2 % der Landesfläche **CO_2-Emission:** 9,1 Mio. t **Verwendung des Süßwassers:** Landwirtschaft 76 %, Industrie 4 %, Haushalte 20 % **Tourismus:** 943 000 Besucher, 304 Mio. US$ Einnahmen

AKTUELLE ENTWICKLUNGEN

Staatschef Daniel arap Moi bestellte das Feld für die Zeit nach den Parlaments- und Präsidentschaftswahlen im Dezember 2002, zu denen er laut Verfassung nicht mehr antreten durfte: So versuchte er, die regierende Kanu-Partei trotz der katastrophalen wirtschaftlichen Lage an der Macht zu halten und sich und seine Familie auch künftig vor Strafverfolgung zu schützen. Erwartungsgemäß wurde Moi im März 2002 als Vorsitzender der Kanu bestätigt, seine Stellung durch neue Parteistatuten gestärkt. Außerdem fusionierte der Koalitionspartner NDP mit der Kanu, was ihre Chancen erhöhte, die absolute Mehrheit bei den Wahlen zu verteidigen.

Die Opposition warf der Regierung im Februar 2002 vor, die Registrierung von drei Millionen Jungwählern zu verhindern. Im selben Monat schlossen mehrere Oppositionsparteien und Bürgerbewegungen eine »Allianz für den Wechsel«, die einen gemeinsamen Präsidentschaftskandidaten ins Rennen schicken will (seit Juli Nationale Allianz-Partei Kenias).

Am 14. August 2001 scheiterte die Regierung mit dem Versuch, eine Verfassungsänderung herbeizuführen, an der erforderlichen Zweidrittelmehrheit im Parlament: Diese hätte die Einführung zweier Gesetze gegen Korruption und Wirtschaftsverbrechen ermöglicht.

Der Opposition ging der Änderungsantrag nicht weit genug. Zudem hätte das Antikorruptionsgesetz großen Teilen der Regierung Straffreiheit beschert. Kenia gilt als eines der kor-

ruptesten Länder der Welt. Laut einem Bericht von Transparency International vom Januar 2002 müssen Kenianer im Schnitt ein Drittel ihres Monatseinkommens für Schmiergelder aufwenden. Für den Fall einer Verfassungsänderung war die Freigabe der vom Internationalen Währungsfonds und der Weltbank eingefrorenen Kredite in Aussicht gestellt worden.
Die fortgesetzte Blockierung dieser Finanzhilfe verschärfte die Krise des Landes, das sich in der schwersten Wirtschaftsrezession seit seiner Unabhängigkeit 1963 befindet. Der innenpolitische Druck nahm weiter zu: Die Kriminalität ist durch die Verarmung der Menschen sehr gestiegen. Alarmierend ist zudem auch das Vorgehen der Polizei: 2001 wurden über 90 Prozent aller in Kenia erschossenen Menschen von Ordnungskräften getötet. Unruhen in Nairobi im Dezember 2001 nährten die Angst, dass es – wie schon 1992 und 1997 – im Vorfeld der Wahlen zu einer neuen Welle politisch motivierter Gewalttaten kommen könnte.
Außenpolitisch stellte sich Moi nach dem 11. September als einer der ersten afrikanischen Staatsführer an die Seite der Amerikaner. Mitte März 2002 wurden 160 Bundeswehrsoldaten im Rahmen der Anti-Terror-Operation »Enduring Freedom« in der kenianischen Hafenstadt Mombasa stationiert: Von dort aus kontrollieren drei Aufklärungsflugzeuge den Schiffsverkehr im Indischen Ozean.
Im Dezember 2001 wurde die Genitalverstümmelung von Frauen unter 18 Jahren per Präsidentenerlass verboten. Darauf beriefen sich 16 Mädchen, die im Mai 2002 vor Gericht Recht bekamen: Ihre Eltern dürfen sie nicht beschneiden lassen.

Unruhen in Nairobis größtem Slum (Kibera) anlässlich des »World Aids Day«

Kirgisien

Botschaft in Deutschland: Otto-Suhr-Allee 146, D-10585 Berlin
☎ +49-30-34 78 13 37 🖷 -34 78 13 62

GEOGRAFIE, BEVÖLKERUNG

Fläche: 198 500 km² **Verwaltung:** 6 Regionen und Hauptstadtbezirk **Bevölkerung:** 4,915 Mio. Einw., davon 60 % Kirgisen, 15 % Russen, 15 % Usbeken, ca. 18 500 Deutschstämmige **Flüchtlinge:** 9296 **In Städten** leben 33 %, **unter 15 J.** sind 34 % der Bev. **Bev.dichte:** 26 Einw./km² **Bev.wachstum:** 1,16 % **Fruchtbarkeitsrate:** 2,6 Geb./Frau **Landessprachen:** Kirgisisch, Russisch **Religionen:** 80 % Muslime, 17 % russisch-orthodoxe Christen

POLITISCHES SYSTEM

Präsidialrepublik. Verfassung vom Mai 1993, mehrere Änderungen durch Volksabstimmung. Zweikammerparlament: Gesetzgebende Versammlung 60 Abgeordnete, Rat der Volksvertreter 45 Abgeordnete. Direktwahl beider Kammern und des Staatspräsidenten alle 5 J.
Staatsoberhaupt: Askar Akajew (seit Oktober 1990)
Regierungschef: Nikolai Tanajew (seit Mai 2002)
Außenminister: Askar Aitmatow

MILITÄR

Wehrpflicht: 18 Monate **Streitkräfte:** 9000 Mann, davon 6600 Armee, 2400 Luftwaffe **Militärausgaben** (am BSP): 2,4 %

GESUNDHEIT, SOZIALES, BILDUNG

Öffentliche Gesundheitsausgaben (am BIP): 2,2 % **Öffentliche Ausgaben für Bildung und Erziehung** (am BIP): 5,4 % **Medizinische Ver-**

Kyrgyz Respublikasy – Kirgisische Republik; Kirgisen

Nationalfeiertag: 31. August

Zeitzone: MEZ + 4 h

Hauptstadt: Bischkek (589 400 Einwohner)

Telefon-Vorwahl: +996
Kfz-Kennzeichen: KS

Mitgliedschaften: GUS, OSZE, Uno

Präsident Askar Akajew

sorgung: 3 Ärzte, 9,5 Krankenhausbetten/1000 Einw. **Säuglingssterblichkeit:** 23/1000 Geb. **Müttersterblichkeit:** 80/100 000 Geb. **Kinderunterernährung:** 11 % **Kinderarbeit:** k. A. **Armutsrate:** 51 % (nationale Rate) **Frauenanteil an den Beschäftigten:** 47,3 % Zugang zu **sauberem Trinkwasser** haben 98 % der städtischen, 66 % der ländlichen Bev., zu **sanitären Anlagen** 100 % **HIV-Infektionsrate:** <0,01 % **Lebenserwartung:** Männer 63 J., Frauen 72 J. **Schulpflicht**: 7 – 15 J. **Einschulungsquote** im Primarbereich 85 % **Analphabetenrate:** Männer 0,3 %, Frauen 0,5 %

WIRTSCHAFT

Währung: 1 Kirgistan-Som (K.S.) = 100 Tyin **Kurs** (Mitte 2002): 1 K.S. = 0,02 € **BSP:** 1,3 Mrd. US$ **Wachstumsrate des BIP:** 5 % **BSP/Kopf:** 270 US$ **Anteile am BIP:** Landwirtschaft 39 %, Industrie 26 %, Dienstleistungen 34 % **Forschung+Entwicklungsausgaben** (am BIP): 0,2 % **Arbeitslosenquote:** 6,1 % **Inflationsrate:** 7 % **Staatseinnahmen:** 302 Mio. US$ **Steueraufkommen** (am BIP): 12,3 % **Staatsausgaben:** 350 Mio. US$ **Leistungsbilanzdefizit:** 158 Mio. US$ **Auslandsschulden:** 1,829 Mrd. US$ **Schuldendienst** (am BSP): 14,2 % **Devisenreserven:** 262 Mio. US$ **Empf. Hilfsgelder:** 215 Mio. US$ **Energie:** Produktion 1,3 Mio. t ÖE, Verbrauch 2,45 Mio. t ÖE

Landwirtschaft, Rohstoffe, Industrie:

Nutzfläche 7,4 %, von der Anbaufläche sind 75 % bewässert. Angebaut werden Futterpflanzen, Getreide, Baumwolle, Obst und Gemüse. Zwei Drittel der landwirtschaftlichen Produktion erbringt die Viehwirtschaft. **Bewaldet:** 10 000 km², jährliche **Aufforstung:** 228 km². Förderung, Abbau und Verarbeitung von Kohle, Gold, Zinn, Quecksilber, Zink, Wolfram, Uran, Erdöl, Erdgas.

Außenwirtschaft:

Handelsbilanzüberschuss 9 Mio. US$ **Export:** 511 Mio. US$, davon 47,8 % Nichteisenmetalle, 12,5 % landwirtschaftliche Produkte (1999) **Hauptausfuhrländer:** Deutschland (32,7 %), Russland (15,6 %), Usbekistan (10,3 %), Kasachstan (9,9 %) (1998) **Import:** 502 Mio. US$, davon 24,8 % Petroleum und Erdgas, 21,7 % Maschinen u. Metallwaren (1997) **Hauptlieferländer:** Russland (18,2 %), Kasachstan (12,1 %), USA (9 %), Usbekistan (8,3 %) (1999)

VERKEHR

Schienennetz: 340 km **Straßennetz:** 18 500 km, davon 91,1 % befestigt **Motorisierung:** 39 Kfz/1000 Einw. Internationale **Flughäfen:** Bischkek, Osch Bedeutender **Hafen:** Balykchy **Binnenschifffahrt** auf 600 km

KOMMUNIKATION

Auf 1000 Einw. kommen 111 **Rundfunk-**, 49 **Fernsehgeräte**, 77,1 **Telefonanschlüsse**, 5,4 **Mobiltelefone**, **PC:** k. A. **IuK-Ausgaben** (am BIP): k. A. **Nachrichtenagenturen:** Belyi Parokhod, Kabar

UMWELT, TOURISMUS

Geschützte Gebiete: 3,6 % der Landesfläche **CO_2-Emission:** 6,4 Mio. t **Verwendung des Süßwassers:** Landwirtschaft 94 %, Industrie 3 %, Haushalte 3 % **Tourismus:** 69 000 Besucher, 8 Mio. US$ Einnahmen

AKTUELLE ENTWICKLUNGEN

Das zentralasiatische Land nahe Afghanistan wurde nach den Terroranschlägen vom 11. September 2001 zu einem wichtigen strategischen Partner der USA. Im Dezember begann die Stationierung amerikanischer Soldaten in Kirgisien. Am zivilen Flughafen Manas nahe Bischkek wurde eine Militärbasis für bis zu 3000 Mann errichtet. Anfang März starteten von dort aus erstmals französische Jagdbomber vom Typ Mirage; auch F-18 und F-19 Hornet-Kampfflugzeuge kamen zum Einsatz. Die amerikanisch-französische Militärpräsenz brachte dem armen Land Einnahmen in Millionenhöhe für Waren, Dienstleistungen sowie Start- und Landegebühren.
Gleichzeitig verschärfte sich die innenpolitische Situation. Am 3. November 2001 gründeten die vier größten Oppositionsparteien den »Volkskongress der vereinigten Oppositionskräfte«. Zum Vorsitzenden wurde der seit Anfang 2001 inhaftierte, ehemalige Vizepräsident Felix Kulow gewählt. Präsident Askar Akajew wurde vorgeworfen, er nutze die Anti-Terror-Aktionen des Westens als Deckmantel, um gegen politische Gegner vorzugehen. Im Januar 2002 setzte eine

Verfolgungswelle gegen Abgeordnete, Persönlichkeiten des öffentlichen Lebens und der Presse ein. Menschenrechtsorganisationen sprachen vom »schwarzen Januar Kirgisiens«. Dabei wurde auch der populäre Oppositionspolitiker Asimbek Beknasarow verhaftet. Aus Protest gegen seine Festnahme traten zahlreiche Regierungsgegner in den Hungerstreik, ein prominenter Menschenrechtsaktivist starb an den Folgen.
Als im März ein Urteil gegen Beknasarow wegen angeblichen Amtsmissbrauchs als Staatsanwalt 1995 verhängt werden sollte, brachen schwere Unruhen im Süden des Landes aus. Fünf Demonstranten wurden dabei von Sicherheitskräften erschossen. Tags darauf wurde Beknasarow unter der Auflage entlassen, das Land nicht zu verlassen. Dennoch beruhigte sich die Situation nicht. Im Gegenteil: Immer mehr Kirgisen gingen auf die Straße.
Eine erneute Verurteilung Kulows sowie die von Präsident Akajew forcierte Zustimmung des Parlaments zu einem Grenzabkommen mit China – nach dem Kirgisien etwa 1000 Quadratkilometer an die Volksrepublik wird abgeben müssen – heizten die Unruhen weiter an. Wochenlang blockierten Demonstranten die Nord-Süd-Verbindungsstraße zwischen Bischkek und Osch.
Ein Untersuchungsbericht zu den gewaltsamen Zusammenstößen im März kam schließlich zu dem Ergebnis, dass der Schusswaffeneinsatz durch Sicherheitskräfte gegen die Demonstranten illegal gewesen sei. Aus diesem Grund beschloss der Sicherheitsrat unter Vorsitz von Präsident Akajew am 22. Mai 2002 die Entlassung des Premierministers. Das hatte nach der Verfassung automatisch den Rücktritt des gesamten Kabinetts zur Folge. Auch der Generalstaatsanwalt und der Chef der Präsidialverwaltung traten von ihren Ämtern zurück, mehrere hohe Polizeioffiziere wurden entlassen.
Akajew ernannte den bisherigen Vizepremier Nikolai Tanajew zum vorläufigen Regierungschef, neuer Außenminister wurde Askar Aitmatow.

Demonstration gegen die Regierung bei Bischkek (19. Juni 2002)

Kiribati

Honorarkonsulat in Deutschland: Rödingsmarkt 16, D-20459 Hamburg ☎ +49-40-36 14 61 12 🖷 -36 14 61 23

GEOGRAFIE, BEVÖLKERUNG

Fläche: 811 km² **Bevölkerung:** 91 000 Einw. **Bev.dichte:** 124 Einw./km² **Bev.wachstum:** 1,34 % **Lebenserwartung:** 62 J. **Analphabetenrate:** k. A. **Landessprachen:** Englisch, Kiribati (Gilbertesisch) **Religionen:** 53 % Katholiken, 41 % Protestanten

POLITISCHES SYSTEM

Unabh. seit 1979. Präsidialrepublik. **Staats- und Regierungschef:** Teburoro Tito (seit September 1994)

WIRTSCHAFT

Währung: 1 Australischer Dollar/ Kiribati ($A/K) = 100 Cents **Kurs** (Mitte 2002): 1,65 $A/K = 1 € **BSP:** 86 Mio. US$ **Wachstumsrate des BIP:** -1,8 % **BSP/Kopf:** 950 US$

AKTUELLE ENTWICKLUNGEN

Auf dem Gipfeltreffen der pazifischen Inselstaaten im August 2001 in Nauru unterzeichnete Kiribati zusammen mit 13 weiteren Ländern eine Absichtserklärung zur Gründung einer Zoll- und Handelsunion, des Pacific Island Countries Trade Agreements. Ende Oktober stellte Kiribati Australien für 500 asylsuchende Flüchtlinge die nahezu unbewohnte Insel Kanton zur Verfügung und gab entsprechendem Druck seines wichtigsten Handelspartners nach. Viele Südseestaaten sehen ihre flachen Atolle vom langsam ansteigenden Meeresspiegel bedroht und kritisieren die Klimapolitik der Industriestaaten. Anfang März 2002 kündigten deshalb Tuvalu, Kiribati und die Malediven eine Klage beim Internationalen Gerichtshof an.

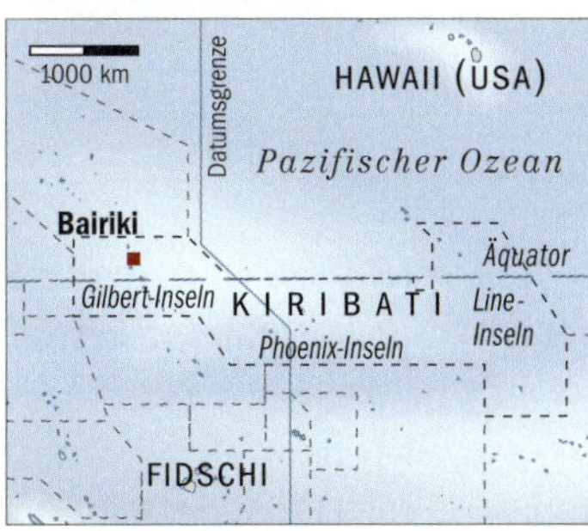

Republic of Kiribati – Republik Kiribati
Kiribatier

Nationalfeiertag: 12. Juli

Zeitzonen: MEZ + 11 h bis + 13 h

Hauptstadt: Bairiki (2500 Einwohner)

Telefon-Vorwahl: +686

Mitgliedschaft: Uno

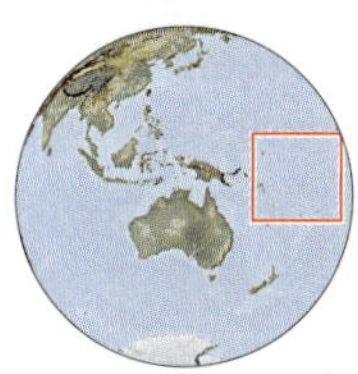

República de Colombia – Republik Kolumbien; Kolumbianer

Nationalfeiertag: 20. Juli

Zeitzone: MEZ –6 h

Hauptstadt: Santafé de Bogotá (6 260 900 Einwohner)

Telefon-Vorwahl: +57
Kfz-Kennzeichen: CO

Mitgliedschaften: Caricom (Beob.) OAS, Uno

Präsident Alvaro Uribe

Kolumbien

Botschaft in Deutschland: Kurfürstenstraße 84, D-10787 Berlin
☎ +49-30-263 96 10 🖷 -26 39 61 25

GEOGRAFIE, BEVÖLKERUNG

Fläche: 1 141 748 km². Im Westen und Norden mehr als 3200 km Küste. 32 **Verwaltungsbezirke** und Hauptstadtbezirk **Bevölkerung:** 42,299 Mio. Einw., davon 58 % Mestizen, 20 % Weiße u. Kreolen, 14 % Mulatten, 4 % afrikanischer Abstammung **Flüchtlinge:** 210, dazu 720 000 Binnenvertriebene **In Städten** leben 75 %, **unter 15 J.** sind 33 % der Bev. **Bev.dichte:** 41 Einw./km² **Bev.wachstum:** 1,59 % **Fruchtbarkeitsrate:** 2,6 Geb./Frau **Landessprachen:** Spanisch (Amtssprache), daneben indianische Sprachen **Religionen:** 95 % Katholiken

POLITISCHES SYSTEM

Unabhängig seit dem 20. Juli 1810. Präsidialrepublik seit 1886, Verfassung von 1991. Zweikammerparlament: Repräsentantenhaus (161 Sitze) und Senat (102 Sitze), Wahl alle 4 J. Wahlrecht ab 18 J. Direktwahl des Staatsoberhauptes für 4 J.
Staats- und Regierungschef: Álvaro Uribe (seit August 2002)
Außenminister: Guillermo Fernández de Soto

MILITÄR

Wehrpflicht: 12–18 Monate **Streitkräfte:** 158 000 Mann, davon 136 000 Armee, 7000 Luftwaffe, 15 000 Marine **Militärausgaben** (am BSP): 3,2 %

GESUNDHEIT, SOZIALES, BILDUNG

Öffentliche Gesundheitsausgaben (am BIP): 5,2 % **Öffentliche Ausgaben für Bildung und Erziehung** (am BIP): k. A. **Medizinische Versorgung:** 1,1 Ärzte (1994), 1,5 Krankenhausbetten/ 1000 Einw. **Säuglingssterblichkeit:** 20/1000 Geb. **Müttersterblichkeit:** 120/100 000 Geb. **Kinderunterernährung:** 8 % **Kinderarbeit:** 6 % **Armutsrate:** 19,7 % **Frauenanteil an den Beschäftigten:** 38,7 % Zugang zu **sauberem Trinkwasser** haben 98 % der städtischen, 73 % der ländlichen Bev., zu **sanitären Anlagen** 97 % bzw. 51 % **HIV-Infektionsrate:** 0,31 % **Lebenserwartung:** Männer 68 J., Frauen 75 J. **Schulpflicht:** 6–12 J. **Einschulungsquote** im Primarbereich 89 % **Analphabetenrate:** Männer 8 %, Frauen 8 % **Universitäten:** 25 staatliche Universitäten

WIRTSCHAFT

Währung: 1 Kolumbianischer Peso (kol$) = 100 Centavos **Kurs** (Mitte 2002): 1 kol$ = 0,0005 € **BSP:** 85,3 Mrd. US$ **Wachstumsrate des BIP:** 2,8 % **BSP/Kopf:** 2020 US$ **Anteile am BIP:** Landwirtschaft 14 %, Industrie 31 %, Dienstleistungen 56 % **Forschung+Entwicklungsausgaben** (am BIP): k. A. **Arbeitslosenquote:** 20,1 % **Inflationsrate:** 8 % **Staatseinnahmen:** 11,837 Mrd. US$ **Steueraufkommen** (am BIP): 10,8 % **Staatsausgaben:** 16,704 Mrd. US$ **Leistungsbilanzdefizit:** 1,693 Mrd. US$ **Auslandsschulden:** 34,081 Mrd. US$ **Schuldendienst** (am BSP): 6,6 % **Devisenreserven:** 9,006 Mrd. US$ **Empf. Hilfsgelder:** 187 Mio. US$ **Energie:** Produktion 77,14 Mio. t ÖE, Verbrauch 28,08 Mio. t ÖE

Landwirtschaft, Rohstoffe, Industrie:

Nutzfläche 4,2 %, von der Anbaufläche sind 20,4 % bewässert **Produkte:** Kaffee, Reis, Bananen, Zuckerrohr; illegal: Kokain **Bewaldet:** 496 000 km², jährliche **Rodung:** 1905 km² **Rohstoffe:** Erdöl, Erdgas, Kohle, Nickel, Smaragde, Gold, Silber, Platin, Eisen, Blei, Zink, Kupfer, Quecksilber, Phosphat **Wichtige Industriezweige:** Ölverarbeitung, Zement, Zucker

Außenwirtschaft:

Handelsbilanzüberschuss 492 Mio. US$ **Export:** 12,759 Mrd. US$, davon 32,5 % Öl, 11,4 % Kaffee, 9,5 % chem. Produkte, 7,3 % Kohle **Hauptausfuhrländer:** USA (48,5 %), Venezuela (7,9 %), Deutschland (4,2 %) **Import:** 12,267 Mrd. US$, davon 42,1 % Maschinen und Transportausrüstung, 22,1 % chem. Produkte, 6,1 % Nahrungs- und Genussmittel **Hauptlieferländer:** USA (38,5 %), Venezuela (8,3 %), Mexiko (4,5 %)

VERKEHR

Schienennetz: 3154 km **Straßennetz:** 112 988 km, davon 14,4 % befestigt **Motorisierung:** 51 Kfz/1000 Einw. Internationale **Flughäfen:** Bogotà, Medellín, Cal Bedeutende **Seehäfen:** Barranquilla, Buenaventura, Cartagena, Santa Marta **Binnenschifffahrt** auf 18140 km

KOMMUNIKATION

Auf 1000 Einw. kommen 544 **Rundfunk-,** 282 **Fernsehgeräte,** 170,5 **Telefonanschlüsse,** 73,8 **Mobiltelefone, PC IuK-Ausgaben** (am BIP): 12 % Größte **Tageszeitung:** *El Tiempo* (Auflage: 265 000 Exemplare) **Nachrichtenagenturen:** Ciep-El País, Colprensa

UMWELT, TOURISMUS

Geschützte Gebiete: 9 % der Landesfläche **Co_2-Emission:** 67,8 Mio. t **Verwendung des Süßwassers:** Landwirtschaft 37 %, Industrie 4 %, Haushalte 59 % **Tourismus:** 530 000 Besucher, 1,028 Mrd. US$ Einnahmen

AKTUELLE ENTWICKLUNGEN

Nach über 40 Jahren Bürgerkrieg ist das Vertrauen der Bevölkerung in die etablierten Parteien auf einem neuen Tiefpunkt angelangt. Bei den Parlamentswahlen am 10. März 2002 verloren Konservative und Liberale in beiden Häusern kräftig. Dennoch blieben sie die mit Abstand stärksten Parteien. Carlos Hulguín, der Vorsitzende der Liberalen, trat zurück. Bei der folgenden Präsidentenwahl konnte sich keiner der Kandidaten der beiden großen Parteien durchsetzen. Die Wahl gewann am 26. Mai der 49-jährige Rechtsanwalt Alvaro Uribe. Das ehemalige Mitglied der Liberalen erhielt gleich im ersten Wahlgang 53 Prozent der Stimmen. Sein größter Konkurrent, der frühere Innenminister Horacio Serpa von den Liberalen, kam auf 31,7 Prozent. Uribe, dessen Vater 1983 von den Revolutionären Streitkräften Kolumbiens (Farc) entführt und ermordet worden war, gilt als Hardliner. Oppositionskandidat Serpa behauptete sogar, Uribe sei der Kandidat der Paramilitärs, obwohl ihm niemand eine direkte Verbindung zu den organisierten Killerkommandos nachweisen konnte. Uribe will gegen Guerrillakämpfer und Drogenhändler mit harter Hand durchgreifen, den Militärhaushalt um eine Milliarde Dollar aufstocken und die Zivilbevölkerung in den Kampf gegen die Rebellen einbeziehen. Die Situation hatte sich in Kolumbien Anfang 2002 zugespitzt, da die Guerrilleros zunehmend Strommasten, Pipelines, Wasserleitungen und Brücken zerstörten. Als die Farc am 20. Februar ein Flugzeug entführte, brach Uribes Vorgänger, Präsident Andrés Pastrana, noch am selben Tag die Friedensgespräche ab. Das Militär rückte in die entmilitarisierte Zone ein, die der Farc 1999 zugestanden worden war. Drei Tage später wurde die unabhängige Präsidentschaftskandidatin Ingrid Betancourt von den Rebellen entführt. Zu einem der schwersten Zwischenfälle kam es Anfang Mai im abgelegenen Nordwesten des Landes, als in einer Kirche 119 Zivilisten starben. Sie waren bei Gefechten der Farc und rechtsgerichteten Paramilitärs zwischen die Fronten geraten.

Anfang Juni erklärte die Regierung auch die Friedensgespräche mit der zweitgrößten Rebellengruppe des Landes, dem Nationalen Befreiungsheer (ELN), für gescheitert. Nach Uno-Angaben wurden 2001 in Kolumbien rund 3000 Menschen entführt, und jeden Tag etwa 100 Menschen ermordet. Die Entführungen sind neben dem Drogenanbau die wichtigste Einnahmequelle von Rebellen und Paramilitärs. Auch drei Deutsche wurden Opfer einer dreimonatigen Entführung. Unter ihnen war auch der Entwicklungshelfer Ulrich Künzel. Er hatte einheimische Indios bei Alternativen für den Koka-Anbau beraten und war dadurch der Farc, die den Drogenanbau in der Region kontrolliert, in die Quere gekommen.

Im Rahmen des »Plan Colombia«, der von den USA mit 1,3 Milliarden Dollar unterstützt wird, setzt das kolumbianische Militär darauf, die Koka-Plantagen aus der Luft mit Pflanzenvernichtungsmitteln zu besprühen. Laut Regierungsangaben soll bislang ein Drittel der Koka-Anbaufläche vernichtet worden sein. Amerikanische Behörden bezweifeln dies und verweisen darauf, dass in abgelegenen Gebieten neue Koka-Felder erschlossen worden sind und die Anbaufläche sogar zugenommen habe. Der Anbau von Kaffee ist angesichts des weltweiten Verfalls der Kaffeepreise immer weniger lukrativ.

Präsidentschaftskandidatin Ingrid Betancourt am Tage ihrer Entführung in Florencia (23. Februar 2002)

Union de Comores – Union der Komoren; Komorer

Nationalfeiertag: 6. Juli

Zeitzone: MEZ + 2 h

Hauptstadt: Moroni (30 000 Einwohner)

Telefon-Vorwahl: +269

Mitgliedschaften: AU, Uno

Komoren

Botschaft in Frankreich (auch für D akkreditiert): 20, Rue Marbeau, F-75116 Paris
☎ +33-1-40 67 90 54 🖷 -40 67 72 96

GEOGRAFIE, BEVÖLKERUNG

Fläche: 1862 km², 3 Hauptinseln **Bevölkerung:** 558 000 Einw. **Bev.dichte:** 250 Einw./km² **Bev.wachstum:** 2,92 % **Lebenserwartung:** 61 J. **Analphabetenrate:** 44 % **Landessprachen:** Hocharabisch, Französisch (Amtssprachen), Komorisch (Variante des Kisuaheli) **Religionen:** 86 % Muslime, 14 % Katholiken

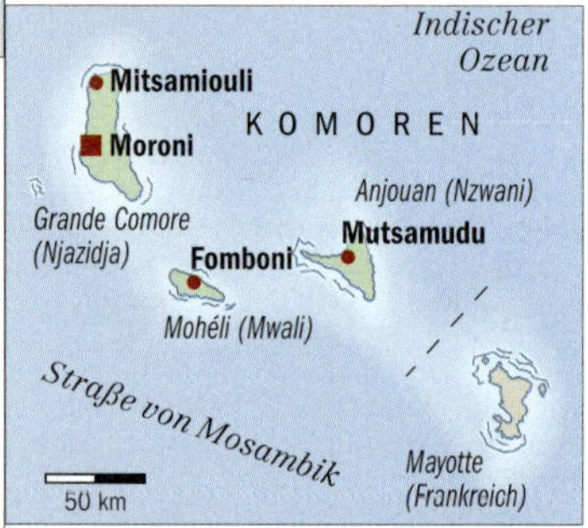

POLITISCHES SYSTEM

Neue föderalistische Verfassung seit Dezember 2001 (▸Entwicklungen). **Staatsoberhaupt:** Oberst Assoumani Azali (seit April 1999) **Regierungschef:** Hamadi Madi »Boléro« (seit Februar 2001)

WIRTSCHAFT

Währung: 1 Komoren-Franc (FC) = 100 Centimes **Kurs** (Mitte 2002): 487,85 FC = 1 € **BSP:** 212 Mio. US$ **Wachstumsrate des BIP:** -1,1 % **BSP/Kopf:** 380 US$ **Anteile am BIP:** Landwirtschaft 41 %, Industrie 12 %, Dienstleistungen 47 %

AKTUELLE ENTWICKLUNGEN

Ende Dezember 2001 stimmten 77 Prozent der Wahlberechtigten für eine neue, föderalistische Verfassung. Der neue Staat, Union de Comores, löst die seit 1982 bestehende Islamische Bundesrepublik ab. Die Zentralregierung bleibt für Währung, Verteidigung, Außenpolitik und religiöse Fragen zuständig. Eine seit 1997 andauernde Sezession der Insel Anjouan wurde beendet. Die Präsidentschaftswahlen am 14. April 2002 gewann der frühere Putschistenführer Assoumani.

République Démocratique du Congo – Demokratische Republik Kongo; Kongolesen

Nationalfeiertag: 30. Juni

Zeitzonen: MEZ bis MEZ + 1 h

Hauptstadt: Kinshasa (4 665 300 Einwohner)

Telefon-Vorwahl: +243
Kfz-Kennzeichen: ZRE

Mitgliedschaften: AU, Uno

Kongo (Demokratische Republik)

Botschaft in Deutschland: Im Meisengarten 133, D-53179 Bonn
☎ +49-228-85 81 60 🖷 -934 92 37

GEOGRAFIE, BEVÖLKERUNG

Fläche: 2 344 885 km², drittgrößtes Land Afrikas **Verwaltung:** 11 Provinzen **Bevölkerung:** 50,948 Mio. Einw., fast 80 % Bantu **Flüchtlinge:** 362 012, dazu 3458 Binnenvertriebene **In Städten** leben 30 %, **unter 15 J.** sind 49 % der Bev. **Bev.dichte:** 22 Einw./km² **Bev.wachstum:** 3,34 % **Fruchtbarkeitsrate:** 6,1 Geb./Frau **Landessprachen:** Französisch (Amtssprache), daneben Lingala, Kisuaheli, Tshiluba **Religionen:** 40 % Katholiken, 30 % Protestanten, je 10 % Kimbanguisten und Muslime, traditionelle Religionen

POLITISCHES SYSTEM

Unabhängig seit dem 30. Juni 1960. Präsidialrepublik. Verfassung von 1978 im Mai 1997 außer Kraft gesetzt. Mai 2001 wurden Parteien und Vereinigungen – zumindest offiziell – wieder zugelassen. Seit August 2001 Übergangsparlament mit 300 ernannten Mitgliedern. Direktwahl des Staatsoberhaupts alle 7 J. Wahlrecht ab 18 J. **Staatsoberhaupt:** Joseph Kabila (seit Januar 2001)
Außenminister: Léonard She Okitundu

MILITÄR

Streitkräfte: 81 400 Mann, davon 79 000 Armee, 1500 Luftwaffe, 900 Marine (geschätzt) **Militärausgaben** (am BSP): 14,4 %

GESUNDHEIT, SOZIALES, BILDUNG

Öffentliche Gesundheitsausgaben (am BIP): k. A. **Öffentliche Ausgaben für Bildung und Erziehung** (am BIP): k. A. **Medizinische Versorgung:** 0,1 Ärzte, 1,4 Krankenhausbetten/ 1000 Einw. **Säuglingssterblichkeit:** 85/1000 Geb. **Müttersterblichkeit:** 940/100 000 Geb. **Kinderunterernährung:** 34 % **Kinderarbeit:** 29 % **Armutsrate:** 90,5 % **Frauenanteil an den Beschäftigten:** 43,4 % Zugang zu **sauberem Trinkwasser:** 89 % der städtischen, 26 % der ländlichen Bev., zu **sanitären Anlagen:** 53 % bzw. 6 % **HIV-Infektionsrate:** 5,07 % **Lebenserwartung:** Männer 45 J., Frauen 46 J. **Schulpflicht**: 6 – 12 J. **Einschulungsquote** im Primarbereich 32 % **Analphabetenrate:** Männer 27 %, Frauen 50 % **Universitäten:** in Kinshasa, Kisangani, Lubumbashi

WIRTSCHAFT

Währung: Kongo-Franc (FC) = 100 Centimes **Kurs** (Mitte 2002): 1 FC = 0,004 € **BSP:** 5 Mrd. US$ **Wachstumsrate des BIP:** - 7 % **BSP/Kopf:** 90 US$ **Anteile am BIP:** Landwirtschaft 57,9 %, Industrie 16,9 %, Dienstleistungen 25,2 % **Arbeitslosenquote:** k. A. **Inflationsrate:** 299 % **Staatseinnahmen:** k. A. **Steueraufkommen** (am BIP): k. A. **Staatsausgaben:** k. A. **Leistungsbilanzdefizit:** 545 Mio. US$ **Auslandsschulden:** 11,645 Mrd. US$ **Schuldendienst** (am BSP): k. A. **Devisenreserven:** 82,5 Mio. US$ (1996) **Empf. Hilfsgelder:** 184 Mio. US$. **Energie:** Produktion 14,86 Mio. t ÖE, Verbrauch 14,53 Mio. t ÖE

Landwirtschaft, Rohstoffe, Industrie:

Nutzfläche 3,5 %, von der Anbaufläche sind 0,1 % bewässert **Bewaldet:** 1 352 000 km², jährliche **Rodung:** 5324 km² **Rohstoffe:** Kupfer, Kobalt, Mangan, Zink, Zinn, Gold, Diamanten, Erdöl

Außenwirtschaft:

Handelsbilanzdefizit 175 Mio. US$ **Export:** 933 Mio. US$, davon 61,3 % Industriediamanten, 12,4 % Rohöl, 9,8 % Kaffee **Hauptausfuhrländer:** Südafrika (29,6 %), Belgien (12,2 %), Angola (6,9 %) **Import:** 1,108 Mrd. US$, Fertigprodukte, Nahrungsmittel, Rohstoffe **Hauptlieferländer:** Belgien (16,6 %), Südafrika (10 %), Nigeria (8,2 %)

VERKEHR

Schienennetz: 4752 km **Straßennetz:** 157 000 km, davon 15 000 km befahrbar **Motorisierung:** k. A. Internationale **Flughäfen:** Kinshasa, Lubumbashi, Bukavu, Goma, Kisangani Bedeutende **Häfen:** Kinshasa, Banana, Boma, Matidi **Binnenschifffahrt** auf 15 000 km

KOMMUNIKATION

Auf 1000 Einw. kommen 386 **Rundfunk-**, 2 **Fernsehgeräte**, 0,04 **Telefonanschlüsse**, 2,9 **Mobiltelefone**, k. A. **PC** **IuK-Ausgaben** (am BIP): k. A. **Tageszeitungen:** 8 **Nachrichtenagenturen**: Agence Congolaise de Presse, Documentation et Informations Africaines

UMWELT, TOURISMUS

Geschützte Gebiete: 4,5 % der Landesfläche **CO_2-Emission:** 2,4 Mio. t **Verwendung des Süßwassers:** Landwirtschaft 23 %, Industrie 16 %, Haushalte 61 % **Tourismus:** 53 000 Besucher, 2 Mio. US$ Einnahmen

AKTUELLE ENTWICKLUNGEN

Der drittgrößte Flächenstaat Afrikas ist faktisch dreigeteilt: Präsident Kabila kontrolliert mit Hilfe von Truppen aus Simbabwe und Angola den Süden und Westen (40 Prozent des nationalen Territoriums). Das mit der Regierung verbündete Namibia zog seine Einheiten im Herbst 2001 ab. Der Osten des Landes wird durch die von Ruanda abhängige Kongolesische Sammlungsbewegung für Demokratie (RCD) beherrscht und der Norden von der Kongolesischen Befreiungsbewegung (MLC), die von Uganda unterstützt wird.

Nach Addis Abeba im Oktober 2001 begann am 25. Februar 2002 im südafrikanischen Sun City die entscheidende zweite Runde des »innerkongolesischen Dialogs«. Der Dialog war im Abkommen von Lusaka 1999 vereinbart worden mit dem Ziel, gemeinsam eine neue politische Ordnung und einen Fahrplan für die ersten demokratischen Wahlen seit 1960 zu entwerfen. Am 17. April einigte sich Kinshasa mit der MLC auf eine gemeinsame Übergangsregierung – die RCD blieb dabei außen vor. Gespräche über die Umsetzung des Separatabkommens scheiterten im Sommer.

Nach Uno-Schätzungen sind bis zu 30 000 ruandische Hutu-Milizen im Kongo aktiv. 1600 von ihnen hat Kabila am 11. September 2001 der

Präsident Joseph Kabila

Blauhelmsoldaten in Kisangani

Uno-Mission Monuc übergeben, das Problem ist damit aber nicht gelöst. Alle Kriegsparteien finanzieren ihren Kampf mit der Ausplünderung des Landes. Schätzungen zufolge erreichten etwa nicht deklarierte Gewinne Ruandas aus den Geschäften im Kongo in den Jahren 1999 und 2000 jeweils ein Volumen von rund 163 Millionen US-Dollar.
Am 14. Mai 2002 erlebte die strategisch wichtige Stadt Kisangani einen neuen Gewaltausbruch: Nachdem eine RCD-Splittergruppe den lokalen Radiosender besetzt und zur Jagd auf die »Besatzer« aufgerufen hatte, kamen über 100 Menschen zu Tode. Ungeachtet entsprechender Sicherheitsrats-Resolutionen ist Kisangani noch nicht entmilitarisiert. Die Spannungen zwischen der Uno-Mission und der RCD eskalierten: Drei ranghohe Monuc-Mitglieder wurden aus Kisangani und Goma ausgewiesen, der Monuc-Leiter in allen RCD-Gebieten zur unerwünschten Person erklärt. Die gut 3800 Blauhelmsoldaten, die die Einhaltung des Waffenstillstands überwachen sollen, werden von allen Seiten angefeindet. Sie verfügen zudem nicht über die notwendigen Mittel, um die Menschen wirksam zu schützen.

Lavaströme in der Stadt Goma

Unter der Gewalt leidet vor allem die verarmte Zivilbevölkerung. Seit 1998 forderte der Krieg bis zu 3 Millionen Menschenleben. In den Rebellengebieten herrscht eine Art Raubritterwirtschaft. Zwar konnte die Hyperinflation um mehr als zwei Drittel (Ende 2001 lag sie bei 135 Prozent) reduziert werden. Und im Januar 2002 wurde erstmals seit 1997 wieder ein regulärer Haushalt verabschiedet (Umfang: 640 000 US-Dollar). Doch ungeachtet der guten Absichten der Regierung versinkt die ehemalige belgische Kolonie wirtschaftlich im Chaos: Die Infrastruktur ist zerfallen. Von den einst 157 000 Straßenkilometern sind nur noch gut 15 000 befahrbar. Auf einer Fläche von der Größe Westeuropas gibt es nicht mehr als zehn Banken.
Ein Uno-Bericht vom Mai 2002 stellte fest, das Land sei ein Tummelplatz für das internationale organisierte Verbrechen. So verliert der Kongo Regierungsangaben zufolge etwa zwei Drittel seiner potenziellen Einnahmen aus dem Diamantenhandel durch Schmuggel. Der staatliche Bergbaukonzern Gécamines ist mit 1,4 Milliarden US-Dollar verschuldet, weil er für Kriegskredite zu bürgen hatte. Auch der halbstaatliche Diamantenkonzern Miba ist faktisch zahlungsunfähig, nachdem er jahrzehntelang als schwarze Kasse diente. Die Wirtschaft des wahrscheinlich rohstoffreichsten afrikanischen Landes produziert praktisch nichts mehr. Immerhin plant Siemens das am Unterlauf des Kongo gelegene Wasserkraftwerk Inga – eins der größten der Welt – für 700 Millionen Dollar wieder in Stand zu setzen.
Möglicherweise einen Durchbruch erzielten Präsident Kabila und sein ruandischer Amtskollege Kagame am 30. Juli 2002: Im südafrikanischen Pretoria unterzeichneten sie ein Friedensabkommen, das die seit vier Jahren andauernden Kämpfe zwischen beiden Ländern beenden soll. Der Kongo verpflichtet sich dazu, die Hutu-Milizen im eigenen Land mit Uno-Hilfe zu entwaffnen und aufzulösen. Im Gegenzug soll Ruanda seine Truppen aus dem Nachbarland abziehen.
In die internationalen Schlagzeilen geriet der Kongo wegen einer Naturkatastrophe: Am 17. Januar 2002 brach der Vulkan Nyiragongo aus und zerstörte die Grenzstadt Goma zu einem Drittel. Mindestens 45 Menschen starben, Hunderttausende flohen vor der Lava.

Kongo

Botschaft in Deutschland: Rheinallee 45, D-53173 Bonn
☎ +49-228-35 83 55 🖷 -35 22 17

GEOGRAFIE, BEVÖLKERUNG

Fläche: 342 000 km² **Bevölkerung:** 3 Mio. Einw. **Bev.dichte:** 9 Einw./km² **Bev.wachstum:** 3,03 % **In Städten:** 63 % der Bev. **Analphabetenrate:** Männer 13 %, Frauen 26 % **Landessprachen:** Französisch (Amtssprache), Munukutuba, Kikongo, Lingala **Religionen:** 50 % Christen, 48 % traditionelle Religionen, 2 % Muslime

POLITISCHES SYSTEM

Republik. Unabhängig seit dem 15. August 1960.
Staats- und Regierungschef: Denis Sassou-Nguesso (seit Oktober 1997)

MILITÄR

Streitkräfte: rund 10 000 Mann **Militärausgaben** (am BSP): 3,5 %

GESUNDHEIT, SOZIALES

Öffentliche Gesundheitsausgaben (am BIP): 2 % **Medizinische Versorgung:** 0,3 Ärzte/ 1000 Einw. **Armutsrate:** k. A. **Säuglingssterbl.:** 68/1000 Geb. **Lebenserwartung:** Männer 49 J., Frauen 53 J.

WIRTSCHAFT

Währung: 1 CFA-Franc = 100 Centimes **Kurs** (Mitte 2002): 1 CFA-Franc = 0,002 € **BSP:** 1,7 Mrd. US$ **Wachstumsrate des BIP:** 7,9 % **BSP/Kopf:** 570 US$ **Anteile am BIP:** Landwirtschaft 5 %, Industrie 71 %, Dienstleistungen 24 % **Arbeitslosenquote:** k. A. **Inflationsrate:** -0,5 % **Auslandsschulden:** 4,887 Mrd. US$ **Schuldendienst** (am BSP): 1,9 % **Entwicklungshilfe:** 33 Mio. US$ **Handelsbilanzüberschuss:** 740 Mio. US$ **Tourismuseinnahmen:** 11 Mio. US$

AKTUELLE ENTWICKLUNGEN

Dem siegreich aus dem Bürgerkrieg hervorgegangenen Präsidenten Denis Sassou-Nguesso gelang es, seine Macht zu festigen. Wichtige Oppositionskandidaten wurden nicht zur Wahl zugelassen, weil sie sich wie der im Dezember 2001 wegen Landesverrat verurteilte Ex-Präsident Pascal Lissouba im Exil aufhalten. Andere wie der aussichtsreichste Oppositionskandidat André Milongo verzichteten aus Protest wegen mangelnder Transparenz kurz vor der Wahl auf eine Kandidatur. So konnte Sassou-Nguesso bei der Präsidentschaftswahl vom 10. März 2002 über 89 Prozent der Stimmen auf sich vereinigen.
Die Parlamentswahlen vom 26. Mai, die in Teilen auf Grund zahlreicher Disqualifikationen von Kandidaten im Juni erst beendet werden konnten, bestätigten dieses Ergebnis.
Ende März 2002 flammten die Kämpfe zwischen der südlichen Ninja-Miliz des Rebellenführers Frederic Bitsangou alias Ntoumi, die dem ebenfalls ins Exil geflohenen Ex-Premierminister Bernard Kolélas nahe steht, und den Regierungstruppen erneut auf. Ursache für die Auseinandersetzungen, an denen sich auf Regierungsseite auch angolanische Truppen beteiligten, ist unter anderem die bisher nur langsam fortschreitende Demobilisierung der Milizen. Trotz einer

Uno-Eingliederungshilfe von 40 Millionen US-Dollar stehen noch immer Tausende Kämpfer unter Waffen.
Neben der Instabilität leidet das Land vor allem unter dem Zusammenbruch von Infrastruktur und Verwaltung. Ein besonderes Problem ist die Korruption, insbesondere im Zusammenhang mit den Öl-Einnahmen. Das vornehmlich durch die Landwirtschaft erwirtschaftete Wachstum schätzt der IWF für das Jahr 2002 auf 4,4 Prozent. Die wichtige Rohölproduktion dagegen – über 60 Prozent der Staatseinnahmen und rund 90 Prozent der Exporterlöse stammen aus dem Geschäft mit dem Öl – ist seit 1999 um 7 Prozent auf 275 000 Barrel täglich gesunken. Für die weitere wirtschaftliche Entwicklung des Kongo sind die großen Auslandsschulden ein erhebliches Hemmnis.

République du Congo – Republik Kongo; Kongolesen

Nationalfeiertag: 15. August

Zeitzone: MEZ

Hauptstadt: Brazzaville (950 000 Einwohner)

Telefon-Vorwahl: +242
Kfz-Kennzeichen: RCB

Mitgliedschaft: Uno

Präsident Denis Sassou-Nguesso

Choson Minjujuui Inmin Konghwaguk – Demokratische Volksrepublik Korea; Nordkoreaner

Nationalfeiertag: 9. September

Zeitzone: MEZ +8 h

Hauptstadt: Pjöngjang (2741300 Einwohner)

Telefon-Vorwahl: +850

Mitgliedschaften: Uno

Korea (Nord)

Botschaft in Deutschland: Glinkastraße 5-7, D-10117 Berlin
☎ +49-30-229 31 89 🖷 -229 31 91

GEOGRAFIE, BEVÖLKERUNG

Fläche: 122762 km². Im Süden entmilitarisierte Zone zu Südkorea. Küstenlinie von 2495 km Länge **Verwaltung:** 9 Provinzen, 2 Stadtbezirke **Bevölkerung:** 22,268 Mio. Einw., davon fast 100 % Koreaner, chinesische Minderheit **Flüchtlinge:** 100000 Binnenflüchtlinge, 50000 in der VR China **In Städten** leben 60 %, **unter 15 J.** sind 27 % der Bev. **Bev.dichte:** 185 Einw./km² **Bev.wachstum:** 0,68 % **Fruchtbarkeitsrate:** 2,1 Geb./Frau **Landessprache:** Koreanisch (Amtssprache) **Religionen:** Die Religionsausübung ist stark eingeschränkt, traditionell

Buddhisten und sozialethisch Konfuzianer

POLITISCHES SYSTEM

Unabhängig seit dem 9. September 1948. Volksrepublik. Verfassung von 1972 mit Änderungen von 1992 und 1998. Allg. Wahlrecht ab 18 J. Die Oberste Volksversammlung (687 Mitglieder), gewählt für 5 J., wählt alle 5 J. den Vorsitzenden des Präsidiums der obersten Volksversammlung, der protokollarisch als Staatsoberhaupt fungiert. Das ist derzeit Kim Yong Nam. Die Kommunistische Partei der Arbeit gewann bei der letzten Wahl (1998) 100 % der Listenplätze. Neben den Kommunisten gibt es noch Blockparteien ohne Bedeutung: die Koreanische Sozialdemokratische Partei (KSDP), Chondoistische Chongu Partei, Demokratische Partei für die Wiedervereinigung des Vaterlands.

Staatsoberhaupt: offiziell der »ewige Präsident« Kim Il Sung (gestorben 1994); de facto sein Sohn Kim Jong Il (seit September 1998).
Regierungschef: Hong Song Nam (seit Februar 1997)
Außenminister: Paek Nam Sun

MILITÄR

Allg. Wehrpflicht Streitkräfte: 1,082 Mio. Mann, davon (geschätzt) 950000 Armee, 86000 Luftwaffe, 46000 Marine **Militärausgaben** (am BSP): 18,8 %

GESUNDHEIT, SOZIALES, BILDUNG

Es liegen nur wenige aktuelle Daten vor: **Öffentliche Gesundheitsausgaben** (am BIP): 3 % **Medizinische Versorgung:** 3 Ärzte/1000 Einw., Krankenhausbetten/1000 Einw.: k.A. **Säuglingssterblichkeit:** 54/1000 Geb. **Müttersterblichkeit:** 35/100000 Geb. **Kinderunterernährung:** 32 % **Frauenanteil an den Beschäftigten:** 43,3 % Zugang zu **sauberem Trinkwasser** 100 %, zu **sanitären Anlagen** 99 % der Bev. **HIV-Infektionsrate:** <0,01 % **Lebenserwartung:** Männer 59 J., Frauen 62 J. **Schulpflicht:** 6–16 J. **Einschulungsquote** im Primarbereich 100 % **Analphabetenrate:** 5 % (1992) **Universität:** Pjöngjang

WIRTSCHAFT

Es liegen nur wenige aktuelle Daten vor (meist südkoreanische Schätzungen): **Währung:** 1 Won = 100 Chon **Kurs** (Mitte 2002): 1 Won = 0,49 € **BSP:** 16,8 Mrd. US$ **Wachstumsrate des BIP:** 1,3 % **BSP/Kopf:** 757 US$ **Anteile am BIP:** Landwirtschaft 31,4 %, Industrie 36,2 %, Dienstleistungen 32,4 % **Inflationsrate:** 5 % (1993) **Staatseinnahmen:** rund 10 Mrd. US$ (geplant) **Staatsausgaben:** rund 10 Mrd. US$ (geplant) **Auslandsschulden:** 12,6 Mrd. US$ **Empf. Hilfsgelder:** 75 Mio. US$ **Energie:** Produktion 54,20 Mio. t ÖE, Verbrauch 58,93 Mio. t ÖE

Landwirtschaft, Rohstoffe, Industrie:

Nutzfläche 16,6 %, von der Anbaufläche sind 73 % bewässert **Bewaldet:** 82000 km², jährliche **Rodung:** k.A. **Wichtige Industriezweige:** Textilverarbeitung, Metallindustrie **Rohstoffe:** Kohle, Zink, Zinn, Eisen, Kupfer, Blei, Silber, Gold, Erdöl, Erdgas

Außenwirtschaft:

Handelsbilanzdefizit 736,5 Mio. US$ **Export:** 0,829 Mrd. US$ **Hauptaus-**

fuhrländer: VR China, Japan, Hongkong, Indien (1997) **Import:** 1,564 Mrd. US$ **Hauptlieferländer:** VR China, Japan, Hongkong, Indien (1997)

VERKEHR

Schienennetz: 5214 km **Straßennetz:** 31 200 km, davon 6,4 % befestigt Internationaler **Flughafen:** Pjöngjang **Fluggesellschaft:** Air Koryo **Binnenwasserwege:** 2253 km Wichtigste **Seehäfen:** Chongjin, Nampo, Wonsan

KOMMUNIKATION

Auf 1000 Einw. kommen 154 **Rundfunk-**, 54 **Fernsehgeräte**, 46,4 **Telefonanschlüsse Tageszeitungen:** 5 (Auflage: rund 4,5 Mio. Exemplare) **Nachrichtenagentur:** Korean Central News Agency (KCNA)

UMWELT, TOURISMUS

Geschützte Gebiete: 2,6 % der Landesfläche **CO_2-Emission:** 226,1 Mio. t **Verwendung des Süßwassers:** Landwirtschaft 73 %, Industrie 16 %, Haushalte 11 % **Tourismus:** 130 000 Besucher

AKTUELLE ENTWICKLUNGEN

Das Land findet offenbar keinen Weg aus seiner schweren Wirtschaftskrise. Selbst eine elementare Versorgung mit Nahrung und Energie war nicht mehr gewährleistet. Das Pro-Kopf-Einkommen betrug nur noch etwa ein Zwölftel dessen, was der südliche Nachbar erwirtschaftete. Bis zu drei Millionen Menschen verhungerten nach Schätzungen von Hilfsorganisationen während der vergangenen Jahre. Trotz steigender Ernteerträge sind immer noch mehr als sechs Millionen Nordkoreaner auf Zusatzrationen aus dem Ausland angewiesen. Nach Angaben des Welternährungsprogrammes der Uno fehlten etwa 130 000 t Getreide, um die ärmsten Bewohner des Landes versorgen zu können. Zwischen 150 000 und 300 000 Menschen sind nach China geflüchtet und im grenznahen Bezirk Yanbian untergetaucht, wo auf chinesischem Boden eine koreanische Minderheit lebt. Im März 2002 gelang einer Gruppe von 25 Nordkoreanern die medienwirksame Flucht in die spanische Botschaft in Peking.

Zu einem Kuriosum geriet der erste Staatsbesuch Kim Jong Ils in Moskau Anfang August 2001. Die über 9000 Kilometer lange Distanz überwand der Staatschef im gepanzerten Sonderzug. Allein die Hinreise dauerte neun Tage. Nordkorea schuldet Russland bereits über 5,5 Milliarden US-Dollar, die zum Teil durch das Ausleihen von Zwangsarbeitern beglichen werden sollen.

Zum ersten Mal nach 1992, als China diplomatische Beziehungen zum Erzrivalen Südkorea aufnahm, empfing Pjöngjang am 3. September 2001 mit Jiang Zemin wieder einen chinesischen Staatschef. Jiang Zemin bemühte sich um eine Fortsetzung des innerkoreanischen Entspannungsprozesses, der mit der historischen Begegnung zwischen Staatschef Kim Jong Il und dem südkoreanischen Präsidenten Kim Dae Jung im Juni 2000 eingeleitet worden war. Dank Jiangs Vermittlung wurden die Gespräche zwischen Nord- und Südkorea am 16. September wieder aufgenommen, und es gab kleine Erfolge in der Familienpolitik.

Kim Jong Il

Nachdem US-Präsident George W. Bush Nordkorea wiederholt als »Schurkenstaat« bezeichnet hatte, verschlechterte sich das Verhältnis zwischen Nord- und Südkorea erneut. Pjöngjang sagte die für Oktober geplanten Familienbesuche ab. Ende September fielen an der Grenze zwischen Nord- und Südkorea sogar Schüsse. Ein Treffen von Ministern beider Länder wurde am 13. November vorzeitig abgebrochen. Am 27. November kam es zu einem weiteren Grenzgefecht. Und am 22. Dezember 2001 versenkte die japanische Küstenwache ein mutmaßliches nordkoreanisches Spionageschiff.

Nach dem Besuch von Bush in Seoul im Februar 2002 erreichten die Beziehungen zwischen Nordkorea und den USA einen weiteren Tiefpunkt. Im April allerdings wurde der Gesprächsfaden durch einen Sondergesandten Kim Dae Jungs in Pjöngjang vorsichtig wieder aufgenommen. Am 29. Juni stellte jedoch ein schweres Gefecht zwischen Patrouillenbooten beider Koreas den Annäherungsprozess erneut in Frage.

Im Januar 2002 trat Doris Hertrampf als erste Botschafterin der Bundesrepublik ihren Dienst in Nordkorea an.

Taehan Min'guk – Republik Korea; Südkoreaner

Nationalfeiertag: 15. August

Zeitzone: MEZ + 8 h

Hauptstadt: Seoul (10 231 200 Einwohner)

Telefon-Vorwahl: +82
Kfz-Kennzeichen: ROK

Mitgliedschaften: OECD, Uno

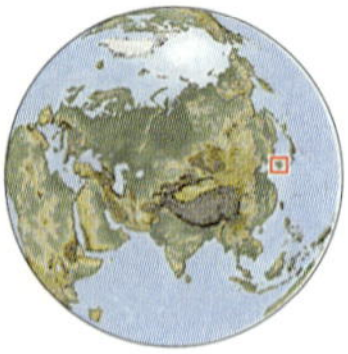

Korea (Süd)

Botschaft in Deutschland: Schöneberger Ufer 89-91, D-10785 Berlin ☎ +49-30-26 06 50 🖷 -260 65 51

GEOGRAFIE, BEVÖLKERUNG

Fläche: 99 313 km². Von Nordkorea durch eine entmilitarisierte Zone (1262 km²) entlang dem 38. Breitengrad getrennt. Viele bewaldete Höhenzüge. Die Küste im Osten teilweise rau und felsig, die im Süden und Westen sanfter mit vielen Häfen und vorgelagerten Inseln. **Verwaltung:** 9 Provinzen, 6 Stadtbezirke **Bevölkerung:** 47,275 Mio. Einw., davon fast 100 % Koreaner, Minderheit Chinesen **In Städten** leben 82 %, **unter 15 J.** sind 21 % der Bev. **Bev.dichte:** 479 Einw./km² **Bev.-wachstum:** 0,66 % **Fruchtbarkeitsrate:** 1,4 Geb./Frau **Landes- u. Amtssprache:** Koreanisch **Religionen:** 49 % Christen, 47 % Buddhisten

Die größten Städte

Seoul	10 231 200
Pusan	3 814 300
Taegu	2 449 400
Inchon	2 308 200
Taejon	1 272 100
Kwangju	1 257 600

POLITISCHES SYSTEM

Unabhängig seit dem 15. August 1948. Präsidialrepublik. Verfassung der VI. Republik von 1988. Nationalversammlung (»Kuk Hoe«), 273 Sitze, Wahl alle 4 J. Direktwahl des Staatsoberhaupts alle 5 J., eine Wiederwahl ist nicht möglich. Wahlrecht ab 20 J.
Staatsoberhaupt: Kim Dae Jung (seit Februar 1998)
Regierungschef: Chang Sang (seit Juli 2002)
Außenminister: Choi Sung Hong

MILITÄR

Allg. Wehrpflicht: 26–30 Monate **Streitkräfte:** 683 000 Mann, davon 560 000 Armee, 63 000 Luftstreitkräfte, 60 000 Marine **Militärausgaben** (am BSP): 2,9 % **Waffenhandelsanteil** an den Importen 9,5%

GESUNDHEIT, SOZIALES, BILDUNG

Öffentliche Gesundheitsausgaben (am BIP): 2,4 % **Öffentliche Ausgaben für Bildung u. Erziehung** (am BIP): 4,1 % **Öffentliche Ausgaben für Altersversorgung** (am BIP): 1,3 % **Medizinische Versorgung:** 1,3 Ärzte, 5,5 Krankenhausbetten/1000 Einw. **Säuglingssterblichkeit:** 8/1000 Geb. **Müttersterblichkeit:** 20/100 000 Geb. **Kinderunterernährung:** k. A. **Kinderarbeit:** 0 % **Armutsrate:** <2 % **Frauenanteil an den Beschäftigten:** 41,4 % Zugang zu **sauberem Trinkwasser** haben 71 % der städtischen, 97 % der ländlichen Bev., zu **sanitären Anlagen** 76 % der städtischen Bev. **HIV-Infektionsrate:** 0,01 % **Lebenserwartung:** Männer 70 J., Frauen 77 J. **Schulpflicht:** 6 – 15 J. **Einschulungsquote** im Primarbereich k. A. im Sekundarbereich k. A. **Analphabetenrate:** Männer 1 %, Frauen 4 %

WIRTSCHAFT

Währung: 1 Won (₩) = 100 Chon **Kurs** (Mitte 2002): 1 ₩ = 0,0009 € **BSP:** 421,1 Mrd. US$ **Wachstumsrate des BIP:** 8,8 % **BSP/Kopf:** 8910 US$ **Anteile am BIP:** Landwirtschaft 5 %, Industrie 43 %, Dienstleistungen 53 % **Forschung+Entwicklungsausgaben** (am BSP): 2,7 % **Arbeitslosenquote:** 4,1 % **Inflationsrate:** 4,1 % **Staatseinnahmen:** 96,689 Mrd. US$ **Steueraufkommen** (am BIP): k. A. **Einkommensteuer:** max. 40 % **Körperschaftsteuer:** 28 % **Haushaltsdefizit** (am BIP): 1,3 % **Staatsausgaben:** 102,730 Mrd. US$ **Leistungsbilanzüberschuss:** 8,617 Mrd. US$ **Auslandsschulden:** 134,417 Mrd. US$ **Schuldendienst** (am BIP): 5,1 % **Devisenreserven:** 96,251 Mrd. US$ **Empf. Hilfsgelder:** Rückzahlung 198 Mio. US$ **Ausl. Direktinvestitionen:** 9,283 Mrd. US$ **Börse** (Marktkapitalisierung am BIP): 32,5 % **Energie:** Produktion 31,85 Mio. t ÖE, Verbrauch 181,37 Mio. t ÖE. Anteile am Verbrauch: Kohle 23,3 %, Öl 52,6 %, Atomenergie 13 %, Erdgas 10,6 %, sonstige 0,5 %

Landwirtschaft, Rohstoffe, Industrie:

Nutzfläche 19,2 %, von der Anbaufläche sind 60,7 % bewässert **Produkte**: Weizen, Mais, Gerste, Wein, Kartoffeln, Tabak **Bewaldet:** 63 000 km², jährliche **Rodung:** 49 km² **Wichtige Rohstoffe:** Kohle, Eisenerz, Blei, Zink, Silber, Gold, Kalkstein und Erdgas **Industriezweige:** Automobil- und Schiffbau, Eisen- und Stahlproduktion, Elektrotechnik

Außenwirtschaft:

Handelsbilanzüberschuss 13,392 Mrd. US$ **Export:** 151,371 Mrd. US$, davon 12,3 % Computer- u. Büromaschinen, 9,3 % Kraftfahrzeuge, 8,1 % Textilien, 5,2 % Schiffe **Hauptausfuhrländer:** USA (20,5 %), Japan (11 %), VR China (9,5 %) **Hightech-Exporte:** 53,950 Mrd. US$ **Import:** 137,979 Mrd. US$, davon 36,4 % Maschinen u. Transportausrüstung, 15 % Rohöl und Ölprodukte **Hauptlieferländer:** USA (20,8 %), Japan (20,2 %), VR China (7,4 %)

VERKEHR

Schienennetz: 3120 km **Straßennetz:** 86 990 km, davon 74,5 % befestigt **Motorisierung:** 238 Kfz/1000 Einw. Internationale **Flughäfen:** 3 (u. a. Seoul, Pusan) **Fluglinie:** Korean Air, 34,331 Mio. beförderte Passagiere **Häfen:** Inchon, Mokpo, Pohang, Pusan **Binnenschifffahrt** auf 1609 km

KOMMUNIKATION

Auf 1000 Einw. kommen 1033 **Rundfunk-**, 364 **Fernsehgeräte**, 476 **Telefonanschlüsse**, 608,4 **Mobiltelefone**, 251,4 **PC** und 9,21 **Internet-Zugänge** **IuK-Ausgaben** (am BIP): 6,6 %
Es erscheinen 60 **Tageszeitungen** mit einer Gesamtauflage von rund 17,5 Mio. Exemplaren. Die größten Tageszeitungen und ihre Auflagen:
Chosun-Ilbo .... 2,47 Mio.
Hankoo Ilbo .... 2,00 Mio.
Joong-Ang Ilbo .... 1,85 Mio.
Dong-A Ilbo .... 1,10 Mio.
Nachrichtenagentur: Yonhap News Agency

UMWELT, TOURISMUS

Geschützte Gebiete: 6,9 % der Landesfläche **Energieverbrauch/Kopf:** 3 871 kg ÖE **CO_2-Emission:** 363,7 Mio. t **Verwendung des Süßwassers:** Landwirtschaft 63 %, Industrie 11 %, Haushalte 26 % **Tourismus:** 5,322 Mio. Besucher, 6,609 Mrd. US$ Einnahmen

AKTUELLE ENTWICKLUNGEN

Südkorea geriet in der zweiten Jahreshälfte 2001 in eine kurze ökonomische und in eine anhaltende politische Krise. Trotz globalen Wirtschaftsabschwungs konnte Südkorea seinen Kredit beim IWF tilgen, den es nach der Asienkrise von 1997 hatte aufnehmen müssen. Zugleich erwiesen sich die damals eingeleiteten Reformen, vor allem des Bankensektors und der überschuldeten riesigen Firmenkonglomerate, der Chaebols, nun als Erfolg. Südkorea hat auf Stimulierung des privaten Konsums – die Verschuldung privater Haushalte stieg in vier Jahren um 50 Prozent – und Anreize für ausländische Investitionen gesetzt. In den vier Jahren von 1998 bis 2001 flossen 52 Milliarden US-Dollar ins Land, mehr als doppelt so viel wie in den 40 Jahren zuvor. Um die Politik der Privatisierung entbrannte jedoch ein harter Kampf mit den Gewerkschaften. Die Regierung konnte sich schließlich im Frühjahr 2002 durchsetzen und einen drohenden Generalstreik abwenden. Dies kam dem sich abzeichnenden Wirtschaftsaufschwung im ersten Halbjahr 2002 zugute.

Präsident Kim Dae Jung mit Japans Ministerpräsident Junichiro Koizumi

Die politische Debatte wie auch die allgemeine Stimmung in Südkorea sind in starkem Maß von gegensätzlichen Einstellungen gegenüber Nordkorea geprägt. Angesichts einer US-Diplomatie, die Nordkorea als »Schurkenstaat« angriff, und einer geringen Kompromissbereitschaft der Führung in Pjöngjang drohte die von Südkoreas Präsident Kim Dae Jung eingeleitete »Sonnenscheinpolitik« der Annäherung zu scheitern. Die Gegner Kims, dem für seine Initiative im Oktober 2000 der Friedensnobelpreis zugesprochen worden war, klagten, dass Nordkorea Unterstützung ohne erkennbare Gegenleistung einstreiche.
Ein Misstrauensvotum der oppositionellen Großen Nationalpartei (GNP) gegen den Minister für Wiedervereinigung im September 2001 hatte auf Grund der Mitwirkung des kleinen Koalitionspartners, der Vereinigten Liberaldemokraten, Erfolg und löste eine Regierungskrise aus. Weitere vier Minister mussten gehen.
Kims Amtszeit endet im Februar 2003; eine Wiederwahl schließt die Verfas-

sung aus. Bei den Präsidentschaftswahlen am 19. Dezember 2002 wird Südkorea auch über Fortsetzung oder Ende der Sonnenscheinpolitik abstimmen.

Das Renommee des Präsidenten, über Jahre die überragende Persönlichkeit der koreanischen Politik, drohte zum Ende der Amtszeit beschädigt zu werden: Die monatelange Untersuchungshaft dreier Zeitungsbesitzer wegen angeblicher Steuerhinterziehung trug ihm den Vorwurf ein, in Wahrheit die regierungskritische Presse gängeln zu wollen. Im Januar 2002 entschuldigte sich Kim vor der Nation für eine Serie von Skandalen und Rücktritten in seiner Umgebung – schließlich war er einst angetreten, die Korruption, Südkoreas Dauerproblem, entschieden zu bekämpfen. Wenige Tage später wechselte er neun Minister aus. Am 19. und 20. Februar war US-Präsident George W. Bush zu Gast in Seoul und bemühte sich um eine Bereinigung des gespannten Verhältnisses zu Südkorea. Zwar wiederholte er seine scharfe Verurteilung des nordkoreanischen Regimes, erklärte aber, die USA hätten keine Absicht, Nordkorea anzugreifen, und bekundete darüber hinaus seine Unterstützung der Sonnenscheinpolitik.

WM-Eröffnungsfeier im World Cup Stadium in Seoul

Einen Monat später, vom 21. bis zum 23. März, besuchte der japanische Ministerpräsident Junichiro Koizumi Südkorea, und auch er versuchte, zerschlagenes Porzellan zu kitten. Das Verhältnis zwischen beiden Ländern ist durch die japanische Kolonialherrschaft über Korea schwer belastet. Im Jahr 2001 hatten Geschichtsklitterungen in japanischen Schulbüchern für Irritationen gesorgt. Ein Besuch Koizumis im Yasukuni-Schrein im August war in Südkorea als eine Verbeugung vor Japans Kriegsverbrechern empfunden worden und hatte zu spektakulären Protestkundgebungen geführt. Der Schrein ist allen Kriegstoten Japans gewidmet, auch die Hauptkriegsverbrecher werden hier verehrt. Daraufhin eilte Koizumi im Oktober zu einer achtstündigen Stippvisite nach Seoul, um sein Bedauern für die Leiden des koreanischen Volkes während der Kolonialherrschaft von 1910 bis 1945 auszusprechen und die Wogen zu glätten. Mit der Unterzeichnung eines Investitionsabkommens am 22. März als Auftakt zu einer zukünftigen gemeinsamen Freihandelszone endete der Staatsbesuch als bedeutender Erfolg.

Im April stellte die regierende Demokratische Millenniumspartei (MDP) den ehemaligen Anwalt und Menschenrechtsaktivisten Roh Moo Hyun als Kandidaten für die Präsidentschaftswahlen auf. Mit seinem Austritt aus der MDP Anfang Mai folgte Kim zwar der Gepflogenheit, sich als Amtsinhaber in der letzten Phase in eine Neutralität zurückzuziehen, doch waren dem Schritt Anschuldigungen gegen seine Söhne wegen Korruptionsverdachts vorausgegangen. Die GNP kürte den ehemaligen Ministerpräsidenten Lee Hoi Chang, einen strikten Gegner der Annäherungspolitik. Bei landesweiten Regionalwahlen errang die Opposition am 14. Juni einen Erdrutschsieg.

Mit der gemeinsamen Ausrichtung der Fußballweltmeisterschaft vom 31. Mai bis zum 30. Juni haben Japan und Südkorea ein weiteres Zeichen gesetzt, dass die so lange versäumte Aussöhnung beider Völker nun doch vorankommen möge. Südkoreas Mannschaft erwarb sich während des WM-Turniers viele Sympathien und drang überraschend bis ins Halbfinale vor. Dort scheiterte sie an Deutschland.

Am 28. Juni kam es auf dem Gelben Meer zu einem 20-minütigen Gefecht zwischen nord- und südkoreanischen Patrouillenbooten mit Toten und Verletzten. Der Prozess der Annäherung beider Koreas erfuhr damit seinen bisher schwersten Rückschlag seit drei Jahren.

Auch das Vertrauen der Südkoreaner in die Regierung des Premiers Lee Han Dong nahm großen Schaden. Der Verteidigungsminister musste gehen, und Präsident Kim verkündete erneut eine umfassende Kabinettsumbildung. Zum ersten Mal in der Geschichte Südkoreas sollte eine Frau Ministerpräsidentin werden: die Philosophin Chang Sang, seit 1996 Präsidentin der renommierten Ewha-Frauen-Universität in Seoul. Am 31. Juli 2002 lehnte das Parlament allerdings die vorgeschlagene Premierministerin wegen Ungereimtheiten in ihrer Biografie ab. Nun ist Kim Dae Jung vier Monate vor den Präsidentschaftswahlen kaum noch handlungsfähig.

Kroatien

Botschaft in Deutschland: Ahornstraße 4, D-10787 Berlin
☎ +49-30-23 62 89 51 🖷 -23 62 89 65

GEOGRAFIE, BEVÖLKERUNG

Fläche: 56 542 km^2 **Verwaltung:** 20 Regionen und Hauptstadtbezirk **Bevölkerung:** 4,380 Mio. Einw., davon 78 % Kroaten, 12 % Serben, 1 % Bosniaken **Flüchtlinge**: 21 875, dazu 23402 Binnenvertriebene **In Städten** leben 58 %, **unter 15 J.** sind 18 % der Bev. **Bev.dichte:** 78 Einw./km^2 **Bev.wachstum:** 0,03 % **Fruchtbarkeitsrate:** 1,4 Geb./Frau **Landes- und Amtssprache:** Kroatisch **Religionen:** 77 % Katholiken, 11 % orthodoxe Christen

Die größten Städte	
Zagreb	682 600
Split	173 700
Rijeka	143 400
Osijek	91 000

POLITISCHES SYSTEM

Unabhängig seit dem 25. Juni 1991, am 23. Dezember 1991 durch Deutschland anerkannt. Republik. Verfassung von 1990, zuletzt geändert 2001. Einkammerparlament (»Sabor«) mit 151 Sitzen, bes. Wahlkreis für Auslandskroaten, 5 Abg. für nationale Minderheiten. Verhältniswahl alle 4 J. Das Oberhaus (»Županski Dom«) wurde im Mai 2001 abgeschafft. Das Staatsoberhaupt wird alle 5 J. direkt gewählt. Wahlrecht ab 18 J.
Staatsoberhaupt: Stipe Mesić (seit Februar 2000)
Regierungschef: Ivica Račan (seit Januar 2000)
Außenminister: Tonino Picula

MILITÄR

Allg. Wehrpflicht: 10 Monate **Streitkräfte:** 58 300 Mann, davon 50 700 Armee, 4600 Luftstreitkräfte, 3000 Marine **Militärausgaben** (am BIP): 3,3 %

GESUNDHEIT, SOZIALES, BILDUNG

Öffentliche Gesundheitsausgaben (am BIP): 9,5 % **Öffentliche Ausgaben für Bildung u. Erziehung** (am BSP): 5,3 % **Öffentliche Ausgaben für Altersversorgung** (am BIP): 11,6 % **Medizinische Versorgung:** 2,3 Ärzte, 5,9 Krankenhausbetten/1000 Einw. **Säuglingssterblichkeit:** 8/1000 Geb. **Müttersterblichkeit** 18/100 000 Geb. **Kinderunterernährung:** 1 % **Kinderarbeit:** k. A. **Armutsrate:** <2 % **Frauenanteil an den Beschäftigten:** 44,2 % Zugang zu sauberem **Trinkwasser** haben 95 % der Bev., zu **sanitären Anlagen** 100 % **HIV-Infektionsrate:** 0,02 % **Lebenserwartung:** Männer 69 J., Frauen 78 J. **Schulpflicht**: 7 – 15 J. **Einschulungsquote**: 87 % **Analphabetenrate:** Männer 1 %, Frauen 3 % **Hochschulen:** in Zagreb, Split, Rijeka, Osijek

WIRTSCHAFT

Währung: 1 Kuna (K) = 100 Lipa **Kurs** (Mitte 2002): 1 K = 0,14 € **BSP:** 20,2 Mrd. US$ **Wachstumsrate des BIP**: 3,7 % **BSP/Kopf:** 4620 US$ **Anteile am BIP:** Landwirtschaft 9 %, Industrie 33 %, Dienstleistungen 58 % **Forschung+Entwicklungsausgaben** (am BSP): 1,18 % **Arbeitslosenquote:** 16,1 % **Inflationsrate:** 4,9 % **Staatseinnahmen:** 10,674 Mrd. US$ **Steueraufkommen** (am BIP): 38,4 % **Einkommensteuer:** max. 35 % **Körperschaftsteuer:** k. A. **Haushaltsdefizit** (am BIP): 4,9 % **Staatsausgaben:** 10,682 Mrd.US$ **Leistungsbilanzdefizit:** 623 Mio. US$ **Auslandsschulden:** 12,769 Mrd. US$ **Auslandsvermögen**: 7,061 Mrd. US$ **Schuldendienst** (am BSP): 13 % **Devisenreserven:** 3,524 Mrd. US$ **Empf. Hilfsgelder:** 66 Mio. US$ **Ausl. Direktinvestitionen:** 962 Mio. US$ **Börse** (Marktkapitalisierung am BIP):

Republika Hrvatska – Republik Kroatien; Kroaten

Nationalfeiertag: 30. Mai

Zeitzone: MEZ

Hauptstadt: Zagreb (682 600 Einwohner)

Telefon-Vorwahl: +385
Kfz-Kennzeichen: HR

Mitgliedschaften: OSZE, Uno

Präsident Stipe Mesić

Premierminister
Ivica Račan

14,4 % **Energie:** Produktion 3,72 Mio. t ÖE, Verbrauch 8,16 Mio. t ÖE. Anteile am Verbrauch: k. A.

Landwirtschaft, Rohstoffe, Industrie:
Nutzfläche 28,4 %, von der Anbaufläche sind 0,2 % bewässert **Produkte:** Weizen, Mais, Früchte, Gemüse, Wein, Kartoffeln, Tabak **Bewaldet:** 18 000 km², jährliche **Aufforstung:** 20 km² **Rohstoffe:** Erdöl, Kohle, Erdgas **Wichtige Industriezweige:** Nahrungsproduktion, Chemie, Textil, Transportmittel, Maschinenbau

Außenwirtschaft:
Handelsbilanzdefizit 4,012 Mrd. US$ **Export:** 4,752 Mrd. US$, davon 29,4 % Maschinen und Transportmittel, 20,7 % Fertigwaren, 14,2 % industrielle Vorprodukte **Hauptausfuhrländer:** Italien (23,7 %), Deutschland (14,8 %), Bosnien-Herzegowina (12 %) **Hightech-Exporte:** 272 Mio. US$ **Import:** 8,764 Mrd. US$, davon 33,2 % Maschinen und Transportmittel, 19,7 % industrielle Vorprodukte, 13 % Öl- und Schmierstoffe **Hauptlieferländer:** Deutschland (17,1 %), Italien (16,9 %), Slowenien (7,9 %)

VERKEHR
Schienennetz: 2726 km **Straßennetz:** 28 123 km, davon 84,6 % befestigt **Motorisierung:** 255 Kfz/1000 Einw. Internationale **Flughäfen:** 10, die wichtigsten sind Zagreb und Dubrovnik **Fluglinien:** Croatia Airlines, Anić Airways, 929 000 beförderte Passagiere **Häfen:** Dubrovnik, Rijeka, Split **Binnenschifffahrt** auf 785 km

KOMMUNIKATION
Auf 1000 Einw. kommen 340 **Rundfunk-**, 293 **Fernsehgeräte**, 365,2 **Telefonanschlüsse**, 377 **Mobiltelefone**, 85,9 **PC** und 4,72 **Internet-Zugänge** **IuK-Ausgaben** (am BIP): k. A.
Es erscheinen 12 **Tageszeitungen** mit einer Gesamtauflage von 650 000 Exemplaren. Die größten Tageszeitungen und ihre Auflagen:
Večernji list 200 000
Slobodna Dalmacija 102 000
Novi List 60 000
Nachrichtenagenturen: Hina News Agency, IKA (Katholische Nachrichtenagentur)

UMWELT, TOURISMUS
Geschützte Gebiete: 7,5 % der Landesfläche **Energieverbrauch/Kopf:** 1 864 kg ÖE **CO_2-Emission:** 19,8 Mio. t **Verwendung des Süßwassers:** Landwirtschaft 0 %, Industrie 50 %, Haushalte 50 % **Tourismus:** 5,831 Mio. Besucher, 2,758 Mrd. US$ Einnahmen

AKTUELLE ENTWICKLUNGEN
Im Juli 2002 zerbrach die Regierungskoalition, die nach dem Tod des Staatsgründers Franjo Tudjman im Januar 2000 an die Macht gekommen war. Der Rücktritt des Ministerpräsidenten Ivica Račan war nur der letzte Schritt einer krisengeschüttelten Zusammenarbeit der Sechsparteienkoalition. Der stellvertretende Ministerpräsident Dražen Budiša verweigerte dem kroatisch-slowenischen Abkommen über das Kernkraftwerk Krško seine Zustimmung. Der Konflikt um Krško aber war lediglich der Tropfen, der das Fass zum Überlaufen brachte. Dražen Budiša, Chef der zweitgrößten Koalitionspartei, der sozialliberalen HSLS, bedient immer wieder gern nationale Strömungen. Regelmäßig torpedierte er die Zusammenarbeit mit dem in Kroatien wenig populären internationalen Kriegsverbrecher-Tribunal in Den Haag. Anfang 2002 forderte er deswegen drei seiner Parteigenossen auf, von ihren Ministerämtern zurückzutreten. Er warf ihnen Kollaboration mit den Sozialdemokraten vor.
Die daraufhin einsetzenden innerparteilichen Turbulenzen in der HSLS führten dazu, dass Budiša den Vorsitz abgeben musste. Bereits im Februar drehte er das Karussell allerdings wieder zu seinen Gunsten. Er gewann nicht nur seinen Posten als Parteivorsitzender zurück, sondern katapultierte sich auch gleich in den Sessel des Vizeregierungschefs. Vielen politischen Beobachtern aber war klar, dass aus dem Gespann Račan-Budiša niemals ein funktionierendes Tandem werden konnte. Als einer der Hauptexponenten des »kroatischen Frühlings« hatte Budiša in den siebziger Jahren längere Zeit unter harten Bedingungen in Haft verbracht. Aus dieser Zeit resultiert seine Aversion gegen sämtliche Exponenten des früheren titoistischen Regimes, dem Račan wie auch der derzeitige Präsident Mesić angehörten.
So diente der Rücktritt von Račan hauptsächlich dazu, diese unerquickliche Zwangsgemeinschaft endlich aufzulösen – und bisher ging Budišas Kalkül auf. Präsident Mesić beauftragte Račan mit der Neubildung eines Kabinetts. Seit Ende Juli ist der alte auch

wieder der neue Ministerpräsident. Diesmal aber regiert Račan ohne Budiša und seine HSLS.
Steigende Auslandsschulden und eine hohe stagnierende Arbeitslosigkeit drücken die Stimmung im Land. Viele Kroaten mussten spürbare Einkommensverluste hinnehmen. Aber es sind auch Erfolge zu verzeichnen: Dafür sind zumeist das Anwachsen der Industrieproduktion, der privaten Inlandsnachfrage und die expandierende Tourismusbranche verantwortlich. Für 2002 sagte die Europäische Entwicklungsbank Kroatien ein Wachstum von mindestens 3,5 Prozent voraus. Die Inflation wurde eingedämmt und soll 2002 nun im Jahresmittel bei 3 Prozent liegen. Bei den Banken hat die Entstaatlichung rasche Fortschritte gemacht. Ende 2001 befanden sich 90 Prozent aller Bankenaktiva in der Hand mehrheitlich ausländisch beherrschter Banken (1996: 1 %).
Internationale Aufmerksamkeit weckte die Meldung, dass die Bayerische Landesbank ihren Mehrheitsanteil an der Rijecka Banka an die Republik Kroatien zurückgeben will. Mitte 2000 hatte die Bayern LB 59,9 Prozent der Anteile übernommen. Hintergrund des jetzigen Schritts bilden Machenschaften des Hauptdevisenhändlers Eduard Nodilo, die zu Verlusten von wahrscheinlich 100 Millionen US-Dollar geführt haben. Nodilo wurde Anfang März verhaftet.
Die deutsche Wirtschaft konnte ihre Exporte nach Kroatien im Verlauf von 2001 um mehr als 20 Prozent erhöhen. Die Bundesrepublik ist damit hinter Italien zweitgrößter Handelspartner. Sie hält inzwischen den ersten Platz in der Statistik ausländischer Direktinvestitionen vor Österreich und den USA. Mangelnde Rechtssicherheit und undurchsichtige Beziehungsgeflechte schaffen allerdings weiterhin komplizierte Investitionsrahmenbedingungen. Ein zuverlässiger Wachstumsmotor bleibt der Tourismus. Für 2002 wird mit einem weiteren Zuwachs von bis zu 30 Prozent gerechnet. Der Tourismusbranche steht allerdings die Privatisierung und Modernisierung noch bevor.
Am 29. Oktober 2001 unterzeichnete Kroatien einen Stabilitäts- und Assoziierungsvertrag mit der EU. Danach soll in sechs Jahren zwischen Kroatien und der EU eine Freihandelszone eingerichtet werden. Ende nächsten Jahres will die kroatische Regierung einen Aufnahmeantrag stellen und bis 2006 die Vorbereitungen für die EU-Mitgliedschaft abschließen. Laut Meinungsumfragen befürworten drei Viertel der Kroaten einen Beitritt. Im Herbst 2002 soll das Land auch in das Vorbereitungsprogramm für die Nato-Mitgliedschaft aufrücken.
Konfliktpotenzial liegt im Umgang mit den Nachbarn. Die EU fordert eine radikale Absage an großkroatische Ambitionen und deutliche Signale in Richtung gut nachbarschaftlicher Beziehungen. Bisher aber kommen die Kroaten dieser EU-Forderung nur sehr zögerlich nach.
Die Staatsoberhäupter Jugoslawiens, Bosnien-Herzegowinas und Kroatiens trafen sich im Juli 2002 in Sarajevo und unterzeichneten ein Dokument über wirtschaftliche und politische Zusammenarbeit. Strittig blieben Fragen der Kriegsschuld und der Flüchtlingsrückführung – gerade in Kroatien geht die Wiederaufnahme geflohener Serben nur schleppend voran. Ebenfalls im Juli traf der kroatische Außenminister Picula seinen slowenischen Kollegen Rupel. Die Hauptprobleme – der Grenzverlauf an der Adria, das gemeinsame Eigentum am Kernkraftwerk Krško und die Regelung um die Devisenguthaben kroatischer Staatsangehöriger aus jugoslawischen Zeiten in der Ljubljanska Banka blieben auch nach diesem Treffen ungelöst.
Der beschwerliche Kampf um die Bewältigung der jüngeren Vergangenheit zeigt sich deutlich an der Frage kroatischer Kriegsverbrechen. Inzwischen erkennt Zagreb zwar die Zuständigkeit des Haager Tribunals an – eine vorbehaltlose Zusammenarbeit lässt sich aber immer noch nicht durchsetzen. Deshalb schlug Zagreb Chefanklägerin Carla Del Ponte kürzlich vor, Kriegsverbrecherprozesse nur noch vor kroatischen Gerichten durchzuführen. Es bestehen allerdings große Zweifel, ob die Justiz des Landes für diese Prozesse überhaupt gerüstet ist. General Gotovina, einer der hauptangeklagten kroatischen Kriegsverbrecher, ist immer noch flüchtig. Der Prozess gegen den früheren General Mirko Norac ist seit dem Beginn vor fast einem Jahr nicht richtig in Gang gekommen – auch weil ein Zeuge der Anklage ermordet wurde und weitere bedroht werden.

Oppositionspolitiker Dražen Budiša

República de Cuba – Republik Kuba; Kubaner

Nationalfeiertage: 1. Januar (Tag der Befreiung), 25.–27. Juli (Revolution 1953), 10. Oktober (Tag der Unabhängigkeitskriege)

Zeitzone: MEZ –6 h

Hauptstadt: Havanna (2 189 700 Einwohner)

Telefon-Vorwahl: +53
Kfz-Kennzeichen: C

Mitgliedschaften: OAS (suspendiert), Uno

Kuba

Botschaft in Deutschland: Stavangerstraße 20, D-10439 Berlin
☎ +49-30-91 61 18 10, 🖷 -916 45 53

GEOGRAFIE, BEVÖLKERUNG

Fläche: 110 860 km² große Insel in der Karibik mit 3735 km Küstenlinie. Die Nordküste ist meist felsig und steil, die Südküste sandig oder marschartig. Im Inneren einige Gebirgszüge, sonst sanftes Hügelland mit fruchtbaren Tälern. Der Marinestützpunkt Guantánamo (116 km²) wurde 1903 an die USA verpachtet. Zu Kuba gehört neben zahlreichen kleinen Eilanden die Isla de la Juventud.
Verwaltung: 14 Provinzen, 1 Sonderverwaltungsgebiet **Bevölkerung:** 11,188 Mio. Einw., davon 51 % Mulatten, 37 % europäischer und 11 % afrikanischer Abstammung **In Städten** leben 75 %, **unter 15 J.** sind 21 % der

Bev. **Bev.dichte:** 102 Einw./km² **Bev. wachstum:** 0,3 % **Fruchtbarkeitsrate:** 1,6 Geb./Frau **Landessprache:** Spanisch (Amtssprache) **Religionen:** Die Mehrheit ist konfessionslos, sonst Christen (überwiegend Katholiken)

Die größten Städte

Havanna	2 189 700
Santiago de Cuba	441 500
Camagüey	306 000
Holguín	259 300
Santa Clara	210 000

POLITISCHES SYSTEM

Unabhängig seit dem 20. Mai 1902. Sozialistische Republik seit 1959; Verfassung von 1976, letzte Änderung 2002. Allg. Wahlrecht ab 16 J. Oberstes Staatsorgan ist der Volkskongress (»Asamblea Nacional del Poder Popular«) mit 601 Mitgliedern, Direkte Wahl alle 5J. Der Volkskongress wählt den Staatsrat (»Consejo del Estado«) als ständiges Organ mit 31 Mitgl. Dessen Vorsitzender ist zugleich Staatsoberhaupt. Die Unwiderruflichkeit des Sozialismus (seit 2002) und die Führungsrolle der Kommunistischen Partei (Partido Comunista de Cuba/PCC) sind in der Verfassung verankert. Andere Parteien sind nicht zugelassen.
Staats- u. Regierungschef, Staatsratsvorsitzender und Generalsekretär des Zentralkomitees der PCC: Fidel Castro Ruz (seit 1959)
Außenminister: Felipe Ramón Pérez Roque

MILITÄR

Allg. Wehrpflicht: 24 Monate **Streitkräfte:** 46 000 Mann, dav. 35 000 Armee, 8000 Luftwaffe, 3000 Marine **Militärausgaben** (am BSP): 1,9 %

GESUNDHEIT, SOZIALES, BILDUNG

Öffentliche Gesundheitsausgaben (am BIP): 8,3 % **Für Bildung u. Erziehung:** k. A. **Öffentliche Altersversorgung** (am BIP): 12,6 % **Medizinische Versorgung:** 5,3 Ärzte, 5,1 Krankenhausbetten/1000 Einw. **Säuglingssterblichkeit:** 6/1000 Geb. **Müttersterblichkeit:** 24/100 000 Geb. **Kinderarbeit:** k. A. **Armutsrate:** k. A. **Frauenanteil an den Beschäftigten:** 39,5 % Zugang zu sauberem **Trinkwasser** haben 99 % (Stadt), 82 % (Land) der Bev. und 96 % (Stadt), 91 % (Land) zu **sanitären Anlagen HIV-Infektionsrate:** 0,03 % **Lebenserwartung:** Männer 75 J., Frauen 78 J. **Schulpflicht:** 6–11 J. **Einschulungsquote** im Primarbereich 97 %, im Sekundarbereich 75 % **Analphabetenrate:** 3 % **Universitäten:** 5, mit 116 700 Studenten

WIRTSCHAFT

Währung: 1 Kubanischer Peso (kub$) = 100 Centavos **Kurs** (Mitte 2002):

1 kub$ = 0,46 € **BIP:** 18,5 Mrd. US$ **Wachstumsrate des BIP:** 1,2 % **BSP/Kopf:** 1651 US$ **Anteile am BIP:** Landwirtschaft 7 %, Industrie 46 %, Dienstleistungen 47 % **Forschung +Entwicklungsausgaben** (am BSP): k. A. **Arbeitslosenquote:** 5,5 % **Inflationsrate:** 0,3 % **Staatseinnahmen:** 13,5 Mrd. US$ **Steueraufkommen** (am BIP): 29,8 % **Haushaltsdefizit** (am BIP): 4,3 % **Staatsausgaben:** 14,3 Mrd. US$ **Leistungsbilanzdefizit:** 17 Mrd. US$ **Auslandsschulden:** 11,1 Mrd. US$ in konvertierbarer Währung, dazu bis zu 20 Mrd.US$ gegenüber Russland **Empf. Hilfsgelder:** 44 Mio. US$ **Ausl. Direktinvestitionen:** 405 Joint Ventures mit ca. 5 Mrd. US$ Investitionsumfang (Ende 2001), haupts. in Tourismus-, Bau-, Telekommunikations- , und Nickelindustrie sowie Raffinerien **Energie:** Produktion 5,24 Mio. t ÖE, Verbrauch 12,46 Mio. t ÖE

Landwirtschaft, Rohstoffe, Industrie:
Nutzfläche 40,7 %, von der Anbaufläche sind 19,5 % bewässert **Produkte:** Zuckerohr, Kaffee, Tabak, Zitrusfrüchte, Reis, Kartoffeln **Bewaldet:** 23 000 km², jährliche **Aufforstung:** 277 km² **Rohstoffe:** Nickel, Kobalt, Kupfer, Eisen, Chrom, Mangan, Gold, Silber, Erdöl **Wichtige Industriezweige:** Nahrungs- und Genussmittel (Zigarren, Zucker, Rum, Kaffee), Chemie, Pharma, Konsumgüter (Fernseher, Kühlschränke für den eigenen Markt), Biotechnologie, Textilverarbeitung, Zementindustrie

Außenwirtschaft:
Handelsbilanzdefizit 961 Mio. US$ **Export:** 1,666 Mrd. US$, davon 52,8 % Zucker, 22,6 % Nickel, 5,9 % Tabak **Hauptausfuhrländer:** Russland (21,7 %), Niederlande (13,4 %), Kanada (13,2 %) **Import:** 2,627 Mrd. US$, davon 27,9 % Öl u. Brennstoffe, 19,8 % Nahrungsmittel, 16,1 % Maschinen und Transportmittel **Hauptlieferländer:** Spanien (22,3 %), Frankreich (10,9 %), Kanada (10,1 %)

VERKEHR

Schienennetz: 4 667 km **Straßennetz:** 60 858 km, davon 49 % befestigt **Motorisierung:** 32 Kfz/1000 Einw. Internationale **Flughäfen:** 11, u. a. Havanna, Santiago de Cuba, Varadero, Camagüey **Fluglinie:** Cubana de Aviación, 1 Mio. beförderte Passagiere **Häfen:** Cienfuegos, Havanna, Santiago de Cuba **Binnenschifffahrt** auf 240 km

KOMMUNIKATION

Auf 1000 Einw. kommen 353 **Rundfunk-**, 250 **Fernsehgeräte**, 51 **Telefonanschlüsse**, 0,7 **Mobiltelefone**, 19,6 **PC** und 0,08 **Internet-Zugänge IuK-Ausgaben** (am BIP): k. A.
Es erscheint 1 **Tageszeitung** (*Granma)* mit einer Auflage von rund 400 000 Exemplaren **Nachrichtenagenturen:** Agencia de Información Nacional AIN (staatlich) und Prensa Latina

UMWELT, TOURISMUS

Geschützte Gebiete: 17,4 % der Landesfläche **Energieverbrauch/Kopf:** 1 117 kg ÖE **CO_2-Emission:** 24,9 Mio. t **Verwendung des Süßwassers:** Landwirtschaft 51 %, Haushalte 49 % **Tourismus:** 1,7 Mio. Besucher, 1,756 Mrd. US$ Einnahmen

AKTUELLE ENTWICKLUNGEN

Nach der dreitägigen Sondersitzung des Volkskongresses im Juni 2002 war es beschlossen: Der Sozialismus als Staatsform ist »unwiderruflich« in der Verfassung verankert.
Fidel Castros Initiative für die Ewigkeit gilt als Reaktion auf die Forderungen von Jimmy Carter und George Bush. Beide – Carter während eines privaten Besuchs in Kuba und Bush in seiner Rede am 20. Mai – hatten demokratische Reformen angemahnt. Für Bush sind sie Bedingung für die Aufhebung des Embargos. Aber auch in Kuba selbst meldet sich die Opposition zu Wort. Mit dem so genannten Varela-Projekt brachte die christliche Befreiungsbewegung, »Movimiento Cristiano Liberación«, unter Führung von Oswaldo Payá, im Mai 2002 eine Fünf-Punkte-Petition in den Volkskongress. Gefordert werden ein Volksentscheid über das Recht auf freie Meinungsäußerung, Versammlungsfreiheit, Amnestie politischer Häftlinge, Recht auf Eigentum und Unternehmensgründung, ein neues Wahlgesetz, das es erlaubt, die Kandidaten durch das Volk zu bestimmen, sowie allgemeine und freie Wahlen ein Jahr nach der Annahme des Referendums. 11 000 Kubaner hatten unterschrieben.
In einer im Ergebnis vielfach angezweifelten Volksbefragung ließ Castro selbst kurz darauf über den Sozialismus abstimmen. Fast 99 Prozent der Kubaner votierten dafür.

Ex-US-Präsident Jimmy Carter, Staatschef Fidel Castro in Havanna

Jimmy Carters Besuch, der erste eines ehemaligen US-Präsidenten seit 1959, war auf Castros Einladung zu Stande gekommen, der wohl hoffte, die Hardliner in der Bush-Regierung zur Abkehr vom vierzigjährigen Wirtschaftsembargo zu bewegen. Der Gast bekam Redefreiheit und durfte mit den Regimekritikern Oswaldo Payá und Elizardo Sánchez sprechen. Carter kritisierte das Fehlen politischer Freiheiten und appellierte ausdrücklich, das Varela-Projekt anzunehmen. Die auf Spanisch gehaltene Rede wurde im Fernsehen übertragen und in der Tageszeitung *Granma* abgedruckt.

Die Position Castros scheint zugleich sicherer als je zuvor: »Kein Feind und keine Krise treiben ihn aus dem Amt«, sagt Kritiker Sánchez. „Das kann nur das Alter." Das gilt vielleicht auch für den »unwiderruflichen» Sozialismus.

Innerhalb der Region bemüht sich Kuba um Handelsbeziehungen zur Caricom (begrenztes Abkommen seit 2000), zum Mercosur und zu den Andenländern. Mexiko wandte sich erstmals seit 1989 ab und unterstützte den Antrag der Uno-Kommission auf Verurteilung wegen Missachtung der Menschenrechte.

Gefangenenlager auf dem Flottenstützpunkt Guantanamo Bay, bewacht von US-Soldaten

Die Beziehungen zu den USA sind unverändert angespannt. Guantánamo gehört seit 1903 dem Pächter USA und ist dem »Máximo Líder« ein Dorn im Auge. Nach dem Afghanistan-Krieg 2001 /2002 wurde das Gelände zum Gefängnis für 564 Häftlinge mit mutmaßlichen Qaida- oder Taliban-Verbindungen (Juli 2002). Die US-Exklave wird geschützt von Stacheldraht, Wachtürmen, rund 60 000 Minen und bombensicheren Bunkern.

Hurrican Michelle verursachte im November 2001 schwere Schäden: 700 000 Menschen wurden evakuiert, große Teile der Stromversorgung zerstört. Als sogar die USA erstmals seit 1963 Hilfsgüter sandten, wurde dies sogleich als erster Schritt zur Aufweichung des Embargos gewertet. Die USA dementierten. Die deutsche Regierung kündigte an, erstmalig Entwicklungshilfe zu gewähren.

Trotz Wachstum von Wirtschaft und Export häufen sich die Notfälle. Die Zuckerindustrie, das einstige Rückgrat, muss saniert werden. Obgleich 100 000 Tonnen mehr als 2000/2001 produziert wurden, sanken die Einnahmen 2002 wegen gefallener Weltmarktpreise um mehr als ein Fünftel auf 430 Millionen US-Dollar. 71 von 156 Raffinerien werden nun geschlossen. Allein sieben werden zu Museen umgebaut, denn sie sind zum Teil 80 Jahre alt, 14 sollen Honig erzeugen. Mehr als eine Million Hektar müssen zukünftig anders, z.B. mit Reis, bestellt werden. Fidel Castro sagte den 500 000 Bauern und Arbeitern, die mit ihren Familien von der Branche abhängen, Unterstützung und die Fortdauer der Lohnzahlungen zu. Zwei neue teilstaatliche Firmen organisieren Produktion und Handel zukünftig weniger zentralisiert. Wie der Umbau finanziert werden soll, sagte Castro bisher nicht. Auch nach dem Schrumpfungsprozess bleibt Kuba nach Brasilien, der EU und Thailand der viertgrößte Zuckerexporteur.

Ab Mai 2002 gilt im Touristenzentrum Varadero der Euro. Seither kursieren vier Währungen: der zum Dollar frei konvertierbare Peso (1 US$ = 27 Pesos, Ende 2001), der dem Dollar 1 : 1 gleichgestellte Peso, der US-Dollar, der im Land die größte Kaufkraft besitzt, und nun auch der Euro. Die unterschiedlichen Währungen vertiefen die vorhandenen Gegensätze, denn die begehrten gibt es nur in bestimmten Kreisen. Nach Regierungsangaben erhält ein Prozent der Beschäftigten (50 600) das Gehalt in US-Dollar, 700 Millionen überwiesen Exil-Kubaner 2001. In den Dollar-Shops ist mit einer Mehrwertsteuer von bis zu 140 Prozent fast alles zu kaufen. Der Euro fließt in die staatlichen (89 Prozent der Hotelzimmer) und internationalen Kassen der Tourismusindustrie. Für ein Haushaltseinkommen von im Schnitt 359 konvertierbaren Pesos pro Monat (2001) gibt es fast nichts, und was es gibt, funktioniert nicht. Der Alltag der Kubaner ist seit Jahrzehnten davon geprägt, einfallsreich und pragmatisch auf diesen Zustand zu reagieren. Mitte 2002 arbeiteten etwa 150 000 Menschen legal auf private Rechnung: Zimmervermietung, Handwerk und »Paladares«, Wohnstuben, in denen Touristen gegen Dollar speisen können. Geht es der Staatswirtschaft besser, schwindet die Freiheit. Staatliche Kontrollen und Steuerbelastungen nehmen zu, Betriebe werden plötzlich geschlossen. Im Jahr 2002 hofften die Kubaner auf eine Lockerung.

Kuweit

Botschaft in Deutschland: Griegstr. 5-7, D-14193 Berlin, ☎ +49-30-8 97 30 00 🖷 -89 73 00 10

Dawlat al-Kuwait – Staat Kuweit; Kuweiter

Nationalfeiertag: 25. Februar

Zeitzone: MEZ + 2 h

Hauptstadt: Kuweit (192 800 Einwohner)

Telefon-Vorwahl: +965
Kfz-Kennzeichen: KWT

Mitgliedschaften: Opec, Uno

GEOGRAFIE, BEVÖLKERUNG

Fläche: 17 818 km² **Bevölkerung:** 1,984 Mio. Einw. **Bev.dichte:** 111 Einw./km² **Bev.wachstum:** 2,56 % **In Städten:** 98 % der Bev. **Analphabetenrate:** Männer 16 %, Frauen 20 % **Landessprachen:** Arabisch (Amtssprache), Englisch **Religionen:** 85 % Muslime (meist Sunniten)

POLITISCHES SYSTEM

Unabhängig seit dem 19. Juni 1961. Erbliches Fürstentum (Emirat). Monarchie mit parlamentarischer Beteiligung.
Staatsoberhaupt: Scheich Dschabir al-Ahmed al-Sabbah (seit Dezember 1977)
Regierungschef: Scheich Saad al-Abdullah al-Sabbah (seit Februar 1978)

MILITÄR

Streitkräfte: 15 500 Mann **Militärausgaben** (am BSP): 7,7 %

GESUNDHEIT, SOZIALES

Öffentliche Gesundheitsausgaben (am BIP): 2,9 % **Medizinische Versorgung:** 1,9 Ärzte/1000 Einw. **Armutsrate:** k. A. **Säuglingssterblichkeit:** 9/1000 Geb. **Lebenserwartung:** Männer 75 J., Frauen 79 J

WIRTSCHAFT

Währung: 1 Kuweit-Dinar (KD) = 1000 Fils **Kurs** (Mitte 2002): 1 KD = 3,51 € **BSP:** 35,8 Mrd. US$ **Zuwachsrate des BIP:** 1,7 % **BSP/Kopf:** 18 030 US$ **Anteil am BIP:** Landwirtschaft: 0,4 %; Industrie: 49,5; Dienstleistungen: 50,1 % **Arbeitslosenquote:** 1,4 % **Inflationsrate:** 2,5 % **Auslandsschulden:** k. A. **Schuldendienst** (am BSP): k. A. **Entwicklungshilfe:** 3 Mio. US$ **Handelsbilanzüberschuss:** 9,241 Mrd. US$ **Tourismuseinnahmen:** 243 Mio. US$

AKTUELLE ENTWICKLUNGEN

Nach den Anschlägen in den USA am 11. September 2001 verabschiedete das Parlament ein Gesetz gegen Geldwäsche. Auch die Auflagen und Kontrollen für islamische Wohlfahrtsorganisationen wurden verschärft. Washington hatte Zweigstellen einer der größten kuweitischen Wohltätigkeitsgesellschaften in Pakistan und Afghanistan auf seine schwarze Liste der Gruppierungen mit Terrorverbindungen gesetzt. Dem Qaida-Sprecher Suleiman Abu Gheith wurde die kuweitische Staatsbürgerschaft entzogen.
Im Rahmen ihres »Kampfes gegen den Terror« erhöhten die Amerikaner ihre militärische Präsenz im Emirat; Kuweit könnte als Basis ebenso wie Katar eine Schlüsselrolle spielen. An einer Übung in der kuweitischen Wüste nahm im Februar 2002 auch eine 250 Mann starke ABC-Truppe der Bundeswehr teil. Washingtons Pläne zum Sturz Saddam Husseins stießen allerdings nicht auf uneingeschränkte Unterstützung. »Die gegenwärtigen Umstände sind nicht günstig«, beschied Außenminister Scheich Sabbah al-Ahmed al-Sabbah dem amerikanischen Vizepräsidenten Richard Cheney bei dessen Nahost-Reise im März. Kaum zwei Wochen später schlossen Kuweit und Irak am Rande des Gipfeltreffens der Arabischen Liga in Beirut überraschend ein Nichtangriffsabkommen und garantierten sich gegenseitig »Unabhängigkeit, Souveränität und Sicherheit«. Ungelöst ist allerdings noch das Problem der mehr als 600 Vermissten, die sich nach kuweitischen Angaben seit der Invasion von 1990 in irakischen Gefängnissen befinden.

US-Vizepräsident Richard Cheney und Scheich Saad vor einem Porträt des Staatsoberhaupts

Sathalanalat Paxathipatai Paxaxon Lao – Demokratische Volksrepublik Laos; Laoten

Nationalfeiertag: 2. Dezember (Ausrufung der Volksrepublik 1975)

Zeitzone: MEZ + 6 h

Hauptstadt: Vientiane (528 100 Einohner.)

Telefon-Vorwahl: +856
Kfz-Kennzeichen: LAO

Mitgliedschaften: Asean, Uno

Laos

Botschaft in Deutschland: Bismarckallee 2A, D-14193 Berlin
☎ +49-30-89 06 06 47 🖷 -89 06 06 48

GEOGRAFIE, BEVÖLKERUNG

Fläche: 236 800 km² **Bevölkerung:** 5,279 Mio. Einw. **Bev.dichte:** 23 Einw./km² **Bev.wachstum:** 2,3 % **In Städten:** 24 % der Bev. **Analphabetenrate:** Männer 36 %, Frauen 67 % **Landessprachen:** Lao (Amtssprache), Korrespondenzsprachen: Englisch, Französisch **Religionen:** 60 % Buddhisten, 40 % trad. Religionen

Präsident Khamtay Siphandone

POLITISCHES SYSTEM

Unabhängig seit dem 22.7.1954. Volksrepublik. Nationalversammlung: eine Kammer mit 99 Sitzen **Staatsoberhaupt:** Khamtay Siphandone (seit Februar 1998) **Regierungschef:** Boungnang Vorachit (seit März 2001)

MILITÄR

Streitkräfte: 29 100 Mann **Militärausgaben** (am BSP): 2 %

GESUNDHEIT, SOZIALES

Öffentliche Gesundheitsausgaben (am BIP): 1,2 % **Medizinische Versorgung:** 0,2 Ärzte/1000 Einw. **Armutsrate:** 26,3 % **Säuglingssterblichkeit:** 92/1000 Geb. **Lebenserwartung:** Männer 53 J., Frauen 55 J.

WIRTSCHAFT

Währung: Kip **Kurs** (Mitte 2002): 1 Kip = 0,0001 € **BSP:** 1,5 Mrd US$ **Wachstumsrate des BIP:** 5,7 % **BSP/Kopf:** 290 US$ **Anteile am BIP:** Landwirtschaft 53 %, Industrie 23 %, Dienstleistungen 24 % **Arbeitslosenquote:** 2,4 % **Inflationsrate:** 8,0 % **Auslandsschulden:** 2,5 Mrd. US$ **Schuldendienst** (am BSP): 2,5 % **Entwicklungshilfe:** 281 Mio. US$ **Handelsbilanzdefizit:** 190 Mio. US$ **Tourismuseinnahmen:** 114 Mio. US$

AKTUELLE ENTWICKLUNGEN

Anlässlich des 26. Nationalfeiertages, am 2. Dezember 2001, rückte das Thema Armutsbekämpfung in den Vordergrund: Rund 250 000 Familien leben unter der nationalen Armutsgrenze, mehr als ein Viertel der Bevölkerung verdient laut Weltbank durchschnittlich weniger als einen US-Dollar am Tag. Der IWF bewilligte deshalb einen Kredit über 40,2 Mio. Dollar unter strengen Auflagen: stärkere marktwirtschaftliche Ausrichtung des Bankensystems, Ausbau der Privatwirtschaft und der Infrastruktur sowie verstärkte Nutzung der Wasserkraft.

Am Nam-Theun-Fluss will Laos mit einem internationalen Konsortium, u.a. mit französischer und US-Beteiligung, ein 995-Megawatt-Kraftwerk bis 2008 bauen, geplante Kosten: 1,2 Mrd. US-Dollar. Das bedeutet die Umsiedlung von bis zu 5000 Menschen, denn etwa 20 Hochlanddörfer werden einem Stausee weichen müssen. Der Stromverkauf soll dem Staat über 100 Mio. Dollar jährlich einbringen.

In Savannakhet ist die erste Sonderwirtschaftszone für ausländische Investitionen geplant. Da es 2001 nur 31 Projekte in Höhe von 6,2 Millionen Dollar waren, hofft Laos für 2002 die Zahl auf etwa 100 Projekte mit einem Volumen von 500 Millionen steigern zu können. Trotz eines Wirtschaftswachstums von 5,7 Prozent in 2000 und geschätzten 6,5 Prozent in 2001 benötigt das Land weiter massive Auslandshilfen – für 2002 sind 403 Millionen Dollar eingeplant. Die nächsten Wahlen zur Nationalversammlung finden im Dezember 2002 statt.

Lesotho

Botschaft in Deutschland: Dessauer Straße 28-29, D-10963 Berlin
☎ +49-30-257 57 20 🖷 -25 75 72 22

GEOGRAFIE, BEVÖLKERUNG

Fläche: 30 355 km² **Bevölkerung:** 2,035 Mio. Einw. **Bev.dichte:** 67 Einw./km² **Bev.wachstum:** 0,74 % **In Städten:** 28 % der Bev. **Analphabetenrate:** Männer 28 %, Frauen 6 % **Landessprachen:** Sotho (gespr. von 85 % der Bev.), Englisch, daneben Zulu **Religionen:** 93% Christen, 7 % traditionelle Religionen

POLITISCHES SYSTEM

Unabhängig seit dem 4. Oktober 1966. Konstitutionelle Monarchie. Parlament: Zweikammersystem nach britischem Vorbild.
Staatsoberhaupt: König Letsie III. (seit Februar 1996)
Regierungschef: Pakalitha Mosisili (seit Mai 1998)

MILITÄR

Streitkräfte: 2000 Mann **Militärausgaben** (am BSP): 2,6 %

GESUNDHEIT, SOZIALES

Öffentliche Gesundheitsausgaben (am BIP): 3,4 % **Medizinische Versorgung:** 0,1 Ärzte/1000 Einw. **Säuglingssterblichkeit:** 91/1000 Geb. **Armutsrate:** 43,1 % **Lebenserwartung:** Männer und Frauen 44 J.

WIRTSCHAFT

Währung: 1 Loti (M) = 100 Lisente (1:1-Parität zum südafrikanischen Rand, der ebenfalls gesetzliches Zahlungsmittel ist) **Kurs** (Mitte 2002): 1 M = 0,11 € **BSP:** 1,2 Mrd. US$ **Wachstumsrate des BIP:** 3,8 % **BSP/Kopf:** 580 US$ **Anteile am BIP:** Landwirtschaft 17 %, Industrie 44 %, Dienstleistungen 39 % **Arbeitslosenquote:** 40,5 % **Inflationsrate:** 7,8 % **Auslandsschulden:** 716 Mio. US$ **Schuldendienst** (am BSP): 5,7 % **Entwicklungshilfe:** 41 Mio. US$ **Handelsbilanzdefizit:** 517 Mio. US$ **Tourismuseinnahmen:** 19 Mio. US$

AKTUELLE ENTWICKLUNGEN

Von der Ausweitung des African Growth and Opportunity Act auf das kleine Königreich im April 2001 erhofft sich Lesotho eine Belebung der Exportkonjunktur. Die für acht Jahre ausgesetzten Zölle für Ausfuhren in die USA und die niedrigen Löhne haben schon einige Investoren ins Land gelockt. 2004 soll die Produktion einer neuen taiwanischen Tuchfabrik anlaufen, die 5000 neue Arbeitsplätze verspricht. Die Exporte in die USA, großenteils Textilien, sind bereits um mehr als ein Drittel gestiegen. Der Zuwachs bedeutet viel für einen Staat, der über 40 Prozent Arbeitslosigkeit zu verkraften hat und dessen Männer in den Minen Südafrikas arbeiten müssen, um zu überleben. Das gebirgige Land, ganz von Südafrika umschlossen, erhofft sich weitere Deviseneinnahmen vom Wasserexport an den Nachbarn. Das Lesotho Highlands Water Project, dessen Abschluss für 2020 projektiert ist, soll zusätzlich Strom aus Wasserkraft liefern.
Wie alle Staaten des südlichen Afrika leidet Lesotho unter einer hohen Aids-Rate. Gut 30 Prozent der erwachsenen Bevölkerung sind mit HIV infiziert. Im April 2002 wurde von Regierungsseite offiziell die Gefahr einer Hungersnot eingestanden, mit verursacht durch die Entvölkerung ganzer Regionen durch Aids. Das Land ist auf internationale Hilfe angewiesen.
Bei den Parlamentswahlen vom 25. Mai erhielt die Regierungspartei 54 Prozent der Stimmen.

Mmuso wa Lesotho; Kingdom of Lesotho – Königreich Lesotho; Lesother

Nationalfeiertag: 4. Oktober

Zeitzone: MEZ + 1 h

Hauptstadt: Maseru (170 000 Einwohner)

Telefon-Vorwahl: +266
Kfz-Kennzeichen: LS

Mitgliedschaften: AU, Uno

Katse-Damm

Latvijas Republikas – Republik Lettland; Letten

Nationalfeiertag: 18. November

Zeitzone: MEZ + 1 h

Hauptstadt: Riga (766 500 Einwohner)

Telefon-Vorwahl: +371
Kfz-Kennzeichen: LV

Mitgliedschaften: OSZE, Uno, WEU (assoziiert)

Präsidentin Vaira Vike-Freiberga

Lettland

Botschaft in Deutschland: Reinerzstraße 40/41, D-14193 Berlin ☎ +49-30-82 60 02 22 🖷 -82 60 02 33

GEOGRAFIE, BEVÖLKERUNG

Fläche: 64 589 km² mit Tiefebenen, weiten Sumpfgebieten und über 2250 Seen **Verwaltung:** 26 Distrikte und 7 Stadtverwaltungen **Bevölkerung:** 2,372 Mio. Einw., davon 57 % Letten, 31 % Russen, 4 % Weißrussen, 3 % Ukrainer, 3 % Polen **In Städten** leben 69 %, **unter 15 J.** sind 17 % der Bev. **Bev.dichte:** 38 Einw./km² **Bev.wachstum:** -0,56 % **Fruchtbarkeitsrate:** 1,2 Geb./Frau **Landessprachen:** Lettisch (Amtssprache), Russisch **Religionen:** überwiegend Christen: mehrheitlich Lutheraner, Katholiken und Orthodoxe

POLITISCHES SYSTEM

Unabhängig seit dem 21. August 1991. Republik. Einkammerparlament (»Saeima«) mit 100 Abgeordneten. Wahlrecht ab 18.J., Wahl alle 4 J. Das Parlament setzte 1993 die Verfassung von 1922 wieder in Kraft. Der Staatspräsident wird alle 4 J. vom Parlament gewählt
Staatsoberhaupt: Vaira Vike-Freiberga (seit Juli 1999)
Regierungschef: Andris Berzins (seit Mai 2000)
Außenminister: Indulis Berzins

MILITÄR

Wehrpflicht: 12 Monate **Streitkräfte:** 6500 Mann, davon 3100 Armee, 210 Luftwaffe, 840 Marine **Militärausgaben** (am BSP): 0,9 %

GESUNDHEIT, SOZIALES, BILDUNG

Öffentliche Gesundheitsausgaben (am BIP): 4 % **Öffentliche Ausgaben für Bildung und Erziehung** (am BIP): 6,8 % **Medizinische Versorgung:** 2,8 Ärzte, 10,3 Krankenhausbetten/1000 Einw. **Säuglingssterblichkeit:** 10/1000 Geb. **Müttersterblichkeit:** 70/100 000 Geb. **Kinderunterernährung:** k.A. **Kinderarbeit:** k.A. **Armutsrate:** < 2 % **Frauenanteil an den Beschäftigten:** 50,5 % Zugang zu **sauberem Trinkwasser**, zu **sanitären Anlagen:** k. A. **HIV-Infektionsrate:** 0,11 % **Lebenserwartung:** Männer 65 J., Frauen 76 J. **Schulpflicht:** 7–16 J. **Einschulungsquote** im Primarbereich 94 % **Analphabetenrate:** < 0,5 % **Universität:** Riga

WIRTSCHAFT

Währung: 1 Lats (Ls) = 100 Santims **Kurs** (Mitte 2002): 1 Ls = 1,73 € **BSP:** 6,9 Mrd. US$ **Wachstumsrate des BIP:** 6,6 % **BSP/Kopf:** 2920 US$ **Anteile am BIP:** Landwirtschaft 4 %, Industrie 25 %, Dienstleistungen 70 % **Forschung+Entwicklungsausgaben** (am BIP): 0,4 % **Arbeitslosenquote:** 8,4 % **Inflationsrate:** 2,5 % **Staatseinnahmen:** 2,128 Mrd. US$ **Steueraufkommen** (am BIP): 25,3 % **Staatsausgaben:** 2,118 Mrd. US$ **Leistungsbilanzdefizit:** 758 Mio. US$ **Auslandsschulden:** 3.379 Mio. US$ **Schuldendienst** (am BSP): 7,8 % **Devisenreserven:** 919 Mio. US$ **Empf. Hilfsgelder:** 91 Mio. US$ **Energie:** Produktion 1,5 Mio. t ÖE, Verbrauch 3,82 Mio. t ÖE

Landwirtschaft, Rohstoffe, Industrie:

Nutzfläche 30,3 %, von der Anbaufläche sind 1,1 % bewässert **Bewaldet:** 29 000 km², jährliche **Aufforstung:** 127 km² **Rohstoffe:** Holz, Torf, Kalkstein und Dolomit, Erdölvorkommen in der Ostsee nachgewiesen, bislang aber noch nicht erschlossen **Wichtige Industriezweige:** Holzverarbeitung, Textilien, Nahrungsmittel, Maschinenbau und Chemie

Außenwirtschaft:

Handelsbilanzdefizit 1,35 Mrd. US$ **Export:** 2,216 Mrd. US$, davon 37,4 % Holz u. Holzprodukte,14 % Textilien, 13,4 % Metalle (2000) **Hauptausfuhrländer:** Großbritannien (17,4 %), Deutschland (17,2 %), Russland (10,9 %) **Import:** 3,566 Mrd. US$, davon 20,7 % Maschinen u. Elektroartikel , 12,9 % Mineralien,10,7 % chem. Produkte (2000) **Hauptlieferländer:** Deutschland (15,6 %), Russland (11,6 %), Finnland (8,6 %)

VERKEHR

Schienennetz: 2417 km **Straßennetz:** 73 202 km, davon 38,6 % befestigt

Motorisierung: 260 Kfz/1000 Einw. Internationaler **Flughäfen**, bedeutende **Seehäfen:** Liepaja, Riga, Ventspils **Binnenschifffahrt** auf 300 km

KOMMUNIKATION

Auf 1000 Einw. kommen 695 **Rundfunk-**,789 **Fernsehgeräte**, 308,3 **Telefonanschlüsse**, 279,4 **Mobiltelefone**, 153,1 **PC IuK-Ausgaben** (am BIP): k.A. Größte **Tageszeitung:** *Diena* (Auflage: 62000 Exemplare) **Nachrichtenagenturen:** Baltic News Service und Leta

UMWELT, TOURISMUS

Geschützte Gebiete: 13 % der Landesfläche **CO_2-Emission:** 7,9 Mio. t **Verwendung des Süßwassers:** Landwirtschaft 13 %, Industrie 32 %, Haushalte 55 % **Tourismus:** 490000 Besucher, 131 Mio. US$ Einnahmen

AKTUELLE ENTWICKLUNGEN

Zentrales politisches Ziel aller Parlamentsparteien war das Heranführen Lettlands an die Standards der Europäischen Union und die Aufnahme in die Nato. Bei einem Besuch in Deutschland im November 2001 zeigte sich Staatspräsidentin Vaira Vike-Freiberga überzeugt, dass Lettland 2004 die Vollmitgliedschaft der Europäischen Union erreichen werde und auf dem nächsten Gipfel des transatlantischen Verteidigungsbündnisses in Prag im November 2002 eine Einladung zu Beitrittsverhandlungen erhalte.

Einen großen Schritt zur Aufnahme in die westlichen Organisationen machte das lettische Parlament, als es im Mai 2002 die Sprachklausel im Wahlgesetz aufhob. Die von Nato und EU heftig kritisierte Klausel hatte von allen Kandidaten bei Parlaments- und Kommunalwahlen als Bedingung für ihre Aufstellung gute Kenntnisse der lettischen Sprache gefordert. (Die nächsten Parlamentswahlen finden im Oktober 2002 statt.) Die russischsprachige Minderheit, etwa ein Drittel der Bevölkerung, sah sich hierdurch diskriminiert. Im April 2002 führte der Passus zur Verurteilung Lettlands vor dem Europäischen Gerichtshof für Menschenrechte. Das Parlament schaffte die Sprachenklausel jedoch erst ab, nachdem es zwei Wochen zuvor mit einem Verfassungszusatz die lettische Sprache als Arbeitssprache für alle politischen Institutionen festgeschrieben hatte.

Wirtschaftlich trotzte Lettland mit kräftigem Wachstum der Flaute der westlichen Volkswirtschaften. 2001 erzielte das Land mit 7,6 Prozent das höchste Wachstum aller mittel- und osteuropäischen Länder. Die IT-Industrie ist eine der bestentwickelten in Mittelosteuropa, bescheinigte eine Delegation der deutschen Wirtschaft dem Land. Trotzdem ist Lettland noch von der Forstwirtschaft geprägt. Mehr als ein Drittel des Exports sind Holz und Holzwaren. Wichtigster Handelspartner im Jahr 2001 war Deutschland mit 17 Prozent der lettischen Im- und Exporte. Um die wirtschaftlichen Beziehungen weiter auszubauen, bereiste Schleswig-Holsteins Ministerpräsidentin Heide Simonis zum dritten Mal das Land. Beeindruckt zeigte sie sich von der Hauptstadt Riga, die im Jahre 2001 ihren 800. Geburtstag feierte. Bei ihrem Besuch eröffnete Simonis ein Kontakt-Büro, das auch die Zusammenarbeit in den Bereichen Kultur und Wissenschaft verbessern soll.

Blumenattacke auf den britischen Thronfolger Prinz Charles

Im November 2001 belastete ein Zwischenfall in Riga die britisch-lettischen Beziehungen. Das 16-jährige lettische Blumenmädchen Alina Lebedewa hatte dem britischen Thronfolger Prinz Charles bei seinem Besuch der lettischen Hauptstadt eine Nelke ins Gesicht geschlagen. Sie wollte damit gegen die englischen Militärschläge in Afghanistan protestieren. Als Alina eine langjährige Gefängnisstrafe drohte, setzte sich Prinz Charles erfolgreich für eine Begnadigung des Mädchens ein.

Überraschend gewann Lettland im Mai 2002 mit Marija Naumova und ihrem Lied »I wanna« den Grand-Prix d'Eurovision im estnischen Tallinn. Lettland sicherte sich damit das Austragungsrecht des Eurovisions-Schlagerwettbewerbs für das Jahr 2003. Obwohl es Forderungen gab, auf das Festival zu verzichten und die Gelder für Bildungsausgaben zu verwenden, sagte die Regierung für die werbeträchtige Veranstaltung eine Staatsgarantie von 2,9 Millionen Euro zu.

Al-Jumhuriya al-Lubnaniya – Libanesische Republik; Libanesen

Nationalfeiertag: 22. November

Zeitzone: MEZ + 1 h

Hauptstadt: Beirut (1 700 000 Einwohner)

Telefon-Vorwahl: +961
Kfz-Kennzeichen: RL

Mitgliedschaft: Uno

Präsident Emile Lahoud

Libanon

Botschaft in Deutschland: Berliner Straße 127, D-13187 Berlin
☎ +49-30-474 98 60 🖷 -47 48 78 58

GEOGRAFIE, BEVÖLKERUNG

Fläche: 10 452 km²; 225 km Küste. Zwischen dem Libanon und dem Antilibanon erstreckt sich die fruchtbare Bekaa-Hochebene. **Verwaltung:** 5 Provinzen **Bevölkerung:** 4,328 Mio. Einw., davon 95 % Araber, 4 % Armenier **Flüchtlinge:** 2815 **In Städten** leben 90 %, **unter 15 J.** sind 31 % der Bev. **Bev.dichte:** 423 Einw./km² **Bev.wachstum:** 1,55 % **Fruchtbarkeitsrate:** 2,3 Geb./Frau **Landessprachen:** Hocharabisch (Amtssprache), Französisch, Armenisch **Religionen:** 60 % Muslime (vornehmlich Sunniten), 40 % Christen

POLITISCHES SYSTEM

Unabhängig seit dem 22. November 1943. Republik. Verfassung von 1926, zuletzt geändert 1999. Parlament mit 128 Mitgliedern (je zur Hälfte Christen und Muslime), gewählt für 4 J. Der Regierungschef muss sunnitischer Muslim, das Staatsoberhaupt (gewählt alle 6 J.) maronitischer Christ sein. Wahlrecht ab 21 J., für Frauen nur nach Grundschulausbildung.
Staatsoberhaupt: Emile Lahoud (seit November 1998)
Regierungschef: Rafik al-Hariri (seit November 2000)
Außenminister: Mahmud Hammud

MILITÄR

Allg. Wehrpflicht: 12 Monate **Streitkräfte:** 71 830 Mann, davon 70 000 Armee, 1000 Luftwaffe, 830 Marine **Militärausgaben** (am BSP): 4 %

GESUNDHEIT, SOZIALES, BILDUNG

Öffentliche Gesundheitsausgaben (am BIP): 2,2 % **Öffentliche Ausgaben für Bildung und Erziehung** (am BIP): 2,1 % **Medizinische Versorgung:** 2,1 Ärzte, 2,7 Krankenhausbetten/1000 Einw. **Säuglingssterblichkeit:** 26/1000 Geb. **Müttersterblichkeit:** 130/100 000 Geb. **Kinderunterernährung:** 3 % **Kinderarbeit:** k. A. **Armutsrate:** k. A. **Frauenanteil an den Beschäftigten:** 29,6 % Zugang zu **sauberem Trinkwasser** haben 100 % der städtischen u. der ländlichen Bev., zu **sanitären Anlagen** 100 % bzw. 87 % **HIV-Infektionsrate:** 0,09 % **Lebenserwartung:** Männer 69 J., Frauen 72 J. **Schulpflicht:** keine, kostenloser Besuch **Einschulungsquote** im Primarbereich: 78 %, im Sekundarbereich: 76 % **Analphabetenrate:** Männer 8 %, Frauen 20 % **Universitäten:** in Beirut, Jounieh, Tripoli

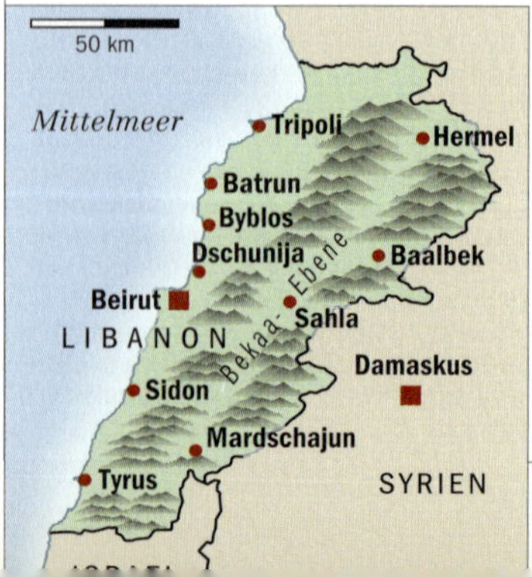

WIRTSCHAFT

Währung: 1 Libanesisches Pfund (L£) = 100 Piastres **Kurs** (Mitte 2002): 1 L£ = 0,0007 € **BSP:** 17,4 Mrd. US$ **Wachstumsrate des BIP:** 0 % **BSP/Kopf:** 4010 US$ **Anteile am BIP:** Landwirtschaft 12 %, Industrie 22 %, Dienstleistungen 66 % **Forschung+Entwicklungsausgaben** (am BSP): k. A. **Arbeitslosenquote:** 8,6 % **Inflationsrate:** -0,4 % **Staatseinnahmen:** k. A. **Steueraufkommen** (am BIP): 14,1 % **Staatsausgaben:** k. A. **Leistungsbilanz:** k. A. **Auslandsschulden:** 10,311 Mrd. US$ **Schuldendienst** (am BSP): 10,5 % **Devisenreserven:** 8,475 Mrd. US$ **Empf. Hilfsgelder:** 197 Mio. US$ **Energie:** Produktion 0,16 Mio. t ÖE, Verbrauch 5,47 t ÖE

Landwirtschaft, Rohstoffe, Industrie:

Nutzfläche 30,1 %, von der Anbaufläche sind 38,6 % bewässert **Bewaldet:** 366 km², jährliche **Rodung:** 1 km² **Produkte:** Zuckerrüben, Obst, Gemüse, Wein **Rohstoffe:** Eisenerz, Braunkohle **Industrie:** Erdöl-, Nahrungsmittel-, Textil-, Holzverarbeitungs- u. Chemieindustrie

Außenwirtschaft:

Handelsbilanzdefizit 6,423 Mrd. US$ **Export:** 870 Mio. US$, davon 26,1 % Papier, 15,7 % Nahrungs- u. Genussmittel, 9,8 % Textilien **Hauptausfuhrländer:** Saudi-Arabien (13,1 %), VAE (9,1 %), Frankreich (7 %), USA (6,9 %) **Import:** 7,293 Mrd. US$, davon 18,3 % Nahrungs- u. Genussmittel, 15,6 % Maschinen u. Elektrogeräte, 9,8 % Metalle u. Metallerzeugnisse **Hauptlieferländer:** Italien (11,5 %),

Frankreich (9,7 %), USA (9,3 %), Deutschland (8,7 %)

VERKEHR

Schienennetz: 412 km **Straßennetz:** 7300 km, davon 84,9 % befestigt **Motorisierung:** 336 Kfz/1000 Einw. Intern. **Flughafen:** Beirut Nationale **Fluglinie:** Middle East Airlines (MEA) **Haupthäfen:** Beirut, Tripoli, Jounieh

KOMMUNIKATION

Auf 1000 Einw. kommen 687 **Rundfunk-**, 335 **Fernsehgeräte**, 194,9 **Telefonanschlüsse**, 212,5 **Mobiltelefone**, 56,2 **PC**, 2 **Internet-Zugänge IuK-Ausgaben** (am BIP): k. A.
Es erscheinen 15 **Tageszeitungen** mit einer Gesamtauflage von 435 500 Exemplaren. Die Größte: *An-Nahar* (Auflage: 55 000) **Nachrichtenagentur:** National News Agency

UMWELT, TOURISMUS

Geschützte Gebiete: 0,5 % der Landesfläche **CO_2-Emission:** 16,3 Mio. t **Verwendung des Süßwassers:** Landwirtschaft 68 %, Industrie 4 %, Haushalte 28 % **Tourismus:** 742 000 Besucher, 742 Mio. US$ Einnahmen

AKTUELLE ENTWICKLUNGEN

Zum ersten Mal seit dem Ende des Bürgerkriegs 1990 stand der Libanon im Mittelpunkt der Weltöffentlichkeit, als am 27. März 2002 die Führer der Mitgliedstaaten der Arabischen Liga zum Gipfeltreffen in Beirut eintrafen. Zur Überraschung aller Beteiligten verhinderten die Organisatoren des Gipfels eine Live-Ansprache von Palästinenser-Chef Arafat, der von seinem Hauptquartier in Ramallah aus zu den arabischen Führern sprechen wollte. Während der libanesische Staatspräsident Emile Lahoud sich mit »technischen Problemen« und möglichen Vergeltungsmaßnahmen Israels entschuldigte, war Beobachtern klar, dass das traditionell Arafat-kritische Syrien hinter der Aktion steckte: Damaskus, das den Libanon seit 1976 als eine Art Protektorat verwaltet, zieht weiterhin die Strippen in Beirut – auch um den Preis, Libanon und die Arabische Liga im Ganzen lächerlich zu machen.
Nur äußerlich ging der Abzug der Syrer, wie 1989 im Abkommen von Taif beschlossen, weiter: Seit April 2002 zog sich die »nachbarliche Schutzmacht« aus Teilen des Libanon-Gebirges sowie aus dem Großraum Beirut zurück. Der Norden des Landes, historisch eng mit seinem syrischen Hinterland verbunden, blieb vorläufig unter syrischer Kontrolle. Die südlichen Vorstädte Beiruts hingegen wurden geräumt – ein Hinweis darauf, dass Libanon davon ausging, die Schiiten- und Palästinenserviertel dieser Gegend, immer wieder Ausgangspunkt bewaffneter Auseinandersetzungen, im Griff zu haben.
Gegen diese Lesart sprachen Beobachtungen westlicher Geheimdienste, die seit den Anschlägen des 11. September libanesische Milizen im Verdacht hatten, Mitgliedern des Qaida-Netzwerks Unterschlupf zu bieten: Reger Extremisten-Verkehr, so übereinstimmend die CIA und der israelische Militärdienst Modiin, herrsche zum Beispiel im südlibanesischen Palästinenserlager Ain el Hilweh nahe der Hafenstadt Sidon.
Das Machtvakuum im Südlibanon ist nicht nur für die immer wieder aufflackernden Gefechte zwischen Hisbollah und israelischen Grenztruppen verantwortlich – im Frühjahr 2002 bot es auch den Hintergrund für ein Flüchtlingsdrama, das Europa erschütterte: In der Nacht vom 11. auf den 12. März gingen nahe der Hafenstadt Sidon etwa 900 kurdische Migranten an Bord des Seelenverkäufers »MS Monica«, der eine Woche später an der sizilianischen Küste anlandete. Die Innenminister Europas, die das Entstehen einer neuen Ost-West-Flüchtlingsroute südlich des anatolischen Landkorridors befürchteten, forderten Beirut auf, seine Präsenz im Südlibanon zu verstärken.
Düstere Erinnerungen an die längst vergangen geglaubten Jahre des libanesischen Bürgerkriegs kamen auf, als am 24. Januar 2002 im Ostbeiruter Stadtteil Hazmiye der christliche Milizenführer Elie Hobeika bei einem Bombenattentat getötet wurde: Hobeika war vielfach für das Massaker in den Palästinenserlagern Sabra und Schatila (1982) verantwortlich gemacht worden, wo christliche Milizen unter den Augen der israelischen Besatzer 1000 Zivilisten umbrachten. Da Hobeika nach Brüssel reisen wollte, wo er in einem Prozess gegen den ehemaligen israelischen Verteidigungsminister Ariel Scharon aussagen sollte, vermuten arabische Beobachter den israelischen Geheimdienst Mossad hinter dem Anschlag.

Tödliches Bombenattentat auf den christlichen Milizenführer Elie Hobeika im Ostbeiruter Stadtteil Hazmiye

Republic of Liberia – Republik Liberia; Liberianer

Nationalfeiertag: 26. Juli

Zeitzone: MEZ – 1 h

Hauptstadt: Monrovia (962 000 Einwohner)

Telefon-Vorwahl: +231

Mitgliedschaften: AU, Uno

Liberia

Botschaft in Deutschland: Mainzer Straße 259, D-53179 Bonn ☎ +49-228-34 08 22 🖷 -34 08 22

GEOGRAFIE, BEVÖLKERUNG

Fläche: 111 000 km² **Bevölkerung:** 3,130 Mio. Einw. **Bev.dichte:** 32 Einw./km² **Bev.wachstum:** 5,53 % **In Städten** leben 45 % **Analphabetenrate:** Männer 30 %, Frauen 62 % **Landessprachen:** Englisch (Amtssprache), daneben Kpelle, Bassa, Klao, Mano **Religionen:** 70 % traditionelle Religionen, 20 % Muslime, 10 % Christen

POLITISCHES SYSTEM

Unabhängig seit 1847. Präsidialdemokratie. Zweikammersystem (Senat, Repräsentantenhaus) seit 1986. **Staats- und Regierungschef:** Charles Taylor (v. August 1997)

Staatschef Charles Taylor

MILITÄR

Streitkräfte: rund 11 000 bis 15 000 Mann **Militärausgaben** (am BSP): 1,2 %

GESUNDHEIT, SOZIALES

Öffentliche Gesundheitsausgaben (am BIP): k. A. **Medizinische Versorgung:** < 0,05 Ärzte/1000 Einw. **Armutsrate:** k. A. **Säuglingssterblichkeit:** 111/1000 Geb. **Lebenserwartung:** Männer 46 J., Frauen 48 J.

WIRTSCHAFT

Währung: 1 Liberianischer Dollar (Lib$) = 100 Cents **Kurs** (Mitte 2002): 1 Lib$ = 1,07 € **BSP:** 4,5 Mrd. US$ (Schätzung 2001) **Wachstumsrate des BIP:** 20 % **BSP/Kopf:** 150 – 200 US$ **Anteile am BIP:** k. A. **Arbeitslosenquote:** 70 % **Inflationsrate:** k. A. **Auslandsschulden:** 2,03 Mrd. US$ **Schuldendienst** (am BSP): k. A. **Entwicklungshilfe:** 68 Mio. US$

AKTUELLE ENTWICKLUNGEN

Der internationale Druck auf Präsident Charles Taylor verstärkte sich weiter. Das bereits seit 9 Jahren bestehende Waffenembargo war im Mai 2001 wegen seiner Unterstützung der Ruf-Rebellen in Sierra Leone auch auf den Diamantenhandel ausgedehnt worden. Ein Uno-Bericht vom Oktober zeigte, dass die Sanktionen vielfach unterlaufen wurden. Der Export von Tropenrundhölzern und das nach Panama zweitgrößte Schifffahrtsregister der Welt dienten ebenfalls der Finanzierung von Rebellen. Nicht allein mit Sierra Leone, sondern auch mit den beiden Nachbarstaaten Guinea und Elfenbeinküste liegt Liberia im Streit.

Im Vorfeld der für 2003 anstehenden Präsidentschaftswahlen verkündete Taylor im August 2001 eine Art Amnestie für seine innenpolitischen Gegner. Seine Hauptgegnerin Ellen Johnson-Sirleaf kehrte daraufhin aus dem Exil zurück. In den folgenden Monaten flammten jedoch die Kämpfe zwischen Regierungstruppen und der Rebellenbewegung Vereinigte Liberianer für Versöhnung und Demokratie (Lurd) vor allem in der Provinz Lofa im Nordwesten des Landes wieder auf. Am 8. Februar 2002 wurde der Ausnahmezustand ausgerufen. Erstmals seit dem Ende des Bürgerkriegs und den Wahlen im Jahr 1997 fanden wieder Gefechte nahe der Hauptstadt Monrovia statt.

Beiden Seiten wird brutale Gewalt auch gegen Zivilisten vorgeworfen. Erneut erhoben Menschenrechtsorganisationen den Vorwurf, junge Männer würden zwangsrekrutiert und auch Kinder als Soldaten eingesetzt. Die wieder aufflammenden Kriegshandlungen lösten neue Fluchtwellen von Zehntausenden Menschen aus, die ihre Wohnorte verließen und in weniger betroffene Regionen oder in die Nachbarländer flohen.

Libyen

Botschaft in Deutschland: Schützenstraße 15-17, D-10117 Berlin
☎ +49-30-200 59 60 🖷 -20 05 96 99

GEOGRAFIE, BEVÖLKERUNG

Fläche: 1 775 500 km²; überwiegend flaches, nur an der 770 km langen Küste fruchtbares Land, der Rest ist sanft gewellte Wüste **Verwaltung:** 3 Provinzen, 10 Gouvernements **Bevölkerung:** 5,29 Mio. Einw., davon 97 % Araber und Berber **Flüchtlinge:** 11 664 **In Städten** leben 88 %, **unter 15 J.** sind 34 % der Bev. **Bev.dichte:** 3 Einw./km² **Bev.wachstum:** 2,2 % **Fruchtbarkeitsrate:** 3,5 Geb./Frau **Landessprache:** Arabisch **Religionen:** (Der Islam ist Staatsreligion) überwiegend Sunniten

POLITISCHES SYSTEM

Unabhängig seit dem 24. Dezember 1951. Islamisch-sozialistische Volksrepublik seit 1976. Verfassung seit 1977. Islamisches Recht seit 1994. Parlament: Allgemeiner Volkskongress mit ca. 3000 Delegierten. 350 lokale Volkskongresse. Parteien sind verboten. Wahlpflicht ab 18 J.
Staatsoberhaupt: Der Generalsekretär des Allgemeinen Volkskongresses, al-Sinati Mohammed al-Sinati (seit 1994)
Regierungschef: Mubarak al-Schamich (seit März 2000)
Starker Mann und de facto Staatsoberhaupt sowie Oberbefehlshaber der Streitkräfte ist unverändert Revolutionsführer Muammar al-Gaddafi (seit September 1969)

MILITÄR

Wehrpflicht: 12–24 Monate **Streitkräfte:** 76 000 Mann, davon 45 000 Armee, 23 000 Luftwaffe, 8000 Marine **Militärausgaben** (am BSP): rund 3,8 %

GESUNDHEIT, SOZIALES, BILDUNG

Öffentliche Gesundheitsausgaben (am BIP): 3,9 % **Öffentliche Ausgaben für Bildung und Erziehung** (am BIP): 9,6 % (1987) **Medizinische Versorgung:** 1,3 Ärzte, 4,3 Krankenhausbetten/1000 Einw. **Säuglingssterblichkeit:** 26/1000 Geb. **Müttersterblichkeit:** 120/100 000 Geb. **Kinderunterernährung:** 5 % **Armutsrate:** k. A. **Frauenanteil an den Beschäftigten:** 23,1 % Zugang zu **sauberem Trinkwasser** haben 72 % der städtischen, 68 % der ländlichen Bev., zu **sanitären Anlagen** 97 % bzw. 96 % **HIV-Infektionsrate:** 0,05 % **Lebenserwartung:** Männer 69 J., Frauen 73 J. **Schulpflicht:** 6–15 J. **Einschulungsquote** im Primarbereich 96 % **Analphabetenrate:** Männer 9 %, Frauen 32 % **Universitäten:** 13, darunter in Tripolis, Bengasi

WIRTSCHAFT

Es liegen nur wenige aktuelle Daten vor: **Währung:** 1 Libyscher Dinar (LD.) = 1000 Dirhams **Kurs** (Mitte 2002): 1 LD. = 0,85 € **BSP:** 26 Mrd. US$ (1994) **Wachstumsrate des BIP:** 3,5 % **BSP/ Kopf:** 5 650 US$ (1994) **Anteile am BIP:** Landwirtschaft 6,6 %, Industrie 44 %, Dienstleistungen 49,4 % (1996) **Arbeitslosenquote:** 30 % (1999) **Inflationsrate:** -8,5 % **Leistungsbilanzüberschuss:** 1,984 Mrd. US$ **Auslandsschulden:** 4,2 Mrd. US$ (1997) **Devisenreserven:** 13,73 Mrd. US$ **Empf. Hilfsgelder:** 15 Mio. US$ **Energie:** Produktion 73,42 t Mio. ÖE, Verbrauch 12,25 Mio. t ÖE

Landwirtschaft, Rohstoffe, Industrie:

Nur 1,2 % der Fläche sind landwirtschaftlich nutzbar, von der Anbaufläche sind 21,2 % bewässert, angebaut werden Weizen, Kartoffeln, Oliven, Tomaten, Zitrusfrüchte, Melonen **Bewaldet:** 4000 km², jährliche **Aufforstung:** 47 km² **Rohstoffe:** Erdöl, Erdgas, Eisenerz, Salz, Kalkstein, Lehm, Gips **Wichtige Industriezweige:** Ölindustrie

Außenwirtschaft:

Handelsbilanzüberschuss 2,76 Mrd. US$ **Export:** 6,76 Mrd. US$, davon Erdöl und Schmierstoffe 94,8 % **Hauptausfuhrländer:** Italien (36,2 %), Deutschland (15,0 %), Spanien (9,1 %), Türkei (5,6 %) **Import:** 3,996 Mrd. US$, davon Maschinen und Trans-

Al-Jamahiriya al-Arabiya al-Libiya ash-Sha'biya al-Ishtirakiya – Sozialistische Libysch-Arabische Volks-Dschamahirija; Libyer

Nationalfeiertag: 1. September (Tag der Revolution)

Zeitzone: MEZ + 1 h

Hauptstadt: Tripolis (1 300 000 Einwohner)

Telefon-Vorwahl: +218
Kfz-Kennzeichen: LAR

Mitgliedschaften: AU, Opec, Uno

Revolutionsführer Muammar al-Gaddafi

portmittel 36 %, industr. Vorprodukte 20,1 %, Nahrungsmittel 20 % **Hauptlieferländer:** Italien (15,8 %), Deutschland (12,8 %), Japan (8,1 %), Großbritannien (7,8 %)

VERKEHR

Straßennetz: 83 200 km, davon 57,2 % befestigt **Motorisierung:** 230 Kfz/1000 Einw. Internationale **Flughäfen:** Tripolis, Bengasi. Staatliche **Fluggesellschaft:** Libyan Arab Airlines Große **Seehäfen** bei Tripolis, Bengasi, Misrata **Pipelines:** für Rohöl 4383 km, für Erdgas 1947 km, für Flüssiggas 256 km

KOMMUNIKATION

Auf 1000 Einw. kommen 273 **Rundfunk-**, 137 **Fernsehgeräte**, 109,3 **Telefonanschlüsse**, 9 **Mobiltelefone**, **PC**: k. A. **Internet-Zugänge:** 0,01 **Tageszeitungen:** 3, die wichtigste ist *al-Fadschr al-Dschahid* (Auflage: 40 000 Exemplare) **Nachrichtenagentur:** Jamahiriya News Agency (Jana) in Tripolis

Zerstörte Berliner Discothek »La Belle«

UMWELT, TOURISMUS

Geschützte Gebiete: 0,1 % der Landesfläche **CO_2-Emission:** 36,4 Mio. t **Verwendung des Süßwassers:** Landwirtschaft 87 %, Industrie 4 %, Haushalte 9 % **Tourismus:** 40 000 Besucher, 28 Mio. US$ Einnahmen

AKTUELLE ENTWICKLUNGEN

Libyen setzte seine Bemühungen fort, die internationale Isolation aufzubrechen. Vier Bedingungen galten für die endgültige Aufhebung der Uno-Sanktionen, die 1992 als Reaktion auf den Anschlag gegen einen Pan-Am-Jumbo über dem schottischen Lockerbie 1988 verhängt und 1999 ausgesetzt worden waren:

Libyen müsse die Familien der 270 Opfer entschädigen, die Verantwortung für den Anschlag übernehmen, relevante Informationen liefern und sich vom Terror lossagen.

Ein – offiziell nicht bestätigtes – Angebot Muammar al-Gaddafis im Mai 2002, insgesamt 2,7 Milliarden US-Dollar an die Hinterbliebenen zu zahlen, war seinerseits wiederum an Bedingungen geknüpft: Uno- und US-Sanktionen müssten aufgehoben werden, und außerdem solle Libyen von der amerikanischen Liste der Terrorunterstützer gestrichen werden.

Die klare Verurteilung der Anschläge vom 11. September 2001 durch Gaddafi wurde in Washington positiv vermerkt. Tripolis ließ den Worten Taten folgen und leitete Geheimdienstinformationen an die USA weiter.

Andererseits hatte der amerikanische Kongress im Juli 2001 die Libyen-Sanktionen um fünf Jahre verlängert. Im November 2001 erneuerte Washington ein seit 1981 bestehendes Reiseverbot für US-Amerikaner in den Maghrebstaat, und im Mai 2002 beschuldigte die Bush-Regierung Tripolis sogar, chemische und biologische Waffen zu entwickeln.

Fast 16 Jahre nach dem blutigen Bombenanschlag auf die Discothek »La Belle« fällte das Berliner Landgericht am 13. November 2001 ein Urteil: Vier Angeklagte wurden zu Haftstrafen zwischen 12 und 14 Jahren verurteilt. Das Attentat, so der Vorsitzende Richter, sei von Mitarbeitern der libyschen Botschaft in Ost-Berlin »federführend geplant« worden.

Ob Gaddafi unmittelbar den Auftrag dazu gegeben hat, konnte nicht geklärt werden. An einer Normalisierung der Beziehungen sind vor allem deutsche Unternehmen interessiert: Nach Italien ist Deutschland der wichtigste Handelspartner des öl- und gasreichen Wüstenstaats.

Auch andere Kontakte wurden gepflegt: Im Mai 2002 war Libyen Gastgeber des 1991 begonnenen »Dialogs 5+5«, in dem sich zehn Mittelmeer-Anrainer um eine bessere Zusammenarbeit bemühen. Darüber hinaus schloss Tripolis zahlreiche bilaterale Abkommen. So gewährte Libyen im August 2001 Simbabwe einen 360-Millionen-Dollar-Kredit, damit das südafrikanische Land dringend benötigtes Rohöl von Tripolis importieren kann.

Gaddafi und sein Sohn Seif al-Islam sehen sich gern in der Rolle eines Vermittlers in internationalen Konflikten wie etwa auf den Philippinen oder im indisch-pakistanischen Kaschmir-Streit.

Anfang 2002 wurde der Dinar um 51 Prozent abgewertet. Damit verringerte sich die Diskrepanz zwischen offiziellen und Schwarzmarktkursen.

Gleichzeitig senkte die Regierung die Einfuhrzölle auf Konsumgüter um die Hälfte. Ein Investitionsprogramm bis 2005 im Umfang von 35 Milliarden US-Dollar soll zudem ausländisches Kapital anziehen.

Liechtenstein

Amt für Auswärtige Angelegenheiten des Fürstentums Liechtenstein (auch für D zuständig): 9400 Vaduz/FL
☎ +42-3-32 36 60 57 🖷 -32 36 60 59

GEOGRAFIE, BEVÖLKERUNG

Fläche: 160 km² **Bevölkerung:** 32 000 Einw. **Bev.dichte:** 200 Einw./km² **Bev.wachstum:** 1,06 % **In Städten:** 22 % der Bev. **Lebenserwartung:** 72 J. (1994) **Landessprache:** Deutsch **Religionen:** 80 % Katholiken, 7 % Protestanten

POLITISCHES SYSTEM

Unabhängig seit dem August 1806. Konstitutionelle Monarchie. Verfassung von 1921. Rechts-, Wirtschafts- und Währungsgemeinschaft mit der Schweiz seit 1923. Parlament, 25 Sitze. Wahl alle 4 J. Wahlpflicht ab 20 J.
Staatsoberhaupt: Fürst Hans Adam II. (seit November 1989)
Regierungschef: Otmar Hasler (seit April 2001)

MILITÄR

keine eigenen Streitkräfte

WIRTSCHAFT

Es liegen nur wenige Daten vor, da es keine laufende volkswirtschaftliche Gesamtrechnung gibt. Das **Bruttoinlandsprodukt (BIP)** wurde 1998 erstmals und bisher einmalig berechnet und betrug 3,6 Mrd. sfr.
Währung: 1 Schweizer Franken (sfr) = 100 Rappen **Kurs** (Mitte 2002): 1 sfr = 0,68 € **Wachstumsrate des BIP:** 0,2 % **BSP/Kopf:** ca. 40 000 US$ **Arbeitslosenquote:** 1,2 % **Anteile an den Beschäftigten**: Landwirtschaft 1,3 %, Industrie 45,3 %, Dienstleistungen 53,4 %

AKTUELLE ENTWICKLUNGEN

Die Verunsicherung in der Weltwirtschaft hat auch am Finanzplatz Liechtenstein Spuren hinterlassen. Der Reingewinn aller 17 Banken im Fürstentum ging im Jahr 2001 um 19,2 Prozent auf 443,6 Millionen Franken zurück. Das verwaltete Kundenvermögen verringerte sich gegenüber dem Vorjahr um 6,2 Prozent auf 105,7 Milliarden Franken. Der Bankenverband machte die gesetzlichen Verschärfungen zur Bekämpfung der Geldwäsche dafür mitverantwortlich. Liechtenstein war wegen seiner Bestrebungen auf diesem Gebiet im Jahr 2001 von der schwarzen Liste der OECD der nicht kooperativen Länder gestrichen worden. Auch die Auflage, alle wirtschaftlich Berechtigten von Konten, Stiftungen und der etwa 80 000 aktiven Briefkastenfirmen des Landes zu offenbaren, wurde weitestgehend erfüllt. Zum Jahresende hatten die Banken und die rund 300 Treuhänder im Land 98 Prozent dargelegt. Auf einer weiteren Negativliste steht der Kleinstaat aber noch immer: Die hartnäckige Weigerung Liechtensteins, sein Bankgeheimnis zu lockern und sich der Steuerharmonisierung anzuschließen, veranlasste die OECD im April 2002, das Fürstentum bereits im dritten Jahr auf die Liste der Länder mit schädlichen Steuerpraktiken zu setzen.
Die seit der Staatskrise von 1992 dauernde Verfassungsdiskussion ging in eine neue Runde. Im Herbst 2001 legte die fürstennahe Regierungspartei FBP dem Parlament erstmals einen konkreten Verfassungsentwurf zur Beratung vor. Danach soll Fürst Hans Adam II. unter anderem das Kabinett nach einem Vertrauensverlust sofort entlassen und mit Notverordnungen befristet regieren können. Außerdem soll er alle Richter bestellen dürfen. Laut Umfragen lehnt die Mehrheit der Bevölkerung den Vorschlag allerdings ab. Auf den massiven Widerstand von Seiten der Opposition reagierte der Fürst mit der Drohung, das Land zu verlassen, sollte der Regierungsentwurf nicht angenommen werden.

Fürstentum Liechtenstein; Liechtensteiner

Nationalfeiertag: 15. August (Mariä Himmelfahrt)

Zeitzone: MEZ

Hauptstadt: Vaduz (5100 Einwohner)

Telefon-Vorwahl: +423
Kfz-Kennzeichen: FL

Mitgliedschaften: OSZE, Uno

Fürst Hans-Adam II. und Marie von und zu Liechtenstein am Nationalfeiertag in Vaduz

Lietuvos Respublika – Republik Litauen; Litauer

Nationalfeiertag: 16. Februar

Zeitzone: MEZ

Hauptstadt: Vilnius (578 000 Einwohner)

Telefon-Vorwahl: +370
Kfz-Kennzeichen: LT

Mitgliedschaften: OSZE, Uno, WEU (assoziiert)

Litauen

Botschaft in Deutschland: Katharinenstraße 9, D-10711 Berlin
☎ +49-30-890 68 10 🖷 -89 06 81 15

GEOGRAFIE, BEVÖLKERUNG

Fläche: 65 301 km², 10 Verwaltungsbezirke **Bevölkerung:** 3,695 Mio. Einw., davon 81 % Litauer, 9 % Russen, 7 % Polen, 2 % Weißrussen **Flüchtlinge:** 287 **In Städten** leben 68 %, **unter 15 J.** sind 20 % der Bev. **Bev.dichte:** 57 Einw./km² **Bev.wachstum:** -0,24 % **Fruchtbarkeitsrate:** 1,3 Geb./Frau **Landessprache:** Litauisch **Religionen:** überwiegend Katholiken, daneben Protestanten, orthodoxe Christen, Juden

POLITISCHES SYSTEM

Unabhängig seit dem 11. März 1990. Republik. Verfassung seit 1992. Einkammersystem: Parlament (»Seimas«), 141 Sitze. Wahl alle 4 J. Direktwahl des Staatsoberhaupts alle 5 J., einmalige Wiederwahl zulässig. Wahlrecht ab 18 J.
Staatsoberhaupt: Valdas Adamkus (seit Januar 1998)
Regierungschef: Algirdas Brazauskas (seit Juli 2001)
Außenminister: Antanas Valionis

MILITÄR

Allg. Wehrpflicht: 12 Monate **Streitkräfte:** 12 190 Mann, davon 7500 Armee, 800 Luftwaffe, 580 Marine **Militärausgaben** (am BSP): 1,3 %

GESUNDHEIT, SOZIALES, BILDUNG

Öffentliche Gesundheitsausgaben (am BIP): 4,8 % **Öffentliche Ausgaben für Bildung und Erziehung** (am BIP): 6,4 % **Medizinische Versorgung:** 4 Ärzte, 9,2 Krankenhausbetten/1000 Einw. **Säuglingssterblichkeit:** 9/1000 Geb. **Müttersterblichkeit:** 27/100 000 Geb. **Kinderunterernährung:** k. A. **Kinderarbeit:** k. A. **Armutsrate:** < 2 % **Frauenanteil an den Beschäftigten:** 48 % **Zugang zu sauberem Trinkwasser:** k. A., **zu sanitären Anlagen:** k. A. **HIV-Infektionsrate:** 0,02 % **Lebenserwartung:** Männer 68 J., Frauen 78 J. **Schulpflicht:** 7 – 16 J. **Einschulungsquote** im Primarbereich: 94 % **Analphabetenrate:** Männer < 0,5 %, Frauen 1 % **Universitäten:** in Vilnius, Kaunas, Klaipeda

WIRTSCHAFT

Währung: 1 Litas (LTL) = 100 Centas **Kurs** (Mitte 2002): 1 LTL = 0,29 € **BSP:** 10,8 Mrd. US$ **Wachstumsrate des BIP:** 3,9 % **BSP/Kopf:** 2930 US$ **Anteile am BIP:** Landwirtschaft 8 %, Industrie 33 %, Dienstleistungen 59 % **Forschung+Entwicklungsausgaben** (am BIP): k. A. **Arbeitslosenquote:** 11,1 % **Inflationsrate:** 1,3 % **Staatseinnahmen:** 2,869 Mrd. US$ **Steueraufkommen** (am BIP): 22,8 % **Staatsausgaben:** 2,915 Mrd. US$ **Leistungsbilanzdefizit:** 574 Mio. US$ **Auslandsschulden:** 4,86 Mrd. US$ **Schuldendienst** (am BSP): 8,1 % **Devisenreserven:** 1,36 Mrd. US$ **Empf. Hilfsgelder:** 99 Mio. US$ **Energie:** Produktion 3,54 Mio. t ÖE, Verbrauch 7,91 Mio. t ÖE

Landwirtschaft, Rohstoffe, Industrie:

Nutzfläche 46,2 %, von der Anbaufläche sind 0,3 % bewässert **Bewaldet:** 20 000 km², jährliche **Aufforstung:** 48 km² **Rohstoffe:** Eisenerz, Torf, Sand, Ton, Bernstein, Kreide, Erdöl, Erdgas **Wichtige Industriezweige:** Maschinenbau, Metallverarbeitung, Nahrungsmittelproduktion

Außenwirtschaft:

Handelsbilanzdefizit 1,108 Mrd. US$ **Export:** 4,889 Mrd. US$, davon Bergbauprodukte 21 %, Textilien 18,5 %, Chemikalien 11,2 % **Hauptausfuhrländer:** Lettland (15 %), Deutschland (14,3 %), Großbritannien (7,8 %) **Import:** 5,997 Mrd. US$, davon Bergbauprodukte 23,2 %, Maschinen u. Elektrogeräte 15,8 %, Textilien 9,3 % **Hauptlieferländer:** Russland (27,3 %), Deutschland (15,1 %), Polen (4,9 %)

VERKEHR

Schienennetz: 1905 km **Straßennetz:** 75 243 km, davon 91,3 % befestigt **Motorisierung:** 322 Kfz/1000 Einw. Internationale **Flughäfen** in

Vilnius, Kaunas und Siauliai Staatliche **Fluglinie:** Lithuanian Airlines **Haupthafen:** Klaipeda **Binnenwasserstraßen:** 600 km

KOMMUNIKATION

Auf 1000 Einw. kommen 500 **Rundfunk-**, 422 **Fernsehgeräte**, 312,9 **Telefonanschlüsse**, 253,2 **Mobiltelefone**, 70,6 **PC** Größte **Tageszeitung:** *Lietuvos Rytas* (Auflage: 85 000 Exemplare) **Nachrichtenagentur:** Lithuanian News Agency/ELTA

UMWELT, TOURISMUS

Geschützte Gebiete: 11,5 % der Landesfläche **CO_2-Emission:** 15,6 Mio. t **Verwendung des Süßwassers:** Landwirtschaft 3 %, Industrie 16 %, Haushalte 81 % **Tourismus:** 1,226 Mio. Besucher, 391 Mio. US$. Einnahmen

AKTUELLE ENTWICKLUNGEN

Vorrangiges Ziel litauischer Regierungspolitik war der Beitritt zur Europäischen Union und zur Nato. Die schwierigste Verhandlungsfrage in den Gesprächen mit der EU löste das Kabinett von Ministerpräsident Algirdas Brasauskas im Juni 2002 mit der Zustimmung, die beiden Reaktoren des Kernkraftwerks Ignalina bis 2009 vom Netz zu nehmen. Damit beugte sich Litauen nach jahrelangem Streit den Forderungen der EU. Die Reaktoren decken bisher über 70 Prozent des litauischen Energiebedarfs, zusätzlich liefert das Kernkraftwerk Strom an Weißrussland, Lettland, Estland sowie Kaliningrad. Mit dem Ja zum Atomausstieg wurde das Beitrittskapitel »Energie« abgeschlossen; damit sind 28 der insgesamt 31 Verhandlungspunkte geklärt.

Auch währungstechnisch rückte Litauen näher an die EU heran. Anfang Februar 2002 koppelte die Litauische Zentralbank die Landeswährung vom Dollar (bisher 1 Dollar = 4 Litas) ab und band den Litas fest im Verhältnis von 3,4528 an den Euro. Die Umstellung begründete die Regierung mit der Umorientierung der Wirtschaft nach Europa. Noch bis Mitte der neunziger Jahre machten litauische Unternehmen vor allem Geschäfte mit den GUS-Staaten, mittlerweile sind die wichtigsten Handelspartner die Mitgliedsländer der EU und die baltischen Nachbarn.

Im Vorfeld der Prager Gipfelkonferenz der Nato im November 2002 verstärkte Litauen seine Beitrittsbestrebungen zum transatlantischen Verteidigungsbündnis. Präsident Valdas Adamkus reiste im Mai 2002 nach Berlin und zusammen mit seinen baltischen Amtskollegen nach Prag, um bei dem Gastgeber der Konferenz, dem tschechischen Präsidenten Václav Havel, um Unterstützung zu werben. Nach den Terroranschlägen vom 11. September 2001 und der Anbindung Russlands an die Nato deutete vieles darauf hin, dass Russland sich mit der Aufnahme der baltischen Länder in die Nato abgefunden hat. Auch immer mehr Litauer befürworteten eine Integration in das westliche Verteidigungsbündnis. Im Juni 2002 stieg die Zustimmung auf 68,1 Prozent. Dagegen hielten 27,2 Prozent einen Beitritt für nicht erforderlich. Nur 8 Prozent der Bevölkerung sprach sich gegen eine Mitgliedschaft aus. Die Aufnahme in EU und Nato schrieb sich auch die im März 2002 neu gegründete Liberaldemokratische Partei Litauens auf ihre Fahnen. Auf ihrem Gründungskongress in Vilnius wählten die Teilnehmer den ehemaligen Ministerpräsidenten Rolandas Paksas zu ihrem Vorsitzenden.

US-Senator Trent Lott, jüdischer Rabbi, Lettlands Präsidentin Vaira Vike-Freiberga, Valdas Adamkus in der Rigaer Synagoge

Zu einem ersten Besuch Litauens durch ein chinesisches Staatsoberhaupt traf Mitte Juni 2002 Präsident Jiang Zemin in der Hauptstadt ein. Als Demonstranten mit Flaggen und Transparenten auf die Tibetfrage aufmerksam machen wollten, wurden zwölf von ihnen verhaftet. Der harte Polizeieinsatz löste Kritik von allen Seiten aus.

Heftigen innenpolitischen Streit gab es auch um die geplante Darstellung Litauens als Gastland bei der Frankfurter Buchmesse im Oktober 2002. Ministerpräsident Algirdas Brazauskas hatte im Mai 2002 die von der Kulturministerin vorgesehene Diskussion um die kommunistische Vergangenheit und das Schicksal der litauischen Juden streichen wollen. Nach öffentlichem Protest – auch vom deutschen Buchmessechef Lorenzo Rudolf – billigte jedoch das Kabinett in Vilnius die Veranstaltungsplanung und die Präsenz von 26 litauischen Autoren in Frankfurt.

Grand-Duché de Luxembourg – Großherzogtum Luxemburg; Luxemburger

Nationalfeiertag: 23. Juni (Feier des Geburtstags von Großherzog Jean [eigentlich 5. Januar])

Zeitzone: MEZ

Hauptstadt: Luxemburg (80 700 Einwohner)

Telefon-Vorwahl: +352
Kfz-Kennzeichen: L

Mitgliedschaften: EU, Nato, OECD, OSZE, Uno, WEU

Luxemburg

Botschaft in Deutschland: Klingelhöferstraße 7, D-10785 Berlin
☎ +49-30-263 95 70 🖷 -26 39 57 27

GEOGRAFIE, BEVÖLKERUNG

Fläche: 2586 km² **Verwaltung:** 3 Distrikte mit 12 Kantonen **Bevölkerung:** 438 000 Einw., von denen 35 % aus anderen Ländern kommen, davon 36,9 % Portugiesen, 13,5 % Italiener, 11,2 % Franzosen, 8,9 % Belgier, 6,8 % Deutsche **In Städten** leben 92 %, **unter 15 J.** sind: 18,7 % **Bev.dichte:** 169 Einw./km² **Bev.wachstum:** 1,2 % **Fruchtbarkeitsrate:** 1,76 Geb./Frau **Landessprachen:** Luxemburgisch, Französisch, Deutsch **Religionen:** 97 % Katholiken, außerdem Protestanten und Juden

Die größten Städte

Luxemburg	80 700
Esch-sur-Alzette	25 200
Differdange	17 300
Dudelange	17 100
Pétange	13 700
Sanem	12 900

POLITISCHES SYSTEM

Das Großherzogtum Luxemburg wurde auf dem Wiener Kongress (1815) als eigenständige Einheit und Mitglied des Deutschen Bundes geschaffen und nach dessen Auflösung im Londoner Vertrag von 1867 durch die Großmächte neutralisiert. Konstitutionelle Erbmonarchie seit 1866. Ende der Personalunion mit dem niederländischen Königshaus 1890. Verfassung von 1868, 1919 und 1956 wesentlich revidiert, letzte Änderung 1998. Parlament (»Chambre des Députés«), 60 Sitze. Direkte Wahl alle 5 J. Allg. Wahlrecht ab 18 J. Die 21 Mitglieder des beratenden Staatsrats werden vom Großherzog auf Lebenszeit ernannt. Das Parteienspektrum entspricht weit gehend dem deutschen.
Staatsoberhaupt: Großherzog Henri (seit Oktober 2000)
Regierungschef: Jean-Claude Juncker (seit Januar 1995)
Außenminister: Lydie Polfer

MILITÄR

Luxemburg ist Gründungsmitglied der Nato. Berufsarmee (seit 1967) mit 899 Armeeangehörigen. Seit 1986 steht Frauen der Dienst in den Streitkräften offen, Ausbildung und Bewaffnung werden von den Signatarstaaten der Benelux-Militärkonvention (Belgien, Niederlande und Luxemburg) vereinheitlicht. **Streitkräfte:** 900 Mann, davon 900 Armee **Militärausgaben** (am BSP): 0,8 %

GESUNDHEIT, SOZIALES, BILDUNG

Öffentliche Gesundheitsausgaben (am BIP): 5,4 % **Öffentliche Ausgaben für Bildung und Erziehung** (am BSP): 4 % **Öffentliche Ausgaben für Altersversorgung** (am BIP): k. A. **Medizinische Versorgung:** 2,1 Ärzte, 11,1 Krankenhausbetten/1000 Einw. **Säuglingssterblichkeit:** 6/1000 Geb. **Müttersterblichkeit:** k. A. **Armutsrate:** 3,9 % (nationale Rate) **Frauenanteil an den Beschäftigten:** 39,2 % Zugang zu **sauberem Trinkwasser** und zu **sanitären Anlagen:** k. A. **HIV-Infektionsrate:** 0,16 % **Lebenserwartung:** 77 J. **Schulpflicht:** 6 – 15 J. **Einschulungsquote** im Primarbereich: 100 %, im Sekundärbereich 68 % **Universität:** Ab dem Wintersemester 2002/2003 bietet die Universität Luxemburg ein vollwertiges Studium an, bisher konnte lediglich ein Grundstudium absolviert werden.

WIRTSCHAFT

Währung: 1 Euro = 100 Cent **BSP:** 18,4 Mrd. US$ **Wachstumsrate des BIP:** 8,5 % **BSP/Kopf:** 42 060 US$ **Anteile am BIP:** Landwirtschaft 1 %, Industrie 24,9 %, Dienstleistungen 74,1 % **Forschung+Entwicklungsausgaben** (am BSP): k. A. **Arbeitslosenquote:** 2,5 % **Inflationsrate:** 2,7 % **Staatseinnahmen:** 9,5 Mrd. Euro **Steueraufkommen** (am BIP): 31,2 % **Einkommensteuer:** max. 43,05 %

Körperschaftsteuer: 31,2 % **Haushaltsüberschuss** (am BIP): 2 % **Staatsausgaben:** 8,3 Mrd. Euro **Leistungsbilanzüberschuss:** 884 Mio. US$ **Schuldendienst** (am BIP): k. A. **Devisenreserven:** 99 Mio US$ **Geleistete Hilfsgelder:** 127 Mio. US$

Landwirtschaft, Rohstoffe, Industrie:
Nutzfläche siehe Belgien. **Produkte:** Weizen, Hafer, Gerste, Wein, Kartoffeln **Bewaldet:** 890 km² **Rohstoffe:** Schiefer, Kies, Kalk **Wichtige Industriezweige:** Chemie-, Gummi-, Glas-, Textil- und Kunststoffindustrie, Metallverarbeitung, Maschinenbau

Außenwirtschaft:
Handelsbilanzdefizit 2,367 Mrd. US$ **Export:** 8,791 Mrd. US$, davon 46,9 % industrielle Vorprodukte, 25,3 % Maschinen und Transportmittel, 6,6 % Chemikalien **Hauptausfuhrländer:** Deutschland (24,8 %), Frankreich (20,8 %), Belgien (13,2 %) **Hightech-Exporte:** k. A. **Import:** 11,158 Mrd. US$, davon 38,5 % Maschinen und Transportmittel, 18,5 % industrielle Vorprodukte, 9,5 % chemische Produkte **Hauptlieferländer:** Belgien (34,7 %), Deutschland (25,6 %), Frankreich (12 %)

VERKEHR
Schienennetz: 274 km **Straßennetz:** 2863 km, davon 115 km Autobahn **Motorisierung:** 671 Kfz/1000 Einw. Internationale **Flughäfen:** Luxemburg; beförderte **Passagiere:** k. A. **Fluglinie:** Luxair **Häfen:** Mertert **Binnenschifffahrt** auf 37 km

KOMMUNIKATION
Auf 1000 Einw. kommen 673 **Rundfunk-**, 629 **Fernsehgeräte**, 783 **Telefonanschlüsse**, 967,3 **Mobiltelefone**, 514,5 **PC** und 31,24 **Internet-Zugänge** **IuK-Ausgaben** (am BIP): k. A.
Es erscheinen 5 **Tageszeitungen** mit einer Gesamtauflage von rund 154 600 Exemplaren. Die größten Tageszeitungen und ihre Auflagen:
Luxemburger Wort/La Voix du Luxembourg 87 300
Tageblatt/Zeitung fir Letzebuerg 29 600
Le Républicain Lorrain 16 200
Nachrichtenagentur: Agence Europe

UMWELT, TOURISMUS
Geschützte Gebiete: 14 % der Landesfläche **Energieverbrauch/Kopf:** 8083 kg ÖE **CO_2-Emission:** 7,88 Mio. t **Tourismus:** 807 000 Besucher, 309 Mio. US$ Einnahmen

AKTUELLE ENTWICKLUNGEN
Luxemburgs Premierminister Jean-Claude Juncker zeigte sich am Rande des EU-Gipfels in Sevilla im Juni 2002 empört über die Schelte des deutschen Finanzministers Hans Eichel an die Adresse der Schweiz. Eichels »Radikalrethorik«, mit der er die Schweiz quasi als einen »Hort von Kriminellen« gleichgestellt habe, täte dem Land Unrecht und sei beleidigend für die Schweizer Bevölkerung. Eichel habe Zinsbesteuerung und Terrorismusbekämpfung in einem Atemzug genannt, legte Luxemburgs Budgetminister Luc Frieden verärgert nach.
Die Aufregung über die deutsche Position und der Schulterschluss mit der Schweiz erklären sich aus der Furcht, dass letztlich ebenso gut Luxemburg gemeint sein könnte.
Zwar steht der Staat als OECD-Mitglied nicht auf der schwarzen Liste der Steueroasen, aber auch Luxemburg drohen nach 2003 Sanktionen der OECD, sollte das »unkooperative Verhalten« beibehalten werden.
Mitte Mai hatte der britische Staatssekretär Paul Boateng die Schweiz und Luxemburg während einer OECD-Ministerkonferenz entgegen diplomatischer Gepflogenheiten wegen ihres Bankgeheimnisses rüde kritisiert: Sie behinderten die Bekämpfung von Finanzverbrechen und der Terrorismusfinanzierung.
Ähnliches konnte man im Januar bereits in einem Report des französischen Parlaments lesen.
Nach dem 11. September als Hort möglicher Bin-Laden-Gelder kritisch beäugt, fast vorverurteilt, gab es in Luxemburg hektische Überprüfungen, und schließlich auch Großrazzien. Verdächtige Vermögen wurden eingefroren, so 195 Millionen US-Dollar der Bakra-Exchange mit Sitz in Dubai, deren Name auf einer US-Fahndungsliste im Zusammenhang mit al-Qaida stand. Allerdings mussten die Konten im Mai 2002 wieder freigegeben werden, da sich keine direkte Verbindung zur Terrorfinanzierung nachweisen ließ.
Der Kleinstaat zwischen Frankreich, Belgien und Deutschland verdankt seinem Finanzplatz, d. h. dem Zufluss ausländischer Gelder, Wohlstand und Prosperität. Im 19. Jahrhundert noch eine der ärmsten Regionen Europas ist das Großherzogtum mittlerweile

Großherzog Henri von Luxemburg

Premierminister Jean-Claude Juncker

gemessen am Pro-Kopf-Einkommen mit über 42000 Dollar die reichste Nation der Welt. Das Finanzgewerbe beschäftigt etwa 20000 Personen, das sind 11 Prozent der Gesamtbeschäftigten. Es ist für 20 Prozent des Sozialprodukts und einen weit höheren Anteil am Steueraufkommen verantwortlich.

Der Haushalt erwirtschaftet nicht zuletzt deshalb Überschüsse, und die Staatsschuld beträgt lediglich 6 Prozent des BIP.

Kein Wunder, dass das Land sorgsam darauf bedacht ist, seinen Status als liberaler Finanzplatz zu erhalten.

Trotzdem gibt es kaum EU-feindliche Regungen, wie sie aus der Schweiz bekannt sind, die allerdings auch kein Mitglied der Gemeinschaft ist. Die Luxemburger sind geradezu »radikale Europäer« (Juncker), wohl auch angesichts des Traumas der zweimaligen Besetzung durch Deutschland im 20. Jahrhundert. Der Kleinstaat gehört zu den Gründungsmitgliedern der EWG und den Motoren auf dem Weg zur Währungsunion, und der im Juni 2002 verstorbene ehemalige Premierminister Pierre Werner (▸Todesfälle) zählt zu den wichtigsten Persönlichkeiten der EU-Geschichte. Seit 1967 mit Belgien in einer Währungsunion fiel den Luxemburgern der Umstieg auf den Euro vergleichsweise leicht.

Heute dominiert das Privatkundengeschäft den Finanzplatz, genauer gesagt: das Fondsgeschäft. Luxemburg verwaltete Ende 2001 Fonds im Werte von rund 930 Milliarden Euro, ein Plus gegenüber dem Vorjahr um 6,2 %. Das ist Rekord in Europa. Bedingung für diese positive Entwicklung – noch vor 25 Jahren war das Land ganz vom Stahlsektor abhängig – war neben der Steuerpolitik vor allem das Bankgeheimnis. Und das scheint nun bedroht. Im Juni 2000 hatte Luxemburg unter EU-Druck zugestimmt, dass ab 2003 die Kapitalertragsteuer an der Quelle eingeführt werden soll und – schlimmer – es nach einer 7-jährigen Übergangsphase zu einem Informationsaustausch mit den Finanzämtern anderer Länder kommen soll. Das käme einer Abschaffung des Bankgeheimnisses gleich. Doch Luxemburgs Regierungschef hat sich schon eine Lösung überlegt: »Es gibt keinen automatischen Übergang zum Informationsaustausch«, betont er, denn dazu müssten aus Wettbewerbsgründen auch andere Länder – etwa die Schweiz und Liechtenstein – mitmachen. Die Übergangsregelung könnte sich also durchaus zu einem Dauerprovisorium entwickeln, ohne dass man dies in Luxemburg bedauerte.

Eine Meldung, die beide Länder betrifft, überraschte Mitte Juli die Öffentlichkeit: Der Schweizer Botschafter in Luxemburg wurde wegen des Verdachts auf Geldwäsche in Bern verhaftet.

Luxemburg soll endlich eine Universität bekommen, so hat Bildungsministerin Erna Hennicot nach langer Diskussion verkündet. Die bisher bestehenden Institute boten lediglich ein Grundstudium an, für das Hauptstudium mussten die Luxemburger an ausländische Hochschulen wechseln. Nun soll die Universität Luxemburg ab dem Wintersemester 2002/2003 mit fünf Fakultäten und anvisierten 6000 Studenten, bisher sind es 2500, in Konkurrenz zu den benachbarten Universitäten in Metz und Trier treten.

Streit gibt es um ein ehrgeiziges Neubauprojekt der Regierung, entworfen vom international bekannten luxemburgischen Architekten Rob Krier. Auf einer Länge von 250 Metern soll eine vielteilige »Cité Judicière« entstehen, ein modernes Gerichtszentrum, das die bisher zerstreut untergebrachten Behörden vereinigt. Damit, so befürchten Kritiker, würde jedoch die Altstadtsilhouette empfindlich verändert und alte Bausubstanz zerstört werden. Dabei zählt die Luxemburger Altstadt und Festung seit 1994 zum Weltkulturerbe.

Gegen das Projekt wehren sich nicht nur Luxemburger Bürger, sondern auch die Unesco, die Planungen an einer anderen Stelle – in der Nähe des Europäischen Gerichtshofes – befürwortet.

Für Klatschgeschichten sorgte im Sommer 2002 die sonst so auf Diskretion bedachte Familie des Großfürsten. Die Großherzogin Maria Theresa, Frau des seit 2000 amtierenden Großherzogs Henri, schüttete vor der Presse ihr Herz aus. Sie leide schrecklich unter Intrigen ihrer Schwiegermutter Josephine Charlotte, einer Schwester Königs Baudouins von Belgien. Die Schwiegermutter versuche schon seit Jahren, das Paar auseinander zu bringen, weil Maria Theresa gebürtige Kubanerin und eben nicht adelig sei. Streit, kommentierte Juncker, gebe es eben in jeder Familie.

Madagaskar

Botschaft in Deutschland: Seepromenade 92, D-14601 Falkensee
☎ +49-3322-231 40 🖷 -23 14 29

GEOGRAFIE, BEVÖLKERUNG

Fläche: 587 041 km² **Bevölkerung:** 15,523 Mio. Einw. **Bev.dichte:** 27 Einw./km² **Bev.wachstum:** 2,83 % **Bev. in Städten:** 30 % **Analphabetenrate:** Männer 26 %, Frauen 40 % **Landessprachen:** Malagassi, Französisch **Religionen:** 52 % traditionelle Religionen, 41 % Christen, 7 % Muslime

POLITISCHES SYSTEM

Unabhängig seit 1960. Präsidialrepublik. Zweikammersystem: Nationalversammlung (150 Sitze) und Senat.
Staatsoberhaupt: Marc Ravalomanana (seit Mai 2002)
Regierungschef: Jacques Sylla (seit Mai 2002)

MILITÄR

Streitkräfte: 13 500 Mann **Militärausgaben** (am BSP): 1,2 %

GESUNDHEIT, SOZIALES

Öffentliche Gesundheitsausgaben (am BIP): 1,1 % **Medizinische Versorgung:** 0,1 Ärzte/1000 Einw. **Armutsrate:** 49,1 % **Säuglingssterblichkeit:** 88/1000 Geburten **Lebenserwartung:** Männer 53 J., Frauen 56 J.

WIRTSCHAFT

Währung: 1 Madagaskar-Franc (FMG) = 100 Centimes **Kurs** (Mitte 2002): 1 FMG = 0,0002 € **BSP:** 3,9 Mrd. US$ **Wachstumsrate des BIP:** 4,8 % **BSP/ Kopf:** 250 US$ **Anteile am BIP:** Landwirtschaft 35 %, Industrie 13 %, Dienstleistungen 52% **Arbeitslosenquote:** 6 % **Inflationsrate:** 5 % **Auslandsschulden:** 4,7 Mrd. US$ **Schuldendienst** (am BSP): 2,4 % **Entwicklungshilfe:** 322 Mio. US$ **Handelsbilanzdefizit:** 174 Mio. US$ **Tourismuseinnahmen:** 116 Mio. US$

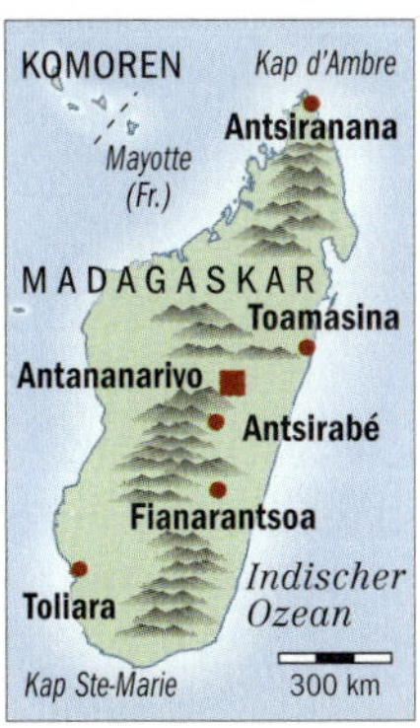

AKTUELLE ENTWICKLUNGEN

Der langjährige Staatspräsident Madagaskars, Didier Ratsiraka, musste nach fünf Amtsperioden im Mai 2002 seine Alleinherrschaft beenden. Trotz massivster Manipulationen verlor der Altstalinist, der mit einer kurzen Unterbrechung seit 1975 an der Macht gewesen war, die Wahl gegen den Geschäftsmann Marc Ravalomanana. Viele Madagassen hatten zuvor mit Massendemonstrationen und einem Generalstreik gegen das korrupte Regime protestiert. Bei der Präsidentschaftswahl vom Dezember 2001 konnte zunächst keiner der Kandidaten die absolute Mehrheit der Stimmen erzielen. Vor der Stichwahl im Februar 2002 kam es zu Unruhen, Dutzende verloren ihr Leben. Der Sieger, Ravalomanana, legte dann am 22. Februar den Amtseid ab. Ratsiraka erkannte das Ergebnis nicht an und organisierte eine gewaltsame Wirtschaftsblockade der Hauptstadt Antananarivo. Das Land stand am Rande eines Bürgerkriegs. Internationale Vermittlung erwirkte schließlich eine Nachzählung der Stimmen. Ende April erklärte das Verfassungsgericht Ravalomanana zum Wahlsieger, und dieser legte am 6. Mai zum zweiten Mal den Amtseid ab. Dennoch weigerte sich Ratsiraka, seinen Posten zu räumen. Anfang Mai erklärten vier Ratsiraka-treue Provinzen ihre Unabhängigkeit. Ende Juni erkannten die USA die Regierung Ravalomanana an und gaben die blockierte Wirtschaftshilfe frei. Am 2. Juli schloss Deutschland einen Kooperationsvertrag mit der neuen Regierung, und einen Tag darauf erkannte auch die ehemalige Kolonialmacht Frankreich, das zunächst Ratsiraka gestützt hatte, Ravalomanana an.

Repoblikan'i Madagasikara, République de Madagascar – Republik Madagaskar; Madagassen

Nationalfeiertag: 26. Juni

Zeitzone: MEZ + 2 h

Hauptstadt: Antananarivo (1 053 000 Einwohner)

Telefon-Vorwahl: +261
Kfz-Kennzeichen: RM

Mitgliedschaften: AU (suspendiert), Uno

Präsident Marc Ravalomanana bei seiner Amtseinführung (6. Mai 2002)

Republic of Malawi – Mfuko la Malawwi – Republik Malawi; Malawier

Nationalfeiertag: 6. Juli (Tag der Republik)

Zeitzone: MEZ + 1 h

Hauptstadt: Lilongwe (440 500 Einwohner)

Telefon-Vorwahl: +265
Kfz-Kennzeichen: MW

Mitgliedschaften: AU, Uno

Malawi

Botschaft in Deutschland: Mainzer Straße 124, D-53179 Bonn
☎ +49-228-94 33 50 🖷 -943 35 37

GEOGRAFIE, BEVÖLKERUNG

Fläche: 118 484 km² **Bevölkerung:** 10,311 Mio. Einw., zusammengesetzt aus Bantu-Ethnien, kleine Minderheit indischer Abstammung **Bev.dichte:** 110 Einw./km² **Bev.wachstum:** 2,16 % **In Städten:** 15 % der Bev. **Analphabetenrate:** Männer 26 %, Frauen 53 % **Landessprachen:** Englisch (Amtssprache), Chichewa (dekretierte Nationalsprache), Chitumbuka (Verkehrssprache im Norden) **Religionen:** 82 % Christen, 11 % Muslime, 7 % traditionelle Religionen

POLITISCHES SYSTEM

Unabhängig seit dem 6. Juli 1964. Präsidialrepublik. Mehrparteiensystem

Präsident Bakili Muluzi

(seit Mai 1994), Einkammerparlament: »National assembly« (193 Sitze) **Staats- und Regierungschef:** Bakili Muluzi (seit Mai 1994)

MILITÄR

Streitkräfte: 5300 Mann **Militärausgaben** (am BSP): 0,6 %

GESUNDHEIT, SOZIALES

Öffentliche Gesundheitsausgaben (am BIP): 2,8 % **Medizinische Versorgung:** < 0,05 Ärzte / 1000 Einw. **Armutsrate.:** k. A. **Säuglingssterblichkeit:** 103/ 1000 Geb. **Lebenserwartung:** 39 J.

WIRTSCHAFT

Währung: 1 Malawi-Kwacha (MK) = 100 Tambala **Kurs** (Mitte 2002): 1 MK = 0,01 € **BSP:** 1,7 Mrd. US$ **Wachstumsrate des BIP:** 1,7 % **BSP/Kopf:** 170 US$ **Anteile am BIP:** Landwirtschaft 42 %, Industrie 19 %, Dienstleistungen 39 % **Arbeitslosenquote:** k. A. **Inflationsrate:** 27,2 % **Auslandsschulden:** 2,716 Mrd. US$ **Schuldendienst** (am BSP): 3,5 % **Entwicklungshilfe:** 445 Mio. US$ **Handelsbilanzdefizit:** 205 Mio. US$ **Tourismuseinnahmen:** 27 Mio. US$

AKTUELLE ENTWICKLUNGEN

Seit Anfang 2002 ist Malawi bei der Ernährung seiner Bürger verstärkt auf internationale Hilfe angewiesen. Verursacht durch Missernten im Sommer 2001 – als Folge von Überschwemmungen –, reichte der geerntete Mais kaum zur Selbstversorgung. Und Mais ist mittlerweile das Hauptprodukt im malawischen Anbau: Auf rund 80 Prozent der Agrarfläche wird Mais – übrigens auch auf den Rat internationaler Organisationen hin – als Monokultur angebaut. Saatgetreide wurde kaum zurückbehalten, stattdessen die Kornreserve von 160 000 t auf bisher ungeklärten Wegen verkauft, ein Teil wohl nach Kenia, ein Teil im Lande. Jedenfalls sind die Lager leer, und das Geld ist weg. Nun sind mehr als 3 Millionen Menschen, also fast ein Drittel der Bevölkerung, von einer Hungersnot bedroht. Im Mai 2002 fror zudem der IWF seine Auszahlungen für Armutsbekämpfung auf Grund zu hoher Staatsausgaben Malawis ein. Ende Mai kündigte dann angesichts der sich verschärfenden Lage die EU massive Lebensmittelhilfe an.
In dem südafrikanischen Staat bekommt man die Aids-Seuche nicht in den Griff. Jeder sechste Erwachsene ist infiziert. Viele Felder veröden, da die Kranken nicht die Kraft haben, sie zu bestellen. Hilfsorganisationen sprechen von bis zu einer Million Kindern, die ihre Eltern verloren haben.

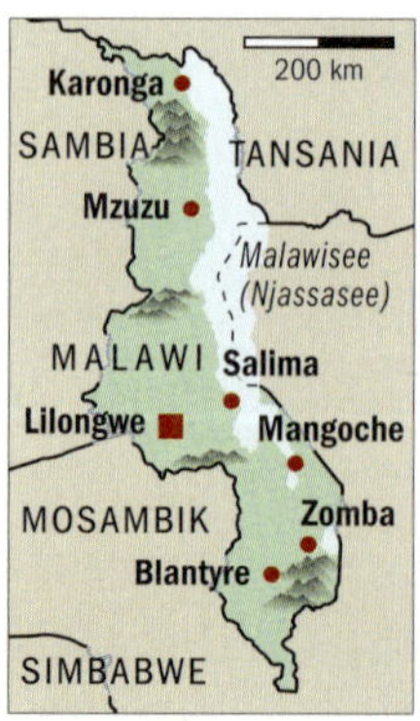

Staats- und Regierungschef Muluzi, der seit 1994 an der Macht ist, strebt gegen den Widerstand der Opposition eine dritte fünfjährige Amtszeit an. Wahlen sind für 2004 angesetzt. Internationale Kritik regte sich, als im Herbst 2001 der Redakteur einer Oppositionszeitung wegen regierungskritischer Berichterstattung auf der Straße zusammengeschlagen und später von der Polizei verhaftet wurde.

Malaysia

Botschaft in Deutschland: Klingelhöfer Straße 6, D-10785 Berlin
☎ +49-30-885 74 90 🖷 -88 57 49 34

GEOGRAFIE, BEVÖLKERUNG

Fläche: 329 733 km². Das Land im Südchinesischen Meer ist zweigeteilt – die Westhälfte auf einer Halbinsel südlich von Thailand, die Osthälfte im nördlichen Drittel von Borneo. **Verwaltung:** 13 Bundesstaaten (davon 9 Sultanate) und 2 Bundesterritorien **Bevölkerung:** 23,270 Mio. Einw., davon 58 % Malaien, 27 % Chinesen, 8 % Inder **In Städten** leben 57 %, **unter 15 J.** sind 34 % der Bev. **Bev.dichte:** 71 Einw./km² **Bev.wachstum:** 1,72 % **Fruchtbarkeitsrate:** 3 Geb./Frau **Landessprachen:** Malaiisch (Amtssprache), Englisch ist weit verbreitet, Chinesisch (Min Nan, Hakka, Mandarin), Tamil **Religionen:** mehr als 50 % Sunniten, außerdem Buddhisten, Hindus und Christen. Der Islam ist Staatsreligion.

Die größten Städte

Kuala Lumpur	1 145 300
Ipoh	382 900
Johor Baharu	328 400

POLITISCHES SYSTEM

Unabhängig seit dem 31. August 1957. Seit 1963 föderalistische Wahlmonarchie. Verfassung von 1957, zuletzt geändert 1994. Zweikammerparlament: Volksversammlung (»Dewan Rakyat«) 193 Sitze (Westmalaysia 144, Sarawak 28, Sabah 20, Labuan 1). Wahl alle 5 J. Wahlrecht ab 21 J. Länderversammlung (»Dewan Negara«) 70 Mitglieder, von denen 40 vom König, 30 von den Parlamenten der Bundesstaaten ernannt werden. Wahl des Königs alle 5 J. durch die 9 Sultane.
Staatsoberhaupt: König Tuanku Syed Sirajuddin (seit Dezember 2001)
Regierungschef: Mahathir Mohamad (seit Juli 1981)
Außenminister: Syed Hamid Albar

MILITÄR

Keine **Wehrpflicht** **Streitkräfte:** 100 500 Mann, davon 80 000 Armee, 8000 Luftstreitkräfte, 12 500 Marine **Militärausgaben** (am BSP): 2,3 %

GESUNDHEIT, SOZIALES, BILDUNG

Öffentliche Gesundheitsausgaben (am BIP): 1,4 % **Öffentliche Ausgaben für Bildung und Erziehung** (am BSP): 4,9 % **Öffentliche Ausgaben für Altersversorgung** (am BIP): 6,5 % **Medizinische Versorgung:** 0,7 Ärzte, 2 Krankenhausbetten/1000 Einw. **Säuglingssterblichkeit:** 8/1000 Geb. **Müttersterblichkeit:** 39/100 000 Geb. **Kinderunterernährung:** 20 % **Armutsrate:** 16 % (nationale Rate) **Frauenanteil an den Beschäftigten:** 37,9 % Zugang zu **sauberem Trinkwasser** haben 94 % der ländlichen Bev., zu **sanitären Anlagen** 98 % **HIV-Infektionsrate:** 0,42 % **Lebenserwartung:** Männer 70 J., Frauen 75 J. **Schulpflicht:** 6 – 16 J. **Einschulungsquote** im Primarbereich 98 %, im Sekundärbereich 93 % **Analphabetenrate:** Männer 9 %, Frauen 17 % **Universitäten:** 9

WIRTSCHAFT

Währung: 1 Malaysischer Ringgit (RM) = 100 Sen **Kurs** (Mitte 2002): 1 RM = 0,28 € **BSP:** 78,7 Mrd. US$

Wachstumsrate des BIP: 8,3 % **BSP/Kopf:** 3380 US$ **Anteile am BIP:** Landwirtschaft 11 %, Industrie 45 %, Dienstleistungen 44 % **Forschung+Entwicklungsausgaben** (am BSP): 0,42 % **Arbeitslosenquote:** 3 % **Inflationsrate:** 1,4 % **Staatseinnahmen:** 23,160 Mrd. US$

Persekutuan Tanah Malaysia – Malaysia; Malaysier

Nationalfeiertag: 31. August

Zeitzone: MEZ + 7 h

Hauptstadt: Kuala Lumpur (1 145 300 Einwohner)
Regierungssitz: Putrajaya (geplant für 330 000 Einwohner)

Telefon-Vorwahl: +60
Kfz-Kennzeichen: MAL

Mitgliedschaften: Asean, Uno

Malaysias neuer König Tuanku Syed Sirajuddin am Tag seiner Vereidigung (13. Dezember 2001)

Ministerpräsident Mahathir Mohamad

Steueraufkommen (am BIP): k. A. **Einkommensteuer:** max. 29 % **Körperschaftsteuer:** 28 % **Haushaltsüberschuss** (am BIP): 2,9 % **Staatsausgaben:** 20,234 Mrd. US$ **Leistungsbilanz:** 8,409 Mrd. US$ **Schuldendienst** (am BSP): 7,2 % **Devisenreserven:** 29,844 Mrd. US$ **Empf. Hilfsgelder:** 45 Mio. US$ **Ausl. Direktinvestitionen:** 1,66 Mrd. US$ **Börse** (Marktkapitalisierung am BIP): 130,4 % **Energie:** Produktion 73,41 Mio. t ÖE, Verbrauch 42,65 Mio. t ÖE. Anteile am Verbrauch: Kohle 5,7 %, Öl 44,2 %, Erdgas 46,1 %

Landwirtschaft, Rohstoffe, Industrie:

Nutzfläche 23,1 %, von der Anbaufläche sind 4,8 % bewässert **Produkte:** Reis, Palmkerne, Zuckerrohr, Kautschuk, Hühnerzucht **Bewaldet:** 193 000 km², jährliche **Rodung:** 2377 km² **Rohstoffe:** Erdöl, Zinn, Bauxit, Kupfer, Eisen, Gold, Kohle **Wichtige Industriezweige:** Nahrungsmittelindustrie, Reifenindustrie, Elektronik, Haushaltsgeräte

Außenwirtschaft:

Handelsbilanzüberschuss 20,853 Mrd. US$ **Export:** 98,429 Mrd. US$, davon 7,6 % industrielle Vorprodukte, 62,3 % Maschinen und Transportmittel, 8,2 % Fertigwaren, 5,7 % tierische und pflanzliche Öle und Fette **Hauptausfuhrländer:** USA (21,9 %), Singapur (16,5 %) **Hightech-Exporte:** 39,964 Mrd. US$ **Import:** 77,576 Mrd. US$, davon 11,5 % industrielle Vorprodukte, 61,9 % Maschinen und Transportmittel, 7,5 % Chemikalien **Hauptlieferländer:** Japan (20,8 %), USA (17,4 %), Singapur (14 %)

VERKEHR

Schienennetz: 1622 km **Straßennetz:** 65 877 km, davon 75,8 % befestigt **Motorisierung:** 200 Kfz/1000 Einw. Internationale **Flughäfen:** 7, der wichtigste ist Kuala Lumpur **Fluglinie:** Malaysia Airlines, 16,561 Mio. beförderte Passagiere **Häfen:** Port Kelang, Penang **Binnenschifffahrt** auf 7296 km

KOMMUNIKATION

Auf 1000 Einw. kommen 420 **Rundfunk-**, 168 **Fernsehgeräte**, 199,1 **Telefonanschlüsse**, 299,5 **Mobiltelefone**, 126,1 **PC** und 3,11 **Internet-Zugänge. IuK-Ausgaben** (am BIP): 6,8 %
Es erscheinen 42 **Tageszeitungen** mit einer Gesamtauflage von rund 3 345 000 Exemplaren. Die größten Tageszeitungen und ihre Auflagen:

Berita Harian	350 000
Sin Chew Jit Poh	227 000
Chung Kuo Pao	210 000

Nachrichtenagentur: Bernama

UMWELT, TOURISMUS

Geschützte Gebiete: 4,6 % der Landesfläche **Energieverbrauch/Kopf:** 1 878 kg ÖE **CO_2-Emission:** 120,5 Mio. t **Verwendung des Süßwassers:** Landwirtschaft 76 %, Industrie 13 %, Haushalte 11 % **Tourismus:** 10,222 Mio. Besucher, 4,563 Mrd. US$ Einnahmen

AKTUELLE ENTWICKLUNGEN

Am 21. November 2001 starb der König Malaysias, Sultan Salahuddin Abdul Aziz Shah, im Alter von 75 Jahren. Als neuer König wurde am 13. Dezember der Raja von Perlis, Tuanku Syed Sirajuddin, vereidigt. Der König wird jeweils für fünf Jahre von der »Konferenz der Herrscher«, den Staatschefs der Bundesländer, aus dem Kreis der neun traditionellen Erbherrscher gewählt.
Die innenpolitische Lage war vom Kampf des seit 1981 regierenden Ministerpräsidenten Mahathir Mohammad um den Machterhalt geprägt. Der eigenwillige Politiker sorgte am 22. Juni 2002 für Aufruhr, als er seinen Rücktritt von allen Ämtern verkündete und nur Stunden später wieder zurücknahm. Bereits 1998 hatte er seinen damaligen Stellvertreter Anwar Ibrahim entmachtet, doch seither war die Kritik an seiner Regierung und vor allem seinem Regierungsstil nicht verstummt. Bei den Wahlen von 1999 hatte die seit der Unabhängigkeit 1957 regierende Koalition zwar immer noch eine komfortable Zweidrittelmehrheit erreicht. Doch die führende Umno-Partei hatte fast 20 Parlamentssitze eingebüßt; erstmals musste Mahathir damit rechnen, Macht abgeben zu müssen – an die islamistische Pas. Daher verschärfte er den Kampf gegen diejenigen, die er als islamische Gefahr für ein aufstrebendes Malaysia betrachtet: Im Zeitraum von August 2001 bis Januar 2002 verhaftete die Polizei mehrere Dutzend Personen, die sie als Mitglieder der KMM (Mudschahidin-Gruppe Malaysias, später Militante Gruppe Malaysias) bezeichnete – einer bis dahin unbekannten Vereinigung.
Einige der Festgenommenen sind Mitglieder der Pas. Bereits im April 2001 waren zehn Personen nach dem

»Internal Security Act« verhaftet worden, der kein Gerichtsverfahren vorsieht. Allen Inhaftierten wurde vorgeworfen, sie hätten geplant, die Regierung Mahathir zu stürzen. Ende Dezember verurteilte ein Gericht in Kuala Lumpur 3 Mitglieder der islamischen Bruderschaft al-Mauna zum Tode, 16 weitere erhielten lebenslange Haftstrafen. Ihnen wurde zur Last gelegt, den König bekämpft zu haben. Die Opposition selbst zeigte sich keineswegs geschlossen. Im September 2001 verließ die ethnisch chinesische DAP das Bündnis Alternative Front, weil die Pas sich nicht dazu durchringen konnte, das Ziel eines islamischen Staats aufzugeben.

Auf die Anschläge vom 11. September 2001 in New York und Washington reagierte Kuala Lumpur solidarisch. Der Regierungschef versicherte, die USA im Kampf gegen den Terrorismus zu unterstützen, sprach sich jedoch gegen einen Angriff auf Afghanistan aus. Im Mai 2002 schlossen Malaysia, Indonesien und die Philippinen ein Abkommen zur Terrorbekämpfung.

Insgesamt haben die Terroranschläge in den USA einen Stimmungswandel in Malaysia gegenüber dem politischen Islam begünstigt. Mahathir konnte sich als Kämpfer gegen den Terrorismus profilieren, indem er Demonstrationen verhinderte, Gegner unter dem Vorwurf religiöser Militanz inhaftieren ließ und die in zwei Bundesstaaten regierende Pas diffamierte. Um den Islamisten den Wind aus den Segeln zu nehmen, erklärte der dienstälteste Premierminister Asiens zudem am 29. September 2001, Malaysia sei bereits ein islamischer Staat.

Im Frühjahr 2002 kündigte das Verteidigungsministerium einige größere Waffenkäufe an, darunter russische und britische Boden-Luft-Raketen, amerikanische Kampfflugzeuge und polnische Panzer. Die Anschaffungen werden Kuala Lumpurs Armee erstmals angriffsfähig machen. Verteidigungsminister Najib Razak knüpft damit an eine Anfang der neunziger Jahre begonnene, später jedoch ausgesetzte Modernisierung des Militärs an.

Mahathir ist es gelungen, sein Land als attraktiven Investitionsstandort zu positionieren. Unternehmer betonen, es sei das einzige wirklich funktionierende islamisch geprägte Land, in dem westlichen Geschäftsinteressen pragmatisch Vorrang eingeräumt werde. Im ersten Quartal 2002 nahm das Bruttoinlandsprodukt nach rückläufigen Zahlen in der zweiten Jahreshälfte 2001 wieder leicht zu. Die US-Ratingagentur Standard & Poor's setzte im März 2002 die Bewertung für Malaysia von »stabil« auf »positiv« herauf. Das Land ist sehr exportabhängig und daher von der Weltkonjunktur besonders betroffen; die Dollar-Schwäche und relative Yen-Stärke waren jedoch nicht allein für das erneute Wachstum verantwortlich: »Exzellente Infrastruktur, politische Stabilität und günstige Anbindung an die Region«, lobte der ehemalige BASF-Vorstand Helmut Becks. Der Chemiekonzern ist einer der größten Auslandsinvestoren.

Auch andere deutsche Unternehmen haben sich in den letzten Jahren in Malaysia stark engagiert: Im April 2002 wurde in Kuala Lumpur eine von Siemens gebaute moderne Flughafenschnellbahn in Betrieb genommen. Das 600 Millionen Euro teure Projekt steht für ein verkehrspolitisches Umdenken in den von Verkehrsstaus geplagten asiatischen Metropolen.

Im Wettbewerb mit dem kleinen Nachbarn Singapur um ausländische Investoren schnitt Malaysia gut ab: Der niederländisch-britische Erdölkonzern Royal Dutch/Shell kündigte an, ein internationales Informatik- und Telekom-Zentrum zu errichten; BMW will südlich von Kuala Lumpur ein IT-Zentrum aufbauen, und mehrere internationale Transportunternehmen planen, Standorte in den neuen malaysischen Container-Hafen von Tanjung Pelepas zu verlegen. Im »Multimedia Super Corridor« um die Hauptstadt hatten sich bis Dezember 2001 bereits 616 Unternehmen angesiedelt, darunter 50 Niederlassungen internationaler Weltklasse-Unternehmen – die Zielvorgabe lag bei 500 Unternehmen. Selbst die nach der Asienkrise 1997 dringend notwendige Bankenkonsolidierung machte Fortschritte.

Als Vorreiter in der islamischen Welt präsentierte sich Kuala Lumpur im Juni 2002: Als erster Staat gab Malaysia eine Anleihe in US-Dollar heraus, die das islamische Zinsverbot berücksichtigt.

Container-Hafen von Tanjung Pelepas (PTP)

Divehi Jumhuriyya – Republik Malediven; Malediver

Nationalfeiertag: 26. Juli

Zeitzone: MEZ +4 h

Hauptstadt: Male (74 500 Einwohner)

Telefon-Vorwahl: +960

Mitgliedschaft: Uno

Malediven

Honorargeneralkonsulat in Deutschland: Immanuel-Kant-Straße 16, D-61350 Bad Homburg
☎ +49-6172-86 78 33 🖷 -858 33

GEOGRAFIE, BEVÖLKERUNG

Fläche: 298 km² **Bevölkerung:** 276 000 Einw. **Bev.dichte:** 920 Einw./km² **Bev.wachstum:** 3,01 % **Lebenserwartung:** 68 J. **Analphabetenrate:** 3 % **Landessprachen:** Maledivisch (Divehi) **Religion:** Islam

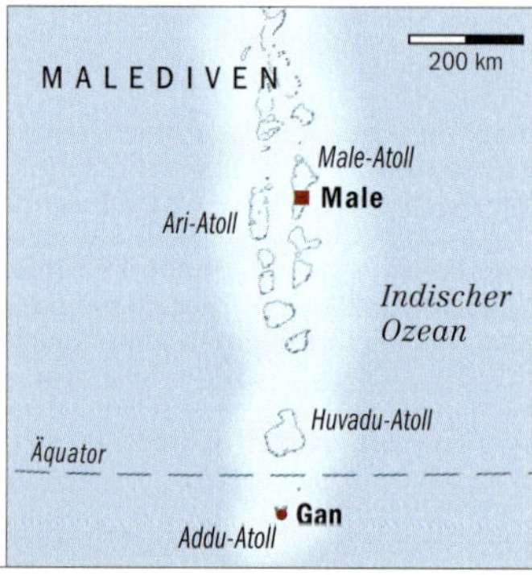

POLITISCHES SYSTEM

Unabh. seit 1965. Präsidialrepublik. **Staats- und Regierungschef:** Maumoon Abdul Gayoom (seit November 1978)

WIRTSCHAFT

Währung: 1 Rufiyaa (Rf) = 100 Laari **Kurs** (Mitte 2002): 10,94 Rf = 1 € **BSP:** 541 Mio. US$ **Wachstumsrate des BIP:** 4,8 % **BSP/Kopf:** 1960 US$

AKTUELLE ENTWICKLUNGEN

Mit über 400 000 Sonnenhungrigen und Tauchern im Jahr ist der Tourismus wichtigster Wirtschaftsfaktor des Inselparadieses. Diese Einnahmen tragen entscheidend zur Verbesserung des Gesundheitswesens und des Schulsystems bei. In Zukunft werden die Ferienressorts zunehmend auf zahlungskräftigere Gäste ausgerichtet. Doch der prosperierende Inselstaat ist durch den globalen Klimawandel gefährdet. Die Regierung will nun juristisch gegen die Hauptverursacherländer der Treibhausgase vorgehen, denn ein möglicher Anstieg des Meeresspiegels bedroht die 1195 Inseln (höchster natürlicher Punkt der Malediven: 2,4 Meter) in ihrem Bestehen.

République du Mali – Republik Mali; Malier

Nationalfeiertag: 22. September (Tag der Republik)

Zeitzone: MEZ –1 h

Hauptstadt: Bamako (810 000 Einwohner)

Telefon-Vorwahl: +223
Kfz-Kennzeichen: RMM

Mitgliedschaften: AU, Uno

Mali

Botschaft in Deutschland: Kurfürstendamm 72, D-10709 Berlin
☎ +49-30-319 98 83 🖷 -31 99 88 48

GEOGRAFIE, BEVÖLKERUNG

Fläche: 1 240 192 km² **Bevölkerung:** 10,84 Mio. Einw. **Bev.dichte:** 9 Einw./km² **Bev.wachstum:** 2,91 % **Lebenserwartung:** 43 J. **Analphabetenrate:** 60% **Landessprachen:** Französisch (Amtssprache), daneben Bambara, Fulfulde, Senoufo, Malinke, Soninke **Religionen:** 90 % Muslime, 9 % traditionelle Religionen

POLITISCHES SYSTEM

Unabh. seit 1960. Präsidialrepublik. **Staatsoberhaupt:** Amadou Toumani Touré (seit Juni 2002)
Regierungschef: Mohamed Ag Amani (seit Juni 2002)

WIRTSCHAFT

Währung: 1 CFA-Franc = 100 Centimes **Kurs** (Mitte 2002): 650,59 CFA-Francs = 1 € **BSP:** 2,5 Mrd. US$ **Wachstumsrate des BIP:** 4,5 % **BSP/Kopf:** 240 US$ **Anteile am BIP** Landwirtschaft 46 %, Industrie 17 %, Dienstleistungen 37 %

AKTUELLE ENTWICKLUNGEN

Der Sahelstaat gilt als seltenes Beispiel für gelungene Demokratisierung und Wirtschaftsreformen. Im Uno Weltentwicklungsbericht 2001 belegte er allerdings den achtletzten Platz. Mali zählt zu den Schwerpunktländern deutscher Entwicklungshilfe. Bei einem Besuch im Januar 2002 sprach Bundespräsident Johannes Rau als erstes westliches Staatsoberhaupt vor der malischen Nationalversammlung. Ebenfalls zu Beginn des Jahres richtete das Land die 23. Afrika-Meisterschaft im Fußball aus und steckte im Vorfeld viele Millionen Dollar in Stadien und Infrastruktur. Bei den Präsidentschaftswahlen am 28. April 2002 trat Alpha Omar Konaré gemäß der Verfassung nach zwei Amtszeiten nicht mehr an. Sein Nachfolger wurde im Juni 2002 der Ex-General Amadou Toumani Touré.

Malta

Botschaft in Deutschland: Klingelhöfer Straße 7, D-10785 Berlin
☎ +49-30-263 91 10 🖷 -26 39 11 23

GEOGRAFIE, BEVÖLKERUNG

Fläche: 316 km² **Bevölkerung:** 390 000 Einw., über 400 000 Malteser leben im Ausland **Bev.dichte:** 1219 Einw./km² **Bev.wachstum:** 0,40 % **In Städten:** 90 % der Bev. **Analphabetenrate:** Männer 9 %, Frauen 7 % **Landessprachen:** Maltesisch, Englisch (Amtssprachen), Italienisch **Religionen:** 98 % Katholiken

POLITISCHES SYSTEM

Unabhängig seit dem 21. September 1964. Republik. Einkammerparlament mit 65 Abgeordneten.
Staatsoberhaupt: Guido de Marco (v. April 1999)
Regierungschef: Edward Fenech Adami (v. September 1998)
Außenminister: Joe Borg

MILITÄR

Streitkräfte: 2140 Mann **Militärausgaben** (am BSP): 0,8 %

GESUNDHEIT, SOZIALES

Öffentliche Gesundheitsausgaben (am BIP): k. A. **Medizinische Versorgung:** 6 Ärzte/1000 Einw. **Armutsrate:** k. A. **Säuglingssterblichkeit:** 6/1000 Geb. **Müttersterblichkeit:** k. A. **Lebenserwartung:** 78 J.

WIRTSCHAFT

Währung: 1 Maltesische Lira (Lm) = 100 Cents **Kurs** (Mitte 2002): 1 Lm = 2,49 € **BSP:** 3,6 Mrd US$ **Wachstumsrate des BIP:** 4,7 % **BSP/Kopf:** 9120 US$ **Anteile am BIP:** Landwirtschaft 3 %, Industrie 26 %, Dienstleistungen 71 % (1997) **Arbeitslosenquote:** 5,3 % **Inflationsrate:** 2,9 % **Auslandsschulden:** k. A. **Schuldendienst** (am BSP): 16,2 % **Handelsbilanzdefizit:** 489 Mio. US$ **Tourismuseinnahmen:** 120 Mio. US$

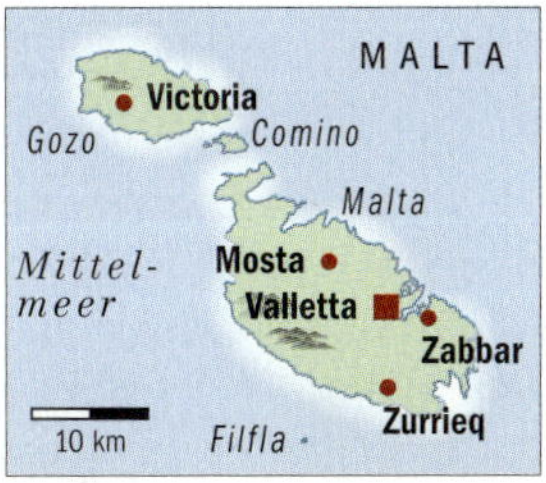

AKTUELLE ENTWICKLUNGEN

Malta gilt als einer der aussichtsreichsten Beitrittskandidaten für die erste Runde der EU-Erweiterung im Jahr 2004. Im Juni 2002 hatte der Inselstaat die Verhandlungen über 22 von 31 Beitrittskapiteln abgeschlossen. Doch die Bevölkerung ist tief gespalten in Befürworter und Gegner der europäischen Integration. Nahezu gleich stark sind die beiden großen Parteien Maltas, die regierende Nationalistische Partei (35 Abgeordnete), die für den Beitritt ist, und die oppositionelle Arbeiterpartei (30 Abgeordnete), die schroffe antieuropäische Töne anschlägt. Parteiführer Alfred Sant beschimpfte die EU-Verwaltung als »Taliban von Brüssel« und kündigte bereits an, im Fall eines Wahlsiegs im September 2003 den Ausgang eines EU-Referendums, das Ministerpräsident Edward Fenech Adami vorher abhalten will, zu ignorieren. Die EU-Gegner fürchten im vereinten Europa nicht nur die Bedeutungslosigkeit ihres Archipels, das bis zur Unabhängigkeit 1964 rund 2000 Jahre lang Spielball fremder Mächte war, sondern warnen auch vor einer »Mallorquisierung« durch englische und deutsche Rentner. Deshalb handelte Malta mit der EU Sonderrestriktionen für den Erwerb von Immobilien durch EU-Bürger aus.
Bis 2004 soll der Offshore-Bankenbereich aufgelöst werden. Die Opposition befürchtet als Folge dieser Maßnahme höhere Steuern. Malta ist zudem als Steuerparadies für ausländische Investoren attraktiv.
Die Wirtschaft Maltas, die stark vom Tourismus- und Konferenzgeschäft geprägt ist, das in den vergangenen Jahren zwischen 25 und 30 Prozent des Bruttoinlandsprodukts ausmachte, litt unter den Folgen des 11. September 2001. In den Herbst- und Wintermonaten sank die Zahl der Touristen im Verhältnis zum Vorjahr um über 20 Prozent und stabilisierte sich erst im März 2002 wieder auf dem alten Niveau.

Repubblika ta' Malta – Republik Malta; Malteser

Nationalfeiertag: 21. September

Zeitzone: MEZ

Hauptstadt: Valletta (7100 Einwohner)

Telefon-Vorwahl: +356
Kfz-Kennzeichen: M

Mitgliedschaften: OSZE, Uno

Ministerpräsident Edward Fenech Adami

Al-Mamlaka al-Maghribiya – Königreich Marokko; Marokkaner

Nationalfeiertag: 18. November

Zeitzone: MEZ – 1 h

Hauptstadt: Rabat (1 385 900 Einwohner)

Telefon-Vorwahl: +212
Kfz-Kennzeichen: MA

Mitgliedschaft: Uno

Marokko

Botschaft in Deutschland: Niederwallstraße 39, D-10117 Berlin
☎ +49-30-206 12 40 🖷 -20 61 24 20

Staatsoberhaupt: König Mohammed VI. (seit Juli 1999)
Regierungschef: Abd al-Rahman Jussufi (seit März 1998)
Außenminister: Mohammed Benaissa

GEOGRAFIE, BEVÖLKERUNG

Fläche: 458 730 km² (ohne Westsahara). 16 Regionen **Bevölkerung:** 28,705 Mio. Einw., davon 50 % arabisierte Berber, etwa 40 % Berber **Flüchtlinge:** 2091 **In Städten** leben 56 %, **unter 15 J.** sind 35 % der Bev. **Bev.dichte:** 64 Einw./km² **Bev.-wachstum:** 1,78 % **Fruchtbarkeitsrate:** 2,9 Geb./Frau **Landessprachen:** Hocharabisch (Amtssprache), daneben zahlreiche Berberdialekte, Französisch und Spanisch **Religionen:** 99 % Muslime, Minderheit von Christen und Juden

US-Außenminister Colin Powell (l.), König Mohammed VI. (r.) bei einem Gespräch in Agadir

POLITISCHES SYSTEM

Unabhängig seit dem 2. März 1956. Konstitutionelle Monarchie. Verfassung von 1972 mit Änderungen von 1992 und 1996. Zweikammersystem: Nationalversammlung (»Madschlis al-Nuwwab«), 325 Sitze, Direktwahl alle 5 J. Senat (»Madschlis al-Mustascharin«), 270 Sitze, Wahl alle 9 J. durch Gemeinderäte und Berufsverbände. Wahlrecht ab 20 J.

MILITÄR

Allg. Wehrpflicht: 18 Monate **Streitkräfte:** 198 500 Mann, davon 175 000 Armee, 13 500 Luftwaffe, 10 000 Marine **Militärausgaben** (am BSP): 4,3 %

GESUNDHEIT, SOZIALES, BILDUNG

Öffentliche Gesundheitsausgaben (am BIP): 1,2 % **Öffentliche Ausgaben für Bildung und Erziehung** (am BIP): 5,3 % **Medizinische Versorgung:** 0,5 Ärzte, 1 Krankenhausbett/1000 Einw. **Säuglingssterblichkeit:** 47/1000 Geb. **Müttersterblichkeit:** 390/100 000 Geb. **Kinderunterernährung:** k. A. **Armutsrate:** < 2 % **Frauenanteil an den Beschäftigten:** 34,7 % Zugang zu **sauberem Trinkwasser** haben 100 % der städtischen, 58 % der ländlichen Bev., zu **sanitären Anlagen** 100 % bzw. 42 % **HIV-Infektionsrate:** 0,03 % **Lebenserwartung:** Männer 66 J., Frauen 69 J. **Schulpflicht:** 7 – 13 J. **Einschulungsquote:** 79 % **Analphabetenrate:** Männer 38 %, Frauen 64 % **Universitäten:** 8, darunter in Agadir, Casablanca, Fes, Marrakesch, Rabat

WIRTSCHAFT

Währung: 1 Dirham (DH) = 100 Centimes **Kurs** (Mitte 2002): 1 DH = 0,10 € **BSP:** 33,9 Mrd. US$ **Wachstumsrate des BIP:** 0,9 % **BSP/Kopf:** 1180 US$ **Anteile am BIP:** Landwirtschaft 14 %, Industrie 32 %, Dienstleistungen 54 % **Forschung+Entwicklungsausgaben** (am BSP): k. A. **Arbeitslosenquote:** 22 % **Inflationsrate:** 0,5 % **Staatseinnahmen:** k. A. **Steueraufkommen** (am BIP): 25 % **Staatsausgaben:** k. A. **Leistungsbilanzdefizit:** 501 Mio. US$ **Auslandsschulden:** 17,944 Mrd. US$ **Schuldendienst** (am BSP): 10,3 % **Devisenreserven:** 5,017 Mrd. US$ **Empf. Hilfsgelder:** 419 Mio. US$ **Energie:** Produktion 0,62 Mio. t ÖE, Verbrauch 9,93 Mio. t ÖE

Landwirtschaft, Rohstoffe, Industrie:

Nutzfläche 21,1 %, von der Anbaufläche sind 13,1 % bewässert **Produkte:** Weizen, Zuckerrüben, Zuckerrohr, Gerste, Früchte, Gemüse **Bewaldet:** 30 000 km², jährliche **Rodung:** 12 km² **Rohstoffe:** Phosphat, Phosphor, Erdöl, Erdgas, Kohle, Salz, Eisenerz, Blei, Kupfer, Zink, Silber, Gold, Mangan, Nickel, Kobalt **Wichtige Industriezweige**: Nahrungsmittel, Textilien, Elektronik, Chemikalien, Autoteile

Außenwirtschaft:
Handelsbilanzdefizit 3,235 Mrd. US$ **Export:** 7,419 Mrd. US$, davon 33,6 % Nahrungsmittel und Tabak, darunter 14,5 % Fisch und Fischereiprodukte, 22,1 % Konsumgüter, 21,7 % Phosphate, 7,5 % Düngemittel **Hauptausfuhrländer:** Frankreich (26,9 %), Spanien (10,8 %), Indien (8,3 %) **Import:** 10,654 Mrd. US$, davon 23,8 % industrielle Vorprodukte und Halbfertigwaren, 20,2 % Maschinen und Transportmittel, 13,5 % Nahrungsmittel **Hauptlieferländer:** Frankreich (20,7 %), Spanien (9 %), Saudi-Arabien (6,9 %)

VERKEHR
Schienennetz: 1907 km **Straßennetz:** 57 707 km, davon 56,4 % befestigt **Motorisierung:** 52 Kfz/1000 Einw. Internationale **Flughäfen:** 11, darunter Casablanca, Marrakesch, Rabat, Tanger **Fluglinie**: Royal Air Maroc Bedeutende **Seehäfen:** Agadir, Casablanca, Rabat, Tanger

KOMMUNIKATION
Auf 1000 Einw. kommen 243 **Rundfunk-**, 166 **Fernsehgeräte**, 39,2 **Telefonanschlüsse**, 156,8 **Mobiltelefone**, 13,1 **PC** Größte **Tageszeitung:** *al-Ittihad al-Ischtiraki* (Auflage: 110 000 Exemplare) **Nachrichtenagentur:** Maghreb Arabe Presse (MAP)

UMWELT, TOURISMUS
Geschützte Gebiete: 0,7 % der Landesfläche **CO_2-Emission:** 32 Mio. t **Verwendung des Süßwassers:** Landwirtschaft 92 %, Industrie 3 %, Haushalte 5 % **Tourismus:** 4,113 Mio. Besucher, 2,04 Mrd. US$ Einnahmen

AKTUELLE ENTWICKLUNGEN
Das Öffnungsprojekt »Alternance« (Wandel), das König Hassan II. 1997 auf den Weg brachte und das sein Sohn und Nachfolger Mohammed VI. seit 1999 offiziell fortführt, erlitt Rückschläge. Noch immer regiert der Monarch absolutistisch, nach Belieben kann er seine Minister ernennen oder absetzen. Selbst in religiösen Angelegenheiten hat er als oberster »Führer der Gläubigen« das letzte Wort – womit Mohammed VI. versucht, die islamistische Gruppierung »Gerechtigkeit und Wohlfahrt« in Schach zu halten: Bei der Parlamentswahl im September 2002 will die größte Oppositionsbewegung des Landes nicht antreten.
Die relativ freie Presse wurde erneut gegängelt: Im Dezember 2001 wurde das unabhängige Wochenblatt »Demain Magazine« konfisziert und sein Chefredakteur verhaftet. Er hatte das in Marokko verbotene Buch »Le dernier Roi« von Jean-Pierre Tuquoi vorab gedruckt, das erstmals das Leben hinter den Palastmauern in Rabat detailliert beschreibt und die ausbleibende Demokratisierung anmahnt.

Anti-israelische Demonstration in Rabat

DAUERKONFLIKT WESTSAHARA
Am 1. November 2001 besuchte Mohammed VI. erstmals die Westsahara, die Marokko 1975 besetzt hatte. Der Versuch der Vereinten Nationen, eine Lösung für die ehemalige spanische Kolonie zu finden, ist vorerst gescheitert. Uno-Generalsekretär Kofi Annan zog in einem Bericht im Februar 2002 ein düsteres Fazit des Friedensprozesses: »Nach elf Jahren der Anstrengung und fast einer halben Milliarde US-Dollar an Ausgaben hat die Uno keine Lösung für das Problem gefunden.« Keine Konfliktpartei hätte »Interesse an einer Zusammenarbeit« gezeigt: Die Vorbereitung einer Volksabstimmung über die Unabhängigkeit sei an Marokko gescheitert, der Vorschlag der Uno, der Westsahara einen Autonomiestatus unter marokkanischer Souveränität zuzugestehen, an der sahrauischen Befreiungsbewegung Frente Polisario, die für die Unabhängigkeit der Westsahara kämpft. Kofi Annan schlug daher die Teilung des 284 000 km² großen Wüstengebiets vor: Die Nordhälfte mit ihren reichen Phosphatvorkommen und der ehemaligen Kolonialhauptstadt Ajun würde an Marokko fallen, die Südhälfte an den Frente Polisario, deren Haupteinnahmequelle die ergiebigen Fischgründe sowie Erdölvorkommen darstellten. Während Rabat drohte, dass die Teilung zu »Instabilität in der Region« führe, erklärte Polisario-Chef und Präsident der sahrauischen Exilregierung, Mohammed Abdelaziz, dass das endgültige Scheitern des Referendums unweigerlich den Bruch des Waffenstillstands von 1991 nach sich zöge. Erst im Januar und Juli 2002 waren 216 Kriegsgefangene vom Frente Polisario freigelassen worden. Die verbliebenen 1260 marokkanischen Gefangenen harren noch immer in Lagern in der algerischen Wüste aus – unter ähnlichen Bedingungen wie die schätzungsweise 140 000 sahrauischen Flüchtlinge.
Am 31. Juli 2002 verlängerte der Weltsicherheitsrat das Uno-Mandat für die Westsahara um weitere sechs Monate.

Kritik am Königshaus, das den Staat jährlich rund 200 Millionen Euro kostet, ist noch immer tabu. Mohammeds Cousin Moulay Hischam, der Zweite in der marokkanischen Thronfolge, erhielt wegen seiner öffentlich geäußerten Kritik Palastverbot und ging ins US-Exil.

Seit Herbst 2001 sind die marokkanisch-spanischen Beziehungen extrem angespannt: Am 27. Oktober rief Rabat ohne offizielle Begründung seinen Botschafter aus Madrid zurück. Vorausgegangen war ein Streit Marokkos mit der EU um die Verlängerung des Fischereiabkommens. Trotz weitgehender Zugeständnisse seitens der EU hatte Rabat das Abkommen nicht verlängert – worunter besonders die spanische Fangflotte leidet. Rabat wies zudem spanische Vorwürfe zurück, das Königreich gehe nicht entschieden genug gegen den Drogenhandel sowie die stark gestiegene illegale Migration aus Marokko nach Spanien vor.

Der bilaterale Streit wurde weiter angeheizt durch die Vergabe spanischer Lizenzen für Ölbohrungen zwischen den Kanarischen Inseln und der marokkanischen Küste: Rabat beansprucht die etwa 100 km breiten Gewässer im Atlantischen Ozean für sich. Einen neuen Tiefpunkt erreichten die Beziehungen, als zwölf marokkanische Soldaten am 11. Juli 2002 die unbewohnte Insel Perejil (arabisch: Leila) in der Straße von Gibraltar besetzten, die seit gut 40 Jahren als neutrales Territorium gilt. Am 17. Juli schickte sich Madrid zur »Rückeroberung« an: Spanische Eliteeinheiten, unterstützt von Kampfhubschraubern, Kriegsschiffen und U-Booten, okkupierten das Eiland. Erst auf Druck der USA und nach der Zusicherung Rabats, die Insel nicht wieder zu besetzen, zog Madrid seine Truppen am 20. Juli ab.

Am 8. April 2002 erörterte US-Außenminister Colin Powell in Agadir mit Mohammed VI. die eskalierende Nahostkrise. Am Vortag des Treffens demonstrierten etwa eine Million Marokkaner gegen die Besatzungspolitik Israels und dessen umstrittene Operation »Schutzschild«. Wegen der israelischen Militäraktion verschob der Monarch die mehrtägigen öffentlichen Feierlichkeiten anlässlich seiner Hochzeit mit Salma Bennani, die am 12. April beginnen sollten auf den 12. Juli.

Marshallinseln

Republic of the Marshall Islands – Republik der Marshallinseln; Marshaller

Nationalfeiertag: 1. Mai (Tag der Republik)

Zeitzone: MEZ + 11 h

Hauptstadt: Dalap-Uliga-Darrit (20 000 Einwohner)

Telefon-Vorwahl: +692

Mitgliedschaft: Uno

Botschaft in: 2433 Massachusetts Av., N.W., 20008 Washington D.C./USA ☎ +1-202-234 54 14 🖷 -785 54 14

GEOGRAFIE, BEVÖLKERUNG

Fläche: 181 km² **Bevölkerung:** 52 000 Einw. **Bev.dichte:** 286 Einw./km² **Bev.wachstum:** 1,31 % **Lebenserwartung** 65 J. **Landessprachen:** Marshallesisch, Englisch **Religionen:** Christen

POLITISCHES SYSTEM

Republik seit 1990. Freier Assoziierungsvertrag mit den USA seit 1986.

Staats- und Regierungschef: Kessai Note (seit Januar 2000)

WIRTSCHAFT

Währung: 1 US$ = 100 Cent (▸Vereinigte Staaten von Amerika) **BSP:** 102 Mio.US$ **Wachstumsrate des BIP:** 0,5 % **BSP/Kopf:** 1970 US$ **Anteile am BSP:** Landwirtschaft 12,5 %, Industrie 15,7 %, Dienstleistungen 71,8 %

AKTUELLE ENTWICKLUNGEN

Um die seit 15 Jahren stagnierende wirtschaftliche Lage des Landes zu verbessern, gewährt die Asian Development Bank im Rahmen einer »Armuts-Partnerschaft« Kredite in Höhe von 12 Millionen US-Dollar. Japanische Atomwaffengegner sammeln gemeinsam mit einheimischen Opfern der amerikanischen Nukleartests der vierziger und fünfziger Jahre Geld für den Bau einer Gedenkstätte, die 2004 eröffnet werden soll. Die Inseln haben für die USA strategische Bedeutung. Im Rahmen zahlreicher Tests für das nordamerikanische Raketen-Abwehrsystem Missile Defense werden die Abfangraketen von dem Kwajalein-Atoll-Stützpunkt abgefeuert.

Mauretanien

Botschaft in Deutschland: Kommandantenstraße 80, 10117 Berlin
☎ +49-30-206 58 83 🖷 -20 67 47 50

GEOGRAFIE, BEVÖLKERUNG

Fläche: 1 030 700 km² **Bevölkerung:** 2,665 Mio. Einw. **Bev.dichte:** 3 Einw./km² **Bev.wachstum:** 2,96 % **Lebenserwartung:** Männer 50 J., Frauen 53 J. **Analphabetenrate:** Männer 49 %, Frauen 70 % **Landessprachen:** Arabisch (Amtssprache), Pular, Wollof, Soninké **Religion:** Islam (Staatsreligion)

POLITISCHES SYSTEM

Präsidialrepublik seit 1960. **Staatsoberhaupt:** Oberst Maauja Uld Sid'Ahmed Taja (seit Dezember 1984) **Regierungschef:** Scheich al-Afia Uld Mohammed Chuna (seit Januar 1996)

WIRTSCHAFT

Währung: 1 Ouguiya (UM) = 5 Khoums **Kurs** (Mitte 2002): 1 UM = 0,004 € **BSP:** 100 Mio. US$ **Wachstumsrate des BIP:** 5,2 % **BSP/Kopf:** 370 US$ **Anteile am BIP:** Landwirtschaft 22 %, Industrie 31 %, Dienstleistungen 47 %

AKTUELLE ENTWICKLUNGEN

Die Partei des Präsidenten Ahmed Taja gewann die Parlamentswahl im Oktober 2001 und stellt künftig 64 von 81 Abgeordnete. Mauretanien bleibt dem Vorwurf ausgesetzt, die Sklaverei zu unterstützen und Kritiker politisch zu verfolgen. Anfang März 2002 wurde die Oppositionspartei Action for Change verboten, im Mai der Leiter der SOS Slavery Association, Bubacar Uld Messaud, verhaftet. Das Fischereiabkommen mit der EU wurde verlängert und ausgeweitet. Im März 2002 kam es erstmals seit dem Konflikt von 1989 zu offiziellen Gesprächen mit dem Senegal.

Al-Jumhuriya al-Islamiya al-Muritaniya – Islamische Republik Mauretanien; Mauretanier

Nationalfeiertag: 28. November

Zeitzone: MEZ – 1 h

Hauptstadt: Nuakschott (608 200 Einwohner)

Telefon-Vorwahl: +222
Kfz-Kennzeichen: RIM

Mitgliedschaften: AU, Uno

Mauritius

Botschaft in Deutschland: Kurfürstenstraße 84, D-10787 Berlin
☎ +49-30-263 93 60 🖷 -26 55 83 23

GEOGRAFIE, BEVÖLKERUNG

Fläche: 2040 km² **Bevölkerung:** 1,186 Mio. Einw. **Bev.dichte:** 584 Einw./km² **Bev.wachstum:** 0,8 % **Lebenserwartung:** Männer 68 J., Frauen 76 J. **Analphabetenrate:** Männer 12 %, Frauen 19 % **Landessprachen:** Englisch (Amtssprache), franz. Kreolisch, Bhojpuri **Religionen:** 50 % Hindus, 32,5 % Christen, 17 % Muslime

POLITISCHES SYSTEM

Unabhängig seit 1968. Republik. **Staatsoberhaupt:** Karl Auguste Offmann (seit Februar 2002) **Regierungschef:** Sir Anerood Jugnauth (1982 – 1995, seit September 2000)

WIRTSCHAFT

Währung: 1 Mauritius-Rupie (MR) = 100 Cents **Kurs** (Mitte 2002): 1 MR = 0,04 € **BSP:** 4,4 Mrd. US$ **Wachstumsrate des BIP:** 8 % **BSP/Kopf:** 3750 US$ **Anteile am BIP:** Landwirtschaft 6 %, Industrie 32 %, Dienstleistungen 62 %

AKTUELLE ENTWICKLUNGEN

Im Februar 2002 sind innerhalb von drei Tagen 2 Präsidenten des Inselstaats zurückgetreten. Cassam Uteem und sein Nachfolger Angidi Chettiar weigerten sich, das neue Anti-Terror-Gesetz zu unterzeichnen, das unter anderem erlaubt, Hausdurchsuchungen ohne richterliche Genehmigung durchzuführen. Am 25. Februar wurde dann Karl Auguste Offmann vom Parlament zum neuen Staatspräsidenten gewählt. Das Wirtschaftswachstum schwächte sich 2002 auf geschätzte 5,3 Prozent ab, Arbeitslosigkeit und Inflation nahmen zu. Nach Tourismus, Zucker- und Textilindustrie soll zukünftig der IT-Sektor für neuen Aufschwung auf der kleinen Insel im Indischen Ozean sorgen.

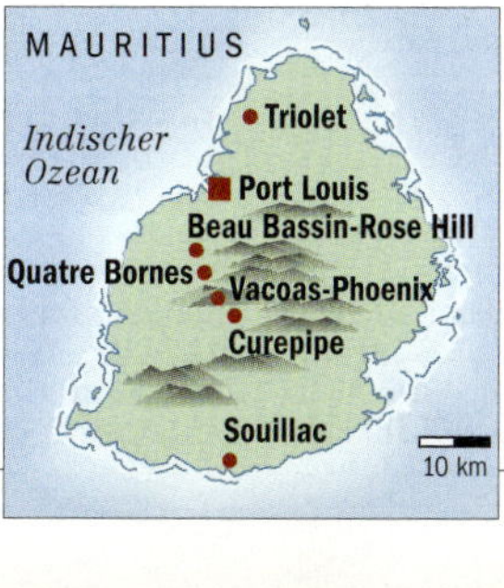

Republic of Mauritius – Republik Mauritius; Mauritier

Nationalfeiertag: 12. März

Zeitzone: MEZ + 3 h

Hauptstadt: Port Louis (147 100 Einwohner)

Telefon-Vorwahl: +230
Kfz-Kennzeichen: MS

Mitgliedschaften: AU, Uno

Republika Makedonija – Ehem. Jugoslawische Republik Mazedonien; Mazedonier

Nationalfeiertag: 8. September

Zeitzone: MEZ

Hauptstadt: Skopje (444 300 Einwohner)

Telefon-Vorwahl: +389
Kfz-Kennzeichen: MK

Mitgliedschaften: OSZE, Uno

Präsident Boris Trajkovski

Mazedonien

Botschaft in Deutschland: Königsallee 2, D-14193 Berlin
☎ +49-30-890 69 50 🖷 -89 54 11 94

GEOGRAFIE, BEVÖLKERUNG

Fläche: 25713 km², Zentralstaat mit 123 Gemeinden **Bevölkerung:** 2,031 Mio. Einw., davon 67 % Mazedonier, 23 % Albaner, 4 % Türken, 2 % Serben **Flüchtlinge:** 4363 **In Städten** leben 62 %, **unter 15 J.** sind 23 % der Bev. **Bev.dichte:** 80 Einw./km² **Bev.wachstum:** 0,3 % **Fruchtbarkeitsrate:** 1,8 Geb./Frau **Landessprachen:** Mazedonisch, Albanisch (Amtssprachen), außerdem: Türkisch, Romani, Serbisch, Vlachisch **Religionen:** 70 % mazedonisch-orthodoxe Christen, 25 % Muslime

POLITISCHES SYSTEM

Unabhängig seit dem 8. September 1991. Republik, Verfassung von 1991, zuletzt geändert 2001. Einkammerparlament (»Sobranje«) mit 120 Abgeordneten. Wahl alle 4 J. Direktwahl des Staatsoberhaupts alle 5 J. Wahlrecht ab 18 J.
Staatsoberhaupt: Boris Trajkovski (seit Dezember 1999)
Regierungschef: Ljubčo Georgievski (seit November 1998)
Außenminister: Slobodan Casule

MILITÄR

Wehrpflicht: 9 Monate **Streitkräfte:** rund 16 000 Mann, davon (geschätzt) 15 000 Armee **Militärausgaben** (am BSP): 2,5 %

GESUNDHEIT, SOZIALES, BILDUNG

Öffentliche Gesundheitsausgaben (am BIP): 5,3 % **Öffentliche Ausgaben für Bildung und Erziehung** (am BIP): k. A. **Medizinische Versorgung:** 2,2 Ärzte, 4,7 Krankenhausbetten/ 1000 Einw. **Säuglingssterblichkeit:** 14/1000 **Müttersterblichkeit:** 17/ 100 000 Geb. **Kinderunterernährung:** 6 % **Kinderarbeit:** k. A. **Armutsrate:** k. A. **Frauenanteil an den Beschäftigten:** 41,7 % **Zugang zu sauberem Trinkwasser**, zu **sanitären Anlagen:** k. A. **HIV-Infektionsrate:** < 0,01 % **Lebenserwartung:** Männer 71 J., Frauen 75 J. **Schulpflicht:** 7 – 15 J. **Einschulungsquote** im Primarbereich: 96 % **Analphabetenrate:** 6 % **Universitäten:** in Bitola, Skopje

WIRTSCHAFT

Währung: 1 Denar (Den) = 100 Deni **Kurs** (Mitte 2002): 1 Den = 0,02 € **BSP:** 3,6 Mrd. US$ **Wachstumsrate des BIP:** 4,3% **BSP/Kopf:** 1820 US$ **Anteile am BIP:** Landwirtschaft 12 %, Industrie 33 %, Dienstleistungen 55 % **Forschung+Entwicklungsausgaben** (am BIP): 0,35 % **Arbeitslosenquote:** 34,5 % **Inflationsrate:** 5,3 % **Staatseinnahmen:** k. A. **Steueraufkommen** (am BIP): k. A. **Staatsausgaben:** k. A. **Leistungsbilanzdefizit:** 107 Mio. US$ **Auslandsschulden:** 1,465 Mrd. US$ **Schuldendienst** (am BSP): 4,6 % **Devisenreserven:** 460 Mio. US$ **Empf. Hilfsgelder:** 252 Mio. US$ **Energie:** Produktion, Verbrauch: k. A.

Landwirtschaft, Rohstoffe, Industrie:

Nutzfläche 25 %, von der Anbaufläche sind 8,6 % bewässert **Produkte:** Zuckerrüben, Gemüse, Früchte, Tabak **Bewaldet:** 9000 km², jährliche **Rodung:** k. A. **Rohstoffe:** Braunkohle, Eisen, Zink, Blei, Kupfer, Chrom, Mangan, Silber, Gold, Nickel **Wichtige Industriezweige:** Eisenverhüttung, Chemie- und Textilindustrie

Außenwirtschaft:

Handelsbilanzdefizit 558 Mio. US$ **Export:** 1,317 Mrd. US$, davon 29,7 % Bekleidung, 15,3 % Eisen und Stahl **Hauptausfuhrländer:** Deutschland (21,3 %), Jugoslawien (21,3 %), USA (11,4 %) **Import:** 1,875 Mrd. US$, davon 20 % Maschinen und Transportmittel, 11,9 % Nahrungsmittel, 7,6 % Öl und Ölprodukte **Hauptlieferländer:** Deutschland (13,8 %), Jugoslawien (10,4 %), Griechenland (9,3 %)

VERKEHR

Schienennetz: 699 km **Straßennetz:** 8684 km, davon 63,8 % befestigt **Motorisierung:** 53 Kfz/1000 Einw. Internationale **Flughäfen:** Skopje, Ohrid

Fluggesellschaften: Adria Airways, Avioimpex, Macedonian Air Transport, Palair Macedonian Airlines

KOMMUNIKATION

Auf 1000 Einw. kommen 205 **Rundfunk-**, 282 **Fernsehgeräte**, 263,5 **Telefonanschlüsse**, 109,2 **Mobiltelefone**, k.A. **PC IuK-Ausgaben** (am BIP): k.A. **Tageszeitungen:** *Dnevnik* (Auflage: 55 000 Exemplare), *Večer* (Auflage: 50 000 Exemplare), *Nova Makedonija*: (Auflage: 20 000 Exemplare), *Flaka* (albanisch, Auflage: 5000 Exemplare) **Nachrichtenagenturen:** Makfax, Makpress

UMWELT, TOURISMUS

Geschützte Gebiete: 7,1 % der Landesfläche **CO_2-Emission:** 12,4 Mio. t **Verwendung des Süßwassers:** k.A. **Tourismus:** 224 000 Besucher, 37 Mio. US$ Einnahmen

AKTUELLE ENTWICKLUNGEN

Die im Februar 2001 ausgebrochenen bürgerkriegsartigen Auseinandersetzungen zwischen slawischer Bevölkerungsmehrheit und albanischer Minderheit konnten im August 2001 beendet werden. Unter Vermittlung von EU und Nato schlossen die Kontrahenten in Ohrid einen Friedensvertrag. In den folgenden Wochen gaben die Kämpfer der albanischen »Nationalen Befreiungsarmee« (UCK) vertragsgemäß ihre Waffen ab; am 26. September verkündete der frühere UCK-Führer Ali Ahmeti die vollständige Demobilisierung. 300 internationale Beobachter und eine 700 Mann starke Nato-Truppe kamen ins Land, um die Waffenruhe zu überwachen. Mit dieser multinationalen Task Force Fox (TFF) übernahm Deutschland erstmals die Führung einer solchen Nato-Mission – die sie nach neun Monaten am 26. Juni 2002 an die Niederlande abgab.

Um die innere Sicherheit zu gewährleisten, wurden zusätzliche albanische Beamte bei der Polizei eingestellt. Es dauerte jedoch Monate, bis die neuen ethnisch gemischten Einheiten in den rund 90 Dörfern präsent waren, die im Norden und Westen des Landes unter Kontrolle der UCK gestanden hatten.

Als Gegenleistung für die UCK-Auflösung sah der Vertrag von Ohrid ein Reformpaket zur rechtlichen Besserstellung der albanischen Minderheit vor. Ein Gesetz zur erweiterten Selbstverwaltung der Kommunen wurde erlassen und im November 2001 mehrere Artikel der mazedonischen Verfassung mit großer Mehrheit im Parlament geändert. Albaner und andere Minderheiten werden nun als »Völker« bezeichnet, den Albanern auf politischer und kultureller Ebene größere Rechte eingeräumt, und die albanische Sprache ist nun neben dem Mazedonischen zweite offizielle Amtssprache des Landes.

Präsident Boris Trajkovski begnadigte noch Ende 2001 einen großen Teil der inhaftierten UCK-Mitglieder; und am 7. März 2002 billigte das Parlament in Skopje ein Amnestiegesetz. Es gewährt allen albanischen Kämpfern Straffreiheit, die ihre Waffen der Nato-Friedenstruppe übergeben haben; ausgenommen hiervon sind Kriegsverbrecher.

Gepanzertes Allzweckfahrzeug der Task Force Fox bei Skopje

Nachdem diese Bedingungen des Friedensvertrags erfüllt waren, fand am 12. März 2002 in Brüssel eine internationale Geberkonferenz statt. Die EU sowie über 40 Staaten und Organisationen sagten dem Balkanstaat für das laufende Jahr Finanzhilfe von insgesamt 300 Millionen Euro zu. Bedingung für die Unterstützung blieb weiterhin die Umsetzung des Abkommens von Ohrid.

Im September 2002 fanden Wahlen für ein neues Parlament statt. Machtkämpfe innerhalb der albanischen Minderheit ebenso wie Spannungen mit dem benachbarten Kosovo gaben slawisch-mazedonischen Nationalisten Auftrieb. Noch Anfang Juni wurde heftig darüber gestritten, ob die Wahlzettel und künftige mazedonische Reisepässe zweisprachig (Mazedonisch und Albanisch) gedruckt werden sollten. Am 5. Juni gründete Ex-UCK-Chef Ahmeti in Tetovo die Demokratische Union für Integration.

Estados Unidos Mexicanos – Vereinigte Mexikanische Staaten; Mexikaner

Nationalfeiertag: 16. September

Zeitzonen: MEZ –6 bis –9 h

Hauptstadt: Mexiko-Stadt (8 591 300 Einw.)

Telefon-Vorwahl: +52
Kfz-Kennzeichen: MEX

Mitgliedschaften: Caricom (Beobachter), Nafta, OAS, OECD, Uno

Mexiko

Botschaft in Deutschland: Klingelhöferstraße 3, D-10785 Berlin
☎ +49-30-269 32 30 🖷 -269 32 37 00

GEOGRAFIE, BEVÖLKERUNG

Fläche: 1 953 162 km². Der größte Staat Zentralamerikas, auf der Landbrücke zwischen Pazifik und Golf von Mexiko, besteht aus weiten Hochebenen, 4 mächtigen Gebirgsketten und 9330 km Küste. Mexiko-Stadt, mit 2240 m eine der höchstgelegenen Metropolen der Welt, liegt nur ca. 90 km vom bekanntesten Vulkan des Landes entfernt, dem 5465 m hohen Popocatépetl in der Cordillera Volcánica. Einige unbewohnte Pazifik-Inseln mit insgesamt 5073 km² Fläche. **Verwaltung:** 31 Bundesstaaten (Estados) und Bundesdistrikt Mexiko-Stadt (Distrito Federal, D.F.) **Bevölkerung:** 97,966 Mio. Einw., davon 60 % Mestizen, 30 % Indianer, 9 % europäischer Abstammung **In Städten** leben 74 %, **unter 15 J.** sind 33 % der Bev. **Bev.dichte:** 51 Einw./km² **Bev.wachstum:** 1,42 % **Fruchtbarkeitsrate:** 2,6 Geb./Frau **Landessprachen:** Spanisch (gesprochen von über 90 % der Bev.) und 62 indianische Sprachgruppen (u. a. Náhuatl) **Religionen:** 89 % Katholiken, 6 % Protestanten, traditionelle Religionen

Die größten Städte

Mexiko-Stadt (Bundesdistrikt)	8 591 300
Guadalajara	1 647 700
Escatepec de Morelos	1 620 300
Puebla	1 346 200
Nezahualcóyotl	1 224 900

POLITISCHES SYSTEM

Präsidiale Bundesrepublik, seit 1917 mit häufig (zuletzt 1994) revidierter Verfassung. Wahlrecht ab 18 J. Zweikammersystem »Congreso de la Unión«: Abgeordnetenhaus (»Cámara Federal de Diputados«, 500 Abg. auf 3 J., davon 300 direkt gewählt) und Senat (»Senado«, 128 auf 6 J. gewählte Mitgl.). Das Staatsoberhaupt – Direktwahl alle 6 J., keine Wiederwahl zulässig – verfügt über eine außerordentliche Machtfülle. Der Präsident ist zugleich Regierungschef und Oberbefehlshaber der Streitkräfte, kann Mitglieder der Regierung ebenso wie den Generalstaatsanwalt berufen und entlassen.
Staats- und Regierungschef: Vicente Fox Quesada (seit Dezember 2000)
Außenminister: Jorge Castañeda

MILITÄR

Allg. Wehrpflicht: 12 Monate **Streitkräfte:** 192 770 Mann, davon 144 000 Armee, 11 770 Luftstreitkräfte, 37 000 Marine **Militärausgaben** (am BSP): 0,6 %

GESUNDHEIT, SOZIALES, BILDUNG

Öffentliche Gesundheitsausgaben (am BIP): 2,6 % **Öffentliche Ausgaben für Bildung und Erziehung** (am BIP): k. A. **Öffentliche Ausgaben für Altersversorgung** (am BIP): 4,6 % **Medizinische Versorgung:** 1,7 Ärzte, 1,1 Krankenhausbetten/1000 Einw. **Säuglingssterblichkeit:** 29/1000 Geb. **Müttersterblichkeit:** 65/100 000 Geb. **Kinderunterernährung:** 8 % **Kinderarbeit:** 5 % **Armutsrate:** 15,9 % **Frauenanteil an den Beschäftigten:** 33,2 % Zugang zu **sauberem Trinkwasser** haben 94 % der städtischen und 63 % der ländlichen Bev., zu **sanitären Anlagen** 87 % bzw. 32 % **HIV-Infektionsrate:** 0,29 % **Lebenserwartung:** Männer 70 J., Frauen 76 J. **Schulpflicht:** 6 – 12 J. **Einschulungsquote** im Primarbereich 100 %, im Sekundarbereich 56 % **Analphabetenrate:** 7 % Männer, 10 % Frauen **Universitäten**: 56, die größten in Chilpancingo, Guadalajara, Jalapa, Mexiko-Stadt, Morelia, Puebla

WIRTSCHAFT

Währung: 1 Mexikanischer Peso (mex$) = 100 Centavos **Kurs** (Mitte 2002): 1 mex$ = 0,11 € **BSP:** 497 Mrd. US$ **Wachstumsrate des BIP:** 6,9 % **BSP/Kopf:** 5070 US$ **Anteile am BIP:** Landwirtschaft 4 %, Industrie 28 %, Dienstleistungen 67 % **Forschung+ Entwicklungsausgaben** (am BSP): 0,36 % **Arbeitslosenquote:** 2 % **Inflationsrate:** 6,4 % **Staatseinnah-**

men: 59,126 Mrd. US$ **Steueraufkommen** (am BIP): 12,3 % **Einkommensteuer:** max. 40 % **Körperschaftsteuer:** 35 % **Haushaltsdefizit** (am BIP): 1,6 % **Staatsausgaben:** 63,716 Mrd. US$ **Leistungsbilanzdefizit:** 17,708 Mrd. US$ **Auslandsschulden:** 150,288 Mrd. US$ **Schuldendienst** (am BIP): 10,4 % **Devisenreserven:** 35,577 Mrd. US$ **Zurückgezahlte Hilfsgelder:** 54 Mio. US$ **Ausl. Direktinvestitionen:** 13,286 Mrd. US$ **Börse** (Marktkapitalisierung am BIP): 21,8 % **Energie:** Produktion 221,77 Mio. t ÖE, Verbrauch 148,99 Mio. t ÖE. Anteile am Verbrauch: Kohle 4,9 %, Öl 64,7 %, Atomenergie 1,6 %, Erdgas 23,8 %, sonstige 5 %

Landwirtschaft, Rohstoffe, Industrie:
Nutzfläche 14,3 %, von der Anbaufläche sind 23,8 % bewässert. Angebaut werden hauptsächlich Mais, Zuckerrohr, Früchte, Gemüse, Kaffee, Baumwolle, Getreide und Bohnen. Außerdem Viehzucht und Fischerei. **Bewaldet:** 552 000 km², jährliche **Rodung:** 6306 km². Die Landbevölkerung ist auf staatliche Unterstützung angewiesen, viele Dörfer haben weder Strom noch Wasser. **Rohstoffe:** Erdöl und Erdgas, Zink, Salz, Kupfer, Silber, Gold, Mangan, Phosphat, Blei, Schwefel, Arsen sowie größere Uranvorkommen **Wichtige Industriezweige:** Mexiko ist das viertgrößte Ölförderland der Welt. Die Staatsfirma Petróleos Mexicanos (Pemex) gilt als Symbol nationaler Errungenschaften. Durch den hohen Rohölpreis 2000/2001 sind die Petrodollar ein wichtiger Devisenbringer. Sie finanzieren ein Drittel des Staatshaushalts. Bedeutend auch die Lohnveredlungsindustrie.

Außenwirtschaft:
Handelsbilanzdefizit 9,955 Mrd.US$ **Export:** 158,443 Mrd. US$, davon 58 % Maschinen und Transportmittel, 14,5 % Fertigwaren, 5,9 % Öl **Hauptausfuhrländer:** USA (86,9 %), Kanada (1,5 %), Brasilien (0,6 %) **Hightech-Exporte:** 31,053 Mrd. US$ **Import:** 168,398 Mrd. US$, davon 47,8 % Maschinen und Transportmittel, 17,2 % industrielle Vorprodukte, 12,6 % Fertigwaren **Hauptlieferländer:** USA (74,5 %), Deutschland (3,7 %), Japan (3,6 %)

Präsident Vicente Fox Quesada

VERKEHR
Schienennetz: 26 613 km. Eisenbahn seit 1937 verstaatlicht **Straßennetz:** 329 532 km, davon 32,8 % befestigt (5920 km Autobahn, 45 600 km Bundesstraßen) **Motorisierung:** 151 Kfz/ 1000 Einw. Internationale **Flughäfen:** 50, der größte ist Mexiko-Stadt. Rund 100 Fluggesellschaften. Noch zu zwei Drittel in Staatsbesitz ist »Cintra«, die Holding der beiden großen Fluglinien Mexicana de Aviación und Aeroméxico. Sie sollen privatisiert werden. Größte **Seehäfen:** Acapulco, Tampico, Tuxpan, Veracruz

KOMMUNIKATION
Auf 1000 Einw. kommen 330 **Rundfunk-**, 283 **Fernsehgeräte**, 134,8 **Telefonanschlüsse**, 200,6 **Mobiltelefone**, 68,7 **PC** und 9,15 **Internet-Zugänge IuK-Ausgaben** (am BIP): 3,2 % Es erscheinen 295 **Tageszeitungen** mit einer **Gesamtauflage** von rund 9,03 Mio. Exemplaren. Die größten Tageszeitungen und ihre Auflagen:

Esto	450 000
El Heraldo de México	210 000
La Prensa	208 000

Nachrichtenagenturen: Agencia de Información Integral Periodística, Notimex

UMWELT, TOURISMUS
Geschützte Gebiete: 3,5 % der Landesfläche **Energieverbrauch/Kopf:**

Förderplattform (im Golf von Mexiko)

Mexikaner an der Grenze zu den USA bei Tijuana

1543 kg ÖE **CO_2-Emission:** 374 Mio. t **Verwendung des Süßwassers:** Landwirtschaft 78 %, Industrie 5 %, Haushalte 17 % **Tourismus:** 20,643 Mio. Besucher, 8,295 Mrd. US$ Einnahmen

AKTUELLE ENTWICKLUNGEN

Innenpolitik: Präsident Vicente Fox hat auch im zweiten Jahr seiner Amtszeit den »gran cambio«, den »Großen Wechsel« nicht geschafft, den er seinen Wählern bei Amtsantritt vor zwei Jahren versprochen hatte. Die Opposition, die über die Mehrheit im Kongress verfügt, blockierte wichtige Gesetzesvorstöße wie die Steuerreform, den Umbau von Justiz und Polizei sowie eine überfällige Verwaltungsreform. Aber auch Fox' eigene Partei, die konservative PAN (Partei der nationalen Aktion), weicht oft von der Regierungslinie ab. Die neuen Indianergesetze zur Befriedung der aufständischen Zapatisten in Chiapas wurden vom Parlament so sehr verwässert, dass keine Seite mit dem Ergebnis zufrieden ist. Auch die Privatisierung des Energiesektors, ein Prestigeprojekt des Präsidenten, ist gescheitert: Der Oberste Gerichtshofs verbot die Öffnung des Strommarktes. Bei den Verhandlungen im Kongress mangelte es Fox an Geschick. Vor allem die Partei der Institutionalisierten Revolution (PRI) zeigt erstarkendes Selbstbewusstsein. Sie hatte 70 Jahre lang die Präsidenten gestellt, nach Fox' Wahlsieg im Jahr 2000 musste sie erstmals in die Opposition. Die angekündigte Erneuerung der von Filz und Vetternwirtschaft geprägten Partei ist jedoch ausgeblieben. Zu ihrem neuen Vorsitzenden wurde Roberto Madrazo gewählt, ein Vertreter der alten Garde. Präsident Fox hatte bei Amtsantritt angekündigt, die unter seinen Vorgängern begangenen Verbrechen und Menschenrechtsverletzungen aufzuklären und die Verantwortlichen zur Rechenschaft zu ziehen. Auch gegen die tief verwurzelte Korruption in Verwaltung und Polizei wollte er vorgehen. Diese Versprechen hat er bislang nicht eingelöst. Fast 1000 Menschen sind während der PRI-Herrschaft verschwunden, mehrere wichtige Politiker wurden unter mysteriösen Umständen ermordet. Wenn es Fox nicht gelingt, den Widerstand der Opposition im Kongress zu brechen, könnte er schon drei Jahre vor dem Ablauf seiner Amtszeit zur »lame duck« werden, einem Präsidenten ohne Autorität. Auch den drastischen Anstieg der Kriminalität lasten viele Bürger der Regierung an: Mexiko ist nach Kolumbien das Land mit der höchsten Anzahl von Entführungen. In der Hauptstadt wurden 39 Prozent aller Haushalte Opfer schwerer Verbrechen. Oft sind Polizisten darin verwickelt. Auch hat die Drogenmafia inzwischen zahlreiche Polizeiorganisationen unterwandert.

Zapatisten-Demonstration in Chiapas

Außenpolitik: Als erster mexikanischer Präsident hat Fox die traditionell neutrale Haltung Mexikos gegenüber Kuba aufgegeben und pocht auf die Einhaltung der Menschenrechte auf der Karibikinsel. Erstmals hat Mexiko eine gegen Kuba gerichtete Resolution der Uno-Menschenrechtskonferenz in Genf mitunterzeichnet. Die Beziehungen zu Havanna sind daraufhin dramatisch abgekühlt, Fidel Castro beschimpfte Fox und seinen Außenminister Jorge Castañeda als Vasallen der Vereinigten Staaten. Seine Freundschaft mit US-Präsident George W. Bush hat sich für Fox bislang nicht ausgezahlt: Ein Abkommen, das den Aufenthalt illegaler mexikanischer Einwanderer in den USA legalisieren soll, scheiterte weiterhin am Widerstand Washingtons. Der Streit um die Wasserversorgung der Grenzregion, die seit mehreren Jahren unter anhaltender Dürre leidet, hat die Beziehungen zwischen Mexiko und den USA zusätzlich belastet: Ein Vertrag aus dem Jahr 1944 verpflichtet die Mexikaner, jährlich 432 Millionen Kubikmeter Wasser aus den Zuflüssen des Rio Grande an den Nachbarn im Norden zu liefern, doch wegen der anhaltenden Trockenheit haben sie diese Quote in den vergangenen Jahren nicht mehr erfüllt.

Wirtschaft: Mexiko litt weiterhin unter der schlechten Konjunktur in den USA. Die Zahl der Arbeitsplätze schrumpft, die Löhne steigen kaum. Die Maquiladoras, zollbefreite Industriebetriebe an der Grenze, haben Hunderttausende Arbeiter entlassen. Der Verfall der Rohstoffpreise für Kaffee und Zucker treibt immer mehr Bauern in den Ruin. Dennoch ist das Vertrauen der Anleger in die wirtschaftliche Zukunft des Landes fast ungebrochen: Wegen seiner engen Verflechtung mit den USA gilt Mexiko im Vergleich zu anderen lateinamerikanischen Schwellenländern als sicherer Hafen für Kapital. Mexiko profitiert von der nordamerikanischen Freihandelszone (Nafta), ein Freihandelsabkommen mit der Europäischen Union die wirtschaftliche Öffnung beschleunigt. Ein weiteres Abkommen mit Brasilien steht vor dem Abschluss. Unter dem Einfluss des Wahlsiegs von Freihandels-Verfechter Fox und wegen der Nähe zum US-Markt wurde der Kurs des Peso drastisch in die Höhe getrieben, unter vielen Experten gilt die mexikanische Währung immer noch als überbewertet.

Mikronesien

Vertretung in Deutschland
▸Vereinigte Staaten von Amerika

GEOGRAFIE, BEVÖLKERUNG

Fläche: 700 km² **Bevölkerung:** 118 000 Einw. **Bev.dichte:** 168 Einw./km² **Bev.wachstum:** 2,42 % **Lebenserwartung:** 68 J. **Analphabetenrate:** k. A. **Landessprachen:** Englisch (Amtssprache), Chuuk, Ponapesisch **Religionen:** 50 % Katholiken, 47 % andere Religionen

POLITISCHES SYSTEM

Unabh. seit 1986. Bundesrepublik. **Staats- und Regierungschef:** Leo A. Falcam (seit Mai 1999)

WIRTSCHAFT

Währung: 1 US$ = 100 Cents (▸Vereinigte Staaten von Amerika) **BSP:** 250 Mio. US$ **Wachstumsrate des BIP:** 3 % **BSP/Kopf:** 2110 US$ **Anteile am BIP:** k. A.

AKTUELLE ENTWICKLUNGEN

Vom 12. November bis 26. Dezember 2001 tagte der dritte Verfassungskonvent. 14 Delegierte aus den 4 Bundesstaaten erarbeiteten 14 Verfassungszusätze, über deren Annahme die Mikronesier am 27. August 2002 in einem Referendum entscheiden. Die Zusätze, über die abzustimmen sind, reichen von einer Umverteilung der Steuereinnahmen über die Schaffung neuer Bildungsstandards bis hin zur Einführung einer Direktwahl des Präsidenten.
Im Mai 2003 stehen die nächsten Parlamentswahlen an. Dazu führte Mikronesien mit Unterstützung Australiens ein computergesteuertes Wählerverzeichnis ein.

Federated States of Micronesia – Föderierte Staaten von Mikronesien; Mikronesier

Nationalfeiertag: 10. Mai (Verfassungstag)

Zeitzonen: MEZ + 9 h bis + 10 h

Hauptstadt: Kolonia (6200 Einohner)

Telefon-Vorwahl: +691

Mitgliedschaft: Uno

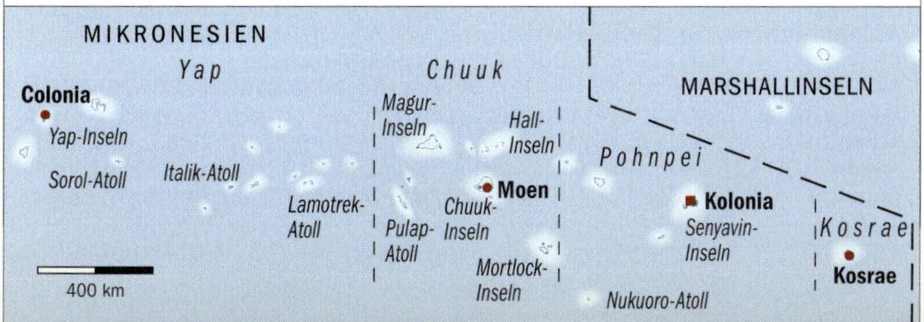

Republica Moldova – Republik Moldau; Moldawier

Nationalfeiertag: 27. August

Zeitzone: MEZ + 1 h

Hauptstadt: Chişinau (658 300 Einohner)

Telefon-Vorwahl: +373
Kfz-Kennzeichen: MD

Mitgliedschaften: GUS, OSZE, Uno

Präsident Wladimir Woronin

Moldawien

Botschaft in Deutschland: Gotlandstraße 16, D-10439 Berlin
☎ +49-30-44 65 29 70 🖷 -44 65 29 72

GEOGRAFIE, BEVÖLKERUNG

Fläche: 33800 km²; 9 Provinzen, 2 Territorien mit Sonderstatus **Bevölkerung:** 4,282 Mio. Einw., davon 65 % Moldawier, 14 % Ukrainer, 13 % Russen, 4 % Gagausen, Bulgaren **Binnenvertriebene:** 1000 **In Städten** leben 46 %, **unter 15 J.** sind 23 % der Bev. **Bev.dichte:** 130 Einw./km² **Bev.wachstum:** - 0,26 % **Fruchtbarkeitsrate:** 1,4 Geb./Frau

Landessprachen: Moldawisch (Amtssprache), Russisch, Bulgarisch, Gagausisch **Religion:** Russisch-orthodox

POLITISCHES SYSTEM

Unabhängig seit dem 27. August 1991. Republik, Verfassung von 1994. Einkammerparlament mit 101 Sitzen. Wahlrecht ab 18 J. Wahl des Parlaments alle 4 J., Sechsprozentklausel. Seit einer Verfassungsänderung vom Juli 2000 Wahl des Staatsoberhaupts durch das Parlament alle 5 J.
Staatsoberhaupt: Wladimir Woronin (seit April 2001)
Regierungschef: Wasile Tarlew (seit November 2000)
Außenminister: Nicolae Dudau

MILITÄR

Wehrpflicht: bis zu 18 Monaten **Streitkräfte:** 8220 Mann, davon 7120 Armee, 800 Luftwaffe **Militärausgaben** (am BSP): 0,5%

GESUNDHEIT, SOZIALES, BILDUNG

Öffentliche Gesundheitsausgaben (am BIP): 2,9 % **Öffentliche Ausgaben für Bildung und Erziehung** (am BSP): 10,6% **Medizinische Versorgung:** 3,5 Ärzte, 12,1 Krankenhausbetten/1000 Einw. **Säuglingssterblichkeit:** 18/1000 Geb. **Müttersterblichkeit:** 65/100 000 Geb. **Kinderunterernährung:** k. A. **Kinderarbeit:** k.A. **Armutsrate:** 11,3 **Frauenanteil an den Beschäftigten:** 48,6 % Zugang zu **sauberem Trinkwasser** landesweit 100 %, zu **sanitären Anlagen** 100% der städtischen Bev. **HIV-Infektionsrate:** 0,2 % **Lebenserwartung:** Männer 64 J., Frauen 72 J. **Schulpflicht:** 7 – 16 J. **Einschulungsquote** im Primarbereich 96 % **Analphabetenrate:** Männer <0,5 %, Frauen 2 % **Universitäten:** Chişinau

WIRTSCHAFT

Währung: 1 Moldawien-Leu (MDL) = 100 Bani **Kurs** (Mitte 2002): 1 MDL = 0,08 € **BSP:** 1,4 Mrd. US$ **Wachstumsrate des BIP:** 1,9 % **BSP/Kopf:** 400 US$ **Anteile am BIP:** Landwirtschaft 28 %, Industrie 20 %, Dienstleistungen 52 % **Forschung+Entwicklungsausgaben** (am BIP): 0,79 % **Arbeitslosenquote:** 11,1 % **Inflationsrate:** 9,8 % **Staatseinnahmen:** k. A. **Steueraufkommen** (am BIP): 21,1 % **Staatsausgaben:** k. A. **Leistungsbilanzdefizit:** 136 Mio. US$ **Auslandsschulden:** 1,233 Mrd. US$ **Schuldendienst** (am BSP): 10 % **Devisenreserven:** 230 Mio. US$ **Empf. Hilfsgelder:** 123 Mio. US$ **Energie:** Produktion 0,06 Mio. t ÖE, Verbrauch 2,81 Mio. t ÖE

Landwirtschaft, Rohstoffe, Industrie:

Nutzfläche 66,3 %, von der Anbaufläche sind 14,1 % bewässert **Produkte:** Weinanbau, daneben Getreide-, Gemüse- und Tabakanbau; außerdem Milchwirtschaft und Schweinezucht **Bewaldet:** 3000 km², jährliche **Aufforstung:** 7 km² **Rohstoffe:** Kalkstein, Quarz, Gips und Kies; geringe Mengen Erdöl und Erdgas **Wichtige Industriezweige:** Nahrungsmittelproduktion, Textilien, Schwerindustrie in Tansnistrien

Außenwirtschaft:

Handelsbilanzdefizit 306 Mio. US$ **Export:** 477 Mio. US$, davon 72,8 % Nahrungsmittel und Tabak , 6,2 % Bekleidung und Textilien. 5,3 % Maschinen **Hauptausfuhrländer:** Russland

(53,6 %), Rumänien (9,4 %), Ukraine (6,1 %) **Import:** 783 Mio. US$, davon 23,5 % Brennstoffe und Energie, 40 % des Elektrizitätsbedarfs (v. a. aus der Ukraine) **Hauptlieferländer:** Ukraine (27,5 %), Russland (27,3 %)

VERKEHR

Schienennetz: 1326 km **Straßennetz:** 12 657 km, davon 87 % befestigt **Motorisierung:** 70 Kfz/1000 Einw. Internationaler **Flughafen:** Chişinau **Fluggesellschaften**: Compania Aeriana Moldova, Air Moldova International und Moldavian Airlines **Wasserwege:** 424 km Wichtige **Binnenhäfen:** Bender, Ribnita und Ungheni

KOMMUNIKATION

Auf 1000 Einw. kommen 758 **Rundfunk-**, 297 **Fernsehgeräte**, 154 **Telefonanschlüsse**, 47,8 **Mobiltelefone**, 15,9 **PC IuK-Ausgaben** (am BIP): k. A. **Tageszeitungen:** 4 (Gesamtauflage: 261 000 Exemplare) **Nachrichtenagenturen:** Infotag News Agency, BASApress, Moldpres

UMWELT, TOURISMUS

Geschützte Gebiete: 1,4 % der Landesfläche **CO_2-Emission:** 9,7 Mio. t **Verwendung des Süßwassers:** Landwirtschaft 26 %, Industrie 65 %, Haushalte 9 % **Tourismus:** 17 000 Besucher, 4 Mio. US$ Einnahmen

AKTUELLE ENTWICKLUNGEN

Die Hoffnungen, die Moldawiens Bevölkerung bei der Wahl im Februar 2001 auf die Kommunisten gesetzt hatte – sie erhielten im Parlament eine Zweidrittelmehrheit – erfüllten sich bisher nicht. Seit Januar 2002 erlebte das ärmste Land Europas fast täglich Demonstrationen gegen die Regierung und den kommunistischen Präsidenten Wladimir Woronin, einen ethnischen Russen. Am 24. Februar 2002 kamen über 100 000 Menschen zusammen und forderten den Rücktritt der Regierung, unterstützt von der oppositionellen nationalen Christlichen-Demokratischen Volkspartei. Der Protest richtete sich gegen eine erneute »Russifizierung« des Landes, in dem 65 Prozent ethnische Rumänen (Moldawier) leben. Die Regierung zog nun ihre Verordnung zurück, Russisch als Pflichtfach in allen Schulen einzuführen, wie auch den Gesetzentwurf, das Russische als zweite Staatssprache neben dem Rumänischen zu verankern. Erst nach Vermittlung des Europarats hörten die Proteste Ende April 2002 auf. Weiter verpflichtete sich die Regierung, Vorgaben hinsichtlich der Unabhängigkeit von Justiz und Presse umzusetzen.
Um die katastrophale Wirtschaftslage des Landes zu ändern, ist Hilfe durch das Ausland vonnöten. Doch IWF und EU sind dazu gegenwärtig nicht bereit. Der monatliche Durchschnittsverdienst der Moldawier liegt bei rund 33 Euro,doch auf dem Land ist er noch weitaus geringer. Zurzeit liegt fast ein Drittel der Anbaufläche des Agrarlandes brach. Auch mangelt es an medizinischer Versorgung in dem Land – nur rund die Hälfte der Moldawier hat Zugang dazu. Die Organisierte Kriminalität macht sich das Elend im Lande zu Nutze und handelt mit Kindern und Frauen. Präsident Woronin stoppte die vom IWF angemahnte Privatisierung der Industrie und setzt weiter auf Staatsdirigismus.
Rumänien und Russland sind mittlerweile in den innenpolitischen Konflikt einbezogen. Im März 2002 kam es mit Bukarest zu gegenseitiger Diplomatenausweisung. Präsident Woronin beschuldigte die rumänische Regierung, die antikommunistischen Demonstrationen angestiftet zu haben. Der Staatschef orientiert sich außenpolitisch eher an Moskau als am Westen, sogar von einer Annäherung an Weißrussland war die Rede. Aber die Kontrolle über die abtrünnige und überwiegend von Russen und Ukrainern bewohnte Dnjestr-Republik hat er noch nicht zurückgewonnen. In diesem Schmugglerparadies ließ sich im Dezember 2001 der »Präsident« Igor Smirnow wiederwählen. Jenseits des Dnjestr hatten die Sowjets die Energieproduktion konzentriert und können nun mittels Gaslieferungen und Schuldenpolitik in Moldawien nach Belieben mitmischen. Bei einem Gipfel mit der Ukraine kamen die Präsidenten im März 2002 überein, das organisierte Verbrechen in Transnistrien energischer zu bekämpfen.

Sonderterritorium Gagausien

Fläche: 1800 km². 180 000 Einw. mit Comrat als größtem Ort (27 500 Einw.). Autonomiestatus seit 1995. Volksversammlung mit 35 Sitzen. Gouverneur: Dumitru Croitor.

Sonderterritorium Dnjestr-Republik

Fläche: 5000 km². Etwa 700 000 Einw. mit Tiraspol als größtem Ort (185 700 Einw.). Parlament mit 54 Sitzen.
Die Dnjestr-Republik versteht sich als eigener Staat. Im Juli 2002 sprachen Vertreter aus Tiraspol und Chişinau erstmalig über den OSZE-Vorschlag, beide Gebiete, also Moldawien und die abtrünnige Dnjestr-Republik, in einer Föderation zusammenzuführen.
Präsident: Igor Smirnow.

Feier zum zehnten Jahrestag der Dnjestr-Republik mit »Präsident« Igor Smirnow in Tiraspol (August 2000)

Principauté de Monaco – Fürstentum Monaco; Monegassen

Nationalfeiertag: 19. November

Zeitzone: MEZ

Telefon-Vorwahl: +377
Kfz-Kennzeichen: MC

Mitgliedschaften: OSZE, Uno

Monaco

Botschaft in Deutschland: Klingelhöferstraße, D-10785 Berlin
☎ +49-30-263 90 33 🖷 -26 390 03 44

GEOGRAFIE, BEVÖLKERUNG

Fläche: 1,95 km², zweitkleinster unabhängiger Staat nach dem Vatikan (Stadtstaat) **Bevölkerung:** 32 000 Einw., davon 14 500 Franzosen, 5000 Monegassen, 5000 Italiener, 900 Deutsche **Bev.dichte:** 16410 Einw./km² **Bev.wachstum:** 0,88 % **Analphabetenrate:** k. A. **Landessprache:** Französisch (Amtssprache), Monegassisch **Religionen:** (Römisch-katholische Staatskirche, Religionsfreiheit in Verfassung garantiert) vorwiegend Katholiken

Ernst August von Hannover, Prinzessin Caroline von Monaco, Fürst Rainier in der königlichen Loge beim Großen Preis von Monaco

POLITISCHES SYSTEM

Die Unabhängigkeit wurde formell anerkannt durch einen Patentbrief des französischen Königs vom 25. Februar 1489. Konstitutionelle Erbmocharchie mit eingeschränkter Souveränität. Parlament: Nationalrat mit 18 Mitgliedern. Wahl alle 5 Jahre. Nächste Wahl: 2003. Wahlrecht ab 21 J. Laut dem Schutzvertrag mit Frankreich von 1861 schlägt dieses den Staatsminister für Monaco vor, der anschließend vom monegassischen Fürsten ernannt wird. Wirtschafts- und Währungsunion mit Frankreich.
Staatsoberhaupt: Fürst Rainier III. (seit Mai 1949)
Regierungschef: Staatsminister Patrick Leclercq (seit März 2000), zugleich Außenminister

MILITÄR

Streitkräfte: keine

WIRTSCHAFT, GESUNDHEIT, SOZIALES

Währung: 1 Euro = 100 Cent **BSP:** 800 Mio. US$ (Schätzung) **Wachstumsrate des BIP:** 2,2 % (1995) **BSP/Kopf:** ca. 25 000 US$ (Schätzung Weltbank) **Säuglingssterblichkeit:** 5/1000 Geburten

AKTUELLE ENTWICKLUNGEN

Die Tourismusbranche Monacos litt nach den Anschlägen vom 11. September 2001 unter Stornierungen. Insbesondere die Société des Bains de Mer, die u.a. das Kasino von Monte Carlo und eine Reihe von Luxushotels betreibt, befürchtet Umsatzrückgänge.
Unter verstärkten politischen Druck geriet das Fürstentum wegen seiner Rolle als Steuerparadies sowie als Unterschlupf für Geldwäscher. In einem Abkommen mit Frankreich verpflichtete sich Monaco im Herbst 2001 zu einer besseren Zusammenarbeit mit den französischen Behörden im Kampf gegen die Geldwäsche.
Die OECD wirft Monaco allerdings weiterhin mangelnde Kooperation in Steuerfragen vor: Die im April 2002 veröffentlichte aktualisierte Liste der Steuerparadiese führt das Fürstentum trotz seiner Proteste erneut auf.
Mit der Euro-Einführung am 1. Januar 2002 brachte der Kleinstaat am Mittelmeer eigene Münzen im Wert von gut drei Millionen Euro in Umlauf. Die raren Stücke – insgesamt gibt es nur knapp vier Millionen – wurden schnell zu begehrten Sammelobjekten, deren Wert stark anstieg.
Seit Dezember 2001 können Testpersonen in Monaco Multimedia-Dienste der neuen Mobilfunk-Generation UMTS nutzen. Monaco besitzt als erster europäischer Staat eine flächendeckende UMTS-Infrastruktur, mit der die Betreiber die neue Technik im städtischen Raum erproben wollen.
Bei der Bewerbung um das Leichtathletik-Grand-Prix-Finale erhielt Monaco den Zuschlag für die Jahre 2003 bis 2005 und stach damit Konkurrent Stuttgart aus.

Mongolei

Botschaft in Deutschland: Gotlandstraße 12, D-10439 Berlin
☎ +49-30-44 73 51 22 🖷 -446 93 21

GEOGRAFIE, BEVÖLKERUNG

Fläche: 1 564 116 km^2 **Bevölkerung:** 2,398 Mio. Einw. **Bev.dichte:** 2 Einw./km^2 **Bev.wachstum:** 1,14 % **Bev. in Städten:** 59 % **Analphabetenrate:** 1 % **Landessprachen:** Mongolisch, Kasachisch **Religionen:** überwiegend lamaistische Buddhisten, 4 % Muslime

POLITISCHES SYSTEM

Republik. Parlamentarische Demokratie.
Staatsoberhaupt: Natschgijn Bagabandi (seit Juni 1997)
Regierungschef: Nambaryn Enkhbayar (seit Juli 2000)

MILITÄR

Streitkräfte: 9100 Mann **Militärausgaben** (am BSP): 2,1 %

GESUNDHEIT, SOZIALES

Öffentliche Gesundheitsausgaben (am BIP): 4,7 % **Medizinische Versorgung:** 2,4 Ärzte/1000 Einw. **Armutsrate:** 13,9 % **Säuglingssterblichkeit:** 56/1000 Geb. **Lebenserwartung:** Männer 65 J., Frauen 69 J.

WIRTSCHAFT

Währung: Togrog **Kurs** (Mitte 2002): 1 Togrog = 0,001 € **BSP:** 947 Mio. US$ **Wachstumsrate des BIP:** 1,1 % **BSP/Kopf:** 390 US$ **Anteile am BIP:** Landwirtschaft 33 %, Industrie 19 %, Dienstleistungen 48 % **Arbeitslosenquote:** 5,7 % **Inflationsrate:** 8,2 % **Auslandsschulden:** 859 Mio. US$ **Schuldendienst** (am BSP): 3,1 % **Entwicklungshilfe:** 217 Mio. US$ **Handelsbilanzdefizit:** 56 Mio. US$ **Tourismuseinnahmen:** 28 Mio. US$

AKTUELLE ENTWICKLUNGEN

Bei seinem ersten Staatsbesuch in Deutschland im April 2002 warb der mongolische Premierminister Nambaryn Enkhbayar um wirtschaftliche und kulturelle Zusammenarbeit. Deutschland pflegt in der Nachfolge der DDR vergleichsweise enge Beziehungen zur Mongolei. Enkhbayar gehört der seit Juli 2000 regierenden MRVP (Mongolische Revolutionäre Volkspartei) an, die 72 der 76 Abgeordneten im Parlament stellt. Trotz der überwältigenden Mehrheit, die sie bei 52 Prozent der Stimmen dem Direktwahlsystem verdanken, sind die so genannten Reformkommunisten nicht unumstritten.
Nach drei katastrophalen Wintern, die den Herdenbestand der nomadisch geprägten Viehwirtschaft auf unter 30 Millionen Tiere (-6 Mio. Stück) dezimierten, wird für 2002 nur mit einem Wirtschaftswachstum von 3 Prozent gerechnet, nach etwas mehr als einem Prozent in den Jahren zuvor. Das ist zu wenig, um das chronische Defizit von Staatshaushalt und Handelsbilanz erfolgreich abzubauen. Auf Kritik stieß die Steuerpolitik, vor allem die 7-prozentige Importsteuer, da fast alle Konsumgüter eingeführt werden müssen. Wenig Fortschritte machte die Privatisierung, deren Einnahmen den Staatshaushalt entlasten sollen: Die Verfahren um die Erdenet-Kupfermine, den Kaschmir-Monopolisten Gobi und die nationale Fluggesellschaft Miat kommen nicht voran. Auch der Plan einer Millenniumstraße quer durch die Mongolei, Prestigeprojekt der neuen Regierung, wird wegen hoher Kosten kritisiert. Insgesamt will sich der ehemalige sowjetische Satellitenstaat aus der wirtschaftspolitischen Umklammerung Russlands und Chinas lösen. »Wir wollen an der Globalisierung teilhaben«, sagte der Regierungschef bei seinem Besuch in Deutschland. Doch die Entwicklung der Marktwirtschaft hinke der politischen Entwicklung hinterher.

Mongol Uls – Mongolei; Mongolen

Nationalfeiertage: 11.–13. Juli

Zeitzonen: MEZ + 6 bis + 8 h

Hauptstadt: Ulan Bator (773 700 Einwohner)

Telefon-Vorwahl: +976
Kfz-Kennzeichen: MGL

Mitgliedschaft: Uno

Ministerpräsident Nambaryn Enkhbayar und Bundeskanzler Gerhard Schröder vor dem Bundeskanzleramt in Berlin (24. April 2002)

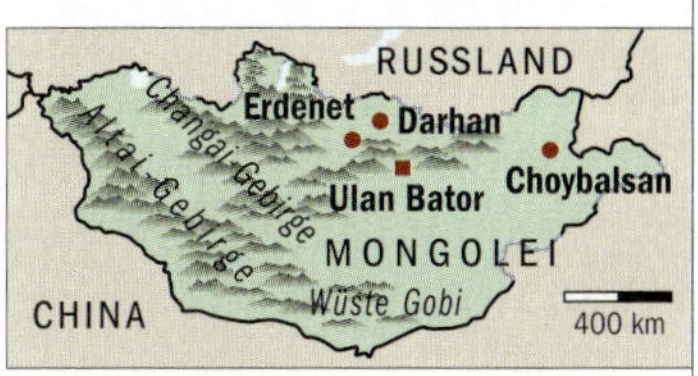

República Popular de Moçambique – Republik Mosambik; Mosambikaner

Nationalfeiertag: 25. Juni

Zeitzone: MEZ + 1 h

Hauptstadt: Maputo (989 400 Einwohner)

Telefon-Vorwahl: +258
Kfz-Kennzeichen: MOC

Mitgliedschaften: AU, Uno

Mosambik

Botschaft in Deutschland: Stromstraße 47, D-10551 Berlin
☎ +49-30-39 87 65 00 🖷 -39 87 65 03

GEOGRAFIE, BEVÖLKERUNG

Fläche: 799 380 km² **Bevölkerung:** 17,691 Mio. Einw. **Bev.dichte:** 23 Einw./km² **Bev.wachstum:** 1,76 % **Bev. in Städten:** 40 % **Analphabetenrate:** Männer 40 %, Frauen 71 % **Landessprachen:** Portugiesisch (Amtssprache), Makhuwa, Lomwe **Religionen:** 47 % traditionelle Religionen, 38 % Christen, 13 % Muslime

POLITISCHES SYSTEM

Unabhängig seit dem 25. Juni 1975. Präsidialdemokratie.
Staatsoberhaupt: Generalmajor Joaquim Alberto Chissano (seit November 1986 als Chef der Frelimo, dann im Oktober 1994 gewählt)
Regierungschef: Pascoal Manuel Mocumbi (seit Dezember 1994)

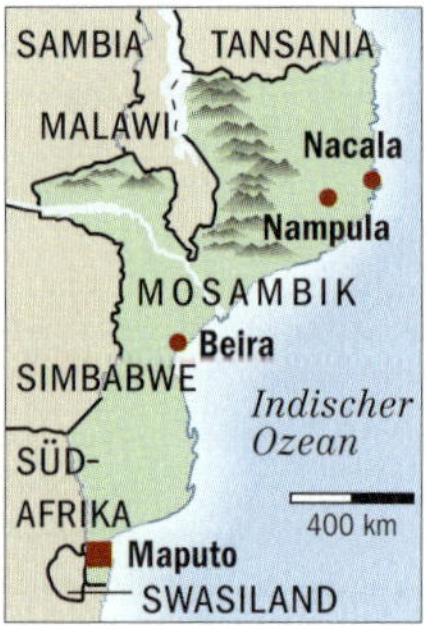

MILITÄR

Streitkräfte: rund 10 600 bis 11 600 Mann **Militärausgaben** (am BSP): 2,5 %

GESUNDHEIT, SOZIALES

Öffentliche Gesundheitsausgaben (am BIP): 2,8 % **Medizinische Versorgung:** k. A. **Säuglingssterblichkeit:** 129/1000 Geb. **Armutsrate:** 37,9 % **Lebenserwartung:** Männer 41 J., Frauen 44 J.

WIRTSCHAFT

Währung: 1 Metical (MT) = 100 Centavos **Kurs** (Mitte 2002): 1 MT = 0,00005 € **BSP:** 3,7 Mrd US$ **Wachstumsrate des BIP:** 1,6 % **BSP/Kopf:** 210 US$ **Anteile am BIP:** Landwirtschaft 24 %, Industrie 25 %, Dienstleistungen 50 % **Arbeitslosenquote:** k. A. **Inflationsrate:** 9 % **Auslandsschulden:** 7,14 Mrd. US$ **Schuldendienst** (am BSP): 2,5 % **Entwicklungshilfe:** 419 Mio. US$ **Handelsbilanzdefizit:** 682 Mio. US$ **Tourismuseinnahmen:** k. A.

AKTUELLE ENTWICKLUNGEN

Mit dem im Oktober 2001 begonnenen Abbau des Starkstrom-Grenzzauns zwischen Mosambik und Südafrika entsteht im südlichen Afrika der größte Nationalpark der Welt. Dort, wo während der Apartheid über 500 Menschen im Draht starben, werden auf einer Fläche größer als Portugal Teile des Krüger-Nationalparks mit Naturreservaten in Simbabwe und Mosambik zum Gaza-Krüger-Gonarezhou-Park verschmolzen. Die Umsiedlung von Elefanten aus Südafrika hat schon begonnen. Das Land erhofft sich aus dem Tourismus dringend benötigte Deviseneinnahmen.
Auch das Werben um weiße Farmer aus Simbabwe ist für die Regierung in Maputo ein wichtiges Projekt, mit dessen Hilfe brachliegende ehemalige Staatsgüter wieder bestellt werden sollen. Südafrikanische Farmer, die seit 1994 einwanderten, bewirtschaften erfolgreich die fruchtbaren Böden. Das Land ist trotz der verheerenden Überschwemmungen im März 2000 und im Frühjahr 2001 in der Lage, seine Bevölkerung zu ernähren. Ende der neunziger Jahre wuchs die Wirtschaft zweistellig, und Mosambik gilt heute als ein Musterschüler der Weltbank.
Das im Herbst 2000 in Betrieb gegangene Aluminiumwerk Mozal des südafrikanisch-britischen Konzerns Billiton soll mit seinen Exporten einmal 400 Mio. US$ jährlich einbringen. Trotz der positiven Entwicklungen versuchen jedes Jahr weit mehr als 100 000 Mosambikaner auf der Suche nach Arbeit illegal nach Südafrika zu gelangen – nur um an der Grenze abgefangen und mit fast täglich fahrenden, vollgepfropften Zügen in die Hauptstadt Maputo zurückgeschickt zu werden.

Ankunft deutscher Soldaten zum Hilfseinsatz für Flutopfer in Maputo

Myanmar

Botschaft in Deutschland: Zimmerstraße 56, D-10117 Berlin
☎ +49-30-20 61 57 10 🖷 -20 64 97 57

GEOGRAFIE, BEVÖLKERUNG

Fläche: 676 552 km² **Bevölkerung:** 47,749 Mio. Einw. **Bev.dichte:** 73 Einw./km² **Bev.wachstum:** 1,16 % **Bev. in Städten:** 28 % **Analphabetenrate:** Männer 11 %, Frauen 19 % **Landessprachen:** Burmesisch (Amtssprache), diverse sino-tibetanische Sprachen **Religionen:** 89 % Buddhisten, 4 % Christen, 4 % Muslime

POLITISCHES SYSTEM

Unabhängig seit dem 4. Januar 1948. Militärregime. Kein Parlament. Die letzten Parlamentswahlen von 1990 wurden nie umgesetzt. Damals gelang es der National League for Democracy, der Partei der Friedensnobelpreisträgerin Aung San Suu Kyi, 60 % der Stimmen und 80 % der Sitze zu gewinnen.
Staats- und Regierungschef: General Than Shwe (seit April 1992)

MILITÄR

Streitkräfte: 440 000 Mann **Militärausgaben** (am BSP): 7,8 %

GESUNDHEIT, SOZIALES

Öffentliche Gesundheitsausgaben (am BIP): 0,2 % **Medizinische Versorgung:** 0,3 Ärzte/1000 Einw. **Säuglingssterblichkeit:** 89/1000 Geb. **Armutsrate**: k. A. **Lebenserwartung:** Männer 54 J., Frauen 59 J.

WIRTSCHAFT

Währung: 1 Kyat (K) = 100 Pyas **Kurs** (Mitte 2002): 1 K = 0,16 € **BSP:** k. A. **Wachstumsrate des BIP:** 5,7 % **BSP/Kopf:** k. A. **Anteile am BIP:** Landwirtschaft 60 %, Industrie 9 %, Dienstleistungen 31 % **Arbeitslosenquote:** 2,5 % **Inflationsrate:** 15 % **Auslandsschulden:** 6,05 Mrd. US$ **Schuldendienst** (am BSP): k. A. **Entwicklungshilfe:** 107 Mio. US$ **Handelsbilanzdefizit:** 516 Mio. US$ **Tourismuseinnahmen:** 35 Mio. US$

AKTUELLE ENTWICKLUNGEN

Am 6. Mai 2002 wurde die Oppositionsführerin und Friedensnobelpreisträgerin Aung San Suu Kyi von der Militärregierung aus 19-monatigem Hausarrest entlassen. Zugleich kamen fast 600 politische Gefangene frei. Die Generäle reagierten damit auf wachsenden internationalen Druck und die wirtschaftlichen Misere des Landes. Die EU hatte die Entwicklungshilfe eingefroren, die USA Textilprodukte aus Myanmar mit einem Bann belegt.
Über 50 ausländische Firmen, darunter der niederländische Bierkonzern Heineken, haben das Land nach Boykottdrohungen und Kritik an Menschenrechtsverstößen und Zwangsarbeit in Myanmar bereits verlassen. Im Januar 2002 kündigte auch der deutsche Textilhersteller Triumph seinen Weggang an.

Freigelassene Friedensnobelpreis-Trägerin Aung Suu Kyi mit Freunden und Familienangehörigen

Die Inflation liegt bei 50 Prozent, Haushalt und Leistungsbilanz sind chronisch defizitär. Durch fehlende Steuereinnahmen wird der soziale Sektor massiv vernachlässigt. Jedes dritte Kind ist unterernährt. Gut 40 Prozent des Haushalts werden dagegen für die Verteidigung aufgebracht. So bestellte die Regierung 2001 für 130 Millionen US-Dollar zehn MiG-29-Kampfflugzeuge in Russland und erhielt im Februar 2002 fünf Kriegsschiffe aus China. Die vorsichtige Öffnung könnte durch Spannungen innerhalb der Regierung – angeblich gab es einen Putschversuch im März 2002– wieder zunichte gemacht werden.

Pyidaungzu Myanma Naingngandaw – Union Myanmar; Burmesen

Nationalfeiertag: 4. Januar

Zeitzone: MEZ + 5 ½ h

Hauptstadt: Yangon (3 302 000 Einwohner)

Telefon-Vorwahl: +95
Kfz-Kennzeichen: MYA

Mitgliedschaften: Asean, Uno

Republic of Namibia – Republik Namibia; Namibier

Nationalfeiertag: 21. März

Zeitzone: MEZ

Hauptstadt: Windhuk (161 000 Einwohner)

Telefon-Vorwahl: +264
Kfz-Kennzeichen: NAM

Mitgliedschaften: AU, Uno

Staatspräsident Samuel Nujoma

Namibia

Botschaft in Deutschland: Wichmannstraße 5, D-10787 Berlin ☎ +49-30-25 40 95 10 🖷 -25 40 95 55

GEOGRAFIE, BEVÖLKERUNG

Fläche: 824 292 km². Ein Relikt der Kolonialzeit ist der 450 km lange und maximal 90 km breite Caprivi-Zipfel im Nordosten. 1999 legte der Internationale Gerichtshof den genauen Grenzverlauf zu Botswana fest. **Verwaltung:** 13 Regionen **Bevölkerung:** 1,757 Mio. Einw., davon hauptsächlich Bantuvölker: 50 % Ovambo, 9 % Kavango, 7 % Herero, 7 % Damara, 5 % Nama **Flüchtlinge:** 30 885 **In Städten** leben 31 %, **unter 15 J.** sind 44 % der Bev. **Bev.dichte:** 2 Einw./km² **Bev.wachstum:** 1,71 % **Fruchtbarkeitsrate:** 5 Geb./Frau **Landessprachen:** Englisch (Amtssprache), daneben Afri-

kaans, Deutsch und Herero **Religionen:** 80 – 90 % Christen (überwiegend Protestanten), traditionelle Religionen

POLITISCHES SYSTEM

Unabhängig seit dem 21. März 1990. Republik im Commonwealth. Verfassung von 1990, zuletzt geändert 1998. Zweikammersystem: Nationalversammlung (72 gewählte und 6 vom Staatsoberhaupt ernannte Mitglieder, Wahl alle 5 J.) Nationalrat (26 Sitze). Wahl alle 6 J. Direktwahl des Staatsoberhaupts auf 5 J. Wahlrecht ab 18 J. **Staatsoberhaupt:** Samuel (»Sam«) Nujoma (seit Februar 1990) **Regierungschef:** Hage Gottfried Geingob (seit März 1990) **Außenminister:** Theo-Ben Gurirab

MILITÄR

Wehrpflicht: Keine **Streitkräfte:** 9000 Mann, alle Armee **Militärausgaben** (am BSP): 2,9 %

GESUNDHEIT, SOZIALES, BILDUNG

Öffentliche Gesundheitsausgaben (am BIP): 3,3 % **Öffentliche Ausgaben für Bildung und Erziehung** (am BIP): 8,1 % **Medizinische Versorgung:** 0,3 Ärzte, Krankenhausbetten: k. A. **Säuglingssterblichkeit:** 62/1000 Geb. **Müttersterblichkeit:** 370/100 000 Geb. **Kinderunterernährung:** k. A. **Kinderarbeit:** 17 % **Armutsrate:** 34,9 % **Frauenanteil an den Beschäftigten:** 40,9 % Zugang zu **sauberem Trinkwasser** haben 100 % der städtischen, 67 % der ländlichen Bev., zu **sanitären Anlagen** 96 % bzw. 17 % **HIV-Infektionsrate:** 19,54 % **Lebenserwartung:** 47 J. **Schulpflicht:** 6 – 16 J. **Einschulungsquote** im Primarbereich 91 %, im Sekundarbereich 36 % **Analphabetenrate:** Männer 17 %, Frauen 19 % **Universitäten:** 2, University of Namibia, Technicon of Naminia

WIRTSCHAFT

Währung: 1 Namibia-Dollar (N$) = 100 Cent **Kurs** (Mitte 2002): 1 N$ = 0,11 € **BSP:** 3,6 Mrd. US$ **Wachstumsrate des BIP:** 3,9 % **BSP/Kopf:** 2030 US$ **Anteile am BIP:** Landwirtschaft 11 %, Industrie 28 %, Dienstleistungen 61 % **Forschung+Entwicklungsausgaben** (am BSP): k. A. **Arbeitslosenquote:** 19,5 % **Inflationsrate:** 9,2 % **Staatseinnahmen:** k. A. **Steueraufkommen** (am BIP): 29,5 % **Staatsausgaben:** k. A. **Leistungsbilanzüberschuss:** 162 Mio. US$ **Auslandsschulden:** k. A. **Schuldendienst** (am BSP): k. A. **Devisenreserven:** 260 Mio. US$ **Empf. Hilfsgelder:** 152 Mio. US$ **Energie:** Produktion: 0,27 Mio. t ÖE, Verbrauch: 1,11 Mio. t ÖE

Landwirtschaft, Rohstoffe, Industrie:

Nutzfläche 1 %, von der Anbaufläche sind 0,9 % bewässert **Produkte:** Mais, Hirse, Wurzeln und Knollen, Viehwirtschaft **Bewaldet:** 80 000 km², jährliche **Rodung:** 734 km² **Rohstoffe:** Diamanten, Zink, Blei, Gold, Flussspat, Uran, Kupfer

Außenwirtschaft:

Handelsbilanzdefizit 173 Mio. US$ **Export:** 1,278 Mrd. US$, davon 50,6 % Diamanten, 18,8 % andere Bergbauprodukte, 15,7 % Nahrungsmittel **Hauptausfuhrländer:** Großbritannien (34,4 %), Südafrika (27,4 %), Japan (9,8 %) **Import:** 1,451 Mrd. US$, davon 29,7 % Maschinen und Transportmittel, 24,1 % Nahrungsmittel und

Tabak **Hauptlieferländer:** Südafrika (84,3 %), USA (4,1 %), Deutschland (2 %)

VERKEHR

Schienennetz: 2382 km **Straßennetz:** 66 467 km, davon 8,3 % befestigt **Motorisierung:** 85 Kfz/1000 Einw. Internationale **Flughäfen:** Windhuk, Walfischbai Nationale **Fluglinie**: Air Namibia Bedeutender **Seehafen:** Lüderitz, Walfischbai

KOMMUNIKATION

Auf 1000 Einw. kommen 141 **Rundfunk-**, 38 **Fernsehgeräte**, 65,7 **Telefonanschlüsse**, 55,9 **Mobiltelefone**, 36,4 **PC IuK-Ausgaben** (am BIP): k. A. Größte **Tageszeitung:** *The Namibian* (Auflage: 11 000 Exemplare) **Nachrichtenagentur:** Namibia Press Agency (Nampa)

UMWELT, TOURISMUS

Geschützte Gebiete: 12,9 % der Landesfläche **CO_2-Emission:** k. A. **Verwendung des Süßwassers:** Landwirtschaft 68 %, Industrie 3 %, Haushalte 29 % **Tourismus:** 614 000 Besucher, 288 Mio. US$ Einnahmen

AKTUELLE ENTWICKLUNGEN

Im September 2001 beendete Namibia sein militärisches Engagement in der Demokratischen Republik Kongo, wo Truppen die dortige Regierung unterstützt hatten. Nach einem Besuch von Uno-Generalsekretär Kofi Annan, der im Kongo an die dort kämpfenden ausländischen Truppen appelliert hatte, das vom Krieg zerrissene Land zu verlassen, kündigte Namibias Präsident Sam Nujoma den Abzug der 2000 Soldaten an. Der kostspielige Einsatz war immer unpopulär; auch namibische Menschenrechtsorganisationen hatten die Einmischung des Landes in diesen offiziell nicht erklärten Krieg kritisiert und auf die Opfer unter den Soldaten hingewiesen. Namibia war die erste ausländische Macht, die mit dem Abzug aus dem Kongo Ernst machte. Mindestens 36 Namibier sind bei dem dreijährigen Einsatz ums Leben gekommen, inoffizielle Angaben sprechen von weit über 100.

Nachfahren des einst von deutschen Kolonialtruppen brutal unterworfenen Hirtenvolks der Hereros reichten in den USA Klage gegen zwei deutsche Firmen ein. Sie bzw. ihre Vorgängerunternehmen hatten Hereros als Zwangsarbeiter eingesetzt und die Kolonialisierung des damaligen Deutsch-Südwestafrika finanziert. Als Entschädigungssumme wurden 2 Milliarden US-Dollar gefordert. Daneben befindet sich auch die Bundesregierung im Visier der Kläger. Mehr als 60 000 Menschen waren bei einer 1904 von Kaiser Wilhelm II. angeordneten Strafexpedition gegen das aufständische Hirtenvolk gestorben. Sie verdursteten in der Wüste oder kamen in Konzentrationslagern um. Wiederholt war bei Besuchen deutscher Politiker in Namibia die Frage einer Wiedergutmachung angesprochen worden – jedoch ohne Erfolg. Die deutsche Seite verwies in diesem Zusammenhang auf die »außergewöhnlich intensive entwicklungspolitische Zusammenarbeit«, mit der sie ihrer historischen Verantwortung gerecht werde. Bei ihrem Besuch in Windhuk im Februar 2002 sah sich auch Bundesjustizministerin Herta Däubler-Gmelin mit dem Thema konfrontiert, sie kritisierte den Schritt, die Angelegenheit vor amerikanische Gerichte zu bringen. Die in Namibia regierende Swapo unterstützt das Vorhaben der Hereros nicht.

Gefangene des Herero-Aufstands gegen deutsche Kolonialtruppen in Deutsch-Südwestafrika (1904)

Im November 2001 kündigte Präsident Nujoma an, bei den Wahlen 2004 nicht mehr für eine vierte Amtszeit zu kandidieren. Vor seiner zweiten Wiederwahl 1999 hatte er die Verfassung in seinem Sinne geändert, was ihm auch international Kritik eingetragen hatte. Auf seinen Namen wurde im Dezember 2001 die Kaiser-Wilhelm-Avenue in der Küstenstadt Swakopmund umbenannt.

Naoero; Republic of Nauru – Republik Nauru; Nauruer

Nationalfeiertag: 31. Januar

Zeitzone: MEZ + 11 h

Verwaltungssitz: Yaren (4000 Einwohner)

Telefon-Vorwahl: +674

Mitgliedschaft: Uno

Nauru

GEOGRAFIE, BEVÖLKERUNG

Fläche: 21,3 km² **Bevölkerung:** 12 000 Einw. **Bev.dichte:** 563,4 Einw./km² **Bev.wachstum:** 2,33 % **Lebenserwartung** k. A. **Analphabetenrate:** k. A. **Landessprachen:** Nauruisch, Englisch **Religionen:** 67 % Protestanten, 33 % Katholiken

POLITISCHES SYSTEM

Unabhängig seit 1968. Republik. **Staats- und Regierungschef:** Rene Harris (seit März 2001)

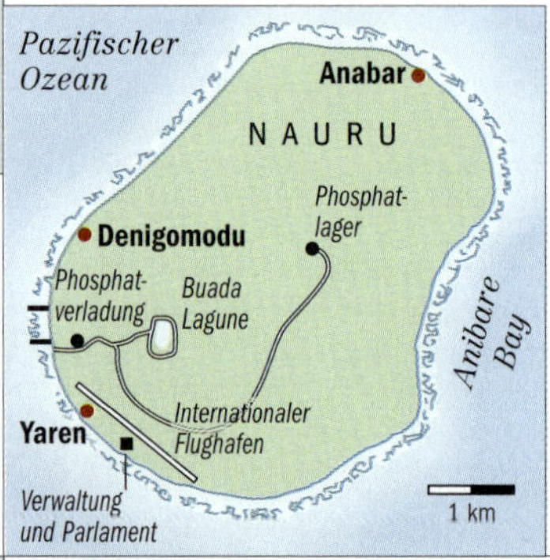

WIRTSCHAFT

Währung: 1 Australischer Dollar = 100 Cents (▸Australien) **BSP:** k. A. **Wachstumsrate des BIP:** 6,2 % (1995) **BSP/Kopf:** k. A. **Anteile am BIP:** k. A.

AKTUELLE ENTWICKLUNGEN

Die kleinste Republik der Welt hat größte Probleme. Die Phosphatvorkommen, einziger Rohstoff Naurus, sind spätestens 2010 erschöpft. 90 Prozent der Insel sind verwüstet, fast alle lebenswichtigen Güter müssen importiert werden. Ein aus früheren Exporterlösen gespeister Treuhand-Fonds sollte Naurus Zukunft sichern, aber Missmanagement hat seinen Wert von 540 Millionen US-Dollar auf 80 Millionen reduziert. Im April 2002 kündigte die OECD Sanktionen an, falls die Geldwäsche der gut 400 auf Nauru registrierten Banken nicht unterbunden werde. Lizenzgebühren von 2 Millionen Dollar im Jahr drohen dann zu entfallen. Nicht der Phosphatexport war ergiebigste Einnahmequelle, sondern die Internierung von 1200 Bootsflüchtlingen, die Nauru seit September 2001 von Australien gegen eine Zahlung von 16 Millionen US-Dollar kurzfristig übernommen hatte.

Nepal Adhirajya – Königreich Nepal; Nepalesen

Nationalfeiertag: 7. Juli (Geburtstag des Königs)

Zeitzone: MEZ + 4½ h

Hauptstadt: Katmandu (419 100 Einwohner)

Telefon-Vorwahl: +977

Mitgliedschaft: Uno

Nepal

Botschaft in Deutschland: Guerickestraße 27, D-10587 Berlin
☎ +49-30-34 35 99 20 🖷 -34 35 99 06

GEOGRAFIE, BEVÖLKERUNG

Fläche: 147 181 km². Von den zehn höchsten Bergriesen der Erde liegen 8, darunter der Mount Everest (8846 m), in Nepal **Verwaltung:** 5 Entwicklungsregionen **Bevölkerung:** 23,043 Mio. Einw., rund 75 ethnische Gruppen indoarischen und tibetoburmanischen Ursprungs **Bev.dichte:** 161 Einw./km² **Bev.wachstum:** 2,32 % **Bev. in Städten:** 12 % **Analphabetenrate:** Männer 40 %, Frauen 76 % **Landessprachen:** Nepali (Amtssprache), Maithili, Bhojpuri, Englisch, weitere 18 Sprachen mit zahllosen Dialekten **Religion:** 80 % Hindus (Staatsreligion), 15 % Buddhisten, 3% Muslime, 2% Christen

POLITISCHES SYSTEM

Konstitutionelle Monarchie, Verfassung von 1990. Wahlrecht ab 18 J. Zweikammerparlament: Repräsentantenhaus (»Pratinidhi Sabha«) mit 205 auf 5 J. direkt gewählten Abgeordneten, Nationalversammlungt (»Rashtriya Sabha«) mit 60 Abgeordneten. 10 werden durch den König ernannt, 35 vom Repräsentantenhaus, 15 aus den 5 Entwicklungsregionen für 6 J. durch ein Wahlmännergremium gewählt. **Staatsoberhaupt:** König Gyanendra Bir Bikram Shah Dev (seit Juni 2001) **Regierungschef:** Sher Bahadur Deuba (seit Juli 2001) **Außenminister:** Sher Badura Deuba

MILITÄR

Streitkräfte: 50 000 Mann **Militärausgaben** (am BSP): 0,8 %

GESUNDHEIT, SOZIALES

Öffentliche Gesundheitsausgaben (am BIP): 1,3 % **Medizinische Versorgung:** < 0,05 Ärzte/1000 Einw. **Armutsrate:** 37,7 % **Säuglingssterb-**

lichkeit: 74/1000 Geb. **Lebenserwartung:** 59 J. **HIV-Infektionsrate:** 0,29 %

WIRTSCHAFT

Währung: 1 Nepalesische Rupie (NR) = 100 Paisa **Kurs** (Mitte 2002): 1 NR = 0,01 € **BSP:** 5,6 Mrd. US$ **Zuwachsrate des BIP:** 6,5 % **BSP/Kopf:** 240 US$ **Anteile am BIP:** Landwirtschaft 40 %, Industrie 22 %, Dienstleistungen 37 % **Arbeitslosenquote:** 1,1 % **Inflationsrate:** 2,4 % **Auslandsschulden:** 2,823 Mrd. US$ **Schuldendienst** (am BSP): 1,8 % **Entwicklungshilfe:** 390 Mio. US$ **Handelsbilanzdefizit:** 793 Mio. US$ **Exportgüter:** Teppiche, Textilien, Felle, Jute, kunsthandwerkl. Waren **Hauptausfuhrländer:** Deutschland (34%), USA (33%) (1996) **Importgüter:** 19% Maschinen und Transportausrüstungen, 12 % chemische und pharmazeutische Produkte **Hauptlieferländer:** Indien (27%), Hongkong (15%), Japan (11%) (1996) **Tourismus:** 451 000 Besucher, 168 Mio. US$ Einnahmen

AKTUELLE ENTWICKLUNGEN

Ende Juni 2002 ging die Trauerperiode im Himalaya-Königreich Nepal offiziell zu Ende. Gut ein Jahr zuvor war der Monarch von seinem Sohn Dipendra im Palast von Katmandu ermordet worden. Der offenbar unter Alkohol und Drogen stehende Thronfolger erschoss außer seinem Vater und seiner Mutter noch sechs weitere Angehörige, ehe er Selbstmord verübte. Noch im Koma wurde Dipendra zum König proklamiert, denn erst nach dessen Tod ging die Krone an seinen Bruder Gyannendra. Die Hintergründe der Tat blieben bis heute unaufgeklärt

Die Lage in dem seit 1996 vom Bürgerkrieg heimgesuchten Land hat sich dramatisch verschärft. Seit dem Abbruch der Friedensgespräche mit den maoistischen Rebellen im November 2001 herrscht in Nepal der Ausnahmezustand. Die Regierung schränkte die Presse- und die Versammlungsfreiheit wurde ein, 10 Zeitungen wurden verboten und 105 Journalisten inhaftiert. Erstmals wird die mit weit reichenden Sondervollmachten ausgestattete 50 000-Mann-Armee offiziell gegen die Rebellen eingesetzt, die schätzungsweise über 13 000 Kämpfer verfügen und große Teile des Landes kontrollieren. Ende Mai 2002 trat Premier Sher Bahadur Deuba zurück, da das Parlament die vom Militär und Monarchen geforderte erneute Verlängerung des Ausnahmezustands verweigerte. König Gyanendra löste darauf das Parlament auf und setzte Neuwahlen für den 13. November an. Deuba, der bis dahin die Regierungsgeschäfte führt, veranlasste die Fortsetzung des Notstandes per Dekret. Mittlerweile hat ihn seine Partei deshalb ausgeschlossen und ist selbst darüber in eine ernste Krise geraten. Kritiker der Regierung sprechen von einem »Staatsstreich von oben« und zweifeln an der Durchführung fairer Wahlen.

Die Maoisten, die für die Abschaffung der Monarchie und eine Landreform eintreten, sind in der Defensive. Militärisch erlitten sie seit Herbst hohe Verluste, und ihre Führung ist nach Aussagen von Überläufern gespalten. Die Unterstützung in der Bevölkerung, von der nach Uno-Angaben über 80 Prozent weniger als zwei US-Dollar am Tag zum Leben haben, schwindet. In den Kämpfen, die von beiden Seiten brutal geführt werden, kamen bisher über 4700 Menschen ums Leben, gut die Hälfte davon in den letzten Monaten. Die USA haben Deuba 20 Millionen Dollar an Militärhilfe sowie 10 Kampfhubschrauber für den Krieg gegen den Terrorismus zugesagt. Außerdem entsandten sie eine US-Offiziersdelegation nach Nepal. Neben Großbritannien will Indien den Kampf gegen die Maoisten finanziell und materiell verstärkt unterstützen.

Anfang Juli kündigte Premierminister Deuba für das Haushaltsjahr 2002/2003 drastische Kürzungen in den Entwicklungsprogrammen (-23 Prozent), aber eine Budget-Erhöhung für Sicherheit und Verteidigung an. Polizei und Armee sollen künftig 173 Millionen Dollar zur Verfügung haben, das ist ein Zuwachs von rund 32 Prozent.

Premierminister Sher Bahadur Deuba

Getötete Maoisten in Khara

New Zealand – Neuseeland; Neuseeländer

Nationalfeiertag: 6. Februar (Waitangi-Tag, nach dem Vertrag von Waitangi, mit dem 1840 die britische Oberhoheit festgeschrieben wurde)

Zeitzone: MEZ + 11 h

Hauptstadt: Wellington (335 500 Einwohner)

Telefon-Vorwahl: +64
Kfz-Kennzeichen: NZ

Mitgliedschaften: OECD, Uno

Neuseeland

Botschaft in Deutschland: Friedrichstraße 60, D-10117 Berlin
☎ +49-30-20 62 10 🖷 -20 62 11 14

GEOGRAFIE, BEVÖLKERUNG

Fläche: 270 534 km^2. Das Land besteht aus einer Nord- und einer Südinsel, getrennt durch die an ihrer schmalsten Stelle nur 38 km breite Cook-Straße. Beide Inseln sind gebirgig und durch Fjorde zerschnitten; charakteristisch für die Nordinsel: das vulkanische Hochland mit noch aktiven Vulkanen und zahlreichen Thermalquellen; für die Südinsel: die »Neuseeländischen Alpen« (Mt. Cook 3754 m). Den beiden Hauptinseln sind einige kleinere Eilande vorgelagert, z. B. Stewart Island (1746 km^2), Chatham Islands (963 km^2), Kermadec Islands (33,5 km^2) sowie weitere, meist unbewohnte Kleinstinseln mit zusammen über 800 km^2 Fläche. **Verwaltung:** 93 Counties, 9 Distrikte, 3 Stadtdistrikte **Bevölkerung:** 3,831 Mio. Einw., davon 75 % europäischer Abstammung, 10 % Maori, 4 % Polynesier **Flüchtlinge:** 5264 **In Städten** leben 87 %, **unter 15 J.** sind 23 % der Bev. **Bev.dichte:** 14 Einw./km^2 **Bev.-wachstum:** 0,73 % **Fruchtbarkeitsrate:** 2 Geb./Frau. **Landessprachen:** Englisch (Amtssprache) und Maori **Religionen: Christen** (24 % Anglikaner, 18 % Presbyterianer, 15 % Katholiken, 5 % Methodisten)

Exterritoriale Gebiete:
Abhängig ist Tokelau (10 km^2, 1600 Einw.); assoziiert sind, bei innerer Autonomie, die 15 Cook Islands (▸Seite 308) und Niue (▸Seite 307).

Die größten Städte

Auckland	998 000
Wellington	335 500
Christchurch	331 400
Hamilton	159 200
Dunedin	112 300

POLITISCHES SYSTEM

Parlamentarische Demokratie im Commonwealth. Keine schriftlich fixierte Verfassung. Wahlrecht ab 18 J. Einkammerparlament (1950 Abschaffung des Oberhauses) mit 120 Sitzen, davon 6 ständige Sitze für Maoris. Wahl alle 3 J. Verknüpfung von Elementen des Mehrheitswahlrechts mit Verhältniswahlrecht nach deutschem Vorbild mit Fünf-Prozent-Hürde.
Staatsoberhaupt: Königin Elizabeth II. von Großbritannien (Titel: »Königin von Neuseeland«), vertreten durch die Generalgouverneurin Silvia Cartwright (seit April 2001)
Regierungschefin: Helen Clark (seit November 1999)
Außenminister: Phil Goff

PARTEIEN

- Now Zealand National Party/NP (Vors. Bill English);
- Labour Party/LP (Vors. Helen Clark);
- New Zealand First/NZF (Vors. Winston Peters);
- Alliance – Wahlbündnis aus Green Party, »Mana Motuhake o Aotearoa« (New Zealand Self-Government Party, gegr. 1980, Maori-Partei) sowie Democratic Party (Vor. Laila Harre);
- ACT New Zealand;
- United New Zealand/UNZ.

MILITÄR

Wehrpflicht: Keine **Streitkräfte:** 9230 Mann, davon 4450 Armee, 2800 Luftstreitkräfte, 1980 Marine **Militärausgaben** (am BSP): 1,2 % **Waffenhandelsanteil** an den Importen 4%

GESUNDHEIT, SOZIALES, BILDUNG

Öffentliche Gesundheitsausgaben (am BIP): 6,3 % **Öffentliche Ausga-**

NIUE
Insel 3000 km nordöstlich von Neuseeland
Fläche: 262,7 km² **Bevölkerung:** 1857 Einw. **Sprachen:** Niueanisch (polynesische Sprache), Englisch **Religionen:** Christen **Hauptort:** Alofi (900 Einwohner)
Regierungsform: Assoziiertes Territorium seit 1974, Verfassung von 1974. Versammlung mit 20 Mitgl. (6 gewählt, 14 Dorfrepräsentanten). Wahlrecht ab 18 J. **Regierungschef:** Sani Lakatani (seit März 1999)
Wirtschaft: BIP: 11,8 Mio. NZ$. Hilfe von Neuseeland: 6,5 Mio. NZ$. Export: 0,54 Mio. NZ$ (Kokoscreme, Kunsthandwerk). Import: 7 Mio. NZ$ (Lebensmittel, Chemikalien, Brennstoffe), zu 86 % aus Neuseeland.

ben für Bildung und Erziehung (am BIP): 7,2 % **Öffentliche Ausgaben für Altersversorgung** (am BIP): 6,5 % **Medizinische Versorgung:** 2,3 Ärzte, 6,2 Krankenhausbetten/1000 Einw. **Säuglingssterblichkeit:** 6/1000 Geb. **Müttersterblichkeit:** 15/100 000 Geb. **Kinderunterernährung:** k. A. **Kinderarbeit:** k. A. **Armutsrate:** k. A. **Frauenanteil an den Beschäftigten:** 45 % Zugang zu **sauberem Trinkwasser** haben 100 % der Bev., zu **sanitären Anlagen:** k. A. **HIV-Infektionsrate:** 0,06 % **Lebenserwartung:** Männer 76 J., Frauen 81 J. **Schulpflicht:** 6 – 16 J. **Einschulungsquote** im Primarbereich 100%, im Sekundarbereich 90% **Analphabetenrate:** k. A. **Universitäten:** 7, die wichtigsten befinden sich in Auckland, Christchurch, Wellington und Dunedin

WIRTSCHAFT
Währung: 1 Neuseeland-Dollar (NZ$) = 100 Cents **Kurs** (Mitte 2002): 1 NZ$ = 0,51 € **BSP:** 49,8 Mrd. US$ **Wachstumsrate des BIP:** 2,5 % **BSP/Kopf:** 12 990 US$ **Anteile am BIP:** Landwirtschaft 8,6 %, Industrie 23,8 %, Dienstleistungen 67,5 % **Forschung+ Entwicklungsausgaben** (am BSP): 1,21 % **Arbeitslosenquote:** 6 % **Inflationsrate:** 2,7 % **Staatseinnahmen:** 18,157 Mrd. US$ **Steueraufkommen** (am BIP): 29 % **Einkommensteuer:** max. 39 % **Körperschaftsteuer:** 33 % **Haushaltsdefizit** (am BIP): 0,4 % **Staatsausgaben:** 17,897 Mrd. US$ **Leistungsbilanzdefizit:** 1,587 Mrd. US$ **Auslandsschulden:** 69,316 Mrd. US$ **Auslandsvermögen:** 32,404 Mrd. US$ **Schuldendienst** (am BSP): k. A. **Devisenreserven:** 3,329 Mrd. US$ **Geleistete Entwicklungshilfe:** 113 Mio. US$ **Ausl. Direktinvestitionen:** 3,209 Mrd. US$ **Börse** (Marktkapitalisierung am BIP): 37,3 % **Energie:** Produktion 15,14 Mio. t ÖE, Verbrauch 18,18 Mio. t ÖE, Anteile am Verbrauch: Kohle 7,3 %, Öl 35,0 %, Erdgas 29,5 %, sonstige 28,2 %

Landwirtschaft, Rohstoffe, Industrie:
Nutzfläche 12,2 %, von der Anbaufläche sind 8,7 % bewässert. Die gebirgige Struktur des Landes verhindert Ackerbau im großen Stil. Gute Ergebnisse beim Weinanbau. Auf den riesigen Weideflächen werden Schafe und Rinder gezüchtet; vor allem auf der Südinsel gibt es große Viehfarmen. **Bewaldet:** 79 000 km², jährliche **Aufforstung:** 390 km² **Wichtige Industriezweige:** Die verarbeitende In-

Generalgouverneurin Silvia Cartwright

Grasende Schafe auf der neuseeländischen Nordinsel bei Taihape

COOK ISLANDS

Inselgruppe 3500 bis 4000 km nordöstlich von Neuseeland **Fläche:** 237 km^2 **Bevölkerung:** 18 600 Einw., überwiegend Polynesier **Sprachen:** Englisch, Maori **Religionen:** 70 % Protestanten, außerdem Katholiken und traditionelle Religionen **Regierungsform:** Assoziiertes Territorium seit 1965, Verfassung von 1965, letzte Änderung 1991. Parlament mit 25 Mitgliedern, gewählt alle 5 J.; Häuptlingsrat mit 15 Mitgliedern **Premierminister:** Robert Woonton (seit Februar 2002) **Wirtschaft:** BIP (1999): 148 Mio. NZ$. Export: 6,7 Mio. NZ$ (landwirtschaftliche Erzeugnisse, Halbfertigwaren). Import: 77,2 Mio. NZ$ (Nahrungsmittel, Maschinen und Transportmittel, industrielle Vorprodukte) **Tourismus:** 1999 kamen 55 600 Besucher

Cook-Insel Aitutaki

dustrie hat seit dem Zweiten Weltkrieg stark an Bedeutung gewonnen. Sie konzentriert sich auf der Nordinsel. Führend sind die Nahrungsmittelproduktion und die Holzverarbeitung. **Rohstoffe:** Kohle, Erdgas, Eisen, Kieselerde, Erdöl, Gold

Außenwirtschaft:

Handelsbilanzsaldo: 1,472 Mrd US$. **Export:** 13,918 Mrd. US$, davon 13,8 % industrielle Vorprodukte, 11,1% Maschinen und Transportmittel, 42,1 % Nahrungsmittel **Hauptausfuhrländer:** Australien (21,1 %), USA (14,4 %), Japan (13 %) **Hightech-Exporte:** 365 Mio.US$ **Import:** 12,447 Mrd. US$, davon 13,6 % industrielle Vorprodukte; 43,3 % Maschinen und Transportmittel; 13,5 % Fertigwaren **Hauptlieferländer:** Australien (23,8%), USA (17,8 %), Japan (11,6 %)

Regierungschefin Helen Clark

VERKEHR

Schienennetz: 3913 km. Das Bahnwesen wurde 1993 privatisiert (Trans Rail Ltd.). **Straßennetz:** 92 053 km, davon 62,8 % befestigt **Motorisierung:** 540 Kfz/1000 Einw.

Internationale **Flughäfen:** 3, in Auckland, Wellington und Christchurch. Wichtigste **Fluggesellschaft:** Air New Zealand, die 2001 in wirtschaftliche Schwierigkeiten geriet, mit Staatsgeld gerettet und so quasi zu großen Teilen wieder verstaatlicht wurde. 9,888 Mio. beförderte Passagiere **Haupthäfen:** Auckland, Christchurch, Dunedin, Tauranga und Wellington. **Wasserwege:** 1609 km.

KOMMUNIKATION

Auf 1000 Einw. kommen 997 **Rundfunk-**, 522 **Fernsehgeräte**, 471,4 **Telefonanschlüsse**, 621,3 **Mobiltelefone**, 385,6 **PC** und 109,19 **Internet-Zugänge IuK-Ausgaben** (am BIP): 13,6 %

Es erscheinen 29 **Tageszeitungen** mit einer Gesamtauflage von ca. 800 000 Exemplaren. Die größten Tageszeitungen und ihre Auflagen:

New Zealand Herald, Auckland 215 000
The Press, Christchurch 93 000
The Dominion, Wellington 70 000
Evening Post, Wellington 59 000
Otago Daily Times, Dunedin ... 48 000

Nachrichtenagenturen: New Zealand Press Association und South Pacific News Service (Sopacnews)

UMWELT, TOURISMUS

Geschützte Gebiete: 23,6 % der Landesfläche **Energieverbrauch/Kopf:** 4770 kg ÖE **CO_2-Emission:** 30 Mio. t **Verwendung des Süßwassers:** Landwirtschaft 44 %, Industrie 10 %, Haushalte 46% **Tourismus:** 1,79 Mio. Besucher, 2,07 Mrd US$ Einnahmen

AKTUELLE ENTWICKLUNGEN

Das Pendel ist zurückgeschwungen. Die von Labour dominierte Koalitionsregierung von Ministerpräsidentin Helen Clark hat Neuseeland wieder fest am Westen vertäut. Nach anderthalb Jahrzehnten der Isolation präsentieren sich die Kiwis, wie sie sich selbst nennen, wieder als zuverlässige Partner in der westlichen Wertegemeinschaft.

Es sei an der Zeit, sagte Frau Clark im Oktober 2001 beim Treffen mit US-Präsident George W. Bush in Schanghai, »historischen antinuklearen Ballast« abzuwerfen. Sie bekannte sich

gleichzeitig zum gemeinsamen Kampf gegen den Terrorismus und erklärte, dass ihr Land seinen Sonderweg nunmehr zu verlassen gedenke.
Neuseeland hatte sich seit 1986 von den Vereinigten Staaten abgesetzt. Seine Häfen wurden damals für atomar bewaffnete und angetriebene Schiffe gesperrt. Das Verbot richtete sich hauptsächlich gegen die amerikanische Supermacht, die die neuseeländischen Häfen als Stützpunkte für ihre Atomflotte benötigte.
Weil sich kein Kompromiss finden ließ, wurde Neuseeland damals praktisch aus dem Anzus-Pakt ausgeschlossen. Weltweiter Applaus war den Neuseeländern sicher. Doch damals, so sagt Frau Clark, war eine ganz andere Zeit.
George W. Bush revanchierte sich für die Wende mit der Zusage, Neuseeland Zugang zu einem Freihandelsabkommen zu ermöglichen, dem die Amerikaner bis dahin zurückhaltend gegenübergestanden hatten. In Wellington hat sich die Einsicht breit gemacht, dass die kleine Doppelinsel am unteren Ende der Welt mit ihren knapp vier Millionen Einwohnern sich auf Dauer nicht dem Mainstream der Weltpolitik widersetzen kann, ohne empfindliche Nachteile in Kauf nehmen zu müssen.
Die asiatische Finanzkrise hatte tiefe Spuren in der Wirtschaft des Landes hinterlassen. Erfolgreiche Reformen führten dazu, dass das Land mit fast drei Prozent Wachstum mit an der Weltspitze steht. Grund ist vor allem eine starke Binnennachfrage, die Sparquote ist die geringste aller OECD-Länder.
Die Katastrophe des 11. September 2001 ist nicht ohne Rückwirkungen auf das Selbstverständnis der Neuseeländer geblieben. Sie haben verstanden, dass Terror alle Staaten gleichermaßen bedroht und auch vor isolationistischen Bestrebungen nicht halt macht.
Die Kiwis stehen deshalb heute der Idee eines Staatenbundes mit Australien nicht mehr so abgeneigt gegenüber wie früher. Allerdings ist inzwischen in Australien die Zurückhaltung gewachsen. Neuseeland ist in den vergangenen Jahren auf der Rangliste der wettbewerbsfähigsten Länder der Welt von Platz 9 auf Platz 21 abgesackt und deshalb, volkswirtschaftlich gesehen, kein Traumpartner mehr. Die zwei ungleichen Nachbarn haben sich auseinander entwickelt.
Durch den Tod von Alec Campbell Mitte Mai haben sich die nachbarschaftlichen Beziehungen weiter gelockert. Campbell war der letzte Veteran der Kämpfe um Gallipoli, in der 1915/16 11 410 Australier und Neuseeländer verbluteten. Bei seinem Tode wehten die australischen und neuseeländischen Flaggen gemeinsam auf halbmast.

Yachthafen von Auckland

República de Nicaragua – Republik Nicaragua; Nicaraguaner

Nationalfeiertag: 15. September

Zeitzone: MEZ –7 h

Hauptstadt: Managua (1 188 000 Einwohner)

Telefon-Vorwahl: +505
Kfz-Kennzeichen: NIC

Mitgliedschaften: OAS, Uno

Präsident Enrique Bolaños Geyer

Nicaragua

Botschaft in Deutschland: Joachim-Karnatz-Allee 45, D-10557 Berlin ☎ +49-30-206 43 80 🖷 -22 48 78 91

GEOGRAFIE, BEVÖLKERUNG

Fläche: 120 254 km² **Bevölkerung:** 5,071 Mio. Einw. **Bev.dichte:** 42 Einw./km² **Bev.wachstum:** 2,59 % **In Städten:** 65 % der Bev. **Analphabetenrate:** Männer 34 %, Frauen 33 % **Landessprachen:** Spanisch (Amtssprache), Kreolisch, daneben Mískito und andere Indianersprachen **Religionen:** 80 % Katholiken, 20 % Protestanten

POLITISCHES SYSTEM

Unabhängig seit 1821, endgültig seit 1839. Präsidialrepublik. Verfassung seit 1987, zuletzt geändert 2000. Einkammerparlament: Nationalversammlung 93 Sitze. Wahlrecht ab 16 J. Wahl von Parlament und Präsident alle 5 J.
Staats- und Regierungschef: Enrique Bolaños Geyer (seit Januar 2002)

MILITÄR

Streitkräfte: 16 000 Mann **Militärausgaben** (am BSP): 1,2 %

GESUNDHEIT, SOZIALES

Öffentliche Gesundheitsausgaben (am BIP): 8,5 % **Medizinische Versorgung:** 0,9 Ärzte/ 1000 Einw. **Armutsrate:** k. A. **Säuglingssterblichkeit:** 33/1000 Geb. **Lebenserwartung:** Männer 67 J., Frauen 71 J.

WIRTSCHAFT

Währung: 1 Córdoba (C$) = 100 Centavos **Kurs** (Mitte 2002): 1 C$ = 0,08 € **BSP:** 2,1 Mrd. US$ **Wachstumsrate des BIP:** 4,3 % **BSP/Kopf:** 400 US$

Anteile am BIP: Landwirtschaft 32 %, Industrie 23 %, Dienstleistungen 45 % **Arbeitslosenquote:** 13,3 % **Inflationsrate:** 8,3 % **Auslandsschulden:** 7,019 Mrd. US$ **Schuldendienst** (am BSP): 14,2 % **Entwicklungshilfe:** 562 Mio. US$ **Handelsbilanzdefizit:** 994 Mio. US$ **Tourismuseinnahmen:** 116 Mio. US$

AKTUELLE ENTWICKLUNGEN

Nicaragua ist das ärmste Land Lateinamerikas, und drei Viertel der ländlichen Bevölkerung müssen mit einem Einkommen unterhalb der nationalen Armutsgrenze auskommen. Im Jahr 2001 litt die Wirtschaft unter extremer Dürre und stark gefallenen Kaffeepreisen. Vor allem im Norden fiel die Mais- und Bohnenernte zu 80 Prozent aus, mehrere hundert Kaffeeplantagen wurden geschlossen. Die Welternährungsorganisation FAO schätzte die Zahl der Hungernden auf 650 000. Zusätzlich vernichtete der Hurrikan Michelle Ende Oktober die Ernte an der Atlantikküste.
Zu den Präsidentschafts- und Parlamentswahlen am 4. November 2001 traten drei Parteibündnisse an. Obwohl das linke Wahlbündnis mit der Sandinistischen Befreiungsfront (FSLN) in Umfragen vorn lag, bekamen die regierenden Liberalen des Partido Liberal Constitucionalista (PLC) 51 Prozent der Stimmen. Ihr Präsidentschaftskandidat Enrique Bolaños Geyer, der versprochen hatte, den Korruptionsvorwürfen gegen seinen Vorgänger nachzugehen, erhielt 56,3 Prozent. Der für das linke Wahlbündnis angetretene Ex-Präsident Daniel Ortega, vor dessen Wahl die US-Regierung gewarnt hatte, kam auf 42,3 Prozent und verlor damit zum dritten Mal in Folge bei der Präsidentschaftswahl. Bolaños Geyer trat sein Amt im Januar 2002 an.
Im Juni 2002 kam es zu einem Skandal, als Abrechnungsdetails für eine auf die Zentralbank des Landes ausgestellte Kreditkarte publik wurden, die Bolaños' Vorgänger, der jetzige Parlamentspräsident Arnoldo Alemán Lacayo, genutzt hatte. Von 1997 bis 2001 hatte er, so der Vorwurf, insgesamt 1,8 Millionen US-Dollar für private Luxusgüter und aufwendige Auslandsreisen inklusive Flitterwochen abbuchen lassen. Bereits während seiner Staatspräsidentschaft galt er wegen Veruntreuung von internationalen Hilfsgeldern, persönlicher Bereicherung und Vetternwirtschaft als einer der korruptesten Staatschefs Lateinamerikas.

Niederlande

Botschaft in Deutschland: Friedrichstraße 95, D-10117 Berlin
☎ +49-30-20 95 60 🖷 -20 95 64 41

GEOGRAFIE, BEVÖLKERUNG

Fläche: 37 351 km², davon nur 33 883 km² Land – ein Teil der Niederlande liegt bei Flut unter dem Meeresspiegel (am tiefsten Punkt 7 m). Durch die teilweise Trockenlegung der »Zuiderzee« (südliches Ijsselmeer) wurden bisher 2000 km² Land hinzugewonnen. Etwa 3000 km Deiche sollen das Land vor den Wasserfluten schützen.
Nach einer verheerenden Sturmflut im Jahre 1953 wurden alle Mündungen der großen Flüsse bis zur Westerschelde mit einem System aus Dämmen und Flutwehren gesichert.
Vor der Küste (451 km Länge) liegen die Westfriesischen Inseln Texel, Vlieland, Terschelling, Ameland und Schiermonnikook. **Verwaltung:** 12 Provinzen **Bevölkerung:** 15,919 Mio. Einw., davon 96 % Holländer, Minderheiten von Türken, Marokkanern sowie Flüchtlinge und Exilanten aus den ehemaligen Kolo-nien **Flüchtlinge:** 152 338 **Ausländeranteil:** 4,1 %, darunter 18,4 % Marokkaner, 15,5 % Türken, 8,3 % Deutsche, 6,1 % Briten **In Städten** leben 89 %, **unter 15 J.** sind 18 % der Bev. **Bev.dichte:** 470 Einw./km² **Bev.wachstum:** 0,35 % **Fruchtbarkeitsrate:** 1,7 Geb./Frau **Landessprachen:** Niederländisch sowie regional Friesisch, daneben Deutsch und Englisch als Verkehrssprachen **Religionen:** 34 % Katholiken, 25 % Protestanten, 3 % Muslime

Die größten Städte

Amsterdam	731 300
Rotterdam	592 700
Den Haag	441 100
Utrecht	233 700
Eindhoven	201 700
Tilburg	193 100
Groningen	173 100

POLITISCHES SYSTEM

Königreich unter Einschluss der Niederländischen Antillen (▸S. 313) und der Insel Aruba (▸S. 314). Konstitutionelle Erbmonarchie. Allg. Wahlrecht ab 18 J. Parlamentarisches Regierungssystem mit Zweikammerparlament (»Generalstaaten«): Erste Kammer mit 75 Abg., die für 4 J. indirekt von den Provinzialparlamenten gewählt werden. Zweite, politisch bedeutendere Kammer mit 150 Mitgl., die für 4 J. vom Volk gewählt werden. Daneben ein Staatsrat mit beratender Funktion unter Vorsitz des Monarchen, der die maximal 28 Mitgl. auf Lebenszeit beruft. Der Regierungschef wird ebenfalls vom Monarchen ernannt.
Staatsoberhaupt: Königin Beatrix aus dem Hause Oranien-Nassau (seit 1980) **Regierungschef:** Jan Peter Balkenende (seit Juli 2002)
Außenminister: Jaap de Hoop Scheffer

Koninkrijk der Nederlanden – Königreich der Niederlande; Niederländer

Nationalfeiertag: 30. April (Königinnentag)

Zeitzone: MEZ

Hauptstadt: Amsterdam (731 300 Einw.)
Regierungssitz: Den Haag (441 100 Einw.)

Telefon-Vorwahl: +31
Kfz-Kennzeichen: NL

Mitgliedschaften: EU, Nato, OECD, OSZE, Uno, WEU

Premier Jan Peter Balkenende, Königin Beatrix, Vizepremier und Gesundheitsminister Eduard Bomhoff

PARTEIEN

- Christlich Demokratischer Appell/CDA;
- Liste Pim Fortuyn/LPF (rechtspopulistisch);
- Volkspartei für Freiheit und Demokratie/VVD (liberal-konservativ);
- Partei der Arbeit/PvdA (sozialdemokratisch);
- Grüne Linke/GrL (ökologisch und sozialistisch);
- Sozialistische Partei/SP (extrem links);
- Demokraten 66/D66 (sozial-liberal);
- ChristenUnie (Zusammenschluss der Reformatorisch-Politischen Föderation /RPF und des Reformiert-Polit. Bundes /GPV)
- Streng-Reformierte Partei/SGP (orthodox-calvinistisch);
- Lebenswerte Niederlande/LN.

Parlamentssitze

	Zweite Kammer	*Erste Kammer*
CDA	43	20
LPF	26	0
VVD	24	19
PvdA	23	15
GrL	10	8
SP	9	2
D66	7	4
ChristenUnie	4	4
SGP	2	2
LN	2	0
Unabhängig	0	1

MILITÄR

Allg. Wehrpflicht: Nein **Streitkräfte:** 50 430 Mann, davon 23 100 Armee, 10 000 Luftstreitkräfte, 12 130 Marine **Militärausgaben** (am BSP): 1,8 % **Waffenhandelsanteil** an den Exporten 0,1 %, an den Importen 0,4 %

GESUNDHEIT, SOZIALES, BILDUNG

Öffentliche Gesundheitsausgaben (am BIP): 6 % **Öffentliche Ausgaben für Bildung u. Erziehung** (am BIP): 4,9 % **Öffentliche Ausgaben für Altersversorgung** (am BIP): 11,1 % **Medizinische Versorgung:** 3,1 Ärzte, 11,3 Krankenhausbetten/1000 Einw. **Säuglingssterblichkeit:** 5/1000 Geb. **Müttersterblichkeit:** 10/100 000 Geb. **Kinderunterernährung:** k. A. **Kinderarbeit:** 0 % **Armutsrate:** k. A. **Frauenanteil an den Beschäftigten:** 40,6 % Zugang zu **sauberem Trinkwasser** und zu **sanitären Anlagen** haben 100 % der Bev. **HIV-Infektionsrate:** 0,19 % **Lebenserwartung:** Männer 75 J., Frauen 81 J. **Schulpflicht:** 5–16 J. **Einschulungsquote** im Primarbereich 100 %, im Sekundarbereich 93 % **Analphabetenrate:** k. A. **Universitäten:** 13

WIRTSCHAFT

Währung: 1 € = 100 Cent **BSP:** 397,5 Mrd. US$ **Wachstumsrate des BIP:** 3,5 % **BSP/Kopf:** 24 970 US$ **Anteile am BIP:** Landwirtschaft 3 %, Industrie 27 %, Dienstleistungen 70 % **Forschung+Entwicklungsausgaben** (am BSP): 2,01 % **Arbeitslosenquote:** 3,6 % **Inflationsrate:** 5,1 % **Staatseinnahmen:** 190,6 Mrd. € **Steueraufkommen** (am BIP): k. A. **Einkommensteuer:** max. 52 % **Körperschaftsteuer:** 35 % **Staatsausgaben:** 181,9 Mrd. € **Leistungsbilanzüberschuss:** 12,405 Mrd. US$ **Auslandsschulden:** 1184 Mrd. US$ **Auslandsvermögen:** 1142 Mrd. US$ **Schuldendienst** (am BIP): k. A. **Devisenreserven:** 17,688 Mrd. US$ **Geleistete Entwicklungshilfe:** 3,135 Mrd. US$ **Ausl. Direktinvestitionen:** 54,138 Mrd. US$ **Börse** (Marktkapitalisierung am BIP): 175,6 % **Energie:** Produktion 59,05 Mio. t ÖE, Verbrauch 74,07 Mio. t ÖE. Anteile am Verbrauch: Kohle 9,5 %, Öl 49,6 %, Atomenergie 1 %, Erdgas 39,9 %

Landwirtschaft, Rohstoffe, Industrie:

Nutzfläche 28 %, von der Anbaufläche sind 60 % bewässert **Produkte:** Weizen, Mais, Gerste, Wein, Kartoffeln, Tabak **Bewaldet:** 4000 km², jährliche **Aufforstung:** 10 km² **Rohstoffe:** Erdgas,

Gedenkdemonstration für den Rechtspopulisten Pim Fortuyn anlässlich des Staatsakts in Rotterdam (9. Mai 2002)

Erdöl, Salz **Wichtige Industriezweige:** Elektronik, Chemie, Nahrungsmittel

Außenwirtschaft:
Handelsbilanzüberschuss 23,588 Mrd. US$ **Export:** 207,102 Mrd. US$, davon 33,4 % Maschinen u. Transportmittel, 15,8 % Chemikalien, 12,3 % Nahrungsmittel, 10,5 % Fertigwaren **Hauptausfuhrländer:** Deutschland (25,8 %), Belgien/Luxemburg (12,1 %), Frankreich (10,8 %) **Hightech-Exporte:** 44,439 Mrd. US$ **Import:** 183,514 Mrd. US$, davon 39,5 % Maschinen u. Transportmittel, 12,8 % industrielle Vorprodukte, 12,6 % Fertigwaren **Hauptlieferländer:** Deutschland (18 %), USA (10,2 %), Belgien/Luxemburg (9,6 %), Großbritannien (9,3 %)

VERKEHR
Schienennetz: 2808 km **Straßennetz:** 116 500 km, davon 90 % befestigt **Motorisierung:** 427 Kfz/1000 Einw. Internationale **Flughäfen:** Amsterdam, Rotterdam, Maastricht, Groningen Nationale **Fluglinie:** KLM, 20,794 Mio. beförderte Passagiere **Häfen:** Amsterdam, Rotterdam **Binnenschifffahrt** auf 5046 km

KOMMUNIKATION
Auf 1000 Einw. kommen 980 **Rundfunk-**, 538 **Fernsehgeräte**, 621,1 **Telefonanschlüsse**, 739,1 **Mobiltelefone**, 428,5 **PC** und 163,48 **Internet-Zugänge** **IuK-Ausgaben** (am BIP): 9,4 %

Es erscheinen 38 **Tageszeitungen** mit einer Gesamtauflage von rund 4,8 Mio. Exemplaren. Die größten Tageszeitungen und ihre Auflagen:
De Telegraaf (Amsterdam)...808 300
Algemeen Dagblad (Rotterdam)........................401 200
De Volkskrant (Amsterdam)..372 100
Brabants Dagblad ('s-Hertogenbosch).............296 600
NRC Handelsblad (Rotterdam)........................273 000
Nachrichtenagentur: Algemeen Nederlands Persbureau (ANP), Den Haag

UMWELT, TOURISMUS
Geschützte Gebiete: 6,8 % der Landesfläche **Energieverbrauch/Kopf:** 4,686 kg ÖE **CO_2-Emission:** 163,8 Mio. t **Verwendung des Süßwassers:** Landwirtschaft 34 %, Industrie 61 %, Haushalte 5 % **Tourismus:** 10,200 Mio. Besucher, 6,951 Mrd. US$ Einnahmen

NIEDERLÄNDISCHE ANTILLEN
Fläche: 5 Karibik-Inseln von insg. 800 km², davon »unter dem Wind« Curaçao (444 km²) und Bonaire (288 km²), »über dem Winde« Sint Eustatius (21 km²), Saba (13 km²), Sint Maarten (34 km², nur Südteil; Nordteil St. Martin französisch), mit 364 km Küste
Hauptstadt: Willemstad/Curaçao (43 500 Einw.)
Bevölkerung: 207 200 Einw., davon 85 % afrikanischer Abstammung, außerdem Europäer
Landessprachen: Niederländisch (Amtssprache), verbreitet Papiamento (Dialektmix aus Spanisch, Portugiesisch, Niederländisch, Englisch)
Währung: 1 Niederländisch-Antillen-Gulden (NAf) = 100 Cents
Kurs (Mitte 2001): 1 NAf = 0,60 €
Wirtschaft: Die Inselgruppe ist ein wichtiges Offshore-Zentrum für Bank- und Devisengeschäfte – viele tausend Firmen nutzen die liberale Gesetzgebung, was den Inseln den Vorwurf der USA eintrug, ein »Geldwäschezentrum« zu sein.
Bedeutende Industriezweige: Verarbeitung von Erdöl aus Venezuela, Phosphatabbau auf Curaçao. Der Tourismus gibt über 70 % der Bevölkerung Arbeit. 1998 kamen 195 000 Besucher allein nach Curaçao, dazu 231 000 mit Kreuzfahrtschiffen. Tourismuseinnahmen: 261 Mio. US$
BIP: 2,86 Mrd. US$ **Arbeitslosenquote:** 15,3 %

Kreuzfahrtschiff in Curaçao

AKTUELLE ENTWICKLUNGEN
Erstmals seit 400 Jahren wurde das traditionell liberale und weltoffene Land von einem politischen Mord erschüttert. Die Kugeln eines offenbar verwirrten Attentäters trafen Pim Fortuyn am Abend des 6. Mai, nur wenige Tage vor den Parlamentswahlen, für die sich der Rechtspopulist mit seiner eben gegründeten Partei gute Chancen ausgerechnet hatte (▸Personen des Jahres).
Bei den Wahlen am 15. Mai erhielt Fortuyns Liste selbst ohne ihren populären Spitzenmann 26 der 150 Mandate und wurde zur zweitstärksten Kraft im Parlament. Doch schon nach wenigen Wochen kriselte es in der Partei. Die Umfragewerte gingen massiv zurück, Fraktionschef Mat Herben gab Anfang August nach Kritik aus den eigenen Reihen sein Amt auf. Der bisherige Regierungs-

ARUBA

Fläche: 193 km². Wenig hügelige karibische »Insel unter dem Wind«, 68,5 km Küste mit weißen Sandstränden
Hauptstadt: Oranjestad (21 000 Einw.)
Bevölkerung: 95 200 Einw., zu 80 % Mischung von Europäern und karibischen Indianern
Landessprachen: Niederländisch (Amtssprache), daneben Englisch und Spanisch, volkstümlich Papiamento (Dialektmix aus Spanisch, Portugiesisch, Niederländisch, Englisch)
Religionen: 82 % Katholiken, daneben Protestanten, Hindus, Muslims, Konfuzianer, Juden
Währung: 1 Aruba-Florin (Afl.) = 100 Cents
Kurs (Mitte 2002): 1 Afl. = 0,60 €
Wirtschaft: Haupteinnahmequelle ist der Tourismus mit 683 300 Besuchern und 289 100 Kreuzfahrtgästen im Jahre 1999. Einnahmen daraus: 786,4 Mio. US$. Wirtschaftlich bedeutend sind außerdem die Erdölraffinierung und der Anbau von Aloe (für Kosmetik- und Pharmaindustrie).
BIP: 1,82 Mrd. US$ **Arbeitslosenquote:** 7,4 %

Karibischer Karneval in den Straßen von Oranjestad/Aruba

chef, der Sozialdemokrat Wim Kok, war zurückgetreten, nachdem eine Untersuchungskommission einen kritischen Bericht über das Verhalten niederländischer Uno-Soldaten während der serbischen Kriegsgräuel in Srebrenica 1995 vorgelegt hatte. Bei der Wahl verlor seine Partei fast die Hälfte ihrer Mandate. Wahlsieger wurde nach achtjähriger Oppositionszeit der christdemokratische CDA.

Der Erfolg bei den Wahlen erklärt sich aus der Angst vieler Bürger vor einer steigenden Kriminalität, die selbst Königin Beatrix in ihrer Thronrede 2001 als »großes gesellschaftliches Problem« bezeichnet hatte. Auch die liberale Einwanderungspolitik gilt als eine der Ursachen für das Aufbegehren vieler Wähler, die sich von dem jahrzehntelangen »Konsensmodell« der Politiker im Haag nicht mehr vertreten sahen.

Die neue Koalition unter dem Christdemokraten Jan Peter Balkenende verständigte sich – noch vor Bildung einer neuen Regierung – auf ein schärferes Einwanderungs- und Ausländergesetz. Die Zahl der Zuwanderer soll dadurch gesenkt werden, dass sie die Kosten ihrer Immigration selbst tragen müssen. Damit sollen Arme oder schlecht ausgebildete Zuwanderer abgeschreckt werden. Ausländern ohne Papiere soll es künftig nicht mehr möglich sein, einen Antrag auf Asyl zu stellen.

Auch soll nach dem Willen der Koalition aus Christdemokraten, der Fortuyn-Liste und der Rechtsliberalen ein neues Krankenversicherungssystem für alle Niederländer eingeführt werden, um die Ausgaben im Gesundheitswesen zu dämpfen: Jede Familie soll etwa 200 Euro im Monat in eine Krankenkasse ihrer Wahl zahlen; Kinder sollen kostenlos mitversichert werden.

Eines der letzten Zeugnisse niederländischer Liberalität war erst am Jahresanfang 2002 in Kraft getreten – das weltweit erste Gesetz, das aktive Sterbehilfe für unheilbar Kranke erlaubt. Die Sterbehilfe bleibt allerdings an enge Bedingungen geknüpft: Der Patient muss selbst, unerträglich leidend, einen solchen Wunsch äußern, ein dreiköpfiger Ausschuss muss seinen Fall prüfen.

Überraschend niedrige Strafen verhängte ein Gericht in Almelo gegen die beiden Eigentümer der Feuerwerksfabrik in Enschede, deren Explosion im Mai 2000 einen ganzen Stadtteil zerstört und 22 Menschen in den Tod gerissen hatte. Wegen Verstoßes gegen Umweltvorschriften erhielten die Ex-Direktoren Haftstrafen von jeweils sechs Monaten, davon drei auf Bewährung.

Wirtschaft: »Es herrscht Überfluss und Unbehagen« so beschrieb der scheidende Premier Kok die wirtschaftliche Lage des Landes, die im statistischen Vergleich der europäischen Länder im Jahre 2002 gar keinen schlechten Eindruck machte. Das Wirtschaftswachstum erreichte im ersten Quartal noch 1,1 Prozent nach 3,5 Prozent im Jahr zuvor. Das Jahr 2001 schloss mit einem Haushaltsüberschuss von 1,3 Prozent. Die Arbeitslosenquote betrug auch wegen vieler Teilzeitjobs im ganzjährigen Mittel nur 2,2 Prozent, die niedrigste Rate in ganz Europa, stieg allerdings im Frühjahr 2002 auf 3,3 Prozent. Auch sonst deuten sich Risiken an: Die Inflationsrate erreichte im Frühjahr 2002 mit 3,5 Prozent eine der höchsten Marken innerhalb der Europäischen Union.

Niger

Botschaft in Deutschland: Dürenstraße 9, D-53173 Bonn
☎ +49-2241-31 50 01

GEOGRAFIE, BEVÖLKERUNG

Fläche: 1 267 000 km² **Bevölkerung:** 10,832 Mio. Einw. **Bev.dichte:** 9 Einw./km² **Bev.wachstum:** 3,63 % **In Städten:** 21 % der Bev. **Analphabetenrate:** Männer 76 %, Frauen 92 % **Landessprachen:** Französisch (Amtssprache), Hausa, Djerma, Tamaschek **Religion:** 80 % Muslime, daneben traditionelle Religionen, Christen

POLITISCHES SYSTEM

Unabhängig seit dem 3. August 1960. 5. Republik mit semi-präsidiales Regime.
Staatsoberhaupt: Mamadou Tandja (seit Dezember 1999)
Regierungschef: Hama Amadou (seit Januar 2000)
Außenminister: Nassirou Sabo

Präsident Mamadou Tandja

MILITÄR

Streitkräfte: 5300 Mann **Militärausgaben** (am BSP): 1,2 %

GESUNDHEIT, SOZIALES

Öffentliche Gesundheitsausgaben (am BIP): 1,2 % **Medizinische Versorgung:** <0,05 Ärzte/1000 Einw. **Armutsrate:** 61,4 % **Säuglingssterblichkeit:** 114/1000 Geburten **Lebenserwartung:** Männer 44 J., Frauen 48 J.

WIRTSCHAFT

Währung: 1 CFA-Franc = 100 Centimes **Kurs** (Mitte 2002): 1 CFA-Franc = 0,002 € **BSP:** 1,9 Mrd. US$ **Wachstumsrate des BIP:** 0,1 % **BSP/Kopf:** 180 US$ **Anteile am BIP:** Landwirtschaft 39 %, Industrie 18 %, Dienstleistungen 44 % **Arbeitslosigkeit:** k.A. **Inflationsrate:** 4,0 % **Auslandsschulden:** 1,638 Mrd. US$ **Schuldendienst** (am BSP): 1,6 % **Entwicklungshilfe:** 211 Mio. US$ **Handelsbilanzdefizit:** 142 Mio. US$ **Tourismuseinnahmen:** 24 Mio. US$

AKTUELLE ENTWICKLUNGEN

Dem seit 1999 amtierenden Präsidenten Mamadou Tandja ist eine Stabilisierung des Landes gelungen. Das zu den zehn ärmsten Ländern der Welt zählende Land profitierte von dem im Dezember 2000 mit IWF und Weltbank vereinbarten Schuldenerlass in Höhe von 890 Mio. US-Dollar. Das entspricht 54 Prozent der Gesamtschulden Nigers. Nach den Rückschlägen Ende der neunziger Jahre rechnet das Land für 2002 nun mit einem Wirtschaftswachstum von 4,1 Prozent. Diesen Aufschwung verdankt Niger besonders der Entwicklung der Landwirtschaft, die allerdings in den Jahren zuvor überproportional geschrumpft war.
Das Sahelland ist überwiegend von ausländischer Finanzhilfe abhängig, sodass verzögerte Zahlungen im Herbst 2001 die positive Entwicklung stark gefährdet hatten. In dem Jahr waren nur 57 Prozent der Staatsausgaben durch laufende Einnahmen gedeckt. Neben der Haushaltskonsolidierung zählen Investitionen in das Gesundheits- und das Schulsystem sowie die Privatisierung von Staatsunternehmen zu den Kernpunkten des mit IWF und Weltbank vereinbarten Programms.
Die angestrebte Entwicklung des Tourismus lässt bislang noch auf sich warten. So warnt das Auswärtige Amt vor Überfällen auf Touristen. Eine Regelung der Grenzstreitigkeiten mit Benin könnte zur weiteren Befriedung des Landes beitragen.
Auf Grund intensiver Rodung sank die Population der letzten frei lebenden Giraffen Afrikas auf rund 40.

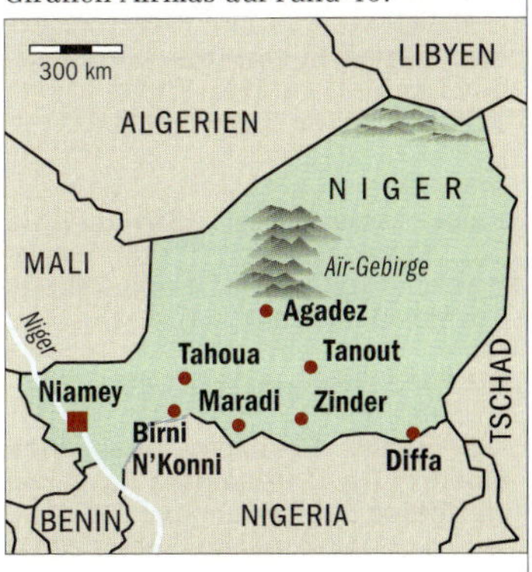

République du Niger – Republik Niger; Nigrer

Nationalfeiertag: 18. Dezember

Zeitzone: MEZ

Hauptstadt: Niamey (389 300 Einw.)

Telefon-Vorwahl: +227
Kfz-Kennzeichen: RN

Mitgliedschaften: AU, Uno

Federal Republic of Nigeria – Bundesrepublik Nigeria; Nigerianer

Nationalfeiertag: 1. Oktober

Zeitzone: MEZ

Hauptstadt: Abuja (298 300 Einwohner)

Telefon-Vorwahl: +234
Kfz-Kennzeichen: WAN

Mitgliedschaften: AU, Opec, Uno

Präsident Olusegun Obasanjo

Nigeria

Botschaft in Deutschland: Plantanenstraße 98a, D-13156 Berlin
☎ +49-30-477 23 00 🖷 -477 25 55

GEOGRAFIE, BEVÖLKERUNG

Fläche: 923 768 km² 36 Bundesstaaten, Hauptstadtregion **Bevölkerung:** 126,910 Mio. Einw., davon Hausa und Fulani 29 %, Yoruba 21 %, Ibo 18 % **Flüchtlinge:** 7200 **In Städten** leben 44 %, **unter 15 J.** sind 45 % der Bev. **Bev.dichte:** 139 Einw./km² **Bev.-wachstum:** 2,61 % **Fruchtbarkeitsrate:** 5,3 Geb./Frau **Landessprachen:** Englisch (Amtssprache), daneben u. a. Hausa, Yoruba, Ibo **Religionen:** 50 % Muslime (Sunniten), 40 % Christen, 10 % traditionelle Religionen (Yoruba)

POLITISCHES SYSTEM

Unabhängig seit dem 1. Oktober 1960. Präsidiale Bundesrepublik. Commonwealth-Mitglied. Neue Verfassung vom Mai 1999. Zweikammerparlament: Repräsentantenhaus, 360 Sitze, und Senat, 109 Sitze. Wahl alle 4 J. Direktwahl des Staatsoberhaupts alle 4 J. Wahlrecht ab 21 J.
Staats- und Regierungschef: Olusegun Obasanjo (seit Mai 1999)
Außenminister: Sule Lamido

MILITÄR

Keine **Wehrpflicht** **Streitkräfte:** 78 500 Mann, davon 62 000 Armee, 9500 Luftwaffe, 7000 Marine **Militärausgaben** (am BSP): 1,6 %

GESUNDHEIT, SOZIALES, BILDUNG

Öffentliche Gesundheitsausgaben (am BIP): 0,8 % **Öffentliche Ausgaben für Bildung und Erziehung** (am BSP): 1,7 % **Medizinische Versorgung:** 0,2 Ärzte, 1,7 Krankenhausbetten/1000 Einw. **Säuglingssterblichkeit:** 84/1000 Geb. **Müttersterblichkeit:** 1100/100 000 Geb. **Kinderunterernährung:** 27 % **Kinderarbeit:** 24 % **Armutsrate:** 70,2 % **Frauenanteil an den Beschäftigten:** 36,5 % Zugang zu **sauberem Trinkwasser** haben 81 % der städtischen, 39 % der ländlichen Bev., zu **sanitären Anlagen** 85 % bzw. 45 % **HIV-Infektionsrate:** 5,06 % **Lebenserwartung:** Männer 46 J., Frauen 48 J. **Schulpflicht:** 6 – 15 J. **Einschulungsquote** im Primarbereich 98 % **Analphabetenrate:** Männer 28 %, Frauen 44 % **Universitäten:** 29

WIRTSCHAFT

Währung: 1 Naira (N) = 100 Kobo **Kurs** (Mitte 2002): 1 N = 0,01 € **BSP:** 32,7 Mrd. US$ **Wachstumsrate des BIP:** 3,8 % **BSP/Kopf:** 260 US$ **Anteile am BIP:** Landwirtschaft 30 %, Industrie 46 %, Dienstleistungen 25 % **Forschung+Entwicklungsausgaben** (am BSP): k. A. **Arbeitslosenquote:** 3,2 % **Inflationsrate:** 18,9 % **Staatseinnahmen:** k. A. **Steueraufkommen** (am BIP): k. A. **Staatsausgaben:** k. A. **Leistungsbilanz:** 506 Mio. US$ **Auslandsschulden:** 34,134 Mrd. US$ **Schuldendienst** (am BSP): 2,7 % **Devisenreserven:** 6,485 Mrd. US$ **Empf. Hilfsgelder:** 185 Mio. US$ **Energie:** Produktion 178,82 Mio. t ÖE, Verbrauch 87,29 Mio. t ÖE

Landwirtschaft, Rohstoffe, Industrie:

Nutzfläche 33,8 %, von der Anbaufläche sind 0,8 % bewässert **Produkte:** Reis, Mais, Maniok, Baumwolle, Kakao **Bewaldet:** 135 000 km², jährliche **Rodung:** 3984 km² **Rohstoffe**: Erdöl, Erdgas, Kohle, Zinne, Eisen **Wichtige Industriezweige:** Ölindustrie, Nahrungsmittel, Textilien, Düngemittel

Außenwirtschaft:

Handelsbilanzüberschuss 4,288 Mrd. US$ **Export:** 12,876 Mrd. US$, davon Erdöl 97 % **Hauptausfuhrländer:** USA (46,9 %), Spanien (16,1%), Italien (7,3 %) **Import:** 8,588 Mrd. US$, davon Maschinen und Transportmittel 27,5 %, Chemikalien 26,3 %, industr. Vorprodukte 23,2 % **Hauptlieferländer:** Großbritannien (32,7 %), Deutschland (12,4 %), USA (7,9 %)

VERKEHR

Schienennetz: 3557 km **Straßennetz:** 194 394 km, davon 30,9 % befestigt **Motorisierung:** 24 Kfz/1000 Einw.

Internationale **Flughäfen:** 5, der wichtigste ist Lagos Bedeutende **Seehäfen:** Calabar, Lagos, Port Harcourt, Warri **Binnenschifffahrt** auf 8575 km

KOMMUNIKATION

Auf 1000 Einw. kommen 200 **Rundfunk-**, 68 **Fernsehgeräte**, 4,3 **Telefonanschlüsse**, 2,8 **Mobiltelefone**, 6,8 **PC** **IuK-Ausgaben** (am BIP): k. A. Größte **Tageszeitung:** *Daily Times* (Auflage: 400 000 Exemplare) **Nachrichtenagentur:** News Agency of Nigeria (NAN)

UMWELT, TOURISMUS

Geschützte Gebiete: 3,3 % der Landesfläche **Co_2-Emission:** 78,5 Mio. t **Verwendung des Süßwassers:** Landwirtschaft 54 %, Industrie 15 %, Haushalte 31 % **Tourismus:** 813 000 Besucher, 142 Mio. US$ Einnahmen

AKTUELLE ENTWICKLUNGEN

Präsident Olusegun Obasanjo, der sich außenpolitisch als Mitinitiator der Nepad-Initiative profilierte (▸Südafrika), steht innenpolitisch unter Druck: Am 29. Mai 2002 präsentierte die 1999 eingesetzte Wahrheitskommission, die Verbrechen aus der Zeit der Militärdiktaturen untersucht hatte, ihren Abschlussbericht.

Der Übergang zur Demokratie 1999 brachte dem Vielvölkerstaat Nigeria kein Ende der Gewalt. In drei Jahren kamen über 10 000 Menschen bei Unruhen ums Leben. Allein im September und Oktober 2001 wurden bei pogromartigen Auseinandersetzungen zwischen Muslimen und Christen Hunderte Menschen getötet.

Obasanjo konnte seine Wahlversprechen nicht erfüllen und war unfähig, für die Sicherheit der Bürger zu sorgen, die zunehmend verarmen. Wiederholt ließ er die Armee aufmarschieren, um das Land zu befrieden. Eine Reihe von Zwischenfällen diskreditierte seine Regierung: So massakrierte das Militär Ende Oktober 2001 im Bundesstaat Benue bei einer Strafaktion mindestens 200 Dorfbewohner. Am 23. Dezember wurde der Justizminister unter nicht geklärten Umständen ermordet. Am 27. Januar 2002 starben bei einer Explosion in einem maroden Munitionsdepot in Lagos über 1000 Menschen.

Am meisten strapaziert den Zusammenhalt des bevölkerungsreichsten afrikanischen Landes die Einführung der Scharia – seit Januar 2000 gilt sie in 12 von 36 Bundesstaaten. So versucht die Elite im muslimischen Norden, ihren seit der Wahl Obasanjos geschrumpften politischen Einfluss zurückzugewinnen. Weltweit für Aufsehen sorgten die Fälle von zwei Frauen, die wegen unehelicher Schwangerschaft zum Tode durch Steinigung verurteilt wurden.

Depot-Explosion in Lagos

Während die eine von einem Berufungsgericht freigesprochen wurde, erhielt die andere eine eineinhalbjährige Gnadenfrist, um sich um ihr Kind zu kümmern. Im Vorfeld hatte die Regierung erstmals in scharfer Form Scharia-Urteile als verfassungswidrig verurteilt. Eigentlich scheut der Präsident die direkte Konfrontation mit den Muslimen, braucht er doch ihre Stimmen zur Wiederwahl 2003.

Im Januar 2002 erhöhte die Regierung die Preise für Benzin und Diesel um 18 Prozent. Sie will die Subventionen in Höhe von zwei Milliarden US-Dollar pro Jahr schrittweise abbauen und damit auch den Schmuggel in die Nachbarländer unterbinden, der ein Grund für die chronischen Versorgungsengpässe ist.

Das Privatisierungsprogramm Obasanjos hat massive Widerstände im Staatsapparat zu überwinden. Bisher konnten nur 14 von 107 angestrebten staatlichen Firmen privatisiert werden.

Einen Rückschlag musste die Regierung im März 2002 hinnehmen: Das Konsortium, das den Zuschlag für den staatlichen Telekommunikationsriesen Nitel erhalten hatte, konnte die vereinbarte Kaufsumme nicht aufbringen; die Transaktion wurde rückgängig gemacht. Trotzdem ist die Liberalisierung des Telefonmarkts erfolgreich: Mit Nitel konkurrieren mittlerweile zwei private Mobilfunkunternehmen.

Nachdem die Zusammenarbeit zwischen dem IWF und Nigeria im April 2002 wegen Differenzen beendet wurde, kündigte die Regierung eine protektionistische Politik an.

Einen Erfolg konnte der nigerianische Schriftsteller Chinua Achebe verbuchen: Der 72-Jährige erhielt 2002 den Friedenspreis des Deutschen Buchhandels.

Kongeriket Norge – Königreich Norwegen; Norweger

Nationalfeiertag: 17. Mai (Verfassungstag)

Zeitzone: MEZ

Hauptstadt: Oslo (761 300 Einwohner)

Telefon-Vorwahl: +47
Kfz-Kennzeichen: N

Mitgliedschaften: Nato, OECD, OSZE, Uno, WEU (assoziiert)

Norwegen

Botschaft in Deutschland: Rauchstraße 1, D-10787 Berlin
☎ +49-30-50 50 50 🖷 -50 50 55

GEOGRAFIE, BEVÖLKERUNG

Fläche: 323 759 km^2. Geprägt von Gebirge mit weiten, moorigen Hochflächen und von tief eingeschnittenen Fjorden an der Küste, die sich im Landesinneren als Täler fortsetzen. Nord-Süd-Ausdehnung: 1540 km **Verwaltung:** 19 Provinzen **Bevölkerung:** 4,491 Mio. Einw., Minderheit von 45 000 Samen **In Städten** leben 76 %, **unter 15 J.** sind 20 % der Bev. **Bev.-dichte:** 15 Einw./km^2 **Bev.wachstum:** 0,37 % **Fruchtbarkeitsrate:** 1,9 Geb./Frau **Landessprachen:** Norwegisch – gesprochen wird hauptsächlich »Bokmål«. Daneben »Nynorsk«, eine 1850 aus Dialekten entwickelte Kunstsprache, die an der Westküste (Vestlandet) ihren Schwerpunkt hat. Die im Norden lebenden Samen sprechen Lappisch. **Religionen:** 90 % Protestanten, daneben einige Katholiken und zahlreiche andere Gemeinschaften und Sekten. Formal herrscht absolute Religionsfreiheit, doch die evangelisch-lutherische Kirche ist Staatskirche – mit dem König als Oberhaupt – und wird aus dem Staatshaushalt finanziert.

Exterritoriale Gebiete

- Spitzbergen (»Svalbard«, seit 1920 Hoheitsrecht), 61 229 km^2, 3750 Einw., davon 30 % Russen. Hauptstadt: Longyearbyen. Die Inselgruppe hat sich zu einer der größten internationalen Forschungsregionen entwickelt; Wissenschaftler aus Deutschland, Großbritannien und Polen arbeiten dort ganzjährig; Interesse bekunden auch die USA, Indien und China; der Raum wird langsam knapp.
- Bouvet-Insel, 49 km^2, im Südatlantik, unbewohnt, Wetterstation.
- Jan Mayen, 377 km^2, nordöstlich von Island, unbewohnt, Wetterstation.

Die größten Städte	
Oslo	761 300
Bergen	194 000
Stavanger	138 000
Trondheim	136 600

POLITISCHES SYSTEM

Konstitutionelle Erbmonarchie, seit 1905 auf parlamentarisch-demokratischer Grundlage; mehrmals geänderte Verfassung von 1814. Rolle des Königs beschränkt auf repräsentative Aufgaben. Allg. Wahlrecht ab 18 J. Einkammerparlament (»Storting«) mit 165 für 4 J. gewählten Abgeordneten. Das Parlament ernennt Ombudsmänner für die Kontrolle der Staats- und Regionalverwaltung, der Landesverteidigung, der Gleichberechtigung der Geschlechter, des Kinder- und Jugendschutzes.

König Harald V. mit Königin Sonja

Staatsoberhaupt: König Harald V. (seit Januar 1991)
Regierungschef: Kjell Magne Bondevik (seit Oktober 2001)
Außenminister: Jan Petersen

PARTEIEN

- Kristelig Folkeparti/KrF (Christliche Volkspartei, christdemokratisch), gegr. 1933;
- Senterpartiet/Sp (Zentrumspartei), gegr. 1920 als Bauernpartei; für Stärkung der Landwirtschaft, gegen EU-Beitritt;
- Venstre/V (Linke, Liberale Partei), gegr. 1884, 1972 Abspaltung der Libe-

raldemokraten, 1988 Wiedervereinigung;
• Det norske Arbeiderparti/Ap (früher DnA, Die norwegische Arbeiterpartei, Sozialdemokraten), gegr. 1887, tritt für Westbindung Norwegens und mehrheitlich für einen EU-Beitritt ein, stützt den Sozialstaat;
• Høyre/H (Rechts), konservative Partei, gegr. 1884;
• Sosialistisk Venstreparti/SV (Sozialistische Linkspartei), gegr. 1961 hauptsächlich von den Nato-Gegnern der Arbeiterpartei, gegen EU-Beitritt;
• Fremskrittspartiet/FrP (Fortschrittspartei), gegr. 1973, ultrakonservative Rechtspartei, seit 1994 gespalten.

Sitze im Storting (Wahlen vom 10. September 2001)

Arbeiderpartiet	43
Høyre	38
Fremskrittspartiet	26
Sosialistisk Venstreparti	23
Kristelig Folkeparti	22
Senterpartiet	10
Venstre	2
Kystpartiet	1

MILITÄR

Allg. Wehrpflicht: 12 Monate **Streitkräfte:** 26 700 Mann, davon 14 700 Armee, 5000 Luftstreitkräfte, 6100 Marine **Militärausgaben** (am BSP): 2,2 %

GESUNDHEIT, SOZIALES, BILDUNG

Öffentliche Gesundheitsausgaben (am BIP): 7 % **Öffentliche Ausgaben für Bildung und Erziehung** (am BIP): 7,7 % **Öffentliche Ausgaben für Altersversorgung** (am BIP): 8,2 % **Medizinische Versorgung:** 2,8 Ärzte, 14,4 Krankenhausbetten/1000 Einw. **Säuglingssterblichkeit:** 4/1000 Geb. **Müttersterblichkeit:** 9/100 000 Geb. **Frauenanteil an den Beschäftigten:** 46,4 % Zugang zu **sauberem Trinkwasser** und zu **sanitären Anlagen** haben 100 % der Bev. **HIV-Infektionsrate:** 0,07 % **Lebenserwartung:** Männer 76 J., Frauen 81 J. **Schulpflicht:** 6–16 J. **Einschulungsquote** im Primarbereich: 100 %, im Sekundarbereich: 96 % **Universitäten:** 4, in Oslo, Bergen, Tromsø und Trondheim

WIRTSCHAFT

Währung: 1 Norwegische Krone (nkr) = 100 Öre **Kurs** (Mitte 2002): 1 nkr = 0,13 € **BSP:** 155,1 Mrd. US$ **Wachstumsrate des BIP:** 2,3 % **BSP/Kopf:** 34 530 US$ **Anteile am BIP:** Landwirtschaft 2 %, Industrie 43 %, Dienstleistungen 55 % **Forschung+Entwicklungsausgaben** (am BSP): 1,68 % **Arbeitslosenquote:** 3,4 % **Inflationsrate:** 3 % **Staatseinnahmen:** 66,514 Mrd. US$ **Steueraufkommen** (am BIP): 34,5 % **Einkommensteuer:** max. 28 % **Körperschaftsteuer:** 28 % **Haushaltsdefizit** (am BIP): 1,6 % (1999) **Staatsausgaben:** 65,415 Mrd. US$ **Leistungsbilanzüberschuss:** 24,078 Mrd. US$ **Devisenreserven:** 20,489 Mrd. US$ **Geleistete Entwicklungshilfe:** 1,264 Mrd. US$ **Ausl. Direktinvestitionen:** 5,882 Mrd. US$ **Börse** (Marktkapitalisierung am BIP): 40,2 % **Energie:** Produktion 209,77 Mio. t ÖE, Verbrauch 26,61 Mio. t ÖE. Anteile am Verbrauch: Kohle 1,4 %, Öl 23,3 %, Erdgas 9,6 %, sonstige 65,7 % (vorwiegend Wasserkraft)

Landwirtschaft, Rohstoffe, Industrie:
Nutzfläche 2,9 %. Das genügt gerade, um den Inlandsbedarf an Vieh zu decken. Ein wichtiger Bestandteil der Viehwirtschaft ist die Pelztierzucht. Norwegen gehört zu den 12 wichtigsten Fischereinationen der Welt. Robbenjagd und Walfang werden extensiv betrieben – trotz Verbots der Internationalen Walfang-Kommission. **Bewaldet:** 89 000 km², jährliche **Aufforstung:** 310 km² **Rohstoffe:** Das Land verfügt über 50 % der in Westeuropa nachgewiesenen Öl- und über 25 % der Erdgasvorkommen. Eisen, Kupfer, Blei und Zink spielen nur noch eine untergeordnete Rolle. **Wichtige Industriezweige:** Ölindustrie, Papierindustrie

Außenwirtschaft:
Handelsbilanzüberschuss 24,973 Mrd. US$ **Export:** 58,610 Mrd. US$, davon 44,8 % Brennstoffe, 14,3 % Maschinen und Transportmittel, 12 % industrielle Vorprodukte **Hauptausfuhrländer:** Großbritannien (18,2 %), Niederlande (10,6 %), Deutschland (10,1 %) **Hightech-Exporte:** 1,895

Sverdrup-Mess-Station in der kleinen Forschersiedlung Ny Aalesund auf Spitzbergen

Ex-Premierminister Jens Stoltenberg

Mrd. US$ **Import:** 33,637 Mrd. US$, davon 42,5 % Maschinen und Transportmittel, 16,4 % Fertigwaren, 15,5 % industrielle Vorprodukte **Hauptlieferländer:** Schweden 15,1 %, Deutschland 12,9 %, Großbritannien 9,2 %

VERKEHR

Schienennetz: 4023 km **Straßennetz:** 91 454 km, davon über 400 km autobahnähnliche Schnellstraßen und 76 % befestigt **Motorisierung:** 505 Kfz/1000 Einw.

Luftverkehr: Norwegen ist zu zwei Siebteln an der **Fluggesellschaft** Scandinavian Airlines System (SAS) beteiligt und verfügt über 2 internationale **Flughäfen** in Oslo und Bergen.

Schifffahrt: 1401 Handelsschiffe mit insgesamt 61,3 Mio. tdw. Seit 1987 gibt es das Norwegische Internationale Schiffsregister, das die Ausflaggung der Flotte in Billiglohnländer stoppte. **Hochseehäfen:** Bergen, Kristiansand, Narvik, Oslo, Tromsø, Trondheim **Binnenwasserwege:** 1577 km

KOMMUNIKATION

Auf 1000 Einw. kommen 915 **Rundfunk-**, 669 **Fernsehgeräte**, 720,4 **Telefonanschlüsse**, 825,3 **Mobiltelefone**, 508 **PC** und 67,38 **Internet-Zugänge** **IuK-Ausgaben** (am BIP): 6,9 %

Es erscheinen 65 **Tageszeitungen** mit einer Gesamtauflage von rund 2,3 Mio. Exemplaren. Die größten Tageszeitungen und ihre Auflagen:

Verdens Gang, Oslo 370 100
Aftenposten, Oslo 223 500
Dagbladet, Oslo 205 000
Bergens Tidende, Bergen 95 500
Adresseavisen, Trondheim 89 000

Nachrichtenagenturen: A/S Norsk Telegrambyrå (NTB), Norsk Presseservice A/S, Bulls Pressetjeneste A/S

UMWELT, TOURISMUS

Geschützte Gebiete: 6,8 % der Landesfläche **Energieverbrauch/Kopf:** 5965 kg ÖE **CO_2-Emission:** 33,6 Mio. t **Verwendung des Süßwassers:** Landwirtschaft 3 %, Industrie 70 %, Haushalte 27 % **Tourismus:** 4,481 Mio. Besucher, 2,229 Mrd. US$ Einnahmen

Bohrinsel in der Nordsee

AKTUELLE ENTWICKLUNGEN

Die politische Krise, oder zumindest die der etablierten Parteien, hat einen Namen: Carl Ivar Hagen, 58, der seit 24 Jahren an der Spitze der Fortschrittspartei steht und sie in den letzten Jahren auf einen schillernden rechtspopulistischen und fremdenfeindlichen Kurs dirigierte, gehört auf seine alten Tage zu den einflussreichsten Politikern des Landes.

Ohne den rechten Populisten geht kaum etwas. Die Mitte-Rechts-Minderheitsregierung unter Kjell Magne Bondevik, 55, ist von Hagens politischen Außenseitern abhängig. Nach deren Wahltriumph im Herbst 2001, wo sie mit 14,7 Prozent zum Zünglein an der Waage wurden, schienen sie in Umfragen im Sommer 2002 sogar auf dem Weg zur stärksten Partei.

Und diese Machtposition versuchen sie knallhart in Politik umzusetzen. In Verteidigungsfragen, bei der Privatisierung von Staatsunternehmen, für Tarifverhandlungen, bei der Finanzierung von Kindergartenplätzen oder im Gesundheitswesen verlangte »König Carl«, wie er in Medien oft genannt wird, ultimativ eine stärkere Berücksichtigung seiner Forderungen. Wie ernst es ihm damit ist, war bereits bei den Haushaltsberatungen gleich zu Beginn der Legislaturperiode zu beobachten.

Hagen verweigerte dem Etat zunächst seinen Segen, und die Regierung Bondevik stand schon wenige Wochen nach Amtsantritt wieder vor dem Ende. Streitpunkt war die Frage, wie viele Ölmillionen aus den staatlichen Reserven ins Budget verbucht werden sollten. Erst als der Regierungschef den Haushalt zur Vertrauensfrage erklärte, lenkte Betriebswirt Hagen noch ein.

Dem Rechtsrutsch in dem eigentlich liberal gesinnten Stammland Norwegen war ein beispielloses Wahldebakel der Sozialdemokraten vorausgegangen. Deren junger und charismatischer Premier Jens Stoltenberg, 43, hatte erdrutschartig verloren (10,6 Prozent) und kam nur noch auf 24,4 Prozent – das schlimmste Ergebnis seit 77 Jahren.

Mit platten Parolen gegen Ausländer, gegen »Faule« oder »Schmarotzer«,

aber auch gegen hohe Steuern oder deftige Benzinpreise hatte vor allem Hagen die Sozialdemokraten in die Defensive gedrängt. So plädierte er zum Beispiel dafür, den neuen Reichtum Norwegens, das auf Grund seiner Ölvorkommen zu einem der wohlhabendsten Staaten Europas wurde, stärker an die Bürger auszuschütten, zum Beispiel durch zusätzliche Investitionen in Sozialeinrichtungen.
Volkswirt Stoltenberg und seine Sozialdemokraten hingegen finanzierten damit lieber einen umstrittenen Sonderfonds. Der sollte »die Wohlfahrt künftiger Generationen« auch ohne Öl gewährleisten helfen, die Idee verprellte aber große Teile der sozialdemokratischen Wählerklientel.
Denn große Teile der Bevölkerung, etwa die 37 Prozent, die im Öffentlichen Dienst beschäftigt sind, gehören nicht zu der neuen wohlhabenden Oberschicht von Ölgewinnlern.
Das Ergebnis war ein in jeder Beziehung ungewöhnlicher Regierungswechsel. Denn nicht etwa der blasse Parteichef der nach der Wahl stärksten Partei, Jan Petersen von der konservativen Høyre, wurde neuer Regierungschef, sondern der allseits beliebte Ex-Premier und Pfarrer Bondevik. Dessen Christliche Volkspartei hatte mit 12,4 Prozent nur Platz vier belegt. Zusammen mit den Liberalen kommen die drei Regierungspartner gerade auf 62 der 165 Sitze im Parlament, dem Storting. Bondevik macht zwar keinen Hehl daraus, wie »unappetitlich« er die Fortschrittspartei (26 Mandate) eigentlich findet, ist aber auf ihre Unterstützung angewiesen.
Gesellschaft:
Drei bunte Hochzeiten hoben das sturmerprobte Nordland aus dem europäischen Alltag hervor: Finanzminister Per-Kristian Foss heiratete offiziell seinen Lebensgefährten, den Direktor eines Osloer Medienkonzerns. Homosexuelle Lebensgemeinschaften sind seit 1993 legitimiert. Foss gilt weltweit als erstes Regierungsmitglied, dass seine schwule Partnerschaft offiziell durch eine gleichgeschlechtliche Heirat öffentlich und offiziell besiegelt.
Auch die ehemalige Justizministerin Anne Holt, die derzeit zu den erfolgreichsten skandinavischen Schriftstellerinnen gehört, hatte sich offen zu ihrer lesbischen Neigung bekannt.
Alle Erwartungen sprengte dagegen die Trauung von Kronprinz Haakon mit der bürgerlichen Mette-Marit Tjessem Høiby. Der Hochzeit waren wochenlange öffentliche Auseinandersetzungen um die Vergangenheit der Braut und die Zukunft der Monarchie vorangegangen.
Hintergrund der heftigen Debatte, wie sie das Land wohl seit der Volksabstimmung über den Beitritt zur Europäischen Union nicht mehr erlebt hatte, war das Vorleben Mette-Marits. Über die »ausschweifende Vergangenheit« der allein erziehenden Mutter aus der berüchtigten Osloer House- und Techno-Partyszene gab es immer neue Berichte. Gerüchte von Sex, Drogen und Gewalt machten die Runde, anzügliche Fotos wurden publiziert. In Umfragen sackte die Zustimmung zur Monarchie vorübergehend von 90 Prozent auf 65 Prozent ab. Dass Mette-Marit mit der Hochzeit noch zur »Königin der Herzen« wurde und das Ja-Wort in der Kirche einem hunderttausendfach bejubelten Ja-Wort zur Monarchie gleichkam, lag am Charme der Prinzessin und an einer klugen Regie des Königshauses.

Kronprinzessin Mette-Marit mit Sohn Marius, Kronprinz Haakon

Vor hundert geladenen Journalisten bekannte sich die Prinzessin zum Beispiel zu ihrer »Grenzen sprengenden« Vergangenheit und bat das norwegische Volk, mit Tränen in den Augen, öffentlich um Verzeihung. Am Ende waren die Norweger so versöhnt mit ihrem Königshaus, dass sie auch gleich noch die nächste »Skandal-Hochzeit« ertrugen.
Im Mai ehelichte Prinzessin Märtha Louise, Nummer zwei in der Thronfolge, den umstrittenen Journalisten und Playboy Ari Behn und verzichtete zugleich auf alle königlichen Attribute. »Wozu braucht man eine Prinzessin, wenn sie weder auf der Erbse noch sonst wo liegen darf?«, hatte sie schon früher einmal gefragt; mit der Hochzeit traf sie ihre Entscheidung.

Saltanat Uman – Sultanat Oman; Omaner

Nationalfeiertag: 18. November

Zeitzone: MEZ + 3 h

Hauptstadt: Maskat (635 300 Einwohner)

Telefon-Vorwahl: +968
Kfz-Kennzeichen: OM

Mitgliedschaft: Uno

Oman

Botschaft in Deutschland: Lindenallee 11, D-53173 Bonn
☎ +49-228-35 70 31 🖷 -35 70 45

GEOGRAFIE, BEVÖLKERUNG

Fläche: 309 500 km² **Bevölkerung:** 2,395 Mio. Einw. **Bev.dichte:** 8 Einw./km² **Bev.wachstum:** 3,27 % **Bev. in Städten:** 84 % **Analphabetenrate:** Männer 20 %, Frauen 38 % **Landessprachen:** Arabisch (Amtssprache), Geschäftssprache auch Englisch **Religion:** Muslime (v. a. Ibadi / Staatsrel., daneben 25 % Sunniten, 4 % Schiiten)

POLITISCHES SYSTEM

Monarchie. Beratende Versammlung, 83 gewählte Mitglieder; seit 1997 auch Staatsrat, 42 ernannte Mitglieder.
Staats- und Regierungschef: Sultan Kabus bin Saïd (seit Juli 1970)

Sultan Kabus bin Saïd

MILITÄR

Streitkräfte: 43 400 Mann **Militärausgaben** (am BSP): 15,3 %

GESUNDHEIT, SOZIALES

Öffentliche Gesundheitsausgaben (am BIP): 2,9 % **Medizinische Versorgung:** 1,3 Ärzte/ 1000 Einw. **Armutsrate**: k. A. **Säuglingssterblichkeit:** 17/1000 Geb. **Lebenserwartung:** 72 J.

WIRTSCHAFT

Währung: 1 Rial Omani (R.O.) = 1000 Baizas **Kurs** (Mitte 2002): 1 R.O. = 2,79 € **BSP:** 14,962 Mrd. US$ **Wachstumsrate des BIP:** 4,7 % **BSP/Kopf:** rund 6250 US$ **Anteile am BIP:** k. A. **Arbeitslosenquote:** 11,9 % **Inflationsrate:** - 2,6 % **Auslandsschulden:** 6,27 Mrd. US$ **Schuldendienst** (am BIP): k. A. **Entwicklungshilfe**: 46 Mio. US$ **Handelsbilanzüberschuss:** 6,73 Mrd. US$ **Tourismuseinnahmen:** 104 Mio. US$

AKTUELLE ENTWICKLUNGEN

Der Export von Erdöl beschert dem Nicht-Opec-Mitglied noch immer hohe Einnahmen: Im Jahr 2001 machten sie 75 Prozent des Staatshaushalts aus. Da das schwarze Gold jedoch in etwa 20 Jahren zur Neige gehen wird, setzt das Sultanat auf neue gewinnträchtige Branchen sowie auf die zunehmende Förderung von Erdgas, das erst Ende der achtziger Jahre entdeckt worden ist. Bei der Privatisierung gilt Oman weiterhin als Pionier in der Region: Im Oktober 2001 wurden die beiden größten Flughäfen des Landes verkauft; als nächstes großes Projekt soll das gesamte Abwassersystem Omans an einen privaten Betreiber gehen.
Im Oktober 2001 fand das britisch-omanische Manöver »Swift Sword II« statt. An der seit drei Jahren geplanten Militärübung, der größten seit 1986, nahmen 37 000 Soldaten und 38 Kriegsschiffe teil. Dennoch scheint die grundsätzlich prowestliche Ausrichtung Omans gefährdet. Mehrfach übte das Sultanat deutlich Kritik an der Politik der USA und Israels – die Handelsbeziehungen zu Jerusalem hatte Oman bereits im Herbst 2000 eingefroren. Im Oktober 2001 kam es zu mehreren Demonstrationen gegen die US-Angriffe auf Afghanistan und die Politik des israelischen Premiers Ariel Scharon. Maskats Staatsminister für Äußeres, Jussuf Ibn Alawi, bezeichnete die militanten Gruppen Hamas und Islamischer Dschihad als legitime Organisationen, die für die Rechte der Palästinenser kämpften. Spekulationen, dass im Norden des Landes ein amerikanischer Luftwaffenstützpunkt errichtet werde, wies Maskat im April 2002 zurück.
Auf dem Feld der Emanzipation schritt Oman weiter voran: Erstmals entsandte das Sultanat eine Frau als Botschafterin ins westliche Ausland; sie vertritt die Interessen des Wüstenstaats in den Niederlanden.

Österreich

Botschaft in Deutschland: Stauffenbergstraße 1, D-10785 Berlin
☎ +49-30-20 28 70 🖷 -229 05 69

GEOGRAFIE, BEVÖLKERUNG

Fläche: 83 858 km². Überwiegend Mittel- und Hochgebirgsland. Der Anteil der Alpen am Staatsgebiet beträgt 63 % (höchste Erhebung: Großglockner 3797 m). Die wichtigsten Siedlungs- und Wirtschaftsräume liegen außerhalb der Gebirge im Flach- und Hügelland an der Donau und im Osten. Die Donau durchfließt das Land auf einer Länge von rund 350 km.
Verwaltung: 9 Bundesländer **Bevölkerung:** 8,11 Mio. Einw., geringe Minderheiten von Kroaten, Slowenen, Ungarn, Tschechen, Sinti und Roma **Ausländeranteil** (1999): 9,3 %, davon 45,7 % Jugoslawen, 18,7 % Türken **Flüchtlinge:** 14 390 **In Städten** leben 65 %, **unter 15 J.** sind 17 % der Bev. **Bev.dichte:** 98 Einw./km² **Bev.-wachstum:** -0,1 % **Fruchtbarkeitsrate:** 1,3 Geb./Frau **Landessprache:** Deutsch **Religionen:** Christen (85 % Katholiken, 6 % Protestanten)

Die größten Städte

Wien	1 606 100
Graz	241 000
Linz	188 000
Salzburg	144 200
Innsbruck	111 800
Klagenfurt	91 100

POLITISCHES SYSTEM

Bundesrepublik. Die Verfassung von 1920 (in der revidierten Fassung von 1929) wurde am 1. Mai 1945 wieder in Kraft gesetzt. Mit dem Staatsvertrag vom 15. Mai 1955 erhielt Österreich, das in 4 Besatzungszonen aufgeteilt war, seine Unabhängigkeit zurück und beschloss am 26. Oktober 1955 immer währende Neutralität. Eine gründliche Verfassungsreform wird diskutiert, vor dem Beitritt zur EU wurden die erforderlichen Verfassungsanpassungen per Gesetz novelliert. Aktiv wahlberechtigt ist ein Österreicher, wenn er am 31. Dezember des Jahres vor der Wahl das 18. Lebensjahr vollendet hat; passives Wahlrecht ein Jahr später. Für Nationalratswahlen besteht in Österreich keine Wahlpflicht. Zweikammerparlament: Nationalrat mit 183 Abg., die alle 4 J. gewählt werden, und Bundesrat mit 64 Mitgl., die von den Ländern entsandt werden. Das Staatsoberhaupt wird alle 6 J. vom Volk direkt gewählt.
Staatsoberhaupt: Thomas Klestil (seit Juli 1992)
Regierungschef: Wolfgang Schüssel (seit Februar 2000)
Außenministerin: Benita Ferrero-Waldner

PARTEIEN

- Sozialdemokratische Partei Österreichs (SPÖ), hieß bis 1991 Sozialistische Partei Österreichs, Nachfolgerin der bereits 1874 ins Leben gerufenen Sozialdemokratischen Arbeiterpartei, neu gegründet 1945, profilierte sich unter Bruno Kreisky erfolgreich als »linke Volkspartei«;
- Österreichische Volkspartei (ÖVP), 1945 gegründet, angelehnt an die katholische Soziallehre, im Salzburger Programm von 1972 als »progressive Zentrumspartei« definiert;
- Freiheitliche Partei Österreichs (FPÖ), 1956 hervorgegangen aus dem Verband der Unabhängigen und der

Republik Österreich; Österreicher

Nationalfeiertag: 26. Oktober (Verabschiedung des Neutralitätsgesetzes)

Zeitzone: MEZ

Hauptstadt: Wien (1 606 100 Einwohner)

Telefon-Vorwahl: +43
Kfz-Kennzeichen: A

Mitgliedschaften: EU, OECD, OSZE, Uno, WEU (Beobachterstatus)

Freiheitspartei, programmatisch unscharf, stark bestimmt vom rechtspopulistischen Ex-Vorsitzenden Jörg Haider, der mit rechten und nationalen Parolen um Stimmen wirbt;
• Die Grünen – Die Grüne Alternative, 1986 gegründet mit Zielrichtung Umweltschutz und soziale Gerechtigkeit;
• Kommunistische Partei Österreichs (KPÖ), gegründet 1918, streng hierarchisch gegliedert nach Moskauer Vorbild, aber kaum noch von politischer Bedeutung;
• Liberales Forum (LiF), gegründet 1993 von 5 FPÖ-Abgeordneten aus Protest gegen Jörg Haider.

Parlamentssitze im Nationalrat (Wahlen vom 3. Oktober 1999)

SPÖ	65 Sitze
ÖVP	52 Sitze
FPÖ	52 Sitze
Grüne	14 Sitze

MILITÄR

Allg. Wehrpflicht: 7 Monate **Streitkräfte:** 34 000 Mann, davon 28 100 Armee, 6500 Luftstreitkräfte **Militärausgaben** (am BSP): 0,8 %

GESUNDHEIT, SOZIALES, BILDUNG

Öffentliche Gesundheitsausgaben (am BIP): 5,9 % **Öffentliche Ausgaben für Bildung und Erziehung** (am BIP): 6,3 % **Öffentliche Altersversorgung** (am BIP): 14,4 % **Medizinische Versorgung:** 3 Ärzte, 8,7 Krankenhausbetten/1000 Einw. **Säuglingssterblichkeit:** 5/1000 Geb.

FPÖ-Politiker Jörg Haider, irakischer Präsident Saddam Hussein (in Bagdad)

Müttersterblichkeit: 11/100 000 Geb. **Kinderunterernährung:** k. A. **Kinderarbeit:** 0 % **Armutsrate:** k. A. Anteil der **Frauen an den Beschäftigten:** 40,3 % Zugang zu **sauberem Trinkwasser** und zu **sanitären Anlagen** haben 100 % der Bev. **HIV-Infektionsrate:** 0,23 % **Lebenserwartung:** Männer 75 J., Frauen 81 J. **Schulpflicht:** 6 – 15 J. **Einschulungsquote** im Primarbereich 87 %, im Sekundarbereich 88 % **Analphabetenrate:** k. A. **Universitäten:** 18, 13 Technische Hochschulen

WIRTSCHAFT

Währung: 1 Euro = 100 Cent **BSP:** 204,5 Mrd. US$ **Wachstumsrate des BIP:** 3 % **BSP/Kopf:** 25 220 US$ **Anteile am BIP:** Landwirtschaft 2 %, Industrie 33 %, Dienstleistungen 65 % **Forschung+Entwicklungsausgaben** (am BSP): 1,64 % **Arbeitslosenquote:** 4,7 % **Inflationsrate:** 2,3 % **Staatseinnahmen:** 104,6 Mrd. € **Steueraufkommen** (am BIP): 35 % **Einkommensteuer:** max. 50 % **Körperschaftsteuer:** 34 % **Haushaltsdefizit** (am BIP, 1999): 5,7 % **Staatsausgaben:** 106,9 Mrd. € **Leistungsbilanzdefizit:** 4,027 Mrd. US$ **Auslandsschulden:** 289,670 Mrd. US$ **Auslandsvermögen:** 257 188 Mrd. US$. **Schuldendienst** (am BIP): k. A. **Devisenreserven:** 17,649 Mrd. US$ **Geleistete Entwicklungshilfe:** 423 Mio. US$ **Ausl. Direktinvestitionen:** 9,066 Mrd. US$ **Börse** (Marktkapitalisierung am BIP): 15,8 % **Energie:** Produktion 9,52 Mio. t ÖE, Verbrauch: 28,43 Mio. t ÖE, Anteile am Verbrauch: Kohle 8,6 %, Öl 39,3 %, Erdgas 21 %, sonstige 31,1 %

Landwirtschaft, Rohstoffe, Industrie:
Nutzfläche 17,9 %, von der Anbaufläche sind 0,3 % bewässert **Bewaldet:** 39 000 km², **jährliche Aufforstung:** 77 km² **Rohstoffe:** Eisenerz, Erdöl, Braunkohle, Blei, Kupfer **Wichtige Industriezweige:** Maschinenbau, Metallproduktion, Nahrungsmittel, Holz- und Papiererzeugnisse sowie chemische Produktion

Außenwirtschaft:
Handelsbilanzdefizit 1,144 Mrd.US$ **Export:** 67,082 Mrd. US$, davon 43,1 % Maschinen u. Transportmittel, 24 % industrielle Vorprodukte, 13,8 % Fertigwaren **Hauptausfuhrländer:** Deutschland (41,9 %), Italien (8,4 %), Schweiz/Liechtenstein (6,4 %), Ungarn (4,9 %) **Hightech-Exporte:** 6,6 Mrd. US$ **Import:** 68,226 Mrd. US$, davon 41,3 % Maschinen u. Transportausrüstung, 17 % industrielle Vorprodukte, 16,9 % Fertigwaren **Hauptlieferländer:** Deutschland (41,9 %), Italien (7,6 %), USA (5,4 %), Frankreich (5 %)

VERKEHR

Schienennetz: 5345 km **Straßennetz:** rund 200 000 km (zu 100 % befestigt), davon 1634 km Autobahn, die bekannteste ist die Brenner-Autobahn nach Italien. **Motorisierung:** 536 Kfz/ 1000 Einw.

Luftverkehr: Intern. Flughäfen in Wien, Innsbruck, Salzburg, Graz, Klagenfurt, Linz. Neben der staatlichen **Fluggesellschaft** Austrian Airlines (AUA) hat sich die Lauda Air etabliert, an der die AUA über 90 % hält; 7,263 Mio. beförderte Passagiere.

Schifffahrt: 358 km Binnenwasserstraßen, Wien ist der Haupthafen.

KOMMUNIKATION

Auf 1000 Einw. kommen 753 **Rundfunk-**, 536 **Fernsehgeräte**, 468,1 **Telefonanschlüsse**, 806,6 **Mobiltelefone**, 279,5 **PC** und 40,05 **Internet-Zugänge IuK-Ausgaben** (am BIP): 7,2 % Es erscheinen 17 **Tageszeitungen** mit einer Gesamtauflage von rund 1,8 Mio. Exemplaren. Die größten Tageszeitungen und ihre Auflagen:

Neue Kronenzeitung, Wien ..510 200
Kurier, Wien 334 200
Kleine Zeitung, Graz 177 100

Nachrichtenagentur: Austria Presse-Agentur (APA) in Wien

UMWELT, TOURISMUS

Geschützte Gebiete: 29,6 % der Landesfläche **Energieverbrauch/Kopf:** 3 513 kg ÖE **CO_2-Emission:** 63,9 Mio. t **Verwendung des Süßwassers:** Landwirtschaft 9 %, Industrie 60 %, Haushalte 31 % **Tourismus:** 17,982 Mio. Besucher, 11,440 Mrd. US$ Einnahmen

AKTUELLE ENTWICKLUNGEN

Ruhige Zeiten sind gute Zeiten für Österreich. Aber schlechte für den bekanntesten Politiker des Landes – Jörg Haider, 52. 1986 durch einen innerparteilichen Putsch zum Führer der rechten Freiheitlichen Partei aufgestiegen, hatte er die FPÖ von einer Fünf-Prozent-Sekte mit radikalen Parolen zur zweitstärksten politischen Kraft hochkatapultiert und 2000 die sensationelle Wende in Wien geschafft: Ablösung der ewigen rot-schwarzen Koalition durch eine schwarz-blaue Regierung. Die wurde freilich wegen Haiders rechtsextremer und ausländerfeindlicher Rhetorik sogleich mit beispiellosen EU-Sanktionen abgestraft. Nach Ende der Brüsseler Ächtung – erleichtert durch den Rückzug Haiders als »einfaches Parteimitglied« auf den Posten des Kärntner Landeshauptmannes – raffte sich das Wiener Kabinett unter dem ÖVP-Chef Kanzler Wolfgang Schüssel zu zügigen Reformen auf. Der Alpen-Narziss Haider langweilte sich in Klagenfurt. Fortan eroberte er die Schlagzeilen mit immer rüderen Attacken gegen die Regierung und deren Minister seiner eigenen Partei.

Zweieinhalb Jahre nach der Wende inszeniert der beleidigte Provinzfürst einen neuerlichen Putsch in der FPÖ,

Schloss Schönbrunn

wird damit vom Geburtshelfer zum Totengräber der Regierung und provoziert vorzeitige Wahlen. Zum neuen Vorsitzenden der FPÖ wird der bisherige Verkehrsminister Mathias Reichhold bestellt, der auch als Spitzenkandidat in die vorgezogene Nationalratswahl im November gehen soll.

Seit dem Rückzug aus der Bundespolitik spielte Haider den Gott-sei-beiuns der Politik zwischen Bodensee und Neusiedlersee – und weit darüber hinaus, wobei seine Auftritte immer bizarrer werden.

Noch während die USA den Irak als »Schurkenstaat« geißeln und Vizekanzlerin Susanne Riess-Passer, die neue FPÖ-Parteichefin, in Washington gut Wetter zu machen versucht, fliegt ihr Vorgänger Haider zum Entsetzen seiner Landsleute nach Bagdad, macht Saddam Hussein seine Aufwartung und versucht dort en passant, den Diktator vom Vorwurf des Massenmords mit Giftgas freizusprechen.

Auch als Handlungsreisender in Libyen, Syrien und Iran tritt der Kärntner Provinztribun auf. Zum Interview mit dem arabischen Sender al-Dschasira erscheint er in Klagenfurt folkloristisch dekoriert mit einem leibhaftigen weißen Falken und rühmt sich, Dutzende Millionen Menschen hätten bei seinem Auftritt zugeschaltet.

Schrulligkeiten eines abgehalfterten Polit-Stars? Nicht nur. Anfang 2002 sorgt Haider für das bis dahin

schwerste Zerwürfnis in der Koalition. Nachdem ein Volksbegehren gegen das tschechische Atomkraftwerk Temelín mit weniger als einer Million Stimmen nicht ganz das gewünschte Ergebnis bringt, gerät der Mit-Initiator Haider in Rage.
Schon im Spätsommer 2001 hatte er gefordert, über die EU-Osterweiterung eine Volksabstimmung durchzuführen und keinen Zweifel daran gelassen, dass ohne Abschaltung von Temelín und ohne Annullierung der Beneš-Dekrete ein Ja der FPÖ zum Beitritt Tschechiens nicht zu haben sei. Nun macht er Dampf – und die FPÖ folgt dem einfachen Parteimitglied; bockt, blökt, und droht kryptisch mit Koalitionsbruch, sollten ihre Forderungen nicht ernst genommen werden.
Doch schon einen Tag später ist alles vorbei. Der Taktiker Schüssel, dessen Lebenstraum es war, einmal Kanzler zu werden und der deshalb Haider auf gut österreichisch »gar net ignoriert«, hat wieder gesiegt. Die Freiheitlichen bleiben in der Regierung.
Der Kurswechsel nach 30 Jahren sozialdemokratischer Kanzlerschaft bleibt nicht ohne Folgen. Ausgerechnet der blutjunge Finanzminister Karl-Heinz Grasser (FPÖ) bringt den seit Jahrzehnten defizitären Staatshaushalt binnen zweier Jahre erstmals wieder ins Lot. Trotz der damit für das Wahlvolk verbundenen Opfer avanciert Grasser so zum beliebtesten Politiker des Landes – und damit zum Ziel gehässiger Attacken seines prominentesten Parteifreundes.
Auch die zügige Durchführung der Entschädigung für Holocaust-Opfer und Zwangsarbeiter, ein Thema, das jahrzehntelang gemieden worden war, exekutiert der schlaue Fuchs Schüssel ausgerechnet mit den als rechtslastig bis ewiggestrig gescholtenen Freiheitlichen. Die Folge ist sanftes Tauwetter an der Israel-Front, nachdem Jerusalem die diplomatischen Beziehungen 2000 eingefroren hatte.
Auf der Habenseite der Regierung werden in weiten Teilen der Bevölkerung auch die rasche Liberalisierung des Gas- und Strommarkts verbucht, die Einführung des Kindergelds für alle und die rechtliche Absicherung des Arbeitsplatzes für jene nahen Angehörigen, die Sterbende oder schwer kranke Kinder zu betreuen haben. Ein Urteil des Verfassungsgerichtshofs führte zur Abschaffung des »Schwulen-Paragrafen«. Unter Strafe stehen jetzt neben Prostitution mit Jugendlichen auch geschlechtliche Handlungen an unter 16-Jährigen, die »noch nicht reif genug« sind.
Andererseits beklagen die Menschen zwischen Bregenz und Eisenstadt inzwischen die höchste Abgabenlast der letzten 50 Jahre, dazu steigende Arbeitslosigkeit und Inflation. Studenten laufen erfolglos Sturm gegen die Einführung der Studiengebühren und dagegen, dass das offiziell weiter neutrale Österreich gleichwohl die Anschaffung von Abfangjägern im Wert von 1,8 Milliarden Euro beschlossen hat.
Bedeutend schädlicher als die Dispute in Sachfragen ist für das Meinungsklima der sich im Volk verstärkende Eindruck, dass an der Verkommenheit der politischen Sitten auch das veränderte Spitzenpersonal nicht viel geändert hat.
Das liegt vor allem an Bundeskanzler Schüssels öffentlicher Zurückhaltung, wann immer einer der eher hemdsärmligen FPÖ-Vertreter danebenlangt: wenn etwa Haider dem Präsidenten des Verfassungsgerichtshofs, Ludwig Adamovich, »unwürdiges« und »unpatriotisches« Verhalten im Streit um zweisprachige Ortstafeln im slowenischen Siedlungsgebiet vorwirft, und verkündet, er, Haider – promovierter Jurist –, gedenke, den Spruch des obersten Gerichts zu ignorieren.
Oder wenn im so genannten Spitzelskandal, wo diverse FPÖ-Politiker der systematischen Abfrage von Polizeidaten politischer Gegner überführt zu werden drohen, von 30 000 Aktenseiten am Ende ganze vier Seiten Strafantrag und zwei schwachbrüstige Anklagen übrig bleiben.
Oder wenn der FPÖ-Fraktionschef Westenthaler den SPÖ-Chef Alfred Gu-

Salzburger Festspiele

senbauer in Anspielung auf den Gröfaz Adolf Hitler »Grövaz« nennt, Größten Vernaderer (Schlechtmacher) aller Zeiten; selbst als der ehemals als einfallsreicher NAZI-Buchstabierer (»Neu-Attraktiv-Zielstrebig-Ideenreich«) ruchbar gewordene FPÖ-Mann Reinhart Gaugg zum Vize der Pensionsversicherungsanstalt zu avancieren droht, schweigt Schüssel lange – um den Koalitionspartner nicht zu vergrätzen (Anfang August verzichtet Gaugg allerdings – nach einer alkoholisierten Autofahrt – auf Amt und Abgeordnetenmandat).

Die nicht enden wollenden Spekulationen über ein baldiges Ende seiner Regierung sitzt der Bundeskanzler, der sich gern als Jogger, Bergfex und Fußballspieler präsentiert, konditionsstark aus. Er dient damit bis zuletzt seinem Überleben im Amt mehr als der politischen Hygiene im Land.

Der Schriftsteller und Essayist Robert Menasse, der anfangs den kathartischen Effekt des Machtwechsels nach 30 Jahren roter Kanzlerschaft beschwor, beschreibt die Folgen nun als einem schweren Fieber vergleichbar: »Kein Mensch will Fieber haben, aber jeder Kranke braucht es, um gesund zu werden.«

Und in der Tat – Auseinandersetzungen wie am 8. Mai 2002 gab es zuvor lange nicht mehr in Wien: Am Heldenplatz stehen sich degenschwingende Burschenschafter, die statt der Befreiung von der Nazi-Herrschaft 1945 des »Tags der Kapitulation« gedenken, und wütende linke Gegendemonstranten gegenüber. Die Republik ringt deutlicher als je zuvor um ihr Geschichts- und Selbstverständnis.

Beim öffentlich-rechtlichen Fernsehriesen ORF wird nach grundlegender Reform eine neue schwarz-blaue Hoheit in den Gremien Wirklichkeit. »Das ist neuer Proporz unter umgekehrten Vorzeichen«, sagt der Politologe Fritz Plasser, doch verkennt er dabei, dass nach Jahrzehnten rot-schwarzer Hegemonie im Land, mit zementierter Parteibuch- und Günstlingswirtschaft, die Zahl politisch unstigmatisierter Experten gering ist.

Die SPÖ, deren Führungskräfte sofort nach Amtsverlust in großer Anzahl auf lukrative Posten der freien Wirtschaft übergewechselt waren, schlittert unter der Führung des neuen und wenig populären Parteichefs Alfred Gusenbauer auch im dritten Jahr Opposition mit unklarem Ziel in Fragen der Wirtschaft, der Sicherheit und der europäischen Einigung durch den politischen Raum. Mal greift der neue Chef zu alten Klassenkämpfer-Vokabeln, dann wieder referiert er im Broker-Deutsch über »Volatilitäten an den emerging markets«.

»Österreichs Sozialdemokraten und Österreichs Luftstreitkräfte bieten derzeit einen verblüffend ähnlichen Anblick«, schreibt der ehemalige Herausgeber des Magazins *Format*: Beide litten sichtbar unter ihrer »völlig veralteten Ausrüstung«.

Die Luftmacht soll mit brandneuen Eurofightern aufgerüstet werden – ein besonderes Anliegen des FPÖ-Verteidigungsministers Herbert Scheibner. Dagegen ist nicht nur die rot-grüne Opposition, auch ein junger politischer Aufsteiger, der ein Volksbegehren organisiert. Da wittert Populist Haider die Gefahr, dass seiner FPÖ die traditionellen Proteststimmen abhanden kommen könnten und will nun die 1,8 Flieger-Milliarden den »kleinen Leuten« zukommen lassen. Zudem verlangt er die von der Koalition beschlossene Verschiebung einer Steuerreform wegen der Hochwasserkatastrophe (für Haider bloß »a bisserl Regen) zurückzunehmen. Und er hofft auf Zulauf für seine Kampagne gegen die Osterweiterung der EU – die aber im Regierungsprogramm der Koalition verankert ist. Doch da streikt seine ihm 15 Jahre lang treu ergebene Parteichefin und Vizekanzlerin Susanne Riess-Passer. Als sein Versuch, sie zum Verzicht auf den Parteivorsitz zu bewegen – das wollte er nun doch wieder selber machen – scheitert, trommelt er Anfang September eine durch kein Parteistatut gedeckte Versammlung von 400 ihm ergebenen Funktionären zusammen. Die stellt seiner Regierungsmannschaft ein Ultimatum, all diese Forderungen der »Basis« zu erfüllen. Zu Haiders Überraschung tritt daraufhin die von ihm als »Lamm« verspottete Vizekanzlerin zusammen mit zwei weiteren FPÖ-Ministern zurück.

Auch Wolfgang Schüssel tut etwas, was Haider dem bis dahin allein auf Machterhalt versessenen Kanzler nicht zugetraut hat: Er verkündet angesichts der »Machtkämpfe und Machtkrämpfe« beim Kolitionspartner das Ende der Wende-Regierung. Für November werden Neuwahlen anberaumt.

Die aber kann Haiders zerrissene FPÖ nur noch verlieren, zumal die Regierung noch den Abfangjäger-Kauf ab-

Bundespräsident Thomas Klestil

sagt. Das »unlenkbare Geschoss« in der Lufthoheit über den Stammtischen, so die *Frankfurter Allgemeine Zeitung*, droht zu verglühen. Den Sozialdemokraten wird zusammen mit den Grünen eine solide Mehrheit zugetraut, aber auch eine Große Koalition ist wieder im Gespräch. Jörg Haiders Kanzlerträume sind damit endgültig dahin. Und auch seine Ambitionen auf die Führung der extremen europäischen Rechten bleiben trotz der engen Bande, die er etwa zum Vlaams Blok in Belgien oder Italiens Fini knüpfte, wohl Wunschdenken: Deren Vormänner sind aus ähnlichem Holz geschnitzt. Da hält sich jeder selbst für den Größten und braucht keinen Heilbringer aus den Alpen.
»Jeder hat das Recht auf den eigenen politischen Selbstmord«, höhnt ein Kanzler Schüssel, dessen Zukunft nun auch vorbei sein dürfte, über seinen Wende-Partner. Der Publizist Robert Misik aber freut sich: »Endlich wird es wieder langweilig.«

Bundeskanzler Wolfgang Schüssel

DIE BUNDESLÄNDER UND IHRE EIGENARTEN

BURGENLAND

Landeshauptstadt: Eisenstadt
Landeshauptmann (Regierungschef): Hans Niessl (SPÖ)
Das Burgenland hatte lange Zeit einen Hauch von Ungarn, denn das Land wurde Österreich erst 1921 endgültig angegliedert. Zwischen 1938 und 1945 war es zwischen Niederösterreich und Steiermark aufgeteilt und wurde erst nach dem Zweiten Weltkrieg wieder ein eigenständiges Bundesland. Seitdem erlebt es einen kontinuierlichen wirtschaftlichen, kulturellen und touristischen Aufschwung.

KÄRNTEN

Landeshauptstadt: Klagenfurt
Landeshauptmann: Jörg Haider (FPÖ)
Kärnten ist und bleibt das Bundesland der Superlative: die meisten Sonnenstunden, die meisten Gewässer, der größte Naturpark Österreichs. Ein Paradies für Naturfreaks und ein Mekka für Touristen mit weltberühmter Wörthersee-Romantik. Aber das Bundesland ist nicht nur der Freizeitpark der Nation, sondern auch Standort wichtiger Industriezentren für Holz- und Papierproduktion.
Außerdem ist Kärnten eine Hochburg der FPÖ, die bei der letzten Landtagswahl am 7. März 1999 42 Prozent der Stimmen gewann und damit stärkste Partei wurde.

NIEDERÖSTERREICH

Landeshauptstadt: St. Pölten
Landeshauptmann: Erwin Pröll (ÖVP)
Flächenmäßig Österreichs größtes Bundesland, vom Image her sicher das unbekannteste. Litt lange Zeit unter der administrativen Trennung von Wien (neue Hauptstadt: St. Pölten) und unter der Abschottung des Sowjetblocks, war Grenzlandgebiet und Abwanderungsregion. Seit dem Zusammenbruch des Ostblocks versucht das »Dreiländereck« den Donau-Tourismus anzukurbeln.

OBERÖSTERREICH

Landeshauptstadt: Linz
Landeshauptmann: Josef Pühringer (ÖVP)
Die erste Blütezeit des Landes lag im Mittelalter: Mit Mondsee, Mattsee und Kremsmünster entstanden berühmte Klöster. Der Reichtum des Landes wurde durch den Erz- und Salzbergbau begründet.
Nach dem Versiegen vieler Vorkommen sank Oberösterreich zunächst auf den Status eines Agrarlandes zurück, ist aber heute mit großen Stahl- und Chemiefabriken wieder industrielles Zentrum. Schon zu Beginn des vorigen Jahrhunderts war es ein beliebtes Rei-

seziel: Bad Ischl wurde ein mondäner Kurort und eine beliebte Kulisse für urlaubende Habsburger.

SALZBURG
Landeshauptstadt: Salzburg
Landeshauptmann: Franz Schausberger (ÖVP)
Bereits 798 zum Erzbistum ernannt, erlebte Salzburg während des gesamten Mittelalters eine Blütezeit. Als Mozart- und als Festspielstadt steht Salzburg heute erneut im Mittelpunkt zumindest der kulturellen Interessen. Außerdem weltweit bekanntes Ziel für Sommer- wie Wintertouristen; Helmut Kohl war als deutscher Kanzler und Altbundeskanzler der treueste prominente Urlauber am Wolfgangsee.

STEIERMARK
Landeshauptstadt: Graz
Landeshauptmann: Waltraud Klasnic (ÖVP)
Nicht nur geografisch das Kernland Österreichs. Schon seit 1282 habsburgischer Besitz. Als Bergbauregion hatte das Land lange Zeit eine herausragende Stellung in Österreich. In jüngerer Zeit allerdings wird der Bergbau mehr und mehr zum Problemfall, da sich etwa der Eisenerzabbau am Erzberg finanziell kaum noch lohnt. Neben zahlreichen Holz verarbeitenden Betrieben gibt es vor allem in Donawitz und Kapfenberg Eisen- und Stahlverarbeitung, in Graz Fahrzeugbau. Die Montanhochschule in Leoben genießt auch im Ausland einen guten Ruf. Mariazell ist Österreichs bedeutendster Wallfahrtsort. Die Grazer Altstadt gilt als Beispiel liebevoller Bewahrung städtebaulichen Erbes.

TIROL
Landeshauptstadt: Innsbruck
Landeshauptmann: Wendelin Weingartner (ÖVP)
Das österreichische Tirol ist nur ein Teil des historisch gewachsenen Landes Tirol. 1919 wurde Südtirol Italien zugesprochen, ein Verlust für Österreich, der lange nicht akzeptiert wurde und zu Serien von Bombenanschlägen in Südtirol führte. Mittlerweile jedoch genießt Südtirol innerhalb Italiens Autonomie.
Noch einmal kam es zu einem lokalen Zank, als nahe der Grenze die Gletscherleiche »Ötzi« gefunden wurde – ein Österreicher oder ein Italiener? Heute ist Tirol auch gestresstes Durchreiseland für Ströme von Autofahrern, die es in den Süden zieht, und von Fahrern schwerer Lkw, die sich über Mautgebühren und Verkehrschaos ärgern, während die Einheimischen ihren Lebensraum bedroht sehen.

VORARLBERG
Landeshauptstadt: Bregenz
Landeshauptmann: Herbert Sausgruber (ÖVP)
Nach Wien das kleinste, aber, so heißt es, »fleißigste« Bundesland. Man unterscheidet sich gern ein wenig vom Rest der Republik, indem man etwa die Zugehörigkeit zum Kulturraum Bodensee betont. Die Bregenzer Festspiele sollen einen Gegenakzent zu den berühmten Salzburgern setzen.

WIEN
Landeshauptstadt: Wien
Landeshauptmann: Michael Häupl (SPÖ)
In der Bundeshauptstadt Wien laufen alle Fäden zusammen, dort haben Parlament und Regierung ihren Sitz. Wien fühlt sich gegenüber der Provinz als Mischung aus ganz Österreich, aber mit internationalem Flair, was die imperiale einstige Habsburger-Metropole zu einem weltweit beliebten Zentrum des Städte-Tourismus werden ließ. Rechtzeitig zum Sommer 2001 wurde das neue Museumsquartier eröffnet, mit 60 000 m² einer der größten Kulturkomplexe der Welt.

Bergwelt und Skilift in Hinterstoder (Oberösterreich)

República Democrática Timor-Leste – Timor Loro Sa'e Demokratische Republik Osttimor; Osttimorer

Nationalfeiertag: 28. November

Zeitzonen: MEZ + 8 h

Hauptstadt: Dili (60 000 Einwohner)

Telefon-Vorwahl: +670

Mitgliedschaften: Uno (beantragt)

José Alexandre (»Xanana«) Gusmão

Osttimor

Keine **Botschaft** in Deutschland.

GEOGRAFIE, BEVÖLKERUNG

Fläche: 14 609 km², östlicher Teil der Sunda-Insel Timor. Grenzt im Norden an die Banda See (Pazifik), im Süden an die Timor See (Indischer Ozean). **Verwaltung**: 13 Distrikte **Bevölkerung:** 738 000 Einw., davon 78 % Timorer, 20 % Indonesier, 2 % Chinesen **Flüchtlinge:** 18 183 Binnenvertriebene **Bev.dichte:** 50,5 Einw./km² **Landessprachen:** Portugiesisch u. Tetum (Amtssprachen), Indonesisch, Englisch (Verkehrssprachen) **Religionen:** 90 % Katholiken, Minderheiten von Muslimen, Protestanten und Buddhisten

POLITISCHES SYSTEM

Unabhängigkeitserklärung vom 28. November 1975. Staatsgründung am 20. Mai 2002. Republik. Verfassung vom 22. März 2002. Einkammerparlament mit 88 Abgeordneten. Verhältniswahlrecht. Wahl alle 5 J. Direktwahl des Staatsoberhaupts alle 5 J. Wahlrecht ab 18 J.
Staatoberhaupt: José Alexandre »Xanana« Gusmão (seit Mai 2002)
Regierungschef: Mari Alkatiri (seit September 2001)
Außenminister: José Ramos-Horta

MILITÄR

Streitkräfte: 1500 Mann, im Aufbau

GESUNDHEIT, SOZIALES, BILDUNG

Es liegen nur wenige aktuelle Daten vor: **Öffentliche Gesundheitsausgaben** und **Öffentliche Ausgaben für Bildung und Erziehung** (am BIP) zusammen: 24 % **Armutsrate:** 40 % **Lebenserwartung:** Männer 46,7 J., Frauen 48,4 J. **Einschulungsquote** im Primarbereich 70 %, im Sekundarbereich 39 % (vor dem Bürgerkrieg 1999). Im Bürgerkrieg sind 75–80 % der Schulen zerstört worden. **Analphabetenrate:** 59 % (1998) **Universität:** in Dili (neu eröffnet im Januar 2001), mit etwa 4500 Studenten

WIRTSCHAFT

Es liegen nur wenige aktuelle Daten vor: **Währung:** US-Dollar (indon. Rupie noch im Umlauf) **Kurs** (Mitte 2002): 1 US$ = 1,07 € **BIP:** 290 Mio. US$ **Wachstumsrate des BIP:** 15 % **BIP/Kopf:** 393 US$ **Anteile am BIP:** Landwirtschaft 21 %, Industrie 29 %, Dienstleistungen 50 % **Arbeitslosenquote:** 80 % **Inflationsrate:** 140 % (1999) **Staatseinnahmen:** 17 Mio. US$ **Staatsausgaben:** 172 Mio. US$ **Empf. Hilfsgelder:** 153 Mio. US$

Landwirtschaft, Rohstoffe, Industrie:

Die **Landwirtschaft** dient überwiegend der Selbstversorgung mit Reis, Mais und Fleisch.

Außenwirtschaft:

Handelsbilanzdefizit 36 Mio. US$ **Export:** 46 Mio. US$ **Hauptausfuhrland:** Indonesien **Import:** 82 Mio US$ **Hauptlieferland:** Indonesien

VERKEHR, KOMMUNIKATION, TOURISMUS

Straßennetz: 1414 km
Büro und Druckerei der ehemals größten **Tageszeitung** unter indonesischer Herrschaft, der *Suara Timor Timur* (Voice of east timor), Auflage 8000 Exemplare, sind im August 1999 zerstört worden.
Tourismus: 41 000 Besucher (1998)

AKTUELLE ENTWICKLUNGEN

Nur wenige Länder haben sich ihre Unabhängigkeit mit solchen Verlusten erkämpft. Seit Indonesien im Dezember 1975 die damalige Kolonie Portugals mit Billigung der USA annektierte, sollen nach unterschiedlichen Angaben zwischen 75 000 (Jakarta) und 200 000 Menschen (katholische Kirche und Nicht-Regierungsorganisationen) ums Leben gekommen sein – bei einer damaligen Bevölkerungszahl von 650 000. Und so wirkte der Festakt zur Staatsgründung in der Nacht vom 20. Mai 2002 traurig und still wie eine Beerdigung. Über 120 000 der nun 738 000 Bürger des jüngsten Staates der Erde hatten sich auf der staubigen Freifläche »Taci Tolo« im Westen der Hauptstadt Dili versammelt. Doch sie wirkten von Jahrzehnten der Kriege und Kämpfe traumatisiert und verschüchtert.

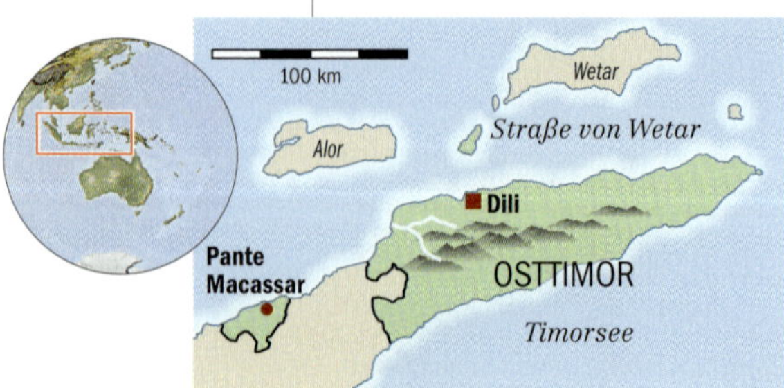

Im Beisein von Uno-Generalsekretär Kofi Annan, dem ehemalige US-Präsidenten Bill Clinton und zahlreichen Ehrengästen, hisste der Ex-Guerrillaführer und zukünftige Staatschef José Alexandre (»Xanana«) Gusmão die schwarz-gelb-rote Fahne von »Timor-Leste«, wie der Staatsname portugiesisch lautet. Zwar saß Indonesiens Präsidentin Megawati Sukarnoputri als Ehrengast auf der Tribüne gleich neben Annan und Gusmão, doch hatte ihr Besuch heftige Kritik in Jakartas Parlament ausgelöst. Die Abspaltung des ehemaligen Territoriums wird im Mutterland nicht nur als Ermutigung an andere rebellische Provinzen angesehen, der Inselrepublik den Rücken zu kehren, sondern gerade beim allmächtigen Militär (TNI) als tiefe Schmach empfunden. Für Irritationen sorgte ebenso, dass Gusmãos seinen ersten Staatsbesuch in Jakarta aus »Termingründen auf unbestimmte Zeit« verschob.

Die Uno hält die Staatsgründung dennoch für einen der erfolgreichsten Blauhelm-Einsätze seit Jahrzehnten. »Das Land musste von Ground Zero aufgebaut werden«, sagte Friedensnobelpreisträger José Ramos-Horta, der das Außenministerium übernahm. Nach dem ungenügend gesicherten Uno-Plebiszit Ende August 1999, bei dem die Osttimoresen für Unabhängigkeit stimmten, hatten proindonesische Milizen und reguläre Militäreinheiten Jakartas das Land verwüstet; bei den Kämpfen im September 1999 fanden etwa 800 Menschen den Tod. Die von Australien angeführte Einsatztruppe »Interfet« beendete das Schlachten und übergab die Kontrolle am 23.Februar 2000 an die Uno-Mission Untaet, die das Land zügig auf die Unabhängigkeit vorbereitete.

Bei den Wahlen für das zukünftige Parlament erhielt die ehemalige Guerrillagruppe Fretelin am 30. August 2001 mehr als 57 Prozent der Stimmen. Obwohl er nach eigenen Angaben lieber Bauer werden wolle oder Fotograf, wurde »Xanana« Gusmão am 14. April 2002 erwartungsgemäß mit 82,7 Prozent zum Präsidenten gewählt. Das Verhältnis von Premier Mari Alkatiri zu Gusmão gilt als angespannt und könnte in Zukunft für erheblichen Konfliktstoff sorgen. Probleme dürfte auch das babylonische Sprachengewirr verursachen. Als Amtssprache wurde neben dem Dialekt Tetum die ehemalige Kolonialsprache Portugiesisch eingeführt. Doch die Mehrheit der jungen Leute beherrscht nur Indonesisch oder kann sich leidlich auf Englisch verständigen.

Osttimor ist einer der ärmsten Staaten der Welt. Das Land wird noch jahrzehntelang auf fremde Hilfe angewiesen sein. Nachdem seit 1999 bereits über eine Milliarde US$ Hilfsgelder in das Land gepumpt wurden, sind für die kommenden drei Jahre weitere 440 Millionen von Geberländern zugesagt worden. 35 Prozent des Staatsbudgets müssen vom Ausland finanziert werden. Das Gesundheits- und Bildungswesen, wofür fast die Hälfte des Haushalts vorgesehen ist, muss völlig neu aufgebaut werden. Große Teile der Halbinsel sind ohne Strom, das Straßennetz ist nur wenig ausgebaut. »Die nächsten fünf Jahre werden eine große Herausforderung darstellen«, sagte Gusmão, »die Erwartungen sind groß, die Ängste und Notwendigkeiten enorm.«

Unabhängigkeitsfeier auf Osttimor

Hoffnung setzt der erste Staat, der im 21. Jahrhundert ins Leben gerufen wurde, vor allem auf die Gas- und Ölfelder, die im »Timor-Graben« zwischen Australien und der Inselhälfte gefunden wurden. 90 Prozent der Erlöse sollen – so wurde am 20. Mai 2002 zwischen den beiden Ländern vereinbart – schon 2005 in Dilis Kassen fließen. Insgesamt seien 3,2 Milliarden US-Dollar zu erwarten, schätzt die Uno. Noch größere Erwartungen setzt die neue Regierung in das benachbarte »Greater Sunrise«-Gasfeld. Sollten die Erträge ähnlich verteilt werden, könnte Osttimor dann sogar mit 34 Milliarden Dollar rechnen. Doch so weit geht die Freundschaft Australiens nicht. Für das Mammutfeld wünscht Canberra einen neuen Verteilungsschlüssel. Danach erhielte Osttimor nur 18 Prozent.

Islami Jamhuriya e Pakistan – Islamische Republik Pakistan; Pakistaner

Nationalfeiertag: 23. März (Tag der Republik)

Zeitzone: MEZ + 4 h

Hauptstadt: Islamabad (524 500 Einwohner)

Telefon-Vorwahl: +92
Kfz-Kennzeichen: PK

Mitgliedschaft: Uno

General Pervez Musharraf, Gerhard Schröder (l.)

Pakistan

Botschaft in Deutschland: Schaperstraße 29, D-10719 Berlin
☎ +49-30-21 24 40 🖷 -21 24 42 10

GEOGRAFIE, BEVÖLKERUNG

Fläche: 796 095 km² im Nordwesten des indischen Subkontinents. Im Tiefland des Indus leben 80 % der Bev. Im Norden erheben sich Hindukusch und Karakorum mit dem K2 (8611 m). Abgesehen von Gebirgswäldern überwiegend Steppe und wüstenhafte Landschaft.
Verwaltung: 4 Provinzen und Hauptstadtdistrikt, außerdem Tribal Areas (27 220 km²) sowie die abhängigen Gebiete Azad Kaschmir und die Northern Areas **Bevölkerung:** 138,080 Mio. Einw., davon 50 % Pandschabi, 15 % Paschtunen, 15 % Sindhi, 5 % Belutschen **Flüchtlinge:** 2 198 797

In **Städten** leben 37 %, **unter 15 J.** sind 42 % der Bev. **Bev.dichte:** 179 Einw./km² **Bev.wachstum:** 2,54 % **Fruchtbarkeitsrate:** 4,7 Geb./Frau **Landessprachen:** Urdu (Amtssprache), von nur 7,6 % der Bev. als Muttersprache gesprochen; 48 % der Bev. sprechen Pandschabi, 13 % Paschtu, 12 % Sindhi. Englisch auf Regierungsebene **Religionen:** Islam (77 % Sunniten, 20 % Schiiten), Minderheiten von Hindus und Christen

Die größten Städte

Karatschi	9 269 300
Lahore	5 063 500
Faisalabad	1 977 200
Rawalpindi	1 406 200

POLITISCHES SYSTEM

Islamische Republik seit 1956 mit Verfassung von 1956, letzte Änderung Oktober 1999. Suspendiertes Commonwealth-Mitglied. Wahlrecht ab 21 J. Zweikammerparlament: Nationalversammlung (»Majlis-e-Shura«) mit 217 auf 5 J. gewählten Abg. (207 Muslime, 10 für Minderheiten); Senat mit 87 Mitgl., von denen alle 2 J. ein Drittel für 6 J. von den Provinzparlamenten gewählt werden. Wahl des Staatsoberhaupts alle 5 J. durch Wahlkollegium.
Staats- und Regierungschef: General Pervez Musharraf (seit Oktober 1999)
Außenminister: Inamul Haq

MILITÄR

Atommacht seit 1998 **Wehrpflicht:** Keine **Streitkräfte:** 620 000 Mann, davon 550 000 Armee, 45 000 Luftstreitkräfte, 25 000 Marine **Militärausgaben** (am BSP): 5,9 % **Waffenhandelsanteil** an den Exporten 0,1 %, an den Importen 9,7 %

GESUNDHEIT, SOZIALES, BILDUNG

Öffentliche Gesundheitsausgaben (am BIP): 0,7 % **Öffentliche Ausgaben für Bildung und Erziehung** (am BIP): k. A. **Öffentliche Ausgaben für Altersversorgung** (am BIP): 0,9 % **Medizinische Versorgung:** 0,6 Ärzte, 0,7 Krankenhausbetten/1000 Einw. **Säuglingssterblichkeit:** 83/1000 Geb. **Müttersterblichkeit:** 200/100 000 Geb. **Kinderunterernährung:** 38 % **Kinderarbeit:** 15 % **Armutsrate:** 31 % **Frauenanteil an den Beschäftigten:** 28,6 % Zugang zu **sauberem Trinkwasser:** 96 % der städtischen, 84 % der ländlichen Bev., zu **sanitären Anlagen:** 94 % bzw. 42 % **HIV-Infektionsrate:** 0,10 % **Lebenserwartung:** Männer 62 J., Frauen 64 J. **Schulpflicht:** keine **Einschulungsquote** im Primarbereich 74 %, im Sekundarbereich 26 % **Analphabetenrate:** Männer 43 %, Frauen 72 % **Universitäten:** 26, die bekanntesten befinden sich in Karatschi und Lahore

WIRTSCHAFT

Währung: 1 Pakistanische Rupie (pR) = 100 Paisa **Kurs** (Mitte 2002): 1 pR = 0,02 € **BSP:** 61,638 Mrd. US$ **Wachstumsrate des BIP:** 4,4 % **BSP/Kopf:** 440 US$ **Anteile am BIP:** Landwirtschaft 26 %, Industrie 23 %, Dienstleistungen 51 % **Forschung+Entwicklungsausgaben** (am BSP):

k.A. **Arbeitslosenquote:** 5,9 % **Inflationsrate:** 3,8 % **Staatseinnahmen:** 9,807 Mrd. US$ **Steueraufkommen** (am BIP): 12,1 % **Einkommensteuer:** max. 35 % **Körperschaftsteuer:** k. A. **Haushaltsdefizit** (am BIP): 5,4 % **Staatsausgaben:** 11,998 Mrd. US$ **Leistungsbilanzdefizit:** 96 Mio. US$ **Auslandsschulden:** 32,091 Mrd. US$ **Schuldendienst** (am BSP): 4,8 % **Devisenreserven:** 2,087 Mrd. US$ **Empf. Hilfsgelder:** 703 Mio. US$ **Ausl. Direktinvestitionen:** 308 Mio. US$ **Börse** (Marktkapitalisierung am BIP): 10,7 % **Energie:** Produktion 44,09 Mio. t ÖE, Verbrauch 59,83 Mio. t ÖE. Anteile am Verbrauch: Kohle 4,6 %, Öl 43,4 %, Atomenergie 1,1 %, Erdgas 41,7 %, sonstige 9,2 %

Landwirtschaft, Rohstoffe, Industrie:
Nutzfläche 28,3 %, von der Anbaufläche sind 81,7 % bewässert. Angebaut werden vor allem Baumwolle, Reis und Weizen. **Bewaldet:** 25 000 km², jährliche **Rodung:** 304 km² **Rohstoffe:** Erdöl, Erdgas, Kohle, Graphit, Kalkstein, Gips, Salz, Chrom, Eisen, Kupfer, Mangan **Wichtige Industriezweige:** Textilverarbeitung, Tabak-, Metall- und chemische Industrie sind die wichtigsten Branchen

Außenwirtschaft:
Handelsbilanzdefizit 1,159 Mrd. US$ **Export:** 8,739 Mrd. US$, davon 51,2 % Textilien, 23,2 % Bekleidung, 10,7 % Nahrungsmittel **Hauptausfuhrländer:** USA (24,8 %), Großbritannien (6,9 %), Hongkong (6,1 %) **Hightech-Exporte:** 30 Mio. US$ **Import:** 9,898 Mrd. US$, davon 27,9 % Öl, 19,4 % Maschinen und Transportmittel, 19,4 % Chemikalien **Hauptlieferländer:** Kuweit (12 %), Saudi-Arabien (9 %), VAE (8,8 %)

VERKEHR
Schienennetz: 8163 km **Straßennetz:** 254 410 km, davon 43 % befestigt **Motorisierung:** 8 Kfz/1000 Einw. 5 intern. **Flughäfen**, u. a. Karatschi, Lahore, Rawalpindi Neben der halbstaatlichen **Fluggesellschaft** Pakistan International Airlines fliegen 3 private Linien; 6,252 Mio. beförderte Passagiere Wichtigster **Hafen:** Karatschi

KOMMUNIKATION
Auf 1000 Einw. kommen 105 **Rundfunk-**, 131 **Fernsehgeräte**, 23,5 **Telefonanschlüsse**, 5,5 **Mobiltelefone**, 4,1 **PC** und 0,08 **Internet-Zugänge IuK-Ausgaben** (am BIP): k.A.

Es erscheinen 264 **Tageszeitungen**. Die größten Tageszeitungen und ihre Auflagen:

Daily Jang	750 000
Nawa-i-Waqt	560 000
Mashriq	150 000
Dawn	110 000

Nachrichtenagenturen: Associated Press of Pakistan, National News Agency, Pakistan Press Agency

UMWELT, TOURISMUS
Geschützte Gebiete: 4,8 % der Landesfläche **Energieverbrauch/Kopf:** 444 kg ÖE **CO_2-Emission:** 97,1 Mio. t **Verwendung des Süßwassers:** Landwirtschaft 97 %, Industrie 2 %, Haushalte 2 % **Tourismus:** 543 000 Besucher, 86 Mio. US$ Einnahmen

Anti-amerikanische Demonstration am 21. September 2001 in Lahore

AKTUELLE ENTWICKLUNGEN
Außenpolitik: Nach den Terroranschlägen vom 11. September 2001 rückte Islamabad, lange vom Westen vernachlässigt, über Nacht ins Zentrum der Weltpolitik. Kein Staat hatte so enge Beziehungen zum Zentrum des Bösen in Afghanistan wie Pakistan: Die Taliban (»Religionsstudenten«) waren zum größten Teil in pakistanischen Medressen (Koranschulen) von feurigen Islamisten ausgebildet worden, der Geheimdienst ISI hatte sie bei ihrem Vormarsch nach Kandahar und Kabul mit Waffen und Logistik aktiv unterstützt. Das Taliban-Regime war für die Regierung Pakistans nicht immer ein bequemer Partner gewesen, aber die Männer um Mullah Omar erfüllten lange Zeit Islamabads Hauptanliegen: Sie waren – bei allem religiösen Fanatismus – ein strategisch ver-

lässlicher Nachbar; ein Gegengewicht zum feindlichen Indien im Osten. Erst durch die September-Attentate wurde General Musharraf wohl endgültig bewusst, dass die Zauberlehrlinge, die seine Leute mit angelernt hatten, nicht mehr zu kontrollieren waren – sondern eine Belastung wurden für Pakistans Beziehungen zur Außenwelt.
Der General, im Oktober 1999 durch einen Putsch an die Macht gekommen, verlangte zunächst Beweise für die Verwicklung der Taliban in den Terror. Doch als ihm Washington Details über die Verbrüderung von Mullah Omar mit Osama Bin Laden, Namen von Tätern und Luftaufnahmen von Ausbildungslagern lieferte, schlug er sich über Nacht auf die Seite des Westens. Ihm war wohl klar: Bei jeder anderen Entscheidung wäre Pakistan ein geächtetes Mitglied in George W. Bushs »Achse des Bösen« geworden. Musharraf gewährte den Amerikanern Überflugrechte für ihre Militärmaschinen und erlaubte bald auch dem FBI die (Mit-)Suche nach Terroristen, die aus den Bergen von Tora Bora über die afghanisch-pakistanische Grenze geflohen waren.

Pakistanische Soldaten in Chakothi

Viele hochrangige westliche Politiker besuchten seit Herbst 2001 Islamabad. Um das »Land der Reinen« aufzuwerten, flogen nicht nur Amerikas Verteidigungs- und Außenminister ein, sondern auch die Regierungschefs von Großbritannien und Deutschland.
Sollte Musharraf gedacht haben, durch die Neupositionierung Pakistans ergäben sich Vorteile gegenüber dem Erzfeind Indien, so täuschte er sich allerdings. Die USA wie die EU verurteilten die Überfälle vom pakistanischen Boden in die von Indien kontrollierten Teile von Kaschmir, die der General eine Zeit lang entweder nicht stoppen wollte oder konnte. Der Konflikt mit Neu-Delhi verschärfte sich seit Mai nach immer neuen Scharmützeln dramatisch: Indien zog an der Demarkationslinie 100 000 Soldaten zusammen. Auch Pakistan antwortete mit Tests von Raketen, die auch Atomsprengköpfe tragen können. Scharfmacher in Neu-Delhi verlangten die Aktivierung der indischen Nuklearwaffen. Pakistan werde »im Notfall auch die Atombombe« einsetzen, wenn das Überleben des Landes in Gefahr sei, sagte Musharraf im April bei einem SPIEGEL-Gespräch.
Bevor es ernst wurde, siegte (vorläufig) auf beiden Seiten die Vernunft. Die pakistanische Regierung versprach, Überfälle auf das westliche Nachbarland künftig zu verhindern. Indien entspannte die Lage durch Good-Will-Gesten. Aber keine Seite verzichtete auf ihren Maximal-Anspruch, Kaschmir zu kontrollieren. Die Grenze, die teilweise über 5000 Meter hohe Gipfel führt, bleibt eine der umstrittensten in der Welt.

Wirtschaft: Der amerikanische Bombenkrieg gegen die Taliban und gegen die Qaida-Terroristen im Nachbarland Afghanistan stürzte Islamabads Wirtschaft zunächst in eine tiefe Krise: Wegen der Nähe zum Kriegsgebiet hatten Versicherungen ihre Gebühren für Gütertransporte aus Pakistan massiv erhöht. Damit waren die einheimischen Produkte nicht mehr wettbewerbsfähig, es gab dramatische Exportrückgänge. Dass die Wirtschaft nicht zusammenbrach, ist dem relativ schnellen Ende des Kriegs zuzuschreiben – aber auch einer vernünftigen Fiskalpolitik und den auf Ausgabendisziplin gerichteten Reformen, die Finanzminister Shaukat Aziz nach Jahren des Schlendrians der Vorgänger-Regierungen in den Monaten zuvor durchgesetzt hatte: Die Devisenvorräte waren so weit aufgestockt, dass sie zumindest für den Importbedarf eines halben Jahres reichten.
Für die Unterstützung der USA im Kampf gegen Terror wurde Pakistan belohnt, Washington hob die Sanktionen auf, die nach den Atomwaffentests im Jahr 1998 verhängt worden waren. Präsident Bush setzte durch, dass die Importzölle für pakistanische Textilien gesenkt wurden und ließ Islamabad über den Internationalen Währungsfonds großzügige Hilfen zukommen. Rechnet man zu direkten Finanzspritzen auch die zinslosen Darlehen und die günstigen Umschuldungsvereinbarungen dürfte sich das Hilfspaket auf 3 Milliarden Dollar belaufen. Damit ist Islamabad noch nicht aus dem Schneider, aber auf einem viel besseren Weg als noch 1998, als ein Absturz à la Argentinien drohte.

Festnahme eines mutmaßlichen Terroristen

Auch das Plus an der Börse von Karatschi, das geschätzte Wirtschaftswachstum von 3 Prozent und die niedrige Inflation von 2 Prozent zeigen: Präsident Musharraf darf sich zumindest in ökonomischer Hinsicht als Kriegsgewinnler fühlen.

Positive Wirkung zeigt das »Nationale Büro für Verantwortlichkeit«, mit der das Musharraf-Regime die Korruption bekämpft. Das Krebsgeschwür der pakistanischen Wirtschaft wird damit wenigstens im Ansatz bekämpft. An Strukturprobleme hat sich der General allerdings noch nicht gewagt: die Privilegien der feudalistischen Oberschicht bleiben bestehen. In Provinzen wie Sindh herrschen mächtige Landlords wie im europäischen Mittelalter und behandeln ihre Untergebenen als Leibeigene. In den seltensten Fällen zahlen die wirklich Reichen Steuern. Die sozialen Unterschiede sind riesig: Dutzenden von Multimillionären steht ein Heer Verarmter gegenüber. Nach Angaben des Entwicklungsprogramms der Vereinten Nationen müssen 31 Prozent aller Pakistani mit weniger als einem Dollar pro Tag auskommen.

Innenpolitik: Musharraf predigt einen »Islam der Toleranz«, doch in seinem Land gilt die Scharia, und andere Religionen werden von Islamisten verfolgt. Die Radikalen sind nicht nur in den 40 000 Medressen präsent, die den unterfinanzierten staatlichen Schulen Konkurrenz machen; sie genießen auch im Militär und vor allem beim Geheimdienst große Sympathien. Musharraf weiß das und hat mit mäßigem Erfolg versucht, Islamisten aus den wichtigsten Staatsinstitutionen zu drängen. Er verbot radikale islamische Organisationen, ließ Anfang des Jahres mehr als 2000 der schlimmsten Aufrührer verhaften. Doch schon nach wenigen Wochen waren 1300 dieser Männer wieder frei – Musharraf sieht sich offensichtlich zu Kompromissen gezwungen.

Ende April stellte sich der Putsch-General einem verfassungsrechtlich umstrittenen Volksentscheid; 98 Prozent stimmten dafür, dass er für die nächsten fünf Jahre Präsident bleiben soll. Musharraf ist trotz zunehmend autoritärer Tendenzen bei der breiten Masse des Volkes populärer als die »zivilen« Politiker vergangener, so genannter »demokratischer« Regierungen, die sich alle als korrupt erwiesen. Extremisten haben ihm den Tod angedroht, klagen ihn an, den »Ausverkauf« Pakistans an den »gottlosen Westen« zu betreiben, nennen ihn »Busharraf«. Vor allem in den paschtunischen Stammesgebieten zur afghanischen Grenze, die seit Jahrzehnten weitgehend autonom regiert und von Islamabad nur lose kontrolliert werden, finden Scharfmacher (und wohl auch viele al-Qaida-Kämpfer) einen fruchtbaren Nährboden. Sie versuchen, die Fundamente Pakistans durch Terror zu untergraben und hinterlassen eine schreckliche Blutspur: Im Januar wurde der amerikanische Journalist Daniel Pearl entführt und ermordet. Im März starben fünf Menschen, als Granaten in einer protestantischen Kirche des Diplomatenviertels von Islamabad einschlugen. Im Mai töteten Terroristen elf französische Ingenieure vor ihrem Hotel in Karatschi, im Juni zerriss vor dem US-Konsulat in derselben Stadt eine Autobombe zwölf Menschen. So liefern die Radikalen dem General Vorwände dafür, freie Wahlen weiter zu verhindern.

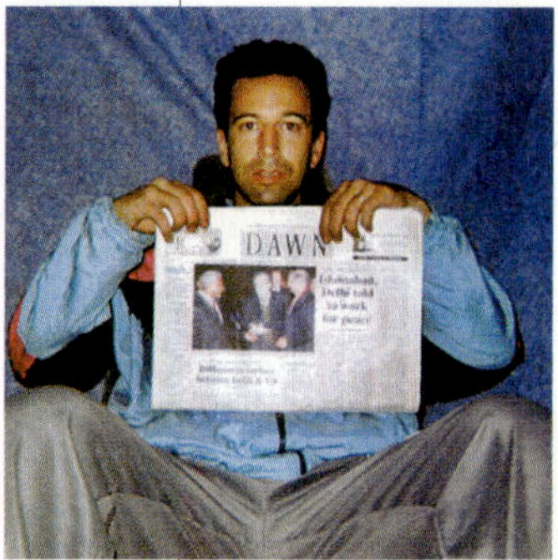

Entführter US-Journalist Daniel Pearl

Pearls Mördern wurde der Prozess gemacht, im März konnte mit Hilfe des FBI bei Lahore der Qaida-Top-Mann Abu Zubeida verhaftet werden. Von diesen Erfolgen dürfe man sich nicht täuschen lassen, sagen westliche Geheimdienste. Sie glauben, dass die Terroristen, die aus Afghanistans Lagern geflohen sind, längst neue Rekruten für Anschläge in den USA und Europa anwerben.

Nationalfeiertag: 15. November

Zeitzone: MEZ + 1 h

Telefon-Vorwahl: +970
Olympiakürzel: PLE

Mitgliedschaft: Uno (ohne Stimmrecht)

Palästina

Palästinensische Generaldelegation: August-Bier-Straße 33, D-53129 Bonn, ☎ +49-228-21 20 35 🖷 -21 35 94

Vorbemerkung

Das Territorium, das ein unabhängiger Staat »Palästina« im Westjordanland und im Gaza-Streifen in der Zukunft umfassen soll, ist bislang nicht endgültig definiert, auch die Frage der palästinensischen Hauptstadt ist noch ungeklärt. Nach Maßgabe der Vereinten Nationen sollte Israel die 1967 besetzten Gebiete einschließlich Ost-Jerusalem räumen, das nach palästinensischer Vorstellung Hauptstadt des zu gründenden Staates werden soll.

Präsident Jassir Arafat

GEOGRAFIE, BEVÖLKERUNG

Fläche: 6020 km² **Verwaltung:** 16 Bezirke **Bevölkerung:** 3,225 Mio. Einw., dazu kommen etwa 200 000 jüdische Siedler **In Städten** leben 54 %, **unter 15 J.** k. A. **Bev.dichte:** 536/km² **Bev.wachstum:** 3,59 % **Fruchtbarkeitsrate:** 5,7 Geb./Frau **Landes- und Amtssprache:** Arabisch **Religionen:** 97 % sunnitische Muslime, 3 % Christen; (ohne jüdische Siedler)

Westjordanland: Fläche: 5655 km² (inkl. Ost-Jerusalem) **Bevölkerung:** 2,057 Mio. Einw. (davon 228 200 in Ost-Jerusalem) **Bev.dichte:** 364 Einw./km²

Gaza-Streifen: Fläche: 365 km² **Bevölkerung:** 1,167 Mio. Einw. Etwa die Hälfte der Bev. lebt noch in Lagern. **Bev.dichte:** 3197 Einw./km²

Die größten Städte

Gaza-Stadt (inkl. Flüchtlingslager)	328 100
Hebron	133 600
Nablus	111 000

POLITISCHES SYSTEM

Teilautonomie seit 1994. Am 7. Juli 2002 trat die vorläufige Verfassung in Kraft. Parlament (»Palästinensischer Legislativrat«) mit 88 theoretisch alle 4 Jahre direkt gewählten Mitgliedern. Exekutive (»Autonomiebehörde«) mit 30 Mitgliedern, darunter 9 Abgeordnete des Parlaments und 4 durch den Präsidenten der Autonomiebehörde bestimmte Mitglieder. Direktwahl des Präsidenten.
Präsident: Jassir Arafat (seit Februar 1996)

MILITÄR

Etwa 35 000 Paramilitärs

GESUNDHEIT, SOZIALES, BILDUNG

Öffentliche Gesundheitsausgaben (am BIP): 4,9 % **Öffentliche Ausgaben für Bildung und Erziehung** (am BIP): k. A. **Öffentliche Ausgaben für öffentlicher Altersversorgung** (am BIP): k. A. **Medizinische Versorgung:** 0,5 Ärzte, 1,2 Krankenhausbetten/1000 Einw. **Säuglingssterblichkeit:** 22/1000 Geb. **Müttersterblichkeit:** k. A. **Kinderunterernährung:** 15 % **Kinderarbeit:** k. A. **Armutsrate:** k. A. **Frauenanteil an den Beschäftigten:** k. A. Zugang zu **sauberem Trinkwasser** haben 96,2 % der Bev., zu **sanitären Anlagen:** 99,6 % **HIV-Infektionsrate:** k. A. **Lebenserwartung:** Männer 70 J., Frauen 74 J. **Schulpflicht:** 6–15 J. **Einschulungsquote** im Primarbereich k. A., im Sekundar-

bereich k. A. **Analphabetenrate:** k. A. **Universitäten:** 12, unter anderem in Ramallah und Nablus

WIRTSCHAFT

Währung: keine eigene Währung (▸Israel, Jordanien) **BSP:** 4,9 Mrd. US$ **Wachstumsrate des BIP:** -6,4 % **BSP/Kopf:** 1520 US$ **Anteile am BIP:** Landwirtschaft 8 %, Industrie 27 %, Dienstleistungen 66 % **Forschung+ Entwicklungsausgaben** (am BSP): k. A. **Arbeitslosenquote:** 14,1 % **Inflationsrate:** 1,2 % **Staatseinnahmen:** 1,386 Mrd. US$ **Steueraufkommen** (am BIP): k. A. **Einkommensteuer:** k. A. **Körperschaftsteuer:** k. A. **Staatsausgaben:** 1,386 Mrd. US$ **Leistungsbilanzdefizit:** 1,359 Mrd. US$ **Auslandsschulden:** k. A. **Schuldendienst** (am BIP): k. A. **Devisenreserven:** k. A. **Empf. Hilfsgelder:** 636 Mio. US$ **Ausl. Direktinvestitionen:** k. A. **Börse** (Marktkapitalisierung am BIP): 19,8 % **Energie:** Produktion k. A., Verbrauch k. A., Anteile am Verbrauch: k. A.

Landwirtschaft, Rohstoffe, Industrie:
Nutzfläche: Gaza-Streifen 63 %, Westjordanland 59 % **Produkte:** Tomaten, Oliven, Gurken, Südfrüchte **Bewaldet:** k. A., jährliche **Rodung:** k. A. **Rohstoffe:** Erdgas **Wichtige Industriezweige:** Bauindustrie

Außenwirtschaft:
Handelsbilanzdefizit 2,641 Mrd. US$ **Export:** 0,421 Mrd. US$, davon 42 % industrielle Vorprodukte, 16,4 % Fertigwaren, 15,7 % Nahrungsmittel, 6,5 % Getränke u. Tabak **Hauptausfuhrländer:** überwiegend Israel **Hightech-Exporte:** k. A. **Import:** 3,062 Mrd. US$, davon 23,8 % industrielle Vorprodukte, 18,8 % Nahrungsmittel, 17,3 % Brennstoffe **Hauptlieferländer:** überwiegend Israel

VERKEHR

Schienennetz: außer Betrieb **Straßennetz:** 4500 km (Westjordanland), davon befestigt: k. A. **Motorisierung:** k. A. Internationale **Flughäfen:** Gaza-Stadt **Fluglinie:** Palestinian Airlines beförderte Passagiere: k. A. **Hafen:** Gaza-Stadt **Binnenschifffahrt** k. A.

KOMMUNIKATION

Zu **Rundfunk-** und **Fernsehgeräten, Internet-Zugängen** und **PCs** keine Angaben. Auf 1000 Einw. kommen 77,6 **Telefonanschlüsse** und 90,6 **Mobiltelefone**. Es erscheinen 2 **Tageszeitungen**. Die größte Tageszeitung ist *al-Kuds* mit einer Auflage von 55 000 Exemplaren. **Nachrichtenagentur:** Wikalat al-Anba al-Filastinija/WAFA

UMWELT, TOURISMUS

Geschützte Gebiete: k. A. **Energieverbrauch/Kopf:** k. A. **CO_2-Emission:** k. A. **Verwendung des Süßwassers:** k. A. **Tourismus:** 335 000 Besucher, 155 Mio. US$ Einnahmen

AKTUELLE ENTWICKLUNGEN

Der seit zwei Jahren eskalierende israelisch-palästinensische Schlagabtausch ließ im Jahr 2002 die Hoffnungen auf das Zustandekommen einer Friedenslösung schwinden. Das gewaltsame Aufbegehren der Palästinenser gegen die fortgesetzte Verzögerungstaktik der israelischen Besatzungsmacht seit der Unterzeichnung der Friedensvereinbarungen von Oslo vor neun Jahren beantwortete der israelische Ministerpräsident Ariel Scharon mit militärischer Brachialgewalt. Jerusalem lässt kein Friedenskonzept erkennen, das den seit nunmehr 35 Jahren entmündigten Palästinensern Hoffnung auf prinzipielle Friedensbereitschaft Israels gibt.
Die in blinde Wut umgeschlagene Enttäuschung der Palästinenser nutzten die gewaltbereiten radikal-islamischen Organisationen Hamas und Dschihad islami (»Islamischer Heiliger Krieg«) sowie die Fatah-nahen Aksa-Brigaden zum Aufbau schlagkräftiger Stoßtrupps. Sie führten in den besetzten Gebieten, aber auch in Israel selbst Terroranschläge durch – auch gegen Zivilisten. Aus einer Gruppe Steine werfender Halbstarker

Steine werfende jugendliche Palästinenser

wurden hoch gefährliche Einsatzkommandos und schwer zu ortende, zu allem entschlossene Einzelkämpfer, die in Selbstmordanschlägen sich und Dutzende von Israelis in die Luft sprengen.
Die Furcht vor den irgendwann und irgendwo detonierenden lebendigen Bomben versetzte ganz Israel in Panik und gab den Rechtsextremisten um Regierungschef Ariel Scharon Auftrieb, die Arafat zum Urheber der Attacken abstempelten und auf eine militärische Lösung des Palästinenserproblems anstelle von Verhandlungen setzen. Der im Oktober 2001 von PFLP-Aktivisten ermordete israelische Tourismusminister Rechawam Seewi hatte sogar die Zwangsumsiedlung sämtlicher Palästinenser nach Jordanien gefordert, während die Armeeführung die Liquidierung von »Terrorismus-verdächtigen Elementen« anordnete.

Zum Teil zerstörtes Hauptquartier Jassir Arafats in Ramallah

Die zweifelhaften »Erfolge« der Hamas-Riege führten aber auch zu einem Interessengegensatz mit Arafats Autonomiebehörde, die wegen ihrer Unfähigkeit, die Hintermänner der Attentäter zu fangen, sowohl im (auch jetzt noch existenten) israelischen Friedenslager als auch im Ausland an Glaubwürdigkeit verlor. Schlimmer noch: Arafats Durchhalteappelle und sein sporadisches Durchgreifen gegen die populären Hamas-Aktivisten führten zu einem spürbaren Autoritätsverlust des Palästinenserführers, selbst in den eigenen Reihen. Dieser Prozess hält an, zumal die Kontakte mit der Scharon-Regierung in der Bevölkerung keine politischen Zukunftshoffnungen aufkommen ließen. Das seit Amtsantritt von US-Präsident George W. Bush eher vorsichtige Engagement der Vereinigten Staaten brachte wenig. Washington überließ die Initiative weitgehend Israel-Premier Scharon, der den Präsidenten von der angeblichen Friedensfeindlichkeit des »Terroristen Arafats« und der Notwendigkeit zu überzeugen versuchte, vorerst nur über Sicherheitsfragen zu diskutieren. Dennoch hätten Ansätze wie der »Mitchell-Bericht« (April 2001) und der weniger ambitiöse, weil ausschließlich auf Sicherheitsaspekte beschränkte »Tenet-Plan« (Juni 2001) den festgefahrenen Prozess weiterführender politischer Verhandlungen wieder aktivieren können. Voraussetzung wäre allerdings gewesen, dass beide Seiten, vor allem aber Israel, dem Bush immerhin die Einstellung des von Scharon propagierten Siedlungsbaus zumuten wollte, mitgespielt hätten.
Die Terroranschläge in New York und Washington vom 11. September 2001 veränderten die Prioritäten der Bush-Administration. Außenpolitik bedeutet seitdem vorrangig die Bekämpfung aller Formen des Terrorismus, weltweit. Die Anschläge der palästinensischen Selbstmordattentäter machten es den Israelis leicht, ihren amerikanischen Freunden klar zu machen, das jeder Lösungsansatz zunächst die Ausmerzung »aller Arten von terroristischer palästinensischer Gewalt« verlange.
Die Spirale der Gewalt ging weiter. Israelische Panzer riegelten die autonomen Palästinenserstädte immer öfter ab, drangen in die Zone »A« ein, in der nach dem Wortlaut der Oslo II-Vereinbarung vom September 1995 nur die palästinensische Autonomieregierung das Sagen hat. Scharon erklärte Arafat für »politisch irrelevant«. Auch Amerika zeigte sich von dem Palästinenserchef enttäuscht, der gegen die Terroristen in seinen autonomen Gebieten nicht hart genug vorgehe. Dass die israelische Armee diese heikle Aufgabe durch die Zerstörung der Kasernen, Kommandozentralen und Fahrzeuge der palästinensischen Sicherheitsorgane zusätzlich erschwerte – ganz zu schweigen von der Isolierung der Bantustan-ähnlichen autonomen Enklaven und der Zerstörung der Kommunikationssysteme – löste nur im Nahen Osten und Europa ernst zu nehmende Kritik aus.
Die Außenminister der Europäischen Union und prominente europäische Politiker forderten die Regierung auf, die Blockade der Palästinensergebiete zu beenden und sich an die in den

Israelischer Soldat vor Palästinenser

Oslo-Verträgen ausgehandelten friedensfördernden Maßnahmen zu halten. Doch Israel steigerte den Druck auf Arafat und hinderte ihn daran, sein Hauptquartier in der Jerusalem-nahen Ortschaft Ramallah zu verlassen.

Das vage gehaltene Versprechen George W. Bushs vom Oktober 2001, Amerika setze sich für die Schaffung eines unabhängigen Palästinenserstaats ein, kurz darauf verwässert in ein »provisorisches Staatswesen«, blieb ohne Bedeutung. Nachdem israelische Eliteeinheiten im Januar 2001 im Roten Meer einen Frachter aufbrachten, der offenbar für die Palästinenser bestimmte Waffen und Munition aus Iran an Bord führte, wurde der Palästinenserchef als Auftraggeber und Terrorpate gebrandmarkt. Amerika ging zu ihm auf Distanz.

Die blutigen Aktionen der palästinensischen Todeskommandos gingen weiter. Im April besetzte die israelische Armee die autonomen Palästinensergebiete im Westjordanland mit der Ausnahme Jerichos, wo US-Soldaten von Arafats Militärtribunal zu hohen Haftstrafen abgeurteilte Terroristen im Hochsicherheitstrakt des städtischen Gefängnisses bewachen.

Im übervölkerten Gaza-Streifen führten israelische Sondereinheiten als Reaktion auf Feuerüberfälle auf Siedler und Armeeposten Straf- und Suchaktionen in mehreren Palästinenserlagern durch und durchtrennten das von 1,167 Millionen Palästinensern und circa 5500 jüdischen Siedlern bewohnte Küstengebiet in zwei Teile. Panzer pflügten die Landebahn des mit europäischen Geldern gebauten Flughafens von Gaza um, Soldaten beschossen Schulen und sprengten Häuser von mutmaßlichen Hamas- und Dschihad-Terroristen.

Noch härter schlugen die Israelis in den westjordanischen Palästinenserstädten zu. Im Flüchtlingslager von Dschenin fielen im Geschosshagel Wohnhäuser über den Köpfen ihrer Bewohner zusammen, die zum Teil mit Baukränen geborgen werden mussten. In der Geburtskirche in Betlehem waren etwa 200 Palästinenser 39 Tage eingeschlossen; acht von ihnen wurden durch israelische Scharfschützen getötet. In den wiederbesetzten Gebieten zerstörten und plünderten die Besatzer Ministerien und Amtsstuben der palästinensischen Autonomiebehörden, beschossen Wohnhäuser von Verdächtigen, selbst Krankenhäuser und Ambulanzen wurden nicht verschont. Hunderte geparkter privater Pkw wurden von Panzerketten zermalmt, Olivenbäume ausgerissen und Trinkwasseranlagen unbrauchbar gemacht. Die Zahl der festgenommenen Palästinenser wird von internationalen Hilfsorganisationen auf über 5000 geschätzt.

Israel, die USA und Europa konzentrieren sich einstweilen auf die von Israel angeregte Reformierung des verkrusteten und zum Teil korrupten palästinensischen Verwaltungsapparats. Der weitgehend autokratisch herrschende, aber 1996 demokratisch gewählte Arafat verweigert sich diesem Vorhaben nicht. So unterschrieb er einen schon 1997 ausgearbeiteten Verfassungsentwurf und ernannte zum ersten Mal einen Innenminister. Anfang 2003 sollen allgemeine Wahlen stattfinden. Doch das erfordert einen Rückzug der israelischen Armee und Bewegungsfreiheit für die Kandidaten. Pessimisten glauben, Ariel Scharon werde weder das eine, noch das andere tun, zumal er von seiner eigenen Partei unter Druck gesetzt wird: Am 12. Mai 2002 beschloss Israels regierender Likud, die Entstehung eines unabhängigen Palästinenserstaats niemals zuzulassen.

Festnahme von Palästinensern durch israelische Armee

Belu'u era Belau – Palau; Palauer

Nationalfeiertage: 1. Oktober; 9. Juli (Verfassungstag)

Zeitzone: MEZ + 8 h

Hauptstadt: Koror (10 500 Einwohner)

Telefon-Vorwahl: +680

Mitgliedschaft: Uno

Palau

Vertretung in USA (auch für D akkreditiert: 1150 18th Street, N.W., Suite 750, 20036 Washington D.C./USA ☎ +1-202-452 68 14 🖷 -452 62 81

GEOGRAFIE, BEVÖLKERUNG

Fläche: 508 km² **Bevölkerung:** 19 000 Einw. **Bev.dichte:** 41 Einw./km² **Bev.-wachstum:** 2,09 % **Lebenserwartung:** 70 J. **Analphabetenrate:** k. A. **Landessprachen:** Englisch, Palauisch **Religionen:** 66 % Christen, 33 % traditionelle Religionen

POLITISCHES SYSTEM

Unabh. seit 1994. Präsidialrepublik seit 1947.
Staats- und Regierungschef: Tommy Remengesau (seit Januar 2001)

WIRTSCHAFT

Währung: 1 US-Dollar = 100 Cents (▸Vereinigte Staaten von Amerika) **BSP:** 144 Mio. US$ **Wachstumsrate des BIP:** 5,4 % **BSP/Kopf:** circa 7500 US$ **Anteile am BIP:** Landwirtschaft 4,7 %, Industrie 8,3 %, Dienstleistungen 87 %

AKTUELLE ENTWICKLUNGEN

Palau gehört zu den wenigen Staaten, die diplomatische Beziehungen zu Taiwan unterhalten. Am 4. Oktober 2001 nahm der erste Botschafter in Taipeh seine Arbeit auf. Es folgte im Februar 2002 ein Staatsbesuch des Präsidenten Remengesau. Im Herbst 2001 geriet Palau in das Visier der Asylpolitik Australiens, dessen Premier John Howard darauf drang, dass die Anrainerstaaten Asylsuchende aufnehmen, bis deren Fälle in Australien geprüft worden seien. Nachdem erst Nauru und dann im Januar 2002 Papua-Neuguinea zustimmten, war Canberra auf die Unterstützung Korors nicht mehr angewiesen.

República de Panamá – Republik Panama; Panamaer

Nationalfeiertag: 3. November

Zeitzone: MEZ – 6 h

Hauptstadt: Panama-Stadt (708 400 Einwohner)

Telefon-Vorwahl: +507
Kfz-Kennzeichen: PA

Mitgliedschaften: OAS, Uno

Panama

Botschaft in Deutschland: Joachim-Karnatz-Allee 45, D-10557 Berlin ☎ +49-30-22 60 58 11 🖷 -58 12

GEOGRAFIE, BEVÖLKERUNG

Fläche: 75 517 km² **Bevölkerung:** 2,856 Mio. Einw. **Bev.dichte:** 38 Einw./km² **Bev.wachstum:** 1,43 % **In Städten** leben 58 % der Bev. **Analphabetenrate:** Männer 7%, Frauen 9 % **Landessprachen:** Spanisch (Amtssprache), Englisch **Religionen:** 86 % Katholiken

POLITISCHES SYSTEM

Unabhängig seit 1821 von Spanien, seit dem 3. November 1903 von Großkolumbien. Präsidialrepublik. Einkammerparlament, 71 Sitze.
Staats- und Regierungschef: Mireya Moscoso (seit September 1999)

MILITÄR

Streitkräfte: keine **Militärausgaben** (am BSP): 1,4 %

GESUNDHEIT, SOZIALES

Öffentliche Gesundheitsausgaben (am BIP): 4,9 % **Medizinische Versorgung:** 1,7 Ärzte/1000 Einw. **Armutsrate:** 14 % **Säuglingssterblichkeit:** 20/1000 Geb. **Lebenserwartung:** Männer 72 J., Frauen 77 J.

WIRTSCHAFT

Währung: 1 Balboa (1B/.) = 100 Centésimos; Parität mit dem US$, der auch gesetzliches Zahlungsmittel ist 1 B/. = 1 US$ **Kurs** (Mitte 2002): 1 B/. = 1,07 € **BSP:** 9,3 Mrd. US$ **Wachstumsrate des BIP:** 2,7 % **BSP/Kopf:** 3260 US$ **Anteile am BIP:** Landwirtschaft 7 %; Industrie 17 %; Dienstleistungen 76 % **Arbeitslosenquote:** 11,8 % **Inflationsrate:** 1,8 % **Auslandsschulden:** 7,06 Mrd. US$. **Schuldendienst** (am BSP): 9,9 % **Entwicklungshilfe:** 17 Mio. US$ **Handelsbilanzdefizit:** 826 Mio. US$ **Tourismuseinnahmen:** 576 Mio. US$

AKTUELLE ENTWICKLUNGEN
Zum 1. Oktober 2002 hat Panama ein neues, umwälzendes Gebührensystem für die Nutzung des Kanals angekündigt, das derzeit für Diskussionsstoff in der Branche sorgt. Künftig soll die Höhe der Gebühren vom Schiffstyp und dem in Anspruch genommenen Service abhängig sein. Bisher galt gleicher Service für alle und eine einheitliche Abrechnung per Panama-Kanal-Tonne. Betreibergesellschaft und Land hoffen, durch das neue System die stagnierenden Einnahmen von zuletzt 769 Mio. US-Dollar deutlich steigern zu können. Der Kanal, der Ende 1999 von den USA an Panama übergeben wurde, war damals lediglich auf Kostendeckung bedacht. Seit November 2001 ermöglicht eine neue Schienenverbindung zwischen Atlantik und Pazifik den Containertransport auch über Land. Langfristig geplant ist eine umfassende Erweiterung des Kanals. Dann sollen statt einem zwei Schiffe der so genannten Panmax-Klasse gleichzeitig die Wasserstraße passieren können. Das Milliarden-Dollar-Projekt soll einen 20-prozentigen Anstieg der Durchfahrten ermöglichen. Mit neuen Kreuzfahrtterminals hofft das Land zudem, den Tourismus weiter ankurbeln zu können, der in drei Jahren bereits um gut ein Drittel gewachsen ist.
Berichte häufen sich, denen zufolge Journalisten wegen angeblicher Diffamierung der Regierung der Prozess gemacht wird. Die drakonischen Pressegesetze aus der Zeit der Militärdiktatur vor 1989 sind von Präsidentin Mireya Moscoso in nur wenigen Aspekten reformiert worden.
Der im April 2002 veröffentlichte Bericht einer ein Jahr zuvor eingerichteten Wahrheitskommission dokumentiert erstmals 110 Fälle von verschwundenen Regimegegnern und politischen Morden aus der Zeit der Generäle Omar Torrijos und Manuel Noriega zwischen 1968 und 1989. Kommissionsmitglieder hatten zuvor Regierungs- und Armeekreise beschuldigt, die Ermittlungen zu behindern. Ex-Diktator General Manuel Noriega, der in Miami eine langjährige Haftstrafe wegen Drogenhandels und Geldwäsche absitzt, wurde in Abwesenheit Ende August 2001 von einem Panamaer Gericht erneut wegen Unterschlagung zu acht Jahren Haft verurteilt.

Präsidentin Mireya Moscoso

Papua-Neuguinea

Botschaft in Brüssel (auch für D akkreditiert): Av. de Tervuren 430, B-1150 Brüssel, ☎ +32-2 -779 06 09 🖷 -772 70 88

GEOGRAFIE, BEVÖLKERUNG
Fläche: 462 840 km² **Bevölkerung:** 5,13 Mio. Einw. **Bev.dichte:** 11 Einw./km² **Bev.wachstum:** 2,24 % **Lebenserwartung:** 59 J. **Analphabetenrate:** Männer 29 %, Frauen 43 % **Landessprachen:** Englisch (Amtssprache), Tok Pisin, 820 weitere **Religionen:** 66 % Christen, 34 % traditionelle Religionen

POLITISCHES SYSTEM
Unabhängig seit dem 16. September 1975. Parlamentarische Monarchie. **Staatsoberhaupt:** Königin Elizabeth II., vertreten durch Generalgouverneur Sir Silas Atopare (seit November 1997) **Regierungschef:** Sir Michael Somare (seit August 2002)

WIRTSCHAFT
Währung: 1 Kina (K) = 100 Toea **Kurs** (Mitte 2002): 1 K = 0,30 € **BSP:** 3,6 Mrd. US$ **Wachstumsrate des BIP:** 0,3 % **BSP/Kopf:** 700 US$ **Anteile am BIP:** Landwirtschaft 26 %, Industrie 44 %, Dienstleistungen 30 %

AKTUELLE ENTWICKLUNGEN
An den Wahlen im Juni/Juli 2002 nahmen 43 Parteien teil. Auf dem Prüfstand war die Politik von Premier Mekere Morauta. Der seit 1999 amtierende Regierungschef startete mit Unterstützung des IWF und der Weltbank ein großes Reformprogramm. Die Bürokratie wurde gestrafft, die Privatisierung unrentabler Staatsbetriebe begonnen und die Truppenreduzierung fortgeführt. Dagegen regte sich Widerstand, schließlich kam es im März 2002 zu einer kurzen Meuterei von Soldaten. Der Generalgouverneur beauftragte nach Auszählung der Stimmen am 29. Juli 2002 Sir Michael Somare mit der Regierungsbildung.

Independent State of Papua New Guinea – Unabhängiger Staat Papua-Neuguinea; Papua-Neuguineer

Nationalfeiertag: 16. September

Zeitzone: MEZ + 9 h

Hauptstadt: Port Moresby (188 100 Einwohner)

Telefon-Vorwahl: +675

Mitgliedschaft: Uno

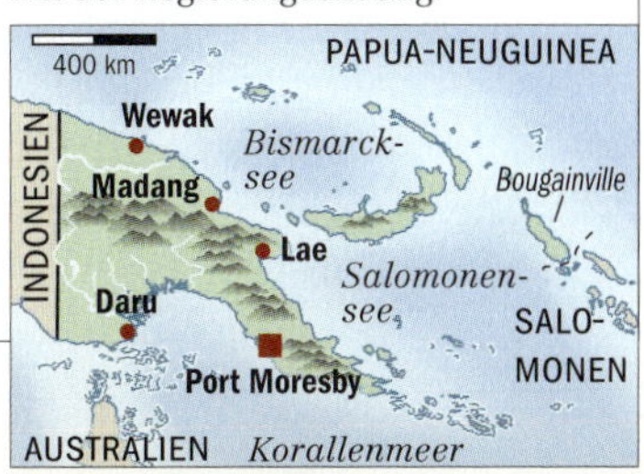

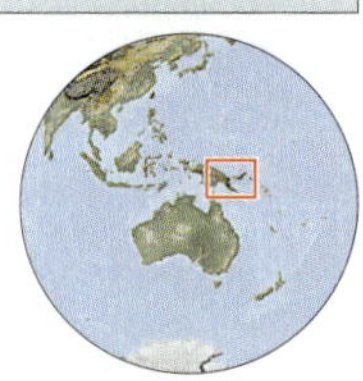

República del Paraguay – Republik Paraguay; Paraguayer

Nationalfeiertage: 14./15. Mai

Zeitzone: MEZ –5 h

Hauptstadt: Asunción (550 100 Einwohner)

Telefon-Vorwahl: +595 **Kfz-Kennzeichen:** PY

Mitgliedschaften: OAS, Uno

Schmugglerstadt Ciudad del Este

Paraguay

Botschaft in Deutschland: Hardenbergstraße 12, D-10623 Berlin
☎ +49-30-319 98 60 🖷 -31 80 27 45

GEOGRAFIE, BEVÖLKERUNG

Fläche: 406 752 km² **Bevölkerung:** 5,496 Mio. Einw. **Bev.dichte:** 14 Einw./ km² **Bev.wachstum:** 2,46 % **In Städten:** 56 % der Bev. **Analphabetenrate:** Männer 6 %, Frauen 8 % **Landessprachen:** Spanisch, Guaraní (Indianersprache) **Religionen:** 90 % Katholiken, 10 % Protestanten

POLITISCHES SYSTEM

Unabhängig seit dem 15. Mai 1811. Präsidialrepublik. Senat 45 Sitze, Abgeordnetenkammer 80 Sitze. Wahl alle 5 J. Direkte Wahl des Staatsoberhaupts alle 5 J. Wahlpflicht ab 18 J. **Staats- und Regierungschef:** Luis González Macchi (seit März 1999)

MILITÄR

Streitkräfte: 18 600 Mann **Militärausgaben** (am BSP): 1,1 %

GESUNDHEIT, SOZIALES

Öffentl. Gesundheitsausgaben (am BIP): 1,7 % **Medizinische Versorgung:** 1,1 Ärzte/1000 Einw. **Säuglingssterblichkeit:** 23/1000 Geb. **Lebenserwartung:** Männer 68 J., Frauen 73 J.

WIRTSCHAFT

Währung: 1 Guaraní (/G) = 100 Céntimos **Kurs** (Mitte 2002): 1 /G = 0,0002 € **BSP:** 7,9 Mrd. US$ **Wachstumsrate des BIP:** -0,3 % **BSP/Kopf:** 1440 US$ **Anteile am BIP:** Landwirtschaft 21 %, Industrie 27 %, Dienstleistungen 52 % **Arbeitslosigkeit:** 8,2 % **Inflationsrate:** 7,7 % **Auslandsschulden:** 3,1 Mrd. US$ **Schuldendienst** (am BSP): 4,4 % **Empfangene Entwicklungshilfe:** 82 Mio. US$ **Handelsbilanzdefizit:** 1,186 Mrd. US$ **Tourismuseinkünfte:** 66 Mio.US$

AKTUELLE ENTWICKLUNGEN

»Weil keine Medikamente da sind, sterben in den Krankenhäusern die Patienten. Schulunterricht findet unter Bäumen statt. Aber Militärs plündern die Staatskasse, in nur zwei Jahren verschwanden 14 Mio. US-Dollar. Regierung und Parteien schweigen. Der Oberste Gerichtshof garantiert Immunität«, schrieb *ABC Color*, die größte Tageszeitung. Im Unterschied zur 1989 beendeten Diktatur Alfredo Stroessners wird über Korruption, Misswirtschaft und Terror berichtet. Sogar Justiz- und Innenminister mussten wegen einer »Folteraffäre« zurücktreten. Die Journalisten aber wurden zugleich unter Druck gesetzt, ihre Familien bedroht. Hinter demokratischer Fassade kämpfen Militärs, Politiker und allein 200 000 Funktionäre unbehelligt um die Verteilung von Pfründen, Macht und Erbhöfen. Bei den Wahlen werden Stimmen unverhohlen gekauft. Schon hat das Gerangel um die Präsidentenwahl 2003 begonnen. Im brasilianischen Exil wartet Lino César Oviedo, der wegen Mord und Putschversuch in Asunción noch 10 Jahre Haft absitzen soll, auf seine große Stunde. Eine einflussreiche, selbst ernannte Abspaltung »ethischer Bürger« von der regierenden Colorado-Partei soll ihm ins Amt verhelfen. Die USA indes verdächtigen Oviedo des Drogenhandels. Schmuggel, Drogen- und Waffenhandel in der südlichen Ciudad del Este im Dreiländereck, dem größten Warenumschlagplatz Südamerikas, brachten den 250 000 Einwohnern noch kürzlich 13 Mrd. US-Dollar im Jahr. Nach dem 11. September 2001 brachen die Einkünfte um die Hälfte ein. In der Geldwäsche-Szene muss nun nach Terroristen gesucht werden. Denn zur arabischen Gemeinde von Ciudad del Este und dem brasilianischen Foz do Iguazú mit 10 000 Mitgliedern sollen Hisbollah- und Hamas-Extremisten gehören. Schon im April 2001 hatten die USA ihre Botschaft in Asunción geschlossen. Auch die Mercosur-Partner wollen schärfere Kontrollen. Weil Brasilien und Argentinien die wichtigsten Handelspartner sind, muss die Regierung handeln. Seit 1996 sinkt das Pro-Kopf-Einkommen kontinuierlich, die Wirtschaft stagniert. Laut der Tageszeitung *La Nación* beträgt die nationale Armutsrate 63 Prozent.

Peru

Botschaft in Deutschland: Mohrenstraße 42 – 44, D-10117 Berlin ☎ +49-30-206 41 03 🖷 -22 67 96 78

GEOGRAFIE, BEVÖLKERUNG

Fläche: 1 285 216 km², 25 Bezirke **Bevölkerung:** 25,661 Mio. Einw., davon 45 % Indianer, 37 % Mestizen, 15 % europäischer Abstammung **In Städten** leben 73 %, **unter 15 J.** sind 33 % der Bev. **Bev.dichte:** 20 Einw./km² **Bev.wachstum:** 1,6 % **Fruchtbarkeitsrate:** 2,8 Geb./Frau **Landessprachen:** Spanisch, Quechua (Indianersprache), daneben Aymará **Religionen:** überwiegend Katholiken

POLITISCHES SYSTEM

Unabhängig seit dem 28. Juli 1821. Präsidialrepublik. Verfassung von 1993. Wahlpflicht 18 – 70 J., danach Wahlrecht. Einkammerparlament, 120 Sitze. Direktwahl von Parlament und Staatsoberhaupt alle 5 J.
Staats- und Regierungschef: Alejandro Toledo (seit Juli 2001)
Außenminister: Allan Wagner Tizón

MILITÄR

Allg. Wehrpflicht: 2 Jahre **Streitkräfte:** 100 000 Mann, davon 60 000 Armee, 15 000 Luftwaffe, 25 000 Marine **Militärausgaben** (am BSP): 2,4 %

GESUNDHEIT, SOZIALES, BILDUNG

Öffentliche Gesundheitsausgaben (am BIP): 2,4 % **Öffentliche Ausgaben für Bildung und Erziehung** (am BIP): 3,2 % **Medizinische Versorgung:** 0,9 Ärzte, 1,5 Krankenhausbetten/1000 Einw. **Säuglingssterblichkeit:** 32/1000 Geburten. **Müttersterblichkeit:** 240/100 000 Geburten **Kinderunterernährung:** 8 % **Kinderarbeit:** k. A. **Armutsrate:** 15,5 % **Frauenanteil an den Beschäftigten:** 31,3 % Zugang zu **sauberem Trinkwasser** haben 87 % der städtischen, 51 % der ländlichen Bev., zu **sanitären Anlagen** 90 % bzw. 40 % **HIV-Infektionsrate:** 0,35 % **Lebenserwartung:** Männer 67 J., Frauen 72 J. **Schulpflicht:** 6 – 15 J. **Einschulungsquote** im Primarbereich: 100 % **Analphabetenrate:** Männer 5 %, Frauen 15 % **Universitäten**: 25 staatliche und 10 private, unter anderem in Arequipa, Cajamarca, Callao, Cusco, Huancayo und Lima

WIRTSCHAFT

Währung: 1 Neuer Sol (S/.) = 100 Céntimos **Kurs** (Mitte 2002): 1 S/. = 0,32 € **BSP:** 53,4 Mrd. US$ **Wachstumsrate des BIP:** 3,1 % **BSP/Kopf:** 2080 US$ **Anteile am BIP:** Landwirtschaft 8 %, Industrie 27 %, Dienstleistungen 65 % **Arbeitslosenquote:** 8 % **Inflationsrate:** 2 % **Staatseinnahmen:** 10,115 Mrd. US$ **Steueraufkommen** (am BIP): 13,3 % **Staatsausgaben:** 10,209 Mrd. US$ **Leistungsbilanzdefizit:** 1,628 Mrd. US$ **Auslandsschulden:** 28,560 Mrd. US$ **Schuldendienst** (am BSP): 8,3 % **Devisenreserven:** 8,676

Mrd. US$ **Empf. Hilfsgelder:** 401 Mio. US$ **Energie:** Produktion: 11,66 Mio. t ÖE., Verbrauch: 13,10 Mio. t ÖE

Landwirtschaft, Rohstoffe, Industrie:

Nutzfläche 3,3 %, von der Anbaufläche sind 28,6 % bewässert **Produkte:** Zuckerrohr, Kartoffeln, Reis, Mais, Kochbananen **Bewaldet:** 652 000 km², jährliche **Rodung:** 2688 km² **Rohstoffe:** Kupfer, Zink, Gold, Erdöl, Blei, Silber **Industrie:** Nahrungsmittelind., Abbau u. Verarbeitung der Bodenschätze

Außenwirtschaft:

Handelsbilanzdefizit 323 Mio. US$ **Export:** 7,026 Mrd. US$, davon 22,1 % Nichteisenmetalle, 21,2 % Nahrungsmittel, 14,9 % Rohstoffe, 4,4 % Öl u. -produkte **Hauptausfuhrländer:** USA (32,4 %), Schweiz (8,5 %), VR China (4,1 %) **Import:** 7,349 Mrd. US$, davon 37,4 % Maschinen u. Transportmittel, 15,3 % industrielle Vorprodukte, 13,5 % Nahrungsmittel, 12,7 % Chemikalien **Hauptlieferländer:** USA (27,2 %), Japan (6,5 %), Kolumbien (5,4 %)

República del Perú – Republik Peru; Peruaner

Nationalfeiertage: 28. und 29. Juli

Zeitzone: MEZ – 6 h

Hauptstadt: Lima (7 060 600 Einwohner)

Telefon-Vorwahl: +51
Kfz-Kennzeichen: PE

Mitgliedschaften: OAS, Uno

Präsident Alejandro Toledo

VERKEHR

Schienennetz: 1639 km **Straßennetz:** 72 900 km, davon 12,8 % befestigt **Motorisierung:** 43 Kfz/1000 Einw. Bedeutende **Flughäfen:** Lima, Iquitos, Cuzco und Arequipa **Fluglinie:** Aero Continente Bedeutende **Seehäfen:** Callao, Salaverry, Pacasmayo und Panita; Iquitos, Pucallpa und Yurimaguas **Binnenschifffahrt** auf 8808 km

KOMMUNIKATION

Auf 1000 Einw. kommen 273 **Rundfunk-**, 148 **Fernsehgeräte**, 77,5 **Telefonanschlüsse**, 59,2 **Mobiltelefone**, 47,9 **PC** **IuK-Ausgaben** (am BIP): k. A. Größte **Tageszeitung:** *El Comercio* (Auflage:150 000 Exemplare) **Nachrichtenagentur:** Imedia Peru

UMWELT, TOURISMUS

Geschützte Gebiete: 2,7 % der Landesfläche **CO_2-Emission:** 27,9 Mio. t **Verwendung des Süßwassers:** Landwirtschaft 86 %, Industrie 7 %, Haushalte 7 % **Tourismus:** 1,027 Mio. Besucher, 1,001 Mrd. US$ Einnahmen

Anschlag mit Autobombe in der Nähe der US-Botschaft

AKTUELLE ENTWICKLUNGEN

Am Ende seines ersten Amtsjahres begann Präsident Alejandro Toledo die »zweite Etappe seiner Regierung«. Angesichts miserabler Umfragewerte (nur noch 16 Prozent waren mit seiner Arbeit zufrieden) vereidigte er am 12. Juli ein neues Kabinett. Pedro Pablo Kuczynski verließ das Finanzministerium, Außenminister wurde Allan Wagner, der schon in den achtziger Jahren unter Präsident Alan García dieses Amt innehatte. So öffnete sich Toledo einerseits seinem wichtigsten innenpolitischen Gegner, andererseits entledigte er sich eines weitgehend unpopulären Vertreters der liberalen Marktwirtschaft.

Dem Präsidenten wirft man Führungsschwäche vor – zuletzt, als er Ende Juni nach gewaltsamen Protesten (zwei Tote, Hunderte Verletzte) den Verkauf von zwei staatlichen Stromversorgern im Süden stoppte und das Volk wegen Bruchs eines Wahlversprechens um Verzeihung bat. Die Regierung rechnete aber in diesem Jahr mit 700 Millionen US-Dollar Verkaufserlösen zur Konsolidierung des Haushalts. Das BIP wächst zwar, aber die Binnenwirtschaft stagniert. Das Durchschnittseinkommen einer Familie in Lima – wo etwa 7 Millionen Menschen leben – ist in vier Jahren um mehr als ein Drittel gefallen. So machte sich Toledo gleich am Anfang unbeliebt, als er sich ein Monatsgehalt von 18 000 Dollar gönnte – er versicherte dann, ein Drittel zu spenden. Seinen Wählern hatte er viel versprochen: eine Million Arbeitsplätze, höhere Gehälter, Bildung, Straßen- und Wohnungsbau, aber auch eine solide, liberale Wirtschaftspolitik. So gewann er das Vertrauen von internationalen Organisationen und ausländischen Geldgebern.

Zur Aufarbeitung von Terrorismus und Menschenrechtsverletzungen seit 1980 begann im November eine Wahrheitskommission mit Anhörungen der Opfer und Hinterbliebenen. Ex-Präsident Alberto Fujimori lebt seit November 2000 in Tokio – er besitzt die japanische Staatsangehörigkeit. Dort ist er für die Justiz nicht greifbar, obwohl ihm Landesverrat, Mord und Unterschlagung vorgeworfen werden. Aktenkundig ist, dass 1997 bei der Geiselbefreiung in der japanischen Botschafterresidenz acht Guerrilleros regelrecht hingerichtet worden sind. Fujimoris in einem Hochsicherheitsgefängnis einsitzender Majordomus Vladimiro Montesinos wurde im Juli zu 9 Jahren Haft und 2,85 Millionen Dollar Geldstrafe wegen Amtsanmaßung verurteilt, es erwarten ihn noch mehr als 70 weitere Verfahren.

Anfang März 2002 lobte Außenminister Joschka Fischer in Lima den Demokratisierungsprozess und versprach weitere Unterstützung. Peru ist derzeit größter Empfänger deutscher Entwicklungshilfe in Südamerika.

George W. Bush besuchte als erster US-Präsident Peru, Arbeitsthemen waren Rauschgifthandel und Terrorismus. Kurz zuvor, am 20. März, hatte eine Autobombe in der Nähe der US-Botschaft neun Todesopfer gefordert.

Philippinen

Botschaft in Deutschland: Uhlandstraße 97, D-10715 Berlin
☎ +49-30-864 95 00 🖷 -873 25 51

GEOGRAFIE, BEVÖLKERUNG

Fläche: 300 000 km². Das Land besteht aus 7107 Inseln, von denen rund 880 bewohnt sind. Die größten: Luzon (104 688 km²), Mindanao (94 630 km²), Samar (13 080 km²). Die großen Inseln sind gebirgig, die höchste Erhebung ist der Mt. Apo mit 2954 m; einige noch nicht erloschene Vulkane brechen immer wieder aus. Küstenlänge: 36 289 km. **Verwaltung:** 16 Regionen **Bevölkerung:** 75,580 Mio. Einw., davon 96 % Malaien, Minderheit von Chinesen **In Städten** leben 59 %, **unter 15 J.** sind 38 % der Bev. **Bev.dichte:** 253 Einw./km² **Bev.-wachstum:** 1,86 % **Fruchtbarkeitsrate:** 3,4 Geb./Frau **Landessprachen:** Pilipino (Tagalog) und Englisch sind Amtssprachen. Insgesamt sind 168 Sprachen registriert **Religionen:** 83 % Katholiken, 9 % Protestanten, 5 % Muslime, 3 % Buddhisten

Die größten Städte

Quezon-City	1 989 400
Manila	1 654 800
Caloocan-City	1 023 200
Davao-City	1 006 800

POLITISCHES SYSTEM

Neue Verfassung von 1987. Präsidialsystem. Allg. Wahlrecht ab 18 J. Zweikammerparlament: Repräsentantenhaus mit maximal 260 Abg. (davon 208 direkt gewählt, die restlichen als Vertreter von Minderheiten nach Parteilisten) und Senat mit 24 Mitgl. Wahl alle 3 bzw. 6 J. (Teilwahlen alle 3 J.). Direktwahl des Staatsoberhaupts für 6 J. (Wiederwahl nicht zulässig). **Staats- und Regierungschefin:** Gloria Macapagal Arroyo (seit Januar 2001) **Außenministerin**: Gloria Macapagal Arroyo

MILITÄR

Allg. Wehrpflicht: nein **Streitkräfte:** rund 107 000 Mann, davon 67 000 Armee, 16 000 Luftstreitkräfte, 24 000 Marine **Militärausgaben** (am BSP): 1,4 % **Waffenhandelsanteil** an den Exporten 0 %, an den Importen 0,3%

GESUNDHEIT, SOZIALES, BILDUNG

Öffentliche Gesundheitsausgaben (am BIP): 1,6 % **Öffentliche Ausgaben für Bildung und Erziehung** (am BIP): 3,2 % **Öffentliche Altersversorgung** (am BIP): 1 % **Medi-zinische Versorgung:** 1,2 Ärzte, 1,1 Krankenhausbetten/1000 Einw. **Säuglingssterblichkeit:** 31/1000 Geb. **Müttersterblichkeit:** 240/100 000 Geb. **Kinderunterernährung:** 32 % **Kinderarbeit:** 2 % **Armutsrate:** k. A. **Frauenanteil an den Beschäftigten:** 37,8 % Zugang zu **sauberem Trinkwasser** haben 92 % der städtischen, 80 % ländlichen Bev. und zu **sanitären Anlagen** 92 %, bzw. 71 % **HIV-Infektionsrate:** 0,07 % **Lebenserwartung:** Männer 67 J., Frauen 71 J. **Schulpflicht:** 7–13 J. **Einschulungsquote** im Primarbereich 100 %, im Sekundarbereich 78 % **Analphabetenrate:** Männer 5 %, Frauen 5 % **Universitäten:** 55

WIRTSCHAFT

Währung: 1 Philippinischer Peso (₱) = 100 Centavos **Kurs** (Mitte 2002): 1 ₱ = 0,02 € **BSP:** 78,8 Mrd. US$ **Wachstumsrate des BIP:** 4 % **BSP/Kopf:** 1040 US$ **Anteile am BIP:** Landwirtschaft 16 %, Industrie 31 %, Dienstleistungen 53 % **Forschung+Entwicklungsausgaben** (am BSP): 0,21 % **Arbeitslosenquote:** 10,1 % **Inflationsrate:** 6,1 % **Staatseinnahmen:** 16,010 Mrd. US$ **Steueraufkommen** (am BIP): 13,9 % **Einkommensteuer:** max. 32 % **Körperschaftsteuer:** 32 % **Haushaltsdefizit** (am BIP): 4,1 % **Staatsausgaben:** 15,957 Mrd. US$ **Leistungsbilanzüberschuss:** 4,503 Mrd. US$ **Auslandsschulden:** 50,063 Mrd. US$ **Schuldendienst** (am BIP): 8,5 % **Devisenreserven:** 15,035 Mrd. US$ **Empf. Hilfsgelder:** 578 Mio. US$ **Ausl. Direktinvestitionen:** 2,029 Mrd.

Republika ng Pilipinas/ Republic of the Philippines – Republik der Philippinen; Philippiner

Nationalfeiertag: 12. Juni

Zeitzone: MEZ +7 h

Hauptstadt: Manila (1 654 800 Einwohner)

Telefon-Vorwahl: +63
Kfz-Kennzeichen: RP

Mitgliedschaften: Asean, Uno

Präsidentin Gloria Macapagal Arroyo

US$ **Börse** (Marktkapitalisierung am BIP): 69 % **Energie:** Produktion 19,68 Mio. t ÖE, Verbrauch 40,73 Mio. t ÖE. Anteile am Verbrauch: Kohle 19,8 %, Öl 72,8 %, Erdgas 0,4 %, sonstige 7 %

Landwirtschaft, Rohstoffe, Industrie:
Nutzfläche 33,7 %, von der Anbaufläche sind 15,5 % bewässert **Hauptanbauprodukte:** Zuckerrohr, Reis, Mais, Maniok **Bewaldet:** 58 000 km², viel illegale Rodung mit negativen Folgen (Bodenerosion); offizielle **jährliche Rodung:** 887 km² **Rohstoffe:** umfangreiche Vorkommen u. a. von Gold, Silber und Kupfer. Außerdem Chrom, Nickel, Kohle, Erdöl **Wichtige Industriezweige:** Die Inselgruppe ist ein Billiglohnland; zahlreiche Industrienationen lassen Textilien und elektronische Bauteile preiswert fertigen. Die Arbeitsverhältnisse sind häufig menschenunwürdig; Kinderarbeit ist weit verbreitet.

Abu Sabaya mit den beiden US-Geiseln Burnham

Außenwirtschaft:
Handelsbilanzüberschuss 2,746 Mrd. US$ **Export:** 31,242 Mrd. US$, davon 31,7 % Maschinen u. Transportmittel, 6,6 % Fertigwaren, 3,4 % Nahrungsmittel **Hauptausfuhrländer:** USA (34,4 %), Japan (14,4 %), Niederlande (7,9 %) **Hightech-Exporte:** 8,465 Mrd. US$ **Import:** 28,496 Mrd. US$, davon 38,2 % Maschinen u. Transportmittel, 10,6 % industrielle Vorprodukte; 8,3 % Chemikalien und 7,8 % Brennstoffe **Hauptlieferländer:** USA (21,8 %), Japan (20,2 %), Südkorea (7,3 %)

VERKEHR

Schienennetz: 491 km (auf Luzon) **Straßennetz:** 201 994 km, davon 21 % befestigt **Motorisierung:** 31 Kfz/1000 Einw. Internationale **Flughäfen**, die größten in Manila und Cebu-City; ein Großflughafen auf dem ehemaligen US-Stützpunkt Clark. Nationale **Fluggesellschaft** ist die Philippine Airline, gegründet 1941 als erste kommerzielle Fluglinie Asiens. 5,444 Mio. beförderte Passagiere **Haupthäfen:** Manila, Cebu-City und Iloilo **Binnenschifffahrt** auf 3219 km

KOMMUNIKATION

Auf 1000 Einw. kommen 161 **Rundfunk-**, 144 **Fernsehgeräte**, 40,2 **Telefonanschlüsse**, 137 **Mobiltelefone**, 22 **PC** und 0,4 **Internet-Zugänge IuK-Ausgaben** (am BIP): 3,8 %
Es erscheinen 47 **Tageszeitungen** mit einer Gesamtauflage von rund 5,7 Mio. Exemplaren. Die größten Tageszeitungen und ihre Auflagen:

People Tonight 500 000
Abante 350 000
Ang Philipinio Ngayon 286 500

Nachrichtenagentur: Philippines News Agency

UMWELT, TOURISMUS

Geschützte Gebiete: 4,9 % der Landesfläche **Energieverbrauch/Kopf:** 549 kg ÖE **CO_2-Emission:** 76 Mio. t **Verwendung des Süßwassers:** Landwirtschaft 88 %, Industrie 4 %, Haushalte 8 % **Tourismus:** 2,171 Mio. Besucher, 2,534 Mrd. US$ Einnahmen

AKTUELLE ENTWICKLUNGEN

»Eine Schande« nannte Senator Ramon Magsaysay Jr., Vorsitzender des Verteidigungsausschusses in Manilas Senat, das Versagen der Armee im Kampf gegen die muslimische Rebellengruppe im Süden der Philippinen. Washington setzte ein Kopfgeld von fünf Millionen US-Dollar für die Ergreifung des Abu-Sayyaf-Chefterroristen Abu Sabaya und vier weiterer Anführer der muslimischen Rebellengruppe aus.
Seit Anfang Februar haben die USA mit gut 1000 GIs im Süden der Philippinen ihre »Zweite Front gegen den Terror« eröffnet, nachdem es den 107 000 Mann starken Streitkräften auch nach fast einem Jahr vergeblicher Suche noch immer nicht gelungen war, die beiden US-Geiseln Martin und Gracia Burnham, ein Missionarsehepaar, sowie die Filipina Ediborah Yap aus den Händen der muslimischen Terroristen auf der Insel Basilan zu befreien.
Die Entführung hatte am 27. Mai 2001 ihren Ausgang genommen. Auf der Insel Palawan schlug die Terrorgruppe

erneut zu, die im Jahr davor die Tauchergruppe um das Göttinger Lehrerehepaar Wallert in ihre Gewalt gebracht und damals nach Jolo entführt hatte. Nach monatelanger Verfolgung kam es am 2. Juni zu einem Feuergefecht auf der Insel Basilan. Die Rebellen, die angeblich für einen islamischen Staat der vier Millionen muslimischen Filipinos im Süden kämpfen, in Wahrheit aber zu einer Bande von Kidnappern verkommen sind, hatten sich im Jose-Torres-Krankenhaus des Städtchens Lamitan verschanzt. Die Armee feuerte mit Raketen und legte einen Belagerungsring. Doch die Banditen konnten mit 220 Gefangenen durch eine Hintertür des Gebäudes entkommen. Ein Parlamentsausschuss stellte im Mai 2002 fest, dass mit ausreichender Gewissheit behauptet werden kann, der Abu-Sayyaf-Anführer Abu Sabaya habe nur entkommen können, weil er Soldaten bestochen habe. Auf der Flucht töteten Angehörige der Abu Sayyaf (»Träger des Schwertes«) die amerikanische Geisel Guillermo Sobero.

Nach Überzeugung der USA gehört die Abu Sayyaf zu den Organisationen des »al-Qaida«-Netzwerks von Osama Bin Laden. Allerdings gab es die letzten nachweislichen Kontakte nach Erkenntnis der Polizei Manilas im Jahr 1995.

Präsidentin Arroyo, die bereits zuvor gelobt hatte, Sabaya werde »im Kugelhagel« sterben und sie verhandele nicht mit Gangstern, stimmte bei einem Besuch in Washington im November 2001 der amerikanischen Auffassung zu und gelobte, den Kampf der USA gegen Terror zu unterstützen.

Wie schwierig das allerdings ist, zeigte sich bald in einem Nebengefecht. Auf Mindanao und Jolo probten Anhänger des Muslimführers Nur Misuari im November den Aufstand. Rund 160 Menschen kamen dabei ums Leben. Misuari, langjähriger Führer der »Moro National Liberation Front« (MNLF), ist die Zentralfigur des muslimischen »Moro«-Widerstandes gegen das katholische Manila. 1972 begann der bewaffnete Kampf der MNLF gegen den damaligen Diktator Ferdinand Marcos. Bis heute haben 150 000 Menschen in den folgenden Sezessionskämpfen ihr Leben verloren. Als Misuari die Waffen niederlegte, wurde er 1996 mit dem Amt des Gouverneurs der »Autonomen Region Muslim Mindanao« belohnt. Dass seine Wiederwahl stark gefährdet war, wollten seine Gefolgsleute nicht akzeptieren, nahmen Geiseln und schossen wild um sich. Der Politiker selbst flüchtete nach Malaysia und wurde im Januar 2002 an Manila ausgeliefert.

Als Zugeständnis von Manila an den ehemaligen Kolonialherrn USA begann Anfang Februar 2002 die amerikanisch-philippinische Operation »Balikatan 02-1«. 160 Angehörige amerikanischer Spezialeinheiten, gestützt auf eine Versorgungstruppe von 400 Mann, sollten auf Basilan ein Kontingent von 3800 einheimischen Soldaten im Terrorkampf ausbilden. Doch auch die US-Hilfe brachte im Anti-Terror-Kampf zunächst keinen Erfolg.

US-Pioniere auf der Insel Basilan

Erst am 7. Juni 2002 gelang es einer philippinischen Eliteeinheit, die Geiseln aufzuspüren. Bei dem Gefecht starben Martin Burnham und die philippinische Geisel Yap. Gracia Burnham kam verletzt davon. Ende Juni starb Abu Sabaya bei einem Gefecht mit philippinischen Streitkräften.

Auch in anderen Sektoren der Innenpolitik hatte die im Januar 2001 durch Großdemonstrationen gegen ihren Vorgänger Joseph Estrada ins Amt gekommene Wirtschaftswissenschaftlerin Gloria Macapagal Arroyo wenig Erfolge vorzuweisen. Das Antikorruptionsgericht wies eine Klage der Regierung gegen die Familie des Ex-Diktators Ferdinand Marcos zurück. Arroyos Advokaten hätten keine ausreichenden Beweise dafür erbracht, so die Begründung, dass es sich bei dem mit rund 660 Millionen US-Dollar gefüllten Konto in der Schweiz um Gelder handele, die Marcos während seiner Amtszeit (1966–1986) veruntreut habe.

Auch das Verfahren gegen Arroyos Amtsvorgänger lief nicht nach Wunsch. Befürchtungen von Bürgergruppen, der Prozess wegen »Plünderung des Staates« gegen Estrada könne auf »ewig« verschleppt werden, scheinen sich zu bewahrheiten. Mit allerlei Verfahrenstricks, wie der Entlassung seines Verteidigungsteams, und ständigen Anträgen, ihn zu einer Knie-Operation in die USA ausfliegen zu lassen, ist es Estrada gelungen, die Verhandlung immer wieder zu verzögern.

Rzeczpospolita Polska – Republik Polen; Polen

Nationalfeiertag: 3. Mai (Verfassungstag)

Zeitzone: MEZ

Hauptstadt: Warschau (1 628 500 Einwohner)

Telefon-Vorwahl: +48
Kfz-Kennzeichen: PL

Mitgliedschaften: Nato, OECD, OSZE, Uno, WEU (assoziiert)

Polen

Botschaft in Deutschland: Lassenstraße 19-21, D-14193 Berlin
☎ +49-30-22 31 30 🖷 -22 31 31 55

GEOGRAFIE, BEVÖLKERUNG

Fläche: 312 685 km². Der eiszeitliche Landschaftscharakter ist unverkennbar – von der Ostseeküste über die Pommersche und Masurische Seenplatte bis weit in den Süden dehnt sich eine malerische, waldreiche und von vielen Flüssen durchzogene Tiefebene aus. Östlich des oberen Oderverlaufs folgen Berg- und Hügelland, im Südwesten die Sudeten mit Riesengebirge und Isergebirge. Die Karpaten mit Tatra und den Beskiden, dem Quellgebiet der Weichsel, bilden die Grenze zum südlichen Nachbarn Slowakei. **Verwaltet** in 16 Woiwodschaften **Bevölkerung:** 38,65 Mio. Einw., davon 98 % Polen, Minderheiten von Deutschen, Weißrussen und Ukrainern **In Städten** leben 66 %, **unter 15 J.** sind 19 % der Bev. **Bev.dichte:** 127 Einw./km² **Bev.wachstum:** - 0,09 %. **Fruchtbarkeitsrate:** 1,4 Geb./Frau **Landessprache:** Polnisch **Religionen:** 95 % Katholiken, orthodoxe Christen, Protestanten

Die größten Städte

Warschau	1 628 500
Lódź	818 000
Krakau	740 700
Wroclaw (Breslau)	640 600
Poznań (Posen)	580 800
Gdańsk (Danzig)	462 300

POLITISCHES SYSTEM

Republik seit 1918. Neue Verfassung vom Mai 1997. Zweikammerparlament: »Sejm« (460 Sitze) und Senat (100 Sitze), jeweils auf 4 J. gewählt. Wahlrecht ab 18 J. Direktwahl des Staatsoberhauptes auf 5 J., einmalige Wiederwahl zulässig.
Staatsoberhaupt: Aleksander Kwaśniewski (seit Dezember 1995)
Regierungschef: Leszek Miller (seit Oktober 2001)
Außenminister: Wlodzimierz Cimoszewicz

MILITÄR

Allg. Wehrpflicht: 12 Monate **Streitkräfte:** 206 045 Mann, davon 120 300 Armee, 43 735 Luftstreitkräfte, 16 760 Marine **Militärausgaben** (am BSP): 2,1 %

GESUNDHEIT, SOZIALES, BILDUNG

Öffentliche Gesundheitsausgaben (am BIP): 4,7 % **Öffentliche Ausgaben für Bildung u. Erziehung** (am BIP): 5,4 % **Öffentliche Altersversorgung** (am BIP): 15,5 % **Medizinische Versorgung:** 2,3 Ärzte, 5,1 Krankenhausbetten/1000 Einw. **Säuglingssterblichkeit:** 9/1000 Geb. **Müttersterblichkeit:** 12/100 000 Geb. **Armutsrate:** <2 % **Frauenanteil an den Beschäftigten:** 46,6 % Zugang zu **sauberem Trinkwasser** und zu **sanitären Anlagen:** k. A. **HIV-Infektionsrate:** 0,06 % **Lebenserwartung:** Männer 69 J., Frauen 78 J. **Schulpflicht:** 7–14 J. **Einschulungsquote** im Primarbereich 99,9 %, im Sekundarbereich 87,9 % **Analphabetenrate:** <0,5 % **Universitäten:** 15, u.a. in Breslau, Danzig, Katowitz, Krakau, Stettin, Warschau

WIRTSCHAFT

Währung: 1 Zloty (Zł) = 100 Groszy **Kurs** (Mitte 2002): 1 Zł = 0,27 € **BSP:** 161,8 Mrd. US$ **Wachstumsrate des BIP:** 4 % **BSP/Kopf:** 4190 US$ **Anteile am BIP:** Landwirtschaft 4 %, Industrie 36 %, Dienstleistungen 60 % **Forschung+Entwicklungsausgaben** (am BSP): 0,73 % **Arbeitslosenquote:** 16,7 % **Inflationsrate:** 5,4 % **Staatseinnahmen:** 56,674 Mrd. US$ **Steueraufkommen** (am BIP): 28 % **Einkommensteuer:** max. 40 % **Körperschaftsteuer:** 28 % **Staatsausgaben:** 58,274 Mrd. US$ **Leistungsbilanzdefizit:** 9,997 Mrd. US$ **Auslandsverbindlichkeiten:** 99,345 Mrd. US$ **Auslandsvermögen:** 44,616 Mrd. US$ **Schuldendienst** (am BSP): 6,6 % **Devisenreserven:** 27,469

Szene vor dem Kulturpalast in Warschau

Mrd. US$ **Empf. Hilfsgelder:** 1,396 Mrd. US$ **Ausl. Direktinvestitionen:** 9,342 Mrd. US$ **Börse** (Marktkapitalisierung am BIP): 19,8 % **Energie:** Produktion 83,39 Mio. t ÖE, Verbrauch 93,38 Mio. t ÖE, Anteile am Verbrauch: Kohle 65,6 %, Öl 21,7 %, Erdgas 11,6 %, sonstige 1,1 %

Landwirtschaft, Rohstoffe, Industrie:
Nutzfläche 47,3 %, von der Anbaufläche sind 0,7 % bewässert **Bewaldet:** 93 000 km², jährliche **Aufforstung:** 110 km² **Wichtige Industriezweige:** Nahrungsmittel, Fahrzeuge, Maschinenbau, Chemie **Rohstoffe:** Kohle, Kupfer, Silber, Schwefel, Erdgas

Außenwirtschaft:
Handelsbilanzdefizit 12,308 Mrd. US$ **Export:** 35,902 Mrd. US$, davon 30,2 % Maschinen und Transportmittel, 25,4 % industrielle Vorprodukte, 20,9 % Fertigwaren **Hauptausfuhrländer:** Deutschland (36,1 %), Italien (6,5 %), Niederlande (5,2 %) **Hightech-Exporte:** 838 Mio. US$ **Import:** 48,210 Mrd. US$, davon 38,2 % Maschinen und Transportmittel, 20,7 % industrielle Vorprodukte, 14,3 % Chemikalien **Hauptlieferländer:** Deutschland (25,2 %), Italien (9,4 %), Frankreich (6,8 %)

VERKEHR

Schienennetz: 22 891 km, davon 11 626 elektrifiziert **Straßennetz:** 364 656 km, davon 68,3 % befestigt **Motorisierung**: 286 Kfz/1000 Einw. Internationale **Flughäfen** in Warschau, Krakau, Danzig, Kattowitz Nationale **Fluglinie:** Polskie Linie Lotnicze (LOT), 2,373 Mio. beförderte Passagiere **Seehäfen:** Gdingen, Danzig, Stettin **Binnenschifffahrt:** 3812 km Wasserwege

KOMMUNIKATION

Auf 1000 Einw. kommen 523 **Rundfunk-**, 400 **Fernsehgeräte**, 295,1 **Telefonanschlüsse**, 260,2 **Mobiltelefone**, 85,4 **PC** und 12,68 **Internet-Zugänge** **IuK-Ausgaben** (am BIP): 5,9 % Es erscheinen 55 **Tageszeitungen** mit einer Gesamtauflage von rund 4,2 Mio. Exemplaren. Die größten Tageszeitungen und ihre Auflagen:

Gazeta Wyborcza 516 000
Dziennik Zachodni 510 000
Super Express 371 100
Rzeczpospolita 275 000
Zycie warszawy 250 000

Nachrichtenagenturen: Polska Agencja Prasowa (PAP), Polska Agencja Informacyjna (PAI)

UMWELT, TOURISMUS

Geschützte Gebiete: 9,6 % der Landesfläche **Energieverbrauch/Kopf:** 2416 kg ÖE **CO_2-Emission:** 321,7 Mio. t **Verwendung des Süßwassers:** Landwirtschaft 11 %, Industrie 76 %, Haushalte 13 % **Tourismus:** 17,400 Mio. Besucher, 6,1 Mrd. US$ Einnahmen

AKTUELLE ENTWICKLUNGEN

Die Wahlen zum polnischen Parlament, dem Sejm, endeten am 23. September 2001 mit einer katastrophalen Niederlage für die regierenden Parteien und Ministerpräsident Jerzy Buzek. Die der legendären Gewerkschaft

Premierminister Leszek Miller, Vizepremier Jaroslaw Kalinowski und Primas Józef Glemp

Polnische Landarbeiterinnen beim Tomatensortieren in einem landwirtschaftlichen Betrieb

Solidarität nahe stehende Wahlaktion Solidarität (AWS) schaffte ebenso wenig den Einzug ins Parlament wie ihr Partner, die liberale Freiheitsunion (UW). Die postkommunistische Demokratische Linksallianz (SLD) erreichte im Bündnis mit der sozialdemokratischen Arbeitsunion (UP) dagegen 41 Prozent. Sie regieren seit Oktober gemeinsam mit der Bauernpartei PSL, die knapp 9 Prozent der Stimmen erreichte. Der neue Ministerpräsident heißt Leszek Miller. Noch vor wenigen Jahren war er als kommunistischer Betonkopf verschrien, heute gilt er als gewendeter Sozialdemokrat.

Die liberale Bürgerplattform (PO) und die konservative Neugründung Recht und Gerechtigkeit (PiS) lagen bei den Wahlen mit knapp 13 bzw. 9,5 Prozent weit abgeschlagen hinter der Linken.

Das Wahldebakel der Regierung Buzek hatte sich lange vorher abgezeichnet. AWS und UW waren bereits im Juni 2000 so zerstritten, dass die Freiheitsunion die Koalition verließ und das Kabinett im Sejm nur noch duldete. Bei den Präsidentschaftswahlen im Oktober 2000 hatte der Kandidat der Wahlaktion Solidarität, Marian Krzaklewski, eine verheerende Niederlage gegen Aleksander Kwaśniewski von der SLD erlitten. Danach verstärkten sich die zentrifugalen Tendenzen in der AWS. Die Wahlaktion rieb sich in Flügelkämpfen auf. Gesetzesvorhaben der Regierung wurden von den eigenen Parteigängern im Sejm abgelehnt oder verwässert. Reformen beispielsweise im Gesundheitswesen und im Rentensystem misslangen, das Defizit im polnischen Haushalt wurde immer größer. Die polnische Wirtschaft wuchs nur noch um real 1,1 Prozent im Jahr 2001, die Arbeitslosigkeit stieg auf 17,4 Prozent – ein Schock für die erfolgsverwöhnten Polen. Die tiefe Verunsicherung konnten sich bei den Parlamentswahlen die nationalistische Liga der polnischen Familien (7,9 Prozent) und vor allem die radikale Bauernpartei des Populisten Andrzej Lepper, Samoobrona, (10,2 Prozent) zunutze machen.

Leszek Miller und seine Koalition starteten also unter widrigen Bedingungen – und lieferten gleich den ersten Skandal: Justizministerin Barbara Piwnik hatte ausgerechnet Andrzej Kaucz zum stellvertretenden Generalstaatsanwalt gemacht. Der Mann war aus kommunistischen Tagen als Scharfmacher bekannt. Er hatte in der Zeit des Kriegszustands in den achtziger Jahren harte Strafen gegen Aktivisten der Gewerkschaft Solidarność erwirkt. Die Personalentscheidung löste selbst in der SLD und im Präsidentenpalast Empörung aus, die schließlich zum Rücktritt Kauczs führten.

Das wichtigste politische Projekt der Regierung Miller ist – neben der wirtschaftlichen Gesundung – der für 2004 ins Auge gefasste EU-Beitritt. Noch unter Buzek hatte Polen einen Rüffel aus Brüssel bekommen. Zu langsam gehe die Anpassung von Wirtschaft und Recht an EU-Standards, hieß es. Zudem waren zahlreiche Kapitel der Beitrittsverhandlungen noch nicht abgeschlossen. Miller konnte auf dem Gebiet Boden wettmachen. Im Frühjahr 2002 setzte er nach harten Verhandlungen lange Übergangsfristen beim Landkauf durch: Warschau kann den Erwerb von Grundstücken durch Ausländer zwölf Jahre lang blockieren. Als Dauerbrenner auf der Tagesordnung erwies sich der Streit um Direktbeihilfen für polnische Landwirte. Warschau verlangte Zuzahlungen in voller Höhe – eine Forderung, die in Brüssel und vor allem bei EU-Nettozahlern wie der Bundesrepublik auf Widerstand stieß. Vom Streit um

die Agrarhilfen profitierte vor allem Andrzej Lepper. Der ehemalige Schweinezüchter fiel immer wieder durch wüste Beschimpfungen seiner politischen Gegner auf. So entzog ihm das Parlament seinen Posten als Vize-Marschall des Sejm, nachdem er Außenminister Wlodzimierz Cimoszewicz als »Kanaille« beschimpft hatte. Lepper allerdings bündelt mit seiner Krawall-Rethorik längst nicht mehr nur die EU-Angst der Bauern, er gewinnt auch immer mehr Anhänger unter den städtischen Arbeitslosen.
Neben der Landwirtschaft könnte sich auch die Korruption als ein Hemmschuh Polens auf dem Weg in die EU erweisen. Im Januar 2002 flog ein beispielloser Skandal auf: In zahlreichen Städten hatten Ärzte und Sanitäter Absprachen mit Bestattungsunternehmern getroffen. Für jede Leiche erhielten sie bis zu 500 Euro in bar. In Lódź sollen Mitarbeiter des Rettungsdienstes das Ableben mancher Patienten darum sogar mit einer Dosis des Narkosemittels Pavulon beschleunigt haben. Wie viele Menschen die Mediziner töteten, wird noch untersucht,– rund 5000 Fälle müssen von der Staatsanwaltschaft aufgerollt werden. Die schmutzige Affäre wirft ein Schlaglicht auf den Notstand im öffentlich finanzierten Sektor Polens. Lehrer, Professoren und andere Beamte verdienen häufig so wenig, dass es zum Leben kaum reicht. Ärzte stehen besonders schlecht da. Kein Wunder, dass viele für Atteste oder Behandlungen extra kassieren. Die Weißkittel gelten in Polen mittlerweile als korruptester Berufsstand.
Dass bald Abhilfe für den klammen öffentlichen Sektor kommt, ist ausgeschlossen. Die wirtschaftliche Lage Polens hat sich im Jahr 2002 noch verschlechtert. Das Haushaltsloch ist mit 40 Milliarden Zloty immer noch gewaltig, die Arbeitslosigkeit soll bis Ende des Jahres auf 19,6 Prozent steigen. Der starke Zloty hat die Exporte verteuert, die polnische Wirtschaft wird maximal um ein Prozent wachsen.
Angesichts dieser Wirtschaftsdaten erregte die Kabinettsumbildung im Juli 2002 Aufsehen. Finanzminister Marek Belka trat zurück und wurde durch Grzegorz Kolodko ersetzt. Der umstrittene Ökonomie-Professor gilt als Linker, der um die Wirtschaft anzukurbeln, die Haushaltsdisziplin lockern will. Premier Miller ersetzte außerdem Justizministerin Barbara Piwnik durch Grzegorz Kurczuk und Kulturminister Andrzej Cielinski durch Waldemar Dabrowski.
Da tat der Höhenflug des Ski-Springwunders Adam Malysz den Polen gut. Gleich siebenmal stand der Mann mit dem dünnen Schnurrbart in der Saison 2001/2002 auf dem Siegertreppchen. Die Polen sind begeistert – das Elternhaus des Ski-Springers im südpolnischen Wisla hat sich zum Wallfahrtsort entwickelt. Ganze Busladungen von Fans fahren hier vor.

Blick von der Speicherinsel auf die Motlawa (Mottlau) und die Danziger Altstadt mit dem Krantor

República Portuguesa – Portugiesische Republik; Portugiesen

Nationalfeiertag: 10. Juni

Zeitzone: MEZ – 1 h

Hauptstadt: Lissabon (681 100 Einwohner)

Telefon-Vorwahl: +351
Kfz-Kennzeichen: P

Mitgliedschaften: EU, Nato, OECD, OSZE, Uno, WEU

Präsident
Jorge Sampaio

Portugal

Botschaft in Deutschland: Zimmerstraße 56, D-10117 Berlin
☎ +49-30-5900635 00 🖷 -5900636 00

GEOGRAFIE, BEVÖLKERUNG

Fläche: 92 345 km^2, dazu Inseln und exterritoriale Gebiete: Azoren (westl. des Festlandes im Atlantik, 2347 km^2); Madeira (westlich der nordafrikanischen Küste, 749 km^2) **Verwaltung:** in 18 Distrikten, daneben die autonomen Regionen Azoren und Madeira **Bevölkerung:** 10,008 Mio. Einw., davon nahezu 100 % Portugiesen **In Städten** leben 64 %, **unter 15 J.** sind 17 % der Bev. **Bev.dichte:** 109 Einw./km^2 **Bev.wachstum:** 0,13 % **Fruchtbarkeitsrate:** 1,5 Geb./Frau **Landessprachen:** Portugiesisch **Religion:** Christen, vorwiegend Katholiken

Die größten Städte

Lissabon	681 100
Porto	309 500
Vila Nova de Gaia	247 500
Amadora	176 100

POLITISCHES SYSTEM

Republik seit 1910, letzte Verfassungsänderung 1997. Allg. Wahlrecht ab 18 J. Einkammerparlament mit 230 Abgeordneten, gewählt auf 4 J. Direktwahl des Präsidenten auf 5 J. **Staatsoberhaupt:** Jorge Sampaio (seit März 1996)

Regierungschef: José Manúel Durão Barroso (seit April 2002)
Außenminister: António Martins da Cruz

PARTEIEN:

- Partido Social Democrata/PSD (Sozialdemokratische Partei), gegr. 1974, Vorsitzender Durão Barroso;
- Partido Socialista/PS (Sozialistische Partei), gegr. 1973;
- Partido Popular/PP (Volkspartei), gegr. 1974, gilt als nationalistisch mit betont traditionalistischen Ideen und will gegenüber der EU nationale Souveränität bewahren;
- Coligação Democrática Unitaria/CDU (Verbündete Demokratische Union), eine Wahlallianz, die von der am stärksten vertretenen Kommunistischen Partei (Partido Comunista Português/PCP) geprägt ist und zu der auch die portugiesischen Grünen gehören;
- Partido Bloco de Esquerda (Linksblock aus Intellektuellen und ehemaligen Kommunisten);
- Partido Socialista Revolucionário (PSR).

Parlamentssitze (Wahlen vom 17. März 2002)

Sozialdemokraten/PSD	105
Sozialisten/PS	96
Volkspartei/PP	14
Kommunisten und Grüne	12
Linksblock	3

MILITÄR

Allg. **Wehrpflicht**: 4–12 Monate **Streitkräfte:** 43 600 Mann, davon 25 400 Armee, 7400 Luftstreitkräfte, 10 800 Marine **Militärausgaben** (am BSP): 2,1 % Anteil des **Waffenhandels** an den Exporten 0 %, an den Importen 0,2 %

GESUNDHEIT, SOZIALES, BILDUNG

Öffentliche Gesundheitsausgaben (am BIP): 5,1 % **Öffentliche Ausgaben für Bildung und Erziehung** (am BIP): 5,7 %, **Öffentliche Ausgaben für Altersversorgung** (am BIP): 10 % **Medizinische Versorgung:** 3,2 Ärzte, 4 Krankenhausbetten/1000 Einw. **Säuglingssterblichkeit:** 6/1000 Geb. **Müttersterblichkeit:** 12/100 000 Geb. **Kinderunterernährung:** k. A. **Armutsrate:** < 2 % **Frauenanteil an den**

Beschäftigten: 44 % Zugang zu **sauberem Trinkwasser** und zu **sanitären Anlagen:** k. A. **HIV-Infektionsrate:** 0,74 % **Lebenserwartung:** Männer 72 J., Frauen 79 J. **Schulpflicht:** 6 – 15 J. **Einschulungsquote** im Primarbereich 100 %, im Sekundarbereich 88 % **Analphabetenrate:** Männer 5 %, Frauen 10 % **Universitäten:** 17, die ältesten und bekanntesten in Coimbra und Braga

WIRTSCHAFT

Währung: 1 Euro = 100 Cent **BSP:** 111,3 Mrd. US$ **Wachstumsrate des BIP:** 3,3 % **BSP/Kopf:** 11 120 US$ **Anteile am BIP:** Landwirtschaft 4 %, Industrie 31 %, Dienstleistungen 66 % **Forschung+Entwicklungsausgaben** (am BSP): 0,63 % **Arbeitslosenquote:** 3,8 % **Inflationsrate:** 4,4 % **Staatseinnahmen:** 49,2 Mrd. € **Steueraufkommen** (am BIP): 31,1 % **Einkommensteuer:** max. 40 % **Körperschaftsteuer:** 34 % **Haushaltsdefizit** (am BIP): 1,2 % (1999) **Staatsausgaben:** 50,9 Mrd. € **Leistungsbilanzdefizit:** 10,080 Mrd. US$ **Auslandsschulden:** 181,870 Mrd. US$ **Auslandsvermögen:** 142,537 Mrd. US$ **Devisenreserven:** 14,262 Mrd. US$ **Geleistete Entwicklungshilfe:** 271 Mio. US$ **Ausl. Direktinvestitionen:** 6,227 Mrd. US$ **Börse** (Marktkapitalisierung am BIP): 57,8 % **Energie:** Produktion 1,94 Mio. t ÖE, Verbrauch 23,63 Mio. t ÖE. Anteile am Verbrauch: Kohle 15 %, Öl 63,3 %, Erdgas 9,6 %, sonstige 12,1 %

Landwirtschaft, Rohstoffe, Industrie:

Nutzfläche 29,6 %, von der Anbaufläche 24,6 % bewässert. Der regenreiche Norden mit fruchtbaren Terrassenhängen bildet die Kornkammer des Landes. Außerdem werden dort der berühmte Portwein sowie weiter südlich ein leichter Weißwein (vinho verde) angebaut. An der Algarve im Süden ermöglicht das mediterrane Klima den Anbau von Zitrusfrüchten. **Bewaldet:** 37 000 km², jährliche **Aufforstung:** 570 km² **Wichtige Industriezweige:** Von der arbeitenden Bevölkerung sind 44 % der Männer und 24 % der Frauen in der Industrie beschäftigt. Wichtige Branchen: Herstellung von Bekleidung und Schuhen, Weinproduktion und Fischverarbeitung. Nach der Eröffnung eines gemeinsamen Werks von VW und Ford im Jahre 1995 wurde der Automobilbau ein wichtiger Industriefaktor. Ende 1998 stieg Ford aus, seitdem betreibt VW das Werk allein. **Rohstoffe:** Marmor, Anthrazit, Kaolin, Wolfram, Eisenerz; Holz, Kork

Außenwirtschaft:

Handelsbilanzdefizit 12,98 Mrd.US$ **Export:** 25,793 Mrd. US$, davon 33 % Maschinen und Transportmittel, 23,8 % industrielle Vorprodukte, 21 % Bekleidung und Schuhe **Hauptausfuhrländer:** Deutschland (19,8 %), Spanien (18,1 %), Frankreich (13,9 %) **Hightech-Exporte:** 1,045 Mrd. US$ **Import:** 38,773 Mrd. US$, davon 38 % Maschinen und Transportmittel, 20,1 % industrielle Vorprodukte, 10,6 % Fertigwaren **Hauptlieferländer:** Spanien (25,3 %), Deutschland (14,7 %), Frankreich (11,4 %)

Blick über die Dächer von Lissabon mit dem Castelo de Sao Jorge im Hintergrund

VERKEHR

Schienennetz: 2813 km, betrieben von der 1975 verstaatlichten Caminhos de Ferro Portugueses. 873 km sind elektrifiziert. Die Eisenbahngesellschaft soll privatisiert werden. Mit Hilfe von EU-Geldern sollen bis zum Jahre 2017 insgesamt 1200 km Trassen für Hochgeschwindigkeitszüge gebaut werden. **Straßennetz:** 68 732 km, davon 86 % befestigt; gut befahrbar sind lediglich die großen Nationalstraßen und Autobahnen (11 408 km, Ende 1998). Die Autobahngesellschaft wurde 2001 vollständig privatisiert. **Motorisierung:** 348 Kfz/1000 Einw.
Internationale **Flughäfen:** Lissabon, Porto, Faro, Funchal (Madeira), Santa Maria, São Miguel (Azoren) Nationale **Fluglinie:** TAP-Air Portugal. Sie ist stark defizitär und soll schrittweise privatisiert werden, 6,563 Mio. beförderte Passagiere.
Häfen: Lissabon, weitere bedeutende Fischerei- und Handelshäfen sind Porto, Setubal und Funchal. **Binnenschifffahrt** auf 820 km

KOMMUNIKATION

Auf 1000 Einw. kommen 304 **Rundfunk-**, 630 **Fernsehgeräte**, 424,1 **Telefonanschlüsse**, 774,3 **Mobiltelefone**, 117,4 **PC** und 23,93 **Internet-Zugänge IuK-Ausgaben** (am BIP): 7,1 %

Es erscheinen 38 **Tageszeitungen** mit einer Gesamtauflage von rund 800 000 Exemplaren. Die größten Tageszeitungen und ihre Auflagen:

A Bola (Lissabon) 180 000
Record (Lissabon) 132 000
Jornal de Notícias (Porto) 105 000
Correio da Manhã
(Lissabon) 85 000

Nachrichtenagenturen: Agência Europeia de Imprensa (AEI), Agência Lusa de Informação und Agência de Representações Dias da Silva (ADS), alle in Lissabon

UMWELT, TOURISMUS

Langsam, aber sicher versinkt seit Anfang Februar 2002 das wichtigste römische Monument Portugals: das Castelo da Lousa nahe der Stadt Mourão im Südwesten des Landes. Das Schieferkastell stammt aus der Zeit des Kaisers Augustus und geht im Wasser unter, das sich an der Mauer des neu erbauten Alqueva-Damms anstaut. Hier, nahe der Grenze zu Spanien, entsteht Europas größter künstlicher See mit einer Uferlinie von 1000 Kilometer Länge und einer Oberfläche von 250 Quadratkilometern. Der Strom aus dem Kraftwerk des Damms und künstliche Bewässerung sollen der verarmten Region Alantejo aufhelfen.

Baustelle des Alqueva-Damms

An den Ufern des Guadiana-Flusses hatten die Römer zwischen 70 und 60 vor Christus, möglicherweise angelockt von Silber- und Kupfervorkommen in der Gegend, das mächtige Kastell errichtet. Erst unter dem Zeitdruck der Dammbauarbeiten wurde es von einem portugiesischen Archäologenteam gründlich erforscht. Die Wissenschaftler legten doppelt so viele Mauerreste frei wie anfangs vermutet. Um die Gemäuer und den Turm im Wasser zu schützen, wird die Anlage dicht gemacht – mit Sandsäcken, die eine Kunststoffhülle besitzen.

Geschützte Gebiete: 6,6 % der Landesfläche **Energieverbrauch/Kopf:** 2365 kg ÖE **CO_2-Emission:** 54,6 Mio. t **Verwendung des Süßwassers:** Landwirtschaft 53 %, Industrie 40 %, Haushalte 8 % **Tourismus:** 12,037 Mio. Besucher, 5,206 Mrd. US$ Einnahmen

AKTUELLE ENTWICKLUNGEN

Innenpolitik: Die Kommunalwahlen im Dezember 2001 brachten die Regierung von António Guterres ins Wanken und stürzten die Sozialistische Partei in die Krise. Weil seine Kollegen aus den Rathäusern von 29 Städten gefegt wurden, darunter auch der Hauptstadt Lissabon und der Handelsmetropole Porto, erklärte der Ministerpräsident seinen Rücktritt. Guterres' Entschluss veranlasste Staatspräsident Jorge Sampaio, die Parlamentswahlen um eineinhalb Jahre vorzuziehen. Selbst dabei wollte Guterres, dessen Partei im Parlament seit Oktober 1999 genau die Hälfte der Sitze innehatte, nicht mehr kandidieren. Für die Sozialisten ein Debakel, denn Guterres hatte als Chef der Sozialistischen Internationale und während der turnusmäßigen Ratspräsidentschaft der EU im ersten Halbjahr 2000 internationales Prestige gewonnen und galt als ein künftiger Präsidentschaftskandidat. Doch er gab alles auf, auch den Parteivorsitz der PS.

Sein Nachfolger, der Altlinke Eduardo Ferro Rodrigues, bislang Minister für Öffentliche Verwaltung, tat sich in den Wahlkampfdebatten schwer, zu erklären, warum die Sozialisten in ihren sechseinhalb Regierungsjahren das Land nicht in Ordnung gebracht hatten. So gelang am 17. März dem Herausforderer José Manuel Durão Barroso mit seiner konservativ-liberalen Sozialdemokratischen Partei (PSD) die politische Wende. Allerdings benötigte der Wahlsieger die 14 Sitze der rechtskonservativen Volkspartei PP, um im Parlament eine Mehrheit zu finden. Dabei musste Barroso, früher Außenminister unter Aníbal Cavaco Silva, der Portugal nach dem EU-Beitritt 1986 geschickt zum Aufschwung geführt hatte, Zugeständnisse an den kleinen Koalitionspartner machen. Dessen populistischem Parteichef Paulo Portas überließ er das Verteidigungsministerium. Der geschickte Demagoge Portas, der sich mit antieuropäischen und alarmistischen Äußerungen gegen das »Klima der Unsicherheit in den Städten« als »rechter Arm Portugals« empfohlen hatte, wollte zunächst gern Innenminister werden. Auch das Ressort für Justiz und das für Arbeit und Soziales gingen an die Portas PP, der als Anwalt und früherer Herausgeber eines Sensationsblatts dem ermordeten Holländer Pim Fortuyn vergleichbar scheint – ein rechter Provokateur von politischem Temperament.

»Im Kampf verwundet«: Barrosos rechter Holzarm endet in einem geschnitzten Portas-Kopf

Portas hatte im Wahlkampf vor unkontrollierter Zuwanderung nach Portugal gewarnt und Jugendliche aus »ethnischen Minderheiten« für den Anstieg der Kriminalität verantwortlich gemacht. Portugal, einst das Armenhaus Europas, war traditionell ein Emigrationsland. Doch im vergangenen Jahrzehnt des wirtschaftlichen Aufstiegs bei einer traumhaft geringen Arbeitslosenrate von unter 4 Prozent kamen nicht nur viele Afrikaner aus den ehemaligen Kolonien und Brasilianer ins Land. Seit zwei Jahren bringen Schlepper verstärkt auch Osteuropäer mit guter Ausbildung auf die iberische Halbinsel. 45 000 Ukrainer, 9000 Moldawier, 7500 Rumänen und 5000 Russen erhielten 2001 eine Aufenthaltsgenehmigung. Während der Legalisierungskampagne bekamen insgesamt 130 000 Ausländer Arbeits- und Wohnrecht. Der Ausländeranteil an den zehn Millionen Einwohnern erhöhte sich auf gut 3,5 Prozent. Deshalb hat die neue Regierung sich im Juli vom Parlament Änderungen des Ausländerrechts genehmigen lassen, um den Zustrom von illegalen Einreisenden einzudämmen: In Zukunft sollen die Gemeinden den Bedarf an ausländischen Arbeitskräften feststellen. Ausschließlich in ihren Heimatländern können dann die Auswanderer auf Zeit Visa und Arbeitspapiere beantragen. Wer in Portugal aufgegriffen wird und keinen Arbeitsvertrag besitzt, der vor der Regularisierung von 2001 abgeschlossen wurde, muss mit der Ausweisung rechnen.

Wirtschaft: Hauptursache für die Abwahl der Sozialisten waren die Staatsfinanzen und die Wirtschaftspolitik. Im März entgingen die Portugiesen nur knapp einem »blauen Brief« aus Brüssel wegen grober Verstöße gegen die unter den Euro-Staaten vereinbarte Haushaltsdisziplin. Denn die Sozialisten hatten das Heer der Beamten – in einem Land mit nur 5,2 Millionen Erwerbstätigen – auf 850 000 aufgebläht. Seit Mitte 1999 wuchs auch die Wirtschaft deutlich langsamer als der Durchschnitt der übrigen Industriestaaten. Die Industrie büßte durch überdurchschnittlich angestiegene Lohnstückkosten an Wettbewerbsfähigkeit ein.

Die neue Finanzministerin Manuela Ferreira Leite sah sich gezwungen, den schon verabschiedeten Etat für 2002 zu korrigieren und die Mehrwertsteuer von 17 auf 19 Prozent zu erhöhen. Im öffentlichen Dienst herrscht Einstellungsstopp, Zeitverträge laufen aus. 30 staatlich finanzierte Einrichtungen, so auch den zweiten Fernsehsender RTP 2, wollte Regierungschef Barroso schließen. Die Privatisierung der Fluggesellschaft TAP, von Papierfabriken sowie des Brennstoffherstellers Galp, von Werften und anderen Betrieben soll bis 2004 das Staatssäckel füllen, auch, um mit 5 Milliarden Euro die Finanzierung der Fußballeuropameisterschaft 2004 zu sichern. Ende Juli 2002 musste Portugal für das Haushaltsjahr 2001 ein Defizit von 4,1 Prozent bekannt geben. Erstmals leitete die EU-Kommission ein Sanktionsverfahren ein. Nun droht Portugal eine hohe Geldbuße.

Rechtspopulist Paulo Portas

Sicherheitspolitik: Selbst der neu ernannte Verteidigungsminister Paulo Portas muss trotz seiner nationalistischen Ambitionen zum Sparpaket beitragen: Der Kauf von drei Militärtransportern vom Typ Airbus A 400 M – ehrgeizigstes militärisches Projekt der Europäer – soll aufgeschoben werden.

Republika y'u Rwanda – Republik Ruanda; Ruander

Nationalfeiertag: 1. Juli

Zeitzone: MEZ + 1 h

Hauptstadt: Kigali (300 000 Einwohner)

Telefon-Vorwahl: +250
Kfz-Kennzeichen: RWA

Mitgliedschaften: AU, Uno

Ruanda

Botschaft in Deutschland: Beethovenallee 72, D-53173 Bonn
☎ +49-228-367 02 36 🖷 -35 19 22

GEOGRAFIE, BEVÖLKERUNG

Fläche: 26 338 km² **Bevölkerung:** 8,508 Mio. Einw. **Bev.dichte:** 345 Einw./km² **Bev.wachstum:** 2,11 % **Bev. in Städten:** 6 % **Analphabetenrate:** Männer 26 %, Frauen 40 % **Landessprachen:** Kinyarwanda, Englisch, Französisch (Amtssprachen), Kisuaheli **Religionen:** 65 % Katholiken, 9 % Protestanten, traditionelle Religionen

Gacaca-Dorftribunal in Kigali

POLITISCHES SYSTEM

Unabhängig seit 1962. Präsidialrepublik. Übergangsverfassung vom 5. Mai 1995. Einkammerparlament mit 74 Sitzen. **Staatsoberhaupt:** Paul Kagame (seit April 2000) **Regierungschef:** Bernard Makuza (seit März 2000)

MILITÄR

Streitkräfte: 56 000 bis 71 000 Mann **Militärausgaben** (am BSP): 4,5 %

GESUNDHEIT, SOZIALES

Öffentliche Gesundheitsausgaben (am BIP): 2 % **Medizinische Versorgung:** < 0,05 Ärzte/1000 Einw. **Säuglingssterblichkeit:** 123/1000 Geb. **Armutsrate:** 35,7 % **Lebenserwartung:** Männer 39 J., Frauen 40 J.

WIRTSCHAFT

Währung: 1 Ruanda-Franc (F.Rw.) = 100 Centimes **Kurs** (Mitte 2002): 1 F.Rw. = 0,002 € **BSP:** 2 Mrd. US$ **Wachstumsrate des BIP:** 5,6 % **BSP/Kopf:** 230 US$ **Anteile am BIP:** Landwirtschaft 44 %, Industrie 21 %, Dienstleistungen 35 % **Arbeitslosenquote:** k. A. **Inflationsrate:** 3,5 % **Auslandsschulden:** 1,27 Mrd. US$ **Schuldendienst** (am BSP): 2 % **Entwicklungshilfe:** 322 Mio. US$ **Handelsbilanzdefizit:** 153 Mio. US$ **Tourismuseinnahmen:** 17 Mio. US$

AKTUELLE ENTWICKLUNGEN

Ruanda lebt weiterhin im Schatten des Bürgerkriegs von 1994: Anfang Oktober 2001 wurden unter dem Motto »Wahrheit heilt« 260 000 Laienrichter gewählt. Sie sollen in 11 000 traditionellen »Gacaca«-Dorftribunalen, die am 19. Juni 2002 ihre Arbeit aufnahmen, die Prozesse gegen die rund 115 000 Inhaftierten führen, die wegen Mitwirkung am Völkermord seit Jahren einsitzen. Das Gacaca-Verfahren ist zwar unter rechtsstaatlichen Kriterien umstritten. In den Augen der Regierung jedoch der einzige Weg, den Untersuchungshäftlingen in angemessener Zeit eine Anhörung zu ermöglichen und eine Aufarbeitung zwischen den verfeindeten Volksgruppen der Hutu und der Tutsi zu erreichen. Bisher wurden in Ruanda erst 6500 Menschen vor Gericht gestellt und abgeurteilt. Die eigentlichen Drahtzieher werden sich auch künftig vor staatlichen Gerichten verantworten müssen. Im tansanischen Arusha kann der Internationale Strafgerichtshof für Ruanda sieben Jahre nach seiner Gründung, nur neun Urteile, darunter ein Freispruch, vorweisen. Die Demokratisierung ist nicht vorangekommen, denn das Mitspracherecht der Bevölkerung geht nur so weit, wie es den Machtanspruch der Regierung nicht gefährdet. Zwar kündigte Präsident Paul Kagame für Ende 2003 ein Referendum über eine neue Verfassung sowie freie Wahlen an, ging aber gleichzeitig schärfer gegen politische Gegner vor. Im März 2002 schloss sich Ruandas Exil-Opposition zu einer breiten »Allianz für Demokratie und nationale Versöhnung« zusammen, die auch Verbindungen zu ruandischen Hutu-Milizen im Kongo unterhält. Kagame hat den Einmarsch seiner Truppen ins Nachbarland stets mit der Sicherung der Grenzen vor Angriffen dieser Hutu-Milizen begründet, die er für den Völkermord an den ruandischen Tutsi verantwortlich macht. Am 30. Juli unterzeichneten Kagame und der kongolesische Präsident Kabila in Pretoria nach vier Jahren Krieg einen Friedensvertrag.

Rumänien

Botschaft in Deutschland: Matterhornstraße 79, D-14129 Berlin
☎ +49-30-803 30 18 🖷 -803 16 84

GEOGRAFIE, BEVÖLKERUNG

Fläche: 238 391 km² **Verwaltungsbezirke:** 41, 1 Hauptstadtbezirk **Bevölkerung:** 22,435 Mio. Einw., davon 90 % Rumänen, 7 % Ungarn, Minderheit von Deutschen, Ukrainern, Serben, Kroaten, Russen **In Städten** leben 56 %, **unter 15 J.** sind 18 % der Bev. **Bev.dichte:** 97 Einw./km² **Bev.-wachstum:** - 0,26 % **Fruchtbarkeitsrate:** 1,3 Geb./Frau **Landessprachen:** Rumänisch (Amtssprache), regional Ungarisch und Deutsch **Religionen:** 86 % orthodoxe Christen, je 6 % Katholiken und Protestanten

Die größten Städte

Bukarest	2 027 500
Iaşi	348 400
Constanţa	344 900
Timişoara	334 100

POLITISCHES SYSTEM

1862 Zusammenschluss der Donaufürstentümer Walachei und Moldau als Rumänien. Anerkennung der Unabhängigkeit am 13. Juli 1878 (»Berliner Kongress«). Republik. Verfassung von 1991. Zweikammerparlament (»Parlamentul«): Abgeordnetenhaus (»Camera Deputatilor«), 346 Sitze, davon 19 für Minderheiten reserviert, und Senat, 140 Sitze. Wahl alle 4 J. Direktwahl des Staatsoberhaupts ebenfalls alle 4 J. (einmalige Wiederwahl zulässig). Wahlrecht ab 18. J.
Staatsoberhaupt: Ion Iliescu (1990 – 96 und seit Dezember 2000)
Regierungschef: Adrian Nastase (seit Dezember 2000)
Außenminister: Mircea Geoana

MILITÄR

Allg. Wehrpflicht: 12 Monate **Streitkräfte:** 103 000 Mann, davon 52 900 Armee, 18 900 Luftstreitkräfte, 10 200 Marine **Militärausgaben** (am BSP): 1,6 % **Waffenhandelsanteil** an den Exporten 0,5 %, an den Importen 1,9 %

GESUNDHEIT, SOZIALES, BILDUNG

Öffentliche Gesundheitsausgaben (am BIP): 3,8 % **Öffentliche Ausgaben für Bildung u. Erziehung** (am BIP): 4,4 % **Öffentliche Ausgaben für Altersversorgung** (am BIP): 5,1 % **Medizinische Versorgung:** 1,8 Ärzte, 7,6 Krankenhausbetten/1000 Einw. **Säuglingssterblichkeit:** 19/1000 Geb. **Müttersterblichkeit** 60/100 000 Geb. **Kinderunterernährung:** k. A. **Kinderarbeit:** k. A. **Armutsrate:** 2,8 % **Frauenanteil an den Beschäftigten:** 44,5 % Zugang zu **sauberem Trinkwasser** haben 91 % der städtischen und 16 % der ländlichen Bev., zu **sanitären Anlagen** 86 % bzw. 10 % **HIV-Infektionsrate:** 0,02 % **Lebenserwartung:** Männer 66 J., Frauen 74 J. **Schulpflicht:** 6 – 16 J. **Einschulungsquote** im Primarbereich: 94 %, im Sekundarbereich 76 % **Analphabetenrate:** Männer 1 %, Frauen 3 % **Universitäten:** 38

WIRTSCHAFT

Währung: 1 Leu (l) = 100 Bani **Kurs** (Mitte 2002): 1 l = 0,00003 € **BSP:** 37,4 Mrd. US$ **Wachstumsrate des BIP:** 1,6 % **BSP/Kopf:** 1670 US$ **Anteile am BIP:** Landwirtschaft 13 %, Industrie 36 %, Dienstleistungen 51 % **Forschung+Entwicklungsausgaben** (am BSP): 0,79 % **Arbeitslosenquote:** 10,8 % **Inflationsrate:** 34,5 % **Staatseinnahmen:** 9,542 Mrd. US$ **Steueraufkommen** (am BIP): 27 % **Einkommensteuer:** max. 40 % **Körperschaftsteuer:** 25 % **Haushaltsdefizit** (am BIP): 1,7 % **Staatsausgaben:** 10,903 Mrd. US$ **Leistungsbilanzdefizit:** 1,359 Mrd. US$ **Auslandsverbindlichkeiten:** 21,543 Mrd. US$ **Auslandsvermögen:** 12,336 Mrd. US$ **Schuldendienst** (am BSP): 6,4 % **Devisenreserven:** 4,848 Mrd. US$ **Empf. Hilfsgelder:** 432 Mio. US$ **Ausl. Direktinvestitionen:** 1,025 Mrd. US$ **Börse** (Marktkapitalisierung am BIP): 2,9 % **Energie:** Produktion 27,86 Mio. t ÖE, Verbrauch 36,43 Mio. t ÖE, Anteile am Verbrauch: Kohle 20,2 %, Öl 26,4 %, Atomenergie 3,1 %, Erdgas 41,4 %, sonstige 8,9 %

România – Rumänien; Rumänen

Nationalfeiertag: 1. Dezember

Zeitzone: MEZ + 1 h

Hauptstadt: Bukarest (2 027 500 Einwohner)

Telefon-Vorwahl: +40
Kfz-Kennzeichen: RO

Mitgliedschaften: OSZE, Uno, WEU (ass.)

Regierungschef Adrian Nastase

Landwirtschaft, Rohstoffe, Industrie: **Nutzfläche** 42,7 %, von der Anbaufläche sind 29,2 % bewässert **Produkte:** Weizen, Mais, Gerste, Wein, Kartoffeln, Sonnenblumenkerne, Zuckerrüben **Bewaldet:** 64 000 km², jährliche **Aufforstung:** 147 km² **Rohstoffe:** Braunkohle, Kohle, Salz, Eisenerz, Bauxit, Kupfer, Blei, Zink, Erdöl, Methan **Wichtige Industriezweige:** Maschinenbau, Petrochemie, Metallurgie, Chemie, Textilverarbeitung, Nahrungsmittelproduktion

Außenwirtschaft:
Handelsbilanzdefizit 1,684 Mrd. US$ **Export:** 10,366 Mrd. US$, davon 28,4 % industrielle Vorprodukte, 14 % Maschinen und Transportmittel, 31,6 % Fertigwaren **Hauptausfuhrländer:** Italien (19,6 %), Deutschland (16,8 %), Frankreich (5,5 %) **Hightech-Exporte:** 445 Mio. US$ **Import:** 12,050 Mrd. US$, davon 24,5 % industrielle Vorprodukte, 26,4 % Maschinen und Transportmittel, 18,9 % Brennstoffe **Hauptlieferländer:** Deutschland (16,4 %), Italien (15,8 %), Russland (12 %)

VERKEHR
Schienennetz: 11 364 km **Straßennetz:** 198 603 km, davon 49,5 % befestigt **Motorisierung:** 154 Kfz/1000 Einw. Internationale **Flughäfen:** Bukarest, Timişoara **Fluglinie:** Tarom, 1,186 Mio. beförderte Passagiere **Haupthafen:** Constanţa **Binnenschifffahrt** auf 1724 km

KOMMUNIKATION
Auf 1000 Einw. kommen 334 **Rundfunk-**, 381 **Fernsehgeräte**, 182,8 **Telefonanschlüsse**, 172,4 **Mobiltelefone**, 35,7 **PC** und 2,07 **Internet-Zugänge** **IuK-Ausgaben** (am BIP): 2,3 % Es erscheinen 106 **Tageszeitungen** (Gesamtauflage: k. A.). Die größten Tageszeitungen und ihre Auflagen:
Evenimentul Zilei 200 000
Adevărul 200 000
Nachrichtenagenturen: Rompres, Nord-Est-Press

UMWELT, TOURISMUS
Geschützte Gebiete: 4,7 % der Landesfläche **Energieverbrauch/Kopf:** 1622 kg ÖE **CO_2-Emission:** 92,4 Mio. t **Verwendung des Süßwassers:** Landwirtschaft k. A., Industrie k. A., Haushalte k. A. **Tourismus:** 3,274 Mio. Besucher, 364 Mio. US$ Einnahmen

AKTUELLE ENTWICKLUNGEN
Im Januar 2002 verlängerte die sozialdemokratische Minderheitsregierung von Premier Adrian Nastase die Kooperation mit dem Demokratischen Ungarnverband (RMDSZ) und sicherte sich so für ein weiteres Jahr die parlamentarische Handlungsfähigkeit. Der Ungarnverband verpflichtete sich damit, im Verlauf des Jahres keinen Misstrauensantrag gegen die Regierung zu stellen bzw. keinen solchen einer anderen Partei zu unterstützen. Ein ähnliches Abkommen hatte die Regierung nach ihrem Wahlsieg Ende 2000 mit den Nationalliberalen getroffen, die später allerdings die Zusammenarbeit aufkündigten.
Im Gegenzug erhielt der RMDSZ die Zusage für eine Regelung der Eigentumsverhältnisse bis Ende 2002. Dabei geht es um Entschädigungen oder die Rückgabe des von den Kommunisten verstaatlichten Besitzes der ungarischen Minderheit und der Kirchen aller Konfessionen.
Auch der monatelang währende Streit mit Ungarn über dessen so genanntes »Status-Gesetz« wurde im Dezember 2001 vorerst beigelegt. Das Gesetz, vom ungarischen Parlament im Juni 2001 verabschiedet und seit Januar 2002 in Kraft, sah materielle Vergünstigungen für die magyarische Minderheit in Rumänien vor, etwa die befristete Arbeitserlaubnis in Ungarn. Rumänien wertete die Regelungen als diskriminierend und mit EU-Recht unvereinbar. Die Absicht, »Zertifikate ungarischer Nationalität« auf rumänischem Territorium auszustellen, sei ein Affront. Die Regierungen in Bukarest und Budapest schlossen dann jedoch einen Kompromiss: Danach sollen alle Rumänen, nicht nur die 1,6 Millionen im Land lebenden Magyaren, Anspruch auf befristete Arbeitserlaubnis in Ungarn erhalten.
Wenig geändert hat sich hingegen die Situation der rumänischen Roma. Zu Jahresbeginn 2002 wies der Europarat auf die anhaltende Diskriminierung hin und kritisierte die wiederholte Brutalität der Polizei gegen Angehörige dieser Volksgruppe.
Rumänien gilt nach wie vor als Schlusslicht in der laufenden Erweiterungsrunde der EU. Der EU-Fortschrittsbericht resümierte im November 2001, das Land sei trotz beträchtlicher Reformschritte in einzelnen Bereichen allenfalls auf lange Sicht in der Lage, dem Wettbewerbsdruck und

den Marktkräften innerhalb der Europäischen Union standzuhalten. Auch Kapazität und Leistungsfähigkeit der Verwaltung seien, etwa für die gemeinsame Agrarpolitik der EU, bei weitem nicht ausreichend. Obgleich Mitte 2002 erst 11 der 31 Kapitel abgeschlossen waren, hält die Regierung an dem ehrgeizigen Ziel fest, die Beitrittsverhandlungen bis 2004 zu vollenden und drei Jahre später gleichberechtigtes EU-Mitglied zu werden. Der rumänische Außenminister Mircea Geoana forderte im Juni 2002 einen verbindlichen Beitrittszeitplan auch für die Nachzügler, um bei der Osterweiterung nicht ins Hintertreffen zu geraten. Doch es gab auch kleine Erfolge: Seit dem 1. Januar 2002 können rumänische Staatsbürger ohne Visum in die Schengen-Staaten einreisen.

Gleichzeitig mit der EU-Mitgliedschaft hofft Rumänien auf den Nato-Beitritt – bereits Ende 2002 möchte das Land in die Allianz aufgenommen werden. Nachdem das rumänische Parlament im Frühjahr 1999 Kampfflugzeugen der Nato für Angriffe auf Serbien den Luftraum freigegeben hatte, bot sich nach dem 11. September erneut die Möglichkeit zur Unterstützung und nachdrücklichen Bewerbung. Die Regierung in Bukarest gewährte umgehend Überflugrechte und erlaubte die Nutzung von Flughäfen. Die Rumänen wollten zeigen, dass die südosteuropäische Flanke gestärkt werden kann, wenn sie erst einmal zum Kreis der Bündnispartner gehören. Die verteidigungspolitischen Hausaufgaben wurden teils erledigt, die Personalstärke der Armee gegenüber 1989 um fast die Hälfte reduziert. Die Erwartungen an eine bessere Integration Rumäniens in Westeuropa sind inzwischen so groß, dass Premierminister Adrian Nastase sein politisches Schicksal mit der Aufnahme in die Nato verknüpft hat. Für die geplante zweite Erweiterungsrunde beim Nato-Gipfel im November 2002 in Prag stehen die Chancen nicht schlecht.

Die Rahmendaten der rumänischen Wirtschaft vermitteln keine eindeutigen Signale. Zwar wuchs das Sozialprodukt 2001 um über 5 Prozent, und die Industrieproduktion legte noch stärker zu, doch konnte das Tempo nicht gehalten werden. Für 2002 rechnet man nur noch mit einem Plus von maximal 4 Prozent. Doch solche Zahlen sagen wenig aus, wenn der Anteil der Schattenwirtschaft auf über 40 Prozent geschätzt wird. Die Arbeitslosigkeit ist Mitte 2002 unverändert hoch mit offiziell gut 13 Prozent, das rapide Wachstum der Inflationsrate konnte zwar eingedämmt werden, liegt aber mit prognostizierten 30 Prozent für 2002 immer noch viel zu hoch.

Es gibt starke Kritik am schleppenden Reformtempo: So verzögerte der IWF die Auszahlung der zweiten Tranche eines bereits im November 2001 bewilligten Kredits über 383 Millionen US-Dollar, weil die vereinbarten Maßnahmen – forcierte Privatisierung, Verbesserung des Investitionsklimas, gebremster Lohnzuwachs im öffentlichen Sektor – nicht entschlossen genug angegangen wurden. Das Kabinett Nastase reagierte im März 2002 mit einem weit reichenden Privatisierungsgesetz, das etwa Firmenverkäufe zum Symbolpreis von einem Euro bei höheren Investitionsverpflichtungen vorsieht. Befragt nach dem Wirtschaftsklima in Rumänien, kritisierten die vor allem mittelständischen ausländischen Investoren Mitte 2002 die hohe Korruptionsanfälligkeit und Willkür der Verwaltung sowie die erhebliche Rechtsunsicherheit. Auch deshalb flossen, wie in den Jahren zuvor, die dringend benötigten ausländischen Direktinvestitionen 2001 nur spärlich.

Roma, die auf einer Müllkippe am Stadtrand leben und arbeiten

Korruption stellt in Rumänien ein gravierendes Problem dar. Allein in der ersten Jahreshälfte 2002 wurden über 3000 Fälle aktenkundig. Im September 2002 soll eine neue Anti-Korruptions-Behörde ihre Arbeit aufnehmen und bei Delikten wie Bestechung, Geldwäsche und Steuerbetrug ermitteln, allerdings erst bei einem Schaden von über 100 000 Euro.

Rossijskaja Federazija – Russische Föderation; Russen

Nationalfeiertag:
12. Juni

Zeitzone:
MEZ +1 bis +11 h

Hauptstadt: Moskau (8 305 000 Einwohner)

Telefon-Vorwahl: +7
Kfz-Kennzeichen: RUS

Mitgliedschaften:
G 8, GUS, OSZE, Uno

Russland

Botschaft in Deutschland: Unter den Linden 63–65, D-10117 Berlin
☎ +49-30-229 11 10 🖷 -229 93 97

GEOGRAFIE, BEVÖLKERUNG

Fläche: 17 075 400 km², damit flächengrößter Staat der Erde, der 11,4 % der Landfläche des Planeten bedeckt. Nord-Süd-Ausdehnung rund 4000, West-Ost-Ausdehnung rund 9000 km (11 Zeitzonen). Ein Viertel der Fläche liegt auf europäischem, der Rest auf asiatischem Gebiet. 37 653 km Küstenlinie. 47 % der Landesfläche besteht aus Dauerfrostboden. **Verwaltung:** 21 Republiken, 49 Gebiete (Oblast) mit gewählten Gouverneuren und 6 Bezirke (Krai). Hinzu kommen 10 autonome nationale Kreise (Okrug), die dem jeweiligen regionalen Oblast oder Krai unterstehen, dazu die jüdische autonome Region Birobidschan sowie die eigenständigen Städte Moskau und St. Petersburg. In Russland gibt es insgesamt 1098 Städte. 7 Generalgouverneure, die dem Präsidenten direkt unterstellt sind, kontrollieren seit Mai 2000 die Verwaltungseinheiten. **Bevölkerung:** 143,2 Mio. Einw. Jährlich schrumpft die Bevölkerung um etwa 750 000 Menschen. Russland hat die höchste Sterberate in Europa und eine niedrige Geburtenrate. Die Zahl der Abtreibungen liegt doppelt so hoch wie die der Geburten. Über 80 % der Bürger leben im europäischen Teil Russlands, 10 % davon in und um Moskau. Jenseits des Ural aber nur 27 Millionen Menschen auf einer Fläche, die so groß ist wie Indien und China zusammen. Im Oktober 2002 fand nach 13 Jahren wieder eine Volkszählung statt. **In Städten** leben 72,9 %, **unter 15 J.** sind 19,9 % der Bev. **Bev.dichte:** 9,0 Einw./km² **Bev.-wachstum:** -0,52 % **Fruchtbarkeitsrate:** 1,2 Geb./Frau

Landessprachen: Russisch ist Amtssprache, daneben die Sprachen der autonomen Republiken sowie über 100 weitere Sprachen und Dialekte.

Religionen: Mit der angeblich »spirituellen Renaissance« unter den orthodoxen Christen ist es nicht weit her. Nur rund 4 % der Bevölkerung sind regelmäßige Kirchgänger, ähnlich wie in Frankreich. Die noch mit Hilfe des ehemaligen KGB installierte geistliche Führung befindet sich weiterhin im Amt. Diese Metropoliten lehnen besonders den katholischen Westen ab. Die Aufwertung der römischen Apostolischen Administraturen in Russland zu Bistümern bewertete der Moskauer Patriarch Alexij II. als »unfreundlichen Akt«. Am 15. April 2002 protestierte darauf das Oberhaupt der russischen Katholiken, Erzbischof Tadeusz Kondrusiewicz, bei der Regierung gegen eine »organisierte Kampa-

Präsident Wladimir Putin

gne«, die das Gesetz »über die Gewissensfreiheit und religiöse Vereinigungen« verletze. Am 19. April 2002 wurde dem aus Polen stammenden Bischof der Diözese Sibirien die Wiedereinreise verweigert. In Russland gibt es etwa 1 Mio. Katholiken, 72 Mio. orthodoxe Christen, 13 Mio. Muslime, 1 Mio. Buddhisten, 0,5 Mio. Juden, Protestanten u.a.

Die größten Städte

Russland hat 11 Städte mit mehr als 1 Mio. Einwohner, darunter:

Moskau	8 305 000
St. Petersburg	4 630 000
Nowosibirsk	1 395 000
Nischni Nowgorod	1 345 000
Jekaterinburg	1 260 000
Samara	1 150 000

POLITISCHES SYSTEM

Föderative, demokratische Republik. Verfassung von 1993. Allg. Wahlrecht ab 18 J. Besonders große exekutive Macht des Präsidenten, der zugleich Oberbefehlshaber der Streitkräfte ist. Er wird jeweils für 4 J. direkt gewählt, ernennt mit Zustimmung der Staatsduma den Ministerpräsidenten.
Zweikammerparlament mit Staatsduma (450 Abg., für 4 J. direkt gewählt) und Föderationsrat (178 Abg., jeweils 2 Vertreter pro Territorium, benannt für 4 J.).
Letzte Wahlen: 19. Dezember 1999 (Parlament), 26. März 2000 (Präsident). Nächste Wahlen: Dezember 2003 (Parlament), Frühjahr 2004 (Präsident).
Staatsoberhaupt: Wladimir Putin (seit 31. Dezember 1999 amtierend, am 7. Mai 2000 vereidigt)
Regierungschef: Michail Kassjanow (seit Mai 2000)
Außenminister: Igor Iwanow

PARTEIEN

Vier zentristische Parteien und Fraktionen (Jedinstwo/Einheit, Vaterland – Allrussland, Regionen Russlands und Volksdeputierte) mit rund 250 Abgeordneten bilden seit Ende 2001 eine verlässliche Parlamentsmehrheit für Präsident Putin. Die Kommunisten in der Duma (81 Mandate) mussten Macht abgeben: Am 3. April 2002 werden überraschend sieben kommunistische Ausschussvorsitzende abgewählt. Die KP verliert auch die Kontrolle über den Duma-Etat – immerhin umgerechnet 73 Mio. €. Am 25. Mai 2002 schloss die KP den Duma-Vorsitzenden wegen mangelnder Parteidisziplin aus.

MILITÄR

Wehrpflicht: ab 18 J. für 18–24 Monate. Die Stärke der **Streitkräfte** war Ende 2001 mit 1 183 000 höher als bislang zugegeben, davon: 321 000 Heer, 171 500 Marine, 184 600 Luftstreitkräfte, 149 000 Atomstreitkräfte. 40 000 stehen in Ländern der GUS und sind Friedenstruppen, 316 900 sonstiges Militär. Neben den Streitkräften existieren weitere 13 paramilitärische Organisationen, in denen Wehrdienst abgeleistet wird. Primär Staatsschutz- und Polizeiaufgaben erledigen rund 410 000 Grenz-, Geheimdienst-, Innenministeriums- und Notstandstruppen. Bei den Eisenbahntruppen dienen 48 000 Mann. Knapp eine Million Zivilisten sind außerdem bei der Truppe beschäftigt. Ihre Zahl soll bis

KALININGRAD

15 100 km², 950 000 Einw., insgesamt 97 Nationalitäten, darunter 78 % Russen, 8 % Weißrussen, 7 % Ukrainer, 2 % Litauer, 0,6 % Deutsche. Stadt Kaliningrad: 424 000 Einw. Gouverneur: Wladimir Jegorow (seit 19. November 2000). Eine hohe Arbeitslosenquote, große Armut (ein Drittel der Bevölkerung lebt unter der Armutsgrenze), die höchste Aids-Rate in Europa, gravierende Umweltprobleme, Organisierte Kriminalität und Drogenschmuggel kennzeichnen die russische Problemregion. Obwohl die Zentralregierung in Moskau für 2002 die Wirtschaftshilfe für das Gebiet um 1100 % erhöhte, reichen die zusätzlichen 800 Mio. Rubel (29 Mio. €) bei weitem nicht aus. Die EU, die mit Russland eine Regelung anstrebt, damit die Exklave mit der EU-Osterweiterung nicht weiter isoliert wird, stellte 40 Mio. Euro bereit. Als potenzielle Transitregion – Kaliningrad hat den einzigen ganzjährig eisfreien russischen Hafen an der Ostsee –, mit 90 % der Weltvorräte an Bernstein und als Touristenziel wäre das Gebiet entwicklungsfähig. Doch erforderlich sind Auslandsinvestitionen für Energieversorgung, Hafen- und Straßenbau. Moskau fürchtet um seine Souveränität und die EU ist nicht davon überzeugt, dass Russland die Kriminalität im alten Ostpreußen unter Kontrolle bekommt. Im Zusammenhang mit der Osterweiterung der Gemeinschaft lehnte die EU auf dem Gipfel in Moskau am 29. Mai 2002 den Wunsch der Gastgeber nach speziellen »Korridoren« durch Litauen und Polen für Reisen ins russische Hinterland ab. Brüssel fürchtet, dass ohne eine Visumsregelung die Zuwanderung nach Westen unkontrollierbar würde. Die EU-Offerte sieht Finanzhilfen zur schnellen Ausgabe von Pässen, maschinenlesbare Dokumente und ein enges Netz von Konsulaten vor.

Königin-Luise-Brücke in Tilsit

Wrack des Atom-U-Boots »Kursk« in Rosljakowo bei Murmansk

Ende 2003 auf 800 000 abgebaut werden.

Militärausgaben (am BSP): 15,4 % Zusammen mit den Mitteln für Polizei, Geheimdienste und Justiz wird offiziell knapp ein Viertel des Bundeshaushalts für die staatliche Sicherheit ausgegeben.

Russlands Armee wird seit 1992 reformiert. 2001 wurde die Umorganisation der Streitkräfte in die drei Teilbereiche Heer, Luftwaffe und Kriegsmarine abgeschlossen. Ende 2005 sollen nur noch eine Million Mann bei der Truppe dienen, von 2004 bis 2010 soll eine Berufsarmee aufgebaut werden. Die Tschetschenienkriege haben der russischen Führung vor Augen geführt, dass die Armee weder von Ausbildung und Bewaffnung noch von ihrer Struktur her in der Lage ist, eine militärische Auseinandersetzung so rasch für sich zu entscheiden wie etwa die USA in Afghanistan. Höchstens ein Drittel der Truppe gilt als voll einsetzbar. Eine Reform kostet viel Geld. Die Aufwendungen für das Militär sind aber immer noch größer als das Land verkraften kann.

Niedriger Sold, Schulden, Massendesertionen, steigende Kriminalität und Korruption, Rekrutierungsprobleme bei Berufssoldaten und Offizieren, Kameradenschinderei in den Kasernen sowie Wohnungsprobleme kennzeichnen den Alltag der Armee. Jährlich gehen 40 000 Soldaten von der Fahne. Der Generalstaatsanwalt sah als Ursache für den Untergang des Atom-U-Bootes »Kursk« durch einen defekten Torpedo »traditionelle vaterländische Schlamperei«. Der Generalstabschef kritisierte den Ausbildungsstand bei Luftwaffe und Marine. Der Zustand der Militärflughäfen ist laut Verteidigungsministerium »verheerend«. Zwischen 1997 und 2001 bekam die Luftwaffe nur ein einziges neues Flugzeug. Wegen Schulden wurde bei Flotte und Luftabwehr im Januar 2002 wieder regional der Strom abgestellt. 70 Prozent der Gelder werden für Löhne, Sozialausgaben und Unterhalt der aufgeblähten Infrastruktur verwandt. Eine breit angelegte Neubewaffnung der Truppe gilt erst ab 2010 möglich. Neuentwicklungen und Beschaffungen sollen deshalb zunächst mit **Waffenexporten** finanziert werden. 2001 lieferte Russland für 5 Mrd. US-Dollar Waffen in 60 Länder. Die verstärkte Waffenexportpolitik flankiert zwar die Außenpolitik, birgt aber Risiken, falls Großprojekte in der Rüstungszusammenarbeit mit Indien oder China platzen. Die Rüstungsindustrie arbeitet zudem mit geringer Produktivität (▸Kasten). Im Juni 2002 nun verabschiedete das Parlament ein Zivildienstgesetz, das seit 1993 immer wieder aufgeschoben worden ist. Der Ersatzdienst soll dreieinhalb Jahre dauern. Darüber hinaus muss der »Alternatiwschtschik« nachweisen, dass er aus Gewissensgründen keine Waffe in die Hand nehmen will.

GESUNDHEIT, SOZIALES

Die geringe Lebenserwartung ist durch mangelndes Gesundheitsbewusstsein und durch die soziale Lage bedingt. Wegen fettreicher, vitaminarmer Ernährung und Tabakkonsum (70 % der Männer rauchen) sind Herzkrankheiten verbreitet. Die Qualmerei beeinträchtigt die Gesundheit jedes zehnten Kindes. Deshalb verbot die Regierung im Januar 2002 das Rauchen in Schulen, Krankenhäusern, öffentlichen Verkehrsmitteln und Sportstadien. Aids und Syphilis breiten sich weiter aus

Die 15 umsatzstärksten Rüstungsfabriken Russlands im Jahr 2000

Rang	Name	Branche	Umsatz Mill US$*	Beschäftigte	Kontrolle
1	Sewernaja werf	Schiffbau	532	3 500	Privat
2	Antej	Elektronik	469	50 000	Staat
3	KnAAPO (Suchoi)	Flugzeugbau	450	18 850	Staat
4	Baltiski sawod	Schiffbau	234	6 100	Privat
5	IAPO	Flugzeugbau	184	13 800	Privat
6	Ischmasch	Waffen/Munition	171	25 400	Staat
7	Awitek	Raketen	166	7 200	Staat
8	AKK Progress	Flugzeuge/Raketen	141	4 300	Staat
9	Oboronitelnyje systemy	Elektronik	105	15 200	Staat
10	Swesda-Strela	Raketen	103	1 800	Staat
11	Pirometr	Elektronik	93	600	Privat
12	Degtjarjew sawod	Waffen/Munition	60	15 300	Privat
13	Wertoletny sawod	Hubschrauber	52	7 300	Privat
14	Rostwertol	Hubschrauber	52	7 000	Privat
15	NGS Sokol	Flugzeugbau	49	10 000	Staat

**Umrechnungskurs 1 US$ = 28,12 Rubel*
Quelle: Zentrum für Strategie- und Technologieanalyse, Moskau, nach SIPRI-Methodik

(Tuberkulose 2001 erstmals um 0,7 % gesunken: 133 000 Neuerkrankungen und 30 000 Tote). Die Zahl der registrierten HIV-Infizierten hat sich 2001 auf über 180 000 mehr als verdoppelt. Durch Gewalt, Unfälle, Alkoholmissbrauch und Selbstmorde sterben mehr Menschen als an Krebs. Nur jedes dritte Kind wird gesund geboren. Insgesamt wurden 2001 rund 13,1 Mio. Hektoliter Wodka und sonstige Spirituosen produziert, ein Plus von 8,4 Prozent, der Bierausstoß stieg um 21 Prozent auf 4,4 Mio. Hektoliter. Am 1. Januar 2002 wurden Medikamente mit Mehrwertsteuer (10 %) belegt.

Das staatlich festgelegte Existenzminimum betrug im März 2002 monatlich 1719 Rubel (63 € nach Wechselkurs, die interne Kaufkraft liegt höher) und wird von 47,7 Mio. Einwohnern nicht erreicht. Die meisten der rund 38 Mio. Rentner erhalten seit 1. Januar 2002 Minimalrenten (702 Rubel = 26 €) oder Durchschnittsrenten (1320 Rubel = 49 €), wenige die Maximalrente von 1600 Rubel. Das Existenzminimum für Pensionäre Ende 2001 betrug 1197 Rubel.

Öffentliche Gesundheitsausgaben (am BIP): 4,6 % (1997) **Öffentliche Ausgaben für Bildung und Erziehung** (am BIP): k. A. **Öffentliche Ausgaben für Altersversorgung** (am BIP): 5,7 % (1996) **Medizinische Versorgung:** 4,7 Ärzte, 11,6 Krankenhausbetten/1000 Einw. **Säuglingssterblichkeit:** 14,7/1000 Geb. **Müttersterblichkeit** 75/100 000 Geb. **Kinderunterernährung:** 3 % **Armutsrate:** 7,1 % **Frauenanteil an den Beschäftigten:** 49,2 % Zugang zu **sauberem Trinkwasser** haben 100 % der städt. und 96 % der ländl. Bev. **HIV-Infektionsrate:** 0,13 % **Lebenserwartung:** Männer 59 J., Frauen 72 J.

BILDUNG

Schulpflicht: von 7–17 J., davon 3 J. Grund- und 7 J. weiterführende Schule. Die staatlichen Schulen sind kostenfrei. Studienplätze und Examenszulassungen lassen sich oftmals nur gegen Bestechungsgelder erlangen.

4,7 Mio. Studenten lernen an 621 staatlichen und 630 000 an 388 nichtstaatlichen oder privaten Hochschulen; es gibt 42 **Universitäten.**

Analphabetenrate: Männer 0,5 % , Frauen 1 %

WIRTSCHAFT

Die russische Wirtschaft profitiert auch 2002 von einem relativ niedrigen Rubelkurs und immer noch hohen Ölpreisen. Gegen den weltwirtschaftlichen Trend wuchs das BIP 2001 um 5 Prozent, der Tauschhandel verschwand wegen der besseren Liquidität fast ganz. Das DIW Berlin warnte aber, der Wachstumskurs berge »deutliche Gefahren in sich«: So nahm die Zuwachsrate der Industrieproduktion von 11,9 auf 4,9 Prozent ab, ebenso sanken die Bruttoanlageinvestitionen von 17,7 auf 8,7 Prozent. Eine sehr gute Getreideernte, rege Bautätigkeit (real plus 9,9 %) und die beschleunigte Zunahme des privaten Konsums (real 10,8 %) ermöglichten den vergleichsweise geringen Rückgang des BIP-Wachstums. Die Arbeitslosenquote lag bei 9 Prozent, die Zahl der Beschäftigten blieb konstant bei 65 Mio. Bei der Bekämpfung der Inflation (18,6 %) gab es keine Fortschritte.

Armut in Russland

Die Reallöhne stiegen 2001 um 19,8, die realen Renten um 22,6 Prozent. Trotzdem ist die Kaufkraft beispielsweise bei Fleisch und Milch niedriger als 1913. Bekam man damals für ein Monatsgehalt noch 49 kg Fleisch, so waren es 2002 nur noch 20 kg.

Trotz der institutionellen Reformen (▸ Innenpolitik) ist die russische Wirtschaftsstruktur nicht so stark, wie die konjunkturellen Daten vermuten lassen. Ein Vergleich belegt den Unterschied: Der geplante US-Verteidigungshaushalt für 2002/03 ist mit 393 Mrd. US- Dollar rund sechsmal so groß wie die zentralen Staatsausgaben Russlands 2002. Zwar entstehen schon 70 Prozent des BIP im privaten Sektor, doch tragen die flexiblen und innovativen Klein- und Mittelbetriebe gerade mal 10 Prozent dazu bei (zum Vergleich Polen: etwa 50 %, EU 63 %). Der Bankensektor bleibt fragil, die

Bankenreform (immer noch 1200 Geschäftsbanken) ist auch nach der Ablösung des Zentralbankchefs Geraschtschenko im März 2002 nicht vorangekommen.
Ein Indiz für das mangelhafte Banken- und Finanzsystem ist die anhaltende Kapitalflucht von 17 Mrd. Dollar, die im Jahr 2001 über den 10 Mrd. Dollar Auslandsinvestitionen lag. Eine Amnestie für Kapitalflüchtlinge soll das Geld nach Russland zurückbringen. Etwa 10 Prozent aller umlaufenden Dollarscheine sind gefälscht. Heimische Finanzressourcen (private Ersparnisse) bleiben für die Investitionsfinanzierung großenteils ungenutzt, die Kreditvergabe ist rückläufig. Eine Folge: Die Kapitalinvestitionen sind zu niedrig. Beispielsweise arbeiten mehr als die Hälfte der Maschinen zur Elektrizitätserzeugung über ihre veranschlagte Produktionsdauer hinaus. Russland steht deshalb in jedem Winter vor Stromengpässen. Der Energiemangel wird zu einem Wachstumshindernis. Obwohl mit dem gigantischen Gasfeld »Sapoljarnoje« im arktischen Russland (geschätzte Reserven 3,3 Billionen Kubikmeter) das erste Feld dieser Art seit dem Fall der Sowjetunion im Oktober 2001 in Betrieb ging, sind die Investitionen im Erdgas- und Erdölbereich im mittelfristigen Durchschnitt niedriger als vor 1990. Gleichwohl verkaufte der russische Monopolist Gasprom im Inland sein Gas billig mit rund 15 Dollar pro 1000 cm³, während er im Ausland 110 erzielt. Der Inlandsgaspreis soll bis 2006 auf 40 Dollar ansteigen.

»Wer ist schuld« an Not und Missständen in Russland während der neunziger Jahre?
Langfristumfrage des russischen Instituts für komplexe Sozialforschungen in Zusammenarbeit mit der Friedrich-Ebert-Stiftung

	1994 (%)	2001 (%)
Die KPdSU	21,9	12,6
Die KP Russlands	12,2	5,2
Michail Gorbatschow	29,0	32,1
Boris Jelzin	18,1	34,0
Internationale Verschwörung gegen Russland	7,1	9,4
Internationale Finanzkreise	5,4	6,9
Die Mafia	20,0	25,5
Die Nomenklatura	26,1	15,8
Die USA	3,7	5,5
Spekulanten	8,3	4,9
Die Demokraten	6,0	7,2
Die Juden	4,5	3,6
Man selbst	23,9	29,9

Ausländische Investoren finden in Russland immer noch keine Rechtssicherheit. Im Dezember 2001 bestätigte sich, dass Manager der fallierten Inkombank durch Aktienschiebereien mehr als eine Mrd. Dollar veruntreut und westliche Kreditgeber um Sicherheiten gebracht hatten. Anfang 2002 waren rund 35 Mrd. Dollar aus dem Ausland investiert, das meiste aus Deutschland (17 % oder knapp 6 Mrd. US$), USA (5,6 Mrd. US$). Von den aus Zypern stammenden Geldern (5,5 Mrd. US$) dürfte ein großer Teil reinvestiertes russisches Fluchtkapital sein. Die geringen ausländischen Direktinvestitionen im Vergleich zu Ländern wie Tschechien und Polen werden auch mit höheren landestypischen Produktionskosten erklärt: Das strenge Klima, die großen Entfernungen zwischen Bevölkerung und Ressourcen und die hohen Kosten für Landtransporte – fünfmal teurer als Transporte per Schiff – bewirken, dass die fixen Infrastrukturkosten der russischen Wirtschaft zwei bis dreimal höher sind als in Japan, den USA oder der EU. 14 Dollar kostet es, ein Barrel westsibirisches Erdöl zu fördern, aus der Nordsee kostet diese Menge 10, in Kuweit oder aus dem Golf von Mexiko nur 4 Dollar.
Schätzungsweise 36 Prozent des BIP (bis zu 110 Mrd. US$) produziert die »Schattenwirtschaft«, die meist keine Steuern zahlt. Trotz der Privatisierung von Staatsunternehmen (2001 Verkäufe für rund 40 Mrd. Rubel, 2002 ca. 35 Mrd. Rubel) ist der Staat immer noch ein bedeutender Eigentümer von Produktivvermögen (Anteile an über 4000 Kapitalgesellschaften). Eine erste Reformphase zur Auflösung des Strommonopols wurde bis 2004 gestreckt, Maßnahmen zur kostendeckenden Preisbildung und zum Abbau von Subventionen bis 2010 verlängert. Eine neue Bundespreisagentur veranlasste Anfang 2002 eine Anhebung der Bahntarife um 16, der Stromtarife und Gaspreise um 20 Prozent. Eine Kostendeckung ist aber immer noch in weiter Ferne.

Weiterhin hohe Erdölpreise sowie bessere Steuereinnahmen (40,9 % mehr allein bei der Alkoholsteuer) deckten Budgetlücken und ermöglichten die Tilgung internationaler Kredite. 2001 schloss der Haushalt mit umgerechnet 7 Mrd. Dollar Überschuss ab. Für 2002 wird ebenfalls ein Einnahmenplus erwartet. Anfang 2002 wurde die Körperschaftsteuer von 35 auf 24 Prozent gesenkt. Auch Dank des positiven Außenhandelsüberschusses von 49,4 Mrd. Dollar wurde in 2001 erstmals seit 1991 der Schuldendienst ans Ausland mit 13,75 Mrd. pünktlich erfüllt, 2002 waren 13,77 Mrd. Dollar fällig, 2003 dann 18,36 Mrd. Auf dem Russland-EU-Gipfel am 29. Mai 2002 stand die Kooperation im Bereich Energie vorn: Russland liefert 53 Prozent seines Öls und 63 Prozent seines Erdgases an die EU. Diese wiederum erhält ein Fünftel ihres Öls und fast die Hälfte (47 %) des Erdgases aus Russland. Deutschland belegte 2001 den ersten Platz beim Anteil an russischen Warenexporten (12,5 %) und Warenimporten (fast 17 %).

Russland ist zudem Deutschlands wichtigster Rohstofflieferant: Beim Rohöl ist es mit 29 Prozent Importanteil und beim Erdgas mit fast 36 Prozent die Nummer eins. Am 10. April 2002 regelten Kanzler Schröder und Präsident Putin in Weimar die Altschulden von 6,4 Mrd. Transferrubel, die aus unbezahlten Lieferungen der DDR an die Sowjetunion bis 1991 aufgelaufen waren. Die Russen müssen nur noch 500 Mio. Euro zahlen, bekommen dafür einen auf eine Mrd. Euro verdoppelten Hermes-Bürgschaftsplafond.

Währung: 1 Rubel (Rbl) = 100 Kopeken **Kurs** (Mitte 2002): 1 Rbl = 0,034 € **BSP:** 241 Mrd. US$ **Wachstumsrate des BIP:** 5 % **BSP/Kopf:** 1660 US$ **Anteile am BIP:** Landwirtschaft 7 %, Industrie 39 %, Dienstleistungen 54 % **Forschung+Entwicklungsausgaben** (am BSP): 1,08 % **Arbeitslosenquote:** 9 % **Inflationsrate:** 18,6 % **Staatseinnahmen** (Zentralhaushalt): 72 Mrd. US$ **Steueraufkommen** (am BIP): 21,6 % **Einkommensteuer:** max. 13 % **Körperschaftsteuer:** 24 % **Staatsausgaben** (Zentralhaushalt): 66,4 Mrd. US$ **Leistungsbilanz:** 7 Mrd. US$. **Auslandsschulden:** 150,9 Mrd. US$, **Schuldendienst** (am BIP): 4,9 % **Devisenreserven:** 36 Mrd. US$ **Empf. Hilfsgelder:** 1,565 Mrd. US$ **Ausl. Direktinvestitionen:** 2,714 Mrd. US$ **Börse** (Marktkapitalisierung am BIP): 15,5 % **Energie:** Produktion 950,59 Mio. t ÖE, Verbrauch 602,95 Mio. t ÖE, Anteile am Verbrauch: Kohle 17,8 %, Öl 19,0 %, Atomenergie 4,8 %, Erdgas 52,2 %, sonstige 6,2 %

Landwirtschaft, Rohstoffe, Industrie:
Nutzfläche 12,1 % (Acker: 7,2 % Weide: 4,9 %)

12,6 Prozent aller Beschäftigten sind in der Landwirtschaft tätig. 2001 gab es die zweitgrößte Getreideernte seit 40 Jahren (85 Mio. t), für 2002 wurde ein ähnlich gutes Ergebnis erwartet. Die Milch- und Fleischproduktion nahm 2001 um 16 Prozent zu. 80 Prozent der 84,7 Mio. ha Ackerfläche werden von Großbetrieben bewirtschaftet, 7 Prozent von Familienbetrieben und 6 Prozent sind Privatgärten. Die Großbetriebe produzierten nur 43 Prozent des Wertes aller Agrarerzeugnisse, die Privatgärten dagegen liefern wie zu Sowjetzeiten 93 Prozent aller Kartoffeln und 80 Prozent des Gemüses, besitzen 64 Prozent aller Ziegen und Schafe und 41 Prozent des sonstigen Viehbestands. Russland verfügt über 23 Prozent aller Wälder der Welt, produziert aber nur 2,3 Prozent der weltweiten Holz- und Papierwaren.

Außenwirtschaft:
Handelsbilanzüberschuss 49,4 Mrd. US$ **Export:** 103,2 Mrd. US$, davon (1998) 38,0 % Brennstoffe (Öl, Gas), 7,6 % Maschinen und Transportmittel, 7,5 % Eisen u. a. Metalle **Hauptausfuhrländer** (1998): Deutschland (7,7 %), Ukraine (7,5 %) **Hightech-Exporte:** 3,08 Mrd. US$ **Import:** 53,8 Mrd. US$, davon (1998) 21,1 % Maschinen u. Transportmittel, 13 % Nahrungsmittel, 6,9 % Chemikalien **Hauptlieferländer** (1998): Deutschland (9,3 %), Weißrussland (7,7 %), USA (7,0 %)

VERKEHR

Schienennetz: 159 000 km, davon 86 000 km kommerziell genutzt. Die Eisenbahn mit ihren 1,4 Mio. Beschäftigten benötigt 300 Mrd. Rubel (rund 10 Mrd. €) Subventionen pro Jahr. Dreiviertel der Fracht im Lande wird auf dem großenteils maroden Schienenweg befördert. Die Bahn leidet an veralteter Ausrüstung (90 % der Züge), Finanznot, zu viel Personal und hohen Sozialkosten. Die Fahrpreise wurden Anfang 2002 erhöht, dann zum Teil wieder gesenkt.

Straßennetz: 584 400 km (ohne Spezialtrassen), 91 % der Straßen sind befestigt, 40 % der Dörfer aber nicht über geteerte Straßen erreichbar. Autobahnen nach westlichem Standard gibt es nicht. Der schlechte Straßenzustand erhöht die Transportkosten, die oft die Hälfte der Herstellungskosten betragen. **Flugverkehr:** 70 % der russischen Luftflotte entsprechen nicht mehr westlichen Lärmstandards. Ab 1. April 2002 durften nur noch einige wenige Alt-Flugzeuge mit Ausnahmegenehmigungen auf EU-Flughäfen landen. **Schifffahrt:** Seehäfen bieten Zugang zum Pazifik im Osten, zu Ostsee und Atlantik im Westen und zum Schwarzen Meer im Süden. Wichtigste **Häfen:** St. Petersburg, Wladiwostok, Murmansk, Noworossiisk. 2001 verfügte die Handelsflotte über 1644 Schiffe, weltweit durchschnittlich die ältesten der Branche, mit 14,2 Mio. tdw. 1,8 % der Welttonnage. Wasserwege der **Binnenschifffahrt:** 84 600 km, davon 16 900 km Kanäle. **Pipelines:** 212 800 km, trotz teilweiser Erneuerung sind große Teile des Röhrennetzes überholungsbedürftig.

Bundeskanzler Gerhard Schröder und Präsident Wladimir Putin (nach Putins Rede im Bundestag)

KOMMUNIKATION

Auf 1000 Einw. kommen 418 **Rundfunk-**, 421 **Fernsehgeräte**, 243,3 **Telefonanschlüsse**, 37,9 **Mobiltelefone**, 49,7 **PC** und 2,41 **Internetzugänge** **IuK-Ausgaben** (am BIP): 3,7 % Nach Angaben des Presseministeriums gibt es 3000 elektronische und etwa 13 000 Printmedien. Die wichtigsten Tageszeitungen und ihre Auflagen:

Moskowski komsomolez 2 555 000
Komsomolskaja prawda........797 000
Rossiiskaja gaseta 483 000
Iswestija 235 000
Kommersant.........................117 000
Nesawissimaja gaseta 43 500

Nachrichtenagenturen: Interfax, Itar-Tass, Postfactum, RIA-Nowosti (alle Moskau), daneben einige informative Internet-Adressen:
www.gazeta.ru, www.polit.ru
www.strana.ru, www.lenta.ru
www.news.list.ru

UMWELT, TOURISMUS

Geschützte Gebiete: 3,1 % der Landesfläche **Energieverbrauch/Kopf:** 4121 kg ÖE **CO_2-Emission:** 1434,6 Mio. t **Verwendung des Süßwassers:** Landwirtschaft 20 %, Industrie 62 %, Haushalte 19 % **Tourismus:** 21,6 Mio. Besucher, 7,51 Mrd. US$ Einnahmen

AKTUELLE ENTWICKLUNGEN

Innenpolitik: Präsident Putin lässt keinen Zweifel daran, dass er Russland mit westlicher Hilfe, »gelenkter Demokratie« und einer zentralen Führung in Wirtschaft, Bildung, Wissenschaft und (Rüstungs-)Technologie innerhalb der nächsten 15 Jahre modernisieren will. In seinem dritten Bericht zur Lage der Nation am 18. April 2002 forderte er seine Regierung auf, mehr für das Wirtschaftswachstum zu tun, denn »den Platz unter der Wirtschaftssonne müssen wir uns selbst erkämpfen«. In Russland sollen die Menschen »ohne Einschränkung und Angst Geld verdienen und investieren können«.

Am 26. Oktober 2001 unterzeichnete der Präsident ein neues Bodenrecht. Kauf, Verkauf und Beleihung von Land sind nun, zum ersten Mal seit 80 Jahren, durch ein Bundesgesetz grundsätzlich erlaubt. Seit Juni 2002 darf auch Farmland erworben werden. Schon am 8. August 2001 war ein Gesetz zum Schutz von Unternehmen vor staatlichen Kontrollen in Kraft getreten. Es soll das Investitionsklima ebenso anregen wie die 2002 eingeführten vereinfachten Regelungen, Firmen zu gründen. Seit dem 1. Januar 2002 wurden Aktionärsrechte gestärkt und eine Rentenreform durchgeführt. Mit dem Arbeitsgesetzbuch vom 1. Februar 2002 wurde die 40-Stunden-Woche durchgesetzt und Rechte von Arbeitnehmern, Arbeitgebern und Gewerkschaften definiert. Zur Stärkung des Privateigentums trat am 1. März 2002 Teil drei des neuen Zivilgesetzbuches – weithin nach deutschem Muster – in Kraft. Damit ist erstmals das Erbrecht umfassend geregelt. Lösungen für einen Finanzausgleich innerhalb der Föderation stehen noch aus. Die Regionen erhalten zwar 43 Prozent der Steuern, die Verteilung zusätzlicher Gelder muss aber jedes Jahr neu ausgehandelt werden. 60 Prozent der Gemeinden haben kein ordentliches Budget, – ein Hemmnis auf dem Weg zu einer stärkeren regionalen Selbstverwaltung.

Bei der inneren Sicherheit, dem Umgang mit Kritikern, der Armeereform oder dem Kampf gegen Korruption und die tschetschenischen Aufrührer verlässt sich Putin weiter auf seine Ex-Kollegen vom Geheimdienst. Der ehemalige Chefprivatisierer Jelzins und jetzige Vorsitzende des Stromgiganten JES, Anatolij Tschubais, zählte Mitte Februar 2002 »politische Kräfte nicht weit entfernt vom Präsidenten« zu Po-

TSCHETSCHENIEN
Das »militärische Stadium« des Tschetschenienkriegs erklärte Präsident Putin am 18. April 2002 wieder einmal für beendet. Doch nur wenige Stunden zuvor waren in der Hauptstadt Grosny bei einem Bombenanschlag 18 Polizisten getötet worden. Am 9. Mai 2002, dem Feiertag zum Sieg über Hitler-Deutschland, starben gar 43 Soldaten, Veteranen und Zivilisten bei einem Bombenanschlag in Kaspiisk im benachbarten Dagestan. Die russische Menschenrechtsorganisation Memorial warf in einem Bericht (Juni 2002) der Führung Genozid am tschetschenischen Volk vor.

Opfer eines Bombenanschlags in Kaspiisk

lizeistaats-Anhängern. Antidemokratische Tendenzen werden durch autoritäre Reflexe der Politiker wie auch der russischen Gesellschaft gefördert. Bei einem Großteil der Eliten findet sich ein etatistisches Staatsverständnis gepaart mit fundamentalem Misstrauen gegen öffentliche Kritik. Der politische Umgang ist immer noch geprägt von konspirativer Vertraulichkeit und privilegiertem Zugang zu Herrschaftswissen. »Politische Technologen« beeinflussen die öffentliche Meinung, auch mit Desinformation und Einschüchterung. Zivilgesellschaftliche Akteure (rund 75 000 nichtstaatliche Organisationen mit etwa einer Million Aktivisten) werden oftmals noch als Gegner wahrgenommen, sind aber inzwischen teilweise mächtig genug, ihre Positionen in den politischen Entscheidungsprozess einzubringen. Die große Mehrheit der Bevölkerung findet nichts daran auszusetzen, dass in Tschetschenien die Menschenrechte außer Kraft gesetzt sind und dass Kampagnen gegen kritische Medien und wirtschaftlicher Druck die Pressefreiheit beschneiden. Nach ähnlichem Muster wie im Jahr zuvor NTW wurde der letzte kritische Fernsehsender, TW-6, im Januar 2002 auf Antrag eines Kreml-nahen Aktionärs wegen angeblicher Unwirtschaftlichkeit liquidiert und später unter besserer Kontrolle als »6. Telekanal« neu lizenziert. Die Mittelklasse (etwa 7 % der städt. Bevölkerung) ist schlecht organisiert und durch politische Parteien kaum vertreten. Korruption ist weit verbreitet: Umgerechnet fast 37 Milliarden Dollar wurden 2000 und 2001 als Schmiergeld gezahlt, der Hauptteil (33,5 Milliarden Dollar) im Bereich der Wirtschaft ging an Kommunalbeamte. Ärzte (600 Millionen Dollar), Universitätsbeamte (449 Millionen Dollar) und Gerichte (274 Millionen Dollar) griffen auch kräftig zu. Der neue Eisenbahnminister entließ Anfang 2002 mehrere hundert Mitarbeiter, doch die weit verzweigten Imperien des Atom- und des Verteidigungsministeriums wurden bisher nicht angetastet. Mehr als die Hälfte der Russen traut ihrer Polizei nicht. Die Kriminalität wächst: Experten schätzen, dass es etwa 12 000 Verbrecherorganisationen gibt, meist mit Verbindung zu Politikern und Spitzenbeamten. 400 Banden operieren international. Einige haben innerhalb der EU ein funktionierendes Geldwäschesystem aufgezogen. 70 Tonnen Drogen wurden 2001 sichergestellt, 46 Prozent mehr als im Jahr zuvor.

Derzeit zeigt die Politik noch keine Rezepte gegen die Folgen der demographischen Katastrophe und zur Sicherung sozialer Mindeststandards. Nach Umfragen zum Jahresende 2001 wünschten sich 55 Prozent der Einwohner ein Leben wie damals in der Sowjetunion, 26 Prozent der Befragten hielten ihre wirtschaftliche Lage für besser als vor Jahresfrist, 26 Prozent für schlechter und 48 Prozent meinten, ihre Situation habe sich nicht verändert.

Die Langzeitstudie »Zehn Jahre russische Reformen aus Sicht der Bürger« kam im Februar 2002 zu dem Ergebnis, dass 40 Prozent der Einwohner die Reformen unterstützen, viele der Zukunft sogar optimistisch entgegenblicken, demokratische Werte sich im Bewusstsein allmählich verankern und auch die Marktwirtschaft nicht mehr als feindlich empfunden wird.

Außen- und Sicherheitspolitik: Nicht nur weil er fürchtet, dass sich der islamistisch inspirierte Terrorismus weiter ausbreitet, sondern weil er auch dauerhaftes Wirtschaftswachstum und einen höheren Lebensstandard für sein Volk anstrebt, drängte Präsident Putin nach dem 11. September 2001 erkennbar näher an die Seite der USA und ihrer Bündnispartner. Entgegen der antiwestlichen Stimmung in der Bevölkerung und in der politischen, militärischen und geistlichen Elite hat der Präsident offenbar eingesehen, dass die Modernisierung seines Landes nur mit Kooperation, West-Knowhow und stabilem Investitionsklima durch Rechtssicherheit erreichbar ist. Gleichwohl steht Putin in der Kritik von konservativen Hardlinern (»Marionette des Westens«, »Betrug am Volk«). Trotzdem bewog er die zentralasiatischen GUS-Staaten zur konstruktiven Zusammenarbeit mit Washington. Den Europäern sicherte er zusätzliche Rohstofflieferungen zu, falls der Ölfluss aus den arabischen Ländern krisenbedingt ausfallen würde. Sein Preis: Russlands außenpolitische Mitsprache müsse akzeptiert und seine Aufnahme in die Welthandelsorganisation WTO forciert werden. Einen ersten Schritt dazu taten die EU am 29. Mai und die USA am 6. Juni 2002, als sie Russland als »Marktwirtschaft« anerkannten und damit Handelserleichterungen verschafften. Sogar Militärhilfe an Georgien und die Stationierung von US-Spezialisten dort hielt Putin für »keine Tragödie«. Proteste gegen eine Nato-Mitgliedschaft der drei baltischen Staaten waren kaum noch zu hören.

Kirchenfenster der Marienkirche in Frankfurt (Oder) im Depot der Eremitage in St. Petersburg

Auch Weißrusslands Träume von einer Union mit Russland erteilte Putin am 13. Juni 2002 eine Abfuhr, 24 Stunden nach seiner Rede zum Unabhängigkeitstag, in der er die neue außenpolitische Konzeption Russlands mit den Worten bekräftigte, dass sein Land keinen Anspruch auf einen Sonderweg erhebe. Zum ersten Mal in den letzten Jahrhunderten habe Russland keine Feinde. Doch das Glacis Russlands, in Moskauer Amtssprache »nahes Ausland« zur Umschreibung der Interessensphäre, fällt immer mehr unter US-Einfluss. Russland steht noch immer auf einer Liste der US-Militärs als Staat mit Atomwaffen-Risiko. Bei einem Gipfeltreffen in Rom am 28. Mai 2002 wurde jedoch Moskaus »Partnerschaft ohne Mitgliedschaft« in der Nato feierlich besiegelt. Kern der Vereinbarung: Gemeinsam wird in einem »Rat der 20« gleichwertig über Terrorismusbekämpfung, Zivilschutz und internationale Kriseneinsätze beraten. Russland erhält aber keinen Einfluss auf Nato-Entscheidungen zur gemeinsamen Verteidigung oder bei Fragen des militärischen Beistands gemäß Artikel 5 des Nato-Vertrages. Trotz Differenzen über die US-Kündigung des ABM-Vertrages (Putin: »ein Fehler«, aber »juristisch einwandfrei«), die Fortführung des US-Raketenabwehrprogramms und die US-Entwicklung von »Mini«-Atomwaffen unterschrieben Putin und Bush am 24. Mai 2002 in Moskau eine neue Abrüstungsvereinbarung. Danach reduzieren Russland und Amerika bis 2012 ihre strategischen Atomsprengköpfe von 7295 (USA) bzw. 6094 (Russland) auf 1700 bis 2200. Am 27. Juni 2002 beschlossen die sieben führenden Industriestaaten, Russland ab 2006 als vollberechtigtes Mitglied aufzunehmen (G 8). Für die Entsorgung von Atommaterial bis 2012 wurden 20 Milliarden US-Dollar zugesagt. Unterschiedliche Auffassungen mit Washington gibt es beim Verhältnis zu Irak und Iran, die Bush zur »Achse des Bösen« rechnet.

Eine prowestliche Ausrichtung dürfte Russland auch beim Altschuldennachlass profitieren lassen, wie gegenüber Deutschland (▸Wirtschaft). Bei seinem Besuch im April 2002 in Weimar nannte Putin die Bundesrepublik »einen der wichtigsten Partner in der Welt und den wichtigsten in Europa«. Schon bei seiner Staatsvisite vom 25. bis 27. September 2001 hatte Putin in seiner überwiegend auf Deutsch gehaltenen Rede im Reichstag eine engere wirtschaftliche und sicherheitspolitische Zusammenarbeit angemahnt. Für den gemeinsamen Kampf gegen Terroristen forderte er eine Neubewertung des Tschetschenienkonflikts. Die »Beutekunst« bleibt ein umstrittenes Thema. Doch nach Putins Weimar-Visite mit Schuldenerlass wird pragmatischer agiert. Die Duma genehmigte zum Juni 2002 die Rückgabe der mittelalterlichen Kirchenfenster der Marienkirche in Frankfurt (Oder). Russland will bis Ende 2002 eine vollständige Liste aller kriegsbedingt verlagerten Kulturgüter vorlegen.

Salomonen

Botschaft in Belgien (auch für D akkreditiert): 28, Boulevard Saint Michel, Bte. 23, B-1040 Brüssel ☎ +32-2-732 70 85 🖷 -732 68 85

GEOGRAFIE, BEVÖLKERUNG

Fläche: 27 556 km² **Bevölkerung:** 447 000 Einw. **Bev.dichte:** 16 Einw./km² **Bev.wachstum:** 3,32 % **Lebenserwartung:** 69 J. **Analphabetenrate:** k. A. **Landessprachen:** Englisch (Amtssprache), Pidgin-Englisch, ferner 87 weitere Stammessprachen **Religionen:** 34 % Anglikaner, 19 % Katholiken, 17 % Methodisten

POLITISCHES SYSTEM

Unabh. seit 1978. Parl. Monarchie. **Staatsoberhaupt:** Königin Elizabeth II., vertreten durch Generalgouverneur John Ini Lapli (v. Mai 1999) **Regierungschef:** Allan Kemakeza (v. Dezember 2001)

WIRTSCHAFT

Währung: 1 Salomonen-Dollar (SI$) = 100 Cents **Kurs** (Mitte 2002): 1 SI$ = 0,17 € **BSP:** 278 Mio. US$ **Wachstumsrate des BIP:** -14,0 % **BSP/Kopf:** 620 US$ **Anteile am BSP:** k. A.

AKTUELLE ENTWICKLUNGEN

Die Parlamentswahlen im Dezember 2001 sollten dem Friedensprozess nach über drei Jahren bürgerkriegsähnlicher Konflikte mehr Nachdruck verleihen. Neuer Premier der Salomonen wurde der Mann, der kurz zuvor sein Amt als stellvertretender Regierungschef wegen des Verdachts der Veruntreuung von Staatsgeldern hatte aufgeben müssen: Allan Kemakeza.
Ende 2001 war das Land de facto zahlungsunfähig: Auslandsschulden wurden nicht mehr bedient, die Staatsbediensteten warteten vergeblich auf ihren Lohn.
Die im Friedensabkommen des Jahres 2000 von Konfliktparteien beschlossene Entwaffnung aller Milizionäre wurde immer wieder aufgeschoben.

Solomon Islands – Salomonen; Salomoner

Nationalfeiertag: 7. Juli

Zeitzone: MEZ + 10 h

Hauptstadt: Honiara (35 300 Einwohner)

Telefon-Vorwahl: +677

Mitgliedschaft: Uno

Sambia

Botschaft in Deutschland: Axel-Springer-Straße 54a, D-10117 Berlin ☎ +49-30-206 29 40 🖷 -206 29 41 9

GEOGRAFIE, BEVÖLKERUNG

Fläche: 752 614 km² **Bevölkerung:** 10 089 Mio. Einw. **Bev.dichte:** 14 Einw./km² **Bev.wachstum:** 2,09 % **Bev. in Städten:** 45 % **Analphabetenrate:** Männer 15 %, Frauen 29 % **Landessprachen:** Englisch (Amtssprache), daneben 7 offiziell anerkannte Stammessprachen, darunter Bemba 31 %, Nyanja 16 %, Lozi 9 % und Tonga **Religionen:** rund 50 % Christen; Naturreligionen, Muslime und Hindus

POLITISCHES SYSTEM

Unabhängig seit dem 24. Oktober 1964. Republik. Zweikammerparlament: Nationalversammlung (150 gewählte und 8 vom Präsidenten ernannte Mitglieder) und House of Chiefs (noch nicht gebildet).

Staats- und Regierungschef: Levy Mwanawasa (seit Januar 2002)

MILITÄR

Streitkräfte: 21 600 Mann **Militärausgaben** (am BSP): 1,0 %

GESUNDHEIT, SOZIALES

Öffentliche Gesundheitsausgaben (am BIP): 3,6 % **Medizinische Versorgung**: 0,1 Ärzte/ 1000 Einw. **Armutsrate:** 63,7 % **Säuglingssterblichkeit:** 115/1000 Geb. **Lebenserwartung:** 38 J.

WIRTSCHAFT

Währung: 1 Kwacha (K) = 100 Ngwee **Kurs** (Mitte 2002): 1 K = 0,0003 € **BSP:** 3,0 Mrd. US$ **BSP/Kopf:** 300 US$ **Wachstumsrate des BIP:** 3,5 % **Anteile am BIP:** Landwirtschaft 27 %, Industrie 24 %, Dienstleistungen 49 % **Arbeitslosenquote:** 15 % **Inflationsrate:** 22,5 % **Auslandsschulden:** 5,73 Mrd. US$ **Schuldendienst** (am BSP):

Republic of Zambia – Republik Sambia; Sambier

Nationalfeiertag: 24. Oktober

Zeitzone: MEZ + 1 h

Hauptstadt: Lusaka (982 400 Einwohner)

Telefon-Vorwahl: +260
Kfz-Kennzeichen: Z

Mitgliedschaften: AU, Uno

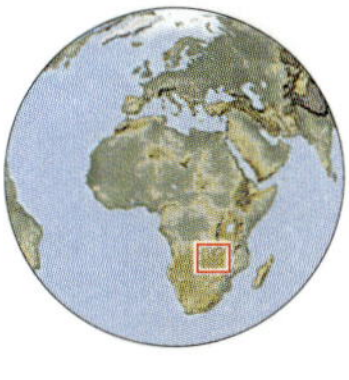

6,7 % **Entwicklungshilfe:** 795 Mio. US$ **Handelsbilanzdefizit:** 148 Mio. US$ **Tourismuseinnahmen:** 91 Mio. US$

Staatspräsident Levy Mwanawasa

AKTUELLE ENTWICKLUNGEN

Nach der Wahl des neuen Staatspräsidenten Levy Mwanawasa im Dezember 2001 hagelte es Kritik. Die Opposition sprach von Betrug und stellte beim Obersten Gerichtshof einen Antrag auf Annullierung. Auch die EU bezweifelte, dass das Wahlergebnis ordnungsgemäss zu Stande kam: »Wir glauben nicht, dass die verkündeten Ergebnisse den Willen der sambischen Wähler widerspiegeln«, heißt es im Abschlussbericht der EU-Wahlbeobachter. Mwanawasa wurde im März 2002 Interimschef der Regierungspartei Movement for Multiparty Democracy und löste seinen Vorgänger im Präsidentenamt, Frederick Chiluba, nun auch in dieser Funktion ab.

Der größte Investor des Landes, der südafrikanische Minenbaukonzern Anglo American, gab Anfang 2002 nach nur zwei Jahren den Kupferabbau wegen sinkender Weltmarktpreise und veralteter Anlagen wieder auf. Dies war ein schwerer Schlag für die Wirtschaft des hoch verschuldeten Landes und das Privatisierungsprogramm der Regierung. Über 65 Prozent der Exporterlöse werden durch Kupfer erzielt. Die Textilindustrie, einst wichtiger Arbeitgeber, ist nahezu bedeutungslos geworden. Verantwortlich für diese Entwicklung sind Einfuhren von Altkleidern aus Europa und Nordamerika, die auf den örtlichen Märkten die traditionellen Gewänder fast vollständig verdrängt haben.

Sambia, Malawi und Simbabwe sind von einer großen Hungersnot bedroht. Im Mai 2002 stellte das Welternährungsprogramm der Uno Lebensmittel für 2,6 Millionen Menschen im südlichen Afrika bereit und forderte zur sofortigen Hilfe für Sambia auf.

Samoa

Samoa i Sisifo – Unabhängiger Staat Samoa; Samoaner

Nationalfeiertag: 1. Juni (Verfassungstag)

Zeitzone: MEZ –12 h

Hauptstadt: Apia (34 100 Einwohner)

Telefon-Vorwahl: +685
Kfz-Kennzeichen: WS

Mitgliedschaft: Uno

Botschaft in Belgien (auch für D akkreditiert): Av. F. D. Roosevelt 123, bte. 14, B-1050 Brüssel
☎ +32-2-660 84 54 🖷 -675 03 36

GEOGRAFIE, BEVÖLKERUNG

Fläche: 2831 km² **Bevölkerung:** 170 000 Einw. **Bev.dichte:** 60 Einw./km² **Bev.wachstum:** 0,35 %; **Lebenserwartung:** 69 J. **Analphabetenrate:** 20 % **Landessprachen:** Samoanisch, Englisch **Religionen:** Christen (75 % Protestanten, 21 % Katholiken)

POLITISCHES SYSTEM

Unabhängig seit 1962.Parl. Monarchie **Staatsoberhaupt:** Häuptling Malietoa Tanumafili II. (seit Januar 1962) **Regierungschef:** Tuila'epa Sailele Malielegaoi (seit Mai 1999/März 2001)

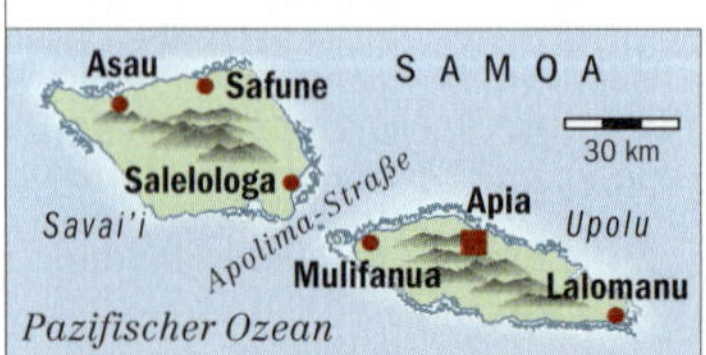

WIRTSCHAFT

Währung: 1 Tala (WS$) = 100 Sene, **Kurs** (Mitte 2002): 1 WS$ = 0,32 € **BSP:** 246 Mio. US$ **Wachstumsrate des BIP:** 7,0 % **BSP/Kopf:** 1450 US$ **Anteile am BIP:** Landwirtschaft 16,6 %, Industrie 26,6 %, Dienstleistungen 56,8 %

AKTUELLE ENTWICKLUNGEN

Anfang Juni 2002 beging die ehemalige neuseeländische Kolonie den 40. Jahrestag ihrer Unabhängigkeit. Neuseelands Premierministerin Helen Clark wohnte den Feierlichkeiten bei und bat um Entschuldigung für früher geschehenes Unrecht. Der erfolgreiche Ausbau der Fischereiflotte, deren Erträge rund 60 Prozent des Exportvolumens ausmachen, liefert die Begründung dafür, dass für 2002 mit einem stabilen Wirtschaftswachstum von 5 Prozent gerechnet wird. Die Regierung verpflichtete sich, die Transparenz ihrer Steuer- und Regulierungssysteme zu verbessern und den Informationsaustausch mit den OECD-Ländern effektiver zu gestalten. Auf Grund dieser Zusage wird Samoa nicht mehr auf der OECD-Liste der »unkooperativen Steueroasen« geführt.

San Marino

Vertretung für Deutschland und die Schweiz: Palazzo Begni, SM-47031 San Marino
☎ +39-549-88 11 11 🖷 -99 20 18

GEOGRAFIE, BEVÖLKERUNG
Fläche: 61 km² **Bevölkerung:** 27 000 Einw. **Bev.dichte:** 450 Einw./km² **Bev.wachstum:** 1,11 % **Lebenserwartung:** 80 J. **Analphabetenrate:** k. A. **Landessprachen:** Italienisch (Amtssprache), Emiliano-Romagnolo **Religion:** Katholiken

POLITISCHES SYSTEM
Republik.
Staats- und Regierungschefs: Antonio Volpinari, Giovanni Ugolini (▸Entwicklungen)

WIRTSCHAFT
Währung: 1 € = 100 Cents **BSP:** ca. 700 Mio. US$ **Wachstumsrate des BIP:** 5 % (1997: EWYB) **BSP/Kopf:** ca. 26 000 US$ **Anteile am BIP:** k. A.

AKTUELLE ENTWICKLUNGEN
Am 3. September 2001 feierte Europas älteste Republik ihr 1700-jähriges Bestehen, auch mit der Herausgabe von Sonderbriefmarken. Der Briefmarkenverkauf ist ein wichtiger Wirtschaftsfaktor. Ende Januar 2002 kamen stark limitierte Euro-Prägungen San Marinos auf den Markt. Die Münzen im Wert von 2 Millionen Euro tauchten kaum im freien Verkehr auf. Für Komplettsätze zahlen Sammler mehr als 200 Euro. Am 1. April 2002 begann die Amtszeit der beiden »Capitani Reggenti« (Staats- und Regierungschefs), Antonio Volpinari und Giovanni Ugolini, die am 30. September 2002 endete.

Serenissima Repubblica di San Marino – Republik San Marino; San-Marinesen

Nationalfeiertag: 3. September (legendäre Staatsgründung 301 n. Chr. durch den Eremiten Marinus)

Zeitzone: MEZ

Hauptstadt: San Marino (4500 Einwohner)

Telefon-Vorwahl: +378
Kfz-Kennzeichen: RSM

Mitgliedschaften: OSZE, Uno

São Tomé und Príncipe

Botschaft in Belgien (auch für D akkreditiert): Square Montgomery 175, Av. de Tervuren, B-1150 Brüssel
☎ +32-2-734 89 66 🖷 -734 88 15

GEOGRAFIE, BEVÖLKERUNG
Fläche: 1001 km² **Bevölkerung:** 148 000 Einw. **Bev.dichte:** 154 Einw./km² **Bev.wachstum:** 1,16 % **Lebenserwartung:** 65 J. **Landessprachen:** Portugiesisch (Amtssprache), Crioulo **Religionen:** 93 % Katholiken

POLITISCHES SYSTEM
Unabhängig seit 1975. Republik.
Staatsoberhaupt: Fradique de Menezes (seit September 2001)
Regierungschef: Gabriel Costa (seit April 2002)

WIRTSCHAFT
Währung: 1 Dobra (Db) = 100 Céntimos **Kurs** (Mitte 2002): 1 Db = 0,0001 € **BSP:** 43 Mio. US$ **Wachstumsrate des BIP:** 2,9 % **BSP/Kopf:** 290 US$ **Anteile am BSP:** Landwirtschaft 21 %, Industrie 17 %, Dienstleistungen 62 %

AKTUELLE ENTWICKLUNGEN
Die Verhandlungen des Präsidenten Fradique de Menezes mit der Nationalversammlung über eine Regierungsbildung scheiterten. Daraufhin beschloss er vorgezogene Parlamentswahlen für März 2002, die mit einem Patt endeten. Also einigten sich alle drei Parteienbündnisse mit dem Präsidenten auf eine gemeinsamen Regierungsbildung. Somit gibt es bis zur nächsten Wahl in 4 Jahren keine Opposition. Wirtschaftlich hofft São Tomé e Príncipe, das zu den ärmsten Ländern der Welt gehört, auf eine Verbesserung seiner Lage durch eine gemeinsame Ölförderung mit Nigeria im Golf von Guinea ab 2005.

República Democrática de São Tomé e Príncipe – Demokratische Republik São Tomé und Príncipe; Santomeer

Nationalfeiertag: 12. Juli

Zeitzone: MEZ –1 h

Hauptstadt: São Tomé (43 400 Einwohner)

Telefon-Vorwahl: +239

Mitgliedschaften: AU, Uno

Al-Mamlaka al-Arabiya as-Sa'udiya – Königreich Saudi-Arabien; Saudiaraber/Saudis

Nationalfeiertag: 23. September (Tag der Vereinigung)

Zeitzone: MEZ +2 h

Hauptstadt: Riad (2 776 100 Einwohner)

Telefon-Vorwahl: +966
Kfz-Kennzeichen: KSA

Mitgliedschaften: Opec, Uno

König Fahd Ibn Abd al-Asis

Saudi-Arabien

Botschaft in Deutschland: Kurfürstendamm 63, D-10707 Berlin
☎ +49-30-88 92 50 🖷 -88 92 51 79

GEOGRAFIE, BEVÖLKERUNG

Fläche: 2 240 000 km². Endlos und leer scheint der riesige Staat (flächenmäßig an 13. Stelle in der Welt), der im Osten von der Großen Arabischen Wüste, dem größten zusammenhängenden Sandmeer der Erde, und im Nordwesten vom Glutofen der Nafud beherrscht wird. Am Persischen Golf pumpen die Saudis ihren Reichtum aus der Erde, östlich von Riad erstrecken sich die ergiebigsten Ölfelder der Welt. Gegenüber, weit im Westen, steht in Mekka das bedeutendste Heiligtum des Islam, die Kaaba. Dort fällt das zerklüftete Bergland steil ab zu den Ufern des Roten Meeres.
Verwaltung: 13 Provinzen, 2 neutrale Zonen **Bevölkerung:** 20,723 Mio. Einw., davon 90 % Araber, 10 % afroasiatischer Herkunft **In Städten** leben 86 %, **unter 15 J.** sind 43 % der Bev. **Bev.dichte:** 10 Einw./km² **Bev.wachstum:** 3,11 % **Fruchtbarkeitsrate:** 5,5 Geb./Frau **Landessprachen:** Hocharabisch (Amtssprache), daneben die arabischen Dialekte Nadschdi, Hedschasi; Englisch als Handelssprache **Religionen:** Im Geburtsland des Propheten Mohammed ist der Islam Staatsreligion. Die Saudi-Araber (überwiegend Sunniten) sehen sich als Hüter der heiligen Stätten in/von Mekka und Medina.

Die größten Städte

Riad	2 776 100
Dschidda	2 046 300
Mekka	965 700
Medina	608 300
Dammam	482 300

POLITISCHES SYSTEM

Monarchie. Als Verfassung dienen Koran und Sunna. Kein Parlament. Parteien und Gewerkschaften sind verboten. Der König regiert im Einklang mit der Scharia, dem islamischen Recht. Er ernennt alle 4 Jahre die 120 Mitgl. des Konsultativrates (»Madschlis al-Schura«). Dessen mehrheitlich gefasste Beschlüsse werden dem vom König ernannten Ministerrat vorgelegt, der sie dem König zuleitet.
Staats- und Regierungschef und »Hüter der beiden heiligen Stätten« in/von Mekka und Medina: König Fahd Ibn Abd al-Asis (seit Juni 1982). Der kranke Monarch hat die Regierungsgeschäfte 1996 seinem Halbbruder, Kronprinz Abdullah, übergeben.
Außenminister: Saud al-Faisal Al Saud

MILITÄR

Allg. Wehrpflicht: nein **Streitkräfte:** rund 126 500 Mann, davon 75 000 Armee, 20 000 Luftstreitkräfte, 15 500 Marine **Militärausgaben** (am BSP): 14,9 % **Waffenhandelsanteil** an den Exporten 0 %, an den Importen 27,5 %

GESUNDHEIT, SOZIALES, BILDUNG

Öffentliche Gesundheitsausgaben (am BIP): 6,4 % **Öffentliche Ausgaben für Bildung und Erziehung** (am BIP): k. A. **Öffentliche Ausgaben für Altersversorgung** (am BIP): k. A. **Medizinische Versorgung:** 1,7 Ärzte, 2,3 Krankenhausbetten/1000 Einw. **Säuglingssterblichkeit:** 18/1000 Geb. **Müttersterblichkeit** 23/ 100 000 Geb. **Frauenanteil an den Beschäftigten:** 16,1 % Zugang zu **sauberem Trinkwasser** haben 100 % der städtischen und 64 % der ländlichen Bev., zu **sanitären Anlagen** 100 % **HIV-Infektionsrate:** 0,01 % **Lebenserwartung:** Männer 71 J., Frauen 74 J. **Schulpflicht:** keine, Grundschule von 6–12 J. **Einschulungsquote** im Primarbereich und Sekundarbereich 61 % **Analphabetenrate:** Männer 17 % , Frauen 33 % **Universitäten:** in Dammam, Dhanran, Dschidda, Medina, Riad, 72 Colleges nur für Frauen

WIRTSCHAFT

Währung: 1 Saudi Riyal (S.RI.) = 20 Qirshes = 100 Hallalas **Kurs** (Mitte 2002): 1 S.RI. = 0,29 € **BSP:** 149,9 Mrd. US$ **Wachstumsrate des BIP:** 4,5 % **BSP/Kopf:** 7230 US$ **Anteile am BIP:** Landwirtschaft 7 %, Industrie 48 %, Dienstleistungen 45 % **Forschung+Entwicklungsausgaben** (am BSP): k. A. **Arbeitslosenquote:** k. A. **Inflationsrate:** -1,4 % **Staatseinnahmen:** (des Zentralstaats) 66,22 Mrd. US$ **Steueraufkommen** (am BIP): k. A. **Einkommensteuer:** 0 % **Kör-**

perschaftsteuer: 30 % **Haushaltsüberschuss** (am BIP): k. A. **Staatsausgaben:** 54,20 Mrd. US$ **Leistungsbilanzüberschuss:** 14,502 Mrd. US$ **Auslandsschulden:** k. A. **Schuldendienst** (am BIP): k. A. **Devisenreserven:** 20,847 Mrd. US$ **Empf. Hilfsgelder:** 31 Mio. US$ **Ausl. Direktinvestitionen:** 20 Mio. US$ **Börse** (Marktkapitalisierung am BIP): 38,8 % **Energie:** Produktion 448,74 Mio. t ÖE, Verbrauch 84,91 Mio. t ÖE, Anteile am Verbrauch: Öl 56,5 %, Erdgas 43,5 %

Landwirtschaft, Rohstoffe, Industrie: **Nutzfläche** 1,8 %, von der Anbaufläche sind 42,8 % bewässert **Produkte:** Weizen, Mais, Gerste, Wein, Gemüse, Tabak **Bewaldet:** 15 000 km², jährliche **Rodung:** k. A. **Rohstoffe:** Erdöl, Erdgas, Kalkstein, Gips, Marmor, Salz, Phosphat, Bauxit, Gold **Wichtige Industriezweige:** Ölverarbeitung

Außenwirtschaft:
Handelsbilanzüberschuss: 44,387 Mrd. US$ **Export:** 73,032 Mrd. US$, davon 88 % Erdöl, 5,1 % Petrochemische Produkte **Hauptausfuhrländer:** USA (16,3 %), Japan (14,9 %), Südkorea (9,6 %) **Hightech-Exporte:** 22 Mio. US$ **Import:** 28,645 Mrd. US$, davon 24 % Maschinen, 14,5 % Transportmittel, 9 % Chemikalien **Hauptlieferländer:** USA (18,9 %), Japan (9,2 %), Großbritannien (8,1 %)

VERKEHR

Schienennetz (1992): 1392 km, meist einspurige Strecken **Straßennetz** (Ende 1999): 151 470 km, davon 30 % befestigt **Motorisierung:** 157 Kfz/1000 Einw.
Luftverkehr: 3 internationale Flughäfen in Dhahran, Dschidda, Riad Nationale **Fluglinie:** Saudi Arabian Airlines 12,567 Mio. beförderte Passagiere
Schifffahrt: Eine überragende Stellung nehmen die beiden Ölhäfen ein: Ras Tannura bei Dammam am Persischen Golf und Janbu am Roten Meer. Ein weiterer wichtiger Hafen, besonders für Mekka-Pilger, ist Dschidda am Roten Meer. Die Küstenschifffahrt ist von großer regionaler Bedeutung für Handel und Verkehr.
Pipelines: Eine Ölleitung führt von den Ölfeldern am Persischen Golf nach Janbu am Roten Meer. Länge der Erdgas-Pipelines: 2200 km.

KOMMUNIKATION

Auf 1000 Einw. kommen 326 **Rundfunk-**, 264 **Fernsehgeräte**, 144,8 **Telefonanschlüsse**, 113,3 **Mobiltelefone**, 62,7 **PC** und 0,51 **Internet-Zugänge** **IuK-Ausgaben** (am BIP): k. A. Es erscheinen 11 **Tageszeitungen** mit einer Gesamtauflage von rund 750 000 Exemplaren. Die größten Tageszeitungen und ihre Auflagen:

ar-Riyadh	150 000
Arab News	110 000
Okaz	108 000
al-Jazirah	94 000

Nachrichtenagenturen: Saudi Press Agency, International Islamic News Agency

UMWELT, TOURISMUS

Geschützte Gebiete: 2,3 % der Landesfläche **Energieverbrauch/Kopf:** 4204 kg ÖE **CO_2-Emission:** 283 Mio. t **Verwendung des Süßwassers:** Landwirtschaft 90 %, Industrie 1 %, Haushalte 9 % **Tourismus:** 3,7 Mio. Besucher, Pilger, 1,462 Mrd. US$ Einnahmen

Kronprinz Abdullah Ibn Abd al-Asis

AKTUELLE ENTWICKLUNGEN

Außenpolitik: Seit dem 11. September 2001 ist für Saudi-Arabien nichts mehr so, wie es war. Wochenlang hatte die Regierung in Riad zu leugnen versucht, dass viele der Attentäter von New York und Washington aus Saudi-Arabien stammten. Doch dann ließ sich nichts mehr vertuschen. Nachweislich 15 der 19 Terroristen waren Staatsbürger des Königreichs. Außerdem internierten die Amerikaner mehr als 100 Saudi-Araber in Guantanamo, allesamt hochgradig verdächtig, für die Taliban oder al-Qaida gekämpft zu haben – zwischenzeitlich waren das zwei Drittel aller Inhaftierten. Da half kein Verweis mehr darauf, dass der Drahtzieher Osama Bin Laden selbst doch von Riad längst ausgebürgert worden sei, dass man im Kampf gegen den Terror »auf der richtigen Seite« stehe und zwei Wochen nach den Attentaten die diplomatischen Beziehungen mit dem Taliban-Regime abgebrochen habe. Im Gegenteil: So wurde erst richtig offenbar, dass Saudi-Arabien neben den Vereinigten Arabischen Emiraten und Pakistan der einzige Staat mit offiziellen Kontakten zu Mullah Omar und seinen Taliban war.
Das Königshaus musste sich unangenehme Fragen aus Washington gefallen lassen. Riad schien den Ernst der Lage zu verkennen, weigerte sich, amerikanische Fahnder das Umfeld der Terroristen recherchieren zu lassen und wehrte sich lange gegen das Sperren verdächtiger Konten. Die US-

Presse griff Saudi-Arabien scharf an, selbst von Kreisen der amerikanischen Regierung wurde der lange gehätschelte Partner nun kritischer betrachtet, die »Sicherheitspartnerschaft« in einigen Aspekten in Frage gestellt. Offiziell sprach Washington zwar immer noch von Kooperation; doch inoffiziell wurde gefragt, ob Saudi-Arabien nicht die wahre Brutstätte des Terrors sei und damit ein Kandidat für die »Achse des Bösen«.

Im Bush-nahen, konservativen *Wall Street Journal* verlangte ein Kommentator Anfang 2002 gar die Besetzung der Ölfelder auf der Arabischen Halbinsel: »Die Saudis sind weit davon entfernt, für die Sicherheit des Westens unabdingbar zu sein – sie stellen im Gegenteil die größte Gefahr aller Staaten dar, China eingeschlossen.« Angeblich existieren im Pentagon Geheimpläne für einen solchen Angriff, auszuführen in dem Fall, dass US-Militärbasen bei Riad und am Persischen Golf massiv angegriffen würden oder sich die Saudi-Regierung im Fall eines Irak-Kriegs offen gegen amerikanische Soldaten stellen könnte.

Erdöl-Förderanlage in der Arabischen Wüste nahe Dharan

Nichts davon ist realistisch. Eine Eroberung saudi-arabischer Erdölfelder würde den gesamten Nahen Osten in Brand setzen. Und so fuhr US-Vizepräsident Richard Cheney Mitte März nach Riad und machte gute Miene zum bösen Spiel. Er verlangte aber ultimativ, dass sich die Saudi-Regierung um die der Terror-Finanzierung verdächtigen »Wohlfahrtsgesellschaften« kümmere, die im Königreich immer noch ungehindert Spenden eintrieben. Die Amerikaner zogen auch Hightech-Gerät und Besatzung von der Prince Sultan Air Base ab, einem der modernsten Stützpunkte weltweit. Ein möglicher Irak-Feldzug soll hauptsächlich von der Türkei und von Katar aus geführt werden, wohin das Kriegsgerät verlegt wurde. Die Prinzen des Hauses Al Saud werden das mit gemischten Gefühlen vernommen haben: Einerseits war die Basis der Amerikaner, so nahe der Hauptstadt, islamistischen Kreisen im Land immer ein Dorn im Auge. Insofern entspannt der Teilrückzug der Amerikaner die innenpolitische Situation. Andererseits sind die hoch gerüsteten Truppen auch ein Schutzschild für die herrschende Elite gegen revolutionäre Elemente.

Jahrzehntelang schienen das Weiße Haus und das Königshaus in einer glücklichen Interessengemeinschaft vereint: Die Amerikaner sorgten für Sicherheit und bekamen im Gegenzug erschwinglichen Treibstoff vom größten Erdöl-Exporteur der Welt. Außerdem kaufte Riad für Unsummen – allein im letzten Jahrzehnt über 30 Milliarden Dollar – die neuesten US-Waffen und förderte somit die amerikanische Rüstungsindustrie. Washington hat seit dem 11. September veränderte strategische Prioritäten. Der Terror hat den Amerikanern ihre eigene Verwundbarkeit gezeigt. Sie setzen jetzt auf eine neue Energiepartnerschaft mit dem Russland Wladimir Putins und mit zentralasiatischen Partnern. Sie wissen freilich: Mittelfristig ist Saudi-Arabien als Energie-Lieferant nicht zu ersetzen, die neuen Partner können die »Tankstelle der Welt« allenfalls ergänzen.

Das Königshaus hat diese Veränderungen bemerkt und begann zum Jahresanfang 2002 vorsichtig umzudenken. Man bemühte sich um gute Beziehungen zu Regionalmächten wie Pakistan und Iran, mit denen die Beziehungen lange gespannt waren. Und dann starteten die Saudis eine noch nie da gewesene Charme-Offensive gegenüber westlichen Journalisten, die plötzlich einigermaßen frei durch das lange abgeschottete Land reisen dürfen. Ausgesuchten Pressevertretern gewährte Kronprinz Abdullah sogar Interviews. Bei einem solchen Gespräch – mit der *New York Times* – machte Riads starker Mann Ende Februar eine Nahost-Friedensinitiative publik: Alle arabischen Staaten sollten den Staat Israel anerkennen, wenn sich dieser im Gegenzug auf die Grenzen von 1967 zurückzieht und den Palästinensern im Westjordanland wie im Gaza-Streifen einen eigenen Palästinenserstaat mit Ost-Jerusalem als Hauptstadt einräumt. Beim Arabischen Gipfel in Beirut wurde die Saudi-Initiative im Prinzip abgesegnet. Im Westen, und teilweise sogar in Israel, stieß sie auf ein freundliches Echo. Kreise um den Hardliner-Premier Ariel Scharon wiesen allerdings darauf hin, dass die saudi-arabische Regierung indirekt palästinensische Selbstmordattentate fördere. Riad soll Familien von Hamas-Aktivisten mit Hadsch-Reisen nach Mekka belohnt haben. Abdullahs Plan, der aber entscheidende Fragen wie das Rückkehrrecht aller Palästinenser ausklammert, liegt immer noch auf dem Tisch. Die Spirale der Gewalt lässt einen Friedensprozess in Palästina jedoch in weite Ferne rücken.

Wirtschaftspolitik: Hohe Erdölpreise sind für Saudi-Arabien existenziell wichtig – und bergen die Gefahr, dass die Probleme des Wüstenstaats weiter kaschiert werden. Denn dem Staat mit den größten Reserven der Welt (35,4 Milliarden Tonnen) droht bei einem niedrigen Weltmarktpreis fast schon der Staatsbankrott. Schuld daran sind vor allem die Bevölkerungsexplosion – derzeit liegt die jährliche Wachstumsrate bei 3,5 Prozent, fast zwei Drittel der Saudi-Araber sind unter 25 – und eine stark steigende Arbeitslosigkeit. Die Regierung gibt 20 Prozent zu, real sind es wahrscheinlich 30. Das Pro-Kopf-Einkommen sank seit 1981 um über 70 Prozent.

Innenpolitik: Neuerdings versuchen die Regierenden, auch kritische Diskussionen zu fördern, wohl weniger, um sich in ihre Arbeit hineinreden zu lassen als um die Stimmungslage im Land zu erfahren. Denn auch dem Prinzen-Regime ist nicht verborgen geblieben, dass die Jugend gegenüber dem Königshaus kritisch eingestellt ist, dass sie von dessen Scheinheiligkeit und Korruptheit überzeugt ist.
Im Untergrund zirkulieren seit dem Frühjahr heimlich aufgenommene Mitschnitte der amerikanischen National Security Agency von Telefonaten aus dem Königshaus. In einem Gespräch befiehlt der Innenminister, eine Liste von hochrangigen Kunden eines Prostituiertenrings schnell verschwinden zu lassen. In einem anderen geben sich zwei Top-Bürokraten Tipps, wie man am geschicktesten den Staat betrügt und das vertuscht. Besonders brisant: Die Mitschnitte beweisen, dass führende Saudis noch 1996 Bin Ladens al-Qaida finanziell unterstützten – als Gegenleistung dafür, dass die Organisation keine Anschläge aufs Königshaus verübte.
Seit dem 11. September 2001 wird ein steiler Anstieg von Gewaltkriminalität und Drogenhandel beobachtet. Auch Provokationen der Obrigkeit nehmen zu, Steinwürfe gegen Ordnungshüter bei Fußballspielen oder Prügeleien mit der allgegenwärtigen Religionspolizei. Von der Regierung unter Verschluss gehaltene Schätzungen zeigen, dass mehr als 90 Prozent der Jugendlichen mit dem terroristischen Konzept Bin Ladens sympathisieren. Die Beerdigung des Scheichs Hamud al-Schuaibi, der es als Erster gewagt hatte, das Königshaus wegen »Zusammenarbeit mit den Ungläubigen« (Amerikanern) in einer Fatwa zu kritisieren, wurde zur größten Massenveranstaltung der letzten Jahre.
Die Herrschenden sind durch diese Nadelstiche noch nicht gefährdet, aber gewarnt. Mitte Juni meldet die Polizei in Riad die Verhaftung von 13 Terroristen; ihr Anführer, der Sudanese Abu Husifa, wollte die Prince Sultain Air Base in die Luft jagen. In derselben Woche wurden mehrere Saudis in Marokko festgenommen, die al-Qaida zuzurechnen sind.
Amnesty International beklagt auch 2002 wieder die Menschenrechtslage in Saudi-Arabien, die willkürlichen Verhaftungen, die Benachteiligung der Frauen, die Hinrichtungen. Das Königshaus und damit die saudi-arabische Justiz pflegt eine strenge Auslegung der Scharia, verbunden mit dem rigoros-puritanisch Wahhabismus, der so etwas wie Saudi-Arabiens Staatsdoktrin ist und Ähnlichkeiten mit den Vorstellungen der Taliban aufweist.
Eine nennenswerte politische Opposition, die im Fall eines (unwahrscheinlichen) Putsches die Regierungsgeschäfte übernehmen könnte, ist nirgendwo in Sicht. Auch nicht im Ausland, wo sich ein paar hundert Islamisten und Demokraten zwischen London und Damaskus um den rechten Weg für ihre Heimat streiten und sich weitgehend neutralisieren. Die 2002 mit besonderer Spannung erwartete Hadsch mit über zwei Millionen Mekka-Pilgern aus aller Welt hat das Regime unbeschadet überstanden.
Am gefährlichsten für das Königshaus sind langfristige demografische und regionale Spannungen. Denn der Staat Saudi-Arabien ist längst nicht so homogen, wie er sich gern in Anzeigenkampagnen weltweit präsentiert. Volksgruppen aus der Provinz Asir, in der die islamistischen Prediger den größten Zulauf haben, werden in Riad als »minderwertig« abgetan – womöglich Ausgangspunkt für eine Revolte von der Peripherie.

Milliarden unter dem Wüstensand

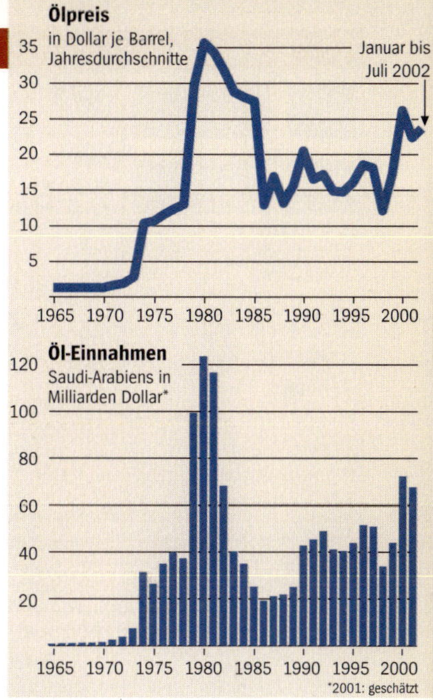

Konungariket Sverige – Königreich Schweden; Schweden

Nationalfeiertag: 6. Juni (Flaggentag)

Zeitzone: MEZ

Hauptstadt: Stockholm (743 700 Einwohner)

Telefon-Vorwahl: +46
Kfz-Kennzeichen: S

Mitgliedschaften: EU, OECD, OSZE, Uno, WEU (Beobachterstatus)

Schweden

Botschaft in Deutschland: Rauchstraße 1, D-10787 Berlin
☎ +49-30-50 50 60 🖷 -50 50 67 89

GEOGRAFIE, BEVÖLKERUNG

Fläche: 449 964 km². Küstenlinie: 3218 km. Überwiegend flache Landschaft, nur zum Nordwesten hin eine Gebirgskette, die bis auf 2111 m geht. Zahlreiche Binnenseen und an der Küste viele Inseln (Schären), außerdem in der Ostsee die großen Inseln Gotland (3001 km²) und Öland (1344 km²).
Verwaltung: in 21 Bezirken **Bevölkerung:** 8,869 Mio. Einw., überwiegend Schweden, Minderheit von Finnen und Lappen **In Städten** leben 83 %, **unter 15 J.** sind 18 % der Bev. **Bev.dichte:** 22 Einw./km² **Bev.-wachstum:** - 0,13 % **Fruchtbarkeitsrate:** 1,6 Geb./Frau **Landessprache:** Schwedisch (gesprochen von über 90 % der Bev.), daneben Finnisch und Samisch **Religionen:** Christen, vor allem Lutheraner

Die größten Städte

Stockholm	743 700
Göteborg	462 500
Malmö	257 600
Uppsala	188 500
Linköping	132 500
Västerås	125 400
Örebro	123 500

POLITISCHES SYSTEM

Konstitutionelle Monarchie mit parlamentarischem Regierungssystem seit 1809. Neue Verfassung von 1975. Allg. Wahlrecht ab 18 J. Einkammerparlament: Reichstag (»Riksdag«) mit 349 Mitgl., Wahl alle 4 J. Das System ist geprägt von einem kooperativen, konsensorientierten Politikstil mit kleinen Ministerien und einer starken, unabhängigen Verwaltung. Eine Besonderheit ist der Ombudsmann als Vertrauensperson der Bevölkerung bei den Behörden.

Prinz Carl Philip mit Prinzessin Victoria, König Carl Gustaf mit Silvia, Prinzessin Madeleine

Staatsoberhaupt: König Carl XVI. Gustaf (seit September 1973) **Regierungschef:** Göran Persson (seit März 1996) **Außenministerin:** Anna Lindh

PARTEIEN

- Sozialdemokratische Arbeiterpartei/SAP
- Moderate Sammlungspartei/MS (konservativ)
- Zentrumspartei/C (früher Bauernbund)
- Liberale Volkspartei/Fp
- Linkspartei/Vp (sozialistisch)
- Umweltpartei-Die Grünen/MpG
- Christdemokratische Gemeinschafts-Partei/Kd (nach der Wahl von 1994 Umbenennung in Christdemokraten)

Parlamentssitze (Wahlen vom 20. September 1998)

Sozialdemokraten/SAP	131
Sammlung/MS	82
Linkspartei/Vp	43
Christdemokraten/Kd	42
Zentrum/C	18
Liberale/Fp	17
Grüne/MpG	16

MILITÄR

Allg. Wehrpflicht: 7–15 Monate **Streitkräfte:** 33 900 Mann, davon 19 100 Armee, 7700 Luftstreitkräfte, 7100 Marine **Militärausgaben** (am BSP): 2,3 % **Waffenhandelsanteil** an den Exporten 0,8 %, an den Importen 0,3 %

GESUNDHEIT, SOZIALES, BILDUNG

Versicherungswesen: Das soziale Reichsversicherungssystem (»Riksförsäkringsverket«) gehört zu den fortschrittlichsten der Welt, wenngleich einschneidende Korrekturen erfolgten. Die Schweden sammeln in ihrem Arbeitsleben ein fiktives Sozialversicherungskapital an. Den Stand des Rentenkontos kann der Versicherte jederzeit erfahren.
Öffentliche Gesundheitsausgaben (am BIP): 6,6 % **Öffentliche Ausgaben für Bildung und Erziehung** (am BIP): 8 % **Öffentliche Ausgaben für Altersversorgung** (am BIP): 11,1 % **Medizinische Versorgung:** 3,1 Ärzte, 3,7 Krankenhausbetten/1000 Einw. **Säuglingssterblichkeit:** 3/1000 Geb. **Müttersterblichkeit:** 8/100 000 Geb. **Frauenanteil an den Beschäftigten:** 48 % Zugang zu **sauberem Trinkwasser** und zu **sanitären Anlagen** haben 100 % der Bev. **HIV-Infektionsrate:** 0,08 % **Lebenserwartung:** Männer 77 J., Frauen 82 J. **Schulpflicht:** 6–15 J. **Einschulungsquote** im Primarbereich 100 %, im Sekundarbereich 100 % **Universitäten:** über 30, darunter in Uppsala, Lund, Stockholm, Göteborg, Karlstad, Umeå und Linköping

Stockholmer Schären bei Stora Nassa

WIRTSCHAFT

Währung: 1 Schwedische Krone (skr) = 100 Öre **Kurs** (Mitte 2002): 1 skr = 0,11 € **BSP:** 240,7 Mrd. US$ **Wachstumsrate des BIP:** 3,6 % **BSP/Kopf:** 27 140 US$ **Anteile am BIP:** Landwirtschaft 2 %, Industrie 29 %, Dienstleistungen 69 % **Forschung+Entwicklungsausgaben** (am BSP): 3,76 % **Arbeitslosenquote:** 5,1 % **Inflationsrate:** 2,6 % **Staatseinnahmen:** 152,6 Mrd. € **Steueraufkommen** (am BIP): 35,1 % **Einkommensteuer:** max. 31 % **Körperschaftsteuer:** 28 % **Haushaltsüberschuss** (am BIP): 0,1 % **Staatsausgaben:** 142,3 Mrd. € **Leistungsbilanzüberschuss:** 6,696 Mrd. US$ **Auslandsschulden:** 424,279 Mrd. US$ **Auslandsvermögen:** 365,450 Mrd. US$ **Devisenreserven:** 16,499 Mrd. US$ **Geleistete Entwicklungshilfe:** 1,799 Mrd. US$ **Börse** (Marktkapitalisierung am BIP): 144,4 % **Energie:** Produktion 34,49 Mio. t ÖE, Verbrauch 51,09 Mio. t ÖE. Anteile am Verbrauch: Kohle 3,8 %, Öl 29,7 %, Atomenergie 31,2 %, Erdgas 1,3 %, sonstige vor allem Wasserkraft 34 %

Landwirtschaft, Rohstoffe, Industrie:
Nutzfläche nur 6,7 %. Dennoch kann Schweden rund 80 % seines Nahrungsmittelbedarfs selbst decken. **Bewaldet:** 271 000 km², jährliche **Aufforstung:** 6 km² **Rohstoffe:** Eisenerz, Kupfer, Zink und Blei, große Uranlager

vor allem in Mittelschweden (15 % der Weltvorkommen) **Wichtige Industriezweige:** Die wichtigsten Zweige sind Metall- und Metall verarbeitende Produktion, Holzverarbeitung, pharmazeutische, chemische und Textilindustrie. Wachsende Bedeutung erlangte die Elektronikindustrie.

Altstadt von Stockholm

Außenwirtschaft:

Handelsbilanzüberschuss 13,832 Mrd. US$ **Export:** 76,200 Mrd. US$, davon 50,1 % Maschinen und Transportmittel, 20,4 % industrielle Vorprodukte, 9,6 % Chemikalien **Hauptausfuhrländer:** Deutschland (11,1 %), Großbritannien (9,1 %), Norwegen (8,8 %), USA (8,8 %) **Hightech-Exporte:** 25,739 Mrd. US$ **Import:** 62,368 Mrd. US$, davon 44,7 % Maschinen und Transportmittel, 14,4 % industrielle Vorprodukte, 13,4 % Fertigwaren **Hauptlieferländer:** Deutschland (18,9 %), Großbritannien (10,2 %), Niederlande (8,2 %)

VERKEHR

Schienennetz: 9978 km. Seit Anfang 2000 muss die staatliche Eisenbahngesellschaft Statens Järnvägar ihr Schienennetz mit privaten Anbietern teilen. Der Ausbau des Schienennetzes für Hochgeschwindigkeitszüge hat begonnen.
Straßennetz: 212 402 km, davon 78,4 % befestigt **Motorisierung:** 478 Kfz/1000 Einw.
Luftverkehr: Internationale **Flughäfen** in Stockholm, Göteborg und Malmö. Schweden ist neben Dänemark und Norwegen an der **Fluggesellschaft** Scandinavian Airlines System (SAS) beteiligt; 13,354 Mio. beförderte Passagiere
Schifffahrt: Die Handelsflotte umfasste Anfang 2002 insg. 327 Schiffe mit einer Tragfähigkeit von 7,9 Mio. tdw. Wichtigste **Häfen**: Helsingborg, Göteborg, Stockholm und Malmö **Binnenwasserwege**: 2052 km

KOMMUNIKATION

Auf 1000 Einw. kommen 932 **Rundfunk-**, 574 **Fernsehgeräte**, 739,1 **Telefonanschlüsse**, 770,7 **Mobiltelefone**, 561,2 **PC** und 82,51 **Internet-Zugänge IuK-Ausgaben** (am BIP): 10,4 %
Es erscheinen 118 **Tageszeitungen** mit einer Gesamtauflage von rund 3,9 Mio. Exemplaren. Die größten Tageszeitungen und ihre Auflagen:
Aftonbladet (Stockholm) 381 200
Expressen (Stockholm) 374 200
Dagens Nyheter (Stockholm) 361 600
Göteborgs-Posten 262 000
Nachrichtenagenturen: Svenska Nyhetsbyrån, Svensk-Internationella Pressbyrån/SIP und Tidningarnas Telegrambyrå (alle in Stockholm)

UMWELT, TOURISMUS

Geschützte Gebiete: 8,9 % der Landesfläche **Energieverbrauch/Kopf:** 5769 kg ÖE **CO_2-Emission:** 48,6 Mio. t **Verwendung des Süßwassers:** Landwirtschaft 9 %, Industrie 55 %, Haushalte 36 % **Tourismus:** 2,746 Mio. Besucher, 4,107 Mrd. US$ Einnahmen

AKTUELLE ENTWICKLUNGEN

Stockholm und Schweden – das sind zwei grundverschiedene politische Welten. Ausgerechnet in der Metropole des sozialdemokratischen Mutterlandes hat seit den letzten Kommunalwahlen im Jahre 1998 der politische Gegner das Sagen.
Bürgermeister Carl Cederschiold von der größten Oppositionspartei, der bürgerlich-konservativen Moderaten Sammlungspartei, machte aus der Hauptstadt ein neoliberales Versuchsfeld. Unterstützt von Christdemokraten und Rechtsliberalen privatisierte der konservative Bürgermeister Schulen, Krankenhäuser, Elektrizitätswerke und Altenheime. Über 10 000 städtische Wohnungen wurden verkauft, öffentliche Dienstleistungen an die freie Wirtschaft vergeben, kommunale Steuern und Abgaben gesenkt.
In den Augen der regierenden Sozialdemokraten kommt das Stockholmer Experiment einem Anschlag auf das schwedische Wohlfahrtsmodell gleich – dem alten Traum vom staatlichen »Volksheim« (oder was davon übrig

ist), in dem alle gleich gut versorgt werden; und dem Staat die Fürsorge für seine Bürger obliegt. Kein Wunder, dass die Hauptstadt reichlich Stoff für den Wahlkampf lieferte. Denn am 15. September standen nicht nur Ministerpräsident Göran Persson und seine von Linken und Grünen unterstützte Minderheitsregierung zur Wahl, sondern zugleich die letzte klassische ur-sozialdemokratische Bastion Europas.

Die Aussicht Perssons, sich erfolgreich gegen den von Norwegen bis Portugal quer über den Kontinent grassierenden Rechtsruck zu erwehren, standen bis zuletzt äußerst gut. Im Sommer, wenige Wochen vor der Wahl, lagen seine Sozialdemokraten bei Umfragen so gut wie seit Jahren nicht mehr und konnten auf bis zu 45 Prozent der Stimmen hoffen. Die Opposition schwächelte.

Großer Anteil an dieser Entwicklung gebürt dem gemütlichen, bisweilen etwas schwerblütig wirkenden Regierungschef. Persson, 53, führte das Land aus dem Schatten von Olof Palme, jenem charismatischen sozialdemokratischen Führer, dessen Ermordung seit 1986 wie ein Trauma auf Wirtschaft und Gesellschaft lastete.

Mit einen für schwedische Verhältnisse rigorosen und nicht immer akzeptierten Sparkurs dirigierte der sozialdemokratische Premier sein Land aus der Wirtschaftskrise von Anfang der Neunziger. Er drückte die Arbeitslosigkeit von bis zu 15 auf zeitweise unter 4 Prozent, wandelte das Haushaltsdefizit von 13 Prozent in einen Überschuss von 1,7 und die Inflation von 10 auf 2 Prozent.

Unter Perssons Regierung geriet die Informationstechnologie zur Boom-Industrie (»Mobile Valley«), Unternehmen wie Ericsson expandierten zur weltweiten Vorzeigefirma. Schwedischen Traditionsunternehmen drohte nicht mehr wie noch bei Volvo oder Saab die feindliche Übernahme. Sie okkupierten vielmehr selbst. Inzwischen allerdings wurde auch Ericsson von der weltweiten Krise erfasst. Bis zu 20 000 Mitarbeiter sollen entlassen werden.

Und auch weltpolitisch, eigentliche Domäne Palmes, führte Persson sein Land aus dessen Schatten. »Wir sind seitdem viel mehr Europäer geworden«, sagt Außenministerin Anna Lindh, 44. Selbst ein Beitritt zur Euro-Währungsunion ist nicht länger ein Tabu. Bald nach den Wahlen dürfte sich die Frage eines Referendums akut stellen.

Rund 61 Prozent der Schweden waren im Sommer bereits ausdrücklich für den Euro – Tendenz steigend. Etwa 35 Prozent äußerten sich noch unentschlossen. Nur aus dem Wahlkampf sollte das emotional belastete Thema unbedingt herausgehalten werden. »Keine verfrühte Diskussion«, warnte Finanzminister Bosse Ringhohn unentwegt.

Auch an ein vermeintliches Tabu trauten sich die Sozialdemokraten. Gegen Widerstand selbst aus den eigenen Reihen und der Sympathisanten bei Grünen und Linken betrieb Persson den Abschied Schwedens von der Neutralität. Fortan pocht seine Partei nur noch auf militärische »Bündnisfreiheit«.

Unterstützung für ihre außenpolitische Wende fand die Minderheitsregierung ausgerechnet bei der Opposition – die Moderaten und die Christdemokraten sicherten das Überleben. »Wir haben zwei Mehrheiten«, freut sich Anna Lindh über die taktische Meisterleistung, »eine innen- und eine außenpolitische.« Die Außenministerin, eine Entdeckung Perssons, ist die Überraschung des Kabinetts und gilt inzwischen als erste Anwärterin für die Persson-Nachfolge.

Zu Hilfe kam Persson allerdings auch die Schwäche der Opposition. Deren Führer, Bo Lundgren, 54, von den Moderaten, gilt als blasser Technokrat. Seit 1976 sitzt der Steuerexperte aus Schonen, der unter Carl Bildt vier Jahre Steuerminister war, schon im Reichstag. Vergeblich schien im Sommer seine Hoffnung, mit »weichen Tönen« für so genannte weiche Themen die steigende Popularität Perssons erschüttern zu können.

Weitaus charismatischer ist der dienstälteste schwedische Parteichef Alf Svensson, der bereits seit 1973 die Christdemokraten führt. Svensson gilt bei vielen als bester Redner im Parlament und erfreut sich großer Beliebtheit. Obwohl seine Partei monatelang bei rund 10 Prozent dümpelte, hätten mehr als doppelt so viele Wähler ihn gern als Regierungschef gesehen. Für eine norwegische Lösung, wo mit Premier Kjell Magne Bondevik auch der kleinere Koalitionspartner der Mitte-rechts-Regierung, die Christliche Volkspartei, den Regierungschef stellt, schien in Stockholm allerdings kein politischer Spielraum.

Regierungschef Göran Persson

Außenministerin Anna Lindh

Schweizerische Eidgenossenschaft; Schweizer

Nationalfeiertag: 1. August

Zeitzone: MEZ

Hauptstadt: Bern (122 500 Einwohner)

Telefon-Vorwahl: +41
Kfz-Kennzeichen: CH

Mitgliedschaften: OECD, OSZE

Schweiz

Botschaft in Deutschland: Otto-von-Bismarck-Allee 4A, D-10557 Berlin ☎ +49-30-390 40 00 🖷 -391 10 30

GEOGRAFIE, BEVÖLKERUNG

Fläche: 41 284 km², davon 25 % Seen, Flüsse, Ödland, Fels, Geröll, 1342 km² Gletscher. Im Norden und teilweise im Osten bilden der Rhein, im Westen die Hügelzüge des Jura, im Süden die Alpen die Grenze. Das Mittelland dazwischen, eine von Flüssen (am wichtigsten: die Aare) und Seen geprägte, 400 m bis 1000 m hohe Moränenlandschaft, erstreckt sich vom Genfer See im Südwesten bis zum Bodensee im Nordosten. Das Alpengebiet wird von Rhône, Reuß und Vorderrhein in eine nördliche und eine südliche Hälfte geteilt. Die Mitte beherrscht das Gotthardmassiv zwischen Berner und Walliser Alpen im Westen und Südwesten (mit dem höchsten Gipfel, der Dufourspitze des Monte Rosa, 4634 m) und den Bündner Alpen im Osten. Der tiefste Punkt des Landes ist der Spiegel des Lago Maggiore mit 193 m. **Bevölkerung:** 7,204 Mio. Einw., davon 65 % deutscher Abstammung, 18 % franz. Abstammung, 10 % ital. Abstammung **Flüchtlinge:** 58 494 **In Städten** leben 68 %, **unter 15 J.** sind 17 % der Bev. **Bev.dichte:** 182 Einw./km² **Bev.wachstum:** -0,06 % **Fruchtbarkeitsrate:** 1,5 Geb./Frau **Landessprachen:** Deutsch (63,6 %), Französisch (19,2 %), Italienisch (7,6 %) und Rätoromanisch (0,6 %) sind gleichberechtigt, wobei aber nur eine Auswahl der Gesetze auch ins Rätoromanische übersetzt wird. Die Deutschsprachigen, so der Schriftsteller Hugo Loetscher, leben »zweisprachig innerhalb der eigenen Sprache«: Im Alltag verwenden sie ihre lokale südalemannische Mundart; das »Hochdeutsche« ist dem Schriftverkehr vorbehalten. Eine gemeinsame, von Wissenschaftlern der Universität Zürich geschaffene Schriftsprache, das Rumantsch Grischun, soll das Aussterben der fünf rätoromanischen Idiome verhindern helfen. **Religionen:** 46 % Katholiken, 40 % Protestanten

Verwaltung: Bundesstaat aus 26 souveränen Kantonen mit insgesamt 2902 weit gehend autonomen Gemeinden, die z. B. eigene Einkommen- und Vermögensteuern erheben und auch in letzter Instanz über die Verleihung des Bürgerrechts befinden. Schweizer wird man durch Erwerb eines Gemeindebürgerrechts; dadurch ist man Bürger eines Kantons und damit Schweizer Staatsbürger.

Die 20 Voll- und 6 Halbkantone mit Beitrittsjahr und Kfz-Kennzeichen

1 Aargau (1803) – AG, 1404 km², 544 300 Einw.
2 Bern (1553) – BE, 5959 km², 943 700 Einw.
3 Freiburg (1481) – FR, 1671 km², 236 300 Einw.
4 Genf (1815) – GE, 282 km², 408 800 Einw.
5 Glarus (1352) – GL, 685 km², 38 500 Einw.
6 Graubünden (1803) – GR, 7105 km², 186 700 Einw.
7 Jura (1979) – JU, 838 km², 68 800 Einw.
8 Luzern (1332) – LU, 1493 km², 347 200 Einw.
9 Neuenburg (1815) – NE, 803 km², 165 700 Einw.
10 Schaffhausen (1501) – SH, 299 km², 73 300 Einw.
11 Schwyz (1291) – SZ, 908 km², 130 200 Einw.
12 Solothurn (1481) – SO, 791 km², 244 000 Einw.
13 St. Gallen (1803) – SG, 2026 km², 449 400 Einw.
14 Tessin (1803) – TI, 2812 km², 310 200 Einw.
15 Thurgau (1803) – TG, 991 km², 227 300 Einw.
16 Waadt (1803) – VD, 3212 km², 620 300 Einw.
17 Wallis (1815) – VS, 5224 km², 276 200 Einw.
18 Uri (1291) – UR, 1077 km², 35 200 Einw.
19 Zürich (1351) – ZH, 1729 km², 1 211 600 Einw.
20 Zug (1352) – ZG, 239 km², 99 400 Einw.

REGIONALE GLIEDERUNG DER SCHWEIZ

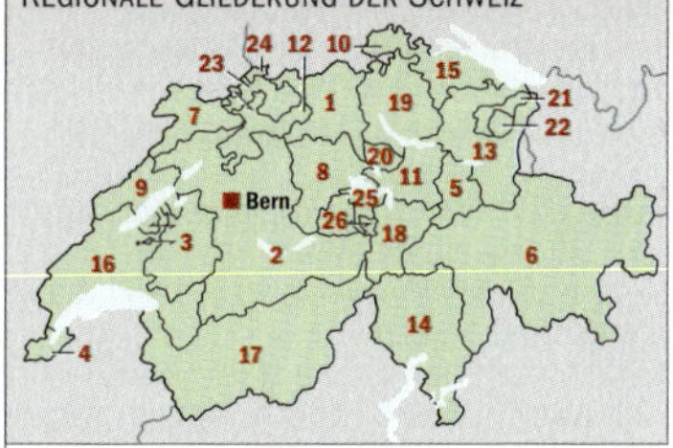

21 Appenzell Ausserrhoden (1513) – AR, 243 km², 53 500 Einw.
22 Appenzell Innerrhoden (1513) – AI, 172 km², 15 000 Einw.
23 Basel-Landschaft (1501) – BL, 518 km², 260 000 Einw.
24 Basel-Stadt (1501) – BS, 37 km², 187 700 Einw.
25 Nidwalden (1291) – NW, 276 km², 38 000 Einw.
26 Obwalden (1291) – OW, 491 km², 32 400 Einw.

Die größten Städte

Zürich	337 900
Genf	175 000
Basel	166 000
Bern	122 500
Lausanne	114 900
Winterthur	88 800
St. Gallen	69 800
Luzern	57 000
Lugano	28 700

POLITISCHES SYSTEM

Bundesstaat seit 1848. Verfassung von 1848, vollständig revidiert 1874, später vielfach ergänzt und 1999 vor allem in Form und Sprache gründlich modernisiert.

Föderalismus und direkte Demokratie prägen die Politik. Entscheidungen werden dort getroffen, wo sie ihre Wirkung entfalten. Das letzte Wort haben in Gemeinde, Kanton und Bund die Bürgerinnen und Bürger. Auf Bundesebene genügen 50 000 Unterschriften (Sammelfrist: 3 Monate), um eine Volksabstimmung über ein Gesetz zu erzwingen. Bei Verfassungsänderungen ist ein Referendum obligatorisch. 100 000 Unterschriften innerhalb von 18 Monaten sind nötig, um per Volksbegehren einen Verfassungszusatz vorzuschlagen. Entscheide über Verfassungsänderungen erfordern neben der Mehrheit der gültigen Stimmen (»Volksmehr«) auch Zustimmung in der Mehrzahl der Kantone (»Ständemehr«). Bei Gesetzesvorlagen genügt das Volksmehr. Entscheide in Volksabstimmungen sind, ungeachtet der Stimmbeteiligung, endgültig.

Das Parlament (Bundesversammlung) besteht aus zwei gleichberechtigten Kammern: der Volksvertretung (Nationalrat) mit 200 und der Vertretung der Kantone (Ständerat) mit 46 nebenamtlichen Abgeordneten.

Proporzwahl der Volksvertreter. Jeder Kanton bildet einen separaten Wahlkreis, dem entsprechend der Bevölkerungszahl Sitze zustehen. Im Ständerat haben die Kantone je 2 Sitze, die Halbkantone je 1 Sitz. Gewählt wird alle 4 Jahre, zuletzt im Oktober 1999.

Als Vereinigte Bundesversammlung wählen beide Kammern des Parlaments gemeinsam für jeweils 4 Jahre die siebenköpfige Regierung, den Bundesrat und jedes Jahr im Turnus aus dem Kreis der Bundesräte den Bundespräsidenten/die Bundespräsidentin.

Staatsoberhaupt und Regierungschef: Die Schweiz kennt weder das eine noch das andere. Der Bundesrat, seit 1959 in gleicher parteipolitischer Zusammensetzung – 2 FDP, 2 SP, 2 CVP, 1 SVP –, regiert und vertritt das Land nach außen als Kollektiv, wobei jedes seiner Mitglieder einem Departement (Ministerium) vorsteht:

- Departement für Auswärtige Angelegenheiten – Joseph Deiss (CVP);
- Departement des Innern (zuständig für Soziales, Gesundheit, Kultur und Wissenschaft) – Ruth Dreifuss (SP);
- Justiz- und Polizeidepartement – Ruth Metzler (CVP);
- Departement für Verteidigung, Bevölkerungsschutz und Sport – Samuel Schmid (SVP);
- Finanzdepartement – Kaspar Villiger (FDP);
- Volkswirtschaftsdepartement – Pascal Couchepin (FDP);
- Departement für Umwelt, Verkehr, Energie und Kommunikation – Moritz Leuenberger (SP).

Der Bundespräsident leitet die wöchentlichen Regierungssitzungen und nimmt – vor allem im Landesinnern – repräsentative Pflichten wahr. Der Bundespräsident wird jeweils für ein Jahr aus der Mitte des Bundesrates gewählt. Bundespräsident im Jahr

Bundespräsident Kaspar Villiger

2002 ist Kaspar Villiger. 2003 ist Pascal Couchepin für das Amt designiert.

PARTEIEN UND VERBÄNDE

Dem föderalistischen Aufbau entsprechend legen die kantonalen Parteiorganisationen Wert auf weit gehende Autonomie. Die Bundesparteien sind deshalb relativ schwache Organisationen. Erst die Verfassung von 1999 erwähnt die Parteien als Mitwirkende an der Meinungs- und Willensbildung des Volkes. Sie erhalten keine staatliche Unterstützung.

Bundesrat Joseph Deiss

- Die Freisinnig-Demokratische Partei (FDP) fühlt sich als bürgerliche Staatspartei und direkte Erbin der Radikal-Liberalen, die 1848 den Bundesstaat gründeten. Vors.: Gerold Bührer aus dem Kanton Schaffhausen.
- Die Christlichdemokratische Volkspartei (CVP) ist trotz mehrerer Modernisierungsversuche immer noch in erster Linie Vertreterin der katholischen, ländlichen Bevölkerung der Innerschweiz. Ihr Wähleranteil geht zurück. Um den Anhängerschwund Richtung SVP aufzufangen, setzt die Parteiführung neuerdings wieder auf konservative Werte. Vors.: Philipp Stähelin aus dem Kanton Thurgau.
- Die Sozialdemokratische Partei (SP) erhielt 1943 einen ersten, 1959 einen zweiten Sitz im Bundesrat. Die Partei verfolgt im Parlament einen linksgrünen Kurs und fördert seit Jahren systematisch die Frauen in der Politik. Flügelkämpfe und Finanzprobleme mindern ihren Einfluss. Vors.: Christiane Brunner aus Genf.

Christoph Blocher, Präsident der SVP Zürich

- Die Schweizerische Volkspartei (SVP) bedient mit Erfolg neben den konservativen Wählern in Landwirtschaftsgebieten auch das städtische Rechtsbürgertum der Deutschschweiz. Den brachialen politischen Stil und die Agenda der Partei bestimmt weit gehend der SVP-Vorsitzende des Kantons Zürich, der Unternehmer und Isolationist Christoph Blocher. Vors.: Ueli Maurer aus dem Kanton Zürich.
- Die Liberale Partei der Schweiz (LP), liberal-konservativ und ein bisschen elitär, findet Anhänger und Wähler in den großen Städten der Westschweiz und in Basel.
- Die Schweizer Demokraten (SD, patriotisch-fremdenfeindlich) und die Lega dei Ticinesi (Lega, populistisch-rechtsbürgerliche Bewegung im Tessin) politisieren am rechten Rand des politischen Spektrums.
- Die Partei der Arbeit (PdA, kommunistisch) hat nach 1989 auch in den Großstädten jede Bedeutung verloren.
- Die Grünen, von denen es diverse Farbvarianten gibt, kämpfen um ihr politisches Überleben. Ihre Mobilisierungskraft bei Wahlen ist noch intakt.

Parlamentssitze (Wahlen vom Oktober 1999)

	Nationalrat	*Ständerat*
SP	53	6
FDP	42	18
SVP	45	7
CVP	35	15
Grüne	10	
LP	6	
SD	1	
PdA	1	
Lega	2	
sonstige	5	

Fast so wichtig wie die Parteien sind die Verbände. Ihre Experten werden in das Gesetzgebungsverfahren und in den vorparlamentarischen Konsensfindungsprozess (»Vernehmlassung«) einbezogen. Neben den Organisationen der Arbeitgeber und Arbeitnehmer haben vor allem die Umwelt- und Verkehrsverbände starken Einfluss.
Mit der »Aktion für eine unabhängige und neutrale Schweiz« (Auns), die aus einem Abstimmungskomitee gegen den Uno-Beitritt hervorging, schuf sich Christoph Blocher (SVP) eine eigene Hausmacht, in der er das gesamte konservative und isolationistische Potenzial bündelt. Die Auns hat über 41 000 Mitglieder, so viele wie die größten Parteien, und verfügt über bedeutende Kapitalreserven zum Einsatz in Abstimmungskämpfen.

MILITÄR

Wehrpflicht zwischen dem 20. und 42. Lebensjahr. **Streitkräfte:** Nur die höchsten Offiziere, das Instruktionspersonal, eine kleine Zahl von Piloten und das Betriebspersonal der Alpenfestungen sind Berufssoldaten. Das Milizsystem ist fest in der Gesellschaft verankert – mehr als früher auch bei jungen Frauen, die freiwillig Dienst leisten. Jeder Soldat bewahrt seine Ausrüstung

zu Hause auf, auch die Waffe. Grundausbildung 15 Wochen, danach 10 Auffrischungskurse von je 3 Wochen (insg. 300 Tage für Soldaten und Gefreite). Tagessold für Soldaten: 5 Franken. Kosten pro Diensttag und Soldat: 80 Franken inklusive Munition und Unterhalt der Ausrüstung. Jährlich werden etwa 25 000 neue Rekruten ausgebildet. Seit 1999 erste Versuche mit Zeitsoldaten, seit 2001 mit so genannten Durchdienern (Soldaten, die ihre gesamte Dienstzeit in einem Stück ableisten). Die Mobilisierungsstärke der Schweizer Armee beträgt 351 200 Mann. Sie ist damit eine der größten Westeuropas, mit mehr Kampfpanzern als Frankreich und doppelt so vielen Selbstfahrgeschützen wie Spanien. Seit dem Ende des Kalten Krieges ist die Doktrin der autonomen Rundumverteidigung obsolet. Ein neues Konzept und eine massive Reduktion der Truppenstärke auf rund 120 000 Mann werden vorbereitet. Die 1996 begonnene Annäherung an die Nato (»Partnerschaft für den Frieden«) soll ausgebaut, die Neutralität künftig flexibler gehandhabt und verstärkt international Solidarität gezeigt werden. Nach einem knappen Volksentscheid im Juni 2001 dürfen Schweizer Freiwillige bei Friedenssicherungseinsätzen der Uno und der OSZE nun auch bewaffnet mitwirken.
Allg. Wehrpflicht: zwischen dem 20. und 42. Lebensjahr. 3600 Berufsoffiziere und 351 200 Reservisten, davon 320 600 Armee und 30 600 Luftstreitkräfte **Militärausgaben** (am BSP): 1,2 % **Waffenhandelsanteil** an den Exporten 0,1 %, an den Importen 1,5 %

GESUNDHEIT, SOZIALES, BILDUNG

Für Gesundheit und soziale Wohlfahrt wenden Bund, Kantone und Gemeinden jährlich über 38,2 Milliarden sfr (32 % der Staatsausgaben) auf. Die gesamte Bevölkerung ist gegen Krankheit pflichtversichert. Wer die hohen Krankenkassenbeiträge nicht zahlen kann, hat Anspruch auf Beihilfen. Mit 41 Milliarden sfr (10,7 % des BIP 1999) leistet sich die Schweiz nach den USA das zweitteuerste Gesundheitssystem der Welt.
Das staatliche Sozialsystem wird je zur Hälfte von Arbeitgebern und Arbeitnehmern finanziert (2002: je 6,2 – 6,7 % vom Lohn). Es besteht aus Rentenversicherung, Invalidenversicherung und Arbeitslosenversicherung. Die Altersrente, im Prinzip ab 63 J. für Frauen, ab 65 J. für Männer, richtet sich nach Höhe und Dauer der Beiträge, wobei die Maximalrente einer doppelten Minimalrente entspricht (maximale einfache Monatsrente: 2060 sfr). Die Renten eines Ehepaars betragen zusammen höchstens 3090 sfr. Die »Zweite Säule« der Rentenversicherung bilden obligatorische betriebliche Pensionskassen. Die private Vorsorge (»Dritte Säule«) wird durch Steuererleichterungen gefördert.

Schweizer Soldaten der »Bergsteigertruppe« mit Pferden für Waffen und Ausrüstung

Rente: Männer ab 65 J., Frauen ab 63 J. **Öffentliche Gesundheitsausgaben** (am BIP): 7,6 % (1998) **Öffentliche Ausgaben für Bildung und Erziehung** (am BIP): 5,5 % **Öffentliche Ausgaben für Altersversorgung** (am BIP): 13,4 % **Medizinische Versorgung:** 3,4 Ärzte, 18,1 Krankenhausbetten/1000 Einw. **Säuglingssterblichkeit:** 4 % **Müttersterblichkeit:** 8/100 000 Geb. **Kinderunterernährung:** k. A. **Kinderarbeit:** k. A. **Armutsrate:** k. A. **Frauenanteil an den Beschäftigten:** 40,5 % **HIV-Infektionsrate:** 0,46 % **Lebenserwartung:** Männer 77 J., Frauen 83 J.
Das Erziehungswesen ist Kantonssache. Es gibt somit 26 verschiedene Schulsysteme. Der Besuch von Kindergarten und Vorschule ist freiwillig, wird aber gleichwohl von 98 Prozent der Kinder für mindestens ein Jahr wahrgenommen. 9 Jahre Schulpflicht. An Grundschule und Sekundarstufe I schließt eine nach Neigung und Begabung zu wählende Mittelschule an (Sekundarstufe II, 3 – 4 Jahre). 18 Prozent der Schüler erlangen eine Maturität (Abitur) und damit den Hochschulzugang; zwei Drittel der Schüler aus Sekundarstufe I machen eine Lehre.
Eine höhere Berufsausbildung schließen 27 Prozent der 23- bis 29-Jährigen ab. 9 Prozent der 27-Jährigen haben einen Hochschulabschluss. Dieser kann an einer der 10 kantonalen Universitäten (z. B. Basel, Neuenburg, St. Gallen), den beiden Technischen Hochschulen des Bundes in Zürich und Lausanne oder einer der 72 höheren Lehranstalten erlangt werden.

Der gesamte Bildungsbereich, für den Bund, Kantone und Gemeinden 18,4 Prozent ihrer Haushaltsmittel aufwenden, ist im Umbruch. Die Höheren Fachschulen werden in ein Fachhochschulsystem überführt, die bisher fünf Maturitätstypen werden zu Gunsten eines Wahlfachsystems aufgehoben, und die Universitätsausbildung wird

Goldbarren in der Schweizer Nationalbank

stärker reglementiert. Seit 1998 müssen Studenten der Humanmedizin an Deutschschweizer Universitäten eine Zulassungsprüfung ablegen.
Hervorragender Ruf als Forschungsstandort. In Immunologie, Molekularbiologie, Pharmakologie und Physik weltweit an der Spitze; in Mikrobiologie, Biochemie, Chemie und Astrophysik auf dem zweiten und in Neurowissenschaften und Informatik auf dem dritten Platz – wobei die erstklassige Reputation in gleichem Maß Schweizern und Ausländern zuzuschreiben ist. Für Forschung und Entwicklung gaben private (67,5 %) und öffentliche Institutionen im Inland 10 Milliarden sfr aus (2,7 % des BIP).
Schulpflicht: 7 – 16 J. **Einschulungsquote** im Primarbereich 94 %, im Sekundarbereich 83 % **Analphabetenrate:** k. A. **Universitäten:** 10 kantonale (Basel, Bern, Freiburg, Genf, Lausanne, Neuenburg, Zürich, St. Gallen, Lugano, Luzern), 2 Technische Hochschulen des Bundes (Zürich, Lausanne), 72 höhere Lehranstalten (Technik, Wirtschaft und Verwaltung, Soziales, Kunst, Musik).

WIRTSCHAFT

Währung: 1 Schweizer Franken (sfr) = 100 Rappen **Kurs** (Mitte 2002): 1 sfr = 0,68 € **BSP:** 273,8 Mrd. US$ **Wachstumsrate des BIP:** 3 % **BSP/Kopf:** 38 140 US$ **Anteile am BIP:** Landwirtschaft 2 %, Industrie 30 %, Dienstleistungen 68 % **Forschung+Entwicklungsausgaben** (am BSP): 2,55 % **Arbeitslosenquote:** 2,7 % **Inflationsrate:** 1 % **Staatseinnahmen:** 68,455 Mrd. US$ **Steueraufkommen** (am BIP): 22,3 % max. **Einkommensteuer:** k. A. **Körperschaftsteuer:** 45 % **Haushaltsdefizit** (am BIP): 0,3 % **Staatsausgaben:** 71,647 Mrd. US$ **Leistungsbilanzüberschuss:** 32,542 Mrd. US$ **Auslandsverbindlichkeiten:** 1055,643 Mrd. US$ **Auslandsvermögen:** 1352,443 Mrd. US$ **Schuldendienst** (am BSP): k. A. **Devisenreserven:** 53,620 Mrd. US$ **Ausl. Direktinvestitionen:** 17,902 Mrd. US$ **Börse** (Marktkapitalisierung am BIP): 330,5 % **Energie:** Produktion 11,81 Mio. t ÖE, Verbrauch 26,69 Mio. t ÖE. Anteile am Verbrauch: Kohle 0,3 %, Öl 41,6 %, Atomenergie 19,4 %, Erdgas 7,9 %, sonstige 30,8 %

Banken und Versicherungen:

Das gesetzlich geschützte Bankgeheimnis garantiert umfassende Diskretion. Über Jahrzehnte machten die Banken keinen Unterschied zwischen ehrlichen und kriminellen Klienten, stellten Diktatoren ebenso wie der Mafia ihre Dienste zur Verfügung.
Strengere Gesetzesvorschriften und die Erkenntnis, dass Affären das Ansehen und damit die Geschäftsaussichten schmälern, haben in den letzten Jahren allmählich zum Umdenken geführt. Die Finanzwirtschaft ist im Umbruch. Die Filialnetze der Banken werden stark verkleinert, da das Kleinkundengeschäft wenig einbringt.
Die Lücke füllen Versicherungsgesellschaften, die ihren Kunden einträgliche Geldanlagen und Sparmöglichkeiten andienen. Sowohl die Megabank UBS als auch der Finanzkonzern CS Group erzielen Milliardengewinne als weltweit tätige Vermögensverwalter.
3,7 Billionen sfr Vermögen werden von Schweizer Banken betreut. Auch im internationalen Assekuranzgeschäft gehören die Eidgenossen zur Spitze. Die Schweizer Rück ist nach der Münchner die zweitgrößte Rückversicherungsgesellschaft der Welt, »Winterthur« und »Zürich« gehören zu den wichtigsten Lebensversicherern und bieten zunehmend auch andere Finanzdienstleistungen an.

Landwirtschaft, Rohstoffe, Industrie:

Nutzfläche 36,9 %, von der Anbaufläche **bewässert:** 5,7 % **Zahl der Betriebe:** 70 537 (2000), davon knapp

ein Drittel als Nebenerwerb. **Durchschnittliche Betriebsgröße:** 15,2 ha. Selbstversorgungsgrad: 40 % vom pflanzlichen, 95 % vom tierischen Nahrungsenergiewert.
Kaum ein Klischee hält sich hartnäckiger als das vom Land der Kühe und Bauern. Richtig ist, dass die meisten Einheimischen aus Großvaters Zeiten starke emotionale Bindungen zur Landwirtschaft bewahren. Die Anliegen des »Nährstandes« wurden deshalb stets privilegiert behandelt.
Aber: Zwischen 1985 und 2000 nahm die Zahl der Betriebe um 28,6 Prozent ab. Das Einkommen der Landwirte wird immer weniger durch regulierte Preise als durch Direktzahlungen für gemeinwirtschaftliche und ökologische Leistungen gestützt. 2000 betrugen die Schutz- und Stützungsmaßnahmen 71 Prozent des landwirtschaftlichen Produktionswertes (OECD: 34 %).
Bewaldet: 12 716 km² oder 30,8 % der Landesfläche, jährliche **Aufforstung:** 43 km². In den Alpen erobert der Wald verlassene Weiden zurück. In den letzten 12 Jahren hat die Waldfläche um 184 km² zugenommen, das entspricht in etwa der Fläche von Appenzell Innerrhoden oder einem täglichen Zuwachs von 5 Fußballfeldern.
Wichtige Industriezweige: 2000 arbeiteten noch 1,03 Mio. (26,5 %) der Beschäftigten in diesem Wirtschaftssektor. Führende Branchen sind die Uhren- und Präzisionsgeräteindustrie, die Maschinenbauindustrie (Werkzeugmaschinen, Textilmaschinen, Energiegewinnung), die Chemie- und pharmazeutische Industrie, die Nahrungsmittelindustrie.

Außenwirtschaft:

Handelsbilanzüberschuss 390 Mio. US$ **Export:** 93,294 Mrd. US$, davon 27,9 % Maschinen, 27,4 % Chemikalien, 8,4 % Metallwaren, 7,4 % Uhren **Hauptausfuhrländer:** Deutschland (22,3 %), USA (11,7 %), Frankreich (9 %) **Hightech-Exporte:** 14,260 Mrd. US$ **Import:** 92,904 Mrd. US$, davon 24,5 % Maschinen u. Transportmittel, 16,8 Chemikalien, 11,4 % Fahrzeuge **Hauptlieferländer:** Deutschland (30,5 %), Frankreich (11,9 %), Italien (9,7 %)

VERKEHR

Schienennetz: 5035 km, davon 3007 km der Schweizerischen Bundesbahn (SBB), der Rest von 49 privaten Bahngesellschaften. Die Schweizer sind die fleißigsten Bahnfahrer Europas. 1,9 Mio. Eidgenossen besaßen ein Halbpreisabonnement für die Bahn, die sie im Durchschnitt 41-mal im Jahr benutzten und dabei 1882 km zurücklegten. Das Modernisierungsprojekt »Bahn 2000« verbessert mit Neubaustrecken, Doppelstock- und Neigezügen die Städteverbindungen. In den nächsten 20 Jahren werden 30 Mrd. sfr in den Ausbau des Netzes investiert. Auch den internationalen Verkehr will die SBB im Verbund mit DB und ÖBB attraktiver machen. Die Gruppe will gemeinsam modernes Rollmaterial kaufen und Tarife sowie Fahrpläne aufeinander abstimmen.
Straßennetz: 71 148 km, davon 1638 km Autobahnen (Ende des Ausbaus 2010 auf 1855 km geplant) **Motorisierung:** 526 Kfz/1000 Einw.
Der Bund ist verpflichtet, 60 Prozent der Treibstoffsteuern für den Straßenbau zu verwenden. Der 1980 eröffnete St.-Gotthard-Straßentunnel (17 km Länge) ist neben der Brenner-Autobahn die wichtigste Nord-Süd-Verbindung durch die Alpen; er war nach einem Brand im Oktober 2001 für mehrere Monate geschlossen. In den letzten 10 Jahren hat sich der Verkehr auf dieser Achse auf 7,6 Mio. t (2000) mehr als verdoppelt. Heute ist die Straße an jedem Werktag mit 5000 Lkw belastet, davon 57 Prozent im Transit.

Stau auf der Schweizer Autobahn A2 vor dem Gotthard-Tunnel in Richtung Süden

Ein Verkehrsabkommen mit der EU sieht bis 2005 die stufenweise Zulassung von 40-t-Lkw vor, die aber mit leistungsabhängigen, seit Anfang 2001 erhobenen Transitgebühren möglichst auf die Schiene gezwungen werden sollen. Wenn nötig, ist die Regierung bereit, den Bahntransport zu subventionieren. Zudem sind zwei neue Bahntunnel durch Gotthard und Lötschberg im Bau. Sie sollen 2007 und 2012 eröffnet werden und den Schienentransport noch konkurrenzfähiger machen, wie es ein Alpenschutz-Artikel in der Verfassung vorschreibt.

Skyguide-Fluglotse auf dem Tower des Flughafens Zürich-Kloten

Luftverkehr: 3 internationale **Flughäfen** – Zürich und Genf sowie der binationale Euroairport Basel-Mulhouse-Freiburg – und 4 regionale mit Linienverkehr. Nationale **Fluglinie** ist die erst 2002 gegründete Swiss. Die Gesellschaft entstand aus den Resten der zusammengebrochenen Swissair und deren einstiger Tochtergesellschaft Crossair. Die Luftsicherheit über der Schweiz kam im Juli 2002 erneut ins Gerede, als zwei Flugzeuge am Bodensee im von der Schweiz kontrollierten Luftraum in 11 300 Metern Höhe zusammenstießen. 71 Menschen, die meisten aus der russischen Teilrepublik Ufa, starben. Zu den Unglücksursachen werden auch Mängel und Schlampereien bei der (privatisierten) Schweizer Flugsicherung Skyguide gezählt. 17,216 Mio. beförderte Passagiere. **Haupthafen:** Basel **Binnenschifffahrt:** auf 12 großen Seen, auf dem Rhein (Basel-Rheinfelden und Schaffhausen-Bodensee) und der Aare. 2001 wurden in den Rheinhäfen von Basel, Muttenz und Birsfelden 8,63 Mio. t umgeschlagen, 1,1 Prozent mehr als im Vorjahr. **Pipelines:** für Erdöl 108 km, für Erdgas 1986 km

KOMMUNIKATION

Auf 1000 Einw. kommen 1002 **Rundfunk-**, 548 **Fernsehgeräte**, 717,9 **Telefonanschlüsse**, 723,8 **Mobiltelefone**, 499,7 **PC** und 73,07 **Internet-Zugänge** **IuK-Ausgaben** (am BIP): 10,3 %
Es erscheinen 79 **Tageszeitungen** mit einer Gesamtauflage von 2,629 Mio. Exemplaren. Die größten Tageszeitungen und ihre Auflagen:

Blick (Zürich)	309 444
Tages Anzeiger (Zürich)	250 000
Neue Zürcher Zeitung	170 113
Südostschweiz	138 933
Berner Zeitung	162 202

Nachrichtenagenturen: Schweizerische Depeschenagentur AG (SDA) mit einem dreisprachigen Dienst sowie Associated Press (AP)

UMWELT, TOURISMUS

Geschützte Gebiete: 26,9 % der Landesfläche **Energieverbrauch/Kopf:** 3738 kg ÖE **CO_2-Emission:** 41,8 Mio. t **Verwendung des Süßwassers:** Landwirtschaft 0 %, Industrie 58 %, Haushalte 42 % **Tourismus:** 11,4 Mio. Besucher, 7,303 Mrd. US$ Einnahmen

AKTUELLE ENTWICKLUNGEN

Die Schweiz und die Schweizer erlebten eines der schwersten Jahre ihrer Geschichte. Sie verloren mit dem Konkurs ihrer einst renommierten Fluggesellschaft Swissair ein Symbol ihres ökonomischen Weltstandards. Die Brandkatastrophe im Gotthard-Tunnel beschädigte den Glauben an Sicherheit und Zuverlässigkeit ihres Verkehrssystems. Und mit einem Attentat auf das Kantonalparlament in Zug kam auch das Vertrauen in ihre kleine heile Geborgenheit abhanden. 15 Tote und 15 Verletzte forderte der Anschlag eines 57-jährigen Frührentners, der im September 2001 ein Blutbad in der Zuger Volksvertretung anrichtete. Was den mit Sturmgewehr, Pistole und Handgranate bewaffneten Täter zum Massaker veranlasste, bleibt unklar; er richtete sich selbst. Es war wohl, spekulierte der SPIEGEL, »Hass auf die Politik«.
Die Schüsse von Zug waren nur der Auftakt einer Reihe dramatischer Zäsuren und Brüche. In Politik und Wirtschaft sahen sich die Schweizer wie kaum jemals zuvor in ihrer jahrhundertealten Geschichte mit dem Unfassbaren konfrontiert.
Beim Brand im Gotthard-Tunnel starben 11 Menschen – in einer Röhre, die vom ADAC noch 1999 als eine der sichersten in Europa eingestuft worden war. Ein Sattelschlepper war mit einem entgegenkommenden Lkw zusammengeprallt, die Flammen trieben die Temperaturen auf 1200 Grad. Es war, so Walter Steiner, der Sicherheitsbeauftragte des Tunnels, das »schlimmstmögliche Unfallszenario« überhaupt.

Ausgebrannter Lkw im Gotthard-Tunnel nach dem Feuer im Oktober 2001

Gedenkfeier nach dem Attentat auf das Kantonalparlament in Zug

Die Erinnerung an den widersprüchlichen Umgang der Schweiz mit dem Nationalsozialismus in ihrem nördlichen Nachbarland beschworen die internationalen Experten der so genannten Bergier-Kommission wieder herauf. Sie bestätigten, was die meisten Eidgenossen gern verdrängten: Viele Schweizer waren Hitlers stille Helfer. Das jetzt vorgelegte helvetische Sündenregister füllt 27 Bände. Fünf Jahre hatten die Fachleute um den Wirtschaftshistoriker Jean-François Bergier im Auftrag der Regierung versucht, Licht in das dunkelste Kapitel Schweizer Geschichte zu bringen.

Auch wenn die Autoren oft eine Anklage gegen die Schweiz der NS-Zeit vermeiden (»Der Historiker ist kein Richter«), schockierende Details sprechen für sich. So waren es Schweizer Behörden, die 1938 die Deutschen drängten, die Pässe von Juden mit einem »J« zu stempeln. 1942 riegelten die Eidgenossen ihre Grenzen für jüdische Flüchtlinge ab, obwohl Berichte über Massentötungen die Runde machten. Insgesamt registriert die Bergier-Kommission 24 500 »Rückweisungen«. Für den Großteil der Betroffenen war es eine Rückweisung in den Tod. Der Bericht der Bergier-Kommission liefert weitere Einzelheiten und Hinweise über eine deutsch-schweizerische Zusammenarbeit am Euthanasie-Programm oder in der Energieversorgung sowie über den Weiterverkauf einst jüdischen Eigentums. An 309 000 Überlebende überwies der Holocaustfonds, der mit Geldern von Finanzinstituten, Nationalbank und Industrie

Vorsitzender der Kommission zur Untersuchung von Schweizer NS-Verstrickungen, Jean-François Bergier

finanziert war, rund 295 Millionen Franken.

Eine andere Schweiz präsentierte sich auf der Expo 02. Die Landesausstellung in Neuchâtel, Yverdon, Biel und Murten faszinierte Millionen Besucher, ohne dass eine besondere Botschaft von ihr ausging. Vielmehr verblüfften die Macher ihr Publikum mit wundersamen Konstruktionen – einer Wolkenmaschine, einem rostigen Kubus mitten im Murtener See oder einem Hotel auf dem Wasser.

Dass die Schweizer bereit waren, sich gelegentlich auch liberalen Vorstellungen zu öffnen, demonstrierten sie an der Urne. Nach einer hitzigen nationalen Debatte über Abtreibung und unerwünschte Schwangerschaften nahm das Stimmvolk eine Fristenlösung an. Innerhalb der ersten zwölf Wochen dürfen Frauen jetzt abtreiben. De facto hielt sich kaum eine Frau noch an die alten Strafgesetzbestimmungen – sie stammten aus dem Jahr 1942.

Außenpolitik: Die Eidgenossen überraschten den Rest der Welt durch ihr Ja zu einer Mitgliedschaft in der Uno. Damit wurde die Schweiz das 190. Land der Weltorganisation (jetzt fehlen nur noch der Vatikan und der Sonderfall Taiwan). Rund 55 Prozent der Stimmbürger und eine hauchdünne Mehrheit der Kantone votierten für den Schritt in die Welt. Gleichzeitig erteilten die Schweizer den nationalkonservativen Isolationisten um den Anführer der Schweizerischen Volkspartei, Christoph Blocher, eine Abfuhr. Blocher, ein milliardenschwerer Selfmademan, war mit einer lauten Stimmungsmache gegen den Beitritt aufgefallen. Das Unterzeichnen der Uno-Charta, behauptete Blocher, »verpflichtet die Schweiz zu Kriegsmaßnahmen auf Befehl des Sicherheitsrates«.

Bei der letzten Uno-Abstimmung 1986 hatte Blocher noch Erfolg mit seiner Anti-Haltung gehabt. Damals hatte er seine Kampagne mit dem Satz gekrönt, die Uno sei ein »Instrument zur Verbreitung des Kommunismus«. Rund Dreiviertel der Eidgenossen sagten damals Nein zu den Vereinten Nationen.

16 Jahre später waren die Uno-Befürworter jedoch besser gerüstet. Auch die Regierung sprach sich für die Uno aus. Dort könne man seine »Anliegen wirksamer durchsetzen«, hieß es in Bern. Nirgendwo wurde das Ja zur Uno freudiger aufgenommen als in Genf. Die Stadt beherbergt schon immer das europäische Hautquartier der Weltorganisation. In der Region bietet die Uno die meisten Arbeitsplätze. Die Ausgaben der internationalen Behörden in Genf erreichen jährlich 3,5 Milliarden Franken.

Ex-Botschafter Thomas Borer mit Ehefrau Shawne vor dem Rheinfall in Schaffhausen

Auch rückte die Schweiz ein Stück näher an Brüssel. Nach jahrelangem, manchmal ermüdendem Feilschen traten die so genannten Bilateralen Verträge zwischen der Europäischen Union und dem neutralen Fleck in deren Mitte in Kraft. EU-Ausländer können sich nun fast problemlos zwischen Basel und Chiasso niederlassen, Handelsschranken werden abgebaut, und die Kooperation etwa bei Wissenschaft und Forschung soll an Schwung gewinnen.

Dass die Schweiz auch gut zur Unterhaltung beitragen kann, zeigte das diplomatische Theater um Botschafter Thomas Borer und, vor allem, seine Ehefrau Shawne. Dem Vertreter Berns in Berlin hatten die Zürcher Boulevardblätter *Blick* und *SonntagsBlick* vorgehalten, er wolle eine angebliche Sexaffäre mit einer Visagistin vertuschen. Als die eidgenössische Regierung Borer nach Bern versetzen wollte, quittierte er den Dienst und ließ sich als Wirtschaftsberater in Potsdam nieder (▸Personen des Jahres).

Swiss-Flugzeug

Wirtschaft: In aller Welt galt die Swissair jahrelang als Garant für erstklassigen Service und Präzision. Doch weil dem Carrier über Nacht das Geld ausging, mussten tags darauf im Frühjahr 2002 alle Flieger am Boden bleiben. Folge: Tausende gestrandete Passagiere campierten auf zugigen Airport-Fluren rund um den Globus.

Ein Image – vergleichbar dem der Schweizer Uhrmacher-Präzision – war jäh zerstört. Nie zuvor wurden die selbstbewussten Schweizer so gedemütigt wie durch den plötzlichen Absturz der Swissair. Dabei war der Zusammenbruch kein Wunder: Eine waghalsige Expansionsstrategie – immer mehr Anteile von schwächelnden Konkurrenten etwa aus Belgien (Sabena) und Deutschland (LTU) wurden wahllos zusammengerafft – ließ die Finanzen aus dem Ruder laufen. Zum Schluss fehlte sogar das Geld für den Treibstoff.

Aus den Trümmern der Swissair und der Tochtergesellschaft Crossair schufen die Schweizer nach monatelangen Anstrengungen eine neue Gesellschaft, Swiss. Nur mühsam kam die neue Airline von der Rollbahn. Ein Urteil in der *Neuen Zürcher Zeitung* über den Service an Bord fiel vernichtend aus: »Schäbiger Durchschnitt«. Wichtig für den geschäftlichen Erfolg des neuen Carriers wird sein, ob und in welchem Ausmaß die Zusammenarbeit mit einem der weltweit operierenden Luftfahrtbündnisse gelingt.

Senegal

Botschaft in Deutschland: Argelanderstraße 3, D-53115 Bonn
☎ +49-228-21 80 08 🖷 -21 78 15

GEOGRAFIE, BEVÖLKERUNG

Fläche: 196 722 km² **Bevölkerung:** 9, 530 Mio. Einw. **Bev.dichte:** 49 Einw./km² **Bev.wachstum:** 2,51 % **In Städten:** 47 % der Bev. **Analphabetenrate:** Männer 53 %, Frauen 72 % **Landessprachen:** Französisch (Amtssprache), Wolof, Fulfulde (Pulaar), Serer-Sin **Religionen:** 92 % Muslime, 6 % traditionelle Religionen, 2 % Christen

POLITISCHES SYSTEM

Unabhängig seit dem 20. August 1960. Präsidialrepublik. Einkammerparlament mit 120 Sitzen. Wahl alle 5 J. **Staatsoberhaupt:** Abdoulaye Wade (seit April 2000). **Regierungschefin:** Mame Madior Boye (seit März 2001).

MILITÄR

Streitkräfte: 9400 bis 10000. **Militärausgaben** am BSP: 1,7 %.

GESUNDHEIT, SOZIALES

Öffentliche Gesundheitsausgaben (am BIP): 2,6 % **Medizinische Versorgung:** 0,1 Ärzte/1000 Einw. **Armutsrate:** 26,3 % **Säuglingssterbl.:** 60/1000 Geb. **Lebenserwartung:** Männer 51 J., Frauen 54 J.

WIRTSCHAFT

Währung: 1 CFA-Franc = 100 Centimes **Kurs** (Mitte 2002): 1 CFA-Franc = 0,002 € **BSP:** 4,7 Mrd. US$ **Zuwachsrate des BIP:** 5,6 % **BSP/Kopf:** 490 US$ **Anteile am BIP:** Landwirtschaft 18 %, Industrie 27 %, Dienstleistungen 55 % **Arbeitslosenquote:** k. A. **Inflationsrate:** 3,0 % **Auslandsschulden:** 3,37 Mrd. US$ **Schuldendienst** (am BSP): 5,3 % **Entwicklungshilfe:** 423 Mio. US$ **Handelsbilanzdefizit:** 346 Mio. US$ **Tourismuseinnahmen:** 166 Mio. US$

AKTUELLE ENTWICKLUNGEN

Die Erfolge Senegals bei der Fußballweltmeisterschaft im Juni 2002 – das erstmals qualifizierte Team schlug im Eröffnungsspiel Weltmeister Frankreich und schied erst im Viertelfinale aus – kamen Präsident Abdoulaye Wade sehr gelegen. Denn sie lenkten zumindest kurzzeitig von den drängenden Alltagsproblemen und politischen Konfliktherden des Landes ab. Wade, der vor zwei Jahren zum Präsidenten gewählt wurde und mit seiner Sopi-(Wandel-)Koalition die 40-jährige Herrschaft der Sozialistischen Partei beendete, gilt bei den internationalen Gebern als Reformer; Senegal genießt den Ruf, Musterschüler der Demokratie in Westafrika zu sein. Die parteipolitischen Fronten brachen zunehmend auf: Bei den Kommunalwahlen im Mai 2002 sind erstmals zwei »Grüne«, Vertreter der Versammlung der Ökologisten Senegals, zu Bürgermeistern gewählt worden. Die Presselandschaft wurde vielfältiger. Die makroökonomischen Daten konnten sich im afrikanischen Vergleich sehen lassen. Die Inflationsrate lag bei 3, das Wirtschaftswachstum bei 5 Prozent. Investoren aus China, Indien und Taiwan erkundeten in der Hauptstadt Dakar die Möglichkeiten wirtschaftlicher Kooperation. Im Juni eröffnete ein von Japan finanzierter Fisch verarbeitender Betrieb – Kosten: 5 Millionen Euro. Dennoch nahm die Beliebtheit der Regierung in der ersten Jahreshälfte 2002 deutlich ab. Viele Bürger warfen Wade vor, die Korruption nur unzureichend zu bekämpfen und die wirtschaftlichen Probleme nicht in den Griff zu bekommen. Die Landwirtschaft, von der die Mehrheit der 9 Millionen Senegalesen lebt, kriselte. Erdnüsse, nach dem Fischexport der größte Devisenbringer, verkauften sich schlecht. Und der Konflikt in der Casamance, wo Rebellen seit 20 Jahren um Autonomie kämpfen, ist wieder aufgeflammt. Im Frühjahr starben 7 Menschen bei Rebellenangriffen.

République du Sénégal – Republik Senegal; Senegalesen

Nationalfeiertag: 4. April

Zeitzone: MEZ – 1 h

Hauptstadt: Dakar (1 641 400 Einwohner)

Telefon-Vorwahl: +221
Kfz-Kennzeichen: SN

Mitgliedschaften: AU, Uno

WM-Spiel Frankreich–Senegal

Seychellen

Republic of Seychelles – Republik Seychellen; Seycheller

Nationalfeiertag: 5. Juni (Tag der Befreiung)

Zeitzone: MEZ +3 h

Hauptstadt: Victoria (60 000 Einwohner)

Telefon-Vorwahl: +248
Kfz-Kennzeichen: SY

Mitgliedschaften: AU, Uno

Botschaft in Frankreich (auch für D akkreditiert): 51, Avenue Mozart, F-75016 Paris
☎ +33-1-42 30 57 47 🖷 -42 30 57 40

GEOGRAFIE, BEVÖLKERUNG

Fläche: 454 km² **Bevölkerung:** 81 000 Einw. **Bev.dichte:** 181 Einw./km² **Bev.wachstum:** 1,29 % **Lebenserwartung:** 72 J. **Analphabetenrate:** k.A. **Landessprachen:** Französisches Kreolisch **Religionen:** 90 % Katholiken, 8 % Anglikaner

POLITISCHES SYSTEM

Unabhängig seit 1976. Präsidialrepublik.

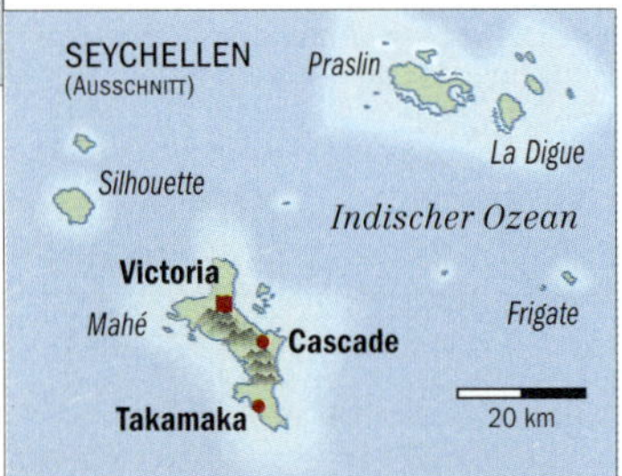

Staats- und Regierungschef: France Albert René (seit Juni 1977)

WIRTSCHAFT

Währung: 1 Seychellen-Rupie (SR) = 100 Cents **Kurs** (Mitte 2002): 5,62 SR = 1€ **BSP:** 573 Mio. US$ **Wachstumsrate des BIP:** 1,2 % **BSP/Kopf:** 7050 US$ **Anteile am BIP:** Landwirtschaft 3%, Industrie 22%, Dienstleistungen 75%

AKTUELLE ENTWICKLUNGEN

Bei der vorgezogenen Präsidentenwahl im September 2001 wurde France Albert René als Staatsoberhaupt bestätigt. Laut Verfassung ist das seine letzte Amtsperiode. Mit 54,19 Prozent der Stimmen (1998: 66,67) setzte er sich gegen den Pfarrer Wavel Ramklawan (44,95 Prozent; 1998: 19,53) durch. Ramkalawan warf Renés Partei, der Seychelles People's Progressive Front, massive Wahlfälschungen durch Stimmenkauf und Einschüchterung vor. Im März 2002 bat er die EU, für die Parlamentswahl 2003 Beobachter zu entsenden. Fischerei und Tourismus sind weiter das Rückgrat der Seychellen-Wirtschaft. 2001 kamen 129 762 Touristen – darunter 16 822 Deutsche.

Sierra Leone

Republic of Sierra Leone – Republik Sierra Leone;Sierra-Leoner

Nationalfeiertag: 27. April

Zeitzone: MEZ –1 h

Hauptstadt: Freetown (1 300 000 Einwohner)

Telefon-Vorwahl: +232
Kfz-Kennzeichen: WAL

Mitgliedschaften: AU, Uno

Botschaft in Deutschland: Rheinallee 20, D-53173 Bonn
☎ +49-228-35 20 01 🖷 -36 42 69

GEOGRAFIE, BEVÖLKERUNG

Fläche: 71 740 km² **Bevölkerung:** 5,031 Mio. Einw. **Bev.dichte:** 70 Einw./km² **Bev.wachstum:** 4,54 % **Lebenserwartung:** Männer 38 J., Frauen 41 J. **Analphabetenrate:** k.A. **Landessprachen:** Englisch (Amtssprache), Krio, Mende, Temne **Religionen:** 70 % Muslime, 15 % traditionelle Religionen, 15 % Christen

POLITISCHES SYSTEM

Unabh. seit 1961. Präsidialrepublik. **Staats- und Regierungschef:** Ahmed Tejan Kabbah (seit März 1996)

WIRTSCHAFT

Währung: 1 Leone (Le) = 100 Cents **Kurs** (Mitte 2002): 1 Le = 0,0005 € **BSP:** 600 Mio. US$ **Wachstumsrate des BIP:** 7 % **BSP/Kopf:** 130 US$ **Anteile am BIP:** Landwirtschaft 47 %, Industrie 30 %, Dienstleistungen 23 %

AKTUELLE ENTWICKLUNGEN

Im Januar 2002 wurde der Bürgerkrieg zwischen den regierungstreuen Milizen und den RUF-Rebellen offiziell für beendet erklärt. Über 17 000 Soldaten der zurzeit größten Uno-Blauhelmmission sollen den Friedensprozess begleiten und die umkämpften Diamantenfelder überwachen. Bei den Präsidentschaftswahlen im Mai 2002 wurde Ahmed Tejan Kabbah mit 70,3 Prozent der Stimmen im Amt bestätigt. Seine Volkspartei gewann bei den Parlamentswahlen 83 der 112 Sitze. Die RUF-Partei bekam kaum Stimmen. Die Wahlen wurden von Beobachtern als unter den gegebenen Umständen weit gehend frei und fair bezeichnet.

Simbabwe

Botschaft in Deutschland: Kommandantenstraße 80, D-10117 Berlin ☎ +49-30-206 22 63 🖷 -20 45 50 62

GEOGRAFIE, BEVÖLKERUNG

Fläche: 390 757 km², der größte Teil Simbabwes ist Hochland, das im Westen an das Kalaharibecken grenzt. **Verwaltung:** 8 Provinzen und 2 Stadtprovinzen **Bevölkerung:** 12,627 Mio. Einw., davon 71 % Schona, 16 % Ndebele, 11 % andere afrikanische Stämme **In Städten** leben 35 %, **unter 15 J.** sind 45 % der Bev. **Bev.dichte:** 33 Einw./km² **Bev.wachstum:** 1,73 % **Fruchtbarkeitsrate:** 3,8 Geb./Frau **Landessprachen:** Englisch (Amtssprache), Schona, Ndebele **Religionen:** etwa 75 % Christen, vermischt mit traditionellen Religionen, 24 % traditionelle Religionen

Die größten Städte

Harare	1 189 100
Bulawayo	620 900
Chitungwiza	274 000

POLITISCHES SYSTEM

Unabhängig seit dem 18. April 1980. Präsidialrepublik. Verfassung von 1980, zuletzt geändert 1990. Commonwealth-Mitgliedschaft suspendiert seit März 2002. Einkammerparlament: 150 Sitze. Davon 120 alle 5 J. direkt gewählt, 12 vom Staatsoberhaupt ernannt, 10 Stammeshäuptlinge und 8 Provinzgouverneure. Das Staatsoberhaupt wird alle 6 J. vom Parlament gewählt. Wahlrecht ab 18 J.
Staats- und Regierungschef: Robert Mugabe (seit Dezember 1987 bzw. März 1980)
Außenminister: Stanislaus Mudenge

MILITÄR

Streitkräfte: 39 000 Mann, davon 35 000 Armee, 4000 Luftstreitkräfte **Militärausgaben** (am BSP): 5 %

GESUNDHEIT, SOZIALES, BILDUNG

Öffentliche Gesundheitsausgaben (am BIP): 3 % **Öffentliche Ausgaben für Bildung und Erziehung** (am BIP): 10,8 % **Öffentliche Ausgaben für Altersversorgung** (am BIP): k. A. **Medizinische Versorgung:** 0,1 Ärzte, 0,5 Krankenhausbetten/1000 Einw. **Säuglingssterblichkeit:** 69/1000 Geb. **Müttersterblichkeit:** 610/100 000 Geb. **Kinderunterernährung:** 13 % **Kinderarbeit:** 27 % **Armutsrate:** 36 % **Frauenanteil an den Beschäftigten:** 44,5 % Zugang zu **sauberem Trinkwasser** haben 100 % der städtischen, 77 % der ländlichen Bev., zu **sanitären Anlagen** 99 % bzw. 51 % **HIV-Infektionsrate:** 25,06 % **Lebenserwartung:** Männer 40 J., Frauen 40 J. **Schulpflicht:** 6–13 J. **Einschulungsquote** im Primarbereich 93 %, im Sekundarbereich 49 % **Analphabetenrate:** Männer 7 %, Frauen 15 % **Universitäten:** Die bekanntesten sind in Harare und Baluwajo

WIRTSCHAFT

Währung: 1 Simbabwe-Dollar (Z$) = 100 Cents **Kurs** (Mitte 2002): 1 Z$ = 0,02 € **BSP:** 5,9 Mrd. US$ **Wachstumsrate des BIP:** -4,9 % **BSP/Kopf:** 460 US$ **Anteile am BIP:** Landwirtschaft 18 %, Industrie 25 %, Dienstleistungen 57 % **Forschung+Entwicklungsausgaben** (am BSP): k. A. **Arbeitslosenquote:** 6 % (offiziell, Dunkelziffer weit über 50 %) **Inflationsrate:** 76,7 % **Staatseinnahmen:** k. A. **Steueraufkommen** (am BIP): k. A., **Einkommensteuer:** max. 53 % **Körperschaftsteuer:** 30 % **Haushaltsdefizit** (am BIP): 5 % **Staatsausgaben:** k. A. **Leistungsbilanzdefizit:** 425 Mrd. US$ **Auslandsschulden:** 4,002 Mrd. US$ **Schuldendienst** (am BSP): 6,6 % **Devisenreserven:** 321 Mio. US$ **Empf. Hilfsgelder:** 178 Mio. US$ **Ausl. Direktinvestitionen:** 79 Mio. US$ **Börse** (Marktkapitalisierung (am BIP): 32,9 % **Energie:** Produktion 8,32 Mio. t ÖE, Verbrauch 10,17 Mio. t ÖE

Landwirtschaft, Rohstoffe, Industrie:

Nutzfläche 8,6 %, von der Anbaufläche sind 3,5 % bewässert **Produkte:** Tabak, Kaffee, Baumwolle, Zuckerrohr, Mais, Hirse, Weizen **Bewaldet:** 190 000 km², jährliche **Rodung:** 3199 km² **Rohstoffe:** Gold, Nickel, Asbest,

Republic of Zimbabwe – Republik Simbabwe; Simbabwer

Nationalfeiertag: 18. April

Zeitzone: MEZ + 1 h

Hauptstadt: Harare (1 189 100 Einwohner)

Telefon-Vorwahl: +263
Kfz-Kennzeichen: ZW

Mitgliedschaften: AU, Uno

Präsident Robert Mugabe

Von Schwarzen belagerte weiße Farmerin

Chromerz, Kupfer, Silber, Smaragde, Lithium, Zinn, Eisenerz, Kobalt, Kohle, Diamanten, Tantal **Wichtige Industriezweige:** Bergbau, Metallverarbeitung, Textilien

Außenwirtschaft:
Handelsbilanzdefizit 837 Mio. US$ **Export:** 1,864 Mrd. US$, davon 34,8 % Tabak, 21,9 % industrielle Vorprodukte, 15,5 % Nahrungsmittel **Hauptausfuhrländer:** Südafrika u. Nachbarländer (16,7 %), Großbritannien (11,1 %), Deutschland (7,8 %) **Hightech-Exporte:** 9 Mio. US$ **Import:** 2,701 Mrd. US$, davon 38,4 % Maschinen u. Transportmittel, 16,2 % industrielle Vorprodukte, 13 % Chemikalien **Hauptlieferländer:** Südafrika u. Nachbarländer (38,9 %), Großbritannien (7,4 %), Japan (5,6 %)

VERKEHR

Schienennetz: 2759 km **Straßennetz:** 18 338 km, davon 47,4 % befestigt **Motorisierung:** 32 Kfz/1000 Einw. Internationaler **Flughafen:** Harare **Wichtigste Fluglinie:** Air Zimbabwe, 606 000 beförderte Passagiere **Häfen:** Binga, Kariba **Binnenschifffahrt** auf dem Sambesi und dem Kariba-Stausee

KOMMUNIKATION

Auf 1000 Einw. kommen 362 **Rundfunk-**, 30 **Fernsehgeräte**, 18,6 **Telefonanschlüsse**, 24,1 **Mobiltelefone**, 12,1 **PC** und 0,26 **Internet-Zugänge** **IuK-Ausgaben** (am BIP): k. A.
Es erscheinen 2 **Tageszeitungen** mit einer Gesamtauflage von 166 100 Exemplaren. Die größten Tageszeitungen und ihre Auflagen:
The Herald 122 100
The Chronicle 40 000
Nachrichtenagentur: Zimbabwe Inter-Africa News Agency

UMWELT, TOURISMUS

Geschützte Gebiete: 7,9 % der Landesfläche **Energieverbrauch/Kopf:** 821 kg ÖE **CO_2-Emission:** 14,1 Mio. t **Verwendung des Süßwassers:** Landwirtschaft 79 %, Industrie 7 %, Haushalte 14 % **Tourismus:** 1,868 Mio. Besucher, 202 Mio. US$ Einnahmen

AKTUELLE ENTWICKLUNGEN

Simbabwe stand ganz im Zeichen der Präsidentschaftswahl, bei der sich Amtsinhaber Robert Mugabe erstmals in seiner 22-jährigen Regierungszeit mit einem ernst zu nehmenden Herausforderer konfrontiert sah. Dem Vorsitzenden der Bewegung für Demokratischen Wandel (MDC), Morgan Tsvangirai, wurden gute Chancen auf einen Sieg zugebilligt.
Um die virulente Landfrage in geordnete Bahnen zu lenken, trafen sich am 6. September 2001 die Außenminister von sechs Commonwealth-Staaten mit der simbabwischen Regierung in Nigeria. Diese verpflichtete sich, illegale Landbesetzungen nicht weiter zu dulden und sich bei der Umverteilung von Land an die Gesetze zu halten. Die ehemalige Kolonialmacht Großbritannien erklärte sich im Gegenzug bereit, enteignete weiße Farmer zu entschädigen. Doch dem als »Durchbruch« gefeierten Abkommen folgten keine Taten. Die gewalttätigen Auseinandersetzungen hielten an. Anhänger der Regierungspartei Zanu-PF, Veteranen des Unabhängigkeitskrieges und gedungene jugendliche Schlägertrupps besetzten allein bis Mitte November über 600 weitere Farmen von Weißen, ohne dass die Regierung einschritt. Die Lage spitzte sich zu, als Mugabe im November verfügte, dass die bereits für eine Enteignung vorgesehenen Farmen sofort aufgegeben werden müssten. Bis zu diesem Zeitpunkt konnten Betroffene durch Einspruch bei Gericht einen Aufschub erwirken. Außerdem legte Mugabe eine generelle Obergrenze von 2000 Hektar für Landbesitz fest.
Außenpolitisch geriet der Präsident zunehmend unter Druck – auch durch die in der Vergangenheit eher zurückhaltenden Nachbarländer, allen voran Südafrika. Pretoria, das eine Destabilisierung der Region, einen Flüchtlingsstrom sowie die abschreckende Wirkung auf ausländische Investoren fürchtet, gab seine Politik der »stillen Diplomatie« auf.
Gegenüber Opposition und regierungskritischen Medien verschärfte Mugabe die Gangart. MDC-Sympathisanten wurden systematisch verprügelt, gefoltert und ermordet; Dutzende

Journalisten, darunter Redakteure der einzigen unabhängigen Tageszeitung *The Daily News*, wurden schikaniert. Mugabe selbst stellte sich als Opfer einer neokolonialen Verschwörung dar: Die MDC, der er »Terrorismus« vorwarf, sei eine Marionette des Westens und der Weißen.

Anfang Januar 2002 kündigte das Militär an, es werde einen Wahlsieg der Opposition nicht dulden. Am 10. Januar verabschiedete das Parlament im Schnellverfahren zwei Gesetze, die de facto einer Ausrufung des Notstands gleichkamen: Das eine schränkt die Versammlungsfreiheit ein und erlaubt der Polizei, Kundgebungen aufzulösen. Vergehen wie »Unterminierung der Autorität des Präsidenten« werden geahndet – bis hin zur Todesstrafe. Daneben wurde das Wahlgesetz geändert: Unabhängige Wahlbeobachter wurden nicht zugelassen, Auslands-Simbabwer von der Stimmabgabe ausgeschlossen, die Eintragung in die Wählerlisten erschwert. Am 31. Januar folgte ein repressives Mediengesetz, das selbst in Regierungskreisen umstritten war und vorsieht, dass Journalisten beim Staat eine Zulassung beantragen müssen. Über Regierungsangelegenheiten darf nur noch eingeschränkt berichtet werden. Auf Zeitungsbeiträge, die Gerüchte verbreiten und »Niedergeschlagenheit« beim Leser bewirken, stehen Geld- und Haftstrafen. Das Gesetz trat allerdings erst nach der Präsidentschaftswahl in Kraft.

Zwei Wochen vor den Wahlen erließ auch die US-Regierung ein Einreiseverbot für die simbabwische Führungsriege. Washington folgte damit der Europäischen Union, die am 18. Februar, nach der Ausweisung des Chefs der EU-Wahlbeobachter, Sanktionen verhängt hatte.

Die Präsidentschaftswahl vom 9. bis 11. März verlief chaotisch und wurde von Manipulationen überschattet. Mugabe gewann die Wahl mit 56,2 Prozent der Stimmen. Tsvangirai sprach von »unverhohlenem Betrug«. Während afrikanische Beobachter Mugabes Sieg insgesamt anerkannten, sprachen westliche Regierungen den Wahlen jede legitimierende Wirkung ab. Am 19. März rang sich das Commonwealth zu einer einjährigen Suspendierung Simbabwes durch.

Auch nach der Vereidigung Mugabes am 17. März ebbte die Gewalt keineswegs ab. Allein in den vier Wochen nach der Wiederwahl wurden 16 MDC-Anhänger umgebracht. Die Zahl der seit Beginn der Landbesetzungen im Februar 2000 ermordeten weißen Farmer erhöhte sich auf 12. Seit dem 20. März muss sich Oppositionsführer Tsvangirai, der bereits wiederholt verhaftetet worden war, wegen Hochverrats vor Gericht verantworten. Grund: seine angebliche Beteiligung an einem Mordkomplott gegen Mugabe. Die MDC beharrte dennoch auf einer Wiederholung des Urnengangs und reichte am 12. April Klage gegen das Wahlergebnis ein.

Das einstige Vorzeigeland steckt in der schwersten Wirtschaftskrise seit seiner Unabhängigkeit 1980. Inflation und Arbeitslosigkeit erreichten neue Rekordmarken. Ausländische Direktinvestitionen kamen 2001 mit 5,4 Millionen US-Dollar fast zum Erliegen. Die Verteidigungsausgaben stiegen auf 12 Prozent des Staatsbudgets, denn noch immer stehen rund 11 000 simbabwische Soldaten im Kongo. Im November 2001 wurde der Haushalt für das Wahljahr vorgestellt, der eine Erhöhung der öffentlichen Ausgaben um 108 Prozent und Steuersenkungen im Umfang von 400 Millionen US-Dollar vorsah. Der Internationale Währungsfonds, der bereits 1999 seine Programme im Land suspendiert hatte, schloss Simbabwe im September 2001 von weiteren Krediten aus. Nach Angaben des Farmerverbands sind rund 95 Prozent des kommerziellen Farmlands für die Enteignung vorgesehen. Allein der Raub privaten Eigentums wird auf 18 Milliarden US-Dollar veranschlagt. Vorläufiger Höhepunkt des Enteignungsdramas war ein Regierungsultimatum vom 8. August, demzufolge 2900 Farmen endgültig und entschädigungslos geräumt werden mussten – auch 230 000 Arbeiter verlieren damit ihr Einkommen. Auch die Produktion von Mais erlebte einen massiven Einbruch, nun droht dem einstigen Nahrungsmittelexporteur eine Hungerkatastrophe. Nach Schätzungen des Uno-Welternährungsprogramms werden bis Ende 2002 über 6 Millionen Menschen akut betroffen sein. Am 30. April 2002 rief Mugabe deswegen den nationalen Notstand aus.

Warteschlange vor Wahllokal

Republic of Singapore – Republik Singapur; Singapurer

Nationalfeiertag: 9. August

Zeitzone: MEZ +7 h

Hauptstadt: Singapur (4 018 000 Einwohner)

Telefon-Vorwahl: +65
Kfz-Kennzeichen: SGP

Mitgliedschaften: Asean, Uno

Premierminister Goh Chok Tong

Singapur

Botschaft in Deutschland: Friedrichstraße 200, D-10117 Berlin ☎ +49-30-22 63 43 18 🖷 -22 63 43 55

GEOGRAFIE, BEVÖLKERUNG

Fläche: 648 km² **Verwaltung:** 5 Bezirke **Bevölkerung:** 4,018 Mio. Einw., davon 77 % Chinesen, 14 % Malaien, 8 % Inder **Unter 15 J.:** 22 % der Bev. **Bev.dichte:** 6587 Einw./km² **Bev.-wachstum:** 1,74 % **Fruchtbarkeitsrate:** 1,5 Geb./Frau **Landessprachen:** Mandarin, Malaiisch, Englisch und Tamil (sämtlich Amtssprachen) **Religionen:** Buddhisten, Taoisten, Sunniten und Christen

POLITISCHES SYSTEM

Unabhängig seit dem 9. August 1965. Republik. Verfassung von 1959, zuletzt geändert 1996. Commonwealth-Mitglied. Einkammerparlament mit 83 Sitzen. Wahl alle 5 J. Direktwahl des Staatsoberhaupts alle 6 J. Wahlpflicht ab 20 J.
Staatsoberhaupt: Sellapan Rama Nathan (seit September 1999)
Regierungschef: Goh Chok Tong (seit November 1990)
Außenminister: Shanmugam Jayakumar

MILITÄR

Allg. Wehrpflicht: 24 – 30 Monate **Streitkräfte:** 60 500 Mann, davon 50 000 Armee, 6000 Luftwaffe, 4500 Marine **Militärausgaben** (am BSP): 4,8 %

GESUNDHEIT, SOZIALES, BILDUNG

Öffentliche Gesundheitsausgaben (am BIP): 1,2 % **Öffentliche Ausgaben für Bildung und Erziehung** (am BIP): k. A. **Medizinische Versorgung:** 1,6 Ärzte, 3,6 Krankenhausbetten/1000 Einw. **Säuglingssterblichkeit:** 3/1000 Geb. **Müttersterblichkeit:** 9/100 000 Geb. **Kinderunterernährung:** k. A. **Kinderarbeit:** k. A.

Armutsrate: k. A. **Frauenanteil an den Beschäftigten:** 39,1 % Zugang zu **sauberem Trinkwasser** und zu **sanitären Anlagen** haben 100 % der Bev. **HIV-Infektionsrate:** 0,19 % **Lebenserwartung:** Männer 76 J., Frauen 80 J. Keine **Schulpflicht:** Grundschulbesuch ab 6 J. für 6 J. **Einschulungsquote** im Primarbereich 91 % **Analphabetenrate:** Männer 4 %, Frauen 12 % **Universitäten:** 7

WIRTSCHAFT

Währung: 1 Singapur-Dollar (S$) = 100 Cents **Kurs** (Mitte 2002): 1 S$ = 0,6 € **BSP:** 99,4 Mrd. US$ **Wachstumsrate des BIP:** 9,9 % **BSP/Kopf:** 24740 US$ **Anteile am BIP:** Landwirtschaft 0 %, Industrie 34 %, Dienstleistungen 66 % **Forschung+Entwicklungsausgaben** (am BIP): 1,13 % **Arbeitslosenquote:** 4,4 % **Inflationsrate:** 1 % **Staatseinnahmen:** 36,261 Mrd. US$ **Steueraufkommen** (am BIP): 15,5 % **Staatsausgaben:** 25,098 Mrd. US$ **Leistungsbilanzüberschuss:** 21,797 Mrd. US$ **Auslandsschulden:** k. A. **Schuldendienst** (am BSP): k. A. **Devisenreserven:** 80,132 Mrd. US$ **Empf. Hilfsgelder:** 1 Mio. US$ **Energie:** Produktion 0,06 Mio. t ÖE, Verbrauch 22,69 Mio. t ÖE

Landwirtschaft, Rohstoffe, Industrie:

Nutzfläche 1,6 % **Produkte:** Gemüse, Orchideenzucht **Bewaldet:** 0 km² **Wichtige Industriezweige**: Die Produktionspalette reicht vom Mikrochip bis zum Schiffsbau, Computer, Büromaschinen, Unterhaltungselektronik; ferner: Ölraffinerien, Metallindustrie, Maschinenbau, Chemie- und Textilindustrie

Außenwirtschaft:

Handelsbilanzüberschuss 11,4 Mrd US$ **Export:** 138,93 Mrd. US$, davon 66,4 % Maschinen und Transportmittel, 7,5 % Öl u. Schmierstoffe, 6,3 % Chemikalien **Hauptausfuhrländer:** USA (19,2 %), Malaysia (16,6 %), Hongkong (7,7 %) **Import:** 127,53 Mrd. US$, davon 60,3 % Maschinen und Transportmittel, 10,1 % Fertigwaren, 9 % industr. Vorprodukte **Hauptlieferländer:** USA (17,1 %), Japan (16,7 %), Malaysia (15,6 %)

VERKEHR

Schienennetz: 38,6 km, mit dem Festland durch einen Brückendamm über die Straße von Johor verbunden. 83 km U-Bahn-System. Eine zweite Linie mit 16 Stationen soll 2002 fertig gestellt werden **Straßennetz:** 3066 km, davon 100 % befestigt **Motorisierung:** 132 Kfz/ 1000 Einw. **Luftverkehr:** Internationaler Flughafen ist der Airport des Stadtstaats, nationale Fluglinie Singapore Airlines, zu der auch Silk Air gehört **Schifffahrt:** Von überragender Bedeutung ist der Hafen, gemessen am Umschlag der zweitgrößte Containerhafen der Welt

KOMMUNIKATION

Auf 1000 Einw. kommen 672 **Rundfunk-**, 304 **Fernsehgeräte**, 471,7 **Telefonanschlüsse**, 692 **Mobiltelefone**, 508,3 **PC** **IuK-Ausgaben** (am BIP): 9,7 % Größte **Tageszeitung:** *The Straits Times* (Auflage: 392 600 Exemplare) **Nachrichtenagentur:** Reuters Singapore

UMWELT, TOURISMUS

Geschützte Gebiete: 4,8 % der Landesfläche **CO_2-Emission:** 82,3 Mio. t **Verwendung des Süßwassers:** k. A. **Tourismus:** 6,258 Mio. Besucher, 6,37 Mrd. US$ Einnahmen

AKTUELLE ENTWICKLUNGEN

Die Wahlen vom 3. November 2001 brachten das erwartete Ergebnis. Die Peoples Action Party (PAP) von Premierminister Goh Chok Tong, die seit 1959 das Land regiert, errang, wie schon 5 Jahre zuvor, 82 von 84 Sitzen. Die Oppositionspartei Singapore Democratic Party von Chee Soon Juan bekam 2 Sitze und 25 Prozent der Wählerstimmen (Mehrheitswahlrecht), 1997 waren es noch 35 Prozent.

Beobachter kritisierten die Modalitäten der Wahl: Der Name jedes Wählers und die Nummer seines Stimmzettels wurden registriert; für 55 Wahlkreise nur Kandidaten der Regierungspartei aufgestellt. Die PAP überzog Oppositionspolitiker immer wieder mit Klagen. In Singapur hat es laut Amnesty International Tradition, konkurrierende Parteien der PAP durch hohe Geldstrafen in den Ruin zu treiben.

Am 6. Januar 2002 wurden 15 mutmaßliche Terroristen festgenommen und auf Grundlage des Internal Security Acts ohne Prozess für zwei Jahre in Haft genommen. Davon gehörten 13 der südostasiatischen Islamistenorganisation Jemaah Islamiah an, der Verbindungen zu Osama Bin Ladens al-Quaida nachgesagt werden. Die Verhafteten sollen Anschläge auf Botschaften, amerikanische Firmen und eine U-Bahnstation in Singapur geplant haben.

Am 13. März 2002 geriet die damals 22-jährige Deutsche Julia Bohl in die Schlagzeilen. Der jungen Frau drohte die Todesstrafe, weil in ihrer Wohnung mehr als 500 Gramm Marihuana gefunden wurden. Von den 687 Gramm konnte mehr als die Hälfte als unreine Cannabismischung identifiziert werden, woraufhin die Anklage im Mai reduziert wurde. Die verbliebenen Anklagepunkte sprechen für ein Strafmaß von vier bis fünf Jahren. In Singapur werden pro Jahr etwa vier Menschen zum Tode verurteilt. 1994 wurde der Niederländer Johannes van Damme wegen Drogenhandels gehenkt.

Auch Singapur hatte in 2001 eine Wirtschaftskrise. Das Bruttoinlandsprodukt sank um 2 Prozent, nach einem Plus von knapp 10 Prozent im Jahr zuvor. Für 2002 wird aber schon wieder ein Wachstum von 5 bis 6 Prozent erwartet.

Im April 2002 teilte der taiwanische Containerriese Evergreen mit, dass er mit seinen Schiffen in den benachbarten malaysischen »Port of Tanjung Pelepas« abwandern werde. Zwei Jahre zuvor hatte bereits die dänische Maersk Sealand, die größte Containerlinie der Welt, Singapur den Rücken gekehrt und im kostengünstigeren Malaysia investiert.

Hafen von Singapur

Starke Konkurrenz wird auch durch den WTO-Beitritt Chinas befürchtet. Die Regierung des Stadtstaates hatte deshalb im Herbst ein »Economic Review Committee« eingesetzt, das im Juni 2002 seine Vorschläge unterbreitete. In ihrem »Wachstumsmodell für das 21. Jahrhundert« fordern sie einen Rückzug der Staatsholding Temasek, die über 80 Unternehmen in Singapur kontrolliert, und eine Öffnung für private Investoren. Zusätzlich wird vorgeschlagen, die Spitzensätze der Unternehmen- und Einkommensteuer auf 20 Prozent zu senken. Außerdem soll sich der Stadtstaat von den konjunkturellen Schwankungen der Elektronikindustrie (44 Prozent der Industrieproduktion) unabhängiger machen und mehr in die forschungs- und entwicklungsintensiven Bereiche Life Science und Mikrotechnologie investieren.

Slovenská Republika – Slowakische Republik; Slowaken

Nationalfeiertag: 29. August (Tag des slowakischen Nationalaufstands)

Zeitzone: MEZ

Hauptstadt: Bratislava (448 300 Einwohner)

Telefon-Vorwahl: +421
Kfz-Kennzeichen: SK

Mitgliedschaften: OECD, OSZE, Uno, WEU (assoziiert)

Slowakei

Botschaft in Deutschland: Pariser Straße 44, D-10707 Berlin ☎ +49-30-889 26 20 🖷 -88 92 62 22

GEOGRAFIE, BEVÖLKERUNG

Fläche: 49 034 km² **Verwaltung:** 8 Regionen, 79 Distrikte **Bevölkerung:** 5,402 Mio. Einw., davon 75 % Slowaken, 10 % Ungarn, 10 % Roma, 1 % Tschechen **In Städten** leben 57 %, **unter 15 J.** sind 20 % der Bev. **Bev.dichte:** 112 Einw./km² **Bev.-wachstum:** 0,08 % **Fruchtbarkeitsrate:** 1,3 Geb./Frau **Landessprachen:** Slowakisch (Amtssprache), Ungarisch und Tschechisch **Religionen:** 60 % Katholiken, 8 % Protestanten, 4 % orthodoxe Christen

Die größten Städte

Bratislava (Pressburg)	448 300
Košice (Kaschau)	241 900
Prešov	94 000

POLITISCHES SYSTEM

Staatsgründung am 1. Januar 1993. Republik. Verfassung von 1993; Änderung 1999: Direktwahl des Präsidenten, Einschränkung seiner Befugnisse, zuletzt geändert 2001. Einkammerparlament (Nationalrat), 150 Sitze. Wahl alle 4 J. Direktwahl des Staatsoberhaupts alle 5 J. (einmalige Wiederwahl). Allg. Wahlrecht ab 18 J.
Staatsoberhaupt: Rudolf Schuster (seit Juni 1999)
Regierungschef: Mikuláš Dzurinda (seit Oktober 1998)
Außenminister: Eduard Kukan

Parlamentssitze (Wahlen vom 25./26. September 1998)

Bewegung für eine Demokratische Slowakei	43
Slowakische Demokratische Koalition	42
Demokratische Linke	23
Ungarische Koalition	15
Slowakische Nationalpartei	14
Partei der bürgerlichen Verständigung	13

MILITÄR

Allg. Wehrpflicht: 9 Monate **Streitkräfte:** 33 000 Mann, davon 19 800 Armee, 10 200 Luftstreitkräfte **Militärausgaben** (am BIP): 1,8 %

GESUNDHEIT, SOZIALES, BILDUNG

Öffentliche Gesundheitsausgaben (am BIP): 5,7 % **Öffentliche Ausgaben für Bildung und Erziehung** (am BIP): 4,3 % **Öffentliche Ausgaben für Altersversorgung** (am BIP): 9,1 % **Medizinische Versorgung:** 3,5 Ärzte, 7,1 Krankenhausbetten/1000 Einw. **Säuglingssterblichkeit:** 8/1000 Geb. **Müttersterblichkeit:** 14/100 000 Geb. **Kinderunterernährung:** k. A. **Armutsrate:** <2 % **Frauenanteil an den Beschäftigten:** 47,8 % Zugang zu **sauberem Trinkwasser** und zu **sanitären Anlagen** haben 100 % der Bev. **HIV-Infektionsrate:** <0,01 % **Lebenserwartung:** Männer 69 J., Frauen 77 J. **Schulpflicht:** von 6 – 14 J. **Einschulungsquote** im Primarbereich 100 %, im Sekundarbereich 94 % **Analphabetenrate:** k. A. **Universitäten**: Bratislava, Košice, Nitra, Žilina, Zvolen

WIRTSCHAFT

Währung: 1 Slowakische Krone (Sk) = 100 Heller **Kurs** (Mitte 2002): 1 Sk = 0,02 € **BSP:** 20 Mrd. US$ **Wachstumsrate des BIP:** 2,2 % **BSP/Kopf:** 3700 US$ **Anteile am BIP:** Landwirtschaft 4 %, Industrie 31 %, Dienstleistungen 65 % **Forschung +Entwicklungsausgaben** (am BSP): 0,98 % **Arbeitslosenquote:** 18,9 % **Inflationsrate:** 7,3 % **Staatseinnahmen:** 7,528 Mrd. US$ **Steueraufkommen** (am BIP:) 31,1 % **Einkommensteuer:** max. 42 % **Körperschaftsteuer:** 29 % **Haushaltsdefizit** (am BIP): 3,2 % **Staatsausgaben:** 8,524 Mrd. US$ **Leistungsbilanzdefizit:** 694 Mio. US$ **Auslandsschulden:** 14,368 Mrd. US$ **Auslandsvermögen**: 10,089 Mrd. US$ **Schuldendienst** (am BIP): 13,8 % **Devisenreserven:** 4,376 Mrd.US$ **Empf. Hilfsgelder:** 113 Mio. US$ **Ausl. Direktinvestitionen:** 2,052 Mrd. US$ **Börse** (Marktkapitalisierung am BIP): 3,9 % **Energie:** Produktion 5,14 Mio. t ÖE, Verbrauch 17,99 Mio. t ÖE. Anteile am Verbrauch: Kohle 21,4 %, Öl 17,7 %, Atomenergie 20,3 %, Erdgas 34,9 %

Landwirtschaft, Rohstoffe, Industrie:
Nutzfläche 33,2 %, von der Anbaufläche sind 10,9 % bewässert **Produkte:** Weizen, Zuckerrüben, Mais **Bewaldet:** 20 000 km², jährliche **Rodung:** 69 km² **Rohstoffe:** Braunkohle, Blei, Zink, Magnesium, Kupfer, Quecksilber **Wichtige Industriezweige:** Textilindustrie, Nahrungsmittel, Haushaltsgeräte

Außenwirtschaft:
Handelsbilanzdefizit 895 Mio. US$ **Export:** 11,896 Mrd. US$, davon 27,4 % industrielle Vorprodukte, 39,3 % Maschinen und Transportmittel, 13 % Fertigwaren **Hauptausfuhrländer:** Deutschland (27,6 %), Tschechien (18,2 %) **Hightech-Exporte:** 382 Mio. US$ **Import:** 12,791 Mio. US$, davon 18,3 % industrielle Vorprodukte, 37,7 % Maschinen und Transportmittel, 13 % Treibstoffe **Hauptlieferländer:** Deutschland (26,2 %), Tschechien (16,8 %), Russland (11,9 %)

VERKEHR

Schienennetz: 3662 km **Straßennetz:** 42 717 km, davon 86,7 % befestigt **Motorisierung:** 260 Kfz/1000 Einw. Internationale **Flughäfen:** 5, die größten in Bratislava (Stefánik Airport) und Košice **Fluglinie:** Slovak Airlines, 116 000 beförderte Passagiere **Häfen:** Bratislava, Komárno **Binnenschifffahrt** auf 172 km

KOMMUNIKATION

Auf 1000 Einwohner kommen 965 **Rundfunk-**, 407 **Fernsehgeräte**, 288 **Telefonanschlüsse**, 397,4 **Mobiltelefone**, 148,1 **PC** und 13,43 **Internet-Zugänge. IuK-Ausgaben** (am BIP): 7,5 %

Es erscheinen 19 **Tageszeitungen** mit einer Gesamtauflage von rund 950 000 Exemplaren.

Die größten Tageszeitungen und ihre Auflagen:

Nový čas (Bratislava)...........230 000
Pravda (Bratislava) 165 000
Šport (Bratislava)..................85 000
Práca (Bratislava)..................80 000

Nachrichtenagenturen: Tlačová agentúra Slovenskej republiky/TASR in Bratislava; SITA

UMWELT, TOURISMUS

Geschützte Gebiete: 22,6 % der Landesfläche **Energieverbrauch/Kopf:** 3335 kg ÖE **CO_2-Emission:** 38,1 Mio. t **Tourismus:** 1,053 Mio. Besucher, 432 Mio. US$ Einnahmen

AKTUELLE ENTWICKLUNGEN

Der Weg zu mehr Marktwirtschaft und Rechtsstaatlichkeit, den die Regenbogen-Koalition aus linken, konservativen und christlich-sozialen Parteien unter Ministerpräsident Mikuláš Durinda beschritten hat, führte zwar zu internationaler Anerkennung, die versprochene Verdoppelung der Einkommen und eine Senkung der Arbeitslosigkeit blieben jedoch bisher aus. Dennoch scheiterte der Versuch seines Vorgängers Vladimir Mečiars im März 2002, die Regierung durch ein Misstrauensvotum zu stürzen.

Im Juni musste Dzurinda allerdings einen seinen engsten Mitarbeiter entlassen. Verkehrsminister Josef Macejko war in den Sog eines Korruptionsskandals geraten, in den angeblich auch der Bruder des Ministerpräsidenten verwickelt ist.

Die zentralen Themen der politischen Auseinandersetzung sind der angestrebte EU- und Nato-Beitritt und die seitens der EU eingeforderten Reformen in der Minderheitenpolitik. Neben den Roma, die in keinem anderen Staat Europas einen so hohen Bevölkerungsanteil (rund 10 Prozent) stellen wie in der Slowakei, sind es vor allem die 520 000 Ungarn, die nach mehr Mitbestimmung und nach Gleichbehandlung streben. Ministerpräsident Dzurinda von der christlich-liberalen SDKU, in dessen Regierungsbündnis auch die Partei der Ungarischen Koalition (SMK) vertreten war, hatte im Juli 2001 einen Versuch unternommen, die Zahl der Regionen auf 12 zu erweitern, um die Stellung der im Süden des Landes lebenden Ungarn zu stärken. Der linke Flügel der Regenbogen-Koalition stellte sich jedoch auf die Seite der oppositionellen Nationalisten, so dass die Vorlage im Parlament abgelehnt wurde. Das schließlich verabschiedete Gesetz teilt die Slowakei nun in 8 Regionen mit jeweils slawischer Bevölkerungsmehrheit ein.

Bei den Regionalwahlen im Dezember 2001 sorgte die SMK für eine Überraschung und avancierte mit 20 Prozent zur zweitstärksten Partei des Landes. Auch viele Nicht-Ungarn honorierten den gemäßigten Kurs der prowestlichen Partei.

Als Sieger ging die slawisch-nationalistische Bewegung für eine demokratische Slowakei (HZDS) Mečiars hervor, die 30 Prozent der Stimmen errang und nun 6 von 8 Regionalpräsidenten stellt. Die Regionalpräsident-

Ministerpräsident Mikuláš Dzurinda

Oppositionsführer und Ex-Ministerpräsident Vladimir Mečiar

Slowakische Hauptstadt Bratislava

schaftskandidaten der HZDS wurden im zweiten Wahlgang von der postkommunistischen Partei der demokratischen Linken (SDL) und deren Abspaltung, der nationalpopulistischen SMER (»Richtung«) Robert Ficos unterstützt.

Der 38-jährige Fico, dessen Wahlprogramm einen »Dritten Weg« jenseits von links und rechts reklamiert und der sowohl für die Freigabe von Marihuana als auch für die Einführung der Todesstrafe eintritt, ist mittlerweile einer der populärsten Politiker der Slowakei. Fico kann sich inzwischen auch auf nationaler Ebene eine Zusammenarbeit mit der HZDS vorstellen, wenn diese sich von Mečiar löst.

Viele westliche Politiker befürchten nach den Parlamentswahlen am 20./21. September 2002 eine Rückkehr Mečiars an die Macht. Zwar hat der seine ablehnende Haltung zu einem EU- und Nato-Beitritt inzwischen revidiert, dennoch warnten westliche Repräsentanten eindringlich vor den Folgen einer Regierungsbeteiligung der HZDS. Die Nato werde Mečiar gewiss nicht akzeptieren, weder als Regierungschef noch als Regierungsmitglied, sagte im April der amerikanische Botschafter in Prag.

Zwei Jahre nach Wiederaufnahme der Beitrittsgespräche mit Brüssel im Frühjahr 2000 gehörte die Slowakei zu jener Gruppe der 10 Kandidaten, die voraussichtlich als Mitglied der EU an den Wahlen zum Europäischen Parlament 2004 teilnehmen werden.

Im Juni 2002 hatte das Land 26 von 31 Verhandlungskapitel zur Aufnahme in die EU abgeschlossen.

Die Slowakei lehnt wie die Tschechische Republik eine Revision der völkerrechtlich umstrittenen Beneš-Dekrete von 1945 ab, durch die auf dem Gebiet der heutigen Slowakei mehrere hunderttausend Deutsche und Ungarn vertrieben und enteignet worden waren. Diese Haltung führte zu Spannungen in der Visegrad-Gruppe, in der beide Staaten gemeinsam mit Polen und Ungarn eine Freihandelszone bilden.

Die Tschechische Republik als Gastgeberland des Nato-Gipfels im November 2002 will die Aufnahme der Slowakei in das Verteidigungsbündnis fördern.

Die slowakische Wirtschaft zeichnet sich durch ein stabiles Wachstum (OECD-Prognose für 2002: 4 Prozent) aus. Allerdings stieg die Arbeitslosigkeit auf knapp 20 Prozent im Frühjahr 2002 an. Das an Rohstoffen arme Karpatenland ist 1993 mit einer veralteten Industrie in die Unabhängigkeit gestartet, jedoch inzwischen zum Ziel zahlreicher ausländischer, auch deutscher Investitionen geworden.

VW-Slovakia erzielte 16 Prozent der slowakischen Exporterlöse, und der Ruhrgaskonzern kontrolliert gemeinsam mit Gaz de France den durch das Land verlaufenden Transportweg für russisches Erdgas.

Der deutsche Energiekonzern Eon beteiligte sich im Juni 2002 mit 49 Prozent an dem größten slowakischen Versorger ZSE.

Die Wirtschaftskraft der Slowakei ist regional sehr unterschiedlich. Während das Bruttoinlandsprodukt pro Kopf in der Region Bratislava 2001 über 90 Prozent des EU-Durchschnitts betrug, wurden landesweit nur 35 Prozent erreicht. Die Europäische Bank für Wiederaufbau und Entwicklung stellte 2001 für die Verbesserung der Infrastruktur 344 Millionen Euro zur Verfügung. Damit sollen auch dem Tourismus, der 2001 einen Zuwachs von 13,6 Prozent verzeichnen konnte, neue Perspektiven eröffnet werden.

Slowenien

Botschaft in Deutschland: Hausvogteiplatz 3-4, D-10117 Berlin ☎ +49-30-206 14 50 🖷 -206 14 57 0

GEOGRAFIE, BEVÖLKERUNG

Fläche: 20 253 km². Im äußersten Norden des Balkans gelegen, schmiegt sich das Land an den Südrand der Ostalpen; schmaler Zugang zur Adria. **Verwaltung:** 148 Gemeinden **Bevölkerung:** 1,988 Mio. Einw., davon 88 % Slowenen, 3 % Kroaten, 2 % Serben, daneben: Bosnier, Mazedonier, Ungarn, Italiener **In Städten** leben 50 %, **unter 15 J.** sind 16 % der Bev. **Bev.dichte:** 99 Einw./km² **Bev.wachstum:** -0,12 % **Fruchtbarkeitsrate:** 1,2 Geb./Frau. **Landessprache:** Slowenisch **Religionen:** 95 % Katholiken, Minderheit von orthodoxen Christen und Muslimen

Die größten Städte

Ljubljana	259 000
Maribor	99 700
Celje	38 800
Kranij	35 700

POLITISCHES SYSTEM

Republik. Verfassung von 1991. Zweikammersystem: Staatsversammlung (»Državni Zbor«, 90 Sitze, 88 direkt gewählt, je 1 Vertreter der ungarischen und italienischen Minderheit, Wahl alle 4 J.), Nationalrat (»Državni Svet«, 40 Sitze, davon 22 direkt, 18 durch ein Wahlkollegium gewählt. Wahl alle 5 J.) Direktwahl des Staatsoberhaupts alle 5 J. (einmalige Wiederwahl zulässig). Wahlrecht ab 18 J.

Staatsoberhaupt: Milan Kučan (seit April 1990, direkt gewählt Dezember 1992)

Regierungschef: Janez Drnovšek (seit Oktober 2000)

Außenminister: Dimitrij Rupel

Ministerpräsident Janez Drnovšek

MILITÄR

Allg. Wehrpflicht: 7 Monate **Streitkräfte:** 7600 Mann, davon 7600 Armee **Militärausgaben** (am BSP): 1,4 %.

GESUNDHEIT, SOZIALES, BILDUNG

Öffentliche Gesundheitsausgaben (am BIP): 6,7 % **Öffentliche Ausgaben für Bildung und Erziehung** (am BIP): 5,8 % **Öffentliche Öffentliche Ausgaben für Altersversorgung** (am BIP): 13,6 % **Medizinische Versorgung:** 2,3 Ärzte, 5,7 Krankenhausbetten/1000 Einw. **Säuglingssterblichkeit:** 5/1000 Geb. **Müttersterblichkeit:** 17/100 000 Geb. **Kinderunterernährung:** k. A. **Kinderarbeit:** k. A. **Armutsrate:** < 2 % **Frauenanteil an den Beschäftigten:** 46,5 % Zugang zu **sauberem Trinkwasser** haben 100 % der städtischen und ländlichen Bev., zu **sanitären Anlagen:** k. A. **HIV-Infektionsrate:** 0,02 % **Lebenserwartung:** Männer 72 J., Frauen 79 J. **Schulpflicht:** 6 – 15 J. **Einschulungsquote** im Primarbereich 94 %, im Sekundarbereich 89 % **Analphabetenrate:** < 0,5 % **Universitäten:** in Ljubljana, Maribor

WIRTSCHAFT

Währung: 1 Tolar (SIT) = 100 Stotin **Kurs** (Mitte 2002): 1 SIT = 0,004 € **BSP:** 20 Mrd. US$ **Wachstumsrate des BIP:** 4,6 % **BSP/Kopf:** 10 050 US$ **Anteile am BIP:** Landwirtschaft 3 %, Industrie 38 %, Dienstleistungen 58 % **Forschung+Entwicklungsausgaben** (am BSP): 1,47 % **Arbeitslosenquote:** 7,5 % **Inflationsrate:** 8,4 % **Staatseinnahmen:** k. A. **Steueraufkommen** (am BIP): 36,7 % **Einkommensteuer:** max. 42 % **Körperschaftsteuer:** 25 % **Haushaltsdefizit** (am BIP): 1,3 % **Staatsausgaben:** k. A. **Leistungsbilanzdefizit:** 66 Mio. US$ **Auslandsschulden:** 10,553 Mrd. US$ **Auslandsvermögen:** 8,214 Mrd. US$ **Schuldendienst** (am BSP): k. A. **Devisenreserven:** 3,196 Mrd. US$ **Empf. Hilfsgelder:** 61 Mio. US$ **Ausl. Direktinvestitionen:** 176 Mio. US$ **Börse** (Marktkapitalisierung am BIP): 14,1 % **Energie:** Produktion 2,99 Mio. t ÖE, Verbrauch 6,51 Mio. t ÖE.

Republika Slovenija – Republik Slowenien; Slowenen

Nationalfeiertag: 25. Juni (Souveränitätstag)

Zeitzone: MEZ

Hauptstadt: Ljubljana (259 000 Einwohner)

Telefon-Vorwahl: +386
Kfz-Kennzeichen: SLO

Mitgliedschaften: OSZE, Uno, WEU (assoziiert)

Landwirtschaft, Rohstoffe, Industrie: **Nutzfläche** 10 %, von der Anbaufläche ist 1 % bewässert **Bewaldet:** 11 000 km²; **jährliche Aufforstung:** 22 km² **Wichtige Industriezweige:** Autos und Zweiräder, Textilindustrie, chemische Industrie, Holzverarbeitung **Rohstoffe:** Kohle, Erdöl, Erdgas, Blei, Zink, geringe Vorkommen an Uran

Slowenische Hauptstadt Ljubljana

Außenwirtschaft: **Handelsbilanzdefizit** 622 Mio. US$ **Export:** 9,342 Mrd. US$, davon 35,5 % Maschinen u. Transportmittel, 21 % Fertigwaren, 26,2 % industrielle Vorprodukte **Hauptausfuhrländer:** Deutschland (30,7 %), Italien (13,7 %), Kroatien (7,9 %) **Hightech-Exporte:** 368 Mio. US$ **Import:** 9,964 Mrd. US$, davon 21,6 % industrielle Vorprodukte, 37 % Maschinen u. Transportmittel, 13,6 Fertigwaren **Hauptlieferländer:** Deutschland (20,6 %), Italien (16,7 %), Frankreich (10,9 %)

VERKEHR

Schienennetz: 1201 km **Straßennetz:** 20 177 km, davon 99 % befestigt **Motorisierung:** 455 Kfz/1000 Einw. Internationale **Flughäfen:** in Ljubljana, Maribor und Portorož **Fluglinie:** Adria Airways, 628 000 beförderte Passagiere **Haupthafen:** Koper (Adria)

KOMMUNIKATION

Auf 1000 Einw. kommen 405 **Rundfunk-**, 368 **Fernsehgeräte**, 400,9 **Telefonanschlüsse**, 795,8 **Mobiltelefone**, 275,7 **PC** und 14,82 **Internet-Zugänge** **IuK-Ausgaben** (am BIP): 5,2 % Es erscheinen 5 **Tageszeitungen** mit einer Gesamtauflage von rund 300 000 Exemplaren. Die größten Tageszeitungen und ihre Auflagen:

Delo 90 600
Slovenske novice 80 000
Večer 70 000

Nachrichtenagenturen: Slovenska Tiskovna Agencija (STA) und Morel

UMWELT, TOURISMUS

Geschützte Gebiete: 6 % der Landesfläche **Energieverbrauch/Kopf:** 3277 kg ÖE **CO_2-Emission:** 14,6 Mio. t **Verwendung des Süßwassers:** Landwirtschaft 0 %, Industrie 50 %, Haushalte 50 % **Tourismus:** 1,090 Mio. Besucher, 957 Mio. US$ Einnahmen

AKTUELLE ENTWICKLUNGEN

Die einstige jugoslawische Teilrepublik ist elf Jahre nach ihrer Unabhängigkeit auf dem Weg in die Europäische Union. Im Juni 2002 waren bereits 27 von 31 Beitrittskapiteln abgeschlossen. Damit lag Slowenien nach Litauen und Zypern an dritter Stelle der zehn engeren Kandidatenländer – noch vor Staaten wie Ungarn oder Polen. Mit einem Bruttoinlandsprodukt pro Kopf von über 10 000 Euro ist Slowenien auch das reichste Land unter den mittelosteuropäischen EU-Kandidaten.

Die Teilnahme an der Wirtschafts- und Währungsunion nach dem Beitritt 2004 gilt angesichts der stabilen Wirtschaftsentwicklung als wahrscheinlich. Außenminister Dimitrij Rupel verkündete im Februar 2002 stolz, Slowenien habe bereits 73 Prozent des durchschnittlichen Bruttoinlandsprodukts der EU erreicht und sei damit zum »Klassenprimus unter den Kandidaten« geworden.

Schwierigkeiten gab es allerdings bei der Privatisierung staatlicher Unternehmen, deren Anteil am Produktivvermögen noch Anfang 2002 auf rund 50 Prozent beziffert wurde. Im Frühjahr standen unter anderem die beiden größten Staatsbanken zum Verkauf – und die Angst vor einem Ausverkauf der Volkswirtschaft war in dem kleinen Staat am Rande der Alpen spürbar. Zur Sicherheit legte die slowenische Regierung im Fall der größten Bank des Landes fest, dass der ausländische Anteil auf maximal 34 % beschränkt bleiben sollte.

Trotz der erzielten Fortschritte ist die EU-Skepsis in der Bevölkerung weit verbreitet: Im Februar sprachen sich in einer Meinungsumfrage lediglich 48,6 Prozent der Befragten für einen Beitritt aus, während 32,5 Prozent im Falle eines Referendums mit ‚Nein' stimmen wollen.

Noch größere Widerstände gibt es gegen den geplanten Nato-Beitritt. Die mit einer breiten parlamentarischen Mehrheit ausgestattete Mitte-Links-Koalition von Ministerpräsident Janez Drnovšek sucht auch hier den Anschluss an die euroatlantischen Strukturen. Tatsächlich sind die Aussichten auf eine schnelle Aufnahme in die nordatlantische Allianz mittlerweile günstig. Der Balkan-Staat, ohnehin bereits mit Soldaten an den internationalen Friedensmissionen in Bosnien und im Kosovo beteiligt, macht sich große Hoffnungen, beim Prager Nato-Gipfel im November als neues Mitglied berücksichtigt zu werden. Noch im Jahr 2001 hatte Verteidigungsminister Anton Grizold in der Brüsseler Nato-Zentrale Kritik einstecken müssen: Den slowenischen Streitkräften, hieß es dort, fehle die Nato-Reife.

Im Vorgriff auf die erwartete Einladung zum Beitritt beschloss die Regierung Drnovšek am 25. April 2002, die gegenwärtig 7600 Mann umfassende Armee Mitte 2004 in ein Berufsheer umzuwandeln und die bisherige allgemeine Wehrpflicht abzuschaffen. Außerdem wurde ein Investitionsprogramm in Höhe von 272 Mio. Euro verabschiedet. Den Land- und Luftstreitkräften – die Marine besitzt angesichts der nur 40 km langen Adria-Küste lediglich symbolische Bedeutung – sollen dadurch in den nächsten drei Jahren die für die Nato-Anpassung notwendigen Waffenkäufe und Strukturveränderungen ermöglicht werden. Doch Oppositionsführer Janez Janša, selbst einst Verteidigungsminister, fürchtete noch im Juni 2002, dass das Land wegen der verschleppten Armeereform von der Allianz im November nicht berücksichtigt werde. Der Vorsitzende der streng antikommunistisch orientierten »Sozialdemokratischen Partei Sloweniens« (SDS) bemängelte außerdem, dass die Regierungsparteien es allzu lange versäumt hätten, die slowenische Öffentlichkeit über den Nutzen eines Nato-Beitritts aufzuklären. Tatsächlich bekamen die Gegner in den letzten Jahren mehr und mehr Zulauf: Während Anfang 1997 noch 62 Prozent der Slowenen bekundeten, in die Nato zu wollen, waren es im April 2002 nur noch knapp 40 Prozent. Angesichts der schwindenden Zustimmung in der Bevölkerung erscheint die sicherheitspolitische Zukunft des Landes ungewiss. Das von Premier Drnovšek zugesagte Referendum über eine Mitgliedschaft in der Allianz wird allerdings erst nach einer möglichen Einladung der Nato stattfinden. Im März begann die Regierung mit einer Informationskampagne. Dabei setzte sie vor allem auf den populären Präsidenten Milan Kučan. Der fand dann auch deutliche Worte: »Weder der Terrorismus, noch die internationale Kriminalität«, so Kučan, erkannten »das Neutralitätskonzept an«. Schließlich, sekundierte Ministerpräsident Drnovšek, befinde sich Slowenien am Rande der instabilen südosteuropäischen Region, in der es sich als zwingend erwiesen habe, dass gerade die Nato »Ordnung schaffen« musste.

Die Beziehungen zum Nachbarn Kroatien blieben schwierig. Der Streit über den slowenisch-kroatischen Grenzverlauf in der nördlichen Adria konnte auch von den Präsidenten Kučan und Mesić bei ihrem Treffen Anfang Juni nicht ausgeräumt werden. Das kroatische Parlament verweigert dem bereits im Juli 2001 vereinbarten Grenzabkommen nach wie vor seine Zustimmung. Während Zagreb deshalb auf neue Verhandlungen drängte, bestand Ljubljana auf der Ratifikation des vorliegenden Vertrags.

Präsidenten Johannes Rau, Milan Kučan

Das slowenisch-österreichische Verhältnis entspannte sich hingegen. Beide Seiten verabredeten, die seit langem strittigen »Avnoj-Beschlüsse« des jugoslawischen Partisanenregimes von einer gemeinsamen Historikerkommission untersuchen zu lassen. Die 1943 und 1944 getroffenen Anordnungen des »Antifaschistischen Rates zur Volksbefreiung Jugoslawiens« (Avnoj) bildeten die rechtliche Grundlage für die Enteignung und Vertreibung der deutschsprachigen Minderheit. Überdies wurde im Juni 2002 ein Urteil des Obersten Gerichtshofs in Slowenien bekannt, das erstmals den Weg für Entschädigungsforderungen frei machte.

In der Innenpolitik wird es im Herbst einen Wechsel an der Staatsspitze geben: Präsident Kučan darf nach zweimaliger Amtszeit nicht wieder kandidieren. Um sein Amt will sich im November Ministerpräsident Irnovšek bewerben.

Soomaaliya – Demokratische Republik Somalia; Somalier

Nationalfeiertag: 26. Juni

Zeitzone: MEZ + 2 h

Hauptstadt: Mogadischu (1 000 000 Einwohner)

Telefon-Vorwahl: +252
Kfz-Kennzeichen: SP

Mitgliedschaften: AU, Uno

Somalia

Botschaft: derzeit keine

GEOGRAFIE, BEVÖLKERUNG

Fläche: 637 657 km² **Bevölkerung:** 8,778 Mio. Einw. **Bev.dichte:** 14 Einw./km² **Bev.wachstum:** 4,21 % **In Städten:** 28 % der Bev. **Landessprachen:** Somali (Amtssprache), Maay **Religion:** Sunniten

POLITISCHES SYSTEM

Unabhängig seit dem 26. Juni 1960. Republik seit 1979. Verfassung von 1979 seit 1991 außer Kraft. Übergangsparlament seit August 2000 mit 245 ernannten Mitgliedern. Seit dem Sturz von Diktator Siad Barre 1991 keine Zentralregierung. **Interimspräsident in Mogadischu:** Abdikassim Salad Hassan (seit August 2000) **Regierungschef:** Hassan Abshir Farah (seit November 2001) Ausrufung der **unabhängigen Republik Somaliland** am 18. Mai 1991. Präsident: Dahir Riyale (seit Mai 2002); Schaffung der autonomen Region **Puntland** im Mai 1998. Präsident: Jama Ali Jama (seit November 2001), Gegenpräsident: Abdoulaye Jussuf.

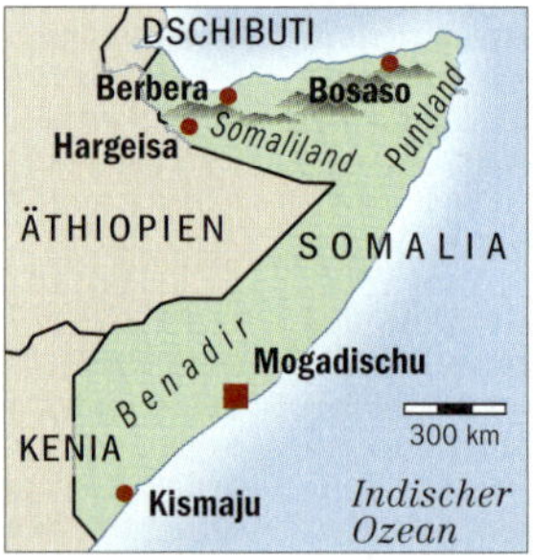

Zerstörte Kathedrale in Mogadischu

GESUNDHEIT

Öffentliche Gesundheitsausgaben (am BIP): k. A. **Medizinische Versorgung:** < 0,05 Ärzte/1000 Einw. **Armutsrate:** 72 % **Säuglingssterblichkeit:** 117/1000 Geb. **Lebenserwartung:** Männer 47 J., Frauen 50 J.

WIRTSCHAFT

Währung: 1 Somalia-Schilling (So.Sh.) = 100 Centesimi **Kurs** (Mitte 2002): 1 So.Sh. = 0,0004 € **BSP:** k. A. **Auslandsschulden:** 2,561 Mrd. US$ **Entwicklungshilfe:** 104 Mio. US$

AKTUELLE ENTWICKLUNGEN

In die Schlagzeilen geriet das ostafrikanische Land nach dem 11. September 2001 als mutmaßlicher Hort von Terroristen. Anfang November setzten die USA die Barakat-Gruppe, den größten Arbeitgeber des Landes, auf die Liste der Finanziers des internationalen Terrorismus und sperrten deren Konten in den USA. Barakat wickelt einen Großteil der Überweisungen von Auslands-Somaliern in die Heimat ab. 80 Prozent der Bevölkerung sind auf diese Gelder angewiesen. Monatelang wurde über einen Militärschlag gegen Somalia spekuliert; die Amerikaner zeigten vor der Küste Flottenpräsenz. Erstmals seit 1995 sondierten US-Delegationen vor Ort die Lage. Der seit über zehn Jahren andauernde Bürgerkrieg hat alle staatlichen Strukturen zerstört. Die umstrittene Übergangsregierung wird von Islamisten mitgetragen und finanziell von Saudi-Arabien unterstützt. Sie kontrolliert lediglich einen Teil der Hauptstadt. Mogadischu erklärte, Terroristen werde kein Unterschlupf gewährt, zeigte sich kooperativ und bildete sogar eine Anti-Terror-Einheit. Ins Blickfeld geriet insbesondere die islamistische Gruppe al-Ittihad al-Islami, die Ausbildungslager für Terroristen unterhalten haben soll. Zumeist stammen die Informationen vom Geheimdienst der Äthiopier, die ein starkes, geeintes Somalia fürchten und die Warlords im Nachbarland mit Waffen unterstützen. In der autonomen Region Puntland kam es im November 2001 zu einem blutigen Machtkampf, in den Addis Abeba mit Truppen eingriff. Einzig das 1991 abgespaltene Somaliland zeichnete sich durch innenpolitische Stabilität aus. Um die für ein wirtschaftliches Überleben notwendige internationale Anerkennung zu erhalten, bot sich Somaliland den USA als Partner im Anti-Terror-Kampf an – verfügt es doch über einen Tiefseehafen sowie die längste Landebahn Ostafrikas.

Spanien

Botschaft in Deutschland: Schöneberger Ufer 89, D-10785 Berlin
☎ +49-30-254 00 70 🖷 -25 79 95 57

GEOGRAFIE, BEVÖLKERUNG

Fläche: 504 782 km² (einschl. Balearen im Mittelmeer und Kanarische Inseln im Atlantik). Hauptsächlich regenarme Hochflächen, die von fruchtbaren Flusstälern durchzogen sind. Mittelgebirgscharakter im Norden, vielfach karstiges Bergland im Süden (Andalusien). Die Pyrenäen (höchste Erhebung: 3404 m) bilden die Grenze zu Frankreich. Hauptinseln der Balearen: Mallorca (3618 km²) und Ibiza (568 km²); der Kanaren: Teneriffa (1929 km²) und Gran Canaria (1532 km²). Exterritoriale Gebiete: kleinere Exklaven in Marokko wie Alhucemas-Inseln, Ceuta, Melilla, Peñón de Vélez.
Verwaltung: 17 Autonome Regionen, 50 Provinzen **Bevölkerung:** 39,465 Mio. Einw., davon 74 % in Kastilien, 17 % in Katalonien, 7 % in Galicien, 2 % im Baskenland **In Städten** leben 78 %, **unter 15 J.** sind 15 % der Bev. **Bev.dichte:** 79 Einw./km² **Bev.-wachstum:** -0,02 % **Fruchtbarkeitsrate:** 1,2 Geb./ Frau **Landessprachen:** Spanisch (Kastilisch), außerdem Katalanisch, Galicisch und Baskisch **Religionen:** 99 % Katholiken

Die größten Städte

Madrid	2 879 100
Barcelona	1 503 500
Valencia	739 400
Sevilla	701 900
Zaragoza	603 400
Málaga	530 600

POLITISCHES SYSTEM

Konstitutionelle Monarchie. Allg. Wahlrecht ab 18 J. Zweikammerparlament (»Cortes Generales«): Abgeordnetenhaus (»Congreso de los Diputados«, 350 Mitglieder, Wahl alle 4 J.), und Senat (»Senado«, 259 Mitglieder, davon 208 direkt gewählt, 51 Delegierte aus den autonomen Regionen).
Staatsoberhaupt: König Juan Carlos I. (seit November 1975)
Regierungschef: José María Aznar López (seit Mai 1996)
Außenminister: Ana Palacio

Parteien
- PP/Volkspartei (konservativ)
- PSOE/Sozialistische Arbeiterpartei (sozialdemokratisch)
- IU/Vereinigte Linke
- CiU/bürgerliche Regionalpartei Kataloniens
- PNV/Baskische Nationalisten
- CC/Kanarische Koalition
- BNG/Galicischer Nationaler Block
- Batasuna/Baskenpartei (separatistisch)

Sitze im Abgeordnetenhaus und Senat (Wahl vom 12. März 2000)

PP	183	127
PSOE	125	61
IU	8	
CiU	15	8
PNV	7	6
CC	4	5
BNG	3	
Andere	5	1
Regionalvertreter		51

MILITÄR

Allg. Wehrpflicht: nein **Streitkräfte:** 143 450 Mann, davon 92 000 Armee, 24 500 Luftstreitkräfte, 26 950 Marine **Militärausgaben** (am BSP): 1,3 % **Waffenhandelsanteil** an den Exporten 0,1 %, an den Importen 0,5 %

GESUNDHEIT, SOZIALES, BILDUNG

Öffentliche Gesundheitsausgaben (am BIP): 5,4 % **Öffentliche Ausgaben für Bildung und Erziehung** (am BIP): 4,5 % **Öffentliche Ausgaben für Altersversorgung** (am BIP): 10,9 % **Medizinische Versorgung:** 3,1 Ärzte, 3,9 Krankenhausbetten/1000 Einw. **Säuglingssterblichkeit:** 4/1000 Geb. **Müttersterblichkeit:** 8/100 000 Geb. **Kinderunterernährung:** k. A. **Kinderarbeit:** k. A. **Armutsrate:** k. A. **Frauenanteil an den Beschäftigten:** 37,2 % Zugang zu **sauberem Trinkwasser** und zu **sanitären Anlagen:** k. A. **HIV-Infektionsrate:** 0,58 % Le-

Reino de España – Königreich Spanien; Spanier

Nationalfeiertag: 12. Oktober (Entdeckung Amerikas)

Zeitzone: MEZ

Hauptstadt: Madrid (2 879 100 Einwohner)

Telefon-Vorwahl: +34
Kfz-Kennzeichen: E

Mitgliedschaften: EU, Nato, OECD, OSZE, Uno, WEU

Ministerpräsident José María Aznar

benserwartung: Männer 75 J., Frauen 82 J. **Schulpflicht:** 6–16 J. **Einschulungsquote** im Primarbereich 100 %, im Sekundarbereich 92 % **Analphabetenrate:** 1 % Männer, 3 % Frauen **Universitäten**: Rund 50 Universitäten, 4 Polytechnische und 8 Technische Hochschulen. Die Universitäten in Salamanca (gegr. 1218), Valladolid (1346) und Barcelona (1450) zählen zu den ältesten in Europa.

WIRTSCHAFT

Währung: 1 Euro = 100 Cents **BSP:** 595,3 Mrd. US$ **Wachstumsrate des BIP:** 4,1 % **BSP/Kopf:** 15 080 US$ **Anteile am BIP:** Landwirtschaft 4 %, Industrie 31 %, Dienstleistungen 66 % **Forschung+Entwicklungsausgaben** (am BSP): 0,84 % **Arbeitslosenquote:** 14,1 % **Inflationsrate:** 3,2 % **Staatseinnahmen:** 240,5 Mrd. € **Steueraufkommen** (am BIP): k. A. **Einkommensteuer:** max. 40 % **Körperschaftsteuer:** 35 % **Haushaltsdefizit** (am BIP): 2,9 % **Staatsausgaben:** 242,6 Mrd. Euro **Leistungsbilanzdefizit:** 15,082 Mrd. US$ **Auslandsschulden:** 672,269 Mrd. US$ **Auslandsvermögen:** 558,335 Mrd. US$ **Schuldendienst** (am BSP): k. A. **Devisenreserven:** 35,607 Mrd. US$ **Geleistete Entwicklungshilfe:** 1,195 Mrd. US$ **Ausl. Direktinvestitionen:** 36,023 Mrd. US$ **Börse** (Marktkapitalisierung am BIP): 90,3 % **Energie:** Produktion 30,69 Mio. t ÖE, Verbrauch 118,47 Mio. t ÖE. Anteile am Verbrauch: Kohle 14,5 %, Öl 54 %, Atomenergie 10,7 %, Erdgas 12,2 %, sonstige 8,6 %

Studentendemonstration in Madrid

Landwirtschaft, Rohstoffe, Industrie:

Nutzfläche 37,1 %, von der Anbaufläche sind 19,5 % bewässert **Bewaldet:** 144 000 km², jährliche **Aufforstung:** 860 km². Angebaut werden Zitrusfrüchte, Oliven, Nektarinen, Pfirsiche, Avocados, Wein, Gerste, Weizen, Mais, Zuckerrüben, Kartoffeln und Tabak. Anbau von Tomaten, Paprika, Gurken und Bohnen in riesigen Treibhäusern. Außerdem große Erdbeerplantagen. **Rohstoffe:** Kohle und Eisen (mit stark zurückgehender Förderung), Eisenpyrit, Blei, Zink, Salz, Pottasche, Rohöl, Gips **Wichtige Industriezweige:** Die wichtigsten Industriezentren liegen im Norden (Barcelona, Bilbao), außerdem Industrie- und Gewerbegürtel um Madrid. Spanien zählt zu den bedeutendsten Pkw-Herstellern der Welt. Von Bedeutung ist außerdem der Schiffbau. Weitere industrielle Produkte: Chemikalien, Stahl, Textilien, Schuhe.

Außenwirtschaft:

Handelsbilanzdefizit 31,5 Mrd. US$ **Export:** 117,561 Mrd. US$, davon 25,9 % Fahrzeuge, 16,8 % Maschinen, 14,4 % Nahrungsmittel und Tabak, 7,2 % Eisen und Metalle **Hauptausfuhrländer:** Frankreich (19,5 %), Deutschland (13,6 %), Portugal (9,4 %) **Hightech-Exporte:** 6,727 Mrd. US$ **Import:** 149,061 Mrd. US$, davon 23,4 % Maschinen, 15,8 % Fahrzeuge, 11,5 % Nahrungs- und Genussmittel, 9,6 % chemische Produkte **Hauptlieferländer:** Frankreich (18,4 %), Deutschland (15,5 %), Italien (9,9 %)

VERKEHR

Schienennetz: 14 059 km. Staatl. Bahngesellschaft Red Nacional de los Ferrocarriles Españoles/Renfe. Metros in Madrid, Barcelona, Valencia und Bilbao, für Sevilla geplant.
Straßennetz: 663 795 km, davon 99 % befestigt. Bis 2007 soll das Autobahnnetz (9063 km) auf 11 000 km ausgebaut werden. **Motorisierung:** 472 Kfz/1000 Einw.
Luftverkehr: Mehr als 20 internationale Flughäfen, darunter Madrid, Palma de Mallorca, Barcelona, Gran Canaria. Nationale Fluggesellschaft: Iberia (mit 3 Tochtergesellschaften), im April 2001 vollständig privatisiert. 8 weitere private Gesellschaften für den internationalen oder regionalen Luftverkehr. 39,559 Mio. beförderte Passagiere.
Schifffahrt: Wichtige Seehäfen in Barcelona, Bilbao, Santa Cruz de Tenerife, Gijón **Binnenwasserwege:** 1045 km

KOMMUNIKATION

Auf 1000 Einw. kommen 333 **Rundfunk-**, 591 **Fernsehgeräte**, 431,1 **Tele-**

fonanschlüsse, 655,3 **Mobiltelefone**, 168,2 **PC** und 13,32 **Internet-Zugänge IuK-Ausgaben** (am BIP): 5,1 %
Es erscheinen 87 **Tageszeitungen** mit einer Gesamtauflage von rund 3,9 Mio. Exemplaren. Die größten Tageszeitungen und ihre Auflagen:

El País (Madrid) 578 500
Marca Deportivo (Madrid) ..474 400
ABC (Madrid) 334 700
El Mundo (Madrid) 230 000
La Vanguardia (Barcelona) .210 200
El Periódico de Catalunya (Barcelona) 210 000

Nachrichtenagenturen: Agencia EFE, Colpisa, Europa Press Noticias, Iberia Press, Mencheta, alle in Madrid

UMWELT, TOURISMUS

Geschützte Gebiete: 8,5 % der Landesfläche **Energieverbrauch/Kopf:** 3005 kg ÖE **CO_2-Emission:** 247,2 Mio. t **Verwendung des Süßwassers:** Landwirtschaft 62 %, Industrie 26 %, Haushalte 12 % **Tourismus:** 48,201 Mio. Besucher, 31 Mrd. US$ Einnahmen

AKTUELLE ENTWICKLUNGEN

Innenpolitik: Den Parteitag Ende Januar hatten die Konservativen von der Volkspartei als Höhepunkt zur Verehrung ihres Chefs, des Ministerpräsidenten José María Aznar, inszeniert. Ihm haben sie es zu verdanken, dass sie seit 1996 regieren, seit zwei Jahren sogar mit absoluter Mehrheit. Doch ausgerechnet am Gipfel seiner Macht kündigte der ehemalige Finanzinspektor seinen Freunden an, er werde bei den nächsten Wahlen 2004 nicht mehr kandidieren, nicht einmal für einen Abgeordnetensitz, und er wolle 2005 auch den Parteivorsitz niederlegen. Seither rivalisieren der weltläufige Wirtschaftsminister Rodrigo Rato, der strenge Ex-Innenminister Mariano Rajoy, jetzt Minister beim Premier und Regierungssprecher, und Jaime Mayor Oreja, Oppositionsführer im Baskenland, um die Gunst des Herrn und dessen Fingerzeig für die Nachfolge. Aznar indes scheint sich für die letzte Hälfte seiner Regierungszeit an keinerlei Regeln politischer Diplomatie mehr gebunden zu fühlen. Er kehrte seine autoritäre Seite heraus und brüskierte verschiedene Gruppen der Gesellschaft durch Gesetze, die er gern kraft absoluter Mehrheit per Dekret durchdrückte.
Zuerst legte sich die Regierung mit Studenten und Hochschulpersonal an. Im Dezember verabschiedete das Par-

PP-Parteitag in Madrid

lament eine Reform, die Lehrende zwingt, sich vor einem zentralen Auswahlgremium zu habilitieren, um eine ordentliche Professur zu erhalten. Die einzelnen Fakultäten dürfen in Zukunft ihre Studenten mit Eingangstests handverlesen. Zehntausende zogen allwöchentlich vor Weihnachten protestierend durch Madrid. Schließlich rächten sich die Fakultäten, indem sie innerhalb weniger Tage 10 000 Stellen nach ihrem Gutdünken besetzten – 20 Prozent aller im spanischen Hochschulbetrieb zur Verfügung stehenden Posten.
Doch damit nicht genug: Nach Bekanntwerden der schlechten Ergebnisse der Pisa-Studie über den Bildungsgrad der Oberschüler schickte Aznar seine Erziehungsministerin erneut ins Gefecht. Mit dem so genannten Qualitätsgesetz sollen künftig schon Grundschüler auf Leistung getrimmt werden. Bislang nämlich konnten Schüler nicht sitzen bleiben; zu viele spanische Kinder schummelten sich durch die Oberschulen. In Zukunft sollen Spaniens Schülern, je nach Fähigkeit, drei unterschiedliche Schultypen zur Verfügung stehen. Nur die Besten erhalten Zugang zum Studium. Um die zu finden, wird erstmals eine Art Abitur, die so genannte reválida-Prüfung, eingeführt. Wieder füllten sich die Straßen mit demonstrierenden Jugendlichen.
Eines der Hauptziele der Regierung Aznar ist die Schwächung der baskischen Terrororganisation Eta. Im Jahr 2001 töteten die Terroristen bei 59 Attentaten 15 Menschen, verletzten 138. Die spanische EU-Präsidentschaft begleiteten sie mit Autobomben, allein 5 während des Abschlussrats Ende Juni in Sevilla. Deshalb versuchte der Ministerpräsident, verstärkt Einfluss auf die Justiz zu nehmen. Eta seien nicht nur die Kommandos, sondern auch das

Eta-Anschlag vor dem Champions-League-Halbfinale in Madrid

Umfeld, das sie unterstützt, betonte er. Die Regierung förderte die Bemühungen des für Terrorismus zuständigen Nationalen Gerichtshofs zu Madrid, das Umfeld auszutrocknen. Im Juli wurde ein Makro-Prozess gegen 64 Eta-Mithelfer eröffnet. Progressive Richter in der höheren Instanz, die auch im Kampf gegen den Terror strikt die rechtsstaatliche Linie einhalten wollten, wurden durch den greisen Generalstaatsanwalt ausgeschaltet. Das erzkonservative Mitglied des Laienordens Opus Dei, ein einstiger Franco-Günstling, erhielt durch eine Justizreform noch mehr Einfluss. Die leitenden Staatsanwälte wurden entmachtet. Auch das oberste Berufsgremium der Justiz wurde mit PP-Freunden besetzt. Der Generalstaatsanwalt ließ Urteile anfechten, die der Regierung nicht passten.

Die Sozialisten, größte Oppositionspartei, schlossen unter ihrem neuem Chef, José Luis Rodríguez Zapatero, 2000 einen Antiterrorismuspakt mit der Regierung. Deshalb mussten sie im Juni einem neuen Parteiengesetz zustimmen, das der Regierung sowie der Staatsanwaltschaft die Möglichkeit gibt, den politischen Arm der Eta gerichtlich verbieten zu lassen. Die Partei Batasuna, die bei den letzten Wahlen zum Baskenparlament im Mai 2001 noch 143 000 Stimmen erhielt und dort sieben Abgeordnete sowie zahlreiche Bürgermeister und Gemeinderäte stellt, soll aufgelöst werden, seit sie das Attentat mit zwei Todesopfern im Touristenort Elche Anfang August nicht verurteilte. In einem Hirtenbrief hatten die baskischen Bischöfe vor den »düsteren Konsequenzen« eines Parteienverbots gewarnt. Der sonst so kirchenhörige Regierungschef Aznar riskierte einen heftigen Konflikt mit den Katholiken. Er nannte die baskischen Kirchenoberen »intellektuell und moralisch pervers« und veranlasste seinen Außenminister, den Nuntius des Vatikan einzubestellen.

Auch mit den Gewerkschaften ließ es der Regierungschef plötzlich zum Bruch kommen. Bislang hatte Aznar geschickt mit den Arbeitnehmer-Organisationen, die an die 10 Prozent der spanischen Arbeiter repräsentieren, verhandelt. Doch mit der Reform der Arbeitslosenunterstützung lieferten die Konservativen im Sommer einen Anlass zum Arbeitskampf. Arbeitslose, die länger als ein Jahr keinen Job gefunden haben, müssen in Zukunft eine vom Arbeitsamt als geeignet angesehene Stelle bis zu 30 Kilometer vom Wohnort entfernt annehmen. Lehnen sie drei Angebote ab, verlieren sie die Bezüge. Ficht ein Arbeitnehmer seine Entlassung vor Gericht an, braucht der Unternehmer künftig dessen Lohn nicht mehr bis zum Urteilsspruch fortzahlen. Außerdem soll das Hilfsprogramm für Landarbeiter im Süden auslaufen und durch ein für alle spanischen Saisonarbeiter gültiges System ersetzt werden. Obwohl der Unternehmerverband die Reform des traditionell überprotektiven Arbeitsmarkts als viel zu schüchtern kritisierte, brachten die Arbeiter ausgerechnet am Tag vor dem EU-Gipfel in Sevilla mit einem Generalstreik Transport und Industrie zum Stillstand.

Seit 2001 dürfen nur solche Bürger aus Staaten außerhalb der Europäischen Union ins Land, die in ihrer Heimat bereits eine Arbeitserlaubnis für Spanien erhalten haben. Dazu schloss Spanien mit Marokko, Ecuador, Polen und Kolumbien Abkommen für bevorzugte Aufnahme gewisser Kontingente von Zeitarbeitern. Denn wegen der EU-weit niedrigsten Geburtenrate braucht das Land nach Schätzung der Unternehmer jährlich an die 300 000 Fremdarbeiter. Doch das Modell scheiterte, da die Verwaltung nicht fähig war, den Arbeitgebern das benötigte Personal zügig zu beschaffen. Nur vier Prozent der von der Regierung für 2002 bewilligten Langzeitstellen und weniger als die Hälfte der Saisonarbeiterplätze wurden tatsächlich vergeben. Weiterhin drängten Tausende Illegale über die Meerenge von Gibraltar, die Pyrenäenpässe, die Kanarischen Inseln und vor allem die Flughäfen nach Spanien. Seit in Frankreich, den Niederlanden und in Dänemark ausländerfeindliche Populisten Wahlerfolge erzielten, änderten die spanischen Konservativen ihre Haltung zur Fremdarbeiterfrage. Plötzlich wurden die Politiker nicht müde, zu beteuern, dass mit einem Ausländeranteil von knapp 3 Prozent an der Bevölkerung der Sättigungsgrad schon erreicht sei. Der Ministerpräsident machte den in den vergangenen zwei Jahren um fast ein Viertel gestiegenen Zustrom für die erhöhte Kriminalität in den Städten verantwortlich.

Außenpolitik: Im ersten Halbjahr 2002 hatte Spanien die EU-Ratspräsidentschaft inne. Seit den Terroranschlägen auf New York und Washington nutzten die Spanier ihren Einfluss in der EU hauptsächlich, um ein gemeinsames Vorgehen gegen Terroristen durchzusetzen; dabei denken sie natürlich auch an ihren eigenen Kampf gegen die Eta im Baskenland. So wurde der Euro-Haftbefehl eingeführt. Das langwierige Auslieferungsverfahren für Terroristen wurde abgeschafft. Während des Halbzeitgipfels in Barcelona warb Spanien für eine weitere Liberalisierung der Märkte für Energie, Transport und Finanzen. Als Hauptthema des Abschlussgipfels in Sevilla setzte Aznar den gemeinsamen Kampf gegen illegale Einwanderung an. Bei beiden Themen, sowie auch in Fragen der Reform der Verwaltung der Union und der Erweiterung kamen die 15 Mitglieder unter spanischer Leitung nur mäßig voran.

Spanien hatte sich besonders dafür stark gemacht, Drittweltländer, die den Exodus ihrer Bürger nach Europa zu wenig kontrollieren, durch Wirtschaftssanktionen zu bestrafen. Dabei zielt Spanien vor allem auf Marokko. Im Herbst 2001 hatte der König seinen Botschafter aus Madrid nach Hause zurückberufen, weil der spanische Außenminister zuvor Marokko für das Unwesen der Schleuserbanden verantwortlich gemacht hatte. Aznar gelang es weder, den Konflikt mit dem bitterarmen Nachbarland beizulegen, noch die Europäer zur Androhung von Strafaktionen zu bringen. Im Juli kam es zur Zuspitzung des Konfliktes, als marokkanische Polizisten die kleine Insel Perejil besetzten. Die neue spanische Außenministerin Ana Palacio ordnete Rückeroberung an. Die USA mussten vermitteln. Indes führten Spanier und Briten seit November 2001 Verhandlungen über eine geteilte Souveränität über Gibraltar. Der Konflikt um den 6,5 Quadratkilometer großen Wurmfortsatz Spaniens unter britischer Krone schwelt schon seit fast 300 Jahren.

Generalstreik in Barcelona

Wirtschaft: Zwar wuchs 2001 die Wirtschaft noch doppelt so schnell wie der EU-Durchschnitt, nämlich um 2,8 Prozent. Doch für 2002 kann die Regierung nur noch mit 1,7 Prozent Wachstum rechnen. Die Krise in Argentinien, wo besonders spanische Banken, die Telefongesellschaft und der Ölkonzern Repsol große Verluste machten, lähmte die Expansion. Erstmals seit sieben Jahren ging die Zahl der Beschäftigten zurück, über zwei Millionen Spanier waren arbeitslos. Während europaweit die Inflation sank, stieg die Jahresteuerung in Spanien im ersten Quartal auf 3,7 Prozent. Denn die Euro-Einführung nutzten viele Unternehmer zu kräftigen Preisaufschlägen. Außerdem trieb die Regierung durch die Erhöhung von indirekten Steuern und Tarifen zusätzlich die Preise hoch. Trotzdem verabschiedeten die Konservativen eine Senkung des Einkommensteuersatzes, deren Wirkung den Spaniern im Wahljahr 2004 zugute kommen soll.

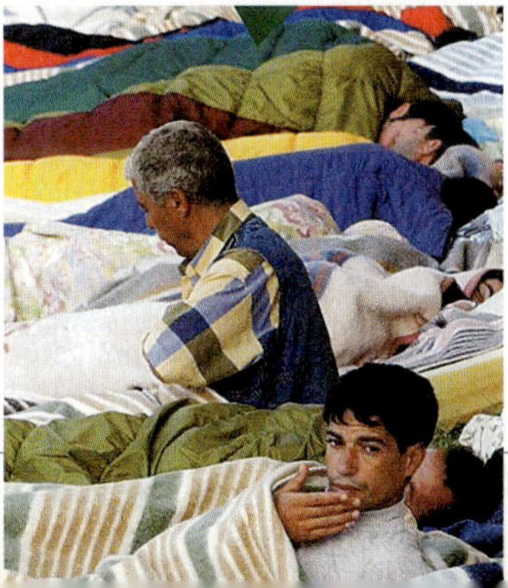

Besetzung der Universität Sevilla durch Immigranten

Sri Lanka Prajathanthrika Samajavadi Janarajaya – Demokratische Sozialistische Republik Sri Lanka; Sri-Lanker

Nationalfeiertag: 4. Februar

Zeitzone: MEZ + 5 h

Hauptstadt: Colombo (801 000 Einwohner)

Telefon-Vorwahl: +94
Kfz-Kennzeichen: CL

Mitgliedschaft: Uno

Präsidentin Chandrika Kumaratunga

Sri Lanka

Botschaft in Deutschland: Niklasstraße 19, D-14163 Berlin
☎ +49-30-80 90 97 43 🖷 -80 90 97 57

GEOGRAFIE, BEVÖLKERUNG

Fläche: 65 610 km² **Verwaltung:** 9 Provinzen, 24 Distrikte **Bevölkerung:** 19,359 Mio. Einw., davon 74 % Singhalesen, 18 % Tamilen, 7 % Araber, Minderheit von Malaien **Flüchtlinge:** 683 286 Binnenvertriebene **In Städten** leben 24 %, **unter 15 J.** sind 26 % der Bev. **Bev.dichte:** 300 Einw./km² **Bev.wachstum:** 0,94 % **Fruchtbarkeitsrate:** 2,1 Geb./Frau **Landessprachen:** Singhalesisch und Tamil **Religionen:** 69 % Buddhisten, 15 % Hindus, 8 % Christen und 8 % Muslime

POLITISCHES SYSTEM

Unabhängig seit dem 4. Februar 1948. Sozialistische Präsidialrepublik. Verfassung von 1978, letzte Änderung 1987. Ausnahmezustand seit August 1998. Einkammerparlament, 225 Sitze, davon 196 alle 6 J. direkt gewählt, 29 nach Parteienproporz verteilt. Direktwahl des Staatsoberhaupts alle 6 J. Wahlrecht ab 18 J.
Staatsoberhaupt: Chandrika Bandaranaike Kumaratunga (seit November 1994)
Regierungschef: Ramil Wickremesinghe (seit Dezember 2000)
Außenminister: Tyronne Fernando

MILITÄR

Keine **Wehrpflicht** **Streitkräfte:** 118 000 bis 123 000 Mann, davon 90 000 bis 95 000 Armee, 10 000 Luftwaffe, 18 000 Marine **Militärausgaben** (am BSP): 4,7 %

GESUNDHEIT, SOZIALES, BILDUNG

Öffentliche Gesundheitsausgaben (am BIP): 1,7 % **Öffentliche Ausgaben für Bildung und Erziehung** (am BSP): 3,4 % **Medizinische Versorgung:** 0,4 Ärzte, 2,7 Krankenhausbetten/ 1000 Einw. **Säuglingssterblichkeit:** 15/1000 Geb. **Müttersterblichkeit:** 60/100 000 Geb. **Kinderunterernährung:** 33 % **Kinderarbeit:** 2 % **Armutsrate:** 6,6 % **Frauenanteil an den Beschäftigten:** 36,6 % Zugang zu **sauberem Trinkwasser** haben 91 % der städtischen, 80 % der ländlichen Bev., zu **sanitären Anlagen:** 91 % bzw. 83 % **HIV-Infektionsrate:** 0,07 % **Lebenserwartung:** Männer 71 J., Frauen 76 J. **Schulpflicht**: 5 – 15 J. **Einschulungsquote**: 100 % **Analphabetenrate:** Männer 6 %, Frauen 11 % **Universitäten:** Colombo, Jaffna, Kelaniya, Peradeniya

WIRTSCHAFT

Währung: 1 Sri-Lanka-Rupie (S.L.Re.) = 100 Sri-Lanka-Cents **Kurs** (Mitte 2002): 1 S.L.Re. = 0,01 € **BSP:** 16,4 Mrd. US$ **Wachstumsrate des BIP:** 6 % **BSP/Kopf:** 850 US$ **Anteile am BIP:** Landwirtschaft 20 %, Industrie 27 %, Dienstleistungen 53 % **Arbeitslosenquote:** 7,7 % **Inflationsrate:** 14 % **Staatseinnahmen:** 2,824 Mrd. US$ **Steueraufkommen** (am BIP): 14,5 % **Staatsausgaben:** 4,084 Mrd. US$ **Leistungsbilanzdefizit** 1,042 Mrd. US$ **Auslandsschulden:** 9,065 Mrd. US$ **Schuldendienst** (am BSP): 4,6 % **Devisenreserven:** 1,211 Mrd. US$ **Empf. Hilfsgelder:** 276 Mio. US$ **Energie:** Produktion 4,55 Mio. t ÖE, Verbrauch 7,73 Mio. t ÖE

Landwirtschaft, Rohstoffe, Industrie:

Nutzfläche 29,4 %, von der Anbaufläche sind 33,7 % bewässert Große Teeplantagen im Hochland **Bewaldet:** 19 000 km², jährliche **Rodung:** 348 km² **Rohstoffe**: Graphit, Eisenerz, Uran, Kalkstein **Wichtigster Industriezweig**: Textilindustrie

Außenwirtschaft:

Handelsbilanzdefizit 1,044 Mrd. US$ **Export:** 5,440 Mrd. US$, davon 54 % Fertigwaren, hauptsächlich Textilien, 15,9 % industrielle Vorprodukte, 13,5 % Tee **Hauptausfuhrländer:** USA (39,4 %), Großbritannien (11,9 %), Niederlande (5,5 %) **Import:** 6,484 Mrd. US$, davon 33,8 % industrielle Vorprodukte, 21,1 % Maschinen und Transportmittel, 11,4 % Fertigwaren, 10,6 % Nahrungsmittel **Hauptlieferländer:** Indien (10,1 %), Japan (7,8 %), Singapur (8,3 %)

VERKEHR

Schienennetz: 1447 km **Straßennetz:** 96 695 km **Motorisierung**: 34 Kfz/1000 Einw. Internationaler **Flughafen** und bedeutendster **Hafen:** Colombo **Binnenwasserwege:** 430 km

KOMMUNIKATION

Auf 1000 Einw. kommen 208 **Rundfunk-**, 111 **Fernsehgeräte**, 43,3 **Telefonanschlüsse**, 37,7 **Mobiltelefone**, 7,9 **PC. IuK-Ausgaben** (am BIP): k. A. Größte **Tageszeitung:** *Dinamina* (Auflage: 140 000 Exemplare) **Nachrichtenagentur:** Lankapuvath, Press Trust of Ceylon

UMWELT, TOURISMUS

Geschützte Gebiete: 13,5 % der Landesfläche **Co_2-Emission:** 8,1 Mio. t **Verwendung des Süßwassers:** Landwirtschaft 96 %, Industrie 2 %, Haushalte 2 % **Tourismus:** 400 000 Besucher, 253 Mio. US$ Einnahmen

AKTUELLE ENTWICKLUNGEN

Der Friedensschluss zwischen der mehrheitlich singhalesischen Regierung und der tamilischen Rebellenorganisation Befreiungstiger von Tamil Eelam (LTTE) schien in greifbare Nähe zu rücken. Nach zwölf Jahren wurde im April 2002 erstmals die Straße zwischen Colombo und der tamilischen Hochburg Jaffna im Norden des Landes wieder geöffnet, Inlandsflüge, die jahrelang aus Angst vor Entführungen gestrichen waren, wurden wieder aufgenommen. Flüchtlinge kehrten in ihre Heimatdörfer zurück.

Diese Entwicklung begann im Oktober 2001: Präsidentin Chandrika Kumaratunga musste das Parlament auflösen und kam damit einem chancenreichen Misstrauensvotum gegen die Regierungskoalition ihrer Partei zuvor.

Die Neuwahlen fanden am 5. Dezember 2001 statt. Der Oppositionskandidat Ranil Wickremesinghe versprach seinen Wählern Frieden und warb für Gespräche mit den Rebellen, während die bisherige Regierungspartei für eine weitere militärische Schwächung der tamilischen Rebellen optierte. Wickremesinghes United National Party (UNP) gewann schließlich 109 Mandate, während die regierende People's Alliance (PA) der Präsidentin Chandrika Kumaratunga nur 77 Abgeordnete stellte. Eine Regierungsmehrheit sicherte sich der singhalesische Buddhist Wickremesinghe durch Bündnisse sowohl mit dem Muslim Congress als auch der Tamil National Alliance, die von der tamilischen Guerrillabewegung LTTE toleriert wird. Damit waren Buddhisten, Muslime und Hindus in einer Regierung vereint.

Am 24. Februar 2002 zeigten die Friedensbemühungen des neuen Premiers einen ersten greifbaren Erfolg. Die Regierung und die tamilischen Rebellen vereinbarten unter norwegischer Vermittlung einen Waffenstillstand. Wickremesinghe fuhr als erster Premier seit 20 Jahren in die Tamilen-Hochburg Jaffna und besuchte einen Hindutempel. Im April 2002 ging Villupillai Prabhakaran, Chef der LTTE, erstmals nach zwölf Jahren an die Öffentlichkeit und gab

JVP-Demonstration gegen die Regierungspläne

SINGHALESEN UND TAMILEN

Der Konflikt zwischen beiden Bevölkerungsgruppen ist jahrhundertealt. Er begann bereits etwa 500 vor Christus, als beide Gruppen vom indischen Festland auf die Insel kamen. Verschärft wurden die Rivalitäten durch die britischen Kolonialherren, die die Insel von 1815 bis 1948 beherrschten. Sie bevorzugten die teilweise christianisierten Tamilen auf Kosten der buddhistischen Singhalesen-Elite, um deren Einfluss zu begrenzen.

In den ersten Jahren nach der Unabhängigkeit war die zunächst regierende United National Party (UNP) auf Ausgleich zwischen den beiden Bevölkerungsgruppen bedacht. Sie wurde jedoch 1956 von der Sri Lanka Freedom Party (SLFP) abgelöst, die – von 1959 bis 1977 unter Führung von Sirimavo Bandaranaike, der Mutter der heutigen Präsidentin – damit begann, die Tamilen aus der öffentlichen Verwaltung zurückzudrängen, in der diese seit der Kolonialzeit überproportional vertreten waren. Schon 1956 war Singhalesisch zur alleinigen Amtssprache erklärt und zugleich für Tamilen die Möglichkeit eingeschränkt worden, sie zu erlernen.

Zwar wurde das Tamilische 1978 als Amtssprache in die neue Verfassung aufgenommen, dennoch blieb die Beherrschung des Singhalesischen Voraussetzung für die Übernahme in den Öffentlichen Dienst. Die Vergabe von Studienplätzen an Tamilen wurde durch ein Quotensystem erschwert, die Ansiedlung singhalesischer Bauern im von Tamilen bewohnten Norden und Osten der Insel vom Staat gefördert. 1983 entlud sich die explosive Situation in einem blutigen Bürgerkrieg.

Im November 1994 trat Chandrika Kumaratunga ihr Amt als Präsidentin mit dem Versprechen an, ein Autonomieabkommen für den Norden auszuarbeiten – mit sprachlicher Gleichstellung, Bürgerrechten für die Tamilen und einer Bodenreform. Die »Tamil Tigers« als älteste (Gründung: 1972) und einflussreichste Rebellen-Organisation kündigten nur wenige Stunden nach der Amtseinführung der Präsidentin einen Waffenstillstand an, der im Januar 1995 offiziell besiegelt wurde.

Doch als die Regierung einen Plan vorlegte, nach dem Sri Lanka in autonome Regionen aufgeteilt werden sollte, antworteten die Rebellen mit einem Bombenanschlag in Colombo (über 20 Tote) und nahmen den Krieg wieder auf, dem seit 1983 weit über 50 000 Menschen zum Opfer gefallen sind.

Ministerpräsident Ranil Wickremesinghe

eine Pressekonferenz. Doch sein gespannt erwarteter Auftritt war enttäuschend. Zwar bekräftigte auch er seine Friedensabsichten, hielt aber an der Forderung nach einem unabhängigen Tamilen-Staat fest. Er schlug eine Autonomie-Regelung als Übergangslösung vor und forderte die Aufhebung des seit 1998 geltenden Verbots der LTTE, die nach dem 11. September 2001 von den USA als terroristisch eingestuft worden war.
Dann kam es zu den ersten Rückschlägen. Ende April 2002 stoppte die srilankische Marine trotz Waffenstillstands tamilische Boote und ließ sie von der norwegischen Überwachungskommission »Monitoring Mission« auf Waffenschmuggel untersuchen. (Die Überwachungskommission hat das Mandat, Auseinandersetzungen auf niedriger Ebene zu schlichten.) In den Augen der LTTE war das eine Provokation, da es sich nach ihren Angaben lediglich um Fischerboote handelte.
Wie fragil die politische Lage in Sri Lanka wirklich ist, zeigten auch die jüngsten blutigen Zusammenstöße zwischen den beiden Bevölkerungsminderheiten der Tamilen im Norden und der Muslime im Osten der Insel: Ende Juni 2002 verwüsteten muslimische Fundamentalisten ein Büro der tamilischen Rebellen als Reaktion auf vermehrte Übergriffe, Anschläge und Erpressungen durch die tamilischen Rebellen seit ihrer Annäherung an Colombo. Daraufhin kam es zu Demonstrationen, und gewaltsame Auseinandersetzungen zwischen den Minderheiten nahmen zu. Unvergessen bleibt, dass 12 Jahre zuvor die Tamilen mehr als 100 000 Muslime von der nördlichen Halbinsel Jaffna vertrieben hatten.
Auch der Friedensprozess zwischen Tamilen und Singhalesen geriet Mitte des Jahres ins Stocken. Die Euphorie, die Beobachter und Kommentatoren Anfang des Jahres erspürt hatten, ist verflogen. Die erst für Mai, dann für Juni und Juli anberaumten Friedensgesprächen in der thailändischen Hauptstadt Bangkok wurden stets verschoben. Unter Vermittlung des norwegischen Vize-Außenministers Vidar Helgesen sollte nach sieben Jahren erstmals wieder die Regierung direkt mit den tamilischen Rebellen verhandeln.

Federation of Saint Kitts and Nevis – Föderation St. Kitts und Nevis

Nationalfeiertag: 19. September

Zeitzone: MEZ – 5 h

Hauptstadt: Basseterre (12 200 Einwohner)

Telefon-Vorwahl: +1869

Mitgliedschaften: Caricom, OAS, Uno

St. Kitts und Nevis

Hochkommissar für die Östlichen Karibischen Staaten in Großbritannien (auch für D akkreditiert):
10, Kensington Court, GB-London W8 5DL
☎ +44-207-937 95 22 🖷 -937 55 14

GEOGRAFIE, BEVÖLKERUNG

Fläche: 262 km² **Bevölkerung:** 41 000 Einw. **Bev.dichte:** 114 Einw./km² **Bev.wachstum:** - 0,68 % **Lebenserwartung:** 71 J. **Analphabetenrate:** k. A. **Landessprachen:** Englisch (Amtssprache), Englisches Kreolisch **Religionen:** Anglikaner, Protestanten, Katholiken

POLITISCHES SYSTEM

Parlamentarische Monarchie (seit 1983). Einkammerparlament, 15 Abgeordnete. Nevis mit eigener Volksvertretung für Innenpolitik.
Staatsoberhaupt: Königin Elizabeth II., vertreten durch Generalgouverneur Sir Cuthbert Montroville Sebastian (seit Januar 1996)
Regierungschef: Denzil Douglas (seit Juli 1995)

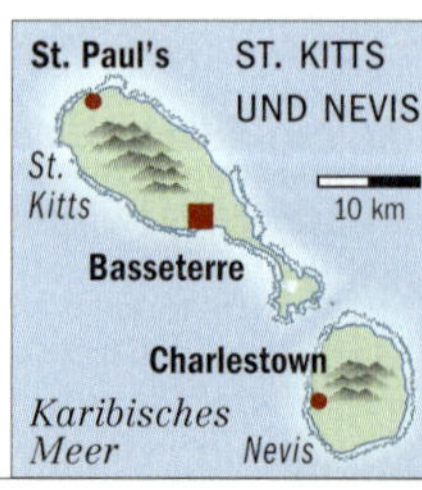

WIRTSCHAFT

Währung: 1 Ostkaribischer Dollar (EC$) = 100 Cents **Kurs** (Mitte 2002): 2,48 EC$ = 1€ **BSP:** 269 Mio. US$ **Wachstumsrate des BIP:** 2,6 % **BSP/Kopf:** 6570 US$ **Anteile am BIP:** Landwirtschaft 3,6 %, Industrie 26,0 %, Dienstleistungen 70,4 %

AKTUELLE ENTWICKLUNGEN

Die beiden Inseln wurden von der schwarzen OECD-Liste der Steuerparadiese im März 2002 gestrichen. Jede hat nun ein eigenes neues Bankgesetz. Glücklich darüber ist Nevis-Premier Vance Armory, denn seine 9000 Einwohner verdienen bis zu 25 Prozent ihres Einkommens mit den Offshore-Banken.
In Basseterre, dem Sitz der ostkaribischen Zentralbank, erarbeiten die neun Staatschefs der OECS einen einheitlichen Binnenmarkt.

St. Lucia

Honorarkonsulat: Weidebornweg 21, D-61348 Bad Homburg
☎ +49-6172-30 23 24 🖷 -30 53 14

GEOGRAFIE, BEVÖLKERUNG

Fläche: 616 km² **Bevölkerung:** 156 000 Einw. **Bev.dichte:** 256 Einw./km² **Bev.wachstum:** 1,07 % **Lebenserwartung:** 71 J. **Analphabetenrate:** k. A. **Landessprachen:** Englisch (Amtssprache), französisches Kreolisch **Religionen:** 90 % Katholiken, 7 % Protestanten, 3 % Anglikaner

POLITISCHES SYSTEM

Unabhängig seit 1979. Parl. Monarchie. **Staatsoberhaupt:** Königin Elizabeth II., vertreten durch Generalgouverneurin Dame Pearlette Louisy (seit September 1997) **Regierungschef:** Kenny Anthony (seit Mai 1997)

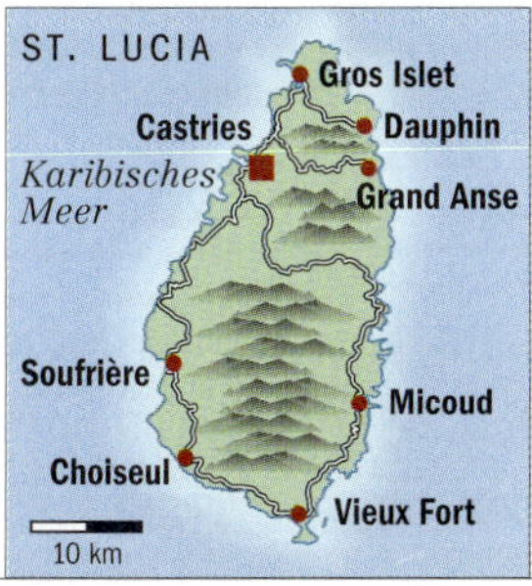

WIRTSCHAFT

Währung: 1 Ostkaribischer Dollar (EC$) = 100 Cents **Kurs** (Mitte 2002): 1 EC$ = 0,40 € **BSP:** 642 Mio. US$ **Wachstumsrate des BIP:** 2 % **BSP/Kopf:** 4120 US$ **Anteile am BIP:** Landwirtschaft 8 %, Industrie 20 %, Dienstleistungen 72 %

AKTUELLE ENTWICKLUNGEN

Bei der Parlamentswahl am 3. Dezember 2001 gewann die regierende sozialdemokratische Labour Party mit ihrem Premierminister Kenny Anthony 14 der 17 Sitze. Die konservative United Workers Party stellt 3 Abgeordnete. Nach der Wahl kam es wegen der wirtschaftlichen Probleme des Landes zu einer Umbildung des Kabinetts. Neuer Landwirtschaftsminister wurde Calixte George, Tourismus- und Handelsminister Philip Pierre. Nach dem Bananenexport, der in den vergangenen 10 Jahren um 50 Prozent zurückging, nahm im Oktober 2001 der Tourismus infolge der Anschläge des 11. Septembers deutlich ab. Zahlreiche Hotels mussten im Verlauf des Jahres schließen.

Saint Lucia – St. Lucia; Lucianer

Nationalfeiertag: 22. Februar

Zeitzone: MEZ –5 h

Hauptstadt: Castries (61 900 Einwohner)

Telefon-Vorwahl: +1758
Kfz-Kennzeichen: WL

Mitgliedschaften: Caricom, OAS, Uno

St. Vincent und die Grenadinen

Honorarkonsulat: Fluggenstraße 5, D-80639 München
☎ +49-89-17 80 35 20 🖷 -17 64 81

GEOGRAFIE, BEVÖLKERUNG

Fläche: 389 km² **Bevölkerung:** 115 000 Einw. **Bev.dichte:** 295 Einw./km² **Bev.wachstum:** 0,61 % **Lebenserwartung** 73 J. **Analphabetenrate:** 18 % **Landessprachen:** Englisch (Amtssprache), englisches Kreolisch **Religionen:** überwiegend Anglikaner und Methodisten, 10 % Katholiken

POLITISCHES SYSTEM

Unabhängig seit 27. Oktober 1979. Parlamentarische Monarchie. Einkammerparlament mit 15 gewählten Abgeordneten und 6 ernannten Senatoren. **Staatsoberhaupt:** Königin Elizabeth II., vertreten durch Generalgouverneurin Monica Dacon (seit 2002) **Regierungschef:** Ralph Gonsalves (seit April 2001)

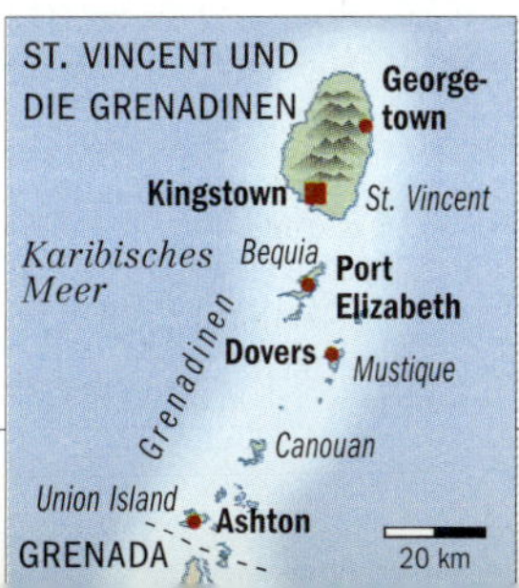

WIRTSCHAFT

Währung: 1 Ostkaribischer Dollar (EC$) = 100 Cents **Kurs** (Mitte 2002): 1 EC$ = 0,40 € **BSP:** 313 Mio. US$ **Wachstumsrate des BIP:** -0,6 % **BSP/Kopf:** 2720 US$ **Anteile am BIP:** Landwirtschaft 9,8 %, Industrie 25,5 %, Dienstleistungen 64,7 %

AKTUELLE ENTWICKLUNGEN

»Gegen 40 Prozent Arbeitslosigkeit ist jedes Mittel recht«, sagt Vize-Premier und Außenminister Louis Straker. Die Regierung lud die britische Armee ein, auf den Inseln Soldaten zu rekrutieren. 1400 Männer ließen sich registrieren, bis April 2002 nahm die Marine 187 auf.

Schwarzes Jahr 2001: 30 Prozent brachen beim Tourismus weg, Sicherheitsinvestitionen sind unbezahlbar, der Bananenanbau geht zurück. Überweisungen aus England sind daher hochwillkommen.

Saint Vincent and the Grenadines – St. Vincent und die Grenadinen; Vincenter

Nationalfeiertag: 27. Oktober

Zeitzone: MEZ –5 h

Hauptstadt: Kingstown (16 100 Einwohner)

Telefon-Vorwahl: +1784
Kfz-Kennzeichen: WV

Mitgliedschaften: Caricom, OAS, Uno

Republic of South Africa; Republiek van Suid-Afrika – Republik Südafrika; Südafrikaner

Nationalfeiertag: 27. April (Freiheitstag)

Zeitzone: MEZ + 1 h

Hauptstadt: Pretoria (525 600 Einwohner)

Telefon-Vorwahl: +27
Kfz-Kennzeichen: ZA

Mitgliedschaften: AU, Uno

Präsident Thabo Mbeki

Südafrika

Botschaft in Deutschland: Friedrichstraße 60, D-10117 Berlin
☎ +49-30-22 07 30 🖷 -220 73 190

GEOGRAFIE, BEVÖLKERUNG

Fläche: 1 219 080 km², dazu die Prince-Edward-Inseln, bestehend aus Marion (255 km²) und Prince Edward (55 km²) im Indischen Ozean. Im Westen, Süden und Osten von Weltmeeren (Atlantik, Indischer Ozean) umgeben. Grenzen zu Namibia, Botswana, Simbabwe, Mosambik und Swasiland. Innerhalb des Landes liegt der unabhängige Staat Lesotho. **Verwaltung:** 9 Provinzen **Bevölkerung:** 42,801 Mio. Einw., davon 75 % Schwarzafrikaner, 14 % Weiße, 9 % Mulatten, knapp 3 % Asiaten **In Städten** leben 55 %, **unter 15 J.** sind 34 % der Bev. **Bev.dichte:**

35 Einw./km² **Bev.wachstum:** 0,77 % **Fruchtbarkeitsrate:** 2,9 Geb./Frau **Landessprachen:** 11 Amtssprachen, darunter Afrikaans, Englisch, Sotho, Swazi, Zulu, Xhosa. Viele weitere Dialekte **Religionen:** 77 % Christen, überwiegend Protestanten. Die meisten Afrikaner gehören der Gereformeerde Kerk an, die meisten weißen Englisch sprechenden Einwohner der anglikanischen, methodistischen oder katholischen Kirche. Auch Schwarzafrikaner gehören diesen Kirchen an, viele von ihnen sind Mitglieder unabhängiger Kirchen, die Christentum und traditionelle afrikanische Religionen verbinden. Außerdem Hindus, Muslime, Juden sowie verschiedene traditionelle Religionen.

Die größten Städte

Kapstadt	854 600
Durban	715 700
Johannesburg	712 500
Pretoria	525 600
Port Elizabeth	303 400

POLITISCHES SYSTEM

Republik seit 1961, neue Verfassung seit Februar 1997 in Kraft. Sie gilt als eine der liberalsten der Welt. Wahlrecht ab 18 J. Zweikammerparlament mit Nationalversammlung (350 – 400 direkt gewählte Abg.) und Nationalrat der Provinzen (90 Mitgl.). Wahl alle 5 J. Wahl des Staatsoberhaupts alle 5 J. durch die Nationalversammlung. **Staats- und Regierungschef:** Thabo Mbeki (seit Juni 1999) **Außenministerin:** Nkosazana Dlamini-Zuma

Parteien

- African National Congress/ANC (Regierungspartei, Vorsitzender Thabo Mbeki);
- Democratic Party/DP (liberal);
- Inkatha Freedom Party/IFP (vorwiegend Zulus);
- New National Party/NNP (vorwiegend weiße Mitglieder und Wähler);
- United Democratic Movement/UDM (multikulturell);
- African Christian Democratic Party/ACDP;
- Freedom Front/FF (rechts gerichtet).

Parlamentssitze (Wahlen vom 2. Juni 1999)

	Nationalversammlung	*Nationalrat*
ANC	266	63
DP	38	8
IFP	34	4
NNP	28	10
UDM	14	3
ACDP	6	1
FF	3	–
andere	11	1

MILITÄR

Keine **Wehrpflicht** **Streitkräfte:** 61 500 Mann, davon 41 750 Armee, 9250 Luftstreitkräfte, 5000 Marine **Militärausgaben** (am BSP): 1,5 % Anteil des **Waffenhandels** an den Exporten 0,1 %, an den Importen 0,2 %

GESUNDHEIT, SOZIALES, BILDUNG

Öffentliche Gesundheitsausgaben (am BIP): 3,3 % **Öffentlicher Ausgaben für Bildung und Erziehung** (am BIP): 6,1 % **Öffentlicher Ausgaben für Altersversorgung** (am BIP): k. A. **Medizinische Versorgung:** 0,6 Ärzte/1000 Einw., Krankenhausbetten: k. A. **Säuglingssterblichkeit:** 63 %

Müttersterblichkeit: 340/100000 Geb. **Kinderunterernährung:** 9 % **Armutsrate:** 11,5 % **Frauenanteil an den Beschäftigten:** 37,8 % Zugang zu **sauberem Trinkwasser** haben 92 % der städtischen und 80 % der ländlichen Bev., zu **sanitären Anlagen** 99 % bzw. 73 % **HIV-Infektionsrate:** 19,94 % **Lebenserwartung:** Männer 47 J., Frauen 49 J. **Schulpflicht:** 7 – 16 J. **Einschulungsquote**: Im Primarbereich 94 %, im Sekundarbereich: 51 % **Analphabetenrate:** Männer 14 %, Frauen 15 % **Universitäten:** 21

WIRTSCHAFT

Währung: 1 Rand (R) = 100 Cents **Kurs** (Mitte 2002): 1 R = 0,11 € **BSP:** 129,2 Mrd. US$ **Wachstumsrate des BIP:** 3,1 % **BSP/Kopf:** 3020 US$ **Anteile am BIP:** Landwirtschaft 3 %, Industrie 31 %, Dienstleistungen 66 % **Forschung+Entwicklungsausgaben** (am BSP): 0,62 % **Arbeitslosenquote:** 23,3 % **Inflationsrate:** 5,7 % **Staatseinnahmen:** 35,373 Mrd. US$ **Steueraufkommen** (am BIP:) 25,9 % **Einkommensteuer:** max. 45 % **Körperschaftsteuer:** 30 % **Haushaltsdefizit** (am BIP): 2,3 % **Staatsausgaben:** 39,213 Mrd. US$ **Leistungsbilanzdefizit:** 166 Mio. US$ **Auslandsschulden:** 102,231 Mrd. US$ **Auslandsvermögen:** 95,596 Mrd. US$ **Schuldendienst** (am BIP): 3,1 % **Devisenreserven:** 7,702 Mrd. US$ **Empf. Hilfsgelder:** 488 Mio. US$ **Ausl. Direktinvestitionen:** 961 Mio. US$ **Börse** (Marktkapitalisierung am BIP): 162,8 % **Energie:** Produktion 143,99 Mio. t ÖE, Verbrauch 109,33 Mio. t ÖE. Anteile am Verbrauch: Kohle 75,4 %, Öl 21,5 %, Atomenergie 2,4 %, sonstige 0,7 %

Landwirtschaft, Rohstoffe, Industrie:

Nutzfläche 12,9 %, von der Anbaufläche **bewässert:** 8,5 %. Vor allem Viehwirtschaft. Angebaut werden Mais, Roggen, Weizen, Wein, Tabak und Zitrusfrüchte. **Bewaldet:** 89000 km², jährliche **Rodung:** 80 km² **Wichtige Industriezweige:** Hergestellt werden Automobile, Textilien, Rüstungsgüter, chemische Produkte und Nahrungsmittel **Rohstoffe:** Reiche Vorkommen an Gold (30 % der Weltproduktion), Platin, Mangan, Chrom, Steinkohle und Diamanten

Außenwirtschaft:

Handelsbilanz 4,965 Mrd. US$ **Export:** 30,642 Mrd. US$, davon 30,9 % industrielle Vorprodukte, 14,8 % Maschinen u. Transportmittel, 10,5 % Rohstoffe, 7,3 % Treibstoffe **Hauptausfuhrländer:** Großbritannien (7,8 %), USA (7 %), Deutschland (5,5 %) **Hightech-Exporte:** 21 Mio. US$ **Import:** 25,677 Mrd. US$, davon 33,7 % Maschinen u. Transportmittel, 11,5 % Treibstoffe, 11,4 % industrielle Vorprodukte, 10,5 % Chemikalien **Hauptlieferländer:** Deutschland (14,4 %), USA (13,6 %), Großbritannien (9,9 %)

VERKEHR

Schienennetz: 25 555 km. Zwischen Pretoria und Kapstadt verkehrt regelmäßig der Luxuszug Blue Train. **Straßennetz:** 362 099 km, davon 20,3 % befestigt **Motorisierung:** 143 Kfz/1000 Einwohner

Luftverkehr: Internationale **Flughäfen** in Johannesburg, Kapstadt, Durban. Größte **Fluggesellschaft** ist die South African Airways, daneben mehrere kleinere Gesellschaften; 8 Mio. beförderte Passagiere. **Schifffahrt:** Die wichtigsten **Häfen** sind Durban, Kapstadt, Saldanha Bay und Richards Bay; außerdem Port Elizabeth und East London.

KOMMUNIKATION

Auf 1000 Einw. kommen 338 **Rundfunk-**, 127 **Fernsehgeräte**, 113,5 **Telefonanschlüsse**, 210 **Mobiltelefone**, 68,5 **PC** und 5,45 **Internet-Zugänge IuK-Ausgaben** (am BIP): 8,6 %

Es erscheinen 17 **Tageszeitungen** mit einer Gesamtauflage von 1,185 Mio. Exemplaren. Die größten Tageszeitungen und ihre Auflagen:

Sowetan 225 000
The Star 162 300
Beeld 112 000
Die Burger 105 900

Nachrichtenagentur: South African Press Association

SÜDAFRIKAS PROVINZEN

1 Northern Province
2 North-West
3 Gauteng
4 Mpumalanga
5 Northern Cape
6 Free State
7 KwaZulu/Natal
8 Eastern Cape
9 Western Cape

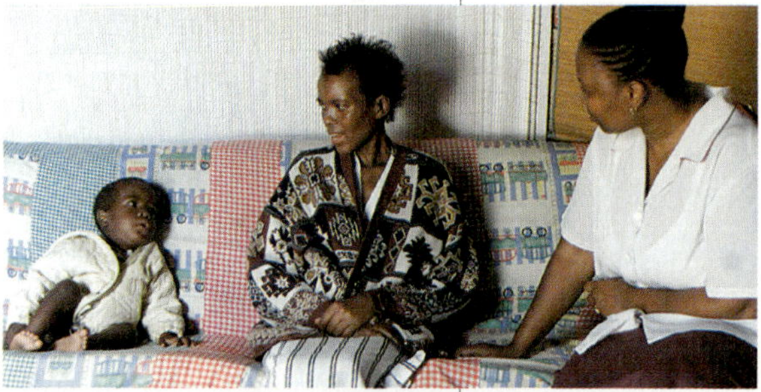

Aidskranke südafrikanische Mutter (M.) mit HIV-infiziertem Sohn

Astronaut Mark Shuttleworth (der erste Afrikaner im Weltall)

UMWELT, TOURISMUS

Geschützte Gebiete: 5,4 % der Landesfläche **Energieverbrauch/Kopf:** 2597 kg ÖE **CO_2-Emission:** 343,7 Mio. t **Verwendung des Süßwassers:** Landwirtschaft 72 %, Industrie 11 %, Haushalte 17 % **Tourismus:** 6,001 Mio. Besucher, 2,526 Mrd. US$ Einnahmen

AKTUELLE ENTWICKLUNGEN

Am 27. April 2002, dem »Freedom Day«, der an die ersten freien Wahlen Südafrikas vor acht Jahren erinnert, übertrug das südafrikanische Fernsehen ein denkwürdiges Telefonat. Präsident Thabo Mbeki plauderte mit einem Mann im All: Mark Shuttleworth, 28 Jahre alt, Südafrikaner und mit seinem Internet-Business Multimillionär geworden.

Der weiße »Afronaut« Shuttleworth, erster Afrikaner im Weltall, hatte sich mit dem Trip zur internationalen Raumstation ISS für umgerechnet rund 20 Millionen Euro einen Kindheitstraum erfüllt und gleichzeitig eine Botschaft vermitteln wollen: »Man muss nicht Amerikaner sein, um in der Welt etwas zu erreichen. Wir brauchen einen südafrikanischen Traum.«

Derartige Missionare kann Mbeki gut gebrauchen. Als einer der Initiatoren der Nepad-Initiative (»New Partnership for Africa's Development«) steht der südafrikanische Präsident für einen Aufbruch, den viele als letzte Chance für Afrika betrachten. Die afrikanischen Gesellschaften sollen demokratisiert, Menschenrechte geachtet, öffentliche Finanzen transparent gemacht und Eigentum und Rechtsstaatlichkeit garantiert werden – eine Abkehr von fast allem also, was das krisengeschüttelte Afrika in der Vergangenheit maßgeblich von anderen Kontinenten unterschied. Überwacht werden soll die Einhaltung der neu aufgestellten Regeln von den Afrikanern selbst, belohnt durch Milliarden von den reichen Geberländern aus Nordamerika und Europa.

»Die Afrikaner müssen ein für alle Mal die These verwerfen, dass Frieden und Demokratie ein Privileg des Westens sind«, fordert Mbeki, »Gesellschaften konkurrieren nicht nur ökonomisch, sondern auch in den zentralen Fragen der politischen Führung.« Schon wird allerorten von einer Renaissance Afrikas geträumt. Von der Umkehr versprechen sich Mbeki und seine Mitstreiter eine Invasion von Investoren – angelockt von den unerschöpflichen Ressourcen des Kontinents, in Sicherheit gewiegt durch stabile und demokratische Gesellschaften.

Dewegen lud Mbeki im Juli die Staats- und Regierungschefs der 53 afrikanischen Länder nach Durban, wo offiziell die »Afrikanische Union« gegründet wurde. Die Union nach dem Vorbild der EU löst die »Organisation für Afrikanische Einheit« (OAU) nach 39 Jahren ab: Angelehnt an die EU soll Afrika mit seinen fast 800 Millionen Menschen von der »Versammlung der Staats- und Regierungschefs« regiert werden – dem obersten Organ, das einmal im Jahr tagt, ein Budget beschließt

Demonstration für die Freigabe lebensrettenden antiviralen Medikamenten

Armenviertel Soweto bei Johannesburg

und sich auch mit Dingen wie beitragssäumigen AU-Mitgliedern befassen wird. Beitragsschuldner hatte es auch in der OAU schon immer gegeben, und nicht alle hatten wie die Demokratische Republik Kongo die Ausrede, man sei erst wieder zahlungsfähig, wenn der Krieg vorbei sei. Nach EU-Muster steht der Gipfelrunde auch ein Ministerrat als ausführendes Organ zur Seite: der Exekutivrat der AU.

Genau wie in Europa soll auch die Afrikanische Union eine Kommission erhalten, die eigene Vorschläge macht. Gesteuert wird die Kommission von einem Präsidenten – es wird für eine Übergangszeit von einem Jahr noch der Ex-OAU-Generalsekretär Amara Essy sein – sowie von 9 Kommissaren. Insgesamt 17 Behörden will die AU in den nächsten Jahren aufbauen. Darunter sind das Parlament, eine ständige Vertretung der Botschafter in der äthiopischen Hauptstadt Addis Abeba, ein Gerichtshof, eine Zentralbank und ein Währungsfonds für Afrika mit der Vision einer gemeinsamen Währung.

Gerade für Südafrika ist die Initiative wichtig. Als einziges Industrieland des Kontinents profitiert der Staat am Kap besonders vom möglichen Aufschwung. Derzeit investieren südafrikanische Unternehmen in über 100 Projekte auf dem Kontinent, schürfen Diamanten in Botswana und Angola, betreiben Banken in Uganda, brauen Bier in Namibia und errichten Mobilfunknetze in Nigeria.

Gleichzeitig jedoch kämpft Südafrika immer noch mit der Massenarmut, hat jeder dritte Südafrikaner keine Arbeit, lebt immer noch mehr als ein Viertel der Bevölkerung in Elendsquartieren, und ist die Kriminalitätsrate eine der höchsten der Welt.

Verschärft wird die angespannt Lage zudem durch Hunderttausende von Armutsmigranten, die Jahr für Jahr ins Land strömen, durch die gewalttätigen Konflikte im Nachbarland Simbabwe und durch die Dürre, die im vergangenen Jahr die gesamte Region heimgesucht hat. Auch das Land am Kap ist von der Aids-Epidemie stark betroffen. Schon jetzt sind HIV-Erkrankungen Todesursache Nummer eins. Über 40 % aller Todesfälle bei Erwachsenen sind darauf zurückzuführen, so stellt der staatliche Medizinische Forschungsrat in einer Studie fest. Verheerend ist dabei die Haltung von Staatschef Mbeki: Erst nach einem Urteil des Verfassungsgerichts sagte die Regierung zu, künftig Medikamente zumindest an infizierte Schwangere auszugeben. Öffentlich zweifelte Mbeki an, dass HIV die Seuche auslöst, und unterstellt, dass diese Behauptung lediglich eine vom amerikanischen Geheimdienst CIA verbreitete Lüge sei, um amerikanischen Herstellern von Medikamenten zu Profit zu verhelfen. Befürwortern einer medikamentösen Behandlung von HIV-Infizierten sagte er sogar nach, sie wollten lediglich die Vernichtung des politischen Gegners mit biologischen Waffen betreiben. Mbekis Vorgänger Mandela distanzierte sich mehrmals öffentlich von der seltsamen Politik des amtierenden Präsidenten.

Mittlerweile opponiert selbst Innenminister Mangosuthu Buthelezi, Chef der Inkatha-Partei, gegen die ignorante Haltung Mbekis, die besonders infizierte Kinder trifft: Dessen Aids-Politik verurteile Zehntausende Neugeborene »lange bevor sie die Pubertät erreichen, einen schrecklichen Tod zu sterben«. Und ein Arzt des großen Chris Hani Baragwanath Hospitals in Soweto klagt, er »choreografiere den Tod«. Helfen könne er nicht mehr.

Innenminister Mangosuthu Buthelezi

Jumhuriyat as-Sudan – Republik Sudan
Sudanesen

Nationalfeiertag: 1. Januar

Zeitzone: MEZ + 1 h

Hauptstadt: Khartum (947 500 Einwohner)

Telefon-Vorwahl: +249

Mitgliedschaften: AU, Uno

Präsident Umar al-Baschir

Sudan

Botschaft in Deutschland: Kurfürstendamm 151, D-10709 Berlin
☎ +49-30-890 69 80 🖷 -89 40 96 93

GEOGRAFIE, BEVÖLKERUNG

Fläche: 2 505 813 km². Größtes afrikanisches Land, im Norden viel unfruchtbare Wüste, im Süden Sumpfland und Savanne. **Verwaltung:** 26 Provinzen **Bevölkerung:** 31,095 Mio. Einw., davon 52 % Afrikaner (nilotische Völker), 39 % Araber **In Städten** leben 36 %, **unter 15 J.** sind 40 % der Bev. **Bev.dichte:** 13 Einw./km². **Bev.-wachstum:** 2,3 % **Fruchtbarkeitsrate:** 4,6 Geb./Frau **Landessprachen:** Hocharabisch (Amtssprache); sudanesisches Arabisch, Dinka **Religionen:** 70 % Sunniten, 25 % trad. Religionen, 5 % Christen

Die größten Städte

Omdurman	1 271 400
Khatum (Hauptstadt)	947 500
Khartum (Nord)	700 900

POLITISCHES SYSTEM

Unabhängig seit dem 1 Januar 1956. Bürgerkrieg seit 1983. Islamische Republik seit 1986. Militärregime seit 1989. Neue Verfassung seit 1998, die Glaubensfreiheit und das Recht auf politische Organisationen gewährleistet. Ausnahmezustand seit Dezember 1999. Einkammerparlament, 360 Sitze. Direktwahl des Staatsoberhaupts alle 5 j. Wahlrecht ab 18 J.
Staats- und Regierungschef: Umar al-Baschir (seit Juni 1989)
Außenminister: Mustafa Osman Ismail (seit Februar 1998)

MILITÄR

Allg. Wehrpflicht: 36 Monate **Streitkräfte:** 117 000 Mann, davon 112 500 Armee, 3000 Luftstreitkräfte, 1500 Marine **Militärausgaben** (am BSP): 4,8 %

GESUNDHEIT, SOZIALES, BILDUNG

Öffentliche Gesundheitsausgaben (am BIP): 0,7 % **Öffentliche Ausgaben für Bildung und Erziehung** (am BSP): 3,7 % **Öffentliche Ausgaben für Altersversorgung** (am BIP): k. A. **Medizinische Versorgung:** 0,1 Ärzte, 1,1 Krankenhausbetten/1000 Einw. **Säuglingssterblichkeit:** 81/1000 Geb. **Müttersterblichkeit:** 1500/100 000 Geb. **Kinderunterernährung:** 34 % **Kinderarbeit:** 27 % **Armutsrate:** k. A. **Frauenanteil an den Beschäftigten:** 29,5 % Zugang zu **sauberem Trinkwasser** haben 86 % der städtischen, und 69 % der ländlichen Bev., zu **sanitären Anlagen:** 87 % bzw. 48 % **HIV-Infektionsrate:** 0,99 % **Lebenserwartung:** Männer 55 J., Frauen 58 J. **Schulpflicht:** 6 – 13 J. **Einschulungsquote** im Primarbereich 46 %, im Sekundarbereich k. A. **Analphabetenrate:** Männer 36,5 %, Frauen 61,7 % Die bekanntesten **Universitäten** finden sich in Khartum, Omdurman, wad Madani, Juba

WIRTSCHAFT

Währung: 1 Sud Dinar (sD) = 100 Piastres **Kurs** (Mitte 2002): 1 sD = 0,004 € **BSP:** 9,6 Mrd. US$ **Wachstumsrate des BIP:** 8,3 % **BSP/Kopf:** 310 US$ **Anteile am BIP:** Landwirtschaft 37 %, Industrie 18 %, Dienstleistungen 45 % **Forschung+Entwicklungsausgaben** (am BSP): k. A. **Arbeitslosenquote:** k.A. **Inflationsrate:** 5 % **Staatseinnahmen:** k. A. **Steueraufkommen** (am BIP): 6,8 % **Einkommensteuer:** k. A. **Körperschaftsteuer:** k. A. **Haushaltsdefizit** (am BIP): 1% **Staatsausgaben:** k.A. **Leistungsbilanzdefizit:** 618 Mio. US$ **Auslandsschulden:** 15,741 Mrd. US$ **Schuldendienst** (am BIP): 0,6 % **Devisenreserven:** 189 Mio. US$ **Empf. Hilfsgelder:** 225 Mio. US$ **Ausl. Direktinvestitionen:** 392 Mio. US$ **Börse** (Marktkapitalisierung am BIP): k. A. **Energie:** Produktion 17,03 Mio. t ÖE, Verbrauch 15,37 Mio. t ÖE

Landwirtschaft, Rohstoffe, Industrie:
Nutzfläche 7,1 %, von der Anbaufläche sind 11,5 % bewässert **Produkte:** Zuckerrohr, Sorghum, Sesam, Baumwolle **Bewaldet:** 616 000 km², jährliche

Rodung: 9589 km² **Rohstoffe:** Erdöl, Chrom, Gips, Gold, Eisenerz **Wichtige Industriezweige:** Ölverarbeitung

Außenwirtschaft:
Handelsbilanzüberschuss 304 Mio. US$ **Export:** 1,699 Mrd. US$, davon 16,3 % Sesam, 14,7 % Vieh, 5,8 % Baumwolle **Hauptausfuhrländer:** Saudi-Arabien (20,1 %), Großbritannien (15 %), VR China (8,1 %) **Hightech-Exporte:** 0 Mio. US$ **Import:** 1,395 Mrd. US$, davon 16,8 % industrielle Vorprodukte, 34,7 % Maschinen und Transportmittel, 19,5 % Nahrungsmittel **Hauptlieferländer:** Saudi-Arabien (9,6 %), USA (8,5 %), Großbritannien (6,7 %)

VERKEHR
Schienennetz: 4784 km **Straßennetz:** 11 900 km, davon 36,3 km befestigt **Motorisierung:** 12 Kfz/1000 Einw. Internationale **Flughäfen:** Khartum **Fluglinie:** Sudan Airways, 408 000 beförderte Passagiere **Häfen:** Port Sudan **Binnenschifffahrt** auf 5310 km

KOMMUNIKATION
Auf 1000 Einw. kommen 464 **Rundfunk-**, 273 **Fernsehgeräte**, 14,2 **Telefonanschlüsse**, 3,3 **Mobiltelefone**, 3,6 **PC** und k. A. **Internet-Zugänge** **IuK-Ausgaben** (am BIP): k. A.
Es erscheinen 7 **Tageszeitungen** mit einer Gesamtauflage von rund 700 000 Exemplaren.
Nachrichtenagenturen: Sudan News Agency und Sudanese Press Agency

UMWELT, TOURISMUS
Geschützte Gebiete: 3,6 % der Landesfläche **Energieverbrauch:** 503 kg ÖE **CO_2-Emission:** 3,6 Mio. t **Verwendung des Süßwassers:** Landwirtschaft 94 %, Industrie 1 %, Haushalte 5 % **Tourismus:** 50 000 Besucher, 2 Mio. US$ Einnahmen

AKTUELLE ENTWICKLUNGEN
Die rasante Entwicklung der Ölwirtschaft bestimmt die Politik im größten Flächenstaat Afrikas: Seit der Renaissance der Förderung von Erdöl 1999 ist der Sudan zum Netto-Exporteur von Rohöl und Raffinerieprodukten geworden. Der Siemens-Konzern kündigte im Januar 2002 an, dort das weltweit größte Dieselkraftwerk zu errichten; einige Tage zuvor hatte die russische Firma Slawneft ein 200-Mio. US$-Abkommen zur Förderung von Öl und Gas unterzeichnet. Khartum kündigte an, die Produktion von rund 210 000 Barrel pro Tag Anfang 2002 bis zum Jahr 2005 zu verdoppeln. Doch vom Ölboom im Südsudan profitiert vor allem die arabisch-islamische Regierung im Norden des Landes. Menschenrechtsorganisationen beklagen seit langem, dass die Ausbeutung

Bau einer Öl-Pipeline

des schwarzen Goldes den seit 19 Jahren tobenden Bürgerkrieg verschärft: Die Einnahmen aus dem Ölgeschäft fließen zu großen Teilen in den Verteidigungsetat und ermöglichen es der Regierung, den teuren Krieg gegen die Rebellen der Sudanesischen Volksbefreiungsarmee (SPLA) im christlich-animistischen Süden fortzusetzen. Seit 1983 kamen dabei rund zwei Millionen Menschen ums Leben. Überdies werden wegen der Ölgewinnung die Anwohner aus den Fördergebieten vertrieben – Amnesty International beziffert die Zahl der Vertriebenen auf über vier Millionen.
Mit der kanadischen Ölfirma Talisman Energy befasste sich ab 8. November 2001 ein Gericht in New York wegen des Vorwurfs, sie habe die sudanesische Armee 1999 zu »Aufräumarbeiten« im Fördergebiet aufgefordert. Ganze Dörfer seien daraufhin mit Luftangriffen und Bodentruppen ausgelöscht worden. Laut Ermittlungen der kanadischen Regierung wurde die Bevölkerung in der Gegend auf die Hälfte reduziert.
Auch ein Bericht der Hilfsorganisation »Ärzte ohne Grenzen« vom April 2002 sprach von »Luftangriffen, Abbrennen von Häusern sowie Zwangsdeportationen« durch die Armee Khartums. Die Sperrung weiter Landesteile für internationale Hilfe habe darüber hinaus zum Tod von mehreren hunderttausend Menschen durch Seuchen beigetragen.

Nicht zuletzt auf Grund der Interessen amerikanischer Ölfirmen – die wegen eines Embargos nicht im Sudan investieren dürfen – setzten sich die USA wieder als Vermittler im Bürgerkrieg ein. Am 6. September 2001 ernannte Präsident George W. Bush den früheren Senator John Danforth zum Sondergesandten für den Sudan. Nach mehr als einem Dutzend gescheiterten Versuchen internationaler Vermittlung seit 1989 sollte er die Kontrahenten zu einer Verhandlungslösung bringen. Am 19. Januar 2002 schlossen Vertreter Khartums und der SPLA in der Schweiz ein Abkommen, das für die Nuba-Berge im Zentralsudan einen Waffenstillstand festschreibt. Die darin vorgesehene Truppenentflechtung in der Region begann fünf Monate später mit dem Abzug von 100 Regierungssoldaten und 50 SPLA-Kämpfern. Als Kontrollinstanz wurde eine Überwachungskommission gebildet, der unter dem Vorsitz eines neutralen Vermittlers aus dem Ausland Vertreter beider Konfliktparteien angehören.

Aufstellen eines Plakats mit dem Slogan: »We are all to peace«

Die Kämpfe im Süden des Landes gingen unterdessen weiter. Ende Februar setzten die USA ihre Vermittlungsbemühungen vorübergehend aus, nachdem bei einem Hubschrauberangriff auf eine Gruppe von Zivilisten 17 Menschen getötet wurden. Sie hatten sich versammelt, um Lebensmittelhilfe der Uno entgegenzunehmen. Auf Druck Washingtons unterzeichnete Khartum danach eine Vereinbarung zum Schutz der Zivilbevölkerung.

Neben den Interessen der Ölindustrie trugen auch die Ereignisse vom 11. September 2001 dazu bei, die internationale Isolation des Sudan weiter aufzubrechen. In Khartum, wo 1998 als Vergeltung für die Anschläge auf die US-Botschaften in Kenia und Tansania amerikanische Raketen eingeschlagen waren, bemühte man sich, dieses Mal auf der richtigen Seite zu stehen. Der Geheimdienst leitete Informationen über früher im Sudan aktive Islamisten an Washington weiter. Mehrere Dutzend militante Islamisten, darunter das führende Qaida-Mitglied Abu Anas al-Libi, wurden festgenommen. Obwohl Präsident Umar al-Baschir seit Verhängung des Ausnahmezustands im Dezember 1999 mit Notstandsverordnungen herrscht und die Opposition brutal unterdrückt, wurden die Entwicklungen im Land von der internationalen Staatengemeinschaft gelobt: Am 28. September 2001 hob der Uno-Sicherheitsrat – bei Enthaltung der USA – seine seit 1996 geltenden Sanktionen gegen den Sudan auf. Auch die EU honorierte die positiven Signale aus Khartum und sagte Ende Januar 2002 zu, die nach der Machtübernahme Baschirs 1989 suspendierte Entwicklungshilfe wieder aufzunehmen. Im Rahmen der Cotonou-Vereinbarung erhält der Sudan zunächst Hilfe im Wert von 155 Millionen Euro.

Ein mittelbarer Erfolg der US-Diplomatie war die neue Zusammenarbeit mit dem südlichen Nachbarn Uganda. Ende Februar 2002 gestattete Khartum Kampala eine Militäraktion gegen die ugandische Lord's Resistance Army (LRA) im Südsudan. Einige Wochen später beteiligten sich sudanesische Truppen an den Kämpfen gegen die christlich-missionarische Rebellentruppe, die in einem Jahrzehnt bis zu 15 000 Kinder entführt und zu Soldaten gemacht hat. Bislang hatte Khartum die LRA als Verbündete im Bürgerkrieg protegiert, während Kampala die SPLA unterstützte.

Auch sonst entspannten sich die Beziehungen des Sudan zu seinen afrikanischen Nachbarn: Anfang Dezember 2001 trafen sich in Khartum Vertreter der Gemeinschaft der Sahel- und Sahara-Staaten (Comessa) und beschlossen die Gründung eines Verhandlungskomitees zur Lösung der inneren Unruhen in der Zentralafrikanischen Republik – unter dem Vorsitz des Sudan. Im Januar 2002 fand in Khartum das Gipfeltreffen der Interregierungsbehörde für Entwicklung (Igad) am Horn von Afrika statt. Die ostafrikanischen Staats- und Regierungschefs diskutierten in dem von den USA als »Schurkenstaat« titulierten Land über gemeinsame Terrorismusbekämpfung.

Surinam

Botschaft in Niederlanden (auch für D akkreditiert): Alexander Gogelweg 2, NL-2517 J. H. 's-Gravenhage
☎ +31-703-65 08 44 🖷 -61 74 45

Kurs (Mitte 2002): 1 Sf = 0,0005 € **BSP:** 788 Mio. US$ **Wachstumsrate des BIP:** -7,3 % **BSP/Kopf:** 1890 US$ **Anteile am BIP:** Landwirtschaft 10 %, Industrie 20 %, Dienstleistungen 70 %

Republiek Suriname – Republik Suriname; Surinamer

Nationalfeiertag: 25. November

Zeitzone: MEZ –4 h

Hauptstadt: Paramaribo (201 000 Einwohner)

Telefon-Vorwahl: +597
Kfz-Kennzeichen: SME

Mitgliedschaften: Caricom, OAS, Uno

GEOGRAFIE, BEVÖLKERUNG

Fläche: 163 265 km² **Bevölkerung:** 417 000 Einw. **Bev.dichte:** 3 Einw./km² **Bev.wachstum:** 0,44 % **Lebenserwartung:** 70 J. **Analphabetenrate:** k. A. **Landessprachen:** Niederländisch (Amtssprache), Sranan-Tongo (Verkehrssprache), Hindi, Javanisch, Englisch **Religionen:** 42 % Christen, 27 % Hindus, 20 % Muslime

POLITISCHES SYSTEM

Unabhängig seit 1975. Präsidialrepublik. **Staatschef:** Ronald Venetiaan (seit August 2000) **Premierminister**: Jules Ajdohia (seit August 2000)

WIRTSCHAFT

Währung: 1 Suriname-Gulden (Sf) = 100 Cents

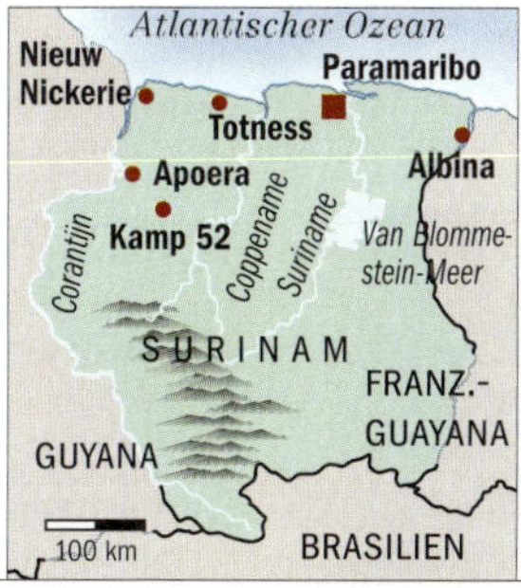

AKTUELLE ENTWICKLUNGEN

Im Streit mit dem Nachbarstaat Guyana um die Ölreserven vor der Küste scheint sich eine Einigung abzuzeichnen. Der genaue Grenzverlauf und damit auch die Territorialhoheit über die Küstengewässer sind zwar nach wie vor ungeklärt, aber die Präsidenten beider Länder gaben im Februar 2002 eine Erklärung heraus, nach der eine Zusammenarbeit beim Erschließen der Ölfelder unabhängig von der Grenzfrage angestrebt werden soll. Im März 2002 bat Surinam die einstige Kolonialmacht Niederlande um Amtshilfe. In deren Archiven hofft es Informationen zur Stärkung seiner Position im Grenzstreit zu finden.

Swasiland

Botschaft in Belgien (auch für D akkreditiert): 188, Avenue Winston Churchill, B-1180 Brüssel
☎ +32-2-347 47 71 🖷 -347 46 23
GK: Düsseldorf, Berlin

Kurs (Mitte 2002): 9,04 E = 1 € **BSP:** 1,5 Mrd. US$ **Wachstumsrate des BIP:** 2,6 % **BSP/Kopf:** 1390 US$ **Anteile am BIP:** Landwirtschaft 17 %, Industrie 44 %, Dienstleistungen 39 %

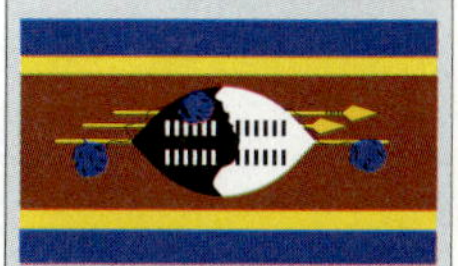

Umbuso weSwatini – Königreich Swasiland; Swasi

Nationalfeiertag: 6. September

Zeitzone: MEZ +1 h

Hauptstadt: Mbabane (52 000 Einwohner)

Telefon-Vorwahl: +268
Kfz-Kennzeichen: SD

Mitgliedschaften: AU, Uno

GEOGRAFIE, BEVÖLKERUNG

Fläche: 17 363 km² **Bevölkerung:** 1,045 Mio. Einw. **Bev.dichte:** 61 Einw./km² **Bev.wachstum:** 0,92 % **Lebenserwartung:** Männer 45 J., Frauen 46 J. **Analphabetenrate:** Männer 19 %, Frauen 21 % **Landessprachen:** Englisch, Siswati **Religionen:** 60 % Christen, 40 % traditionelle Religionen

POLITISCHES SYSTEM

Unabh. seit 1968. Parl. Monarchie. **Staatsoberhaupt:** König Mswati III. (seit April 1986) **Regierungschef:** Barnabas Sibusiso Dlamini (seit Juli 1996)

WIRTSCHAFT

Währung: 1 Lilangeni (E) = 100 Cents

AKTUELLE ENTWICKLUNGEN

Um der starken Zunahme der Immunschwächekrankheit Aids entgegenzutreten, griff König Mswati III. anlässlich seines 33. Geburtstags im September 2001 zu ungewöhnlichen Maßnahmen: Für die kommenden fünf Jahre sprach er ein Sexverbot für unverheiratete »Jungfrauen« aus. Diese müssen sich künftig durch Wollquasten kenntlich machen. In Swasiland sind laut Weltbank bereits 25 Prozent der erwachsenen Bevölkerung mit HIV infiziert.
Mswati wird wegen seines despotischen Regierungsstils scharf kritisiert. Da Opposition und Gewerkschaften unterdrückt werden, fordert Amnesty International u. a. Presse- und Meinungsfreiheit.

Al-Jumhuriya al-Arabiya as-Suriya – Arabische Republik Syrien; Syrer

Nationalfeiertag: 8. März (Revolutionstag)

Zeitzone: MEZ +1 h

Hauptstadt: Damaskus (1 394 300 Einwohner)

Telefon-Vorwahl: +963
Kfz-Kennzeichen: SYR

Mitgliedschaft: Uno

Syrien

Botschaft in Deutschland: Andreas-Hermes-Straße 5, D-53175 Bonn
☎ +49-228-81 99 20 🖷 -819 92 99

GEOGRAFIE, BEVÖLKERUNG

Fläche: 185 180 km² einschließlich der 1295 km² von Israel besetzten Gebiete. 193 km Mittelmeerküste mit parallel dazu verlaufendem Gebirgszug. Östlich liegt ein weites, teils hügeliges Hochplateau aus Halbwüste und Steppe, das im Süden von Vulkanlandschaft begrenzt ist. Lebensader des dünn besiedelten Mittel- und Ost-Syriens ist der Euphrat.
Verwaltung: 13 Provinzen, Hauptstadtdistrikt **Bevölkerung:** 16,189 Mio. Einw., davon 90 % Araber, Minderheit von Kurden und Armeniern **In Städten** leben 55 %, **unter 15 J.** sind 41 % der Bev. **Bev.dichte:** 88 Einw./km² **Bev.wachstum:** 2,55 % **Fruchtbarkeitsrate:** 3,6 Geb./Frau **Landessprachen:** Hocharabisch (Amtssprache), levantinisches Arabisch, Armenisch und Kurdisch **Religionen:** 90 % Muslime, vor allem Sunniten (74 %), Minderheiten von Christen (10 %), Alawiten, Drusen

Präsident Baschar al-Assad, Verteidigungsminister Mustafa Tlass

Die größten Städte

Aleppo	1 582 900
Damaskus	1 394 300
Homs	540 100

POLITISCHES SYSTEM

Präsidialrepublik. Verfassung von 1973. Einkammerparlament (Volksversammlung) mit 250 Abg., Wahl alle 4 J. Direktwahl des Staatsoberhaupts (alle 7 J.), das die Mitglieder des Ministerrats und den Regierungschef ernennt.
Staatsoberhaupt: Baschar al-Assad (seit Juni 2000)
Regierungschef: Mohammed Mustafa Miru (seit März 2000)
Außenminister: Faruk al-Schara

MILITÄR

Allg. Wehrpflicht: 30 Monate **Streitkräfte:** rd. 321 000 Mann, davon 215 000 Armee, 40 000 Luftstreitkräfte, 6000 Marine **Militärausgaben** (am BSP): 7 % **Waffenhandelsanteil** an den Importen 5,5 %

GESUNDHEIT, SOZIALES, BILDUNG

Öffentliche Gesundheitsausgaben (am BIP): 0,9 % **Öffentliche Ausgaben für Bildung und Erziehung** (am BIP): k. A. **Öffentliche Ausgaben für Altersversorgung** (am BIP): 0,5 % **Medizinische Versorgung:** 1,3 Ärzte, 1,4 Krankenhausbetten/1000 Einw. **Säuglingssterblichkeit:** 24/1000 Geb. **Müttersterblichkeit** 200/100 000 Geb. **Kinderunterernährung:** 13 % **Kinderarbeit:** k. A. **Armutsrate:** k. A. **Frauenanteil an den Beschäftigten:** 27 % Zugang zu **sauberem Trinkwasser** haben 94 % der städtischen und 64 % der ländlichen Bev., zu **sanitären Anlagen** 98 % bzw. 81 % **HIV-Infektionsrate:** 0,01 % **Lebenserwartung:** Männer 67, Frauen 72 J. **Schulpflicht:** 6–12 J. **Einschulungsquote** im Primarbereich 93 %, im Sekundarbereich 38 % **Analphabetenrate:** Männer 12 % , Frauen 40 % **Universitäten:** in Aleppo, Damaskus, Homs, Latakia

WIRTSCHAFT

Währung: 1 Syrisches Pfund (syr£) = 100 Piastres **Kurs** (Mitte 2002): 1 syr£ = 0,02 € **BSP:** 15,1 Mrd. US$ **Wachstumsrate des BIP:** 2,5 % **BSP/Kopf:** 940 Mio. US$ **Anteile am BIP:** Landwirtschaft 24 %, Industrie 30 %, Dienstleistungen 46 % **Arbeitslosenquote:** 9,5 % **Inflationsrate:** 1 % **Staatseinnahmen:** k. A. **Steueraufkommen** (am BIP): 15,7 % **Einkom-**

mensteuer: k. A. **Körperschaftsteuer:** k.A. **Haushaltsdefizit** (am BIP): 0,7 % **Staatsausgaben:** k.A. **Leistungsbilanzüberschuss:** 1,062 Mrd. US$ **Auslandsschulden:** 21,657 Mrd. US$ **Schuldendienst** (am BSP): 2,2 % **Devisenreserven:** k. A. **Empf. Hilfsgelder:** 158 Mio. US$ **Ausl. Direktinvestitionen:** 111 Mio. US$ **Börse** (Marktkapitalisierung am BIP): k.A. **Energie:** Produktion 34,21 Mio. t ÖE, Verbrauch 18,05 Mio. t ÖE, Anteile am Verbrauch: Erdgas 32,4 %, Öl 26,4 %, sonstige (Wasserkraft) 41,2 %

Landwirtschaft, Rohstoffe, Industrie:
Nutzfläche 30 %, von der Anbaufläche sind 21,6 % bewässert **Produkte:** Weizen, Zuckerrüben, Oliven, Gemüse, Obst, Baumwolle **Bewaldet:** 5000 km^2, **jährliche Rodung:** k.A. **Rohstoffe:** Erdöl, Phosphat, Erdgas, Eisenerz **Wichtige Industriezweige:** Chemie, Gummi, Textil- und Lederprodukte, Bekleidung sowie Nahrungsmittel, Getränke und Tabak

Außenwirtschaft:
Handelsbilanzüberschuss 1,423 Mrd. US$ **Export:** 5,146 Mrd. US$, davon 62,9 % Erdöl, 11,1 % Nahrungsmittel, 4,5 % Baumwolle **Hauptausfuhrländer:** Italien (26,6 %), Frankreich (20,6 %), Türkei (9,3 %) **Hightech-Exporte:** 2 Mio. US$ **Import:** 3,723 Mrd. US$, davon 21,9 % Maschinen und Transportmittel, 18 % Vieh und Nahrungsmittel, 16,9 % Metalle **Hauptlieferländer:** Deutschland (7 %), Frankreich (5,7 %), Italien (5,6 %)

VERKEHR

Schienennetz: 2450 km **Straßennetz:** 43 381 km, davon 23,1 % befestigt **Motorisierung:** 30 Kfz/1000 Einw. Internationale **Flughäfen:** Damaskus, Aleppo **Fluglinie:** Syrian Arab Airlines, 750 000 beförderte Passagiere **Häfen:** Latakia, Tartus **Binnenschifffahrt:** auf 870 km

KOMMUNIKATION

Auf 1000 Einw. kommen 276 **Rundfunk-**, 67 **Fernsehgeräte**, 108,8 **Telefonanschlüsse**, 12 **Mobiltelefone**, 16,3 **PC** und **Internet-Zugänge** **IuK-Ausgaben** (am BIP): k.A. Es erscheinen 10 **Tageszeitungen** mit einer Gesamtauflage von rund 185 000 Exemplaren. Die größten Tageszeitungen und ihre Auflagen:

Tischrin 50 000
al-Baath 45 000
al-Thaura 40 000

Nachrichtenagentur: Syrian Arab News Agency (Sana)

UMWELT, TOURISMUS

Geschützte Gebiete: 0 % der Landesfläche **Energieverbrauch/Kopf:** 1143 kg ÖE **CO_2-Emission:** 50,6 Mio. t **Verwendung des Süßwassers:** Landwirtschaft 94 %, Industrie 2 %, Haushalte 4 % **Tourismus:** 916 000, Besucher, 474 Mio. US$ Einnahmen

AKTUELLE ENTWICKLUNGEN

Als nach den Anschlägen vom 11. September ein Beileidstelegramm des syrischen Präsidenten Baschar al-Assad in Washington einging, sahen sich die Optimisten unter den Nahost-Experten bestätigt: Unter dem neuen, jungen Staatschef, der im Juni 2000 seinen Vater Hafis al-Assad beerbt hatte, würde das widerspenstige Syrien sich allmählich dem Westen öffnen und zur

Außenminister Faruk al-Schara

Millionenstadt Aleppo (Blick von der Omayyaden-Moschee)

Entspannung im Nahen Osten beitragen.
Die Hoffnungen waren übertrieben: Gerade in den Tagen vor dem 11. September hatten die syrische Polizei und der Geheimdienst mehrere so genannte Debattierclubs ausgehoben – eine spezifisch syrische Variante von Bürgerversammlung, bei der sich bis zu 500 Zuhörer treffen, um einem politischen Aktivisten zu lauschen. Prominentestes Opfer der September-Razzien: Riad Turk, der schwer kranke Chef der Kommunistischen Partei Syriens, der bereits unter Vater Assad 17 Jahre im Gefängnis gesessen hatte und kurz vor dessen Tod aus der Haft entlassen worden war.

Israelische Soldaten auf den besetzten Golanhöhen

Zu kritisch waren der Staatsführung Turks Reden, in denen er Syrien als eine »Republik der Furcht« bezeichnete, die einen »Wechsel von der Tyrannei zur Demokratie« nötig habe. Außerdem vertrat er die Ansicht, dass die alte Garde in Damaskus die Reformbestrebungen des jungen Assad behindere.
Zwar wurden Ende November 2001 im Zuge einer Amnestie 235 von mehr als 1000 politischen Häftlingen entlassen, doch schon zwei Wochen später, als Assad das Kabinett umbilden ließ, wurde erneut der starke Einfluss der alten Eliten deutlich: Verteidigungsminister Mustafa Tlass und Außenminister Faruk al-Schara, die es zusammen bereits auf die beachtliche Amtszeit von fast 50 Jahren brachten, blieben im Amt – nur in weniger delikaten Bereichen wie Wirtschaft, Tourismus und Fernmeldewesen gelang es Baschar, eigene junge Gefolgsleute unterzubringen.
Mehrere Dürreperioden, die anhaltende Ölpreisschwäche und das hohe Bevölkerungswachstum von über 2,5 Prozent, das alljährlich bis zu 200 000 Schulabgänger auf den Arbeitsmarkt spült, stellen die syrische Wirtschaft vor schwere Probleme. Präsident Assad, der sich – in Ermangelung anderer Betätigungsfelder – die Ökonomie aufs Banner geschrieben hat, erzielte bislang freilich nur Anfangserfolge:
Die Einrichtung einer Börse und einiger Privatbanken, die vorgesehenen Steuererleichterungen und verbesserte Voraussetzungen für die Privatwirtschaft, so gab Vizepremier Mohammed Hussein zu, würden erst 2004 ihre volle Wirkung entfalten. Die Ankündigung, dass zentrale Produktionssektoren wie Energie, Erdöl, Zement und Landwirtschaft weiterhin unter staatlicher Kontrolle bleiben sollen, entmutigte viele syrische Geschäftsleute zusätzlich.
Auch in der Außenpolitik blieb das Regime hinter den Erwartungen zurück: Zwar kam Damaskus seinen im Abkommen von Taif gegebenen Versprechen weitgehend nach, sich schrittweise aus dem benachbarten Libanon zurückzuziehen – allein der Auftritt der Syrer beim Arabischen Gipfel im März 2002 machte das damit gewonnene Vertrauen wieder zunichte: Palästinenserpräsident Jassir Arafat, von israelischen Truppen in seinem Amtssitz in Ramallah belagert, wurde es auf syrischen Druck hin verweigert, über eine Live-Schaltung zu den versammelten arabischen Staatschefs zu sprechen.
Einmal mehr hatte Damaskus sein wie in Stein gemeißeltes Nahost-Credo in die Tat umgesetzt: Keine Erfüllung israelischer Forderungen, solange die israelische Armee den von Syrien beanspruchten Golan besetzt hält. Der auf dem Gipfel präsentierte Friedensplan des saudischen Kronprinzen Abdullah, der Israel »normale Beziehungen« versprach, sobald es sich auf die Grenzen von 1967 zurückziehe, wurde dementsprechend verwässert – und Arafat, dem Damaskus seit langem vorwirft, ohne Rücksicht auf syrische Empfindlichkeiten mit Washington und Jerusalem zu verhandeln, bekam seine Lektion.
Konsequenz der kompromisslosen Haltung: Das Verhältnis Syriens zu den USA, das sich noch im September 2001 so positiv zu entwickeln schien, kühlte abermals ab. US-Präsident George W. Bush warnte Damaskus ausdrücklich, im weltweiten Kampf gegen den Terror zweideutige Positionen zu beziehen, Staatssekretär John Bolton warf Syrien vor, chemische und biologische Waffen zu entwickeln, und der stellvertretende Außenminister Richard Armitage rückte das Land sogar in die Nähe des »Schurkenstaates« Irak: Sollten die beiden Nachbarn im Krieg gegen den Terror nicht kooperieren, seien »Maßnahmen von politischer und finanzieller Isolierung bis zu Militäraktionen« denkbar.

Tadschikistan

Botschaft in Deutschland: Otto-Suhr-Allee 84, D-10585 Berlin
☎ +49-30-347 93 00 🖷 -34 79 30 29

Jumhurii Tojikiston – Republik Tadschikistan; Tadschiken

Nationalfeiertag: 9. September

Zeitzone: MEZ + 4 h

Hauptstadt: Duschanbe (528 600 Einwohner)

Telefon-Vorwahl: +992
Kfz-Kennzeichen: TJ

Mitgliedschaften: GUS, OSZE, Uno

GEOGRAFIE, BEVÖLKERUNG

Fläche: 143 100 km^2. Waldarmes Hochgebirgsland mit zahlreichen Flüssen und fruchtbaren Tälern. **Verwaltung:** 2 Regionen, Hauptstadtbezirk und die autonome Republik Berg-Badachschan (63 700 km^2) **Bevölkerung:** 6,170 Mio. Einw., davon 68 % Tadschiken, 25 % Usbeken, 3 % Russen, Minderheiten von Kasachen, Kirgisen, Turkmenen. Von den 39 000 Deutschstämmigen (1979) sind nur noch wenige im Land. **In Städten** leben 28 %, **unter 15 J.** sind 39 % der Bev. **Bev.dichte:** 44 Einw./km^2 **Bev.wachstum:** 0,69 % **Fruchtbarkeitsrate:** 3,1 Geb./Frau **Landessprachen:** Tadschikisch (Amtssprache), dem persischen Farsi eng verwandt. Russisch ist weit verbreitet **Religionen:** Muslime (80 % Sunniten, 5 % Schiiten)

Die größten Städte

Duschanbe	528 600
Chudschand	161 500
Kuljab	79 000

GESUNDHEIT, SOZIALES, BILDUNG

Öffentliche Gesundheitsausgaben (am BIP): 5,2 % **Öffentliche Ausgaben für Bildung und Erziehung** (am BSP): 2,2 % **Öffentliche Ausgaben für Altersversorgung** (am BIP): 3 % **Medizinische Versorgung:** 2 Ärzte, 8,8 Krankenhausbetten/1000 Einw. **Säuglingssterblichkeit:** 21/1000 Geb. **Müttersterblichkeit:** 120/100 000 Geb. **Kinderunterernährung:** k. A. **Kinderarbeit:** k. A. **Armutsrate:** k. A. **Frauenanteil an den Beschäftigten:** 44,9 % Zugang zu **sauberem Trinkwasser** und zu **sanitären Anlagen:** k. A. **HIV-Infektionsrate:** <0,01 % **Lebenserwartung:** Männer 66 J., Frauen 72 J. **Schulpflicht:** 7–17 J. **Einschulungsquote** im Primarbereich 95 %, im Sekundarbereich 78 % **Analphabetenrate:** Männer <0,5 %, Frauen 1 % **Universität:** Duschanbe

POLITISCHES SYSTEM

Unabhängig seit dem 9. September 1991. Präsidialrepublik. Verfassung von 1994. Zweikammersystem: Oberhaus (»Madschlisi Milij«), 33 Sitze, davon 25 von den Bezirksparlamenten gewählt und 8 vom Präsidenten ernannt. Unterhaus (»Madschlisi-Namojandagon«), 63 Sitze, von denen 41 direkt, 22 über Parteilisten gewählt werden. Wahl alle 5 J. Direktwahl des Staatsoberhaupts (einmalige Wiederwahl ist zulässig) ursprünglich alle 5 J., seit 1999 alle 7 J. Allgemeines Wahlrecht ab 18 J.
Staatsoberhaupt: Emomali Rachmonow (seit November 1994)
Regierungschef: Akil Akilow (seit Dezember 1999)
Außenminister: Talbak Nasarow

MILITÄR

Allg. Wehrpflicht: 24 Monate **Streitkräfte:** 6000 Mann, alle Armee. Anteil der **Militärausgaben** am BSP: 1,3 %.

WIRTSCHAFT

Währung: Somoni (TJS) **Kurs** (Mitte 2002): 1 TJS = 0,43 € **BSP:** 1,109 Mrd. US$ **Wachstumsrate des BIP:** 8,3 % **BSP/Kopf:** 180 US$ **Anteile am BIP:** Landwirtschaft 19 %, Industrie 26 %, Dienstleistungen 55 % **Forschung+Entwicklungsausgaben** (am BSP): k. A. **Arbeitslosigkeit:** 2,7 % **Inflationsrate:** 38,6 % **Staatseinnahmen:** k. A. **Steueraufkommen** (am BIP): 9,7 % **Einkommensteuer:** k. A. **Körperschaftsteuer:** k. A. **Haushaltsüberschuss** (am BIP): 0,2 % **Staatsausgaben:** k. A. **Leistungsbilanzdefizit:** 116 Mio.US$ **Auslandsschulden:** 1,170 Mrd. US$ **Schuldendienst** (am BSP): 9,3 % **Devisenreserven:** 56 Mio. US$ **Empf. Hilfsgelder:** 142 Mio. US$ **Ausl. Direktinvestitionen:** 24 Mio. US$ Börse: **Marktkapitalisierung** (am BIP): k. A. **Energie:** Produktion: 1,38 Mio. t ÖE, Verbrauch: 3,34 Mio. t ÖE

Präsident Emomali Rachmonow

Landwirtschaft, Rohstoffe, Industrie: **Nutzfläche** 6,1 %, von der Anbaufläche sind 82,4 % bewässert **Haupterzeugnisse:** Baumwolle, Getreide, Gemüse und Früchte **Bewaldet:** 4000 km², jährliche **Aufforstung:** 20 km² **Rohstoffe:** Gold, Antimon, Silber, Aluminium, Zinn, Blei, Eisen, Quecksilber, Kohle, Erdöl und Erdgas **Wichtige Industriezweige:** Eine Aluminiumhütte, Wasserkraftwerke, Bergbau und bescheidene Schwerindustrie sind das industrielle Rückgrat. Eine kleine, veraltete Leichtindustrie produziert Nahrungsmittel, Textilien und Teppiche

Präsident Rachmonow (2. v. l.) und der deutsche Außenminister Joschka Fischer (2. v. r.) bei einem Treffen in Duschanbe

Außenwirtschaft:
Handelsbilanzdefizit 169 Mio. US$ **Export:** 602 Mio. US$, davon 52,7 % Metalle (Aluminium rd. 40 %), 29,2 % Textilien, 16,5 % Bergbauprodukte **Hauptausfuhrländer:** Niederlande (28,3 %), Usbekistan (24,8 %) **Hightech-Exporte:** k. A. **Import:** 771 Mio. US$, davon 74,6 % Öl und Treibstoffe, 10,9 % Maschinen und Transportmittel, 6,1 % Nahrungsmittel **Hauptlieferländer:** Usbekistan (29,8 %), Schweiz (14,9 %), Großbritannien (11,7 %)

VERKEHR
Schienennetz: 482 km **Straßennetz:** 27 767 km, davon 82,7 km befestigt Die einst berühmte Seidenstraße ist zur Schmuggelroute für Rauschgift verkommen **Motorisierung:** 1 Kfz/ 1000 Einw. Internationale **Flughäfen** in Duschanbe und Chudschand, nationale **Fluglinie:** Tajikistan Airlines, 156 000 beförderte Passagiere

KOMMUNIKATION
Auf 1000 Einw. kommen 141 **Rundfunk-**, 326 **Fernsehgeräte**, 36,3 **Telefonanschlüsse**, 0,3 **Mobiltelefone**, k. A. **PC** und 0,05 **Internet-Zugänge. IuK-Ausgaben** (am BIP): k. A.
Es erscheinen **Tageszeitungen** mit einer Gesamtauflage von rund 120 000 Exemplaren. Die wichtigsten Zeitungen sind: *Bisnes i Politika* (russischsprachig), *Sardoi Mardom* tadschikischsprachig **Nachrichtenagenturen:** Khowar, Asia-Plus

UMWELT, TOURISMUS
Geschützte Gebiete: 4,2 % der Landesfläche **Energieverbrauch/Kopf:** 543 kg ÖE **CO_2-Emission:** 5,1 Mio. t **Verwendung des Süßwassers:** Landwirtschaft 92 %, Industrie 4 %, Haushalte 4 % **Tourismus:** 511 000 Besucher, k. A. zu Einnahmen

AKTUELLE ENTWICKLUNGEN
Die gut 1200 Kilometer lange Grenze zu Afghanistan gibt der ehemaligen Sowjetrepublik im Kampf gegen die Taliban eine besondere strategische Bedeutung. Zwar schloss sich Staatschef Emomali Rachmonow zunächst nur zögerlich der Anti-Terror-Koalition an, doch öffnete er Anfang November 2001 den Luftraum seines Landes uneingeschränkt für die Flugzeuge der Allianz und erklärte sich bereit, Militärbasen zur Verfügung zu stellen. Einige hundert Nato-Soldaten, überwiegend von der französischen Luftwaffe, kamen daraufhin ins Land. Die USA würdigten die Kooperationsbereitschaft und hoben im Januar 2002 ein seit 1993 gegen Tadschikistan bestehendes Waffenembargo auf. Am 20. Februar schloss sich das Land als letzter Staat der ehemaligen Sowjetunion dem Nato-Programm »Partnerschaft für den Frieden« an.
Politisch ist Rachmonow in hohem Maße von Moskau abhängig. Der Kreml steht zwar auf Seiten der Anti-Terror-Allianz, verfolgt jedoch die Präsenz westeuropäischer und amerikanischer Militärs auf dem Boden der zentralasiatischen Republik mit Unbehagen: Die Russen verstärkten ihre 201. Panzergrenadier-Division, die mit etwa 25 000 Mann in Tadschikistan stationiert ist, Ende 2001 um fast 2000 Soldaten.
Nicht nur militärisch war der nördliche Nachbar Afghanistans im Kampf gegen die Taliban bedeutend. Auf der Straße von Duschanbe ins afghanische Hodscha Bahauddin gelangten Versorgungsgüter, Mitarbeiter von Hilfsorganisationen sowie ein Strom ausländischer Journalisten nach Nord-Afghanistan. Die dortige Nord-Allianz

wurde von Tadschikistan schon seit langem in ihrem Kampf gegen die Islamisten in Kabul unterstützt. In umgekehrter Richtung hatte Präsident Rachmonow die Grenze allerdings bereits im Sommer 2000 geschlossen. Noch im Oktober 2001 verweigerte er wochenlang mehr als 10 000 auf eine Insel im Grenzfluss Pjandsch geflohenen und hungernden Afghanistan-Flüchtlingen die Einreise. Die ärmste der zentralasiatischen Republiken wollte jegliche Migration unterbinden. Im Februar 2002 schloss sie mit Kirgisien und Kasachstan ein Abkommen, um auch die illegale Einwanderung aus Südostasien einzudämmen.

Die wirtschaftliche Lage ist seit dem Zusammenbruch der Sowjetunion desolat. Das Ausland hat sich mit Investitionen zurückgehalten, und Hunderttausende meist gut ausgebildeter Menschen sind im vergangenen Jahrzehnt abgewandert.

Die Versorgungslage in Tadschikistan entwickelt sich dramatisch: Nach extremen Dürren in den letzten Jahren droht eine Hungersnot. Das Land fürchtet, neben den Afghanen in Vergessenheit zu geraten. »Die internationale Staatengemeinschaft muss Afghanistan und seinen Flüchtlingen helfen; aber in Tadschikistan gibt es eine Million Menschen, die genauso dringend Lebensmittel brauchen«, mahnte der Leiter des Welternährungsprogramms der Uno vor Ort. Das zentralasiatische Land kann nun auf deutsche Hilfe hoffen: Bei einem Besuch im Oktober 2001 kündigte Außenminister Joschka Fischer an, Tadschikistan zu einem Schwerpunktland der deutschen Entwicklungshilfe zu machen.

Auch die innenpolitische Lage ist angespannt. 1997 war ein fünfjähriger Bürgerkrieg mit einem fragilen Frieden beendet worden. Die Regierung versucht seitdem, sowohl regionale Führer als auch Islamisten durch Machtbeteiligung in das Regime einzubinden. Dennoch kam es im Sommer 2001 zu anhaltenden blutigen Gefechten mit Rebellengruppen, bei denen etwa 60 Menschen ums Leben kamen. In den Monaten vor dem 11. September wurden 4 Spitzenpolitiker ermordet. Wiederholt verurteilten Gerichte Aktivisten der verbotenen islamistischen Hisb al-Tahrir (Befreiungspartei), die einen Kalifatsstaat in Zentralasien gründen wollen, zu langjährigen Freiheitsstrafen.

Es wurden Befürchtungen laut, dass im Rahmen der internationalen Koalition gegen den Terror Fortschritte bei Demokratisierung und Menschenrechten zunichte gemacht werden könnten. »Seit dem 11. September«, so der nach Deutschland geflohene tadschikische Journalist Dododschon Atowullojew, »bin ich kein Dissident mehr, sondern ein Terrorist.« Die Zustände in den Gefängnissen sind katastrophal, die Pressefreiheit ist stark eingeschränkt. Auch das Fachblatt *Jane's Intelligence Review* warnte, dass die vermutlich erzwungene Teilnahme Duschanbes an der Anti-Terror-Allianz letztlich einem neuen Extremismus den Boden bereiten könnte. Die Ursachen für Terrorismus in Zentralasien – Armut, Arbeitslosigkeit, Menschenrechtsverletzungen – würden nicht ausreichend bekämpft.

Auch der florierende Drogenhandel bleibt ein Problem Tadschikistans. Im Jahr 2001 beschlagnahmten die russischen Truppen an der Grenze zu Afghanistan mehr als 2,3 Tonnen Heroin (nach 800 Kilogramm im Vorjahr). Uno-Experten schätzen, dass jährlich 100 bis 120 Tonnen durch die schwer zugängliche Bergregion an der afghanisch-tadschikischen Grenze und weiter nach Westeuropa geschmuggelt werden. Damit wäre die Republik das größte Transitland für afghanisches Heroin, noch vor Iran und Pakistan. Die Regierung will den Schmuggel künftig stärker bekämpfen, ließ die zuständige Behörde verlauten: »Das Wichtigste ist, dass die Führung unseres Landes vor der ganzen Welt deutlich gesagt hat, dass wir ein Problem haben. Wir sagen das offen, wir haben nichts zu verbergen.«

Von russischer Grenzstreife festgenommene Drogenschmuggler

Jamhuri ya Muungano wa Tanzania – Vereinigte Republik Tansania; Tansanier

Nationalfeiertag: 26. April (Tag der Union)

Zeitzone: MEZ + 2 h

Hauptstadt: Dodoma (203 800 Einwohner)
Regierungssitz: Daressalam (1 360 000 Einwohner)

Telefon-Vorwahl: +255
Kfz-Kennzeichen: EAT

Mitgliedschaften: AU, Uno

Tansania

Botschaft in Deutschland: Theaterplatz 26, D-53177 Bonn
☎ +49-228-35 80 51 🖷 -35 82 26

GEOGRAFIE, BEVÖLKERUNG

Fläche: 945 087 km² **Bevölkerung:** 33,696 Mio. Einw. **Bev.dichte:** 38 Einw./km² **Bev.wachstum:** 2,32 % **In Städten:** 28 % der Bev. **Analphabetenrate:** Männer 16 %, Frauen: 33 % **Landessprachen:** Kisuaheli, Englisch; (Amtssprachen), Sukuma, Gogo, Haya, Chaga **Religionen:** 40 % Christen, 30 % Muslime, 30 % trad. Religionen

POLITISCHES SYSTEM

Unabhängig seit 1961 (Tanganjika), bzw. seit 1963 (Sansibar). Vereinigung am 26. April 1964. Präsidialrepublik. Weit gehende Autonomie Sansibars. Einkammerparlament mit derzeit 293 Mitgl.

Staatsoberhaupt: Benjamin Mkapa (seit November 1995)

Regierungschef: Frederick Sumaye (seit November 1995)

Präsident Benjamin Mkapa an der Bahn-Unglücksstätte bei Dodoma

MILITÄR

Streitkräfte: 27 000 **Militärausgaben** (am BSP): 1,4 %

GESUNDHEIT, SOZIALES

Öffentliche Gesundheitsausgaben (am BIP): 1,3 % **Medizinische Versorgung:** < 0,05 Ärzte/1000 Einw. **Armutsrate**: 19,9 % **Säuglingssterblichkeit:** 93/1000 Geb. **Lebenserwartung:** 44 J.

WIRTSCHAFT

Währung: 1 Tansania-Schilling (T.Sh.) = 100 Cents **Kurs** (Mitte 2002): 1 T.Sh. = 0,001 € **BSP:** 9 Mrd. US$ **Wachstumsrate des BIP:** 5,1 % **BSP/Kopf:** 270 US$ **Anteile am BIP:** Landwirtschaft 45 %, Industrie 16 %, Dienstleistungen 39 % **Arbeitslosenquote:** k. A. **Inflationsrate:** 5,2 % **Auslandsschulden:** 7,445 Mrd. US$ **Schuldendienst** (am BSP): 2,4 % **Entwicklungshilfe:** 1,045 Mrd. US$ **Handelsbilanzdefizit:** 674 Mio. US$ **Tourismuseinnahmen:** 739 Mio. US$

AKTUELLE ENTWICKLUNGEN

Im Oktober 2001 unterzeichneten die Regierungspartei Chama cha mapinduzi (CCM) und die oppositionelle Civic United Front (CUF) ein Abkommen, das helfen sollte, die Spannungen auf dem halb autonomen Inselstaat Sansibar abzubauen. Dort war es im Gefolge der Parlamentswahlen Anfang 2001 zu gewalttätigen Ausschreitungen und einem außergewöhnlich harten Eingreifen der Sicherheitskräfte gekommen. Dutzende von Personen kamen dabei ums Leben. Die Geberländer und -organisationen begrüßten das Abkommen, das die Reform der Wahlprozeduren, der Polizei und des Justizapparates vorsah.

Im November 2001 erteilte der Internationale Währungsfonds grünes Licht für einen Schuldenerlass zu Gunsten Tansanias im Umfang von 3 Milliarden US-Dollar. Einen Monat später sorgte der geplante Verkauf eines britischen Flugleitsystems an das ostafrikanische Land – Kosten: 40 Millionen Dollar – für Wirbel. Kritiker im In- und Ausland monierten den hohen Preis der auch für militärische Zwecke nutzbaren Anlage, die unnütz sei und dringend notwendige Investitionen in den Bereichen Gesundheit und Bildung verhindere. Das am 1. April 2002 in Kraft getretene Landeverbot für Flugzeuge mit hohem Schadstoffausstoß in den Mitgliedsländern der Europäischen Union erwies sich als schwerer Schlag für die Fischindustrie Tansanias. Die Fischexporteure, die bislang alte, den neuen Umweltstandards nicht entsprechende russische Flugzeuge nutzten, können den in Europa geschätzten Viktoria-Barsch nun nicht mehr direkt transportieren.

Am 24. Juni 2002 kamen bei einem schweren Eisenbahnunglück 281 Menschen ums Leben. Nach einem Maschinenschaden war der mit über 1200 Personen besetzte Zug einen Hügel hinuntergerollt und auf einen entgegenkommenden Güterzug geprallt.

Thailand

Botschaft in Deutschland: Lepsiusstraße 64-66, D-12163 Berlin
☎ +49-30-79 48 10 🖷 -79 48 15 11

GEOGRAFIE, BEVÖLKERUNG

Fläche: 513 115 km² im westlichen Teil Indochinas. Der Mekong markiert im Osten über weite Strecken die 1754 km lange Grenze zu Laos. Eine von Nord nach Süd verlaufende Gebirgskette (bis 2595 m), die bis zur Halbinsel Malakka reicht, trennt das Land vom westlichen Nachbarn Myanmar. Zum Königreich gehören viele Inseln, zum Beispiel Koh Samui im Golf von Thailand oder Phuket im Andamanischen Meer. Hauptsiedlungsgebiete: Bangkok und das sich nach Norden ausdehnende Tiefland sowie das Khoratplateau im Osten. **Verwaltung:** 76 Provinzen **Bevölkerung:** 60,728 Mio. Einw., davon 75 % Thais, 14 % Chinesen, Minderheit von Malaien und Indern **In Städten** leben 22 %, **unter 15 J.** sind 27 % der Bev. **Bev.dichte:** 119 Einw./km² **Bev.-wachstum:** 1,14 % **Fruchtbarkeitsrate:** 1,9 Geb./Frau **Landessprachen:** Thai (Amtssprache), Malaiisch, Englisch **Religionen:** 90 % Buddhisten, 4 % Muslime

Die größten Städte

Bangkok	7 358 300
Nanthaburi	476 300
Songkhla	288 000
Nakhon Ratchasima	260 500

POLITISCHES SYSTEM

Parlamentarische Monarchie seit 1932. Neue Verfassung von 1997. Wahlpflicht ab 18 J. Zweikammerparlament: Repräsentantenhaus mit 500 Abgeordneten, von denen 400 direkt und 100 nach Verhältniswahlrecht über Parteienlisten alle 4 J. gewählt werden; Senat mit 200 direkt gewählten Mitgliedern, Wahl alle 6 J.

Staatsoberhaupt: König Bhumibol Adulyadej (seit 1946, gekrönt 1950, »König Rama IX.«)
Regierungschef: Thaksin Shinawatra (seit Februar 2001)
Außenminister: Surakiart Sathirathai

MILITÄR

Allg. Wehrpflicht: 24 Monate **Streitkräfte:** 306 000 Mann, davon 190 000 Armee, 48 000 Luftstreitkräfte, 68 000 Marine **Militärausgaben** (am BSP): 1,7 %

GESUNDHEIT, SOZIALES, BILDUNG

Öffentliche Gesundheitsausgaben (am BIP): 1,9 % **Öffentliche Ausgaben für Bildung u. Erziehung** (am BIP): 4,7 % **Öffentliche Ausgaben für Altersversorgung** (am BIP): k. A. **Medizinische Versorgung:** 0,4 Ärzte, 2 Krankenhausbetten/1000 Einw.

Säuglingssterblichkeit: 28/1000 Geb. **Müttersterblichkeit:** 44/100 000 Geb. **Kinderunterernährung:** 18 % **Kinderarbeit:** 12 % **Armutsrate:** <2 % **Frauenanteil an den Beschäftigten:** 46,3 % Zugang zu **sauberem Trinkwasser** haben 89 % der städtischen und 77 % der ländlichen Bev., zu **sanitären Anlagen** 97 % bzw. 96 % **HIV-Infektionsrate:** 2,15 % **Lebenserwartung:** Männer 67 J., Frauen 71 J. **Schulpflicht:** 6 – 11 J. **Einschulungsquote** im Primarbereich 87 %, im Sekundarbereich 56 % **Analphabetenrate:** 3 % Männer, 6 % Frauen **Universitäten**: 20 Staatsuniversitäten (12 davon in der Hauptstadt Bangkok) und 26 private Universitäten und Colleges

Prathet Thai; Muang Thai – Königreich Thailand; Thailänder

Nationalfeiertag: 5. Dezember (Geburtstag des Königs)

Zeitzone: MEZ + 6 h

Hauptstadt: Bangkok (7 358 300 Einwohner)

Telefon-Vorwahl: + 66
Kfz-Kennzeichen: THA

Mitgliedschaften: Asean, Uno

Regierungschef Thaksin Shinawatra

WIRTSCHAFT

Währung: 1 Baht (฿) = 100 Stangs **Kurs** (Mitte 2002): 1 ฿ = 0,03 € **BSP:** 121,6 Mrd. US$ **Wachstumsrate des BIP:** 4,3 % **BSP/Kopf:** 2 000 US$ **Anteile am BIP:** Landwirtschaft 10 %, Industrie 40 %, Dienstleistungen 49 % **Forschung+Entwicklungsausgaben** (am BSP): 0,1 % **Arbeitslosigkeit:** 2,4 % **Inflationsrate:** 1,7 % **Staatseinnahmen:** 18,329 Mrd. US$ **Steueraufkommen** (am BIP): 14,1 % **Einkommensteuer:** max. 37 % **Körperschaftsteuer:** 30 % **Haushaltsdefizit** (am BIP): 3,1 % **Staatsausgaben:** 22,170 Mrd. US$ **Leistungsbilanzüberschuss:** 6,195 Mrd. US$ **Auslandsschulden:** 67,104 Mrd. US$ **Auslandsvermögen:** 48,765 Mrd. US$ **Schuldendienst** (am BIP): 11,6 % **Devisenreserven:** 32,665 Mrd. US$ **Empf. Hilfsgelder:** 641 Mio. US$ **Ausl. Direktinvestitionen:** 3,366 Mrd. US$ **Börse** (Marktkapitalisierung am BIP): 24,1 % **Energie:** Produktion 38,5 Mio. t ÖE, Verbrauch 70,42 Mio. t ÖE. Anteile am Verbrauch: Kohle 14 %, Öl 53,6 %, Erdgas 30,2 %, sonstige 2,2 %

Thai-Einheit bei Drogenrazzia in Chiang Rai

Landwirtschaft, Rohstoffe, Industrie:

Nutzfläche 35,3 %, von der Anbaufläche **bewässert:** 26 % Thailand ist eines der größten Exportländer der Welt von Reis und auch von Zuchtgarnelen. Knapp 50 % der arbeitenden Bev. sind in der Landwirtschaft beschäftigt. **Hauptprodukte** (neben Reis): Mais, Maniok, Ananas, Zuckerrohr, Kokosnüsse, Kautschuk **Bewaldet:** 148 000 km², jährliche **Rodung:** 1124 km² **Wichtige Industriezweige:** Überkapazitäten aus den Boom-Jahren im Elektronik-, Computer- und Textilbereich, aber auch die sprunghaft gewachsene Autoindustrie ist nicht ausgelastet. Andere wichtige Erzeugnisse sind Zigaretten, Zement, Bier, Zucker, Erdölprodukte, Zinn und Stahl. **Rohstoffe:** Diamanten, Zinn, Gummi, Wolfram, Lignit, Holz, Gips, Blei, Antimon, Mangan, Kupfer, Gold, Zink, Eisen und große Vorräte an Pottasche

Außenwirtschaft:

Handelsbilanzüberschuss 8,583 Mrd. US$ **Export:** 63,202 Mrd. US$, davon 41,9 % Maschinen und Transportmittel, 16,6 % Nahrungsmittel, 15,5 % Fertigwaren **Hauptausfuhrländer:** USA (22,6 %), Japan (15,7 %), Singapur (9,2 %) **Hightech-Exporte:** 13,949 Mrd. US$ **Import:** 54,619 Mrd. US$, davon 43,1 % Maschinen und Transportmittel, 19,5 % industrielle Vorprodukte, 10,8 % Chemikalien **Hauptlieferländer:** Japan (25,9 %), USA (11,7 %), Singapur (10,5 %)

VERKEHR

Schienennetz: 4044 km. In Bangkok nahm am 5. Dezember 1999 der »Sky train« auf zwei zusammen 23,5 km langen Linien den Betrieb auf; die Bahn ist für 500 000 Fahrgäste je Tag ausgelegt. Wegen der hohen Fahrpreise sind es jedoch immer noch erst 260 000 täglich. Streckenerweiterungen und eine Anbindung an das vorhandene U-Bahnnetz sollen mehr Passagiere bringen.
Straßennetz: 64 600 km, davon 97,5 % befestigt **Motorisierung:** 106 Kfz/1000 Einw.
Luftverkehr: 7 internationale **Flughäfen.** Staatliche internationale **Fluggesellschaft** ist die Thai Airways, private Inlandsfluglinien sind Bangkok Airways und Orient Thai Airlines; 17,392 Mio. beförderte Passagiere.
Schiffsverkehr: Größter **Seehafen** ist Bangkok. **Binnenwasserwege:** 4000 km

KOMMUNIKATION

Auf 1000 Einw. kommen 235 **Rundfunk-**, 284 **Fernsehgeräte**, 93,9 **Telefonanschlüsse**, 118,7 **Mobiltelefone**, 26,7 **PC** und 1,13 **Internet-Zugänge** **IuK-Ausgaben** (am BIP): 3,6 %
Es erscheinen 30 **Tageszeitungen** mit einer Gesamtauflage von rund 3,8 Mio. Exemplaren. Die größten Tageszeitungen und ihre Auflagen:
Thai Rath 800 000
Daily News 650 000
Nachrichtenagenturen: nur ausländische

UMWELT, TOURISMUS

Geschützte Gebiete: 13,9 % der Landesfläche **Energieverbrauch/Kopf:** 1169 kg ÖE **CO_2-Emission:** 192,4 Mio. t **Verwendung des Süßwassers:** Landwirtschaft 91 %, Industrie 4 %, Haushalte 5 % **Tourismus:** 9,509 Mio. Besucher, 7,119 Mrd. US$ Einnahmen

AKTUELLE ENTWICKLUNGEN

Innenpolitik: »Ich bin kein Diktator«, beschwor der thailändische Premier in einem Interview im Frühjahr die Öffentlichkeit. Diese Selbstverteidigung von Thaksin Shinawatra, dem einstigen Telefon-Manager und jetzigen Regierungschef, spiegelte die Sinn- und Machtkrise wider, in die das Land mit dem Premier und seiner Regierungspartei Thai-Rak-Thai Partei (Thais lieben Thais) seit Jahresbeginn geschlittert war. Nachdem das Hongkonger Wirtschaftsmagazin *Far Eastern Economic Review* über die Kritik von König Bhumibol Adulyadej anlässlich des Geburtstags des Königs am 5. Dezember an Thaksin berichtet hatte, machte der Premier Jagd auf die traditionell freie Presse. Erst sollten zwei Korrespondenten des Magazins wegen »Gefährdung der nationalen Sicherheit und sozialen Ordnung« ausgewiesen werden. Dann erhielten die Hausbanker der Thaksin-kritischen »Nation«-Multimediagruppe Post vom staatlichen Büro zur Bekämpfung von Geldwäsche, das sich normalerweise um Gangster und Drogenhändler kümmert; wohl, weil die Blätter den Premier gerügt hatten. Die Polizei führte eine Razzia bei einem Meinungsforschungsinstitut durch, nachdem dieses mit einem Bericht über die schwindende Popularität des Premiers an die Öffentlichkeit trat. Die Unfähigkeit, Medienschelte zu akzeptieren, scheint bei dem Regierungschef bisweilen obsessive Züge anzunehmen. Er sprach während eines Interviews von einer Verschwörung der Medien und Mittelklasse mit dem Ziel, ihn zu stürzen.
Dabei verfügte nie zuvor in der demokratischen Geschichte des »Landes der Freien« eine Partei über eine derart breite Machtbasis im Parlament wie Thaksins Regierungspartei. Nach dem Zusammenschluss der Regierungspartei Thai Rak Thai mit der New Aspiration Party und der Aufnahme der Chart Pattana, einer von zwei verbleibenden Oppositionsparteien in die Koalition, regiert der Premier jetzt sogar mit einer satten Zweidrittelmehrheit (355 von 500 Sitzen), die ihn befähigen könnte, die Reformverfassung von 1997, eine der bürgerfreundlichsten und korruptionsfeindlichsten in ganz Asien, ändern zu lassen. Das rief auch den Protest von Bürgerrechtsgruppen hervor. Sunai Phasuk von Forum Asia glaubt: »Er will das Land wie seine Firma regieren, als Ein-Mann-Show.« Besorgnis bereitet besonders ein Gesetzentwurf der thailändischen Polizei, der das Demonstrationsrecht erheblich einschränken würde.

Wirtschaft: Auch im Bereich der Wirtschaft ist die Handschrift Thaksins eindeutig zu spüren. Als Minister hat er einen weiteren Telekommunikations-Magnaten, einen Lebensmittel-Tycoon und einen Autoteile-Millionär in sein Kabinett verpflichtet. Thailand konnte 2001 das Abgleiten in eine Rezession vermeiden, Prognosen sehen eine Beschleunigung des Wachstums voraus.
Das deutlich niedrigere Wachstum 2001 im Vergleich zum Vorjahr lag an der schlechten amerikanischen Konjunktur. Die USA sind für Thai-Produkte der wichtigste Markt. Dennoch stieg das thailändische BIP an. Ursache hierfür war der höhere Privatkonsum bei Autos und die Erholung der Baubranche. Viele Pkw sind jedoch auf Pump gekauft. Auch mühte sich der Premier, sein Wahlversprechen von der Einführung einer landesweiten Gesundheitsfürsorge für die Bürger zum Minimalbeitrag von nur 30 Baht und Gewährung eines Entwicklungskredits für jedes der 78 000 Dörfer in Höhe von eine Million Baht in die Tat umzusetzen.

Rotlichtviertel von Pattaya

Militär und innere Sicherheit: Der von Thaksin angekündigten moralischen Erneuerung der von Vetternwirtschaft, Prostitution und grassierendem Drogenmissbrauch geplagten thailändischen Gesellschaft (»Neue soziale Ordnung«) nahm sich besonders Innenminister Purachai Piumsomboon an. Mit Feuereifer, der vielleicht nur mit

Beladen einer Esel-Karawane mit Schmuggelware

dem Kampf gegen den Opiumhandel in den fünfziger Jahren vergleichbar ist, geht der 51-jährige ehemalige Polizist gegen Drogenhändler vor, sperrt Jugendliche von Karaoke-Bars in Einkaufszentren aus und will ihnen sogar den Gebrauch von Handys verbieten lassen. Der Innenminister war die treibende Kraft im Kampf gegen den burmesischen Drogenbaron Wei Hsuch-Kang. Der gebürtige Chinese operiert mit seinem auf 3000 Mann geschätzten Teil der »United Wa State Army« (UWSA) aus ehemaligen Kopfjägern im Goldenen Dreieck, der Grenzregion zwischen Laos, Thailand und Myanmar. Dort lässt er in Drogenlabors entlang der Grenze Amphetamin-Pillen produzieren, die Thailand überschwemmen. Insgesamt 800 Millionen dieser in Thailand »yaba« genannten Speedpillen wurden allein 2001 in Burma produziert, 75 Prozent davon fanden ihren Weg nach Thailand – mit verheerenden Folgen für Sozialgefüge und Kriminalität. Das synthetisch hergestellte Rauschgift ist extrem populär an Schulen und Universitäten. Vorsichtige Schätzungen ergeben, dass etwa 13 Prozent der College-Studenten Drogen konsumieren. Experten glauben, dass gut 16 Prozent der Bevölkerung süchtig sind. Die thailändische Armee führte Ende Mai einen Grenzkrieg mit dem Nachbarland Myanmar, um die Rauschgift-Labors zu zerstören und ihre Betreiber aufzuspüren. Die Thais bedienten sich dabei der »Shan State Army«, einer burmesischen Rebellengruppe der Shan-Minderheit, die seit Jahrzehnten im Goldenen Dreieck für ein von Yangon unabhängiges Gebiet kämpft. Aus Protest schloss die burmesische Junta die Grenze zum Nachbarland und ließ die Berichterstattung über Thailand in seiner kontrollierten Presse einstellen.

République Togolaise – Republik Togo; Togolesen

Nationalfeiertag: 27. April

Zeitzone: MEZ - 1 h

Hauptstadt: Lomé (700 000 Einwohner)

Telefon-Vorwahl: +228
Kfz-Kennzeichen: RT

Mitgliedschaften: AU, Uno

Togo

Botschaft in Deutschland: Beethovenallee 13, D-53173 Bonn
☎ +49-228-902 89 18 🖷 -967 54 63

GEOGRAFIE, BEVÖLKERUNG

Fläche: 56 785 km² **Bevölkerung:** 4,527 Mio. Einw. **Bev.dichte:** 83 Einw./km² **Bev.wachstum:** 2,55 % **In Städten:** 33 % der Bev. **Analphabetenrate:** Männer 28 %, Frauen 58 % **Landessprachen:** Französisch (Amtssprache), Ewe, Kabiye **Religionen:** rund 55 % traditionelle Religionen, 30 % Christen, 15 % Muslime

POLITISCHES SYSTEM

Unabhängig seit dem 27. April 1960. Präsidialrepublik. Einkammerparlament mit 81 Sitzen. **Staatsoberhaupt:** Gnassingbé Eyadéma (seit Januar 1967) **Regierungschef:** Koffi Sama (seit Juni 2002)

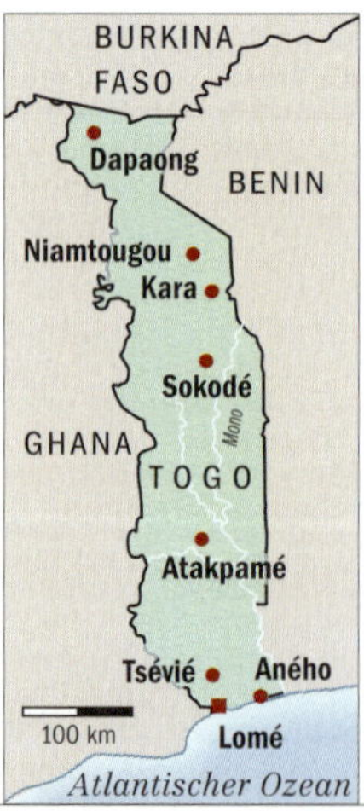

MILITÄR

Streitkräfte: 9450 Mann **Militärausgaben** (am BSP): 1,8 %

GESUNDHEIT, SOZIALES

Öffentliche Gesundheitsausgaben (am BIP): 1,3 % **Medizinische Versorgung:** 0,1 Ärzte/ 1000 Einw.. **Armutsrate:** 32 % (nationale Rate) **Säuglingssterblichkeit:** 75/1000 Geb. **Lebenserwartung:** Männer 48 J., Frauen 50 J.

WIRTSCHAFT

Währung: 1 CFA-Franc = 100 Centimes **Kurs** (Mitte 2002): 1 CFA-Franc = 0,002 € **BSP:** 1,3 Mrd. US$ **Wachstumsrate des BIP:** -0,7 % **BSP/Kopf:** 290 US$ **Anteile am BIP:** Landwirtschaft 38 %, Industrie 22 %, Dienstleistungen 40 % **Inflationsrate:** 6,8 % **Auslandsschulden:** 1,435 Mrd. US$ **Schuldendienst** (am BSP): 2,5 % **Entwicklungshilfe:** 70 Mio. US$

Handelsbilanzdefizit: 98 Mio. US$ **Tourismuseinnahmen:** 6 Mio. US$

AKTUELLE ENTWICKLUNGEN

Der dienstälteste Präsident Afrikas, Gnassingbé Eyadéma, regiert das kleine westafrikanische Land mit eiserner Hand seit 1967. Armee und Nationalversammlung werden von Regierungsanhängern dominiert, Opposition und Presse systematisch eingeschüchtert. Die EU macht die Wiederaufnahme der seit 1993 eingefrorenen Zusammenarbeit von Fortschritten bei der Demokratisierung abhängig. Parlamentswahlen, zunächst für Oktober 2001, dann für März 2002 angesetzt, wurden wiederholt verschoben. Eine am 8. Februar 2002 vom Parlament beschlossene Wahlgesetzänderung legte u.a. fest, dass ein Präsidentschaftskandidat nur die togolesische Staatsangehörigkeit besitzen darf und in den 12 Monaten vor der Wahl seinen Wohnsitz im Land haben muss. Sinn der Änderung war es, den im ghanaischen Exil lebenden Politiker Gilchrist Olympio an einer Kandidatur bei den Wahlen 2003 zu hindern. Die paritätisch besetzte Kommission zur Vorbereitung der Parlamentswahlen wurde aufgelöst und im Mai durch ein parteiisches Richterkollegium ersetzt. Die EU, die seit 1999 bemüht ist, Regierung und Opposition an einen Tisch zu bringen, zog sich daraufhin zurück. Am 14. März kam der prominente Oppositionspolitiker Yawovi Agboyibo wieder auf freien Fuß. Er war am 3. August 2001 wegen Verleumdung des Regierungschefs zu 6 Monaten Gefängnis verurteilt, später aber freigesprochen worden. Gewohnt eigenmächtig, entließ Eyadéma am 27. Juni Premier Agbeyome Kodjo wegen Unbotmäßigkeit. In einem 14-seitigen politischen Testament rechnete der daraufhin mit dem Staatschef ab, dessen Herrschaft er als »monarchisch-despotisches« Regime bezeichnete. Neuer Premierminister ist Koffi Sama.

Präsident Gnassingbé Eyadéma

Tonga

Botschaft in Großbritannien (auch für D akkreditiert): 36 Molyneux Street, GB-London W1H 6AB
☎ +44-207-724 58 28 🖷 -723 90 74

GEOGRAFIE, BEVÖLKERUNG

Fläche: 748 km², Archipel von 170 Inseln **Bevölkerung:** 100 000 Einw. **Bev.dichte:** 139 Einw./km² **Bev.-wachstum:** 0,37 % **Lebenserwartung:** 71 J. **Analphabetenrate:** k.A. **Landessprachen:** Tongaisch, Englisch **Religionen:** überwiegend Christen

POLITISCHES SYSTEM

Unabh. seit 1970. Konst. Monarchie. **Staatsoberhaupt:** König Taufa'ahau Tupou IV. (seit Dezember 1965) **Regierungschef:** Prinz 'Ulukalala Lavaka'ata (seit Januar 2000)

WIRTSCHAFT

Währung: 1 Pa'anga (T$) = 100 Seniti **Kurs** (Mitte 2002): 1,99 T$ = 1 € **BSP:** 166 Mio. US$ **Wachstums-rate des BIP:** 6,2 % **BSP/Kopf:** 1660 US$ **Anteile am BIP:** Landwirtschaft 28%, Industrie 16%, Dienstleistungen 56%

AKTUELLE ENTWICKLUNGEN

Die Demokratiebewegung feierte den Ausgang der Parlamentswahlen im März 2002 als Sieg: Ihr Anführer Akilisi Pohiva erhielt mit Abstand die meisten Stimmen. Allerdings kann das Volk nur 9 Abgeordnete frei wählen. Der Rest der gesetzgebenden Versammlung setzt sich zusammen aus 9 Vertretern des Adels und der 12-köpfigen Regierung, die König Tupou auf Lebenszeit ernennt. Trotz ihrer Machtfülle sah sich die Königsfamilie wachsender Kritik ausgesetzt. Der Skandal um einen amerikanischen Finanzberater, der rund 30 Millionen US-Dollar des Staatsvermögens durchbrachte, erschütterte das Königreich. Vertreter der neuseeländischen Regierung erhoben Korruptionsvorwürfe – inländische Kritiker wurden im Februar 2002 verhaftet und unter anderem wegen Verleumdung angeklagt.

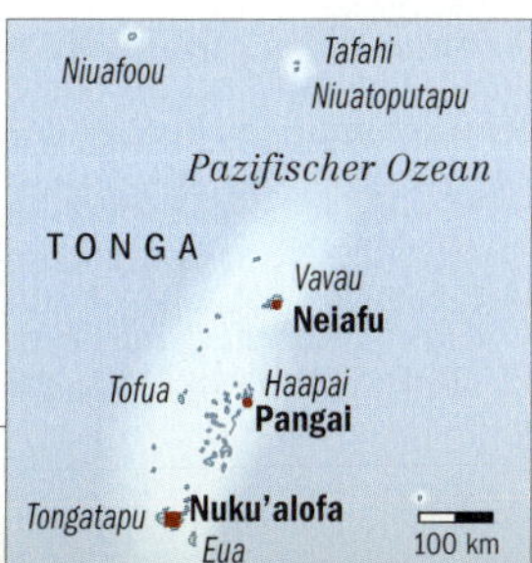

Pule'anga Fakatui'i 'o Tonga – Königreich Tonga; Tongaer

Nationalfeiertag: 4. Juni

Zeitzone: MEZ + 12 h

Hauptstadt: Nuku'alofa (22 400 Einwohner)

Telefon-Vorwahl: +676

Mitgliedschaft: Uno

Republic of Trinidad and Tobago – Republik Trinidad und Tobago

Nationalfeiertag: 31. August

Zeitzone: MEZ –5 h

Hauptstadt: Port of Spain (51 100 Einwohner)

Telefon-Vorw.: +1868
Kfz-Kennzeichen: TT

Mitgliedschaften: Caricom, OAS, Uno

Trinidad und Tobago

Botschaft in Großbritannien (auch für D akkreditiert): 42, Belgrave Square, GB-London SW1X 8NT
☎ +44-207-245 93 51 🖷 -823 10 65

GEOGRAFIE, BEVÖLKERUNG

Fläche: 5128 km² **Bevölkerung:** 1,3 Mio. Einw. **Bev.dichte:** 254 Einw./km² **Bev.wachstum:** 0,45 % **In Städten:** 74 % der Bev. **Analphabetenrate:** Männer 4 %, Frauen 8 % **Landessprachen:** Englisch (Amtssprache), Hindi, Kreolisch **Religionen:** 29 % Katholiken, 24 % Hindus, 11 % Anglikaner, 3 % Presbyterianer, 6 % Muslime

POLITISCHES SYSTEM

Unabhängig seit dem 31. August 1962. Verfassung von 1976. Parlamentarische Demokratie. Zweikammersystem: Abgeordnetenhaus (36 Sitze) u. Senat (31 Sitze) **Staatsoberhaupt:** Arthur N. R. Robinson (seit März 1997) **Regierungschef:** Patrick Manning (seit Januar 2002)

MILITÄR

Streitkräfte: rd. 2700 Mann **Militärausgaben** (am BSP): 1,4 %

Surinam-Präsident Ronald Venetiaan, Premierminister von Trinidad und Tobago, Patrick Manning, und Guyanas Präsident Bharatt Jagdeo in Georgetown

GESUNDHEIT, SOZIALES

Öffentliche Gesundheitsausgaben (am BIP): 2,5 % **Medizinische Versorgung:** 0,8 Ärzte/1000 Einw. **Armutsrate:** 12,4 % **Säuglingssterblichkeit:** 16/1000 Geb. **Lebenserwartung:** Männer 70 J., Frauen 75 J.

WIRTSCHAFT

Währung: 1 Trinidad-und-Tobago-Dollar (TT$) = 100 Cents **Kurs** (Mitte 2002): 1 TT$ = 0,18 € **BSP:** 6,4 Mrd. US$ **Wachstumsrate des BIP:** 4,8 % **BSP/Kopf:** 4930 US$ **Anteile am BIP:** Landwirtschaft 2 %, Industrie 43 %, Dienstleistungen 55 % **Arbeitslosenquote:** 13,1 % **Inflationsrate:** 2,5 % **Auslandsschulden:** 2,47 Mrd. US$ **Schuldendienst** (am BSP): 7,5 % **Entwicklungshilfe:** -2 Mio. US$ **Handelsbilanzsüberschuss:** 741 Mio. US$ **Tourismuseinnahmen:** 210 Mio. US$

AKTUELLE ENTWICKLUNGEN

Die Regierung des ersten indischstämmigen Premierministers Basdeo Panday vom United National Congress (UNC) verlor nach Korruptionsvorwürfen drei Minister und schließlich ihre parlamentarische Mehrheit. Deshalb musste die Parlamentswahl auf den beiden Antilleninseln um vier Jahre vorgezogen werden. Das Votum der Bürger vom 10. Dezember 2001 führte zu einem politischen Patt: Das vor allem von Nachkommen afrikanischer Sklaven unterstützte People's National Movement (PNM) des bisherigen Oppositionsführers Patrick Manning und der traditionell von den Nachfahren indischer Kontraktarbeiter gewählte UNC erhielten je 18 Sitze im 36-köpfigen Repräsentantenhaus. Als der Präsident, Arthur N. R. Robinson, Manning zum Premierminister ernannte, der das Amt bereits von 1991 bis 1995 innehatte, bezeichnete Panday die neue Regierung als illegal und forderte Neuwahlen. Da beide Parteien sich nicht auf einen Parlamentssprecher einigen konnten, wurde die Arbeit des Hauses für Monate blockiert. Für Aufsehen sorgte die Ernennung von Mannings Ehefrau Hazel zur Erziehungsministerin.

Beim Wirtschaftswachstum setzte die Regierung verstärkt auf den Ausbau der Gasindustrie. Der deutsche Anlagenbauer Lurgi erhielt den Auftrag für den Bau der größten Methanolanlage der Welt im Westen Trinidads.

Die Inselrepublik ist bereits der weltgrößte Exporteur von Ammoniak und Methanol. Im Jahr 2005 will Trinidad und Tobago der fünftgrößte Exporteur von Flüssiggas sein.

Tschad

Botschaft in Deutschland: Basteistraße 80, D-53173 Bonn
☎ +49-228-35 60 26 🖷 -35 58 87

GEOGRAFIE, BEVÖLKERUNG

Fläche: 1 284 000 km² **Bevölkerung:** 7,694 Mio. Einw. **Bev.dichte:** 6 Einw./km² **Bev.wachstum:** 3,07 % **In Städten:** 24 % der Bev. **Analphabetenrate:** Männer 48 %, Frauen 66 % **Landessprachen:** Französisch, Hocharabisch (Amtssprachen), tschadisches Arabisch (Hauptverkehrssprache), Maba **Religionen:** 55 % Muslime, 35 % Christen, 10 % traditionelle Religionen

POLITISCHES SYSTEM

Unabhängig seit dem 11. August 1960. Präsidialdemokratie.
Staatsoberhaupt: Idriss Déby (seit Dezember 1990)
Regierungschef: Haroun Kabadi (seit Juni 2002)

MILITÄR

Streitkräfte: 30 350 Mann **Militärausgaben:** (am BSP): 2,4 %

GESUNDHEIT, SOZIALES

Öffentliche Gesundheitsausgaben (am BIP): 2,3 % **Medizinische Versorgung:** <0,05 Ärzte/1000 Einw. **Armutsrate:** 65 % **Säuglingssterblichkeit:** 101/1000 Geburten **Lebenserwartung:** Männer 47 J., Frauen 50 J.

WIRTSCHAFT

Währung: 1 CFA-Franc = 100 Centimes **Kurs** (Mitte 2002): 1 CFA-Franc = 0,002 € **BSP:** 1,5 Mrd. US$ **Wachstumsrate des BIP:** 0,6 % **BSP/Kopf:** 200 US$ **Anteile am BIP:** Landwirtschaft 39 %, Industrie 14 %, Dienstleistungen 47 % **Arbeitslosigkeit:** k. A. **Inflationsrate:** 12,4 % **Auslandsschulden:** 1,116 Mrd. US$ **Schuldendienst** (am BIP): 1,9 % **Entwicklungshilfe:** 131 Mio. US$ **Handelsbilanzdefizit:** - 53 Mio. US$ **Tourismuseinnahmen:** 10 Mio. US$

AKTUELLE ENTWICKLUNGEN

Die regierende Patriotische Rettungsbewegung von Präsident Idriss Déby gewann die Parlamentswahlen vom 21. April 2002 und stellt 112 der 155 Abgeordneten, während die wichtigste Oppositionspartei nur 9 erhielt. Ihr Führer, Nagralejy Yorongar, hatte 2001 den Sieg bei den Präsidentschaftswahlen für sich reklamiert, in der sich aber Déby zum Gewinner erklärt und auch seinen Anspruch durchgesetzt hatte. Zwei andere Parteien boykottierten die Parlamentswahlen, der Führer einer weiteren kam am Wahltag ums Leben, als sein Auto auf eine Mine fuhr.

Nachdem Anfang 2002 die Regierung unter Vermittlung von Libyen mit den Nordrebellen Frieden geschlossen hatte, gelang es, den militärischen Konflikt mit der Zentralafrikanischen Republik zu entschärfen.

Die Zukunft des sehr armen Landes hängt in erster Linie vom Erfolg der unter Führung von Exxon betriebenen Erdölgewinnung ab. In den nächsten 25 Jahren sollen bis zu 225 000 Barrel täglich gefördert werden. Die ersten Anlagen sind in Betrieb, und das Wirtschaftswachstum von zuletzt 8,9 Prozent resultiert bereits aus dem Ölgeschäft. Nach heftigen Protesten übernahm die Weltbank im Juni 2000 eine kontrollierende Rolle, um sicherzustellen, dass die Ölförderung nicht Armut und Umweltzerstörungen verschärft, wie Kritiker bemängelt hatten. Nun sollen 80 Prozent der erwarteten jährlichen Einnahmen von 200 Mio. US-Dollar aus dem Ölgeschäft im Gesundheits- und Bildungssystem sowie in die Landwirtschaft investiert werden.

République du Tchad – Republik Tschad; Tschader

Nationalfeiertag: 11. August

Zeitzone: MEZ

Hauptstadt: Ndjamena (531 000 Einwohner)

Telefon-Vorwahl: +235

Mitgliedschaften: AU, Uno

Präsident Idriss Déby

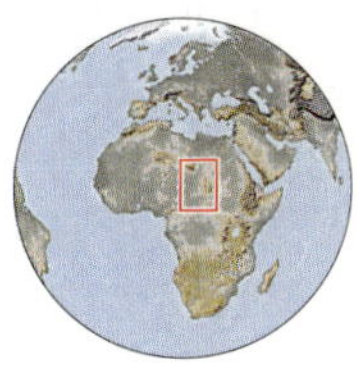

Česká Republika – Tschechische Republik; Tschechen

Nationalfeiertag: 28. Oktober (Tag der Staatsgründung)

Zeitzone: MEZ

Hauptstadt: Prag (1 178 600 Einwohner)

Telefon-Vorwahl: +420
Kfz-Kennzeichen: CZ

Mitgliedschaften: Nato, OECD, OSZE, Uno, WEU (assoziiert)

Präsident Václav Havel

Tschechische Republik

Botschaft in Deutschland: Wilhelmstraße 44, D-10117 Berlin
☎ +49-30-22 63 80 🖷 -229 40 33

GEOGRAFIE, BEVÖLKERUNG

Fläche: 78 866 km², unterteilt in zwei große Regionen: das im Westen von waldreichen Mittelgebirgen umgebene Böhmen mit ausgedehnten Ebenen und das hügelige Mähren im Osten. **Verwaltung:** 72 Distrikte (sollen Ende 2002 zu 14 Regionen zusammengefasst werden) **Bevölkerung:** 10,273 Mio. Einw., davon 90,1 % Tschechen, 3,6 % Mähren, 1,8 % Slowaken, Minderheit von Polen, Deutschen, Roma und Ungarn **In Städten** leben 75 %, **unter 15 J.** sind 16 % der Bev. **Bev.-dichte:** 133 Einw./km² **Bev.wachstum:** - 0,1 % **Fruchtbarkeitsrate:** 1,2 Geb./Frau **Landessprachen:** Tschechisch (Amtssprache), daneben Slowakisch und Sprachen der Minderheiten **Religionen:** 39 % Katholiken, 5 % Protestanten, 3 % orthodoxe Christen; etwa 40 % der Bevölkerung gehören keiner Konfession an

Die größten Städte

Prag (Praha)	1 178 600
Brno (Brünn)	379 200
Ostrava (Ostrau)	319 300
Plzeň (Pilsen)	166 300
Olomouc (Olmütz)	103 300

POLITISCHES SYSTEM

Seit 1. Januar 1993 nach Trennung von der Slowakei selbständig, eigene Verfassung. Wahlrecht ab 18 J. Zweikammerparlament: Abgeordnetenhaus (»Poslanecká sněmovna«), 200 nach Verhältniswahlrecht auf 4 J. gewählte Mitglieder, und Senat (von dessen 81 Mitgliedern alle 2 J. ein Drittel per Mehrheitswahl für 6 J. gewählt wird). Gemeinsam wählen beide Kammern auf 5 J. das Staatsoberhaupt, dem in direkter Folge 2 Amtsperioden erlaubt sind. Das Staatsoberhaupt benennt den Ministerpräsidenten und hat ein aufschiebendes Vetorecht gegen Gesetze.
Staatsoberhaupt: Václav Havel (seit Februar 1993)
Ministerpräsident: Vladimir Spidla (seit Juli 2002)
Außenminister: Cyril Svoboda

Parteien

Aus dem Bürgerforum der »samtenen Revolution« 1989/90 entstanden die
- Demokratische Bürgerpartei (ODS) des früheren Ministerpräsidenten Václav Klaus und die
- Demokratische Bürgerallianz (CDA), die beide eine Marktwirtschaft befürworten.
- Die Christlichen Demokraten – Tschechische Volkspartei (KDU-ČSL) waren einst Satellit der KP, die sich ihrerseits jetzt
- Kommunistische Partei von Böhmen und Mähren (KSCM) nennt. Neu gegründet wurden die
- Sozialdemokratische Partei (ČSSD) und die
- Freiheitsunion (US) sowie kleinere Parteien.

Sitze im Abgeordnetenhaus (Wahlen vom 14./15. Juni 2002)

ČSSD	70
ODS	58
KSCM	41
Koalicje	31

MILITÄR

Allg. Wehrpflicht: 12 Monate **Streitkräfte:** 53 600 Mann, davon 23 800 Armee, 11 600 Luftstreitkräfte **Militärausgaben** (am BSP): 2,3 % **Waffenhandelsanteil** an den Exporten 0,3 %, an den Importen 0,7 %

GESUNDHEIT, SOZIALES, BILDUNG

Öffentliche Gesundheitsausgaben (am BIP): 6,6 % **Öffentliche Ausgaben für Bildung und Erziehung** (am BIP): 4,2 % **Öffentliche Ausgaben für Altersversorgung** (am BIP): 9,8 % **Medizinische Versorgung:** 3 Ärzte, 8,7 Krankenhausbetten/1000 Einw. **Säuglingssterblichkeit:** 4 % **Müttersterblich-**

Blick auf die Stadt Brünn (Brno)

keit: 14/ 100 000 Geb. **Armutsrate:** < 2 % **Frauenanteil an den Beschäftigten:** 47,3 % **HIV-Infektionsrate:** 0,04 % **Lebenserwartung:** Männer 72 J., Frauen 78 J. **Schulpflicht:** 6–15 J. **Einschulungsquote** im Primarbereich 90 %, im Sekundarbereich 79 % **Universitäten:** 23, darunter die Karls-Universität in Prag, Brünn, Ostrau, Pilsen

WIRTSCHAFT

Währung: 1 Tschechische Krone (Kč) = 100 Heller **Kurs** (Mitte 2002): 1 Kč = 0,03 € **BSP:** 53,9 Mrd. US$ **Wachstumsrate des BIP:** 2,9 % **BSP/Kopf:** 5250 US$ **Anteile am BIP:** Landwirtschaft 4 %, Industrie 41 %, Dienstleistungen 55 % **Forschung+Entwicklungsausgaben** (am BSP): 1,27 % **Arbeitslosenquote:** 8,8 % **Inflationsrate:** 4,7 % **Staatseinnahmen:** 18,469 Mrd. US$ **Steueraufkommen** (am BIP): 32,2 % **Einkommensteuer:** max. 32 % **Körperschaftsteuer:** 31 % **Haushaltsdefizit** (am BIP): 3 % **Staatsausgaben:** 19,386 Mrd. US$ **Leistungsbilanzdefizit:** 2,237 Mrd. US$ **Auslandsschulden:** 42,83 Mrd. US$ **Auslandsvermögen:** 38,362 Mrd. US$ **Devisenreserven:** 13,142 Mrd. US$ **Empf. Hilfsgelder:** 438 Mio. US$ **Ausl. Direktinvestitionen:** 4,583 Mrd. US$ **Börse** (Marktkapitalisierung am BIP): 21,7 % **Energie:** Produktion 27,95 Mio. t ÖE, Verbrauch 38,58 Mio. t ÖE, Anteile am Verbrauch: Kohle 51,3 %, Öl 20 %, Atomenergie 8 %, Erdgas 19,3 %, sonstige 1,4 %

Landwirtschaft, Rohstoffe, Industrie:

Nutzfläche 43,2 %, von der Anbaufläche sind 0,7 % bewässert. Die Bedeutung der Landwirtschaft nimmt kontinuierlich ab. Angebaut werden vor allem Weizen, Zuckerrüben, Gerste, Hopfen und Kartoffeln. **Bewaldet:** 26 000 km², jährliche **Aufforstung:** 5 km² **Wichtige Industriezweige:** Textilindustrie, Auto, Brauereien **Rohstoffe:** Steinkohle, Braunkohle

Außenwirtschaft:

Handelsbilanzdefizit 3,096 Mrd. US$ **Export:** 29,019 Mrd. US$, davon 43,2 % Maschinen und Transportmittel, 25,5 % industrielle Vorprodukte, 13,7 % Fertigwaren **Hauptausfuhrländer:** Deutschland (42,1 %), Slowakei (8,2 %), Österreich (6,5 %), Polen (5,5 %) **Hightech-Exporte:** 2,089 Mrd. US$ **Import:** 32,115 Mrd. US$, davon 40,3 % Maschinen u. Transportmittel, 20,6 % industrielle Vorprodukte, 12,1 % Chemie **Hauptlieferländer:** Deutschland (33,8 %), Slowakei (6,1 %), Österreich (5,6 %), Russland (4,8 %)

VERKEHR

Schienennetz: 9365 km. In Prag verkehrt seit 1974 eine U-Bahn auf jetzt 50 km Länge mit 50 Haltestellen. **Straßennetz:** 55 408 km, zu 100 % befestigt, davon 500 km Autobahn **Motorisierung:** 363 Kfz/1000 Einw. **Luftverkehr:** Intern. Flughäfen: 5, deren größter, Prag, seine Kapazität 1997 durch ein neues Terminal von 2,3 auf über 4,8 Mio. Passagiere/Jahr

Ex-Premierminister Miloš Zeman, Nachfolger Vladimir Spidla

steigerte. Internationale **Fluggesellschaften** sind ČSA und Air Ostrava, 2,228 Mio. beförderte Passagiere **Schifffahrt:** 303 km Wasserwege für die Binnenschifffahrt mit Anschluss an die Nordsee über die Elbe; Zugang zur Ostsee über die Oder nach Stettin **Haupthafen** ist Prag

KOMMUNIKATION

Auf 1000 Einw. kommen 803 **Rundfunk-**, 508 **Fernsehgeräte**, 374,3 **Telefonanschlüsse**, 658,8 **Mobiltelefone**, 121,4 **PC** und 20,98 **Internet-Zugänge IuK-Ausgaben** (am BIP): 9,3 % Es erscheinen 103 **Tageszeitungen**. Die größten Tageszeitungen und ihre Auflagen:

Mladá fronta Dnes 350 000
Právo 250 000
Večerník Praha 130 000

Nachrichtenagentur: ČTK (Česká tisková Kancelář) in Prag

UMWELT, TOURISMUS

Geschützte Gebiete: 16,1 % der Landesfläche **Energieverbrauch/Kopf:** 3754 kg ÖE **CO_2-Emission:** 118,3 Mio. t **Verwendung des Süßwassers:** Landwirtschaft 2 %, Industrie 57 %, Haushalte 41 % **Tourismus:** 5,7 Mio. Besucher, 2,869 Mrd. US$ Einnahmen

AKTUELLE ENTWICKLUNGEN

Die Minderheitsregierung der Sozialdemokraten (ČSSD) unter Miloš Zeman und ihr Kooperationspartner, die bürgerliche ODS, brachte die Tschechische Republik weiter in Richtung EU-Beitritt im Jahr 2004. Bis zu den Wahlen zum Abgeordnetenhaus Mitte Juni konnten 25 von 31 Kapiteln der Verhandlungen abgeschlossen werden.

Ferner forcierte die sozialdemokratische Regierung die Privatisierung der Großbanken. Die tschechische Wirtschaft erholte sich nach einer Phase der Stagnation wieder und erzielte im Jahre 2001 ein Wachstum von 3,6 Prozent, noch 1998 war sie um 2,2 Prozent geschrumpft.

Diese Erfolge brachten den Sozialdemokraten und ihrem Spitzenkandidaten Vladimir Spidla den Sieg bei den Parlamentswahlen im Juni 2002. Die ODS unter Václav Klaus, die das Kabinett Zeman in der vergangenen Legislaturperiode toleriert und damit erheblichen Einfluss ausgeübt hatte, unterlag. Spidla regiert seit Juli in einer Koalition mit dem Wahlbündnis Koalicje aus Christdemokraten und Freiheitsunion. Die Kommunisten (KSCM) waren bei der Wahl mit 18,5 Prozent der Stimmen zur drittstärksten politischen Kraft avanciert. Sie wollen Privatisierungen rückgängig machen und fordern Tschechiens Austritt aus der Nato. Ihre Wähler gewannen die Kommunisten unter älteren Menschen, unter Arbeitslosen und anderen, die von der Marktwirtschaft enttäuscht sind. Die KSCM profitierte

Deportation Sudetendeutscher nach Deutschland (Mai 1946)

Tschechischer Atommeiler Temelin

aber auch, weil sowohl die ODS als auch die ČSSD ein altes politisches Thema der Kommunisten wiederbelebt hatten: die Angst vor den Deutschen und die Beneš-Dekrete. Diese Verordnungen waren nach dem Zweiten Weltkrieg die Rechtsgrundlage für die Vertreibung von mehr als 3 Millionen Sudetendeutschen und 80 000 Ungarn.

Wiederholt hatten Politiker von der ODS und der ČSSD die Vertreibung der Deutschen gut geheißen, Regierungschef Zeman nannte die Sudetendeutschen »die fünfte Kolonne Hitlers«. Diese Äußerungen belasteten das Verhältnis zu Österreich und Deutschland. Bundeskanzler Gerhard Schröder sagte einen Routinebesuch im März wegen der Verstimmungen ab. Konservative Politiker in der Bundesrepublik – darunter der CDU/CSU-Spitzenkandidat Edmund Stoiber – fordern, Tschechien müsse die Beneš-Dekrete förmlich aufheben, bevor es der Europäischen Union beitreten könne. Das lehnen jedoch alle tschechischen Parteien ab, unter anderem weil sie Schadenersatzforderungen fürchten. EU-Kommissar Günter Verheugen hält eine Aufhebung der Dekrete nicht für notwendig, weil sie heute keine juristische Wirkung mehr haben.

Der Streit um das Kernkraftwerk Temelin verschlechterte den Zustand der Beziehungen zu Österreich zusätzlich. Anfang des Jahres hatte Jörg Haiders rechtspopulistische FPÖ ein Volksbegehren gegen die Anlage angestrengt. Rund 900 000 Österreicher unterschrieben die Forderung der Freiheitlichen, den EU-Beitritt Tschechiens zu blockieren, sollte Temelin ans Netz gehen. Das Volksbegehren wurde zwar im Nationalrat diskutiert, doch folgten keine konkreten Initiativen. In Temelin kam es nur zwei Tage nach Aufnahme des Probebetriebs im Juni zu einem Störfall, die Anlage musste heruntergefahren werden. Ein zweiter Reaktorblock musste im Juli sechs Wochen nach seiner Inbetriebnahme wegen eines Kurzschlusses wieder abgeschaltet werden.

Im Sommer 2002 hielt eine spektakuläre Affäre die Tschechische Republik in Atem: Bei der Polizei hatte sich der drogensüchtige Kleinkriminelle Karel Rziepel gestellt. Er sei beauftragt, Tschechiens bekannteste investigative Journalistin, Sabina Slonková von der Zeitung *Mladá fronta Dnes*, zu ermorden. Die Polizei brachte die 29-Jährige in Sicherheit und ermittelte. Dabei stieß sie auf eine Verbindung zu dem ehemaligen Staatssekretär Karel Srba. Er soll das Mordkomplott aus Rache eingefädelt haben, um sich an Slonková zu rächen. Die Reporterin hatte über krumme Immobiliengeschäfte Srbas berichtet, und so zu seinem Sturz beigetragen. Obwohl die Beweise gegen Srba zunächst schwach waren, geriet im Laufe der Affäre auch der ehemalige sozialdemokratische Außenminister Jan Kavan in die Kritik, der sich gerade um hohe Uno-Ämter bewarb. Die tschechische Öffentlichkeit war geschockt. Mordkomplotte als Fortsetzung der Politik hatte man eher in Weißrussland oder anderen nichtdemokratischen Ländern vermutet, aber nicht in dem Reform-Musterland Tschechien.

Al-Jumhuriya at-Tunisiya – Tunesische Republik; Tunesier

Nationalfeiertag: 20. März

Zeitzone: MEZ

Hauptstadt: Tunis (674 100 Einwohner)

Telefon-Vorwahl: +216
Kfz-Kennzeichen: TN

Mitgliedschaften: AU, Uno

Präsident Sein al-Abidin Ben Ali

Tunesien

Botschaft in Deutschland: Lindenallee 16, D-14050 Berlin
☎ +49-30-30 82 06 73 🖷 -30 82 06 83

GEOGRAFIE, BEVÖLKERUNG

Fläche: 163 610 km^2, einschließlich einiger der Küste vorgelagerter Inseln (darunter Djerba, Kerkenna), 1148 km Küste **Verwaltung:** 18 Gouvernements **Bevölkerung:** 9,564 Mio. Einw., davon 98 % Araber und Berber **In Städten** leben 66 %, **unter 15 J.** sind 30 % der Bev. **Bev.dichte:** 62 Einw./km^2 **Bev.wachstum:** 1,14 % **Fruchtbarkeitsrate:** 2,1 Geb./Frau **Landessprachen:** Arabisch, Französisch **Religionen:** 98 % Muslime, 1 % Christen

POLITISCHES SYSTEM

Unabhängig seit dem 20. März 1959. Präsidialrepublik. Verfassung von 1959, letzte Änderungen 2002. Allgemeines Wahlrecht ab 20 J. Zweikammersystem: Parlament (»Assemblée Nationale«, 182 Sitze. Wahl alle 5 J.), Ratskammer. Direktwahl des Staatsoberhaupts alle 5 J. **Staatsoberhaupt:** Sein al-Abidin Ben Ali (seit November 1987) **Regierungschef:** Mohamed Ghannouchi (seit November 1999) **Außenminister:** Habib Ben Yahia

MILITÄR

Allg. Wehrpflicht Streitkräfte: rund 35 000 Mann, davon 27 000 Armee, 3500 Luftwaffe, 4500 Marine **Militärausgaben** (am BSP): 1,8 %

GESUNDHEIT, SOZIALES, BILDUNG

Öffentliche Gesundheitsausgaben (am BIP): 2,2 % **Öffentliche Ausgaben für Bildung und Erziehung** (am BIP): 7,6 % **Medizinische Versorgung:** 0,7 Ärzte, 1,7 Krankenhausbetten/1000 Einw. **Säuglingssterblichkeit:** 26/1000 Geb. **Müttersterblichkeit:** 70/100 000 Geb. **Kinderunterernährung:** 4 % **Kinderarbeit:** k. A. **Armutsrate:** 14 % (nationale Rate) **Frauenanteil an den Beschäftigten:** 31,7 % Zugang zu **sauberem Trinkwasser**, zu **sanitären Anlagen:** k. A. **HIV-Infektionsrate:** 0,04 % **Lebenserwartung:** Männer 70 J., Frauen 74 J. **Schulpflicht:** 6 – 16 J. **Einschulungsquote** im Primarbereich 98 % **Analphabetenrate:** Männer 19 %, Frauen 39 % **Universitäten:** in Tunis, Monastir, Sfax

WIRTSCHAFT

Währung: 1 Tunesischer Dinar (tD) = 1000 Millimes **Kurs** (Mitte 2002): 1 tD = 0,75 € **BSP:** 20,1 Mrd.US$ **Wachstumsrate des BIP:** 4,7 % **BSP/Kopf:** 2100 US$ **Anteile am BIP:** Landwirtschaft 12 %, Industrie 29 %, Dienstleistungen 59 % **Forschung+Entwicklungsausgaben** (am BIP): 0,3 % **Arbeitslosenquote:** 15 % **Inflationsrate:** 1,9 % **Staatseinnahmen:** 5,869 Mrd. US$ **Steueraufkommen** (am BIP): 26 % **Staatsausgaben:** 6,484 Mrd. US$ **Leistungsbilanzdefizit:** 821 Mio. US$ **Auslandsverschuldung:** 10,610 Mrd. US$ **Schuldendienst** (am BSP): 10,2 % **Devisenreserven:** 1,871 Mrd. US$ **Empf. Hilfsgelder:** 223 Mio. US$ **Energie:** Produktion 7,12 Mio. t ÖE, Verbrauch 7,67 Mio. t ÖE

Landwirtschaft, Rohstoffe, Industrie:

Nutzfläche 32,8 %, von der Anbaufläche sind 7,5 %bewässert **Produkte:** Getreide, Oliven, Zitrusfrüchte, Weintrauben, Datteln **Bewaldet:** 5000 km^2, jährliche **Aufforstung:** 11 km^2 **Rohstoffe**: Erdöl, Phosphat, Eisen, Zink, Blei, Aluminium, Flussspat, Erdgas **Industrie:** Elektronik, Textilindustrie, Nahrungsmittelproduktion

Außenwirtschaft:

Handelsbilanzdefizit 2,26 Mrd. US$ **Export:** 5,84 Mrd. US$, davon 41,3 % Bekleidung, 12,5 % chem. Produkte, 10,8 % Maschinen und Transportmittel **Hauptausfuhrländer:** Frankreich (25,5 %), Italien (21,3 %), Deutschland (14,5 %) **Import:** 8,1 Mrd. US$, davon 29,6 % Maschinen und Transportmittel,

27,1 % industr. Vorprodukte, 8,5 % Nahrungsmittel **Hauptlieferländer:** Frankreich (23,8 %), Italien (19,3 %), Deutschland (13,5 %)

VERKEHR

Schienennetz: 2168 km **Straßennetz:** 18997 km, davon 64,8 % befestigt **Motorisierung:** 64 Kfz/1000 Einw. Internationale **Flughäfen:** Tunis, Sfax, Monastir Djerba **Fluglinien:** Tunis Air, Tuninter, Novelair Tunisie, Tunisavia Bedeutende **Seehäfen:** Biserta, Gabes, Tunis-La Goulette

KOMMUNIKATION

Auf 1000 Einw. kommen 158 **Rundfunk-**, 198 **Fernsehgeräte**, 108,9 **Telefonanschlüsse**, 40,1 **Mobiltelefone**, 23,7 **PC IuK-Ausgaben** (am BIP): k. A. Größte **Tageszeitungen:** *Al-Almal, As-Sabah* (Auflage: jeweils 50 000) **Nachrichtenagentur:** Tunis Afrique Presse

UMWELT, TOURISMUS

Geschützte Gebiete: 0,3 % der Landesfläche **CO_2-Emission:** 22,4 Mio. t **Verwendung des Süßwassers:** Landwirtschaft 86 %, Industrie 2 %, Haushalte 13% **Tourismus:** 5057 Mio. Besucher, 1,496 Mrd. US$ Einnahmen

AKTUELLE ENTWICKLUNGEN

»Kein anderes Land der Region kann solche wirtschaftlichen Fortschritte vorweisen«, lobte der Präsident der EU-Kommission, Romano Prodi, den südlichen Mittelmeeranrainer. In der Tat: Die Wirtschaft wächst beständig, Unruhen wie in den Nachbarländern gibt es nicht. Doch die Ruhe hat ihren Preis. Immer häufiger gerät der kleine Maghrebstaat, der sich bei nicht einmal 10 Millionen Einwohnern 100 000 Polizisten leistet, in die Kritik. Meldungen von der Amtsenthebung eines Richters, der die Unabhängigkeit der Justiz anmahnte, oder der Inhaftierung einer Journalistin erregten internationales Aufsehen. Anfang November wurde ein ehemaliger Präsidentenberater verhaftet, nachdem er in einem Interview die mafiösen Verbindungen der Präsidentenfamilie angeprangert hatte.

Etwa zur gleichen Zeit reichten sechs Tunesier, die 1998 wegen ihres Engagements in einer Studentengewerkschaft gefoltert und verurteilt worden waren, in Paris Klage gegen ihre Peiniger ein. Nach Ansicht von Experten ist Folter in tunesischen Gefängnissen weit verbreitet; die Zahl der politischen Gefangenen – überwiegend gemäßigte Islamisten – wird auf 1000 geschätzt. Ein Prozess gegen drei Mitglieder der verbotenen Kommunistischen Arbeiterpartei Tunesiens im Februar 2002 geriet zur Farce: Vor den Augen internationaler Beobachter drängten Polizisten die Anwälte zurück und holten die Angeklagten aus dem Saal; eine Verhandlung fand nicht statt. Dennoch verhängte ein Richter Haftstrafen von über 9 Jahren, die ein Appellationsgericht zwei Monate später abmilderte.

Beschädigte al-Ghriba-Synagoge

Doch nicht nur in Sachen Menschenrechte ist der Ruf Tunesiens angeschlagen. Auch Korruption, Vetternwirtschaft und Betrügereien grassieren in der Republik. Regimegegner sprechen von einer regelrechten Plünderung des Landes durch einige Familienclans im Umfeld des Präsidenten. Dass Sicherheit auch im Polizeistaat Sein al-Abidin Ben Alis nicht garantiert werden kann, zeigte sich am 11. April 2002: Die Explosion eines mit Gasflaschen beladenen Lkw vor der Synagoge al-Ghriba auf Djerba kostete 19 Menschen, darunter 14 deutsche Touristen, das Leben. Der Selbstmordattentäter soll Verbindungen zum Terrornetzwerk al-Qaida gehabt haben. Die Ghriba-Synagoge ist nicht nur Touristenattraktion, sondern auch ein bedeutendes Ziel jüdischer Pilger in Nordafrika; sie beherbergt eine der ältesten erhaltenen Thorarollen.

Ein Ende der Ära Ben Ali ist nicht abzusehen, denn der 66-jährige Staatschef änderte die Verfassung. Nach drei Amtszeiten wäre seine Wiederwahl im Jahr 2004 eigentlich nicht mehr möglich gewesen. Doch am 26. Mai 2002 ließ er das Volk abstimmen: Nach Änderungen in fast der Hälfte der 78 Verfassungsartikel ist nun die Altersgrenze für Bewerber von 70 auf 75 Jahre angehoben. Zudem wird dem Präsidenten Immunität auf Lebenszeit gewährt. Auch die Einrichtung einer zweiten Parlamentskammer sah das Referendum vor. Die Tunesier billigten die Verfassungsänderung mit einer Mehrheit von 99,5 Prozent der Stimmen – die Opposition nannte das Referendum eine »Maskerade«.

Türkiye Çumhuriyeti – Republik Türkei; Türken

Nationalfeiertag: 29. Oktober (Tag der Republik)

Zeitzone: MEZ + 1 h

Hauptstadt: Ankara (2 937 500 Einwohner)

Telefon-Vorwahl: +90
Kfz-Kennzeichen: TR

Mitgliedschaften: Nato, OECD, OSZE, Uno, WEU (assoziiert)

Türkei

Botschaft in Deutschland: Rungestraße 9, D-10179 Berlin
☎ +49-30-27 58 50 🖷 -27 59 09 15

GEOGRAFIE, BEVÖLKERUNG

Fläche: 779 452 km², durch die Dardanellen und den Bosporus getrennt in einen europäischen und einen asiatischen Teil. Istanbul, die bevölkerungsreichste Stadt, liegt überwiegend im europäischen Thrakien. Der weitaus größte Teil des Landes – mit einer Fläche von 755 688 km² – liegt im asiatischen Anatolien. Das karge, weite Hochland ist im Norden durch das Pontische Gebirge, im Süden durch den Taurus begrenzt. Im äußersten Osten erhebt sich der Ararat, mit 5165 m höchster Berg des Landes. Nach Ende der Sintflut soll auf ihm, so die

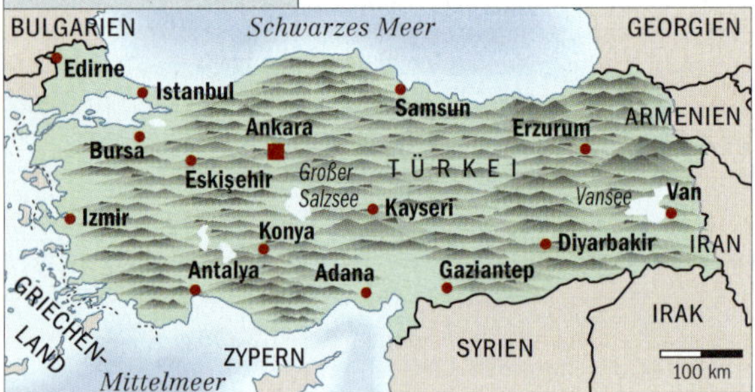

Legende, die Arche Noah gestrandet sein. Charakteristisch sind die zerklüftete, felsige Westküste mit den vorgelagerten griechischen Inseln und die langen Küsten zum Schwarzen Meer und zum Mittelmeer im Süden. **Verwaltung:** 67 Provinzen **Bevölkerung:** 65,293 Mio. Einw., davon 80 % Türkei, 20 % Kurden **In Städten** leben 75 %, **unter 15 J.** sind 30 % der Bev. **Bev.-dichte:** 85 Einw./km² **Bev.wachstum:** 1,32 % **Fruchtbarkeitsrate:** 2,4 Geb./Frau **Landessprachen:** Türkisch, gesprochen von 85,7 % der Bev., außerdem verbreitet Kurdisch (10,6 %) und Arabisch (1,6 %) **Religionen:** Über 99 % Muslime (überwiegend Sunniten). Kleine christliche und jüdische Minderheiten

Staatspräsident Ahmet Necdet Sezer

Die größten Städte

Istanbul	8 274 900
Ankara	2 937 500
Izmir	2 130 400
Adana	1 131 200
Bursa	1 095 800
Gaziantep	789 100

POLITISCHES SYSTEM

Republik, letzte Verfassung von 1982. Wahlrecht ab 18 J. Einkammerparlament (»Türkische Große Nationalversammlung«) mit 550 Mitgl., Wahl alle 5 J. Das Staatsoberhaupt wird vom Parlament für 7 J. gewählt. Wiederwahl nicht zulässig.
Staatsoberhaupt: Ahmet Necdet Sezer (seit Mai 2000)
Regierungschef: Bülent Ecevit (seit Januar 1999)
Außenminister: Şükrü Sina Gürel

PARTEIEN

Die wichtigsten Parteien seit dem Verbot der islamistischen Wohlfahrtspartei/RP des ehemaligen Regierungschefs Erbakan im Januar 1998:
- Demokratische Linkspartei/DSP (sozialdemokratisch);
- Partei der Nationalistischen Bewegung/MHP (nationalistisch-faschistisch);
- Tugendpartei/FP (islamistisch; verboten am 22. Juni 2001);
- Glückspartei/SP (islamistisch; gegründet am 20. Juli 2001);
- Mutterlandpartei/Anap (kons.);
- Partei des Rechten Wegs/DYP (kons.);
- Republikanische Volkspartei/CHP (sozialdemokratisch);
- Partei der Großen Einheit/BBP (islamistisch-nationalistisch);
- Demokratische Türkei-Partei/DTP (liberal).

Sitzverteilung im Parlament (Stand: Ende Juli 2001)

DSP	132
MHP	126
Anap	87
DYP	80
SP	48
Sonstige/Unabhängige	69
Vakant	8

Die FP hatte zum Zeitpunkt ihres Verbots 102 Sitze im Parlament.

Zu den Parteien, die 1999 an der Zehnprozentklausel scheiterten, gehört auch die Republikanische Volkspartei/CHP. Die von Atatürk gegründete Partei ist erstmals in der Geschichte der Republik nicht im Parlament vertreten.

MILITÄR

Allg. Wehrpflicht: 18 – 36 Monate **Streitkräfte:** 515 100 Mann, davon 402 000 Armee, 60 100 Luftstreitkräfte, 53 000 Marine **Militärausgaben** (am BSP): 5,3 % **Waffenhandelsanteil**

an den Exporten 0,3 %, an den Importen 7,9 %

GESUNDHEIT, SOZIALES, BILDUNG

Öffentliche Gesundheitsausgaben (am BIP): 3,3 % **Öffentliche Ausgaben für Bildung u. Erziehung** (am BIP): k. A. **Öffentliche Ausgaben für Altersversorgung** (am BIP): 4,5 % **Medizinische Versorgung:** 1,2 Ärzte, 2,6 Krankenhausbetten/1000 Einw. **Säuglingssterblichkeit:** 34/1000 Geb. **Müttersterblichkeit:** 55/ 100 000 Geb. **Kinderunterernährung:** 8 % **Kinderarbeit:** 8 % **Armutsrate:** 2,4 % **Frauenanteil an den Beschäftigten:** 37,6 % Zugang zu **sauberem Trinkwasser:** 82 % der städtischen, 84 % der ländlichen Bev., zu **sanitären Anlagen**: 98 % bzw. 70 % **HIV-Infektionsrate:** 0,01 % **Lebenserwartung:** Männer 67 J, Frauen 72 J. **Schulpflicht:** 6–14 J. **Einschulungsquote** im Primarbereich 100 %, im Sekundarbereich: k. A. **Analphabetenrate:** Männer 7 %, Frauen 23 % **Universitäten**: in Ankara, Istanbul, Trabzon

WIRTSCHAFT

Währung: 1 Türkische Lira (TL.) = 100 Kurus **Kurs** (Mitte 2002): 1 TL = 0,000001 € **BSP:** 202,1 Mrd. US$ **Wachstumsrate des BIP:** 7,2 % **BSP/Kopf:** 3100 US$ **Anteile am BIP:** Landwirtschaft 16 %, Industrie 25 %, Dienstleistungen 59 % **Forschung+Entwicklungsausgaben** (am BSP): 0,48 % **Arbeitslosenquote:** 8,3 % **Inflationsrate:** 54,4 % **Staatseinnahmen:** 41,673 Mrd. US$ **Steueraufkommen** (am BIP): 22 % **Einkommensteuer:** max. 40 % **Körperschaftsteuer:** 30 % **Haushaltsdefizit** (am BIP): 11,4 % **Staatsausgaben:** 57,697 Mrd. US$ **Leistungsbilanzdefizit:** 9,819 Mrd. US$ **Auslandsschulden:** 116,615 Mrd. US$ **Auslandsvermögen:** 38,208 Mrd. US$ **Schuldendienst** (am BSP): 10,5 % **Devisenreserven:** 23,515 Mrd. US$ **Empf. Hilfsgelder:** 325 Mio. US$ **Ausl. Direktinvestitionen:** 982 Mio. US$ **Börse** (Marktkapitalisierung am BIP): 34,8 % **Energie:** Produktion 26,9 Mio. t ÖE, Verbrauch 70,33 Mio. t ÖE. Anteile am Verbrauch: Kohle 29,1 %, Öl 43,3 %, Erdgas 19,9 %, sonstige 7,7 %

Landwirtschaft, Rohstoffe, Industrie:

Nutzfläche 34,7 %, von der Anbaufläche sind 15,8 % bewässert. Das anatolische Hochland ist trotz seiner Trockenheit die Kornkammer des Agrarlandes. Fast 40 % aller Berufstätigen arbeiten in der Landwirtschaft.
Neben Getreide werden bevorzugt Baumwolle, Sonnenblumen und andere Ölsaaten, Mais, Zuckerrüben, Kartoffeln, Tee, Wein, Nüsse und Oliven angebaut. Im bergigen Hochanatolien konzentriert sich die Viehhaltung auf die Zucht von Schafen, Ziegen, Rindern und Geflügel. Das Land ist von Nahrungsmittelimporten weitgehend unabhängig.
Bewaldet: 102 000 km², jährliche **Rodung:** 220 km² **Rohstoffe:** Braunkohle, Chrom, Kupfer, Borax, Erdöl, Erdgas, Bauxit, Eisen, Mangan **Wichtige Industriezweige:** Bedeutendster Produktionsbereich ist die Textilindustrie. Erzeugt werden ferner Nahrungsmittel, Stahl-, Papier-, Erdölprodukte und Chemikalien.

Demonstration in Istanbul

Außenwirtschaft:

Handelsbilanzdefizit 22,377 Mrd. US$ **Export:** 31,664 Mrd. US$, davon 29 % industrielle Vorprodukte, 26,3 % Bekleidung, 14 % Nahrungsmittel **Hauptausfuhrländer:** Deutschland (20,6 %), USA (9,2 %), Großbritannien (6,9 %) **Hightech-Exporte:** 1,084 Mrd. US$ **Import:** 54,041 Mrd. US$, davon 39,4 % Maschinen und Transportmittel, 17,6 % industrielle Vorproduktion 13,9 % Chemie **Hauptlieferländer:** Deutschland (14,5 %), Japan (10,8 %), Italien (7,8 %)

VERKEHR

Das **Schienennetz** der staatlichen Eisenbahn TCDD hat eine Gesamtlänge von 8682 km (1999), davon sind 1524 km elektrifiziert. Die neue Trasse zwischen Ankara und Istanbul verkürzt die Distanz von 577 km auf

416 km. Im September 2000 wurde in Istanbul der erste Teilabschnitt einer modernen U-Bahn in Betrieb genommen. Bis zum Jahr 2010 soll das Schienennetz der Stadt von derzeit 100 km auf 270 km ausgebaut werden; auch die erste unterirdische Bosporus-Querung soll dann fertig gestellt sein.
Straßennetz: 385 960 km (1999), davon 34 % befestigt **Motorisierung:** 85 Kfz/1000 Einw.
Luftverkehr: Internationale Flughäfen u. a. in Istanbul (Atatürk Airport), Ankara, Izmir, Adana, Dalaman und Antalya (vorwiegend für Charterflüge). Die **Fluggesellschaft** Turkish Airlines ist mehrheitlich im Staatsbesitz, 11,513 Mio. beförderte Passagiere.
Schifffahrt: Handelshäfen sind u. a. Istanbul, Mersin, Trabzon, Izmir, Samsun **Binnenwasserstraßen:** 1200 km. Die Handelsflotte umfasst 568 Schiffe mit zusammen 9,3 Mio. tdw.

KOMMUNIKATION

Auf 1000 Einw. kommen 573 **Rundfunk-**, 449 **Fernsehgeräte**, 285,2 **Telefonanschlüsse**, 301,8 **Mobiltelefone**, 40,7 **PC** und 1,61 **Internet-Zugänge** **IuK-Ausgaben** (am BIP): 4,8 %
Es erscheinen 57 **Tageszeitungen** mit einer Gesamtauflage von rund 5,6 Mio. Exemplaren. Die größten Tageszeitungen und ihre Auflagen:

Milliyet	630 000
Sabah	550 000
Hürriyet	542 800
Türkiye	450 000

Nachrichtenagenturen: Anatolian News Agency, Anka Ajansi, Hürriyet Habor Ajansi, EBA Ekonomik Basin Ajansi

UMWELT, TOURISMUS

Geschützte Gebiete: 1,3 % der Landesfläche **Energieverbrauch/Kopf:** 1093 kg ÖE **CO_2-Emission:** 202 Mio. t **Verwendung des Süßwassers:** Landwirtschaft 73 %, Industrie 11 %, Haushalte 16 % **Tourismus:** 9,587 Mio. Besucher 14,9 Mrd. US$ Einnahmen

AKTUELLE ENTWICKLUNGEN

Schwer angeschlagen stand die Türkei am Vorabend des 11. September da, manche wähnten das Land am Rande des Abgrunds: Die Wirtschaftskrise des Jahres 2001 hatte die türkische Lira in den Keller gestürzt und das soziale Gefüge am Bosporus erschüttert. Zu den Fernsehhits der Saison gehörte eine Variante der »Big Brother«-Show, bei der zwei Teilnehmer um die Wette sparten, um mit dem offiziellen Mindestlohn von 102 Millionen Lira, etwa 80 Euro, über die Runden zu kommen. »Untersteht euch zu gewinnen«, warnte ein Zuschauer einen der beiden Kontestanten: »Sonst glaubt die Regierung noch, die Armut macht uns Spaß.«
Geradezu symbolisch für den desolaten Zustand der türkischen Wirtschaft war im Juli 2001 das Eingeständnis der führenden Istanbuler Telekom- und Medienholding der Familie Uzan, ihre Milliardenschuld bei den internationalen Handyriesen Nokia und Motorola nicht mehr bedienen zu können. Die Geprellten schalteten eine New Yorker Wirtschaftsdetektei ein, um nach ihrem Geld zu suchen – ein Novum in der türkischen Geschichte. Die Istanbuler Börse, ohnehin ein »unberechenbares Biest«, wie ein amerikanischer Wirtschaftsdienst kommentierte, verzeichnete dramatische Kurseinbrüche, selbst risikofreudige Schwellenmarkt-Spekulanten ließen im Sommer 2001 die Finger von der Türkei.

Bad im Bosporus bei der Ortakoy-Moschee in Istanbul

Bankenviertel in Istanbul

Doch nach den Anschlägen vom 11. September fand sich das Land am Bosporus plötzlich als führende Regionalmacht zwischen Balkan, Kaukasus und Nahost wieder: Den Takt für diese unerwartete, das ganze Folgejahr bestimmende Entwicklung gaben die USA an, welche die geostrategisch bedeutende Türkei, das einzige Nato-Mitglied der islamischen Welt, als Partner in ihrem Kampf gegen den Terrorismus benötigten.

Während das ebenfalls von einer schweren Wirtschaftskrise geplagte Argentinien schwer um die Unterstützung des Internationalen Währungsfonds und der Weltbank ringen musste, sprudelten für Ankara die Kredite. »Seien wir ehrlich«, räumte der führende Istanbuler Kolumnist Mehmet Ali Birand ein: »Der 11. September hat die Türkei vor dem Untergang gerettet.«

Mit der Unterstützung aus dem Westen stiegen freilich auch Ankaras politische Verpflichtungen: Die Europäer verlangten von der Türkei, die Führung der internationalen Friedenstruppe in Afghanistan zu übernehmen. Am 20. Juni 2002 trat die türkische Armee mit 1500 Soldaten in Kabul die Nachfolge der Briten an – ein Schritt, der nach anfänglicher Begeisterung bald als Gegenleistung für die Geldspritzen der europäischen Finanzminister verstanden wurde.

Washington machte deutlich, dass es für sein Wohlwollen bei der Vergabe von Weltbank- und IWF-Krediten Ankaras Kooperation bei seinen Angriffsplänen auf den Irak erwarte. Die Türkei, die bis heute wirtschaftlich unter dem Uno-Embargo gegen den Irak leidet, versuchte zu vermitteln.

Doch eine Aufforderung Ministerpräsident Ecevits an den irakischen Diktator Saddam Hussein, erneut Uno-Waffeninspektoren ins Land zu lassen, blieb Anfang Februar ohne positive Antwort. Als sechs Wochen später US-Vizepräsident Dick Cheney nach Ankara kam, sprach sich die türkische Regierung gegen einen Militärschlag gegen den Irak aus, versicherte die Amerikaner aber gleichzeitig ihrer Bündnistreue.

Dass die Türkei überhaupt einen Teil ihrer Handlungsfähigkeit zurückgewinnen konnte, schrieben viele Türken neben der politischen Großwetterlage auch Ankaras neuem Polit-Star Kemal Derviş zu, dem seit März 2001 amtierenden Superminister für Wirtschaft und Finanzen. Derviş, einem ehemaligen Vizepräsidenten der Weltbank, gelang es im Winter 2001/2002, den Verfall der türkischen Lira zu stoppen, ja im Frühjahr sogar, den Trend umzukehren – eine geradezu historische Zeitenwende für viele Türken, die seit Anfang der siebziger Jahre unter einer permanenten, unaufhaltsamen, zum Teil galoppierenden Inflation zu leiden hatten.

Premierminister Bülent Ecevit

Derviş war denn auch die weithin bestimmende Figur der türkischen Innenpolitik. An seinem strikten Ausgabenregime rieben sich die rechten Ultranationalisten ebenso wie die linken Gewerkschaften; die Armee hingegen, ohne deren Segen in der Türkei kein politisches Programm verwirklicht werden kann, ließ wiederholt ihre Zustimmung erkennen.

Die Armee, seit dem Putsch vom 12. September 1980 zunächst damit befasst, den kurdischen Aufstand niederzuschlagen und danach im Südosten des Landes eine Zivilverwaltung aufzubauen, wurde diese Hauptsorge los, ohne dass so recht jemand davon Notiz genommen hat: Am 4. April 2002 beschloss der Parteikongress der Arbeiterpartei Kurdistans (PKK), den bewaffneten Kampf einzustellen und den berüchtigten Namen der

Empfang für türkische Nationalspieler nach Rückkehr von der Fußball-WM 2002

Partei aufzugeben. Die Meldung vom Ende ihres langjährigen militärischen Gegners war der türkischen Armee keine Erklärung mehr wert, die Agenda hatte sich gedreht: Als Hauptgefahren für Atatürks laizistische Republik, als deren Erben sich die Generäle verstehen, hatten sie schon im Februar 2001 die Korruption und die religiöse Rückschrittlichkeit (»Irtica«) bezeichnet.

Politiker, die im Ruch auch nur einer dieser beiden Untugenden stehen, hatten und haben es weiterhin schwer in der Türkei – unabhängig von ihren Verdiensten oder ihrer Popularität. Das bekam neben dem immer wieder mit Korruptionsvorwürfen kämpfenden Vizepremier Mesut Yilmaz auch der ehemalige Istanbuler Bürgermeister Recep Tayyip Erdogan zu spüren: Der gemäßigte Islamist, dem selbst Gegner Talent und Kompetenz bescheinigen, schien im Jahr 2002 vor einem politischen Comeback zu stehen – doch dann holte ihn seine Vergangenheit ein: Videobänder von Erdogans zum Teil radikalen Brandreden aus der Hochblüte des politischen Islam Anfang der neunziger Jahre tauchten auf, alarmierten die Staatsanwaltschaft und drohten, sein Ziel, die Etablierung einer lediglich islamistisch inspirierten Partei nach dem Muster der europäischen Christdemokratien, im Keim zu ersticken. Dennoch blieb Erdogans gemäßigter Fundamentalisten-Ableger, die im August 2001 gegründete Gerechtigkeits- und Entwicklungs-Partei (AKP) die einzige Gruppierung, die es nach Umfragen Mitte 2002 bei Neuwahlen überhaupt über die 10-Prozent-Hürde ins Parlament schaffen würde.

Neuwahlen lagen in der Luft, seit Ministerpräsident Bülent Ecevit, 77, am 4. Mai 2002 eine Sitzung unterbrechen und sich in die Notaufnahme des Baskent-Krankenhauses in Ankara einliefern lassen musste. Obwohl politische Beobachter dem zunehmend siechen Premier zum Rückzug rieten, hielt Ecevit trotz wochenlanger Bettlägerigkeit an seinem Amt fest – so lange, bis sich Anfang Juli sogar seine engsten Vertrauten von ihm abwandten.

Innerhalb weniger Tage traten der stellvertretende Ministerpräsident Hüsamettin Özkan und Außenminister Ismail Cem zurück, 60 Abgeordnete von Ecevits Demokratischer Linkspartei verließen ihre Fraktion. Auch der von Ecevit selbst aus Washington herbeigerufene Wirtschaftsminister Kemal Derviş trat zurück, ließ sich dann aber durch ein Machtwort Präsident Ahmet Necdet Sezers zum Verbleib in der Regierung überreden – um schließlich am 10. August doch noch zu demissionieren.

Der politische Damm war da bereits gebrochen. Nur drei Wochen nach dem Exodus der halben DSP-Mannschaft beschloss das Parlament Neuwahlen am 3. November 2002. In einer dramatischen Sitzung, die selbst langjährige Beobachter der türkischen Politik überraschte, verabschiedete die Nationalversammlung ein Paket von 13 Reformgesetzen, die das Land seinem Traum von einer Mitgliedschaft in der EU über Nacht viel näher brachten: Ankara beschloss in einem Aufwasch die Abschaffung der Todesstrafe in Friedenszeiten, die Zulassung von Kurdisch-Unterricht und kurdischem Fernsehen, eine stärkere Kontrolle der Polizei sowie eine spürbare Liberalisierung der Meinungs- und Presseparagrafen.

Der türkische Unternehmerverband Tüsiad, der durch monatelanges Lobbying die politische Atmosphäre für die kleine anatolische Revolution bereitet hatte, sah sich am Ziel seiner Träume: Nun, so die Erwartung, würde der Europäischen Union nichts anderes mehr übrig bleiben, als der Türkei endlich einen fixen Termin zur Aufnahme von Beitrittsgesprächen anzubieten.

Turkmenistan

Botschaft in Deutschland: Langobardenallee 14, D-14052 Berlin
☎ +49-30-30 10 24 52 🖷 -30 10 24 53

GEOGRAFIE, BEVÖLKERUNG

Fläche: 488 100 km², davon rund 80 % Wüste. 1768 km Küste am Kaspischen Meer **Verwaltet** in 5 Regionen **Bevölkerung:** 5,199 Mio. Einw., davon 81 % Turkmenen, 9 % Usbeken, 3,5 % Russen, 2 % Kasachen **Flüchtlinge:** 14 005 **In Städten** leben 45 %, **unter 15 J.** sind 38 % der Bev. **Bev.dichte:** 11 Einw./km² **Bev.wachstum:** 1,88 % **Fruchtbarkeitsrate:** 2,3 Geb./Frau **Landessprachen:** Turkmenisch (Amtssprache), Russisch (Übergang zum lateinischen Alphabet seit 1996; Anfang 2000 Präsidentenerlass, im öffentlichen Leben ausschließlich Turkmenisch zu verwenden) **Religionen:** 89 % Muslime (davon 90 % Sunniten), 9 % orthodoxe Christen

POLITISCHES SYSTEM

Unabhängig seit dem 27. Oktober 1991. Präsidialrepublik. Verfassung von 1992. Einkammerparlament (»Madschlis«): 50 Sitze, Direktwahl alle 5 J.; daneben ein vom Präsidenten kontrollierter Volksrat (»Chalk Maslachati«), dem die 50 Madschlis-Mitglieder, weitere 50 direkt gewählte Abgeordnete, 10 ernannte Vertreter der Regionen und Bezirke sowie die Regierungsmitglieder angehören. Wahlrecht ab 18 J.
Staats- und Regierungschef: Saparmurad Nijasow (»Turkmenbaschi«) als Staatspräsident auf Lebenszeit (seit Oktober 1990)
Außenminister: Raschid Meredow

MILITÄR

Allg. **Wehrpflicht:** 24 Monate **Streitkräfte:** 17 500 Mann, davon 14 500 Armee, 3000 Luftwaffe **Militärausgaben** (am BSP): 3,4 %

GESUNDHEIT, SOZIALES, BILDUNG

Öffentliche Gesundheitsausgaben (am BIP): 4,1 % **Öffentliche Ausgaben für Bildung und Erziehung** (am BSP): 4,1 % **Medizinische Versorgung:** 3 Ärzte, 11,5 Krankenhausbetten/1000 Einw. **Säuglingssterblichkeit:** 27/1000 Geb. **Müttersterblichkeit:** 65/100 000 Geb. **Kinderunterernährung:** k. A. **Kinderarbeit:** k. A. **Armutsrate:** 12,1 % **Frauenanteil an den Beschäftigten:** 45,9 % Zugang zu **sauberem Trinkwasser:** k. A., zu **sanitären Anlagen** haben 100 % der Bev. **HIV-Infektionsrate:** <0,01 % **Lebenserwartung:** Männer 63 J., Frauen 70 J. **Schulpflicht**: ab 7 J. Nach 4 J. Grundschule 7-jährige Ausbildung an weiterführenden Schulen **Einschulungsquote**: k. A. **Analphabetenrate:** 2 % **Universität:** Aschgabad

WIRTSCHAFT

Währung: 1 Turkmenistan-Manat (TMM) = 100 Tenge **Kurs** (Mitte 2002): 1 TMM = 0,0002 € **BSP:** 3,9 Mrd. US$ **Wachstumsrate des BIP:** 17,6 % **BSP/Kopf:** 750 US$ **Anteile am BSP:** Landwirtschaft 27 %, Industrie 50 %, Dienstleistungen 23 % **Forschung+Entwicklungsausgaben** (am BIP): k. A. **Arbeitslosenquote:** 3 % **Inflationsrate:** 16,8 % **Staatseinnahmen:** k. A. **Steueraufkommen** (am BIP): k. A. **Staatsausgaben:** k. A. **Leistungsbilanzdefizit:** 571 Mio. US$ **Auslandsverschuldung:** 2,295 Mrd. US$ **Schuldendienst** (am BIP): 14,5 % **Devisenreserven:** 1,513 Mrd. US$ **Empf. Hilfsgelder:** 32 Mio. US$ **Energie:** Produktion 26,33 Mio. t ÖE, Verbrauch 13,64 Mio. t ÖE

Landwirtschaft, Rohstoffe, Industrie:

Nutzfläche 3,6 %, von der Anbaufläche bewässert: k. A. **Produkte:** Baumwolle, Seide, außerdem Schafzucht **Bewaldet:** 38 000 km², jährliche **Rodung:** k. A. **Rohstoffe:** Erdgas, Erdöl, Brom, Natrium, Sulfat, Lehm, Gips, Salz **Wichtige Industriezweige**: Textil-, Stahl-, Papier- und Nahrungsmittelindustrie, Ölprodukte

Außenwirtschaft:

Handelsbilanzdefizit 543 Mio. US$ **Export:** 575 Mio. US$, davon 54,7 % Erdöl und Erdgas, 22 % Baumwolle, 12,2 % Textilien **Hauptausfuhrländer:** Iran (24,1 %), Türkei (18,4 %), Aserbaidschan (7 %) **Import:** 1,118 Mrd. US$, davon 45,4 % Maschinen und Anlagen, 9,3 % Nahrungsmittel, 5,9 % chemische Produkte **Hauptlieferländer:** Ukraine (16,2 %), Türkei (13,1 %), Russland (11,6 %)

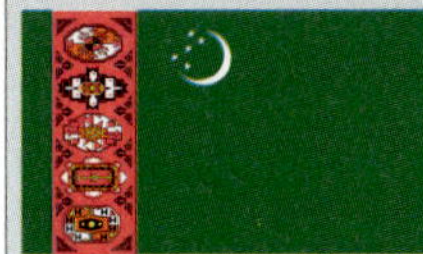

Turkmenistan Respublikasy – Turkmenistan; Turkmenen

Nationalfeiertage: 27./28. Oktober

Zeitzone: MEZ + 4 h

Hauptstadt: Aschgabad (517 200 Einwohner)

Telefon-Vorwahl: +993
Kfz-Kennzeichen: TM

Mitgliedschaften: GUS, OSZE, Uno

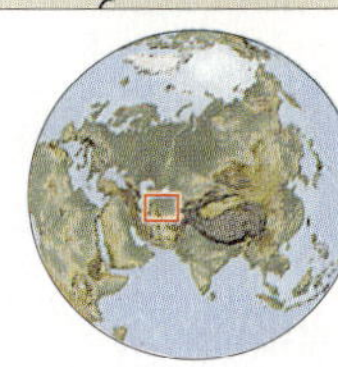

Präsident Saparmurad Nijasow und Iran-Staatschef Mohammed Chatami

VERKEHR

Schienennetz: 2187 km **Straßennetz:** 24 000 km, davon 81,2 % befestigt **Motorisierung:** k. A. Internationaler **Flughafen:** Aschgabad **Fluglinie:** Turkmenistan Airlines wichtiger **Hafen:** Turkmenbaschi

KOMMUNIKATION

Auf 1000 Einw. kommen 256 **Rundfunk-**, 196 **Fernsehgeräte**, 80,2 **Telefonanschlüsse**, 2,1 **Mobiltelefone**, Größte **Tageszeitung:** Vatan (Auflage: 23 700 Exemplare) **Nachrichtenagentur:** Turkmen State News Service

UMWELT, TOURISMUS

Geschützte Gebiete: 4,2 % der Landesfläche **CO_2-Emission:** 27,9 Mio. t **Verwendung des Süßwassers:** Landwirtschaft 98 %, Industrie 1 %, Haushalte 1 % **Tourismus:** 300 000 Besucher; 192 Mio. US$ Einnahmen

Prunkstatue Nijasows bei Aschgabad

AKTUELLE ENTWICKLUNGEN

Der ehemalige KP-Chef (1985 – 1991) Nijasow und heutige »Turkmenbaschi« (Führer aller Turkmenen) regiert im Stile eines Despoten. Pompös ließ der 1999 zum Präsidenten auf Lebenszeit erklärte Herrscher den zehnten Jahrestag der Unabhängigkeit am 27. Oktober 2001 begehen und schenkte der Bevölkerung Turmenistans 10 freie Tage. Zu seinem 62. Geburtstag am 19. Februar 2002 lud der Präsident 15 000 Personen zu einem feierlichen Mittagessen in sein Heimatdorf ein. Der beträchtliche Öl- und Gasreichtum – nachgewiesene und geschätzte Reserven bei Öl 7,3 Milliarden Barrel, bei Gas 8,8 Billionen Kubikmeter – sichert scheinbar Stabilität.

Bis 2010 will Nijasow einen »gerechten Rechtsstaat von allgemeinem Wohlstand« errichten und stellte für 2010 seinen Rückzug und Neuwahlen in Aussicht. Auf »Bitten« des Volksrats nahm er aber im August 2002 davon wieder Abstand und versprach bis zum Ende seiner Lebenszeit als Präsident zu wirken.

Gas und Wasser sind schon jetzt für die Bevölkerung kostenlos, Strom unterhalb eines bestimmten Verbrauchs ebenfalls. Mieten, öffentliche Verkehrsmittel, Benzin und Grundnahrungsmittel werden großzügig subventioniert. Bauern müssen keine Gewinn- und Mehrwertsteuer zahlen. Doch Probleme sind unübersehbar, auch wenn statistische Angaben zur Wirtschaft und sozialen Lage weitgehend geheim gehalten werden. Über die Hälfte der Landbevölkerung lebt in extremer Armut, die Arbeitslosigkeit beträgt nach Schätzungen 25 Prozent, auf dem Land gar 50 Prozent. Die nicht turkmenische Bevölkerung, immerhin ein Fünftel, wird aus ihren Jobs gedrängt. 11 000 Ärzte und Krankenschwestern wurden deswegen entlassen, obwohl es an medizinischem Personal mangelt. Ende März 2002 bestätigte das Parlament einen Präsidentenerlass, wonach Ausländer 50 000 US-Dollar zahlen müssen, wenn sie eine Turkmenin heiraten wollen.

Der Präsident entlässt Minister und Botschafter nach Belieben, unabhängige Medien existieren nicht. Seit November 2001 formiert sich eine Opposition. Die »Volksdemokratische Bewegung« agiert vom Ausland. Sie hat die OSZE im Februar 2002 aufgerufen, Turkmenistans Mitgliedschaft auszusetzen. Einer ihrer Führer ist der ehemalige Innen- und Außenminister Boris Schichmuradow. Er prangerte Festnahmen, Folter und Terror gegen Kritiker und ihre Angehörigen an, beschuldigte den Präsidenten, in den Drogenhandel aus Afghanistan verstrickt zu sein. Der ehemalige Vizepremier und Zentralbankchef Orasow wechselte im Februar 2002 die Seite. Er sieht in Turkmenistan eine »tiefe Systemkrise« und warf der Staatsmacht vor, die Statistiken zu manipulieren, um den »totalen Zusammenbruch der Wirtschaft zu verdecken«. Fast zeitgleich ließ der Präsident Dutzende Beamte und Politiker festnehmen und die Spitze der Staatssicherheit »säubern«.

Der Staatschef steuerte bis zum 11. September 2001 einen selbstbewussten Kurs der »Neutralität« mit Dis-

tanz sowohl zu Russland als auch zum Westen. Turkmenistan, wegen seiner früher engen Beziehungen zu den Taliban argwöhnisch betrachtet, ist auf Moskau angewiesen. Da sich eine Pipeline durchs Kaspische Meer Richtung Westen erst im Planungsstadium befindet, muss Turkmenistan sich weiter dem Abnahmemonopol der Russen unterwerfen und Gas wie Öl deutlich unter Weltmarktpreis liefern.
Im Januar 2002 schlug Russlands Präsident dem Turkmenenführer in Moskau eine Eurasische Gas-Union vor, doch Turkmenistan möchte beim Abtransport seiner Rohstoffe unabhängiger werden. Am 23. April 2002 wurde der Freundschaftsvertrag um weitere 10 Jahre verlängert. Einen Tag später, auf dem ersten Gipfel der Kaspi-Anrainer in der Hauptstadt Aschgabad, kam es zum Streit mit Russen und Aserbaidschanern über die Grenzen im Kaspischen Meer.
Gegenüber der Anti-Terror-Koalition hatte sich Turkmenistan zunächst reserviert gezeigt, dann aber Überflugrechte gewährt und Basen für Hilfslieferungen der Uno nach Afghanistan zur Verfügung gestellt. Im März 2002 wägten Kabul und Aschgabad erneut den Plan zum Bau einer Öl- und Gaspipeline nach Pakistan ab.
Mit den USA kooperiert der Präsident mittlerweile enger: Die Amerikaner lieferten 2001 ein Küstenwachboot und bilden Offiziere aus. US-Verteidigungsminister Rumsfeld bot am 28. April 2002 technische Hilfe für Grenz- und Exportkontrolle an, offenbar, um den Heroinschmuggel einzudämmen.

Turkmenische Pipeline bei Turkmenbaschi

Tuvalu

Honorargeneralkonsulat in Deutschland: Hauptstraße 86 d, D-23847 Kastorf bei Lübeck
☎ +49-4501-82 26 57 🖷 -82 26 58

GEOGRAFIE, BEVÖLKERUNG
Fläche: 26 km² **Bevölkerung:** 9000 Einw. **Bev.dichte:** 346 Einw./km² **Bev.wachstum:** 1,33 % **Lebenserwartung:** 67 J. (1991) **Analphabetenrate:** k. A. **Landessprachen:** Tuvaluisch, Englisch (Amtssprachen) **Religionen:** 97 % Protestanten

POLITISCHES SYSTEM
Unabhängig seit 1978, Parlamentarische Monarchie
Staatsoberhaupt: Königin Elizabeth II., vertreten durch Generalgouverneur Sir Tomasi Puapua (seit Juni 1998)
Regierungschef: Saufatu Sopoaga (seit August 2002)

WIRTSCHAFT
Währung: 1 Australischer Dollar = 100 Cent (▸Australien) **BSP:** k. A. **Wachstumsrate des BIP:** 14,9 % (1998) **BSP/Kopf:** k. A. **Anteile am BIP:** k. A.

AKTUELLE ENTWICKLUNGEN
Nach dem Sturz des bisherige Amtsinhabers Faimalaga Luka, wählte das Parlament im Dezember 2001 Koloa Talake zum neuen Premierminister. Tuvalu ist nach dem 2002 ver-öffentlichten »Human Rights Report« des US-Außenministeriums das Land, das die Einhaltung der Menschenrechte am genauesten befolgt. Anfang März 2002 kündigte Tuvalu eine Klage beim Internationalen Gerichtshof gegen die Klimapolitik einzelner Staaten an, weil die nur wenige Meter hohen Atolle vom steigenden Meeresspiegel bedroht seien. Bei den Parlamentswahlen am 25. Juli verlor Premier Talake sein Mandat, und Saufato Sopoaga wurde zu seinem Nachfolger gewählt.

Tuvalu; Tuvaluer

Nationalfeiertag: 1. Oktober

Zeitzone: MEZ + 11 h

Hauptstadt: Vaiaku (4900 Einwohner)

Telefon-Vorwahl: +688

Mitgliedschaft: Uno

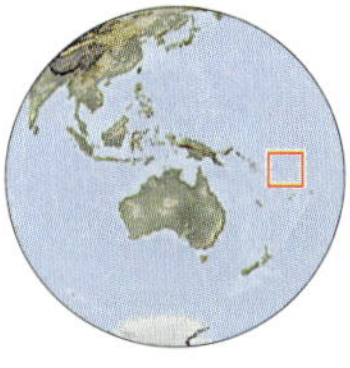

Republic of Uganda – Republik Uganda; Ugander

Nationalfeiertag: 9. Oktober

Zeitzone: MEZ + 2 h

Hauptstadt: Kampala (774 200 Einwohner)

Telefon-Vorwahl: +256
Kfz-Kennzeichen: EAU

Mitgliedschaften: AU, Uno

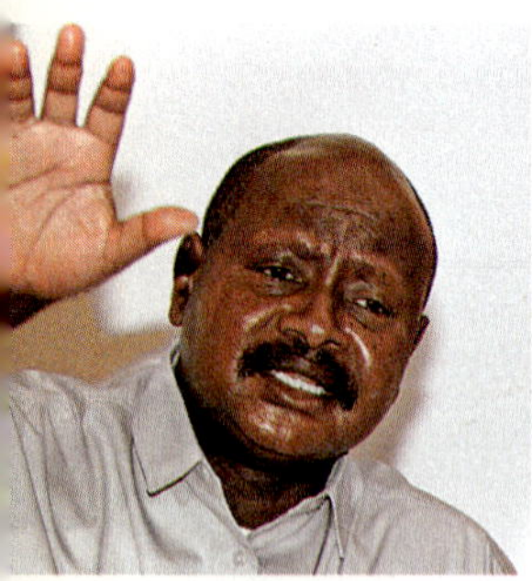

Präsident Yoweri Museveni

Uganda

Botschaft in Belgien (auch für D und A akkreditiert): Av. de Tervueren 317, B-1000 Brüssel
☎ +32-2-762 58 25 🖷 -763 04 38

GEOGRAFIE, BEVÖLKERUNG

Fläche: 241 139 km² **Bevölkerung:** 22,210 Mio. Einw. **Bev.dichte:** 113 Einw./km² **Bev.wachstum:** 3,19 % **In Städten:** 14 % der Bev. **Analphabetenrate:** Männer 22 %, Frauen 43 % **Landessprachen:** Englisch (Amtssprache), Kisuaheli, Ganda **Religionen:** 45 % Katholiken, 35 % Anglikaner

– Church of Uganda, 10 % Muslime, traditionelle Religionen

POLITISCHES SYSTEM

Unabhängig seit dem 9. Oktober 1962. Präsidialregierung. Verfassung vom 8. Oktober 1995. Einkammerparlament mit 279 Abgeordneten (214 direkt gewählt, 78 ernannt). Parteien sind zwar erlaubt, dürfen aber nicht an Wahlen teilnehmen oder Ortsvereine bilden.
Staatsoberhaupt: Yoweri Kaguta Museveni (seit Januar 1986)
Regierungschef: Apolo Nsimbambi (seit April 1999)

MILITÄR

Streitkräfte: 50 000 bis 60 000 Mann **Militärausgaben** (am BSP): 2,3 %

GESUNDHEIT, SOZIALES

Öffentliche Gesundheitsausgaben (am BIP): 1,9 % **Medizinische Versorgung:** <0,05 Ärzte/1000 Einw. **Säuglingssterblichkeit:** 83/1000 Geb. **Müttersterblichkeit:** k. A. **Armutsrate:** k. A. **Lebenserwartung:** Männer 42 J., Frauen 42 J.

WIRTSCHAFT

Währung: 1 Uganda-Schilling (U.-Sh.) **Kurs** (Mitte 2002): 1 U.-Sh. = 0,0006 € **BSP:** 6,7 Mrd. US$ **Wachstumsrate des BIP:** 3,5 % **BSP/Kopf:** 300 US$ **Anteile am BIP:** Landwirtschaft 42 %, Industrie 19 %, Dienstleistungen 38 % **Arbeitslosenquote:** k. A. **Inflationsrate:** 4,6 % **Auslandsschulden:** 3,4 Mrd. US$ **Schuldendienst** (am BSP): 2,6 % **Entwicklungshilfe:** 819 Mio. US$ **Handelsbilanzdefizit:** 596 Mio. US$ **Tourismuseinnahmen:** 149 Mio. US$

AKTUELLE ENTWICKLUNGEN

Ein ständiger Unruheherd ist die in Norduganda und im Südsudan operierende christlich-fundamentalistische Lord's Resistance Army (LRA). Mit einer Anfang 2002 gestarteten Offensive will die ugandische Armee diese nun zerschlagen. Die US-Regierung hatte die LRA im Dezember 2001 auf ihre Liste terroristischer Organisationen gesetzt. Seitdem zeigt sich auch der um das Wohlwollen der USA werbende Sudan bereit, in dieser Frage mit Uganda zu kooperieren. Im Gegenzug will Kampala die südsudanesische Rebellenbewegung SPLA künftig nicht mehr unterstützen (▸ Sudan). Keine Entspannung gab es dagegen im benachbarten Kongo, wo noch immer ugandische Truppen stehen, sowie in den Beziehungen zum ehemals verbündeten Ruanda.
Die Wirtschaftsentwicklung war zufriedenstellender, auch wenn weiterhin jeder zweite Schilling im Staatshaushalt von ausländischen Geberländern stammt: Erwirtschaftet haben die Wachstumsrate von 6 Prozent insbesondere der Bausektor sowie die Landwirtschaft, in der über 80 Prozent der Erwerbstätigen arbeiten. Auch der Export von Fisch und Blumen konnte gesteigert werden.
Zudem hat sich Uganda zu einer Hochburg für mobile Kommunikation entwickelt. Der Boom hängt mit der Liberalisierung des Telefonmarkts zusammen, auf dem drei Mobilfunkanbieter um die Gunst der Kunden kämpfen. Mit großen Investitionen wie auch Hilfe der Weltbank soll jetzt das ländliche Mobilfunknetz ausgebaut werden. Wegen der niedrigen Weltmarktpreise ist der Anteil der Kaffee-Ausfuhren am Sozialprodukt um mehr als die Hälfte auf 30 Prozent gesunken. Präsident Museveni will dies mit einer Verfünffachung der Produktion bis 2006 wettmachen. Etwa 2,5 Mio. Menschen hängen direkt oder indirekt von der Kaffeeproduktion ab.

Ukraine

Botschaft in Deutschland: Albrechtstraße 26, D-10117 Berlin
☎ +49-30-288 87 10 🖷 -28 88 71 45

GEOGRAFIE, BEVÖLKERUNG

Fläche: 603 700 km², damit nach Russland zweitgrößter Staat Europas **Verwaltung:** 24 Gebiete (Oblasti) und 2 Großstadtbezirke, autonome Krim-Republik **Bevölkerung:** 49,501 Mio. Einw., davon 73 % Ukrainer, 22 % Russen, Minderheiten von Polen, Bulgaren, Krim-Tataren und Juden **In Städten** leben 68 %, **unter 15 J.** sind 18 % der Bev. **Bev.dichte:** 85 Einw./km² **Bev.wachstum:** -0,94 % **Fruchtbarkeitsrate:** 1,2 Geb./Frau **Landessprachen:** Ukrainisch (Amtssprache), Russisch, Sprachen der Minderheiten **Religionen:** Überwiegend orthodoxe Christen und Katholiken.

Die größten Städte

Kiew	2 620 900
Charkow	1 521 400
Dnjepropetrowsk	1 122 400
Donezk	1 065 400
Odessa	1 027 400

POLITISCHES SYSTEM

Präsidialrepublik seit 1991. Verfassung von 1996. Allg. Wahlrecht ab 18 J. Einkammerparlament (»Werchowna Rada«) mit 450 Mitgl., Wahl alle 4 J. Das Staatsoberhaupt wird alle 5 J. direkt gewählt.
Staatsoberhaupt: Leonid Kutschma (seit Juli 1994)
Regierungschef: Anatolij Kinach (seit Mai 2001)
Außenminister: Anatolij Slenko

Parlamentssitze (Wahl vom 31. März 2002)

Block Unsere Ukraine	111
Kommunistische Partei	63
Block Für die Einheit der Ukraine	182
Block Julija Timoschenko	23
Sozialistische Partei	21
Vereinigte Sozialdemokraten	29
Sonstige Parteien und Unabhängige	24

MILITÄR

Wehrpflicht: 18 – 24 Monate **Streitkräfte:** 303 800 Mann, davon 151 200 Armee, 96 000 Luftstreitkräfte, 13 000 Marine **Militärausgaben** (am BSP): 3 % **Waffenhandelsanteil** (an den Exporten): 4,7 %.

GESUNDHEIT, SOZIALES, BILDUNG

Öffentliche Gesundheitsausgaben (am BIP): 2,9 % **Öffentliche Ausgaben für Bildung u. Erziehung** (am BIP): 4,4 % **Öffentliche Ausgaben für Altersversorgung** (am BIP): 8,6 % **Medizinische Versorgung:** 3 Ärzte, 11,8 Krankenhausbetten/1000 Einw. **Säuglingssterblichkeit:** 13/1000 Geb. **Müttersterblichkeit:** 45/100 000 Geb. **Kinderunterernährung:** k. A. **Kinderarbeit:** k. A. **Armutsrate:** 2,9 % **Frauenanteil an den Beschäftigten:** 48,9 % Zugang zu **sauberem Trinkwasser** und zu **sanitären Anlagen**: k. A. **HIV-Infektionsrate:** 0,96 % **Lebenserwartung:** Männer 63 J., Frauen 74 J. **Schulpflicht:** 7–15 J. **Einschulungsquote** im Primarbereich k. A., im Sekundarbereich k. A. **Analphabetenrate:** Männer <0,5 %, Frauen 1 % **Universitäten:** Die bekanntesten befinden sich in Charkow, Dnjepropetrowsk, Kiew, Lwiw, Odessa

WIRTSCHAFT

Währung: 1 Griwna (UAH) = 100 Kopeken **Kurs** (Mitte 2002): 1 UAH = 0,21 € **BSP:** 34,6 Mrd. US$ **Wachstumsrate des BIP:** 5,8 % **BSP/Kopf:** 700 US$ **Anteile am BIP:** Landwirtschaft 14 %, Industrie 38 %, Dienstleistungen 48 % **Forschung+Entwicklungsausgaben** (am BSP): 0,97 % **Arbeitslosenquote:** 11,9 % **Inflationsrate:** 12 % **Staatseinnahmen:** k. A. **Steueraufkommen** (am BIP): 22,1 % **Einkommensteuer:** max. 40 % **Körperschaftsteuer:** 30 % **Haushaltsdefizit** (am BIP): 0,6 % **Staatsausgaben:** k. A. **Leistungsbilanz:** 1,402 Mrd. US$ **Auslandsschulden:** 12,166 Mrd. US$ **Schuldendienst** (am BSP): 11,9 % **Devisenreserven:** 1477 Mio. US$ **Empf. Hilfsgelder:** 541 Mio. US$ **Ausl. Direktinvestitionen:** 595 Mio. US$

Ukraïna – Ukraine; Ukrainer

Nationalfeiertag: 24. August

Zeitzone: MEZ +1 h

Hauptstadt: Kiew (2 620 900 Einwohner)

Telefon-Vorwahl: +380
Kfz-Kennzeichen: UA

Mitgliedschaften: GUS, OSZE, Uno

Präsident Leonid Kutschma

Börse (Marktkapitalisierung am BIP): 5,9 % **Energie:** Produktion 81,92 Mio. t ÖE, Verbrauch 148,39 Mio. t ÖE, Anteile am Verbrauch: Kohle 29,7 %, Öl 9,7 %, Atomenergie 13,1 %, Erdgas 45,2 %, sonstige 2,3 %

Kutschma-Kontrahentin Julija Timoschenko

Landwirtschaft, Rohstoffe, Industrie:
Nutzfläche 58 %, von der Anbaufläche sind 7,2 % bewässert **Produkte:** Weizen, Gerste, Kartoffeln, Zuckerrüben, Gemüse, Sonnenblumenkerne **Bewaldet:** 96 000 km², jährliche **Aufforstung:** 310 km² **Rohstoffe:** Kohle, Eisenerz, Mangan, Titan, Graphit, Erdgas, Erdöl **Wichtige Industriezweige:** Bergbau, Raketen-, Flugzeug- und Maschinenbau

Außenwirtschaft:
Handelsbilanzüberschuss 1,198 Mio. US$ **Export:** 17,091 Mrd. US$, davon 39,1 % Metalle, 11,2 % Maschinen und Transportmittel, 11,15 Chemikalien **Hauptausfuhrländer:** Russland (21,2 %), VR China (5,4 %), Weißrussland (4 %) **Hightech-Exporte:** k. A. **Import:** 16,893 Mrd. US$, davon 39,8 % Brennstoffe, 17,5 % Maschinen und Transportmittel, 11,3 % Chemikalien **Hauptlieferländer:** Russland (48,1 %), Deutschland (8,5 %), USA (4 %)

VERKEHR

Schienennetz: 22 473 km **Straßennetz:** 169 491 km, davon 96,7 km befestigt **Motorisierung:** 93 Kfz/1000 Einw. Internationale **Flughäfen:** 10, der wichtigste Kiew. Wichtigste **Fluglinien:** Air Ukraine, Ukraine International Airlines, 963 000 beförderte Passagiere **Häfen:** Jalta, Odessa, Sewastopol **Binnenschifffahrt** auf 4500 km

KOMMUNIKATION

Auf 1000 Einw. kommen 889 **Rundfunk-**, 456 **Fernsehgeräte**, 212,1 **Telefonanschlüsse**, 44,2 **Mobiltelefone**, 18,3 **PC** und 1,16 **Internet-Zugänge**, **IuK-Ausgaben** (am BIP): k. A.
Es erscheinen 44 **Tageszeitungen** mit einer Gesamtauflage von rund 2,8 Mio. Exemplaren. Die größten Tageszeitungen und ihre Auflagen:
Holos Ukrainy......................448 000
Silski Visti...........................450 000
Demokratytschna Ukrainja...311 300
Nachrichtenagenturen: Respublika, Ukrainian Press Agency

UMWELT, TOURISMUS

Geschützte Gebiete: 1,6 % der Landesfläche **Energieverbrauch:** 2973 kg ÖE/Kopf **CO_2-Emission:** 353,6 Mio. t **Verwendung des Süßwassers:** Landwirtschaft 30 %, Industrie 52 %, Haushalte 18 % **Tourismus:** 4,232 Mio. Besucher, 2,124 Mrd. US$ Einnahmen

AKTUELLE ENTWICKLUNGEN

Am 18. Oktober 2001 einigten sich Parlament und Präsident Leonid Kutschma auf ein neues Wahlgesetz. Parteien und Einzelkandidaten werden nicht mehr durch Unterschriftensammlungen registriert, sondern durch Hinterlegen einer Kaution, die bei Parteien rund 53 000 Euro beträgt. 33 Parteien und Gruppen sowie 3238 Direktkandidaten stellten sich der Abstimmung. Je zur Hälfte wurden die Deputierten in Verhältnis- und Direktwahl ermittelt. Während des Wahlkampfs warfen Beobachter und Opposition der Staatsmacht massive Manipulationen und Behinderungen vor. Im Januar 2002 erlitt die prominente Kutschma-Gegnerin Julija Timoschenko schwere Verletzungen bei einem Autounfall, dessen Umstände bislang nicht geklärt werden konnten. Empört reagierte die ukrainische Führung jedoch auf westliche Kritik an den vielfältigen Regelverletzungen vor der Wahl.
Am 31. März 2002 bestimmte die Bevölkerung dann die 450 Abgeordneten zur Werchowna Rada, dem Parlament. Die Wahlbeteiligung lag bei 69,2 Prozent. Erstmals seit der Unabhängigkeit 1991 verloren die Kommunisten ihre Vormachtstellung im Parlament an das Oppositionsbündnis Unsere Ukraine von Expremier Wiktor Juschtschenko, das 111 Sitze erhielt. Der Zerfall von Kutschmas Einheit-der-Ukraine-Block bedeutet eine Schlappe für den ungeliebten Präsidenten. Da ihn aber Kommunisten (63 Sitze), Sozialdemokraten (29 Sitze) sowie die meisten der in Direktwahl bestimmten Abgeordneten unterstützen, verfügt Kutschma über eine Mehrheit im Parlament.
Präsident Kutschma und sein Verteidigungsminister dementierten zunächst jede ukrainische Schuld, als am 4. Oktober 2001 eine russische Passa-

giermaschine in 11 000 Meter Höhe über dem Schwarzen Meer explodierte. Alle 78 Insassen starben. Die Chartermaschine auf dem Flug von Tel Aviv nach Nowosibirsk war durch eine fehlgeleitete ukrainische Manöver-Luftabwehrrakete des Typs S-200 abgeschossen worden. Erst acht Tage später gestand die ukrainische Führung ihre Verantwortung für das Unglück ein. Fahrlässigkeit und mangelnde Sicherheitsstandards führten auch am 27. Juli zur bisher größten Flugschaukatastrophe: Bei Lwiw stürzte ein ukrainischer Su-27-Kampfjet nach einem waghalsigen Flugmanöver in die Zuschauer. etwa 80 Menschen kamen dabei ums Leben.

Aus einer fragilen Balance zwischen Annäherung an den Westen und Zusammenarbeit mit Russland neigte sich in den vergangenen beiden Jahren die Außenpolitik in Richtung Osten. Grund sind wirtschaftliche Abhängigkeiten von Russland, dem wichtigsten Handelspartner und Energielieferanten. Da das Interesse westlicher Investoren wegen Korruption und Beamtenwillkür stark nachließ, konnten russische Unternehmen in wichtigen Branchen Positionen erobern. Am 29. November 2001 lehnte Präsident Kutschma nach jahrelangen Verhandlungen Kredite der Europäischen Bank für Wiederaufbau über 215 Millionen US-Dollar ab. Mit ihnen sollten die Atomkraftwerksblöcke in Rowno und Chmelnizki weitergebaut und sicherer gemacht werden. Nach Kutschma waren die Gelder an »unannehmbare Bedingungen« geknüpft. Ein EU-Beitritt liegt zwar in weiter Ferne, aber seit dem Juni 2002 möchte Kiew der Nato wieder näher treten und unterbreitete Vorschläge für eine Zusammenarbeit.

Bei der vierten ukrainisch-deutschen Regierungskonsultation Anfang Dezember 2001 einigten sich Kanzler Schröder und Staatschef Kutschma darauf, ukrainische Schulden von 330 Millionen Euro umzustrukturieren und deutsche Exporte wieder mit Hermes-Bürgschaften abzusichern. Die Ukrainer zeigten sich mit der Rückgabe von 5000 Musikarchivalien der Berliner Singakademie erkenntlich, die nach dem Zweiten Weltkrieg als Beutegut in die Ukraine gelangt waren.

Das kräftige Wachstum der ukrainischen Wirtschaft schwächte sich 2002 auf wohl nur noch gut 3 Prozent ab. Die Inflationsrate sank 2001 von 28 auf 12 Prozent, die Reallöhne kletterten durchschnittlich um 20 Prozent. Die wirtschaftlichen Rahmendaten entwickelten sich also positiv. Die Getreideernte stieg um 140 Prozent, und erstmals seit 1991 exportierte die Ukraine wieder Korn. Allerdings verhängten im Januar 2002 die USA Handelssanktionen gegen die Ukraine, weil das Parlament ein lückenhaftes Gesetz gegen CD-Raubkopien verabschiedete.

Abgestürzter Su-27-Kampfjet bei Lwiw

Magyar Köztársaság – Republik Ungarn; Ungarn

Nationalfeiertag: 20. August (Verfassungstag)

Zeitzone: MEZ

Hauptstadt: Budapest (1 811 500 Einwohner)

Telefon-Vorwahl: +36
Kfz-Kennzeichen: H

Mitgliedschaften: Nato, OECD, OSZE, Uno

Ministerpräsident Péter Medgyessy

Ungarn

Botschaft in Deutschland: Unter den Linden 74-76, D-10117 Berlin
☎ +49-30-20 31 00 🖷 -229 13 14

GEOGRAFIE, BEVÖLKERUNG

Fläche: 93 030 km² **Verwaltung:** 19 Bezirke und Hauptstadtbezirk **Bevölkerung:** 10,022 Mio. Einw., davon 90 % Ungarn, 4 % Roma, 3 % Deutsche, 2 % Serben **In Städten** leben 64 %, **unter 15 J.** sind 17 % der Bev. **Bevölkerungsdichte:** 109 Einw./km² **Bevölkerungswachstum:** -0,5 % **Fruchtbarkeitsrate:** 1,3 Geburten/Frau **Landes- und Amtssprache:** Ungarisch **Religionen:** 70 % Katholiken, 20 % Calvinisten

Die größten Städte

Budapest	1 811 500
Debrecen	203 600
Miskolc	172 400
Szeged	158 200
Pécs	157 300

POLITISCHES SYSTEM

Republik seit 1918. Verfassung von 1949, letzte Änderung 1989 (Streichung der Bezeichnung »Volksrepublik«). Einkammerparlament: Nationalversammlung (»Országgyülés«), 386 Sitze. Wahl alle 4 J. Wahlrecht ab 18 J. Wahl des Staatsoberhaupts alle 5 J. durch das Parlament (einmalige Wiederwahl zulässig).

Sitze in der Nationalversammlung (Wahlen vom 7. und 21. April 2002):

MSzP	178
FIDESz-MPP	164
MDF	24
SzDSz	20

Parteien: Verband junger Demokraten – Ungarische Bürgerpartei (FIDESz-MPP), Ungarische Sozialisten (MSzP), Bund freier Demokraten (SzDSz), Ungarisches Demokratisches Forum (MDF)
Staatsoberhaupt: Ferenc Mádl (seit August 2000)
Regierungschef: Péter Medgyessy (seit Mai 2002)
Außenminister: László Kovács

MILITÄR

Allg. Wehrpflicht: 9 Monate **Streitkräfte:** 33 810 Mann, davon 13 160 Armee, 7500 Luftstreitkräfte, 270 Marine **Militärausgaben** (am BSP): 1,7 %

GESUNDHEIT, SOZIALES, BILDUNG

Öffentliche Gesundheitsausgaben (am BIP): 5,2 % **Öffentliche Ausgaben für Bildung und Erziehung** (am BIP): 4,6 % **Öffentliche Ausgaben für Altersversorgung** (am BIP): 9,7 % **Medizinische Versorgung:** 3,2 Ärzte, 8,3 Krankenhausbetten/ 1000 Einw. **Säuglingssterblichkeit:** 9/1000 Geb. **Müttersterblichkeit:** 23/100 000 Geb. **Kinderunterernährung:** k. A. **Armutsrate:** < 2 % **Frauenanteil an den Beschäftigten:** 44,7 % Zugang zu **sauberem Trinkwasser** und zu **sanitären Anlagen** haben 100 % der städtischen und 98 % der ländlichen Bev. **HIV-Infektionsrate:** 0,05 % **Lebenserwartung:** Männer 67 J., Frauen 76 J. **Schulpflicht:** 6 – 16 J. **Einschulungsquote** im Primarbereich 97 %, im Sekundarbereich 86 % **Analphabetenrate:** 1 % **Universitäten:** 30 staatliche, die bekanntesten sind Budapest, Debrecen, Gödöllö, Miskolc-Egyetemváros, Pécs, Szeged

WIRTSCHAFT

Währung: 1 Forint (Ft) = 100 Filler **Kurs** (Mitte 2002): 1 Ft = 0,004 € **BSP:** 47,2 Mrd. US$ **Wachstumsrate des BIP:** 5,2 % **BSP/Kopf:** 4710 US$ **Anteile am BIP:** Landwirtschaft 6 %, Industrie 34 %, Dienstleistungen 61 % **Forschung+Entwicklungsausgaben** (am BSP): 0,71 % **Arbeitslosenquote:** 6,5 % **Inflationsrate:** 9,2 % **Staatseinnahmen:** 17,544 Mrd. US$ **Steueraufkommen** (am BIP): 32,8 % **Einkommensteuer:** max. 40 % **Körperschaftsteuer:** 18 % **Haushaltsdefizit** (am BIP): 3,6 % **Staatsausgaben:** 20,451 Mrd. US$ **Leistungsbilanzdefizit:** 1,097 Mrd. US$ **Auslands-**

schulden: 54,297 Mrd. US$ **Auslandsvermögen:** 25,066 Mrd. US$ **Schuldendienst** (am BSP): 18 % **Devisenreserven:** 11,217 Mrd. US$ **Empf. Hilfsgelder:** 252 Mio. US$ **Ausl. Direktinvestitionen:** 1,692 Mrd. US$ **Börse** (Marktkapitalisierung am BIP): 26,3 % **Energie:** Produktion 11,49 Mio. t ÖE, Verbrauch 25,29 Mio. t ÖE, Anteile am Verbrauch: Kohle 13 %, Öl 28,6 %, Atomenergie 13,4 %, Erdgas 45 %

Landwirtschaft, Rohstoffe, Industrie:
Nutzfläche: 54,5 %, von der Anbaufläche sind 4,2 % bewässert **Produkte:** Weizen, Mais, Gerste, Wein, Kartoffeln, Tabak, Rinder- und Schweinezucht **Bewaldet:** 18 000 km², jährliche **Aufforstung:** 72 km² **Rohstoffe:** Braunkohle, Erdgas, Erdöl, Bauxit, Kohle **Industrie:** Elektronik, Chemie, Maschinenbau, Nahrungsmittelindustrie

Außenwirtschaft:
Handelsbilanzdefizit 2,018 Mrd. US$ **Export:** 28,071 Mrd. US$, davon 52 % Maschinen u. Transportmittel, 13,2 % Fertigwaren, 12,4 % industr. Vorprodukte **Hauptausfuhrländer:** Deutschland (36,6 %), Österreich (10,6 %), Italien (5,7%) **Hightech-Exporte:** 6,402 Mrd. US$ **Import:** 30,089 Mrd. US$, davon 19,2 % industrielle Vorprodukte, 46,6 % Maschinen und Transportmittel, 10,3 % Chemikalien **Hauptlieferländer:** Deutschland (28,2 %), Österreich (9,6 %), Italien (7,5 %)

VERKEHR

Schienennetz: 7769 km **Straßennetz:** 188 203 km, davon 43,4 % befestigt **Motorisierung:** 272 Kfz/1000 Einw. Internationale **Flughäfen:** Budapest und Siófok **Fluglinie:** Malev, 2,062 Mio. beförderte Passagiere **Hafen:** Budapest **Binnenschifffahrt** auf 1373 km

KOMMUNIKATION

Auf 1000 Einw. kommen 690 **Rundfunk-**, 437 **Fernsehgeräte**, 374 **Telefonanschlüsse**, 498,1 **Mobiltelefone**, 100, 3 **PC** u. 16,8 **Internet-Zugänge** **IuK-Ausgaben** (am BIP): 8,7 % Es erscheinen 33 **Tageszeitungen** mit einer Gesamtauflage von 1,846 Mio. Exemplaren. Die größten Tageszeitungen und ihre Auflagen:

Népszabadság 200 000
Nemzeti Sport 140 000
Népszava 120 000

Nachrichtenagenturen: Hungarian News Agency, HT Press News Agency

UMWELT, TOURISMUS

Geschützte Gebiete: 7 % der Landesfläche **Energieverbrauch/Kopf:** 2512 kg ÖE **CO_2-Emission:** 58,7 Mio. t **Verwendung des Süßwassers:** Landwirtschaft 36 %, Industrie 55 %, Haushalte 9 % **Tourismus:** 15,571 Mio. Besucher, 3,424 Mrd. US$ Einnahmen

AKTUELLE ENTWICKLUNGEN

Die Parlamentswahlen im April 2002 endeten mit einer knappen Niederlage der konservativen Regierungskoalition von Ministerpräsident Viktor Orbán. Erneut gab es einen Machtwechsel: Diesmal wurden die rechten Parteien durch ein Bündnis aus Sozialisten (MSzP) und Linksliberalen (SzDSz) abgelöst. Die MSzP erhielt 178, die SzDSz 20 Sitze in der Nationalversammlung. Auf die bisherigen Regierungsparteien, den Verband junger Demokraten (FIDESz) und das Ungarische Demokratische Forum (MDF) entfielen 164 bzw. 24 Mandate. Damit setzte sich der Konzentrationsprozess der im Parlament vertretenen Parteien fort: Sozialisten und Jungdemokraten konnten zusammen mehr als 80 Prozent der Stimmen auf sich vereinen. Mit Erleichterung wurde auch im Ausland das Scheitern der rechtsextremen, antisemitischen Ungarischen Partei der Wahrheit und des Lebens (MIEP) des Schriftstellers István Csurka aufgenommen. Mit 4,4 Prozent scheiterte sie ebenso an der Fünf-Prozent-Hürde wie die bislang mitregierende Partei der Kleinlandwirte.
Insbesondere der von Orbán geführte Verband junger Demokraten versuchte im Wahlkampf auf demagogische Weise den politischen Gegner zu diskreditieren und stilisierte den Urnengang zu einer Schicksalswahl zwischen »bürgerlicher Welt« und »sozialistischer Welt«. Nach der Niederlage im ersten Wahlgang verschärfte sich der Ton weiter. So verkündete der konservative Parlamentspräsident, die Sozialisten würden in erster Linie von Verbrechern gewählt; schließlich hätten 95 Prozent der Untersuchungshäftlinge für die MSzP gestimmt. Premier Orbán warnte seinerseits davor, das Land an das auslän-

Massenkundgebung im Wahlkampf 2002 vor dem Parlamentsgebäude in Budapest

Budapest: Das neugotische Parlament an der Donau

dische »Groß- und Finanzkapital« auszuliefern. Der parteilose Spitzenkandidat der Sozialisten, Péter Medgyessy, hielt sich demgegenüber eher zurück. Die Polemik der Konservativen überdeckte allerdings die inhaltlichen Gemeinsamkeiten zwischen den großen Parteien. Ebenso wie die FIDESz strebt auch die marktwirtschaftlich ausgerichtete MSzP für 2004 den Beitritt zur EU an.
Die Polarisierung im Wahlkampf tat ihre Wirkung: Die Wahlbeteiligung war die höchste seit dem Abschied vom Kommunismus. Der politische Wechsel kam unerwartet, denn wirtschaftlich konnte die konservative Regierung mit Erfolgen aufwarten. Das BIP nahm in den letzten Jahren durchschnittlich um jeweils 4,5 Prozent zu – die Wirtschaft wuchs damit stärker als in den meisten anderen OECD-Ländern. Unterdessen sank die Inflationsrate um die Hälfte auf knapp 10 Prozent.
Am 27. Mai wurde der Finanzfachmann Medgyessy zum neuen Ministerpräsidenten gewählt. Für das neue Kabinett stimmten 197 der insgesamt 386 Abgeordneten. Angesichts des zurückliegenden Lagerwahlkampfs war Medgyessy um innenpolitischen Ausgleich bemüht und betonte, er wolle der Premier aller Ungarn sein. Die sozial-liberale Koalition machte sich umgehend daran, ihre in einem 100-Tage-Programm enthaltenen Wahlversprechen wie etwa Steuersenkungen sowie Lohnsteigerungen im Gesundheits- und Erziehungswesen einzulösen. In seiner ersten Sitzung am 31. Mai verabschiedete das Kabinett ein umfangreiches Maßnahmenpaket, in dessen Mittelpunkt Gehaltserhöhungen von 50 Prozent für 600 000 Beschäftigte im Öffentlichen Dienst standen. Diese Beschlüsse dürften das Staatsbudget jährlich mit 1,5 Milliarden Euro belasten. Weiter gehende finanz- und sozialpolitische Vorhaben stoßen jedoch an finanzielle Grenzen: Die alte Regierung hatte bis März 2002 schon über die Hälfte der Haushaltsmittel ausgegeben. Überdies wurde seitens der EU Kritik an der zunehmenden Staatsverschuldung laut.
Drei Wochen nach Amtsantritt geriet die Regierung in eine schwere Krise – Ministerpräsident Medgyessy wurde von seiner Vergangenheit eingeholt. Die der Opposition nahe stehende konservative Tageszeitung *Magyar Nemzet* enthüllte am 18. Juni, dass Medgyessy als hoher Beamter im Finanzministerium zwischen 1977 und 1982 auch als Offizier für die kommunistische Spionageabwehr gearbeitet hatte. Nach anfänglichem Leugnen räumte Medgyessy schließlich ein, tatsächlich für die Staatssicherheit tätig gewesen zu sein. Er verteidigte sich mit dem Argument, seine Arbeit habe damals dem patriotischen Ziel gedient, gegen den Widerstand Moskaus die Aufnahme Ungarns in den IWF zu erreichen. Die Koalition zeigte sich zunächst uneinig: Während die Sozialisten den Premier stützten, sprachen ihm die linksliberalen Abgeordneten intern mehrheitlich das Misstrauen aus. Medgyessy müsse zurücktreten, meinten nicht wenige, die sich auf die Bürgerrechtstradition der Partei beriefen. Die Pragmatiker um Parteichef Gábor Kuncze warnten dagegen, ein Scheitern der Koalition werde in erster Linie der Opposition in die Hände spielen. Als sich abzeichnete, dass die Sozialisten an ihrem Ministerpräsidenten festhalten würden, vollzog die SzDSz eine Kehrtwende und schlug sich auf die Seite des Regierungschefs. Die meisten Ungarn sahen dessen Vergangenheit gelassen: 69 Prozent sprachen sich in einer Umfrage gegen einen Rücktritt aus. Kurz darauf folgte die nächste Enthüllung. Diesmal betraf es die Opposition: Anfang Juli berichtete die den Sozialisten nahe stehende Zeitung *Népszabadság*, dass der Vater des FIDESz-Vorsitzenden Zoltán Pokorni über 30 Jahre lang Spitzeldienste für die kommunistische Staatssicherheit geleistet hatte. Pokorni trat daraufhin am 3. Juli zurück. Dem Budapester Parlament wurden in der Folge zwei Entwürfe für ein neues »Lustrationsgesetz« – das ungarische Stasi-Gesetz – vorgelegt. Die Vorlagen von Regierung und Opposition sehen vor, Personen des öffentlichen Lebens künftig intensiver als bisher auf eine mögliche geheimdienstliche Vergangenheit zu überprüfen.

Uruguay

Botschaft in Deutschland: Budapester Straße 39, D-10787 Berlin
☎ +49-30-263 90 16 🖷 -26 39 01 70

GEOGRAFIE, BEVÖLKERUNG

Fläche: 176 215 km², verwaltet in 19 Departements **Bevölkerung:** 3,337 Mio. Einw., davon 88 % europäischer Abstammung, 8 % Mestizen, 4 % afrikanischer Abstammung **Flüchtlinge:** 90 **In Städten** leben 91 %, **unter 15 J.** sind 25 % der Bev. **Bev.dichte:** 19 Einw./km² **Bev.wachstum:** 0,7 % **Fruchtbarkeitsrate:** 2,2 Geb./Frau **Landessprache:** Spanisch **Religionen:** 66 % Katholiken, 2 % Protestanten, 2 % Juden

POLITISCHES SYSTEM

Unabhängig seit dem 25. August 1825, international anerkannt seit 1828. Präsidialrepublik seit 1830, Verfassung von 1966, letzte Änderung 1997. Zweikammerparlament (»Asamblea General«): Abgeordnetenhaus (»Cámara de Diputados«, 99 Mitglieder) und Senat (»Senado«, 31 Mitglieder, die jeweils für 5 Jahre gewählt werden). Direktwahl des Staatsoberhaupts für 5 Jahre. Wahlpflicht ab 18 Jahre.
Staats- und Regierungschef: Jorge Luis Batlle Ibáñez (seit März 2000) **Außenminister:** Didier Opertti Badano

MILITÄR

Keine **Wehrpflicht** **Streitkräfte:** 23 900 Mann, davon 15 200 Armee, 3000 Luftwaffe, 5700 Marine **Militärausgaben** (am BSP): 1,3 %

GESUNDHEIT, SOZIALES, BILDUNG

Öffentliche Gesundheitsausgaben (am BIP): 1,9 % **Öffentliche Ausgaben für Bildung und Erziehung** (am BIP): 2,5 % **Medizinische Versorgung:** 3,7 Ärzte, 4,4 Krankenhausbetten/1000 Einw. **Säuglingssterblichkeit:** 14/1000 Geb. **Müttersterblichkeit:** 50/100 000 Geb. **Kinderunterernährung:** 4 % **Kinderarbeit:** 1 % **Armutsrate:** <2 % **Frauenanteil an den Beschäftigten:** 41,8 % Zugang zu **sauberem Trinkwasser** haben 98 % der städtischen, 93 % der ländlichen Bev., zu **sanitären Anlagen** 96 % bzw. 89 % **HIV-Infektionsrate:** 0,33 % **Lebenserwartung:** Männer 71 J., Frauen 78 J. **Schulpflicht:** 6 – 14 J. **Einschulungsquote** im Primarbereich: 92 % **Analphabetenrate:** Männer 3 %, Frauen 2 % **Universität:** in Montevideo

WIRTSCHAFT

Währung: 1 Uruguayischer Peso (urug$) = 100 Centésimos **Kurs** (Mitte 2002): 1 urug$ = 0,08 € **BSP:** 20 Mrd. US$ **Wachstumsrate des BIP:** - 1,3 % **BSP/Kopf:** 6000 US$ **Anteile am BIP:** Landwirtschaft 6 %, Industrie 27 %, Dienstleistungen 67 % **Forschung+Entwicklungsausgaben** (am BIP): k. A. **Arbeitslosenquote:** 11,3 % **Inflationsrate:** 4,4 % **Staatseinnahmen:** k. A. **Steueraufkommen** (am BIP): 24,9 % **Staatsausgaben:** k. A. **Leistungsbilanzdefizit:** 593 Mio. US$ **Auslandsschulden:** 8,196 Mrd. US$ **Schuldendienst** (am BSP): 6,8 % **Devisenreserven:** 2,776 Mrd. US$ **Empf. Hilfsgelder:** 17 Mio. US$ **Energie:** Produktion 0,96 Mio. t ÖE, Verbrauch 3,23 Mio. t ÖE

Landwirtschaft, Rohstoffe, Industrie:

Nutzfläche 7,5 %, von der Anbaufläche **bewässert:** 13,8 %, hauptsächlich Rinder- und Schafzucht **Bewaldet:** 13 000 km², jährliche **Aufforstung:** 501 km² Förderung, Abbau und Verarbeitung von Gold

Außenwirtschaft:

Handelsbilanzdefizit 936 Mio. US$ **Export:** 2,380 Mrd. US$, davon Nahrungs- u. Genussmittel 50,9 %, Textilien 11,8 %, Felle u. Leder 9,8 % **Hauptausfuhrländer:** Brasilien (24,9 %), Argentinien (16,5 %), USA (6,3 %) **Import:** 3,316 Mrd. US$, davon Maschinen u. Transportmittel 33,5 %, Chemikalien 14,6 %, Mineralische Produkte 11,6 % **Hauptlieferländer:** Argentinien (23,7 %), Brasilien (19,4 %), USA (11,2 %)

VERKEHR

Schienennetz: 3003 km **Straßennetz:** rund 8983 km, davon 90 % befestigt

República Oriental del Uruguay – Republik Östlich des Uruguay; Uruguayer

Nationalfeiertag: 25. August

Zeitzone: MEZ – 4 h

Hauptstadt: Montevideo (1 378 700 Einwohner)

Telefon-Vorwahl: +598
Kfz-Kennzeichen: ROU

Mitgliedschaften: OAS, Uno

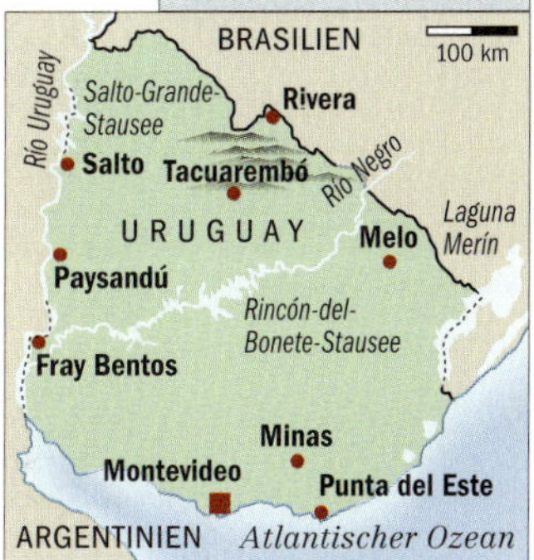

Präsident Jorge Luis Batlle Ibáñez

Großdemonstration gegen die »neoliberale« Politik der Regierung (April 2002 in Montevideo)

Motorisierung: 174 Kfz/ 1000 Einw. Intern. **Flughafen** in Montevideo, das zugleich größter Hochseehafen ist **Binnenschifffahrt:** 1600 km, vor allem auf dem Uruguay und dem Río de la Plata

KOMMUNIKATION

Auf 1000 Einwohner kommen 603 **Rundfunk-**, 530 **Fernsehgeräte**, 282,9 **Telefonanschlüsse**, 154,7 **Mobiltelefone**, 110,1 **PC. IuK-Ausgaben** (am BIP): k. A. Größte **Tageszeitung:** *El Pais* (Auflage: 106 000 Exemplare) **Nachrichtenagentur:** Asociación de Diarios del Uruguay, Asociación de la Prensa Uruguaya

UMWELT, TOURISMUS

Geschützte Gebiete: 0,3 % der Landesfläche **CO_2-Emission:** 5,8 Mio. t **Verwendung des Süßwassers:** Landwirtschaft 91 %, Industrie 3 %, Haushalte 6 % **Tourismus:** 1,968 Mio. Besucher, 652 Mio. US$ Einnahmen

AKTUELLE ENTWICKLUNGEN

Das politische System Uruguays galt in den letzten 10 bis 15 Jahren als das stabilste in Lateinamerika. Doch nun drohen härtere Zeiten. Zwar besitzt die Mitte-Rechts-Koalition unter Präsident Jorge Batlle eine breite Mehrheit, doch die marktkonforme Wirtschaftspolitik der »Schweiz Lateinamerikas« stößt seit Anfang des Jahres zunehmend auf Widerspruch. Hauptschuld trägt die von Argentinien überschwappende Krise, die die seit vier Jahren andauernde Rezession stark verschärft hat. Mittlerweile rechnet man mit einem Minus von 6 bis 7 Prozent beim Wirtschaftswachstum für 2002.
Im April 2002 versammelten sich 100 000 Menschen in Montevideo, um gegen die »neoliberale« Politik der Regierung zu protestieren, im Juni legte ein 24-stündiger Generalstreik das Land lahm. Erstmals seit 1984, als die damalige Militärregierung vor dem Zusammenbruch stand, zogen Gewerkschaften und Unternehmen am gleichen Strang: Sie fordern dirigistische Maßnahmen zum Schutz des sozialen Besitzstands, der nationalen Industrie und Maßnahmen zur Ankurbelung der Konjunktur. Auch wehren sie sich gegen Steuererhöhungen und Privatisierungen.
Präsident Batlle gingen Anfang Juni die Nerven durch: Er bezeichnete in einem Interview von Bloomberg-TV die Argentinier als einen »Haufen Gauner – und zwar vom ersten bis zum letzten« und sparte nicht an bösen Worten über Argentiniens Präsidenten Eduardo Duhalde. Allerdings hatte Batlle geglaubt, das Mikrofon sei bereits abgeschaltet. Auf einer Art Canossa-Gang nach Buenos Aires entschuldigte er sich bei Duhalde und dem argentinischen Volk unter Tränen.
Ende 2001 kam der Export nach Argentinien, neben Brasilien der wichtigste Handelspartner, fast völlig zum Stillstand. Auch die finanziellen Verflechtungen mit dem Nachbarn wirkten sich nun negativ aus. Viele Argentinier griffen auf ihre Guthaben in Uruguay zurück, nachdem die Regierung in Buenos Aires die Sparkonten sperren ließ. Bis zu 1,5 Milliarden US-Dollar flossen in den ersten beiden Monaten des Jahres 2002 aus dem uruguayischen Bankensystem ab. Um der Abwertung der argentinischen Währung zu begegnen, beschloss die uruguayische Regierung Kürzungen der öffentlichen Ausgaben. Doch es half nichts. Am 20. Juni musste Uruguay den Kurs der Landeswährung, der zehn Jahre lang mit einer gewissen Schwankungsbreite an den US-Dollar gebunden war, freigeben. Der Peso fiel unmittelbar danach um 15 Prozent, legte dann aber wieder leicht zu.
Ende Juni bewilligte der IWF Uruguay einen neuen Kredit über 1,5 Milliarden Dollar, um die Rezession zu überwinden und die Wirtschaftskrise in Südamerika einzudämmen. Zusammen mit einem bereits im März vergebenen Kredit beträgt das Gesamtdarlehen damit 2,28 Milliarden Dollar.
Außenpolitisch sorgte ein Streit mit Kuba für Aufsehen: Die Uno-Menschenrechtskommission in Genf hatte eine von Uruguay eingebrachte Resolution mit knapper Mehrheit angenommen, in der Havanna aufgefordert wurde, den eigenen Bürgern politische Grundrechte zu gewähren und einen Uno-Sonderberichterstatter ins Land zu lassen. Kubas Staatschef Fidel Castro beschimpfte daraufhin Uruguays Präsidenten Batlle als »verkommenen Judas« und »Lakaien der USA«. Batlle brach die Beziehungen zu Kuba ab und forderte den kubanischen Botschafter in Montevideo auf, das Land zu verlassen.

Usbekistan

Botschaft in Deutschland: Perleberger Straße 62, D-10559 Berlin
☎ +49-30-394 09 80 🖷 -39 40 98 21

GEOGRAFIE, BEVÖLKERUNG

Fläche: 447 400 km² **Verwaltung:** 12 Regionen und Karakalpakische Autonome Republik **Bevölkerung:** 24,752 Mio. Einw., davon 80 % Usbeken, 6 % Russen, 5 % Tadschiken, 3 % Kasachen **Flüchtlinge:** 39 579 **In Städten** leben 37 %, **unter 15 J.** sind 36 % der Bev. **Bev.dichte:** 60 Einw./km² **Bev.wachstum:** 1,39 % **Fruchtbarkeitsrate:** 2,6 Geb./Frau **Landessprachen:** Usbekisch (Amtssprache), Russisch und Karakalpak **Religionen:** 88 % Muslime, 9 % orthodoxe Christen

POLITISCHES SYSTEM

Unabhängig seit dem 31. August 1991. Präsidialrepublik. Verfassung von 1992, geändert 2002. Bisher Parlament, 250 Mitglieder; Ab 2004 zwei Kammern: Unterhaus, 120 Mitglieder, und Senat, 100 Mitglieder. Wahl alle 5 J. Direktwahl des Staatsoberhaupts alle 7 J. Wahlrecht ab 18 J.
Staatsoberhaupt: Islam Karimow (seit März 1990)
Regierungschef: Utkir Sultanow (seit Dezember 1995)
Außenminister: Abdulasis Komilow

MILITÄR

Allg. Wehrpflicht: 18 Monate **Streitkräfte:** rund 50 000 bis 55 000 Mann, davon 40 000 Armee, 10–15 000 Luftwaffe (geschätzt) **Militärausgaben** (am BSP): 1,7 %

GESUNDHEIT, SOZIALES, BILDUNG

Öffentliche Gesundheitsausgaben (am BIP): 3,4 % **Öffentliche Ausgaben für Bildung und Erziehung** (am BIP): k. A. **Medizinische Versorgung:** 3,1 Ärzte, 8,3 Krankenhausbetten/1000 Einw. **Säuglingssterblichkeit:** 22/1000 Geb. **Müttersterblichkeit:** 60/100 000 Geb. **Kinderunterernährung:** 19 % **Kinderarbeit:** k. A. **Armutsrate:** 3,3 % **Frauenanteil an den Beschäftigten:** 46,9 % Zugang zu **sauberem Trinkwasser** haben 96 % der städtischen, 78 % der ländlichen Bev., zu **sanitären Anlagen** landesweit 100 % **HIV-Infektionsrate:** <0,01 % **Lebenserwartung:** Männer 67 J., Frauen 73 J. **Schulpflicht:** 6–15 J. **Einschulungsquote** im Primarbereich 78 % **Analphabetenrate:** Männer <0,5 %, Frauen 1 % **Universitäten:** in Taschkent, Nukus, Samarkand

WIRTSCHAFT

Währung: 1 Usbekistan-Sum (U.S.) = 100 Tijin **Kurs** (Mitte 2002): 1 U.S. = 0,002 € **BSP:** 8,8 Mrd.US$ **Wachstumsrate des BIP:** 4 % **BSP/Kopf:** 360 US$ **Anteile am BIP:** Landwirtschaft 35 %, Industrie 23 %, Dienstleistungen 42 % **Forschung+Entwicklungsausgaben** (am BIP): k. A. **Arbeitslosenquote:** 0,4 % **Inflationsrate:** 27,2 % **Staatseinnahmen:** k. A. **Steueraufkommen** (am BIP): k. A. **Staatsausgaben:** k. A. **Leistungsbilanzdefizit:** 14 Mio. US$ **Auslandsschulden:** 4,34 Mrd. US$ **Schuldendienst** (am BSP): 12,1 % **Devisenreserven:** 1,242 Mrd. US$ **Empf.**

Hilfsgelder: 186 Mio. US$ **Energie:** Produktion 55,11 Mio. t ÖE, Verbrauch 49,38 Mio. t ÖE

Landwirtschaft, Rohstoffe, Industrie:

Nutzfläche 11,7 %, von der Anbaufläche sind 88,3 % bewässert **Produkte:** Baumwolle, Seide, Getreide, Reis, Gemüse, Obst **Bewaldet:** 20 000 km²; jährliche **Aufforstung:** 46 km² **Rohstoffe:** Gold, Erdgas, Erdöl, Kohle, Erdgas, Silber, Uran, Kupfer, Blei, Zink, Wolfram **Wichtige Industriezweige:** Bergbau, Maschinenbau, Textilindustrie, chemische Industrie

Außenwirtschaft:

Handelsbilanzüberschuss 171 Mio. US$ **Export:** 2,89 Mrd. US$, davon 63 % Textilien, 13,5 % Mineralische Produkte, 5,6 % Metalle **Hauptausfuhrländer:** Russland (19,2 %), Schweiz (13,2 %), Großbritannien (7,1 %) **Import:** 2,72 Mrd. US$, davon 37,2 % Maschinen und technische Produkte, 7 % Nahrungsmittel , 6,6 % chem. Produkte **Hauptlieferländer:** Russland (25,1 %), Südkorea (16,7 %), Deutschland (13,2 %)

VERKEHR

Schienennetz: 3645 km **Straßennetz:** 81600 km, davon 87,3 % befestigt.

Uzbekiston Respublikasi – Republik Usbekistan; Usbeken

Nationalfeiertag: 1. September

Zeitzone: MEZ + 4 h

Hauptstadt: Taschkent (2 117 500 Einohner.)

Telefon-Vorwahl: + 7
Kfz-Kennzeichen: UZ

Mitgliedschaften: GUS, OSZE, Uno

Präsident Islam Karimow

Internationale **Flughafen:** Taschkent **Fluggesellschaft:** Usbekistan Airways Bedeutender **Seehafen:** Termiz **Binnenschifffahrt** auf 1100 km

KOMMUNIKATION

Auf 1000 Einw. kommen 456 **Rundfunk-**, 276 **Fernsehgeräte**, 65,8 **Telefonanschlüsse**, 2,5 **Mobiltelefone**, k. A. **PC IuK-Ausgaben** (am BIP): k. A. **Tageszeitungen: 3** (mit einer Gesamtauflage von 75 000 Exemplaren) **Nachrichtenagentur:** UzA

UMWELT, TOURISMUS

Geschützte Gebiete: 2 % der Landesfläche **CO_2-Emission:** 109,2 t **Verwendung des Süßwassers:** Landwirtschaft 94 %, Industrie 2 %, Haushalte 4 % **Tourismus:** 272 000 Besucher, 21 Mio. US$ Einnahmen

AKTUELLE ENTWICKLUNGEN

Mit einem Referendum am 27. Januar 2002 ließ sich Präsident Karimow seine Amtszeit von 5 auf 7 Jahre verlängern (91,8 Prozent Zustimmung). Er kann nun bis Dezember 2007 regieren. Außerdem stimmte das Volk mit 93,6 Prozent für die Einführung einer zweiten Parlamentskammer (Senat). Am 4. April änderte das Parlament deshalb die usbekische Verfassung, das Land hat nun ein Zweikammersystem: Der neue Senat mit 100 Mitgliedern stellt sich 2004 zum ersten Mal zur Wahl. Er soll nicht ständig arbeiten und kann die vom Unterhaus (120 Abgeordnete) beschlossenen Gesetze nur gutheißen oder ablehnen.

Außenpolitisch rückte der autoritär regierte und auf Unabhängigkeit von Moskau bedachte Staat als engster zentralasiatischer Verbündeter der USA im Kampf gegen Afghanistans Taliban in den Blickpunkt der Öffentlichkeit. Usbekistan stellte bereits Ende September 2001 den USA, später auch Deutschland und anderen westlichen Staaten die beiden Flugplätze Chanabad und Kokaidy zur Verfügung. Das Land lässt sich diesen Freundschaftsdienst mit über 200 Millionen US-Dollar jährlich bezahlen.

Amerikanischer und usbekischer Soldat während eines gemeinsamen Manövers beider Streitkräfte

Außerdem vereinbarte Karimow mit den Amerikanern, gemeinsam die usbekischen Biowaffenlager (Milzbrand) sicherer zu machen.

Ob die neue Partnerschaft mit dem Westen zu mehr Liberalität im Inneren führt, ist allerdings umstritten. Bisher ging Präsident Karimow gegen jegliche Opposition vor, besonders wenn sie islamistisch war. Nachdem jedoch der usbekische Topterrorist Namangani im November 2001 in Afghanistan ums Leben kam und im selben Monat ein usbekisches Auslieferungsbegehren an Prag nach dem demokratischen Oppositionspolitiker Salih auf Druck des Westens scheiterte, deutete sich ein Wandel an: Anfang 2002 konnte sich eine unabhängige Menschenrechtsgruppe registrieren lassen. Der Leiter erhielt sein beschlagnahmtes Archiv und den Pass zurück.

Das rohstoffreiche Land, das über Öl, Gas, Gold und andere Metalle verfügt, ist immer noch der viertgrößte Baumwollproduzent der Welt. Seit dem Zusammenbruch der UdSSR hatte sich der bevölkerungsreichste Staat Zentralasiens nur langsam geöffnet. Da der Durchschnittslohn nur bei 17 Euro monatlich liegt, will Karimow jetzt den wirtschaftlichen Anschluss nicht verpassen und stimmte deshalb am 31. Januar 2002 mit dem IWF ein vom Fonds überwachtes Programm ab. Finanzielle Hilfe gibt es, wenn Usbekistan sofort und konsequent Wirtschaftsreformen beginnt und den Devisenmarkt liberalisiert.

Deutschland hat im April 2002 ein Technologiezentrum in Taschkent eröffnet, das mit einheimischen Ingenieuren zusammen eine 1400 km lange West-Ost-Autobahn durch Usbekistan plant.

Vanuatu

Verfügt über kein Netz von Auslandsvertretungen; Interessenten möchten sich an die Botschaft in Canberra/Australien wenden.

GEOGRAFIE, BEVÖLKERUNG
Fläche: 12 190 km² **Bevölkerung:** 197 000 Einw. **Bev.dichte:** 16 Einw./km² **Bev.wachstum:** 2,52 % **Lebenserwartung:** 68 J. **Landessprachen:** Bislama (englisches Kreolisch), Französisch, Englisch **Religionen:** fast 70 % Christen (vor allem Protestanten), trad. Religionen

POLITISCHES SYSTEM
Unabhängig seit 1980. Republik. **Staatsoberhaupt:** John Bani (seit März 1999)
Regierungschef: Edward Natapei (seit April 2001)

WIRTSCHAFT
Währung: 1 Vatu (VT) **Kurs** (Mitte 2002): 1 VT = 0,008 € **BSP:** 226 Mio. US$ **Wachstumsrate des BIP:** 2,2 % **BSP/Kopf:** 1150 US$ **Anteile am BIP:** Landwirtschaft 20 %, Industrie 10 %, Dienstleistungen 70 %

AKTUELLE ENTWICKLUNGEN
Am 2. Mai 2002 fanden unter internationaler Beobachtung Parlamentswahlen statt. Obwohl seine Vanua'aku Pati deutliche Verluste verzeichnete, kann Premier Natapei die bisher geführte Koalitionsregierung mit der Union of Moderate Parties fortsetzen. Natapei will seine künftige Arbeit auf die Bekämpfung der Korruption und die Überwindung der ökonomischen Krise des Landes konzentrieren. Für 2002 ist nur ein Wirtschaftswachstum von 0,7 Prozent prognostiziert.

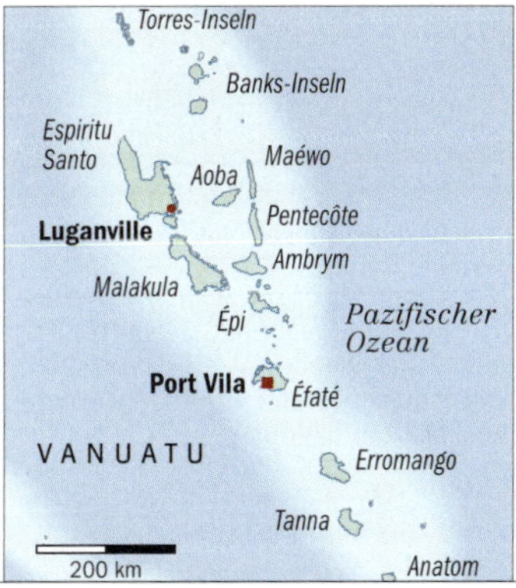

Ripablik blong Vanuatu; Republic of Vanuatu; République de Vanuatu – Republik Vanuatu; Vanuatuer

Nationalfeiertag: 30. Juli

Zeitzone: MEZ + 10 h

Hauptstadt: Port Vila (32 500 Einwohner)

Telefon-Vorwahl: +678

Mitgliedschaft: Uno

Vatikanstadt

Botschaft in Deutschland: Lilienthalstraße 3a, D-10965 Berlin
☎ +49-30-61 62 40 🖷 -616 24 300

GEOGRAFIE, BEVÖLKERUNG
Fläche: 0,44 km², damit der kleinste Staat der Welt **Bevölkerung:** circa 500 Einwohner; die vatikanische Staatsangehörigkeit besitzen alle Kardinäle und Prälaten, die im Vatikan wohnen oder wichtige Funktionen bekleiden, die diplomatischen Vertreter des Heiligen Stuhls im Ausland, die Schweizer Garde und ungefähr 50 Laien. Die Mehrzahl der circa 1540 Beschäftigten wohnt nicht auf dem Gebiet des Vatikanstaats und besitzt auch nicht die Staatsangehörigkeit.
Bev.dichte: 1136 Einw./km² **Landes- und Amtssprachen:** Italienisch, bei offiziellen Verlautbarungen Lateinisch, im diplomatischen Verkehr meist Französisch **Religion:** Katholiken

POLITISCHES SYSTEM
Die Lateranverträge mit Italien vom 11. Februar 1929 bestätigen, dass der Heilige Stuhl Völkerrechtssubjekt ist und begründen den Vatikanstaat.
Staatsoberhaupt: Johannes Paul II. (seit Oktober 1978)
Regierungschef: Angelo Sodano (seit Juni 1991)

MILITÄR
Streitkräfte: keine

WIRTSCHAFT, GESUNDHEIT, SOZIALES
Haushalt 2001 Einnahmen: 176,3 Mio. Euro **Ausgaben:** 173 Mio. Euro Keine weiteren Angaben

AKTUELLE ENTWICKLUNGEN
Nur knapp zwei Wochen nach den Terroranschlägen vom 11. September 2001 reiste Papst Johannes Paul II. nach Kasachstan. Dort schien sein Sprecher Joaquín Navarro-Valls

Santa Sede (Stato della Città del Vaticano) – Heiliger Stuhl (Staat der Vatikanstadt)

Nationalfeiertag: 22. Oktober (Amtseinführung von Johannes Paul II.)

Zeitzone: MEZ

Hauptstadt: Vatikanstadt

Telefon-Vorwahl: +390
Kfz-Kennzeichen: V

Mitgliedschaften: OSZE

einen militärischen Schlag der USA zu befürworten, obwohl der Papst selbst vor einem »Geist der Rache« gewarnt hatte. Das Kirchenoberhaupt mahnte

US-amerikanische Kardinäle, Papst Johannes Paul II. beim Krisengespräch im Vatikan

zum Dialog mit dem Islam. Mitte Dezember rief der Papst die Katholiken auf, einen Tag lang gemeinsam mit den Muslimen zu fasten. Am 24. Januar 2002 betete er im umbrischen Assisi mit Vertretern der Weltreligionen für den Frieden.

Seit Jahresbeginn hatten sich vor allem in den USA, aber auch in Europa, die Berichte von Kindesmissbrauch durch Priester verdichtet. Ende April 2002 bestellte der Papst alle 13 US-Kardinäle sowie die Spitze der US-Bischofskonferenz zu einem zweitägigen Krisengipfel nach Rom. Eine Welle von Klagen, die auch nicht vor dem Vatikan Halt machten, sowie Entschädigungszahlungen in Millionenhöhe hatten den Papst gezwungen zu reagieren. Schätzungen gehen von insgesamt mehr als tausend Fällen in den USA und einer Entschädigungssumme von rund einer Milliarde Dollar aus.

Vor Pfingsten heizten die Kardinäle Joseph Ratzinger und Oscar Rodríguez Maradiaga erneut Spekulationen über einen Papstrücktritt an: »Wenn er sehen würde, dass er absolut nicht mehr kann, dann würde er sicher zurücktreten«, so der deutsche Kardinal. Der an Parkinson erkrankte Johannes Paul II., der schon in der Karwoche kaum noch gehen und nur mit Mühe sprechen konnte, dementierte. Er werde in seinem Amt bleiben, »solange Gott will«. Anstrengende Termine, wie seine 96. Reise nach Aserbaidschan und Bulgarien Ende Mai, nahm er trotzdem wahr. Hingegen verzichtete er auf den gewohnten Sommerurlaub in den Alpen.

República Bolivariana de Venezuela – Bolivarische Republik Venezuela; Venezolaner

Nationalfeiertag: 5. Juli

Zeitzone: MEZ – 5 h

Hauptstadt: Caracas (1 975 800 Einwohner)

Telefon-Vorwahl: +58
Kfz-Kennzeichen: YV

Mitgliedschaften: Caricom (Beobachterstatus), OAS, Opec, Uno

Venezuela

Botschaft in Deutschland: Große Weinmeisterstr. 53, D-14469 Potsdam ☎ +49-331-23 10 90 🖷 -231 09 77

GEOGRAFIE, BEVÖLKERUNG

Fläche: 912 050 km². Tropischer Regenwald bedeckt rund 50 % des Landes **Verwaltung:** 22 Bundesstaaten, 1 Hauptstadtdistrikt, Bundesgebiete (zumeist Inseln) **Bevölkerung:** 24,170 Mio. Einw., davon 67 % Mestizen, 21 % europäischer Abstammung, 10 % afrikanischer Abstammung, 2 % Indianer **In Städten** leben 87 %, **unter 15 J.** sind 34 % der Bev. **Bev.dichte:** 27 Einw./km² **Bev.wachstum:** 1,82 % **Fruchtbarkeitsrate:** 2,8 Geb./Frau **Landessprache:** Spanisch, indigene Sprachen **Religion:** 95 % Katholiken, 3 % Protestanten

POLITISCHES SYSTEM

Unabhängig seit dem 5. Juli 1811. Präsidialrepublik seit 1961. Neue Verfassung vom 1. Januar 2000. Einkammersystem: Nationalversammlung (»Asamblea Nacional«), 165 Sitze. Wahl alle 5 J. Direktwahl des Staatsoberhaupts alle 6 J. Wahlpflicht ab 18 J. **Staats- und Regierungschef:** Hugo Chávez Frías (seit Februar 1999) **Außenminister:** Roy Chaderton Matos

MILITÄR

Allg. Wehrpflicht: 30 Monate **Streitkräfte:** 82 300 Mann, davon 34 000 Armee, 7000 Luftwaffe, 18 300 Marine **Militärausgaben** (am BSP): 1,4 %

GESUNDHEIT, SOZIALES, BILDUNG

Öffentliche Gesundheitsausgaben (am BIP): 2,6 % **Öffentliche Ausgaben für Bildung u. Erziehung** (am BIP):

5,2 % **Medizinische Versorgung:** 2,4 Ärzte, 1,5 Krankenhausbetten/1000 Einw. **Säuglingssterblichkeit:** 19/ 1000 Geb. **Müttersterblichkeit:** 43/ 100 000 Geb. **Kinderunterernährung:** 4 % **Kinderarbeit:** k. A. **Armutsrate:** 23 % **Frauenanteil an den Beschäftigten:** 34,8 % Zugang zu **sauberem Trinkwasser** haben 88 % der städtischen, 58 % der ländlichen Bev., zu **sanitären Anlagen** 75 % bzw. 69 % **HIV-Infektionsrate:** 0,49 % **Lebenserwartung:** Männer 71 J., Frauen 76 J. **Schulpflicht:** 6 – 15 J. **Einschulungsquote** im Primarbereich 91 %, im Sekundarbereich 40 % **Analphabetenrate:** Männer 7 %, Frauen 8 % **Universitäten:** 20

WIRTSCHAFT

Währung: 1 Bolívar (Bs.) = 100 Céntimos **Kurs** (Mitte 2002): 1 Bs. = 0,001 € **BSP:** 104,1 Mrd. US$ **Wachstumsrate des BIP:** 3,2 % **BSP/Kopf:** 4310 US$ **Anteile am BIP:** Landwirtschaft 5 %, Industrie 36 %, Dienstleistungen 59 % **Forschung+Entwicklungsausgaben** (am BSP): 0,34 **Arbeitslosenquote:** 14,9 % **Inflationsrate:** 12,5 % **Staatseinnahmen:** 16,469 Mrd. US$ **Steueraufkommen** (am BIP): 12,9 % **Staatsausgaben:** 19,103 Mrd.US$ **Leistungsbilanzüberschuss:** 4,364 Mrd. US$ **Auslandsschulden:** 38,196 Mrd. US$ **Schuldendienst** (am BSP): 4,9 % **Devisenreserven:** 15,899 Mrd. US$ **Empf. Hilfsgelder:** 77 Mio. US$ **Energie:** Produktion: 209,71 Mio. t ÖE, Verbrauch: 53,41 Mio. t ÖE

Landwirtschaft, Rohstoffe, Industrie:

Nutzfläche 4 %, von der Anbaufläche sind 16,3 % bewässert **Produkte:** Reis, Früchte, Zuckerrohr **Bewaldet:** 495 000 km², jährliche **Rodung:** 2175 km² **Rohstoffe:** Erdöl, Erdgas, Eisenerz, Aluminium, Kohle, Diamanten, Gold **Industrie**: Erdölförderung und -verarbeitung, Chemie, Stahl

Außenwirtschaft:

Handelsbilanz 9,774 Mio. US$ **Export:** 27,056 Mrd. US$, davon 81,4 % Erdöl und Erdölprodukte, 3,5 % Chemieprodukte, 3,2 % Stahl, 3,3 % Aluminium **Hauptausfuhrländer:** USA (50,0 %), Niederländische Antillen (7,5 %), Brasilien (3,7 %) **Import:** 17,281 Mrd. US$, davon 43,1 % Maschinen und Transportmittel, 15,9 % industrielle Vorprodukte, 11,8 % Chemie **Hauptlieferländer:** USA (33,8 %), Kolumbien (8,7 %), Brasilien (5,9 %)

VERKEHR

Schienennetz: 396 km **Straßennetz:** 96 155 km, davon 33,6 % befestigt **Motorisierung:** 88 Kfz/1000 Einw. Internationale **Flughäfen:** 9, der größte in Caracas Bedeutende **Häfen:** La Guaira (Caracas), Puerto Cabello, Maracaibo, Puerto Ordat **Binnenschifffahrt** auf 7100 km

KOMMUNIKATION

Auf 1000 Einw. kommen 294 **Rundfunk-**, 185 **Fernsehgeräte**, 112 **Telefonanschlüsse**, 263,5 **Mobiltelefone**, 52,8 **PC** **IuK-Ausgaben** (am BIP): 3,9 % Größte **Tageszeitung:** *Panorama* (Auflage: 135 000 Exemplare) **Nachrichtenagentur:** Agenzia Nazionale Stampa Associata (ANSA)

UMWELT, TOURISMUS

Geschützte Gebiete: 36,6 % der Landesfläche **CO_2-Emission:** 155,4 Mio. t **Verwendung des Süßwassers:** Landwirtschaft 46 %, Industrie 10 %, Haushalte 44 % **Tourismus:** 469 000 Besucher, 656 Mio. US$ Einnahmen

AKTUELLE ENTWICKLUNGEN

Im November 2001 nutzte Präsident Hugo Chávez die ihm von der Nationalversammlung eingeräumten Sondervollmachten und erließ 49 Dekrete, die seine »Bolivarische Revolution« (nach dem venezolanischen Freiheitshelden Simón Bolívar, 1783 – 1830) vertiefen sollten. Darunter ein neues Statut für die Zentralbank, das ihre Unabhängigkeit einschränkt. Außerdem verfügte Chávez die Enteignung nicht intensiv bewirtschafteten Landes. Es sollte an Besitzlose (1 Prozent der Farmer besitzen 46 Prozent des nutzbaren Landes, während 250 000 Kleinbauern nur 2 Prozent der Fläche bewirtschaften) verteilt werden. Chávez hatte versprochen, die Armut zu bekämpfen, doch der Mehrheit der Bevölkerung ging es schlechter als zuvor. Nach einem gleichfalls erlassenen neuen Erdölgesetz muss der Staat bei jedem Joint Venture 51 Prozent halten, der Förderzins wurde von 16,6 Prozent auf bis zu 30 Prozent erhöht.

Chávez' Dekrete stießen auf Zustimmung bei den Kleinbauern, aber auch auf massive Kritik. Die Unternehmer sprachen von Dirigismus und Interventionismus, die Gewerkschaften befürchteten einen Rückgang der Investitionen und den Verlust von

Staatspräsident Hugo Chávez Frias

Arbeitsplätzen. So hatte Chávez diese beiden Lager gegen sich: Am 10. Dezember organisierten Arbeitgeber und Gewerkschaften einen weit gehend befolgten Generalstreik, am 23. Januar demonstrierten 50 000 Venezolaner in Caracas gegen die Politik des Präsidenten. Chávez machte einen taktischen Rückzieher bei der Bodenreform und versprach, zuerst Land aus Staatseigentum zu verteilen.

Die stark überbewertete Währung geriet – nicht zuletzt wegen massiver Geldflucht – unter Druck, und der Kurs des Bolívar musste am 12. Februar freigegeben werden.

Zwei Wochen später entließ Chávez die gesamte Leitung des staatlichen Ölkonzerns PDVSA, dem mit 40 000 Mitarbeitern größten Arbeitgeber des Landes. (Aus der Ölindustrie kommen gut 80 Prozent der Exporterlöse und die Hälfte der Steuereinnahmen.) Die Belegschaft trat in einen Bummelstreik.

Soldat beim Einsatz gegen den Generalstreik in Caracas

Arbeitgeber und Gewerkschaften verfassten im März 2002 eine Prinzipienerklärung, in der sie eine transparente Regierungspolitik und den Kampf gegen Hunger und Korruption forderten. Nun überschlugen sich die Ereignisse: Am 20. März 2002 kam es in mehreren Städten zu Straßenkämpfen und Plünderungen; am 9. April wurde erneut ein Generalstreik ausgerufen, und zwei Tage später zog eine Demonstration von mindestens einer halben Million Menschen in Richtung Präsidentenpalast. Es fielen Schüsse, 18 Menschen starben.

Als Chávez das Militär gegen die Demonstranten einsetzen wollte, schritt in der Nacht zum 12. April Heereschef Efraín Vázquez ein, setzte den Präsidenten ab und ließ ihn festnehmen. Sein Nachfolger, der Chef des Unternehmerverbandes Pedro Carmona, versuchte sofort, sich die Macht zu sichern. Er entließ Parlament und Oberstes Gericht und hob die Verfassung auf. Damit zog er sich die Feindschaft des verfassungstreuen Vázquez zu.

Ohne militärische Hausmacht floh Carmona vor dem Ansturm Chávez-treuer Demonstranten, und der verfassungsmäßige Vizepräsident übernahm übergangsweise die Macht. Am 14. April gegen drei Uhr früh war dann der ehemalige Fallschirmjäger Chávez mit Unterstützung seiner Militärs wieder im Amt.

In den Wirren kamen vom 12. bis zum 14. April kamen mindestens weitere 50 Menschen ums Leben.

Wieder im Amt versprach Chávez die Aufklärung der Todesfälle und die Schaffung so genannter »Runder Tische«, um über die Zukunft Venezuelas zu diskutieren. Für 2003 kündigte er ein Referendum über sein Amt an, will aber »alles tun, um Venezuela bis 2013 zu regieren«. Mitte Juli forderten mehr als eine Million Demonstranten seinen Rücktritt.

Mit seinem Kommentar zum Krieg gegen Afghanistan (»Man kann nicht Terror mit Terror bekämpfen«) verärgerte Präsident Chávez die USA, die ohnehin seine Freundschaft zu Fidel Castro, Saddam Hussein, Gaddafi und dem in Frankreich lebenslang einsitzenden venezolanischen Terroristen »Carlos« missbilligen. Gerüchte über eine Beteiligung am Putschversuch gegen Chávez im April 2002 hat das State Department aber zurückgewiesen, auch wenn es die Aktion im Gegensatz zur Organisation Amerikanischer Staaten nicht sofort verdammte.

Schwierig sind auch die Beziehungen zum Nachbarland Kolumbien. Kolumbiens neuer Präsident Alvaro Uribe kam im Juli – noch vor Amtsantritt – nach Caracas, um die Beziehungen zu verbessern. Kolumbianische Guerrilleros und Paramilitärs ziehen sich oft nach Venezuela zurück und erhalten dort Unterstützung. Im Januar war ein Video aufgetaucht, das venezolanische Soldaten mit Farc-Guerrilleros in Kolumbien zeigt.

Pedro Carmona, der Putschpräsident, hat seinerseits Asyl in Kolumbien erhalten und lehrt an der Universität von Bogotá internationale Politik.

Vereinigte Arabische Emirate

Botschaft in Deutschland: Katharina-Heinroth-Ufer 1, D-10787 Berlin ☎ +49-30-516516 🖷 -51651900

GEOGRAFIE, BEVÖLKERUNG

Fläche: 77 700 km², hauptsächlich flache Wüstenlandschaft, im Nordosten gebirgig bis zu 2500 m. Am Persischen Golf 650 km zerklüftete Küstenlinie mit Untiefen und Wattgebieten. Einige kleine vorgelagerte Inseln. 7 autonome Emirate. **Bevölkerung:** 2,905 Mio. Einw., davon 42 % Araber, 50 % Asiaten (Inder, Pakistaner) **In Städten** leben 86 %, **unter 15 J.** sind 26 % der Bev. **Bev.dichte:** 35 Einw./km² **Bev.-wachstum:** 1,72 % **Fruchtbarkeitsrate:** 3,2 Geb./Frau **Landessprachen:** Hocharabisch (Amtssprache), Dschalidschi, Paschtu, Somali **Religionen:** 96 % Muslime (vor allem Sunniten), Minderheiten von Christen und Hindus

Die größten Städte

Abu Dhabi	650 000
Dubai	600 000

POLITISCHES SYSTEM

Föderation (»Ittihad«) von 7 autonomen Emiraten. Verfassung von 1971 (provisorisch bis 1996). Kein Wahlrecht, keine Parteien. Höchstes Föderationsorgan ist der Oberste Rat, der von den Herrschern der 7 Emirate gebildet wird. Entscheidungen im Obersten Rat müssen von mindestens 5 Mitgliedern gebilligt werden, wobei Abu Dhabi und Dubai Vetorechte besitzen. Der Oberste Rat wählt aus seinen Reihen den Präsidenten, legt die Richtlinien der Politik fest, formuliert und ratifiziert Gesetze. Die Föderationsregierung und der Regierungschef werden vom Präsidenten ernannt. Außerdem, mit ausschließlich beratender Funktion, Nationalversammlung mit 40 Mitgliedern, die von den Emiraten für jeweils 2 J. ernannt werden.
Staatsoberhaupt: Scheich Sajjid Ibn Sultan al-Nahajan (seit Dezember 1971)
Regierungschef: Scheich Maktum Ibn Raschid al-Maktum (seit April 1979)
Außenminister: Raschid Abdullah al-Nuaimi

MILITÄR

Keine **Wehrpflicht Streitkräfte:** rund 65 000 Mann, davon 59 000 Armee, 4000 Luftstreitkräfte, 2 000 Marine **Militärausgaben** (am BSP): 4,1% Anteil des **Waffenhandels** an den Importen 3,8%

GESUNDHEIT, SOZIALES, BILDUNG

Öffentliche Gesundheitsausgaben (am BIP): 0,8 % **Öffentliche Ausgaben für Bildung und Erziehung** (am BIP): 1,9 % **Öffentliche Ausgaben für Altersversorgung** (am BIP): k. A. **Medizinische Versorgung:** 1,8 Ärzte, 2,6 Krankenhausbetten/1000 Einw. **Säuglingssterblichkeit:** 7/1000 Geb. **Müttersterblichkeit** 30/100 000 Geb. **Kinderunterernährung:** 7/1000 **Kinderarbeit:** k. A. **Armutsrate:** k. A. **Frauenanteil an den Beschäftigten:** 14,8 % Zugang der Bev. zu **sauberem Trinkwasser** und zu **sanitären Anlagen:** k. A. **HIV-Infektionsrate:** 0,18 %

Lebenserwartung: Männer 74 J., Frauen 77 J. **Schulpflicht:** 6 – 12 J. **Einschulungsquote** im Primarbereich 83 %, im Sekundarbereich 70 % **Analphabetenrate:** Männer 25 %, Frauen 21 % **Universität** in Abu Dhabi, außerdem 12 technische Hochschulen

WIRTSCHAFT

Währung: 1 Dirham (Dh.) = 100 Fils **Kurs** (Mitte 2002): 1 Dh. = 0,29 € **BSP:** 48,7 Mrd. US$ (1998) **Wachstumsrate des BIP:** k. A. **BSP/Kopf:** 17 870 US$ (1998) **Forschung+Entwicklungsausgaben** (am BSP): k. A. **Arbeitslosenquote:** k. A. **Inflationsrate:** 2,2 % **Staatseinnahmen:** k. A. **Steueraufkommen** (am BIP): 1,8 % **Einkommensteuer:** 0 % **Körperschaftsteuer:** 20 % **Haushaltsdefizit** (am BIP): 0,3 % **Staatsausgaben:** k. A. **Zahlungsbilanzsaldo:** 6,7 Mrd. US$ **Auslandsverbindlichkeiten:** k. A. **Schuldendienst** (am BSP): k. A. **Devisenreserven:** 13,632 Mrd. US$ **Empf. Hilfsgelder:** 4 Mio. US$ **Ausl. Direktinvestitionen:** k. A. **Börse** (Marktkapitalisierung am BIP): 71,6 %

Al-Imarat al-Arabiya al-Muttahida – Vereinigte Arabische Emirate

Nationalfeiertag: 2. Dezember

Zeitzone: MEZ + 3 h

Hauptstadt: Abu Dhabi (650 000 Einwohner)

Telefon-Vorwahl: +971
Kfz-Kennzeichen: UAE

Mitgliedschaften: Opec, Uno

Staatsoberhaupt Scheich Sajjid Ibn Sultan al-Nahajan

Afghanischer Politiker Burhanuddin Rabbani, Premier Scheich Maktum Ibn Raschid al-Maktum

Energie: Produktion 135,68 Mio. t ÖE, Verbrauch 28,09 Mio. t ÖE. Anteile am Verbrauch: Öl 31,7 %, Erdgas 68,3 %

Landwirtschaft, Rohstoffe, Industrie: **Nutzfläche** 1,6 %, von der Anbaufläche **bewässert:** 57,4 % **Produkte:** Datteln, Tomaten, Gurken, Auberginen, Blumen. Autark in der Gemüse-, Eier- und Geflügelversorgung **Bewaldet:** 3000 km², jährliche **Aufforstung:** 78 km² **Wichtige Industriezweige:** Gewinnung und Verarbeitung von Erdöl und Erdgas. Die Aluminium- und Stahlproduktion wird forciert. **Rohstoffe:** Riesige Vorkommen von Erdöl (9,2 % der Weltreserven) und Erdgas (3,9 %)

Außenwirtschaft:
Handelsbilanzüberschuss 8,562 Mrd. US$ **Export:** 43,307 Mrd. US$, davon 78 % Erdöl u. Erdölprodukte, daneben Erdgas, Nahrungsmittel, industrielle Vorprodukte **Hauptausfuhrländer:** Japan (30 %), Südkorea (10 %) **Hightech-Exporte:** k. A. **Import:** 34,745 Mrd. US$, Maschinen u. Transportmittel, Textilien, Nahrungsmittel **Hauptlieferländer:** USA (10 %), Japan (9 %), Großbritannien (9 %), Deutschland (6 %)

VERKEHR

Kein Schienennetz. **Straßennetz:** 1088 km, zum Teil mehrspurig ausgebaut, sämtlich befestigt.
Luftverkehr: 6 Internationale Flughäfen, allen voran Dubai mit einem der größten Duty-free-Shops der Welt. Nationale **Fluggesellschaft:** Die vielfach ausgezeichnete Emirates Airline **Seehäfen:** Abu Dhabi hat an Bedeutung gewonnen. Aber unverändert ist Dubai der Hauptumschlagplatz am Persischen Golf. Von dort laufen immer noch jeden Tag Hunderte von Dhaus mit Konsumgütern aller Art vor allem nach Indien und Pakistan aus.

KOMMUNIKATION

Auf 1000 Einw. kommen 318 **Rundfunk-**, 292 **Fernsehgeräte**, 496,9 **Telefonanschlüsse**, 719,7 **Mobiltelefone**, 125,1 **PC** und 28,85 **Internet-Zugänge. IuK-Ausgaben** (am BIP): k. A. Es erscheinen 11 **Tageszeitungen** mit einer Gesamtauflage von rund 400 000 Exemplaren. Die größten Tageszeitungen und ihre Auflagen:

Gulf News 86 900
al-Chalidsch 82 800
al-Bajan 82 600

Nachrichtenagenturen: Emirates News Agency und UAE Press Service, beide in Abu Dhabi

UMWELT, TOURISMUS

Geschützte Gebiete: 0 % der Landesfläche **Energieverbrauch/Kopf:** 9977 kg ÖE **CO_2-Emission:** 88,2 Mio. t **Verwendung des Süßwassers:** Landwirtschaft 67 %, Industrie 9 %, Haushalte 24 % **Tourismus:** 2,481 Mio. Besucher, 607 Mio. US$ Einnahmen, an den Exporterlösen: k .A.

AKTUELLE ENTWICKLUNGEN

Der Reichtum in dem Golfstaat ist nicht zu übersehen. Die Einnahmen aus dem Erdölgeschäft investieren die Emirate in – oftmals gigantische – Zukunftsprojekte. Insbesondere Dubai, nach Abu Dhabi das zweitgrößte der sieben Scheichtümer, bereitet sich auf jene Zeit vor, wenn die Ölquellen versiegt sein werden. Dabei setzt Kronprinz Mohammed Ibn Raschid al-Maktum, der gleichzeitig Verteidigungsminister der VAE ist, neben der traditionellen Rolle Dubais als Handelszenttrum vor allem auf den Tourismus und die Neuen Medien.
Der Bau von Hotelanlagen wurde weiter vorangetrieben, Einkaufs- und Sportzentren entstanden, und vom Investitionsboom profitierten auch deutsche Firmen.Trotz der Einbrüche im Tourismussektor nach dem 11. September übertraf der Fremdenverkehr das Vorjahresniveau: Im Jahr 2001 verzeichnete Dubai 3,6 Millionen Besucher. Anfang November vergab die Fluggesellschaft Emirates den größten Auftrag der Geschichte in Höhe von 16,6 Milliarden Euro an Boeing und Airbus. Als erster Kunde orderte Emirates den Superairbus A380.
Im Herbst 2001 begannen die Arbeiten an einem besonders skurrilen Projekt der Superlative: der ersten von zwei künstlichen Inseln in Palmenform, die später sogar vom Mond aus zu sehen sein sollen. 80 Millionen Kubikmeter Sand und Felsen werden für jede der Inseln benötigt und müssen teilweise aus dem Ausland herangeschafft werden. Die künstlichen Eilande, die Dubais Strände um 120 Kilometer verlängern sollen, werden durch 150 Meter breite Kunst-Riffe geschützt. Bereits Ende 2004 sollen Villen und Hotels auf dem Neuland bezugsfertig sein. Um ausländische Investoren anzuziehen, ermöglichte ein neues Gesetz auch Fremden den Im-

mobilienkauf beziehungsweise eine Art Pacht für 100 Jahre.
Mit groß angelegten landwirtschaftlichen Projekten versuchen die VAE, ihre Selbstversorgungsquote zu erhöhen. Die von Sandwüsten geprägten Emirate müssen derzeit drei Viertel ihres Nahrungsmittelbedarfs importieren. Neben Dattelpalmen – ein Fünftel des gesamten Weltbestands steht in dem Golfstaat – werden auch Obst und Gemüse sowie Schnittblumen angebaut. Die unerwünschte Folge: Derartige Projekte, einhergehend mit dem forcierten Tourismus und der Anlage zahlreicher Parks, treiben den Wasserverbrauch in die Höhe – auf 500 Liter pro Person und Tag. Allerdings sind die VAE gut gerüstet: Mit einer Kapazität von insgesamt zwei Milliarden Liter Wasser täglich gehören sie zu den drei größten Meerwasserentsalzern. In Tawila ging Ende 2001 die modernste Anlage zur Meerwasserentsalzung am Golf in Betrieb, an deren Bau auch Siemens beteiligt war. Erstmals wurde ein derartiges Projekt von einem US-amerikanischen Energieunternehmen privat finanziert.
Einige Schattenseiten der glänzenden Golfmetropolen wurden nach den Anschlägen am 11. September 2001 in den USA sichtbar: Die Emirate zeigten sich schockiert, dass zwei der 19 Attentäter Pässe der VAE hatten. Darüber hinaus ergaben Ermittlungen schon bald, dass Teile der Gelder für die Terrorpiloten über Dubai geflossen waren und auch einige der saudi-arabischen Täter sich vor ihrer Weiterreise nach Europa und Amerika in den Emiraten aufgehalten hatten. So war der Golfstaat auf Grund seiner Stellung als Finanzdrehscheibe, mit seinem großen internationalen Flughafen und wegen seiner Bevölkerungsstruktur – etwa 80 Prozent der knapp drei Millionen Einwohner sind Ausländer – ideal für die Zwecke der Qaida. Wegen der engen Beziehungen zu Pakistan hatten die VAE vor Jahren auch das Regime der Taliban anerkannt.
Bei den Ermittlungen gegen die Qaida-Terroristen zeigte sich Abu Dhabi kooperativ: Die Beziehungen zu den Taliban wurden abgebrochen, verdächtige Konten gesperrt. Auch die Bankenaufsicht wurde verschärft – wenn auch nach Meinung von Experten nicht ausreichend, um Geldwäsche künftig wirkungsvoll zu verhindern. Im Mai 2002 fand in Abu Dhabi eine Konferenz statt, die sich mit dem illegalen Geldtransfer in der Region beschäftigte. 30 Staaten, darunter die USA, europäische und südasiatische Länder diskutierten darüber, wie die Finanzflüsse des internationalen Terrorismus eingedämmt werden können.
Die Emirate, deren Aufstieg zum Reichtum erst 1966 mit den Ölfunden begann, geben heute einen relativ hohen Anteil ihres Sozialprodukts für Entwicklungshilfe aus. Der »Abu Dhabi Entwicklungsfonds« (ADFD) stellte im Frühjahr 2002 mehr als 200 Millionen US-Dollar für wirtschaftliche Entwicklungsprojekte im Sudan bereit, in Algerien unterstützte der ADFD den sozialen Wohnungsbau. Besonderes Augenmerk richtete der Herrscher der VAE, Scheich Sajjid Ibn Sultan Al Nahajan, auf die Palästinenser. In Spendenaktionen wurden im April 2002 58 Millionen US-Dollar gesammelt, die Regierung versprach, 800 Häuser im Flüchtlingslager von Dschenin wieder aufzubauen, und schickte Flugzeuge mit Lebensmitteln. Israel kritisierte wiederholt die Berichterstattung im staatlichen Fernsehen Abu Dhabis, das besonders blutige Bilder des Konflikts zwischen Israel und den Palästinensern ausstrahlte. Im April 2002 wurde ein Korrespondent von Jerusalem ausgewiesen.

DIE SIEBEN EMIRATE

Abu Dhabi
Fläche: 67 350 km², 1 000 000 Einwohner, Bevölkerungsdichte: 14,8 Einw./km².
Dubai
Fläche: 3900 km², 737 000 Einwohner, Bevölkerungsdichte: 189 Einw./km².
Umm al-Keiwein
Fläche: 750 km², 39 000 Einwohner, Bevölkerungsdichte: 52 Einw./km².
Fudscheira
Fläche: 1150 km², 83 000 Einwohner, Bevölkerungsdichte: 72,2 Einw./km².
Ras al-Cheima
Fläche 1700 km², 153 000 Einwohner, Bevölkerungsdichte: 90 Einw./km².
Schardscha
Fläche: 2600 km², 435 000 Einwohner, Bevölkerungsdichte: 167,3 Einw./km².
Adschman
Fläche: 250 km², 133 000 Einwohner, Bevölkerungsdichte: 532 Einw./km².

Dubai (Stadtansicht aus dem Hotel Burj al-Arab)

United States of America – Vereinigte Staaten von Amerika; (US-)Amerikaner

Nationalfeiertag:
4. Juli

Zeitzonen:
MEZ –6 bis –11h

Hauptstadt:
Washington, D. C. (572 059 Einwohner)

Telefon-Vorwahl: +1
Kfz-Kennzeichen: USA

Mitgliedschaften:
G-8, Nafta, Nato, OAS, OECD, OSZE, Uno

Präsident George W. Bush, Vizepräsident Richard Cheney

Vereinigte Staaten von Amerika (USA)

Botschaft in Deutschland: Neustädtische Kirchstraße 4–5, D-10117 Berlin ☎ +49-30-238 51 74 🖷 -238 62 90

GEOGRAFIE, BEVÖLKERUNG

Fläche: 9 809 155 km^2, einschl. Alaska (1 700 138 km^2) und Hawaii (28 313 km^2). Hinzu kommen Übersee- bzw. Außengebiete (▸S. 475). Grenze zu Kanada im Norden, teilweise gebildet durch die Großen Seen und den St.-Lorenz-Strom, und zu Mexiko im Süden, zum Teil entlang dem Rio Grande.
In den 48 zusammenhängenden Bundesstaaten (»contiguous states«) im Wesentlichen 4 Großlandschaften: die westlichen Kordilleren (unterschieden in östliche Rocky Mountains und westliches pazifisches Gebirge), die Inneren Ebenen, die Appalachen und die Küstenebenen am Atlantik und am Golf von Mexiko. Die Rocky Mountains bilden die wichtigste Wasserscheide des Kontinents (»continental divide«). Dort trennen sich die Flüsse, die in den Pazifik fließen, von denen, die in den Atlantik oder das Nordpolarmeer strömen.
Rocky Mountains und pazifisches Gebirge werden von zahlreichen Tiefebenen (u.a. dem Death Valley, 86 m unter dem Meeresspiegel, tiefster Punkt der Vereinigten Staaten) und Plateaus durchzogen, darunter im Süden die Sierra Nevada mit dem Mt. Whitney (4418 m) als höchster Erhebung. (Höchster Berg der USA ist der Mt. McKinley in Alaska mit 6194 m.)
In den Interior Plains östlich der Rocky Mountains liegt das größte landwirtschaftliche Produktionsgebiet der Welt, das zum Teil durchzogen wird vom größten Flusssystem der USA, dem Mississippi/Missouri mit einer Gesamtlänge von 6240 km.
Verwaltung: 50 Bundesstaaten plus District of Columbia mit der Bundeshauptstadt Washington
Bevölkerung: 287,596 Mio. Einw., davon 69,1 % Weiße, 12,3 % afrikan. und 12,5 % hispan. Abstammung
In Städten leben 77 %, **unter 15 J.** sind 22 % der Bev. **Bev.dichte:** 31 Einw./km^2 **Bev.wachstum:** 0,89 % **Fruchtbarkeitsrate:** 2,1 Geb./ Frau
Im Ausland wurden 30,5 Mio. Einw. (fast 11 %) des »Schmelztiegels der Nationen« geboren. Die wichtigsten Herkunftsländer:

Mexiko	7 197 000
Philippinen	1 455 000
China + Hongkong	985 000
Vietnam	966 000
Kuba	943 000
Indien	839 000
El Salvador	761 000
Dominikanische Republik	679 000
Großbritannien	655 000
Korea	611 000

Landessprachen: amerikanisches Englisch (Amtssprache), ausschließlich gesprochen von 86 % der Bev.; Spanisch (erste Sprache für 7,5 % der Bev.). Daneben lokal Minderheitensprachen. Etwa 32 Mio. Einw. sprechen kein Englisch.
Religionen: 55 % Protestanten (Baptisten, Methodisten, Mormonen, Lutheraner), 28 % Katholiken, 2 % Juden, außerdem Muslime, Sikhs, Buddhisten, Bahai und andere

Die größten Städte

New York	8 008 300
Los Angeles	3 694 800
Chicago	2 896 000
Houston	1 953 600
Philadelphia	1 517 600
Phoenix	1 321 000
San Diego	1 223 400

POLITISCHES SYSTEM

Präsidialrepublik. Verfassung von 1787, letzte Änderung 1992. Allg. Wahlrecht ab 18 J. Mehrheitswahlrecht. Zweikammerparlament »Congress«: Repräsentantenhaus (»House of Representatives«, 435 Abg., Direktwahl alle 2 J.) und Senat (»Senate«, 100 Mitgl., je 2 pro Bundesstaat; alle 2 J. Wahl eines Drittels der Senatoren für 6 J.).
Indirekte Wahl des Staatsoberhaupts – einmalige Wiederwahl zulässig – und des Vizepräsidenten für 4 J. durch 538 direkt gewählte Wahlmänner (»electoral college«). Wahl am Dienstag nach dem ersten Montag im November.
Staats- und Regierungschef: George W. Bush (seit Januar 2001)
Vizepräsident: Richard Cheney (seit Januar 2001)
Außenminister: Colin L. Powell

MILITÄR

Allg. Wehrpflicht: Nein **Streitkräfte:** 1 367 700 Mann, davon 477 800 Armee, 325 500 Luftstreitkräfte, 366 100 Marine **Militärausgaben** (am BSP): 16,2 % **Waffenhandelsanteil** an den Exporten 4,7 %, an den Importen 0,2 %

GESUNDHEIT, SOZIALES, BILDUNG

Öffentliche Gesundheitsausgaben (am BIP): 5,7 % **Öffentliche Ausgaben für Bildung u. Erziehung** (am BIP): 5 % **Öffentliche Ausgaben für Altersversorgung** (am BIP): 7,5 % (1997) **Medizinische Versorgung:** 2,7 Ärzte, 3,6 Krankenhausbetten/1000 Einw. **Säuglingssterblichkeit:** 7/1000 Geb. **Müttersterblichkeit:** 12/100 000 Geb. **Kinderunterernährung:** 1 % **Frauenanteil an den Beschäftigten:** 46 % **HIV-Infektionsrate:** 0,61 % **Lebenserwartung:** Männer 74 J., Frauen 80 J. **Schulpflicht:** 7–16 J. **Einschulungsquote** im Primarbereich 95 %, im Sekundarbereich 90 %. Es gibt ca. 4000 **Colleges** und **Universitäten**, darunter die ältesten und immer noch renommiertesten wie Harvard (gegr. 1636), College of William and Mary (1693), Yale (1701), Princeton (1746).

WIRTSCHAFT

Währung: 1 Dollar (US$) = 100 Cents **Kurs** (Mitte 2002): 1 US$ =1,07 € **BSP:** 9601,5 Mrd. US$ **Wachstumsrate des BIP:** 4,2 % **BSP/Kopf:** 34 100 US$ **Anteile am BIP:** Landwirtschaft 1,3 %, Industrie 24,0 %, Dienstleistungen 74,7 % **Forschung+Entwicklungsausgaben** (am BSP): 2,55 % **Arbeitslosenquote:** 4,1 % **Inflationsrate:** 2,8 % **Staatseinnahmen:** 1914,17 Mrd. US$ **Steueraufkommen** (am BIP): 20,1 % **Einkommensteuer:** max. 40 % **Körperschaftsteuer:** 35 % **Haushaltsüberschuss** (am BIP): 2,3 % **Staatsausgaben:** 1815,37 Mrd. US$ **Leistungsbilanzdefizit:** 417,44 Mrd. US$ **Auslandsverbindlichkeiten:** 9377 Mrd. US$ **Auslandsvermögen:** 7189,8 Mrd. US$ **Devisenreserven:** 128,4 Mrd. US$ **Geleistete Entwicklungshilfe:** 9,955 Mrd. US$ **Ausl. Direktinvestitionen:** 287,68 Mrd. US$ **Börse** (Marktkapitalisierung am BIP): 153,5 % **Energie:** Produktion 1687,89 Mio. t ÖE, Verbrauch 2269,99 Mio. t ÖE. Anteile am Verbrauch: Kohle

Außenminister Colin Powell

24,8 %, Öl 40 %, Atomenergie 8,2 %, Erdgas 24,8 %, sonstige 2,2 %

Landwirtschaft, Rohstoffe, Industrie:
Nutzfläche 19,5 %, von der Anbaufläche sind 12,5 % bewässert **Produkte:** Weizen, Mais, Gerste, Wein, Kartoffeln, Tabak **Bewaldet:** 2 260 000 km^2, jährliche **Aufforstung:** 3880 km^2 **Wichtige Industriezweige:** Kraftfahrzeuge, Nahrungsmittel, Chemie, Maschinenbau, Flugzeuge, Rüstungsgüter, Elektronik **Rohstoffe:** Erdöl, Erdgas, Kohle, Kupfer, Eisen, Silber, Uran

Außenwirtschaft:
Handelsbilanzdefizit 423,67 Mrd. US$ **Export:** 723,83 Mrd. US$, davon 45,7 % Maschinen und Anlagen, 22 % industrielle Vorprodukte, 11,6 % Konsumgüter, 10,3 % Kfz und Kfz-Teile, 6,1 % Nahrungsmittel und Getränke **Hauptausfuhrländer:** Kanada (22,9 %), Mexiko (14,2 %) Japan (8,3 %), Großbritannien (5,3 %) **Hightech-Exporte:** 197,033 Mrd. US$ **Import:** 1147,5 Mrd. US$, davon 28,5 % Maschinen und Anlagen, 24,6 % industrielle Vorprodukte, 23,1 % Konsumgüter, 16,1 % Kfz und Kfz-Teile, 3,8 % Nahrungsmittel und Getränke **Hauptlieferländer:** Kanada (18,8 %), Japan (12,1 %), Mexiko (11,2 %), VR China (8,2 %)

VERKEHR

Schienennetz: 260 500 km **Straßennetz:** 6 304 193 km, davon 58,8 % befestigt **Motorisierung:** 760 Kfz/ 1000 Einw. Internationale **Flughäfen:** 180, die größten: Atlanta, Chicago, Los Angeles, Dallas, San Francisco **Fluglinien:** Delta, United, American Airlines, Northwest, Continental, 655,649 Mio. beförderte Passagiere **Häfen:** South Louisiana, Houston, New York **Binnenschifffahrt** auf 41 009 km Wasserstraßen

KOMMUNIKATION

Auf 1000 Einw. kommen 2118 **Rundfunk-**, 854 **Fernsehgeräte**, 664,5 **Telefonanschlüsse**, 444,2 **Mobiltelefone**, 622,5 **PC** und 371,4 **Internet-Zugänge** **IuK-Ausgaben** (am BIP): 8,1 %
Es erscheinen 1489 englischsprachige **Tageszeitungen** mit einer Gesamtauflage von rund 56 Mio. Exemplaren. Die größten Tageszeitungen und ihre Auflagen:
USA Today 2 300 000
Wall Street Journal 1 837 000
New York Times 1 075 000
Los Angeles Times 1 069 000
Washington Post 818 000
Daneben zahllose Zeitungen und Zeitschriften in den Sprachen der Minderheiten.
Nachrichtenagenturen: Associated Press, Bloomberg Business News, Dow-Jones News Service, Jewish Telegraphic Agency, Religion News Service, United Media, United Press International, WorldWide Media

UMWELT, TOURISMUS

Geschützte Gebiete: 13,4 % der Landesfläche **Energieverbrauch/Kopf:** 8159 kg ÖE **CO_2-Emission:** 5447,6 Mio. t **Verwendung des Süßwassers:** Landwirtschaft 27 %, Industrie 65 %, Haushalte 8 % **Tourismus:** 50,891 Mio. Besucher, 85,153 Mrd.US$ Einnahmen

AKTUELLE ENTWICKLUNGEN

Amerikas 43. Präsident, im Januar 2001 nach chaotischer Wahl nur mit richterlicher Hilfe ins Amt gelangt, hatte gerade damit begonnen, sich in Washington häuslich einzurichten und dem Land seinen Rhythmus aufzuzwingen – geregelte Arbeitstage ohne Überstunden, viel Freizeit und möglichst oft einen Trip auf die Farm in Texas. Da erschütterte ein Verbrechen die heile Welt des George W. Bush und mit ihm die ganze Nation, das die Amerikaner in ihrem naiven Glauben an die Einmaligkeit und Überlegenheit der USA (»It can't happen here« – Bei uns kann so was nicht passieren) schlicht für unmöglich gehalten hatten:
Gewaltigen Bomben gleich schlugen in den Morgenstunden des 11. September 2001 zwei von Terroristen gekaperte Passagierflugzeuge in die stolzen Türme des New Yorker World Trade Center ein, die wie Kartenhäuser in sich zusammenstürzten. Ein dritter Jet raste in die militärische Zentrale der Weltmacht USA und zerstörte Teile des Pentagons. Die vierte Terrorbombe, vermutlich für das Weiße Haus oder das Kapitol in Washington bestimmt, kam nicht ins Ziel: Nach einer überraschenden Attacke verzweifelter Passagiere auf die Terroristen stürzte die Maschine in der Nähe von Pittsburgh auf einen Acker.
In New York allein rechnete man anfangs mit 6333 Vermissten, darunter 2593 Ausländer aus 65 Ländern – die meisten von ihnen vermutlich tot. Hinzu kamen Hunderte von Toten im Pentagon und bei Pittsburgh. Makabrer Vergleich: Die 10 weltweit schlimmsten Terrorangriffe vor dem 11. Sep-

tember hatten laut *Time* insgesamt 1968 Opfer gefordert.
Die Nation war paralysiert. Und es kam noch schlimmer. Während die Rettungsmannschaften am Ground Zero in New York noch nach Überlebenden suchten und die Trümmer weiter rauchten, erlebte Amerika einen zweiten heimtückischen Angriff, diesmal mit biologischen Waffen: In der Post prominenter Politiker und Publizisten tauchten Briefe auf, aus denen feines Pulver rieselte, der tödliche »bacillus anthracis«, zu Deutsch: Milzbranderreger. Die Anschläge – offenbar von einem Einzeltäter verübt, der nichts mit den Terroristen des 11. September zu tun hatte – forderten 5 Menschenleben, 17 Personen wurden in Krankenhäusern gerettet. Erstmals in der Geschichte der USA wurde das Repräsentantenhaus kurzfristig geschlossen; der Senat dagegen, dessen Mehrheitsführer Tom Daschle auch einen Anthrax-Brief erhalten hatte, war mutiger und tagte weiter.
Hysterie ergriff weite Teile der Bevölkerung, angstvoll blickte die Nation auf ihren Präsidenten, erwartete von ihm als Paterfamilias Trost und Aufmunterung zugleich. Und tatsächlich: Das politische Leichtgewicht George W. Bush mutierte, so schien es zumindest, von einem Tag auf den anderen zum Staatsmann. Zeitweilig genoss er die Unterstützung von beinahe 90 Prozent seiner Landsleute.

Statt spontan mit einem spektakulären Schlag gegen irgendeinen Verdächtigen zu reagieren, nahm sich Bush mehrere Wochen Zeit für eine stille diplomatische Offensive: Wie einst sein Vater im Golfkrieg gegen Saddam Hussein formte er eine große Koalition gegen den Terrorismus, der sich eine Vielzahl von Nationen anschloss – die Nato-Verbündeten, aber auch Russland und die Volksrepublik China.
Erst als die Koalition geschmiedet war, starteten die USA einen massiven Vergeltungs- und Vernichtungsschlag ge-

Einsatzhelfer am 11. September 2001 vor den Trümmern des World Trade Center in New York

Löscharbeiten am Washingtoner Pentagon nach dem Anschlag mit einem gekaperten Verkehrsflugzeug

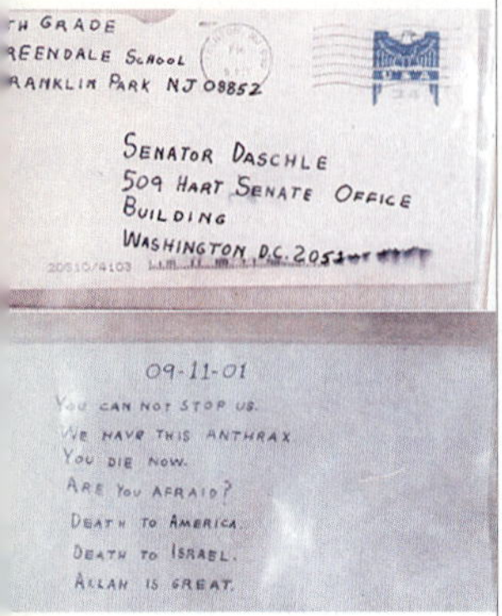
TH GRADE
REENDALE SCHOOL
RANKLIN PARK NJ 08852

SENATOR DASCHLE
509 HART SENATE OFFICE
BUILDING
WASHINGTON D.C. 2051

09-11-01
OU CAN NOT STOP US.
E HAVE THIS ANTHRAX
YOU DIE NOW.
ARE YOU AFRAID?
DEATH TO AMERICA.
DEATH TO ISRAEL.
ALLAH IS GREAT.

Anthrax-Brief an Senator Tom Daschle

Rechts: Ende der Aufräumungsarbeiten. Der letzte Stahlträger wird abtransportiert

US-Militärpolizei, Gefangener in Guantanamo (Kuba)

gen die Drahtzieher der Terrorakte: den von ▸Afghanistan aus operierenden Multimillionär und Revolutionär Osama Bin Laden und sein Qaida-Netzwerk sowie die am Hindukusch herrschenden Steinzeit-Fundamentalisten der Taliban.

Nach einem pausenlosen Dauerbombardement des Landes waren die Taliban vergleichsweise schnell entmachtet. Tausende vermeintliche Terroristen oder Terroristen-Helfer wurden gefangen gesetzt, darunter auch der US-Bürger John Walker Lindh, der sich in Afghanistan den Taliban angeschlossen hatte. Deren Führer aber entzogen sich dem Zugriff ebenso wie Bin Laden, und auch das Qaida-Netzwerk war im Sommer 2002 noch keineswegs ausgeschaltet.

»9/11«, der Schock des 11. September, hielt auch noch an, als die Rettungs-, Bergungs- und Aufräumarbeiten in New York im Mai 2002 endgültig abgeschlossen wurden. Insgesamt waren rund 1,8 Mio. Tonnen Schutt abgetragen worden, die Zahl der Opfer lag offiziell bei 2823 Toten – der Wettlauf um eine Neugestaltung des Areals, auf dem einmal das World Trade Center gestanden hatte, konnte beginnen.

Amerikas Kreuzzug gegen den Terrorismus ging weiter, nun aber nicht mehr bedingungslos unterstützt vom Rest der Welt. Denn George W. Bush hatte den Kreis der Verdächtigen mittlerweile erweitert, hatte eine »Achse des Bösen« ausgemacht, die vom Irak über den Iran bis nach Nordkorea reichte – und einen Präventivschlag gegen Saddam Hussein mochten viele Partner der 9/11-Koalition nicht mittragen. Hinzu kam massive Kritik an der Art, wie die USA ihre Kriegsgefangenen aus Afghanistan auf dem Militärstützpunkt Guantanamo auf Kuba behandelten.

Im Sommer 2002, beim Gipfel der G-8-Staaten im kanadischen Kananaskis, hatte der politische Alltag den US-Präsidenten längst wieder eingeholt. Zwar führte sich George W. Bush immer noch auf wie ein Riesen-Staatsmann, strahlende Einmütigkeit und uneingeschränkte Solidarität der übrigen Staats- und Regierungschefs aber gab es nur noch für die Kameras. Und in Washington sah es nicht viel anders aus.

Innenpolitik: Der 11. September 2001 bestimmte, natürlich, für lange Zeit auch die Innenpolitik – so etwa bei den XIX. Olympischen Winterspielen, die im Februar 2002 hinter einem dichten Sicherheitskordon in Salt Lake City stattfanden. Es waren vermutlich die am besten gesicherten Spiele aller Zeiten. Aufregung verbreiteten allein Präsident George W. Bush, der die traditionelle Eröffnungsformel der Spiele ohne Absprache mit dem IOC mit dem patriotischen Vorsatz »Im Namen einer stolzen, entschlossenen und dankbaren Nation« einleitete, sowie die Dopingsünder, allen voran der für Spanien startende deutsche Skilangläufer Johann Mühlegg.

Ernsthaft in Bedrängnis gerieten George W. Bush und seine Administration, als sich herausstellte, dass es schon lange vor den Anschlägen vom 11. September ernst zu nehmende Warnungen gegeben hatte – so etwa ein Memorandum, in dem Kenneth Williams, Agent der Bundespolizei FBI, bereits am 10. Juli 2001 warnend darauf hinwies, dass an amerikanischen Flugschulen möglicherweise arabische Terroristen ausgebildet würden. Doch auf dem Weg durch die FBI-Bürokratie landete das Memo irgendwann unbeachtet in einem Aktenordner. Ähnlich wenig Beachtung fand die Geheimdienstwarnung, Bin Ladens Organisation werde möglicherweise amerikanische Verkehrsflugzeuge entführen.

Als das Versagen der Dienste immer deutlicher und die Kritik immer heftiger wurde, kündigte Bush die Bildung eines neuen Super-Ministeriums zum Schutz der Heimat an (Department of Homeland Security), das mit insgesamt 170 000 Mitarbeitern und einem Jahresbudget von 37,4 Mrd. US-Dollar die Aktivitäten von insgesamt 22 Behörden koordinieren soll. »Mit dieser Reorganisation der Regierung«, höhn-

te die *New York Times*, »will Bush vor allem schützen, was ihm besonders wichtig ist: sich selbst.« Doch es wird vermutlich noch Jahre dauern, bis dieses Ministerium seine Arbeit aufnehmen kann: Bei der Gestaltung der neuen Behörde möchte der Kongress mitreden.

Bis dahin will der Präsident das Land mit einem freiwilligen Bürgerheer (Citizen Corps) vor neuen terroristischen Anschlägen schützen, das auf 5 Säulen ruhen soll: Teams für Notfälle in Gemeinden, Einsatzgruppen für medizinische Versorgung, Freiwilligen für den Polizeidienst, Gruppen für die Nachbarschaftsüberwachung und aus dem »Terrorism Information and Prevention System (Tips)«, dem Terrorismusinformations- und -vorbeugesystem.

Nach Angaben des Zentrums für Verfassungsrecht in New York würde auf 24 Amerikaner ein Informant kommen, insgesamt 12 Mio. Spitzel, die vor allem an Schaltstellen des öffentlichen Lebens tätig sind oder an Schnittstellen zwischen privater und öffentlicher Sphäre: Busfahrer etwa und Postboten, Telefonisten und Lkw-Fahrer, Angestellte bei Versorgungsbetrieben, Kapitäne, Hafenarbeiter können eine eigens eingerichtete gebührenfreie Telefonnummer anrufen, wenn ihnen etwas verdächtig vorkommt. Der Start des Pilotprojekts war für August 2002 in 10 US-Städten geplant.

Schon wurden Erinnerungen wach an den Senator Joseph McCarthy, der in den fünfziger Jahren zur Hexenjagd auf Kommunisten geblasen hatte. Schon warnten Bürgerrechtler, der von George Orwell in seinem Klassiker »1984« prophezeite Überwachungsstaat werde mit knapp 20 Jahren Ver-

DIE 50 BUNDESSTAATEN UND DER HAUPTSTADT-DISTRIKT DER USA

	Name, Kürzel	*Fläche (km²)*	*Einw. (2000)*	*Hauptstadt*
1.	Alabama, AL	135 775	4 447 100	Montgomery
2.	Alaska, AK	1 700 138	626 932	Juneau
3.	Arizona, AZ	295 276	5 130 632	Phoenix
4.	Arkansas, AR	137 742	2 673 400	Little Rock
5.	California, CA	424 002	33 871 648	Sacramento
6.	Colorado, CO	269 618	4 301 261	Denver
7.	Connecticut, CT	14 358	3 405 565	Hartford
8.	Delaware, DE	6 448	783 600	Dover
9.	Florida, FL	170 314	15 982 378	Tallahassee
10.	Georgia, GA	153 952	8 186 453	Atlanta
11.	Hawaii, HI	28 313	1 211 537	Honolulu
12.	Idaho, ID	216 456	1 293 953	Boise City
13.	Illinois, IL	150 007	12 419 293	Springfield
14.	Indiana, IN	94 328	6 080 485	Indianapolis
15.	Iowa, IA	145 754	2 926 324	Des Moines
16.	Kansas, KS	213 111	2 688 418	Topeka
17.	Kentucky, KY	104 665	4 041 769	Frankfort
18.	Louisiana, LA	134 275	4 468 976	Baton Rouge
19.	Maine, ME	91 653	1 274 923	Augusta
20.	Maryland, MD	32 134	5 296 486	Annapolis
21.	Massachusetts, MA	27 337	6 349 097	Boston
22.	Michigan, MI	250 465	9 938 444	Lansing
23.	Minnesota, MN	225 182	4 919 479	St. Paul
24.	Mississippi, MS	125 443	2 844 658	Jackson
25.	Missouri, MO	180 546	5 595 211	Jefferson City
26.	Montana, MT	380 850	902 195	Helena
27.	Nebraska, NE	200 358	1 711 263	Lincoln
28.	Nevada, NV	286 367	1 998 257	Carson City
29.	New Hampshire, NH	24 219	1 235 786	Concord
30.	New Jersey, NJ	22 590	8 414 350	Trenton
31.	New Mexico, NM	314 939	1 819 046	Santa Fe
32.	New York, NY	141 080	18 976 457	Albany
33.	North Carolina, NC	139 397	8 049 313	Raleigh
34.	North Dakota, ND	183 123	642 200	Bismarck
35.	Ohio, OH	116 103	11 353 140	Columbus
36.	Oklahoma, OK	181 048	3 450 654	Oklahoma City
37.	Oregon, OR	254 819	3 421 399	Salem
38.	Pennsylvania, PA	119 291	12 281 054	Harrisburg
39.	Rhode Island, RI	4 002	1 048 319	Providence
40.	South Carolina, SC	82 902	4 012 012	Columbia
41.	South Dakota, SD	199 744	754 844	Pierre
42.	Tennessee, TN	109 158	5 689 283	Nashville
43.	Texas, TX	695 676	20 851 820	Austin
44.	Utah, UT	219 902	2 233 169	Salt Lake City
45.	Vermont, VT	24 903	608 827	Montpelier
46.	Virginia, VA	110 792	7 078 515	Richmond
47.	Washington, WA	184 672	5 894 121	Olympia
48.	West Virginia, WV	62 759	1 808 344	Charleston
49.	Wisconsin, WI	169 643	5 363 675	Madison
50.	Wyoming, WY	253 349	493 782	Cheyenne
	District of Columbia, DC	177	572 059	Washington

DIE 50 BUNDESSTAATEN DER USA

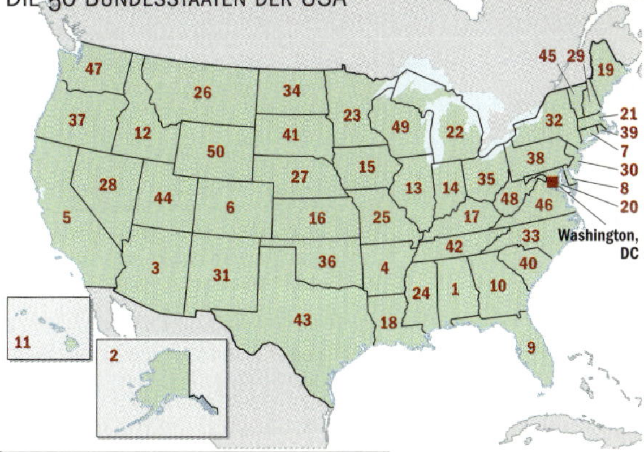

spätung doch noch Wirklichkeit. Sosehr sich Senatoren und Abgeordnete auch im Kampf gegen den Terrorismus mit Bush einig waren – bei anderen Themen zeigten sie sich durchaus selbstbewusst. So verabschiedete der Kongress ein Gesetz zur Wahlkampffinanzierung, das der Präsident ausdauernd bekämpft hatte, und bereitete ihm erhebliche Schwierigkeiten, seine Kandidaten für wichtige Bundesrichterposten durchzusetzen. Im Juli 2002 beschloss das Repräsentantenhaus sogar, die seit über einem halben Jahrhundert bestehende Reisesperre nach Kuba aufzuheben.

Je näher die Zwischenwahlen im November 2002 rückten – bei denen alle Abgeordneten des Repräsentanten-

Angestellte des Enron-Konzerns beim Verlassen der Firmenzentrale in Houston

hauses und ein Drittel der Senatoren neu gewählt werden –, desto größer wurde der innenpolitische Druck auf den Präsidenten, der zu allem Überfluss noch seine wichtigste Mitarbeiterin im Weißen Haus verlor: Karen Hughes, über die im Weißen Haus alles lief, kehrte aus familiären Gründen nach Texas zurück.

»Das Gedächtnis der Amerikaner reicht nur für eine Nanosekunde«, analysierte im Sommer 2002 der Meinungsforscher Bill McInturff. »Wir verlassen jetzt die vom 11. September geprägte Welt und treten ein in die Welt eines typischen Wahljahres. Da ist es an der Zeit, sich mit Dingen zu beschäftigen, die an der Heimatfront von Bedeutung sind« – und das hieß: vor allem mit der

Wirtschaft: Vor dem 11. September 2001 bereits hatten die wirtschaftlichen Eckdaten den Präsidenten in Erklärungsnot gebracht. Vorgänger Bill Clinton hatte ihm einen Haushaltsüberschuss von 237 Mrd. Dollar hinterlassen, für das Jahr 2001 war ein Plus von 281 Mrd., für die nächsten 10 Jahre gar von 3,4 Billionen vorhergesagt worden. Doch schon im August 2001 gab das Weiße Haus bekannt, 123 Mrd. Dollar des Überschusses für 2001 hätten sich irgendwie »verflüchtigt«. Clinton-Ehefrau Hillary, inzwischen Senatorin in Washington, ätzte: »Wenn dies ein Film wäre, müsste man ihm den Titel geben ›Liebling, ich habe den Überschuss schrumpfen lassen‹«. In Anspielung auf George Bush Senior, der 1992 vor allem wegen seiner Wirtschaftspolitik abgewählt worden war, fragte das Magazin *Time* den Präsidenten im September ironisch: »Ist dies die Rezession Ihres Vaters?« Die Arbeitslosigkeit hatte mit 4,9 Prozent den höchsten Stand seit 1997 erreicht, der Dow-Jones-Index war um 234 Punkte abgestürzt und der Confidence Index, der das Vertrauen in die Wirtschaft des Landes widerspiegelt, im dritten Monat in Folge gefallen.

Mit dem 11. September wurde alles noch viel dramatischer. Die Aktienkurse fielen auf breiter Front, ganze Branchen gerieten in Existenznot – allen voran die Tourismusindustrie, denn die sonst so reiselustigen Amerikaner blieben aus Furcht vor neuen Anschlägen lieber daheim – 4 von 5 Amerikanern hielten einen weiteren Angriff innerhalb der nächsten 12 Monate für wahrscheinlich oder sehr wahrscheinlich.

Während Kriege in der Vergangenheit durchaus auch positive Auswirkungen auf die amerikanische Wirtschaft hatten, zeigten Konjunkturspritzen und zusätzliche Sicherheits- und Militärausgaben diesmal keinerlei Wirkung. Im Gegenteil. Die hohen Ausgaben und unerwartet niedrige Steuereinnahmen führten dazu, dass die USA Mitte 2002 am Rande des Staatsbankrotts standen, als die Gesamtverschuldung der öffentlichen Hand die gesetzliche Obergrenze von 5950 Mrd. Dollar erreichte. »Wir geben Geld aus, als gäbe es kein morgen«, klagte Senator George Voinovich, ein Republikaner aus Ohio. Der Regierung fehle es an jeglicher steuerpolitischen Verantwortung. Die Verschuldung wäre vermutlich noch größer geworden, hätte sich Bush mit seiner Idee einer kräftigen Steuersenkung zur Ankurbelung der Wirtschaft durchgesetzt. Doch er musste sich mit einem von den oppositionellen Demokraten geschnürten Kom-

promisspaket zufrieden geben, das nur geringfügige Steuererleichterungen vorsieht. Statt eines Überschusses ergab sich für 2001 ein Haushaltsdefizit von 515 Mrd. Dollar.
Schlimmer noch als die schlechten Gesamtzahlen war, weil auch psychologisch verheerend, eine Serie von Pleiten und Betrügereien, wie sie Amerikas Wirtschaft in diesen Größenordnungen und dieser Massierung noch nie erlebt hatte. Erst brach um die Jahreswende 2001/2002 der im Sommer 2000 noch siebtgrößte Konzern des Landes zusammen, das im Zeitalter der New Economy entstandene Energieversorgungsunternehmen Enron, woran die beiden größten Banken des Landes – Citigroup und J. P. Morgan Chase – offenbar nicht unbeteiligt waren: Sie hatten angeblich mitgeholfen, den anwachsenden Schuldenberg vor den Aktionären zu verschleiern. Auch auf die Bush-Administration fiel ein peinlicher Schatten, weil die in Houston (Texas) beheimatete Firma enge Beziehungen zu führenden Republikanern aus dem Umfeld des Präsidenten unterhielt. Dann kam im Juni heraus, dass die Telekommunikationsgesellschaft WorldCom, ebenfalls ein Kind der New Economy, ihre Bilanz durch milliardenschwere Falschbuchungen geschönt hatte. Ende Juli musste WorldCom schließlich Konkurs anmelden – die größte Pleite der US-Geschichte. Auch traditionsreiche Firmen wie der Kopier-Riese Xerox oder der Pharmakonzern Merck gerieten ins Gerede.
Wie eng das Band zwischen Big Business und prominenten Mitgliedern der Bush-Mannschaft schon immer war, zeigte sich, als die Anti-Korruptions-Initiative Judical Watch eine Klage gegen den Bush-Vize Richard (»Dick«) Cheney einreichte – der sei beim Ölausrüster Halliburton, den Cheney vor seiner Reaktivierung durch Bush geleitet hatte, für eine betrügerische Umstellung der Geschäftsbilanzen verantwortlich gewesen. Auch vor George W. Bush selbst machte die Diskussion um Manipulationen nicht halt. Er hatte Ende der achtziger Jahre zwei ungewöhnlich günstige Darlehen von Firmen erhalten, in deren Aufsichtsrat er saß, was ihm ermöglichte, das wichtigste Aktiengeschäft seiner Karriere zu tätigen. Anfang Juli 2002 forderte Bush nun ein Ende all solcher Insider-Transaktionen – weil sie in jüngster Zeit häufig missbraucht worden seien.

Schwarze Wochen an der Wall Street waren die Folge. Die Aktienkurse stürzten tiefer noch als unmittelbar nach dem 11. September. Und zu allem Überfluss verlor dann auch noch der Dollar seine Strahlkraft: Die Kunstwährung Euro, von den Amerikanern lange belächelt, war auf den Weltmärkten mit einem Male fast ebenso stark wie, zeitweilig sogar stärker als der »Greenback«.

US-Nahost-Vermittler Anthony Zinni mit Ariel Scharon (oben), mit Jassir Arafat (unten)

Außenpolitik: In der Außen- und Verteidigungspolitik der USA schoben sich von Anfang an bewährte Konservative aus den siebziger Jahren sowie die attraktive Sicherheitsberaterin und Familienfreundin der Bushs, Condoleezza Rice, in den Vordergrund. »Where have you gone, Colin Powell?«, titelte *Time* Anfang September 2001. Der Ex-General, unter Bush-Vater einer der Helden des Golfkriegs, saß zwar als Außenminister an der Spitze des State Department, konnte aber gegen die Falken in der Regierung kaum Akzente setzen. Nach den Anschlägen von New York und Washington übernahmen sie vollends die Regie. Statt des eher gemäßigten Powell, für den Außenpolitik bedeutet, die Interessen der USA zu wahren und voranzutreiben, zugleich aber auch auf andere Nationen Rücksicht zu nehmen, gewannen Polit-Dinos wie Richard Perle oder Donald Rumsfeld noch mehr Einfluss; vor allem aus dem Kreise dieser Bush-Krieger wurde immer wieder gefordert, den Kreuzzug gegen den Terrorismus endlich auch auf Saddam Hussein und den Irak auszudehnen.
Dass sich die Situation im Nahen Osten, völlig unabhängig von Saddam Hussein, dramatisch zuspitzte, ignorierte die Regierung indes, solange sie nur konnte. Anders als Vorgänger Clinton, der bis zu seinem letzten Amtstag versucht hatte, zwischen Israelis und Palästinensern zu vermitteln, wollte Bush in den offenbar unlösbaren Konflikt überhaupt nicht involviert werden. Erst im Frühjahr 2002, als der Ruf nach amerikanischer Vermittlung, vielleicht auch nach einem amerikanischem Machtwort nicht

US-Kardinal Theodore McCarrick, Bischof Wilton Gregory im Vatikan

mehr zu überhören war, schickte er nacheinander den Ex-General Anthony Zinni und schließlich auch Colin Powell als Vermittler nach Israel und Palästina. Beide kehrten ohne Erfolg zurück, und nun versuchte sich der Präsident selbst als Außenpolitiker. Nach einigem Zickzack gab er seine Losung für den Nahen Osten aus: Jawohl, die Palästinenser sollten ihren eigenen Staat bekommen – müssten sich aber vorher von ihrer gegenwärtigen Führung unter Jassir Arafat trennen. Danach müsse auch Israel seine Siedlungspolitik in den besetzten Gebieten korrigieren. Das Schlitzohr Arafat kündigte daraufhin für Anfang 2003 Neuwahlen an – worauf Bush noch einmal nachlegte: Wenn sich die Palästinenser für eine korrupte Führung entschieden, die mithelfe, den Terrorismus zu finanzieren, werde Amerika seine Hilfe für Palästina einstellen.

Während Uno-Generalsekretär Kofi Annan vorsichtige Kritik an den Ultimaten übte, folgten Washingtons Verbündete auf dem G-8-Gipfel in Kananaskis dem Bush-Vorschlag – auch Amerikas »neuer bester Freund« (*Time*), Russlands Präsident Wladimir Putin. Von der anderen östlichen Großmacht kam keine Reaktion. Die Chinesen waren möglicherweise immer noch ein wenig pikiert: Sie hatten für ihren Präsidenten Jiang Zemin in den USA für 120 Mio. Dollar eine Boeing 767 bestellt – und nach der Auslieferung ihrer »Air Force One« insgesamt 27 US-Wanzen an Bord entdeckt. Vermutlich war das der Tölpelhaftigkeit eines der amerikanischen Geheimdienste zuzuschreiben. Es konnte aber ebenso gut auch als weiterer Beleg dafür gelten, dass Washington sich als selbst ernannter Weltpolizist das Recht anmaßt, alle übrigen Staaten der Welt zu kontrollieren und ihnen Amerikas Willen aufzuzwingen.

Uno-Generalsekretär Kofi Annan, Rudolph Giuliani am Ground Zero

Washington gegen den Rest der Welt war auch das Motto der Bush-Administration, als sie Ende Juni 2002 mit einem Veto im Uno-Sicherheitsrat eine sechsmonatige Verlängerung des Uno-Mandats in Bosnien zunächst blockierte – nicht in erster Linie, weil sie gegen dieses Mandat war, sondern um Sonderrechte für amerikanische Soldaten im Rahmen von Uno-Missionen durchzusetzen. Die sollten, anders als die Soldaten anderer Länder, nicht der Gerichtsbarkeit des Internationalen Strafgerichtshofs (IStGH) in Den Haag unterstellt werden, der am 1. Juli seine Arbeit aufnahm. Bush-Vorgänger Clinton hatte zwar die Gründungsurkunde für den IStGH unterzeichnet, doch der Senat, angeführt von dem Ultra Jesse Helms, dachte gar nicht daran, die Ratifizierung auf die Tagesordnung zu setzen. Nun drohte Bush sogar an, gegebenenfalls die Unterschrift der USA rückgängig zu machen. Der Rest der Welt unterwarf sich nolens volens einem kläglichen Kompromiss.

Gesellschaft: Zum ersten Mal in fast einem Jahrzehnt stieg die Gewaltkriminalität wieder an. In fast allen Großstädten nahmen Bandenkriminalität und die Zahl der Morde und Raubüberfälle zu – außer in New York, dessen langjähriger Bürgermeister Rudolph Giuliani nach dem Anschlag vom 11. September zum Helden der Stadt und von *Time* zur »Person des Jahres« erkoren wurde. (Dass er zur Zeit des Anschlags wegen eines schmutzigen Scheidungskrieges schon lange nicht mehr in »Gracie Mansion«, der Residenz des OB, sondern bei einem Freund nächtigte, sahen ihm die New Yorker, liberal wie immer, gern nach. Sie hätten ihn vermutlich auch ein drittes Mal gewählt, doch das ließen die Statuten nicht zu. So zählt Giuliani inzwischen zu den begehrtesten Rednern des Landes und

wird allein im Jahr 2002 Rednerhonorare von etwa 8 Mio. Dollar kassieren. Da fiel es nicht allzu schwer, den Scheidungskrieg im Juli 2002 mit der Zahlung von 6,8 Millionen. an seine Ex beizulegen.)
Bitter war das Jahr für die katholische Kirche in den USA. Nach und nach wurden Hunderte von Fällen bekannt, in denen Priester ihre Hände nicht von jungen Männern lassen konnten. Die Empörung über die pädophilen Geistlichen wurde so laut, dass Papst Johannes Paul II. Kardinäle und Bischöfe der USA schließlich zur Strafpredigt in den Vatikan zitierte.
Für Furore bei erzkonservativen Amerikanern und den christlichen Fundamentalisten sorgten im Juni 2002 zwei Urteile des Supreme Court. Mit 6:3 Stimmen erklärten die obersten Richter die Vollstreckung der Todesstrafe an geistig Behinderten für verfassungswidrig. Und mit 7:2 Stimmen setzten sie 150 Todesurteile aus, weil das Strafmaß nicht von einer Geschworenenjury, sondern von einem Einzelrichter festgelegt worden war. Wohl etwas zu voreilig sahen Optimisten darin einen ersten Schritt hin zur völligen Abschaffung der Todesstrafe. Das Urteil eines Bundesgerichts in San Francisco, wonach die Floskel »eine Nation unter Gott« im morgendlichen Gebet an Amerikas Schulen verfassungswidrig sei, wurde nach einem von George W. Bush angeführten patriotischen Massenprotest erst einmal ausgesetzt.
Einen Dämpfer erhielten die Freunde des 1974 zurückgetretenen Skandal-Präsidenten Richard Nixon bei ihren Bemühungen, »Tricky Dick« zu rehabilitieren: Tonbandaufnahmen aus dem Weißen Haus aus dem Jahre 1972 belegten, dass Nixon im Vietnamkrieg am liebsten Atomwaffen eingesetzt hätte und im Übrigen aus seinem Antisemitismus kein Hehl machte. Nixon zu Sicherheitsberater Henry Kissinger: »Ich würde lieber die Atombombe einsetzen...Sie sind so verdammt besorgt um die Zivilbevölkerung, mir ist das scheißegal.« Nixon zu seinem Finanzminister John Connally: »Das Justizministerium – voll von Juden ... Die Anwälte der Regierung? Alles verdammte Juden.«
Und dann gab es, auch ohne Bill Clinton, noch einmal Aufregung um eine Praktikantin. Die schöne Chandra Levy, im Kongress tätig und dort mit dem Abgeordneten Gary Condit aus Kalifornien in Beziehung gebracht, war plötzlich verschwunden. Condit wand sich, sprach ihren Verwandten Trost zu, beteuerte, nichts mit ihrem Verschwinden zu tun zu haben, und erklärte Monate später, als die Leiche der Praktikantin gefunden wurde, er werde im November erneut für das Repräsentantenhaus kandidieren. Doch er scheiterte bereits in der Vorwahl.

Abgeordneter Gary Condit, Praktikantin Chandra Levy

Umwelt: Auch im Sommer 2002 wurden weite Teile des amerikanischen Westens, vor allem in den Bundesstaaten Colorado und Kalifornien, von verheerenden Waldbränden heimgesucht. Diesmal aber war alles viel schlimmer als sonst: Mehrere Brände verbanden sich zu einem Riesenfeuer, das bis in die Vororte der Colorado-Hauptstadt Denver reichte. Im Juli bedrohte eine Feuersbrunst die riesigen, zum Teil über 1000 Jahre alten Mammutbäume im Sequoia National Forest von Kalifornien. Der Sachschaden des feurigen Sommers ging in die Milliarden.

AUSSENGEBIETE

Amerikanisch-Samoa

Fläche: 199 km², mit den vulkanischen Inseln Tutuila, Tau, Olosega, Ofu, Aunuu und den Atollen Rose und Swains Island. **Bevölkerung:** 67 100 **Hauptstadt:** Pago Pago (auf Tutuila), 9000 Einw.
US-amerikanischer Gouverneur. Zweikammerparlament »Fono«: Senat mit 18, Abgeordnetenhaus mit 21 Mitgl. **Wirtschaft:** BIP: 150 Mio. US$. BIP/Kopf: 2600 US$. Haupteinnahmequelle: Fisch verarbeitende Industrie mit über 4000 Beschäftigten

Guam

Fläche: 541 km², größte und südlichste der Marianen-Inseln. Rund ein Drit-

tel der Landfläche wird von US-Marine- und -Luftstreitkräften eingenommen. **Bevölkerung:** 155 000 Einw. **Hauptstadt:** Agana, 1300 Einw. US-amerikanischer Gouverneur. Legislative mit 15 Mitgl., ein Abg. mit eingeschränktem Stimmrecht im US-Repräsentantenhaus.
Wirtschaft: BIP: 3,0 Mrd. US$. BIP/Kopf: 19 000 US$. Haupteinnahmequelle: US-Militärausgaben (auf der Insel sind 6700 US-Soldaten stationiert; während des Vietnamkriegs bevorzugtes »Rest and Recreation«-Ziel der GIs und Standort der weltweit größten McDonald's-Filiale) sowie der Tourismus. Über 80 % der knapp 1,5 Mio. Besucher sind Japaner, bei denen die Insel als Flitterwochenziel beliebt ist.

U.S. COMMONWEALTH

Nördliche Marianen-Inseln

Fläche: 477 km², verteilt auf 16 Vulkan- und Koralleninseln, die sich nördlich von Guam über 500 km erstrecken. **Bevölkerung:** 74 000 Einw. **Hauptstadt:** Saipan, 40 000 Einw. Lokal gewählter Gouverneur. Zweikammerparlament: Senat mit 9, Repräsentantenhaus mit 18 Mitgliedern
Wirtschaft: BIP: 900 Mio. US$. BIP/Kopf: 12 500 US$. Haupteinnahmequelle: Tourismus, jährlich etwa 750 000 Besuchern.

U.S. Virgin Islands (Jungferninseln)

Fläche: 352 km², Hauptinseln St. Thomas (80,3 km²), St. Croix (215 km²) und St. John (51 km²). **Bevölkerung:** 122 000 Einw. **Hauptstadt:** Charlotte Amalie (St. Thomas), 12 200 Einw. US-amerikanischer Gouverneur. Einkammerparlament mit 15 Mitgl., ein Abg. mit eingeschränktem Stimmrecht im US-Repräsentantenhaus. Die Einw. sind amerikanische Staatsbürger, aber bei Präsidentschaftswahlen nicht stimmberechtigt.
Wirtschaft: BIP: 1,8 Mrd. US$. BIP/Kopf: 15 000 US$. Haupteinnahmequelle: Tourismus, 1999 fast 2 Mio. Besucher. Von russischen Oligarchen geschätzte Steueroase.

Puerto Rico

Fläche: 8959 km², mit den Hauptinseln Puerto Rico, Mona, Vieques und Culebra. **Bevölkerung:** 3,8 Mio. Einw. **Hauptstadt:** San Juan, 422 000 Einw. US-amerikanischer Gouverneur. Zweikammerparlament: Senat mit 28, Abgeordnetenhaus mit 54 Mitgl., ein Abg. mit eingeschränktem Stimmrecht im US-Repräsentantenhaus.
Wirtschaft: BIP: 38,1 Mrd. US$. BIP/Kopf: 9800 US$. Haupteinnahmequelle: Tourismus, jährlich über 5 Mio. Besucher.

NICHT INTEGRIERTE GEBIETE IN KARIBIK UND PAZIFIK

Navassa-Insel: 5,2 km² in der Karibik, unbewohnt, Leuchtturm, wegen des 160 km entfernten Stützpunktes Guantanamo auf Kuba von strategischer Bedeutung. Verwaltung: US-Innenministerium.

Baker-Insel: Atoll mit einer Gesamtfläche von 1,4 km². Baumlos, ohne Süßwasser, unbewohnt. Vogelparadies. Zutritt nur für Wissenschaftler. Verwaltung: US-Innenministerium.

Howland-Insel: Atoll, Fläche 1,6 km², ohne Süßwasser, unbewohnt. Vogelparadies. Zutritt nur für Wissenschaftler. Verwaltung: US-Innenministerium.

Jarvis-Insel: Fläche 4,5 km², ohne Süßwasser, unbewohnt. Zutritt nur für Wissenschaftler. Verwaltung: US-Innenministerium.

Palmyra-Atoll: Mini-Archipel mit ca. 50 dicht bewachsenen Eilanden, Gesamtfläche 11,9 km². 1 Hafen, 1 Landebahn. Privatbesitz, aber Verwaltung durch US-Innenministerium.

Johnston-Atoll: Gesamtfläche 2,8 km². Nord- und Ost-Insel waren Atomwaffentestgebiet und sind gesperrt. Ein Teil des Atolls war Depot und Vernichtungsplatz für C-Waffen. 970 Bewohner. Verwaltung: US-Innen- und Verteidigungsministerium.

Midway-Inseln: Zwei insgesamt 5,2 km² große Inseln. 1942 Schauplatz einer der größten Seeschlachten des Zweiten Weltkriegs. 3 feste Landebahnen, ca. 150 Bewohner, alle Naturschutzbehörde, Sperrgebiet. Verwaltung: US-Innenministerium.

Wake-Insel: Atoll aus 3 Koralleninseln, Gesamtfläche 6,5 km². Unter Militärverwaltung. Beansprucht von der Republik der Marshallinseln.

Kingman-Riff: 1 km² großes, dreigeteiltes Korallenriff, permanent überflutungsgefährdet und unbewohnt. Verwaltung: U.S. Navy.

Vietnam

Botschaft in Deutschland: Elsenstraße 3, D-12435 Berlin
☎ +49-30-53 63 01 08 🖷 -53 63 02 00

GEOGRAFIE, BEVÖLKERUNG

Fläche: 331 114 km² **Verwaltung:** 7 Regionen mit 52 Provinzen, 3 Stadtbezirke (Haiphong, Hanoi, Ho-Tschi-minh-Stadt) **Bevölkerung:** 78,523 Mio. Einw., davon 85 – 90 % Vietnamesen, 3 % Chinesen, Minderheit von Thai und Khmer **Flüchtlinge:** 15 945 **In Städten** leben 24 %, **unter 15 J.** sind 33 % der Bev. **Bev.dichte:** 241 Einw./km² **Bev.wachstum:** 1,3 % **Fruchtbarkeitsrate:** 2,2 Geb./Frau **Landessprache:** Vietnamesisch **Religionen:** 70 % Buddhisten; 8 % Katholiken, Taoisten

POLITISCHES SYSTEM

Unabhängig seit dem 2. September 1945. Sozialistische Republik seit 1976, Verfassung von 1992, zuletzt geändert 2001. Einparteiensystem. Einkammerparlament: Nationalversammlung mit 450 Sitzen. Wahl alle 5 J., Nationalversammlung wählt alle 5 J. den Präsidenten. Wahlrecht ab 18 J.
Staatsoberhaupt: Tran Duc Luong (seit September 1997)
Regierungschef: Phan Van Khai (seit September 1997)
Außenminister: Nguyen Dy Nien

MILITÄR

Allg. Wehrpflicht: 24 – 36 Monate **Streitkräfte:** 484 000 Mann, davon 412 000 Armee, 30 000 Luftwaffe, 42 000 Marine **Militärausgaben** (am BSP): 2,5 %

GESUNDHEIT, SOZIALES, BILDUNG

Öffentliche Gesundheitsausgaben (am BIP): 0,8 % **Öffentliche Ausgaben für Bildung und Erziehung** (am BIP): k. A. **Medizinische Versorgung:** 0,5 Ärzte, 1,7 Krankenhausbetten/1000 Einw. **Säuglingssterblichkeit:** 27/1000 Geb. **Müttersterblichkeit:** 95/100 000 Geb. **Kinderunterernährung:** 37 % **Kinderarbeit:** 5 % **Armutsrate:** 51 % (nationale Rate) **Frauenanteil an den Beschäftigten:** 48,9 % Zugang zu **sauberem Trinkwasser** haben 81 % der städtischen, 50 % der ländlichen Bev., zu **sanitären Anlagen** 86 % bzw. 70 % **HIV-Infektionsrate:** 0,24 % **Lebenserwartung:** Männer 67 J., Frauen 72 J. **Schulpflicht:** 6 – 11 J. **Einschulungsquote** im Primarbereich: 97 % **Analphabetenrate:** Männer 4 %, Frauen 9 % **Universitäten:** in Can Tho, Hanoi, Ho-Tschi-minh-Stadt, Hue

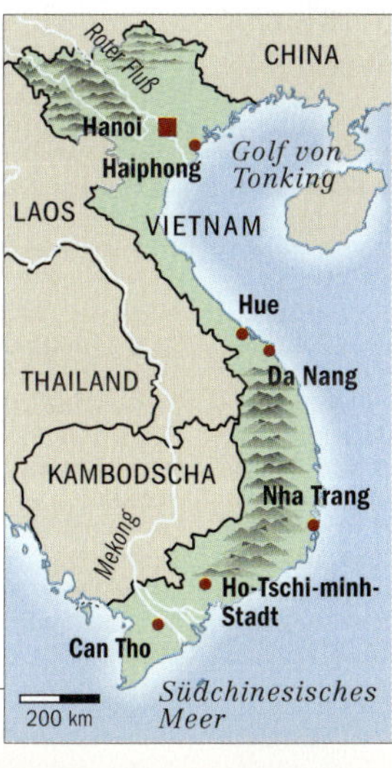

WIRTSCHAFT

Währung: 1 Dong (D) = 10 Hào **Kurs** (Mitte 2002): 1 D = 0,00007 € **BSP:** 30,4 Mrd. US$ **Wachstumsrate des BIP:** 5,5 % **BSP/Kopf:** 390 US$ **Anteile am BIP:** Landwirtschaft 24 %, Industrie 37 %, Dienstleistungen 39 % **Arbeitslosenquote:** 7,4 % **Inflationsrate:** 0,1 % **Staatseinnahmen:** 4,946 Mrd. US$ **Steueraufkommen** (am BIP): 14,9 % **Staatsausgaben:** 5,235 Mrd. US$ **Leistungsbilanzüberschuss:** 960 Mio. US$ **Auslandsschulden:** 12,787 Mrd. US$ **Schuldendienst** (am BSP): 4,2 % **Devisenreserven:** 3,417 Mrd. US$ **Empf. Hilfsgelder:** 1,7 Mrd. US$ **Energie:** Produktion 44,86 Mio. t ÖE, Verbrauch 35,21 Mio. t ÖE

Landwirtschaft, Rohstoffe, Industrie:

Nutzfläche 22,6 %, von der Anbaufläche sind 41,3 % bewässert **Produkte:** Reis, Getreide, Soja, Tee, Kaffee **Bewaldet:** 98 000 km², jährliche **Aufforstung:** 516 km² **Rohstoffe:** Erdöl, Kohle, Zinn, Zink, Eisen, Antimon, Chrom, Phosphat, Bauxit, Gold **Wichtige Industriezweige:** Nahrungsmittelindustrie, Textil- und Chemieindustrie, Maschinenbau

Außenwirtschaft:

Handelsbilanzüberschuss 400 Mio. US$ **Export:** 14,5 Mrd. US$, davon Bekleidung 27,2 %, Öl 18 %, Reis 8,9 % **Hauptausfuhrländer:** Japan (17,6 %), Deutschland (9 %), Australien (8,4 %) **Import:** 14,1 Mrd. US$, davon Maschinen und Anlagen 17,3 %, Treibstoffe 9 %, Eisen und Stahl 5 % **Hauptlieferländer:** Japan (14,1 %), Singapur (12,9 %), Südkorea (12,4 %)

Cong Hoa Xa Hoi Chu Nghia Viet Nam – Sozialistische Republik Vietnam; Vietnamesen

Nationalfeiertag:
2. September

Zeitzone:
MEZ + 6 h

Hauptstadt:
Hanoi
(1 073 800 Einwohner)

Telefon-Vorwahl: +84
Kfz-Kennzeichen: VN

Mitgliedschaften:
Asean, Uno

KP-Chef
Nong Duc Manh

Wahlen in Hanoi

VERKEHR

Schienennetz: 2832 km **Straßennetz:** 93 300 km, davon 25,1 % befestigt **Motorisierung:** 20 Kfz/1000 Einw. Internationale **Flughäfen:** Hanoi, Ho-Tschi-minh-Stadt Bedeutende **Seehäfen:** Da Nang, Haiphong, Ho-Tschi-minh-Stadt **Binnenschifffahrt** auf 17 702 km

KOMMUNIKATION

Auf 1000 Einw. kommen 109 **Rundfunk-**, 185 **Fernsehgeräte**, 37,6 **Telefonanschlüsse**, 15,4 **Mobiltelefone**, 9,9 **PC, IuK-Ausgaben** (am BIP): 6,5 % Es erscheinen 7 **Tageszeitungen** mit einer **Gesamtauflage** von rund 500 000 Exemplaren **Nachrichtenagentur:** Viet Nam News Agency

Agent-Orange-Opfer

UMWELT, TOURISMUS

Geschützte Gebiete: 3,1 % der Landesfläche **Co_2-Emission:** 43,9 Mio. t **Verwendung des Süßwassers:** Landwirtschaft 86 %, Industrie 10 %, Haushalte 4 % **Tourismus:** 2,14 Mio. Besucher, 86 Mio. US$ Einnahmen

AKTUELLE ENTWICKLUNGEN

Die KP-Führung, bei den Parlamentswahlen im Mai 2002 mit knapp 90 Prozent bestätigt, setzte ihren vorsichtigen Reformkurs in Richtung Marktwirtschaft fort. Sie verabschiedete im Oktober 2001 Verwaltungsreformen, die den Abbau von Regulierungen und die Entlassung von 70 000 Beamten vorsehen. Die Nationalversammlung beschloss im Dezember 2001 eine Verfassungsänderung, die Privatunternehmen mit Staatsbetrieben gleichstellt. Seit März 2002 ist es auch KP-Mitgliedern erlaubt, sich privatwirtschaftlich zu betätigen. Es wird angestrebt, die Zahl der staatlichen Unternehmen mittelfristig von 5400 auf 2000 zu reduzieren, und bis 2003 sollen 150 000 der 1,8 Millionen dort Beschäftigten entlassen werden. Die Regierung hofft, dass der Privatsektor 1,4 Millionen neue Arbeitsplätze schafft. Doch Zweifel an diesem ehrgeizigen Ziel sind angebracht.

Dennoch: Vietnams Wirtschaft boomt, und für 2002 wird mit einem Wachstum von 7 Prozent gerechnet. Dazu trugen in nicht unerheblichem Umfang ausländische Firmen und zunehmende Direktinvestitionen bei. Firmen mit Auslandskapital erwirtschafteten rund 22 Prozent der Exporterlöse und schufen 360 000 neue Arbeitsplätze.

Am 28. November 2001 ratifizierte Vietnam das Handelsabkommen mit den USA. Vietnamesische Waren werden fortan nur mit Zöllen von 3 statt 40 Prozent belastet. Die Ausfuhren in die USA möchte das Land 2002 um die Hälfte, auf gut 1,5 Milliarden US-Dollar steigern. Das Abkommen ist ein weiterer Schritt zur Normalisierung der Beziehungen einstiger Kriegsgegner. Am 10. März 2002 kamen beide Länder überein, gemeinsam die Auswirkungen des im Vietnamkrieg eingesetzten Entlaubungsmittels Agent Orange zu erforschen. In Vietnam leben über eine Million Opfer des dioxinhaltigen Herbizids. Und noch immer werden missgebildete Kinder geboren. Vietnams langjähriger Verbündeter Russland gab im Mai 2002 den seit 1979 genutzten Militärstützpunkt Cam Ranh Bay im Süden des Landes auf.

Das Verhältnis zum großen Nachbarn China entspannte sich. Beim Besuch Parteichefs Nong Duc Manh bei seinem chinesischen Amtskollegen Jiang Zemin im Dezember 2001 einigten sich beide Seiten auf die Markierung von Grenzverläufen und verstärkte Kooperation.

Mitte Juli 2002 erschütterte ein Korruptionsskandal das Land. Es ging um Drogenhandel, auf den in Vietnam die Todesstrafe steht, und Prostitution. Über 100 Personen wurden verhaftet, unter ihnen der Chef der Kriminalpolizei von Ho-Tschi-minh-Stadt. Der Leiter des Staatsrundfunks musste sein Amt quittieren. Die Kontakte des Drogenclans reichen angeblich bis ins Zentralkomitee der Einheitspartei.

Weißrussland

Botschaft in Deutschland: Am Treptower Park 32/33, D-12435 Berlin
☎ +49-30-536 35 90 🖷 -53 63 59 23

GEOGRAFIE, BEVÖLKERUNG

Fläche: 207 595 km² **Verwaltung:** 6 Regionen und Hauptstadtbezirk Minsk **Bevölkerung:** 10,005 Mio. Einw., davon 81 % Weißrussen, 2 % Russen, 4 % Polen, 2 % Ukrainer **In Städten** leben 70 %, **unter 15 J.** sind 19 % der Bev. **Bev.dichte:** 48 Einw./km² **Bev.wachstum:** -0,4 % **Fruchtbarkeitsrate:** 1,3 Geb./Frau **Landessprachen:** Weißrussisch und Russisch (Amtssprachen), Polnisch **Religionen:** 80 % russisch-orthodox, daneben Katholiken, Minderheiten von Protestanten, Muslimen, Juden

Die größten Städte

Minsk	1 725 100
Gomel	503 700
Mogiljow	371 300
Witebsk	358 700
Grodno	308 900

POLITISCHES SYSTEM

Unabhängig seit dem 27. Juli 1990. Präsidialrepublik. Verfassung von 1994, zuletzt geändert 1996. Zweikammernparlament: Nationalversammlung mit Unterhaus (Repräsentantenhaus), 110 Sitze, und Oberhaus (Republikrat), 64 Vertreter der Regionen, davon 8 vom Präsidenten ernannt. Parlamentswahl alle 4 J. Allg. Wahlrecht ab 18 J. Direktwahl des Staatsoberhaupts alle 7 J. Die Verfassung ist auf den gegenwärtigen Präsidenten zugeschnitten. Dem Präsidenten direkt unterstellt sind Staatssicherheitskräfte von über 100 000 Mann. Am 2. Juli 2002 dekretierte Lukaschenko einen neuen Text zur Melodie der alten weißrussischen Sowjethymne.
Staatsoberhaupt: Alexander Lukaschenko (seit Juli 1994)
Regierungschef: Gennadij Nowizki (seit Oktober 2001)
Außenminister: Michail Chwastow

MILITÄR

Allg. Wehrpflicht: 18 Monate **Streitkräfte:** 82 900 Mann, davon 43 600 Armee, 12 000 Luftstreitkräfte **Militärausgaben** (am BSP): 1,3 % **Waffenhandelsanteil** an den Exporten 5,2 %

GESUNDHEIT, SOZIALES, BILDUNG

Öffentliche Gesundheitsausgaben (am BIP): 4,6 % **Öffentliche Ausgaben für Bildung und Erziehung** (am BIP): 5,6 % **Öffentliche Ausgaben für Altersversorgung** (am BIP): 7,7 % **Medizinische Versorgung:** 4,4 Ärzte, 12,2 Krankenhausbetten/1000 Einw. **Säuglingssterblichkeit:** 11/1000 Geb. **Müttersterblichkeit:** 33/100 000 Geb. **Kinderunterernährung:** k. A. **Kinderarbeit:** k. A. **Armutsrate:** 42 % (nationale Rate) **Frauenanteil an den Beschäftigten:** 49 % Zugang zu **sauberem Trinkwasser** und **sanitären Anlagen** haben 100 % der Bev. **HIV-Infektionsrate:** 0,28 % **Lebenserwartung:** Männer 62 J., Frauen 74 J. **Schulpflicht:** 6–15 J. **Einschulungsquote** im Primarbereich 92 %, im Sekundarbereich k. A. **Analphabetenrate:** Männer 0,5 %, Frauen 1 % **Universitäten:** 7, die wichtigsten in Gomel, Minsk; 12 Fachhochschulen

WIRTSCHAFT

Währung: 1 Belarus-Rubel (BYR) = 100 Kopeken **Kurs** (Mitte 2002): 1 BYR = 0,0006 € **BSP:** 28,7 Mrd. US$ **Wachstumsrate des BIP:** 5,8 % **BSP/Kopf:** 2870 US$ **Anteile am BIP:** Landwirtschaft 15 %, Industrie 37 %, Dienstleistungen 47 % **Forschung+Entwicklungsausgaben** (am BSP): 0,57 % **Arbeitslosenquote:** 2 % **Inflationsrate:** 61,3 % **Staatseinnahmen:** k. A. **Steueraufkommen** (am BIP): 26,8 % **Einkommensteuer:** k. A. **Körperschaftsteuer:** k. A. **Haushaltsüberschuss** (am BIP): 0,1 % **Staatsausgaben:** k. A. **Leistungsbilanzdefizit:** 232 Mio. US$ **Auslandsschulden:** 767 Mio. US$ **Auslandsvermögen:** 1 Mrd. US$ **Schuldendienst** (am BSP): 0,8 %

Respublika Belarus – Republik Belarus; Weißrussen

Nationalfeiertag: 3. Juli

Zeitzone: MEZ + 1 h

Hauptstadt: Minsk (1 725 100 Einwohner)

Telefon-Vorwahl: +375
Kfz-Kennzeichen: BY

Mitgliedschaften: GUS, OSZE, Uno

Präsident Alexander Lukaschenko (bei der Stimmabgabe)

Devisenreserven: 350 Mio. US$ **Empf. Hilfsgelder:** 40 Mio. US$ **Ausl. Direktinvestitionen:** 90 Mio. US$ **Börse** (Marktkapitalisierung am BIP): k. A. **Energie:** Produktion 3,48 Mio. t ÖE, Verbrauch 23,90 Mio. t ÖE, Anteile am Verbrauch: Kohle 1,4 %, Öl 28,5 %, Erdgas 70,1 %

Russlands Präsident Wladimir Putin und Alexander Lukaschenko beim »Tag der Brüdervölker«

Landwirtschaft, Rohstoffe, Industrie:
Nutzfläche 30,4 %, von der Anbaufläche sind 1,8 % bewässert: **Produkte**: Weizen, Roggen, Gerste, Kartoffeln, Zuckerrüben **Aufforstung:** 94 000 km², jährliche **Rodung:** 2562 km² **Rohstoffe:** Erdöl, Erdgas, Torf, Pottasche **Wichtige Industriezweige:** Maschinenbau, Traktoren, Lkw, Chemieprodukte, Textilien

Außenwirtschaft:
Handelsbilanzdefizit 742 Mio. US$ **Export:** 5,922 Mrd. US$, davon 34 % Maschinen und Metallprodukte, 22,5 % Chemie und Ölprodukte, 9,4 % Leichtindustrie **Hauptausfuhrländer:** Russland (54,5 %), Ukraine (4,8 %), Deutschland (3,6 %), Polen (3,5 %) **Hightech-Exporte:** 180 Mio. US$ **Import:** 6,664 Mrd. US$, davon 34,1 % Chemie- und Ölprodukte, 26,1 % Maschinen und Metallprodukte **Hauptlieferländer:** Russland (56,4 %), Deutschland (10,4 %), Ukraine (6,2 %)

VERKEHR
Schienennetz: 5543 km **Straßennetz:** 74 385 km, davon 89 % befestigt **Motorisierung:** 135 Kfz/1000 Einw. Internationale **Flughäfen:** Minsk, Gomel **Fluglinie:** Belavia, 211 000 beförderte Passagiere **Häfen:** Mazyr **Binnenschifffahrt**: k. A.

KOMMUNIKATION
Auf 1000 Einw. kommen 299 **Rundfunk-**, 342 **Fernsehgeräte**, 278,8 **Telefonanschlüsse**, 13,5 **Mobiltelefone**, **PC:** k. A. und 0,32 **Internet-Zugänge**, **IuK-Ausgaben** (am BIP): k. A.
Es erscheinen 20 **Tageszeitungen** mit einer Gesamtauflage von rund 1,6 Mio. Exemplaren. Die größten Tageszeitungen und ihre Auflagen:
Sowjetskaja Belorussija 435 000
Respublika 116 000
Wetscherny Minsk 93 000
Nachrichtenagenturen: BelTa

UMWELT, TOURISMUS
Geschützte Gebiete: 6,3 % der Landesfläche **Energieverbrauch/Kopf:** 2381 kg ÖE **CO_2-Emission:** 60,5 Mio. t **Verwendung des Süßwassers:** Landwirtschaft 35 %, Industrie 43 %, Haushalte 22 % **Tourismus:** 355 000 Besucher, 17 Mio. US$ Einnahmen

AKTUELLE ENTWICKLUNGEN
Bereits eine Stunde nach Schließung der Wahllokale am 9. September 2001 verkündete Präsident Alexander Lukaschenko seinen »eleganten« Sieg. Die Wahlkommission bestätigte tags darauf das Wunschergebnis: 75,6 Prozent für den Amtsinhaber, 15,4 Prozent für den Gegenkandidaten Wladimir Gontscharik, den Vorsitzenden der Vereinigung der weißrussischen Gewerkschaften.
Die Opposition beschuldigte den Präsidenten, ein Drittel der Stimmen gefälscht und so eine Stichwahl umgangen zu haben. Lukaschenko hatte seine Gegner massiv behindert und alles getan, um eine Kontrolle der Wahl unmöglich zu machen: Telefone und Internet-Seiten der Opposition wurden abgeschaltet, unabhängige Wahlbeobachter nicht in die Wahllokale gelassen und von der Stimmenauszählung ausgesperrt. OSZE, Europarat und Europaparlament bewerteten folglich die Abstimmung als »unfair«, die USA bezeichneten die Herrschaft Lukaschenkos als »illegitim«.

Lukaschenko-Rivale Wladimir Gontscharik

Der letzte Sowjetdiktator in Europa, in dessen Land jährlich etwa 40 Menschen hingerichtet werden und in dem eine Todesschwadron offenbar mit Wissen des Staatschefs Unliebsame tötet, genießt besonders bei Älteren und auf dem Land Popularität. Lukaschenko lässt Lebensmittel subventionieren und will die Union mit Moskau wieder beleben. Wegen der Anschläge vom 11. September 2001 fast unbemerkt, rächte sich Lukaschenko nach der Wahl an

Kritikern: Die Führung seiner Präsidialverwaltung und Universitätspräsidenten mussten gehen. Zeitungen wurden geschlossen und Journalisten wegen »Verleumdung« des Präsidenten vor Gericht zitiert. Eine »Kampagne gegen Korruption« richtete sich gegen mehr als 700 Gewerkschafter und Fabrikdirektoren. Letztere wehren sich gegen eine Übernahme durch russische Firmen.

International wegen des autoritären Führungsstils des Präsidenten ohnehin weitgehend isoliert, pflegt Minsk enge Beziehungen zu anderen diktatorischen Regimes. Irakische, libysche, syrische und nordkoreanische Gäste sind in Weißrussland willkommen.

Im Januar 2002 verfügte der Staatschef, unter anderem die Beziehungen mit China, Indien, Iran, Ägypten, Libyen, Südafrika und den Vereinigten Arabischen Emiraten vorrangig auszubauen. Dabei geht es oft auch um den Handel mit Waffen. Mit Argwohn betrachten die USA diese Geschäfte der Weißrussen. Die verkauften im Jahr 2000 Rüstungsgüter für fast 500 Millionen US-Dollar. Das Geld aus dem Waffenhandel fließt in einen Fonds, den Lukaschenko kontrolliert. Washington ist davon überzeugt, dass Minsk auch den Sudan und den irakischen Diktator Saddam Hussein mit Wehrtechnik beliefert, etwa mit dem Luftabwehrsystem SA-3. Eine irakische Militärdelegation weilte im Oktober 2001 in Minsk, und die Weißrussen bildeten irakische Luftabwehroffiziere aus. Da Weißrussland selbst keine Waffen produziert, gibt es den Verdacht, dass Russland über den kleinen Nachbarn heikle Rüstungsgeschäfte abwickelt, denn die Zusammenarbeit von Waffenindustrie und Geheimdiensten funktioniert gut. Der im Jahr 2000 vereinbarten Staatsunion mit Moskau erteilte dessen Präsident Putin im Juni 2002 jedoch wegen der weißrussischen Forderungen eine Absage.

Im April 2002 ging der Präsident international auf noch stärkeren Konfrontationskurs, als er in einem beispiellosen Akt die Ausreise des amtierenden OSZE-Vertreters erzwang.

Aus Deutschland kam im Jahr 2001 mit etwa 20 Millionen Euro mehr als ein Drittel der nicht staatlichen humanitären Hilfe für Tschernobyl-Opfer. Lukaschenko, der Herrscher über Europas letzte Planwirtschaft, kündigte im November 2001 als Reaktion auf die anhaltende Wirtschaftskrise eine »Liberalisierung« der Wirtschaft an und versprach 5 Prozent Wachstum für 2002. Zweifel sind angebracht. Der IWF hält das Wachstumsziel für »unrealistisch« und wies darauf hin, dass die von den Minsker Behörden verwendete Methode die Zuwachsrate um etwa 1,5 Prozentpunkte zu hoch erscheinen lässt. Zwar fiel 2001 im weißrussischen Marktsozialismus die Teuerungsrate auf gut 60 Prozent nach weit über 300 Prozent im Durchschnitt der neunziger Jahre, doch die Arbeitslosenquote stieg nach Schätzungen des IWF auf 10 Prozent. Etwa die Hälfte der Staatsfirmen und fast zwei Drittel der Agrarbetriebe arbeiten unrentabel und mit veralteten Anlagen. Das umfangreiche Präsidialbudget ist geheim und wird nicht veröffentlicht. Ausländische Investitionen gibt es kaum noch, der Export sinkt. Der durchschnittliche Monatslohn liegt umgerechnet bei rund 50 Euro, wird aber nicht regelmäßig ausgezahlt. Über 40 Prozent der Bevölkerung leben nach Angaben der Weltbank unter der nationalen Armutsgrenze. Weißrussland bekommt seine Wirtschaftsprobleme nicht in den Griff. Am 14. Juni 2002 trat der zuständige Minister Wladimir Schimow zurück.

Militärparade in Minsk

Der Staat ist auf die Unterstützung Russlands angewiesen: Moskau liefert Öl und Gas zum Billigpreis, dafür passieren die russischen Rohstoffe die Transit-Pipelines in Weißrussland kostenfrei. Nach jahrelangem Widerstand öffnete der weißrussische Alleinherrscher 2002 endlich russischen Investoren das Land. Ölkonzerne, Gasprom, die Brauerei Baltika und die Mobiltelefunker MTS sind nun in Weißrussland aktiv.

République Centrafricaine – Zentralafrikanische Republik; Zentralafrikaner

Nationalfeiertag: 1. Dezember (Ausrufung der Republik)

Zeitzone: MEZ

Hauptstadt: Bangui (524 000 Einwohner)

Telefon-Vorwahl: +236
Kfz-Kennzeichen: RCA

Mitgliedschaften: AU, Uno

Zentralafrikanische Republik

Botschaft in Deutschland: Johanniterstraße 19, D-53113 Bonn
☎ +49-228-23 35 64 🖷 -23 35 64

GEOGRAFIE, BEVÖLKERUNG

Fläche: 622 984 km² **Bevölkerung:** 3,717 Mio. Einw. **Bev.dichte:** 6 Einw./km² **Bev.wachstum:** 1,64 % **In Städten:** 41 % der Bev. **Analphabetenrate:** Männer 40 %, Frauen 65 % **Landessprachen:** Französisch, Sango (Amtssprachen), Banda, Fulfulde **Religionen:** rund 50 % Christen, 24 % traditionelle Religionen, 15 % Muslime

POLITISCHES SYSTEM

Unabhängig seit 13. August 1960. Präsidialrepublik. Einkammerparlament: Nationalversammlung mit 85 Sitzen.
Staatsoberhaupt: Ange-Félix Patassé (seit Oktober 1993)
Regierungschef: Martin Ziguélé (seit April 2001)

Präsident Ange-Félix Patassé

MILITÄR

Streitkräfte: 4150 Mann **Militärausgaben** (am BSP): 2,8 %

GESUNDHEIT, SOZIALES

Öffentliche Gesundheitsausgaben (am BIP): 2 % **Medizinische Versorgung:** <0,05 Ärzte/1000 Einw. **Armutsrate:** 66,6 % **Säuglingssterblichkeit:** 96/1000 Geb. **Lebenserwartung:** Männer 43 J., Frauen 44 J.

WIRTSCHAFT

Währung: 1 CFA-Franc = 100 Centimes **Kurs** (Mitte 2002): 1 CFA-Franc = 0,002 € **BSP:** 1,0 Mrd US$ **Wachstumsrate des BIP:** 2,5 % **BSP/Kopf:** 280 US$ **Anteile am BIP:** Landwirtschaft 55 %, Industrie 20 %, Dienstleistungen 26 % **Arbeitslosenquote:** k. A. **Inflationsrate:** 3,7 % **Auslandsschulden:** 872 Mio. US$ **Schuldendienst** (am BSP): 1,5 % **Entwicklungshilfe:** 76 Mio. US$ **Handelsbilanzdefizit:** 24 Mio. US$ **Tourismuseinnahmen:** 6 Mio. US$

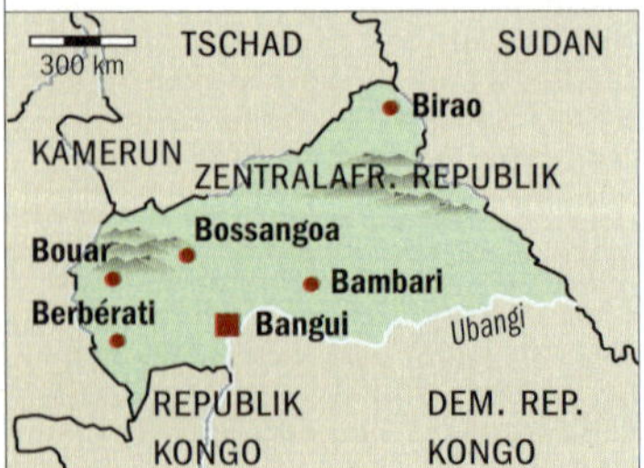

AKTUELLE ENTWICKLUNGEN

Am 26. Oktober 2001 wurde Armeechef François Bozizé wegen angeblicher Beteiligung am Putschversuch vom 28. Mai entlassen. Dessen Soldaten widersetzten sich der Festnahme ihres Chefs und attackierten regierungstreue Einheiten. Daraufhin rief Präsident Ange-Félix Patassé Truppen aus Libyen zu Hilfe. Bozizé floh in den benachbarten Tschad, wo er politisches Asyl genießt. Von dort organisierte er eine bewaffnete Rebellion im Nordwesten der ZAR, der Heimat Patassés. Im Gegenzug nahm der Präsident den ehemaligen tschadischen Rebellenoberst Abdoulaye Miskine in seine Armee auf, der im Januar 2002 einen Angriff auf den Tschad leitete. Die Beziehungen zwischen dem Nachbarland und der ZAR verschlechterten sich kontinuierlich. Auch ein Treffen zwischen Patassé und dem Staatsoberhaupt des Tschad, Idriss Déby, am 9. April brachte keine Abhilfe, es endete ohne konkrete Ergebnisse.

Der Konflikt blieb nicht auf die bilaterale Ebene beschränkt. Der Sudan und Libyen wetteiferten nun mit den frankophonen Staaten Zentralafrikas, wer die krisengeschüttelte Zentralafrikanische Republik am besten befrieden könne. Auf Initiative von Libyens Staatschef Muammar al-Gaddafi fand Anfang Dezember 2001 in Khartum ein Treffen der von ihm gegründeten Gemeinschaft der Sahel- und Saharastaaten (Comessa) statt. Die Teilnehmer beschlossen die Entsendung einer Friedenstruppe. 50 Soldaten aus dem Sudan und 38 aus Dschibuti trafen in der ZAR ein. Parallel zum Khartumer Gipfel kam in Gabuns Hauptstadt Libreville die Zentralafrikanische Wirtschaftsgemeinschaft zusammen, um eigene politische Vermittlungsversuche zu starten. Die innenpolitische Opposition kritisierte unterdessen heftig Präsident Patassés zunehmend engere Bindung an Libyen. Die katholischen Bischöfe des Landes beklagten überdies das Elend der Bevölkerung.

Zypern

Botschaft in Deutschland: Wallstraße 27, D-10179 Berlin
☎ +49-30-27 59 12 70 🖷 -27 59 14 54

GEOGRAFIE, BEVÖLKERUNG

Fläche: 9251 km² (drittgrößte Mittelmeerinsel), 6 Distrikte als **Verwaltungseinheiten**, geteilt in den türkisch bewohnten Norden (3355 km²) und den griechischen Süden (5896 km²) **Bevölkerung:** 751 500 Einw., davon 78 % Griechen, 11,7 % Türken **In Städten** leben 56 %, **unter 15 J.:** k. A. **Bev.-dichte:** 82 Einw./km² **Bev.wachstum:** 0,77 % **Fruchtbarkeitsrate:** 1,9 % **Landessprachen:** Griechisch, Türkisch (Amtssprachen) **Religionen:** 80 % Griechisch-orthodox, 10 % Muslime

Die größten Städte

Nikosia (Lefkosa)	220 400
Limassol	154 400
Larnaca	68 500
Paphos	38 800

POLITISCHES SYSTEM

Unabhängig seit dem 16. August 1960. Präsidialrepublik. Verfassung von 1960. Commonwealth-Mitglied. Einkammerparlament: 80 Sitze, davon 56 für griechische, 24 für türkische Zyprer (vakant). Wahl alle 5 J. Direktwahl des Staatsoberhaupts ebenfalls alle 5 J. Wahlpflicht ab 18 J.
Staats- und Regierungschef: Glafkos Klerides (seit Februar 1993)
Außenminister: Yiannakis Kassoulidis

Nordzypern
Die Herrschaftsgewalt der Regierung erstreckt sich de facto seit 1974 nicht auf den Norden der Insel. Der Norden hat sich am 15. November 1983 unter dem Namen »Türkische Republik Nordzypern« einseitig für unabhängig erklärt, ist aber nur von der Türkei anerkannt worden. Verfassung von 1985. Parlament: 50 Sitze, Wahl alle 5 J. Direktwahl des Staatsoberhaupts alle 5. J.
Staatsoberhaupt: Rauf Denktaş (seit Juni 1976)
Premierminister: Derviş Eroglu (seit 1996)

MILITÄR

Wehrpflicht: 26 Monate **Streitkräfte:** 10 000 Mann, unterstützt von 1250 griechischen Soldaten und 60 000 Reservisten. Außerdem sind paramilitärische Polizeikräfte und eine Nationalgarde von 10 000 Mann auf der Insel stationiert **Militärausgaben** (am BSP): 3,4 %

Nordzypern
Wehrpflicht: 24 Monate **Streitkräfte:** 5000 Mann, verstärkt durch rund 36 000 Soldaten der türkischen Armee und 26 000 Reservisten. Die Uno unterhält auf der Insel eine Friedenstruppe von rund 1250 Mann; britische Militärstützpunkte in Akrotiri, Episkopi und Dhekelia mit 3200 Mann.

Die folgenden Angaben beziehen sich – soweit nicht anders vermerkt – auf den griechischen Teil Zyperns.

GESUNDHEIT, SOZIALES, BILDUNG

Öffentliche Gesundheitsausgaben (am BIP): k. A. **Öffentliche Ausgaben für Bildung u. Erziehung** (am BIP): 4,5 % **Öffentliche Ausgaben für Altersversorgung** (am BIP): k. A.

Medizinische Versorgung: 2,55 Ärzte, 5,1 Krankenhausbetten/1000 Einw. **Säuglingssterblichkeit:** 6/1000 Geb. Zugang zu **sauberem Trinkwasser** haben 100 %, zu **sanitären Anlagen** 100 % der Bev. **HIV-Infektionsrate:** 0,1 % **Lebenserwartung:** 78 J. **Schulpflicht:** 5,5–12 J. **Einschulungsquote** im Primärbereich 97 %, im Sekundarbereich 97 % **Analphabetenrate:** 3 % **Universitäten:** Die bekanntesten sind in Nikosia, Famagusta, Kyrenia

Kypriaki Dimokratia; Kibris Cumhuriyeti – Republik Zypern; Zyprer

Nationalfeiertage: 1. Oktober und 15. November

Zeitzone: MEZ + 1 h

Hauptstadt: Nikosia (Lefkosa) (220 400 Einwohner)

Telefon-Vorwahl: +357
Kfz-Kennzeichen: CY

Mitgliedschaften: OSZE, Uno

Staatschef Glafkos Klerides, Rauf Denktaş

Strand vor der Stadt Larnaka

WIRTSCHAFT

Währung: 1 Zypern-Pfund (Z£) = 100 Cents **Kurs** (Mitte 2002): 1 Z£ = 1,76 € **BSP:** 9,4 Mrd. US$ **Wachstumsrate des BIP:** 4,8 % **BSP/Kopf:** 12 370 US$ **Anteile am BIP:** Landwirtschaft 5,1 %, Industrie 23,2 %, Dienstleistungen 71,7 % **Forschung+Entwicklungsausgaben** (am BSP): 0,2 % (1995) **Arbeitslosenquote:** 3,6 % **Inflationsrate:** 2 % **Staatseinnahmen:** rund 3 Mrd. US$ **Haushaltsdefizit** (am BIP): 5,5 % **Staatsausgaben:** rund 3,5 Mrd. US$ **Leistungsbilanzdefizit:** 457 Mio. US$ **Auslandsschulden:** 7,5 Mrd. US$ (1997) **Schuldendienst** (am BSP): k. A. **Devisenreserven:** 2,394 Mrd. US$ **Empf. Hilfsgelder:** 49,9 Mio. US$ **Ausl. Direktinvestitionen:** 160 Mio. US$ **Börse** (Marktkapitalisierung am BIP): 120 % **Energie:** Produktion 0,01 Mio. t ÖE, Verbrauch 2,3 Mio t ÖE

Landwirtschaft, Rohstoffe, Industrie:

Nutzfläche 10,9 %, von der Anbaufläche bewässert: k. A. **Produkte:** Kartoffeln, Gerste, Oliven, Tomaten, Melonen, Orangen, Wein **Bewaldet:** 1000 km², jährliche **Rodung:** 0 % **Wichtige Industriezweige:** Nahrungs- und Genussmittelindustrie, Baustoffe **Rohstoffe:** Kupfer, Gips, Asbest

Außenwirtschaft:

Handelsbilanzdefizit 2,606 Mrd. US$ **Export:** 951 Mio. US$, davon 13,1 % Bekleidung, 9,2 % Pharmaprodukte, 8,6 % Kartoffeln **Hauptausfuhrländer:** Großbritannien (16,1 %), Griechenland (9%), Russland (6,5 %) **Hightech-Exporte:** 9 % der Exporte **Import:** 3,557 Mrd. US$, davon 18 % Maschinen u. elektrische Ausrüstung, 15,1 % Nahrungs- u. Genussmittel, 11,2 % Fahrzeuge u. Transportausrüstung **Hauptlieferländer:** Großbritannien (11,4 %), USA (10,8 %), Italien (9 %)

VERKEHR

Schienennetz: keines **Straßennetz:** 13 013 km, davon 2350 km im türkischen Teil **Motorisierung:** k. A. Internationale **Flughäfen:** Larnaka, Paphos **Fluglinie:** Cyprus Airways **Häfen:** Larnaka, Limassol

KOMMUNIKATION

Auf 1000 Einw. kommen 470 **Rundfunk-**,179 **Fernsehgeräte**, 647 **Telefonanschlüsse**, 321 **Mobiltelefone**, 221 **PC** und 3,09 **Internet-Zugänge** **IuK-Ausgaben** (am BIP): k. A.
Es erscheinen 17 **Tageszeitungen** mit einer Gesamtauflage von rund 100 000 Exemplaren. Die größten Tageszeitungen und ihre Auflagen:

Fileleftheros	28 000
Kibris	13 000
Alithia	11 000

Nachrichtenagenturen: Cyprus News Agency, Kuzey Kibris Haber Ajansi

UMWELT, TOURISMUS

Geschützte Gebiete: k. A. **Energieverbrauch/Kopf:** 3057 kg ÖE **CO_2-Emission:** 5,9 Mio. t **Verwendung des Süßwassers:** k. A. **Tourismus:** 2,434 Mio. Besucher, 1,894 Mrd. US$ Einnahmen

AKTUELLE ENTWICKLUNGEN

Der bevorstehende Beitritt Zyperns zur Europäischen Union bestimmte sowohl die Reformpolitik der Republik Zypern als auch das griechisch-türkische Verhältnis auf der seit 1974 geteilten Insel. Nikosia gilt als der Musterschüler unter den EU-Beitrittskandidaten. Mit einer grundlegenden Reform des Kapitalmarkts sowie Steuerreformen wurden letzte Vorbereitungen für die Mitgliedschaft getroffen. Die Wirtschaft wuchs im Schnitt der letzten Jahre um 4 Prozent, und die Inflation von zuletzt 2 Prozent konnte niedrig gehalten werden. Auch bezüglich Haushaltsdefizit und Verschuldung hielt Zypern im Jahr 2001 den Maastricht-Kriterien stand.
Die Tourismusbranche, größter Arbeitgeber der Insel, musste nach den Anschlägen vom 11. September 2001 deutliche Einbrüche hinnehmen. Dennoch brachte die Regierung im Oktober ihr bislang größtes Infrastrukturprojekt auf den Weg: Für rund 330 Millionen Euro sollen die internationalen Flughäfen von Larnaka und Paphos ausgebaut werden.
Die positiven Wirtschaftszahlen gelten freilich nur für den griechischen Süden

Zyperns – völkerrechtlich der Repräsentant der gesamten Insel. Zuverlässige Zahlen für den Norden gibt es nicht. Die dort 1983 ausgerufene Türkische Republik Nordzypern (KKTC) ist faktisch ein Protektorat der Türkei und vollständig von Ankara abhängig. Das Pro-Kopf-Einkommen wird auf weniger als ein Drittel dessen geschätzt, was im griechischen Süden erwirtschaftet wird. Brüssel stellte dem verarmten Norden Hilfe in Aussicht: Gut 200 Millionen Euro soll der türkische Teil Zyperns für den Zeitraum von 2004 bis 2006 erhalten.

Zwar hatte der EU-Gipfel in Helsinki 1999 festgelegt, dass eine Wiedervereinigung Zyperns keine Bedingung für den Beitritt zur Union sei. Doch den Europäern ist sehr an einer schnellen Lösung gelegen: Griechenland kündigte an, die Osterweiterung zu blockieren, sollte Zypern nicht aufgenommen werden. Bei einer Aufnahme der Insel in die Europäische Union – völkerrechtlich ganz Zyperns, faktisch jedoch nur des griechischen Südens – ist dagegen der Konflikt mit der Türkei vorprogrammiert.

Am 4. Dezember 2001 trafen sich erstmals seit vier Jahren die beiden Volksgruppenführer wieder zu direkten Gesprächen. Bei dem Treffen einigten sich der Präsident der Republik Zypern, Glafkos Klerides, und Rauf Denktaş, Präsident der nur von der Türkei anerkannten KKTC, auf weitere Verhandlungen ab Januar. Erstmals kam bei den informellen Treffen in den folgenden Wochen auch ein Tabuthema auf den Tisch: Die beiden hochbetagten Politveteranen verständigten sich darauf, das Schicksal der mehr als 2000 Vermissten zu klären. Seit den ethnischen Unruhen 1963/64 und der türkischen Invasion 1974 gelten etwa 1500 Griechen und 800 Türken als vermisst.

Auf Grund der offensichtlichen Annäherungen und des Drucks durch die EU waren die Erwartungen an die Verhandlungen hoch. Begleitet von Uno-Vermittler Alvaro de Soto kamen Klerides und Denktaş ab Mitte Januar 2002 auf dem Gelände des Flughafens von Nikosia im Niemandsland zusammen. Optimistisch kündigten sie an, sich nun zwei- bis dreimal pro Woche zu treffen und so bis Juni eine Lösung der Zypernfrage zu erarbeiten. Besonders Klerides würde sein Lebenswerk gern mit einer Einigung krönen; bei der Präsidentenwahl im Februar 2003 will er nicht mehr kandidieren. Doch schon bald wurde deutlich, dass der Dissens über die Form des künftigen Staates eine Einigung auch dieses Mal verhindern würde: Die griechischen Zyprer (und auch die Uno-Resolutionen) fordern einen Bundesstaat, in dessen zwei Bundesländern die Volksgemeinschaften mehr oder weniger getrennt leben. Die KKTC (und die türkische Regierung in Ankara) dagegen bestehen auf einer Konföderation zweier selbständiger Staaten. An diesen grundlegenden Differenzen konnte auch Uno-Generalsekretär Kofi Annan nichts ändern, obwohl er Mitte Mai 2002 eigens angereist war, um die festgefahrenen Gespräche wieder in Gang zu bringen.

Die Stimmung in Ankara, wo der Schlüssel zur Lösung der Zypernfrage liegt, ist geteilt. Im November 2001 drohte Bülent Ecevit erstmals offen mit einer Annexion der KKTC, wenn die EU Zypern trotz Teilung aufnähme. Der Regierungschef war auch 1974 Premier und als solcher für die türkische Invasion auf Nordzypern verantwortlich. Andere mahnten jedoch – nicht zuletzt mit Blick auf die eigenen EU-Ambitionen der Türkei – zum Einlenken. Erst auf Drängen Ankaras zeigte sich Denktaş überhaupt wieder zu Gesprächen bereit. Mit Blick auf die katastrophale Wirtschaftslage in der KKTC forderte ein Kommentar im regierungstreuen türkischen Massenblatt *Hürriyet*: »Verkauft Nordzypern, solange uns noch jemand etwas dafür zahlt.«

Über die Wünsche der meisten türkischen Zyprer setzt sich der störrische Denktaş ohnehin hinweg: Sie wollen nichts lieber als einen EU-Beitritt zusammen mit den reichen Nachbarn im Süden. Immer wieder demonstrierten sie gegen Denktaş und schwenkten dabei auch Europa-Flaggen. Viele sahen längst keine Zukunft mehr für ihr Leben auf der Insel: Schätzungsweise 100 000 türkische Zyprer haben den Norden des Eilands seit 1974 verlassen. Wer bleibt, kann sich dennoch von der KKTC distanzieren: Allein im ersten Quartal 2002 beantragten 2000 türkische Zyprer einen Pass der Republik Zypern.

Demonstration in Nikosia

DER SPIEGEL
SPIEGEL-Leser wissen mehr.
Wissen, wo Wissen aufhört.
www.spiegel.de
wire.

Jahrbuch 2003

DOSSIERS

P. GINTER/BILDERBERG

S. PLATT/GETTY IMAGES

B. BETZELT/BILDERBERG

P. GINTER/BILDERBERG

DDP

P. GLASER

DPA

DPA

DPA

Bevölkerung

Lange Zeit galt die Überbevölkerung der Erde als das größte demografische Problem. Doch das befürchtete dramatische Wachstum der Menschheit verlangsamt sich unter anderem auch wegen der Kampagnen zur Familienplanung, sodass im Jahre 2050 zwischen 8 und 9 Milliarden Menschen den Planeten bewohnen werden. In den Industrienationen sind die Fruchtbarkeitsraten bereits äußerst gering. In Italien etwa liegt sie bei statistisch 1,2 Kindern pro Frau. Auch in den Entwicklungs- und Schwellenländern werden in den kommenden Jahren nach

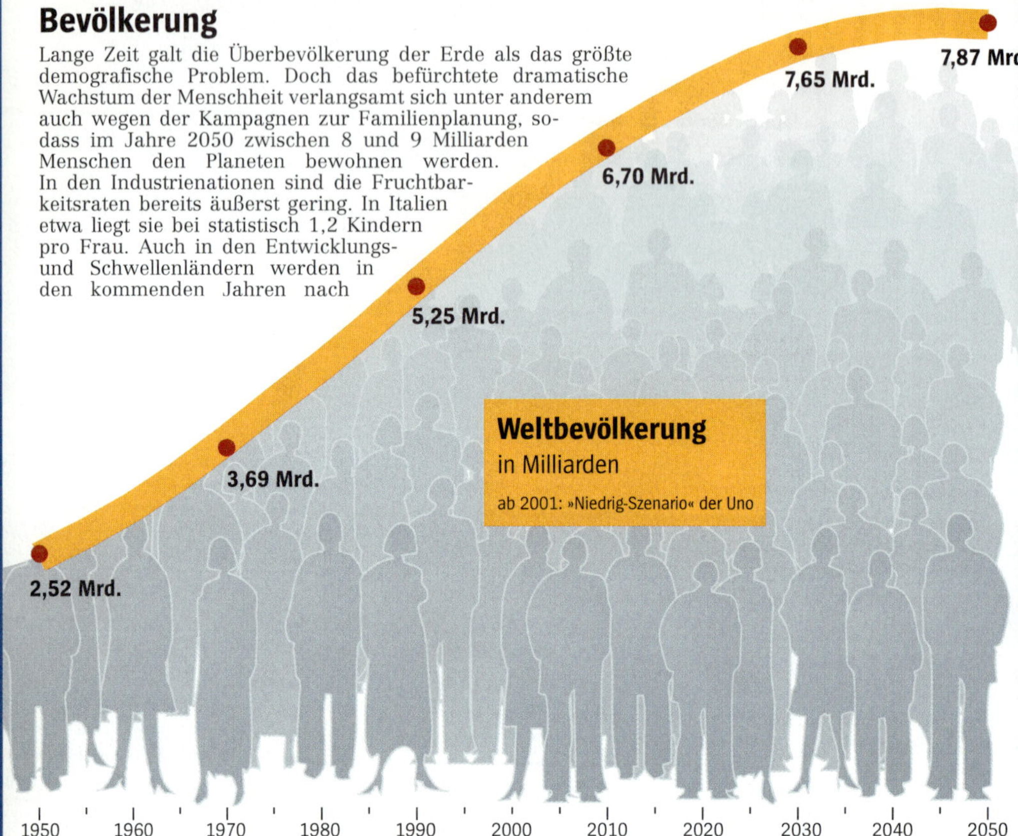

Altersaufbau der Weltbevölkerung

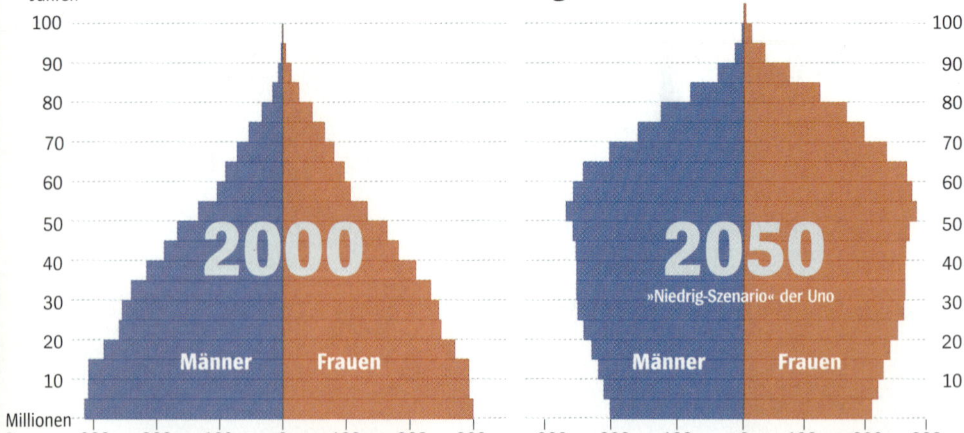

Uno-Szenarien wesentlich weniger Kinder zur Welt kommen – von derzeit 5 bis 6 Kindern soll jede Frau im Jahre 2050 nur noch 2 oder 3 Kinder bekommen.
Gleichzeitig steigt dank besserer medizinischer Versorgung die Lebenserwartung. Schon bald werden sich in den Industrienationen so genannte Lebenszeit-Millionäre mehren: Im Alter von 114 Jahren hat der Mensch eine Million Stunden gelebt. Auch in den Entwicklungsländern wird die Lebenserwartung zunehmen. Diese beiden Entwicklungen haben zur Folge, dass die Weltbevölkerung sowohl in den armen als auch in den reichen Ländern dramatisch zu vergreisen beginnt. Dieser Effekt trifft einige Tigerstaaten Asiens, Lateinamerika und, wegen der Ein-Kind-Politik, ganz besonders drastisch China. Für die kinderreichen Entwicklungsländer wurde diese Tendenz lange übersehen. Folge: In den Industrieländern müssen die Rentensysteme umgebaut werden, in den Entwicklungsländern droht dramatische Altersarmut.
Von der demografischen Entwicklung abgekoppelt sind die Staaten südlich der Sahara. Dort grassiert die Aids-Epidemie am stärksten, eine ganze Generation wird von dem Virus dezimiert. Deshalb sinkt die Lebenserwartung dort teils um 30 Jahre.

Bevölkerungsanteil der über 60-Jährigen

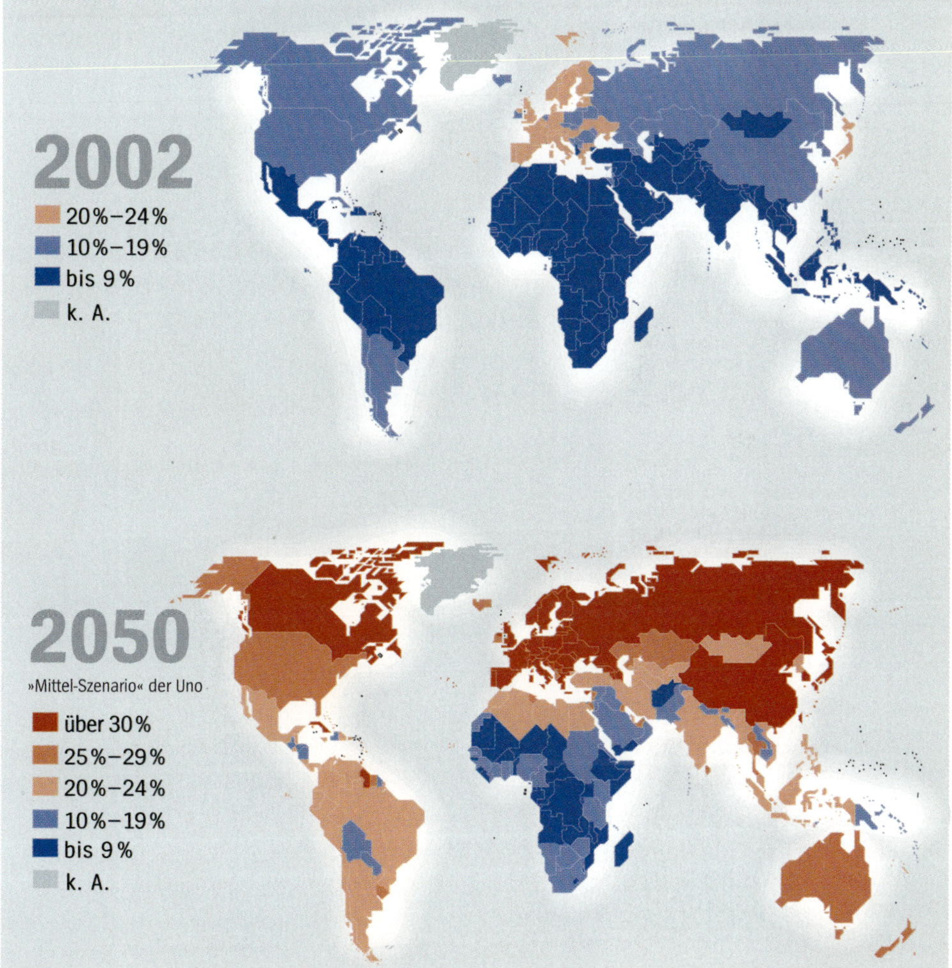

Arbeiten bis ins hohe Alter

Die Auswirkungen der globalen Alterung auf Gesellschaft, Wirtschaft und Politik vergleichen Demografen mit der letzten großen Pestwelle des Mittelalters. Besonders beunruhigt die Experten die Geschwindigkeit, mit der die Gesellschaft in den Entwicklungsländern ergraut. Frankreich hat volle 115 Jahre benötigt, um den Bevölkerungsanteil der Alten zu verdoppeln. China brauchte dafür gerade mal 27 Jahre.

Die Wirtschaftsentwicklung kann mit dieser rasanten Vergreisung nicht Schritt halten. Während die Industrienationen zuerst reich wurden und dann alterten, werden die Entwicklungsländer altern, bevor sie es zu Reichtum gebracht haben. Das Heer der Jungen wird die Zahl der über 60-Jährigen in den weniger entwickelten Regionen stark anschwellen lassen, wohingegen ihre Zahl in den Industrienationen vergleichsweise nur geringfügig steigt.

Dort bringt die veränderte Alterspyramide zwar die vorhandenen Rentensysteme ins Wanken. In den unterentwickelten Nationen hingegen existiert so ein Versorgungssystem allenfalls für kleine Eliten. Die Alten wurden bislang von den Kindern und Enkelkindern mit versorgt. Mit der Auflösung der Familienstrukturen wird dieses soziale Netz zerstört.

Die Kinder ziehen in die Städte. Insbesondere in Asien wuchern sie zu riesigen Metropolen. Die alten Menschen bleiben auf dem Land zurück. Vor allem alte Frauen verelenden auf diese Weise, weil sie ihre Männer zumeist überleben. Statistisch kommen auf einen 80-jährigen Mann rund 2 Frauen gleichen Alters. Solange es keine Alterssicherungssysteme gibt, müssen sie sich bis ans Lebensende mit Hilfe einer kleinen Landwirtschaftsfläche selbst versorgen.

Ballungsräume mit über 10 Millionen Einwohnern

2001

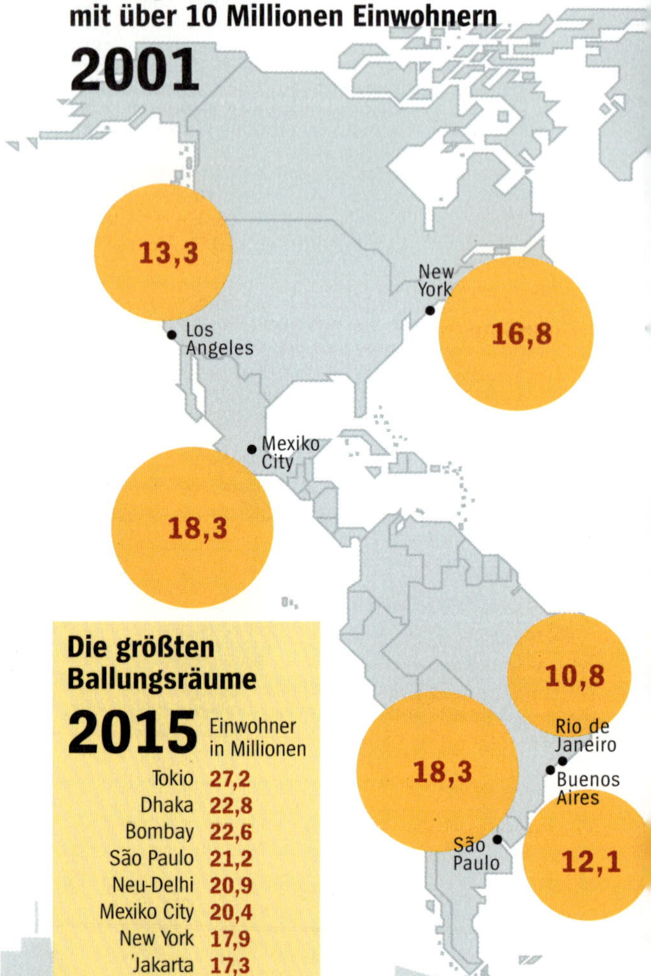

Die größten Ballungsräume 2015

	Einwohner in Millionen
Tokio	27,2
Dhaka	22,8
Bombay	22,6
São Paulo	21,2
Neu-Delhi	20,9
Mexiko City	20,4
New York	17,9
Jakarta	17,3
Kalkutta	16,7
Karatschi	16,2
Lagos	16,0
Los Angeles	14,5
Schanghai	13,6
Buenos Aires	13,2
Manila	12,6
Peking	11,7
Rio de Janeiro	11,5
Kairo	11,5
Istanbul	11,4
Osaka	11,0
Tianjin	10,3

Quelle: Uno Population Division

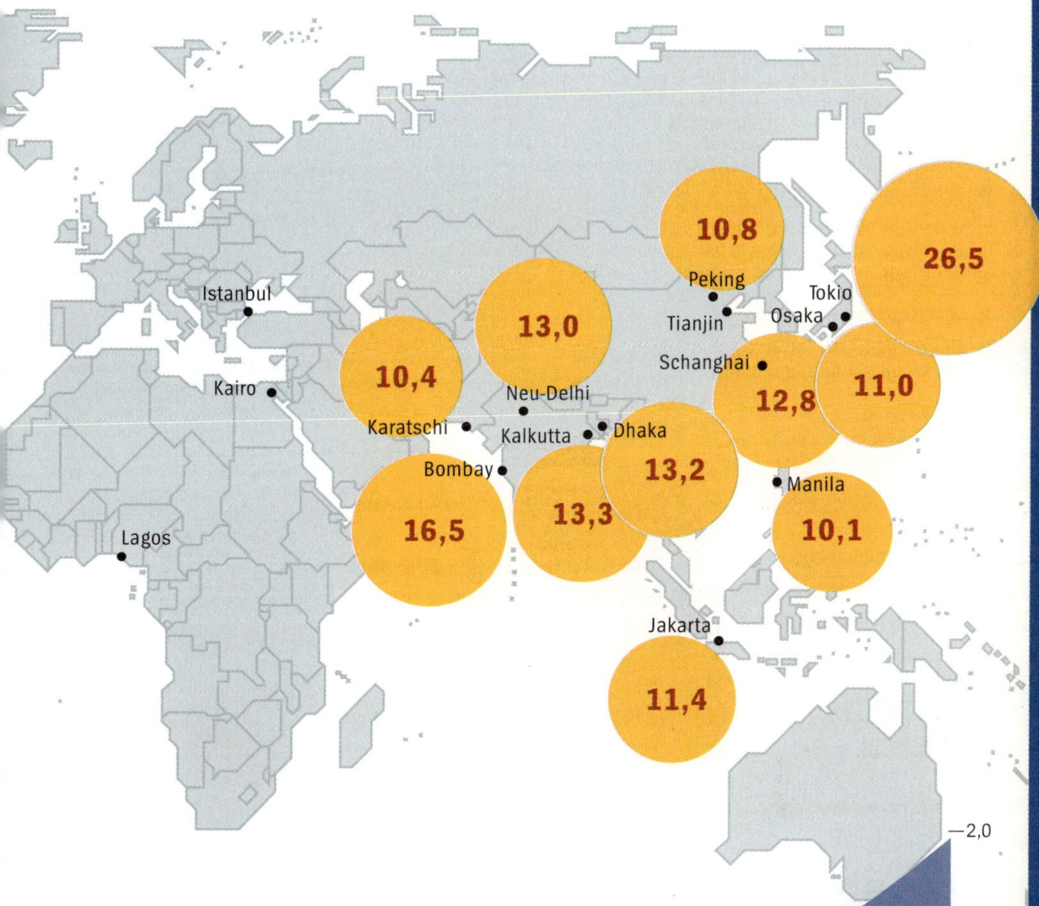
10,8
Peking
26,5
Tokio
Istanbul
Tianjin
Osaka
13,0
10,4
Schanghai
Kairo
Neu-Delhi
12,8
11,0
Karatschi
Kalkutta
Dhaka
13,2
Bombay
Manila
16,5
13,3
10,1
Lagos
Jakarta
11,4

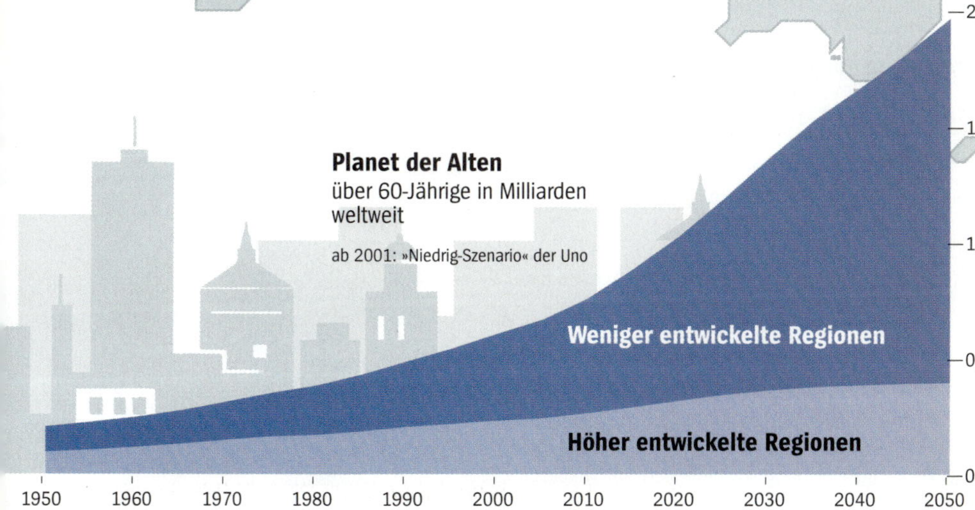
Planet der Alten
über 60-Jährige in Milliarden weltweit
ab 2001: »Niedrig-Szenario« der Uno
Weniger entwickelte Regionen
Höher entwickelte Regionen
2,0
1,5
1,0
0,5
0
1950
1960
1970
1980
1990
2000
2010
2020
2030
2040
2050

Schrumpfendes Deutschland

Die Vergreisung der deutschen Gesellschaft ist bereits in vollem Gange. Deutsche Frauen bekommen statistisch gesehen 1,4 Kinder, im Gegensatz zu Spitzenreiter Niger mit durchschnittlich 7,2 Kindern. Damit verfehlen die Deutschen auch das Reproduktionsziel von 2 Kindern, bei dem die Bevölkerungszahl stabil bleibt. Im europäischen Vergleich liegt Deutschland zwar noch vor Staaten wie Italien und Spanien, deren Einwohnerzahlen noch stärker schrumpfen. Frankreich steht allerdings weit besser da. Für den Arbeitskräftemarkt bedeutet dieser Negativtrend einen deutlichen Mangel, der mit dem Zuzug von Ausländern abgefedert werden könnte. Ein Arbeitskräftepotenzial besteht auch unter einheimischen Frauen, deren Erwerbstätigenanteil von 54 Prozent hinter den anderer europäischer Staaten zurückfällt.

Bevölkerungsprognose

für Deutschland bei unterschiedlichen Zuwanderungsannahmen in Millionen

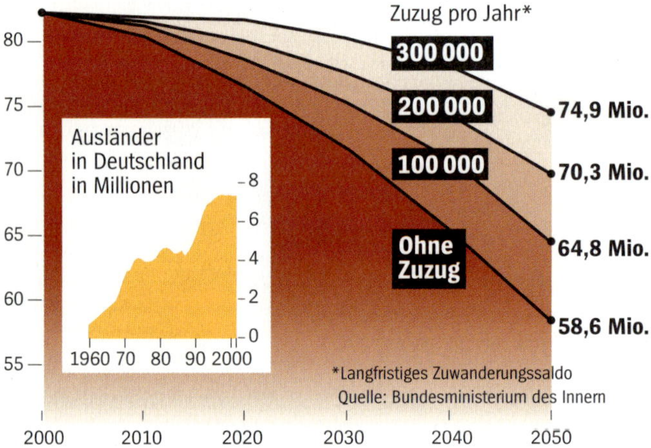

Zahl der Kinder pro Frau

1.	Niger	7,2
2.	Somalia	7,1
3.	Afghanistan	6,7
4.	Angola	6,6
5.	Burkina Faso	6,5
6.	Tschad	6,4
7.	Malawi, Mali	6,3
9.	Jemen, Uganda	6,2
11.	Dem. Rep. Kongo	6,1
12.	Burundi, Liberia, Republik Kongo	6,0
15.	Ruanda	5,9
16.	Guinea-Bissau, Sierra Leone	5,8
18.	Mauretanien, Westbank und Gazastreifen	5,7
20.	Äthiopien	5,6
	...	
106.	Frankreich	1,9
128.	Deutschland	1,4
143.	Italien, Spanien	1,2

Stand: 2000

Entwicklung der Altersstruktur der Bevölkerung in Deutschland

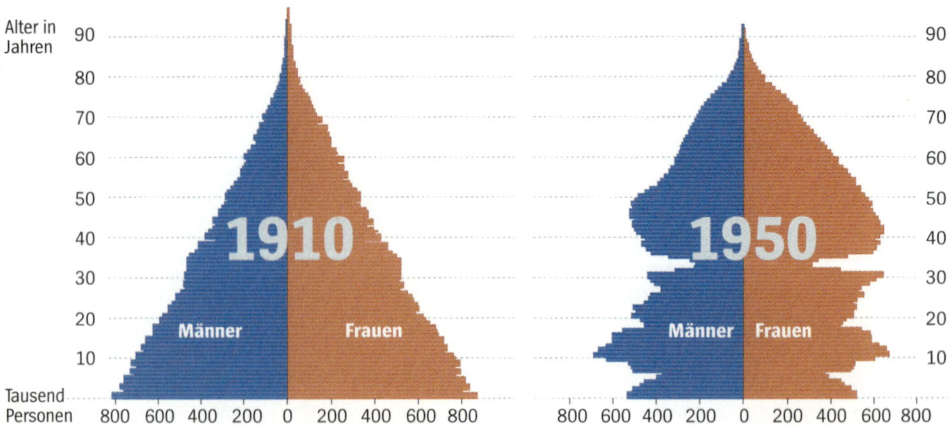

Europa ohne Nachwuchs

Bevölkerung in Millionen

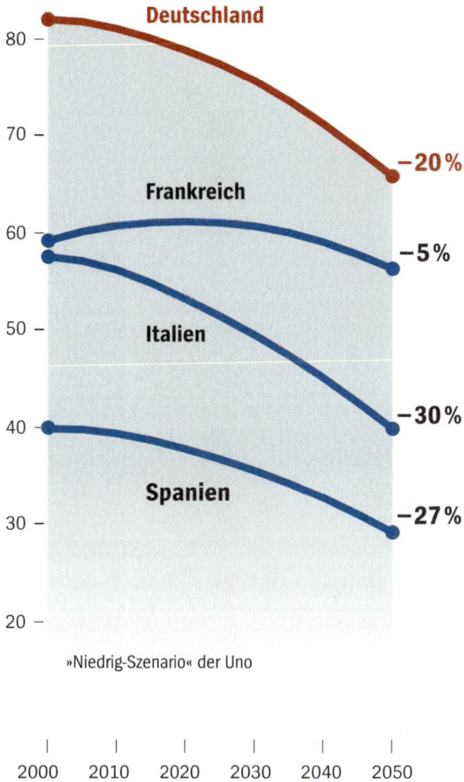

»Niedrig-Szenario« der Uno

Kind und Job

Anteil erwerbstätiger Mütter*

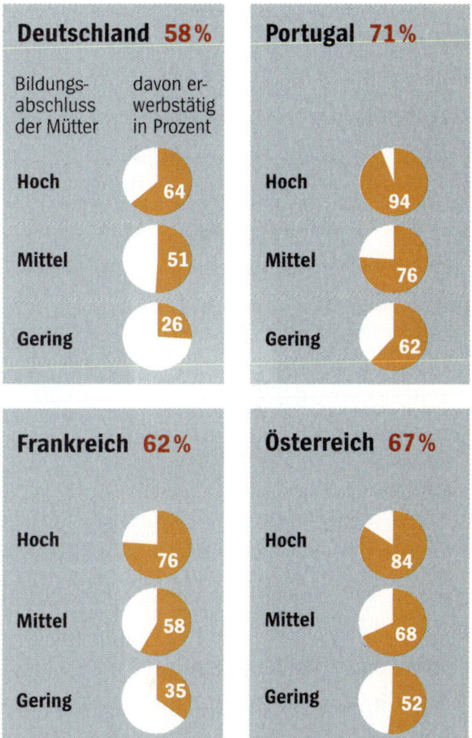

*mit Kind unter 16 Jahren

Quelle: Work-Life Research Center, 1997

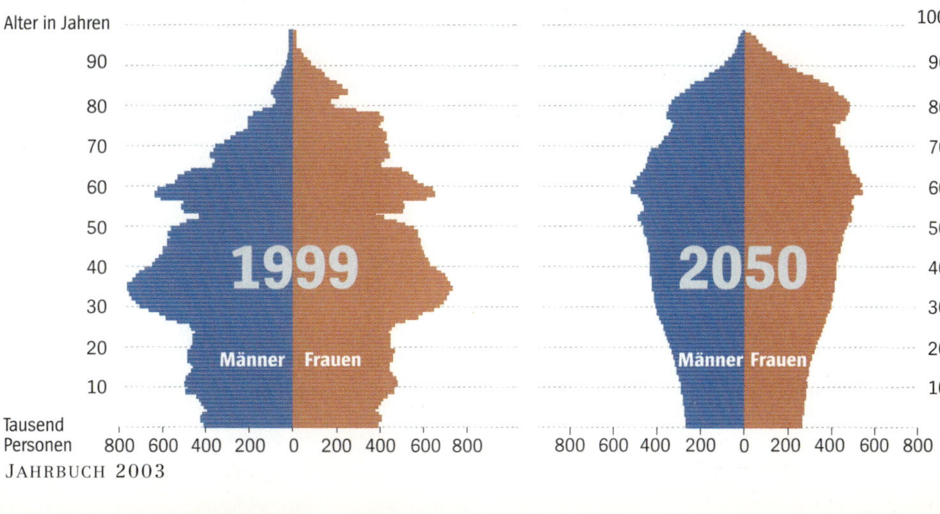

Migranten in Europa

Als Folge von Kriegen, sozialen Konflikten und Armut sind weltweit 70 Millionen Menschen auf der Suche nach einer neuen Heimat. Viele Flüchtlinge landen in Nachbarländern und nur ein geringer Teil gelangt bis nach Europa. Sie werden von Schleppern über die Meerenge von Gibraltar, durch die Adria, über den Balkan oder die Ukraine und Polen gebracht. Migranten müssen von 500 Dollar für eine Schleusung Türkei–Griechenland bis zu 25 000 Dollar für den Transport von China nach Großbritannien bezahlen. Die Gewinne im Schleppergewerbe sind deshalb größer als die im Drogenschmuggel. Nach Berechnungen von Europol gelangen jährlich 500 000 Menschen illegal in die EU, fast 13-mal mehr als noch 1993. Hinzu kommen knapp 400 000 Asylbewerber.

So leben in der EU mittlerweile 19,1 Millionen Fremde, statistisch gesehen ist ihr Anteil an der EU-Bevölkerung nur 5,1 Prozent. Die Verteilung der Ausländer ist jedoch höchst unterschiedlich: Deutschland beherbergt mit 7,3 Millionen das größte Kontingent, gefolgt von Frankreich und Großbritannien. Nach anderen Schätzungen könnte die Zahl der Ausländer jedoch noch höher sein. Jährlich wandern danach bis zu 3 Millionen Wirtschaftsflüchtlinge aus Afrika, Migranten aus Asien oder Schwarzarbeiter aus Osteuropa ohne Aufenthaltsgenehmigung in die EU ein. Ein Verbund von EU-Ländern schützt sich entsprechend den Bestimmungen von Schengen mit gemeinsamen Einreisekontrollen gegen illegale Einreise, und in vielen Ländern wird die Ausländergesetzgebung verschärft. Wegen der Vergreisung der Bevölkerung in der EU brauchen die Länder dennoch Zuwanderung, um die sozialen Sicherungssysteme weiter finanzieren zu können.

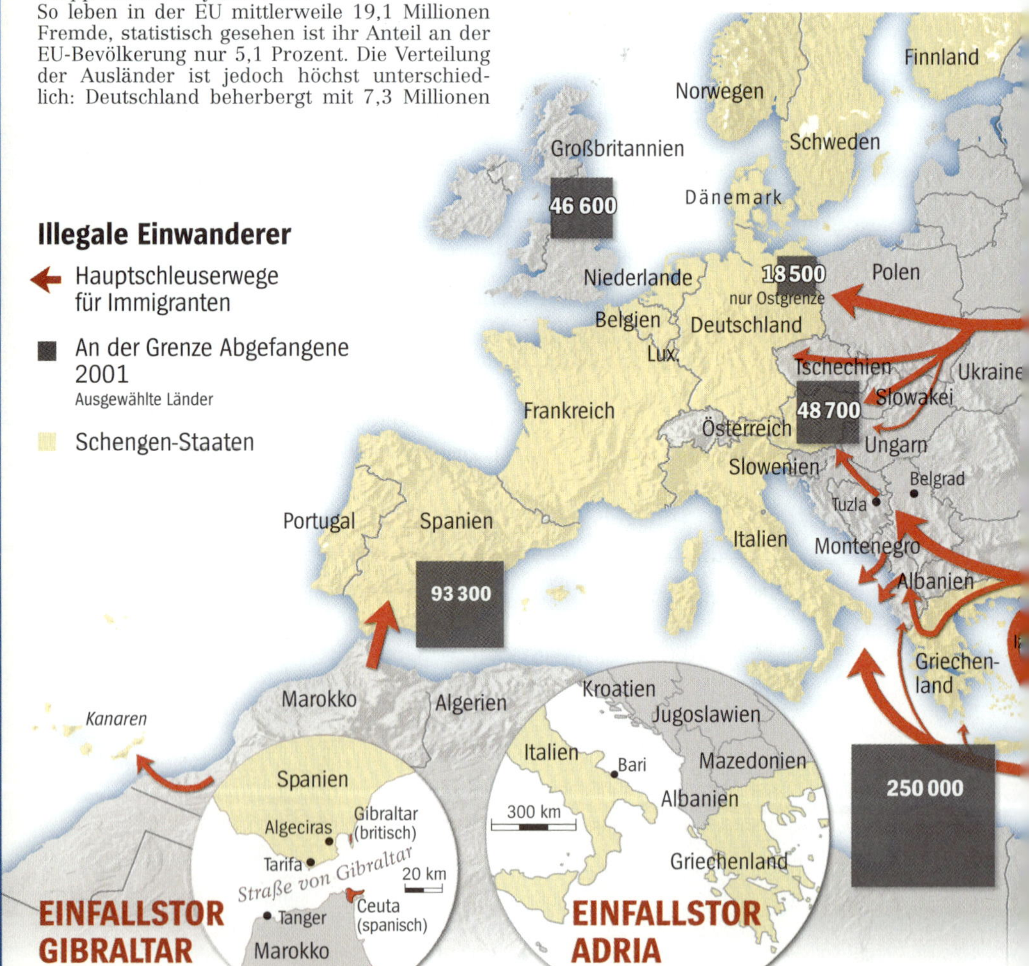

Rentensicherung durch Zuwanderung

Wie sich der Beitrag zur Rentenversicherung in Deutschland bei unterschiedlicher Zuwanderungsannahmen entwickeln würde

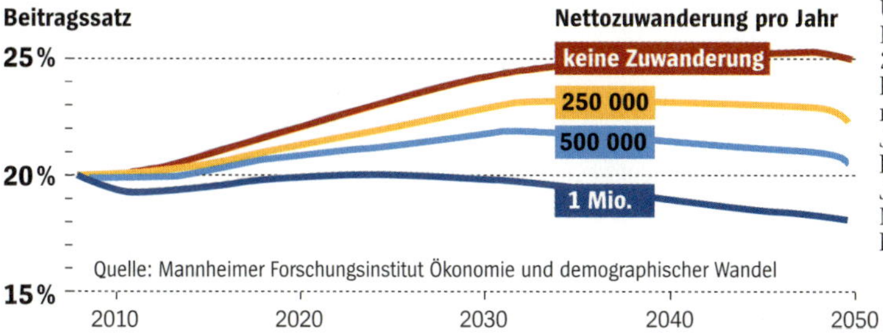

Um den derzeitigen Beitrag von knapp 20 Prozent zur Gesetzlichen Rentenversicherung in den nächsten Jahrzehnten halten zu können, müssten pro Jahr 500 000 bis 1 Mio. Menschen nach Deutschland zuwandern.

Neue Heimat

	Ausländeranteil	Asylbewerber, 2001
Deutschland	8,9 %	88 363
Großbritannien	3,9 %	88 200
Frankreich	5,6 %	47 263
Niederlande	4,1 %	32 579
Österreich	9,3 %	30 135
Belgien	8,3 %	24 549
Schweden	5,5 %	23 513
Dänemark	4,8 %	12 403
Irland	3,3 %	10 324
Italien	2,2 %	9755
Spanien	2,0 %	9219
Griechenland	1,6 %	5499
Finnland	1,7 %	1651
Luxemburg	34,9 %	689
Portugal	1,9 %	192

Quelle: Eurostat

Wirtschaft und Finanzen

Die G-7-Staaten, USA, Japan, Deutschland, Frankreich, Italien, Großbritannien und Kanada, erwirtschaften mehr als zwei Drittel des Welt-Bruttosozialprodukts von rund 31 Billionen US$. Durch die Größe und Dynamik ihrer Wirtschaft sowie durch ihre Dominanz der wichtigsten internationalen Finanzinstitutionen wie IWF und Weltbank beeinflussen besonders die Vereinigten Staaten die globalen Waren- und Kapitalflüsse.

Verlierer der weltumspannenden Geschäfte sind die ärmsten Entwicklungsländer. Einem Pro-Kopf-Einkommen von über 20 000 US$ in den Industrieländern steht ein Durchschnitt von 470 US$ in Schwarzafrika gegenüber. »Die USA müssen den Kampf gegen Armut, Unwissenheit und Unterdrückung aufnehmen und mit Entschlossenheit anführen,« sagt der Kapitalismuskritiker und Finanzguru George Soros. Amerika, das Zugpferd der Weltwirtschaft, aber wurde durch die Terroranschläge schwer getroffen, Unternehmer und Konsumenten sind verunsichert. Im Jahre 2001 gingen allein in den USA fast eine Million Arbeitsplätze verloren. Die OECD errechnete weltweite volkswirtschaftliche Folgekosten von 75 Mrd. US$.

Weil die Nachfrage in den reichen Ländern einbrach, konnten die Entwicklungsländer ihre Exporte 2001 nur um ein Prozent steigern, im Jahr 2000 waren es noch 14 Prozent.

Der Welthandel nahm insgesamt ab. Die Terroranschläge begünstigen eine weiter zunehmende Konzentration des Wirtschaftsgeschehens auf die reichen Weltregionen.

Absprachen über eine einheitliche Finanz- und Sicherheitsbasis, deren Bedeutung mit der Terrorbekämpfung noch zugenommen hat, werden durch gemeinsame Kultur und Institutionen vereinfacht. Regionale Freihandelsabkommen bein-

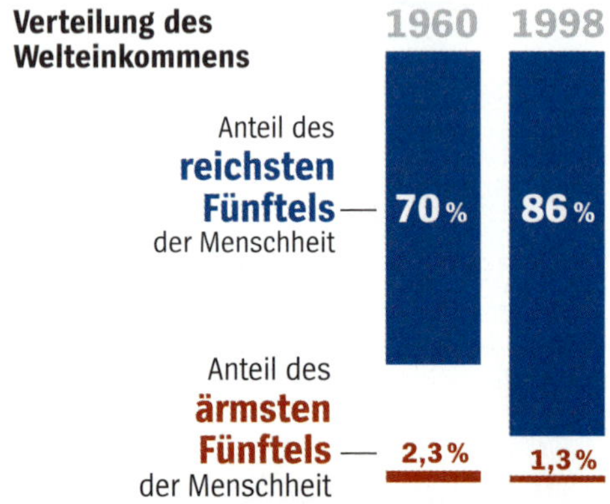

Die umsatzstärksten Unternehmen 2001

Umsatz in Milliarden US$

1. Wal-Mart Stores	219,8
2. Exxon Mobil	191,6
3. General Motors	177,3
4. BP	174,2
5. Ford Motor	162,4
6. Enron	138,7
7. DaimlerChrysler	136,9
8. Royal Dutch/Shell	135,2
9. General Electric	125,9
10. Toyota Motor	120,8

OECD-Länder mit den höchsten Arbeitslosenquoten

standardisierte Werte 2001

1. Slowakei	18,3 %
2. Polen	18,2 %
3. Griechenland	10,8 %
4. Spanien	10,7 %
5. Italien	9,4 %
6. Finnland	9,1 %
7. Frankreich	8,6 %
8. Türkei	8,5 %
9. Tschechien	8,2 %
10. Deutschland	7,9 %

Länder mit den höchsten BIP-Wachstumsraten

im Jahr 2000, in Prozent

1. Turkmenistan	17,6
2. Äquatorialguinea	16,9
3. Irland	11,5
4. Aserbaidschan	11,1
5. Hongkong	10,5
6. Belize	10,2
7. Singapur	9,9
8. Kasachstan	9,6
9. Südkorea	8,8
10. Malaysia, Russland, Sudan, Tadschikistan	8,3
14. Mauritius	8,0
15. China (VR), Rep. Kongo	7,9
17. Albanien, Dom. Rep.	7,8
19. Guinea Bissau	7,5
20. Türkei	7,2
21. Samoa, Sierra Leone	7,0
23. Mexiko	6,9
24. Lettland	6,6
25. Nepal	6,5

Länder mit den höchsten Pro-Kopf-Einkommen

im Jahr 2000, in US$

1. Luxemburg	42 060
2. Schweiz	38 140
3. Japan	35 620
4. Norwegen	34 530
5. USA	34 100
6. Dänemark	32 280
7. Island	30 390
8. Katar	27 415
9. Schweden	27 140
10. Österreich	25 220
11. Finnland	25 130
12. Deutschland	25 120
13. Niederlande	24 970
14. Singapur	24 740
15. Belgien	24 540
16. Großbritannien	24 430
17. Brunei	24 100
18. Frankreich	24 090
19. Irland	22 960
20. Kanada	21 130

halten außerdem meist einen Förderkatalog für den gemeinsamen Wirtschaftsstandort.
Die weltweite Verschuldung geht seit 1999 geringfügig zurück und liegt bei 2,5 Billionen US$. Hoch verschuldete Länder wie Brasilien und Argentinien müssen 97 bzw. 71% aller Exporteinkünfte für Zinsen und Tilgung aufwenden. Arme Länder mit geringem Exportpotenzial und schlechten Terms of Trade (im Verhältnis teureren Import- zu Exportpreisen) können der Schuldenfalle aus Zins- und Tilgungspflichten nicht entkommen. Vier von ihnen, Bolivien, Mosambik, Tansania und Uganda, wurden 2001 im Rahmen der HIPC-Initiative (heavily indebted poor countries) die Schulden weitestgehend erlassen, 2002 sind die nächsten 12 Länder dafür vorgesehen.
An den Börsen, den Symbolen für Kapitalismus und Globalisierung, sind die Aussichten schlecht.
Die Kursverluste in 2001/2002 signalisieren Instabilität der Weltwirtschaft und das schwindende Vertrauen von Anlegern, Produzenten und Konsumenten. Besonders an den größten Plätzen New York Stock Exchange und der Technologiebörse NASDAQ zeigten sich IT-Krise und die Folgen des Terrors. Die Kurse fielen direkt nach den Anschlägen auf Tiefstände, die Wall Street war tagelang geschlossen.
Die Wiederaufnahme des Handels ähnelte einer Wiederbelebung im allerletzten Moment. Von den schwachen Leitbörsen in den USA die unter Skandalen, Haushalts- und Leistungsbilanzdefiziten litten, und dem nachgebenden Dollar profitierte der Euro. Im Juli 2002 kostete er erstmals seit Februar 2000 wieder mehr als einen Dollar.

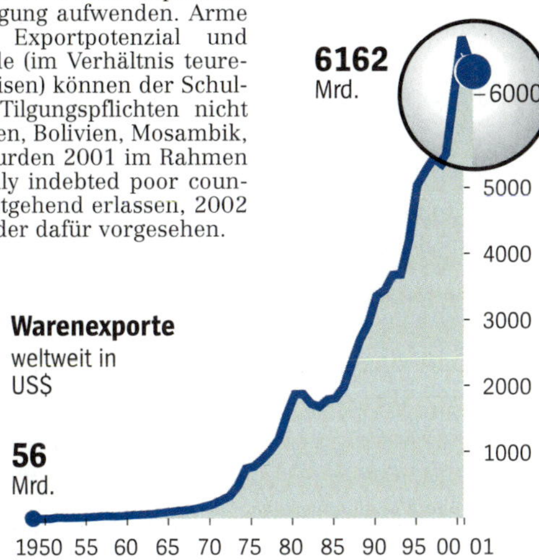

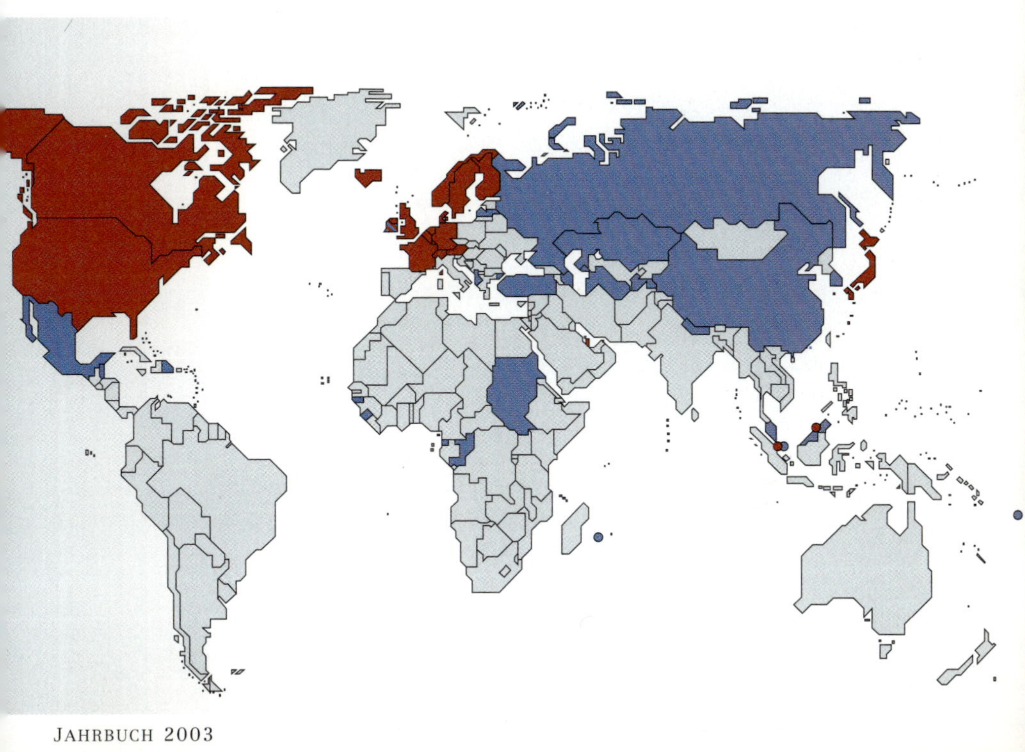

Welthandel

Exporte von Konsum-, Industrie- und Agrargütern sowie von Rohstoffen sanken 2001 in der Menge (–1 Prozent) und im Wert (–4 Prozent) auf 6,2 Billionen US$. Auslöser war der Nachfrageeinbruch bei Informationstechnologie wie Computern, Chips und Handys. Eine Ursache ist das geringe Wirtschaftswachstum in den Industriestaaten, besonders in Westeuropa mit 39 Prozent Welthandelsanteil. Die Terroranschläge vom 11. September in den Vereinigten Staaten beschleunigten nochmals den Abwärtstrend. Der Austausch von Waren und Dienstleistungen, Luftfahrt und Tourismus erlitten zeitweise starke Einbußen.
Obwohl die Handelserleichterungen innerhalb der regionalen Freihandelszonen oftmals kaum größer sind als internationale WTO-Vereinbarungen, konzentrieren sich die Länder immer stärker auf ihre eigene Region. 2000 betrug das Handelsvolumen der 15 EU-Länder untereinander 1,4 Billionen US$, weit mehr als der gesamte Export Nordamerikas. Asien handelt Waren im Wert von 807 Mrd. US$, Nordamerika 421 Mrd. US$, Lateinamerika 62 Mrd. US$ auf den eigenen Märkten. Afrika, wo dieser Wert nur 11 Mrd. US$ beträgt, ist angewiesen auf die Öffnung der Weltmärkte.
ASEAN wächst mit Japan, China und Südkorea zur zweitgrößten Regionalzone heran. Um ein Abkommen für ASEAN plus 3 wird noch gestritten.

Warenhandelsströme 2000
Ein- und Ausfuhren in Milliarden US$

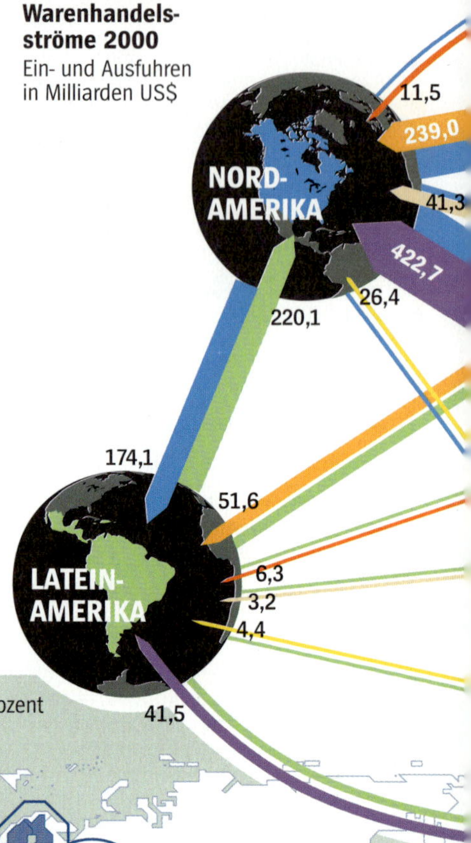

Freihandelsblöcke 2000 Anteile am Weltexport in Prozent

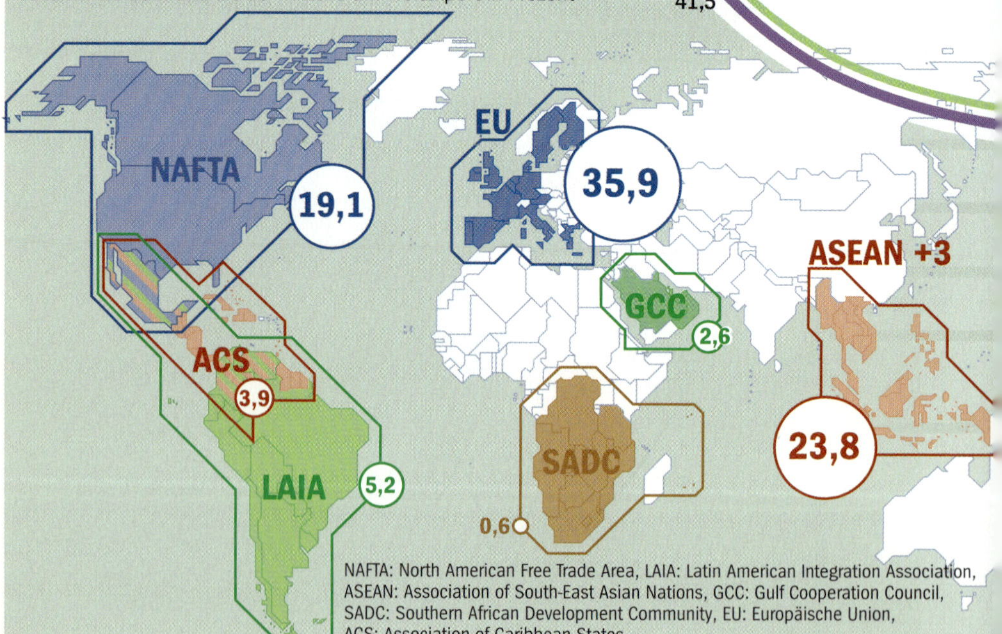

NAFTA: North American Free Trade Area, LAIA: Latin American Integration Association, ASEAN: Association of South-East Asian Nations, GCC: Gulf Cooperation Council, SADC: Southern African Development Community, EU: Europäische Union, ACS: Association of Caribbean States

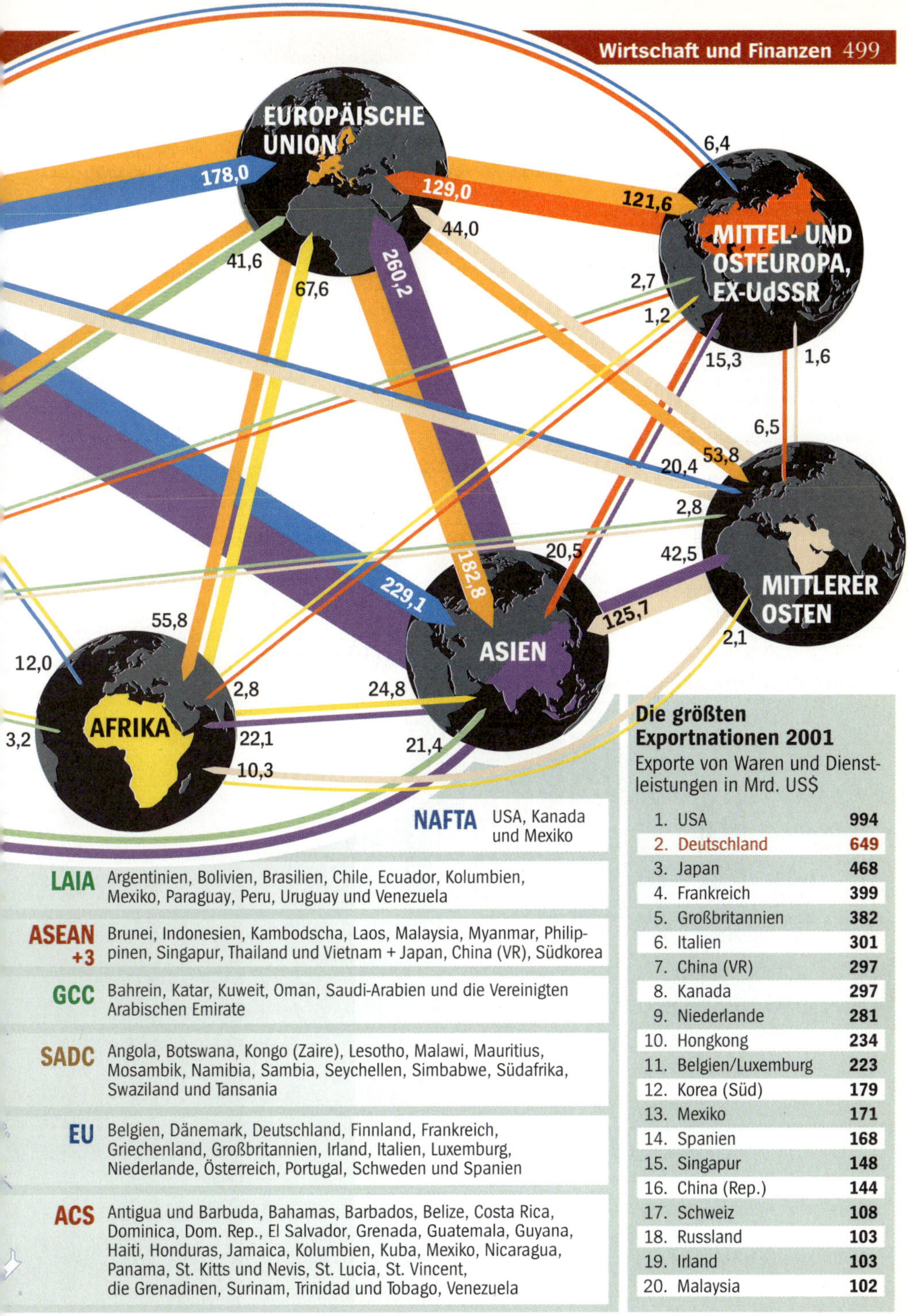

NAFTA USA, Kanada und Mexiko

LAIA Argentinien, Bolivien, Brasilien, Chile, Ecuador, Kolumbien, Mexiko, Paraguay, Peru, Uruguay und Venezuela

ASEAN +3 Brunei, Indonesien, Kambodscha, Laos, Malaysia, Myanmar, Philippinen, Singapur, Thailand und Vietnam + Japan, China (VR), Südkorea

GCC Bahrein, Katar, Kuweit, Oman, Saudi-Arabien und die Vereinigten Arabischen Emirate

SADC Angola, Botswana, Kongo (Zaire), Lesotho, Malawi, Mauritius, Mosambik, Namibia, Sambia, Seychellen, Simbabwe, Südafrika, Swaziland und Tansania

EU Belgien, Dänemark, Deutschland, Finnland, Frankreich, Griechenland, Großbritannien, Irland, Italien, Luxemburg, Niederlande, Österreich, Portugal, Schweden und Spanien

ACS Antigua und Barbuda, Bahamas, Barbados, Belize, Costa Rica, Dominica, Dom. Rep., El Salvador, Grenada, Guatemala, Guyana, Haiti, Honduras, Jamaica, Kolumbien, Kuba, Mexiko, Nicaragua, Panama, St. Kitts und Nevis, St. Lucia, St. Vincent, die Grenadinen, Surinam, Trinidad und Tobago, Venezuela

Die größten Exportnationen 2001

Exporte von Waren und Dienstleistungen in Mrd. US$

1.	USA	**994**
2.	Deutschland	**649**
3.	Japan	**468**
4.	Frankreich	**399**
5.	Großbritannien	**382**
6.	Italien	**301**
7.	China (VR)	**297**
8.	Kanada	**297**
9.	Niederlande	**281**
10.	Hongkong	**234**
11.	Belgien/Luxemburg	**223**
12.	Korea (Süd)	**179**
13.	Mexiko	**171**
14.	Spanien	**168**
15.	Singapur	**148**
16.	China (Rep.)	**144**
17.	Schweiz	**108**
18.	Russland	**103**
19.	Irland	**103**
20.	Malaysia	**102**

Staatsverschuldung

Die zehn größten Schuldnerländer vereinen über die Hälfte der weltweiten Auslandsverbindlichkeiten auf sich. Nur acht Prozent entfallen auf die HIPC-Länder (heavily indebted poor countries, hoch verschuldete und arme Länder). Die HIPC-Initiative von IWF und Weltbank aus dem Jahr 1996 zielt auf die Entschuldung von über 40 Staaten, in denen allein 300 Mio. Menschen unter der Armutsgrenze leben.
20 schwarzafrikanische und 4 lateinamerikanische Nationen haben sich für einen Schuldennachlass qualifiziert. Ihr Schuldendienst sinkt zwischen 2001 und 2003 jährlich um rund 1,8 Mrd. US$: Jedes Land spart im Schnitt 50 Mio. US$ ein. Das Schuldenvolumen ist im Januar 2002 auf 25 Mrd.US$ (von 47 Mrd. $) gesunken.

Auslandsverschuldung aller Staaten **2,492** Billionen US$

davon entfielen auf:

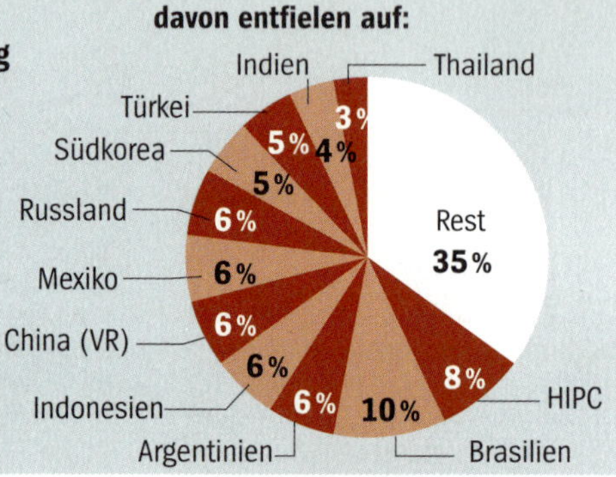

Die am höchsten verschuldeten Länder
Schulden 2000 in Prozent des Bruttosozialprodukts

Guinea-Bissau	**345**
Nicaragua	**263**
Dem. Rep. Kongo	**262**
Republik Kongo	**206**
Angola	**203**
Sambia	**179**
Sudan	**152**
Jugoslawien	**142**
Elfenbeinküste	**134**
Mauretanien	**134**
Syrien	**131**
Sierra Leone	**128**
Kirgisien	**115**
Ecuador	**106**
Tadschikistan	**100**
Burundi	**96**
Indonesien	**95**
Jordanien	**92**
Gabun	**91**
Malawi	**90**
Togo	**85**

Schulden aller Entwicklungsländer
in Milliarden US$

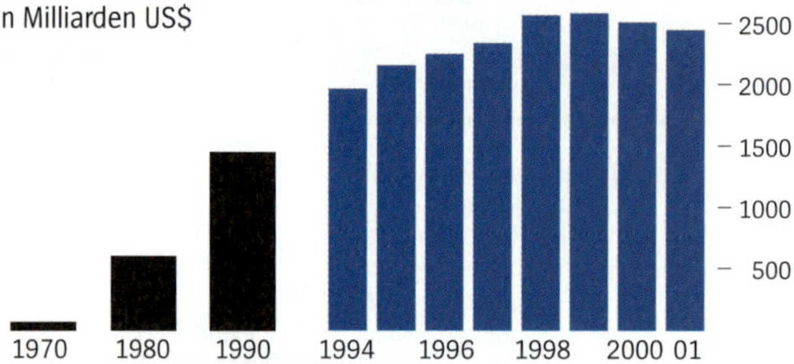

Die größten Empfänger von Entwicklungshilfe 2000
in Millionen US$

1. China (VR)	**1735**
2. Indonesien	**1731**
3. Vietnam	**1700**
4. Russland	**1565**
5. Indien	**1487**
6. Polen	**1396**
7. Ägypten	**1328**
8. Bangladesch	**1171**
9. Jugoslawien	**1135**
10. Tansania	**1045**

Entwicklungshilfe 2000 pro Kopf in US$

1. West Bank und Gaza	**214**
2. Bosnien-Herzegowina	**185**
3. Israel	**128**
4. Mazedonien	**124**
5. Jordanien	**113**
6. Nicaragua	**111**
7. Jugoslawien	**107**
8. Albanien	**93**
9. Mongolei	**91**
10. Namibia	**86**

Kapitalflüsse

Langfristige Kapitaltransfers in die Entwicklungsländer nehmen ab. Während die öffentlichen Mittel sinken, steigt der Anteil ausländischer Direktinvestitionen (FDI, Foreign Direct Investment). Knapp 40% aller FDI kommen aus den OECD-Ländern und konzentrieren sich auf Brasilien, China und Mexiko, denen allein die Hälfte aller FDI in Entwicklungsländern zufließen. Mergers & Acquisitions (M&A, Unternehmenskäufe und -beteiligungen) bei zunehmender Privatisierung von Staatsbetrieben sind die häufigste Form des Kapitalzuflusses in Entwicklungsländer. Die größten FDI-Zielländer sind die Industrieländer selbst. Globale M&A-Transaktionen gingen 2001 insgesamt um fast die Hälfte zurück. Weltweite FDI gingen von 1,3 Billionen auf 760 Mrd. US$ zurück.

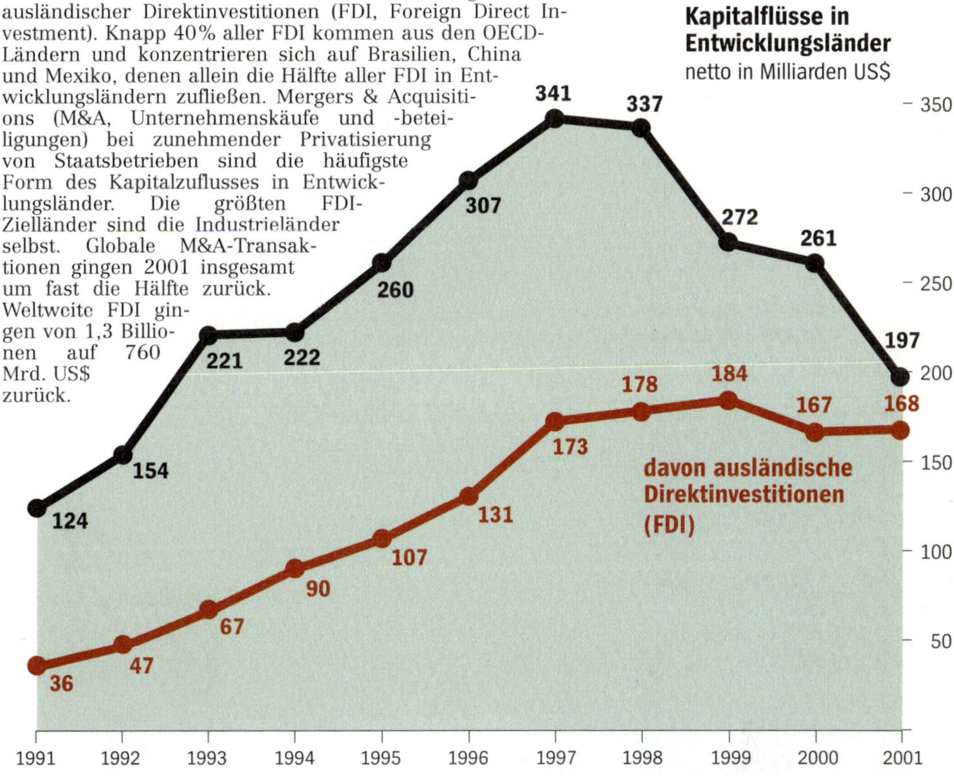

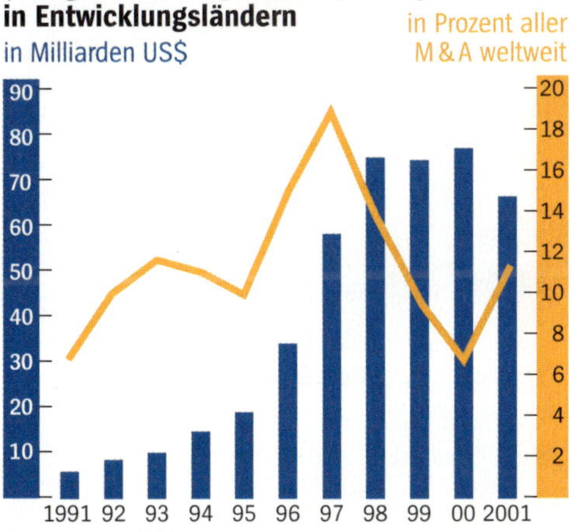

Die größten Zielländer von ausländischen Direktinvestitionen (FDI)
in Milliarden US$; Stand Ende 2000

1. USA	288
2. Deutschland	189
3. Großbritannien	134
4. Kanada	63
5. Niederlande	54
6. Frankreich	43
7. China (VR)	38
8. Spanien	36
9. Dänemark	34
10. Brasilien	33

Goldschatz der Notenbanken

Im Statement on gold vom September 1999 beschlossen 15 europäische Notenbanken, darunter die Bundesbank, bis 2004 nicht mehr als 400 Tonnen Gold jährlich auf dem Markt anzubieten. Der weitere Verfall des Goldpreises sollte verhindert werden.

850 US$ mussten Anleger 1980 für die Feinunze Gold (1 Unze = 31,103 Gramm) zahlen, im Juli 2002 lag der Preis nur noch bei 315 US$. Die Bedeutung des Goldes als Anlageobjekt schwindet entsprechend.

Mit der Einführung des Euro ist die Europäische Zentralbank für die Absicherung der Währung zuständig. Sie hat den Goldanteil an den Gesamtreserven auf maximal 15 Prozent begrenzt.

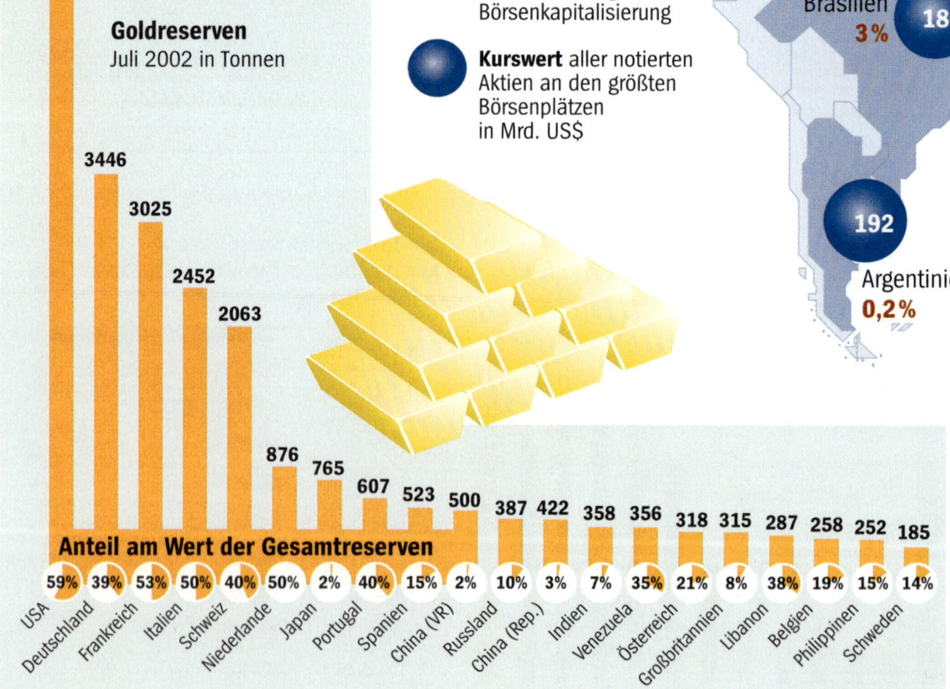

Marktkapitalisierung 2001

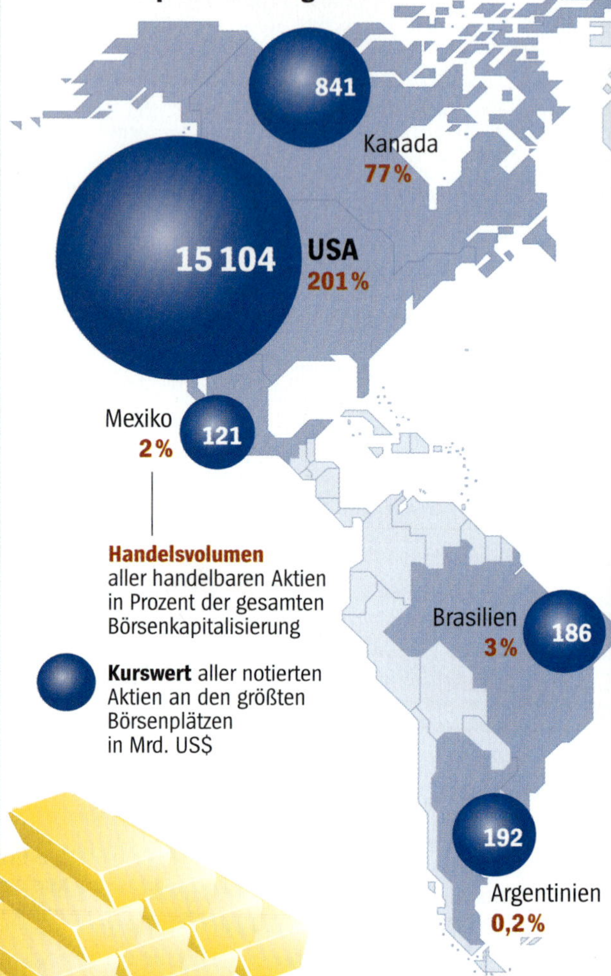

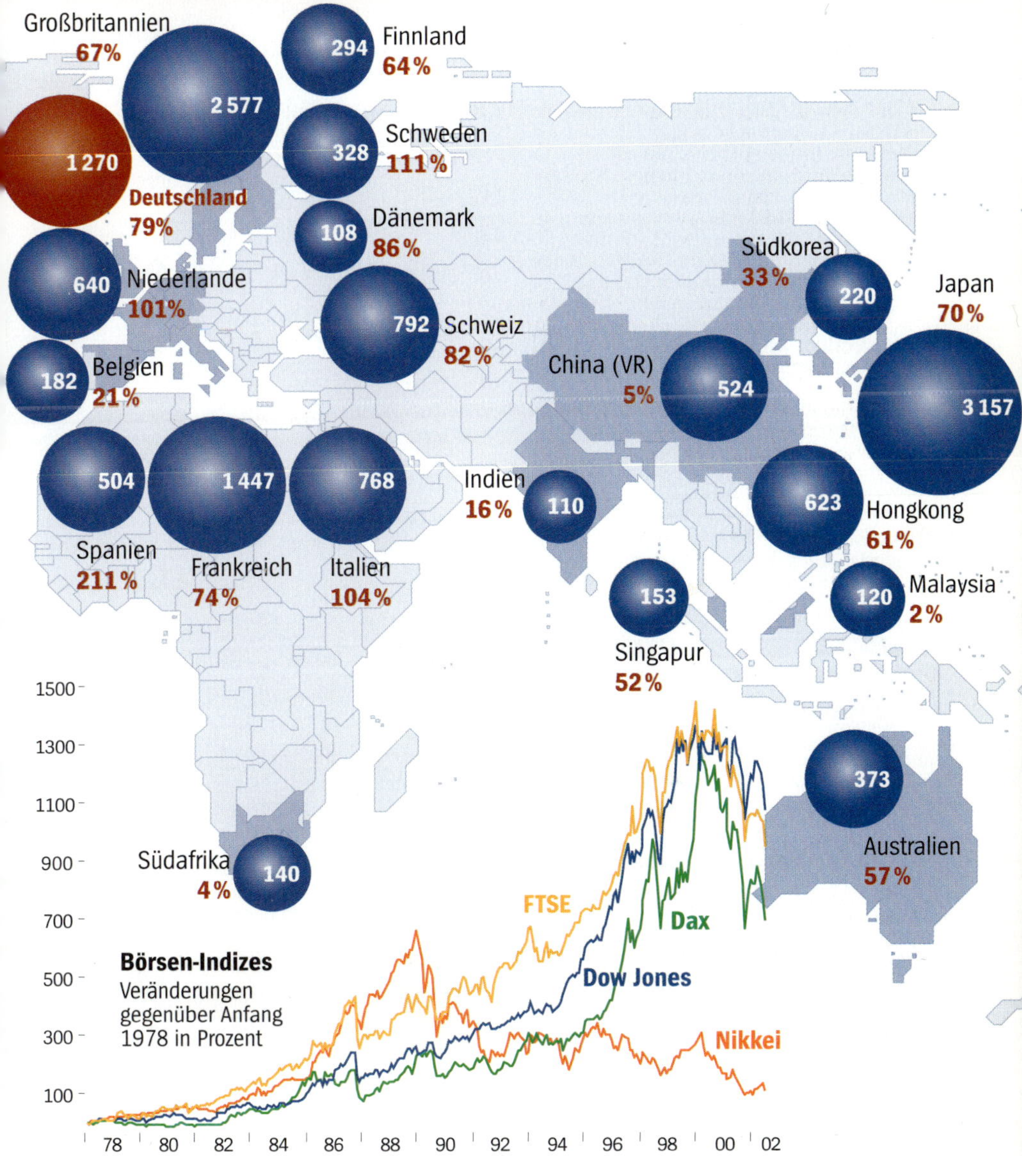

Weltbörsen

Die Marktkapitalisierung beschreibt die Größe der Börsen zu einem bestimmten Zeitpunkt, der so genannte Free Float prozentual davon den Wert der frei handelbaren Aktien. Die meisten Börsenindizes bilden inzwischen nur die frei handelbaren Aktien ab.
Das Engagement des internationalen Kapitals auf den Märkten der Entwicklungsländer ging 2001 um ein Viertel auf 171 Mrd. US$ zurück, Tendenz weiter fallend. Hauptgrund ist der Abschwung in Argentinien und auf den anderen Emerging Markets, den seit etwa 1990 aufsteigenden Märkten der Schwellenländer in Südostasien und Lateinamerika.

Die EU und ihre Erweiterung

Bis zu zehn neue Mitglieder sollen 2004 der Europäischen Union beitreten. Der Beschluss darüber fällt auf dem EU-Gipfel in Kopenhagen im Dezember 2002. Aufnahmebedingungen sind die Kopenhagener Kriterien: Die Staaten müssen eine marktwirtschaftliche Ordnung haben, Struktur und Potenzial müssen zur EU passen. Die Maastricht-Kriterien waren Eintrittsvoraussetzung in die Euro-Zone und müssen unter Androhung finanzieller Sanktionen eingehalten werden. Ende Juli 2002 beschloss die Kommission erstmals, ein Verfahren gegen Portugal einzuleiten, weil das Defizit die 3-Prozent-Marke deutlich überschritt. Auch Italien, Frankreich und Deutschland gerieten ins Visier der Kontrolleure.

Wirtschaftsleistung und Maastricht-Kriterien

	EU-15	BIP 2000 in Mrd. US$	BIP pro Kopf in US$	Einwohner in Mio.	wichtige Konvergenzkriterien 2001 – Ziel: Haushaltsdefizit /Überschuss in Prozent des BIP – Defizit max. −3 %	Schuldenstand in Prozent des BIP – max. 60 %	Inflationsrate – weitgehende Angleichung
1.	Deutschland	1873	22800	82	−2,7	59,8	2,4
2.	Großbritannien	1415	23679	60	+0,9	39,0	2,1
3.	Frankreich	1294	21977	59	−1,4	57,2	1,8
4.	Italien	1074	18616	58	−1,4	109,4	2,7
5.	Spanien	559	14153	39	0	57,2	3,2
6.	Niederlande	365	22914	16	+0,2	53,2	5,1
7.	Belgien	227	22108	10	+0,2	107,5	2,4
8.	Schweden	227	25631	9	+4,7	56	2,6
9.	Österreich	189	23308	8	+0,1	61,7	2,3
10.	Dänemark	162	30424	5	+2,5	44,5	2,1
11.	Finnland	121	23463	5	+4,9	43,6	2,6
12.	Griechenland	113	10667	11	+0,1	99,7	3,7
13.	Portugal	105	10497	10	−4,1	55,6	4,4
14.	Irland	94	24740	4	+1,7	36,6	4,0
15.	Luxemburg	19	43132	0,4	+5	5,5	2,7
	Beitrittskandidaten ab 2004				**Stand 2000**		
16.	Polen	158	4081	39	−3,2	43,9	5,4
17.	Tschechien	51	4943	10	−4,9	29,2	4,7
18.	Ungarn	46	4553	10	−3,5	78,4	9,2
19.	Slowakei	19	3540	5	−5,1	27,0	7,3
20.	Slowenien	18	9119	2	−1,7	25,0	8,4
21.	Litauen	11	3062	4	−3,2	23,8	1,3
22.	Zypern	9	11487	1	−3,2	63,0	2,0
23.	Lettland	7	3014	2	−2,8	9,6	2,5
24.	Estland	5	3630	1	−0,7	11,0	5,8
25.	Malta	4	9141	0,4	−6,6	60,6	2,9
	sonstige Beitrittskandidaten						
26.	Türkei	200	3062	65	−11,0	53,5	54,4
27.	Rumänien	37	1637	22	−3,7	30,2	34,5
28.	Bulgarien	12	1469	8	−1,0	95,5	7,5

Der Euro als Weltwährung

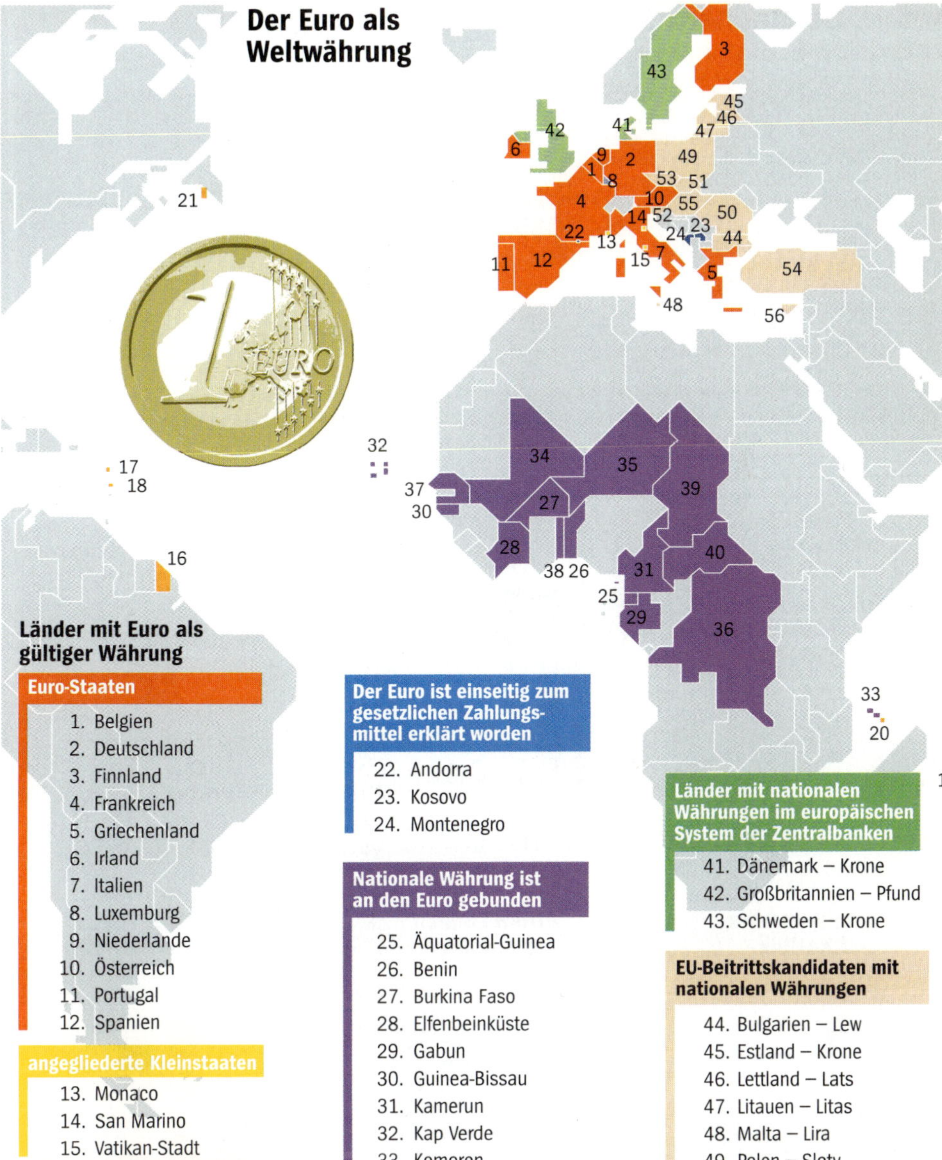

Länder mit Euro als gültiger Währung

Euro-Staaten

1. Belgien
2. Deutschland
3. Finnland
4. Frankreich
5. Griechenland
6. Irland
7. Italien
8. Luxemburg
9. Niederlande
10. Österreich
11. Portugal
12. Spanien

angegliederte Kleinstaaten

13. Monaco
14. San Marino
15. Vatikan-Stadt

Französische Überseegebiete

16. Französisch Guayana
17. Guadeloupe
18. Martinique
19. Réunion
20. Mayotte
21. St.-Pierre-et-Miquelon

Der Euro ist einseitig zum gesetzlichen Zahlungsmittel erklärt worden

22. Andorra
23. Kosovo
24. Montenegro

Nationale Währung ist an den Euro gebunden

25. Äquatorial-Guinea
26. Benin
27. Burkina Faso
28. Elfenbeinküste
29. Gabun
30. Guinea-Bissau
31. Kamerun
32. Kap Verde
33. Komoren
34. Mali
35. Niger
36. Republik Kongo
37. Senegal
38. Togo
39. Tschad
40. Zentralafrik. Republik

Länder mit nationalen Währungen im europäischen System der Zentralbanken

41. Dänemark – Krone
42. Großbritannien – Pfund
43. Schweden – Krone

EU-Beitrittskandidaten mit nationalen Währungen

44. Bulgarien – Lew
45. Estland – Krone
46. Lettland – Lats
47. Litauen – Litas
48. Malta – Lira
49. Polen – Sloty
50. Rumänien – Leu
51. Slowakei – Krone
52. Slowenien – Tolar
53. Tschechien – Krone
54. Türkei – Lira
55. Ungarn – Forint
56. Zypern – Pfund

Armut, Gesundheit, Soziales

Auf dem Millenniums-Gipfel der Uno im September 2000 in New York haben die Vertreter von 147 Staaten, darunter auch die deutsche Delegation, unter dem Motto »Die Rolle der Vereinten Nationen im 21. Jahrhundert« eine ehrgeizige Vision Kofi Annans diskutiert: Bis zum Jahre 2015 sollen unter anderem Armut und Hunger halbiert, Kinder- und Müttersterblichkeit drastisch gesenkt und die Ausbreitung von Aids und anderen Seuchen gestoppt werden. Annans Vision mündete in einem Aktionsplan, und Uno-Organisationen wie UNDP und Weltbank haben so genannte Millenniums-Entwicklungsziele und Indikatoren definiert, an denen der Erfolg der Anstrengungen gemessen werden kann. Die Weltbank zog nun in ihren jüngsten Publikationen eine Art Zwischenbilanz und hat – soweit die vorhandenen Daten es zulassen – die Entwicklung von 1990 bis 2000 dargestellt und bis 2015 fortgeschrieben. (Vgl. The World Bank, World Development Indicators 2002, Washington 2002, dies., World Bank Atlas, Washington 2002, sowie im Internet unter www.developmentgoals.org/)

Die Frage ist, ob die genannten Zielsetzungen angesichts der Tendenz der vergangenen zehn Jahre, überhaupt verwirklicht werden können. Eine zusammenfassende Einschätzung zeigt die auf dieser Seite abgebildete Grafik. Die Lage im Einzelnen wird auf den Folgeseiten dieses Dossiers gezeigt.

Erreichbarkeit von Millennium-Entwicklungszielen bis 2015 in den Entwicklungsregionen der Welt

in Prozent

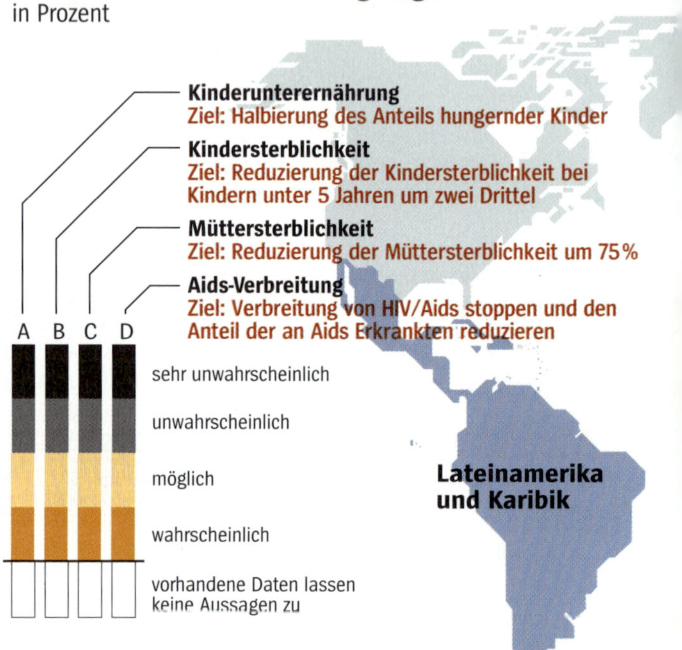

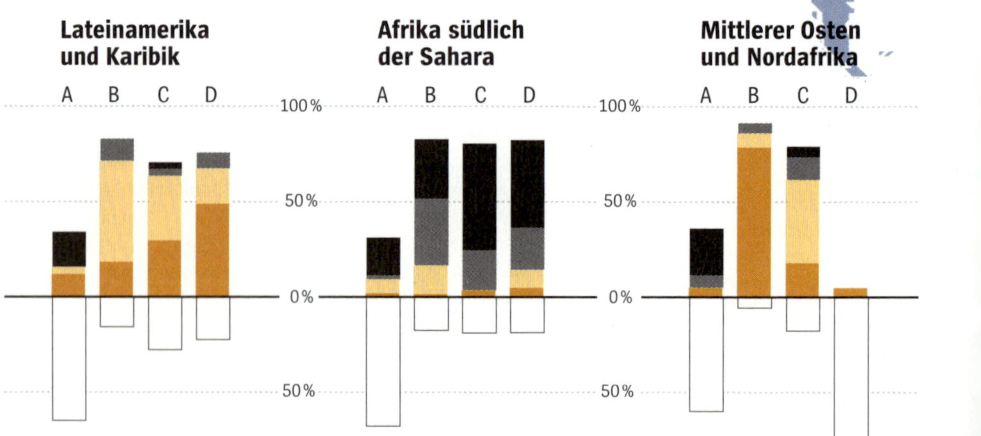

Die Weltbank zeichnet ein differenziertes Bild: In vielen Regionen der Welt hat sich die Situation seit 1990 eher noch verschlechtert, und es scheint eher unwahrscheinlich, dass die Millenniums-Ziele erreicht werden – so etwa in weiten Teilen des südlichen Afrika. Dagegen hat sich in vielen zentral- und ostasiatischen Ländern die Lage seit 1990 in einem Tempo positiv verändert, dass die Weltbank einen Erfolg bis 2015 für realistisch hält. So erklärt sich der verhaltene, teils aber auch optimistische Ton des Zwischenberichts. Ebenso wenig ist aber die anhaltend deprimierende Situation im südlichen Afrika zu übersehen. Dort haben zur Jahrtausendwende immer noch rund 2,8 Milliarden Menschen, also knapp die Hälfte der Weltbevölkerung, weniger als 2 US$ am Tag zum Leben. 777 Millionen Menschen leiden an Hunger, davon 150 Millionen Kinder. Die Kindersterblichkeit in einzelnen Ländern Afrikas beträgt über 25%. Insgesamt gibt es 14 Millionen Aids-Waisenkinder auf der Welt, eine Zahl, die sich bis 2010 noch verdoppeln könnte. Trotz mancher Erfolge bleibt also noch viel zu tun. »Die meisten Regierungschefs, die in New York dabei waren, werden das Jahr 2015 erleben. Sie sollten daher ein großes Eigeninteresse haben, in 15 Jahren nicht als Versager dazustehen«, sagt Heidemarie Wieczorek-Zeul, Bundesministerin für wirtschaftliche Zusammenarbeit und Entwicklung.

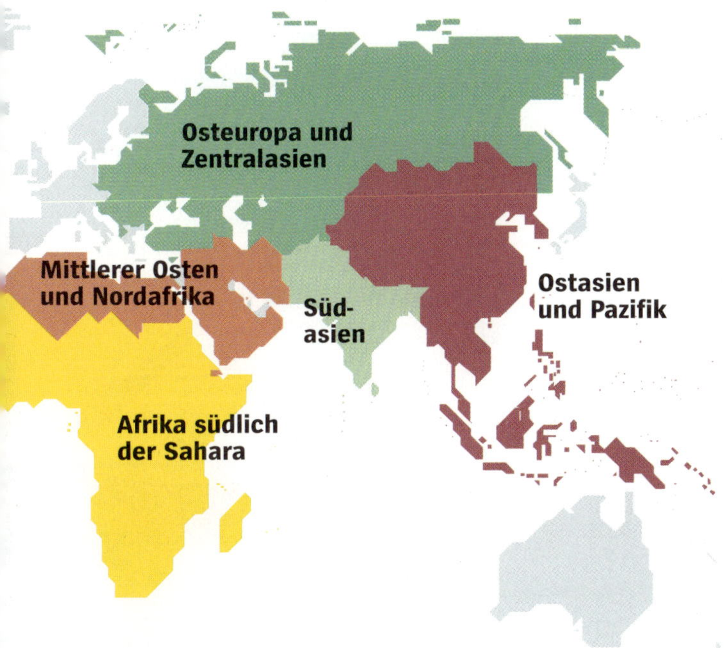

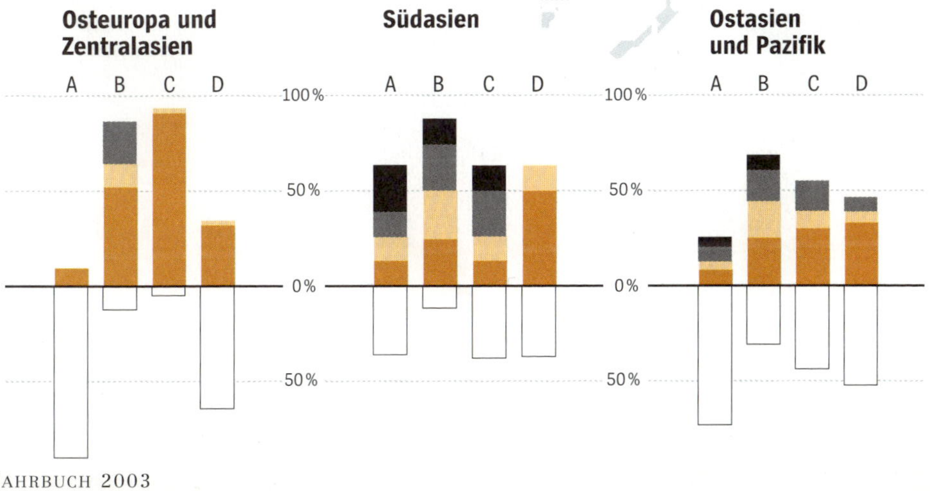

Hunger

Die Zahl der stark unterernährten Menschen auf der Welt verringerte sich von 840 Millionen im Jahr 1990 auf 777 Millionen, darunter 150 Millionen Kinder, gegen Ende des abgelaufenen Jahrtausends. Die Uno schätzt, dass die Zahl bis 2015 um weitere 200 Millionen sinken wird. Regional vom Hunger am stärksten betroffen sind die Länder Afrikas südlich der Sahara. Dort droht auch in diesem Jahr infolge von Dürre, Bürgerkrieg und Aids eine große Katastrophe. Bereits jetzt ruft die Welternährungsorganisation der Uno zu Spenden auf. Betrachtet man die Statistik der Länder mit den höchsten Hungerraten, dann wird deutlich: Unterernährung ist nicht allein ein wirtschaftliches, sondern gleichermaßen ein politisches Problem. Die Spitzenreiter der Elendsstatistik, Somalia, Afghanistan, Burundi und Eritrea, waren bzw. sind seit vielen Jahren in Kriegshandlungen oder Bürgerkrieg verstrickt.

Millennium-Ziel:
Halbierung des Anteils der Menschen die an Hunger leiden.

Hunger-Länder

Anteil unterernährter Menschen an der Bevölkerung

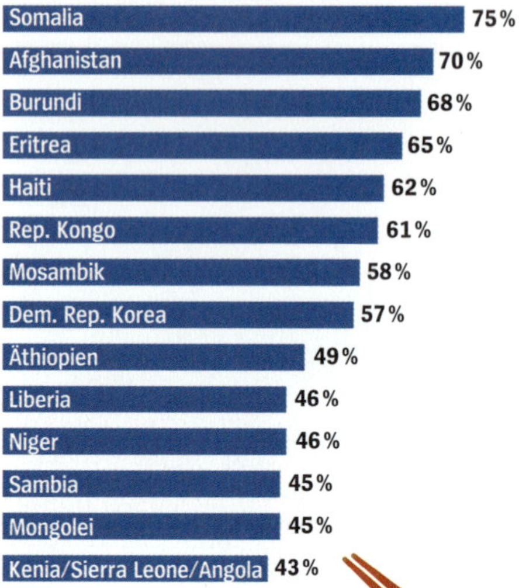

Kinderunterernährung

Anteil Untergewichtiger bei Kindern unter 5 Jahren

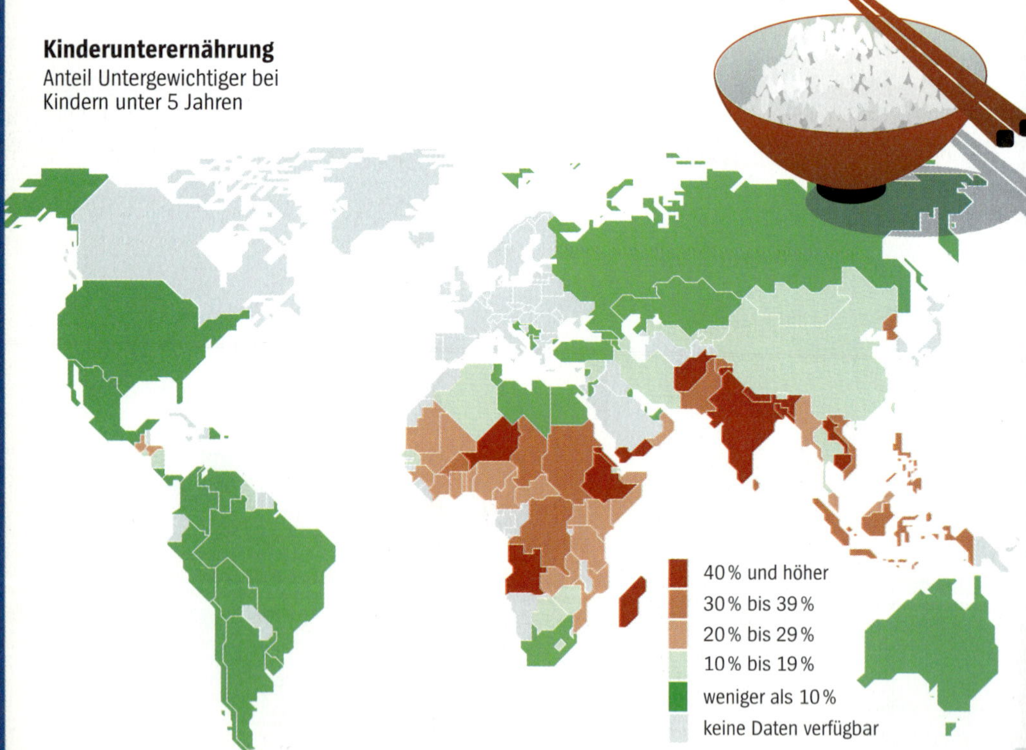

Kinderunterernährung

Die Halbierung des Anteils hungernder Kinder bis 2015 ist…

- sehr unwahrscheinlich
- unwahrscheinlich
- möglich
- wahrscheinlich
- vorhandene Daten lassen keine Aussagen zu

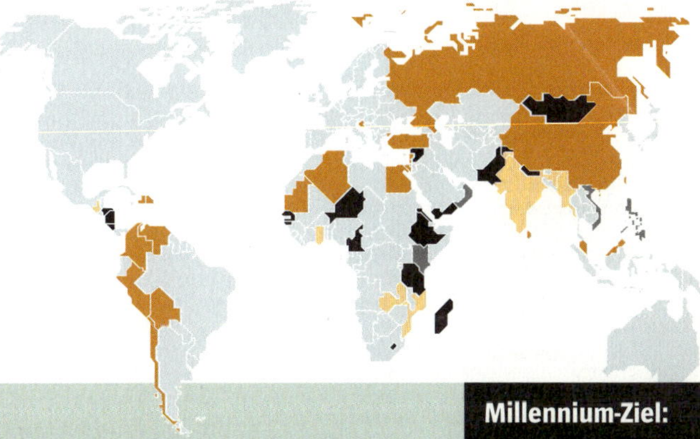

Armut

Von extremer Armut nach Definition der Weltbank, also weniger als einen Dollar am Tag, waren 1999 rund 1,15 Milliarden Menschen betroffen, 125 Millionen weniger als 1990. Im Zentrum des Problems wiederum das südliche Afrika. Die Uno-Organisationen hoffen auf einen Rückgang um weitere 400 Millionen bis 2015, dennoch bliebe das Ziel verfehlt. Um das gesetzte Entwicklungsziel zu erreichen, müssten sich die Wachstumsraten der betroffenen Volkswirtschaften fast verdoppeln. Dafür gibt es allerdings keine Anzeichen. Das Problem zeigt sich noch dramatischer, wenn man die Statistik derjenigen heranzieht, die weniger als 2 US$ am Tag verdienen und damit ebenso unter bzw. am Existenzminimum leben. Das waren zur Jahrtausendwende immer noch 2,8 Milliarden Menschen, knapp die Hälfte der Weltbevölkerung. Und auch 2015 werden es nach den Prognosen der Uno noch über 2 Milliarden sein. Das Problem Armut und Hunger besteht also unvermindert fort.

Millennium-Ziel:
Der Anteil an der Weltbevölkerung, der weniger als 1 US$ am Tag zum Leben hat, soll bis 2015 halbiert werden.

Menschen mit einem Einkommen von täglich…

in Millionen

	…unter 1 US$		…unter 2 US$	
	1990	2015	1990	2015
Lateinamerika und Karibik	74	60	167	146
Afrika südlich der Sahara	242	345	388	597
Mittlerer Osten und Nordafrika	6	6	59	65
Osteuropa und Zentralasien	7	4	44	42
Ostasien und Pazifik	452	59	1084	284
Südasien	495	279	976	1098
Summe	1276	753	2718	2230

Die Ärmsten der Armen

Anteil der Gesamtbevölkerung mit einem Einkommen unter 1 US$ pro Tag

1. Mali	**73%**
2. Nigeria	**70%**
3. Zentralafr. Rep.	**67%**
4. Sambia	**64%**
5. Niger/Burkina Faso	**61%**
7. Gambia	**59%**
8. Sierra Leone	**57%**
9. Madagaskar	**49%**
10. Ghana	**45%**
11. Indien	**45%**
12. Lesotho	**43%**
13. Mosambik/Nepal	**38%**
15. Simbawe	**36%**

Kindersterblichkeit

Die Kindersterblichkeit ist in den letzten 25 Jahren trotz teilweise anwachsenden Geburtenraten auch in absoluten Zahlen bereits zurückgegangen. Entsprechend ehrgeizige Ziele haben sich die Vereinten Nationen gesetzt: Die Kindersterblichkeit soll von 11 Millionen im Jahr 1990 (1980 waren es noch 15 Millionen) auf unter 4 Millionen im Jahr 2015 sinken. Hohe Kindersterblichkeit ist allgemein ein Resultat mangelnder hygienischer Bedingungen und ärztlicher Betreuung. Die Statistik der Todesursachen führen Lungenentzündung, Diarrhöe, Malaria und Masern an – indirekt sind viele der Todesfälle Folge der Unterernährung. Die erzielten Erfolge führt die Uno auf die wachsende Verbreitung von Impfprogrammen und Verfügbarkeit von Antibiotika (insbesondere bei Lungenentzündung) zurück. In 36 Ländern ist nach den Zahlen der Uno der Fortschritt groß genug, um das Ziel 2015 erreichen zu können. In den ärmsten Ländern aber gibt es bedrohliche Signale: Der Anteil der von Impfungen erfassten Kinder nimmt wieder ab.

Regionale Entwicklung

Tote Kinder unter 5 Jahren pro 1000 Geburten

	1990	2000
Lateinamerika und Karibik	49	37
Afrika südlich der Sahara	159	162
Mittlerer Osten und Nordafrika	72	54
Osteuropa und Zentralasien	34	25
Ostasien und Pazifik	55	45
Südasien	121	96
Vergleich: Industriestaaten	9	7

Millennium-Ziel:

Reduzierung der Kindersterblichkeit bei Kindern unter 5 Jahren um zwei Drittel.

Ursachen für Kindersterblichkeit

in Prozent

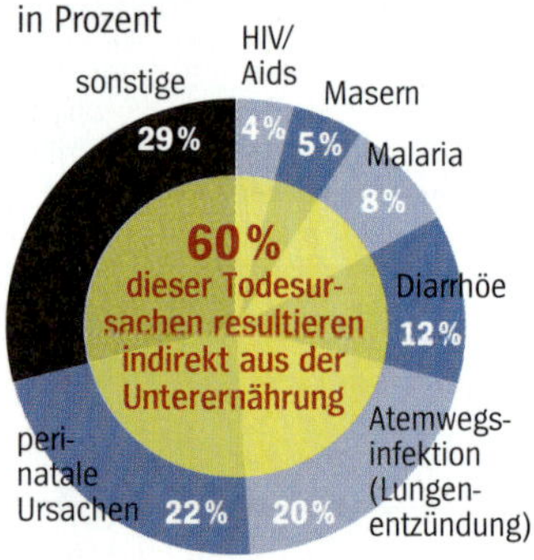

Länder mit der höchsten Kindersterblichkeit

Tote Kinder unter 5 Jahren pro 1000 Geburten

1. Afghanistan	279
2. Sierra Leone	267
3. Niger	248
4. Mali	218
5. Guinea-Bissau	211
6. Angola	208
7. Burkina Faso	206
8. Ruanda	203
9. Mosambik	200
10. Somalia	195
11. Malawi	193
12. Tschad	188
13. Sambia	186
14. Liberia	185
15. Elfenbeinküste	180
zum Vergleich Deutschland	**6**

Länder mit der höchsten Säuglingssterblichkeit

Tote Säuglinge pro 1000 Geburten

1. Afghanistan	163
2. Sierra Leone	154
3. Mosambik	129
4. Angola	128
5. Guinea-Bissau	126
6. Ruanda	123
7. Mali	120
8. Somalia	117
9. Sambia	115
10. Niger	114
11. Elfenbeinküste, Liberia	111
13. Burkina Faso	104
14. Malawi	103
15. Burundi	102
16. Tschad, Mauretanien	101
zum Vergleich Deutschland	**4**

Kampf gegen Kindersterblichkeit

Chance, die Kindersterblichkeit bis 2015 um zwei Drittel zu reduzieren

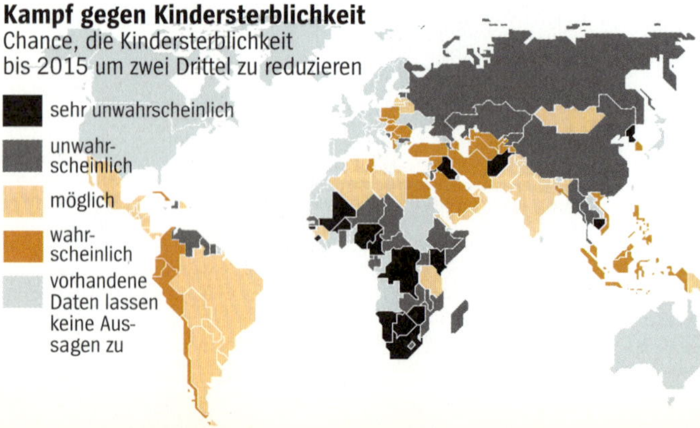

Müttersterblichkeit

Mitte der neunziger Jahre starben jährlich weltweit etwa 500 000 Mütter an Komplikationen während der Schwangerschaft oder während der Geburt, nach den Entwicklungszielen der Uno sollen es im Jahr 2015 nur noch 125 000 sein. Fast die Hälfte der Todesfälle treten in Afrika auf, wo die Quote in einzelnen Ländern deutlich über 1% liegt.
In Ruanda sind es 2300 Tote auf 100 000 Geburten, in Griechenland nur 2. Fortschritte gibt es vor allem dort zu vermelden, wo Schwangerschaften und Geburten durch ausgebildete Fachkräfte betreut werden und eine entsprechende ärztlich-medizinische Versorgung und hygienische Bedingungen während der Geburt gegeben sind. Weiterhin sehen die Programme der Uno vor, die Zahl der Geburten pro Frau und die Häufigkeit von Schwangerschaften bei Jugendlichen zu senken.

Millennium-Ziel:
»Reduzierung der Müttersterblichkeit um 75 Prozent.«

Müttersterblichkeit
Tote pro 100 000 Geburten

1. Ruanda	**2300**
2. Sierra Leone	**2100**
3. Burundi	**1900**
4. Äthiopien	**1800**
5. Sudan, Tschad	**1500**
7. Burkina Faso	**1400**
8. Angola, Kenia	**1300**
10. Guinea, Liberia, Senegal, Zentralafrik. Rep., Elfenbeinküste	**1200**
15. Nigeria, Eritrea, Gambia, Haiti, Tansania, Uganda, Republik Kongo	**1100**
22. Togo, Mosambik	**980**
zum Vergleich **Deutschland**	**12**

Von Fachpersonal betreute Geburten
in Prozent aller Geburten

1. Nepal	**10%**
2. Tschad	**11%**
3. Bangladesch	**14%**
4. Niger	**18%**
5. Jemen	**22%**
6. Mali	**24%**
7. Burkina Faso	**27%**
8. Kambodscha	**31%**
9. Guinea, Tansania	**35%**
11. Indonesien	**43%**

Zusammenhang zwischen medizinischer Betreuung bei der Geburt und der Müttersterblichkeit
ausgewählte Länder

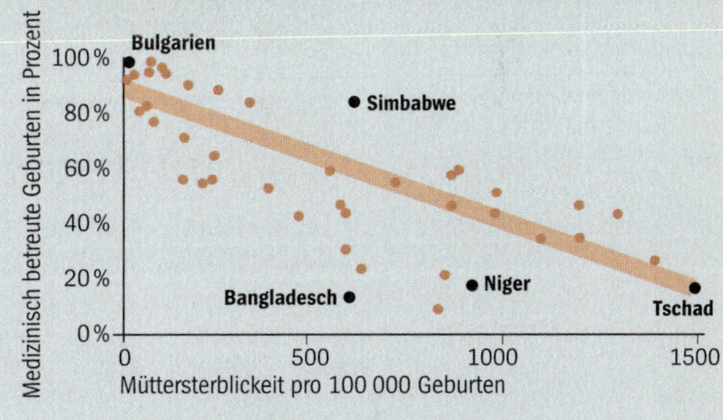

Kampf gegen Müttersterblichkeit
Chance, die Müttersterblichkeit bis 2015 um zwei Drittel zu reduzieren

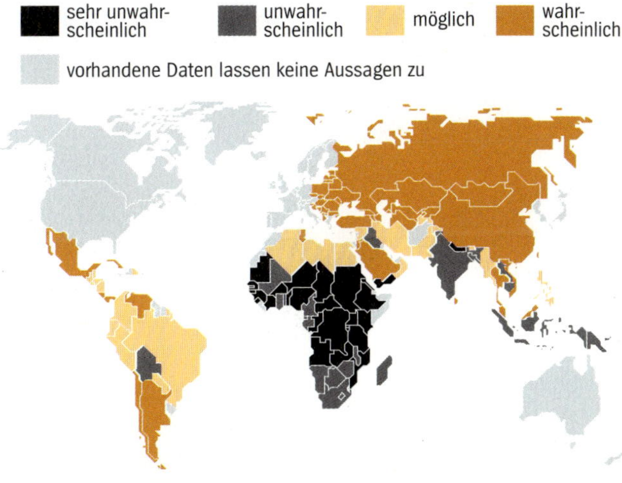

Aids

Nach Schätzungen der Uno leben etwa 40 Millionen Menschen mit dem HIV-Virus oder sind bereits an Aids erkrankt. Seit Auftreten der Krankheit vor etwa 20 Jahren sind mehr als 60 Millionen Menschen mit dem Virus infiziert worden, 20 Millionen Todesopfer wurden bisher gezählt. Die Aussichten für die nächsten Jahre sind alles andere als positiv, man erwartet, dass die Zahl der Aids-Opfer bis 2020 auf insgesamt 68 Millionen ansteigen wird. Besonders betroffen von der Epidemie sind die schwarzafrikanischen Länder. Im Jahr 2001 stieg die Zahl der weltweit Infizierten von 35 auf 40 Millionen an, davon 28,5 Millionen allein in Afrika südlich der Sahara, so der neueste Jahresbericht der Uno-Aids-Organisation. In Deutschland zählt man derzeit rund 2000 Neuinfizierte pro Jahr. Die Folgen sind weitreichend: Nach Berechnungen der Uno senkt eine 20-prozentige Infektionsrate unter der erwachsenen Bevölkerung das jährliche Wirtschaftswachstum langfristig um etwa 2,6 Prozent. Die Kinder der Aids-Kranken trifft es hart: Bisher verloren insgesamt über 14 Millionen Kinder auf der ganzen Welt ihre an Aids erkrankten Eltern.

Die Uno hat sich zum Ziel gesetzt, die Neuinfizierungen bis zum Jahr 2015 zu stoppen, und hofft danach auf rückläufige Zahlen. Doch die Wahrscheinlichkeit, dieses Ziel zu erreichen, ist in den am stärksten von Aids betroffenen Ländern äußerst gering. Im neuen Jahresbericht des Aids-Bekämpfungsprogramms der Uno heißt es sogar: »Die Epidemie steht weltweit erst am Anfang und die Seuche breitet sich schneller und weiter aus als befürchtet.«

Millennium-Ziel:
Verbreitung von HIV/Aids stoppen und eine rückläufige Entwicklung einleiten.

HIV-Neuinfektionen
Infizierte Erwachsene und Kinder 2001

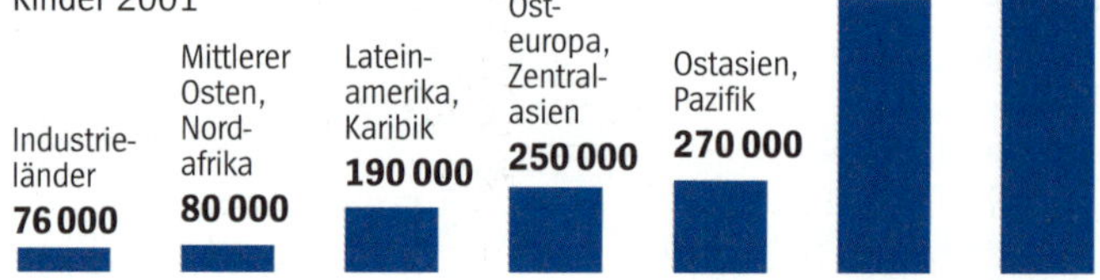

Kampf gegen Aids
Das Millenniumziel für die Aids-Bekämpfung zu erreichen, ist…

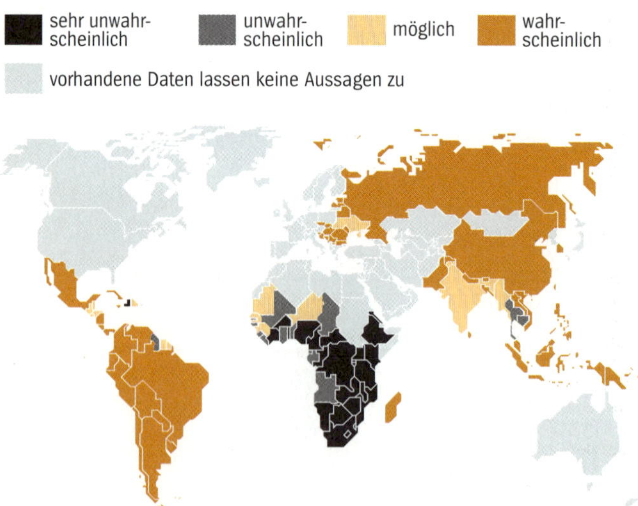

HIV-Infizierte
Erwachsene in Prozent der Gesamtbevölkerung 1999

1. Botswana	35,8 %
2. Swasiland	25,3 %
3. Simbabwe	25,1 %
4. Lesoto	23,6 %
5. Sambia	20,0 %
6. Südafrika	19,9 %
7. Namibia	19,5 %
8. Malawi	16,0 %
8. Kenia	14,0 %
10. Zentr. Afr. Republik	13,8 %
11. Mosambik	13,2 %
12. Burundi	11,3 %
13. Ruanda	11,2 %
14. Elfenbeinküste	10,8 %
15. Uganda	8,3 %
16. Kamerun	7,7 %
zum Vergleich Deutschland	**0,1 %**

Wegen HIV/Aids verwaiste Kinder 1999

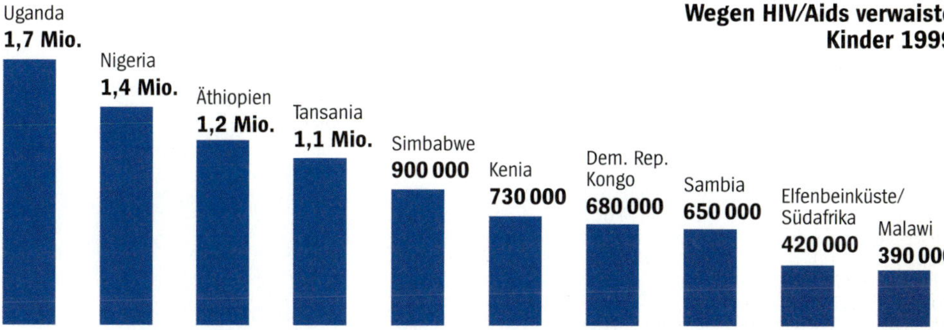

Malaria-, Tuberkulose- und Aids-Opfer nach Regionen 2000

Angaben in Tausend

Malaria

Tuberkulose

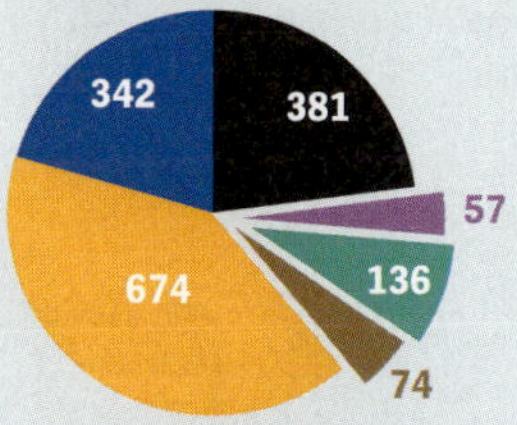

Aids

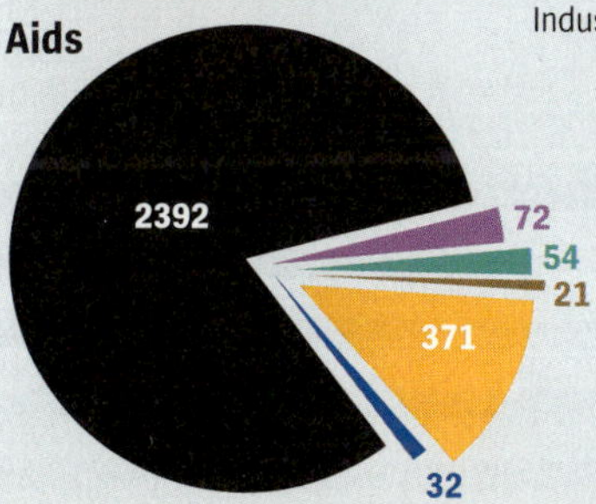

Tuberkulose und Malaria

Tuberkulose und Malaria sind gerade in den Entwicklungsländern immer noch weit verbreitete Krankheiten. Jedes Jahr infizieren sich schätzungsweise 300 Millionen Menschen weltweit mit Malaria, die Zahl der Tuberkulosefälle in Osteuropa, Zentralasien, Afrika und in Teilen von Süd- und Ostasien stieg in den letzten Jahren dramatisch an. Am stärksten betroffen sind die ärmsten Entwicklungsländer.

Fast 90 Prozent der weltweit gezählten Malariafälle treten im südlichen Afrika auf. Präventionsmaßnahmen wie beispielsweise der Einsatz von Moskitonetzen über der Schlafstelle konnten die Zahl der an Malaria Erkrankten verringern. Dennoch ist es bis zur Erfüllung des Weltbank Ziels noch ein weiter Weg. Die Organisation will bis zum Jahre 2015 die Ausbreitung von Malaria und anderen schweren Krankheiten stoppen.

Millennium-Ziel:

Verbreitung von Malaria und weiteren schweren Krankheiten stoppen, um eine Rückgang der Erkrankungen zu erzielen.

Verbreitung der Tuberkulose

Fälle pro 100 000 Einwohner 1999

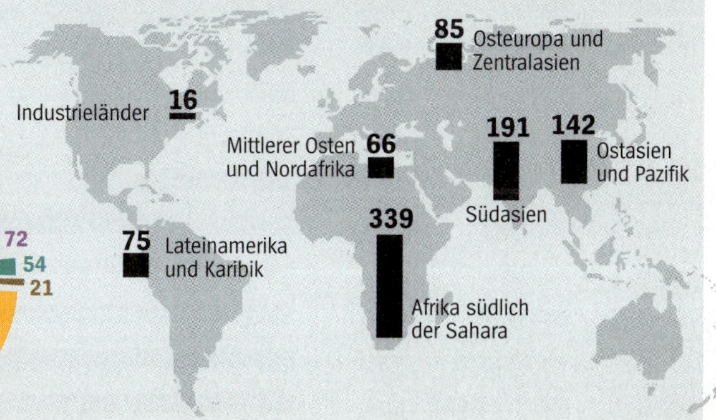

Gesundheitsversorgung

Nach wie vor ist die Gesundheitsversorgung in den ärmsten Ländern der Welt äußerst mangelhaft. Im südlichen Afrika stehen für 10 000 Einwohner gerade mal ein Arzt und 11 Krankenhausbetten zur Verfügung. Als Folge davon liegt die durchschnittliche Lebenserwartung unter 50 Jahren, in einzelnen Ländern wie in Sierra Leone sogar unter 40.
Die Situation ist prekär, und ein Ausweg scheint nicht in Sicht zu sein. Bei einem durchschnittlichen Jahres-pro-Kopf-Einkommen von weniger als 500 US$ im südlichen Afrika oder in Südasien fallen die Ausgaben für Gesundheit zwangsläufig gering aus: pro Kopf jährlich 20 US$ in Indien oder 23 US$ im Senegal (zum Vergleich: 2679 US$ in Deutschland).
Solange sich die wirtschaftlichen Verhältnisse in den Entwicklungsländern nicht deutlich verbessern, wird es keine angemessene medizinische Versorgung geben. Mangelnde medizinische Versorgung und Gesundheit schränken aber das ökonomische Wachstumspotenzial stark ein. Ein Kreislauf, den die Bevölkerung in der Dritten Welt ohne fremde Hilfe mittelfristig kaum durchbrechen kann.

Ausgaben für Gesundheit 1999 ausgewählte Länder

	insgesamt in Prozent des BIP	davon öffentliche Ausgaben in Prozent des BIP	Pro-Kopf-Ausgaben in US$
Indien	5,4%	0,8%	20
Haiti	4,2%	1,4%	21
Senegal	4,5%	2,6%	23
Philippinen	3,6%	1,6%	37
China	5,1%	2,1%	40
Algerien	3,6%	2,6%	68
Botswana	4,0%	2,5%	127
Iran	4,2%	1,7%	128
Russland	4,6%	4,6%	133
Brasilien	6,5%	2,9%	308
Schweden	7,9%	6,6%	
Japan	7,2%	5,7%	
Frankreich	9,3%	7,3%	
Deutschland	10,5%	7,9%	
USA	12,9%	5,7%	

Krankenhausbetten pro 10 000 Einwohner 1999

Japan	164
Russland	121
Deutschland	93
Frankreich	85
Schweden	37
USA	36
Brasilien	31
China	24
Algerien	21
Botswana, Iran	16
Phillipinen	11
Indien	8
Haiti	7
Senegal	4

Durchschnittliche Lebenserwartung

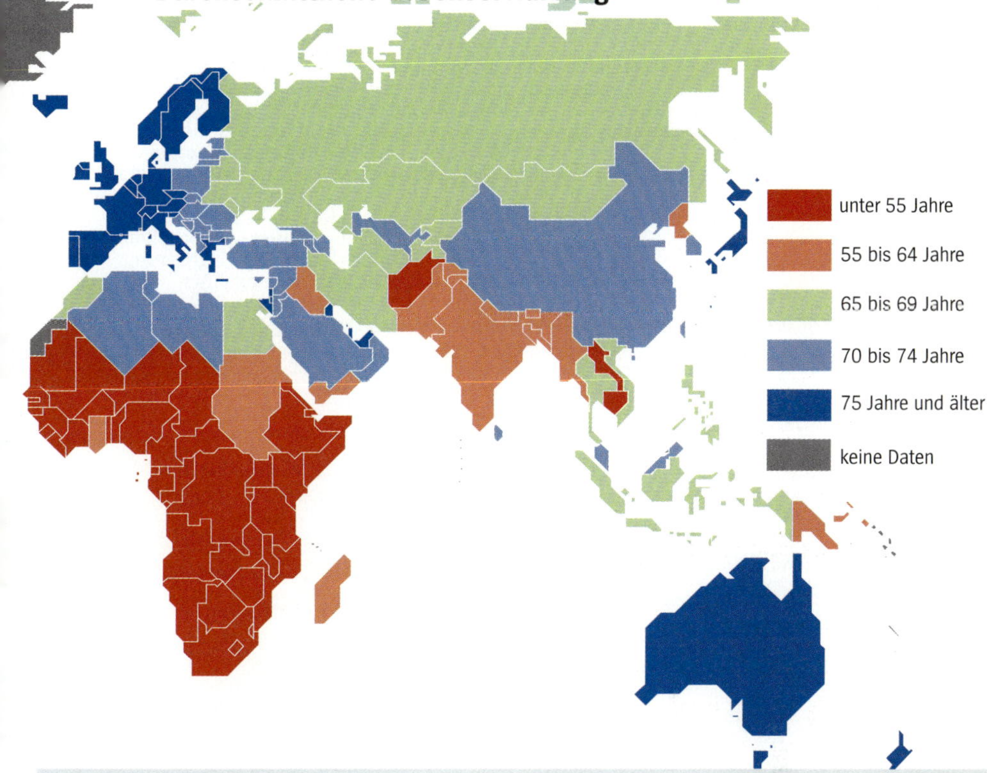

Ärzte pro 10 000 Einwohner nach Regionen 1999

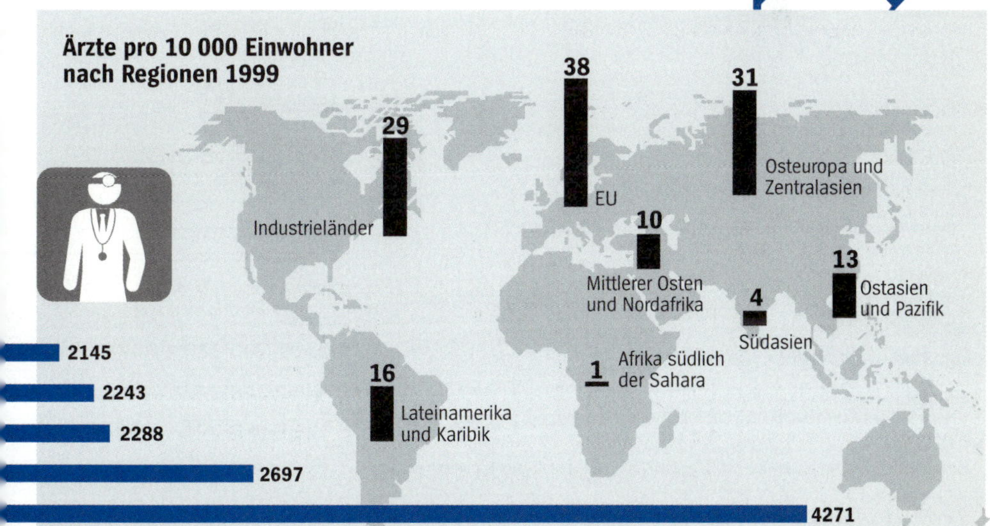

Militär, Kriege und Konflikte

Die Anschläge vom 11. September haben die internationale Sicherheitspolitik verändert. Durch die Attacke, die mit über 3000 Toten mehr Opfer forderte als Japans Überfall auf Pearl Harbor, wurde deutlich, dass der neue Terrorismus die Grenze zwischen innerer und äußerer Sicherheit verschwimmen lässt. Terror und Krieg gehen ineinander über: Wie für viele entstaatlichte Kriege der Gegenwart charakteristisch, unterscheidet die islamistische Terrororganisation al-Qaida nicht zwischen Kombattanten und Zivilisten. Sie deklariert ihren Massenmord als heiligen Krieg, in dem es keine Unschuldigen mehr gibt.

Angesichts dieses Wandels verändert sich auch die Auslegung des Völkerrechts. Als Washington 1998, nach den Attentaten auf die US-Botschaften in Nairobi und Daressalam (263 Tote, 5436 Verwundete), Ziele im Sudan und Afghanistan bombardierte, erntete es noch weltweiten Protest. Als die USA die September-Attacke zum »bewaffneten Angriff« erklärten und das »Recht auf Selbstverteidigung« beanspruchten, schloss sich der Uno-Sicherheitsrat einmütig dieser Sicht an und autorisierte den Krieg gegen al-Qaida und das Taliban-Regime. Die USA schufen eine Koalition, deren Mitglieder sich am »Krieg gegen den Terror« durch Geheimdienst-Kooperation, Gewährung von Überflug- oder Stationierungsrechten oder Unterstützung der »Operation Enduring Freedom« mit Kampftruppen beteiligten. Während im Kosovo-Krieg der Nato die US-Alliierten Mitspracherechte besaßen, kontrollierte Washington nun die Kriegführung uneingeschränkt. Erst nach dem Sturz des Taliban-Regimes erhielten die europäischen Partner eine tragende Rolle beim Aufbau der Isaf-Truppe zum

wesentliche Konfliktherde

1 Burundi seit 1993
Trotz Friedensabkommens anhaltende Kämpfe zwischen Hutu-Rebellen und Tutsi-Armee

2 Dem. Rep. Kongo seit 1998
Trotz Waffenstillstands weiterhin Krieg zwischen Rebellen und Zentralregierung. Auch die Nachbarstaaten Angola, Ruanda, Simbabwe und Uganda sind involviert

3 Liberia seit 2000
Von Großbritannien unterstützte Rebellen kämpfen gegen den Präsidenten und Ex-Warlord Charles Taylor

4 Afghanistan seit 2001
Nach dem Sturz des Taliban-Regimes durch die USA und ihre Verbündeten suchen Spezialeinheiten weiter nach Qaida-Verstecken

5 Indien/Pakistan seit 1989
Zuspitzung des Konflikts um die Provinz Kaschmir. Beide Seiten drohen mit dem Einsatz ihres Nuklearpotenzials

6 Nepal seit 1996
Konflikte zwischen Regierung und maoistischer Guerrilla

7 Tschetschenien seit 1998
Russland führt weiter Krieg gegen tschetschenische Rebellen

8 Israel/Palästina seit 1948
Palästinensische Selbstmordanschläge und israelische Militäraktionen

9 Irak/USA seit 1991
Durchsetzung der von den USA verhängten Flugverbotszonen

10 Kolumbien seit 1964
Bürger- und Drogenkrieg zwischen zwei Guerrillaorganisationen, ultrarechten Paramilitärs und Armee

11 Sudan
Trotz Waffenstillstands im Januar weiter Kämpfe zwischen muslimischem Norden und christlichem Süden

eingedämmte Konflikte (Auswahl)

1 Angola seit 1975
Nach Tod des Rebellenchefs Savimbi im April Waffenstillstand

2 Sierra Leone seit 1991
Im Januar Entwaffnung der Bürgerkriegsparteien unter Uno-Aufsicht abgeschlossen

3 Sri Lanka seit 1983
Im Februar Waffenstillstand, Friedensverhandlungen mit tamilischen »Befreiungstigern« geplant

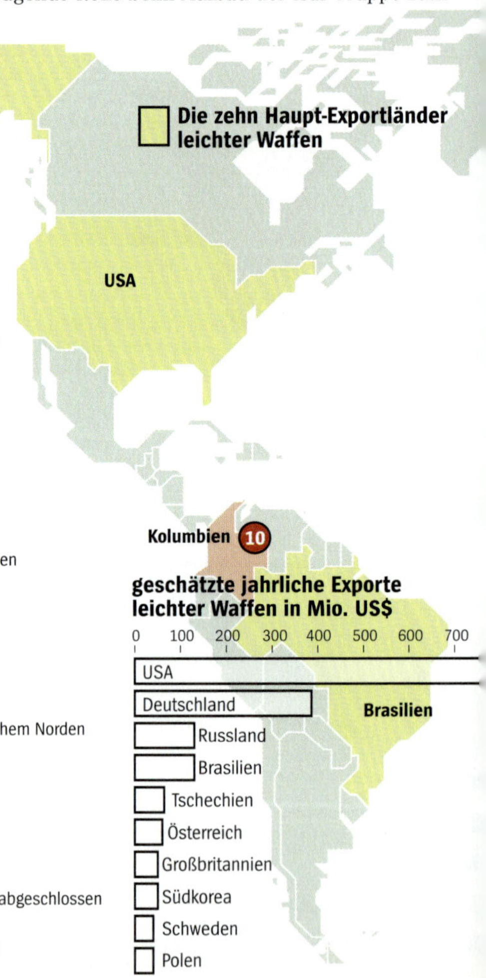

Schutz der afghanischen Interimsregierung in Kabul; denn seit dem Somalia-Desaster meidet das Pentagon Friedensmissionen.

Die Nato, die erstmals in ihrer Geschichte den Bündnisfall erklärte, blieb bis auf symbolische Aktionen vom Krieg ausgeschlossen. Die Allianz, seit dem Ende der Blockkonfrontation auf der Suche nach einer neuen Identität, ist auf dem Weg, sich vom Militärbündnis in eine politische Instanz zur Stabilisierung Europas zu wandeln. Ob die EU eine militärische Schlagkraft erlangt, die ihrer ökonomischen Potenz entspricht, bleibt offen. Die ambitionierten Pläne für eine Europa-Armee drohen zu scheitern. Mit den kontinuierlich reduzierten Militärbudgets (»Friedensdividende«) ist diese Interventionsstreitmacht nicht finanzierbar. Symptomatisch für die Schere zwischen vorhandenen Mitteln und Auftrag ist das mögliche Scheitern der Bundeswehrreform.

Der US-Militäretat soll um 48 Mrd. auf 397 Mrd. US$ erhöht werden – mehr als die nachfolgenden 25 Staaten zusammen aufbringen. Die USA sind nicht länger bereit, ihre Aktionen vom Votum internationaler Institutionen, sei es Uno oder Nato, abhängig zu machen. Behindern Verträge die Handlungsfreiheit, werden sie aufgekündigt, wie das ABM-Abkommen, das den Aufbau eines nationalen Raketenabwehrsystems verbot.

Der Anti-Terror-Krieg geht weiter; bis zu 60 Staaten werden verdächtigt, Terroristen zu beherbergen. Gegenüber Iran, Nordkorea und dem Irak, der »Achse des Bösen«, forcieren die USA die Ablösung der Regime. Der Irak ist schon im Fadenkreuz. Die im Juni angekündigte neue US-Doktrin droht Staaten, die verdächtigt werden, nach Massenvernichtungswaffen zu streben, mit einem Präventivkrieg – selbst ein nuklearer Erstschlag ist möglich.

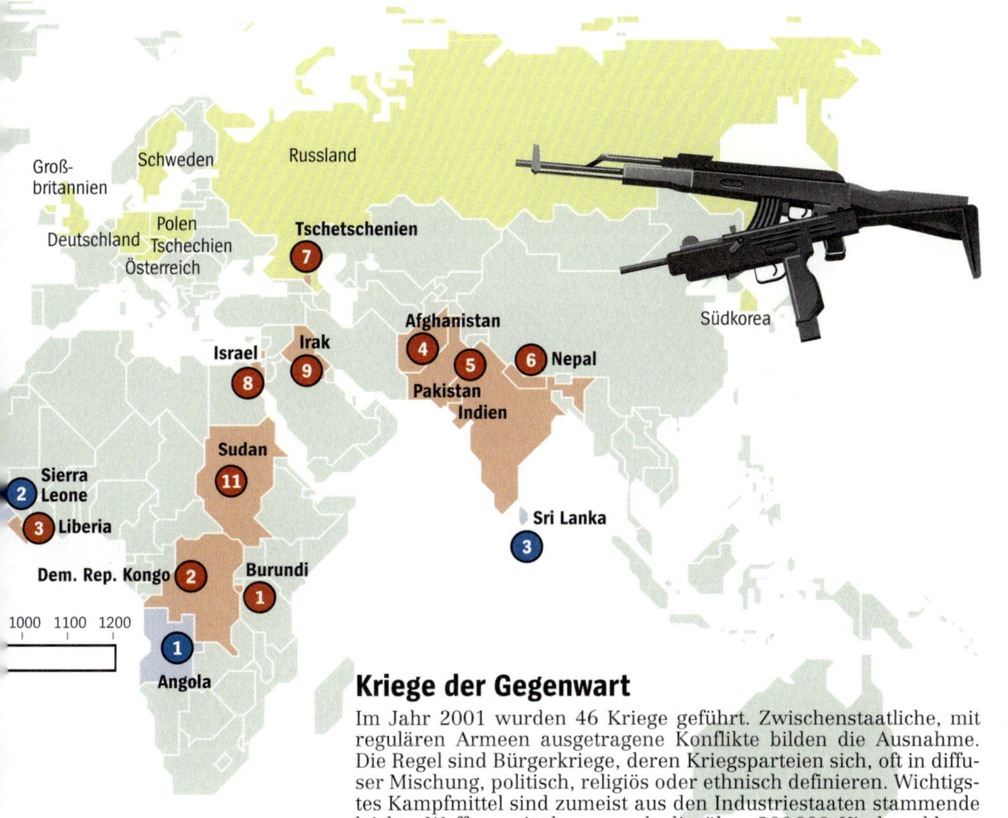

Kriege der Gegenwart

Im Jahr 2001 wurden 46 Kriege geführt. Zwischenstaatliche, mit regulären Armeen ausgetragene Konflikte bilden die Ausnahme. Die Regel sind Bürgerkriege, deren Kriegsparteien sich, oft in diffuser Mischung, politisch, religiös oder ethnisch definieren. Wichtigstes Kampfmittel sind zumeist aus den Industriestaaten stammende leichte Waffen, mit denen auch die über 300000 Kindersoldaten mühelos töten können. Seit 1990 fielen 4 Mio. Menschen diesen Waffen zum Opfer. Insgesamt forderten die aktuellen Konflikte bisher über 7 Mio. Tote; allein im Kongo starben schätzungsweise bis zu 2,5 Mio. Menschen. Waren zu Beginn des 20. Jahrhunderts 10 bis 15 Prozent der Kriegsopfer Zivilisten, der Rest Soldaten, so hat sich dies Verhältnis nun nahezu umgekehrt.

Massenvernichtungswaffen

Nukleare Bedrohung

Gegenwärtig befinden sich rund 22000 Nuklearwaffen in den Arsenalen der 8 Atomwaffenstaaten, davon fast 95% in den USA und Russland. Nach dem im Mai unterzeichneten Abrüstungsvertrag wollen Moskau und Washington ihr Potenzial aktiver strategischer Atomsprengköpfe bis 2012 auf je 1700 bis 2200 reduzieren. Die abgebauten Sprengköpfe müssen nicht zerstört, sondern sie können eingelagert werden. Auch wenn die Zahl aktiver Nuklearwaffen damit sinkt, steigt die Gefahr eines Atomschlages.
Die im Januar bekannt gewordene neue US-Nuklearstrategie erweitert die Einsatzoptionen für Nuklearwaffen um die Bekämpfung des Terrorismus und der Proliferation von Massenvernichtungswaffen. Erwogen wird die Entwicklung neuer Atomwaffen zur Vernichtung tief verbunkerter Ziele. Der vorläufig noch eingehaltene Atom-Teststopp würde dann hinfällig.

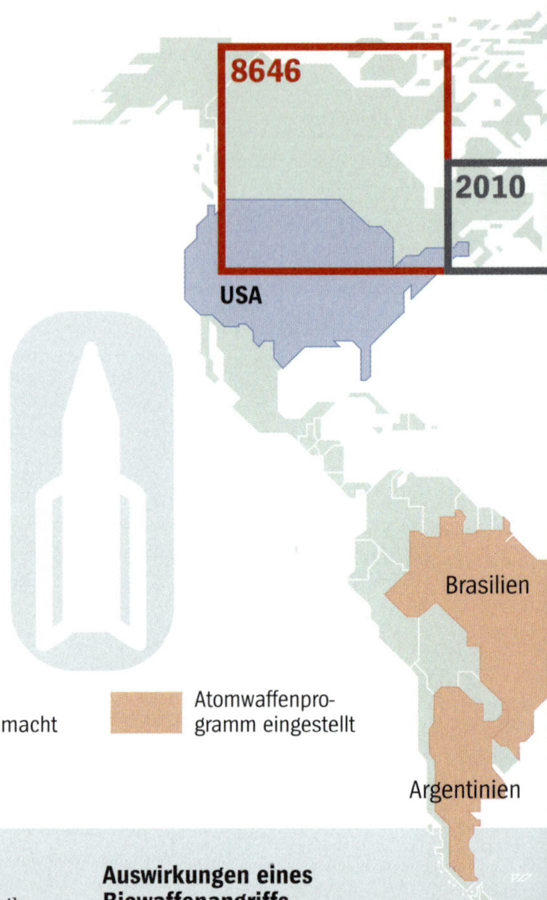

Biowaffen

Biologische Waffen (BW) gelten wegen ihrer relativ einfachen Herstellung als »Atombombe des kleinen Mannes«, attraktiv für wenig entwickelte Länder und Terroristen. Die Revolution der Biotechnologie hat das Vernichtungspotenzial der BW zudem dramatisch gesteigert. Briefe mit Anthrax-Erregern in den USA demonstrierten die wachsende Bedrohung durch Bioterrorismus, auch wenn feststeht, dass die tödlichen Sporen nicht im Irak, sondern ursprünglich in einem US-Militärlabor entwickelt wurden.
Al-Qaida soll nach Angaben der CIA ein BW-Forschungsprogramm zur Züchtung von Milzbranderregern betrieben haben. Im Dezember scheiterten die langjährigen Verhandlungen zur wirksamen Überwachung des BW-Verbots am Widerstand Washingtons, das sich gegen eine Kontrolle der US-Biolabors sträubt. Kurz zuvor waren geheime BW-Projekte der USA bekannt geworden, die mit dem BW-Verbot kollidieren.

Auswirkungen eines Biowaffenangriffs

In Gebäuden und Bauwerken	Todesopfer
Anthrax 1 bis 100 Liter	8000 – 40000
Brucellose 1 bis 100 Liter	160 – 800

Unter freiem Himmel, in der Stadt	Todesopfer
Tularämie 50 kg	19 000
Anthrax 50 kg	100000
Anthrax 100 kg	1 – 3 Millionen
bei gezieltem Einsatz	
Anthrax 30 kg	30000 – 100000

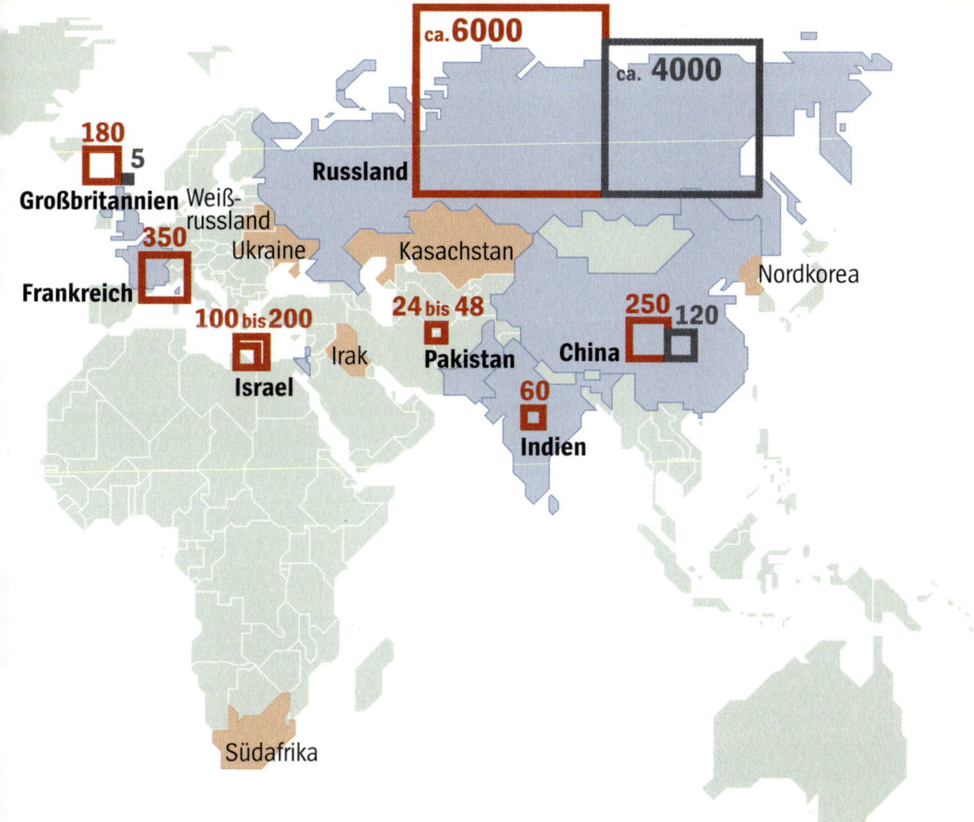
ca. 6000
ca. 4000
Russland
180
5
Großbritannien
Weiß-
russland
350
Ukraine
Kasachstan
Nordkorea
Frankreich
24 bis 48
250
120
100 bis 200
Irak
Pakistan
China
Israel
60
Indien
Südafrika

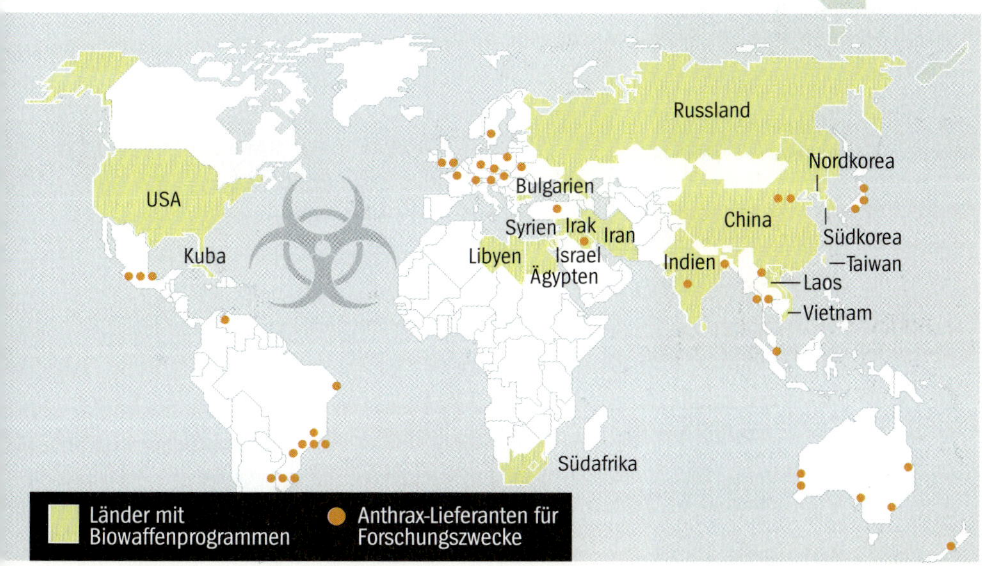
Russland
Nordkorea
USA
Bulgarien
China
Syrien
Irak
Iran
Südkorea
Kuba
Libyen
Israel
Ägypten
Indien
Taiwan
Laos
Vietnam
Südafrika
Länder mit Biowaffenprogrammen
Anthrax-Lieferanten für Forschungszwecke

Uno-Friedensmissionen

Derzeit gibt es weltweit 15 Blauhelm-Missionen mit rund 45000 Soldaten und Polizisten. Seit der Uno-Sicherheitsrat 1948 erstmals unbewaffnete Militärbeobachter in den Nahen Osten entsandte, fanden 55 Friedensmissionen statt. Aus der Ursprungsidee, zwischen zwei Konfliktparteien eine Pufferzone zu errichten, hat sich seit Ende des Kalten Krieges ein Bündel immer weiter reichenden Einsatzvarianten entwickelt. Das Spektrum reicht vom beobachtenden über den friedensichernden bis hin zum friedenerzwingenden Einsatz, der Blauhelmen ein »robustes Mandat« erteilt, das auch militärische Aktionen zur Durchsetzung des Friedens im Krisengebiet erlaubt. Umstritten bleibt die Frage nach dem weiter gehenden Recht auf »humanitäre Intervention«, aufgeworfen durch die Tragödien in Somalia, Ruanda und im Kosovo. Während Kritiker darin eine verdeckte Form des Kolonialismus sehen, betonen Befürworter die Verantwortung der internationalen Gemeinschaft für den Schutz einer Bevölkerung vor Tod und Vertreibung, falls deren Staat dazu nicht willens oder fähig ist.

Laufende Uno-Friedensmissionen

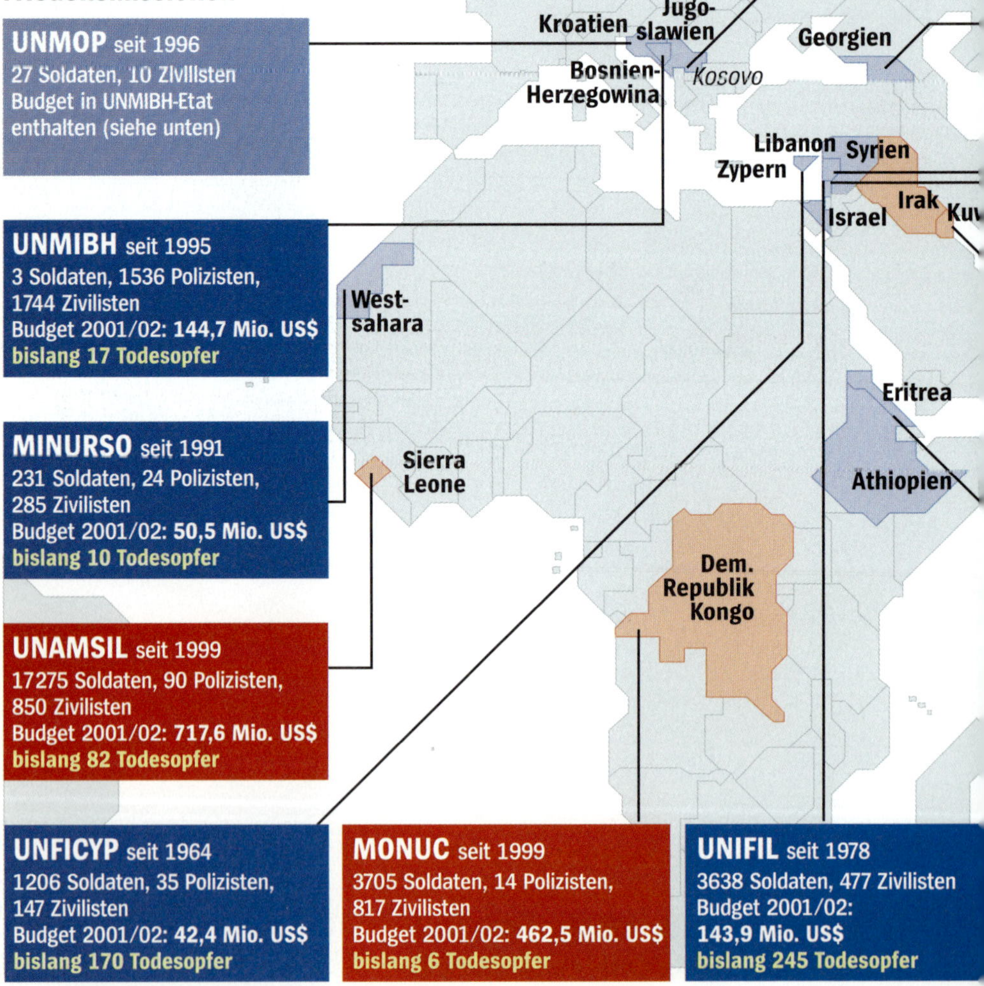

UNMIK seit 1999
4436 Polizisten, 39 Soldaten,
4574 Zivilisten
Budget 2002: **413 Mio. US$**
bislang 15 Todesopfer

UNOMIG seit 1993
109 Soldaten, 272 Zivilisten
Budget 2001/02:
27,9 Mio. US$
bislang 7 Todesopfer

UNDOF seit 1974
1037 Soldaten, 123 Zivilisten
Budget 2001/02:
35,7 Mio. US$
bislang 40 Todesopfer

UNTSO seit 1948
139 Soldaten, 208 Zivilisten
Budget 2002: **23,2 Mio. US$**
bislang 38 Todesopfer

UNMOGIP seit 1949
44 Soldaten, 69 Zivilisten
Budget 2002: **6,2 Mio. US$**
bislang 9 Todesopfer

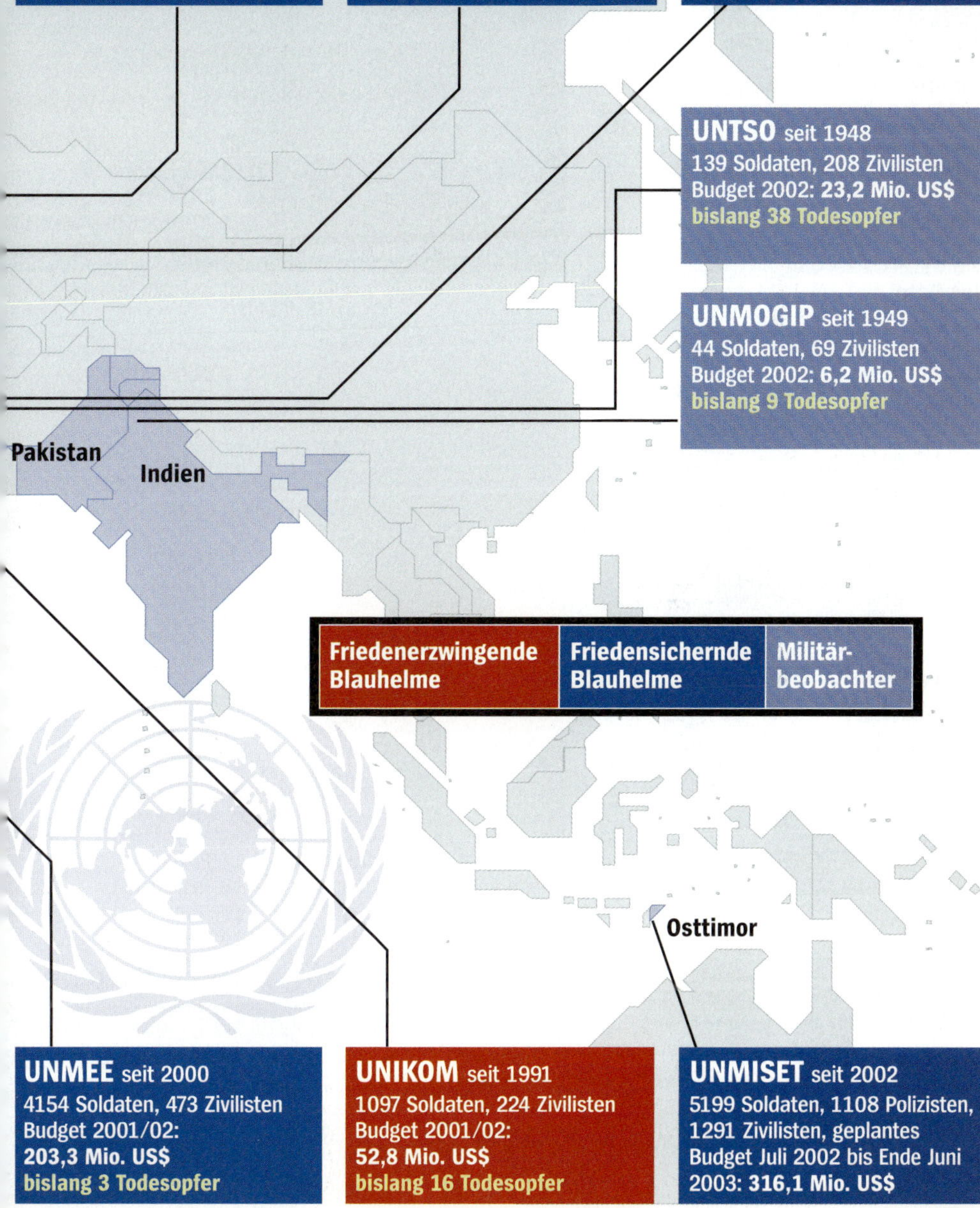

Friedenerzwingende Blauhelme	Friedensichernde Blauhelme	Militärbeobachter

UNMEE seit 2000
4154 Soldaten, 473 Zivilisten
Budget 2001/02:
203,3 Mio. US$
bislang 3 Todesopfer

UNIKOM seit 1991
1097 Soldaten, 224 Zivilisten
Budget 2001/02:
52,8 Mio. US$
bislang 16 Todesopfer

UNMISET seit 2002
5199 Soldaten, 1108 Polizisten,
1291 Zivilisten, geplantes
Budget Juli 2002 bis Ende Juni
2003: **316,1 Mio. US$**

Nato

Die Nato verändert sich radikal. Das Verteidigungsbündnis aus der Zeit des Kalten Krieges öffnet sich immer mehr dem ehemaligen Gegner. Im Mai wurde ein neuer Kooperationsvertrag mit Russland geschlossen, der Moskau zum gleichberechtigten Partner bei der Bekämpfung von Proliferation und Terrorismus macht. Im November steht die Aufnahme von bis zu 9 ehemaligen Ostblock- und Balkanstaaten an. Offen ist, ob die Allianz, die alle Beschlüsse einstimmig fassen muss, mit der Ost-Erweiterung ihre militärische Handlungsfähigkeit behält oder sich in ein politisches Forum wandelt. Washington verzichtete in Afghanistan auf die Nato und drängt die Europäer, massiv aufzurüsten, um zu weltweiten Interventionen im Stande zu sein. Die EU bemüht sich um den Aufbau einer eigenen Streitmacht zur Bewältigung regionaler Krisen; deren erster Einsatz ist im Herbst zur Ablösung der Nato-Schutztruppe in Mazedonien geplant.

Militärblöcke bis 1990

Die Osterweiterung der Nato

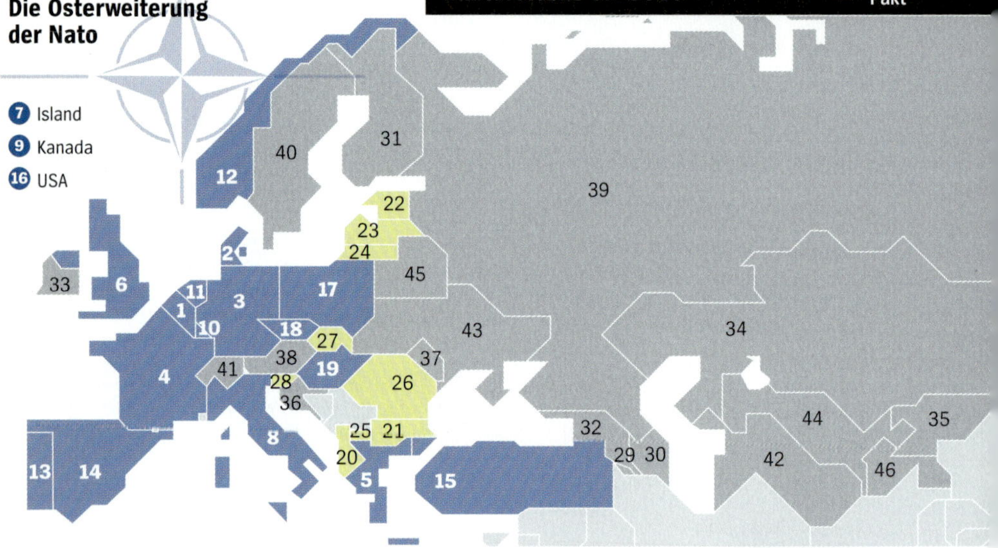

Nato-Staaten bis 1990

1. Belgien
2. Dänemark
3. Deutschland
4. Frankreich
5. Griechenland
6. Großbritannien
7. Island
8. Italien
9. Kanada
10. Luxemburg
11. Niederlande
12. Norwegen
13. Portugal
14. Spanien
15. Türkei
16. USA

1. Ost-Erweiterung 1999

17. Polen
18. Tschechien
19. Ungarn

2. Kandidaten für die 2. Osterweiterung

20. Albanien
21. Bulgarien
22. Estland
23. Lettland
24. Litauen
25. Mazedonien
26. Rumänien
27. Slowakei
28. Slowenien

Partnership-for-Peace-Staaten aktive Zusammenarbeit mit der Nato in sicherheitspolitischen Fragen: gemeinsame Manöver, Unterstützung bei der demokratischen Kontrolle der Armeen. *Sonderstatus

29. Armenien
30. Aserbaidschan
31. Finnland
32. Georgien
33. Irland
34. Kasachstan
35. Kirgisien
36. Kroatien
37. Moldawien
38. Österreich
39. Russland*
40. Schweden
41. Schweiz
42. Turkmenistan
43. Ukraine*
44. Usbekistan
45. Weißrussland
46. Tadschikistan

EU-Armee

Im Dezember 2001 wurde beim EU-Gipfel in Laeken eine grundsätzliche Einsatzbereitschaft der EU-Armee verkündet. Defizite bestehen aber insbesondere in den Bereichen See- und Lufttransport, satellitengestützte Aufklärung und Führungssysteme. Ohne Nato-Hilfe wird die EU-Truppe frühestens 2010 operieren können. Die Nato hat der EU prinzipiell Kooperation zugesichert, die Unterzeichnung konkreter Abkommen wird aber von der Türkei blockiert.

Bis 2003 sollen rund 115 000 Soldaten für die gemeinsame Eingreiftruppe bereitstehen. Die Bodentruppen sollen innerhalb von 60 Tagen mobilisierbar sein und eine Stärke von 60 000 Mann und eine Durchhaltefähigkeit von einem Jahr haben. Hinzu kommen Luft- und Marinestreitkräfte, insgesamt 400 Kampfflugzeuge und 100 Schiffe, wovon Deutschland jeweils 20 % stellen will. Die EU behält sich dabei auch Militäroperationen ohne Mandat des Uno-Sicherheitsrates vor. Vier Einsatzoptionen sind geplant: 1. humanitäre Hilfe im Katastrophenfall, 2. Evakuierung von EU-Bürgern aus Krisengebieten, 3. friedensichernde Operationen, 4. friedenschaffende Kampfeinsätze.

Zusammensetzung der EU-Armee (bisherige Zusagen)

	Bodentruppen	Schiffe	Flugzeuge
Deutschland	13 500	20	93
Großbritannien	12 500	18	72
Frankreich	12 000	15	75
Italien	6000	19	47
Spanien	6000	?	?
Niederlande	5000	2	?
Griechenland	3500	?	?
Österreich	2000	?	?
Finnland	2000	1	?
Schweden	1500	?	?
Portugal	1000	?	?
Belgien	1000	?	?
Irland	1000	?	?
Luxemburg	100	?	?

Einsatzgebiet der EU-Armee

Das potenzielle Einsatzgebiet der Truppe wird durch den geplanten Aktionsradius von 4000 Kilometern ab Brüssel umrissen: Nordafrika, Naher Osten und Kaukasus.

Bundeswehrreform

Die Bundeswehrreform droht am Sparkurs zu scheitern. Es fehlen in den nächsten Jahren rund 10 Mrd. Euro, um Modernisierung und Umbau der Streitkräfte – weg von der Landesverteidigung, hin zur modernen Interventionsarmee – zu finanzieren. Hinzu kommen steigende Kosten für immer neue Auslandseinsätze: Über 10000 Soldaten sind weltweit im Einsatz, die Kosten dafür betragen mindestens 2 Mrd. Euro jährlich. Um die Bundeswehr an das erweiterte Aufgabenspektrum anzupassen, sind Investitionen für die entsprechende Ausrüstung notwendig, wozu sich Deutschland gegenüber Nato und EU verpflichtet hat. Die umstrittene Anschaffung von 73 A400M-Transportflugzeugen folgt dieser Logik. Im Gegensatz zu den meisten anderen Nato-Staaten hält Deutschland an der Wehrpflicht fest, was Kritiker angesichts der veränderten Bedrohungslage für militärisch fragwürdig, verfassungsrechtlich bedenklich und zu teuer halten. Eine Reform der Reform scheint unausweichlich.

Auslandseinsätze der Bundeswehr

seit 1990

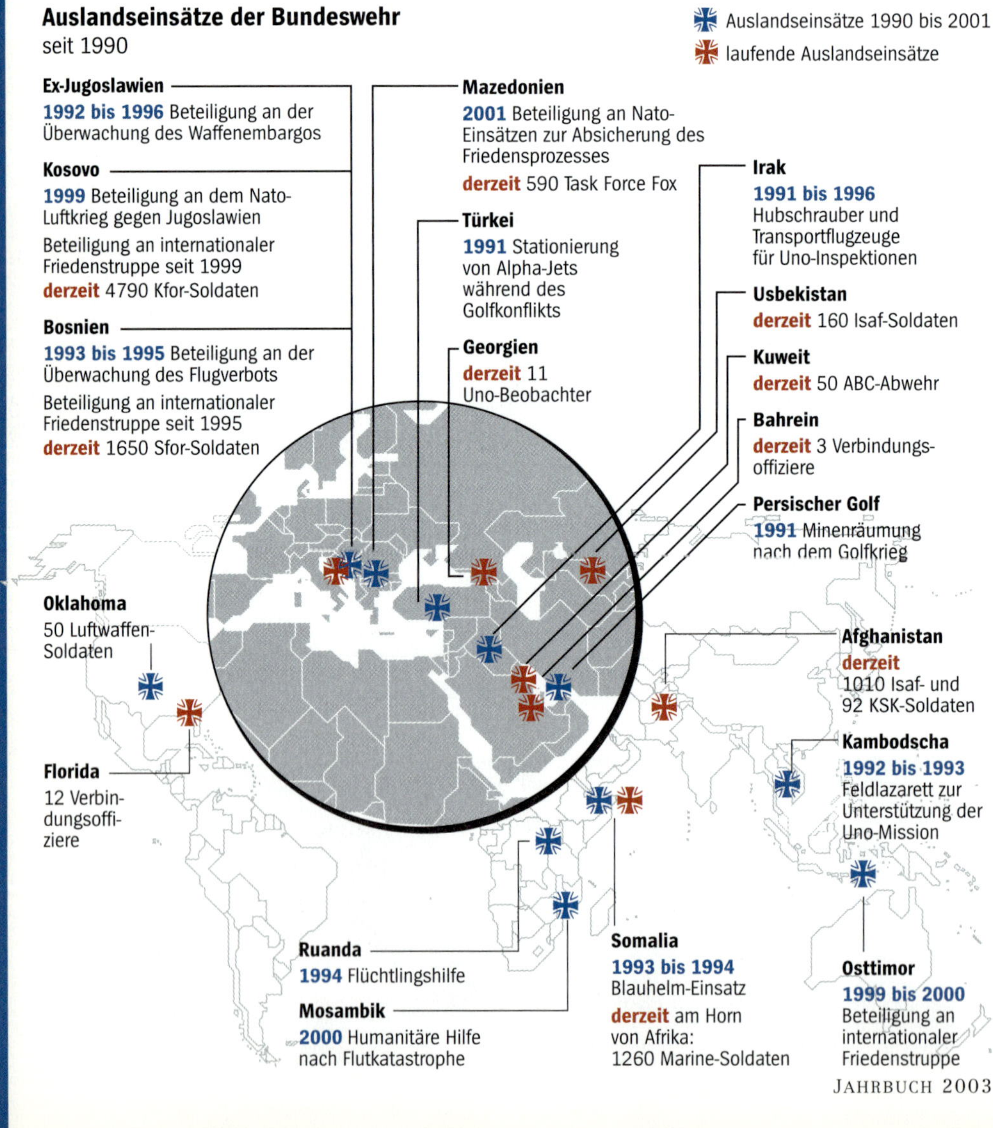

Die größten Nato-Staaten nach Verteidigungshaushalt 2001

	Verteidigungsetat in US$	Pro-Kopf-Verteidigungsetat in US$	Anteil des Etats für Forschung und Entwicklung	Anteil des Etats für Ausrüstung
1. USA	**310,5** Mrd.	**1103**	**14** %	**21** %
2. Großbritannien	**34,0** Mrd.	**571**	**12** %	**26** %
3. Frankreich	**25,3** Mrd.	**426**	**13** %	**22** %
4. Deutschland	**21,0** Mrd.	**255**	**6** %	**17** %
5. Italien	**15,5** Mrd.	**270**	**2** %	**15** %
6. Kanada	**7,7** Mrd.	**250**	**2** %	**17** %
7. Spanien	**6,9** Mrd.	**173**	**3** %	**16** %
8. Niederlande	**5,6** Mrd.	**352**	**1** %	**25** %
9. Türkei	**5,1** Mrd.	**75**	**1** %	**51** %
10. Polen	**3,7** Mrd.	**96**	**2** %	**20** %

Verteidigungshaushalte europäischer Nato-Staaten in Mrd. US$, nach Wechselkurs 1999

Vergleich der Wehrpflichtregelungen

Griechenland	18 Monate
Türkei	18 Monate
Norwegen	12 Monate
Tschechien	12 Monate
Dänemark	bis 12 Monate
Deutschland	9 Monate
Ungarn	9 Monate
Portugal	**Berufsarmee**
Italien	**Berufsarmee ab ca. 2005**
Belgien	**Berufsarmee**
Frankreich	**Berufsarmee**
Großbritannien	**Berufsarmee**
Luxemburg	**Berufsarmee**
Niederlande	**Berufsarmee**
Spanien	**Berufsarmee**
USA	**Berufsarmee**

»Operation Enduring Freedom«

Ziel der »Operation Enduring Freedom« war, den Drahtzieher der Anschläge vom 11. September, Osama Bin Laden, zu fassen und seine Operationsbasis in Afghanistan zu vernichten. Der erste Feldzug im »Krieg gegen den Terror« führte zum Sieg, aber nicht zum erhofften Erfolg. 11 Ausbildungslager und bis zu 1000 Kämpfer al-Qaidas wurden ausgeschaltet sowie das sympathisierende Taliban-Regime gestürzt, aber die führenden Köpfe entkamen. Im ersten Kriegsmonat beschränkten sich die USA auf Luftangriffe. Doch erst als US-Kommandosoldaten das Bombardement vor Ort lenkten, gelang der Nordallianz der Durchbruch, und alle wichtigen Städte fielen in schneller Folge. 8000 bis 12000 Taliban wurden getötet, 7000 gerieten in Gefangenschaft, aber bis zu 10000 Mann führen in den Bergen den Kampf als Guerrillakrieg fort. Im Luftkrieg starben viele Zivilisten, Schätzungen schwanken zwischen 1000 und 5000 Opfern. Die USA verloren bis Juni 37 Soldaten.

Kämpfe in Afghanistan

Chronik des Kriegsverlaufs

13. September 2001
US-Präsident Bush benennt Bin Laden als Hauptverdächtigen und kündigt Militäraktionen gegen Terroristen und Unterstützerstaaten an.

16. September
Die USA fordern von den Taliban die Auslieferung Bin Ladens.

27. September
Bewaffnete Spezialeinheiten der CIA dringen heimlich in Afghanistan ein.

29. September
Der Uno-Sicherheitsrat fordert die Uno-Mitglieder zum Kampf gegen den Terrorismus unter Einschluss militärischer Mittel auf.

7. Oktober
Beginn der Luftangriffe auf die Militär-Infrastruktur Afghanistans.

8. Oktober
Beginn der humanitären Hilfsflüge, die 74 Tage lang die afghanische Zivilbevölkerung mit insgesamt 2,5 Mio. Lebensmittelpaketen versorgen.

15. Oktober
36 US-Kommandosoldaten operieren in Afghanistan. Sie werden innerhalb der nächsten Wochen auf 200 Mann verstärkt.

20. Oktober
Der Versuch, Taliban-Führer Mullah Omar in einer nächtlichen Kommando-Aktion zu fassen, scheitert.

26. Oktober
Die Taliban erschießen den mit den USA verbündeten Paschtunenführer Abdul Haq.

9. bis 24. November
Die wichtigsten Städte im Norden Afghanistans fallen.

26. November
In einer Luftlandeoperation werden 1200 Marines bei Kandahar in Stellung gebracht, um die Flucht des Gegners nach Pakistan zu verhindern.

Die USA zogen 400 Kampfflugzeuge und 3 Flugzeugträgergruppen mit über 50 Schiffen in der Region um Afghanistan zusammen, Mitte November insgesamt 50000 US-Soldaten, davon 25000 bei der Flotte, 14000 Luftwaffe, 3000 im Oman, 3000 in Kuweit, 2000 in Usbekistan. In Afghanistan standen 40000 Taliban- und 3000 bis 4000 al-Qaida-Kämpfer den 15000 Kriegern der Nordallianz gegenüber.

Isaf International Security Assistance Force

Am 20. Dezember 2001 erteilte der Uno-Sicherheitsrat das Mandat für eine multinationale Friedenstruppe, die in Kabul und Umgebung Recht und Ordnung aufrecht erhalten soll. Die bis Juni von Großbritannien, dann von der Türkei geführte Isaf zählt knapp 5000 Mann aus 18 Nationen, darunter 1200 Bundeswehrsoldaten. Im Dezember läuft das Mandat aus. Eine von der afghanischen Übergangsregierung gewünschte Ausdehnung des Schutzgebietes wurde vom Sicherheitsrat abgelehnt. Mindestens 25000 Soldaten würden dafür benötigt.

27. Nov. bis 5. Dezember
Friedensgespräche auf dem Petersberg bei Bonn führen zur Einigung auf eine afghanische Interimsregierung unter Hamid Karzai.

7. Dezember
Die Taliban-Hochburg Kandahar wird geräumt. Mullah Omar entkommt.

7. bis 16. Dezember
Schwere Kämpfe um die Bergfestung Tora Bora, wo sich Bin Laden mit 1500 Anhängern verschanzt haben soll. Das Höhlensystem wird erobert, aber kein Qaida-Führer gefasst. Die Masse der Kämpfer entkommt.

22. Dezember
Die Übergangsregierung unter Hamid Karzai tritt ihr Amt an.

2. bis 18. März 2002
1000 US-Soldaten und 1500 Verbündete versuchen in der »Operation Anaconda« den Gegner in den Bergen Ostafghanistans einzukesseln. Acht GIs sterben. Die Zahl der getöteten Taliban- und Qaida-Kämpfer wird von den USA offiziell auf 500 geschätzt, obwohl nur wenige Leichen zu finden sind.

18. März
Auf Wunsch der USA beschließt London, weitere 1700 Elitesoldaten nach Afghanistan zu entsenden.

19. März
CIA-Chef George Tenet befürchtet, dass die USA in Afghanistan in einen langwierigen Guerrillakrieg verwickelt werden.

9. April
Die arabische Zeitung *al-Hajat* veröffentlicht eine Erklärung der Qaida, wonach sich Bin Laden in Sicherheit befindet.

Transport und Verkehr

Durchschnittlich drei bis fünf Prozent des Bruttoinlandsprodukts (BIP) erwirtschaftet der Transportsektor, weltweit rund 200 Millionen Menschen verschafft er Arbeit. Produktion, Handel und Mobilität sind abhängig von einem funktionierenden Transportsystem, das pünktlich, zuverlässig und bequem sein soll. Die grenzenlose Idealvorstellung ist jedoch einer allgemeinen Zähflüssigkeit gewichen. 700 Millionen Fahrzeuge verstopfen Landstraßen und Autobahnen. Lärm, Schmutz und Unfälle sind Alltag überall in den Großstädten. Infrastrukturinvestitionen oder Anreize, Metro statt Auto, Bahn statt Brummi zu wählen, hinken der Motorisierung hinterher. London, die Metropole mit dem Dauer-Verkehrsinfarkt, erhebt ab 13. Februar 2003 eine Stau-Steuer gegen die Invasion aus dem Umland. 8,30 Euro muss künftig bezahlen, wer mit dem Pkw in die Innenstadt fahren will. Vorbild ist Singapur, niederländische Städte und auch New York wollen künftig eine Einreisegebühr nehmen, für flüssigere Fahrt und bessere Luft.

In Deutschland sank der Güterbahntransport 2001 erneut um 3,3 Prozent. Seit 1970 fiel der Anteil der Bahn von über einem Drittel auf 16 Prozent im Jahr 2001. Gründe: zeitraubende Umladeprozesse und unzureichende Investitionen. Den Großteil verschlingen Trassen für den ICE. In Westeuropa wuchs der High-Speed-Verkehr 2001 um 7,8 Prozent.

Kraftfahrzeuge Registrierungen weltweit

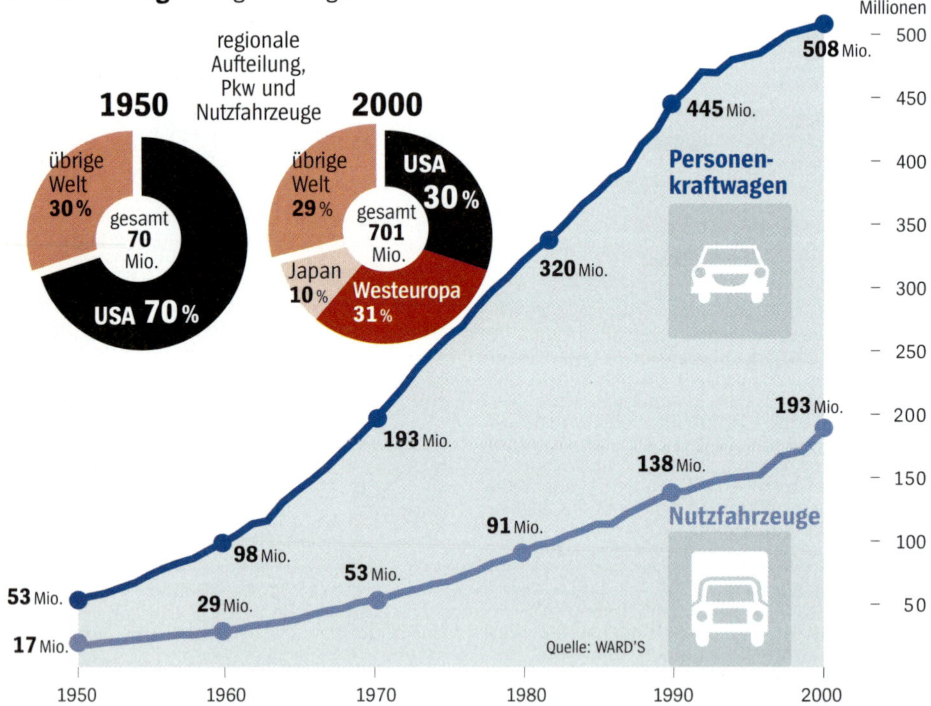

Die größten Auto-Nationen Pkw pro 1000 Einwohner, Stand 2000

1. Italien	539	7. USA	478	13. Norwegen	407	19. Dänemark	353
2. Deutschland	508	8. Frankreich	469	14. Finnland	403	20. Tschechien	335
3. Österreich	495	9. Kanada	459	15. Japan	395	21. Litauen	334
4. Schweiz	486	10. Belgien	448	16. Spanien	389	22. Estland	331
5. Australien	485	11. Schweden	437	17. Niederlande	383	23. Libanon	313
6. Neuseeland	481	12. Slowenien	418	18. Großbritannien	373	24. Portugal	310

Das Volumen der Bahnfracht steigt allein in Flächenländern wie Indien und China um 5 bis 6 Prozent, in Afrika, vor allem in Südafrikas Spoornet um 4,5 Prozent, aber auch in den Vereinigten Staaten noch um 1 Prozent.

Schwere Einbußen erlitt der Luftverkehr nach den Terroranschlägen vom 11. September 2001. Ende 2001 war die Nachfrage wieder so weit angestiegen, dass die Passagierzahlen nur noch um 2 Prozent unter dem Vorjahr lagen. Die meisten der stillgelegten Maschinen waren Mitte 2002 wieder im Einsatz. Für Europa sagen Experten erneut die Verdoppelung des Luftverkehrs bis 2015 voraus. Die Flughäfen expandieren, Europas Himmel ist überfüllt. Die Maastrichter Eurocontrol bemüht sich um die Neuordnung der Flugrouten. Verspätungen sollen reduziert und noch mehr Fluggäste an ihr Ziel geleitet werden. Mehr Kapazität und höhere Geschwindigkeiten auch im Seetransport. Der Löwenanteil des Welthandels – Rohöl, Ölprodukte, Erze, Kohle, Getreide und über zwei Milliarden Tonnen Industrie- und Konsumgüter – passieren jährlich die Weltmeere. Riesige Containerschiffe, »die größten Gerätschaften, die auf dieser Welt durch menschlichen Einfluss bewegt werden« (*FAZ*), können den Panama-Kanal nicht mehr passieren. Damit die Container der Post-Panmax-Klasse ihr Ziel erreichen, werden sie auf Lkw und Bahn umgeladen. Die Schiffe der größten Klasse befahren hauptsächlich den Pazifik zwischen Ostasien und der amerikanischen Westküste.

Bahnen

Passagiere und Fracht 2000

Bahn-Nationen

Schienennetz in Kilometern

1. USA	**260500**
2. Russland	**86000**
3. China (VR)	**67395**
4. Indien	**63506**
5. Kanada	**56774**
6. Deutschland	**37477**
7. Argentinien	**34059**
8. Frankreich	**31423**
9. Mexiko	**26613**
10. Südafrika	**25555**
11. Brasilien	**25087**
12. Polen	**22891**
13. Ukraine	**22473**
14. Japan	**20161**
15. Großbritannien	**16536**
16. Italien	**16108**
17. Spanien	**14059**
18. Kasachstan	**13601**
19. Rumänien	**11364**
20. Schweden	**9978**

Passagierkilometer
1882 Mrd. weltweit
Aufteilung nach Regionen:

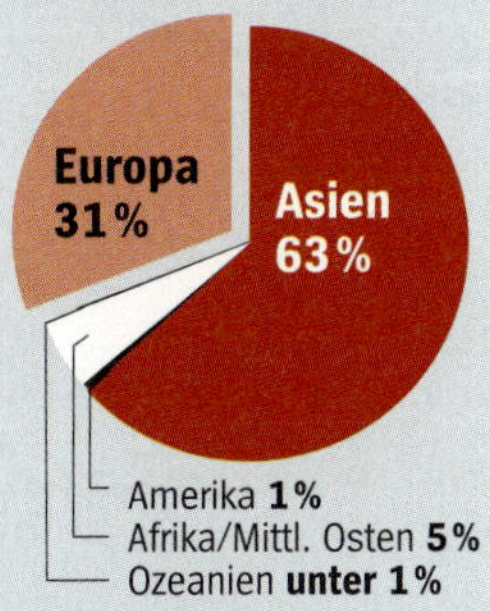

Frachtaufkommen
6285 Mrd. Tonnenkilometer weltweit
Aufteilung nach Regionen:

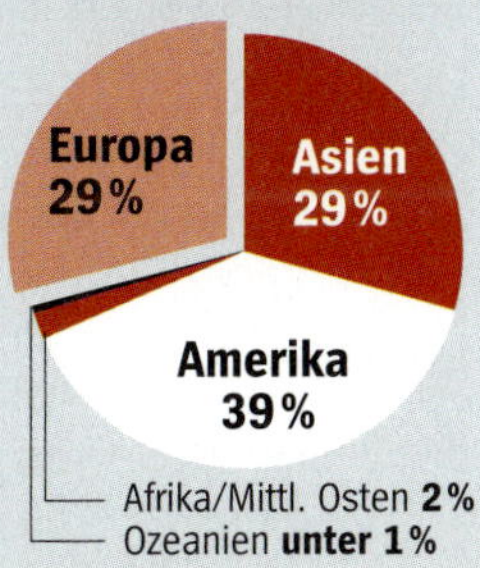

Quelle: UIC

Flugzeuge

Passagiere und Fracht 2001

Fracht im Linienverkehr
in Mio. Tonnen

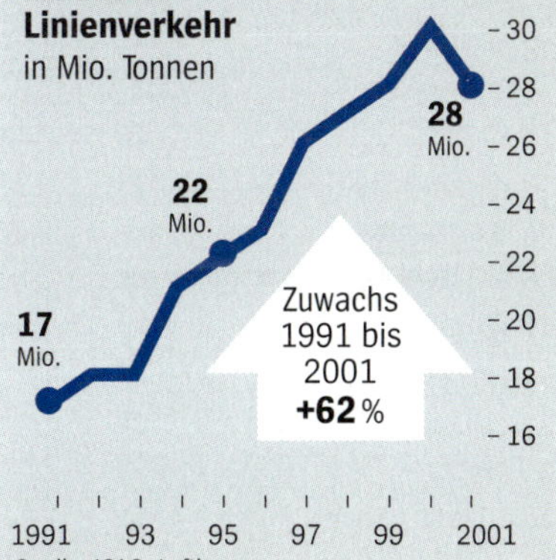

Quelle: ICAO, Lufthansa

Straßenverkehr

Lkw-Kolonnen kennzeichnen den hohen Konsumstandard der Industrieländer. Allein 150000 Kilometer legt ein Schwerlaster jährlich in Deutschland zurück. Straßen in Europa und Zentralasien sind zu gut 90 Prozent befestigt, in Afrika südlich der Sahara nur 12 Prozent.
700 000 Menschen kommen weltweit jährlich bei Straßenunfällen ums Leben, über 10 Millionen werden verletzt, Kosten für die Weltwirtschaft: rund 500 Mrd. US$. In den Entwicklungsländern sind schwer passierbare oder überfüllte Straßen oft einzige Versorgungsader und Marktzugang. Fast drei Viertel aller Unfälle passieren in Entwicklungs- und Schwellenländern.

Lkw-Verkehr weltweit

in Milliarden Tonnen-Kilometer, Stand: 2000

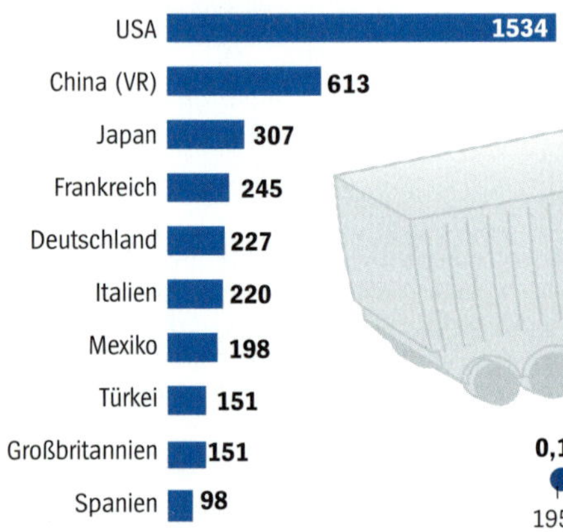

Lkw-Einreisen nach Deutschland

Grenzüberschreitungen
inklusive Transit in Millionen

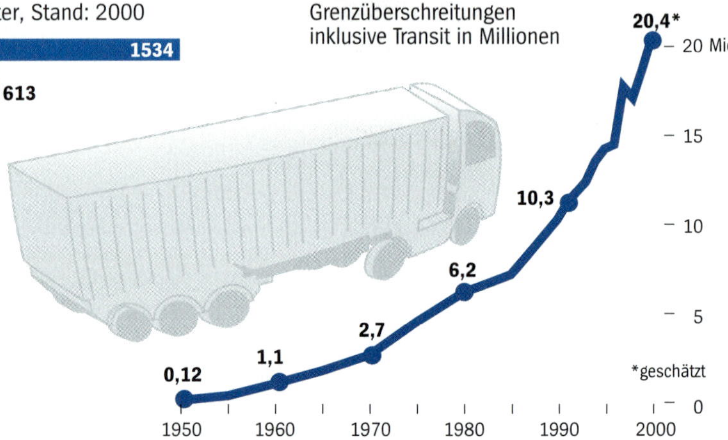

Niedrigste Benzinpreise

Liter Superbenzin in US-Cent
Stand: 2000

1. Westbank/Gaza	1
2. Turkmenistan	2
3. Irak	3
4. Iran	5
5. Venezuela	12
6. Indonesien	17
7. Ghana	20
8. Kuweit, Jemen	21
9. Saudi-Arabien	24
10. VAE, Libyen	25
11. Ägypten	26
12. Algerien, Nigeria	27
13. Malaysia, Sudan	28
14. Angola	30
15. Ecuador, Oman	31

Benzinpreis

Der Benzinpreis steigt und fällt mit dem Ölpreis, durch den Wettbewerb der Mineralölkonzerne sowie den Eingriff des Staates. Innerhalb Europas nimmt sich der Fiskus über Mineralöl- und Mehrwertsteuer bis zu 80 Prozent des Literpreises. Der Treibstoff ist in den Öl produzierenden Ländern oftmals nicht nur steuerfrei, sondern wird zu einer Art Brotpreis subventioniert an die Bevölkerung abgegeben.

In Deutschland ist der Treibstoffabsatz rückläufig. Die Automobilhersteller haben sich darauf geeinigt, den Verbrauch aller Modelle im Flottendurchschnitt bis zum Jahr 2008 weiter um 25 Prozent zu senken.

Höchste Benzinpreise

Liter Superbenzin in US-Cent
Stand: 2000

1. Hongkong/China (VR)	146
2. Norwegen, Uruguay	119
3. Großbritannien	117
4. Israel	114
5. Argentinien	107
6. Finnland, Japan	106
7. Niederlande	103
8. Burundi, Dänemark	101
9. Sambia, Kongo DR.	100
10. Frankreich	99
11. Italien	97
12. Belgien	96
13. Schweden	94
14. Brasilien, Südkorea	92
15. Deutschland	91

Tote im Straßenverkehr

per 1 Million Einwohner im Jahr

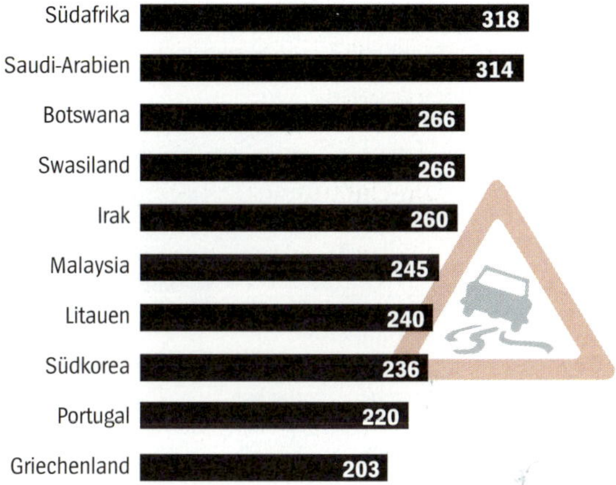

Quelle: PIARC

ADAC-Tunneltest 2002

Weil sich 2001 und 2002 tödliche Unfälle in europäischen Tunneln häuften, testete der ADAC in zwölf Ländern 30 Einrichtungen mit besonders starkem Verkehrsaufkommen. Benotet wurden das Tunnelsystem (Streckenverlauf, Anzahl der Röhren, Notgehwege), Zustand (Beleuchtung, Schilder), Verkehrsüberwachung (Stau-Management, automatische Erfassung von Gefahrgut, Höhenkontrolle), Notruftelefone, Brandmeldesysteme, Löscheinrichtungen, Lüftung, Alarm- und Einsatzpläne. Testsieger waren die Tunnel Cointe bei Lüttich und der nach dem schweren Brandunfall 1999 im Jahr 2002 neu eröffnete Montblanc zwischen Frankreich und Italien. Fünf Tunnel erhielten die Note mangelhaft: sehr hohes Risikopotenzial.

Quelle: www.adac.de

Bahn

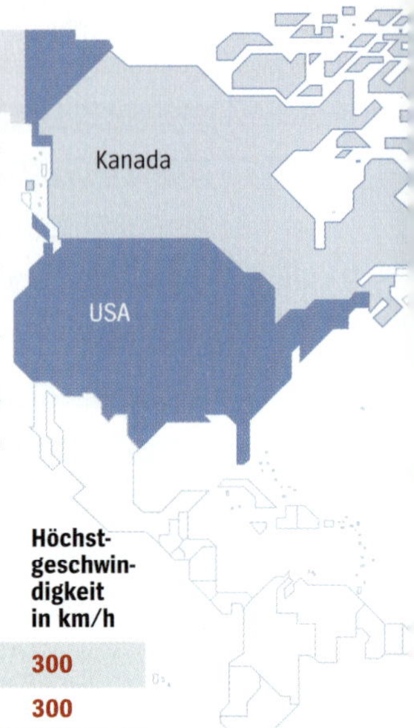

Bahnfahren ist überall anders: In Indien in voll besetzten Waggons für 4,6 Milliarden Reisende pro Jahr. Mit 1,6 Millionen Beschäftigten ist die Indian Rail der größte Arbeitgeber der Welt. Durch die USA rollen meilenlange Güterzüge, während Amerikaner lieber das Flugzeug oder den Greyhound-Bus nehmen. In Europa und Japan, in mehr als 10 Ländern der Welt, sprinten ICE, AVE und Nozomi. 12 Stunden dauerte es 1914 von Marseille nach Paris, der TGV verkürzt die Reisezeit heute auf 3 Stunden. Die regelmäßig erscheinende Rangliste der britischen *Railway Gazette* spiegelt den globalen Wettlauf um die höchste Geschwindigkeit der Bahnen.
In allen Ländern wächst der Kostendruck auf die Unternehmen. Immer mehr privatisieren ihre Staatsbetriebe, um sie wirtschaftlich zu machen. Als erfolgreiches Beispiel gilt die profitabel fahrende Japan Rail Central, Großbritanniens British Rail jedoch als »beschämendes Denkmal der Regierung John Major« (*The Observer*) wegen wiederholter Zug-Unglücke und Verluste. In Deutschland kommt neben der bundeseigenen Deutschen Bahn AG immer mehr private Konkurrenz auf die Schiene.

Hochgeschwindigkeitszüge

Land	Zugname	Strecke	Durchschnittstempo in km/h	Höchstgeschwindigkeit in km/h
Japan	Nozomi	Hiroshima–Kokura	261,8	300
Frankreich	TGV	Valence–Avignon	259,4	300
Belgien, Frankreich	Thalys Soleil	Brüssel–Valence	242,1	300
Spanien	AVE trains	Madrid–Sevilla	209,1	300
Deutschland	ICE	Stendal–Wolfsburg	190,4	280
Großbritannien	Tees-Tyne Pullman	York–Stevenage	182,8	200
Schweden	X2000	Skövde–Södertälje	173,1	200
Italien	Eurostar	Rom–Florenz	166,6	250
USA	Acela Expresses	Baltimore–Wilmington	165,1	240
Finnland	Pendolino	Salo–Karjaa	151,7	200
China (VR)	Fex 'G' trains	Kanton–Shenzhen	151,6	200

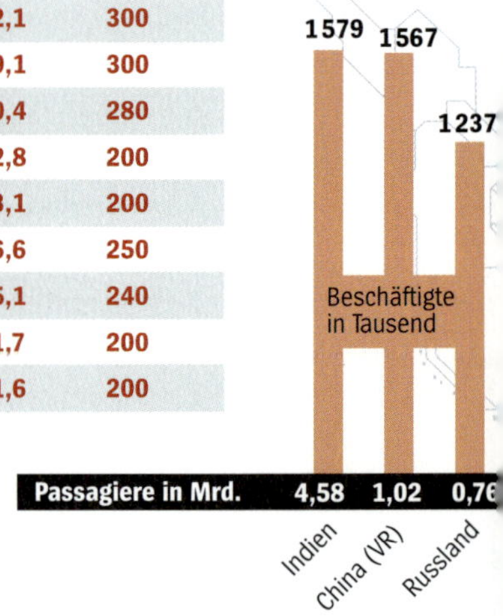

Private Fernstrecken
in Deutschland

Bahn privat

Mehr als 150 private Bahnen sind Kunden von DB Netz. Der Gleisbetreiber ist Tochter der Deutschen Bahn und vermietet Trassen für den Güter- und Personenverkehr. Der im Herbst 2001 gegründete Interessenverband Die Bahnen (Connex Regiobahn, Rhenus Keolis, Norddeutsche Nahverkehr, Regionalverkehr Mittelland, Niederbarnimer Eisenbahn und RP Eisenbahn) will für stärkere Konkurrenz zur Deutschen Bahn AG

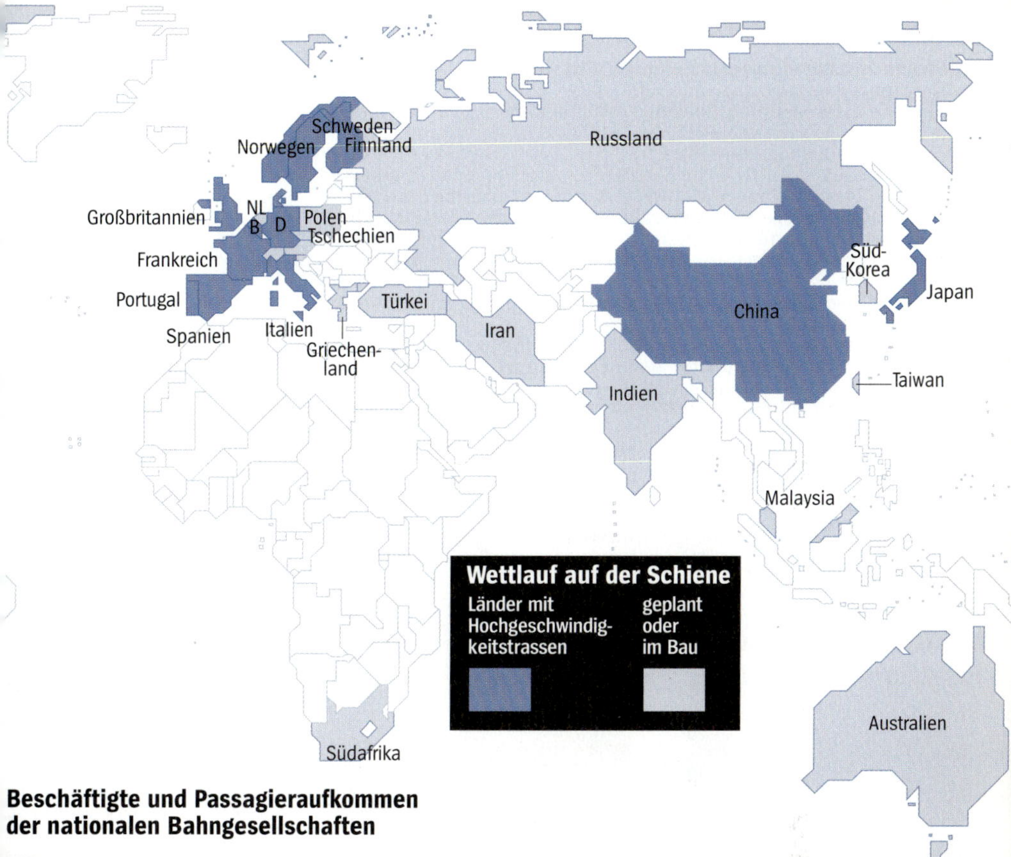

Beschäftigte und Passagieraufkommen der nationalen Bahngesellschaften

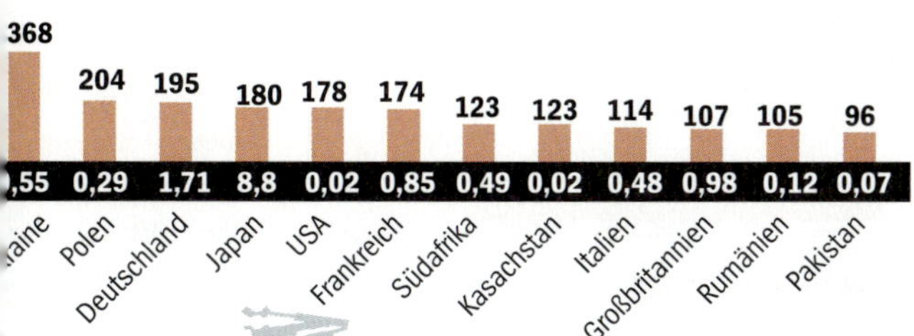

Privatbahnen in Deutschland

Marktanteil der Privaten im Nahverkehr nach Zug-Kilometern in Prozent

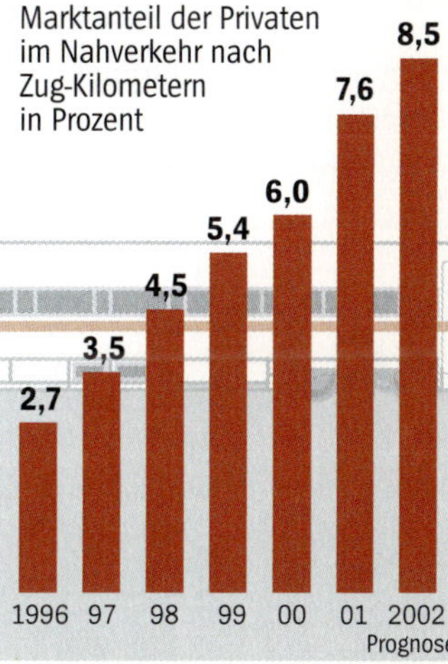

sorgen. Bisher beschränkten sich die Privaten auf den Nah- und Regionalverkehr. Die erste Fernverbindung innerhalb Deutschlands betreibt Connex, eine Tochter des französischen Vivendi-Konzerns, seit März 2002 auf der ehemaligen Interregio-Strecke Rostock–Gera. Drei weitere sind geplant.
Die Marktanteile der Privaten betragen bisher 8,5 Prozent im Nah-, 0,5 Prozent im Fern- und 2,5 Prozent im Güterverkehr.

Luftfahrt

Die Fluggesellschaften von Star Alliance, One World und Skyteam befördern zusammen mehr als die Hälfte aller 1,5 Mrd. Flugpassagiere. Sie stimmen Flugpläne und Buchungssysteme ab und bieten gemeinsame Vielfliegerprogramme mit Bonus-Meilen. Die Konkurrenz innerhalb der Allianzen bleibt bestehen.
Seit den Anschlägen in New York setzen die Airlines bewaffnete Sky Marshalls in den Flugzeugen ein, die Cockpittüren wurden verschlossen. Der internationale Luftfahrtverband IATA will die Kosten begrenzen und forderte die für die Sicherheit auf Flughäfen verantwortlichen Regierungen auf, ihre Bemühungen bei der Biometrie zu verstärken: Erfassen von Fingerabdrücken, Augen und Gesicht per Computer. Lange Abfertigungszeiten sollen vermieden, die Angst vorm Fliegen vermindert werden.
Regional wächst die Konkurrenz durch die Billigfluggesellschaften. Sie haben die Luftfahrtkrise 2001 unbeschadet überstanden und weiten ihren Marktanteil im regionalen Flugverkehr immer stärker aus.

Die größten Flughäfen

Passagiere in Millionen 2001

Atlanta	USA	76
Chicago ORD	USA	67
Los Angeles	USA	61
London LHR	GB	61
Tokio HND	Japan	59
Dallas	USA	55
Frankfurt	Deutschland	49
Paris CDG	Frankreich	48
Amsterdam	Niederlande	40
Denver	USA	36

Flugzeuge in Betrieb

nur kommerzielle Verkehrsflugzeuge

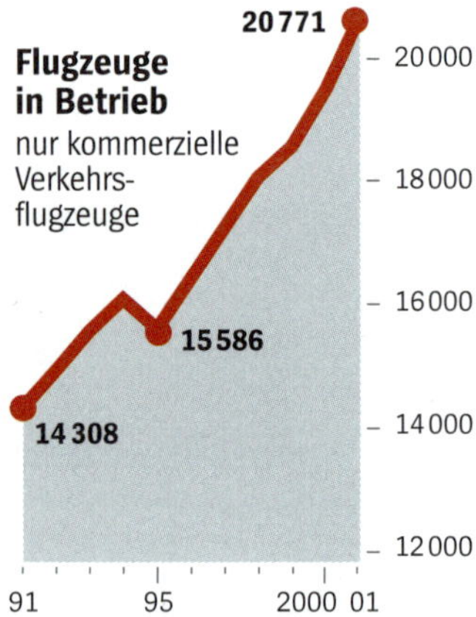

Europäische Billig-Airlines

Passagiere in Millionen; 2001

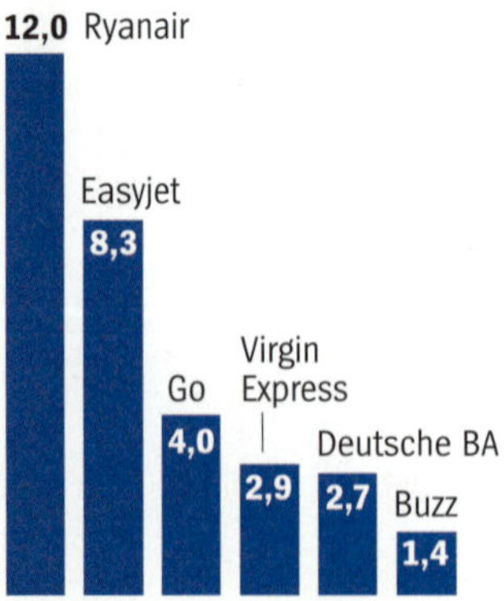

Die meistbeflogenen Verkehrsgebiete 2001

nach Passagieren in Millionen

Quelle: IATA,Lufthansa

Die großen Luft-Allianzen

Star Alliance
Weltmarktanteil:
ca. 25%

- Lufthansa
- United Airlines
- Air Canada
- All Nippon Airways
- Singapore Airlines
- Thai Airways
- SAS
- Varig
- Air New Zealand
- Mexicana
- British Midland
- Austrian Airlines
- Lauda Air
- Tyrolean Airways
- Spanair
- Lot
- Asiana

One World
Weltmarktanteil:
ca. 13%

- British Airways
- American Airlines
- Qantas
- Cathay Pacific
- Iberia
- Finnair
- Lan Chile
- Aer Lingus

Skyteam
Weltmarktanteil:
ca. 13%

- Delta Air Lines
- Air France
- Alitalia
- Korean Air Lines
- Czech Airlines
- Aeromexico

Folgen des 11. September 2001

Die Terroranschläge vom 11. September ließen die Passagierzahlen um zeitweise 50 Prozent einbrechen. Sie zwangen die Airlines zur Senkung der Ticketpreise und brachten der gesamten Branche den Rekordverlust von 16 Mrd. US$: das schlechteste Resultat der Luftfahrtgeschichte. In den ersten Wochen nach der Katastrophe wurde weltweit jedes 10. Flugzeug aus dem Verkehr gezogen, nie zuvor wurden so viele Flugzeuge ausrangiert wie im Jahr 2001. Bis zu 130000 Arbeitsplätze gingen weltweit verloren.

Die Regierung der Vereinigten Staaten stützte ihre vor dem Konkurs stehende Branche mit 15 bis 17 Mrd. US$, darunter eine Staatshaftung als Rückversicherung bei möglichen neuen Terrorfällen in Höhe von 10 Mrd. US$. Die Gesamtverluste der europäischen Gesellschaften werden mit 2 Mrd. Euro beziffert. Die zuvor bereits angeschlagenen Sabena und Swissair meldeten Konkurs an. Lufthansa, die auf der Nordatlantikroute allein ein Siebtel ihres Umsatzes einfliegt, geriet erstmals seit 1993 in die Verlustzone. Die Europäische Kommission bewilligte den Europäern eine weitaus geringere Entschädigung. Die Fluggesellschaften kritisieren die hohen Subventionen in den USA als Verzerrung des Wettbewerbs. Obwohl die Passagierzahlen im Jahr 2002 wieder stiegen, erwartet die IATA erst für 2004 eine Erholung der Branche und Gewinne.

Hilfen für die Luftfahrtbranche in Mio. US$

USA

American Airlines	716
United Airlines	644
Delta Airlines	555
Northwest Airlines	408
Continental Airlines	354
US Airways	255
Southwest Airlines	235
America West	98

Stand 4. Dezember 2001

Europa

Lufthansa	61
British Airways	57
Air France	48

zusätzlich: Staatshaftung für die Deckung von Folgeschäden von Krieg oder Terror in Höhe von 10 Mrd. US$; Stand: Mitte 2002

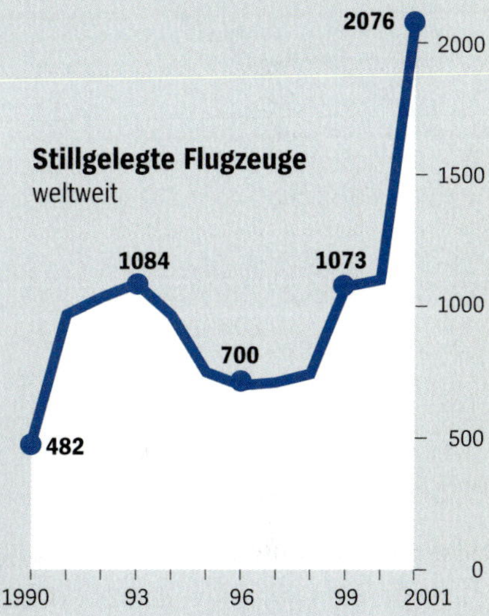

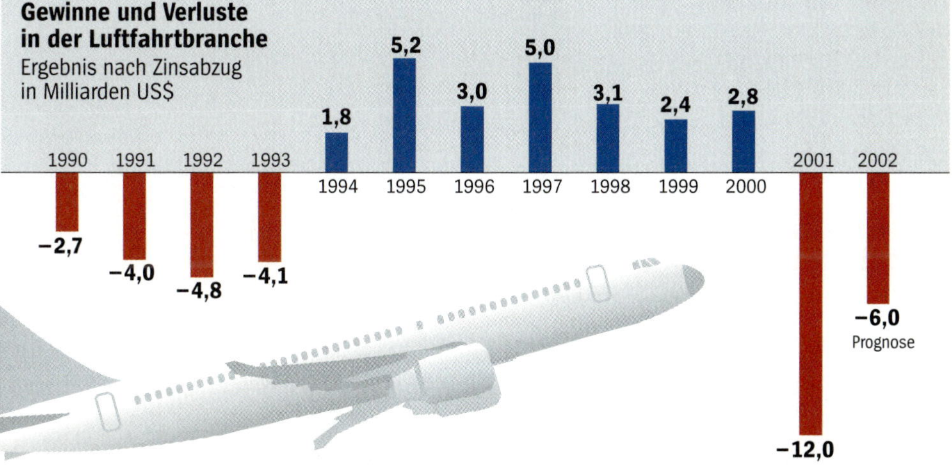

Schifffahrt

Mit dem Welthandel wuchs der Seegütertransport: Tanker, Spezial-, Stückgut- und Containerfrachter befördern über 5 Milliarden Tonnen pro Jahr über die Ozeane. Am stärksten expandiert die Containerflotte. 7,2 Millionen TEU wurden 2001 auf mehr als 7000 Schiffe aller Größen verladen. Die so genannte S-Klasse der Containerriesen mit 320 Meter Länge, 43 Meter Breite und über 14 Meter Tiefgang kann mehr als 7000 TEU aufnehmen. Mit einer Reisegeschwindigkeit von 25 Knoten (rund 46 km/h) gehören die Schiffe zu den schnellsten Frachtern. Die Giganten zwingen weltweit zur Einrichtung von Tiefwasserhäfen, mit Hightech-Kaianlagen an den Liegeplätzen. Lagerflächen in Kleinstadtgröße, Milliardeninvestitionen in Straßen- und Bahnanbindungen sind nötig, um der wachsenden Konkurrenz an den europäischen Küsten und weltweit standzuhalten.

Neben hoher Transportkapazität und Wirtschaftlichkeit bieten die großen Schiffe Reedern und Besatzungen einen anderen, zunehmend wichtigen Vorteil auf hoher See: Je höher die Bordwand, desto unbezwingbarer ist sie für Piraten.

TEU=Twentyfoot Equivalent Unit, 20 Fuß Standard-Container

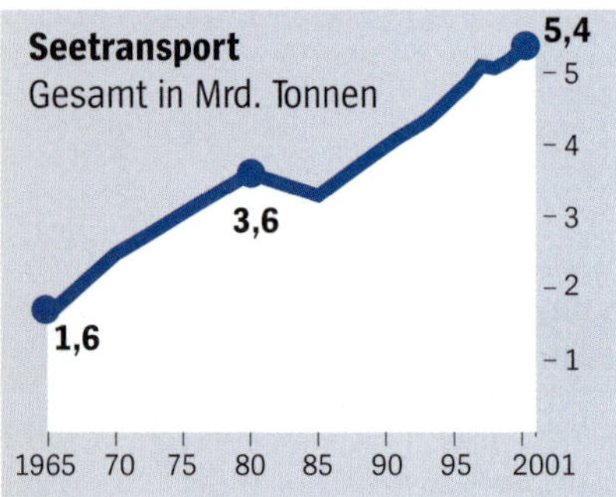

Containerhäfen

umgeschlagene Container 2001 in Mio. TEU

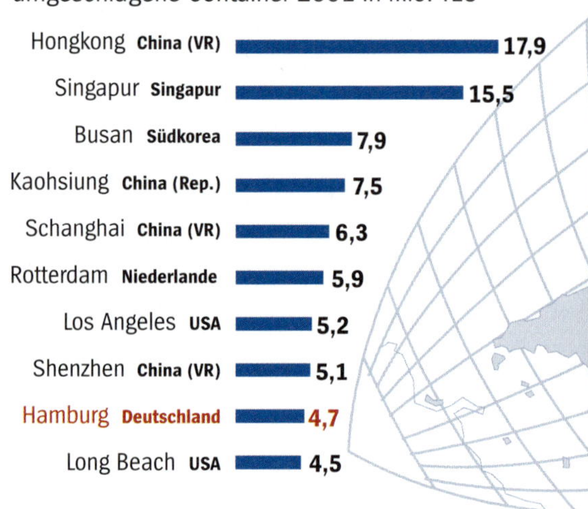

Handelsflotten

Die größten Reedereien nach Anzahl der eingesetzten Container (TEU) 2001/2002 in Tausend

		TEU	Schiffe
Maersk Sealand	Dänemark	688	264
Mediterr. Shipping	Schweiz	385	175
P & O Nedlloyd	GB/NL	383	149
Am. President Lines	Singapur	256	82
Cosco	China (VR)	247	131
Evergreen	China (Rep.)	246	70
Hanjin	Südkorea	202	53
K Line	Japan	175	61
NYK	Japan	167	67
CMA-CGM	Frankreich	166	59
OOCL	China (VR)	154	49
Mitsui OSK Lines	Japan	153	57
CSCL	China (VR)	146	90
Hapag-Lloyd	Deutschland	134	34
Zim	Israel	125	56

Seeräuber

335 Attacken auf offener See registrierte das International Maritime Bureau 2001.

Organisierte Banden kidnappen immer öfter ganze Schiffe samt Besatzung und Ladung: 21 Menschen wurden dabei ermordet, 210 als Geisel genommen, geschätzter Schaden durch Seeräuberei 3 Milliarden US$ jährlich.

Regierungen und Reeder setzen Küstenwachen und Satelliten-Überwachung gegen die Banditen ein.

Hauptfahrtgebiete der Containerlinien
nach Anzahl der Container am 1. Juli 2002
in Tausend TEU

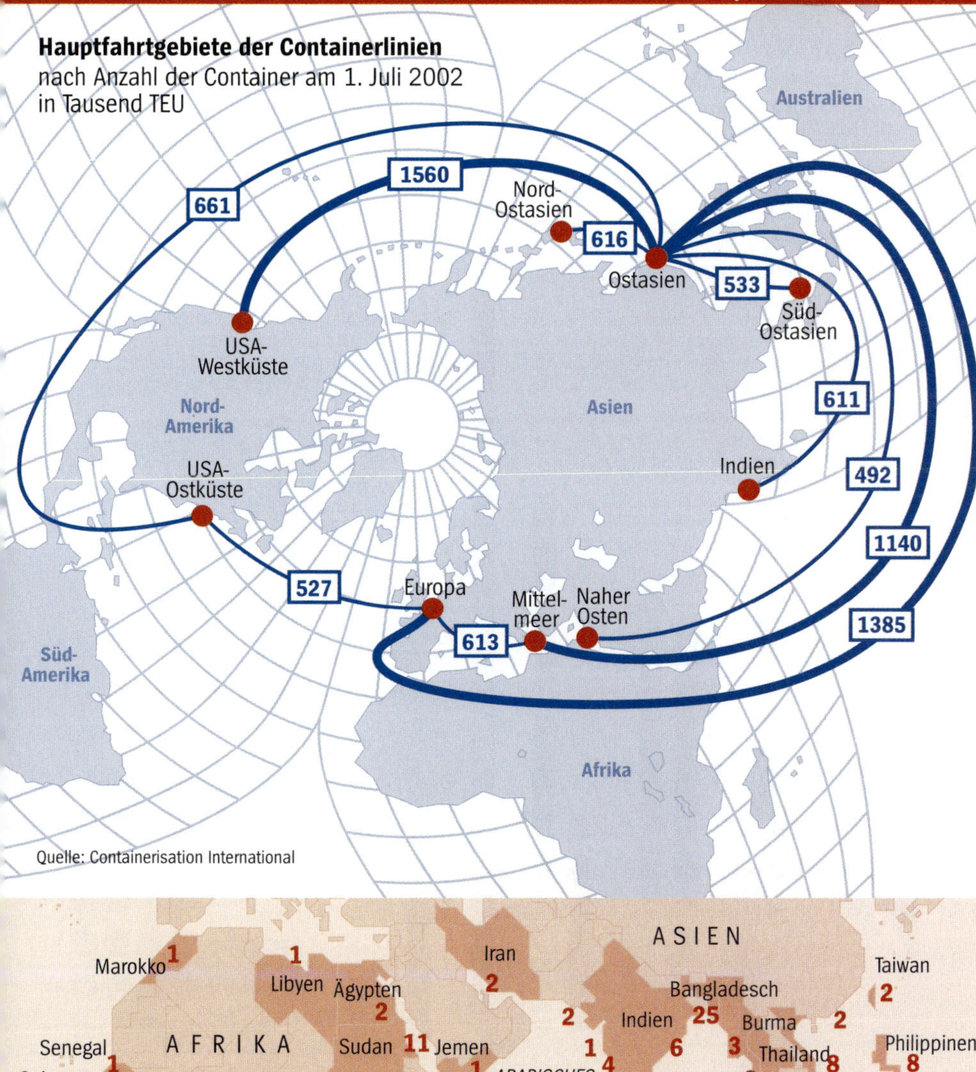

Quelle: Containerisation International

Gefährliche Gewässer
Piraterie und bewaffnete
Überfälle im Jahr 2001

Kriminalität

Deutschland nimmt im Vergleich zu den anderen Ländern in der Europäischen Union (EU) bei der registrierten Kriminalität einen Mittelplatz ein, zwischen Schweden mit 13 664 Straftaten pro 100 000 Einwohnern und Irland mit nur 1978 Delikten. Auch die Bundeshauptstadt Berlin ist, zumindest was die Quote für Mord- und Totschlag angeht, ein relativ sicherer Platz im Vergleich zu anderen euopäischen Metropolen. Die Daten entstammen den offiziellen Kriminalitätsstatistiken der jeweiligen Länder. Wegen unterschiedlicher Zählweise und Erfassungskriterien sind sie allerdings nur schwer vergleichbar. In Deutschland beispielsweise gibt das Bundesministerium des Inneren jährlich eine so genannte Ausgangsstatistik heraus, die sämtliche Fälle umfasst, die bei der Polizei registriert, bearbeitet und an die Staatsanwaltschaft abgegeben werden. Manche Länder zählen eine Straftat schon, wenn sie bei der Polizei angezeigt, andere erst, wenn ein Tatverdächtiger ermittelt wird. Nicht in allen Ländern zählen Verkehrsdelikte zu den Straftaten. In Schweden fließt etwa auch die Vorbereitung eines Verbrechens in die Statistik ein. Weitere Einflussfaktoren sind unterschiedliche Rechtsnormen, aber auch das Anzeigeverhalten der Bevölkerung. Am klarsten ist wohl noch die Definition von Tötungsdelikten, die fast überall in Europa gleich oder zumindest sehr ähnlich ist. Plötzliche hohe Steigerungsraten bestimmter Deliktsbereiche

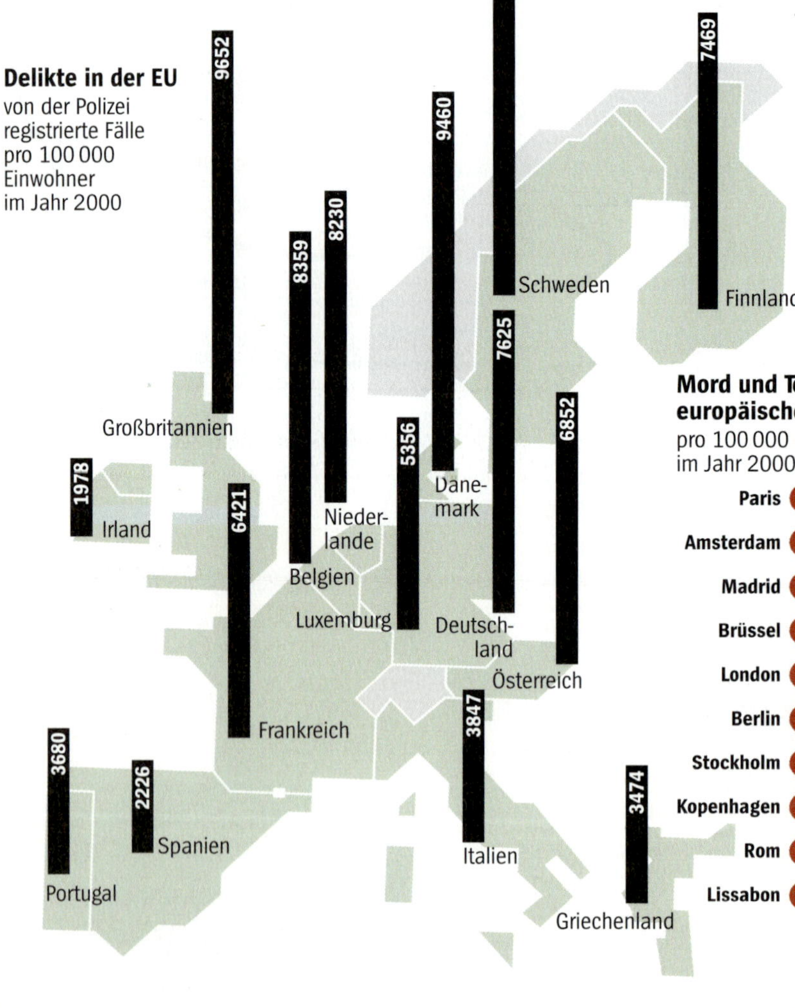

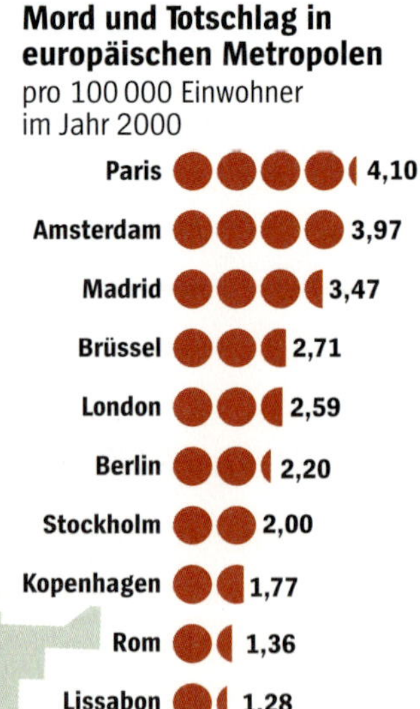

können mit Gesetzesänderungen oder variierten Zählweisen zusammenhängen, beispielsweise in Großbritannien 1997 im Bereich der Gewaltkriminalität. Insgesamt stieg die Kriminalitätsrate in der EU zwischen 1996 und 2000 um 1 Prozent an, auffällig ist dabei die Zunahme der allgemeinen Gewaltkriminalität EU-weit um durchschnittlich 50 Prozent. Lediglich in Irland (–49%) und Luxemburg (–21%) sanken die Raten. Bei den Diebstahldelikten kam es zu einem deutlichen Rückgang. Etwa beim Kraftfahrzeugdiebstahl liegt das an verbesserter Technik wie Wegfahrsperren, in anderen Bereichen kann es auch an veränderten Versicherungsbedingungen liegen. Denn wenn eine Versicherung beispielsweise nicht mehr bei Fahrraddiebstahl haftet, sinkt auch die Neigung, in solchen Fällen polizeiliche Anzeige zu erstatten. Beim Rauschgifthandel wiederum kommt es überwiegend auf die Kontrollintensität der Behörden an. Denn jeder Drogendeal, der unbemerkt bleibt, findet keinen Eingang in die Statistik, obwohl er tatsächlich geschieht. Insgesamt verlief die Kriminalitätsentwicklung zwischen 1996 und 2000 in der EU jedoch recht unterschiedlich. Die Zahl registrierter Straftaten sank in Irland (–27%), Italien (–9), England und Wales (–8), Schottland (–6), Deutschland (–6), Dänemark (–5) und Spanien (–1), hingegen stieg sie in Nordirland (+75), in Belgien (+17), Österreich (+15), Portugal (+13), Niederlande (+9), Frankreich (+6), Griechenland (+6), Schweden (+3) und Finnland (+2).

Mord und Totschlag (ohne Versuche)
von der Polizei registrierte Fälle pro 100 000 Einwohner, 2000
Veränderung zu 1996

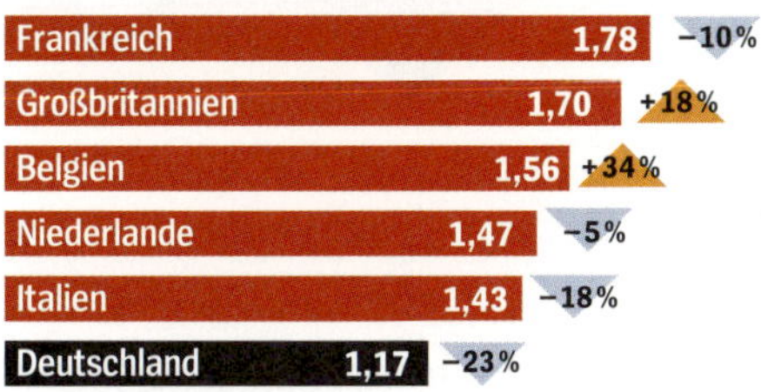

Gewaltkriminalität
von der Polizei registrierte Fälle pro 100 000 Einwohner, 2000
Veränderung zu 1996

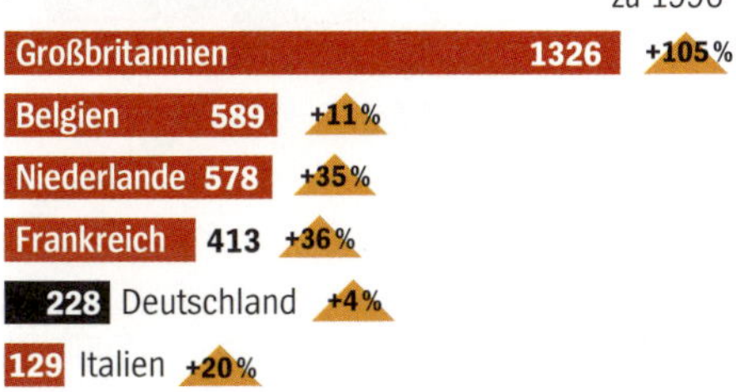

Kraftfahrzeugdiebstahl
von der Polizei registrierte Fälle pro 100 000 Einwohner, 2000
Veränderung zu 1996

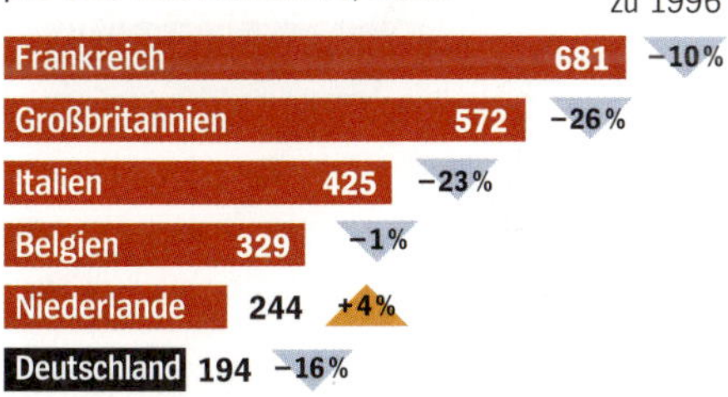

Wohnungseinbruchdiebstahl
von der Polizei registrierte Fälle pro 100 000 Einwohner, 2000
Veränderung zu 1996

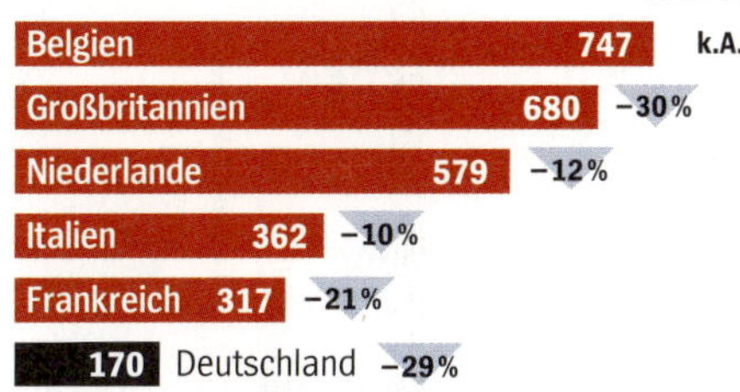

Handel und Schmuggel von Rauschgift
von der Polizei registrierte Fälle pro 100 000 Einwohner, 2000
Veränderung zu 1996

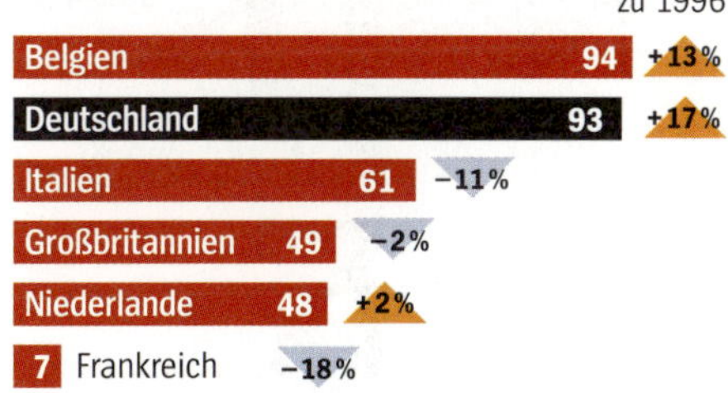

Quellen: Max-Planck-Institut, Freiburg; BMI; Home Office RDS

Kriminalitätsentwicklung in Deutschland

Die polizeiliche Kriminalstatistik beinhaltet alle in Deutschland erfassten Fälle innerhalb eines Jahres und wird vom Bundesminister des Inneren herausgegeben. Sie ist aber nur ein grobes Spiegelbild der tatsächlichen Kriminalität, weil manche Straftaten je nach Anzeigeverhalten der Bevölkerung oder Kontrollintensität der Polizei gar nicht erfasst werden. Die Aussagefähigkeit der Statistik ist auch deshalb begrenzt, weil Zahlen allein keinen Eindruck über Erfolg oder Misserfolg der Polizei geben können. Ein Anstieg der Drogendelikte beispielsweise heißt nicht zwangsläufig, dass es mehr Rauschgiftkriminalität gibt, sondern dass die Polizei effektiver ermittelt hat. Als klassisches Kontrolldelikt werden diese Fälle dann erst erfasst, wenn die Polizei entweder auf eigene Initiative oder auf Anzeige tätig wird. Damit ist aber auch nahezu jeder Fall bereits aufgeklärt. Es steigt also die Fallzahl, gleichzeitig aber auch die Aufklärungsquote. Ähnlich verhält es sich mit Ladendiebstahl, der überwiegend von Kaufhausdetektiven aufgedeckt und der Polizei gemeldet wird. Die Kriminalstatistik ist dennoch ein Gradmesser für die Kriminalitätsentwicklung und Grundlage für die Verbrechensbekämpfung.

Alle Delikte in Deutschland

von der Polizei erfasste Fälle

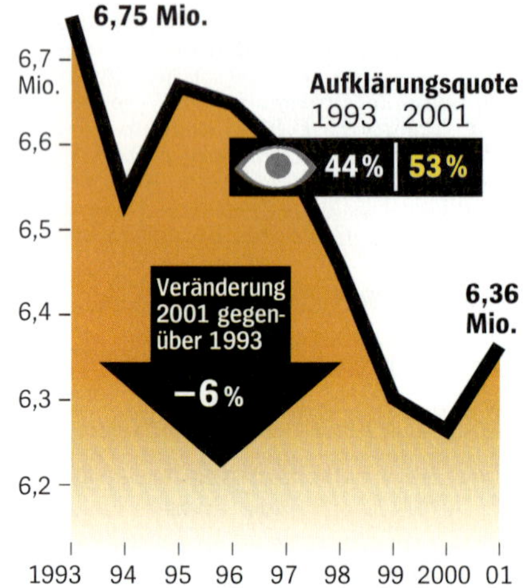

Delikte mit rückläufiger Tendenz seit 1993

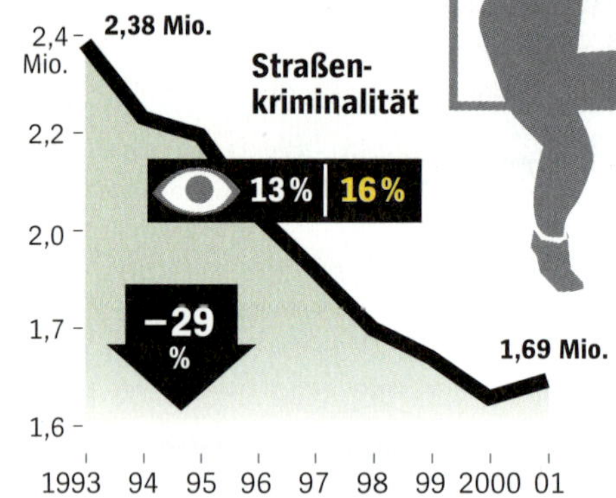

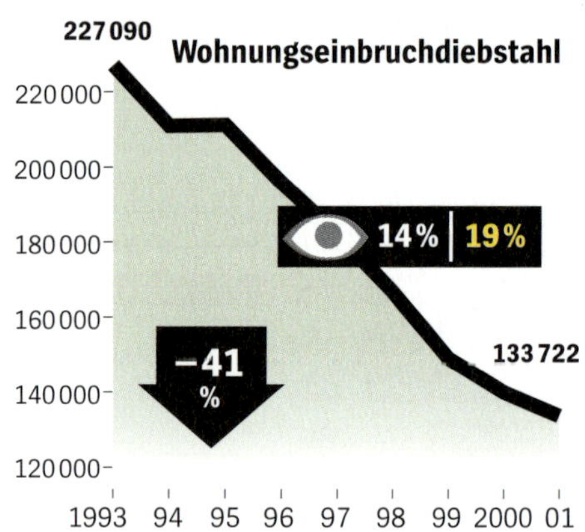

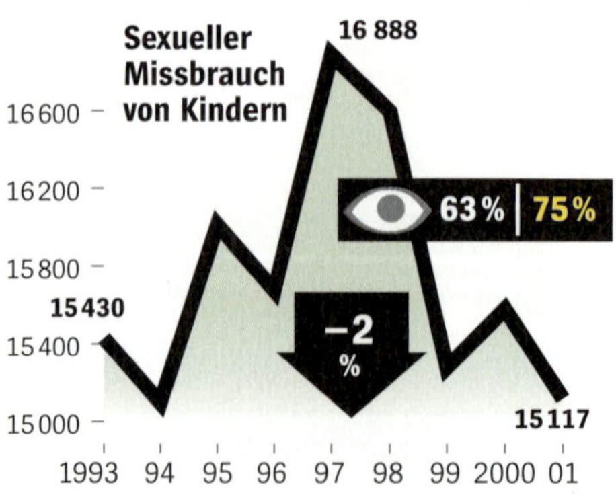

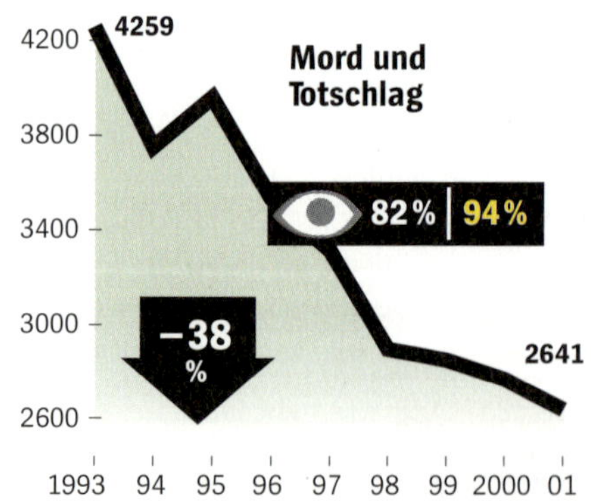

Delikte mit steigender Tendenz seit 1993

Betrug

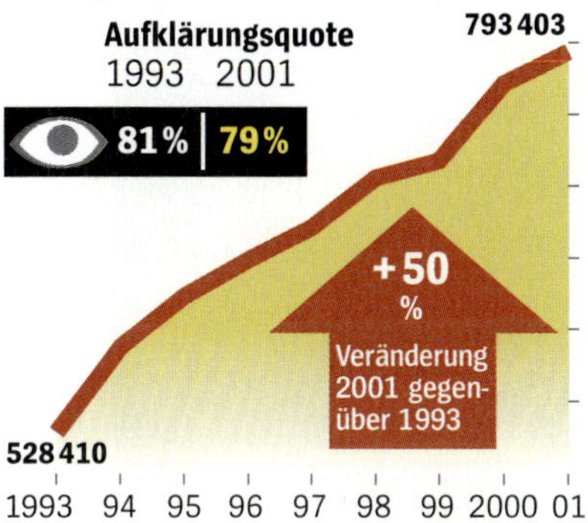

Sachbeschädigung

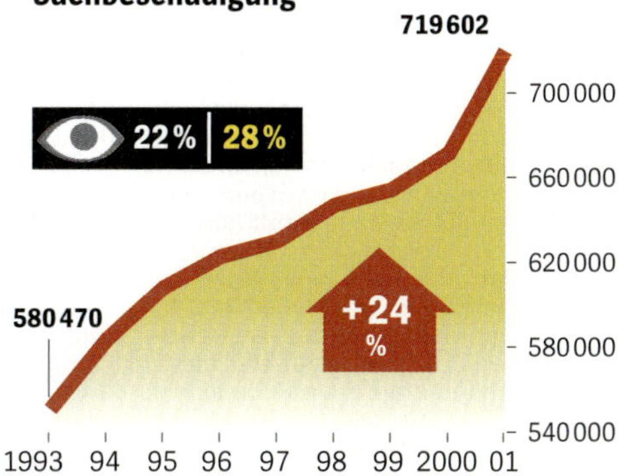

Rauschgift-kriminalität

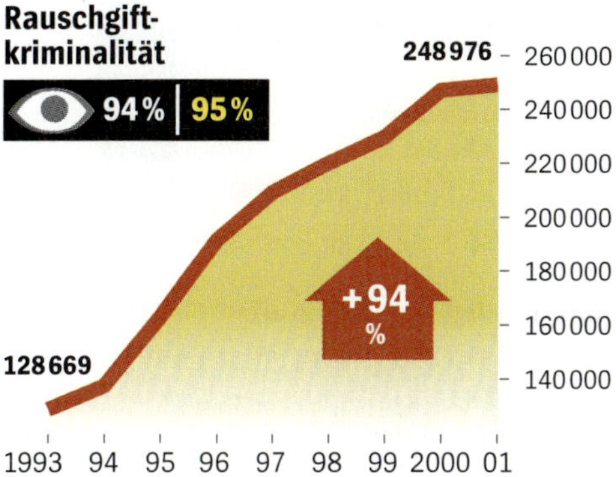

Gewaltkriminalität

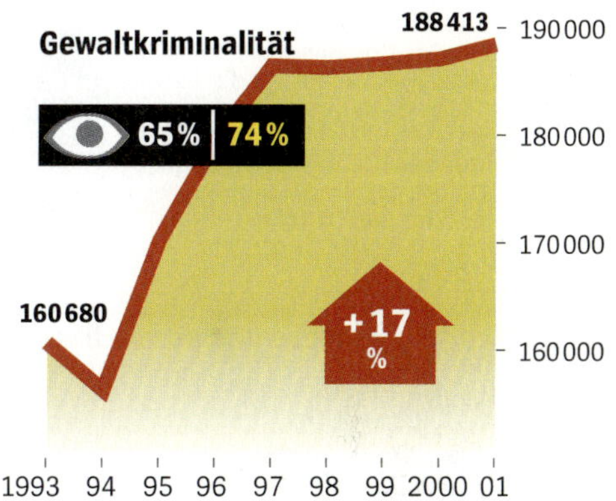

Wirtschafts-kriminalität

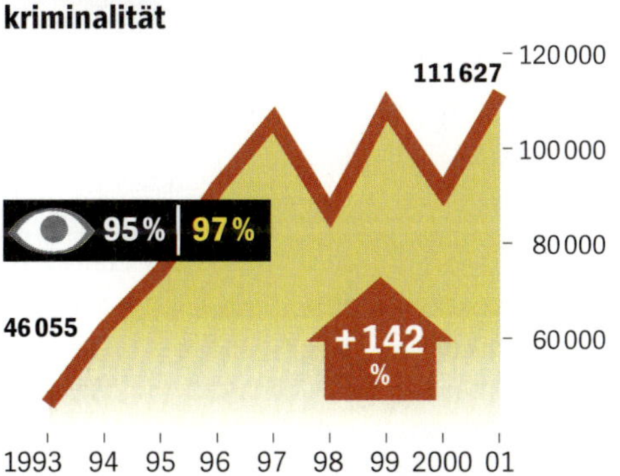

Wettbewerbs-, Korruptions-, Amtsdelikte

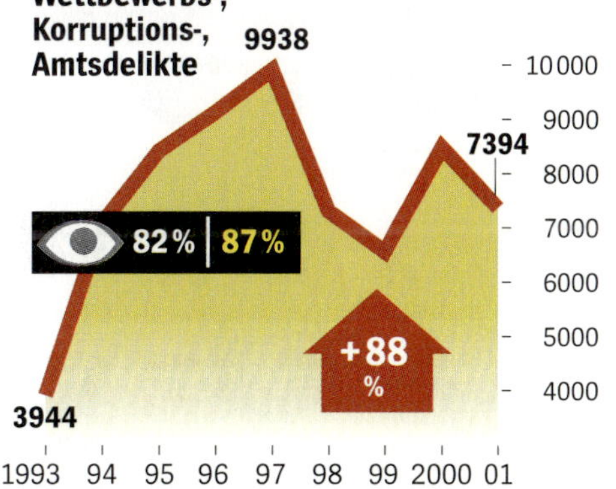

Jugendkriminalität

Seit Anfang der neunziger Jahre stieg die Zahl von Kindern, Jugendlichen und Heranwachsenden unter den Tatverdächtigen rapide an und stagniert seit 1998 auf hohem Niveau. Einen Rückgang der Zahl tatverdächtiger Kinder (143 045) gab es 2001 bei Raubdelikten, einen Anstieg bei Sachbeschädigung und Körperverletzung. Jugendliche stellen mit 298 983 mehr als 13 Prozent aller Tatverdächtigen. Während in den vergangenen Jahren besonders ihr Anteil an der Gewaltkriminalität anstieg, registrierte die Polizei 2001 deutlich mehr Sachbeschädigungen, unter anderem ein Ergebnis gestiegener Kontrollen gegen Graffiti-Sprayer. Insgesamt stellte die Polizei eine steigende Zahl von Mädchen an den Verdächtigen fest, die meist beim Ladendiebstahl erwischt werden.

Heranwachsende machen 2001 mit 246 713 fast 11 Prozent der Tatverdächtigen aus, wobei Betrugsdelikte in dieser Altersgruppe deutlich zunahmen. Der seit 1994 rückläufige Anteil nichtdeutscher Tatverdächtiger unter 21 Jahren wird auf demografische Entwicklungen zurückgeführt.

Kriminalitätsentwicklung nach Alter
registrierte Fälle

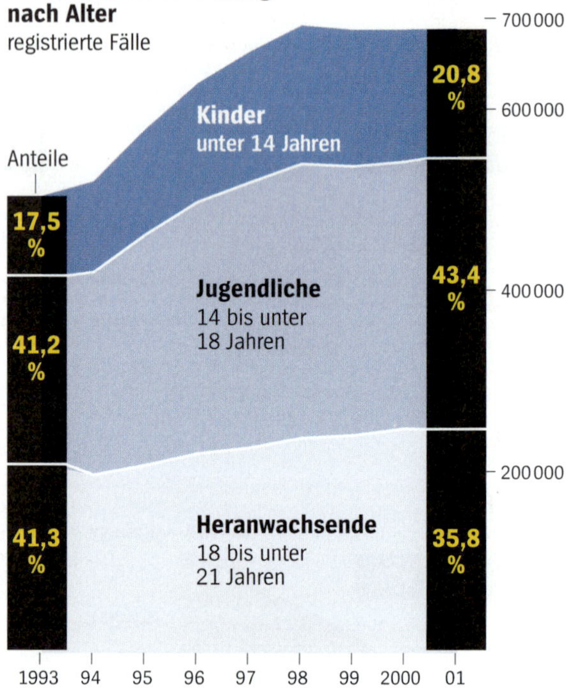

Tatverdächtige deutsche und ausländische Kinder und Jugendliche 2001

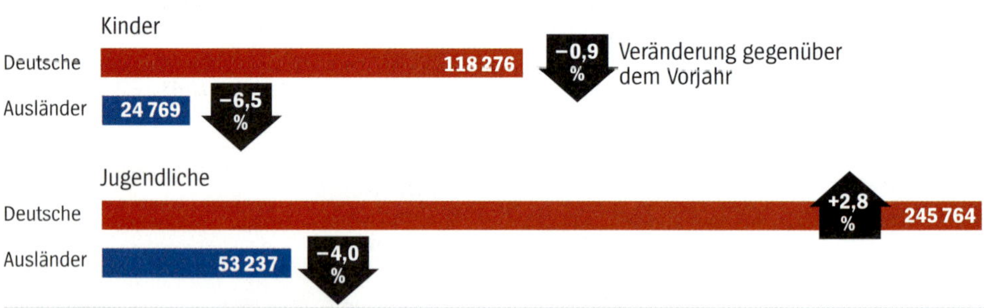

Tatverdächtige Kinder

	Anteil	Deutsche	Ausländer
Ladendiebstahl	48 %	57 307	11 792
Sachbeschädigung	18 %	22 921	2615
Körperverletzung	13 %	14 498	3942
schwerer Diebstahl	8 %	9201	2041
Raubdelikte	2 %	2061	1152
sonstige	11 %	12 288	3227

Tatverdächtige Jugendliche

	Anteil	Deutsche	Ausländer
Ladendiebstahl	27 %	66 516	13 390
Körperverletzung	18 %	44867	10 018
Sachbeschädigung	16 %	45 290	3399
schwerer Diebstahl	11 %	28 713	5091
Raubdelikte	4 %	7958	3396
sonstige	24 %	52402	17 943

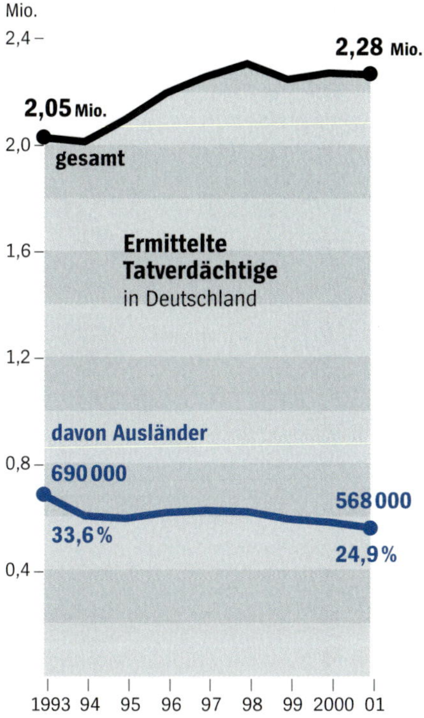

Ausländerkriminalität

Wie bei den unter 21-Jährigen nimmt auch insgesamt der Ausländeranteil an den Tatverdächtigen seit 1993 kontinuierlich ab, was unter anderem demografische Gründe hat. Rechnet man noch solche Delikte aus der Statistik heraus, die nur von Ausländern begangen werden können, wie Verstöße gegen das Asylverfahrensgesetz, sinkt ihr Anteil weiter auf 19,3 Prozent. Das ist zwar immer noch mehr als ihr Anteil an der Wohnbevölkerung, der seit Jahren konstant bei knapp 9 Prozent liegt, lässt aber trotzdem nicht den generellen Schluss zu, Ausländer seien krimineller als Inländer. Denn zur statistisch erfassten ausländischen Wohnbevölkerung kommen noch Touristen, Grenzpendler und illegal in Deutschland Lebende hinzu. Außerdem gibt es unter Ausländern einen deutlich höheren Anteil der ohnehin kriminalitätsbelasteten Gruppe junger Männer, die häufiger von Arbeitslosigkeit betroffen sind, einen niedrigeren Bildungsstand haben und in Großstädten leben. Es gibt Kriminalitätsbereiche, in denen Ausländer einen relativ hohen Anteil stellen, wie etwa Gewaltdelikte. Ursachen dafür sind vermutlich traditionelle Vorstellungen von Ehre und Ansehen, die Alters- und Sozialstruktur sowie Wohn- und Lebensverhältnisse. Die zahlreichen Urkundenfälschungen ergeben sich häufig aus dem Versuch, Aufenthaltsdokumente zu fälschen.

Straftaten mit besonders hohen Anteilen tatverdächtiger Ausländer 2001
Absolute Zahl und Anteil an allen Tatverdächtigen

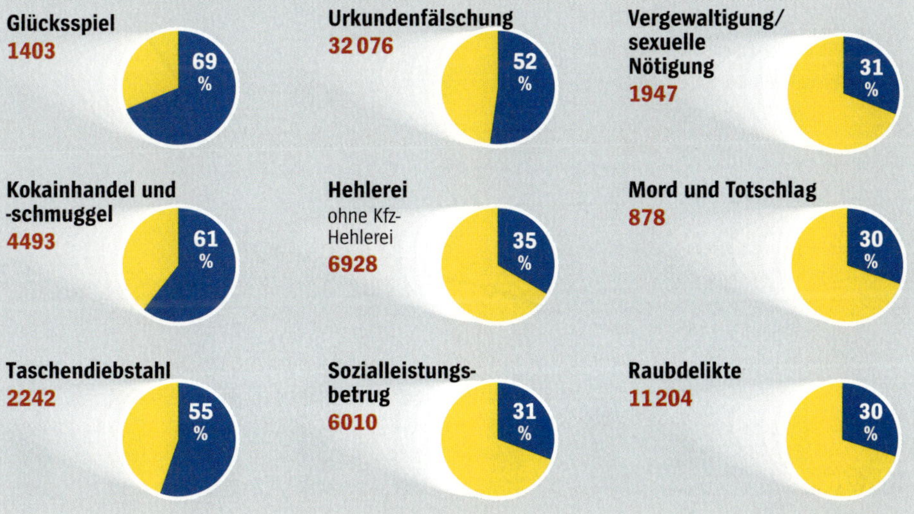

Organisierte Kriminalität

Unter Organisierter Kriminalität (OK) versteht man in Deutschland vereinfacht die planmäßige Begehung von Straftaten mehrerer Beteiligter über längere Zeiträume. Um ihre Ziele zu erreichen, agieren die Beteiligten in geschäftsähnlichen Strukturen, wenden Gewalt an oder versuchen, Einfluss auf Politik, Verwaltung oder Wirtschaft zu nehmen. Ihre Betätigungsfelder sind überwiegend Drogenhandel und -schmuggel, Eigentums-, Milieu- und Wirtschaftskriminalität, zunehmend aber auch Zigarettenschmuggel und Umsatzsteuerbetrug. In fast 80 Prozent der Verfahren im Jahr 2001 gab es internationale Verflechtungen, auch die OK-Gruppen setzen sich zumeist aus Mitgliedern verschiedener Nationalitäten zusammen. Der errechnete Schaden betrug in Deutschland 2001 mehr als eine Milliarde Euro. Das BKA geht davon aus, dass im vergangenen Jahr im OK-Bereich etwa 760 Millionen Euro Gewinn gemacht wurde, wogegen bei Tatverdächtigen Vermögen im Wert von mehr als 100 Millionen abgeschöpft wurde. Die durchschnittliche Bearbeitung der meist sehr komplexen Verfahren mit Tätern, die konspirativ und abgeschottet arbeiten, dauerte 16 Monate, in Einzelfällen bis zu 84 Monaten.

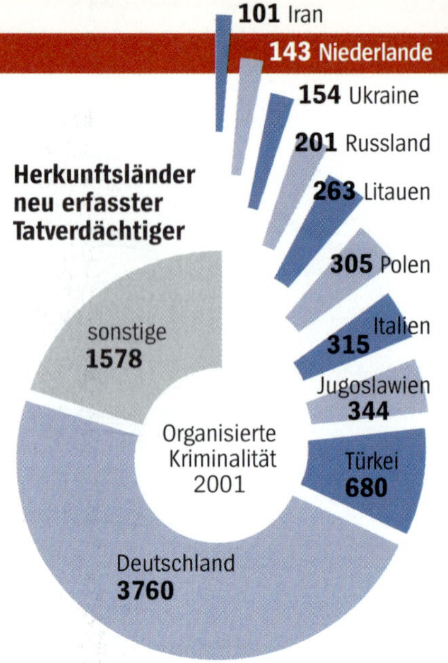

Verfahren im Bereich Organisierte Kriminalität 2001

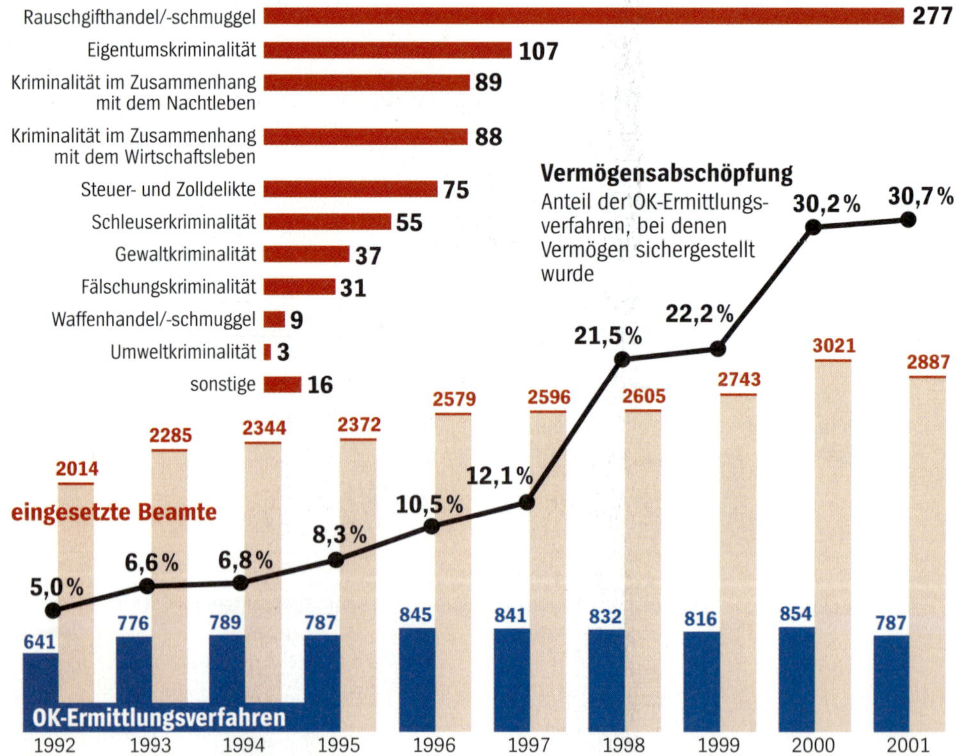

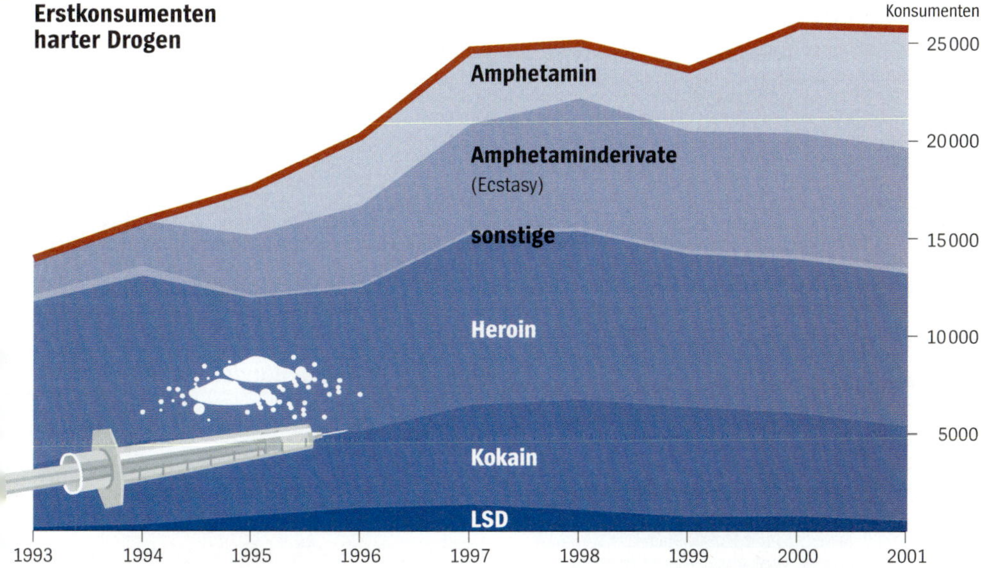

Rauschgiftkriminalität

ist überwiegend ein Kontrolldelikt. Anzeigen im Drogenmilieu sind, anders als in anderen Deliktsbereichen, selten. Es hängt wesentlich von der polizeilichen Arbeit ab, wie viele Fälle statistisch erfasst werden. Aussagen über die tatsächliche Situation sind schwierig, weil es immer ein Dunkelfeld gibt, das von den Ermittlungsbehörden nicht erkannt wird, hierzu gehören insbesondere unauffällige Konsumenten.

Die Zahl der Erstkonsumenten, der Personen also, die zum ersten Mal von der Polizei im Zusammenhang mit Drogendelikten erfasst werden, ging 2001 nahezu bei allen klassischen Drogenarten im Vergleich zum Vorjahr leicht zurück. Dagegen registrierte die Polizei mehr Einsteiger (von 5495 auf 6097) bei den so genannten Amphetaminderivaten – überwiegend bei der Disco-Droge Ecstasy. Nach Berechnungen des BKA ist für das Jahr 2001 von bis zu 395000 Konsumenten harter Drogen auszugehen. Trotzdem sank die Zahl der Drogentoten in 2001 um 9,6 Prozent auf 1835 Opfer. Dies ist zum Teil zurückzuführen auf den im Jahr 2001 niedrigen Reinheitsgehalt des Heroins auf dem Straßenmarkt, der die Gefahr einer Überdosis verringert. An den Folgen des Ecstasy-Konsums starben wie bereits im Vorjahr 43 Personen. Die Mehrzahl der erfassten Drogendelikte sind Konsumentendelikte, also Sicherstellungen kleinerer Mengen bei Kontrollen, die als »Allgemeine Verstöße« gegen das Betäubungsmittelgesetz (BtMG) gewertet werden.

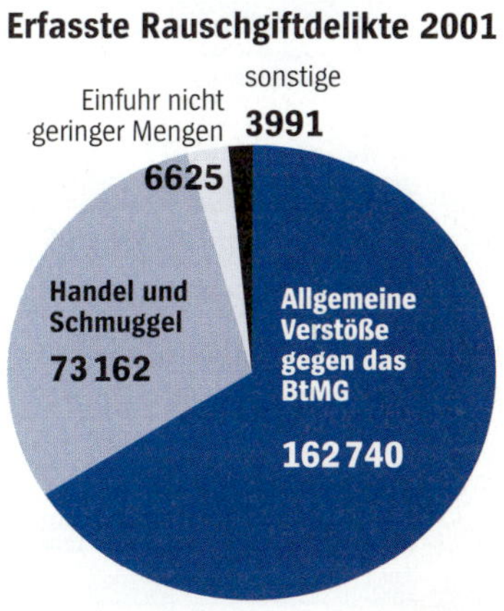

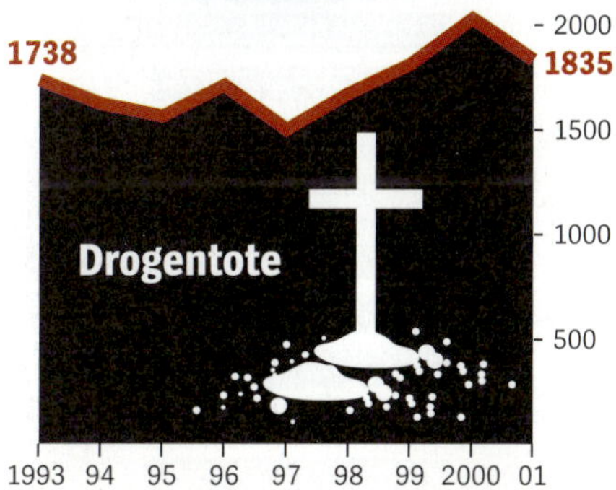

Geografie der Kriminalität

Bei der Kriminalitätsbelastung schneidet der Süden Deutschlands traditionell besser ab, während im Nordosten und in den Stadtstaaten die Kriminalitätsrate meist höher liegt: Die Großstädte sind dicht besiedelt, zu den gemeldeten Einwohnern kommen Pendler, Touristen und Wohnsitzlose. Oft gibt es in den Metropolen mehr soziale Probleme und Brennpunkte, Drogenabhängige und schließlich auch viel mehr so genannte Tatbegehungsmöglichkeiten. Schon deshalb dürften Hamburg und Berlin die Spitze der Statistik anführen. Die hohe Zahl der Sachbeschädigungen in Berlin ist unter anderem auf die zahlreich stattfindenden und häufig auch gewalttätigen Demonstrationen zurückzuführen wie etwa zum 1. Mai.

Spitzenreiter im Vergleich der Flächenländer ist Mecklenburg-Vorpommern mit mehr als 10 000 Straftaten pro 100 000 Einwohner, das Saarland, Baden-Württemberg und Bayern schneiden mit weniger als 6000 Delikten pro 100 000 Bewohner am besten ab.

Die regionalen Unterschiede können laut Bundeskriminalamt nicht nur durch unterschiedliche Anzeigebereitschaft der Bevölkerung erklärt werden, empirische Erkenntnisse gebe es aber nicht.

Kriminalität in Großstädten

Erfasste Fälle pro 100 000 Einwohner 2001

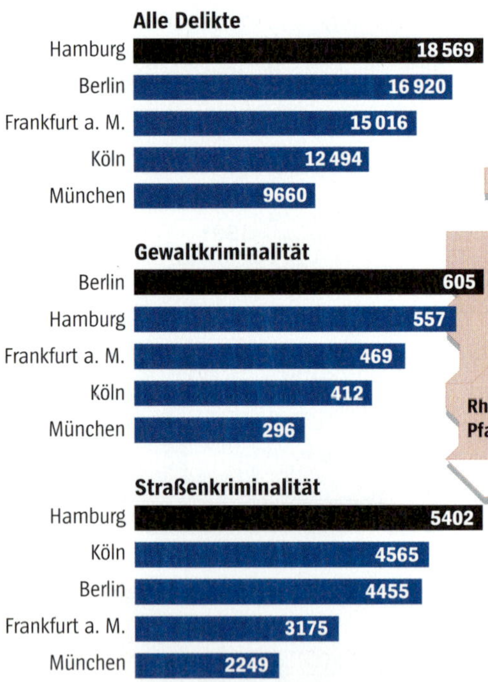

Kriminalität in den Bundesländern

Erfasste Fälle pro 100 000 Einwohner 2001

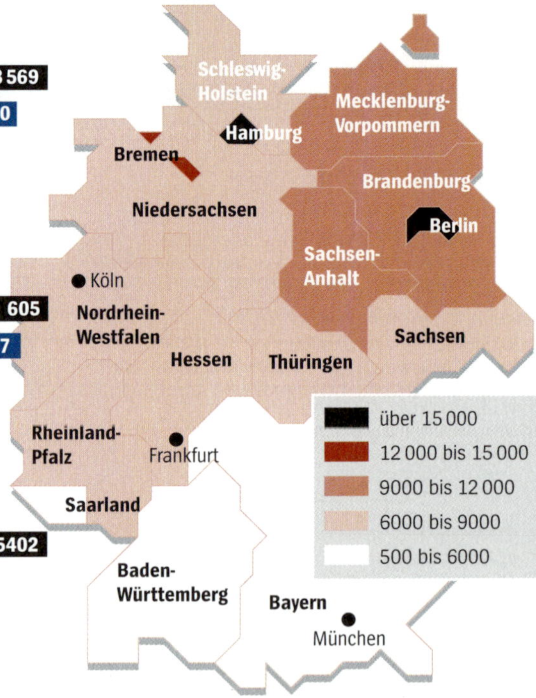

Wohnungseinbrüche

Der Einbruch ist eines der Delikte mit erheblicher Wirkung auf das Sicherheitsempfinden der Bevölkerung. Wenn plötzlich die eigenen vier Wände nicht mehr sicher erscheinen, steigt die Angst. Das Beispiel Nordrhein-Westfalen mit einer landesweiten Aufklärungsquote bei Wohnungseinbrüchen von 14,7 Prozent zeigt, dass polizeilicher Erfolg selbst innerhalb eines Bundeslandes nicht gleich ist.
Selbst unter Berücksichtigung der unterschiedlichen Bevölkerungsdichte ergeben sich regionale Unterschiede. Die Aufklärungsquote als Gradmesser polizeilicher Effizienz variiert zwischen 7,3 Prozent in Schwelm und 38,7 Prozent in Paderborn. Das kann daran liegen, dass an einem Ort Serientäter am Werk sind, die nicht gefasst wurden, woanders im Berichtsjahr gerade eine Einbruchsserie aufgeklärt wurde. Es kann aber nicht darüber hinwegtäuschen, dass die Qualität polizeilicher Arbeit und der Wille zum Erfolg weitere Kriterien für erfolgreiche Aufklärungsarbeit sind. Hohe Aufklärungsquoten ergeben sich immer dort, wo ein Deliktsbereich Priorität genießt, wo fachlich qualifizierte Beamte am Werk sind. Zwar kann man die Qualität polizeilicher Arbeit nicht allein an der Anzahl aufgeklärter Einbruchdiebstahle messen, aber eine aussagefähige Erfolgskontrolle bei den jeweils verantwortlichen Polizeiführern gibt es ebenso wenig.

Aufklärungsquoten Wohnungseinbruchdiebstahl
am Beispiel Nordrhein-Westfalen

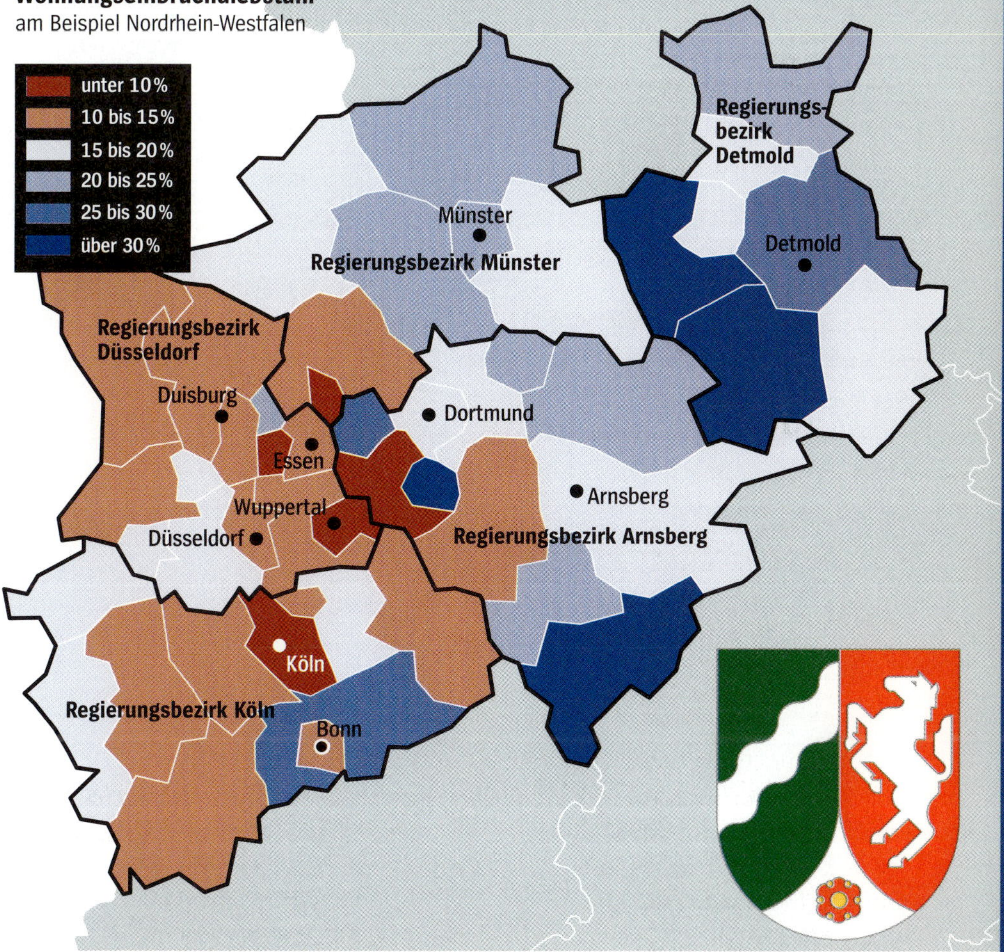

Umwelt

Der Stoff ist nach den Handbüchern der Chemie ein unauffälliges Gas: farblos, geruchlos und reizlos. Er entweicht bei unvollständiger Verbrennung organischer Verbindungen den Kraftfahrzeugmotoren, der Schwerindustrie und der Hausheizung. In Verbindung mit Luft verwandelt sich Kohlenmonoxid in Kohlendioxid (Kürzel: CO_2).
Insbesondere Herz- und Kreislaufkranken kann der Luftschadstoff in Spitzenzeiten des Verkehrs oder bei Smog-Wetterlagen zu schaffen machen. Problem erkannt – Problem nicht gebannt. Zwar wurde in Deutschland zuletzt 1986 in der Technischen Anleitung Luft für Kohlenmonoxid ein strenger Grenzwert von 30,0 Milligramm pro Kubikmeter Luft festgeschrieben. Aber in den Industriestaaten stieg gleichwohl der CO_2-Ausstoß zusammen mit der Massenmotorisierung und der Steigerung des Bruttosozialproduktes. Nach Zahlen des Uno-Umweltprogramms hat sich der gesamte CO_2-Ausstoß gegenüber 1950 auf nahezu 24 Milliarden Tonnen vervierfacht. Die Erfolgsbilanz der Bundesrepublik beim schrittweisen Abbau der CO_2-Belastungen geht in erster Linie auf die Stilllegung der ostdeutschen, besonders umweltbelastenden Kombinate nach der Wiedervereinigung 1990 zurück.
Kohlendioxid hat nach Erkenntnissen der Klimaforscher die seit 160 000 Jahren »höchste Konzentration« erreicht. Für das Intergovermental Panel on Climate Change (IPCC) der Unep spricht vieles für »einen menschlichen Einfluss« auf die Veränderung des Weltklimas. Bis zum Jahre 2100 wird sich nach diesen Projektionen

Die größten CO_2-Produzenten
Anteil an der Gesamtmenge in Prozent; 2001

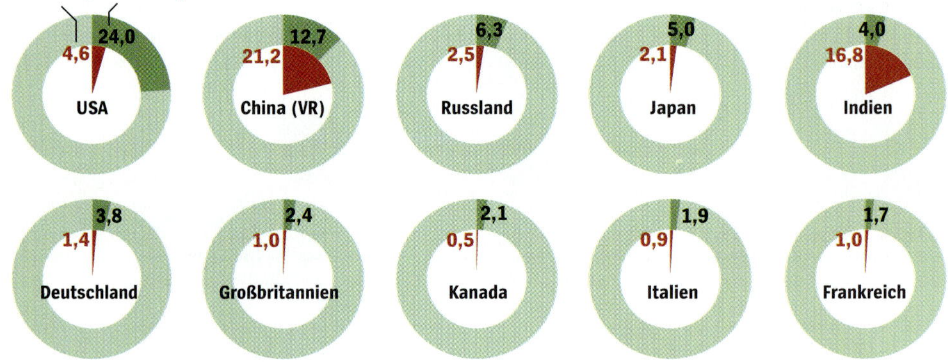

CO_2-Ausstoß pro Einwohner
in Tonnen pro Jahr

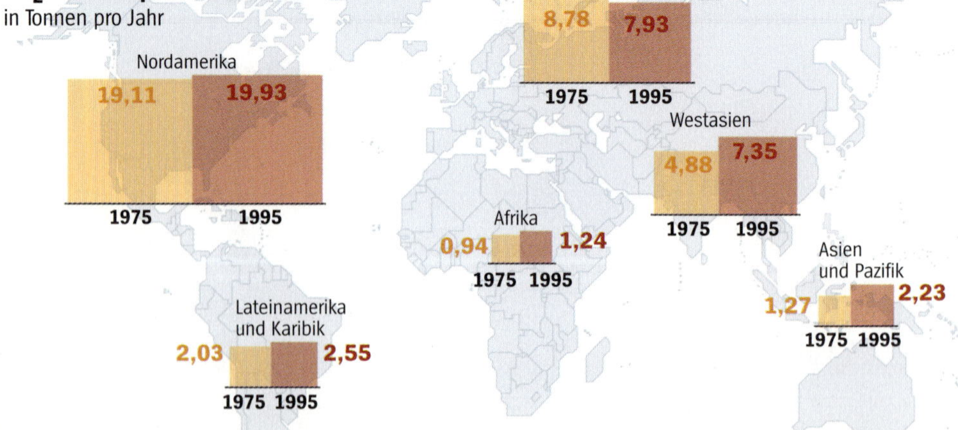

die durchschnittliche Temperatur um 2 Grad erhöhen – die stärkste Wärmephase der letzten 10000 Jahre. Die Folgen könnten dramatisch sein: Die Meeresspiegel steigen um durchschnittlich 50 Zentimeter – genug um in tiefer gelegenen Küstenländern und Inseln zum Totalverlust von Siedlungsland zu führen. Der Unep-Direktor und ehemalige deutsche Umweltminister Klaus Töpfer befürchtet »Millionen von Umweltflüchtlingen«. Während steigende Temperaturen in den moderaten Klimazonen sogar zu einem höheren Ertrag in der Landwirtschaft führen können, wird die Nahrungsmittelproduktion in den tropischen und subtropischen Ländern weiter vermindert. In den Wäldern, so urteilen Forstexperten, wird sich möglicherweise der Holzertrag erhöhen. Gleichzeitig wird die Temperaturverschiebung sowohl Schädlinge fördern als auch die Wahrscheinlichkeit und den Umfang von Waldbränden erhöhen. Einige Wissenschaftler warnen sogar vor einer Rückkehr der Malaria nach Europa, wenn sich die Klimazonen verschieben. Was ist zu tun? Um eine kohlenstoffarme Weltwirtschaft, so Bundesumweltminister Jürgen Trittin, zu erreichen, sind vor allem einschneidende Sparziele umzusetzen. Denn der so genannte Treibhauseffekt, ausgelöst durch CO_2 und andere Industriegase, ist vor allem eine Folge der weltweiten Energie-Nachfrage. Die Entwicklung und der Einsatz regenerierbarer Energiearten wie Wind, Wasser oder Sonne sind ein Schlüssel zur CO_2-Reduktion neben der Effizienzsteigerung in der Industrie. Kernenergie kann zwar einen Beitrag zur Stabilsierung des CO_2-Wertes liefern, gilt aber wegen der ungeklärten Entsorgungsfragen als risikoreich. Das IPCC hat errechnet, dass jeder Mensch sein persönliches »CO_2-Konto« mit maximal 5 Tonnen pro Jahr belasten darf, ab 2100 muss er weiter vermindern — auf 3 Tonnen. Für die Europäer bedeutet das mehr als die Halbierung des derzeitigen CO_2-Ausstoßes pro Kopf der Bevölkerung.

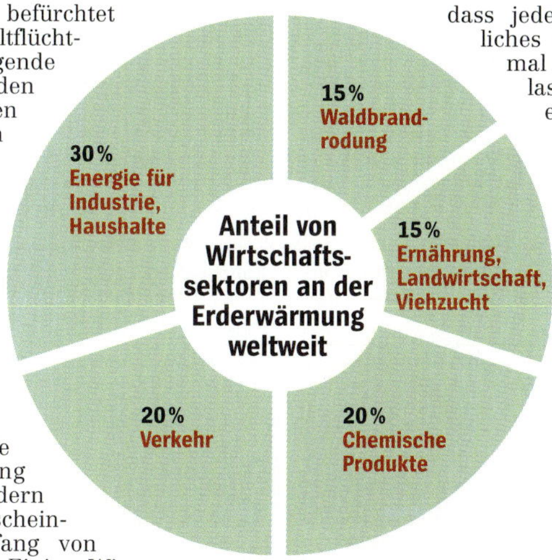

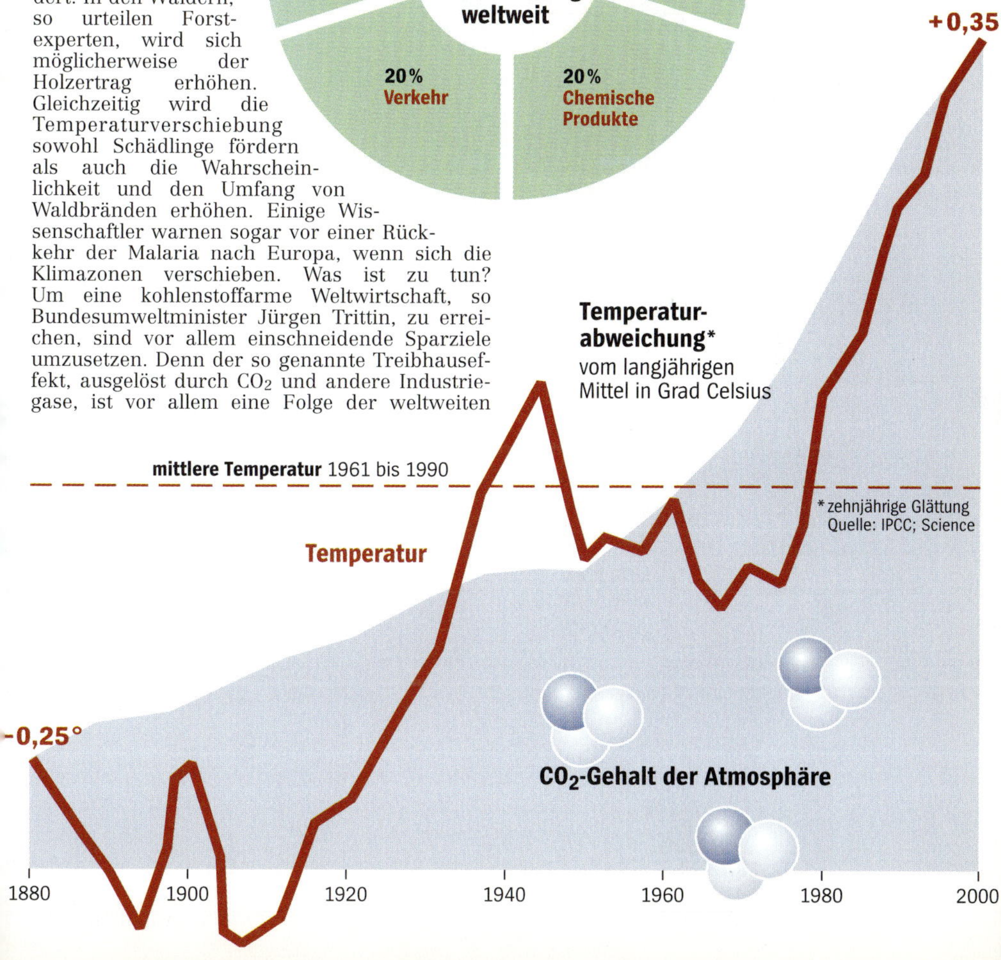

Historischer Tag

Spät hatte sich Bundeskanzler Gerhard Schröder entschlossen, zum Umwelt-Gipfel nach Johannesburg zu fahren. Zunächst schien der Wahlkampf in Deutschland wichtiger zu sein. Dabei sollen die Beschlüsse des Uno-Gipfels 2002 zur »Nachhaltigen Entwicklung«, 10 Jahre nach dem ersten »Erdgipfel« in Rio de Janeiro, Rio + 10, etwas länger wirksam sein, als eine 4-jährige Legislaturperiode. Es geht um die Zukunft des Weltklimas. Um das so genannte Kyoto-Abkommen ist lange gestritten worden. In der japanischen Kaiserstadt hatte sich 1997 die internationale Staatengemeinschaft auf ein Protokoll zur Reduzierung der wichtigsten Luftschadstoffe bis zum Jahre 2012 geeinigt. Gegenüber dem Ausstoß des Jahres 1990 ist danach insgesamt der Schadstoffausstoß um 5,2 Prozent zu vermindern. Deutschland hat sich ein ehrgeiziges Ziel gesetzt und will eine Reduzierung um 21 Prozent bis zum Zieltermin erreichen – gut 19 Prozent sind schon realisiert. Die Ratifizierung des Kyoto-Protokolls im Mai 2002 durch die Europäische Union und die Bundesrepublik in New York war für die Bundesregierung ein »historischer Tag für den Klimaschutz«. Allerdings liegt die Hürde für das endgültige Inkrafttreten des Klimapaktes hoch: mindestens 55 Staaten, die wiederum 55 Prozent aller CO_2-Emissionen der Industrieländer von 1990 verantworten, müssen der Ratifizierung zustimmen. Die US-Regierung unter Präsident George W. Bush lehnt das Klimaschutzabkommen aus Wettbewerbsgründen für die amerikanische Industrie ab, gleichzeitig gelten Australien, Kanada sowie Russland als Wackelkandidaten. Insbesondere die Zustimmung von Russland kann letztlich für einen Erfolg des Umweltgipfels in Johannesburg entscheidend sein. Dabei schafft die gegenüber dem Basisjahr 1990 stark zurückgegangene Industrieproduktion in der ehemaligen Sowjetunion gute Voraussetzungen zum Erreichen der Klimaziele. Insbesondere der Verkauf von so genannten Emissionsrechten an andere Länder kann eine attraktive Einnahmequelle für waldreiche Staaten sein. Neben den Meeren können Wälder am stärksten Kohlendioxid binden.

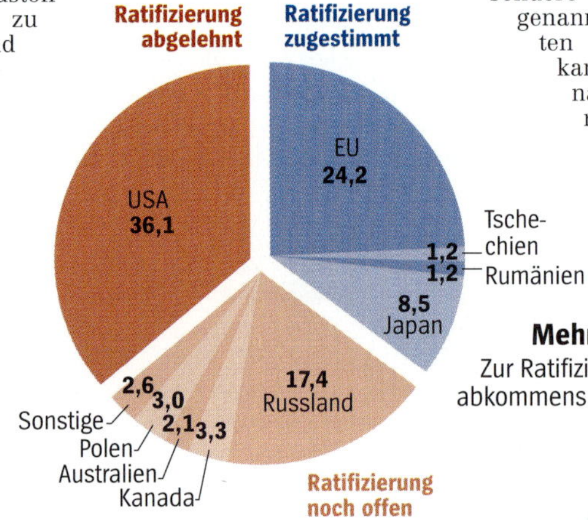

Mehrheit für das Klima?
Zur Ratifizierung des Klimaschutzabkommens wird eine Mehrheit von 55 Prozent benötigt

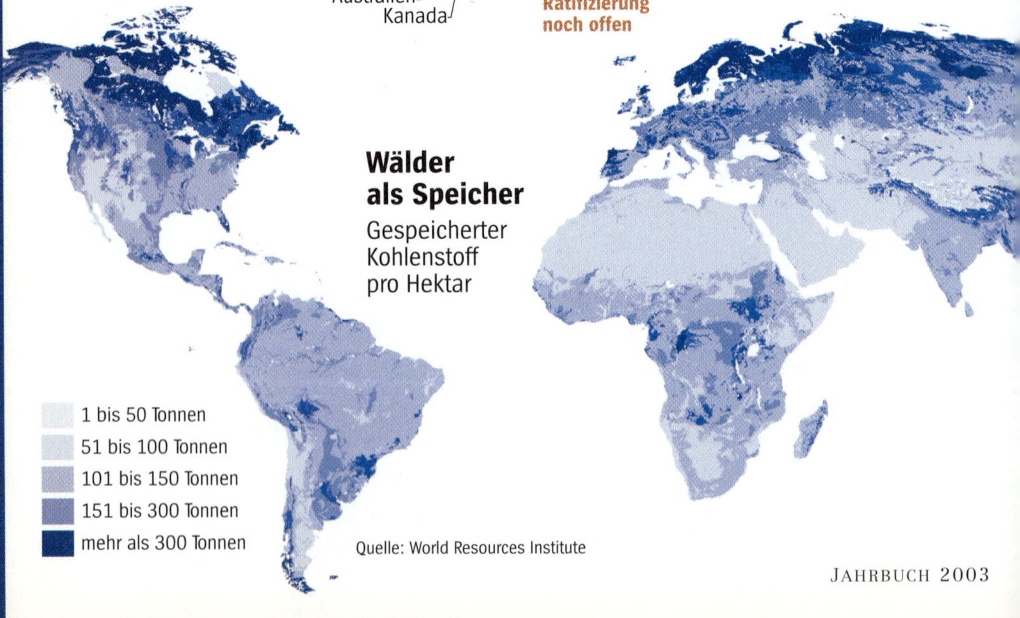

Quelle: World Resources Institute

Hausaufgabe Klimaschutz

Fernes Ziel
CO_2-Emission*
in Deutschland
in Millionen Tonnen

* insgesamt;
Quelle: DIW

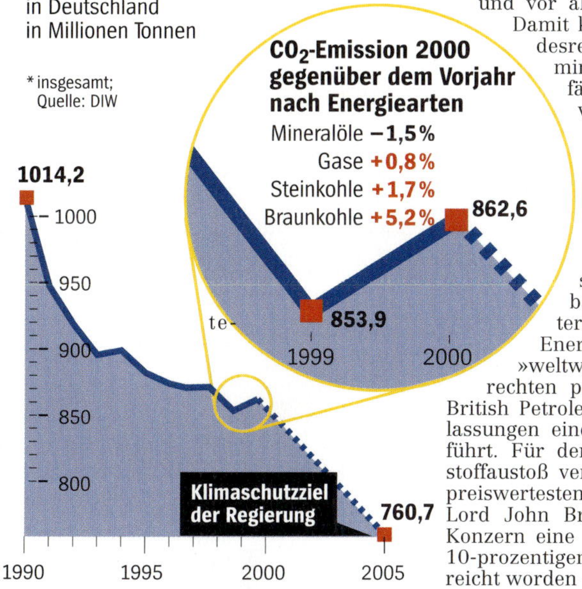

An guten Absichtserklärungen hatte es nicht gemangelt. Für den Klimaschutz machen sich die Umweltpolitiker aller Parteien stark – auch wenn die Realität anders aussieht. So ergab überraschenderweise eine Untersuchung des Deutschen Instituts für Wirtschaftsforschung (DIW), dass im Boomjahr 1999 der Ausstoß von Kohlendioxid für einzelne Energiearten wie Gas, Steinkohle und vor allem Braunkohle wieder angestiegen ist. Damit könnte das ehrgeizige Klimaziel der Bundesregierung, bis 2012 alle Treibhausgase um mindestens 21 Prozent zu vermindern, gefährdet sein. Ausgerechnet in einer Rede vor Mitarbeitern des Ludwigshafener Chemiekonzerns BASF erteilte Gerhard Schröder im Juli 2002 auch dem EU-Richtlinienvorschlag für einen europaweiten Handel mit Emissionsrechten eine Absage. Von einer solchen Börse von Verschmutzungsrechten verspricht sich die EU-Umweltkommissarin Margot Wallström eine zügige Umsetzung der Vereinbarungen des Kyoto-Protokolls. Die Anbieter von Technologien für regenerierbare Energien werden voraussichtlich von einem »weltweiten Handel« mit den Verschmutzungsrechten profitieren. So hat der Mineralölkonzern British Petroleum (BP) bereits weltweit in 100 Niederlassungen einen internen CO_2-Zertifikatehandel eingeführt. Für den Gesamtkonzern wird dort der Schadstoffausstoß vermindert, wo es am praktikabelsten und preiswertesten ist. Für den BP-Vorstandsvorsitzenden Lord John Browne, ist die Klimawende im eigenen Konzern eine »positive Überraschung«. Das Ziel einer 10-prozentigen Reduktion bis 2010 sei schon 2002 erreicht worden – Kyoto fast zum Nulltarif.

Die wichtigsten Treibhausgase

Stoffe, Quellen, Wirkung

	Quelle	Treibhauspotential*	Anteil am selbstverschuldeten Treibhauseffekt
Kohlendioxid CO_2	Verbrennung fossiler Energieträger (Kohle, Erdöl, Erdgas in Verkehr und Industrie) und von Biomasse (Wald-/Brandrodung), Zementproduktion	**1**	50 bis 60 %**
Methan CH_4	Reisanbau, Viehzucht, Mülldeponien, Kohlebergbau (Grubengas), Erdgas- und Erdölproduktion	**21**	15 bis 20 %
Distickstoffoxid N_2O	Stickstoffdünger in der Landwirtschaft, Verbrennung von Biomasse	**310**	5 %
Kohlenmonoxid CO	Verbrennung fossiler Energieträger und von Biomasse (Regenwald, Savanne)	**1**	50 bis 60 %**
Fluorchlorkohlenwasserstoff FCKW	Treibgase in Spraydosen, Kühlgase in Kühlmitteln, Füllgase in Schaumstoffen	**14 000 bis 17 000**	17 %
Ozon O_3	Verbrennung fossiler Energieträger durch Verkehrsmittel	**2000**	7 %

*Beitrag zum Treibhauseffekt – ein Methan-Molekül hat demnach die 21fache Wirkung eines CO_2-Moleküls
**Kohlenmonoxid und Kohlendioxid zusammen

Deutschland: Land, Forst, Verkehr

Alle 3 Jahre legt das Berliner Umweltbundesamt (UBA) einen umfangreichen Berichtsband »Daten zur Umwelt« vor. In vielen Bereichen des klassischen Umweltschutzes wie der Reinhaltung von Wasser, Luft oder der Müllvermeidung sind Erfolge zu vermelden.

Die gravierendsten Umweltveränderungen des Industriestaates Deutschland dokumentieren allerdings einige Landkarten über den Umgang mit dem einzig unvermehrbaren Gut: dem Boden. »Die Zersiedelung und Versiegelung ist eines der wichtigsten Umweltprobleme«, urteilt UBA-Präsident Andreas Troge. Und auch am wenigsten beachtet.

Denn die statistisch sorgfältig erfassten und vermessenen 35 022 Quadratkilometer Gesamtfläche werden u.a. als Siedlungsflächen, für Straßen, wie auch als intensiv landwirtschaftlich bewirtschaftete Böden genutzt, von denen nach UBA-Expertise »hohe Belastungen für den Naturhaushalt« ausgehen können.

Trotz aller Bekundungen für eine »neue Bodenpolitik« wird täglich immer noch die Fläche von 119 Hektar zersiedelt, das entspricht rund 150 Fußballfeldern. Und dieser Trend soll nach der UBA-Expertise bis 2010 weiter anhalten. 564 000 Hektar neue Siedlungs- und Verkehrsflächen würden gebraucht. In einem ehrgeizigen Programm will das Bundesumweltministerium diesen Flächenverbrauch bis zum Jahre 2020 auf ein Viertel zurückfahren. Rund um die großen Städte verändern Neubaugebiete oder Einkaufszentren auf der grünen Wiese kontinuierlich das Landschaftsbild. In den ostdeutschen Ländern wiederholen sich offenbar die Landschaftssünden der alten Bundesrepublik. Städte wie Leipzig und Halle wachsen zu einem Siedlungsbrei zusammen, das Wohnen im Grünen erhöht wiederum das Verkehrsaufkommen der Pendlerströme, neue Straßen durchschneiden zusätzlich das Land.

Mögliche Alternative: Nach einer Baulandumfrage in den Kommunen könnten innerstädtische baureife Brachflächen 50 Prozent des zu erwartenden Flächenbedarfs decken. Bei den Gewerbeflächen wäre sogar außerhalb der hochpreisigen Lagen in Süd- und Westdeutschland der ge-

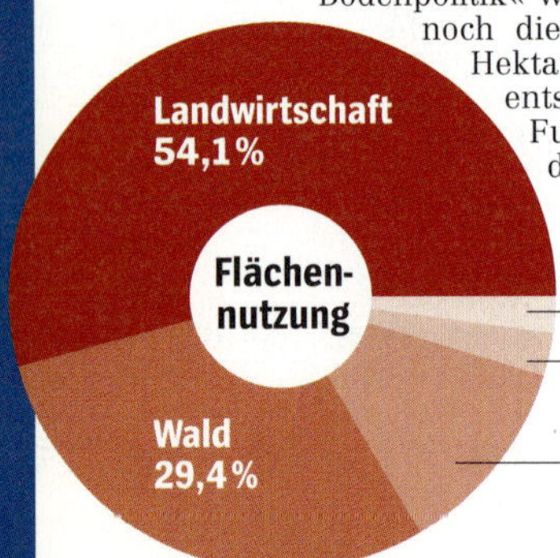

Siedlung und Verkehr
Anteil an der Gesamtfläche

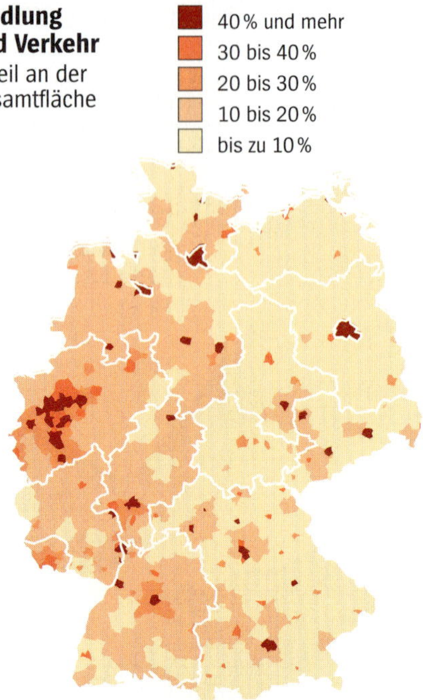

Wald
Anteil an der Gesamtfläche

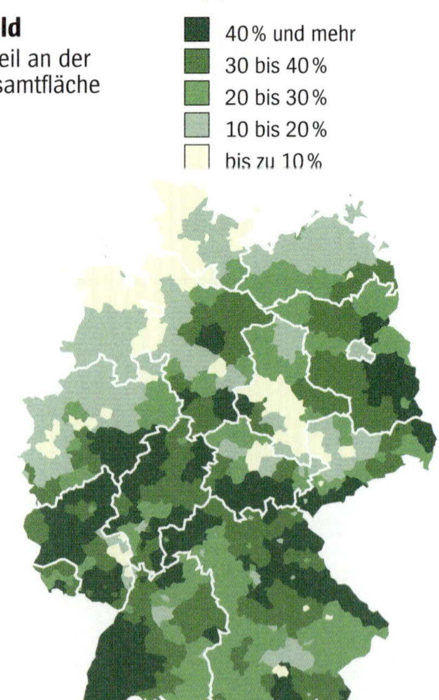

samte mittelfristige Bedarf durch intelligentes Flächenrecycling abzudecken.

Bei der Waldfläche, die nahezu ein Drittel der Bundesrepublik ausmacht, ist innerhalb des vergangenen Jahrzehnts ein leichtes Wachstum festzustellen. Ebenso wie die Moore oder Heidelandschaften, die statistisch zu den landwirtschaftlichen Flächen gehören, sind die Wälder von besonderer Wichtigkeit als Erosionsschutz in den Gebirgen, für Luftfilterung, Bindung des Klimagiftes Kohlendioxid oder die Grundwasserbildung. Insgesamt wächst in den deutschen Wäldern inzwischen mehr Holz nach als von der Forstwirtschaft verwertet wird. Auch die Einführung von so genannten Zertifizierungen nach den Öko-Siegeln des Forest Stewardship Council (FSC) oder des Pan European Forest Certification (PEFC) fördert einen naturnahen Waldbau. Gleichwohl weist nach dem »Waldzustandsbericht« der Bundesregierung auch im Jahr 2002 fast jeder vierte Baum deutliche Schäden auf.

Da erstmals nach der Wiedervereinigung 1990 die Daten zur Umwelt für Gesamtdeutschland vorgelegt werden, zeigen sich auch auf den Karten historisch gewachsene Unterschiede: Im Westen besiedeln durchschnittlich 250 Personen einen Quadratkilometer, im Osten sind es nur 150 Personen. Eine nachholende Urbanisierung, so die Autoren der Öko-Statistik, sei das Ergebnis großzügiger Sonderabschreibungen.

Landwirtschaft

Anteil der Nutzfläche an der Gesamtfläche

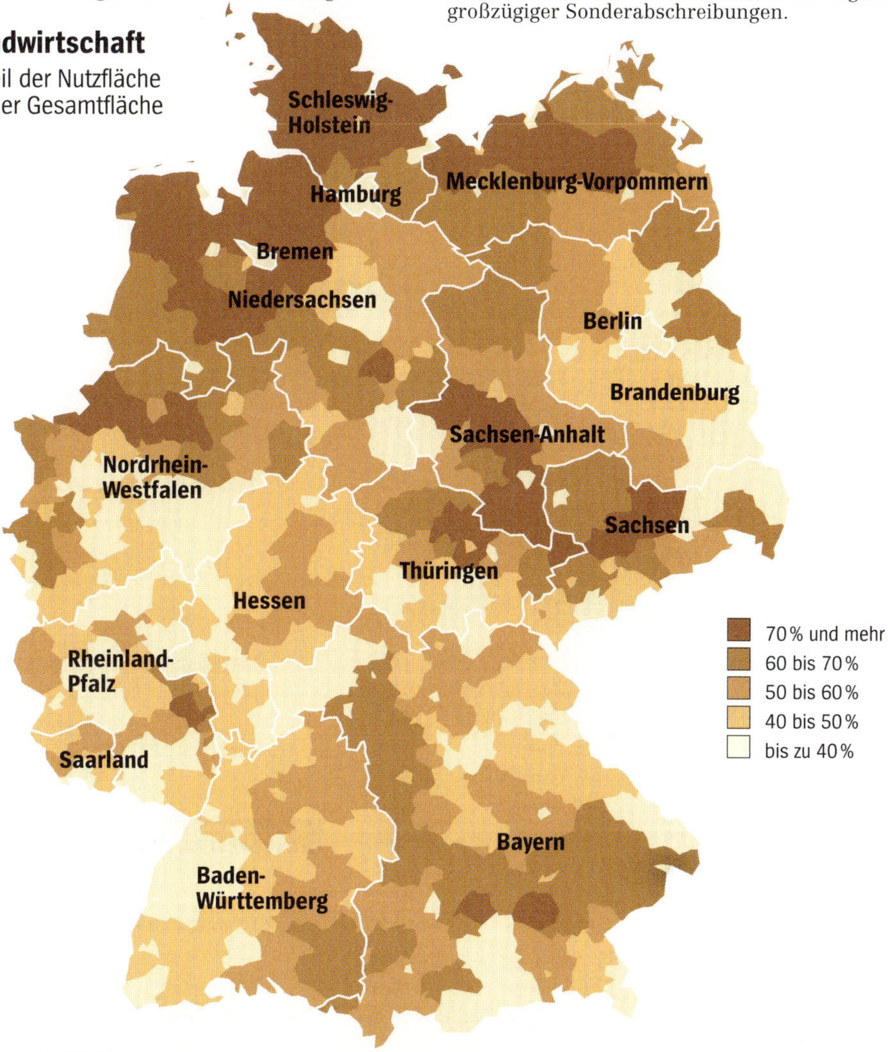

Öko-Umweltmeister

Die Studie ist umstritten – vor allem bei denen, die schlecht abschneiden. Auf dem internationalen »Environmental Sustainability Index« (Esi) belegt die Bundesrepublik nur einen mittleren Platz. Gewertet werden bei diesem Umwelt-Ranking 20 verschiedene Kerndindikatoren wie Landverbrauch, Luft- oder Wasserqualität, sowie 68 weitere Kriterien. Die Autoren sind Forscher der US-Universitäten Yale in New Heaven sowie Columbia in New York in Zusammenarbeit mit dem World Economic Forum. Dass Länder wie der Kongo oder Kroatien eine bessere Umweltbilanz haben sollen, erscheint auf den ersten Blick wenig plausibel. Für den Umweltexperten Udo E. Simonis vom Berliner Wissenschaftszentrum helfen aber Hinweise auf »methodische Schwächen oder Datenprobleme« wenig weiter. So belegt auch die ökonomische Supermacht USA abgeschlagen lediglich den Platz 45, immerhin noch vor Deutschland auf Platz 50 oder gar Großbritannien mit Platz 91. Bei der Umsetzung der Flora-Fauna-Habitat-Richtlinie der Europäischen Union von 1992 ist Deutschland weiterhin im Verzug bei der Anmeldung von Schutzgebieten. 2001 gab es bereits eine Verurteilung durch den Europäischen Gerichtshof. Durch Sperren von Fördermitteln in zweistelliger Milliardenhöhe kann Brüssel seinen Druck auf Deutschland weiter erhöhen.

Umweltbewertungen

Environmental Sustainability Index; 2002

Die zehn Spitzenreiter

Rang		Index
1.	Finnland	**73,9**
2.	Norwegen	**73,0**
3.	Schweden	**72,6**
4.	Kanada	**70,6**
5.	Schweiz	**66,5**
6.	Uruguay	**66,0**
7.	Österreich	**64,2**
8.	Island	**63,9**
9.	Costa Rica	**63,2**
10.	Lettland	**63,0**

Die Schlusslichter

Rang		Index
133.	Nigeria	**36,7**
134.	Sierra Leone	**36,5**
135.	Südkorea	**35,9**
136.	Ukraine	**35,0**
137.	Haiti	**34,8**
138.	Saudi-Arabien	**34,2**
139.	Irak	**33,2**
140.	Nordkorea	**32,3**
141.	Ver. Arab. Emirate	**25,7**
142.	Kuweit	**23,9**

Ausgewählte Länder im Mittelfeld

Rang		Index
16.	Australien	**60,3**
20.	Brasilien	**59,6**
28.	Portugal	**57,1**
31.	Dänemark	**56,2**
33.	Frankreich	**55,5**
34.	Niederlande	**55,4**
37.	Irland	**54,8**
45.	USA	**53,2**
50.	**Deutschland**	**52,5**
60.	Griechenland	**50,9**
62.	Türkei	**50,8**
64.	Tschechien	**50,2**
72.	Russland	**49,1**
78.	Japan	**48,6**
84.	Italien	**47,2**
91.	Großbritannien	**46,1**
92.	Mexiko	**45,9**
100.	Indonesien	**45,1**
116.	Indien	**41,6**
125.	Belgien	**39,1**

Flora-Fauna-Habitat-Gebiete (FHH)

2002

	Staatsgebiet in km²	FHH-Anteil
Dänemark	**43 098**	**23,8 %**
Spanien	**504 782**	**22,9 %**
Griechenland	**131 957**	**20,6 %**
Niederlande	**37 351**	**19,6 %**
Portugal	**92 345**	**17,9 %**
Irland	**70 273**	**14,2 %**
Finnland	**338 145**	**13,9 %**
Italien	**301 336**	**13,9 %**
Luxemburg	**2586**	**13,6 %**
Schweden	**449 964**	**12,8 %**
Österreich	**83 858**	**10,6 %**
Großbritannien	**242 910**	**9,7 %**
Deutschland	**57022**	**8,7 %**
Frankreich	**543 965**	**7,0 %**
Belgien	**30 528**	**5,9 %**

Jobkiller oder Jobknüller?

Mit Umweltschutz lässt sich Kohle machen. Der Natur-Aktien-Index (Nai) für die Branche ökologisch orientierter Unternehmen – von der Biobaumwolle bis zu Rücknahmeautomaten für Pfandflaschen – entwickelte sich besser als die Konkurrenz. Grünes Geld hat Konjunktur. Selbst international operierende Investmentfonds platzieren nachhaltig-orientierte Öko-Fonds, die der Kundschaft versprechen »ökologisch sowie pazifistisch« zu investieren. Schwer genug, denn beispielsweise baut der Elektrokonzern Siemens sowohl Windmühlen wie auch Kernreaktoren, der Autokonzern DaimlerChrysler sowohl Brennstoffzellen wie auch Militärfahrzeuge.

Zwar sinken die Gesamtinvestitionen für den Umweltschutz im produzierenden Gewerbe, nachdem die Nachrüstungswelle für Filteranlagen oder Klärwerke Ende der achtziger Jahre ausgelaufen ist. Aber insbesondere bei der Fertigung und dem Betrieb von regenerierbaren Energieanlagen entstehen neue Jobs. Nach einer Studie des Baseler Prognos-Insituts »Arbeitsplätze im Klimaschutz« werden durch die Umsetzung des deutschen Klimaschutzprogramms bis zum Jahre 2005 rund 155 000 neue Jobs entstehen.

Solarzellen, Brennstoffzellen oder Hochleistungsturbinen gelten als Exportschlager der Zukunft. Schon heute kann die amerikanische Autoindustrie spritfressende Modelle außerhalb der USA kaum verkaufen.

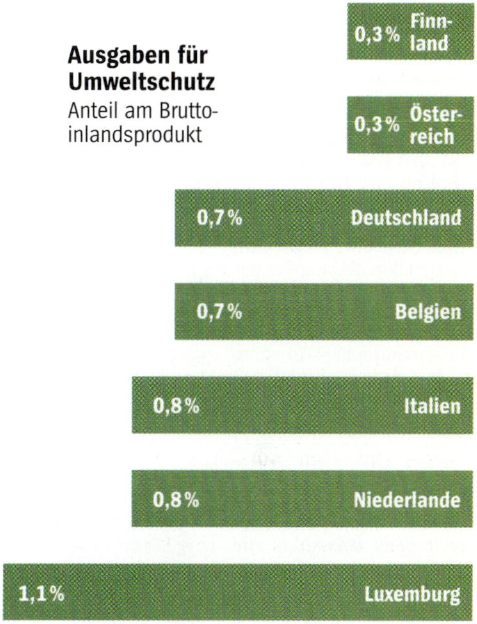

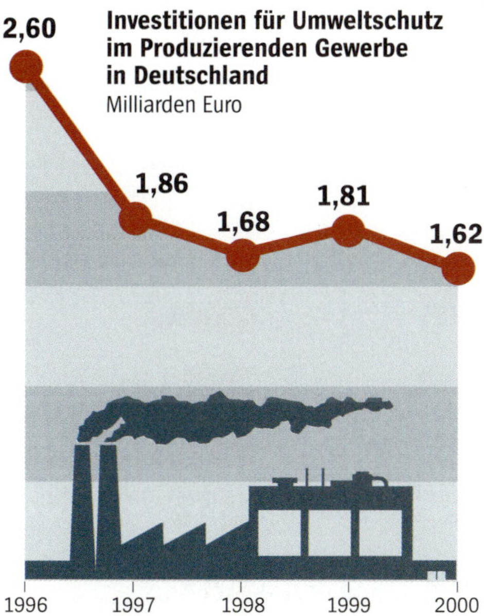

Bildung

Die Pisa-Studie hat es offenbart: Deutsche 15-Jährige rangieren im internationalen Leistungsvergleich lediglich im letzten Drittel. Damit stehen die Schüler in Europas größter Industrienation genauso schlecht da, wie ihre Altersgenossen in Ländern wie Russland oder Mexiko. Die Veröffentlichung der Ergebnisse hat aber auch eine gute Seite: Auf den ersten Schock folgte schnell die Diskussion über notwendige Reformen. Auf den Prüfstand, so urteilen Experten, gehöre die gesamte Bildungskette von der Kita bis zur Universität. Kindergartenplätze für alle, mehr Integrationsdruck auf nichtdeutsche Schüler, eine stärkere Erziehung zu diszipliniertem Lernen und mehr Autonomie und Wettbewerb für die Hochschulen sind nur vier von vielen Forderungen. Auch über die Einführung des Zentralabiturs wird wieder debattiert. Ebenso über die Frage, ob Deutschland sich Bildung nicht mehr kosten lassen sollte – Beispiel Schulen: 42 000 gibt es hier zu Lande, doch gerade mal 5,5 Prozent des Bruttoinlandsproduktes werden dafür ausgegeben. Damit steht Deutschland innerhalb der OECD-Länder nur auf Platz 16. Einig sind sich die Parteien darüber, dass Ganztagsschulen künftig eine größere Rolle spielen sollen. Mittlerweile ist unbestritten, dass die Rundumbetreuung die Bildungschancen verbessert. Die Zahl von Alleinerziehenden und Familien, in denen beide Elternteile arbeiten müssen oder wollen, ist in den letzten Jahrzehnten drastisch angestiegen, und die Schule mit Nachmittagsbetreuung ist eine Antwort auf diese gesellschaftliche Veränderung. Überhaupt deutet vieles darauf hin, dass die deutsche Politik im letzten Drittel des vergangenen Jahrhunderts epochale soziale Umwälzungen unberücksichtigt gelassen hat und noch immer an längst überholten Vorstellungen festhält. So galt bislang der Glaubenssatz, in homogenen Klassenverbänden lerne es sich am besten. Doch Pisa hat gezeigt, dass dieses System die Schwächeren vernachlässigt, ohne die Starken optimal zu fördern. Voneinander lernen – das ist die neue Zauberformel. Und noch immer bemühen sich die Universitäten, gemäß dem Humboldtschen Bildungsideal, alle Studenten zu Wissenschaftlern auszubilden. Dabei möchte die Mehrzahl nur optimal und praxisorientiert auf ihr Berufsziel vorbereitet werden.

Abkehr vom Föderalismus?
Mehr Verantwortung für Bildungspolitik sollte haben:

Umfrage vom 15. bis 26. April 2002; 2018 Befragte ab 18 Jahren; Quelle: Polis

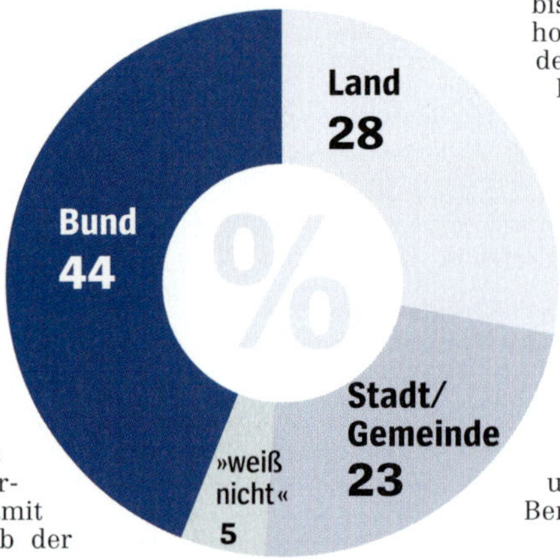

Das deutsche Schulsystem Im Schuljahr 2000/01 gab es…

	41 633 Schulen davon:	**671 500 Lehrer** davon an:	**9,96 Mio. Schüler** (in Millionen)
Grundschulen	17 275	191 102	3,4
Hauptschulen	5657	73 225	1,1
Realschulen	3469	74 753	1,3
Gymnasien	3166	152 775	2,3
Gesamtschulen	788	42 465	0,5
Sonderschulen	3123	67 232	0,4

Quelle: Destatis

Bildungsausgaben

in Deutschland je Schüler an allgemein bildenden Schulen in Euro

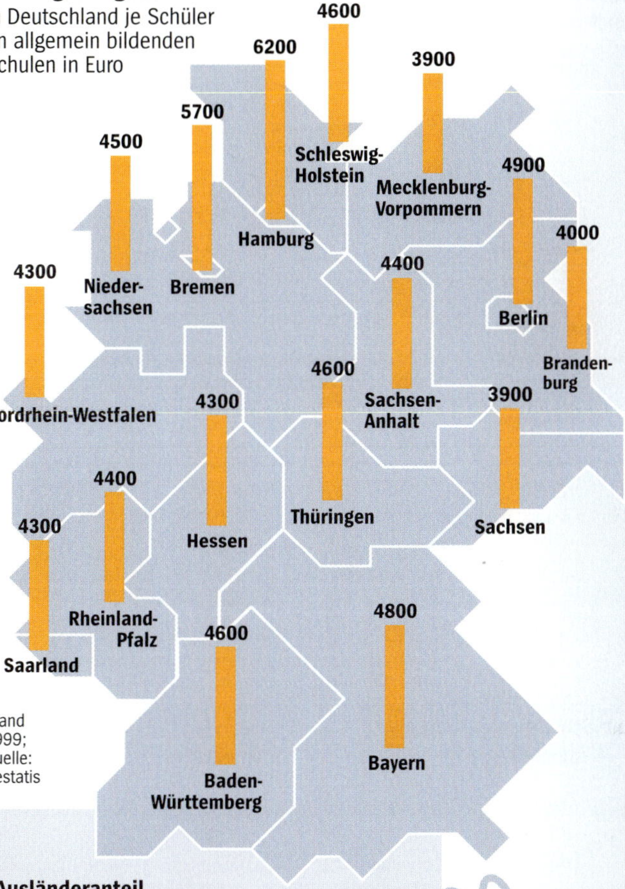

Stand 1999; Quelle: Destatis

Ausländeranteil an:

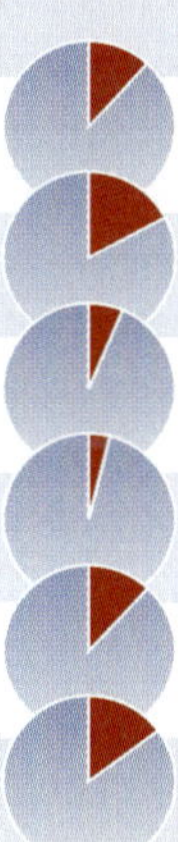

Grundschulen	**11,8 %**
Hauptschulen	**17,3 %**
Realschulen	**6,4 %**
Gymnasien	**3,9 %**
Gesamtschulen	**12,0 %**
Sonderschulen	**14,9 %**

Ausgaben pro Schüler von der 1. Klasse bis zum 15. Lebensjahr in US$*

1. Österreich	**71 387**
2. USA	**67 313**
3. Dänemark	**65 794**
4. Schweiz	**64 266**
5. Norwegen	**61 677**
6. Italien	**60 824**
7. Schweden	**53 386**
8. Japan	**53 255**
9. Frankreich	**50 481**
10. Finnland	**45 363**
11. Australien	**44 623**
12. Großbritannien	**42 793**
13. Deutschland	**41 978**
14. Spanien	**36 699**
15. Südkorea	**30 844**
16. Mexiko	**11 239**

*kaufkraftbereinigt; Quelle: OECD, Pisa 2000

Öffentliche Ausgaben in Prozent des Bruttoinlandsprodukts

1. Dänemark	**8,2**
2. Schweden	**8,0**
3. Norwegen	**7,7**
4. Neuseeland	**7,2**
5. Österreich	**6,3**
6. Frankreich	**5,9**
7. Portugal	**5,7**
8. Kanada	**5,6**
9. Schweiz	**5,5**
10. Polen	**5,4**
11. USA	**5,0**
12. Niederlande	**4,9**
13. Australien	**4,8**
14. Italien,	**4,7**
Großbritannien	**4,7**
16. Deutschland,	**4,6**
Ungarn	**4,6**

Quelle: Unesco 1998

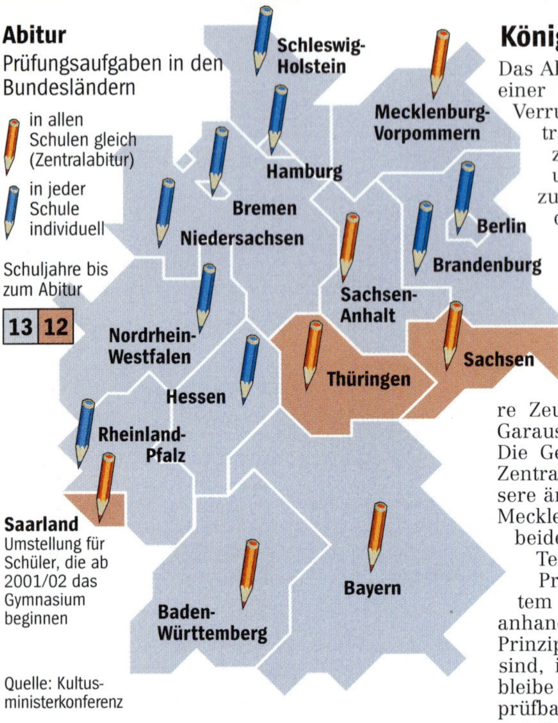

Königsweg Zentralabitur?

Das Abitur, einst unbestrittener Eintrittsausweis einer bildungsbürgerlichen Gesellschaft, ist in Verruf geraten. Numerus clausus und die Zentralstelle für die Vergabe von Studienplätzen haben das Abi längst zu einem Faktor unter vielen im Rennen um die Zulassung zur Universität gemacht, und jeder weiß, dass die Zeugnisse zwischen Bayern und Schleswig-Holstein höchst unterschiedlichen Maßstäben genügen. Unternehmen und Hochschulen vertrauen kaum noch allein dem Abiturdurchschnitt und prüfen in eigener Regie nach. Viele Experten fordern das Zentralabitur, am besten bundesweit einheitlich. So hätten die Unternehmen vergleichbare Zeugnisse, und den Billig-Abis könnte der Garaus gemacht werden.

Die Gelehrten allerdings streiten sich, ob das Zentralabitur wirklich etwas an der Bildungsmisere ändern würde. Kritiker verweisen etwa auf Mecklenburg-Vorpommern oder das Saarland, beide zwar mit zentraler Reifeprüfung, zum Teil aber Hinterbänkler im Pisa-Test. Die Praxis des Zentralabiturs gleicht oft schlichtem Pauken. Die Schüler bereiten sich gezielt anhand der Aufgaben der letzten Jahre vor – das Prinzip, nach dem die Prüfungen konstruiert sind, ist oft leicht durchschaubar. Die Bildung bleibe so auf der Strecke, und die kurzzeitig prüfbare Leistung würde zum faktisch bedeutsamsten Ziel der Schule, warnen Experten.

Klassengrößen Durchschnittliche Schülerzahl je Klasse

Hauptschulen		Realschulen		Gymnasien Klassen 5 bis 10	
1. Sachsen-Anhalt	14	1. Sachsen-Anhalt,	20	1. Sachsen-Anhalt,	24
2. Mecklenburg-Vorpommern	16	Thüringen*	20	Schleswig-Holstein	24
3. Berlin,	19	3. Mecklenburg-Vorpommern	22	3. Mecklenburg-Vorpommern,	25
Bremen	19	4. Schleswig-Holstein	23	Thüringen	25
5. Hessen,	20	5. Hamburg,	24	5. Bremen,	26
Schleswig-Holstein,	20	Niedersachsen,	24	Hamburg,	26
Thüringen*	20	Sachsen*	24	Niedersachsen,	26
8. Baden-Württemberg,	21	8. Brandenburg,	26	Sachsen	26
Niedersachsen,	21	Bremen,	26	9. Baden-Württemberg,	27
Saarland	21	Hessen,	26	Brandenburg,	27
11. Bayern,	23	Rheinland-Pfalz	26	Hessen,	27
Hamburg,	23	12. Baden-Württemberg,	27	Nordrhein-Westfalen,	27
Nordrhein-Westfalen,	23	Saarland	27	Rheinland-Pfalz	27
Rheinland-Pfalz	23	14. Bayern,	28	14. Bayern,	28
15. Brandenburg**	24	Berlin,	28	Saarland	28
16. Sachsen*	24	Nordrhein-Westfalen	28	16. Berlin	29

Quelle: Kultusministerkonferenz; Stand 2000; *Schulform mit mehreren Bildungsgängen; **Gesamtschule

Abiturienten in Deutschland

Absolventen allgemein bildender und beruflicher Schulen mit Hochschul- und Fachhochschulreife

Quelle: Kultusministerkonferenz

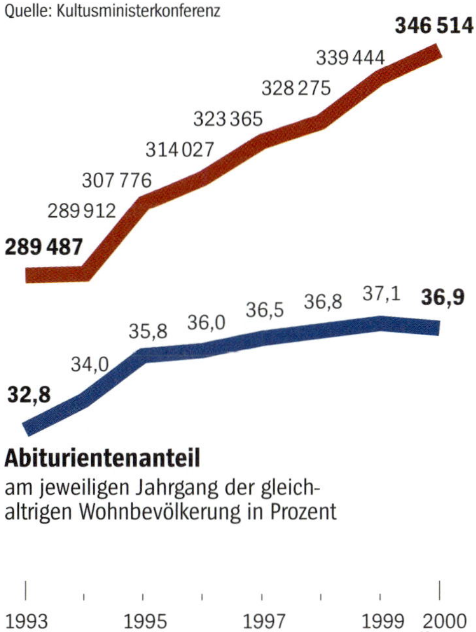

Bildungsabschlüsse

Anteil der Schüler in Prozent, die ...

	... Abitur oder einen entsprechenden Abschluss gemacht haben*	... ein Studium aufgenommen haben
Finnland	89	67
Schweden	74	65
Italien	71	40
Japan	69	37
Polen	68	59
Norwegen	67	57
Australien	66	45
Niederlande	66	54
Neuseeland	65	71
Belgien	60	30
OECD-Durchschnitt	57	45
Südkorea	56	43
Dänemark	54	34
Ungarn	54	58
Frankreich	52	35
Tschechien	47	23
Spanien	47	46
Deutschland	33	28
Mexiko	28	24
Schweiz	23	29

*gemäß Internationaler Standard-Klassifikation (ISCED), Anteil an der entsprechenden Altersgruppe, Stand 1999; Quelle: OECD 2001

Abiturienten braucht das Land

Im internationalen Vergleich erreichen in Deutschland nur wenige Schüler die Hochschulreife und von diesen nehmen wiederum nur relativ wenige ein Hochschulstudium auf. Offenbar waren die Anstrengungen, die Zahlen zu erhöhen, in Deutschland seit den Reformen der sozialliberalen Ära ohne nachhaltigen Erfolg. OECD-Statistiken widersprechen der populären Ansicht, dass das deutsche Bildungssystem vorrangig eine möglichst hohe Quote an Abiturienten, möglicherweise zu viele, produziert.

»Die deutschen Daten müssen uns mit Blick auf die allgemeine Entwicklung auf dem Arbeitsmarkt eher beunruhigen«, warnte jüngst der Essener Bildungsforscher Klaus Klemm. Schon jetzt fehlten beispielsweise Ingenieure und Computerfachleute, neuerdings sogar Lehrer. Dieser Mangel wird sich, so die Prognosen, infolge des einsetzenden Ausscheidens »starker« Akademikerjahrgänge und der weiter zunehmenden Akademisierung der Beschäftigung noch verschärfen.

Der Schrecken von Pisa

Nach dem miserablen Abschneiden bei der internationalen Schulstudie Pisa ist das deutsche Bildungswesen mehr und mehr zum Wahlkampfthema geworden. Ob in Mathematik, ob in den Naturwissenschaften oder beim »Lesen und Schreiben«, stets belegt Deutschland einen Platz unter dem Durchschnitt der anderen OECD-Länder. Besonders nachdenklich stimmt Bildungspolitiker das unbefriedigende Abschneiden der deutschen Schüler im Bereich Lesen, einer Grundkompetenz, in der die Bildungsforscher den Generalschlüssel für den Lernerfolg auch in anderen Fächern, selbst den Naturwissenschaften, sehen. Deutsche Schüler lesen nicht nur schlecht, sie lesen auch nicht gern.

Überraschend, selbst für Experten, war das Ergebnis der Pisa-Studie, dass in Deutschland die Abhängigkeit zwischen sozialer Herkunft und späterem Kompetenzerwerb mit am stärksten ausgeprägt war, beim »Lesen« von allen teilnehmenden Ländern sogar am größten. Chancengleichheit ist bei uns also wenig verwirklicht. Das wird als ein wichtiger Grund des schlechten Abschneidens gewertet. Hier hat auch der deutsche Musterschüler Bayern schlechte Noten. In Bayern sind die Chancen eines Oberschichtkindes, auf dem Gymnasium zu landen etwa zehnmal so hoch wie die eines Grundschülers aus dem Arbeitermilieu. Deshalb gelangen auch weniger bayerische Schüler zum Abitur als etwa Hamburger.

Experten halten nicht erst nach Pisa einen Umbau unseres Bildungssystems vom Kindergarten bis zur Universität für notwendig. Allein das Wie bleibt strittig. Der Pisa-Test und sein innerdeutsches Pendant zeigen, dass ganz verschiedene Wege zum Lernerfolg führen können. Ob Schweden, oder Finnland: Alle Länder, die bei Pisa gut abgeschnitten haben, teilen nach Ansicht des Frankfurter Schulforschers Eckhard Klieme ein Erfolgsgeheimnis: das Prinzip Verantwortung. Es gibt klare Leistungsanforderungen an den Unterricht- und klare Verantwortlichkeiten dafür, dass die auch erfüllt werden. Dass die Schule aber Verantwortung für den Output ihres Unterrichts übernimmt, zählt nicht eben zur deutschen Bildungstradition.

Teilnehmerstaaten der Pisa-Studie

OECD-Staaten · Nicht-OECD-Staaten

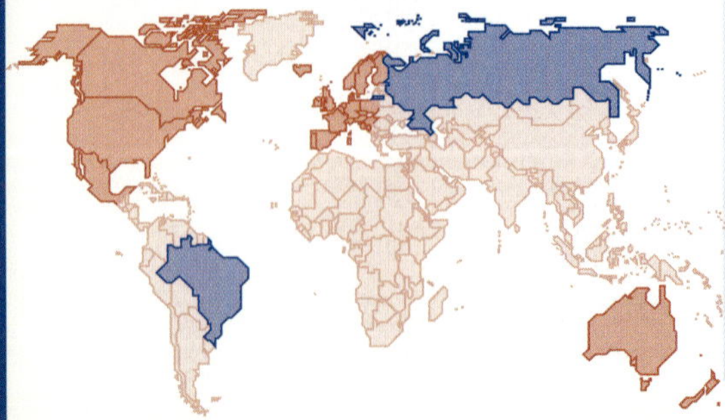

Naturwissenschaftliche Leistungen

15-Jährige, Pisa-Studie, Berwertungssystem

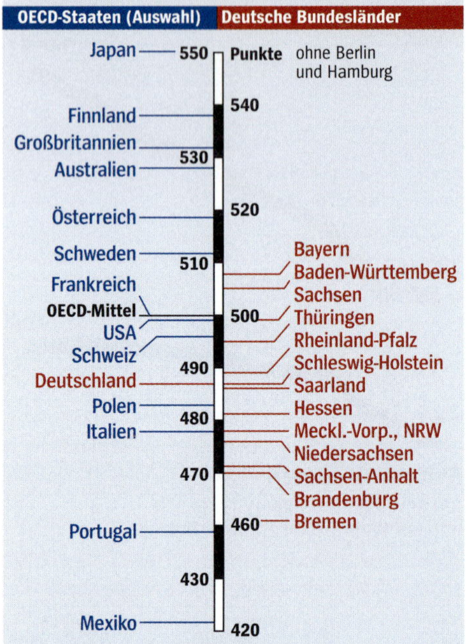

Mathematik-Leistungen

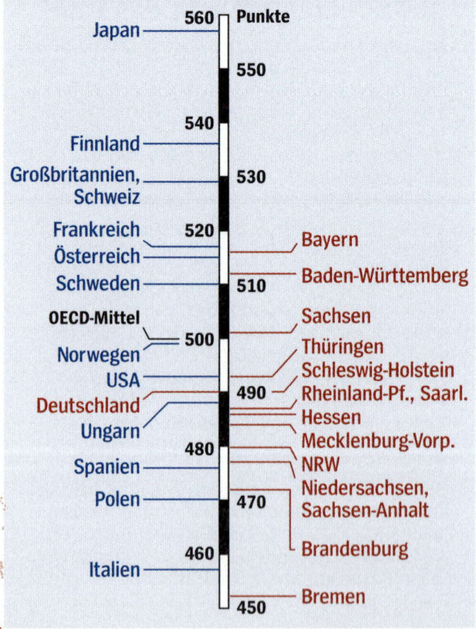

Leseleistungen

15-Jährige, Pisa-Studie, Berwertungssystem

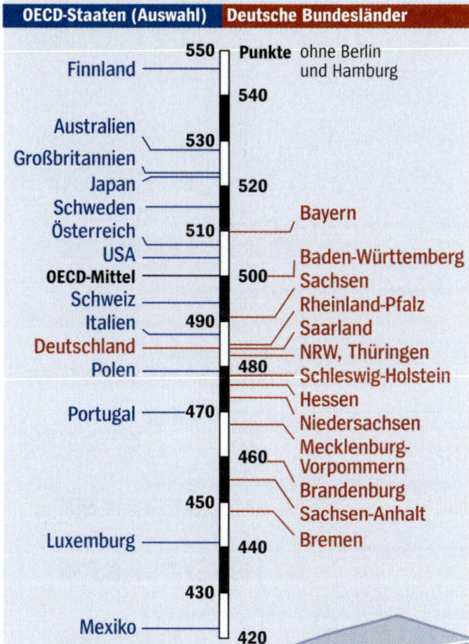

Schüler, die nicht „zum Vergnügen" lesen

Umfrageergebnis unter Schülern in Prozent

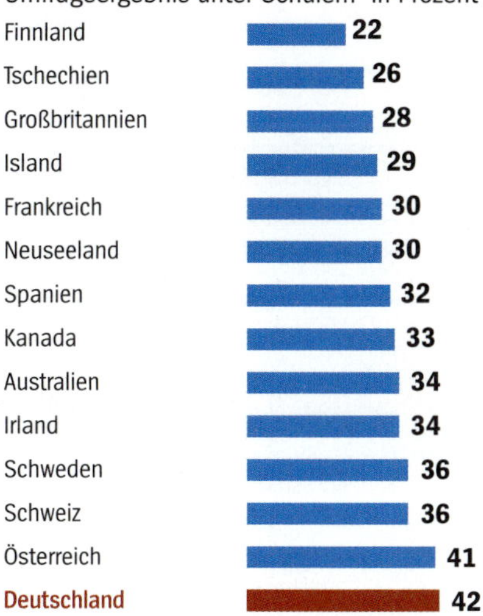

Quelle: OECD, Pisa 2000

Bildung ist von der sozialen Herkunft abghängig

Wie erfolgreich sind Schülerinnen und Schüler aus sozial privilegierten Familien im Vergleich zu Gleichaltrigen aus weniger privilegierten Familien? Im internationalen Pisa-Test werden die **Leseleistungen** von 15-Jährigen aus Familien mit gehobenem Einkommen und Ausbildung mit den Leistungen Gleichaltriger aus unteren sozialen Schichten verglichen.

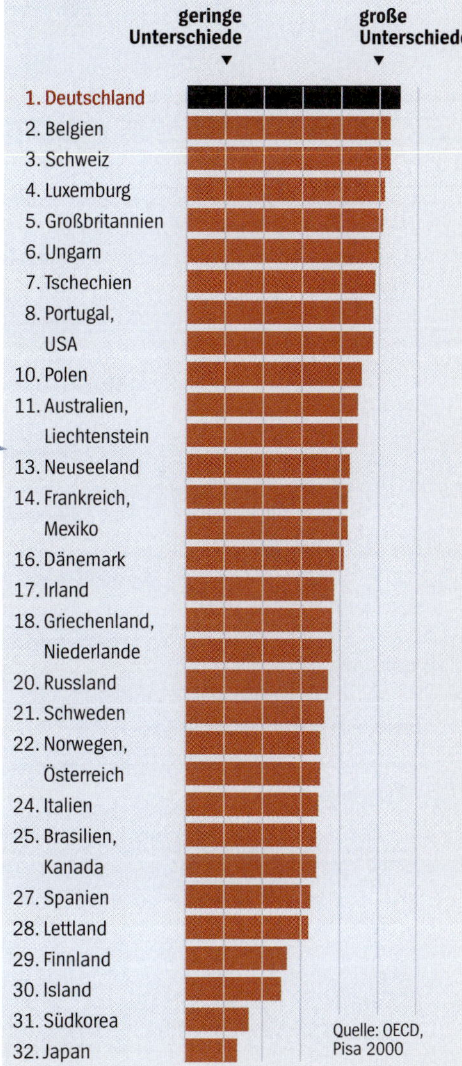

Quelle: OECD, Pisa 2000

Lernen in Europa

Gliederung der Schulausbildung in den EU-Staaten

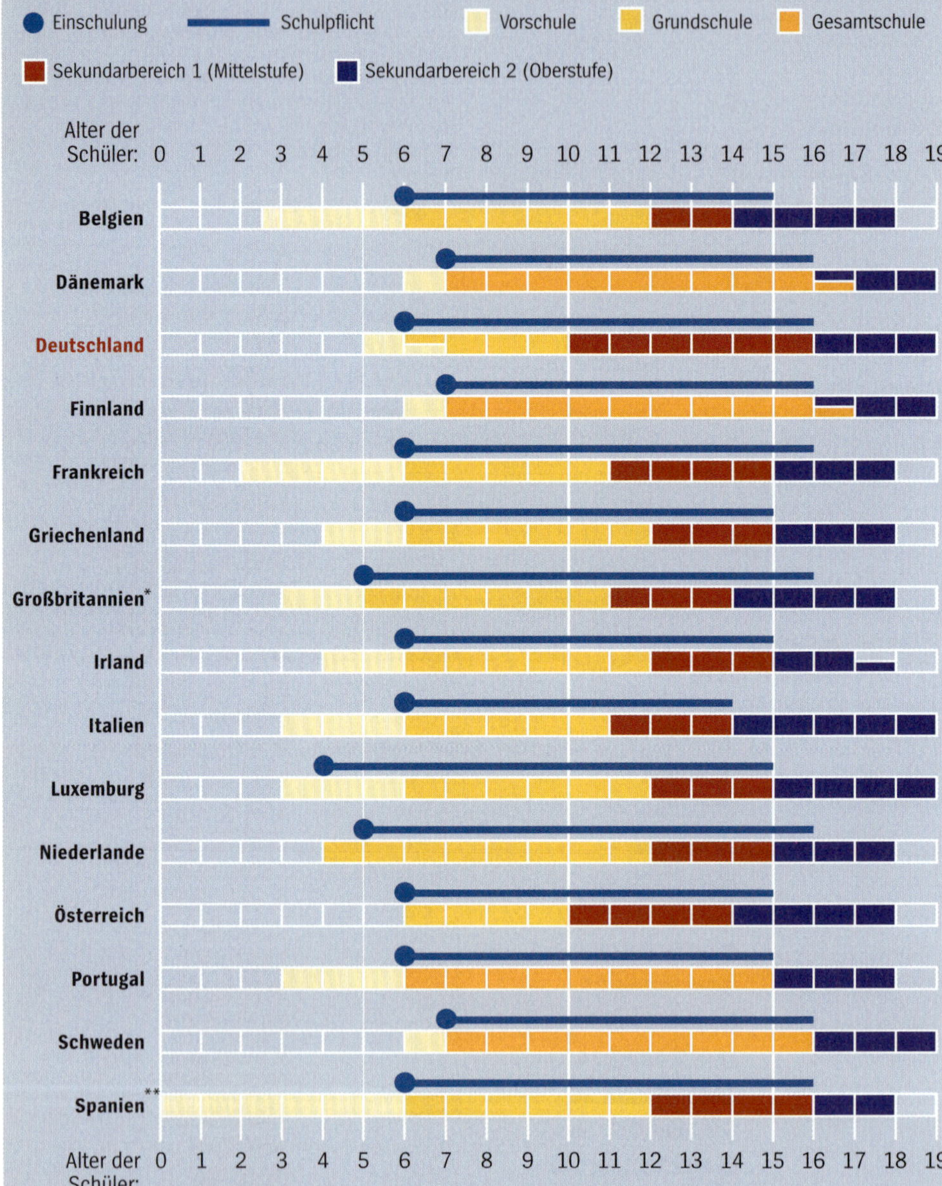

*nur England und Wales; **es besteht ein gesetzlicher Betreuungsanspuch in einer »Vorschule« direkt nach der Geburt; Quelle: Europäische Eurydice-Informationsstelle, Stand 1997/98

Wenig Zeit für Kinder

Im Durchschnitt verbringen Eltern täglich mit ihren Kindern für …

Staatliche Ganztagsschulen

Anteil an allgemein bildenden Schulen in Prozent

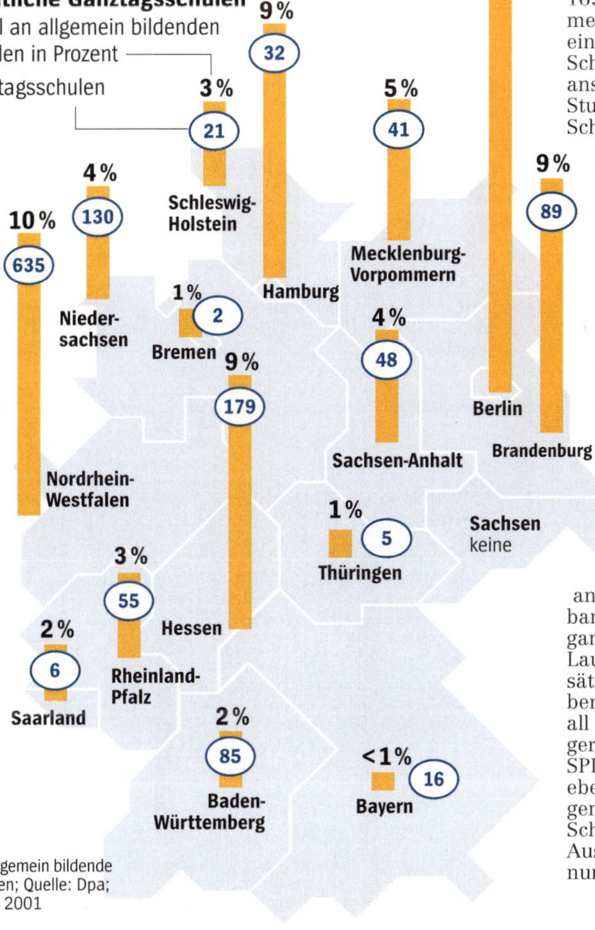

nur allgemein bildende Schulen; Quelle: Dpa; Stand 2001

Ganztagsschulen

Mit seiner Halbtagsschule steht Deutschland weitgehend allein in der Welt. Ob Frankreich, Großbritannien oder die USA, in den meisten Industriestaaten büffeln die Schüler bis in den Nachmittag in der Penne. Auch in den Siegernationen der Pisa-Studie. Die Kinder verbringen die zusätzliche Zeit spielend oder lernend, dafür sind die Schulen mit Sportanlagen, Speisesälen, Bibliotheken, Computerräumen und Kuschelecken ausgestattet. Außerdem stehen Nachhilfelehrer bereit. In manchen Ländern findet nachmittags auch regulärer Unterricht statt.

In Deutschland sind gerade mal 1650 der insgesamt 30700 allgemein bildenden Schulen Ganztagseinrichtungen, nur 6 Prozent der Schüler besuchen eine solche Lehranstalt. Dabei fordern nach einer Studie des Dortmunder Instituts für Schulentwicklungsforschung (IFS) fast 50 Prozent der Bundesbürger mehr Ganztagsangebote. Die Vorzüge der Rundumbetreuung liegen auf der Hand: die Kleinen bekommen bessere Bildungschancen – insbesondere Kinder aus sozial schwachen Familien profitieren und verbringen ihre Nachmittage nicht mehr vor dem Fernseher oder dem Computer – gleichzeitig erhalten die Mütter mehr Zeit für den Job.

Bislang galt die Ganztagsschule als Stiefkind des deutschen Bildungssystems. Doch mittlerweile haben die politischen Parteien das Thema entdeckt. Selbst für Christdemokraten hat der Unterricht am Nachmittag an Schrecken verloren – einst verbanden sie damit noch den Niedergang der Familie.

Laut den »Bildungspolitischen Leitsätzen« der CDU/CSU von November 2000 soll diese Schulform überall »schrittweise und bedarfsgerecht« ausgeweitet werden. Die SPD nahm sich im Wahlkampf ebenfalls der Ganzstagseinrichtungen an, so versprach Gerhard Schröder 4 Milliarden Euro für den Ausbau von Schulen mit langen Öffnungszeiten.

Studenten in Deutschland

in Millionen, jeweils Wintersemester

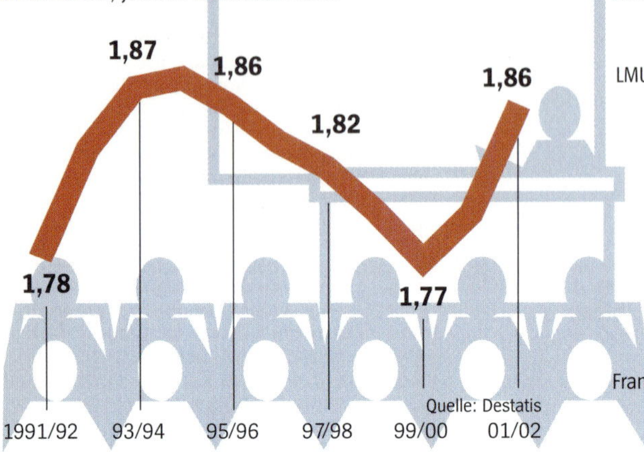

Massen-Universitäten

Zahl der Studenten 2001/02

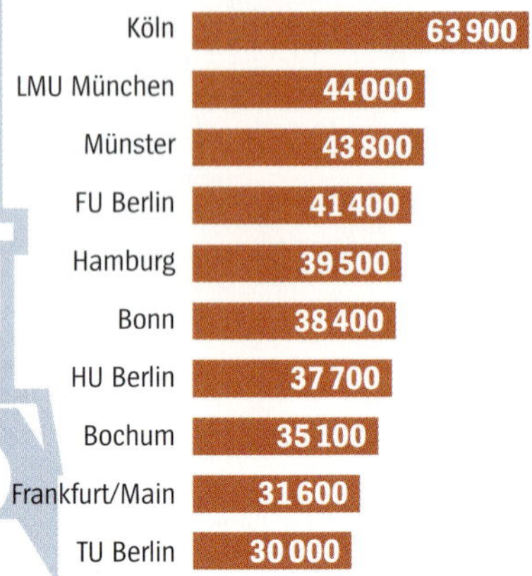

Klasse statt Masse

Die Fachhochschulen haben sich zu einer ernsthaften Konkurrenz für die Universitäten entwickelt – die Studienzeiten sind kurz, die Zahl der Abbrecher ist gering. Einst als Schmuddelkinder der akademischen Ausbildung verrufen, haben sich die Fachhochschulen zum Erfolgsmodell gemausert. Die überfüllten Massen-Universitäten können oft nur neidvoll auf ihre kleinen Mitbewerber blicken. Die Universitäten für die wissenschaftliche Elite, die effizient organisierten und berufsnahen Fachhochschulen für das Gros der Studenten – das wäre nach übereinstimmender Ansicht fast aller Bildungspolitiker die Lösung für die deutsche Hochschulmisere.

Doch im letzten Jahrzehnt sind den Sonntagsreden kaum Taten gefolgt. Nur Bayern hat seit 1994 mit mehr als 200 Millionen Euro 4 neue Fachhochschulen gegründet. Obwohl die meisten Studenten lediglich einen akademischen Abschluss wollen, um in der Wirtschaft Karriere zu machen, bilden die deutschen Universitäten alle Studenten ohne Unterschied zu potenziellen Wissenschaftlern aus. Für viele wäre ein praxisorientiertes Studium an einer Fachhochschule der schnellere und effizientere Weg zum Ziel.

Studium an Fachhochschulen

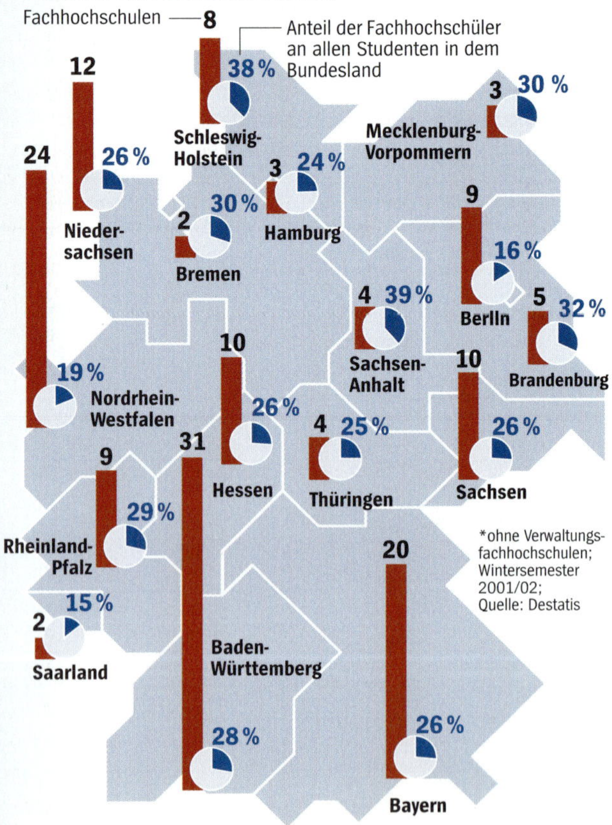

Führende Privat-Hochschulen
in Deutschland

Bucerius Law School, Hamburg
Rechtswissenschaft
Studiengebühr **26 500 Euro insgesamt**
ca. 200 Studierende

European School of Management, Berlin
Betriebswirtschaft
6300 Euro pro Jahr
149 Studierende

European Business School Schloss Reichartshausen
Betriebswirtschaft
4750 Euro pro Semester
ca. 1000 Studierende

International University Bremen
Natur-, Ingenieur-, Geisteswissenschaften
15 000 Euro pro Jahr
124 Studierende

International Department, Karlsruhe
Ingenieurwissenschaften
13 000 Euro pro Jahr
71 Studierende

Northern Institute of Technology, Hamburg
Zusatzstudium Master in Global Technology Management
12 000 Euro pro Jahr
67 Studierende

Stuttgart Institute of Management and Technology
MBA
21 000 Euro insgesamt
69 Studierende

Wissenschaftliche Hochschule für Unternehmensführung, Vallendar
Betriebswirtschaft
5000 Euro pro Semester
(42 000 Euro für den MBA)
320 Studierende

Universität Witten/Herdecke
Wirtschaftswissenschaften, Medizin
15 185 Euro insgesamt
1121 Studierende

Elitenförderung

Fast 50 private Hochschulen existieren inzwischen in Deutschland, dreimal mehr als noch vor 10 Jahren; sie bilden rund 30 000 Studenten aus. Viele Abiturienten versprechen sich von den Privaten eine bessere Ausbildung und Zugang zu einem exklusiven Netzwerk. Das Besondere an der Privat-Hochschule: Sie kann Professoren, ohne auf Dienst- oder Tarifrecht zu achten, nach Leistung bezahlen, ihren Lehrplan straff und praxisnah organisieren und sich ihre Studenten selbst aussuchen. Der Nachteil: Es fallen nicht unerhebliche Studiengebühren an. Was teuer ist, muss zudem nicht immer besser sein. Der Stifterverband für die deutsche Wissenschaft hat teilweise eklatante Mängel festgestellt. Vermisst wird unter anderem die Bereitschaft, in Forschung zu investieren – private Hochschulen sind meist reine Ausbildungsstätten.

High Potentials

Die Personalberatung Kienbaum stellt nach einer Befragung von Unternehmen regelmäßig eine Liste über persönliche Eigenschaften auf, die für angehende Führungskräfte wichtig sind.

Sport

Über viele Jahre ist der Anteil von Sportübertragungen am Fernsehprogramm kontinuierlich gestiegen. Unter TV-Schaffenden gelten vor allem Fußball, Formel 1, aber auch Saisonklassiker wie Skispringen und Radsport als Quotenrenner – selbst scheinbar unattraktive Fußball-Pokalspiele bringen oft mehr Zuschauer vor den Bildschirm als Spielfilme, Talkshows oder Raterunden. Und weil die Ware Sport bislang so begehrt war, konnten Vereine und Verbände die Preisschraube mächtig anziehen. Doch damit ist nun erst einmal Schluss: Der überhitzte Sportrechtemarkt hat sich 2002 merklich abgekühlt. Etliche Sender drosseln ihr Engagement – sie sind nicht länger bereit, ihre Berichterstattung zu subventionieren. Seit 10 Jahren besitzt beispielsweise Sat1 die Free-TV-Rechte an der Bundesliga, verdient hat der Kommerzsender mit diesem Prestigeträger keine Mark. Auch RTL ist nicht glücklich mit der Champions League, eine Refinanzierung der Kosten scheint unmöglich. Dass die Tarife für die Übertragungsrechte im Zuge der Insolvenz von KirchMedia gefallen sind, ist nichts anderes als eine Annäherung an realistische Marktpreise. Viele Sportarten, die etwa vom Fußball an den Rand gedrückt wurden, haben ihre Forderungen längst auf Null zurückschrauben müssen. Sie sind froh, wenn überhaupt übertragen wird. »Ohne TV-Präsenz

Sport-Zeit im Fernsehen

2001, Angaben in Prozent

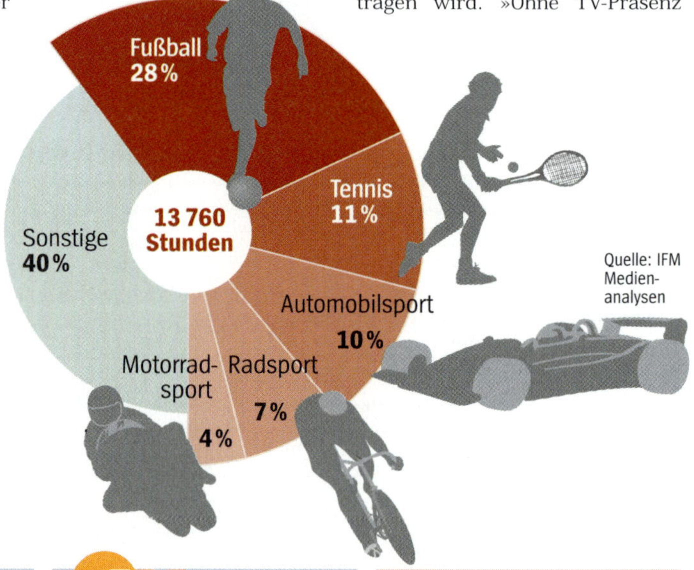

Quelle: IFM Medienanalysen

Sport auf allen Kanälen

Sendezeit in Stunden 2001

Quelle: IFM Medienanalysen

ARD

1	Fußball	170
2	Tennis	133
3	Radsport	79
4	Ski Alpin	62
5	Leichtathletik	50
6	Biathlon	43
7	Automobilsport	36
8	Skispringen	31
9	Eiskunstlauf	23
10	Boxen	18

ZDF

1	Fußball	198
2	Tennis	91
3	Radsport	61
4	Ski Alpin	51
5	Leichtathletik	51
6	Biathlon	46
7	Automobilsport	32
8	Skispringen	28
9	Skilanglauf	13
10	Schwimmen	12

RTL

1	Automobilsport	147
2	Fußball	97
3	Skispringen	56
4	Tennis	1
5	Radsport	1
6	Nord. Kombination	1
7	Leichtathletik	1
8	Ski Alpin	1
9	Boxen	1
10	Basketball	1

geht nichts«, sagt Wieland Speer, Ligasekretär des Deutschen Tischtennis-Bundes. Denn wer als Club potenziellen Sponsoren keine Sendezeiten versprechen kann, ist allenfalls für den örtlichen Bäcker ein lohnender Werbeträger. So beteiligte sich die Tischtennis-Bundesliga mit 200 000 Euro pro Saison an den Produktionskosten des wöchentlich berichtenden DSF. Sogar die zu Becker-Graf-Zeiten verwöhnte Tenniszunft sieht sich in Not. Im Sommer gab die Agentur IMG die Vermarktung des Hamburger Herren-Tennisturniers an den Tennis Bund zurück. »Wir haben derzeit kein Interesse«, erklärte IMG-Geschäftsführer Christian Pirzer, »ohne gesicherte TV-Präsenz in den Öffentlich-Rechtlichen sind die erforderlichen Sponsorengelder kaum zu akquirieren.«

Das Branchenblatt *Sponsors* veröffentlichte zeitgleich das Ergebnis einer Umfrage unter 225 Entscheidungsträgern in Unternehmen und Agenturen, welche Sportarten Zuwächse auf dem Sponsoringmarkt erwarten könnten. Fast jeder Zweite sah Tennis auf dem absteigenden Ast. Die Krise weiter Teile der Wirtschaft verschärft die Situation. Mit dem Ausstieg beim FC Bayern München hat sich Opel fast gänzlich aus dem Sport verabschiedet – und will sich dem preisgünstigeren Umwelt-, Sozial- und Kultursponsoring widmen. Die Zeit des gegenseitigen Überbietens ist vorbei. Thomas Muderlak von Erdinger Weissbräu sieht das mit Wohlgefallen: »Uns werden Sponsoring-Angebote gemacht, die bis zu 50 Prozent billiger sind als letzte Saison.«

Einschätzung von Sportarten nach Sponsorenansicht

Umfrage 2002 in Prozent

	wird gewinnen	stagnieren	verlieren	k. A.
Fun- und Trendsport	68	20	4	
Golf	54	32	6	
Fußball	51	34	6	
Basketball	51	33	8	
Motorsport/Formel 1	47	40	5	
Ski Nordisch	38	36	16	
Radsport	38	42	12	
Ski Alpin	33	46	12	
Eishockey	20	48	24	
Leichtathletik	14	53	25	
Boxen	13	52	27	
Tennis	11	36	44	

Quelle: *Sponsor Visions*

Sport-Sponsoring-Volumen 2002
1,6 Mrd. €

Die Top Ten des deutschen Sports

Jahreseinkünfte in Millionen Euro

Michael Schumacher	Formel 1	43,5
Ralf Schumacher	Formel 1	14,3
Dirk Nowitzki	Basketball	10,0
Olaf Kölzig	Eishockey	6,9
Uwe Krupp	Eishockey	4,6
Oliver Kahn	Fußball	4,6
Shawn Bradley	Basketball	4,6
Michael Ballack	Fußball	4,5
Sebastian Deisler	Fußball	4,5
Dietmar Hamann	Fußball	3,5

SAT.1

1	Fußball	156
2	Basketball	15
3	Amer. Football	14
4	Automobilsport	14
5	Eishockey	13
6	Boxen	11
7	Tennis	3
8	Radsport	2
9	Leichtathletik	1
10	Skispringen	1

DSF

1	Fußball	963
2	Automobilsport	280
3	Tennis	276
4	Basketball	208
5	Boxen	99
6	Eishockey	96
7	Amer. Football	87
8	Handball	84
9	Golf	79
10	Motorradsport	63

EUROSPORT

1	Tennis	852
2	Fußball	769
3	Automobilsport	490
4	Radsport	455
5	Motorradsport	427
6	Leichtathletik	284
7	Skispringen	238
8	Boxen	202
9	Ski Alpin	186
10	Biathlon	133

Bundesliga-Clubs unter Sparzwang

Die Fußball-Bundesliga entdeckte zu Beginn der Saison 2002/2003 das Ende des Wachstums. Zähneknirschend mussten die Clubs nach der Insolvenz des Partners KirchMedia einen neuen Fernsehvertrag zu reduzierten Konditionen hinnehmen: Nun haben sie mit rund 20 Prozent geringeren Einnahmen aus dem Verkauf der Bundesliga-TV-Rechte auszukommen. Da auch in den Ligen Südeuropas die TV-Gelder zu versiegen begannen, kam zeitgleich der Spielerverkehr ins Stocken. So fanden klamme Bundesligisten weder auf dem nationalen noch auf dem internationalen Markt Abnehmer für überzählige Profis.

Der Schwund bei den TV- und Transfer-Erlösen führte zu völlig ungewohntem Geschäftsgebaren in Deutschlands oberster Spielklasse: Mit gut 100 Millionen Euro gaben die Clubs ein Drittel weniger an Ablöse für neue Spieler aus als vor Beginn der vergangenen Saison. Viele vertragsfreie Profis blieben eine Weile ohne neuen Arbeitgeber. Eine Sparwelle erfasste den Balltreterbetrieb: Mehr oder weniger erfolglos versuchten Manager, ihre kickenden Angestellten zum Gehaltsverzicht zu bewegen. Einige Vereine reduzierten die Erfolgsprämien für ihre hoch bezahlten Profis, manche sparen seither an Hotelkosten oder am Stadion-Ordnungsdienst.

Frei von Sorgen scheinen hingegen die Teilnehmer an der Champions League. Selbst Clubs, die im Vorjahr nach den ersten sechs Gruppenspielen ausscheiden mussten, konnten mehr als 5 Millionen Euro auf der Habenseite verbuchen. Bayer Leverkusen, das sich erst im Finale Real Madrid mit 1:2 geschlagen geben musste, erzielte Erlöse in Höhe von 33,79 Millionen Euro aus der europaweiten Fußball-Show.

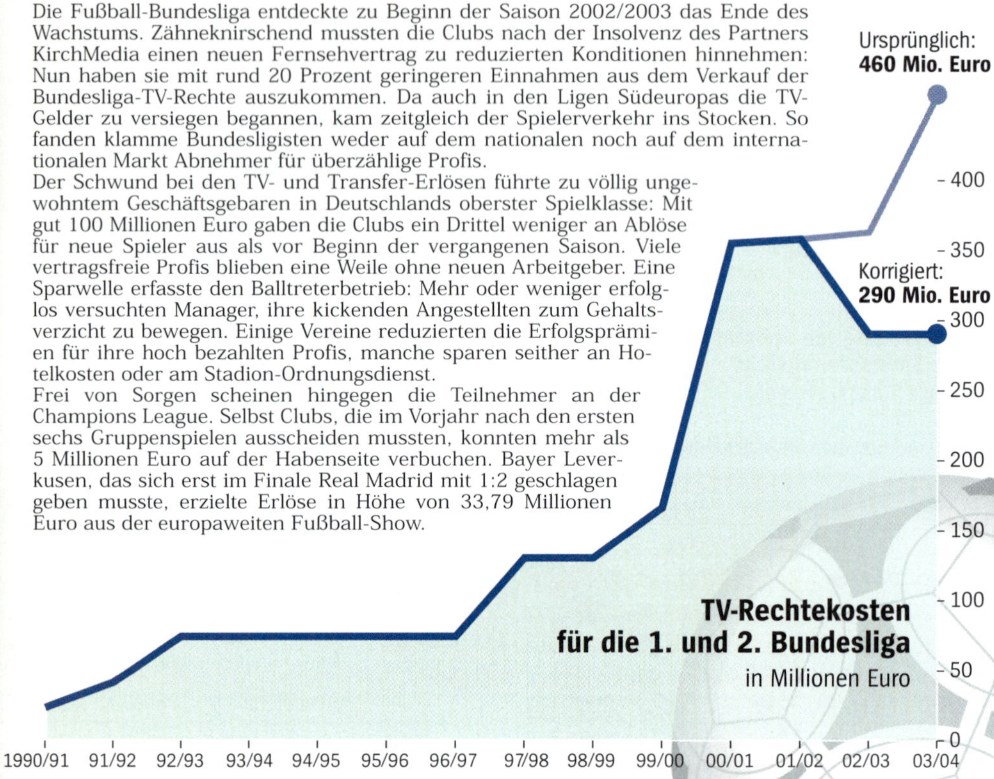

TV-Rechtekosten für die 1. und 2. Bundesliga
in Millionen Euro

Einnahmen aus der Champions League 2001/2002 in Millionen Euro

	Bayer Leverkusen	Bayern München	Schalke 04	Borussia Dortmund
Startgeld	2,06	2,06	2,06	2,06
Spielprämien	6,63	7,31	3,06	3,06
Fernsehpool	14,89	19,82	12,00	7,91
Viertelfinale	2,72	2,72		
Halbfinale	3,40			
Endspiel	4,08			
Gesamt	**33,78**	**31,91**	**17,12**	**13,03**

Abschlusstabelle der Bundesligasaison 2001/2002

	Tore	Punkte		Tore	Punkte
1. Borussia Dortmund	**62:33**	**70**	10. VfL Wolfsburg	**57:49**	**46**
2. Bayer Leverkusen	**77:38**	**69**	11. Hamburger SV	**51:57**	**40**
3. Bayern München	**65:25**	**68**	12. Bor. Mönchengladbach	**41:53**	**39**
4. Herta BSC Berlin	**61:38**	**61**	13. Energie Cottbus	**36:60**	**35**
5. FC Schalke 04	**52:36**	**61**	14. Hansa Rostock	**35:54**	**34**
6. Werder Bremen	**54:43**	**56**	15. 1. FC Nürnberg	**34:57**	**34**
7. 1. FC Kaiserslautern	**62:53**	**56**	16. SC Freiburg	**37:64**	**30**
8. VfB Stuttgart	**47:43**	**50**	17. 1. FC Köln	**26:61**	**29**
9. TSV München 1860	**59:59**	**50**	18. FC St. Pauli	**37:70**	**22**

Bundesliga-Einnahmen
in Millionen Euro

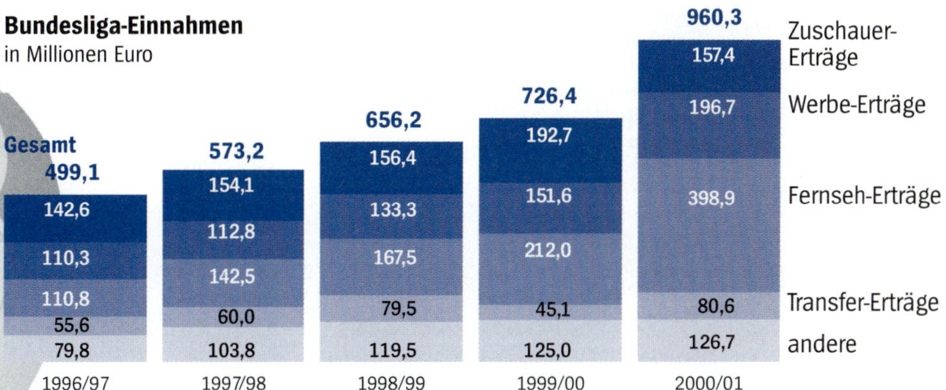

Bundesliga-Ausgaben
in Millionen Euro

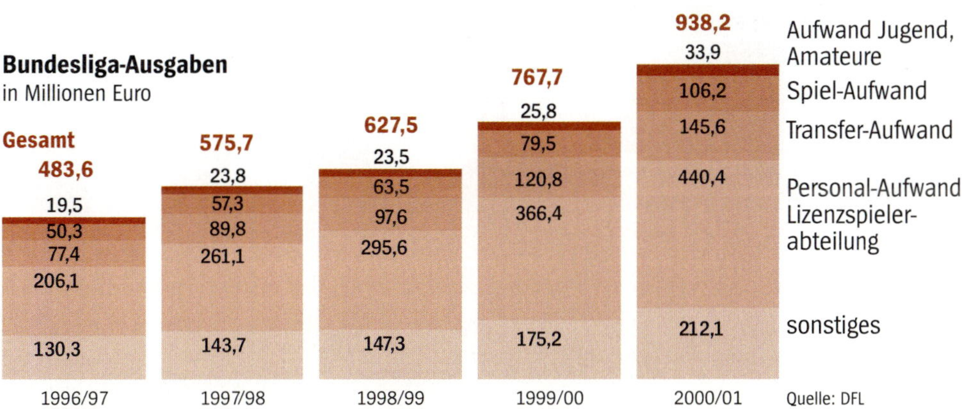

Quelle: DFL

Formel 1: Der Zirkus der Autokonzerne

Mehr als 2 Milliarden US$ geben Sponsoren für ihre Reklame mit den Formel-1-Autos aus. Marketingexperten halten das für gut angelegtes Geld. Wer sein Produkt international bekannt machen oder ihm ein technisch-dynamisches Image verpassen will, der kommt an dem Motorsportzirkus kaum vorbei. Schon vor dem Start der Saison 2002 haben jedoch vor allem die werksunabhängigen Teams feststellen müssen, dass die werbetreibende Wirtschaft in Zeiten von Börsenbaisse und Internetkrise mächtig spart: Die Finanzierung manchen Etats geriet ins Schleudern. Der Franzose Alain Prost sperrte seine Formel-1-Firma mangels Geldgeber zu, Arrows kam mit seinen Zahlungen an den Motorenlieferanten Ford nicht nach, Jordan und BAR bauten ein Viertel ihrer Belegschaft ab. Und selbst ein sportlich erfolgreiches Team wie Sauber würde sich liebend gern von einem Automobilhersteller aufkaufen lassen. Die Hersteller sind mit 980 Millionen US$ längst die größten Financiers der Formel 1.

Die größten Sponsoren 2002, in Millionen US$

			gesponserte Teams
1	Honda	**210**	BAR; Jordan
2	Renault	**170**	Renault
3	Toyota	**140**	Toyota
4	DaimlerChrysler	**125**	McLaren Mercedes
	Ford	**125**	Jaguar
6	BMW	**115**	BMW Williams
7	British American Tobacco	**88**	BAR
8	Marlboro	**87**	Ferrari
9	Fiat	**85**	Ferrari
10	Exxon Mobil	**58**	Toyota; McLaren Mercedes
11	Reemtsma (West)	**50**	McLaren Mercedes
12	Vodafone	**41**	Ferrari
13	Petronas	**38**	Sauber
14	Compaq	**36**	BMW Williams
	DHL/Deutsche Post	**36**	Jordan
16	Asiatech	**35**	Minardi
17	Panasonic	**31**	Toyota
18	Mild Seven	**30**	Renault
19	Shell	**29**	Ferrari
20	Elf	**27**	Renault

Quelle: *Eurobusiness*

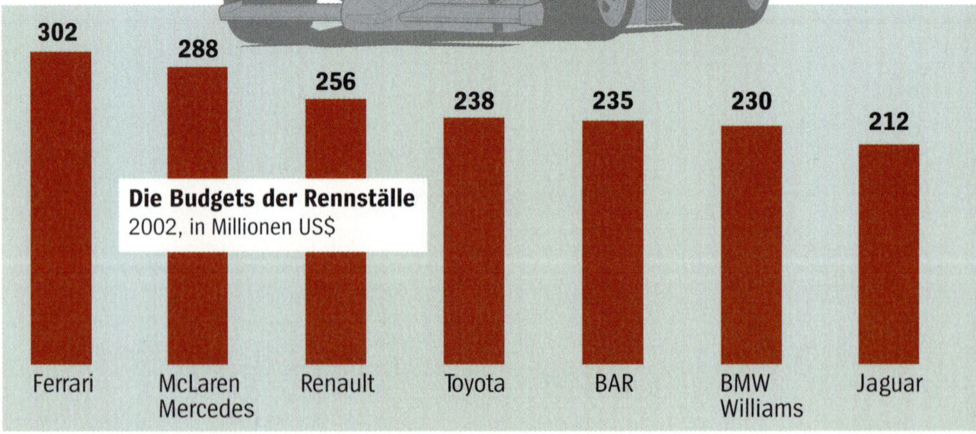

Sponsoren nach Branchen

2002, in Millionen US$

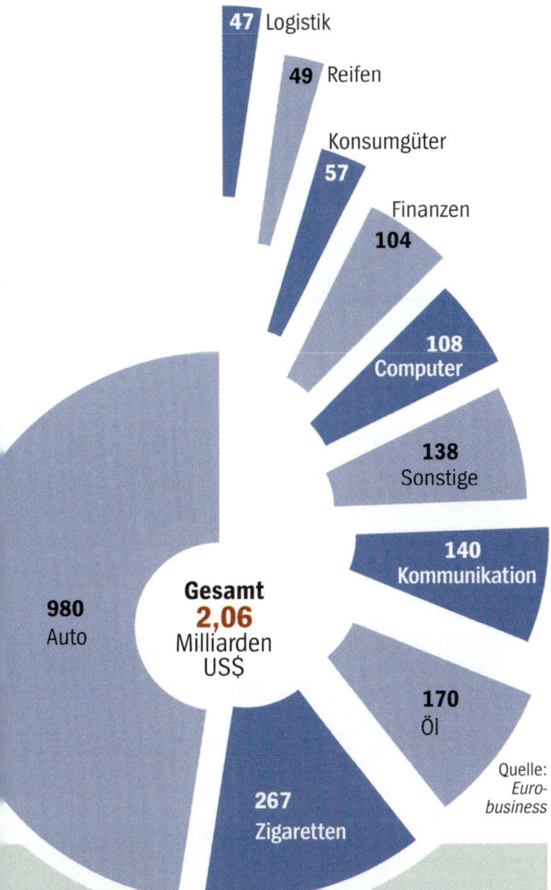

Quelle: *Eurobusiness*

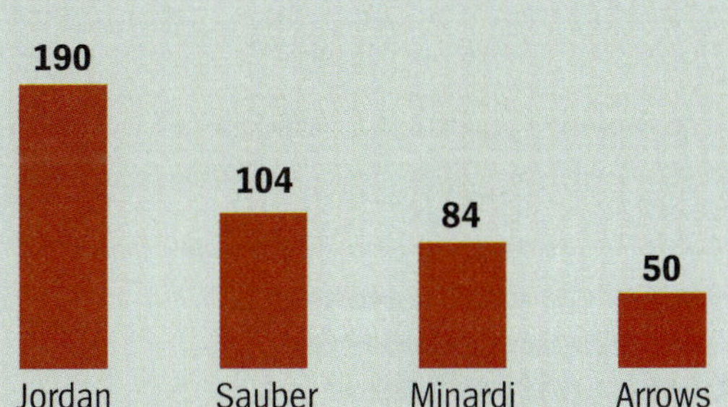

Quelle: *Eurobusiness*

Die Weltmeister

1950	**G. Farina** Italien	**Alfa Romeo**
1951	**J.M. Fangio** Argentinien	**Alfa Romeo**
1952	**A. Ascari** Italien	**Ferrari**
1953	**A. Ascari**	**Ferrari**
1954	**J.M. Fangio**	**Mercedes; Maserati**
1955	**J.M. Fangio**	**Mercedes**
1956	**J.M. Fangio**	**Lancia; Ferrari**
1957	**J.M. Fangio**	**Maserati**
1958	**M. Hawthorn** Großbritannien	**Ferrari**
1959	**J. Brabham** Australien	**Cooper Climax**
1960	**J. Brabham**	**Cooper Climax**
1961	**P. Hill** USA	**Ferrari**
1962	**G. Hill** Großbritannien	**BRM**
1963	**J. Clark** Großbritannien	**Lotus Climax**
1964	**J. Surtees** Großbritannien	**Ferrari**
1965	**J. Clark**	**Lotus Climax**
1966	**J. Brabham**	**Brabham**
1967	**D. Hulme** Neuseeland	**Brabham**
1968	**G. Hill**	**Lotus Ford**
1969	**J. Stewart** Großbritannien	**Matra Ford**
1970	**J. Rindt** Österreich	**Lotus Ford**
1971	**J. Stewart**	**Tyrrell Ford**
1972	**E. Fittipaldi** Brasilien	**Lotus Ford**
1973	**J. Stewart**	**Tyrrell Ford**
1974	**E. Fittipaldi**	**McLaren Ford**
1975	**N. Lauda** Österreich	**Ferrari**
1976	**J. Hunt** Großbritannien	**McLaren Ford**
1977	**N. Lauda**	**Ferrari**
1978	**M. Andretti** USA	**Lotus Ford**
1979	**J. Scheckter** Südafrika	**Ferrari**
1980	**A. Jones** Australien	**Williams Ford**
1981	**N. Piquet** Brasilien	**Brabham Ford**
1982	**K. Rosberg** Finnland	**Williams Ford**
1983	**N. Piquet**	**Brabham BMW**
1984	**N. Lauda**	**McLaren TAG-Porsche**
1985	**A. Prost** Frankreich	**McLaren TAG-Porsche**
1986	**A. Prost**	**McLaren TAG-Porsche**
1987	**N. Piquet**	**Williams Honda**
1988	**A. Senna** Brasilien	**McLaren Honda**
1989	**A. Prost**	**McLaren Honda**
1990	**A. Senna**	**McLaren Honda**
1991	**A. Senna**	**McLaren Honda**
1992	**N. Mansell** Großbritannien	**Williams Renault**
1993	**A. Prost**	**Williams Renault**
1994	**M. Schumacher** Deutschland	**Benetton Ford**
1995	**M. Schumacher**	**Benetton Renault**
1996	**D. Hill** Großbritannien	**Williams Renault**
1997	**J. Villeneuve** Kanada	**Williams Renault**
1998	**M. Häkkinen** Finnland	**McLaren Mercedes**
1999	**M. Häkkinen**	**McLaren Mercedes**
2000	**M. Schumacher**	**Ferrari**
2001	**M. Schumacher**	**Ferrari**
2002	**M. Schumacher**	**Ferrari**

Fußball-WM der Überraschungen

Die erste Fußball-Weltmeisterschaft in Asien geriet zum Festival der Überraschungen. Nicht nur klimatische Besonderheiten beim Turnier in Japan und Südkorea waren für das frühe Ausscheiden favorisierter Mannschaften wie des Titelverteidigers Frankreich, von Argentinien oder Portugal verantwortlich. Die Superstars, die überwiegend in den Ligen Italiens, Spaniens oder Englands ihr Geld verdienen, waren angeschlagen oder ausgelaugt zur WM angereist: der verletzt ins Turnier eingestiegene Franzose Zinedine Zidane, der ausgebrannt wirkende Portugiese Luis Figo oder Argentiniens Regisseur Juan Sebastián Verón. In Europa beschäftigte Spitzenkräfte hatten vor WM-Anpfiff bereits mehr als 60 Saison-Pflichtspiele absolviert. Die wegen der Regenzeit in Fernost verkürzte Zeitspanne zwischen Saisonende in Europa und Turnierbeginn in Asien reichte nicht zur Regeneration. Als erste Konsequenz beschloss der europäische Verband Uefa, das Programm der Champions League ab der Saison 2003/2004 von maximal 17 auf 13 Partien für die Finalteilnehmer zu reduzieren.

Finale: Deutschland – Brasilien 0:2

Spiel um 3. Platz: Südkorea – Türkei 2:3

*nach Elfmeterschieße
**Golden Goal

Halbfinale: Deutschland – Südkorea 1:0; Brasilien – Türkei 1:0

Viertelfinale: Deutschland – USA 1:0; Spanien – Südkorea 3:5*; Senegal – Türkei 0:1*; England – Brasilien 1:2

Achtelfinale: Deutschl. – Paraguay 1:0; Mexiko – USA 0:2; Spanien – Irland 3:2*; Südkorea – Italien 2:1**; Schweden – Senegal 1:2**; Japan – Türkei 0:1; Dänemark – England 0:3; Brasilien – Belgien 2:0

Vorrunde Gruppe A	
Frankreich – Senegal	0:1
Uruguay – Dänemark	1:2
Dänemark – Senegal	1:1
Frankreich – Uruguay	0:0
Dänemark – Frankreich	2:0
Senegal – Uruguay	3:3

Punkte: 1. Dänemark 7, 2. Senegal 5, 3. Uruguay 2, 4. Frankreich 1

Gruppe B	
Paraguay – Südafrika	2:2
Spanien – Slowenien	3:1
Spanien – Paraguay	3:1
Südafrika – Slowenien	1:0
Südafrika – Spanien	2:3
Slowenien – Paraguay	1:3

Punkte: 1. Spanien 9, 2. Paraguay 4, 3. Südafrika 4, 4. Slowenien 0

Gruppe C	
Brasilien – Türkei	2:1
China – Costa Rica	0:2
Brasilien – China	4:0
Costa Rica – Türkei	1:1
Costa Rica – Brasilien	2:5
Türkei – China	3:0

Punkte: 1. Brasilien 9, 2. Türkei 4, 3. Costa Rica 4, 4. China 0

Gruppe D	
Südkorea – Polen	2:0
USA – Portugal	3:2
Südkorea – USA	1:1
Portugal – Polen	4:0
Portugal – Südkorea	0:1
Polen – USA	3:1

Punkte: 1. Südkorea 7, 2. USA 4, 3. Portugal 3, 4. Polen 3

Gruppe E	
Irland – Kamerun	1:1
Deutschl. – Saudi-Arab.	8:0
Deutschland – Irland	1:1
Kamerun – Saudi-Arab.	1:0
Kamerun – Deutschl.	0:2
Saudi-Arab. – Irland	0:3

Punkte: 1. Deutschl. 7, 2. Irland 5, 3. Kamerun 4, 4. Saudi-A. 0

Gruppe F	
Argentinien – Nigeria	1:0
England – Schweden	1:1
Schweden – Nigeria	2:1
Argentinien – England	0:1
Schweden – Argenti.	1:1
Nigeria – England	0:0

Punkte: 1. Schweden 5, 2. England 5, 3. Argentinien 4, 4. Nigeria 1

Gruppe G	
Kroatien – Mexiko	0:1
Italien – Ecuador	2:0
Italien – Kroatien	1:2
Mexiko – Ecuador	2:1
Mexiko – Italien	1:1
Ecuador – Kroatien	1:0

Punkte: 1. Mexiko 7, 2. Italien 4, 3. Kroatien 3, 4. Ecuador 3

Gruppe H	
Japan – Belgien	2:2
Russland – Tunesien	2:0
Japan – Russland	1:0
Tunesien – Belgien	1:1
Tunesien – Japan	0:2
Belgien – Russland	3:2

Punkte: 1. Japan 7, 2. Belgien 5, 3. Russland 3, 4. Tunesien 1

Top Five der Fußball-WM nach Einschaltquoten, Zuschauer in Millionen

1	ZDF	Deutschland – Brasilien (Finale)	26,5
2	ARD	Deutschland – Südkorea (Halbfinale)	20,3
3	ZDF	Deutschland – USA (Viertelfinale)	19,3
4	ARD	Deutschland – Paraguay (Achtelfinale)	18,0
5	ZDF	Deutschland – Kamerun (Vorrunde)	15,4

SALT LAKE
2002

Olympia am großen Salzsee

Sie scheinen die unerschütterliche Konstante zu sein in einer Sportwelt, die sich immer neu am Markt beweisen muss: die Olympischen Spiele – jene seit nunmehr vor 106 Jahren eingeführte Marke, die wie geschaffen ist für die Produktion von Mythen und Helden. Dabei hatte Salt Lake City, Gastgeber der 17. Winterspiele, einen schwereren Start als fast alle Olympia-Städte zuvor. Die Mormonen-Metropole hatte IOC-Mitglieder bestochen, um den Zuschlag für das sportliche Mega-Ereignis zu bekommen. Die Staatsanwaltschaft ermittelte Geldbewegungen von knapp einer Million US$. Knapp 5 Monate vor der Eröffnungsfeier standen die Spiele sogar gänzlich zur Disposition: Nach dem Attentat auf das World Trade Center schien es undenkbar, das Großereignis auf amerikanischem Boden zu veranstalten. Doch die US-Regierung stellte 310 Millionen US$ für zusätzliche Sicherheitsmaßnahmen bereit. Dass es freundliche und perfekt organisierte Spiele wurden, hat den Gastgebern viel Lob eingebracht. Olympia funktioniert auch in schwierigen Zeiten. Die Winterspiele bescherten dem IOC einen Umsatz von 2,971 Milliarden US$.

Medaillenspiegel Salt Lake City 2002

	Gold	Silber	Bronze	Gesamt
Deutschland	12	16	7	35
Norwegen	11	7	6	24
USA	10	13	11	34
Russland	6	6	4	16
Kanada	6	3	8	17
Frankreich	4	5	2	11
Italien	4	4	4	12
Finnland	4	2	1	7
Niederlande	3	5	0	8
Schweiz	3	2	6	11
Kroatien	3	1	0	4
Österreich	2	4	11	17
China (VR)	2	2	4	8
Südkorea	2	2	0	4
Australien	2	0	0	2
Spanien	2	0	0	2
Estland	1	1	1	3
Großbritannien	1	0	1	2
Tschechien	1	0	1	2
Schweden	0	2	4	6
Bulgarien	0	1	2	3
Japan	0	1	1	2
Polen	0	1	1	2
Weißrussland	0	0	1	1
Slowenien	0	0	1	1

Kosten der TV-Übertragungsrechte
in Millionen US$

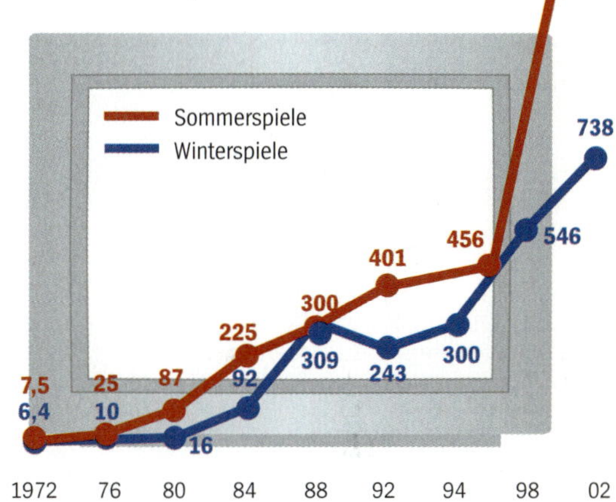

Meistgesehene Olympia-Sendungen
2002 bei ARD und ZDF

	Zuschauer in Mio.	Marktanteil
Skispringen 120-m-Schanze, Mannschaft	11,9	42,2%
Skispringen 120-m-Schanze, Einzel	11,4	40,9%
Skispringen 90-m-Schanze, Einzel	11,0	37,0%
Biathlon 4 x 7,5 km Frauen	10,4	31,1%
Biathlon 10 km Sprint Herren	10,2	33,3%
Eisschnelllauf 5000 m Frauen	10,0	35,2%
Biathlon 4 x 7,5 km Herren	9,5	31,9%
Ski 4 x 10 km Langlaufstaffel Herren	8,6	30,8%

Kultur

Die Rezession macht auch vor der Kultur nicht Halt. »Flaute erzeugt Grabesstimmung«; »Auch Ostern keine großen Eier«; »Jetzt wird's eng: Wieder minus 5,5 Prozent«. So und ähnlich titelte das Fachmagazin »Buchreport« im ersten Halbjahr 2002 in jeder Ausgabe. Das Branchenblatt hat guten Grund zur Sorge, denn der Buchhandel wird von der größten Krise seit Jahrzehnten erschüttert. Im Jahr 2001 stagnierte das Geschäft erstmals seit 25 Jahren. Die Zurückhaltung der Käufer spürte der Handel vor allem bei den Fachzeitschriften. Hier reduzierten sich die Verkaufserlöse um fast 9 Prozent. Im ersten Halbjahr 2002 ging die Talfahrt weiter. Im Januar lag der Umsatz bereits 1,9 Prozent unter dem von Januar 2001. Im Juni betrug der Rückgang dann schon 6,8 Prozent. Erst der Juli bescherte der Branche wieder ein Umsatzplus, und das lag sogar bei 6,2 Prozent. Auch die traditionell im Oktober stattfindende Buchmesse in Frankfurt verzeichnete weniger Publikum: 2001 kamen 259 840 Besucher, 43 000 weniger als im Vorjahr. Großbuchhandlungen wie Thalia und Hugendubel, in vielen Städten mit Filialen präsent,

Buchmarkt
Umsatz des deutschen Buchhandels
in Millionen Euro (geschätzt)

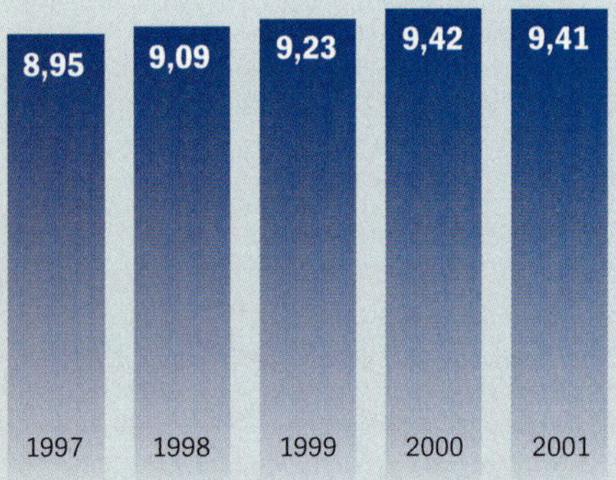

Buchmarkt 2002
Buchhandelsumsatz im ersten Halbjahr 2002; Veränderungen gegenüber dem Vorjahresmonat in Prozent

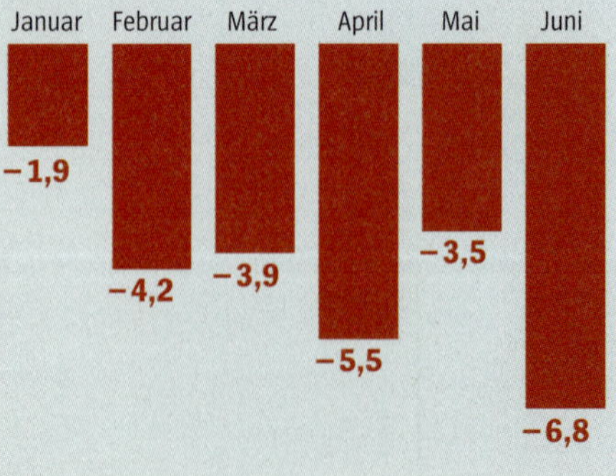

Kino
Besucher in Deutschland
in Millionen

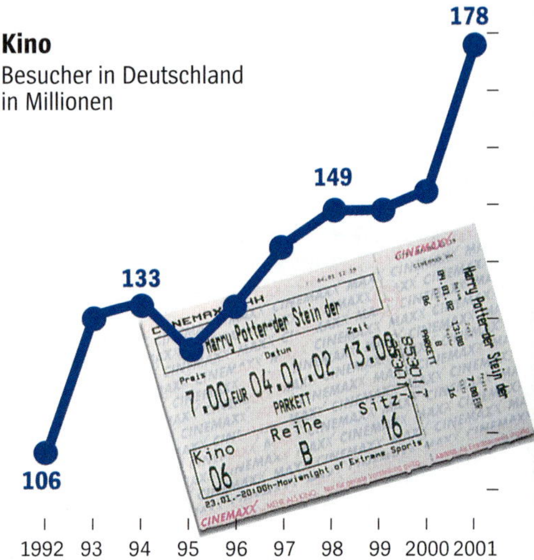

Theater
Besucher in staatlichen und
privaten Theatern in Deutschland
in Millionen

wuchsen 2001 langsamer als im Vorjahr: Hatte sich ihr Umsatz im Jahr 2000 noch um satte 12,2 Prozent erhöht, waren es im Jahr 2001 nur noch 4,4 Prozent.
Neben dem Buchhandel hat vor allem die Musikindustrie zu kämpfen, deren Umsätze rauschten im Jahr 2001 ebenfalls in den Keller. Der Spaß am Kino ist dagegen weiter ungebrochen. 178 Millionen Eintrittskarten wurden im Jahr 2001 verkauft. Und auch die Theater können zufrieden sein. In der Saison 2000/2001 – aktuellere Zahlen liegen noch nicht vor – registrierten staatliche und private Häuser zusammen 31,5 Millionen Besucher. Bei den Ausgaben für Freizeit und Kultur lagen die Deutschen im Jahr 1999 innerhalb der Europäischen Union an vierter Stelle. 11,9 Prozent ihrer Haushaltsaufwendungen gaben sie für Bücher, Musik und kulturelle Veranstaltungen aus. Nur die Schweden, Briten und Österreicher ließen sich dieses Vergnügen mehr kosten.

Ausgaben für Kultur und Freizeit

Anteil an den Haushaltsaufwendungen in verschiedenen europäischen Ländern; 1999 in Prozent

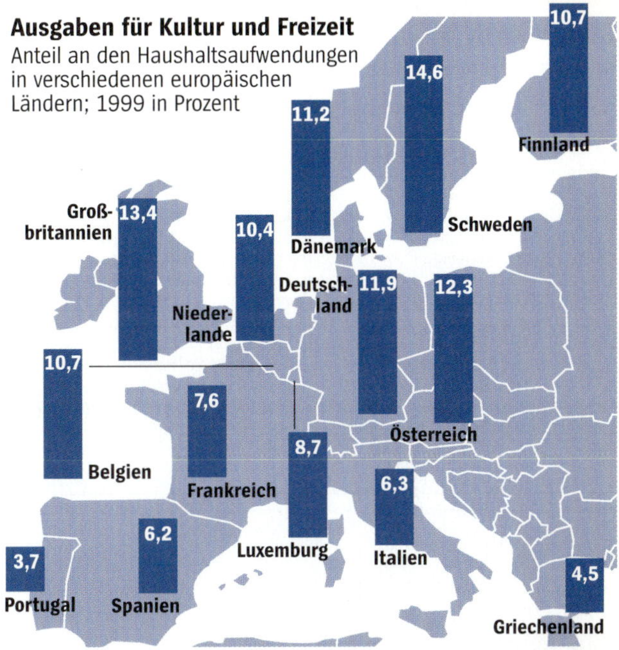

»Das Kabinett des Doktor Caligari«-Aufführung am Deutschen Theater Berlin, März 2002

I. FREESE/DRAMA

Kino

In Zeiten der Krise verlangen die Menschen nach Ablenkung – und die suchen sie derzeit vor allem im Kino. Ende 2001 konnte die amerikanische Filmindustrie einen neuen Kassenrekord vermelden. Und bereits im folgenden Mai konnte sie hochrechnen, dass das Jahr 2002 noch erfolgreicher werden wird.
Nach dem 11. September hatten sich die großen Studios erschüttert gezeigt und zunächst der Gewalt abgeschworen. Die Tatsache, dass die Aufnahmen vom World Trade Center fatal an Bilder aus Action- und Katastrophenfilmen erinnerten, warf die Frage nach der geistigen Urheberschaft für die Anschläge auf. Eilig wurde der Start von 45 Filmen verschoben. Doch schon bald stellte sich heraus, dass die Menschen auch weiterhin Gewalt sehen wollten. Prompt wurde der Kinostart von »Black Hawk Down«, »Behind Enemy Lines« und »We were Soldiers« vorgezogen. Die Kriegsfilme – alle drei bereits vor den Anschlägen abgedreht – passten zur patriotischen Gefühlswoge, die Amerika seit dem 11. September erfasst hat.
Auch die deutsche Filmindustrie schätzt, dass 2002 noch mehr Einnahmen erbringen wird als das Jahr zuvor – 2001 hatten die Kinos mit 178 Millionen Besuchern einen neuen Rekord verzeichnet. Dabei konnte der deutsche Film seinen Marktanteil von 12,5 Prozent (2000) auf 18,4 Prozent steigern. Größter Hit war die Winnetou-Parodie »Der Schuh des Manitu«. Den Indianer-Ulk wollten knapp 11 Millionen Menschen sehen. Seitdem sind alle Dämme gebrochen, 2002 kam eine Lachnummer nach der anderen auf die Leinwand. Auch das passt zur Lage – in Zeiten der Krise ist die Sehnsucht nach Klamauk bekanntlich besonders groß.

Die erfolgreichsten Filme 2001

weltweit; Einspielergebnisse in Millionen US$

1.	Harry Potter u. d. Stein der Weisen	750
2.	Shrek	466
3.	Pearl Harbor	450
4.	Die Mumie kehrt zurück	429
5.	Jurassic Park III	364
6.	Planet der Affen	358
7.	Hannibal	350
8.	Der Herr der Ringe	339
9.	Verschollen	317
10.	Rush Hour II	311

Die erfolgreichsten Filme aller Zeiten

Einspielergebnisse in Millionen US$

1.	Titanic 1997	1835
2.	Harry Potter u. d. Stein d. Weisen 2001	966
3.	Star Wars: Episode I 1999	922
4.	Jurassic Park 1993	920
5.	Der Herr der Ringe 2001	852
6.	Independence Day 1996	811
7.	Star Wars 1977	798
8.	Der König der Löwen 1994	768
9.	E. T. der Außerirdische 1982	757
10.	Forrest Gump 1994	679

Quelle: Variety

Die teuersten Filme aller Zeiten

Filmtitel	Produktionsfirma	Premiere	Herstellungskosten in Millionen US$
Titanic	Paramount/Fox	1997	200
Dinosaurier	Disney	2000	200
Waterworld	Universal	1995	175
Wild Wild West	Warner Bros.	1999	175
Speed II	Fox	1997	150
Armageddon	Disney	1998	150
Leathal Weapon IV	Warner Bros.	1998	140
Pearl Harbor	Disney	2001	140
Teuerster Europäischer Film			
Duell – Enemy at the Gates D/GB/IR		2001	88

RTL »Titanic«

Die erfolgreichsten deutschen Filme

Besucher in deutschen Kinos 2001

Quelle: FFA, Verband der Filmverleiher

1.	Der Schuh des Manitu	**10 758 543**
2.	Amelie (Koproduktion)	**2 525 272**
3.	Der kleine Eisbär	**2 415 431**
4.	Mädchen, Mädchen	**2 037 675**
5.	Emil und die Detektive	**1 617 733**
6.	Das Experiment	**1 616 071**
7.	Das Sams – Der Film	**1 541 187**
8.	Jetzt oder nie	**1 191 000**
9.	Pettersson und Findus (Koprod.)	**1 086 966**
10.	Schule	**926 107**

»Der kleine Eisbär«

CINETEXT

Die schönsten US-Liebesfilme

Rund 1800 Regisseure, Schauspieler, Kritiker und Studiomitarbeiter stimmten ab. Insgesamt waren 400 Filme nominiert.

1.	Casablanca	1942
2.	Vom Winde verweht	1939
3.	West Side Story	1961
4.	Ein Herz und eine Krone	1953
5.	Die große Liebe meines Lebens	1957
6.	So wie wir waren	1973
7.	Doktor Schiwago	1965
8.	Ist das Leben nicht schön?	1946
9.	Love Story	1970
10.	Lichter der Großstadt	1931

Quelle: American Film Institut

»Casablanca«

CINETEXT

Filmpreisträger 2002

	Oscar Hollywood	Goldene Palme Cannes	Goldener Bär Berlin	Deutscher Filmpreis Berlin
Bester Film	**A Beautiful Mind**	**Der Pianist**	**Bloody Sunday**	**Nirgendwo in Afrika**
Beste Hauptdarstellerin	Halle Berry (Monster's Ball)	Kati Outinen (Mies vailla menneisyyttä)	Halle Berry (Monster's Ball)	Martina Gedeck (Bella Martha)
Bester Hauptdarsteller	Denzel Washington (Training Day)	Olivier Gourmet (Le fils)	Jacques Gamblin (Laissez-Passer)	Daniel Brühl (u. a. für Nichts bereuen)
Beste Regie	Ron Howard (A Beautiful Mind)	Im Kwon-taek Südkorea (Chihwaseon) Paul Thomas Anderson USA (Punch-drunk Love)	Otar Iosseliani (Lundi Martin)	Caroline Link (Nirgendwo in Afrika)

Schwarzer Triumph

Washington, Berry Eine kleine Sensation

F. M. BROWN/GETTY IMAGES

Das Ergebnis kam nicht unerwartet und war doch eine kleine Sensation – erstmals gingen die beiden Hauptrollen-Oscars an zwei schwarze Schauspieler. Denzel Washington wurde als bester Hauptdarsteller für seinen Part in »Training Day« ausgezeichnet, Halle Berry bekam die Trophäe für ihre Rolle in »Monster's Ball« und ist die erste Afroamerikanerin, die jemals in dieser Kategorie gewann. »74 Jahre haben wir für den Weg hierher gebraucht«, sagte sie in ihrer Ansprache unter Tränen. »Diese Trophäe gehört all jenen namenlosen farbigen Frauen, für die heute Abend eine Tür geöffnet wurde.« Berry möchte in die Fußstapfen von Sidney Poitier treten. Er bekam die goldene Statuette 1963 für seine Hauptrolle in »Lilien auf dem Felde« und wurde zum Vorbild für viele. Seit Poitiers Erfolg wurden insgesamt 152 Schauspiel-Oscars vergeben. Lediglich vier davon – allesamt Auszeichnungen für Nebendarsteller – wanderten in schwarze Hände.

Kunst

Das Kunstereignis des Jahres 2002 war die Documenta 11 in Kassel. Der diesmalige künstlerische Leiter der Weltausstellung für Gegenwartskunst, der Nigerianer Okwui Enwezor, sorgte für Furore. Niemals zuvor ist wohl so viel über einen Documenta-Kurator und seine Auswahl geschrieben worden. Viel zu viel politischen Anspruch und viel zu wenig Sinnlichkeit hatten die Kritiker ihm zuvor unterstellt und wurden dann doch positiv überrascht. Trotz des großen Medienrummels blieb die Besucherzahl im Rahmen des Üblichen.
Im Mai 2002 kam einer der ungewöhnlichsten Beutezüge der letzten Jahre ans Licht. Nicht etwa wegen des Geldes, sondern aus Liebe zur Kunst stahl sich der Elsässer Stéphane Breitwieser seine persönliche Sammlung zusammen. Der Raubzug durch europäische Museen und Galerien dauerte fast sieben Jahre, am Ende hatte der 31-Jährige mehr als 200 Kunstgegenstände beisammen. Breitwieser wurde bereits im November 2001 festgenommen. Als die Polizei die Objekte im Haus seiner Mutter beschlagnahmen wollte, war der Schatz verschwunden. Die Dame hatte mehr als 100 Kunstobjekte in den Rhein-Rhône-Kanal geworfen sowie an die 60 Gemälde Alter Meister klein geschnitten und in den Müllschlucker gesteckt. Der Wert der zerstörten Kunstwerke: etwa 1,5 Milliarden Euro.
Nicht geklaut, sondern gekauft wurde im selben Jahr Max Beckmanns »Selbstbildnis mit Horn«. Es kam bei Sotheby's unter den Hammer und erzielte den stolzen Preis von 25,5 Millionen Euro. Damit ist es das teuerste deutsche Gemälde aller Zeiten.

Teuerste Gemälde 2001

		Verkaufspreis in Millionen Euro
1	**Die Montagne Sainte-Victoire,** Paul Cézanne, 1888/90	43,0
2	**Selbstbildnis mit Horn,** Max Beckmann, 1938	25,5
3	**Mädchen mit Puppe,** Paul Cézanne, 1902/04	18,7
4	**Der Motor,** Fernand Léger, 1918	18,6
5	**Heuhaufen in der Abendsonne,** Claude Monet, 1902	16,6
6	**Das Londoner Parlament in der Abendsonne,** Claude Monet, 1890	16,5
7	**Bildnis von Omai,** Joshua Reynolds, 1774	16,5
8	**Lesende,** Auguste Renoir, 1877	14,8
9	**Bildnis von Mme K.,** Joan Miró, 1924	14,0
10	**Bildnis eines bärtigen Mannes,** Rembrandt, 1633	13,7

77,3 Millionen Euro

Teuerstes Gemälde aller Zeiten

AKG

Kindermord von Bethlehem
Peter Paul Rubens, 1610

Teuerste Gemälde aller Zeiten

		Verkaufspreis in Millionen Euro
1	**Kindermord von Bethlehem,** Peter Paul Rubens, um 1610	77,3
2	**Porträt des Dr. Gachet,** Vincent van Gogh, 1890	69,0
3	**Au Moulin de la Galette,** Auguste Renoir, 1876	65,4
4	**Frau mit verschränkten Armen,** Pablo Picasso, 1902	63,9
5	**Selbstbildnis ohne Bart,** Vincent van Gogh, 1889	61,3
6	**Stillleben mit Vorhang, Krug und Obstschale,** Paul Cézanne, 1893/94	56,1
7	**Pierrettes Hochzeit,** Pablo Picasso, 1905	48,3
8	**Sitzende Frau im Garten,** Pablo Picasso, 1938	47,3
9	**Ich, Picasso,** Pablo Picasso, 1901	46,7
10	**Schwertlilien,** Vincent van Gogh, 1889	46,0

Teuerstes deutsches Gemälde

AKG

25,5 Millionen Euro

Selbstbildnis mit Horn
Max Beckmann, 1938, verkauft 2001

Weltausstellung der Gegenwartskunst

Besucherzahlen der Documenta 1 bis 11

		Besucher	Kuratoren
1	Kunst des XX. Jahrhunderts, 1955	130 000	Arnold Bode 1955 bis 1964
2	Kunst nach 1945, 1959	134 000	
3	Internationale Ausstellung, 1964	200 000	
4	Internationale Ausstellung, 1968	221 000	Documenta-Rat
5	Befragung der Realität – Bildwelten heute, 1972	220 000	Harald Szeemann
6	Documenta 6, 1977	355 000	Manfred Schneckenburger
7	Documenta 7, 1982	380 000	Rudi Fuchs
8	Documenta 8, 1987	486 000	Manfred Schneckenburger
9	Documenta 9, 1992	609 000	Jan Hoet
10	Documenta 10, 1997	631 000	Catherine David
11	Documenta 11, 2002	bei Redaktionsschluss noch nicht zu Ende	Okwui Enwezor

EVENTPRESS HERRMANN/ACTION PRESS

Okwui Enwezor

ULLSTEIN BILDERDIENST

Pergamon-museum

Die größten Kunstdiebstähle

Schätzwert in Millionen Euro

200 — **1990** Isabella Stewart Gardner Museum, Boston, elf Gemälde, darunter eines von Jan Vermeer

56 — **1993** Museum für Moderne Kunst, Stockholm, sieben Bilder und eine Skulptur von Pablo Picasso und Georges Braque
nach einem Monat 3 Picassos wieder aufgetaucht

35 — **1994** Frankfurter Schirn, zwei Gemälde von William Turner, eines von Caspar David Friedrich

1500 — **1995 bis 2001** In über 100 Museen, Galerien und Auktionshäusern in ganz Europa stahl der Elsässer Stéphane Breitwieser 239 Kunstwerke, darunter Bilder von Pieter Bruegel und Antoine Watteau
nach seiner Festnahme vernichtete Breitwiesers Mutter ein Großteil der Objekte

30 — **1998** Nationalgalerie für Moderne Kunst, Rom, zwei Gemälde von Vincent van Gogh, eines von Paul Cézanne
nach zwei Monaten wieder aufgetaucht

30 — **2000** Nationalmuseum Stockholm, zwei Gemälde von Auguste Renoir, eines von Rembrandt
2001: ein Renoir wieder aufgetaucht

50 — **2001** Privatwohnung der Kunstsammlerin Esther Koplowitz in Madrid. 13 Gemälde und 6 Statuen, darunter Gemälde von Francisco de Goya und Pieter Bruegel
2002: die Polizei stellte 10 Gemälde sicher

Zahl der als gestohlen registrierten Gemälde und Zeichnungen bekannter Künstler

Pablo Picasso	388
Joan Miró	326
Marc Chagall	264
Salvador Dalí	200
Albrecht Dürer	184
Andy Warhol	142
Auguste Renoir	126
Rembrandt	125
David Teniers*	112
Henry Moore	87
Peter Paul Rubens	85
Henri Matisse	78
Max Pechstein	61
Auguste Rodin	58

*Teniers der Ältere und der Jüngere

Quelle: The Art Loss Register

Kunstmuseen

weltweit in Millionen Besuchern 2001

Metropolitan Museum of Art New York	5,4
National Gallery London	4,9
British Museum London	4,8
Louvre Paris	2,7
Prado Madrid	1,8
Centre Pompidou Paris	1,3
Uffizien Florenz	1,2
Museum of Modern Art New York	1,2
Pergamonmuseum Berlin	0,8

Musik

Die internationale Musikindustrie hat im Jahr 2001 starke Umsatzeinbußen hinnehmen müssen. Um 5 Prozent sind die Einnahmen zurückgegangen. Der Verkauf von CD-Alben sank weltweit um 5 Prozent, der von Cassetten um 10 Prozent und der von Singles gar um 16 Prozent. Die mittlerweile weit verbreiteten CD-Brenner und eine wachsende Konkurrenz durch Video- und Computerspiele ruinieren den Profit der Branche. Ein neuer Kopierschutz soll nun das Raubkopieren verhindern – oder zumindest erschweren. Doch auch die gestiegenen Preise für CDs halten vermutlich so manchen Hörer vom Kauf ab. Zum Ärger der Konzerne meutern auch noch die Musiker: Der Interessenverband Recording Artists Coalition protestiert gegen die branchenüblichen Knebelverträge. Eine Klausel – sie bindet die Künstler bei Abschluss eines Vertrags über sieben Jahre an eine Firma – ist besonders unbeliebt.

Musikarten nach Umsatz 2001

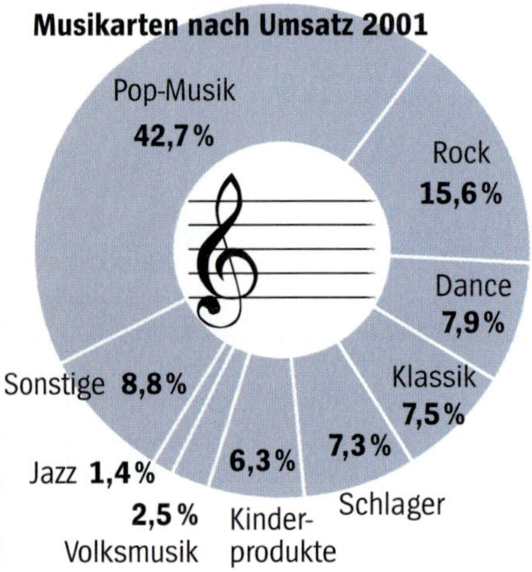

Top Ten Singles
Die zehn meistverkauften Singles in Deutschland 2001

1	Daylight in Your Eyes	No Angels
2	Only Time	Enya
3	Played-A-Live	Safri Duo
4	Can't Get You out of My Head	Kylie Minogue
5	Butterfly	Crazy Town
6	Whole Again	Atomic Kitten
7	Teenage Dirtbag	Wheatus
8	Follow Me	Uncle Kracker
9	Angel	Shaggy feat. Rayvon
10	Country Roads	Hermes House Band

Musikpreisträger 2002

Alicia Keys

K. DJANSEZIAN/AP

GRAMMY

Beste CD	Walk on (U2)
Bestes Album	O Brother, Where Art Thou?
Bester Song	Fallin' (Alicia Keys)
Newcomer	Alicia Keys

POP (Gesang)

Solokünstler	James Taylor
Solokünstlerin	Nelly Furtado
Band	U2
Album	Lovers Rock (Sade)

ECHO

POP/ROCK

männl. national	Peter Maffay
international	Robbie Williams
weibl. national	Sarah Connor
international	Dido
Gruppe national	No Angels
international	Destiny's Child
Pop-Single nat.	Daylight in Your Eyes (No Angels)
international	Only Time (Enya)

AMERICAN MUSIC AWARDS

POP/ROCK

Solokünstler	Lenny Kravitz
Solokünstlerin	Janet Jackson
Band	'N Sync
Album	Survivor (Destiny's Child)
Newcomer	Alicia Keys

Top Ten LPs
Die zehn meistverkauften LPs in Deutschland 2001

1	Elle'ments	No Angels
2	No Angel	Dido
3	Mutter	Rammstein
4	Hybrid Theory	Linkin Park
5	A Day Without Rain	Enya
6	1	The Beatles
7	Sing When You're Winning	Robbie Williams
8	J.Lo	Jennifer Lopez
9	Hits Pur – 20 Jahre eine Band	Pur
10	Hot Shot	Shaggy

Pop-Gruppe No Angels

2VISTA/ACTION PRESS

Tonträger
Gesamtumsatz von CDs, Cassetten und Schallplatten in Deutschland in Milliarden Euro

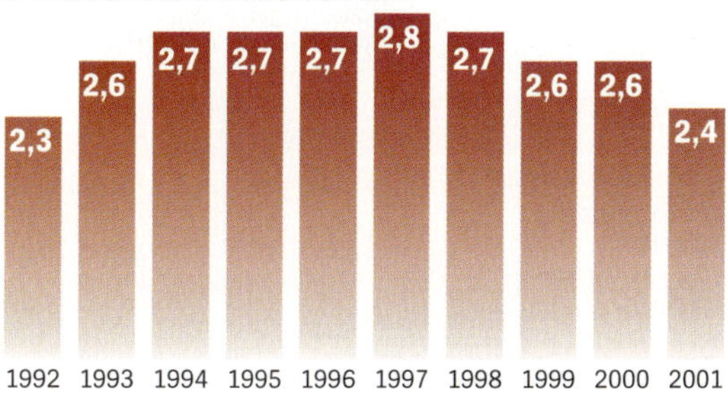

Top Ten Klassik
Die zehn meistverkauften Klassik-CDs in Deutschland 2001

1	Verdi	Andrea Bocelli
2	Kennedy Plays Bach	Kennedy/BP
3	Italian Arias	Cecilia Bartoli
4	Keyboard Concertos	M. Perahia/Academy of St. Martin in the Fields
5	The Vivaldi Album	Cecilia Bartoli/Giardino
6	Neujahrskonzert 2001	Harnoncourt/WP
7	Perahia Goldbergvariationen	Murray Perahia
8	Renée Fleming	Renée Fleming
9	Misa Criolla	Mercedes Sosa
10	Gala der Tenöre	German Tenors

Musikverlage
Die erfolgreichsten Plattenfirmen 2001 nach Marktanteilen

EMI	**33,63 %**
Warner	**16,33 %**
BMG Ufa	**12,32 %**
Universal Music	**9,34 %**
Sony ATV	**8,52 %**

Literatur

Drei Bücher brachten die Literaturszene im ersten Halbjahr 2002 in Wallung: Günter Grass erhielt viel Lob für seine packende Erzählung »Im Krebsgang« über die Tragödie des Flüchtlingsschiffs »Wilhelm Gustloff«, das 1945 versenkt wurde. Schon vor der Veröffentlichung erregte Martin Walsers Roman »Tod eines Kritikers« große Empörung: Im Mai hatte *FAZ*-Herausgeber Frank Schirrmacher abgelehnt, das Buch vorab zu drucken; anschließend debattierte die Öffentlichkeit über die Frage, ob der Roman einfach nur eine Abrechnung mit dem »Kritikerpapst« Marcel Reich-Ranicki darstellt oder auch antisemitische Tendenzen enthält. Der Suhrkamp Verlag zog daraufhin den Erscheinungstermin auf den 26. Juni vor. Fast zeitgleich erschien in Deutschland der Sensationserfolg des US-Autors Jonathan Franzen. Dessen Gesellschaftsroman »Die Korrekturen« verknüpft die großen Themen der Neunziger wie Börsenwahn und Internet-Boom mit dem Mikrokosmos einer amerikanischen Familie.

SPIEGEL-Bestseller-Liste nach verkauften Büchern im I. Halbjahr 2002

	Belletristik	Sachbuch
1	**Günter Grass** Im Krebsgang; Steidl	**Waris Dirie** Nomadentochter; Blanvalet
2	**Joanne K. Rowling** Harry Potter und der Gefangene von Askaban; Carlsen	**Dona Kujacinski, Peter Kohl** Hannelore Kohl. Ihr Leben; Droemer
3	**Joanne K. Rowling** Harry Potter und der Feuerkelch; Carlsen	**Stephen Hawking** Das Universum in der Nußschale; Hoffmann & Campe
4	**Joanne K. Rowling** Harry Potter und die Kammer des Schreckens; Carlsen	**Traudl Junge** Bis zur letzten Stunde. Hitlers Sekretärin erzählt ihr Leben; Claassen
5	**John Grisham** Der Richter; Heyne	**Kathrin Finke, Rainer Karchniwy** »Erzält mir doch nicht, dasset nich jeht«; Mitteldeutscher Verlag
6	**John Irving** Die vierte Hand; Diogenes	**Werner Tiki Küstenmacher, Lothar J. Seiwert** Simplify your life; Campus
7	**Joanne K. Rowling** Harry Potter und der Stein des Weisen; Carlsen	**Peter Scholl-Latour** Der Fluch des neuen Jahrtausends; C. Bertelsmann
8	**Paulo Coelho** Der Alchimist; Diogenes	**Helmut Schmidt, Sandra Maischberger** Hand aufs Herz; Econ
9	**Donna Leon** Das Gesetz der Lagune; Diogenes	**Dalai Lama** Der Weg zum Glück; Herder
10	**Henning Mankell** Wallanders erster Fall und andere Erzählungen; Zsolnay	**Spencer Johnson** Die Mäuse-Strategie für Manager; Ariston

So wird die Liste ermittelt

Die SPIEGEL-Bestsellerliste ist ein Klassiker, seit 1961 wird sie Woche für Woche zusammengestellt. Lange geschah das auf der Basis von Befragungen. 250 ausgewählte Buchhandlungen wurden dafür jede Woche kontaktiert. Seit September 2001 gibt es ein neues Verfahren – nun werden die Verkaufsdaten direkt an der Ladenkasse erfasst und via Datenleitung übertragen. Das macht die Bestsellerliste noch zuverlässiger und aktueller.

Jahresbestseller 1991 bis 2001

Belletristik und Sachbuch

Jahr	Belletristik	Sachbuch
1991	**Pilcher** Die Muschelsucher	**Tannen** Du kannst mich einfach nicht verstehen
1992	**Gordon** Der Schamane	**Baigent/Leigh** Verschlußsache Jesus
1993		**Ogger** Nieten in Nadelstreifen
1994	**Gaarder** Sofies Welt	
1995		**Wickert** Der Ehrliche ist der Dumme
1996	**Evans** Der Pferdeflüsterer	**Ehrhardt** Gute Mädchen kommen in den Himmel, böse überall hin
1997	**Fredriksson** Hannas Töchter	
1998		**Carnegie** Sorge dich nicht, lebe!
1999	**Irving** Witwe für ein Jahr	**Dirie** Wüstenblume
2000	**Rowling** Harry Potter und der Stein der Weisen	**Reich-Ranicki** Mein Leben
2001		**Haffner** Geschichte eines Deutschen

Literatur-Preisträger 2001/2002

Preisgelder in Euro

Kleist-Preis

2001	Judith Hermann	20 450
2002	Martin Mosebach	20 000

Bremer Literaturpreis

2001	Alexander Kluge	15 340
2002	W. G. Sebald (posthum)	15 500

Friedenspreis des deutschen Buchhandels

2001	Jürgen Habermas	12 780
2002	Chinua Achebe	15 000

Friedrich-Hölderlin-Preis der Stadt Bad Homburg

2001	Dieter Wellershoff	12 780
2002	Robert Menasse	12 500

Joseph-Breitbach-Preis

2001	Thomas Hürlimann, Ingo Schulze, Dieter Wellershoff	130 380
2002	Elazar Benyoëtz, Erika Burkart, Robert Menasse	120 000

Ludwig-Börne-Preis

2001	Rudolf Augstein	20 450
2002	Hans Magnus Enzensberger	20 000

Georg-Büchner-Preis

2001	Friederike Mayröcker	30 680
2002	Wolfgang Hilbig	40 000

Ausgewählte deutschsprachige Publikumsverlage

Umsatz, Novitäten und Mitarbeiter 2001; die integrierten Verlage stellen meist eine Auswahl dar.

€ Umsatz · V integrierte Verlage · ! Neuerscheinungen · Mitarbeiter

	Verlagsgruppe Random House/Bertelsmann	Ullstein Heyne List	Weltbild (ohne Droemer Weltbild)	Verlagsgruppe Georg von Holtzbrinck (ohne Droemer Weltbild, Angaben geschätzt)
Umsatz	243,3 Mio. Euro	178,3	156,1	133,0
integrierte Verlage	C. Bertelsmann, Blanvalet, Goldmann, Blessing, Knaus	Econ, Ullstein, List, Claassen, Heyne	Bechtermünz, Weltbild	S. Fischer, Rowohlt, Kiepenheuer & Witsch
Neuerscheinungen	1400	2440	424	950
Mitarbeiter	398	425	451	310

	Droemer Weltbild (gehört zu je 50 Prozent zu Weltbild und Holtzbrinck)	Hanser	DTV	Suhrkamp	Diogenes
Umsatz	82,9 Mio. Euro	57,2	52,0	45,5 geschätzt	39,7
integrierte Verlage	Droemer, Scherz, Knaur	Zsolnay	–	Insel	–
Neuerscheinungen	756	437	500	527	85
Mitarbeiter	184	190	90	140	62

	Deutsche Verlags-Anstalt	Carlsen	Hoffmann und Campe	Aufbau
Umsatz	38,3 Mio. Euro	34,8	23,0	13,3
integrierte Verlage	–	–	–	Rütten & Loening
Neuerscheinungen	154	387	81	327
Mitarbeiter	170	60	75	60

Medien

Die Medien galten als Wachstumsmarkt. Jetzt ist alles anders, die Branche steckt in der wohl tiefsten Krise der Nachkriegszeit. Daran sind sinkende Verkaufszahlen, steigende Papierpreise, vor allem aber der dramatische Schwund der Werbeanzeigen Schuld. Besonders schlecht geht es den Tageszeitungen: 2001 mussten die Verlage ein Umsatzminus in Höhe von 8,2 Prozent hinnehmen. Im ersten Halbjahr 2002 verschlimmerte sich die Lage weiter, der Anzeigenumfang sank um 14,4 Prozent. Auch die Zeitschriften hatten unter dem Anzeigenrückgang zu leiden. Konsequenz ist ein ungeahnter verlegerischer Kehraus. Einige Zeitungen und Magazine wurden eingestellt wie zum Beispiel die angesehene Hamburger Wochenzeitung *Die Woche* der Ganske-Gruppe. Einzelne Verlagshäuser kündigten Stellenabbau in dreistelliger Höhe an. Auch die Fernsehsender blieben von der Krise nicht verschont und mussten rückläufige Werbeeinnahmen verzeichnen. Besonders einschneidend war der Zusammenbruch des Kirch-Konzerns im Frühjahr 2002. Durch Zukäufe hoch verschuldet geriet außerdem der französische Mediengigant Vivendi Universal ins Trudeln.

Die größten Medienkonzerne der Welt

Umsatz 2001* in Milliarden US$

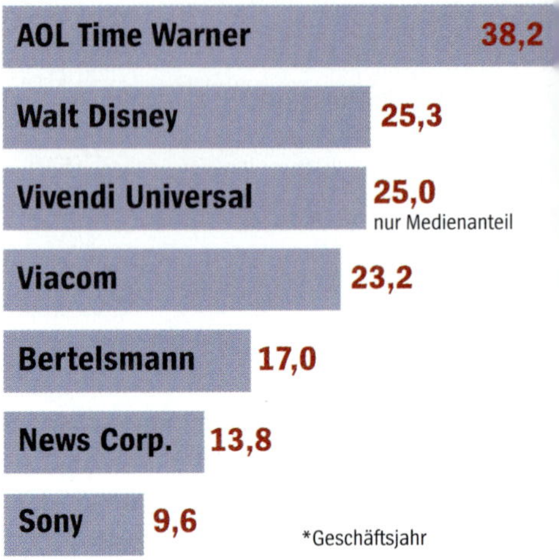

Die größten deutschen Verlage

Umsatz 2001 in Milliarden Euro, Produkte und Beteiligungen

Gruner + Jahr 3,04

- 36 Zeitschriften in Deutschland, darunter *Stern, Geo, Brigitte*
- Zeitungen in Deutschland: *Sächsische Zeitung, Financial Times Deutschland*
- über 50 Zeitschriften im Ausland, darunter USA, Frankreich, Spanien, Polen
- 24,8 % am Spiegel-Verlag
- Beteiligungen an Zeitungen in Osteuropa
- 56 % an Verlagsgruppe News

Axel Springer 2,86

- 18 Zeitungen in Deutschland
- 22 Zeitschriften, darunter *Allegra, Hörzu, Bild der Frau, Maxim*
- Zeitungen und Zeitschriften in Polen, Schweiz, Ungarn, Spanien, Frankreich, Österreich, Tschechien, Rumänien
- Buchverlage (darunter Heyne, Econ, Ullstein, List)
- Beteiligungen an 7 Hörfunkgesellschaften
- TV-Produktionsfirmen, Beteiligung an ProSiebenSat.1 Media AG

Holtzbrinck 2,37

- Buchverlage Belletristik/Sachbuch (z. B. S. Fischer, Rowohlt, Kiepenheuer & Witsch)
- Buchverlage Bildung/Wissenschaft (z. B. Schroedel Verlag, Verlag Moritz Diesterweg)
- Zeitungen: *Die Zeit, Der Tagesspiegel*
- Verlagsgruppe Handelsblatt
- Regionalzeitungen: u. a. *Lausitzer Rundschau, Saarbrücker Zeitung, Südkurier, Berliner Zeitung*
- Fernsehproduktionen

WAZ-Gruppe 1,90*

- 25 Zeitungen
- 28 Publikumszeitschriften
- Anteil an RTL Group, Radiobeteiligungen
- 130 Anzeigenblätter
- Zeitungen in Österreich, Bulgarien, Ungarn

*geschätzt

Bauer 1,70

- 33 Zeitschriften in Deutschland, darunter *Bravo, Neue Post*
- 68 Zeitschriften in Europa
- 7 Zeitschriften in den USA
- Regionalzeitung *Magdeburger Volksstimme*
- Beteiligung am TV-Sender RTL II

Burda 1,40

- mehr als 50 Zeitschriften in Deutschland, darunter *Focus, Bunte, Super Illu*
- Beteiligung an Titeln der Verlagsgruppe Milchstraße wie *Max, Amica, TV Spielfilm*
- *Schweriner Volkszeitung*, 155 Zeitschriften in Italien, Asien und Osteuropa
- Radiobeteiligungen

Überregionale Tageszeitungen

nach Auflage im zweiten Quartal 2002

Bild	4 219 722
Süddeutsche Zeitung	443 244
Frankfurter Allgemeine Zeitung	397 666
Die Welt	235 521
Frankfurter Rundschau	185 835
Handelsblatt	143 006
Financial Times Deutschland	82 787
die tageszeitung	59 795

Quelle: IVW

Zeitschriften und Magazine

nach Auflage im zweiten Quartal 2002, Auswahl

ADAC Motorwelt*	13 352 325
TV Movie	2 340 590
TV Spielfilm	2 103 225
Hörzu	1 906 255
DER SPIEGEL	1 072 950
Stern	1 056 250
Brigitte	801 574
Bunte	780 238
Focus	747 806
Super Illu	595 973
Max	263 298

*Mitgliederzeitschrift

2001 und 2002 eingestellte Zeitungen und Zeitschriften

	2001
Life & Style (G + J)	Febr.
e-Business (VG Handelsblatt)	März
SPIEGEL reporter	
Business 2.0 (Future)	April
TV total (TV total Print)	Mai
Net-Business (VG Milchstraße)	Juli
20 Minuten Köln (Gratiszeitung)	
Net Investor (Net-Investor)	
Modern Living (Motor-Presse)	Nov.
	2002
Bizz (G + J)	Jan.
Aktien & Co. (Springer)	März
Die Woche (Ganske)	
Online Today (G + J)	Mai
Telebörse (VG Handelsblatt)	Juni
Jetzt (Süddeutscher Verlag)	Juli

Mit Quiz Quote machen

In den USA haben die Zuschauer den Spaß an Quizshows längst verloren. Die Deutschen können dagegen vom Raten nicht lassen. Mit 8 bis 10 Millionen Zuschauern macht Günther Jauch mit »Wer wird Millionär?« die erfolgreichste Unterhaltungssendung hinter »Wetten, dass..?«. Beliebtester Sender der Altersgruppe 14 bis 49 – bei der Werbeindustrie besonders begehrt – ist RTL mit einem Marktanteil von 17,3 Prozent. ARD (9,8%) und ZDF (8,8%) folgen abgeschlagen auf Platz 4 und 5. Nimmt man jedoch die übrigen Zuschauer hinzu, sieht das Bild ganz anders aus – dann liegt die ARD mit 14,6 Prozent an erster Stelle. RTL folgt auf Platz 2 (14,5%), das ZDF auf Platz 3 (14,1%).

Fernsehsender nach Marktanteilen

erstes Halbjahr 2002

ARD	14,6
RTL	14,5
ZDF	14,1
ARD Dritte	12,8
SAT.1	9,9
ProSieben	7,0
KABEL 1	4,5
RTL II	4,1
VOX	3,2

Die erfolgreichsten Nachrichtensendungen ...

Zuschauer in Millionen 2001

Tagesschau mit Dritten, 20.00 Uhr	9,1
heute 19.00 Uhr	4,8
RTL aktuell 18.45 Uhr	3,8
heute-journal 21.45 Uhr	3,7
Tagesthemen 22.30 Uhr	2,3
Sat. 1 18.30	2,0
ProSieben Nachrichten 20.00 Uhr	1,1
RTL Nachtjournal 0.00 Uhr	1,1
heute nacht 0.00 Uhr	0,7
ARD-Nachtmagazin 0.30 Uhr	0,5

... und die beliebtesten Nachrichtensprecher und -moderatoren

1.

I. STOLTE/DDP

Eva Herman, ARD

2.

RTL

Peter Kloeppel, RTL

3.

D. POKLEKOWSKI

Ulrich Wickert, ARD

4.

A. KIRCHHOF/ACTION PRESS

Petra Gerster, ZDF

Theater

Jurorenbeschimpfungen gehören zum Theatertreffen-Ritual: Seit 39 Jahren lädt eine Jury die besten deutschsprachigen Inszenierungen der Saison in die Hauptstadt ein. Im Mai 2002 gab sich das Berliner Theatertreffen strikt neuerungssüchtig. Ältere Regie-Stars wie Luc Bondy, Peter Zadek und Claus Peymann blieben unberücksichtigt. Entrüstet organisierte Peymann daraufhin eine Konkurrenzveranstaltung. Er lud die ebenfalls Verschmähten ein und präsentierte in seinem Berliner Ensemble das »einzig wahre Berliner Theatertreffen«. Uraufführungen und Klassiker bestimmten in der Saison 2000/2001 einmal mehr die Spielpläne. Es gab insgesamt 245 Uraufführungen, 34 mehr als in der vorherigen Saison. Die meisten Zuschauer erreichten jedoch Klassiker wie »Romeo und Julia«, das mit 179 300 Besuchern in 397 Aufführungen bei insgesamt 20 Inszenierungen auf Platz eins stand. Das spektakulärste Ereignis der Spielzeit war Peter Steins Inszenierung des kompletten »Faust«-Textes im Rahmen der Weltausstellung EXPO 2000 in Hannover und im Lauf der Spielzeit auch in Berlin und Wien.

Die besten deutschsprachigen Inszenierungen

Spielzeit 2001/2002, ausgewählt von der Jury des Berliner Theatertreffens

	Regie	Theater
Erniedrigte und Beleidigte Dostojewski	F. Castorf	Volksbühne Berlin
Prater-Trilogie Pollesch	R. Pollesch	Volksbühne Berlin
Die schöne Müllerin Schubert	C. Marthaler	Schauspielh. Zürich
Drei Schwestern Tschechow	S. Pucher	Schauspielh. Zürich
Alibi (Tanztheater) Stuart	M. Stuart	Schauspielh. Zürich
Traum im Herbst Fosse	L. Perceval	Münchner Kammerspiele
Alkestis Euripides	J. Wieler	Münchner Kammerspiele
Thyestes – Der Fluch der Atriden Claus/Seneca	S. Kimmig	Staatstheater Stuttgart
John Gabriel Borkmann Ibsen	S. Nübling	Schauspiel Basel
Hamlet Shakespeare	N. Stemann	Schauspiel Hannover

Die meistgespielten Autoren

in deutschen Theatern, in der Spielzeit 2000/2001

		Werke	Inszenierungen	Aufführungen
1	**W. Shakespeare**	23	126	2041
2	**J. W. von Goethe**	15	63	884
3	**J. B. Molière**	7	35	736
4	**N. Simon**	4	13	696
5	**F. Schiller**	9	39	681
6	**H. von Kleist**	9	37	654
7	**O. Preußler**	4	18	621
8	**L. Hübner**	8	38	615
9	**E.-E. Schmitt**	6	22	588
10	**Y. Reza**	3	33	560

Subventionen

staatlicher und privater Theater großer Städte durch Land und Gemeinden 2000/2001 in Tausend Euro

Berlin	88 223
München	63 519
Hamburg	43 183
Frankfurt am Main	20 707
Dresden	19 584

Die bedeutendsten deutschen Schauspielhäuser

Besucher in der Saison 2000/2001 und Sitzplätze

staatlich privat

	Besucher	Plätze alle Spielstätten
Bayerisches Staatsschauspiel	217 326	1704
Staatstheater Stuttgart	214 982	1185
Thalia Theater Hamburg	214 900	1395
Berliner Ensemble	166 298	773-1046
Deutsches Schauspielhaus Hamburg	160 305	1142
Volksbühne Berlin	149 666	752
Deutsches Theater/Kammerspiele Berlin	148 925	1196
Schauspiel Frankfurt	117 041	961
Schaubühne am Lehniner Platz Berlin	97 384	1335
Münchner Kammerspiele	62 050	975

Personen des Jahres

Joseph S. Blatter
*10. März 1936

Shawne und Thomas Borer-Fielding
*27. Juni 1969
*29. Juli 1957

Joseph S. Blatter

Der Sieger nutzte seinen Triumph für eine große Geste. Kaum war Joseph S. Blatter wieder gewählt worden als Präsident des Weltfußballverbands Fifa, nahm der Funktionär aus dem Wallis vor laufenden Kameras sein Enkelkind auf den Arm und herzte es innig. Alle Welt sollte sehen, wie friedliebend er ist.

Dann wischte der frühere Oberst im Generalstab der Schweizer Armee mit einem Taschentuch die Augen trocken, ließ sich ein Mikrofon reichen und beschwor in vier Sprachen und mit reichlich Pathos in der Kehle den »Frieden und die Einheit der weltweiten Fußballfamilie«.

Der schwülstige Appell im Kongresssaal des Nobelhotels Hilton in Seoul zeigte Wirkung. Die Delegierten aus 202 Nationen erhoben sich, und minutenlang beklatschten sie den in seinem Amt bestätigten Fifa-Boss. Blatter, der sich mit 139:56 Stimmen klar gegen seinen afrikanischen Widersacher Issa Hayatou durchgesetzt hatte, badete im Beifall.

Der volkskammerähnliche Applaus indes war eine Farce. Denn vor dem Showdown am 29. Mai hatte monatelang ein offener Machtkampf im Fifa-Hauptquartier am Zürcher Sonnenberg getobt. Kein Zweifel: In Blatters erster Amtsperiode hat sich der Weltfußballverband in die tiefste Krise seiner fast 100-jährigen Geschichte manövriert.

Immer wieder musste sich der Fifa-Boss seit seiner Inthronisierung im Juli 1998 bohrende Fragen zu seinem Führungsstil gefallen lassen. Ständig wiederkehrende Vorwürfe: Günstlingswirtschaft und undurchsichtiges Finanzgebaren bei den milliardenschweren Transaktionen.

Höhepunkt einer scheinbar endlosen Skandalchronik indes war der 3. Mai. Vor versammelter Weltpresse präsentierte Fifa-Generalsekretär Michel Zen-Ruffinen an jenem Frühlingstag in Zürich ein über 20 Seiten starkes Dossier, in dem er Blatter unter anderem offen der Korruption bezichtigte. Wenige Tage später reichten 11 von 24 Fifa-Exekutivmitgliedern Strafanzeige gegen Blatter wegen »ungetreuer Geschäftsbesorgung« bei einem Zürcher Gericht ein.

Dass sich der höchst umstrittene Fifa-Chef trotz aller Anschuldigungen in seinem Amt gehalten hat, beweist sein Geschick als Strippenzieher. Unablässig reiste er in den letzten Tagen vor WM-Beginn durch Asien und Afrika, um seine Stimmen zu sichern.

Der Opposition im eigenen Haus hat sich Blatter derweil rasch entledigt. Mehrere ranghohe Angestellte der Fifa-Administration ersetzte der Machtmensch nach seiner Rückkehr aus Japan und Südkorea durch getreue Weggefährten. Mit seinem Intimfeind indes machte Blatter noch in Asien kurzen Prozess – den aufmüpfigen Generalsekretär Zen-Ruffinen drängte der Fußball-Boss bereits am Tag nach seiner Wiederwahl aus dem Amt.

Thomas und Shawne Borer-Fielding

Die Genugtuung kam spät, aber dafür in Form von viel Geld: Eine einstellige Millionensumme, zahlbar in Dollar, musste der Schweizer Verleger Michael Ringier an den Schweizer Botschafter a. D. Thomas Borer-Fielding überweisen. Das Friedensabkommen zwischen den beiden Widersachern, in aller Eile am 13. Juli 2002 gegen 23 Uhr unterzeichnet, war der Schlussstrich unter einen Medienskandal, der in der Schweiz zur Staatsaffäre geriet und den prominentesten Diplomaten der Alpenrepublik letztlich den Job kostete.

Zu Ostern 2002 hatte Ringiers Boulevard-Blatt *SonntagsBlick* eine halbseidene Enthüllungsgeschichte über den damaligen Star des Berliner Gesellschaftslebens publiziert. Die Story – »Borer und die nackte Frau« – suggerierte, Borer-Fielding habe eine heiße Affäre mit einer Berliner Visagistin verschwiegen (»Was geschah in der Botschaft?«). In Interviews verkündete die vermeintliche Geliebte des Botschafters, Djamile Rowe, zwischen ihr und dem damals 44-Jährigen sei »purer Sex« gewesen.

Borer-Fielding, der zum Zeitpunkt der Veröffentlichungen im Oster-Urlaub auf Mauritius weilte, dementierte; er sei Opfer einer Medien-Kampagne des Ringier-Verlages geworden, der nur nach einem Anlass gesucht habe, ihn abzuschießen.

Doch der Schweizer Außenminister Joseph Deiss, dem der populäre Spitzen-Diplomat schon mehrfach aus dem Ruder gelaufen war, nutzte die mediale Steilvorlage. Borer-Fielding müsse umgehend zum Rapport erscheinen, ließ Deiss seinen Sprecher fast zeitgleich mit dem Erscheinen des Sudel-Dossiers verkünden. Derart unter Druck gesetzt bat Borer-Fielding Tage später um Demission.

Wie kein anderer zuvor hatte Borer-Fielding den Arbeitsplatz eines Vertreters des diplomatischen Corps neu definiert. Mal hielt er eine launige Festrede beim Jahrestreffen des Aachener Karnevalsvereins, mal posierte seine attraktive Frau Shawne aufreizend als Cowgirl auf den Dächern der Schweizer Botschaft für eine Illustrierte. Angetreten, den »Mythos Matterhorn« zu modernisieren, waren »Botschafter Lustig«, wie Borer-Fielding genannt wurde, und seine blonde Ex-»Miss Dallas«, bald fester Bestandteil der Regierungsgesellschaft des neuen Berlin.

Das werden sie wohl auch in Zukunft bleiben. Denn ein Vierteljahr nach Borer-Fieldings Ausscheiden widerrief die Visagistin ihr vermeintliches Geständnis: Zwischen ihr und dem Botschafter habe es keinerlei sexuelle Affäre gegeben. Die Borers, mittlerweile im Potsdamer Prominenten-Domizil »Villa Kampffmeyer« zu Hause, schalteten in aller Stille eine Hand voll Anwälte ein und bereiteten eine Klage gegen den mächtigen Ringier-Verlag vor. Die Klage hätte, wäre sie medienwirksam in Dallas, dem Heimatort der Diplomaten-Gattin, eingereicht worden, den feinen Verleger Ringier wohl schwer getroffen – finanziell, vor allem aber publizistisch. Die Dollar-Millionen, öffentlichkeitswirksam mit einer spektakulären Entschuldigung des Verlegers verbunden, machten dem Rachefeldzug des Paares Borer-Fielding ein Ende.

Von der Mattscheibe wird das Prominenten-Paar dennoch nicht verschwinden. Keine zwei Wochen nach dem Dollar-Deal präsentierte sich Thomas Borer-Fielding erneut im Fernsehen, diesmal als Talkmaster – ausgerechnet in jenem Milieu, das ihm so schwer zugesetzt hat.

Okwui Enwezor

Okwui Enwezor
***1963**

Gleich dreifach trat Documenta-Leiter Okwui Enwezor bei der Eröffnung der Kasseler Kunstschau auf: Als Original, sowie – in perfekt gefertigten Masken – doppelt gedoubelt von dem Künstlerduo Böninger&Blau. Die heitere Performance war eine ironische Replik auf die Vereinnahmung der Kunst durch den Kurator.

Seit Okwui Enwezor, geborener Nigerianer mit Wohnsitz in New York, 1998 einstimmig zum Leiter der Documenta 11 gewählt wurde, ist über ihn mehr geschrieben und spekuliert worden, als jemals über einen anderen Kurator. Mühelos übertraf er den Rummel um seine Vorgängerin Catherine David.

Dabei hatte Okwui Enwezor aus seiner Vorstellung von einer Großausstellung nie einen Hehl gemacht. »Ich will keine bloße Kunstausstellung machen«, sagte er dem SPIEGEL, »sondern Kunst in einem Feld anderer kultureller Aktivitäten und Formen zeigen und eine Plattform bieten, auf der das vermittelt werden kann.« Das tat er dann auch. Schon vor der Documenta, auf so genannten Plattformen in Wien und Berlin, in Neu-Delhi, im karibischen St. Lucia und in Lagos. Es wurde diskutiert und vorgetragen, vermittelt wurde per Internet. Den meisten Kunstfreunden war das zu theoretisch, zu wenig war von Kunst und Ästhetik die Rede.

Und dann kam die Ausstellung mit 115 »transnationalen und transgenerationalen« Künstlern, mit vielen Videos, Filmen und Fotos und wenig Malerei. Mit viel Kritik bedacht. Als langweilig, konservativ, unsinnlich, puritanisch und humorlos abgetan. Als globale Vision gefeiert, als politisch und sozial reflektierte Haltung bejubelt. Und Enwezor, der Macher, endgültig ein Medienstar. Sein Credo, für ihn spiele die Nationalität von Künstlern keine Rolle mehr, hatte er eingelöst. Die Fragen nach Herkunft und Hautfarbe hatten ihn immer aufgebracht, er selber lebe »nicht in einer Welt von Schwarz und Weiß«. Dabei hatte Enwezor seinen Documenta-Job seiner multikulturellen Herkunft und seiner Kenntnis der afrikanischen Kunst zu verdanken.

Nach New York war Enwezor, als fünftes von sieben Kindern in der nigerianischen Provinz geboren, 1982 gekommen, um Literatur- und Politikwissenschaft zu studieren. Er wollte Schriftsteller werden, schrieb Gedichte, traf befreundete Künstler, ging in Ausstellungen und bemerkte, dass afrikanische Kunst in Amerika nicht präsent war. 1996 hatte er als Co-Kurator die Ausstellung »African Photographers, 1940 to the Present« erarbeitet, 1997 leitete er die zweite Biennale von Johannesburg. Danach plante er die Ausstellung »The Short Cen-

tury«, die in München, Berlin, Chicago und New York zu sehen war. Dann kam der Ruf nach Kassel, der Stadt, die er höflich lobte, in der er nachdenken könne und wohin er sogar zeitweilig seine Frau Muna und Tochter Uchena mitbrachte.
Für die Zeit nach der Documenta braucht Okwui Enwezor sich keine Sorgen zu machen. Gefallen würde ihm, »etwas Neues aufzubauen, institutionell und intellektuell, vor allem, was die Dritte Welt betrifft. Allein schon, um die Werte und Einstellungen, die der Westen für todsicher hält, ein bisschen zu erschüttern«. Zuzutrauen ist es ihm.

Pim Fortuyn
***19. Februar 1948**
†6. Mai 2002

Pim Fortuyn

Wimmetje gaat, Pimmetje komt. Das war der Schlachtruf der neuen Rechten in Holland. So hätte es kommen können. Nach acht Jahren als Chef der »violetten Koalition« wollte Ministerpräsident Wim Kok nach der Parlamentswahl im Mai 2002 nicht mehr im Amt bleiben. Und wenn die Umfragen nicht trogen, dann war Pim Fortuyn am Zug, der Tabubrecher aus Rotterdam, der versprochen hatte, die politische Klasse in den Niederlanden tüchtig aufzumischen. Einige sahen ihn schon als den neuen Premierminister. »Er hat uns die gelbe Karte gezeigt«, sagte Kok nicht ohne Bewunderung.
Der millionenschwere schwule Dandy, Professor und Zeitungskolumnist Pim fesselte und verwirrte sein Publikum, prügelte auf den lähmenden nationalen Konsens ein und gab dem Volk zu verstehen, alle Probleme dieser Welt könnten mit ein paar kräftigen Hieben leicht zerschmettert werden, wenn man nur fest und fröhlich genug zuschlage.
Pim Fortuyn hatte eine Menge neue Ideen; nicht alle waren seriös und kohärent. Nur der Stil, in dem er sie vortrug, war brillant. Deshalb liefen ihm die Massen zu, die genug hatten von den Beschwichtigungsfloskeln der Etablierten. Viele Niederländer fragten letzten Endes nicht danach, ob ihre Probleme mit Pim Fortuyns Methoden wirklich leichter zu lösen seien als mit dem abgedroschenen »gedogen«, dem Prinzip Duldung. Hauptsache, einer tat was – oder tat so, als könne er etwas tun.
Anderen galt Fortuyn als Extremist, tatsächlich war er nicht gerade ein Prediger multikultureller Gutnachbarschaftlichkeit. Seine Ausfälle gegen die Muslime gingen dicht am Tatbestand der Volksverhetzung vorbei. Der Islam, so sagte er etwa, sei eine rückständige Kultur.
Man muss Pim Fortuyn aber zugute halten, dass er als bekennender Homosexueller auch Grund hatte, sich vom Islam persönlich bedroht zu fühlen. Vor allem von jenem Imam, der kurz vorher in der Moschee von Rotterdam erklärt hatte, Homosexualität sei eine Krankheit.
So viel ist sicher: Wilhelmus Simon Petrus Fortuyn war kein Haider und kein Le Pen. Nur, was war er denn? »Ein Dadaist mit Gladiatorenhaupt«, wie er sich selbst bezeichnete? Er ließ sich schon deshalb so schwer charakterisieren, weil die politischen und geistigen Module, aus denen sich sein Weltbild zusammensetzte, so unterschiedlicher Herkunft waren. Er wollte nicht nur die illegalen Ausländer rauswerfen, er wollte auch die Königsfamilie strengen Gesetzen unterwerfen, die einer Teilenteignung gleichkamen.
Am 6. Mai war sein Traum vorbei. Kurz nach sechs Uhr abends wurde Pim Fortuyn auf dem Parkplatz des Funkhauses in Hilversum von dem 32 Jahre alten Umweltaktivisten Volkert van der Graaf mit fünf Schüssen in Kopf, Brust und Nacken ermordet. Das Mordmotiv wurde nie ganz geklärt. Der Mörder war ein politischer Kauz. Bei der Wahl am 15. Mai wurde die LPF zweitstärkste Kraft. Aber sie schaffte natürlich nicht die politisch-moralische Wende, die Pim Fortuyn, der 54 Jahre alt wurde, propagiert hatte. Spätestens nach Fortuyns Tod wurde klar, dass die LPF eine Ein-Mann-Partei war, die ohne ihren Gründer nicht die Kraft zur Reform der Gesellschaft hatte.
Der Temperatursturz zeigte sich auch in den Programmen der alten Parteien. Sie hängten ihre Fahnen in den Wind, den Fortuyn entfacht hatte und der ihnen nun von rechts ins Gesicht blies. Der christdemokratische Fraktionschef (und jetzige Ministerpräsident) Jan Peter Balkenende warnte davor, die Integration zum kulturellen Kuddelmuddel ausarten zu lassen. Sonst würde die Gesellschaft ein »Mischmasch aus beliebigen Kulturen«. Solche Sprüche hätten ein paar Monate zuvor noch zu Tumulten im Plenum geführt. Die Frage, wie Pim Fortuyn darauf reagiert hätte, stellte sich nicht mehr.

Jonathan Franzen

Mehr noch als ein leeres Bankkonto schmerzt das Gefühl, ein verkanntes Talent zu sein. Jonathan Franzen weiß das nur zu gut. Mitte der Neunziger lebte er in einem wohlhabenden Viertel in Philadelphia und beobachte seine Nachbarn, die an der Börse großes Geld verdienten und als Banker und Rechtsanwälte hohe Gehälter einstrichen. Der Autor hatte bereits zwei Romane geschrieben und für beide viel Lob bekommen. Gekauft wurden sie allerdings nicht. Der frustrierte Franzen überlegte sogar, die Schriftstellerei an den Nagel zu hängen. Stattdessen publizierte er einen provokanten Essay in *Harper's Magazine*. Man könnte auch sagen, er kotzte seinen Frust über die Mediengesellschaft auf Hochglanzpapier. Der Text erschien 1996 und erzeugte den erwarteten Wirbel, der damals weitgehend unbekannte Autor hatte sich weit aus dem Fenster gelehnt: Franzen hatte nicht weniger als das Ende des sozialkritischen Romans in Amerika verkündet und behauptet, dass die vom Fernsehen beeinflussten Leser nicht mehr herausgefordert, sondern nur noch unterhalten werden wollten. Außerdem forderte er einen Mittelweg zwischen anspruchsvoller Literatur, die wenige lesen, und populärer Unterhaltungslektüre, die viele erreicht. En passant kündigte er den Versuch an, selbst einen solchen Roman zu verfassen.
Ganz schön großmäulig war das. Heute betont der 44-Jährige gerne, er sei damals falsch verstanden worden. Dabei hat er mit dem Roman »The Corrections« das Angekündigte geschafft. Seitdem das Buch am 5. September 2001 erschien, gilt Franzen als neues Wunderkind der amerikanischen Literatur. Seit Don DeLillos »Underworld« 1997 hat es in den USA keine solche Aufregung mehr um einen Roman gegeben, mehr als eine Million Exemplare wurden mittlerweile verkauft. Als Maßstab für die Bedeutung des Buches werden keine Geringeren als John Irving und J. D. Salinger herangezogen. Auch in Deutschland stürmte »Die Korrekturen« im Sommer 2002 die Bestsellerlisten.
Franzens 800-Seiten-Werk verknüpft geschickt zwei Ebenen: zum einen behandelt es die großen Themen der Neunziger wie Börsenwahn und Internet-Boom, zum anderen den Mikrokosmos einer amerikanischen Familie. Jedes persönliche Unglück der Figuren spiegelt ein gesellschaftliches. Leitmotiv sind die unablässigen Verbesserungsversuche, die jeder an sich, aber vor allem an anderen unternimmt. Korrekturen eben. Er habe sich über den »typisch amerikanischen Optimismus« lustig machen wollen, sagt Franzen, über den Wahn, alles in der Welt reparieren, verbessern und verschönern zu können.
Den Spaß an der Provokation hat Franzen nicht verloren, auch wenn er neuerdings erfolgreich ist. So stieß er die Plauder-Ikone Oprah Winfrey vor den Kopf. Die beliebte Talk-Masterin hatte »The Corrections« in ihren Buchclub aufgenommen und den Autor in die Sendung eingeladen. Franzen sagte, er fürchte, das Oprah-Label würde seine wahren Fans verschrecken. Dafür wurde er als arroganter Schnösel abgestempelt. Ein kalkulierter Skandal? Franzen nennt es den Fehler »eines Medienkükens« – für jemanden, der soeben eiskalt das Seelenleben einer ganzen Nation seziert hat, eine sehr niedliche Selbstbezeichnung.

Jonathan Franzen
***17. August 1959**

Florian Gerster

Der Mann räumt auf. Ständig. Überall. Aus Prinzip. Seinen Tagesablauf beginnt er jeden Morgen mit dem selben festgelegten Fünf-Kilometer-Dauerlauf, Schriftstücke lässt er sich zum Schutz vor Schmutz und Fettflecken in Klarsichthüllen vorlegen, sein Schreibtisch ist stets blitzblank und leer geräumt wie in einer Möbelausstellung. »Es fördert die Produktivität«, sagt er, »immer nur ein Werkstück auf der Arbeitsfläche zu haben«.
Nun kann Florian Gerster seinen Hang zu Ordnung und Effizienz an einem besonders schwierigen Objekt ausleben. Im Auftrag von Bundeskanzler Gerhard Schröder soll er die deutsche Arbeitsverwaltung in Ordnung bringen, die nach dem so genannten Vermittlungs-Skandal in eine tiefe Krise gestürzt war. Eine Untersuchung des Bundesrechnungshofes hatte ergeben, dass die Arbeitsämter in Wahrheit viel weniger Jobsuchende in Lohn und Brot bringen als sie offiziell angeben. Der Marschbefehl für den Reserveoffizier ist klar: Gerster soll nicht nur dafür sorgen, dass die 90 000 Beschäftigten der Nürnberger Großbehörde Arbeitslose endlich wieder vermitteln, statt sie nur zu verwalten. Er soll auch das Feld für ein längst überfälliges Pro-

Florian Gerster
***7. Mai 1949**

jekt bereiten: eine tiefgreifende Reform des Arbeitsmarkts. Der studierte Psychologe hatte sich als Sozialminister in Mainz in den vergangenen Jahren einen Ruf als mutiger Reformer erworben, meist im kalkulierten Konflikt mit der offiziellen Parteilinie.

In Berlin galt es nur noch als Frage der Zeit, bis Schröder den ideenreichen Reformer aus der Provinz auf einen Ministerposten berufen würde.

Doch nachdem im Frühjahr das ganze Ausmaß der Arbeitsamt-Schlampereien offenbar geworden war, beorderte der Kanzler den ehrgeizigen Sozialpolitiker lieber auf seine »größte Baustelle« (Schröder). Als Nachfolger des überforderten Behördenleiters Bernhard Jagoda soll Gerster die verschlafene Behörde in einen modernen Dienstleistungskonzern verwandeln.

Der Start verlief nach Wunsch. Mit einer Serie von Interviews und Reformankündigungen sorgte Gerster für das erhoffte Medienecho. Kürzung des Arbeitslosengeldes, weitgehende Abschaffung von ABM, Halbierung des Arbeitsamt-Personals: Mit gezielten Provokationen lenkte er erfolgreich von der mehr als dürftigen Arbeitsmarktbilanz der rot-grünen Bundesregierung ab.

Weniger erwünscht war, dass Gerster mit seinen frechen Ankündigungen viele Beteiligte gegen sich aufbrachte: Arbeitsminister Riester, der den neuen Behördenchef seither als lästigen Konkurrenten fürchtet. Die Beschäftigten der Arbeitsverwaltung, die um Posten und Privilegien bangen. Die Sozialpolitiker der SPD-Bundestagsfraktion, die Gerster nun endgültig zum parteifernen Neoliberalen stempeln.

Noch weiter in die Defensive geriet Gerster, als im Sommer VW-Vorstand Peter Hartz im Kanzlerauftrag weit reichende Reformpläne für den Arbeitsmarkt vorlegte. Nicht nur, dass die Hartz-Pläne den Vorstellungen des neuen Anstaltschefs in vielen Punkten widersprachen. Sie machten auch deutlich, dass Gerster beim geplanten Umbau der Arbeitsmarktpolitik nur eine begrenzte Rolle spielen soll – die des Managers und nicht die des Reformers.

Sven Hannawald
***9. November 1974**

Sven Hannawald

Nachdem Sven Hannawald den letzten Sprung von der Paul-Ausserleitner-Schanze in Bischofshofen gestanden hatte, hockte er im Tal, stützte die Arme auf die Knie und schüttelte ungläubig den Kopf. Als erster Skispringer in der Geschichte der Vierschanzentournee hatte er alle Wettbewerbe gewonnen. 49 Jahre dauerte es, bis jemandem dieser Triumph gelang. Hannawald, der stets im Schatten seines Teamkollegen Martin Schmitt stand, katapultierte sich mit seinem historischen Sieg in den Rang einer Legende. Mit gezogener Mütze verbeugte sich Bundestrainer Reinhard Heß noch im Zielraum vor seinem Schützling wie ein Diener vor dem König. In den darauf folgenden Tagen erhielt Hannawald 16 Einladungen zu Fernsehsendungen. »Dass plötzlich mein Name in einem Atemzug mit Max Schmeling, Uwe Seeler, Franz Beckenbauer oder Boris Becker genannt wird, kann ich noch nicht fassen«, sagt Hannawald.

Es schien nämlich immer so, als könne der gelernte Kommunikationselektriker aus Hinterzarten den Anforderungen des Sportbetriebs langfristig nicht standhalten. Bis zu jenem Erfolg im Januar 2002 galt der schüchterne Junge als eine Art ewiges Talent – und als ein Springer ohne Killerinstinkt. Seine Karriere war ein permanentes Hoffen auf den endgültigen Durchbruch. Mit 18 wollte ihn der Deutsche Skiverband das erste Mal loswerden. »Eigentlich war er schon weg vom Fenster«, sagt Heß, der die ganze Zeit unverdrossen an ihm festhielt.

Wenn keiner mit Hannawald rechnete, ließ er zuweilen sein Können aufblitzen. 1998 wurde er bei der Vierschanzentournee Zweiter, 2000 gewann er die Weltmeisterschaft im Skifliegen; dazu trug er zweimal zum WM-Sieg mit der Mannschaft bei. Aber er war eben auch ein Sensibelchen und ein Selbstzweifler, und deshalb folgte auf große Erfolge regelmäßig der große Frust.

Sein aktueller Seelenzustand war meist an seinem Gewicht abzulesen. Hannawald nahm ab, wieder zu und schließlich wieder ab. Im Februar 2001 war er am Tiefpunkt angelangt. »Er hat nicht mehr gelacht, nicht mehr gejubelt, nicht mehr geweint«, sagt Heß. »Er war kein Mensch mehr.«

Hannawald hatte den Spaß am Skispringen verloren. Weil er im Weltcup kaum noch ordentliche Weiten schaffte, brach er die Saison vorzeitig ab. Einige Sponsoren nahmen ihm das übel und zogen sich zurück. Hannawald verkroch sich zu seinen Eltern. Erst im Mai, nach gut zwei Monaten

Pause, begann er wieder mit dem Training.
Er wechselte die Skifirma und legte Muskelmasse zu. Hannawald, der bis dahin von seinem Fluggefühl gelebt hatte, wurde ein richtiger Athlet. Und lockerer. »Ich mache mein Zeug«, lautete sein neuer Leitsatz, den er nun wiederholte wie ein Stoßgebet.
Die Leichtigkeit des Seins trug ihn durch die gesamte Saison. Bei den Olympischen Spielen in Salt Lake City holte er die Goldmedaille mit der Mannschaft und die Silbermedaille von der kleinen Schanze. Als er dann auch noch seinen Titel bei der Skiflug-WM im tschechischen Harrachov verteidigte, fühlte sich Hannawald endgültig in einer anderen Welt: »Es ist wie ein Traum.«

Peter Hartz

Peter Hartz
*9. August 1941

Seine Anzüge sind grau oder dunkelblau, seine Reden liest er vom Manuskript ab, und auch sonst strahlt Peter Hartz wenig aus, was an einen Visionär erinnern könnte. Dennoch wurde der VW-Vorstand mal wieder mit diesem Etikett versehen, als er seine Vorschläge zur Reform des deutschen Arbeitsmarktes verkündete.
Den Auftrag dazu hatte er wenige Monate vor der Bundestagswahl von Gerhard Schröder erhalten. Und Hartz präsentierte mit einer von ihm geleiteten Kommission gleich ein ganzes Bündel, mit dem es gelingen sollte, die Arbeitslosigkeit nicht nur zu verringern, sondern gar zu halbieren. Unter anderem sollten die Arbeitsämter Zeitarbeitsfirmen gründen, in denen die Arbeitslosen beschäftigt und an andere Unternehmen ausgeliehen werden. Viele andere wären belächelt worden, wenn sie eine Halbierung der Arbeitslosigkeit prognostiziert hätten. Hartz aber wurde von Arbeitgebern und Gewerkschaftern ernst genommen. Schließlich hatte er bei VW bereits einige Visionen Realität werden lassen. Zuerst im Oktober 1993.
Hartz hatte seinen Posten bei VW gerade angetreten, als VW-Chef Ferdinand Piëch ihm offenbarte, dass der Konzern 30 000 Mitarbeiter zu viel an Bord habe. Hartz sagte, er sei nicht der richtige Mann für Massenentlassungen. Piëch forderte: »Dann machen Sie etwas anderes.«
Erfahrungen im sozialverträglichen Abbau von Arbeitsplätzen hatte Hartz zur Genüge. Der Sohn eines Hüttenarbeiters hatte nach Lehre, Abendgymnasium und Studium in der krisengeschüttelten saarländischen Stahlindustrie gearbeitet.
In Wolfsburg entwarf Hartz die Vier-Tage-Woche. Da die Arbeit nicht für alle reichte, musste die Arbeitszeit für jeden Einzelnen verkürzt werden. Weil zugleich aber die Kosten für das Unternehmen nicht steigen durften, musste die Belegschaft für weniger Arbeit auch weniger Geld akzeptieren. Ein Konzept, das für VW einen großen Vorteil bot. Bei Massenentlassungen hätte der Konzern zunächst Milliarden für Sozialpläne zahlen müssen. Durch die Vier-Tage-Woche aber sanken die Personalkosten sofort um rund zwei Milliarden Mark.
In der Folge hatte Hartz mehrfach Gelegenheit, sein Image als einfallsreichster Personalchef zu festigen. »Zeit-Wertpapier«, »Atmende Fabrik« und »5000 x 5000« waren die Konzepte, mit denen er für Aufsehen sorgte. Bei letzterem sollen 5000 einst Arbeitslose eingestellt werden, die für 5000 Mark im Monat so lange arbeiten, bis die geplante Stückzahl an Fahrzeugen produziert ist.
Natürlich schmeichelt es einem wie Hartz, wenn er immer mal wieder als möglicher Minister gehandelt wird. Den Posten als VW-Vorstand aber will Hartz nicht aufgeben. In der Politik könnte er seine Konzepte nie so schnell durchsetzen wie in einem Industriekonzern. Mal ganz abgesehen von der Bezahlung, die auf rund ein Zehntel seines bisherigen Salärs schrumpfen dürfte.

Rainer Heise

Rainer Heise

Der Held ist schon wieder nicht leise, Kräutertee und gebackene Kartoffel sind schon kalt, aber er redet und redet. Er sitzt in einem seiner Lieblingscafés, am Marktplatz von Erfurt, er spricht laut und kraftvoll und gestenreich, so wie man es zigfach im Fernsehen gesehen hat, er kann gar nicht anders, 60 Jahre alt ist er, seit mehr als drei Jahrzehnten unterrichtet er, Reformation, Buchdruck, Bismarck, Deutsch-Französischer Krieg. »Man kann aus der Geschichte lernen«, sagt er. Und fügt hinzu, plötzlich leise: »Man muss.«
Rainer Heise, runder Kopf auf breiten Schultern, blaue Augen, kurzer weißer Bart, dieser Lehrer Heise hatte ein Ideal, sein Leben lang. Er glaubte dar-

an, dass die Beschäftigung mit Geschichte interessant und wichtig sei. Er glaubte, dass Geschichte theoretische Einsichten vermittele, die seine Schüler eines Tages umsetzen würden, für eine bessere Welt. Daheim hatte er stapelweise Videos aufgenommen und in seiner kleinen pedantischen Schrift etikettiert: die griechische Antike, Karthago, das Dritte Reich. »Geschichte ist ein sehr lebendiges Fach«, sagt er.

Doch dann, unversehens, ging Heise selbst in die Geschichte ein, und um ein Haar wäre es tödlich für ihn verlaufen: Erst geriet er an den Amok laufenden Schüler Robert Steinhäuser, der am Erfurter Gutenberg-Gymnasium ein Blutbad anrichtet. Und gleich darauf geriet er in den Fleischwolf der politischen Interessen, der Medien, der Traumata von Erfurt. Erst Held, dann galt er plötzlich als ein Wichtigtuer. Als ein Kriegsgewinnler, der im Fernsehen mit sadistischer Exaktheit die Details schilderte, der erzählte, wie er den Todesschützen überwältigte. Und Heises Vorgesetzte, die Schuldirektorin Christiane Alt, 46, sprach den einen vernichtenden Satz: »Manchmal denke ich, er hätte auch ein leiserer Held sein können.«

Und so wurde er zum meistgehassten Mann der Stadt. Gerade noch wollte ihm Otto Schily das Bundesverdienstkreuz verpassen, nun wurde er in der Straßenbahn von Fremden bespuckt, anonyme Anrufer ließen Morddrohungen los, und die Polizei rätselte eine Zeit lang, ob Heise nicht sogar mit dem Amoklauf Steinhäusers irgendwie zu tun hatte. Warum hatte der irre Mörder gerade diesen Lehrer verschont? Warum war es Heise – ausgerechnet ihm? – gelungen, Steinhäuser in den Materialraum 111 im ersten Stock der Schule einzusperren? Und warum hatte Steinhäuser auf seinem Handy den Eintrag »Heise«?

Über Heise hing ein schrecklicher Verdacht – er könnte der Anstifter Steinhäusers gewesen sein. Und immer wieder sickerten, aus Ministeriumskreisen, seltsame Andeutungen an Journalisten durch.

Es dauerte fünf, sechs Tage, bis die Kripobeamten ihren Verdacht restlos ausgeräumt hatten, bis seine Version bestätigt, der Mann rehabilitiert wurde. Jetzt war er wieder der Held, jetzt wurde er auf dem Boulevard wieder als »mutiger Lehrer« gefeiert, und jetzt könnte eigentlich auch Schily mit dem Bundesverdienstkreuz anrücken. Er könnte Heise dafür ehren, dass er nicht ebenfalls davonlief, an jenem 26. April 2002, als er um kurz nach elf vor der Schule stand und sah, wie die Schüler panisch und heulend rausrannten. Heise hätte sich in Sicherheit bringen können. Aber das tat er nicht. Er hatte nur einen Gedanken: Die Kinder müssen raus aus der Schule, alle, sofort. Und so machte Heise kehrt, rannte in die Schule, ohne zu wissen, ob er das überleben würde. Heise verhielt sich wie ein Feuerwehrmann, der, ohne groß nachzudenken, ins brennende Haus läuft. Und diese Entscheidung geschah schnell, instinktiv, ohne Worte – und insofern ganz leise. Jetzt könnte Schily kommen.

Aber das interessiert Rainer Heise nicht mehr.

Oliver Kahn
***15. Juni 1969**

Oliver Kahn

Zwei Stunden nach dem Abpfiff in Yokohama leistete sich der vermeintlich Unfehlbare eine kleine menschliche Schwäche. Herausfordernd betrachtete Oliver Kahn im Fokus der Weltpresse nach dem verlorenen Weltmeisterschafts-Finale gegen Brasilien minutenlang seine lädierte rechte Hand, starrte ostentativ auf den geschienten Finger.

Wollte denn niemand dem Blick folgen und die befreiende, seinen folgenschweren Patzer womöglich relativierende Frage stellen? Die Frage wollte nicht kommen, und als sie kam, war sie nicht so formuliert, dass sie Deutschlands Torwart von der Schuld am brasilianischen Führungstor durch Ronaldo freisprechen konnte.

Er durfte es ja nicht selber sagen. Es verbietet der Ehrenkodex der Fußballprofis, Entschuldigungen zu suchen. Kahn, der besessene Überflieger, das personifizierte Selbstbewusstsein im Tor der Nation, hätte wohl gern die Stichworte geliefert – Bänderriss, Höllenschmerz –, damit sich das Publikum den Rest dachte: Der Fußtritt Gilberto Silvas in der 51. Minute, der den Finger traf, machte den Fehlgriff in der 67. Minute erklärbar.

Nun aber blieb ein Makel an der bis dato famosen Leistung des badischen Keepers, der bei seiner ersten WM als Nummer eins zur Kultfigur aufstieg. Ein Makel freilich, der an ihm hängt wie ein Orden. Der Fehler von Yokohama, urteilten die Experten, lasse den scheinbar Unbezwingbaren »noch menschlicher« erscheinen.

Der willensstarke Schlussmann, schon seit dem Gewinn der Champions League mit Bayern München im Jahr zuvor ein Kandidat für sämtliche Tapferkeitsmedaillen der Leistungsgesellschaft, war ja eigentlich längst nicht mehr von dieser Fußballwelt. Kahn ist bei der WM nicht nur Torwart gewesen, sondern Vorzeigedeutscher und heimlicher Mentaltrainer, ein Guru der Eigenmotivation und gleichzeitig Businessmann des Balltretergewerbes.
Er ist PR-Stratege und Dressman, designierter Hoeneß-Nachfolger als Bayern-Manager. Er verdient rund 2 Millionen Euro jährlich allein mit Werbung und kam in München unvermittelt im Ferrari zum Dienst. Bei der WM war Kahn, wie es Englands Altstar Gary Lineker sagte, »die Verkörperung der deutschen Tugenden«.
Er wollte alles. Vor dem Finale diskutierte er die Möglichkeit, allfällige Elfmeter nicht nur zu halten, sondern auch zu schießen. So einer will eine WM nicht geräuschlos beenden.
Einer wie er will in einem Finale mindestens unsterblich werden. Jedenfalls nicht den Einsatz abbrechen, nur weil ein schmerzender Finger die Konzentrationsfähigkeit beeinträchtigt. Lieber wird er zum Helden wie der deutsche Torwart Bert Trautmann, der 1956 mit Manchester City das britische Cup-Finale legendär mit gebrochenem Halswirbel gewann.
Vielleicht waren es solche Gedanken an eine nahe Zukunft als Fußball-Heiliger, die für einen Moment von den Fährnissen der Gegenwart ablenkten, als ihm der Ball nach Rivaldos Schuss aus den Händen glitt. Dabei hätte sich Oliver Kahn ruhig mit seinem Status begnügen können, der auch in diesem Augenblick unberührt blieb: bester Torwart der Welt.

Hamid Karzai

Der Mann macht was her, kein Zweifel. Wenn Hamid Karzai in seinem Palast in Kabul Gäste empfängt, vergisst er beim anschließenden Fototermin nie, sich seinen silbergrünen Chapan über die Schultern zu hängen, jenes traditionelle Gewand, das ihn als Afghanen ausweist. Der Gucci-Designer Tom Ford ernannte ihn deshalb schon zum »elegantesten Politiker der Welt«.
Kleider machen Leute. Doch tatsächlich ist Hamid Karzai ein König ohne Land. Manche Offiziere der Internationalen Schutztruppe Isaf, die der Regierung Karzai in der afghanischen Hauptstadt beistehen soll, nennen den 44-jährigen Politiker schon belustigt den »Bürgermeister von Kabul«.
Denn außerhalb der Stadtgrenzen, wo die Patrouillen der Isaf nicht mehr hinfahren, endet Karzais Macht. Die kommt in Afghanistan nach 23 Jahren Krieg noch immer aus den Gewehrläufen – auch wenn nun ein fragiler Frieden herrscht im Land. Im Norden residiert der usbekische General Abdul Raschid Dostam, ein opportunistischer Intrigant. Und im Westen wird der konservative Tadschike Ismail Khan immer mächtiger, dem die vielen Ausländer im Land suspekt sind.
Potentaten wie Dostam oder Khan behalten Steuereinnahmen und Zölle für sich. Doch das Geld, was Karzai auf der Geberkonferenz in Tokio im Januar 2002 versprochen wurde, fließt viel zu langsam – die meisten seiner Beamten, Soldaten und Polizisten kann Karzai nicht bezahlen.
Was den Wiederaufbau des zerstörten und mit Minen übersäten Landes angeht, setzt Karzai vor allem auf die Deutschen. Jeden Staatsgast aus Berlin empfängt der Präsident überschwänglich als »very, very, very good friend«. Und jeden Besucher aus Berlin fordert er auf, am Hindukusch »die Führungsrolle zu übernehmen« – eine Bitte, der die Bundesregierung bisher nicht entsprochen hat.
Ein normales Land wird Afghanistan erst wieder in Jahrzehnten sein. Doch Karzai weiß, wie man improvisiert. In den USA zog der bei Kandahar geborene Paschtune eine Restaurantkette hoch. Von dort aus unterstützte er in den 80er Jahren auch den Kampf gegen die Sowjets. Nach deren Abzug kehrte er nach Kabul zurück, wo er einige Jahre als stellvertretender Außenminister fungierte. Mitte der 90er Jahre erneut ins Exil getrieben, legte Karzai von Pakistan aus sogar ein paar gute Worte für die Taliban ein, die ihm als passable Ordnungsmacht im von konkurrierenden Mudschahidin-Gruppen verwüsteten Land erschienen. Diesen Fehler gesteht er in Gesprächen selbst ein. Auch persönlich musste er seine Fürsprache für die fanatischen Muslime bitter bereuen: Offenbar ermordeten die Taliban 1999 Karzais Vater.
Nachdem ihn die Große Ratsversammlung der Afghanen, die Loya Jirga, im Juni zum Staatschef wählte, versucht Karzai, seine Macht im Land

Hamid Karzai
***24. Dezember 1957**

schrittweise auszubauen. Im Südosten will er mit Hilfe von Provinzgouverneuren den Warlord Padscha Khan militärisch niederwerfen. Auch den mächtigen Geheimdienst, der im Lande ein durch niemanden kontrolliertes Eigenleben führen will, möchte Karzai domestizieren. Solche Aktionen, selbst wenn sie nicht immer gelingen, sichern ihm Sympathien. Denn obwohl Karzais Regierung noch lange nicht die Kontrolle besitzt, trägt der Paschtune doch die Hoffnungen seines Volkes.
Zu dem Mann im Chapan gibt es zurzeit jedenfalls keine vernünftige Alternative. Sein Tod würde das Land möglicherweise wieder um Jahre zurückwerfen. Das wissen auch seine Gegner, die nicht nur in den Reihen ehemaliger Taliban, sondern auch bei einigen Potentaten der Nordallianz zu suchen sind. Besucher bittet der bestbeschützte Mann Afghanistans deshalb oft: »Beten Sie für mich.« Denn fast alle seine Vorgänger kamen gewaltsam ums Leben.

Leo Kirch
***21. Oktober 1926**

Leo Kirch

Es ist noch gar nicht so lange her, da ließen sich über den Münchner Medienunternehmer Leo Kirch eigentlich nur zwei gesicherte Aussagen machen. Erstens, es gibt ihn wirklich. Zweitens, sein Konzern ist seit den 50er Jahren eine wichtige Größe im deutschen Mediengeschäft – und wird immer größer. Kirch liebte den Mythos des sinistren Medienpaten, der seine Person umwehte, und er arbeitete konsequent daran, ihn zu erhalten: In fast fünfzig Jahren Unternehmensgeschichte gab er nicht mehr als zehn Interviews; im Fernsehen trat er nie auf. Der Chef des zweitgrößten deutschen Medienkonzerns verweigerte sich den Medien – mit Lust.
Dabei ist er, darin sind sich Mitarbeiter und Geschäftspartner einig, ein Meister der Kommunikation: Charmant, witzig, interessiert an seinen Gesprächspartnern und ausgestattet mit einem phänomenalen Gedächtnis. Diese Talente nutzte er von Beginn an zum Aufbau eines umfassenden Netzwerks aus nutzbringenden Kontakten: Seine Freunde saßen an den Schaltstellen von Medien (wie der langjährige ZDF-Intendant Dieter Stolte), Banken (wie der Ex-DG-Bankchef Helmut Guthardt) und Politik (wie Ex-Kanzler Helmut Kohl).
Das half ihm bei seinen Geschäften, schon am Anfang seiner Karriere als junger Filmhändler. Vor allem aber bei seinem Aufstieg zum Chef eines vertikal integrierten Konzerns, wie er im Handbuch der Medienökonomie stehen könnte: Mitte 2001 beherrschte Kirch mit seiner Senderkette (ProSieben, Sat.1, Kabel 1, N24, Neun Live, DSF) die Hälfte der privaten TV-Landschaft, hatte mit dem Bezahlsender Premiere ein Monopol beim Pay-TV und über seine 40-Prozent-Beteiligung am Axel Springer Verlag mehr als nur einen Fuß in der Tür des größten europäischen Zeitungsverlags.
Der Sohn eines Spenglers aus dem Fränkischen schien angekommen, sein Lebenstraum vom konservativen Medienverbund verwirklicht. Nur hatte Kirch die Expansion seines Imperiums genauso finanziert wie seinen ersten Filmdeal: auf Pump. Außer Kontrolle gerieten seine Finanzen beim Milliardengrab Premiere, wo er für seinen Traum vom Monopol zu Wahnsinnspreisen immer mehr exklusive Senderechte anhäufte. Zum Mythos Kirch gehörte indes auch, dass er seinen Kopf lange in letzter Sekunde aus der Schlinge ziehen konnte. Durch neue Gesellschafter, etwa 1999 beim milliardenschweren Einstieg von Rupert Murdoch. Oder durch immer neue Kredite, wie dem 1-Milliarden-Euro-Darlehen der halbstaatlichen Bayerischen Landesbank noch im Frühjahr 2001 – als anderen Banken weitere Kirch-Engagements längst zu heiß wurden.
Am Ende hatte er die wenigen werthaltigen Teile seines Konzern-Geflechts doppelt und dreifach beliehen und Gesellschaftern wie Murdoch und Springer weitgehende Ausstiegsrechte eingeräumt – und sich damit selbst die Schlinge um den Hals gelegt. Als der neue Springer-Chef Mathias Döpfner im Januar 2002 knapp 800 Millionen Euro für die ProSiebenSat.1Media-Beteiligung des Verlags einforderte und Rolf Breuer, der Ex-Chef der Deutschen Bank, öffentlich die Kreditwürdigkeit seines Unternehmens anzweifelte, begann das Kirch'sche Kartenhaus zusammenzubrechen: Am 8. April musste die Kernfirma KirchMedia Insolvenz beantragen, die anderen Unternehmensbereiche rutschten wenige Wochen später in die Pleite. Sein altes Beziehungsgeflecht konnte Kirch nicht mehr weiterhelfen – die wichtigsten Duz-Freunde hatten ihre Macht schon lange vor ihm verloren.

»Ich war nie ein Spieler, sondern allenfalls ein Unternehmer mit Sportsgeist« sagte Kirch im Februar in einem seiner raren Interviews mit dem SPIEGEL. Für den Fall seines Scheiterns zitierte der tiefreligiöse Kirch damals schon mal prophetisch Hiob: »Der Herr hat's gegeben, der Herr hat's genommen«.

Jean-Marie Le Pen

Alle wähnten ihn schon auf dem Schrottplatz der französischen Politik. Doch dann erzielte er seinen spektakulärsten Durchbruch: Jean-Marie Le Pen, 74, Führer des rechtsextremen, fremdenfeindlichen und manchmal offen rassistischen Front national (FN), trat wie ein böser Geist unvermutet aus der Finsternis der französischen Vergangenheit hervor.
Mit 16,9 Prozent erreichte er in der ersten Runde der Präsidentschaftswahl am 21. April sein bestes Ergebnis und kam damit erstmals in die entscheidende Stichwahl. Le Pen profitierte von dramatisch gestiegenen Ängsten nach den Attentaten in den USA und den Gewaltausbrüchen im Nahen Osten. Damit konnte er sein altes Thema glaubhaft wiederbeleben – die arabische Einwanderung, die islamistische Gefahr, die das christliche Frankreich mit der größten muslimischen Minderheit Europas angeblich von innen bedroht.
Le Pen irrlichtert seit fast einem halben Jahrhundert als Schreckgespenst durch die Republik. Der Sohn eines bretonischen Fischers wuchs in »Hunger, Kälte und Armut« auf, wie er selbst gern sagt, um seine Verbundenheit mit den kleinen Leuten, den Mühseligen und Beladenen zu betonen. Als Fallschirmjäger war er in Indochina und in Algerien im Einsatz; Anschuldigungen zufolge soll er dort auch gefoltert haben.
Schon als Student nahm er an rechtsradikalen Kundgebungen und Straßenkämpfen teil. Zu cholerischen Gewaltausbrüchen neigt er bis heute. Im Alter von 27 Jahren zog er 1956 als jüngster Abgeordneter ins Parlament ein. Für die Präsidentschaft kandidierte er erstmals 1974 – und bekam nur klägliche 0,7 Prozent der Stimmen.
Seine Leitmotive haben sich seitdem nicht verändert. Ein begabter und oft sarkastischer Redner, schürt er mit demagogischem Geschick Ängste, Hass und Ressentiments. Der Front national, den er 1972 gründete, wurde in den Jahren der ökonomischen Stagnation und wachsenden Arbeitslosigkeit allmählich zur schlagkräftigsten Protestpartei Frankreichs: Le Pen verkörpert die Rache der sozialen und wirtschaftlichen Verlierer an »denen da oben«, dem als arrogant und volksfern empfundenen Parteikartell der etablierten Staatselite.
»Franzosen zuerst«: Le Pen möchte diese »nationale Präferenz« per Referendum in Artikel eins der Verfassung schreiben lassen. Sie würde ein Apartheid-Regime im Zeitalter der Globalisierung besiegeln, das die Eingesessenen systematisch vor den Fremden bevorzugte.
Er würde Frankreich auch aus der Europäischen Union hinausführen, zum Franc zurückkehren und die Zollgrenzen wieder errichten. 200 000 neue Gefängniszellen versprach Le Pen in seinem Wahlprogramm, dazu eine Volksabstimmung über die Wiedereinführung der Todesstrafe. Seinen Aufstieg verdankt der Meister der Provokation dem Stillschweigen der Politiker, die lange nicht wahrhaben wollten, dass die Integration muslimischer Einwanderer aus den Maghreb-Ländern zu einem erheblichen Teil gescheitert ist.
Bei den Wahlen zum Europaparlament 2004 will Le Pen noch einmal den Störenfried spielen. Sogar eine erneute Kandidatur für die Präsidentschaft 2007 – es wäre seine fünfte – schließt er nicht aus. Dabei könnte er sich gelassen zurückziehen: Als Nachfolgerin hält sich seine jüngste Tochter Marine Le Pen, 34, bereit. Die blonde Anwältin pflegt eine genauso scharfe Rhetorik wie der Vater.

Jean-Marie Le Pen
***20. Juni 1928**

Jutta Limbach

Eigentlich sollte es ihr letzter großer Auftritt als Verfassungsgerichtspräsidentin werden – und ein kurzer Prozess. Auf fünf Verhandlungstage im Februar hatten die Verfassungsrichter das NPD-Verbotsverfahren angesetzt, im März sollte abschließend beraten werden – unmittelbar vor Limbachs Amtsende mit Erreichen der Altersgrenze von 68 Jahren.
Doch daraus wurde nichts. Weil im Belastungsmaterial plötzlich ein V-Mann des Verfassungsschutzes auftauchte, ließen die obersten Bundesrichter die Termine zwei Wochen vor Prozessbeginn platzen.
Nicht einmal mit Bundesinnenminister und Parteifreund Otto Schily moch-

Jutta Limbach
***27. März 1934**

te Limbach daraufhin telefonieren – sie bitte ihn, mit dem Gericht nur noch »schriftlich zu verkehren, damit auch die andere Seite informiert werden kann«. Sturheit – oder Prinzipientreue. Zumindest Letzteres hat sie schon immer bewiesen.
In ihrer Heimatstadt Berlin machte Walter Momper die Juraprofessorin (Rechtssoziologie, Wirtschafts- und Familienrecht) 1989 zur Justizsenatorin. Acht Monate später fiel die Mauer, da war sie, die jahrzehntelang in der SPD das Dasein einer Karteileiche fristete, plötzlich als Senatorin politisch verantwortlich für die Strafverfolgung von Honecker, Mielke und Genossen. Sie betonte als Justizchefin die Unabhängigkeit der Richter – und konnte so als Politikerin freimütig gestehen, wie gern sie Honecker abgeurteilt sehen würde. Dafür bekam sie sogar Anerkennung von der Union – und vom SPIEGEL den Kampfnamen Jutta Courage.
Die Mutter von drei Kindern, die »Emanze« und »Feministin« als Ehrentitel begreift, war mit einem Mal die Frau für besondere Aufgaben. Den 1993 frei werdenden Posten am Verfassungsgericht sollte zwar SPD-Machtfrau Herta Däubler-Gmelin bekommen, doch die Union lehnte die schwierige Schwäbin ab. So offerierte der damalige SPD-Vorsitzende Scharping der, wie sie selbst sagt, etwas »unscheinbaren« Person ihr »Traumziel« Verfassungsgericht, das Amt der Präsidentin – Limbach war die erste Frau auf diesem Posten – inklusive.
Unmittelbar nach ihrem Amtsantritt geriet das Gericht, ausgelöst von Urteilen zu Sitzblockaden, Kruzifixen im Klassenzimmer und »Soldaten sind Mörder«-Zitaten in einen nie da gewesenen Sturm der Entrüstung und Richterschelte. Die »unverbesserliche Optimistin« (Limbach) trat die Flucht nach vorne an: Sie installierte erstmals eine Pressesprecherin und öffnete ihr Hohes Haus den Bürgern, mit jährlichen »Tagen der offenen Tür« und einem großen Bürgerfest zum 50. Jahrestag.
Und immer wieder setzte die Vorbildfrau Akzente mit der ihr eigenen sanften Autorität: Ernste Attacken pflegt sie mit Liebenswürdigkeit zu umhüllen. Wenn man die »verfassungsrechtliche Essenz« betrachte, so Limbach kurz vor ihrem Ausscheiden im Streit um die Finanzierung des Militär-Airbus A 400 M zu den Kontrahenten, Verteidigungsminister Scharping und den Oppositionsführern Merz und Gerhardt, »frage ich mich wirklich, worüber Sie sich ernsthaft streiten.«
In den Ruhestand geht die große kleine Dame noch lange nicht. Kaum hatte sie in Karlsruhe ihre Sachen gepackt, durfte sie in München den neuen Job als Präsidentin des Goethe-Instituts antreten. Und sie gilt schon jetzt als mögliche Nachfolgerin von Bundespräsident Johannes Rau – vorausgesetzt, es gäbe in der Bundesversammlung im Mai 2004 eine linke Mehrheit. Wenn nicht, wird sie es verschmerzen. Sie sei, hat sie einmal gesagt, so »voller Demut und Dankbarkeit« über das, was sie erreicht hat, dass ihre bisherigen Ämter »nicht durch ein weiteres überboten werden« müssten.

Sandra Maischberger
***25. August 1966**

Sandra Maischberger

Den wohl größten Triumph ihrer Karriere hat sie einer schlichten Sitzordnung zu verdanken: Anders als in den Jahren zuvor hatten die Organisatoren der »Goldenen Kamera« Sandra Maischberger im Februar 2002 ganz vorne im Rampenlicht platziert, zwischen den beiden Topstars der deutschen Fernsehunterhaltung: Thomas Gottschalk und Harald Schmidt.
Angesichts so viel Ehre wirkte der Preis fast nebensächlich, den sie bekam: die »Goldene Kamera« für »TV-Journalismus«. Denn an Auszeichnungen hat Maischberger, 36, ohnehin längst fast alles abgeräumt, was die (Medien-)Republik zu vergeben hat – vom »Deutschen Fernsehpreis« bis zum »Hildegard-von-Bingen-Preis« der Landeszahnärztekammer Rheinland-Pfalz.
Diese Frau ist ein Phänomen: Kaum einer sieht ihre Sendung auf n-tv, die im Schnitt nur 0,8 Prozent Marktanteil schafft. Günter Pfitzmann, Richard von Weizsäcker und andere ihrer oft betagten Gäste würden bei jedem anderen Sender umgehend im Nachtprogramm verschwinden.
Ihr sommerliches Freiluft-Interview mit Norwegens Kronprinzenpaar Haakon und Mette-Marit, das den beiden schwersten Sonnenbrand eintrug, geriet gar zur TV-Panne des Jahres: Als »Interview, das unter die Haut ging« vermarktete n-tv den missglückten Beitrag im Internet.
Die Sache war schnell vergessen – Konzernchefs und Politiker drängeln weiterhin um einen Termin in ihrem Studio. Für die Berliner Nomenklatu-

ra wurde »Maischberger« längst zu einer Art werktäglicher »Sabine Christiansen«, zur Politbühne der Info-Elite: Hier erklären Minister, Oppositionsführer oder Fraktionschefs in 30 Minuten, wofür sie in der »Tagesschau« 30 Sekunden bekommen.

An Maischbergers Aussehen allein kann dieser Erfolg nicht liegen – obwohl sie selbst erklärte, mit dem Gesicht von Angela Merkel hätte sie es in ihrem Job »nicht weit« gebracht; und obwohl sie sich von einem Agenten vertreten lässt, der schon Verona Feldbusch, Jenny Elvers und Ariane Sommer betreute.

Wichtiger sind ihr Blick, mit dem sie in ihrem 16-Quadratmeter-Studio die Gäste fixiert, und ihre Fragetechnik. Freundlich umschmeichelt sie ihre Interviewpartner, wo andere den knallharten Aufklärer mimen, zeigt Verständnis, wo andere mit kritischen Fragen glänzen wollen, um ihr Gegenüber zwischendurch mit harten Vorwürfen zu konfrontieren.

»Waren Sie zu lange im Amt«, hält sie Johannes Rau nach freundlichem Geplauder seine 20 Jahre als Ministerpräsident lächelnd vor; kritisiert, mit nettem Blick, sein Leben sei ein einziges »Hinarbeiten auf die Krönung« (zum Bundespräsidenten) gewesen, um Rau schließlich – »pardon, tut mir Leid« – vorzuwerfen, er sei »zu leise« und finde »kein Echo«. Der so Gescholtene findets sogar herrlich (»Ich bedanke mich ganz herzlich«) und outet sich als Fan ihrer Sendung.

Sie wolle »niemanden in die Enge treiben«, sagt Maischberger über ihre Methode. Das Aggressive eines Michel Friedman liegt ihr nicht: »Bei mir muss keiner Angst haben.«

Eine kluge Masche – am Ende sagen die meisten Gäste mehr, als sie wollen: Mal entrutscht Joschka Fischer ein unerwartetes Bekenntnis (»Ich war nie ein Pazifist«), mal kommt Altkanzler Helmut Schmidt über eine mögliche rot-rote Koalition auf Bundesebene ins Schwadronieren. Oder Walter Riester gerät ins Stottern, wenn er seine neue Rentenformel nicht erklären kann.

Angebote der TV-Konkurrenz jedenfalls gab es denn auch schon reichlich: Wahlweise für die »Tagesthemen«, das »heute-journal« oder für die Nachfolge von Alfred Biolek. RTL konnte sie immerhin für ein paar Gastmoderationen im Bundestagswahlkampf verpflichten. Bis auf weiteres allerdings hat sich Maischberger für n-tv entschieden.

Mette-Marit von Norwegen

Strahlend hätte sie mit ihrem Prinzen aus dem Jet steigen und königlichen Glanz erst in Bayern, dann im Rheinland und schließlich noch in Hamburg verbreiten sollen. Doch der königliche Staatsbesuch im Mai 2002 in Deutschland geriet zur halben Sache. Kronprinz Haakon, 29, kletterte in München allein die Gangway der Lufthansa-Maschine herunter und Mette-Marit, 29, schmierte daheim in Oslo eine Schmerz stillende Salbe auf ihre Brandwunden. Zur optimalen PR-Vorbereitung der Visite des Thronfolgerpaares in Deutschland hatte der norwegische Hof eine Reihe von Medien zum Interview zugelassen, darunter auch die n-tv-Talkerin Sandra Maischberger. Die war mit einem Kamerateam zur Audienz angereist, hatte dem Wunsch der Königlichen Hoheiten nach einem Open-air-Interview im Schlossgarten entsprochen – und kurz danach nichts als Ärger. Den Junior-Royals hatte die nordische Frühjahrssonne das Antlitz verbrannt. Ob es nur die frühlingshaften Sonnenstrahlen waren oder die Scheinwerfer – es dauerte sieben Wochen, bis das Mysterium der skandinavischen Rothäute endlich geklärt war. Technische Messungen ergaben: Es waren die Scheinwerfer, die die UV-Strahlen verstärkt hatten. Die hellhäutige Mette-Marit, die nach ihrer Hochzeit 2001 von den um jeden Star verlegenen Medien zu einer Art Diät-Diana fürs neue Jahrtausend ausgerufen worden war, musste in ärztliche Behandlung.

Haakons Haut schälte sich derweil öffentlich in Deutschland. Der Prinz, bislang von der internationalen Presse eher als ansehnlich, aber langweilig abgeheftet, hatte sich durch seine ungewöhnliche Partnerwahl und die stille Stringenz, mit der er seine Auserwählte bis vor den Altar des Osloer Doms bugsierte, mediales Interesse erarbeitet. Denn seine Mette-Marit war – bei laxer Auslegung des Begriffes – eine moderne junge Frau. Als Haakon sie bei einem Pop-Festival kennen lernte, war sie eine aus entschieden volkstümlichen Kreisen stammende allein erziehende Mutter mit einer erstaunlich kurvenreichen Biografie.

Schnell bekam die norwegische Presse wenig hoffähige Details heraus: Sie hatte sich durchaus als frivoles Partygirl betätigt und, das gab sie indirekt später öffentlich zu, auch mit Drogen

Mette-Marit von Norwegen
***19. August 1973**

Erfahrungen gesammelt. König Harald, ihr Schwiegervater in spe – ein Ururenkel der britischen Königin Victoria – und Königin Sonja (ebenfalls eine Bürgerliche) reagierten prononciert zurückhaltend auf die plebejische Partner-Wahl ihres einzigen Sohnes. Das Volk gab dem Königspaar Recht. Die Popularitätskurve der Osloer Royals sauste in den Keller, um sich, je näher der Stichtag rückte, von der Beliebtheits-Baisse zur Hochzeits-Hausse zu erholen. Allerlei Liebesschwüre der Verlobten im Fernsehen und die offenherzigen Geständnisse der Braut, die allen Enthüllungen den Wind aus den Sensations-Segeln nahmen, ließen die Norweger wieder an Märchen in Königsschlössern glauben. Und Mette-Marit wird sich in London, wo sie ein Jahr (mit Haakon) leben will, vor UV-Strahlen in Acht nehmen.

Jürgen Möllemann
***15. Juli 1945**

Jürgen Möllemann

Guido Westerwelle kochte vor Wut. Fast eine Viertelstunde hatte der FDP-Chef am Rande der Präsidiumssitzung noch einmal auf Jürgen Möllemann eingeredet, bis ihm schließlich der Kragen platzte. »Meinetwegen gehen Sie anschließend aufs Klo und kotzen sich aus«, schnauzte der Chefliberale seinen Stellvertreter an. »Aber sagen Sie Entschuldigung.«

Darf ein deutscher Politiker Israel kritisieren? Darf er der israelischen Regierung »Staatsterrorismus« vorwerfen? Darf er gar einem deutschen Juden vorwerfen, dieser leiste dem Antisemitismus Vorschub – und zwar auf Grund »intoleranter, gehässiger Art«? Jürgen Möllemann findet: Ja, er dürfe das. Anfang April hatte sich der nordrhein-westfälische FDP-Landeschef wieder einmal in die Debatte um die Nahost-Politik eingemischt. Deutschland mache »eine liebedienerische Politik gegenüber Israel«, behauptete er – und signalisierte Verständnis für palästinensische Selbstmordattentäter: »Ich würde mich auch wehren, und zwar mit Gewalt«.

Damit nicht genug. Im Landtag von Nordrhein-Westfalen nahm Möllemann den Abgeordneten Jamal Karsli in seine Fraktion auf. Der aus Syrien stammende Parlamentarier hatte zunächst den Grünen angehört, war dort jedoch in Ungnade gefallen, nachdem er der israelischen Armee »Nazi-Methoden« unterstellt hatte.

Schließlich legte sich der Fallschirmspringer Möllemann auch noch mit Michel Friedman an. Der Fernsehmoderator und Vizechef des Zentralrats der Juden in Deutschland schüre antiisraelische und antijüdische Ressentiments.

Die Öffentlichkeit war entsetzt. Monatelang hatte FDP-Chef Westerwelle die Liberalen als Frohsinnspartei für die Mitte der Gesellschaft präsentiert. Doch nun schien Möllemann die Partei für den braunen Wählerrand öffnen zu wollen. »Viele tausend wohlmeinende Zuschriften« habe er bekommen, prahlte Möllemann in Düsseldorf, während vor der FDP-Zentrale im Berliner Thomas-Dehler-Haus jüdische Organisationen protestierten.

Auch Kritiker aus den eigenen Reihen bürstete Möllemann ab. Die Altliberalen Gerhart Baum und Hildegard Hamm-Brücher forderte er höhnisch auf, die Partei in den Ruhestand zu verlassen – er wünsche »Gute Reise«. Selbst Ex-Außenminister Hans-Dietrich Genscher versagte, als er seinen politischen Ziehsohn zur Räson bringen wollte.

Tatsächlich schien sich Möllemann in seiner Rolle als Tabubrecher recht wohl zu fühlen. Gelassen ignorierte er zunächst die Forderung Westerwelles, Karsli aus der Fraktion auszuschließen und sich beim Zentralratsmitglied Friedman zu entschuldigen. Genüsslich führte er Westerwelle vor, wie sich die nordrhein-westfälischen Liberalen fast geschlossen hinter ihren Landeschef Möllemann stellten – und gegen ihren Bundesvorsitzenden.

Nur mit größter Mühe gelang es Westerwelle schließlich, die innerparteiliche Machtprobe zu beenden. In einem Brief drohte er Möllemann am 5. Juni, die Zusammenarbeit, nach Ablauf eines Ultimatums von fünf Tagen, zu beenden.

So weit schien es Möllemann denn nun doch nicht treiben zu wollen. Im Düsseldorfer Landtag verkündete er, dass der Israel-Kritiker Karsli auf eine Mitgliedschaft in der FDP-Fraktion verzichte. Zudem entschuldige er sich bei »den jüdischen Menschen«, deren Gefühle er möglicherweise verletzt habe.

Wenige Stunden, nachdem er die Debatte für beendet erklärt hatte, konnte er sich einen weiteren Seitenhieb dann aber doch nicht verkneifen. »Herrn Friedman«, so Möllemann trotzig, nehme er von seiner Entschuldigung ausdrücklich aus.

Pervez Musharraf

Der Wandel vom international geächteten Schmuddelkind zum angesehenen Verhandlungspartner geht manchmal schneller als gedacht. Pervez Musharraf hat dafür nur vier Stunden benötigt. Diese Bedenkzeit nahm sich der Präsident Pakistans nach den Anschlägen vom 11. September, dann verurteilte er die Terrorakte öffentlich. Wenig später erklärte er die engen Beziehungen zu den Taliban für beendet. Um seine Worte zu unterstreichen, schmiss Musharraf die Taliban-Anhänger aus Regierung und Armeeführung und katapultierte sich so im Eiltempo auf die Weltbühne zurück.
Vielleicht hatte der 59-Jährige keine andere Wahl, benötigt er doch die Amerikaner als Geldgeber. Dennoch wird Musharraf der Schritt nicht leicht gefallen sein, schließlich hat er Islamisten auch im eigenen Land, und die Sympathien für die Taliban waren in der Bevölkerung verbreitet. Auch er selber hatte lange keine Berührungsängste – als der damalige Premierminister Nawaz Sharif 1999 auf amerikanischen Druck versprach, muslimische Rebellen und afghanische Söldner künftig an die Kandare zu nehmen, soll Musharraf gewütet haben.
Er ist eben ein Mann der Gegensätze. Einerseits ist Musharraf ein Vorzeige-Soldat, der 1999 sogar den Sprung zum Generalstabschef schaffte.
Andererseits gilt Musharraf als Lebemann, der in seiner Freizeit Armani trägt, sich mit Tennis und Kanufahrten die Zeit vertreibt und religiöse Gesetze liberal auslegt: fünf Gebete am Tag sind ihm zu viel, dem Whiskey soll er nicht abgeneigt sein und an engen Tänzchen kann er nichts Verwerfliches finden, auch nicht wenn seine Partnerinnen mit anderen Männern verheiratet sind. Westliche Besucher rühmen ihn als gewandten weltoffenen Menschen, als kühlen Entscheider und klugen Strategen. Gerne gibt Musharraf den Anhänger von Pakistans Gründer Mohammed Ali Jinnah, der sich einst einen säkularen muslimischen Staat erträumte.
Vielleicht wäre Ali Jinnah stolz gewesen, als Musharraf im Januar eine Rede an die Nation hielt und nicht an deutlichen Worten sparte. Er sprach sich für einen »Islam der Toleranz« aus und stellte klar: »Die Terroristen sind Feinde des Islam.« Anschließend ließ er rund 2000 Extremisten festnehmen. Doch schon im März durften etwa 1300 von ihnen die Gefängnisse wieder verlassen. Im Frühsommer verschärfte Musharraf erneut mit Polizei- und Militäraktionen den Druck und reagierte damit auf eine Reihe von Anschlägen, für die militante Islamisten verantwortlich gemacht werden, und die zu erhöhten Spannungen mit Indien geführt hatten. Musharraf – der Mann der Widersprüche.
Am 30. April stimmte das Volk über weitere fünf Jahre Amtszeit ab. Der Diktator in Uniform erhielt 98 Prozent der Stimmen, Beobachter sprachen von Wahlfälschung und Verfassungsbruch. An Musharraf perlt das ab, wie auch die Erinnerung an sein früheres Versprechen, nach spätestens drei Jahren die Demokratie wieder aufleben zu lassen. Ganz im Gegenteil: Im Juli kündigte er sogar an, die Mitwirkungsrechte der gewählten Institutionen weiter zu beschneiden. Sein Argument: er habe die Aufgabe, Pakistan zu beschützen – vor korrupten Politikern und vor den Islamisten.
Immer wieder wurde nach Beginn des Anti-Terror-Kriegs befürchtet, Musharraf könnte die Kontrolle verlieren. Immer wieder wurde der Pakistani mit Anwar al-Sadat verglichen, dem ägyptischen Politiker, der Ende der 70er Jahre Frieden mit Israel machte und später ermordet wurde. Bislang sitzt Musharraf sicher im Sattel. Doch die Wut auf den pro-amerikanischen Kurs und sein diktatorisches Verhalten wächst. Ein Attentat auf ihn ist bereits fehlgeschlagen. Musharraf muss aufpassen, dass er sich nicht selbst überschätzt – nicht ohne Grund erzählt man sich in Pakistan derzeit gerne diesen Scherz: »Was ist der Unterschied zwischen Gott und Musharraf? Gott glaubt nicht, dass er Musharraf ist.«

Pervez Musharraf
***11. August 1943**

Matthias Platzeck

Ist das nicht ein Bild zur Freude aller märkischen Mütter und Schwiegermütter? Da steht er, der frisch gewählte Ministerpräsident, die goldene Krawatte um den Hals, drei schöne Töchter im Arm und strahlt durch die randlose Brille in den schlichten Plenarsaal des Brandenburger Landtags. Von dem Platz aus, von dem Landesvater Manfred Stolpe mehr als zehn Jahre seinen wohligen Brummton unter die Landeskinder gebracht hatte, sendet nun sein Nachfolger, Matthias Platzeck, 48, sein stets optimistisches Lächeln. Von einem »historischen Ein-

Matthias Platzeck
***29. Dezember 1953**

schnitt« war an diesem lauen Juni-Tag der Übergabe die Rede, von »tiefer Dankbarkeit« – als hätte der letzte Preußen-König den Thron geräumt.
Und ein wenig war es ja auch so: Erst Tage zuvor hatte Stolpe, 66, seinen sozialdemokratischen Mannen eröffnet, dass er meint, nun genug regiert zu haben. Er wolle nicht mehr erster Diener seines Landes sein. Platzeck möge nun die Geschicke des Landes in seine Hände nehmen. Huldvoll, dankbar und selbstverständlich ohne jede unpreußische Debatte nahm die Gefolgschaft die frohe Kunde entgegen.
Doch die glänzende Inszenierung kann über eines nicht hinwegtäuschen: Dem Generationswechsel dürfte ein Politikwechsel folgen. Kaum im Amt, setzte sich Platzeck vom allzu harmonischen und langmütigen Stil seines Vorgängers ab: Nein, Brandenburg sei nicht – wie von Stolpe einst behauptet – die »kleine DDR«, er selbst habe keine Lust den Ober-Ossi zu geben, wolle »vom ersten Tag an Klartext reden«.
Konflikte hatte Platzeck bereits in der DDR nicht gescheut. Der Diplomingenieur für biomedizinische Kybernetik gründete 1988 mit Gleichgesinnten in Potsdam die Bürgerinitiative Argus, die den Verfall der Potsdamer Altbausubstanz stoppen und die Umweltverschmutzung offen legen wollte. Als die SED-Führung im Herbst 1989 hinwegdemonstriert wurde, zählte Platzeck zu den Gründern der Grünen Liga. Wenig später saß er als »Minister ohne Geschäftsbereich« im Kabinett des DDR-Übergangspremiers Hans Modrow.
Bald konnte sich Platzeck ganz dem Thema Öko widmen – als Umweltminister für Bündnis 90 in der ersten Regierung des neu gegründeten Landes Brandenburg. Seine Bilanz war durchaus erfolgreich: in der Mark, wo Grüne nicht gerade beliebt sind, stellte er weite Teile des Landes unter Naturschutz. Doch da Platzeck die Fusion von Bündnis 90 mit den West-Grünen ablehnte, verlor er seine politische Heimat. Stolpe hielt dem Polit-Talent jedoch die Treue: parteilos durfte er auch dessen SPD-Alleinregierung angehören.
Seinen bundespolitischen Durchbruch hatte Platzeck jedoch kurioserweise einer Naturkatastrophe zu verdanken: dem Oderhochwasser 1997. Täglich berichtete er der Nation über die Pegelstände und die Rettung der nassen Deiche. Dafür erhielt er die »Goldene Kamera« und – inzwischen Sozialdemokrat – den Ruf, ein geeigneter Stolpe-Nachfolger zu sein.
Ein Jahr nach dem Jahrhunderthochwasser musste er für die SPD eine Rettungstat vollbringen. In der Landeshauptstadt, von SPD-Genossen abgewirtschaftet, drohte ein Wahlsieg der PDS. Platzeck verhinderte ihn mit seiner Kandidatur fürs Oberbürgermeisteramt.
Allen Dementis zum Trotz wurde der Job in Potsdam einer auf Abruf. Nur der Termin der Übernahme des Landes durch Platzeck blieb ein Geheimnis – bis die Meldungen vom Wechsel des Jahres über die Agenturen liefen. Ähnlich wie in der Landeshauptstadt ließen die Bewährungsproben auch im ersten Amt des Landes nicht lange Zeit auf sich warten. Noch im Juli flogen die dubiosen Immobiliengeschäfte seines Justizministers auf, Platzeck reagierte schnell, nach zwei Tagen erhielt Kurt Schelter (CDU) die Entlassungsurkunde – der neue Chef im Ring hatte seine erste Probe bestanden.

Franka Potente
***22. Juli 1974**

Franka Potente

Sie wechselt die Farbe ihrer Haare schneller als manche Menschen ihre Kleidung. Und doch galt Franka Potente bis vor kurzem noch immer als die rote Lola, die sie vor vier Jahren berühmt machte. Wohin sie auch kam, der Berliner Feuerkopf mit den schnellen Beinen war schon da. In ihrem neuen Fim, dem amerikanischen Thriller »Die Bourne Identitär«, erkennt man noch einige rote Strähnen: Sie wachsen heraus – und eine neue Franka Potente kommt zu Vorschein.
Weit über 100 Millionen Dollar hat der Film allein auf dem nordamerikanischen Markt eingespielt und zählt damit zu den größten Überraschungshits des Jahres. Er ist mehr als doppelt so erfolgreich wie »Blow«, Potentes letztjähriges US-Debüt, in dem sie an der Seite von Johnny Depp zu sehen war, aber schon nach etwa dreißig Minuten aus dem Film schied. Nun reüssiert sie in einer Hauptrolle: Im Eiltempo scheint die 28-jährige Schauspielerin auch in Hollywood ein Star zu werden.
»Die Bourne Identität« beruht auf einem Bestseller von Robert Ludlum und handelt von einem Amerikaner (Matt Damon), der aus dem Mittelmeer gefischt wird und sein Gedächtnis verloren hat. Als er plötzlich von Killern gejagt wird, hilft ihm eine von Franka Potente gespielte Deutsche.

Eine Verfolgungsjagd durch Europa beginnt.
Die amerikanischen Kritiker sind von Potente begeistert. Die *Chicago Tribune* schwärmte von ihrer »unkonventionellen Schönheit« und ihrem »erdverbundenen Sex-Appeal«, das führende Branchenblatt *Variety* hob ihre Wärme und ihr uneitles Spiel hervor. Potente, die ihrem männlichen Co-Star Damon nicht nur physisch Paroli bietet, stellt Szene für Szene unter Beweis, dass sie einen Film nicht nur schmücken, sondern auch tragen kann.
Die hiesigen Gazetten bürdeten ihr sogleich eine gewaltige Last auf und verglichen sie mit dem größten Filmstar, den Deutschland je hervorgebracht hat: Marlene Dietrich. Dabei macht es – im Leben wie auf der Leinwand – gerade Potentes Charme aus, dass sie natürlich, offen und auf eine bezwingende Art spröde wirkt. Für den Glamour scheint sie nicht geboren. Doch der Boulevard hat entschieden: Franka muss für Deutschland spielen. Wie es aussieht, wird sie sich dieser nationalen Vereinnahmung mit gewohnter Souveränität entziehen und ihre klug bedachte Karriereplanung wie bisher fortführen – freilich auf höherem Niveau. Denn genauso wichtig wie die Rollen, die man spielt, sind die, die man ablehnt.
Und siehe da: Auf einmal lädt Potente die Weltpresse zum Treffen nach Ochtrup. Das Handelsstädtchen liegt unweit von Dülmen, wo Potente aufgewachsen ist – mitten im Münsterland. Dort drehte sie im Sommer den deutschen Film »Blueprint«, die Geschichte des ersten menschlichen Klons. Ihre Zukunft sieht sie nicht allein in Hollywood, auch wenn ihr dort nun alle Türen offen stehen.
Die Schattenseiten des Ruhms bekam sie in diesem Jahr auch zu spüren. Die Trennung von ihrem Lebensgefährten, dem Regisseur Tom Tykwer, der ihr mit »Lola rennt« zum Durchbruch verholfen hatte, wurde in der Presse ausgewalzt. Und ihre Affäre mit dem Schauspieler Elijah Wood, mit dem sie in diesem Frühjahr die Komödie »Try Seventeen« drehte, wurde gar von Paparazzi verfolgt.
Doch sie wird sie abhängen, auch ohne Jogging und mit einer Packung Zigaretten täglich. Wer sie einmal aus der Nähe erlebt hat, macht sich aus der Ferne um sie keine Sorgen: Wenn sie in »Die Bourne Identität« in einer Szene aufwacht und sich umsieht wie ein neugeborenes Kind, weiß der Zuschauer: Diese Augen lassen sich so leicht nicht blenden.

Ronald B. Schill

Ronald B. Schill
***23. November 1958**

Kometenhaft war der Aufstieg. Mit 58 Anhängern hatte der Amtsrichter Ronald Barnabas Schill im Juli 2000 im Hamburger Ratsweinkeller seine Partei Rechtsstaatlicher Offensive gegründet. 14 Monate später, bei der Wahl des Landesparlaments, der »Bürgerschaft«, bekam die Partei des Polit-Neulings 165 421 Stimmen – ein Anteil von 19,4 Prozent.
Ein solches Ergebnis, aus dem Stand erzielt, hat es in der deutschen Parteiengeschichte der Nachkriegszeit noch nicht gegeben. Das sensationelle Resultat ermöglichte es der auf 26,2 Prozent abgerutschten CDU und ihrem Spitzenkandidaten Ole von Beust, im Bündnis mit Schill und der gerade eben über die Fünf-Prozent-Hürde geschrammten FDP die bis dahin amtierende rot-grüne Koalition abzulösen. Schill übernahm das Amt des Innensenators.
Seine Anziehungskraft auf die Wähler beruhte vor allem auf seinem Ruf als »Richter Gnadenlos«: Mit als übertrieben hart empfundenen Urteilen machte der Jurist, Jahrgang 1958, zuweilen von sich reden. Seinen Wahlkampf bestritt er fast ausschließlich mit dem Thema innere Sicherheit.
Der Rechtspopulist schien das alte Parteiensystem zu sprengen. Kühn sah sich der Parteigründer um die Jahreswende 2001/2002 schon als Kanzlermacher, von dessen Gunst eine unionsgeführte Bundesregierung abhängig sein würde. Vorschnell kündigte er an, nur dann zur Bundestagswahl im September 2002 anzutreten, falls Edmund Stoiber nicht Kanzlerkandidat der Konservativen werde – als der CSU-Chef kurz darauf zum Herausforderer von SPD-Kanzler Gerhard Schröder ausgerufen wurde, hielt Schill das Thema für erledigt: Dem Bayern mochte er keine Stimmen wegnehmen. Seine Zurückhaltung hatte freilich noch andere Gründe. Schill machte mit privaten Kiez-Kontakten und Kokaingerüchten mehr Schlagzeilen als mit seiner Kriminalpolitik. Mal kam heraus, dass der Law-and-order-Politiker einen vorbestraften Bodyguard beschäftigte, dann sah er sich gezwungen, sich einem peinlichen Haartest zu unterziehen, um den Verdacht

Jörg Schönbohm
***2. September 1937**

zu entkräften, der Innensenator sei ein Kokser.
Schon nach vier Monaten hatte die Schill-Partei mehr als vier Prozentpunkte in der Wählergunst eingebüßt. Vor der Wahl hatte Schill so allerhand versprochen: Er wollte die Verbrechensrate halbieren, die Drogenszene zerschlagen, mit dem Polit-Filz aus mehr als 40 Jahren SPD-Vorherrschaft aufräumen. Nach der Wahl mochte Schill von Halbierung der Kriminalität nichts mehr wissen, die Drogenszene wurde nur verlagert, und Filzgeruch verströmten die Schill-Senatoren schnell selbst: Als engste Mitarbeiter stellten sie Parteifreunde aus dem Parlament ein, einer gar seine junge Lebensgefährtin.
Ernüchternd wirkte das Ergebnis der Landtagswahl in Sachsen-Anhalt am 21. April 2002. Der Parteigründer hatte davon geträumt, als stärkste Fraktion im Magdeburger Landtag den Ministerpräsidenten zu stellen, 30 Prozent der Stimmen hielt er für realistisch. Doch dann verfehlte die Partei mit 4,5 Prozent den Einzug ins Landesparlament.
Die Pleite hielt viele seiner euphorisierten Anhänger nicht davon ab, für eine Teilnahme der Partei an der Bundestagswahl einzutreten. Schill widersetzte sich entschieden: Zu groß erschien ihm das Risiko des Scheiterns angesichts »finanzieller, personeller und organisatorischer Probleme«.
Beißenden Spott goss Schill auf einem Bundesparteitag am 22. Juni 2002 über die »ehrgeizzerfressenen Querulanten« in seiner Partei, die nur nach Pöstchen und Mandaten strebten, eindringlich warnte der Vorsitzende vor einem »Desaster« bei der Bundestagswahl – und wurde von der Basis glatt überstimmt.
Flugs stellte Schill seine Bedenken zurück, seine Verzagtheit wich augenblicklich neuerlichen Kühnheit: »Wir wollen die drittstärkste Kraft im Bundestag mit einem zweistelligen Ergebnis werden.« Er selbst empfahl sich sogleich als Spitzenkandidat und Anwärter auf das Amt des Bundesinnenministers. So wird aus einem Richter Gnadenlos schnell ein Senator Größenwahn.

Jörg Schönbohm

Im Proseminar lernt jeder Student der Politischen Wissenschaft schon im 1. Semester den Artikel 51 des Grundgesetzes zur Funktionsweise des Bundesrates kennen und verstehen: »Die Stimmen eines Landes können nur einheitlich ...abgegeben werden.« Jörg Schönbohm, 65, General und Brandenburgs Innenminister, und Manfred Stolpe, 66, früher Konsistorialpräsident der Evangelischen Kirche in Berlin-Brandenburg und bis Sommer 2002 Ministerpräsident von Brandenburg, haben den Verfassungsartikel nicht gelernt. In einer denkwürdigen, der spektakulärsten Sitzung des Bundesrates seit dessen Bildung 1949, gaben die beiden Exponenten der in Potsdam regierenden Großen Koalition am 22. März öffentlich getrennte Voten ab, die der amtierende Bundesratspräsident Klaus Wowereit als irgendwie geartete Stimmabgabe zu interpretieren hatte: »Damit stelle ich fest, dass das Land Brandenburg mit Ja abgestimmt hat.«
Die Bundesratssitzung gerät zum legendären Exempel, weil Bundespräsident Johannes Rau das beschlossene Gesetz, dem Grundgesetz entsprechend, unterschrieb, zugleich aber per Bundesverfassungsgericht eine rechtliche Klärung anheim stellte, um Leitlinien für künftige Fälle ähnlichen Zwists auszutüfteln. Abseits der verfassungsrechtlichen Diskussionen war der 22. März allerdings eher beweiskräftiger Höhepunkt einer emotionalen Beziehung besonderer Art – der Männerfreundschaft zwischen Stolpe, SPD, Ex-DDR, und Schönbohm, CDU, Ex-General. Beide sind nach Herkunft, Prägung und Ausbildung Preußen, wenn auch von jovialer Couleur. Beide sind konsensbestimmt: Stolpe suchte zu DDR-Zeiten immer den Ausgleich zwischen Staatsmacht und Bürgerstimmung. Schönbohm, der in Ostdeutschland die NVA auflöste, bevor er in die Politik zog, hörte von seinem letzten Bonner Chef, dem Verteidigungsminister Volker Rühe, den für einen Spitzenoffizier ziemlich vernichtenden Satz: »Sie sind zu ehrlich. Sie machen keine Karriere.«
Konsensgeprägt bereiteten sich beide vor, auf die Kampfabstimmung ums Zuwanderungsgesetz der rot-grünen Bundeskoalition und damals zum Wahlkampfthema der Union geadelt, obwohl wenig später im wirklichen Wahlkampf das Thema passé ist. SPD und CDU hatten ihre Potsdamer Statthalter auf Disziplin eingeschworen – ein Wert, den Schönbohm schon per Muttermilch aufgesogen hat.

Außerdem: Platzt die Große Koalition am Thema Zuwanderung, dann ist die CDU in Potsdam erst mal weg vom Fenster; die PDS wartet schon, um sich der SPD in die Arme zu werfen. Was also tun? Nun ist es so, als treffe ein altes sturmerprobtes Ehepaar im Restaurant auf einen früheren Nebenbuhler: Es wird so schlimm nicht kommen. Vielleicht fällt uns noch was ein, das unsere Beziehung rettet; sie war doch so schön.

Dann die Minute der Offenbarung: Stolpe schmettert sein »Ja«, der General – sonst eher schneidig – stammelt ein verlegenes »Sie kennen meine Auffassung, Herr Präsident!« in den Saal. Nun nimmt der öffentliche Zweikampf seinen Lauf. High noon im ehemaligen – ausgerechnet – Preußischen Herrenhaus in Berlin-Mitte. Wer würde das Duell überstehen?

Auf der Strecke blieben das Grundgesetz der Bundesrepublik Deutschland, die politische Kultur demokratischer Mehrheitsfindung und die Tradition des Bundesrats als langweilig-notarielle Institution des Bundes. Es siegte die Freundschaft zweier Männer, die sich von ihren Parteizentralen partout nicht auseinander bringen lassen wollten: Wir stehen zueinander, bis einst der Tod uns scheidet – oder wenigstens das politische Altenteil, in das Stolpe im Juni überraschend entschwindet. Seinem Jörg hat er aber rechtzeitig Bescheid gesagt.

Und deswegen war Jörg Schönbohm so beleidigt und betroffen, als ihm und seinem Kumpel Manfred der Bundespräsident persönlich und öffentlich eine explizit so bezeichnete »Rüge« erteilt, – als hätte der Schuldirektor zwei Freunde beim Rauchen auf dem Klo erwischt. Der Jörg war und ist sich immer noch keiner Schuld bewusst. Er hat es doch nur aus Freundschaft? Aus Liebe? Aus Notwehr? Aus Staatsräson? Getan.

Shakira

Mit Schmetterlingen im Bauch kennt sie sich aus: Shakira Isabel Mebarak Ripoll war gerade mal acht Jahre alt, als sie ihr erstes Liebeslied verfasste. Heute ist sie 25, und ihre Songs drehen sich noch immer stets um das eine, ganz große Thema. Fast alle sind Antonio de la Rua gewidmet, Sohn des ehemaligen argentinischen Präsidenten und, wie sie betont, Liebe ihres Lebens. Doch das Kribbeln, das die Kolumbianerin unlängst in der Magengegend verspürte, hatte nichts mit der akuten Verliebtheit zu tun, sondern mit einer beruflichen Herausforderung. Der erfolgsverwöhnte Latino-Star musste sich nochmal mit der Newcomer-Rolle anfreunden, Ende 2001 kam das erste englischsprachige Album der Sängerin auf den Markt. »Aufregend«, sei der Neustart gewesen, sagt sie, »wie eine neue Liebe.«

In Südamerika ist Shakira bereits seit Jahren ein ganz großer Name. Schon als kleines Kind träumte sie von einer Show-Karriere und amüsierte Restaurantbesucher mit Bauchtanz und Geträller. Mit zehn gewann sie bei einem Talentwettbewerb ein Fahrrad, mit 13 lauerte sie schließlich einem Sony-Manager in der Hotellobby auf. Vom Tanz und Gesang beeindruckt, offerierte ihr der verblüffte Musik-Experte prompt einen Vertrag über drei Platten. Mit 14 hatte die »Göttin des Latinrock«, zu der sie die Kritikergarde des amerikanischen Magazins *Rolling Stone* adelte, mit dem Song »Magia« ihren ersten großen Hit. Und spätestens seit dem Erfolg ihres dritten spanischsprachigen Albums (»Pies Descalzos«) 1995 gilt sie in Kolumbien als Nationalheldin. Inzwischen hat Shakira Millionen von Platten verkauft, unzählige kleine Mädchen zu wilden Tanzschritten vor dem Spiegel verleitet und Männern aller Generationen den Kopf verdreht. Zu den leidenschaftlichen Fans zählt ihr Landsmann Gabriel García Márquez, der regelmäßig ihren Gesang, ihren Tanz und vor allem ihre »unschuldige Sinnlichkeit« lobt und so nebenbei beweist, dass auch Literaturnobelpreisträger schwärmen können wie verknallte Teenager.

In Europa und in den USA war die blondierte Sängerin bis zum letzten Herbst kaum bekannt. Seit »Laundry Service« im November 2001 in den USA und im Januar 2002 in Europa auf den Markt kam, ist das anders. Seitdem ist die kollektive Shakira-Sucht ein globales Phänomen. In Deutschland hat sich das Album nach einem guten halben Jahr rund 600 000 mal verkauft und sich monatelang auf den vorderen Plätzen der Hitparaden gehalten. Radiohörer werden mit den Hits »Whenever, Wherever« und »Underneath Your Clothes« dauerbeschallt, und die Videoclips – in denen Shakira in engem Bustier und Leopardenhose herumhüpft und durch

Shakira
***2. Februar 1977**

den Schlamm robbt – laufen bei MTV in der Endlosschleife.
Mit einem Mix aus Pop und lateinamerikanischen Klängen macht die Plattenindustrie aller Krise zum Trotz hervorragende Umsätze. Verschwiegen wird allerdings oft, dass Latin-Stars wie Jennifer Lopez oder Enrique Iglesias in den USA aufgewachsen sind. Shakira hingegen kam in der kolumbianischen Hafenstadt Barranquilla zur Welt, als Tochter einer Kolumbianerin und eines Libanesen, und verbrachte dort auch den größten Teil ihres Lebens. Englisch spricht sie erst seit zwei Jahren, die Texte ihrer Songs hat sie mühsam mit Hilfe eines Wörterbuchs zusammengereimt. Doch nicht nur ihre Geschichte ist anders, sondern auch ihre Musik. Die multikulturelle Melange aus Latino-Groove, orientalischen Melodien und wildem Rock kombiniert mit aufmüpfigen Texten, hebt sich von der Masse ab und bleibt doch noch massentauglich genug.

Michael Sommer
***17. Januar 1952**

Michael Sommer

Wer bei den deutschen Gewerkschaften das Sagen hat, erfuhr Michael Sommer schon beim Amtsbeginn. Der neue Chef des Deutschen Gewerkschaftsbundes (DGB) hatte gerade seine Antrittsrede im Berliner Congress Centrum gehalten, da trat IG-Metall-Boss Klaus Zwickel ans Pult. Was der neue Vorsitzende da zur künftigen politischen Linie gesagt habe, sei ja alles »gut und richtig«, sagte Zwickel. Doch das wichtigste Thema habe Sommer nicht genügend betont. In den nächsten Monaten, gab der Metaller die Richtung vor, gehe es vor allem um »die Sicherung der Tarifautonomie«.
Zwickels Affront sollte dem neuen DGB-Chef von Beginn an klar machen, welch bescheidene Rolle er in Zukunft zu spielen hat: Beim Dachverband der Arbeiterbewegung bestimmen traditionell die Bosse der mächtigen Branchengewerkschaften aus der Metall- und Chemieindustrie oder dem öffentlichen Dienst den Kurs. Der DGB-Chef darf bestenfalls moderieren.
Doch Sommer möchte sich der gewohnten Hackordnung nicht so einfach beugen. Wenn er bei seiner Wahl betonte, der DGB müsse wieder »die Meinungsführerschaft zurückerobern«, dann hatte er dabei nicht nur die gesellschaftliche Debatte im Blick. Er zielte vor allem auf die Lufthoheit bei den Gewerkschaftsbossen.
Sommer ist erfahren in den Ränken der Arbeiterführer. Sein ganzes Leben hat der studierte Politologe als Berufsfunktionär verbracht. Erst als Bildungssekretär und Pressesprecher der Deutschen Postgewerkschaft, später als stellvertretender Vorsitzender der neu fusionierten Dienstleistungsgewerkschaft Ver.di.
Dort erwarb sich der »bullige Funktionär mit Berliner Schnauze« (*Wirtschaftswoche*) rasch den Ruf eines Traditionslinken. Mal bezeichnete er befristete Arbeitsverhältnisse als »Seuche«, mal lobte er die PDS als »demokratische Partei«, mit der man »perspektivisch zusammenarbeiten« kann. Weil er keine Chance mehr sah, im 19-köpfigen Ver.di-Vorstand auf die Spitzenposition zu rücken, ließ er sich im vergangenen Frühjahr auf den vakanten DGB-Posten wegloben.
Sein erster politischer Schritt führte zielsicher in den Fettnapf. Nachdem Sommer kurz nach seiner Ernennung die Wahlchancen der rot-grünen Koalition als gering eingestuft hatte, musste er den Affront gegen den Kanzler anschließend wieder mühsam gerade rücken.

Ron Sommer
***29. Juli 1949**

Ron Sommer

Manchmal scheint es nicht viel zu sein, was den Chef der Deutschen Telekom von einem Masochisten unterscheidet. Wenn Ron Sommer abends nach Hause kommt, darf er das Grauen dieser Tage im Juli noch einmal erleben: In seinem Arbeitszimmer hängen die hässlichsten Karikaturen von ihm. Seine Frau schneidet sie aus. Die übelsten Schlagzeilen hängt sie gerahmt daneben.
Früher, als Sommer noch nicht »Vernichter des Volksvermögens«, sondern »the Wunderkind« genannt wurde, da füllte sich die Wand im Arbeitszimmer nur spärlich. In letzter Zeit kommt Sommers Frau mit dem Ausschneiden nicht mehr nach. Vielleicht hat sie es inzwischen auch sein lassen, denn was ursprünglich als Abhärtung gedacht war, beginnt ihrem Mann wehzutun. Er ist dünnhäutig geworden. Heißt es. Bei der Hauptversammlung im Mai buhten die Kleinaktionäre ihn nicht nur aus. Sie lachten über ihn. Sommer sagt: »Es ist ein Traumjob.« Dabei sieht er aus, als spreche er über eine Gallenoperation. Dann erzählt er sei-

ne Geschichte, die er »Wachstumsstory« nennt. Sie handelt vom »Umbau« und »Aufbau«, von »Skaleneffekten« und »Prozessverbesserungen«. Sie wimmelt von Zahlen, und manchmal vertreibt sie die Menschen, wie zuletzt bei der Hauptversammlung: Manche Aktionäre verließen während seiner Rede entnervt den Raum.

Er gilt als Marketinggenie, obwohl er sich bei solchen Auftritten ans Rednerpult klammert und abliest. Fernsehauftritte simulierte er mitunter tagelang in einem vorher eingerichteten Studio. In Interviews stellt er sich Fragen manchmal sogar selbst. Als die Fernsehmoderatorin Sandra Maischberger in einem TV-Interview kürzlich etwas zu seiner Zeit als Student wissen wollte, antwortete Sommer: »Und jetzt Ihre Frage: ›Glauben Sie an die Zukunft der Deutschen Telekom?‹«

Ron Sommer, 1949 als Sohn einer russischen Jüdin und eines Deutschen jüdischer Abstammung in Haifa geboren, zog 1956 mit seiner Familie nach Wien. Er ist 18, als sein Stiefvater stirbt, wenige Monate nach seinem leiblichen Vater. Wer ihn fragt, was er von den beiden für sein Leben mitgenommen habe, dem antwortet er: »Keine Verweichlichung.«

Sommer schont sich nicht und studiert in Rekordzeit Mathematik. »Blitzgescheit« sei er gewesen, aber »kein Wissenschaftler«, erinnert sich sein Doktorvater. »Mathematik sah er als ersten Stein seiner Karriere.«

Der Medienwissenschaftler Peter Glotz hat sich tagelang mit Sommer unterhalten. Am Ende sei ihm klar gewesen, »dass ich nicht genug Stoff für ein Buch über ihn hatte«, sagt Glotz – und schrieb ein Buch über Ron Sommer. Es entsprach dem Bild, das Sommer von sich produzierte, dem Bild des Überfliegers, der außer bei seiner Familie nie vor Anker geht – eines Teflontypen, an dem jeder Zweifel abperlt. Die Telekom orderte den Großteil der Erstauflage.

Im Grunde sei Sommer »ein einsamer Wolf geblieben«, sagt ein Vertrauter aus seiner Zeit bei Sony. »Er hat keine Freunde.«

Wenige Wochen vor seiner Ablösung als Telekom-Chef besuchte Sommer Mitarbeiter seines Unternehmens. Sommer kam auch in die Abteilung »Beschwerde-Management«, zu Christiane Kutz. Sie ist so etwas wie Sommers telefonische Leibwächterin. Wütende Telekom-Kunden schaffen es täglich, bis zu Sommers Büro durchzukommen. Dann verbinden die Sekretärinnen zu Frau Kutz, deren Job es ist, sich anbrüllen zu lassen.

»Also, was bei mir ankommt, das kommt bei Ihnen an?«, fragte Sommer. »Ja«, sagte Kutz. Dann ging Sommer. Kein Dank. Nichts. Christiane Kutz war dennoch begeistert. »Er hat so einen ungemein weiten Blick.«

Aung San Suu Kyi

Für die 600-Kilometer-Reise von der Hauptstadt Yangon bis nach Mandalay brauchte sie 21 Monate: Aung San Suu Kyi hatte bereits im September 2000 die Stadt am Irrawaddy mit der Bahn erreichen wollen, doch die Führerin der Oppositionspartei der Nationalen Liga für Demokratie (NLD) wurde von den Militärmachthabern gestoppt und kam unter Hausarrest.

Aung San Suu Kyi
*19. Juni 1945

Erst im Juni 2002, einen Monat nachdem sie durch Uno-Vermittlung und nach monatelangen, zähen Geheimverhandlungen mit der herrschenden Junta freikommt, wird die charismatische Politikerin in Myanmars zweitgrößter Stadt euphorisch gefeiert – dabei hatten die staatlich kontrollierten Massenmedien kein Wort über den bevorstehenden Besuch Suu Kyis berichtet.

Die »absolute Reisefreiheit« gehört zu dem delikaten Deal, den die unbeugsame Verfechterin für Demokratie dem Regime abringen konnte: Es gestattet Suu Kyi größeres öffentliches Profil, verschafft aber auch den Militärs, die unter der Orwellschen Bezeichnung »Staatsrat für Frieden und Entwicklung« firmieren, einen gewissen Anstrich von Legitimität.

Dennoch hat der lange Weg nach Mandalay Symbolcharakter – den Großteil ihrer Politikerlaufbahn verbrachte Suu Kyi unter Arrest: Dabei war die Tochter des burmesischen Generals und Freiheitskämpfers Aung San, der, verehrt als »Vater der Nation«, 1947, kurz vor der Unabhängigkeit seines Landes, einem Mordanschlag zum Opfer fiel, eher durch Zufall in die Rolle einer Volksheldin geraten.

Aufgewachsen in Indien, wo ihre Mutter als Botschafterin ihres Landes arbeitete, ging Suu Kyi nach Großbritannien, studierte dort Philosophie, Politik sowie Ökonomie und ließ sich nach der Heirat mit dem Tibetologen Michael Aris in Oxford nieder.

Trotz Kindern und (akademischer) Karriere bleibt die Frau mit der prominenten Herkunft engagierte Kriti-

Rudi Völler
*13. April 1960

kerin der Militärs, die Burma seit 1962 mit eiserner Hand regieren – ihre Stippvisiten in der Heimat sind daher gebunden an die Auflage strikter politischer Enthaltsamkeit.
Die gibt die Mutter zweier Söhne erst auf, nachdem sie 1988 nach Yangon zurückkehrt, um ihre sterbenskranke Mutter zu pflegen: Als die studentische Demokratiebewegung zum Volksaufstand eskaliert und Diktator Ne Win zurücktritt, gründet Suu Kyi die NLD. Die Erhebung wird von den Militärs zusammengeschossen, Suu Kyi als »destruktives Element« unter Hausarrest gestellt, die Führer ihrer Partei verschwinden in Gefängnissen und Arbeitslagern.
Bei den Wahlen 1990 gewinnt die NLD trotz Unterdrückung 392 von 485 Sitzen. Die Junta setzt sich jedoch über den Sieg hinweg und verfolgt die Opposition mit gnadenloser Härte. Aus der Isolation organisiert Suu Kyi, die im Jahr darauf den Friedensnobelpreis erhält, einen zunehmend wirksamen Wirtschaftsboykott.
Die ökonomische Dauerkrise und internationaler Druck führen 1995 zum Ende des Hausarrests, aber Yangon darf Suu Kyi immer noch nicht verlassen. Die Junta verweigert ihrem vom Krebs gezeichneten Ehemann die Einreise und schlägt ihr 1999 die Ausreise vor; Suu Kyi bleibt in ihrer Heimat und kommt erneut für 19 Monate unter Hausarrest.
Hat die Haft die 57-Jährige mürbe und kompromissbereit gemacht? Die NLD-Generalsekretärin nutzt den neuen Freiraum vorsichtig, plädiert für »Kooperation und Koordination« und betreibt den schrittweisen Wiederaufbau ihrer Partei. Solange Politaktivisten und Regimegegner noch in den Gefängnissen und Lagern des Regimes sitzen, sollen die ausländischen Sanktionen gegen Myanmar in Kraft bleiben: Nach der Dämmerung wartet Suu Kyi noch immer auf den »Morgen der Demokratie«.

Rudi Völler

Die Reifeprüfung absolvierte der Teamchef an einem feuchtwarmen Dienstag Abend – bei 24 Grad Celsius und 93 Prozent Luftfeuchtigkeit – im japanischen Shizuoka. Kurz vor der Halbzeit im letzten Vorrundenspiel gegen Kamerun hatte Deutschlands Nationalmannschaft ihren Abwehrchef Carsten Ramelow durch Platzverweis verloren, erschrocken taumelte das dezimierte Team einer Niederlage entgegen. Die hätte das vorzeitige Aus bei dieser Weltmeisterschaft bedeutet.
Doch angesichts der Krise operierte Völler mit ruhiger Hand. Erst schickte er den ungeduldigen Kapitän Oliver Kahn, der zu erfahren begehrte, wie die Lücke möglichst rasch zu schließen sei, mit stoischer Geste in sein Tor zurück. Statt zum überstürzten Spielertausch entschied sich der Teamchef zum Rundum-Revirement in der Pause. Gelassen krempelte er das taktische Schema um und verschob die Spieler auf neue Positionen. Die Mannschaft stimmte er mit der ihm eigentümlichen Prägnanz auf die erhöhten Anforderungen ein: »Jungs, ab jetzt geht es um alles. Ihr müsst wahnsinnig viel rennen.«
Die Mannschaft gewann 2:0 – mit jenem Selbstbehauptungswillen, der es ihr sogar erlauben sollte, bis ins Endspiel vorzudringen. Und Völler, ohnehin schon ein Liebling der Massen, wuchs zum Idol eines deutschen Fußballaufschwungs. Fortan galt er als Kapazität im Trainerjob.
Dabei war der Sohn eines Lagerverwalters und einer Näherin fast noch ein Berufsanfänger. Der frühere Torjäger, ursprünglich nur als Statthalter für den später im Kokainskandal gestrandeten Übungsleiter Christoph Daum auf den Posten des obersten Trainers der Nation gesetzt, fand schnell Gefallen an dem Amt. Völler ließ seine Schüler an der Erfahrung von 90 Länderspielen teilhaben und wusste Gefahren wie Chancen realistisch einzuschätzen: Seine Elf konnte an schlechten Tagen gegen fast jeden Widersacher verlieren und an guten fast jeden Gegner bezwingen.
Dass in Fernost die guten Zeiten überwogen, hat mit dem stabilen Binnenklima zu tun und mit dem Teamgeist, den der Vorturner weckte. Mit beständigen Hinweisen auf angeblich überzogene Kritik aus dem Hintergrund provozierte Völler mit dem alten Schlitzohr-Instinkt fortlaufend Trotzreaktionen. Und er traf immer den richtigen Ton. Im müden Achtelfinale gegen Paraguay weckte er die Seinen mit schlichten Worten: »Männer, das ist hier kein Freundschaftsspiel.« Das nötige Selbstvertrauen war im Kamerun-Spiel gewachsen.
Taktische Beschlagenheit hatte Völler nicht jeder zugetraut. Die Souveränität entsprang jener Akribie, die nach Berichten von Teilnehmern an Teamsit-

zungen fast an Ex-Bundestrainer Berti Vogts erinnert: Alle nur denkbaren Extremsituationen spiele er vorher durch. Der Teamchef selbst resümierte vor dem WM-Finale korrekt: »Wir haben aus unseren Möglichkeiten das bestmögliche rausgeholt«. Das Optimum erreicht zu haben – das ist das wohl größte Kompliment, das man einem Trainer machen kann.

Martin Walser

Er ist ein Spezialist für Kränkungen, zunehmend für tatsächliche: Martin Walser, nun über siebzigjähriger Schriftsteller, hat in seinen Romanen immer wieder die fiktiven Leiden der ganz normalen Neurotiker in den Mittelpunkt gestellt – die Unsicherheiten, die Lebensangst, die Erfolgsabhängigkeit und Liebessucht der Lehrer, Verwaltungsangestellten, Redakteure, die wir alle zu kennen meinen. Er, Chronist der Bundesrepublik in ihrem Mittelstand, in ihren Unauffälligkeiten, in ihren unspektakulären Lebensläufen, wendet sich im Alter den eigenen Sorgen zu. Was ihm zu schaffen macht, wird öffentlich: Mal ist es »die Vernachlässigung des Nationalen durch uns alle«, dann die »Dauerrepräsentation unserer Schande« oder das deutsche »Geschichtsgefühl« – all diese Äußerungen sorgten für Unmut und Debatten, für Aufregung und Missverständnis, vor allem aber für jene intensive Aufmerksamkeit, die mit Sicherheit auf Martin Walsers Kränkungen folgt.

Mit seinem Schlüsselroman um Marcel Reich-Ranicki, den so genannten »Kritikerpapst« der deutschen Lesergemeinde, hat Walser sich schließlich selbst überboten: Seit Frank Schirrmacher, Herausgeber der *Frankfurter Allgemeinen Zeitung*, es in einem offenen Brief Ende Mai ablehnte, das Buch vorabzudrucken, ist Walser auf der Höhe erregten Ruhms. Ist das Buch eine Exekution und eine gnadenlose Abrechnung mit Reich-Ranicki, die auch vor antisemitischen Klischees nicht zurückschreckt – wie die *FAZ* dem Autor vorwarf? Oder reagiert die deutsche Kritik über, pathologisiert von eben jenem hysterischen Schuldgefühl, das der Autor seit Jahren seiner Umgebung attestiert?

Die Debatte um den Roman »Tod eines Kritikers« beschäftigte die Öffentlichkeit über Wochen und zeigte zweierlei: Die sich im Alter verstärkende Neigung des Autors, mit Anspielungen und Redeweisen (»Moralkeule« Auschwitz), mit missverständlichen Formulierungen und subtilen Konstruktionen Ressentiments der Stammtische zu bedienen – jenes Publikum, das endlich wieder deutsch fühlen, denken und reden will und bei gewissen Themen froh ist, dass man, dank Walser, »das endlich auch wieder sagen darf«. Und die heikle Vorsicht seiner Zeitgenossen und Kritiker, die einen Autor, dessen Scharfsinn, Subtilität und literarische Urteilskraft über Jahrzehnte bestechend und bestimmend war, nicht in den Altersstarrsinn verabschieden will.

Walser selbst gab sich – wie eigentlich immer – erstaunt über die Reaktionen seiner Umwelt: Er sei der eigentlich Gekränkte, ihm habe Reich-Ranicki als Kritiker oft übel mitgespielt, er habe die Schläge einstecken müssen, über die Jahre, und sich nie wehren dürfen – und nun habe er, einmal, seinem Herzen Luft gemacht, in einem auch komisch gemeinten Buch, weshalb also die Empörung? Auch dieses Muster ist bekannt: Es ist die Rolle der verfolgenden Unschuld, die er beherrscht wie kaum ein zweiter. Er habe sich schon mit dem Holocaust beschäftigt, gab er Ignatz Bubis zu verstehen (in einem Disput nach seiner Paulskirchenrede), als Bubis (der jüdische Immobilienhändler aus Frankfurt, dessen Familie ermordet worden war) noch ganz anderen Geschäften nachgegangen sei ... Nein, es gibt nicht mehr viel, das Walser erreichen oder erschüttern könnte in seinem Grundgefühl als ein Verletzter, ein Verfolgter und Verkannter, ein »literarischer Experte für Identitätsbeschädigung«.

Sein Roman wurde ein Bestseller – wenn er auch die Verkaufszahlen der Memoiren Reich-Ranickis wohl kaum erreichen wird. Doch äußerer Erfolg versöhnt ganz offensichtlich nicht mit einem Grundgefühl der Kränkung, dessen Ursachen nur gemutmaßt werden können: Möglicherweise quält den Schriftsteller Walser die Ahnung, dass sein Werk – trotz seiner unbestrittenen Qualitäten, seiner Konsistenz und Konsequenz – die Höhe nicht erreicht hat, die der brillante Literaturwissenschaftler Walser gerne attestieren würde. Jedenfalls hat die Person Walser dafür gesorgt, dass man sich, je älter sie wird, inniger mit ihren Abgründen beschäftigt als mit den Gipfeln ihrer Produktivität.

Martin Walser
***24. März 1927**

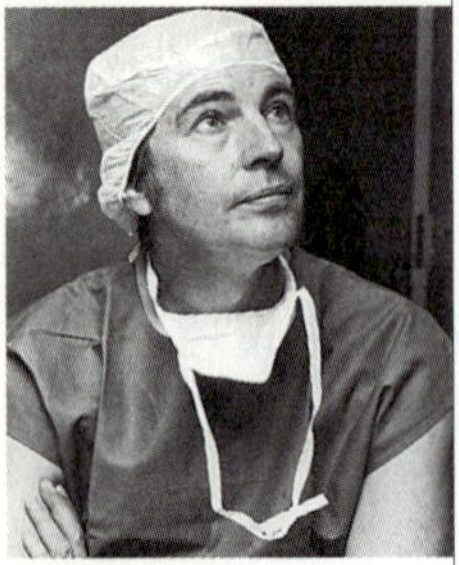

Christiaan Barnard
*8. November 1922 in Beaufort West
†2. September 2001 in Paphos/Zypern

Philip Rosenthal
*23. Oktober 1916 in Berlin
†27. September 2001 in Selb

Isaac Stern
*21. Juli 1920 in Kremenetz
†22. September 2001 in New York

Todesfälle

SEPTEMBER 2001

Herbert Burdenski, 79, früherer Fußballnationalspieler, der am 22. November 1950 in Stuttgart mit einem Elfmeter den 1:0-Sieg über die Schweiz im ersten deutschen Länderspiel nach dem Krieg sicherstellte.

Perez Jimenez, 87, venezolanischer Ex-Diktator.

Jack O. Bennett, 86. Er war »Captain« von Beruf. Der amerikanische Pilot flog am 23. Juni 1948 die erste Maschine der Berliner Luftbrücke, eine DC-4, voll mit Kartoffelsäcken, in die zerstörte Stadt.

Christiaan Barnard, 78. Fünf Stunden brauchte der smarte südafrikanische Chirurg, um seinem Patienten Louis Washkansky, dessen Blutkreislauf von einer Herz-Lungen-Maschine aufrechterhalten wurde, das Spenderherz einer 25-jährigen Frau zu implantieren. Washkansky überlebte den Eingriff 18 Tage. Die tollkühne Tat katapultierte den Arzt im Dezember 1967 in den medizinischen Olymp.

Troy Donahue, 65. Der blonde, blauäugige Herzensbrecher löste James Dean als Teenager-Idol ab.

Karl Eduard von Schnitzler, 83. Seine Propagandasendung »Der schwarze Kanal« war das Bösartigste, was das DDR-Fernsehen zu bieten hatte. Hunderte Male sprach er die Worte »Be-Er-De« und »Im-Pe-Ri-A-Lis-Mus« aus, als könnten seine Worte den »Klassenfeind« einfach niedermähen. Im Arbeiter-und-Bauern-Staat machte der Vorzeige-Adelige schnell Karriere und wurde Chefkommentator des DDR-Fernsehens. Neben dem Unterangebot an Südfrüchten war es das Überangebot an Schnitzler-Kommentaren, das die Leute 1989 auf die Straßen trieb. Motto: »Schnitzler in die Muppets-Show«.

Charles Regnier, 87. Er war ein Theatermann alter Schule, belesen und vielseitig. Bekannt wurde er durch seine zahlreichen Haupt- und Nebenrollen im deutschen Nachkriegsfilm. In Erinnerung bleiben wird Regnier auch in seiner letzten Filmrolle als Vater der verwirrten Schriftstellerin Gisela Elsner in Oskar Roehlers Werk »Die Unberührbare«.

Gerd E. Schäfer, 78. Der Erz-Berliner war einer der populärsten Helden der Spaßarbeit in der volkseigenen Unterhaltung der DDR, insbesondere sein knarzender Rentner »Maxe Baumann« machte ihn zu einer TV-Größe.

Philip Rosenthal, 84. Zerbrechlich war er nicht, der Spross und zeitweilige Chef der oberfränkischen Porzellanfabrik zu Selb. 1963 führte er als einer der ersten Unternehmer ein Beteiligungssystem für Mitarbeiter ein, als SPD-Politiker focht er für eine »Demokratisierung der Wirtschaft«, als Schöngeist holte er berühmte Künstler für sein Porzellan.

Isaac Stern, 81. Er war ein Künstler, der – eher zufällig – Geige spielte, der Toleranz predigte, Menschlichkeit praktizierte und unermüdlich jungen Leuten den Weg wies. Der in der Ukraine geborene und in den USA aufgewachsene Stern galt als Weltklasse-Geiger. Er trat in seiner fast 70-jährigen Karriere mit fast allen bedeutenden Kollegen und Orchestern auf.

Nguyen Van Thieu, 78. Den 68er-Studenten galt der zierliche Thieu als das asiatische Gesicht des verhassten US-Einsatzes im Süden Vietnams. Seine Reden als Präsident Südvietnams (1967 bis 1975) wirkten meist langweilig und verworren. Neun Tage vor dem Fall Saigons wurde er am 21. April 1975 entmachtet und verließ die Stadt. Sein Gepäck soll voller Goldbarren gewesen sein.

OKTOBER 2001

Gregory Hemingway, 69, Ernest Hemingways jüngster Sohn, der sich nach einer Geschlechtsumwandlung Gloria nannte.

Karl Hüls, 71, Hauptgesellschafter der westfälischen Firmengruppe Hüls und Gründer der Möbelmarke hülsta.

Rechawam Seewi, 75, israelischer Tourismusminister, starb nach einem Attentat palästinensischer Extremisten.

Theodor Kotulla, 73, Film- und Fernsehregisseur.

Jay Livingston, 86. Von ihm stammt das Lied, mit dem Doris Day im Hitchcock-Thriller »Der Mann, der zu viel wusste« die Zuschauer zu Tränen rührte und das heute Spanienreisende zu später Stunde beim Rotwein zuverlässig anstimmen: »Qué Será Será«.

Régine Cavagnoud, 31. Die Tochter eines Zimmermanns startete bei sechs Weltmeisterschaften und drei Olympischen Spielen, sie gewann acht Weltcuprennen. Régine Cavagnoud starb, zwei Tage nach einem Trainingsunfall, in Innsbruck.

Jenny Jugo, 97. Mit Erich Engel und Partnern wie Heinz Rühmann und Gustaf Gründgens drehte sie rund ein Dutzend Lust- und Lustigspiele, die den Deutschen der Hitler-Jahre das Gefühl gaben, in ihrer Ufa ein Stück Hollywood zu haben.

Emilie Schindler, 93. Sie war die Ehefrau und (ab 1974) die Witwe jenes Mannes, der zumindest postum im Licht stand, als Steven Spielbergs Film »Schindlers Liste« (1993) die Welt bewegte: die Geschichte eines deutschen Fabrikanten, der über 1200 jüdische Zwangsarbeiter vor KZ und Tod bewahrte. Emilie Schindler, eine böhmische Bauerntochter, hatte, was der Spielberg-Film verschwieg, wesentlichen Anteil an der Rettung der »Schindler-Juden«.

Irene von Meyendorff, 85. Das Mozart-Liebchen in »Wen die Götter lieben«, die Edelmütige, neben der »Reichswasserleiche« Kristina Söderbaum, in Veit Harlans »Opfergang« machten sie zum Star des Goebbels-Kinos, ohne dass Hitlers Propagandaminister bei ihr landete. Sie sei »recht kühl«, notierte Goebbels.

Anna Maria Jokl, 90. Lebensläufe gibt es, die sind wie Fieberkurven der Zeitgeschichte. Anna Maria Jokl, Schriftstellerin und Psychotherapeutin, Tochter Wiener Juden, war ein Extremfall. Der Lebensbericht »Die Reise nach London« (1999) zeigt eine Frau zwischen hohem Esprit und tiefer Melancholie und ihre Begegnungen mit miesen Typen (C. G. Jung) und treuen Freunden (Martin Buber).

Sir John Plumb, 90. Mit 23 Büchern und vorbildlichen Einführungen begründete der britische Historiker eine Schule der erzählenden Kulturgeschichte.

Soraya Esfandiari Bakhtiari, 69. Ihre Märchenhochzeit 1951 mit dem Schah von Persien wurde nirgendwo mehr gefeiert als in Deutschland. Die Trennung 1958 vom Schah, der sie wegen Kinderlosigkeit verstieß, wurde nirgendwo mehr beweint als hier. Dennoch blieb die »Diana der sechziger Jahre« (*Bild*) im unerbittlichen Visier der Boulevardpresse. Ständig verfolgte man sie bei ihrem unsteten Jetset-Leben zwischen Marbella, St. Moritz und München, wo ihre Mutter lebte.

Ilse Kubaschewski, 85, möglicherweise 94. Über ihr Alter ließ die geniale Filmproduzentin ihre Umgebung im Unklaren. »Die Kuba«, wie sie respektvoll genannt wurde, war eine der Ersten, die 1949 eine Verleihlizenz von den Alliierten bekam, und mit Marika-Rökk- und Zorro-Filmen füllte sie die Kinos. Ihre Gloria-Bälle in den fünfziger und sechziger Jahren in München waren legendär.

NOVEMBER 2001

Eliezer Schach, 103, einer der wichtigsten spirituellen Führer ultraorthodoxer Juden in Israel. Zuletzt hatte er sich 1996 in die Politik eingemischt, als er das Vereinigte Tora Judentum zu einer Koalition mit dem rechtsorientierten Likud unter der damaligen Führung von Benjamin Netanjahu gegen dessen Gegenkandidaten Schimon Peres bewegte.

Amy Isabel Humes, 114, bis zum 27. Oktober die älteste Frau Europas. Sie führte ihr langes Leben unter anderem darauf zurück, dass sie bis zuletzt jeden Abend ein Glas irisches Dunkelbier trank.

Babik Reinhardt, 57, französischer Jazzgitarrist und einer der Pioniere des Bebop-Jazz.

Paul Warnke, 81. Militärpolitiker vom alten Schlag liefen Sturm, als Präsident Jimmy Carter 1977 seinen demokratischen Parteifreund zum Abrüstungsbeauftragten ernannte. Schon bei der Ernennung Warnkes zum Delegationsleiter bei den Salt-II-Verhandlungen stimmten 40 Senatoren gegen ihn; das 1979 – nach seinem Rücktritt – vom US-Präsidenten und dem sowjetischen Staatschef Leonid Breschnew unterzeichnete Abkommen hat der Kongress nie ratifiziert.

Anthony Miles, 46. Der langmähnige Schachprofi gehörte zu den originellsten Persönlichkeiten seines Sports –

Régine Cavagnoud
***27. Juni 1970 in Thônes**
†31. Oktober 2001 in Innsbruck

Soraya Esfandiari Bakhtiari
***22. Juni 1932 in Isfahan**
†25. Oktober 2001 in Paris

Ilse Kubaschewski
***18. August 1916 in Berlin**
†30. Oktober 2001 in München

George Harrison
***25. Februar 1943 in Liverpool**
†29. November 2001 in Los Angeles

Regine Hildebrandt
***26. April 1941 in Berlin**
†26. November 2001 in Potsdam

Gerhard Stoltenberg
***29. September 1928 in Kiel**
†23. November 2001 in Bonn-Bad Godesberg

Miles nächtigte mit Vorliebe auf den Gästesofas seiner Kollegen. 1974 wurde er Juniorenweltmeister, 1976 erster britischer Großmeister.

George Harrison, 58. Die Rollen der vier Beatles waren klar verteilt: Drei machten die Show, und der vierte, George Harrison, spielte gedankenverloren und hochkonzentriert Gitarre. Er fühlte sich als Musiker, nicht als Star, hat er sein Leben lang beteuert. So sehr Lennon und McCartney die frühen Jahre der Beatles prägten, so war es der Lead-Gitarrist Harrison, der Mitte der Sechziger transzendentale Meditation und indische Musik für sich entdeckte und so die zweite Hälfte der Beatles-Karriere entscheidend beeinflusste. In dieser Zeit entstand auch sein Song »Something«, den Frank Sinatra als das »schönste Liebeslied der letzten 50 Jahre« bezeichnete. Ende der siebziger Jahre gründete Harrison eine Filmproduktionsfirma, die mehr als 20 Filme herstellte. Die letzten Lebensjahre, als er schon stark vom Lungenkrebs und einem Hirntumor gezeichnet war, verbrachte George Harrison mit seiner zweiten Frau Olivia auf seinem schlossähnlichen Anwesen nahe London.

Regine Hildebrandt, 60. Nach der Wiedervereinigung wurde die promovierte Biologin im November 1990 Sozialministerin im Brandenburger Kabinett von Ministerpräsident Manfred Stolpe (SPD). Als sich Stolpe nach der Landtagswahl 1999 für eine Koalition mit der CDU entschied, legte sie ihr Landtagsmandat nieder und schied aus dem Kabinett aus. Bei der Feier zu ihrem 60. Geburtstag im April 2001 bescheinigte Kanzler Gerhard Schröder Hildebrandt, sie habe auf ihre Weise SPD-Geschichte geschrieben.

Sir Ernst Gombrich, 92. Der gebürtige Wiener galt als einer der bedeutendsten Kunsthistoriker des 20. Jahrhunderts. Für ihn war Kunst auch eine große fortlaufende und spannende Geschichte. Er hat das erfolgreichste Buch über Kunst geschrieben, das je erschienen ist: »Story of Art«. Berühmt war er auch für seine leicht ironische und dabei treffende Sicht der Dinge, etwa für den Satz: »In Wirklichkeit gibt es so etwas wie Kunst gar nicht. Es gibt nur Künstler.«

Ken Kesey, 66. Er war ein Freak, ein LSD-Liebhaber, ein Guru für die Beatnik- und Hippiebewegung Amerikas in den sechziger Jahren. Mit seinem Erstlingswerk »Einer flog über das Kuckucksnest«, in dem ein Irrenhaus die Welt symbolisiert und die erwachende Renitenz der Insassen gegen dumpfe Autorität den Nerv der Zeit traf, landete der damals 26-Jährige einen Riesenerfolg. Weltberühmt wurde sein Werk durch die Oscar-gekrönte Verfilmung von Milos Forman mit Jack Nicholson 1975.

Eva Siao, 90. Die Fotografin und Fernsehjournalistin kannte sie alle: den Großen Vorsitzenden Mao Tse-tung, seinen Premierminister Tschou En-lai, den Feldherrn Zhu De. Den Großteil ihres Lebens verbrachte die deutsche Jüdin aus Breslau in China. »Mein Traum, mein Leben« nannte sie ihre Wahlheimat in ihrer Autobiografie. 1967 wurde sie Opfer von Maos Kulturrevolution: Die Wahlchinesin saß als »Kettenhund des Imperialismus« und »Spionin des sowjetischen Revisionismus« sieben Jahre in Einzelhaft. Zweifel am System zeigte sie allerdings nie. Auch nach dem Tiananmen-Massaker 1989 schwieg sie.

Volker Handloik, 40. Seine letzte Reise ging nach Afghanistan. Volker Handloik wurde am 11. November während einer Erkundungsfahrt für eine *Stern*-Reportage von Taliban-Kämpfern erschossen.

Alfred Krause, 71. Der Generalleutnant der Nationalen Volksarmee der DDR hat in den bedrohlichen Nach-Wende-Zeiten ein Kunststück zu Wege gebracht, das sein Lebenswerk krönte: Er machte sich und seine Truppe, den Militärischen Nachrichtendienst, unsichtbar. Alle Agenten verabschiedet, die Akten vernichtet, das Hauptquartier an der Berliner Oberspreestraße besenrein der Bundeswehr übergeben – es war, als hätte es den Dienst nie gegeben.

Gerhard Stoltenberg, 73. Bundeskanzler wäre er gern geworden, aber er scheute sich, gegen Helmut Kohl anzutreten. Der habilitierte Historiker hatte bereits den Kanzlern Ludwig Erhard und Kurt Georg Kiesinger als Wissenschaftsminister gedient. Als schleswig-holsteinischer Ministerpräsident seit 1971 förderte er den ehrgeizigen Aufsteiger Uwe Barschel und machte ihn zum Nachfolger, als er selbst 1982 Bundesfinanzminister wurde. Nachdem die Barschel-Affäre 1987 auch Stoltenbergs Ansehen beschädigt hatte, schob ihn Kohl anderthalb Jahre später in das Amt des Verteidigungsministers ab. 1992 trat er wegen ungenehmigter Panzerlieferungen an die Türkei zurück.

Tommy Flanagan, 71, Jazzpianist.

Ria Maternus, 87. Warmherzig wie clever bot Ria im »Weinhaus Maternus« in Bonn-Bad Godesberg Generationen von Politikern ein Zuhause. Mit US-General George Patton tanzte sie zu Besatzungszeiten auf dem Tisch, CSU-Verteidigungsminister Franz Josef Strauß verbrachte Tage und Nächte auf seinem Stammplatz unter dem gerahmten Bild von Rias Mutter. Willy Brandt stand hoch in ihrer Gunst, bis der sich von seiner Frau Rut scheiden ließ, die fortan bevorzugt wurde.

Thomas Brasch, 56. Als der Dichter und Rebell 1969 aus einem DDR-Gefängnis entlassen wurde, wo er wegen »staatsfeindlicher Hetze« eingesperrt war, bat ihn der SED-Chef Erich Honecker zu einem Vieraugengespräch. Doch Brasch, hoch begabt als Autor und Filmemacher, ließ sich seine »existenzialistischen Anschauungen« nicht abschwatzen. 1976 verwies Honecker ihn der Republik und seine Lebensgefährtin Katharina Thalbach gleich mit. In West-Berlin angekommen, entfaltete Brasch ein Jahrzehnt lang seine Talente als Lyriker, Theaterautor und Filmer.

Mary Whitehouse, 91. Don Quichotte kämpfte gegen Windmühlen, die Engländerin Whitehouse, ehemalige Lehrerin und gläubige Christin, focht wider Schmutz und Schund, wider Pornografie und Gewalt in den Medien. Hohn, Prozesse und sogar Todesdrohungen blieben nicht aus, aber sie wurde mehr und mehr zu einer Ikone des besseren Britannien, Queen und Papst luden sie zu Audienzen.

DEZEMBER 2001

Carla Hansen, 95, »Mutter« der Petzi-Zeichenserie. Petzi-Geschichten erschienen in 25 Ländern und 18 Sprachen und erreichten eine geschätzte Gesamtauflage von 30 Millionen Exemplaren.

Matthias Fuchs, 62. Der 1939 in Hannover geborene Schauspieler hatte noch kurz vor seinem Tod auf der Bühne gestanden. In Roland Schimmelpfennings »Push up« war der krebskranke Künstler, der auch in vielen TV- und Kino-Produktionen zu sehen war, während der Vorstellung im Hamburger Schauspielhaus zusammengebrochen.

Sir Peter Blake, 53. Er war der erfolgreichste Hochseesegler der letzten 20 Jahre, ein moderner Abenteurer und international anerkannter Umweltschützer. Bei seiner ersten Expedition fuhr er mit seinem segelnden Eisbrecher durch antarktische Gewässer, dann nahm er Kurs den Amazonas hinauf. Am 5. Dezember überfielen dort Piraten seine Yacht »Seamaster«. Sie verwundeten zwei Crew-Mitglieder und erschossen Sir Peter Blake.

Franz Heubl, 77. An der Spitze der CSU wurde der Jurist Parteisekretär, Leiter der Staatskanzlei, Minister und schließlich zwölf Jahre Präsident des Bayerischen Landtags. Als liberaler Gegenspieler des mächtigen Franz Josef Strauß bekam der weltmännische Bayer viel Beifall – auch von der SPD.

Gerhart Riegner, 90. Von Hitlers Absicht, Millionen Juden zu ermorden, erfuhr Riegner bereits im Sommer 1942. Seine Quelle war der schlesische Industrielle Eduard Schulte, der beste Kontakte zu den Nazis unterhielt. Riegner, 1933 aus Berlin emigriert, war während des Krieges Vertreter des Jüdischen Weltkongresses (JWC) in Genf und informierte mit einem Telegramm sofort die Westalliierten. Das so genannte Riegner-Telegramm ist der entscheidende Beleg dafür, dass die Westalliierten frühzeitig von Hitlers Absichten wussten.

Josef Bican, 88. Nicht von ungefähr ehrte ihn die Internationale Fußballhistorikerföderation zusammen mit Uwe Seeler und dem Brasilianer Pelé als besten Torschützen des 20. Jahrhunderts: Fast 5000 Tore gehen auf das Konto des österreichischen Ausnahme-Fußballers.

Jean Richard, 80. Er begann als Comiczeichner, spielte Truppentheater im besetzten Deutschland, sang in Operetten, schrieb Bücher, wurde bekannt in der Rolle des Kommissar Maigret und wirkte in über 100 Filmen mit (»Es muss nicht immer Kaviar sein«, »Der Krieg der Knöpfe«, »Der tolle Amerikaner«).

Ria Maternus
***13. Oktober 1914 in Neuwied**
†24. November 2001 in Bonn

Thomas Brasch
***19. Februar 1945 in Westow/Yorkshire**
†3. November 2001 in Berlin

Sir Peter Blake
***1. Oktober 1948 in Auckland**
†5. Dezember 2001 in Macapa

Gilbert Bécaud
*24. Oktober 1927 in Toulon
†18. Dezember 2001 in Paris

Stefan Heym
*10. April 1913 in Chemnitz
†16. Dezember 2001 in Jerusalem

Léopold Sédar Senghor
*9. Oktober 1906 in Joal
†20. Dezember 2001 in Verson/Caen

Edson Mitchell, 47. Für die Deutsche Bank war der Mann mit dem unerschütterlichen Selbstvertrauen einer der wichtigsten Mitarbeiter: Als Chef der Investmentabteilung sorgte Mitchell für mehr als 60 Prozent des operativen Gewinns der Bank. Edson Mitchell, der sich aus einfachen Verhältnissen zum bestbezahlten Manager hochgearbeitet hatte, starb beim Absturz seines Privatflugzeugs.

Gilbert Bécaud, 74. Obwohl mehr Entertainer stand er als Synonym für das französische Chanson, das er durch Jazz-Einflüsse bereicherte. Beispiele seiner Kunst, kleine Geschichten des Alltags voll Pathos verschnulzt zu präsentieren, sind die Ost-West-Ballade »Nathalie«, »Et maintenant« und »L'important, c'est la rose«.

Winfried Georg Sebald, 57. In Deutschland blieb Sebald ein mal hoch gelobter, mal manieristisch gescholtener Außenseiter der Literatur. In den USA aber wurde er nach seinem jüngsten Werk »Austerlitz« als Anwärter auf den Nobelpreis gehandelt.

Martha Mödl, 89. Ihre »Fidelio«-Leonore, zugleich beklemmend schaurig und betörend im Jubel, nahm dem Publikum den Atem, ihre Wagner-Partien – Brünnhildes flammender Ernst oder die Isolde voll schwarz-romantischer Inbrunst – wurden die Markenzeichen von Neu-Bayreuth.

Victor Borge, 91. Als mozärtliches Wunderkind hatte er begonnen, als Monty Python des Piano, als Komödiant am Klavier machte er eine einzigartige Karriere, erst in den USA, dann im Rest der Welt. Weil er zwar dänisch war, aber nicht arisch, entfloh er den anrückenden Nazis 1940 nach Amerika, nicht ohne vorher die Frage zu stellen, was der Unterschied sei zwischen einem Nazi und einem Hund: »Der Nazi hebt den Arm.«

Stefan Heym, 88. Seinen Ruhm als Schriftsteller verdankte er u. a. den Werken »Collin« und »5 Tage im Juni« über den Volksaufstand in der damaligen DDR. 1994 eröffnete Heym, der auf der Liste der PDS in den Bundestag gewählt worden war, als dessen Alterspräsident die Sitzungsperiode.

Léopold Sédar Senghor, 95. Als er 1968 in der Frankfurter Paulskirche den Friedenspreis des Deutschen Buchhandels entgegennahm, randalierte draußen die Apo: Senghor galt bei jungen Revolutionären eher als schwarzer Establishment-Franzose denn als echter Afrikaner. Doch mit seiner Ideologie der »Négritude«, der Rückbesinnung auf afrikanische Kulturwerte, verkündete Senghor schon vor einem halben Jahrhundert »Black is beautiful«. 20 Jahre lang regierte der praktizierende Katholik Senghor den zu 95 Prozent muslimischen Senegal.

Hans Hermsdorf, 87, früherer Präsident der Landeszentralbank Hamburg.

Rufus Thomas, 84. Er war eine der letzten großen Rhythm'n'Blues-Persönlichkeiten der alten Schule. Aber der große Erfolg kam erst 1963, als er bereits 46 war, mit dem skurrilen Top-Ten-Hit »Walking the Dog«.

John Cooper, 77. Berühmt wurde der Konstrukteur Cooper mit den Sportversionen des englischen Kleinwagens Mini, die dreimal die Rallye Monte Carlo gewannen und über Jahrzehnte hinweg als Straßenautos Kultstatus genossen. Der spätere Formel-1-Weltmeister Niki Lauda sammelte erste Rennerfahrungen mit einem Mini Cooper S. In dem winzigen Auto, erinnerte sich Lauda später, »war Platz genug für meine Begeisterung«.

Lothar Bossle, 71. Würzburger Soziologieprofessor, wurde von Franz Josef Strauß im Jahre 1977 als »Traumkandidat« und »Zierde für jede bayerische Universität« auf den Lehrstuhl gehievt. Er konnte aber nur unter Polizeischutz vor die meuternden Studenten treten.

Herbert Lichtenfeld, 74. Schreiben war seine Leidenschaft. Die Fernsehspiele und Serienteile – er war der Schöpfer der »Schwarzwaldklinik« und zahlreicher anderer Familienserien wie »Hotel Paradies« oder »Der Landarzt« – schätzte der Drehbuchautor auf fast 300.

JANUAR 2002

Pablo Antonio Cuadra, 89. Der nicaraguanische Dichter galt in seiner Heimat als einer der bedeutendsten Autoren. Im Widerstand gegen die Somoza-Diktatur kam er ins Gefängnis und musste später ins Exil gehen. Nach dem Sturz des Somoza-Clans durch einen Volksaufstand 1979 geriet Cuadra aber auch bald in Konflikt mit den nun herrschenden linksgerichteten Sandinisten und einem bedeutenden Teil der Intellektuellen.

Franz Meyers, 93. Als er 1966 die Regierungsgeschäfte in Düsseldorf an eine sozialliberale Koalition abgeben musste, prophezeite der Polizistensohn »30 Jahre schwedische Verhältnisse« am Rhein, womit eine sozialistische Regierung gemeint war. Diszipliniert und gefürchtet sparsam – oder kniestig, wie man im Rheinland sagt – regierte der strenggläubige Christdemokrat acht Jahre lang.

Pierre Bourdieu, 71. Der Professor am berühmten Collège de France wurde in Frankreich als »linker Guru der Intellektuellen« bezeichnet, weil er wortgewaltig auf alle Fragen eine Antwort hatte. Im Mittelpunkt der jahrzehntelangen Studien Bourdieus stand die Analyse von Herrschaftsstrukturen.

Astrid Lindgren, 94, Verfasserin von »Pippi Langstrumpf« und vielen anderen Kinderbuch-Klassikern. Astrid Lindgren nahm Kinder ernst. Sie wusste, dass die Phantasie in der Welt des Kindes nicht nur ein sinnvolles Instrument zum Bauen von Waldhütten und Flößen ist, oder um kleine Bäche in riesige afrikanische Ströme zu verwandeln; sie wusste, dass die Phantasie ein Überlebensinstrument ist, ein Instrument, mit dessen Hilfe es möglich ist, das Schwere im Leben zu ertragen. Zu den erfolgreichsten Büchern der Schwedin gehörten auch »Wir Kinder aus Bullerbü«, die »Michel«-Geschichten, »Karlsson vom Dach«, und »Ronja Räubertochter«.

Kurt Hansen, 92, langjähriger Vorstands- und Aufsichtsratsvorsitzender der Bayer AG.

Herbert Hirche, 91, Bauhaus-Architekt.

Gustav Rau, 79. Der Mediziner hatte eine riesige Kunstsammlung zusammengetragen – um die am Ende seines Lebens ein unschönes Gezerre einsetzte. Trotzdem blieb der medienscheue Rau ein Unbekannter.

Alfred Heineken, 78. Er sammelte Brauereien und Rolls-Royce. Und wenn die Königin ein Problem hatte, das sie nicht mit ihrem Minister besprechen wollte, rief sie Alfred (Freddy) Heineken an, den reichsten Mann der Niederlande.

Paul Hubschmid, 84. In über 120 Filmen spielte er mit, gern als nobler Charmeur an der Seite schöner Frauen, so 1957 in Käutners »Zürcher Verlobung« mit Liselotte Pulver oder 1966 in Will Trempers »Playgirl« mit Eva Renzi. Theatergeschichte machte er als Professor Higgins in dem Musical »My Fair Lady«, mit dem 1961 in Berlin die deutsche Musical-Ära eingeleitet wurde; über 2000-mal gab Hubschmid den Professor.

Georg Karl Pfahler, 75. Er wurde als Maler bekannt, bereicherte aber vor allem die Architektur um einen wichtigen Begriff: um den der »Palaverhäuser«. Mit poppig bunten Flächen gestaltete der Maler und Kunstprofessor Räume wie die Vip-Lounge des Münchner Olympiastadions oder den Sitzungssaal des Ältestenrates im Reichstag – die im engeren Sinne ja auch Palaverhäuser sind.

Alexander Prochorow, 85. Der russische Physiker zählt zu den Pionieren der Lasertechnik. 1958 entwickelte er den ersten Infrarot-Laser. 1964 bekam er den Physik-Nobelpreis.

Henri Verneuil, 81. Die Liste seiner Hauptdarsteller liest sich wie das »Who's who« des europäischen Films im 20. Jahrhundert: Jean-Paul Belmondo, Yves Montand, Lino Ventura, Alain Delon und andere harte Kerle durften unter der Regie des amerikanischsten aller französischen Filmemacher und Drehbuchautoren zeigen, was sie drauf haben.

Cyrus Vance, 84. In die amerikanische Geschichte ist er eingegangen als Außenminister, der freiwillig aus dem Amt schied.

Camilo José Cela, 85. »Ich schrieb, bevor ich schreiben konnte«, behauptete der spanische Literatur-Nobelpreisträger von sich. Der barocke, oft polemische Autor revolutionierte die spanische Literatur mit seiner sprachlichen und formalen Vielfalt.

Ewald Roscher, 74. Er gehörte zu den Vordenkern einer Sportart, die sich heute ungeahnter Beliebtheit erfreut. Als der gelernte Malermeister 1950 bei den Deutschen Meisterschaften in Reit im Winkl als erster Skispringer den so genannten »Fisch-Stil« mit angelegten Armen praktizierte, galt dies als Revolution.

Pierre Bourdieu
***1. August 1930 in Dengiun**
†23. Januar 2002 in Paris

Astrid Lindgren
***14. November 1907 in Näs**
†28. Januar 2002 in Stockholm

Paul Hubschmid
***20. Juli 1917 in Aarau**
†1. Januar 2002 in Berlin

Inge Morath
***27. Mai 1923 in Graz**
†30. Januar 2002 in New York

Peter Grubbe
***10. Dezember 1913 in Allenstein**
†29. Januar 2002 in Lütjensee

Hildegard Knef
***28. Dezember 1925 in Ulm**
†1. Februar 2002 in Berlin

Kristin Heyne, 49, Parlamentarische Geschäftsführerin der Grünen im Bundestag. Sie gilt als eine der Chefarchitektinnen von Steuerreform und Ökosteuer.

Inge Morath, 78. Ihre Porträts wirken mitunter, als habe sie den Menschen mit der Kamera in die Seele geschaut. Als eine der ersten Frauen der Branche war sie für die renommierte Pariser Bildagentur Magnum unterwegs: Sie lieferte Porträts und Fotoreportagen aus vielen Ländern, fotografierte Arthur Miller und Marilyn Monroe. Dabei entstand das berühmte Bild eines Paares, dessen Liebe gescheitert ist: Die Filmdiva steht, sich von ihrem Gatten abwendend, am Fenster. Miller fand schnell eine neue große Liebe: Morath und der berühmte Schriftsteller heirateten 1962.

Peggy Lee, 81. Ihr größter Hit »Fever« entstand mit minimalem Aufwand: Fingerschnippen, einem bouncenden Jazz-Bass, einem Percussionisten; dazu erzählt eine Frau, wie sie von steigendem Fieber geschüttelt wird, wann immer sie ihren Geliebten trifft. Ihre Stimme klingt seltsam unterkühlt und doch aufreizend sexy – Rezept für einen Welterfolg in der prüden Zeit vor den sechziger Jahren.

Peter Grubbe, 88. Als linksliberaler Autor machte er sich in der Nachkriegszeit einen Namen, er setzte sich für die Unterdrückten ein und schrieb ein Dutzend Bücher über die Dritte Welt. Als Kreishauptmann von Kolomea in Galizien hatte der geborene Klaus Volkmann, seit 1933 NSDAP-Mitglied, 1941/42 die Aufsicht über eine halbe Million Menschen, 30000 Juden aus seinem Amtsgebiet wurden ermordet. Vom SPIEGEL damit konfrontiert, erklärte er: »Meine Geschichte ist doch eine ganz normale deutsche Geschichte.« Und: »Ich bin mit mir im Reinen.«

FEBRUAR 2002

Hildegard Knef, 76. Ihren künstlerischen Durchbruch hatte sie mit dem ersten deutschen Nachkriegsfilm »Die Mörder sind unter uns«, eine Abrechnung mit dem Nationalsozialismus. Zu einem Skandal wurde ihr Auftritt 1951 in dem Film »Die Sünderin«, wo sie in einer Szene sekundenlang nackt zu sehen war. In den sechziger Jahren stürmte sie mit ihrer rauchigen Stimme als Sängerin mit Liedern wie »Eins und eins das sind zwei« die deutschen Hitparaden. Ihr 1970 erschienener autobiografischer Roman »Der geschenkte Gaul« verkaufte sich mehrere Millionen Mal. Die krebskranke Schauspielerin wurde mehr als 50-mal operiert, sie war nach eigenem Geständnis wegen der großen Schmerzen zeitweise auch drogenabhängig. Den »Bambi« im November 2001 konnte Knef in Berlin schon nicht mehr persönlich entgegen nehmen.

Max Perutz, 87, Chemie-Nobelpreisträger. Perutz erhielt 1962 die Auszeichnung gemeinsam mit seinem britischen Kollegen John Kendrew für Arbeiten zur Bestimmung der Struktur des Blutfarbstoffs Hämoglobin.

George Nader, 80. Blau der Blick, ein Kinn wie eine Schublade, die Smith & Wesson griffbereit: So kam Nader als smarter FBI-Agent Jerry Cotton Mitte der sechziger Jahre über die Deutschen und wurde legendärer Serienheld in »Papas Kino«.

Inge Konradi, 77. Das »Wienerische« an ihr versetzte Publikum und Kritiker gleichermaßen in Begeisterung. Wegen ihrer Darstellung der schelmisch-hintergründigen Nestroy-Figuren, jenes österreichischen Autors, dessen Stücke in der Nachkriegszeit am Wiener Burgtheater Pflicht- und Lustprogramm waren, avancierte sie zum Publikumsliebling.

Günter Wand, 90. Gleich nach Kriegsende hatte das zerbombte Köln ihn zum Generalmusikdirektor ernannt, und schon bald rehabilitierte Wand den altmodischen Titel eines Kapellmeisters, den er mit Würde trug: intellektuell hellwach, unbeugsam bei den Proben, asketisch und unbestechlich in der interpretatorischen Tagesarbeit. Ruhm war ihm stets verdächtig, der Rummel des Musikbetriebs zuwider, und so verzichtete er auf die Gloriole eines Weltstars. Erst 1989 debütierte er in den USA, um fortan fast nur noch als umjubelter Chef des NDR-Sinfonieorchesters aufzutreten. »Nicht ich bin es, der eine Karriere verpasst hat«, bemerkte der Greis mit galligem Stolz, »sondern der Musikbetrieb hat mich verpasst.«

Hans Paetsch, 92. Populär war seine Stimme, nicht sein Gesicht. Und das, obgleich Paetsch, der nie eine Schauspielausbildung absolviert hat, 45 Jahre auf deutschen Theaterbühnen stand und in etlichen Film- und Fernsehrollen zu sehen war. Neben seinem Wirken als Rezitator und Synchronsprecher hauchte er mit seiner unverwechselbaren Baritonstimme über hundert Märchenplatten Leben ein.

Elisabeth Mann Borgese, 83. Witzig, weise, strubbelig hatte sie noch Ende vorigen Jahres durch die TV-Doku-Soap »Die Manns« geführt, durch das Purgatorium der Thomas-Mann-Familie. Sie war die Lieblingstochter des Spröden aus dem Norden, in einem Hexameter-Poem hatte er sie als »ein Kindchen, ein Märchen« besungen. Anders als ihre fünf Geschwister hielt sie treu zum Vater. Sie studierte Klavier und Cello, heiratete im US-Exil einen 36 Jahre älteren Sizilianer, den antifaschistischen Autor Giuseppe Antonio Borgese, und fand, als Witwe, den Kurs ihres Lebens: Erforscherin und Schützerin der Ozeane. Sie war als einzige Frau im Gründergremium des Club of Rome, etablierte in den siebziger Jahren das mittlerweile weltweit tätige International Ocean Institute, erhielt 1980 in Halifax, ihrer kanadischen Wahlheimat, eine Professur für Politische Wissenschaft und Internationales Seerecht.

Prinzessin Margaret, 71. In der Briten-Oper »The Royals« spielte sie neben ihrer königlichen Schwester nur eine Nebenrolle; ein Star war sie in der Society der »Swinging Sixties«, eine zauberhafte Rebellin, die hinnahm, den Mann ihrer Träume, den geschiedenen Peter Townsend, nicht heiraten zu dürfen, und dann an der Seite eines bürgerlichen Fotografen, dem später geadelten Lord Snowdon, auch nicht das Glück des Lebens fand.

Barbara Valentin, 61. Was heute so nett »Luder« heißt, hieß damals, als die Sixties zu swingen begannen, »Skandalnudel«, »Sexbombe«, »Busenwunder«. Barbara Valentin, geboren in Wien, verkörperte diese Dreieinigkeit pionierhaft, provozierend und professionell. Dass in ihrem schönen Körper auch ein schöner Geist wohnte, erkannte vor allem der Regisseur Rainer Werner Fassbinder. Er gab ihr erstaunliche Charakterrollen und ebnete ihr so den Weg zum Fernsehen.

Jonas Savimbi, 67. Der Führer der angolanischen Unita war Vorkämpfer gegen die portugiesische Kolonialmacht, Alliierter der USA und am Ende seiner über 35-jährigen Rebellenkarriere ein Relikt aus der Zeit des Kalten Krieges. Vom Ausland geächtet, in Angola in der Defensive, finanzierte er seine Rebellen mit illegalem Diamantenhandel.

Heinz Kaminski, 80. Auf dem Hügel des Bochumer Stadtteils Sundern hielt er Schulklassen Vorträge über die Gestirne, verfolgte die Flugbahnen von Satelliten und streute gerne auch mal eine märchenhafte Anekdote über das All ein. So erlangte der gelernte Chemieingenieur und astronomische Autodidakt bundesweite Prominenz. Nicht nur als Botschafter entfernter Galaxien, sondern auch als Beschützer des »Raumschiffs Erde«.

Helmut Zacharias, 82. Der vielseitige Violinen-Virtuose wurde als bester Jazzgeiger Europas gefeiert. Ein Massenpublikum freilich fand der Musikersohn erst, als er sich auf das Schlagergeschäft konzentrierte. Der »Zaubergeiger« verkaufte fast 14 Millionen Platten; der feurige Ex-Jazzer bekam eigene TV-Shows in Deutschland und schnulzte sich sogar in amerikanische und britische Hitparaden.

Chuck Jones, 89. Im Trickfilmstudio Leon Schlesingers, später bei Warner Brothers und MGM zeichnete Jones gegen den romantischen, abendfüllenden Realismus von Disney an: Die sechsminütigen Cartoons strotzen vor Anarchie und Witz.

MÄRZ 2002

Marion Gräfin Dönhoff, 92. Die zu den renommiertesten deutschen Journalisten zählende Publizistin hatte als langjährige Chefredakteurin und Herausgeberin das Profil der Hamburger Wochenzeitung *Die Zeit* mitgeprägt. Gräfin Dönhoff, die mit vielen Preisen ausgezeichnet wurde, stammte aus einem alten Adelsgeschlecht in Ostpreußen. Gemeinsam mit Freunden war sie an den Vorbereitungen des Anschlags auf Adolf Hitler beteiligt, das am 20. Juli 1944 scheiterte. Gräfin Dönhoff flüchtete per Pferd Richtung Westen. Sie landete in Hamburg und, wie sie selbst sagte, »eher zufällig im Journalismus«. 1968 übernahm sie die Chefredaktion der *Zeit*, seit 1972 fungierte sie als Herausgeberin.

Hans-Georg Gadamer, 102, einer der bedeutendsten deutschen Philosophen

Elisabeth Mann Borgese
***24. April 1918 in München**
†8. Februar 2002 in Sankt Moritz

Prinzessin Margaret
***21. August 1930 in Glamis**
†9. Februar 2002 in London

Marion Gräfin Dönhoff
***2. Dezember 1909 in Friedrichstein**
†11. März 2002 Schloss Crottorf

Queen Mum
*4. August 1900
†30. März 2002 in Windsor

Jockel Fuchs
*11. Dezember 1919 in Hergesheim
†6. März 2002 in Mainz

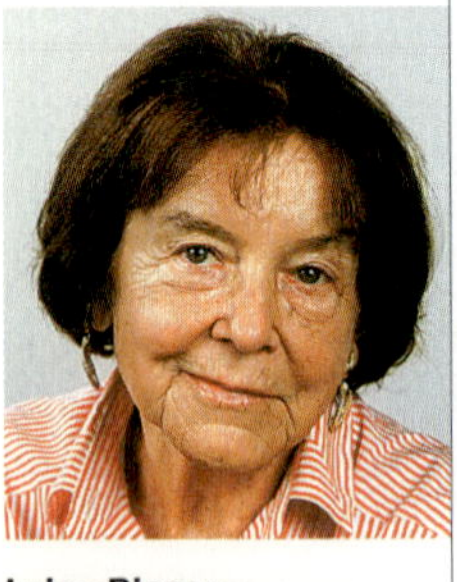

Luise Rinser
*30. April 1911 in Pitzling
†17. März 2002 in Unterhaching

dieses Jahrhunderts. Mit seinem 1960 publizierten Hauptwerk »Wahrheit und Methode« begründete Gadamer die philosophische »Hermeneutik«, die Lehre von der Auslegung und vom Verstehen. Dem auch im Ausland stark beachteten Gelehrten ging es in seinem Werk darum, sich und anderen Menschen eine vertiefte Art von Selbsterfahrung zu vermitteln.

Israel Miller, 83, Präsident der Jewish Claims Conference.

Dudley Moore, 66, britischer Komiker.

Mati Klarwein, 70. »Mein Lieblingsmaler«, so pries ihn Andy Warhol, und in den High- und Hippie-Sixties, als Surrealismus plus LSD das »psychedelische« Paradies verhießen, war Klarwein, per Pinsel, der King of Pop: Er malte Schallplattencover für die führenden Bands, das Gemälde »Die Verkündigung« für die »Abraxas«-Platte der Rockgruppe Santana machte ihn weltberühmt.

Queen Mum, 101. Die britische Königinmutter war das beliebteste Mitglied der britischen Königsfamilie. Ihre Popularität stammte vor allem aus den Kriegsjahren. Damals weigerte sie sich, vor der befürchteten deutschen Invasion nach Kanada zu flüchten. Stattdessen hielt sie zusammen mit ihrem Ehemann, König George VI., in London aus, auch als Bomben auf den Buckingham-Palast fielen. Im Ruhestand entwickelte sie drei große Leidenschaften: Fischen, Hundezucht und Pferderennen. Noch als Hundertjährige überstand »Queen Mum« einen Schlüsselbeinbruch. Doch als im Februar ihre jüngere Tochter Prinzessin Margaret starb, war sie bereits so geschwächt, dass sie im Rollstuhl an der Trauerfeier auf Schloss Windsor teilnehmen musste und vor den Blicken der Öffentlichkeit abgeschirmt wurde.

Jockel Fuchs, 82. Schon zu Lebzeiten erreichte der ebenso pragmatische wie listige frühere Mainzer SPD-Oberbürgermeister in seiner Heimatstadt Denkmalstatus. Der Patriarch, 22 Jahre lang Chef im Rathaus, konnte Personalversammlungen spontan zu Kappensitzungen umfunktionieren. Bei allem Faible für die Fassenacht war Fuchs kein Provinzler. Er pflegte Kontakt zu Künstlern und Literaten wie Zuckmayer, Grass und Chagall.

Margarete Neumann, 85, Schriftstellerin. Ihr erster Roman »Der Weg über den Acker« (1955) wurde ein Erfolg, eines ihrer wichtigsten Bücher ist »Der grüne Salon« (1972).

Winnie Markus, 80. Sie war die Sentimentale und Kapriziöse an der Seite von Filmgrößen wie Rudolf Prack oder Curd Jürgens, spielte im Boulevardtheater wie im Fernsehen. Zwischendurch gönnte sie sich mal 20 Jahre Pause, stand aber bis zuletzt noch auf der Bühne.

James Tobin, 84. Seine Rolle als Säulenheiliger der Globalisierungsgegner war ihm nie geheuer. »Die missbrauchen meinen Namen«, schimpfte er im Sommer 2001 in einem SPIEGEL-Gespräch.1981 bekam er den Nobelpreis für Wirtschaftswissenschaften für seine Arbeiten zur so genannten Portfolio-Theorie. »Leg deine Eier niemals nur in einen Korb«, übersetzte Tobin seine Theorie für Laien.

Rudolf Hell, 100. Er gilt als Großvater des Faxgerätes, des Scanners und des Fernsehers und damit als einer der bedeutendsten Erfinder des 20. Jahrhunderts. Seine Entwicklungen halfen, die globale Kommunikation zu beschleunigen und basieren alle auf einem Prinzip: dem Zerlegen von Bildern in einzelne Zeilen und Punkte.

Luise Rinser, 90. Vor allem ihre Romane um rebellische Frauen brachten ihr treue Leserinnen, und weil sie eher volkstümlich pädagogisch als literarisch ambitioniert schrieb, blieben ihr höhere Weihen versagt, nicht aber über fünf Millionen Weltauflage. Sie engagierte sich für Willy Brandt und Nordkorea (wo sie »Kirchtürme« vermisste). 1984 kürten sie die Grünen zur Bundespräsidenten-Kandidatin.

Christian Graf von Krockow, 74. Mit seinen zahlreichen Büchern erreichte er weit mehr Menschen, als es ihm als Professor je möglich gewesen wäre. Vertreibung, Zerstörung – und Versöhnung, das sind die Themen, die seine Bestseller über seine Heimat Pommern beherrschen. Gelehrtheit, Einfühlsamkeit, Erzähltalent sind Qualitäten, die Publikum wie Kritiker auch an den Biografien des »Preußen-Krockow« schätzten. Ebenso im besten Sinne aufklärerisch-pädagogisch sind seine politisch-historischen Schriften wie z. B. »Die Deutschen in ihrem Jahrhundert 1890–1990« von 1990 oder »Hitler und seine Deutschen« (2001).

Gösta Winbergh, 58. »Ich versuche, Wagner italienisch zu singen«, sagte er und beschwor damit eine Art Bayreuther Belcanto. Nur Stunden nach einem Auftritt als »Fidelio«-Florestan in der Wiener Staatsoper starb Winbergh vermutlich an Herzversagen.

Wolfgang Gruner, 75. Gegenüber vom Bahnhof Zoo, tief im Untergeschoss des Europa-Centers, wo das alte West-Berlin noch spürbar geistert, machte er Kabarett wie vor 50 Jahren – ein »Stachelschwein, das die Stellung hielt«, urteilt treffend die *FAZ*.

Matthias Beltz, 57. 1982 gründete er mit dem »Vorläufigen Frankfurter Front-Theater« eine der erfolgreichsten linken Kabarettbühnen. 1988 gehörte er zu den Mitbegründern des »Tigerpalasts« in Frankfurt, dem ersten modernen Varieté.

Lotte Ulbricht, 98. Die Witwe des DDR-Diktators Walter Ulbricht war eine Bolschewistin von altem Schrot und Korn. Sie kannte Lenin und wurde begeisterte Stalinistin. »Die Partei« war ihr Leben – auch wenn es gefährlich wurde: Während der stalinistischen Säuberungen wurde ihr erster Ehemann in ein Straflager verschleppt. 1947 heiratete sie Walter Ulbricht, knapp zwei Jahrzehnte gab sie – klein, zäh und frech – die DDR-Landesmutter. Seit 1973 lebte die Witwe als Unperson im Partei-Ghetto der SED in Pankow. Bis zuletzt blieb sie ihren Idealen treu, am Ende als PDS-Mitglied.

César Milstein, 74. Der gebürtige Argentinier wurde zum Pionier der modernen Biotechnik. Am »Medical Research Council Laboratory« im britischen Cambridge verschmolzen Milstein und sein deutscher Kollege, der 1995 verstorbene Georges Köhler, Krebszellen mit Antikörper produzierenden weißen Blutkörperchen. So entstanden zelluläre Fabriken, die beliebige Mengen identischer Antikörper herstellten. Milstein meldete das Verfahren nicht zum Patent an; wichtiger war ihm der Medizin-Nobelpreis, den er 1984 gemeinsam mit Köhler und dem Immunologen Niels Kaj Jerne erhielt.

William Scholl, 81. Millionen Menschen weltweit hat er überzeugt: »Sieht gut aus und tut gut« – der Slogan stand am Anfang der Karriere der Dr.-Scholl-Gesundheitsschuhe, die längst ein Klassiker sind. Die Hippies liebten die Klapperlatschen über alles, und inzwischen haben »Scholl-Pantoletten« sogar ihren Platz auf internationalen Modenschauen gefunden.

APRIL 2002

Josef Svoboda, 81, Mitbegründer und künstlerischer Leiter des legendären Schattenspiel-Theaters Laterna magika in Prag.

Léon Carpio, 60, von 1993 bis 1996 Präsident Guatemalas.

Francis Lemarque, 84, Komponist und Interpret populärer, engagierter Chansons.

Elsbeth Wolffheim, 68, stellvertretende Präsidentin des deutschen PEN-Zentrums.

Henry Slesar, 74. Slesar schrieb allein für die Fernsehreihe »Alfred Hitchcock Presents« 50 Drehbücher. Hinzu kommen mehr als 50 Bücher für andere TV-Serien, 500 Kurzgeschichten, 55 Hörspiele und 6 Romane.

Klaus Croissant, 71. Sein größter Coup gelang ihm 1974, als er den greisen Philosophen Jean-Paul Sartre zum Besuch von Andreas Baader in den Hochsicherheitstrakt von Stammheim lotste. 1979 wurde Croissant, der zeitweise nach Paris geflohen war, wegen Unterstützung einer kriminellen Vereinigung zu zweieinhalb Jahren Freiheitsentzug verurteilt. Als nach der Wende herauskam, dass er als IM »Taler« die westdeutsche linke Szene ausspioniert hatte, wandten sich auch frühere Mitstreiter von ihm ab.

Heinz Drache, 79. Als Gentleman auf Ganovenjagd ist er bekannt: Distinguiert und gelassen gab Drache in etwa 20 Edgar-Wallace-Krimis den Kommissar, der dem »Hexer« oder dem »Zinker« das Handwerk legte. Mit seiner Rolle als Inspektor Yates im Mehrteiler »Das Halstuch«, jenem Durbridge-Krimi von 1962, der als Straßenfeger in die Fernsehgeschichte einging, zementierte er seinen Ruf als »Kommissar in Nadelstreifen«.

Wolfgang Gruner
***20. September 1926 in Rathenow bei Potsdam**
†16. März 2002 in Berlin

Lotte Ulbricht
***19. April 1903 in Rixdorf**
†27. März 2002 in Berlin

Klaus Croissant
***24. Mai 1931 in Kirchheim/Teck**
†27. März 2002 in Berlin

Manfred Köhnlechner
***1. Dezember 1925 in Krefeld**
†10. April 2002 in Grünwald b. München

Thor Heyerdahl
***6. Oktober 1914 in Larvik (Norwegen)**
†18. April 2002 in Alassio (Italien)

Alexander Lebed
***20. April 1950 in Nowotscherkassk**
†28. April 2002 bei Abakan

María Félix, 88. Sie war weder Heilige noch Hure. Die mexikanische Schauspielerin, die als eine der schönsten Frauen der Spanisch sprechenden Welt in die Kino-Annalen eingeht, sprengte das stereotype Frauenbild der lateinamerikanischen Machos. Félix, die es stets ablehnte, in Hollywood aufzutreten, drehte in Europa unter anderem mit Luis Buñuel und Jean Renoir. In den fünfziger Jahren galt die leidenschaftliche Ascot-Besucherin als die Frau mit der größten Garderobe weltweit, ihre Sammlungen von Juwelen, Teppichen, Möbeln, Porzellan und anderen Preziosen waren berühmt.

Martin Sperr, 57. Mit »Jagdszenen aus Niederbayern«, einer bissigen Blut- und Loden-Tragödie, wurde Sperr, gerade mal 21 Jahre alt, im Sommer 1966 zum Aufrührer eines realistischen Dialekt-Theaters, das die Post-Adenauer-Idylle verstörte.

Manfred Köhnlechner, 76. In seinen großen Zeiten, den siebziger Jahren, galt der Heilpraktiker als die lebende Alternative zum erstarrten Gesundheitssystem. Über 90 Prozent der Deutschen kannten seinen Namen, er war populärer als jeder studierte Arzt (SPIEGEL-Titel 9/1974). Seine Showbusiness-Talente nutzte er zu Aufsehen erregenden Kampagnen, die Akupunktur, Enzymtherapie und die Köhnlechner-Diät propagierten.

Ivan Desny, 79. In fünf Sprachen – Französisch, Englisch, Italienisch, Russisch und Deutsch – gab er den Grandseigneur. Das Kosmopolitische war dem Schauspieler, der fast 150 Filme drehte, in die Wiege gelegt. In den fünfziger Jahren beeindruckte Desny vor allem deutsche Frauen als Casanova, stets galant und etwas gefährlich. Desny spielte in »Lola«, »Die Ehe der Maria Braun« und den Fernsehmehrteilern »Welt am Draht« und »Berlin Alexanderplatz«.

Wilhelm Wolfgang Schütz, 90, 1935 nach England emigriert, arbeitete er für die *Neue Zürcher Zeitung* von 1941 bis 1951 als Korrespondent. Wieder daheim, gründete er mit Jakob Kaiser, Herbert Wehner und anderen das Kuratorium Unteilbares Deutschland, das als Volksbewegung für die Wiedervereinigung gedacht war, aber zum »Fahnenzug der Jugend« an die Zonengrenze verkam.

Herbert Wernicke, 56. Er war noch einer jener sorgfältigen Opernregisseure, die eine Partitur lesen und deuten können. An der Münchner Staatsoper wollte der große Einzelgänger seiner Zunft bis Anfang 2003 Wagners »Ring« inszenieren. Vollenden konnte er nur das »Rheingold«.

Thor Heyerdahl, 87. Mit dem Balsafloß »Kon-Tiki« überquerte der Norweger den Pazifik, mit dem Papyrusboot »Ra« den Atlantik und mit dem Schilfboot »Tigris« segelte er vom Irak bis zum Roten Meer. Stets wollte der Begründer der experimentellen Archäologie beweisen, dass die Besiedelung der Kontinente viel früher und ganz anders stattfand, als es in den Lehrbüchern steht. Die Verfilmung des »Kon-Tiki«-Abenteuers wurde mit einem Oscar ausgezeichnet.

Manfred Bieler, 67, deutscher Schriftsteller.

Hans Heinrich Thyssen-Bornemisza de Kaszon, 81. Dank seiner Mutter gehörte er dem ungarischen Adel an, durch seinen Vater dem deutschen Stahl-Clan Thyssen. Der Jurist, von Freunden, Feinden und der Boulevardpresse »Heini« genannt, kaufte und verkaufte Unternehmensanteile und schnitt dabei selten schlecht ab. Sein Leben lang treu blieb er nur der erlesenen Kunst. Einen Großteil seiner Goyas, Canalettos und Picassos verkaufte er 1993 zum Spottpreis von 560 Millionen Mark an den spanischen Staat, der dafür ein prachtvolles Museum in Madrid einrichtete und dem Sammler damit ein Denkmal setzte.

Ruth Handler, 85. Sie war die Schöpferin jener Blondine mit der unglaublichen Taille, die Generationen von Mädchen verzückte, Feministinnen erboste und ein Vermögen einbrachte: Barbie, das erste Spielzeug mit Busen. Von den Kritikerinnen ließ sich Handler nie beeindrucken. Für sie war klar: »Barbie zeigt, dass eine Frau Wahlmöglichkeiten hat.«

Alexander Lebed, 52. 1991 rettete der Kommandeur einer Fallschirmjägerdivision Jelzin und mittelbar auch Gorbatschow, als er das Putschistenansinnen zum Sturm des Moskauer Regierungsgebäudes verweigerte. Als Präsidentschaftskandidat sorgte er 1996 (14,5 Prozent) für die Zementierung der historischen Wende in Russland: Er schenkte seine Stimmen im zweiten Wahlgang dem amtierenden Präsidenten, verhinderte dadurch einen kommunistischen Sieg und opferte seine politische Karriere. Im Zorn auf Moskowiter Kriegsgewinnler-Eliten zog er sich 1998 als Gouverneur nach Krasnojarsk in die sibirische Provinz zurück. Alexander Lebed starb nach einem Hubschrauberabsturz.

MAI 2002

Heinz Jankofsky, 66, einer der populärsten Zeichner in der DDR.

Yves Robert, 81, französischer Filmregisseur, der durch seinen Kinderfilmklassiker »Der Krieg der Knöpfe« bekannt wurde.

Michel Jobert, 80, ehemaliger französischer Außenminister.

Jürgen Werner, 66, ehemaliger Fußballnationalspieler und früherer DFB- und HSV-Funktionär. Als Außenläufer absolvierte er vier Länderspiele und gehörte 1962 zum WM-Kader.

John Henry de La Trobe, 78, langjähriger Lenker der Oetker-Schifffahrt und Vorsitzender des Verbandes Deutscher Reeder (VDR).

Richard Stücklen, 85. Der CSU-Politiker gilt als Vater der Postleitzahl. Unvergessen ist aber auch jene Bundestagsdebatte, in der ihm der heutige Bundesaußenminister Joschka Fischer, den der damalige Bundestagspräsident gerade des Saales verwiesen hatte, jenen Satz entgegenschleuderte, der beide berühmt machte: »Mit Verlaub, Herr Präsident, Sie sind ein Arschloch.«

Horst Waffenschmidt, 68. Als Parlamentarischer Staatssekretär unter Kohl war Waffenschmidt für die Aussiedler zuständig, von denen unter seiner Ägide rund 1,7 Millionen nach Deutschland kamen.

Hugo Bánzer, 75. Durch einen Staatsstreich – der 187. in der Geschichte Boliviens – kam der General 1971 an die Macht. 1978 rief Bánzer auf internationalen Druck Neuwahlen aus, die mit einem Putsch endeten. Nach einer Folge von weiteren Staatsstreichen seiner Gegner bemühte sich Bánzer, als demokratisch gewähltes Staatsoberhaupt an die Macht zurückzukommen. Insgesamt fünfmal trat er an – 1997 wurde er Präsident und gab sich geläutert. Seither gilt er als einer der seltenen Fälle eines Diktators, der sich zum Demokraten wandelte.

Barbara Castle, 91. Sie war sexy, streitbar und eine überzeugte Sozialistin. Die Labour-Politikerin mit den flammend roten Haaren wurde in den sechziger Jahren zur auffälligsten Figur der britischen Politik.

José Lutzenberger, 75. In seiner Heimat Brasilien gilt der streitbare Ökologe als einer der Pioniere im Kampf gegen Abholzung und anderen Raubbau an der Natur. Sein Kreuzzug begann 1971, als er im Süden Brasiliens die erste unabhängige Umweltschutzorganisation des Landes gründete. 1988 erhielt Lutzenberger den Alternativen Nobelpreis, zwei Jahre später wurde er Chef der nationalen Umweltbehörde. Bald überwarf sich der unbestechliche Lutzenberger mit Umweltschutzorganisationen, denen er Missbrauch internationaler Hilfe vorwarf. Kurz vor der Uno-Umweltkonferenz in Rio 1992 wurde er entlassen.

David Riesman, 92. Den »veränderten amerikanischen Charakter« schilderte die Studie, die der gelernte Biochemiker und Jurist – gemeinsam mit zwei Mitverfassern – unter dem Titel »Die einsame Masse« 1950 veröffentlichte. Das anfangs in nur 3000 Exemplaren gedruckte Traktat wurde mit 1,4 Millionen verkauften Exemplaren allein in den USA zum Weltbestseller der soziologischen Fachliteratur. Vor allem Riesmans soziopsychologische Analyse der »außengeleiteten« Nachkriegsgenerationen in den Industrieländern traf erst die Amerikaner, dann den Rest der westlichen Welt wie »der Donnerkeil eines Zeus«, so der Kulturhistoriker Jacques Barzun.

Walerij Lobanowski, 63, ukrainischer Fußballtrainer. Der Erfolgscoach mit den scheinbar eingefrorenen Gesichtszügen galt einst als Schrittmacher des modernen System-Fußballs. Lobanowski, früher Oberst der Polizei und als Spieler Linksaußen, predigte Kreativität, hasste aber Improvisation. Spielintelligenz war für ihn eine Folge von Disziplin. So errang er zwölf Landesmeistertitel als Coach, Dynamo Kiew führte er zu zwei Europacup-Siegen, das sowjetische Nationalteam bei der Europameisterschaft 1988 bis ins Finale, wo es aber unterlag.

Richard Stücklen
***20. August 1916 in Heideck**
†2. Mai 2002 in Weißenburg

Barbara Castle
***6. Oktober 1910 in Chesterfield**
†3. Mai 2002 in Ibstone

David Riesman
***22. September 1909 in Philadelphia**
†10. Mai 2002 in Binghamton, New York

Niki de Saint Phalle
*29. Oktober 1930 in Neuilly-sur-Seine
†21. Mai 2002 in San Diego

Lew Wasserman
*15. März 1913 in Cleveland
†3. Juni 2002 in Beverly Hills

Fritz Walter
*31. Oktober 1920 in Kaiserslautern
†17. Juni 2002 in Alsenborn

Stephen Jay Gould, 60. Der amerikanische Evolutionstheoretiker von der Harvard University, schon vor zwei Jahrzehnten unheilbar an Krebs erkrankt, dachte, schrieb und veröffentlichte, um seine Schmerzen zu vergessen, wie er einmal sagte. Seine zwei Dutzend Bücher, viele davon Bestseller, machten ihn zum größten Popularisierer der Wissenschaft. Anfang 2002 kam sein 1432 Seiten starkes Lebenswerk über die »Struktur der Evolutionstheorie« heraus.

Niki de Saint Phalle, 71. Sie war jung, schön und hatte Erfolg als Fotomodell, aber glücklich war sie dennoch nicht. Ihr Vater hatte sie als Mädchen missbraucht, sie selbst erlitt noch als Erwachsene einen Nervenzusammenbruch. In einer psychiatrischen Anstalt hatte sie dann angefangen zu malen. Jahre später besorgte sie sich ein Gewehr und ließ ihrer Wut freien Lauf. Sie schoss auf Farbbeutel, deren Inhalt sich über Gipsreliefs ergoss, und erfand so die »Schießbilder«. Vor allem aber ihre kitschig-bombastischen Urmutter-Gestalten aus Kunststoff, die »Nanas«, begeisterten das Publikum. Die größte Figur, 27 Meter lang, steht seit 1966 im Moderna Museet in Stockholm und ist begehbar: Dass der Eingang zwischen den Beinen der Riesenfrau liegt, löste einst einen Skandal aus. Der wiederum machte die Französin erst recht berühmt. Das jahrzehntelange Hantieren mit Polyester aber zerstörte ihre Gesundheit.

JUNI 2002

Lew Wasserman, 89. Vom kleinen Platzanweiser stieg er zum wohl einflussreichsten Mann Hollywoods auf. Als Chef der früheren Music Corporation of America (MCA, die späteren Universal Studios) schuf Wasserman den Prototyp heutiger Unterhaltungskonglomerate. Seine Methoden revolutionierten die Filmbranche. Er hatte eine untrügliche Nase für Talente, schloss Exklusiv-Verträge mit Stars und war der Erste, der Schauspielern Gewinnanteile bot. Erst Mitte der neunziger Jahre zog sich »der letzte Hollywood-Mogul« aus dem Geschäft zurück.

Fernando Belaúnde Terry, 89. Gleich zweimal war der Architekt Präsident von Peru. 1968 wurde er nach einem Militärputsch aus dem Amt gejagt und ins Exil in die USA geschickt. Mit der neuerlichen Wahl zum Präsidenten errang der stets amerikatreue Reformer 1982 einen späten Sieg. Der demokratische Wiederaufbau seines Landes gelang ihm, doch dem wirtschaftlichen Niedergang konnte er ebenso wenig Einhalt gebieten wie dem Drogenhandel oder dem blutigen Treiben der maoistischen Guerrillagruppe »Leuchtender Pfad«.

Raimund Girke, 71, Maler. Er zählte zu den bekanntesten Vertretern seiner Kunst, der »analytischen Malerei«.

Fritz Walter, 81. Das Fußball-Idol war einer der populärsten deutschen Sportler. Als Kapitän führte er die deutsche Nationalmannschaft zum legendären WM-Sieg von 1954. Fritz Walter bestritt insgesamt 61 Länderspiele und gewann mit dem 1. FC Kaiserslautern 1951 und 1953 die deutsche Fußballmeisterschaft. Für den Verein, dessen Stadion auf dem Betzenberg seinen Namen trägt, bestritt er 379 Meisterschaftsspiele und erzielte 306 Tore. Vor allem begeisterte Walter mit seiner Regiekunst: Als Dreh- und Angelpunkt des Nationalteams erntete er weltweite Anerkennung. Dabei blieb der Fußballstar stets heimatverbunden – lukrative Angebote aus Frankreich und Spanien lehnte er ab. Auch als Fan blieb er seinem 1. FC Kaiserslautern bis zuletzt treu. Ins Stadion kam Fritz Walter in den letzten Jahren allerdings nur noch selten – die Fußballspiele seiner Lauterer waren ihm schlichtweg zu aufregend.

Erwin Chargaff, 96. Der Biochemiker entdeckte nach Kriegsende als Erster, dass jeweils zwei Basen des Erbguts ein Paar bilden. Chargaff schuf damit eine wichtige Grundlage für die Gentechnik. Bekannt war Chargaff auch für seine harsche Kritik des Wissenschaftsbetriebs.

Fips Fleischer, 79. Der Musiker zählte seit den fünfziger Jahren zu den bekanntesten Unterhaltungsmusikern der DDR.

John Entwistle, 57, Bassist der legendären britischen Rockgruppe The Who.

Pierre Werner, 88, war zwischen 1954 und 1984 insgesamt fünfmal Premierminister Luxemburgs und zählte mit Adenauer, Schuman, de Gasperi und Jean Monnet zu den

Gründer-Patriarchen Europas. Bereits 1968 war er überzeugt, dass zu einem gemeinsamen Binnenmarkt eine einheitliche Währung gehört. 1970 legte eine von ihm geleitete Kommission den »Werner-Plan« vor, eine Blaupause für den Euro.

Alfred Dregger, 81. Er wurde nie Minister oder Ministerpräsident, dennoch war Alfred Dregger einer der bekanntesten CDU-Politiker. Seine politische Karriere begann in Fulda, wo er 1956 zum damals jüngsten Oberbürgermeister Deutschlands gewählt wurde. Von 1967 bis 1982 war Dregger, der dem rechten CDU-Flügel angehörte, Landesvorsitzender in Hessen. Viermal trat er dort als Spitzenkandidat bei Landtagswahlen an – erfolglos. Auch in die Bundespolitik mischte sich der konservative Politiker ein: Von 1982 bis 1991 war er Fraktionsvorsitzender im Bundestag. Der umstrittene CDU-Slogan zur Bundestagswahl 1976 »Freiheit statt Sozialismus« geht auf ihn zurück.

Homaira, 84, ehemalige Königin von Afghanistan.

Hans Posegga, 85. Seine Filmmusik erreichte Millionen. Poseggas bekanntestes Stück ist die Titelmelodie der »Sendung mit der Maus«.

Dee Dee Ramone, 49. Einst Bassist und Mitgründer der legendären Punkrock-Band The Ramones. In den letzten Jahren machte sich Ramone, der für seinen Drogenkonsum berüchtigt war, einen Namen als Autor und Maler.

Flora Lewis, 79, amerikanisches Journalismus-Urgestein.

Johannes Weidenheim, 84. Der Schriftsteller schrieb Erzählbände, Gedichte, Theaterstücke sowie mehr als 30 Romane.

John Gotti, 61. Der Boss des rabiaten New Yorker Gambiano-Clans pflegte ein stilvolles Gangsterimage. Mit täglichem Barbierbesuch und Anzügen für 2000 Dollar stieg Gotti zu einer Art Medien-Don auf. Seine Gerichtsverhandlung 1992 geriet zum Groß-Event: Im Saal saß Hollywood-Prominenz wie Anthony Quinn und Mickey Rourke, draußen lärmte eine 1000-köpfige Demonstration. Genutzt hat es nicht – der Pate bekam lebenslänglich.

Richard Lewis, 84, amerikanischer Schriftsteller und Pulitzerpreisträger.

James E. Best, 78. In Fernsehspots drückte der Schnurrbartträger im Arztkittel flexible Zahnbürsten auf Tomaten. So wurde er berühmt und die Bürste zum Verkaufsschlager. Seine Karriere als Werbemodel verdankt der Professor für Zahnheilkunde aus Illinois einem strengen deutschen Werbegesetz. Demnach dürfen nur authentische Personen Produkte mit gleich lautendem Namen bewerben.

François Périer, 82. 1948 bat ein schüchterner kleiner Mann den bereits preisgekrönten Jungschauspieler, sein Theaterstück zu lesen. Der Autor hieß Jean-Paul Sartre, das Drama »Die schmutzigen Hände« – der Grundstein für die Pariser Bühnenlegende Sartre und Périer war gelegt. International berühmt machten den Komödianten über hundert Filme, darunter »Hotel du Nord« von Marcel Carné, Federico Fellinis »Die Nächte der Cabiria« oder »Gervaise« von René Clément.

JULI 2002

Ray Brown, 75, amerikanischer Jazzbassist. Brown galt als einer der wichtigsten Schöpfer des Bebop-Sounds.

Maritta Wolff, 83. Die amerikanische Schriftstellerin verschwand nach einer Serie von sechs Bestsellern ohne Erklärung aus dem literarischen Leben. Die Autorin wurde 1941 für ihr erstes Werk »Whistle Stop« als Entdeckung gefeiert. Ihr letztes Buch erschien 1962.

Rüdiger Dornbusch, 60. Der in Krefeld geborene weltweit angesehene Experte für Wechselkurse und Wirtschaftskrisen lehrte seit 1974 an der amerikanischen Elite-Universität Massachusetts Institute of Technology (MIT). Er war Berater von Notenbanken und vielen Ländern der Dritten Welt. Dornbusch entwickelte bahnbrechende Wechselkurs-Theorien und war einer der bekanntesten Fachleute auf dem Gebiet des »wirtschaftlichen Krisenmanagements«.

William Pierce, 68, beschrieb in seinem Buch »The Turner Diaries« den Sturz der US-Regierung im Zuge eines Rassenkrieges. Pierce arbeitete als Physikprofessor, bevor er in den sech-

Alfred Dregger
***10. Dezember 1920 in Münster**
†24. Juni 2002 in Fulda

John Gotti
***27. Oktober 1940 in South Bronx/New York**
†10. Juni 2002 in Springfield/Montana

Rüdiger Dornbusch
***8. Juni 1942 in Krefeld**
†25. Juli 2002 in Washington

Rod Steiger
***14. April 1925 in Westhampton/New York**
†9. Juli 2002 in Los Angeles

Johannes Joachim Degenhardt
***31. Januar 1926 in Schwelm**
†25. Juli 2002 in Paderborn

Gerhard Wessel
***24. Dezember 1913 in Neumünster**
†28. Juli 2002 in München

ziger Jahren die »Alliance« gründete. Die rechtsextreme Gruppe hat das erklärte Ziel, die Oberhoheit der weißen Rasse zu »bewahren«. Nach Angaben der US-Behörden haben die »Turner Diaries« Neonazi-Kreise zu verschiedenen Verbrechen inspiriert. Auch der im vergangenen Jahr hingerichtete Oklahoma-Bombenattentäter von 1995, Timothy McVeigh, soll von dem Roman beeinflusst gewesen sein.

Günter Siefarth, 73. In der Nacht vom 20. auf den 21. Juli 1969 kommentierten Siefarth und Ernst von Khuon die erste Mondlandung. Mit der 27-stündigen Mammutsendung erlebte das Apollo-Sonderstudio der ARD seinen Höhepunkt. Außerdem gehörte Siefahrt 1961 zu den ersten Moderatoren der »Sportschau«.

John Frankenheimer, 72. Der US-Regisseur wird zu den besten und wichtigsten seiner Zunft gezählt. 1961 drehte er zum ersten Mal mit Burt Lancaster, vier weitere Streifen mit Lancaster folgten, darunter der Oscarnominierte »Gefangene von Alcatraz«. Frank Sinatra, Omar Sharif, Gene Hackman – der Star-Regisseur bekam sie alle. Seine Polit-, Psycho- oder Agententhriller erzählen spannende, oftmals verstörende Geschichten, die stets den Nerv ihrer Zeit trafen.

Rod Steiger, 77. Die massive Gestalt und das fleischige, breite Gesicht prädestinierten ihn zum Psychopathen oder Schurken. In seinen besten Rollen war er nicht der Star, sondern der Gegenspieler, an dessen Kraft sich der Star zu messen hatte – so 1954 in seiner ersten nennenswerten Kinorolle als korrupter Bruder von Marlon Brando in »Die Faust im Nacken« oder 1967 in seinem Oscar-gekrönten Auftritt als widerwilliger Partner von Sidney Poitier in »In der Hitze der Nacht«.

Joaquín Balaguer, 94. Selten hatte ein Politiker die Fäden eines Landes so lange in der Hand wie der Literat, Schöngeist und Intrigenspinner. Siebenmal war der »diabolische Greis«, wie ihn seine Feinde ehrfurchtsvoll betitelten, Präsident der Dominikanischen Republik. Balaguer, einst Zögling des grausamen Diktators Trujillo, hielt sich – wenn auch mit Unterbrechungen – mehr als zwei Jahrzehnte an der Macht.

Alexander Ginsburg, 65. Der ehemalige sowjetische Dissident und Wegbegleiter der Nobelpreisträger Andrej Sacharow und Alexander Solschenizyn musste für seine Dissidenten-Zeitschrift »Syntax«, verschiedene kritische Bücher und sein Engagement zu Gunsten politischer Gefangener mehrere Jahre in Gefängnissen und Arbeitslagern zubringen. 1979 ging er ins Exil.

Joseph Luns, 90, Ex-Generalsekretär der Nato. Luns war außerdem 19 Jahre lang holländischer Außenminister.

Buddy Baker, 84, amerikanischer Filmkomponist, der an rund 200 Disney-Filmen mitwirkte.

Robert Schwan, 80. Er hat nie in einer Fußballmannschaft gespielt, und doch hat der gebürtige Würzburger die Entwicklung des deutschen Profigeschäfts beeinflusst wie kaum jemand sonst. Der Versicherungsdirektor formte ab 1964 den FC Bayern München zu einem internationalen Unternehmen und seinen Schützling Franz Beckenbauer zum Weltstar.

Johannes Joachim Degenhardt, 76. Der erzkonservative Paderborner Erzbischof und Kardinal war mit 34 Amtsjahren der dienstälteste Bischof in Deutschland. Degenhardt zeigte stets eine besondere Vasallentreue gegenüber dem Papst.

Gerhard Wessel, 88, Rote-Armee-Experte, Wehrmachtsoffizier und später Generalleutnant der Bundeswehr. Ab 1952 baute Wessel für die Bundesrepublik den Militärischen Abschirmdienst auf. Von 1968 bis 1978 war er Chef des Bundesnachrichtendienst.

AUGUST 2002

Jirí Kolár, 88, tschechischer Collagekünstler und Schriftsteller. Er wandte sich früh dem Surrealismus zu und schuf vor allem Collagen, wobei er oft bekannte Vorlagen in überraschender Weise verzerrte. Er wurde als Gegner des kommunistischen Regimes Anfang der achtziger Jahre ausgebürgert.

Dietmar Schlee, 64. Unter Lothar Späth war der CDU-Politiker von 1980 bis 1991 erst Arbeits- und Sozialminister, dann Innenminister in Baden-Württemberg. Dass Erwin Teufel nach Späths Rücktritt Ministerpräsident wurde, statt wie er selbst für den Stuttgarter Oberbürgermeister Rommel zu verzichten, hat Schlee nie verziehen. Dass Teufel 1992 in der schwarz-roten Koalition ausgerechnet Schlees Innenressort an die SPD abgab, brachte das Fass zum Überlaufen: Brüskiert warf er hin, wechselte in den Bundestag und wurde erst 1997 von Helmut Kohl wiederentdeckt. Als Bosnienbeauftragter der Bundesregierung fand der Jurist sein spätes politisches Glück.

Franco Lucentini, 81. Berühmt wurde der Avantgarde-Schriftsteller als Teil eines Duos. Seine durch ihr Understatement und die gallige Ironie bekannt gewordenen Bücher schrieb Lucentini zusammen mit Carlo Fruttero. Der gemeinsame Kriminalroman »Die Sonntagsfrau« (1972) wurde ein Welterfolg, weitere Bestseller folgten.

Berthold Hummel, 76. Hummel gilt als einer der bedeutendsten zeitgenössischen deutschen Komponisten. Sein kompositorisches Schaffen umfasste mehr als 200 Werke.

Nicolai Rubinstein, 91. Weltbürger war der Renaissance-Forscher durch Herkunft und Schicksal gleichermaßen: Als Sohn eines Verlegers aus Riga und einer Ungarin in Berlin geboren, emigrierte er 1933 nach Florenz. Die Stadt wurde das Thema seines Lebens: Niemand kannte wie er die politischen Winkelzüge der kunstfrohen Medici, und am Londoner Warburg Institute, wo er seit den Nachkriegsjahren tätig war, wog ein Gespräch mit dem kleinen, bescheidenen Universalgelehrten viele mühsame Recherchen auf.

Robert Borkenstein, 89. Der Professor für Kriminalistik aus den USA war nur unter Fachleuten seines Spezialgebietes berühmt. Seine Erfindung ist Autofahrern weltweit ein Begriff: Borkenstein entwickelte Mitte der Fünfziger das »Pusteröhrchen«, jenes Gerät, das zur Feststellung der Alkoholkonzentration im Blut bei Verkehrskontrollen zum Einsatz kommt.

Eva Windmöller, 78. Mitten in die Männergesellschaft seiner Illustrierten hatte sich Henri Nannen Anfang der sechziger Jahre die feinfühlige Schreiberin geholt. Als erste *Stern*-Korrespondentin in Ost-Berlin schilderte sie mit dem Fotografen Thomas Höpker, ihrem Ehemann, von 1974 bis 1976 das »Leben in der DDR« (so ihr Buchtitel) sehr real und wenig sozialistisch. Rund ein Jahrzehnt berichtete das Paar danach aus New York. Stilbewusst nicht nur beim Schreiben, wurde sie dabei zur Grande Dame der internationalen Reporter.

Eduardo Chillida, 78. Die Werke des spanischen Bildhauers sind überall auf der Welt zu Hause – auch in der deutschen Hauptstadt, wo der fünf Meter hohe, tonnenschwere rostige Stahlkoloss »Berlin« als Symbol der Einheit vor dem Bundeskanzleramt steht. Das größte Werk seines Lebens konnte er allerdings nicht verwirklichen: Auf Fuerteventura wollte er einen Berg aushöhlen lassen und durch lichtdurchflutete Gänge erschließen.

Horst Wendlandt, 80. Er war einer der erfolgreichsten Produzenten des deutschen Films. Über 30 Edgar-Wallace-Filme tragen sein Signet und lockten rund 60 Millionen Zuschauer in die Kinos, 1962 tat er mit der Karl-May-Verfilmung »Der Schatz am Silbersee« und der anschließenden »Winnetou«-Saga eine wahre Goldgrube auf. Er personifizierte das von den deutschen Jungfilmern in den sechziger Jahren so genannte und verdammte Opas Kino. Aber Opa holte die verlorenen Söhne in die Familie zurück, produzierte Anfang der Achtziger die Fassbinder-Filme »Lola« und »Die Sehnsucht der Veronika Voss« und heimste dafür sogar Preise ein: 38 Goldene Leinwände erhielt er insgesamt.

Lionel Hampton, 94. Sein mitreißendes Rhythmusgefühl gewann er als Kind im ekstatischen Gottesdienst der Schwarzen im Süden der USA. Seitdem hab ich den Beat in mir«, erinnerte sich Hampton. 1930 zählte ihn Louis Armstrong zu den »Schlagzeugern, die am meisten swingen«. Zufällig entdeckte Hampton in jener Zeit das Vibrafon für den Jazz. Der berühmte Benny Goodman holte ihn daraufhin in sein Quartett, das aus zwei weißen und zwei schwarzen Musikern bestand und damit die Rassenschranken durchbrach. Von 1940 bis in die neunziger Jahre leitete Hampton eigene Bands – Brutstätten für spätere Berühmtheiten wie Clark Terry, Quincy Jones, Charles Mingus und Wes Montgomery.

Eva Windmöller
***1924 in Bochum**
†20. August 2002 in Hamburg

Horst Wendlandt
***15. März 1922 in Criewen**
†30. August 2002 in Berlin

Lionel Hampton
***12. April 1914 in Louisville/Kentucky**
†31. August 2002 in Manhattan

A

B

D

E

F

G

N

Abkürzungen

Im Jahrbuch 2003 werden nicht nur allgemein geläufige Abkürzungen (z. B. = zum Beispiel, km = kilometer), sondern aus Platzgründen auch eindeutige Verkürzungen benutzt (etwa Bev. = Bevölkerung, Einw. = Einwohner, Mio. = Million). Hinzu kommt eine Reihe von Abkürzungen, die unter Umständen der Erklärung bedürfen.

Anzus Australia/New Zealand/United States – Anzus-Pakt = pazifischer Sicherheitsvertrag von 1951

Asean Association of South East Asian Nations

AU Afrikanische Union (Nachfolgeorganisation der OAU = Organisation für Afrikanische Einheit)

b/d barrel/day

BIP Bruttoinlandsprodukt

BSP Bruttosozialprodukt

Caricom Caribbean Community and Common Market

CFA Communauté Financière Africaine – Afrikanische Geld- und Währungsgemeinschaft mit dem CFA-Franc als gemeinsamer Währung

Efta European Free Trade Association – Europäische Freihandelszone

Euratom Europäische Atomgemeinschaft

EZB Europäische Zentralbank

FAO Food and Agriculture Organization (Ernährungs- und Landwirtschaftsorganisation der Uno)

GK Generalkonsulat

HK Honorarkonsulat

ILO International Labour Organization

IMO International Maritime Organization

ITU International Telecommunication Union

I u K Information und Kommunikation

IWF Internationaler Währungsfonds (auch IMF = International Monetary Fund)

K Konsulat

Kfor Kosovo Force – Von der Nato geführte Friedenstruppe im Kosovo

KSZE Konferenz für Sicherheit und Zusammenarbeit in Europa

kWh Kilowattstunde

MEZ Mitteleuropäische Zeit

MW Megawatt

Nafta North American Free Trade Agreement – Freihandelsabkommen zwischen Kanada, Mexiko und den Vereinigten Staaten von Amerika

Nato North Atlantic Treaty Organization

ÖE Öleinheit – Maß für Energieumrechnungen: 1 kg ÖE = 1,4 kg Steinkohleeinheiten (SKE) = 11,63 kWh

OAS Organization of American States

OECD Organisation for Economic Co-Operation and Development

Opec Organization of the Petroleum Exporting Countries

OSZE Organisation für Sicherheit und Zusammenarbeit in Europa

Pisa Programme for International Student Assessment

PLO Palestine Liberation Organization – Palästinensische Befreiungsorganisation Zusammenschluss mehrerer palästinensischer Gruppen (darunter als größte die »al-Fatah«) unter Führung von Jassir Arafat (▸Palästina)

Sfor Stabilization Force – Von der Nato geführte Friedenstruppe in Bosnien-Herzegowina

tdw tons deadweight – Das Gewicht der gesamten Zuladung eines Schiffes: Ladung, Besatzung, Treibstoff, Proviant

UNDP United Nations Development Programme

Unesco United Nations Educational, Scientific and Cultural Organization

UNHCR United Nations High Commissioner for Refugees/Hoher Flüchtlingskommissar

Unicef United Nations Children's Fund

VR Volksrepublik

WHO World Health Organization

WTO World Trade Organization

AB Pictures: 358; Action Press: 26 u., 47, 112, 117, 131, 133, 137, 152, 154, 320 u., 321, 378, 379 u., 421 o., 433, 449, 591, 612 o., M., 617 M., 620 o., 623 o.; AFP: 29 u., 44 o., 74 o., 79 o., 95 r., 110 o., 159, 160, 174, 229, 234 o., 268, 275, 305 o., 311, 334, 372, 373, 387 M., 394, 395, 409, 414 u., 431, 466, 470 r., 593 u.; AFP-imageforum: 223 u.; AFP/DPA: 17 u., 59, 74 u., 108, 162, 184, 198, 200, 201, 209, 220, 255, 265, 285, 310, 315, 317, 355 u., 389, 393, 428, 440, 448, 461, 473 o., 477, 478 u., 614 u., 617 u.; Agentur Focus: 297, 443 o., 447; AKG: 610 o.; All over Press Finland: 153; Alpha-Steve Finn: 175; Antunes, António Moreira: 355 o.; AP: 14, 22 o., 26 o., 27 u., 43, 44 u., 45 u., 52, 54, 57, 58, 63 u., 64, 66, 68 o., 78 o., 82, 83 o., 86, 87, 91, 95 l., 96, 98, 99, 100, 107, 111, 143, 145, 146, 147, 149, 150, 151, 157, 169, 172 o., 173, 176, 182, 186, 187, 193, 194, 195, 203, 204 o., 210 u., 211 o., 213, 214, 216, 217, 221 u., 234 u., 246, 251, 253, 261, 263, 264, 270, 271, 279, 280, 290, 293, 294 o., 301, 302, 305 u., 314, 322, 333, 335 o., 336, 337, 341, 342, 343, 347, 356, 360, 362, 367, 381, 386 o., 388 o., 391, 392, 397 o., 403, 404, 405, 406, 407 u., 410, 412, 413, 415 o., 416, 418, 422, 427, 432, 435 u., 437, 444, 457, 460, 463, 480 u., 482, 485, 588 o., 590, 601 o., 603, 606, 607, 614 M., 616 o., 619 u., 620 M., 624 o., M.; Bilderberg: 109, 155, 163, 205, 325, 398, 400, 620 u.; Bongarts: 28 u.; Büssemeier, Anika: 349 o.; CAMERA PRESS/picture press: 303; Cagnoni, Stefano: 177; dana press photo: 615 M.; Darchinger, J. H.: 374, 612 u., 613 o.; Das Fotoarchiv: 179; ddp: 21, 114, 118, 126, 135, 136, 327, 366, 469 o., 593 o., 594, 622 o., 625 M.; defd/PWE Verlag: 24 u.; DER SPIEGEL/Erich Follath: 446, 465; DER SPIEGEL/Monika Zucht: 616 M.; dpa: 15, 16 u., 20 o., 23 u., 27 o., 29 o., 30 o., u., 45 o., 55, 61, 71, 76, 119, 102, 103, 110 u., 122, 132, 134, 161, 180, 206, 208, 222 o., 224, 225, 235, 236, 239, 240, 257, 258, 267, 269, 272, 273, 278, 294 u., 296, 298, 299, 307, 308 o., 313, 319, 328, 339 u., 353, 377, 382, 383, 385, 387 o., 420, 425, 435 o., 436, 443 u., 451, 462, 467, 469 u., 470 o., 474 o., u., 478 o., 483 l., 484, 588 u., 596, 597 u., 599, 602, 604, 610 M., 613 M., u., 615 u., 617 o., 618, 622 u., 623 u., 624 u., 625 u.; Eastway.de: 349 u., 479, 480 o.; EPA: 16 o., 18 u., 464; EPA/AFP/DPA: 219 u.; EPA/AFP/ INA/DPA: 324; FEIL, BERND/ M.I.S./MIS: 592; Fejer, Martin: 359, 452, 453, 454; GALBE.COM: 402; GAMMA/STUDIO X: 85, 104, 164, 172 u., 197, 331, 370, 611 M.; Getty Images: 23 o., 24 o., 42, 70 u., 178, 207, 210 o., M., 211 u., 221 o., 223 o., 262, 330, 335 u., 338, 345, 376, 473 u., 475 r.; GMS: 78 u.; HCP-Foto: 30 M., 595; Iljasow/rUFO: 458; inter-TOPICS: 605; Joker: 124; Kassin, P.: 244; Katz Pictures/G. Smith/FSP: 621 M.; Kazemi/Safir: 202; Kitschfoto.de/Klinge: 600; Klyschenko, Alexander: 450; Laif: 22 u., 181, 230, 363, 421 u., 597 o.; Langrock, Paul/Zenit/Laif: 115; Modes, Detmar/BMVg: 291; Moment Photo: 125; Onlinesport: 611 o.; Phalanx: 65, 601 u.; Photo Press Service Vienna: 326; Pisacreta: 106; Reiche, Hartmut: 598; Reuters: 17 o., 18 o., 20 u., 25, 28 o., 46, 48, 49, 50, 51, 63 o., 68 u., 69, 70 o., 77, 79 u., 89, 90, 97, 113, 148, 158, 166, 170, 171, 185, 188, 189, 190, 191,192, 196, 218, 219 o., 222 u., 226, 227, 228, 231, 232, 242, 243, 245, 247, 249, 250, 256, 259, 266, 277, 281, 282, 283, 286, 287, 300, 308 u., 312, 316, 318, 320 o., 332, 339 o., 344, 346, 354, 379 o., 384, 386 u., 388 u., 399, 401, 407 o., 408, 415 u., 417, 423, 424, 426, 429, 434, 438, 439, 441, 442, 445, 455, 456, 470 u., 472, 475 l., 481, 483 r., 623 M.; Reuters/DPA: 414 o.; Ropi: 105, 212, 215; sampics: 608; Schwennicke, Fritz: 611 u.; shay, arthur/time pix: 621 u.; SIPA PRESS: 92, 93, 165, 183, 204 u., 430, 610 u., 615 o.; Spectrum: 397 u.; teutopress: 614 o., 619 o., 621 o.; Thomas&Thomas: 616 u.; Transglobe: 309; transit: 351; Ullstein: 329, 361, 609, 619 M.; Urban, Marco: 352; vario-press: 116, 128; Visum: 129, 350; Weise, Anna: 589; WIREIMAGE.COM: 622 M.